Malte Römer

GOTTES- UND PRIESTERHERRSCHAFT IN ÄGYPTEN AM ENDE DES NEUEN REICHES

Ein religionsgeschichtliches Phänomen und seine sozialen Grundlagen

1994

HARRASSOWITZ VERLAG · WIESBADEN

Gedruckt mit Unterstützung der Deutschen Forschungsgemeinschaft.

Die Deutsche Bibliothek – CIP-Einheitsaufnahme

Römer, Malte:
Gottes- und Priesterherrschaft in Ägypten am Ende des Neuen Reiches : ein religionsgeschichtliches Phänomen und seine sozialen Grundlagen / von Malte Römer. –
Wiesbaden : Harrassowitz, 1994
(Ägypten und Altes Testament ; Bd. 21)
Zugl.: Berlin, Freie Univ., Habil.-Schr., 1989
ISBN 3-447-03217-0
NE: GT

Druck und Verarbeitung: Hubert & Co., Göttingen. Printed in Germany

ISSN 0720-9061
ISBN 3-447-03217-0

Vorwort

Die vorliegende Arbeit wurde im Sommersemester 1989 vom Fachbereich Altertumswissenschaften der Freien Universität Berlin als Habilitationsschrift angenommen. Von ihrer Entstehung bis zur Drucklegung wurde sie von der Deutschen Forschungsgemeinschaft großzügig gefördert, wofür ich hier meinen herzlichen Dank aussprechen möchte. An dieser Stelle geht mein Dank auch an Herrn Professor Dr. Dr. Manfred Görg, der diese Arbeit in seine Reihe "Ägypten und Altes Testament" aufgenommen hat.

Den Mitgliedern des Epigraphic Survey des Oriental Institute, Chicago in Luxor verdanke ich zahlreiche Anregungen und Hinweise, die sie mir anläßlich eines von der Deutschen Forschungsgemeinschaft finanzierten Aufenthaltes in Luxor gaben. Bei dieser Gelegenheit wurde mir auch von den Mitgliedern des Centre Franco-Égyptien des Temples de Karnak mannigfache Hilfe zuteil. Von Mitgliedern des Ägyptologischen Seminars der Freien Universität Berlin erhielt ich in Gesprächen zahlreiche Anregungen. Vor allem aber danke ich meinem verehrten Lehrer, Herrn Professor Dr. Gerhard Fecht, für die Unterstützung, die er meiner Arbeit zuteil werden ließ.

Inhaltsverzeichnis

Verzeichnis der Abkürzungen XIII

Einleitung XXXIII

I. PRIESTER- UND KÖNIGTUM IN DEN INSCHRIFTEN HERIHORS UND DER FRÜHEN 21. DYNASTIE IN THEBEN 1

Herihor als königlicher Bauleiter im Chonstempel von Karnak 3

1. Herihor und die Baugeschichte der vorderen Teile des Chonstempels §1–4 3
2. Der Orakeltext I.20.b. im Chonstempel und die Karriere des Herihor §5–8 6
3. Die Besonderheiten im Verhältnis von König und Hohempriester des Amun (HPA) in den Szenen und Inschriften der Hypostylhalle des Chonstempels §9–23 11
4. König und HPA in Kultdarstellungen §24–25 22
5. Die Eigenheiten im Auftreten Herihors in den Ritualszenen §26–27 24
6. Die Inschriften auf den Säulen des Mittelganges der Hypostylhalle, über der südlichen Haupttür und die Basis-Inschriften §28–30 26
7. Herihor und die whm-msw.t-Ära §31–33 30

Die Hohenpriester des Amun als Machthaber in der Thebais und ihre Titel 35

1. Herihor §34–41 35
2. Paianch §42–47 44
3. Painedjem I. §48–51 51
4. Masaharta §52–55 62
5. Mencheperre §56–59 66
6. Eigenheiten der "Regententitulatur" der 21. Dynastie im Vergleich mit der des älteren Typs §60–63 74

Das Königtum als göttlich-irdische Doppelherrschaft 78

1. Besonderheiten des Königtums der 21. Dynastie §64–66 78
2. Gott als König – der König als Priester §67–75 81
3. Der Priester als König §76–110 88

II. DAS ORAKELWESEN ALS MEDIUM DER GOTTESHERRSCHAFT 133

Ägyptische Wörter für "Orakel" 135

1. Die Diskussion um das Orakelwesen §111–112 135

2. Die griechische Terminologie für das ägyptische Orakelwesen §113 137
3. ḥrtw §114 138
4. Mit nḏ (nḏnḏ) gebildete Ausdrücke §115-116 139
5. wḏ, wḏ.t §117 141
6. (pꜣ) wḥꜣ / (nꜣ) wḥꜣ.w §118 142
7. bjꜣj.t §119-127 142
8. pḥ-nṯr §128 153
9. s.t n-sr *"Orakelstätte"?* §129 153
10. tpj.t-rꜥ §130 154
11. wsḫ.t-šnw *"Halle der Untersuchung"* o.ä. als Schauplatz eines Orakels §131 155
12. Resultate §132-133 155

Inhalt und Form - zwei Möglichkeiten der Kategorisierung von Orakeln 158

1. Verschiedene Kategorien von Orakelsprüchen §134-136 158
2. Die verschiedenen Typen der Orakeltexte §137-144 161

Die Form der Orakelprotokolle 167

1. Beginn der Texte und Einführung des Gottes §145-152 167
2. Die Einführung des Orakelbefragers ("NN") in Orakelprotokollen, die mit dem Auftreten des Gottes beginnen §153-158 171
3. Die Einführung des Bittstellers als Einleitung von Orakeltexten §159-163 176
4. Die Form der Orakelanfragen und ihrer Einleitung §164-177 178
5. Die Formulierung der Anliegen, Systematik ihrer Auflösung in Einzelfragen §178-223 191
6. Das Prinzip der Orakelbefragung §224-230 223
7. Die Antwort des Gottes und ihre Phraseologie §231-251 228
8. Abschlußformeln in den Orakelprotokollen §252-253 246
9. Schriftliche Orakelerteilung §254-255 247

Die Form der Orakeldekrete 249

1. Terminologie §256 249
2. Gemeinsamkeiten in der äußeren Form §257-266 249
3. Der inhaltliche Aufbau der Orakeldekrete §267-293 254
4. Der gemeinsame Charakter der Orakeldekrete §294-296 269

Das Orakelwesen in der ägyptischen Religion 272

1. Orakel als Betrug? §297-301 272
2. Orakelwesen als Zeichen religiösen Niedergangs? §302-303 273
3. Der Charakter des Orakelgottes und die Gegenstände seiner Verkündigungen §304-310 275
4. Der "Weltgott" als Orakelgeber - Universalität und Vereinzelung §311-314 280

III. DIE GEGENSTÄNDE DER ORAKELENTSCHEIDUNG: RECHT UND EIGENTUM 285

Die juristische Relevanz der Gottesgerichtsbarkeit 287

1. Das Gottesurteil im ägyptischen Rechtsleben §315-318 287
2. Die juristische Qualität des Orakelwesens §319-331 290

Göttliches Eigentum und Königsherrschaft 302

1. Die gesellschaftliche Relevanz des Bodeneigentums §332-337 302
2. Ausdrücke für Eigentum §338-347 306
3. "Eigentum" durch "Schenkungen"? §348-350 315
4. Typisierung der Schenkungsstelen nach Geber und Adressat §351-360 319
5. Zusammenfassend zu den Worten **psš.t**, **dnj.t** und den Ausdrücken für Schenkung §361 329
6. Weitere Eigentumsbegriffe §362-365 330
7. Die Instanzen des Bodeneigentums §366-370a 333
8. Königtum und Grundeigentum §371-377 339
9. Menschliche und göttliche Verfügung über Land §378-390 345
10. Königlicher und göttlicher Schutz von "Eigentum": Königliche Schutzdekrete und Orakelgarantien §391-407 356

Bodeneigentum und "Steuer" 373

1. Steuer und Abgabe §408-411 373
2. Überblick über die Abgaben-Terminologie §412 376
3. **šmw** §413-416 378
4. **b3kw / b3k.t** §417-419 382
5. **jnw** §420-428 386
6. **ḥtr**, **š3j.t**, **b3kw-rmṯ.w** §429-440 394
7. Die Zusammensetzung des Gesamt-Getreideertrags in der ägyptischen Terminologie §441-443 409

Das **nmḥw**-*Land als Gegenstand von Orakeltexten* 412

1. Die Bedeutung des Wortes **nmḥw** §444-454 412
2. **nmḥw** als sozialer Begriff - **nmḥw / Pr-ꜥ3** §455-468 419
3. **nmḥw** als sozialer Begriff - **nmḥw / b3k** §469-473 429
4. **nmḥw** als sozialer Begriff - zum Umkreis der als **nmḥw** bezeichneten Personen §474-482 434
5. **nmḥw.w** - Privatleute? §483-497 443

Zusammenfassung §498-506 453

ANHANG 463

Urkunden zum Orakelwesen 465

Abteilung I.: Orakelprotokolle 465

Abteilung II.: Orakeldekrete 472
Abteilung III.: Gerichtsorakelprotokolle aus Theben-West 475
Abteilung IV.: Erwähnungen von Orakelvorgängen in anderen Zusammenhängen 478
1. Ernennungen durch den Gott 478
2. "Juristisches" Eingreifen des Gottes. Absicherung von Urkunden. Vorlegen von Schriftstücken in gerichtlichen Fragen 487
3. (Königliche) Beratung mit den Göttern. Aufträge und Eingreifen der Götter 497
4. Vorlegen von Schriftstücken vor eine Gottheit, u.a. zum Schutz einer Person. Verschiedene Anliegen 508
Abteilung V.: Orakelfragen 515
Abteilung VI.: Äußerungen zur Macht der Gottheit, Orakel zu erteilen 520
1. Allwissenheit 520
2. Allmacht des Gottes, Wirksamkeit seines Spruches; **wḏ, wḏ.t, sḫr.w** 523
3. Leben, Tod und Schicksal in der Verfügung der Gottheit 527

Konkordanz der Urkunden zum Orakelwesen 531

Texte der 21. Dynastie 537

Painedjem I. 537
Masaharta 565
Mencheperre 669

Register 581

A. Götternamen in konventioneller Schreibung 581
B. Personennamen in konventioneller Schreibung 581
C. Ortsnamen in konventioneller Schreibung 584
D. Götternamen in Umschrift 584
E. Personennamen in Umschrift 584
F. Orts- und Gebäudenamen in Umschrift 585
G. Königliche Titel in Umschrift 586
H. Beamtentitel in Umschrift 586
I. Göttliche Epitheta 587
K. Epitheta von Königen und Beamten 587
L. Ägyptische Wörter und Wortverbindungen 588
M. Ägyptische Sätze, Satzteile und Formeln 594
N. Koptische Wörter 595
O. Griechische Wörter 595
P. Lateinische Wörter 595
Q. Gotische Wörter 595
R. Althochdeutsche Wörter 595
S. Sach- und Stichwortregister 595
T. Zitate und Erwähnungen der Urkunden zum Orakelwesen 601
U. Textcorpora 611
V. Zitate und Erwähnungen von Papyri 615

Verzeichnis der Abkürzungen

1. Literatur

Die Abkürzungen der gängigen Zeitschriften und Reihen, soweit hier nicht aufgeführt, entsprechen denen des Lexikons der Ägyptologie, Bd.4, S.XIVff.

Admonitions	A.H. Gardiner, The Admonitions of an Egyptian Sage, Leipzig 1909.
ÄAT	Ägypten und Altes Testament. Studien zu Geschichte, Kultur und Religion Ägyptens und des Alten Testaments, hg. von Manfred Görg, Wiesbaden.
AHDO	Archives d'Histoire du Droit Oriental s. Malinine/Pirenne.
Allam, Hieratische Ostraka und Papyri	S. Allam, Hieratische Ostraka und Papyri aus der Ramessidenzeit (Urkunden zum Rechtsleben im Alten Ägypten, Bd.1), Tübingen 1973.
Allam, Verfahrensrecht	S. Allam, Das Verfahrensrecht in der altägyptischen Arbeitersiedlung von Deir el-Medineh, Tübingen 1973.
Allen, The Egyptian Book of the Dead	T.G. Allen, The Egyptian Book of the Dead, Documents in the Oriental Institute at the University of Chicago, OIP 82, Chicago 1960.
Amenemope	H.O. Lange, Das Weisheitsbuch des Amenemope, Kopenhagen 1925.
Ani	s. Suys, Anii.
Arnold, Mentuhotep	D. Arnold, Der Tempel des Königs Mentuhotep von Deir el-Bahari, 3 Bde., AV 8, 11, 23, Mainz 1974-1981.
Assmann, ÄHG	J. Assmann, Ägyptische Hymnen und Gebete, Zürich 1975.
Assmann, LL	J. Assmann, Liturgische Lieder an den Sonnengott. Untersuchungen zur altägyptischen Hymnik I, MÄS 19, Berlin 1969.
Assmann, Re und Amun	J. Assmann, Re und Amun. Die Krise des polytheistischen Weltbildes im Ägypten der 18.-20. Dynastie, OBO 51, Göttingen 1983.
Assmann, Sonnenhymnen	J. Assmann, Sonnenhymnen in thebanischen Gräbern, Theben 1, Mainz 1983.
Assmann, Theologie und Frömmigkeit	J. Assmann, Ägypten, Theologie und Frömmigkeit einer frühen Hochkultur, Mainz 1984.

Assmann, Zeit und Ewigkeit	J. Assmann, Zeit und Ewigkeit im alten Ägypten. Ein Beitrag zur Geschichte der Ewigkeit, AHAW, Phil.-hist. Kl., 1975,1.
Bakir, Egyptian Epistolography	A. Bakir, Egyptian Epistolography from the Eighteenth to the Twenty-First Dynasty, BdE 48, Kairo 1970.
Bakir, Slavery	A. Bakir, Slavery in Pharaonic Egypt, SASAE 18, Kairo 1952.
BAR	J.H. Breasted, Ancient Records of Egypt, 3. Aufl., Chicago 1927.
Barguet, Temple d'Amon	P. Barguet, Le temple d'Amon-Rê à Karnak, RAPH 21, Kairo 1962.
Bauer	F. Vogelsang, Kommentar zu den Klagen des Bauern, UGAÄ 6, Leipzig 1913.
Bauforschung	Beiträge zur ägyptischen Bauforschung und Altertumskunde, Kairo, Zürich, Wiesbaden, ab 1944.
v.Beckerath, Handbuch der ägyptischen Königsnamen	J. v.Beckerath, Handbuch der ägyptischen Königsnamen, MÄS 20, München/Berlin 1984.
v.Beckerath, Tanis und Theben	J. v.Beckerath, Tanis und Theben. Historische Grundlagen der Ramessidenzeit in Ägypten, ÄF 16, Glückstadt 1951.
v.Beckerath, Zweite Zwischenzeit	J. v.Beckerath, Untersuchungen zur politischen Geschichte der Zweiten Zwischenzeit in Ägypten, ÄF 23, Glückstadt 1964.
Beni Hasan	P.E. Newberry, Beni Hasan. 4 Bde., ASE 1, 2, 5, 7, London 1893-94.
Bierbrier, LNK	M.L. Bierbrier, The Late New Kingdom in Egypt (c. 1300-664 B.C.). A Genealogical and Chronological Investigation, Warminster 1975.
Blackman, MESt	A.M. Blackman, Middle-Egyptian Stories, Teil 1, BAe 2, Brüssel 1932.
Blumenthal, Untersuchungen zum ägyptischen Königtum des MR I	E. Blumenthal, Untersuchungen zum ägyptischen Königtum des Mittleren Reiches. Bd.1: Phraseologie, ASAW 61,1, 1970.
BM Stelae	Hieroglyphic Texts from Egyptian Stelae, etc., in the British Museum, London ab 1911.
Bonhême, Noms royaux	M.-A. Bonhême, Les noms royaux dans l'Egypte de la troisième période intermédiaire, BdE 98, Kairo 1987.
Bonnet, RÄRG	H. Bonnet, Reallexikon der ägyptischen Religionsgeschichte, Berlin 1953.
Botti/Peet, Giornale	G. Botti and T.E. Peet, Il giornale della necropoli di Tebe, Turin 1928.
CAH	I.E.S. Edwards, C.J. Gadd, N.G.L. Hammond (Hg.), Cambridge Ancient History, 2. Aufl., ab 1961.

Caminos, Chronicle of Prince Osorkon	R.A. Caminos, The Chronicle of Prince Osorkon, AnOr 37, Rom 1958.
Caminos, Ibrim	R.A. Caminos, The Shrines and Rock-inscriptions of Ibrim, ASE 32, London 1968.
Caminos, LEM	R.A. Caminos, Late-Egyptian Miscellanies, Brown Egyptological Studies 1, London 1954.
Caminos, New Kingdom Temples of Buhen	R.A. Caminos, New Kingdom Temples of Buhen, 2 Bde., ASE 33 und 34, London 1974.
Caminos, Tale of Woe	R.A. Caminos, A Tale of Woe (Papyrus Pushkin 127). From a Hieratic Papyrus in the A.S. Pushkin Museum of Fine Arts in Moscow, Oxford 1977.
Cerny, Community of Workmen	J. Cerny, A Community of Workmen at Thebes in the Ramesside Period, BdE 50, Kairo 1973.
Cerny, LRL	J. Cerny, Late-Ramesside Letters, BAe 9, Brüssel 1939.
Cerny, pDeM	J. Cerny, Papyrus hiératiques de Deir el-Médineh. Bd.1, Nr.1-17, DFIFAO 8, 1978; Bd.2, Nr.18-34, DFIFAO 22, 1986.
Cerny-Gardiner, HO	J. Cerny, A.H. Gardiner, Hieratic Ostraca, Bd.1, Oxford 1957.
Cerny-Groll, LEG	J. Cerny, S.I. Groll, A Late Egyptian Grammar, Studia Pohl, Series Maior 4, 3. Aufl., Rom 1984.
Cerny, Graffiti	J. Cerny, Graffiti hiéroglyphiques et hiératiques de la montagne thébaine, DFIFAO 9, 1956.
Cerny/Sadek, Graffiti de la montagne thébaine	Graffiti de la montagne thébaine, Centre de Documentation et d'Etudes sur l'ancienne Egypte. Collection Scientifique. Bd.3: J. Cerny, A.A. Sadek, M. Shimi: Fac-Similés, Kairo 1970-77. Bd.4: J. Cerny, A.A. Sadek, Transcription et Indices, Kairo 1970-74.
Cerny, in: CAH, Ch.35	J. Cerny, From the Death of Ramesses III to the End of the Twenty-First Dynasty, in: CAH II^2, Kapitel 35.
Cerny, oKairo	s. oKairo.
Cerny bei Parker, Saite Oracle Papyrus	s. Parker, Saite Oracle Papyrus.
Cerny, Valley of the Kings	J. Cerny, The Valley of the Kings, BdE 61, Kairo 1973.
CG .... (Daressy)	s. Daressy, Cercueils des cachettes royales.
CG .... (Newberry)	s. Newberry, Funerary Statuettes
Champollion, Not. descr.	J.F. Champollion, Monuments de l'Egypte et de la Nubie, Notices descriptives conformes aux manuscrits autographes rédigés sur les lieux par Champollion le Jeune, 2 Bde., Paris 1844, Nachdruck Genf 1973-74.

Couyat/Montet, Inscr. du Ouadi Hammâmât	J. Couyat, P. Montet, Les inscriptions hiéroglyphiques et hiératiques du Ouadi Hammâmât, MIFAO 34, Kairo 1912.
Crum, CD	W.E. Crum, A Coptic Dictionary, Oxford 1939.
Daressy, Cercueils	s. den folgenden Eintrag.
Daressy, Cercueils des cachettes royales	G. Daressy, Catalogue Général (...) du Musée du Caire. Cercueils des cachettes royales (CG 61001–61044), Kairo 1909.
Davies, El-Amarna	N. de Garis Davies, The Rock Tombs of El-Amarna, 6 Bde., ASE 13–18, London 1903–8.
Dévaud, Ptahhotep	E. Dévaud, Les maximes des Ptahhotep d'après le Papyrus Prisse, les Papyrus 1037/10435 et 10509 du British Museum et la Tablette Carnavon, Texte, Freiburg/Schweiz, 1916.
Edel, Altäg. Gramm.	E. Edel, Altägyptische Grammatik, 2 Bde., AnOr 34 und 39, Rom 1955 und 1964.
Edfu	Le Marquis de Rochemonteix, E. Chassinat, Le temple d'Edfou, 14 Bde., MMAF 10–11, 20–31, Kairo 1897–1934; 2. Aufl. von S. Cauville und D. Devauchelle, Kairo ab 1984.
Edwards, O.A.D.	I.E.S. Edwards, Oracular Amuletic Decrees of the Late New Kingdom (Hieratic Papyri in the British Museum, Fourth Series), 2 Bde., London 1960.
El-Sayed, Documents relatifs à Sais	R. el-Sayed, Documents relatifs à Sais et ses divinités, BdE 69, Kairo 1975.
Erichsen, DG	W. Erichsen, Demotisches Glossar, Kopenhagen 1954.
Erichsen, Papyrus Harris I	W. Erichsen, Papyrus Harris I, BAe 5, Brüssel 1933.
Erman, ÄG	A. Erman, Ägyptische Grammatik, 4. Aufl., Berlin 1928.
Erman, NG	A. Erman, Neuägyptische Grammatik, Nachdruck der 2. Aufl., Leipzig 1933, Hildesheim 1979.
Evers, Staat	H.G. Evers, Staat aus dem Stein, 2 Bde., München 1929.
Fakhry, Siwa Oasis	A. Fakhry, The Oases of Egypt, Bd.1: Siwa Oasis, Kairo 1973, Nachdruck Kairo 1982.
Faulkner, CD	R.O. Faulkner, A Concise Dictionary of Middle Egyptian, Oxford 1962, Nachdruck Oxford 1964.
Faulkner, Pap.Wilbour, Index	A.H. Gardiner, The Wilbour Papyrus. Bd.4: R.O. Faulkner, Index, London 1952; s. auch pWilbour.
Fecht, Persönliche Frömmigkeit	G. Fecht, Literarische Zeugnisse zur "Persönlichen Frömmigkeit" in Ägypten, AHAW, Phil.-hist. Kl., 1965,1, Heidelberg 1965.

Fs.Champollion	Recueil d'études égyptologiques dédiées à la mémoire de Jean-François Champollion, BEHE 234, Paris 1922.
Fs.Fecht	Form und Mass. Beiträge zur Literatur, Sprache und Kunst des alten Ägypten, Festschrift für Gerhard Fecht, herausgegeben von Jürgen Osing und Günter Dreyer, ÄAT 12, Wiesbaden 1987.
Fs.Grapow	Ägyptologische Studien, herausgegeben von Otto Firchow, Berlin 1955.
Fs.Griffith	Studies Presented to Francis Llewellyn Griffith, London 1932.
Fs.Kákosy	The Intellectual Heritage of Egypt. Studies Presented to László Kákosy (...) on the Occasion of his 60th Birthday, herausgegeben von Ulrich Luft, Studia Aegyptiaca 14, Budapest 1992.
Fs.Korostovzev	Drevnij Vostok, Sbornik 1, Moskau 1975.
Fs.Lichtheim	Studies in Egyptology Presented to Miriam Lichtheim, Edited by Sarah Israelit-Groll, 2 Bde., The Hebrew University of Jerusalem, Jerusalem 1990.
Fs.Schott	Festschrift für Siegfried Schott zu seinem 70. Geburtstag, herausgegeben von Wolfgang Helck, Wiesbaden 1968.
Fs.Wedemeyer	Sino-Japonica, Festschrift für A. Wedemeyer, Leipzig 1956.
Gardiner, AEO	A.H. Gardiner, Ancient Egyptian Onomastica, 3 Bde., Oxford 1947.
Gardiner, EG	A.H. Gardiner, Egyptian Grammar, 3. Aufl., London 1969.
Gardiner, Egypt of the Pharaohs	A.H. Gardiner, Egypt of the Pharaohs. An Introduction, Oxford 1961.
Gardiner, Inscription of Mes	A.H. Gardiner, The Inscription of Mes. A Contribution to the Study of Egyptian Judicial Procedure, UGAÄ 4, Leipzig 1905.
Gardiner, LEM	A.H. Gardiner, Late-Egyptian Miscellanies, BAe 7, Brüssel 1937.
Gardiner, LESt	A.H. Gardiner, Late Egyptian Stories, BAe 1, Brüssel 1932.
Gardiner, Pap.Chester Beatty	A.H. Gardiner, The Chester Beatty Gift. Hieratic Papyri in the British Museum, Third Series, 2 Bde., London 1935.
Gardiner, Pap.Wilbour, Comm.	The Wilbour Papyrus, edited by A.H. Gardiner, 4 Bde., London 1941-52. Bd.2: Commentary. S. auch Faulkner, Pap.Wilbour, Index.
Gardiner, RAD	A.H. Gardiner, Ramesside Administrative Documents, London 1948.
Gardiner, Royal Canon of Turin	A.H. Gardiner, The Royal Canon of Turin, Oxford 1959.

Gauthier, LR	H. Gauthier, Le livre des rois d'Egypte, 5 Bde., MIFAO 17-21, Kairo 1907-17.
Gauthier, Temple d'Amada	H. Gauthier, Le temple d'Amada. Les temples immergés de la Nubie, Kairo 1913.
Gleanings DeM	Gleanings from Deir el-Medîna, herausgegeben von R.J. Demarée und J.J. Janssen. Egyptologische Uitgaven 1, Leiden 1982.
Graefe, Untersuchungen zur Wortfamilie bj3-	E. Graefe, Untersuchungen zur Wortfamilie bj3-, Köln 1971.
Griffith, Rylands Papyri	F.L. Griffith, Catalogue of the Demotic Papyri in the John Rylands Library, Manchester, 3 Bde., Manchester, London 1909.
Griffith, Siût and Dêr Rîfeh	F.L. Griffith, The Inscriptions of Siût and Dêr Rîfeh, London 1889.
Grimal, La stèle triomphale de Pi(ᶜankh)y	N.-C. Grimal, La stèle triomphale de Pi(ᶜankh)y au Musée du Caire JE 48862 et 47086-47089, MIFAO 105, Kairo 1981.
Grimal, Quatre stèles Napatéennes	N.C. Grimal, Quatre stèles Napatéennes au Musée du Caire. JE 48863-48866. Textes et indices, MIFAO 106, Kairo 1981.
Grumach, Untersuchungen zur Lebenslehre des Amenemope	I. Grumach, Untersuchungen zur Lebenslehre des Amenemope, MÄS 23, München 1972.
Gutgesell, Datierung	M. Gutgesell, Die Datierung der Ostraka und Papyri aus Deir el-Medineh und ihre ökonomische Interpretation. Teil 1: Die 20. Dynastie, HÄB 18, 1983.
Habachi, Second Stela of Kamose	L. Habachi, The Second Stela of Kamose and His Struggle against the Hyksos Ruler and His Capital, ADAIK 8, Glückstadt 1972.
Hari, Horemheb et la reine Moutnedjemet	R. Hari, Horemheb et la reine Moutnedjemet ou la fin d'une dynastie, Genf 1964.
Hassan, Gîza	S. Hassan, Excavations at Gîza, 10 Bde., Oxford und Kairo 1929-60.
Hayes, A Papyrus of Late Middle Kingdom	W.C. Hayes, A Papyrus of Late Middle Kingdom in the Brooklyn Museum (Papyrus Brooklyn 35.1446), edited with translation and commentary, Brooklyn 1955.
Helck, Hist.-biogr. Texte	W. Helck, Historisch-biographische Texte der 2. Zwischenzeit und neue Texte der 18. Dynastie, zusammengestellt, Wiesbaden 1975.
Helck, Materialien	W. Helck, Materialien zur Wirtschaftsgeschichte des Neuen Reiches, 5 Bde., AMAW, Wiesbaden 1961-70; zitiert nach den eingeklammerten Seitenzahlen am unteren Rand.

Helck, Merikare	W. Helck, Die Lehre für König Merikare, Kleine Ägyptische Texte, Wiesbaden 1977.
Helck, Der Text des "Nilhymnus"	W. Helck, Der Text des "Nilhymnus", Kleine Ägyptische Texte, Wiesbaden 1972.
Helck, Verwaltung	W. Helck, Zur Verwaltung des Mittleren und Neuen Reiches, PÄ 3, Leiden und Köln 1958.
Helck, Wirtschaftsgeschichte	W. Helck, Wirtschaftsgeschichte des alten Ägypten im 3. und 2. Jahrtausend vor Chr., Handbuch der Orientalistik, 1. Abteilung, Bd.1, 5. Abschnitt, Leiden 1975.
HO	s. Cerny-Gardiner, HO.
Hölscher, Medinet Habu	U. Hölscher, The excavations of Medinet Habu, 5 Bde., OIP 21, 41, 54, 55, 66, Chicago 1934-54.
Hornung, Der Eine und die Vielen	E. Hornung, Der Eine und die Vielen. Ägyptische Gottesvorstellungen, Darmstadt 1971.
Hornung, Das Totenbuch der Ägypter	E. Hornung, Das Totenbuch der Ägypter, Bibliothek der Alten Welt, Zürich und München 1979.
Inscr.dédic.R.II	Inscription dédicatoire, Abydos, Ramses II.: KRI II, 323ff.; H. Gauthier, La grande inscription dédicatoire d'Abydos, BdE 4, Kairo 1912.
Jansen-Winkeln, Ägyptische Biographien der 22. und 23. Dynastie	K. Jansen-Winkeln, Ägyptische Biographien der 22. und 23. Dynastie, 2 Bde., ÄAT 8, Wiesbaden 1985.
Janssen, Commodity Prices	J.J. Janssen, Commodity Prices from the Ramesside Period. An Economic Study of the age of Necropolis Workmen at Thebes, Leiden 1975.
Janssen, in: OLA 6	J.J. Janssen, The Role of the Temple in the Egyptian Economy during the New Kingdom, in: State and Temple Economy, Bd.2 (OLA 6), Löwen 1979.
Janssen, in: Schrijvend Verleden	J.J. Janssen, Vragen aan het orakel in Deir el-Medina (bij Thebe), in: Schrijvend Verleden, Documenten uit het Nabije Oosten vertaald en toegelicht, uitgegeven door K.R. Veenhof, Leiden/Zutphen 1983.
Janssen, Two Ancient Egyptian Ship's Logs	J.J. Janssen, Two Ancient Egyptian Ship's Logs. Papyrus Leiden I 350 verso and Papyrus Turin 2008+2016, Leiden 1961.
Kaiser, Orakel als Mittel der Rechtsfindung	O. Kaiser, Das Orakel als Mittel der Rechtsfindung im alten Ägypten, in: Zeitschrift für Religion und Geistesgeschichte 10, Köln 1958, 193ff.

Karnak	Cahiers de Karnak édités par le Centre Franco-Égyptien des Temples de Karnak V: 1970-72, Kairo 1975. VI: 1973-77, Kairo 1980. VII: 1978-81, Paris 1982. VIII: 1982-1985, Paris 1987.
Karnak-Nord	Fouilles conduites par C. Robichon, J. Leclant, P. Barguet. Karnak-Nord III (1945-49), IV (1949-51). FIFAO 23 und 25, Kairo 1951 und 1954.
Kees, Herihor	H. Kees, Herihor und die Aufrichtung des thebanischen Gottesstaates, NGWG 1936.
Kees, HPA	H. Kees, Die Hohenpriester des Amun von Karnak von Herihor bis zum Ende der Äthiopenzeit, PÄ 4, Leiden 1964.
Kees, Priestertum	H. Kees, Das Priestertum im ägyptischen Staat vom Neuen Reich bis zur Spätzeit, PÄ 1, Leiden und Köln 1953.
Khonsu	s. Temple of Khonsu.
Kitchen, TIP	K.A. Kitchen, The Third Intermediate Period in Egypt (1100-650 B.C.), Warminster 1973.
Kitchen, TIP/Appendix	Anhang zur 2. Auflage von Kitchen, TIP, Warminster 1986, S.529ff.
Kornemann, Römische Geschichte	E. Kornemann, Römische Geschichte. Bd.1: Zeit der Republik. Bd.2: Kaiserzeit, 4. Aufl. bearbeitet von H. Bengtson, Stuttgart 1954.
KRI	K.A. Kitchen, Ramesside Inscriptions, 8 Bde., Oxford ab 1968.
Kruchten, Le décret d'Horemheb	J.-M. Kruchten, Le décret d'Horemheb. Traduction, commentaire épigraphique, philologique et institutionnel, Brüssel 1981.
Kruchten, Djéhoutymose	J.-M. Kruchten, Le grand texte oraculaire de Djéhoutymose, intendant du domaine d'Amon sous le pontificat de Pinedjem II, Monographies Reines Elisabeth, Bd.5, Brüssel 1986.
Kuhlmann, Ammoneion	K.P. Kuhlmann, Das Ammoneion. Archäologie, Geschichte und Kultpraxis des Orakels von Siwa, AV 75, Mainz 1988.
Lacau, Une stèle juridique de Karnak	P. Lacau, Une stèle juridique de Karnak, SASAE 13, Kairo 1949.
Lacau-Chevrier, Une chapelle d'Hatshepsout à Karnak	P. Lacau, H. Chevrier, Une chapelle d'Hatshepsout à Karnak, Kairo 1977-79.
LD	K.R. Lepsius, Denkmaeler aus Aegypten und Aethiopien, 12 Bde. und Erg.bd., Berlin 1849-58, Leipzig 1913.

LD Text	K.R. Lepsius, Denkmaeler aus Aegypten und Aethiopien, Text, herausgegeben von E. Naville, 5 Bde., Leipzig 1897-1913.
Lebensmüder	W. Barta, Das Gespräch eines Mannes mit seinem BA (Papyrus Berlin 3024), MÄS 18, Berlin 1969.
Leclant, Montouemhat	J. Leclant, Montouemhat, quatrième prophète d'Amon, prince de la ville, BdE 35, Kairo 1961.
Leclant, in: La divination	J. Leclant, Éléments pour une étude de la divination dans l'Égypte pharaonique, in: Caquot/Leibovici (Hg.), La Divination, Paris 1968.
Lefebvre, Hist. des Grands prêtres	G. Lefebvre, Histoire des grands prêtres d'Amon de Karnak jusqu'à la XXIe dynastie, Paris 1929.
Lefebvre, Inscr.	G. Lefebvre, Inscriptions concernant les Grands prêtres d'Amon Romê-Roy et Amenhotep, Paris 1929.
Legrain, Statues	G. Legrain, Catalogue Général (...) du Musée du Caire. Statues et statuettes des rois et des particuliers (CG 42001-42250), 3 Bde. und Index , Kairo 1906-25.
Leidener Amunshymnus	s. pLeiden J350
LEM	s. Gardiner, LEM.
LESt	s. Gardiner, LESt.
Lieblein, Dictionnaire des noms	J.C. Lieblein, Dictionnaire des noms hiéroglyphiques en ordre généalogique et alphabétique publié d'après les monuments égyptiens, Leipzig 1871-92.
LR	s. Gauthier, LR.
LRL	s. Cerny, LRL.
Luft, Theokratie	U. Luft, Die Theokratie. Ihr Werden und ihre Ausstrahlung auf die Mythenschreibung, Dissertation Leipzig ohne Jahreszahl.
Lurje, Studien zum altägyptischen Recht	I.M. Lurje, Studien zum altägyptischen Recht des 16. bis 10. Jahrhunderts v.u.Z., deutsche Ausgabe herausgeben von S. Allam, Weimar 1971.
Macadam, Kawa	M.F.L. Macadam, The Temples of Kawa. Bd.1: The Inscriptions, Text/Plates, London 1949. Bd.2: History and Archaeology of the Site, Text/Plates. Oxford University Excavations in Nubia, London 1955.
Malinine, Choix de textes	M. Malinine, Choix de textes juridiques en hiératique "anormal" et en démotique (XXVe - XXVIIe dynastie), Teil 1, Paris 1953, Teil 2 (RAPH 18), Kairo 1983.
Malinine/Pirenne, Documents jur. Eg.II	M. Malinine, J. Pirenne, Documents juridiques égyptiens (deuxième série), AHDO V, 1950.

Mariette, Karnak	A. Mariette, Karnak. Etude topographique et archéologique, Leipzig 1875.
Mariette, Monuments divers	A. Mariette, Monuments divers recueillis en Egypte et en Nubie, 2 Bde., Paris 1889.
Marucchi, Cat. Museo Egiz.	E. Marucchi, Il Museo Egizio Vaticano, descritto ed illustrato, Rom 1899.
Maspero, Momies royales	G. Maspero, Les momies royales de Deir el-Bahari, MMAF 1, Paris 1889.
McDowell, Jurisdiction	A.G. McDowell, Jurisdiction in the Workmen's Community of Deir el-Medîna. Egyptologische Uitgaven 5, Leiden 1990.
Medinet Habu	The Epigraphic Survey, Medinet Habu, 8 Bde., OIP 8, 9, 23, 51, 83, 84, 93, 94, Chicago 1930-70.
Meeks, in: OLA 6	D. Meeks, Les donations aux temples dans l'Egypte du Ier millénaire avant J.-C., in: State and Temple Economy, Bd.2, OLA 6, Löwen 1979.
Mel. Masp.	Melanges Maspero I,1: MIFAO 66, 1935-38; I,4: MIFAO 66, 1961.
Menu, Régime juridique	B. Menu, Le régime juridique des terres et du personnel attaché à la terre dans le papyrus Wilbour, Lille 1970.
Merikare	s. Helck, Merikare.
MESt	s. Blackman, MESt.
Möller, Dekret des Amenophis	G. Möller, Das Dekret des Amenophis, des Sohnes des Hapu, SPAW, Phil.-hist.Kl., 1910, 932ff.
Möller, Hieratische Lesestücke	G. Möller, Hieratische Lesestücke für den akademischen Gebrauch, 3 Hefte, Leipzig 1909-1910.
Mokhtar, Ihnâsya el-Medina	M.G. Mokhtar, Ihnâsya el-Medina (Herakleopolis magna). Its Importance and its Role in Pharaonic History, BdE 40, Kairo 1983.
Montet, Tanis	P. Montet, La nécropole royale de Tanis, 3 Bde., Paris 1947-60.
Montet, Vie quotidienne	P. Montet, La vie quotidienne en Egypte au temps des Ramses, Paris 1946; deutsch: So lebten die Ägypter vor 3000 Jahren, 2. Aufl., Stuttgart 1961.
Morenz, Heraufkunft des transzendenten Gottes	S. Morenz, Die Heraufkunft des transzendenten Gottes in Ägypten, in: Morenz, Religion und Geschichte des alten Ägypten, Gesammelte Aufsätze, Weimar 1975, 77ff.
Morenz, Untersuchungen zur Rolle des Schicksals	S. Morenz, Untersuchungen zur Rolle des Schicksals in der ägyptischen Religion, ASAW, Phil.-hist. Kl., Bd.52,1, Berlin 1960.
Morgan, Ancient Society	L.H. Morgan, Ancient Society. Researches in the Lines of Human Progress from Savagery through Barbarism to Civilization, Chicago 1907.

Morschauser, Threat-Formulae	S. Morschauser, Treat-Formulae in Ancient Egypt. A Study of the History, Structure and Use of Threats and Curses in Ancient Egypt, Baltimore 1991.
Mrsich, Untersuchungen zur Hausurkunde	T. Mrsich, Untersuchungen zur Hausurkunde des Alten Reiches. Ein Beitrag zum ägyptischen Stiftungsrecht, MÄS 13, Berlin 1968.
Naville, Festival-Hall	E. Naville, The Festival-Hall of Osorkon II in the Great Temple of Bubastis (1887-1889), EEF 10, London 1892.
Naville, Inscription historique	E. Naville, Inscription historique de Pinodjem III, grand prêtre d'Ammon à Thèbes, traduite et commentée, Paris 1883.
Naville, Totenbuch	E. Naville, Das aegyptische Totenbuch der XVIII. bis XX. Dynastie, 3 Bde., Berlin 1886.
Nelson/Murnane, Hypostyle Hall	H.H. Nelson, W.J. Murnane, The Great Hypostyle Hall at Karnak. Bd.1,1: The Wall Reliefs, OIP 106, Chicago 1981.
Newberry, Funerary Statuettes	P.E. Newberry, Catalogue Général (...) du Musée du Caire. Funerary Statuettes and Model Sarcophagi (CG 46530-48575). 3 Bde., Kairo 1930-1957.
Niwinski, Coffins from Thebes	A. Niwinski, 21th Dynasty Coffins from Thebes, Theben 5, Mainz 1988.
Osing, Nominalbildung	J. Osing, Die Nominalbildung des Ägyptischen, 2 Bde., Mainz 1976.
Osing, Tempel Sethos' I. in Qurna	J. Osing, Der Tempel Sethos' I. in Qurna, Bd.1, AV 20, Mainz 1977.
oBerlin	Hieratische Papyrus aus den Königlichen Museen zu Berlin III, Leipzig 1911.
oDeM 1-456	J. Cerny, Catalogue des ostraca hiératiques non littéraires de Deir el-Médineh, DFIFAO 3-7, 1935-51.
oDeM 550-623	S. Sauneron, Catalogue des ostraca hiératiques non littéraires de Deir el-Médineh, DFIFAO 13, 1959.
oDeM 624-705	J. Cerny, Catalogue des ostraca hiératiques non littéraires de Deir el-Médineh, DFIFAO 14, 1970.
oHO	s. Cerny-Gardiner, HO.
oKairo	G. Daressy, Catalogue Général (...) du Musée du Caire. Ostraca (CG 25001-25385), Kairo 1901.
	J. Cerny, Catalogue Général (...) du Musée du Caire. Ostraca Hiératiques (CG 25501-25832), 2 Bde., Kairo 1931 und 1935.

Otto, Ägypten. Der Weg des Pharaonenreiches	E. Otto, Ägypten. Der Weg des Pharaonenreiches, 3. Aufl., Stuttgart 1958.
Otto, Topographie des thebanischen Gaues	E. Otto, Topographie des thebanischen Gaues, UGAÄ 16, Berlin 1952.
pAn. ...	pAnastasi II–VI, s. Gardiner, LEM.
pBol.1086	W. Wolf, in: ZÄS 65, 1930, 89ff.; KRI IV, 78ff.
pBol.1094	s. Gardiner, LEM, 1ff.
pChester Beatty IV, V und XI	A.H. Gardiner, The Chester Beatty Gift. Hieratic Papyri in the British Museum, Third Series, 2 Bde., London 1935.
pDeM	s. Cerny, pDeM.
pHarris I	s. Erichsen, Papyrus Harris I.; wenn Erichsen nicht genannt wird, beziehen sich die Angaben auf Kolumnen und Zeilen des Papyrus, nicht auf die Seiten und Zeilen der Erichsen-Ausgabe.
pKairo	W. Golénischeff, Catalogue Général (...) du Musée du Caire. Papyrus hiératiques (CG 58001–58036), Kairo 1927.
pLansing	s. Gardiner, LEM.
pLeiden J350	J. Zandee, De Hymnen aan Amon van Papyrus Leiden J350, in: OMRO 28, 1947.
pLeiden J350 vso.	s. Janssen, Two Ancient Egyptian Ship's Logs.
pMayer	s. Peet, The Mayer Papyri A & B
pMillingen	J. Lopez, in: RdE 15, 1963, 29ff.; W. Helck, Der Text der "Lehre Amenemhets I. für seinen Sohn", Kleine ägyptische Texte, Wiesbaden 1969.
pOrbiney	s. Gardiner, LESt.
pSallier I und IV	s. Gardiner, LEM.
pTurin 2008+2016	s. Janssen, Two Ancient Egyptian Ship's Logs
pWestcar	A. Erman, Die Märchen des Papyrus Westcar. Königliche Museeen zu Berlin, Mittheilungen aus den Orientalischen Sammlungen, Heft V und VI, Berlin 1890.
pWilbour	A.H. Gardiner, The Wilbour Papyrus, 4 Bde., London 1941–52; s. auch Gardiner, Pap.Wilbour, Comm.; Faulkner, Pap.Wilbour, Index.
pValençay I und II	A.H. Gardiner, in: RdE 6, 1951, 115ff.; s. auch Gardiner, RAD.
Parker, Saite Oracle Papyrus	R.A. Parker, A Saite Oracle Papyrus from Thebes in the Brooklyn Museum (Papyrus Brooklyn 47.218.3), Providence 1962.
Pauly-Wissowa, Realencyclop.	Paulys Realencyclopädie der classischen Altertumswissenschaften (...), herausgegeben von Georg Wissowa, Stuttgart 1893–1965.

Peet, The Mayer Papyri A & B	T.E. Peet, The Mayer Papyri A & B, Nos. M.11162 and M.11186 of the Free Public Museum, Liverpool, London 1920.
Peet, Tomb-Robberies	T.E. Peet, The Great Tomb-Robberies of the Twentieth Egyptian Dynastie, 2 Bde., Oxford 1930.
Perepelkin, Privateigentum	J.J. Perepelkin, Privateigentum in der Vorstellung der Ägypter des Alten Reiches. Herausgegeben und übersetzt von R. Müller-Wollermann, Tübingen 1986.
Pestman, Recueil de textes démotiques et bilingues	P.W. Pestman, Recueil de textes démotiques et bilingues. Avec la collaboration de J. Quaegebeur et R.L. Vos, 3 Bde., Leiden 1977.
Petrie, History of Egypt	W.M.F. Petrie, A History of Egypt, 3 Bde., London 1905.
Pfortenbuch	Das Buch von den Pforten des Jenseits. Nach den Versionen des Neuen Reiches herausgegeben von E. Hornung unter Mitarbeit von A. Brodbeck und E. Staehelin, 2 Bde., AH 7 und 8, Basel/Genf 1979/80.
Pirenne, Institutions et droit	J. Pirenne, Histoire des institutions et du droit privé de l'ancienne Égypte, 3 Bde., Brüssel 1932-35.
PM	B. Porter and R.L.B. Moss, Topographical Bibliography of Ancient Egyptian Hieroglyphic Texts, Reliefs and Paintings, 2. Aufl., Oxford ab 1960.
Posener, Divinité du Pharaon	G. Posener, De la divinité du Pharaon, Paris 1960.
Posener, L'enseignement loyaliste	G. Posener, L'enseignement loyaliste. Sagesse égyptienne du Moyen Empire, Genf 1976.
Prisse d'Avennes, Monuments égyptiens	A. Prisse d'Avennes, Monuments égyptiens: bas-reliefs, peintures, inscriptions etc..., Paris 1847.
Pritchard, ANET	J.B. Pritchard, Ancient Near Eastern Texts Relating to the Old Testament, 2. Aufl., Princeton 1955.
Quaegebeur, Shai	J. Quaegebeur, Le dieu égyptien Shai, OLA 2, Löwen 1975.
Pyr.	K. Sethe, Die altägyptischen Pyramidentexte, nach den Papierabdrucken und Photographien des Berliner Museums neu herausgegeben und erläutert, 4 Bde., Leipzig 1908-22.
RAD	s. Gardiner, RAD.
Ranke, PN	H. Ranke, Die altägyptischen Personennamen, 2 Bde., Glückstadt 1935 und 1952.

Regalità Sacra	La Regalità Sacra. Contributi al tema dell' VIII congresso internazionale di storia delle religioni (Roma, Aprile 1955), Leiden 1959.
RIDA	Revue Internationale des Droits de l'Antiquité, 3ᵉ Série, Brüssel.
RIK	The Epigraphic Survey, Reliefs and Inscriptions at Karnak, OIP 25, 35, 74. Bd.1 und 2: Ramses III's Temple within the Great Inclosure of Amon, Ramses III's Temple in the Precinct of Mut, Chicago 1936. Bd.3: The Bubastite Portal, Chicago 1954.
Robichon-Varille, Le temple du scribe royal Amenhotep	C. Robichon, A. Varille, Le temple du scribe royal Amenhotep, fils de Hapou, FIFAO 11, Kairo 1936.
Sander-Hansen, Anchnesneferibre	C. Sander-Hansen, Die religiösen Texte auf dem Sarg der Anchnesneferibre, Kopenhagen 1937.
Sandman, Texts from Akhenaten	M. Sandman, Texts from the Time of Akhenaten, BAe 8, Brüssel 1938.
Satzinger, Die negativen Konstruktionen	H. Satzinger, Die negativen Konstruktionen im Alt- und Mittelägyptischen, MÄS 12, Berlin 1968.
Satzinger, Neuägyptische Studien	H. Satzinger, Neuägyptische Studien. Die Partikel ir. Das Tempussystem. Beihefte WZKM 6, Wien 1976.
Schaedel, Die Listen des großen Papyrus Harris	H.D. Schaedel, Die Listen des großen Papyrus Harris. Ihre wirtschaftliche und politische Ausdeutung, LÄS 6, Glückstadt 1936.
Schäfer, Die äthiopische Königsinschrift des Berliner Museums	H. Schäfer, Die äthiopische Königsinschrift des Berliner Museums. Regierungsbericht des Königs Nastesen, des Gegners des Kambyses, Leipzig 1901.
Schenke, Orakel	H.-M. Schenke, Die Orakel im alten Ägypten, Dissertation, Berlin 1960.
Schenkel, MHT	W. Schenkel, Memphis, Herakleopolis, Theben. Die epigraphischen Zeugnisse der 7.-11. Dynastie Ägyptens, ÄA 12, Wiesbaden 1965.
Schmitz, Untersuchungen zum Titel s3-njswt	B. Schmitz, Untersuchungen zum Titel s3-njswt, "Königssohn", Bonn 1976.
Schneider, Shabtis	H.D. Schneider, Shabtis. An Introduction to the History of Ancient Egyptian Funerary Statuettes with a Catalogue of the Collection of Shabtis in the National Museum of Antiquities at Leiden, 3 Bde., Leiden 1977.
Schott, Kanais	S. Schott, Kanais. Der Tempel Sethos' I. im Wadi Mia, NAWG, Phil.-hist. Kl., 1961,6, Göttingen 1961.

Seele, Coregency	K.C. Seele, The Coregency of Ramses II with Seti I and the Date of the Great Hypostyle at Karnak, SAOC 19, Chicago 1940.
Seidl-Scharff, Ägyptische Rechtsgeschichte	E. Seidl, Einführung in die ägyptische Rechtsgeschichte bis zum Ende des Neuen Reiches. Bd.1: Juristischer Teil, mit einem Vorwort von A. Scharff, ÄF 10, Glückstadt 1939.
Serapis	Serapis. The American Journal of Egyptology, Chicago ab 1969.
Sethe, Amun und die acht Urgötter	K. Sethe, Amun und die acht Urgötter von Hermopolis. Eine Untersuchung über Ursprung und Wesen des ägyptischen Götterkönigs, APAW, Phil.-hist. Kl. 1929,4, Berlin 1929.
Sethe, Lesestücke	K. Sethe, Ägyptische Lesestücke zum Gebrauch im akademischen Unterricht. Texte des Mittleren Reiches, Nachdruck der 2. Aufl. 1928, Darmstadt 1959.
Shisha-Halevy, The Oracular Conference	A. Shisha-Halevy, The Oracular Conference: A Text-Linguistic Case Study in Late Egyptian, in: Folia Linguistica Historica, 1981, 133ff.
Sinuhe	s. Blackman, MESt.
Smith, The Royal Mummies	G.E. Smith, Catalogue Général (...) du Musée du Caire. The Royal Mummies (CG 61051-61100), Kairo 1912.
Sottas, La préservation de la propriété funéraire	H. Sottas, La préservation de la propriété funéraire, Paris 1913.
Spiegelberg, Ägyptische und andere Graffiti	W. Spiegelberg, Ägyptische und andere Graffiti aus der Thebanischen Nekropolis, Heidelberg 1921.
Spiegelberg, Demotische Grammatik	W. Spiegelberg, Demotische Grammatik, Heidelberg 1925.
State and Temple Economy	State and Temple Economy in the Ancient Near East. Proceedings of the International Conference organized by the Katholieke Universiteit Leuven from the 10th to the 14th of April 1978 edited by E. Lipinski, 2 Bde., OLA 5 und 6, Löwen 1979.
Steward, Egyptian Stelae	H.M. Steward, Egyptian Stelae, Reliefs and Paintings from the Petrie Collection, Part Three: The Late Period, Warminster 1983.
Stele Meeks	Numerierung der Schenkungsstelen nach Meeks, in: OLA 6, 1979, 661ff.; s. auch: Meeks, in: OLA 6.
Stèle juridique	s. Lacau, Une Stèle juridique de Karnak.
Suys, Anii	E. Suys, La sagesse d'Anii. Texte, traduction et commentaire, AnOr 11, Rom 1935.

Tb.	s. Naville, Totenbuch.
TS ...	Textsammlung *Texte der 21. Dynastie*, mit Text-Nummer, im Anhang der vorliegenden Arbeit, S.537ff.
Temple of Khonsu	The Epigraphic Survey, The Temple of Khonsu, OIP 100 und 103. Bd.1: Scenes of King Herihor in the Court, Chicago 1979. Bd.2: Scenes and Inscriptions in the Court and the First Hypostyle Hall, Chicago 1981.
Thomas, RNT	E. Thomas, The Royal Necropoleis of Thebes, Princeton 1966.
Tosi/Roccati, Stele e altre epigrafi	M. Tosi, A. Roccati, Stele e altre epigrafi di Deir el Medina n.50001-n.50262 (Catalogo del Museo Egizio di Torino, serie II: Collezioni, 1), Turin 1972.
TUAT II	Texte aus der Umwelt des Alten Testaments. Bd.2: Orakel, Rituale, Bau- und Votivinschriften, Lieder und Gebete, herausgegeben von O. Kaiser u.a., Gütersloh 1986-1991.
Valbelle, "Les ouvriers de la tombe"	D. Valbelle, "Les ouvriers de la tombe". Deir el-Médineh à l'époque ramesside, BdE 96, Kairo 1985.
Vandier, Mo^{c}alla	J. Vandier, Mo^{c}alla, La tombe d'Ankhtifi et la tombe de Sébekhotep, BdE 18, Kairo 1950.
Vleeming, Papyrus Reinhardt	S.P. Vleeming, Papyrus Reinhardt. An Egyptian Land List from the Tenth Century B.C., Hieratische Papyri aus den Staatlichen Museen zu Berlin - Preussischer Kulturbesitz, Lieferung 2, Berlin 1993.
Volten, Politische Schriften	A. Volten, Zwei altägyptische politische Schriften, AnAe 4, Kopenhagen 1945
Weil, Die Veziere des Pharaonenreiches	A. Weil, Die Veziere des Pharaonenreiches chronologisch angeordnet, Straßburg 1908.
Wente, LRL	E.F. Wente, Late Ramesside Letters, SAOC 33, Chicago 1967.
Wente, LAE	E.F. Wente, Letters from Ancient Egypt. Writings from the Ancient World 1, Atlanta, Georgia 1990.
Westendorf, KHW	W. Westendorf, Koptisches Handwörterbuch, Heidelberg 1965-77.
Winlock, The Tomb of Queen Meryet-Amun	H.E. Winlock, The Tomb of Queen Meryet-Amun at Thebes, The Metropolitan Museum of Art, Egyptian Expedition, New York 1932.
Wolf, Das schöne Fest von Opet	W. Wolf, Das schöne Fest von Opet, Leipzig 1931.
Wolf, Kulturgeschichte des Alten Ägypten	W. Wolf, Kulturgeschichte des Alten Ägypten, Stuttgart 1962.

Yoyotte, in: Mel. Masp.	J. Yoyotte, Les principautés du delta au temps de l'anarchie libyenne. Études d'histoire politique, in: Mel. Masp. I,4, Kairo 1961, 121ff.
Zaba, Ptahhotep	Z. Zaba, Les maximes de Ptahhotep, Prag 1956.
Zandee, Hymnen aan Amon	J. Zandee, De Hymnen aan Amon van Papyrus Leiden J350, in: OMRO 28, 1947.
Zandee, in: Bleeker, Widengren, Sharpe	J. Zandee, Gott ist König. Königssymbolismus in den antiken Gottesvorstellungen, besonders in der Religion des alten Ägypten, in: Bleeker, Widengren, Sharpe (Hg.), Proceedings of the XIIth International Congress of the International Association for the History of Religions, Leiden 1975, 167ff.
Zandee, in: Fs.Beek	J. Zandee, Egyptological Commentary on the Old Testament, in: Travels in the World of the Old Testament. Studies presented to Prof. M.A. Beek on the Occasion of his 65th Birthday, Assen 1974, 269ff.

2. Andere Abkürzungen

A	Amun(-Re)
A.I/II/III/IV	Amenophis I./II./III./IV.
ahd.	althochdeutsch
app.	apportioning (domain), s. Sach- und Stichwortregister
AR	Altes Reich
A/M/C	Amun, Mut und Chons
AT	Altes Testament
bes.	besonders
C	Chons von Karnak
CFETK	Centre Franco-Egyptien des Temples de Karnak
Champ., Ch.	Champollion-Abschrift - für einen Teil der Zeilen von I.21.e.
DeB	Deir el-Bahri
DeM	Deir el-Medineh
et var.	und Varianten
Fs.	Festschrift
got.	gotisch
HP	Hoherpriester (des -)
HPA	Hoherpriester des Amun-Re von Karnak (= ḥm-nṯr-tpj n-Jmn-R^{c}-njswt-nṯr.w)
Kg.	König
loc.cit.	locus citatum
M	Mut von Karnak
MR	Mittleres Reich
N	Nomen (d.h. der 5. Königsname)
NT	Neues Testament
non-app.	non-apportioning (domain)
NR	Neues Reich
op.cit.	opus citatum
P.I/II	Painedjem I/II.
pAn.	pAnastasi
pCh.Beatty	pChester Beatty
Pl.	Tafel
PN	Praenomen (d.h. der 4. Königsname)
Ps.I/II	Psusennes I./II.
R.II/III/IV/V...	Ramses II./III./IV./V...
S.I/II	Sethos I./II.

s.v.	sub voce (u.a. für Artikel des LÄ)
s.Z., senkr.Z.	senkrechte Zeile
š.	**šmw**
Th. I/II/III/IV	Thutmosis I./II./III./IV.
th.Gr.	thebanisches Grab
UC	University College, London
vb.	Verbum
VK Kusch	Vizekönig von Kusch (**zꜣ-njswt n-Kꜣš**)
w.-m.	**wḥm-msw.t**(-Ära), Renaissance-Ära (s. Sach- und Stichwortregister und Register L)
w.Z., waager.Z.	waagerechte Zeile
Zw.zt.	Zwischenzeit
2-4PA	2.-4. Gottesdiener des Amun-Re von Karnak

Einleitung

Für die 21. ägyptische Dynastie gilt in besonderer Weise die Feststellung J.J. Janssens[1], daß auch die bekannten Protagonisten der ägyptischen Geschichte meist gesichtslos bleiben; der Versuch, ihnen einen "Charakter" zu geben, stößt an die engen Grenzen, die die Quellen dem Wissen gesetzt haben. Die Forschung hat dort mit Problemen zu kämpfen, wo andere historische Disziplinen die sicheren Grundlagen ihrer Arbeit kennen. Die maßgeblichen historischen Personen der 21. Dynastie überhaupt namentlich zu identifizieren, sie chronologisch einzuordnen, ihre Abgrenzung als Personen *von*einander und ihre verwandtschaftlichen Beziehungen *zu*einander zu klären, steht immer noch im Mittelpunkt der Bemühungen um die 21. Dynastie. Dabei nimmt gerade diese Zeit eine Schlüsselstellung ein für die Urteile und Vorurteile, die über die Grundstrukturen des ägyptischen Gemeinwesens existieren.

In Werken über die Geschichte Ägyptens zeigen häufig die Kapitel, die sich mit dem Ende des Neuen Reiches befassen, was ihre Autoren über die Grundlagen von Königtum und Gesellschaft im Neuen Reich denken, was sie für die entscheidenden geschichtlichen Kräfte dieser Zeit halten. So wird das Ende der 20. Dynastie mit Ramses XI. gerne als Zuspitzung von Gegensätzen aufgefaßt, die sich bereits in der Blütezeit des Neuen Reiches anbahnten: Eine immer stärker werdende Priesterschaft des Amun von Karnak wäre schließlich zu einem Staat im Staate herangewachsen, der sogar die Macht des Königtums in Frage stellen konnte. Dabei hätten sich die Priester der populären Institution des Orakelwesens als Mittel zur propagandistischen und religiösen Absicherung ihrer Macht und ihres Einflusses bedient. Für diese Entwicklung werden reichliche Schenkungen an Land und anderen Reichtümern von Seiten des Königs an die Tempel, vor allem an den Tempel des Amun von Karnak verant-

---

[1] Janssen, De markt op de oever, Leiden 1980, 4.

wortlich gemacht, was schließlich zur Verarmung und Entmachtung der Krone geführt hätte[2].

Mit einem Verständnis des sogenannten "Gottesstaates" als Schlußpunkt einer jahrhundertelangen Konkurrenz zwischen Königtum und Priesterschaft des Amun um Macht und Einfluß wird das Ende der Ramessiden aus dem Erstarken einer als "Gegenpartei" vorgestellten Priesterschaft erklärt. Jedoch ist diese Erklärung der Schwäche einer Seite aus der Stärke einer Gegenseite tautologisch: woraus erklärt sich dann wieder deren Stärke? Beruht nicht die vor allem in der älteren Literatur lebendige Überzeugung, daß Königtum und Priesterschaft in Konkurrenz um Macht und Einfluß zueinander standen[3], auf der Übertragung westeuropäisch-mittelalterlicher Verhältnisse mit ihrer Rivalität zwischen Kaiser und Papst auf eine ganz anders geartete Kultur? Daß ein Priester königliche Würden übernimmt, bestätigt nur dann diese Sichtweise, wenn man von ihr bereits überzeugt ist[4]. Dieser Blickwinkel auf die ägyptische Geschichte vermag zwar eine Dramatisierung der wenig bekannten Ereignisse zu erzeugen und den gerade einmal mit Namen und Titeln, wenn man Glück hat, mit ihrer Mumie dokumentierten Akteuren politische Absichten und Weltanschauungen, gar einen "Charakter" zuzuschreiben, jedoch ist diese temperamentvolle Geschichtsschreibung nichts als "*pure Phantasie*"[5].

Daß in der 21. Dynastie sich etwas verändert mit Königtum und Priestertum, ist allerdings offensichtlich und geht gerade aus den für den Verlauf der geschichtlichen Ereignisse wenig ergiebigen Titulaturen, Beischriften, Weihinschriften und aus anderen stereotypen Texten hervor. Und da man wohl nie

---

2 Mehr oder weniger explizit finden sich einzelne dieser Gedanken z.B bei: Lefebvre, Hist. des Grands prêtres, 195f.; 207; Kees, Priestertum, 129f.; Wolf, Kulturgeschichte des alten Ägypten, 326ff.; 346ff.; Cerny, in: CAH, Chap.35, 23; Gardiner, Pap.Wilbour, Comm., 204; 208; Lurje, Studien zum altägyptischen Recht, 90; 97. Zurückhaltend dagegen Gardiner, Egypt of the Pharaohs, 298f. und 302ff. Interessant, weil widersprüchlich Otto, Ägypten, der Weg des Pharaonenreiches, 195ff., besonders 197: Einerseits konstatiert er, daß ein "*gefährlich großer Teil des Volksvermögens*" durch die Tempel verwaltet worden sei, andererseits hält er fest, daß mittelbar über den Tempel dieser Teil aber auch dem König gedient habe, und kommt zu dem wichtigen Resultat: "*Die gerade in der Ramessidenzeit so auffällige Vermehrung des Tempelbesitzes würde also nicht unmittelbar eine gleiche Verminderung des Kronbesitzes bedeuten*". Dann fährt er aber fort: "*Vielmehr liegt die Veränderung in einer Verschiebung des organisatorischen Schwerpunktes*" - was wiederum eine "*Gefahr*" darstellen soll.

3 S.u. §88ff.

4 Kees, der ohne Zögern von Königtum und Tempeln des alten Ägypten spricht, als seien sie so etwas wie "*Staat und Kirche*" gewesen (Kees, Priestertum, 97) war es andererseits, der vom nicht-priesterlichen, sondern militärischen Charakter des Herihor und des thebanischen Gottesstaates überzeugt war: Kees, Priestertum, 130; ders., Herihor, 11.

5 Janssen, op.cit., 4: "*Wanneer een egyptoloog koningin Hatshepsut beschrijft als 'this vain, ambitious and unscrupulous woman' (Hayes, Szepter of Egypt II, 82), dan is dat pure fantasie.*"

imstande sein wird, über Paianch, Herihor und Painedjem I. so zu schreiben wie über Pompejus, Caesar oder Octavianus, beschäftigt sich die vorliegende Arbeit nicht mit der Darstellung geschichtlicher Figuren und Ereignisse der Zeit, sondern mit den institutionellen Verhältnissen[6], die diesen Figuren und Ereignissen zugrunde liegen: Verhältnisse, denen König *und* Tempel unterlagen. Aus ihnen sollten sich auch die die Umgangsformen zwischen den Königen und den Tempeln ergeben, die zu abendländischen Mißverständnissen einladen.

Im Mittelpunkt steht daher zunächst die (ideologische) Natur des thebanischen Priester-Königtums. Die eigentümliche Verbindung traditioneller königlicher und priesterlicher Elemente ist bereits angelegt in der Phraseologie, die die Hohenpriester des Amun in der 19. und 20. Dynastie auf sich selbst anwendeten. Es bedarf keines Rückgriffs auf einen historischen Gegensatz zum pharaonischen Königtum, um die *Ideologie* eines ins Königliche gewendeten Hohenpriestertums des Amun zu erklären. Sie war schon in dessen traditionellem Selbstverständnis angelegt. Im *ersten Teil* geht es daher um die Besonderheiten in der Titulatur der Priesterfürsten am Ende des Neuen Reiches und ihre ideologische Vorgeschichte. Die historische *Wirklichkeit*, auf die diese Ideologie angewendet wurde, dürfte übrigens ganz andere Ursachen haben, als einen alten Gegensatz zwischen dem Königtum und seinen Tempelbeamten. Die Phraseologie für die königsähnlichen Gottesdiener der 21. Dynastie galt vermutlich nicht mehr Ägyptern, sondern Fremden, die den Weg in die höchsten Ränge des ägyptischen Gemeinwesens gefunden hatten[7].

Eng verbunden mit dem Priester-Königtum von Karnak war das Orakelwesen, mit dem wichtige Entscheidungen einem fiktiven, religiösen Subjekt anvertraut wurden. Diese Institution nährt den Verdacht betrügerischer Inszenierung: das Orakel als Manipulationsinstrument in den Händen einer gegen die "weltlichen Machthaber" verschworenen Priesterschaft[8]. Wenn Menschen sich von den Bewegungen eines auf den Schultern von Trägern ruhenden Götterbildes in ihren Handlungen bestimmen ließen, hat man es mit religiöser Überzeugung zu tun und ist dennoch geneigt, an "*Priesterbetrug*"[9] zu denken, nicht zuletzt angesichts der Wichtigkeit der Gottesentscheidungen. Abgesehen davon, daß es vermutlich die Priester waren, die die "*Öffentlichkeit*" bei diesen Orakelprozeduren darstellten, kannten die Ägypter selbst den *Mißbrauch* des Orakels

6 Vgl. Janssen, op.cit., 5f.

7 S.u. §55; zum Beginn der Libyer-Herrschaft in Ägypten jetzt Jansen-Winkeln, in: Biblische Notizen 71, 1994, 78ff.

8 Beispielhaft wird diese Meinung vorgetragen von Lurje, Studien zum altägyptischen Recht, 97f.

9 Schenke, Orakel, 175.

als einen zu bestrafenden Sonderfall[10]. Die im *zweiten Teil* vorliegende Behandlung des Orakelwesens am Ende des Neuen Reiches versucht, das Orakel nicht in seinen Auswüchsen, sondern in seiner Normalität zu fassen, in der es immerhin mehrere Jahrhunderte in Gebrauch war. *Mißbrauch* des Orakels hat es natürlich gegeben, sollte aber nicht für dessen *Wesen* erachtet werden; so wenig, wie man über die praktische Realisierung der Orakel weiß, so unbekannt sind die Möglichkeiten betrügerischer Einflußnahme auf den Orakelprozess. Andererseits gibt es etwas Sichtbares und Untersuchbares: die Orakeltexte weisen in formaler Hinsicht gewisse Eigentümlichkeiten auf, die aussagekräftig sind hinsichtlich des Umgangs mit der Gottheit im Orakel und der beim Orakelprozess stattfindenden Verwandlung subjektiver Anliegen in den Willen eines Gottes. Im Mittelpunkt stehen die formalen Elemente der Orakeltexte, die unterschiedlichen Texttypen, in denen Orakel überliefert wurden, und die Methodik der Befragung des Gottes. Grundlage ist eine Belegsammlung[11], die die Orakeltexte nach den unterschiedlichen Texttypen (Orakelprotokolle, -dekrete, -fragen) sortiert. Eine Sammlung von Erwähnungen von Orakeln und Orakelpraktiken in anderen Texten, z.B. in Briefen, sowie Äußerungen zur Macht der Götter, Orakel zu geben, ergänzt diese Belegsammlung. In der gesamten Arbeit wird auf sie hingewiesen mit einem für sie entworfenen Numerierungssystem[12]. Die unter Abteilung IV versammelten Belege, die Hinweise auf ein Orakel außerhalb der Orakeltexte im engeren Sinne enthalten, werden zur Erleichterung der Übersicht zitiert, in Umschrift oder in Hieroglyphen. Dies gilt auch für die unter VI versammelten Äußerungen über die Fähigkeit der Götter, Orakel zu erteilen und das Schicksal zu bestimmen.

Religiöse Institutionen waren in Ägypten zugleich auch ökonomische Größen. Die Tempel verfügten über landwirtschaftliche und handwerkliche Betriebe. Eine Beurteilung der 21. Dynastie als Endpunkt einer Entwicklung, in der das Königtum schließlich vom Tempel des Amun entmachtet wurde, meint hier die materielle Grundlage dieser Annahme zu finden: wirtschaftliche Konkurrenz zwischen Tempel und Krone. Tatsächlich hat ein großer Teil der Orakeltexte mit ökonomischen Fragen zu tun. Im *dritten Teil* geht es um die Formen, in

---

[10] Vgl. die von McDowell, Jurisdiction, 110f., geäußerte Auffassung über Orakel und Orakelmißbrauch in Deir el-Medineh, die erst nach Fertigstellung der vorliegenden Studie publiziert wurde.

[11] S.u. S.465ff.

[12] Ein Numerierungssystem, das die von Meeks, in: OLA 6, entwickelte Methode zur Katalogisierung der Schenkungsstelen adaptiert – freilich in modifizierter Weise: Denn eine Zuweisung zu Königen und Regierungsjahren dieser Könige ist bei den Orakelbelegen wesentlich seltener möglich als bei den Schenkungsstelen, außerdem ist die Beschaffenheit der Belege nicht homogen, wie die der Schenkungsstelen. Daher werden hier die Belege primär in verschiedenen, römisch gezählten, Abteilungen sortiert.

denen "Eigentum" im Neuen Reich existierte, in welchem rechtlichen Verhältnis die Menschen zu dem Boden als dem wichtigsten Produktionsmittel standen, auf dem sie arbeiteten und aus dem sie ihren Nutzen zogen. Hieraus sollte sich auch die Stellung des Königs einerseits, der Tempel andererseits zum wirtschaftlich genutzten Land ergeben[13] – also auch eine Antwort auf die Frage, ob es zwischen beiden Instanzen eine ökonomische Konkurrenz gegeben hat, die mit der Errichtung eines "Gottesstaates" in der 21. Dynastie zugunsten der Tempel entschieden wurde. Die schriftliche Dokumente des Neuen Reiches reichen nicht aus für eine lückenlose Darstellung der wirtschaftlichen Verfassung des Landes. Auch in der Zeit, wo diese Quellen etwas reicher fließen, wie im späten Neuen Reich, ist schon die Terminologie, in der das wirtschaftliche Leben sich abwickelte, vieldeutig und unklar, da sie von den Alten zwar angewandt, nicht aber expliziert wurde. Auch hier werden nicht von vornherein Korruption, Mißbrauch von Reichtum und Interessenskonflikte als das Normale angenommen. Umgekehrt ging es darum, sich zunächst dem ökonomischen Grundverhältnis zwischen Tempel und Krone jenseits besonderer Interessen anzunähern. *Daraus* sollten sich dann umgekehrt auch Kollisionen von Interessen erklären lassen.

Im Anhang findet man neben der schon erwähnten Sammlung von Belegen zum Orakelwesen im Neuen Reich und der "3. Zwischenzeit" eine Sammlung von Texten der 21. Dynastie[14]. Während man für die Texte des Neuen Reiches über komfortable Urkundensammlungen in Gestalt von "Urk.IV" und Kitchens *Ramesside Inscriptions* ("KRI") verfügt, fehlt etwas Vergleichbares für die Zeit danach. Diese Textsammlung, auf die mit der Abkürzung *TS* und der Nummer des jeweiligen Textes verwiesen wird, soll den Zugriff auf Dokumente erleichtern, auf die in der Arbeit häufig Bezug genommen wird[15].

---

13 Vermutlich wird sich hier Widerspruch regen: Sollte sich nicht aus der Stellung des Königs ergeben, wie die Untertanen gestellt waren? Nur ist der König ja nicht "vom Himmel gefallen". Als *vom* Gemeinwesen *aus* dem Gemeinwesen herausgesetzte Überperson ist er nur dessen persönliche Verkörperung; s. §§377, 381.

14 S.u. S.537ff.

15 Der wichtige Orakeltext vom 10. Pylon in Karnak (I.21.e., s.u. §§201ff.) blieb in dieser Sammlung unberücksichtigt. Der Autor durfte auf die Kopie dieses Textes vom CFETK Bezug nehmen, das sich die Veröffentlichung vorbehalten hat. Man muß also bis auf weiteres auf die ältere Publikation dieses Dokumentes zurückgreifen. Auch für das Orakel vom 7. Pylon (I.21.f.) durfte der Autor eine gute Fotografie des CFETK benutzen. Für den großen Orakeltext des Ḏḥwtj-msjw (I.21.d.) liegt die Publikation von Kruchten (s.o. Verzeichnis der Abkürzungen) vor.

I

Priester- und Königtum in den Inschriften Herihors und der frühen 21. Dynastie in Theben

Herihor als königlicher Bauleiter im Chonstempel von Karnak

1. Herihor und die Baugeschichte der vorderen Teile des Chonstempels

§1

Im folgenden Abschnitt wird es um die inschriftlichen Zeugnisse gehen, die die thebanischen Priesterkönige der 21. Dynastie vor allem in Tempeln hinterlassen haben. Über die historischen Ereignisse der damaligen Zeit geben diese Inschriften nur sehr begrenzt Auskunft; dennoch lohnt es sich, diese Zeugnisse zu würdigen, auch jenseits der chronologischen und genealogischen Aufschlüsse, die sie nur in sehr unklarer Weise gewähren. Sie stellen sich in die Tradition königlicher Inschriften des Neuen Reiches, wobei die Abweichungen an gewissen Punkten Aufschluß über das neue Selbstverständnis des Königtums und damit auch des Hohenpriestertums des Amun in der 21. Dynastie zu geben vermögen.

§2

Das älteste Denkmal der 21. Dynastie, chronologisch noch zur 20. Dynastie gehörig, dürfte die Hypostylhalle des Chonstempels sein, welche nun durch die Publikation des Epigraphic Survey des Oriental Institute in Chicago zugänglich ist[1]. Nach den Inschriften dortselbst war der HPA Herihor als Bauleiter unter Ramses XI. zumindest für die Dekoration dieses Bauabschnitts verantwortlich. Es stellt sich zunächst die Frage, ob die Hypostylhalle auch *in toto* von Herihor erbaut wurde. Die hinteren Räume stammen von Ramses III. und Ramses IV., wozu der pHarris I, 7,13ff., vermerkt:

"Ich erbaute einen Tempel (pr) *für deinen Sohn Chons in Theben aus festem Sandstein, Kieselsandstein* (bjꜣj.t), *schwarzem Granit* (jnr-km). *Ich überzog seine Türpfosten mit Gold und mit Figurenschmuck aus* ḏʿm*-Gold, wie der Horizont des Himmels".*

Daraus geht freilich nicht hervor, wie weit der Bau von Ramses III. bereits vorangetrieben worden ist. Nach den Untersuchungen von Laroche-Traunecker[2]

---

[1] Temple of Khonsu, Bd.II.
[2] Laroche-Traunecker, in: Karnak VII, 332ff.

ist der Tempel des Chons von Ramses III. in seinem endgültigen Aussehen geplant worden. Auch die Lagerung der Steine in der westlichen und östlichen Außenmauer weist an keiner Stelle auf einen vorübergehenden Abschluß hin, mit einer provisorischen Tempelfassade weiter nördlich als heute. Dies aber ist nicht unbedingt in dem Sinne zu verstehen, daß der Tempel im "Rohbau" zu Beginn der Amtszeit von Herihor schon bis in die vorderen Bauabschnitte gediehen war und nur noch die Beschriftung und Reliefierung der Wände in seine Zuständigkeit fiel. Dafür, daß den unterschiedlichen Perioden der Ausschmückung, denen der Chons-Tempel unter Herihor unterlag, auch die Herstellung seiner verschiedenen vorderen Bauabschnitte entspricht, liefert einen ersten, wenn auch schwachen Hinweis ein Vergleich der Informationen aus den Bauinschriften der verschiedenen Teile, bei allem Vorbehalt, der gegenüber dem pauschalen Charakter solcher Inschriften angebracht ist.

§3

Sowohl die Inschriften auf den Namen Ramses' XI. auf den Architraven der Hypostylhalle, als auch die des Herihor unterhalb der Szenen der Hypostylhalle und auf den Architraven des Vorhofs, sprechen von einer *"Erneuerung"* (**jrt m-mꜣwj**) des Heiligtums wie auch von seiner Vergrößerung: so findet sich die Formulierung **sꜥꜣ-pr-Ḫnsw** (oder: **pr.f**) im Hypostyl sowohl bei Ramses XI., als auch bei Herihor, und ebenso findet sie sich in den Weihinschriften Herihors im Vorhof; andere Formulierungen, die wohl denselben Sachverhalt ausdrücken, sind: **sḥꜣp-ḥw.t-nṯr.f** [3] und **swsḫ-ḥw.t-nṯr.f** [4]. In allgemeinen Wendungen wird ferner sowohl auf den Architrav-Texten von Ramses XI. in der Hypostylhalle[5], als auch von Herihor im Vorhof als Name des Heiligtums **Bnbn.t** verwandt[6], wie **swꜥb- sḥḏ-, sḥꜣp-Bnbn.t.** Der Name findet sich also in recht unspezifischen Verbindungen, was seinem Auftreten in mehreren Bauabschnitten entsprechen könnte. Demgegenüber kommt der Ausdruck, der in der Hypostylhalle sowohl von Ramses XI. als auch von Herihor in den Weihinschriften als Name des Bauwerks angegeben wird: **wṯz-ḫꜥw** nicht im Vorhof vor; an der entsprechenden Stelle findet sich dort: **jrt-n.f wsḫ.t-wꜣḏj.t,** wohl als Name des von Säulen um-

---

3 Vorhof, West-Architrav B, Z.2, Temple of Khonsu II, Pl.143; **zḥ-nṯr** in derselben Formel in der Hypostylhalle, Weihinschrift Herihors auf der Ostwand, Temple of Khonsu II, Pl.195, KRI VI, 706,4.

4 Vorhof, West-Architrav B, Z.2, Temple of Khonsu II, Pl.143.

5 Temple of Khonsu II, Pl.202 F.

6 Dieser Name findet sich auch im Dachheiligtum des Chonstempels, TS 14.

standenen Vorhofs[7]. Dies dürfte als ein Hinweis darauf zu verstehen sein, daß **wṯz-ḫˁw** nicht wie **Bnbn.t** ein Name für das gesamte Bauwerk war, sondern mindestens den Vorhof nicht mehr einschloß. Bekanntlich wird ein Gebäude namens **Jmn-wṯz-ḫˁw** bereits unter Thutmosis III. erwähnt im Grabe des Mencheperreseneb[8], als ein Bau aus hartem Granit, *"mit einem Stein auf jeder Seite"*. Falls hiermit wirklich der Vorgänger des Chonstempels gemeint sein sollte, so würde dies bedeuten, daß **wṯz-ḫˁw** von Anfang an nicht der Name eines Tempels war, sondern vielleicht eines Barkensanktuars[9].

§4

Weihinschriften für sich alleine sind sicher keine zuverlässigen Zeugen für die Baugeschichte des Heiligtums. Dafür, daß Herihor den Chonstempel nicht im "Rohbau" schon vollendet vorfand, ist eine Beobachtung von Laroche-Traunecker wichtig: die Orakelstele des Herihor auf der Ostseite des "Portiko"[10], der den Vorhof nördlich abschließt, ist zwar einerseits in die Wandsteine integriert, steht aber andererseits etwa 8 cm vor, über die südliche Außenfläche der Mauer. Diese für die Biographie des Herihor sehr wichtige Orakelstele kann also nicht nachträglich eingefügt worden sein, sondern war vor der Glättung der Wand eingeplant[11]. Die Herihor-Stele ist auf den Namen von Ramses XI. geschrieben, sie nennt Herihor nur als HPA und repräsentiert damit das Stadium der Hypostylhalle, während die sie umgebenden Szenen auf der Portiko-Wand Herihor in königlicher Aufmachung zeigen. Der Raum für die Stele wurde also bereits geraume Zeit ausgespart, bevor die restliche Wand dekoriert wurde. Zumindest die Glättung der Wand, wenn nicht sogar ihr Bau, sollte daher ein Werk aus der vorköniglichen Phase des Herihor sein.

---

[7] Op.cit., Pl.140, Z.1; vgl. auch Pl.143 A, Z.1: **wsḫ.t-ḥȝbj.t;** Pl.143 C, Z.1: **wsḫ.t-ˁȝ.t wr.t.**

[8] Urk.IV, 932,14f.; es fehlt hier aber jeder Bezug auf Chons, so daß eine gemeinsame Tradition dieses Gebäudes mit dem **wṯz-ḫˁw** als Teil des Chonstempels der 20. Dynastie eher unwahrscheinlich ist. Ein Chonstempel (**pr-Ḫnsw**) wird zwar schon in den Texten der 18. Dynastie genannt (Urk.IV, 71; Davies, The Tomb of Puyemrê at Thebes, Bd.1, New York 1922, Pl.40, s. Otto, Topographie des thebanischen Gaues, 14), aber daß dieses Gebäude an der Stelle des Chonstempels der 20. Dynastie gestanden hat, ist nicht nachzuweisen, s. Laroche-Traunecker, in: Karnak VII, 330ff.; die Inschrift Amenophis' II. aus dem Chonstempel, die Helck kopiert hat (Urk.IV, 1341f.), nimmt nicht Bezug auf einen Chonstempel. Sie mag später dorthin verschleppt worden sein.

[9] Zum Namen s. Otto, Topographie des thebanischen Gaues, 31f.

[10] Orakelbeleg I.20.b.

[11] Laroche-Traunecker, in: Karnak VII, 332.

Die Architrave der Hypostylhalle sind allesamt ganz in der traditionellen Art von Weihinschriften Ramses' XI. beherrscht, ohne eine einzige Erwähnung des Herihor, obwohl dieser sich sonst keinen exponierten Ort in der Hypostylhalle entgehen ließ zur Anbringung seiner Namen und zur Erwähnung seiner bauleiterischen Tätigkeit (so über der südlichen Haupttür und auf den Säulen des Mittelgangs[12]). Dies wäre dann nicht unbedingt so zu interpretieren, daß Herihor erst zu einem späteren Zeitpunkt am Tempelbau beteiligt wurde, sondern daß es in der Ausschmückung der Hypostylhalle durch Herihor selbst zwei Perioden gab:

a) Anbringung der Weihinschriften von Ramses XI. auf den Architraven der Halle; ferner wohl auch der Kartuschen des Königs auf der unteren Hälfte der Säulenschäfte.

b) Anbringung der Ritualszenen an den Wänden und an den Säulen (diese vielleicht noch später, s.u. §18) und der Inschriften dortselbst, Inschriften und Darstellungen über der südlichen Haupttür sowie Anbringung der umlaufenden Basisinschriften.

2. Der Orakeltext I.20.b. im Chonstempel und die Karriere des Herihor

§5

Vor einiger Zeit ist von Bell[13] folgende Interpretation der Orakelstele des Herihor vertreten worden:

"It seems probable that the oracle (...) served as the vehicle for Herihor's assumption of kingship at Thebes at the inauguration of the Renaissance era (...). The stele (...) occupies a pivotal position in the temple, between the court and portico (where Herihor is always King) and the first hypostyle hall (where Herihor is High Priest, except on the jambs of the north doorway (...)[14]. It should be noted that this text speaks of a total of 50 years in association with the length of Herihor's career: 20 years in the past (...) and 30 years in the future (...)".

Daß die Anbringung der Stele bzw. das Ereignis, wovon sie berichtet, mit dem Beginn der **wḥm-msw.t**-Ära zu tun hat, ist nicht auszuschließen, läßt sich allerdings auch nicht beweisen. Die Frage ist, ob eine **wḥm-msw.t**-Datierung vor dem in Resten noch erkennbaren Namen von Ramses XI. auf die anzunehmende Länge der Zeile 1 passen würde, wobei versuchsweise die Datierung des Paianch-Orakels[15] zum Vorbild genommen wird, da dieses die gegebenenfalls

---

12 S.u. §§19, 23.
13 Bell, in: Serapis 6, 1980, 18, Anm.131.
14 Hierbei handelt es sich allerdings um eine ptolemäische Rekonstruktion.
15 I.20.c.

auf das Herihor-Orakel zutreffende Form einer Datierung mit der **wḥm-msw.t**-Ära und dem Königsnamen enthält. Selbst wenn man die kürzeste Namensform von Ramses XI. annähme, ohne alle Zusätze wie **nb-ḫᶜw** o.ä., ferner annähme, daß die Jahresangabe eine niedrige ist, z.B. "*Jahr 1* **wḥm-msw.t**", die nicht viel Raum benötigen würde, so käme man dennoch mit dem Platz für eine Gruppe wie – im kürzesten Fall – :  , nur sehr knapp hin. Für die zeitliche Ansetzung der Darstellungen und Inschriften in der Hypostylhalle und auf der Orakelstele im Portiko lassen sich nur vage Anhaltspunkte finden. So fällt auf, daß Herihor weder auf der Stele (wo es allerdings wegen der starken Zerstörung nicht zu entscheiden ist) noch in der Hypostylhalle irgendwo den Titel **jmj-r'-njw.t/ṯꜣtj** trägt, der für das Jahr 6 (**wḥm-msw.t** ?) belegt ist. Dies könnte man entweder so verstehen, daß Herihor Gründe hatte, gerade diesen Titel in der Hypostylhalle nicht zu nennen, oder aber es ist ernst zu nehmen, daß er zu dieser Zeit tatsächlich nicht Vezir war. Tatsache ist, daß das Vezirat bis zum Jahre 18 Ramses' XI. durch **Wnn-nfr**, im Jahre 1 und 2 **wḥm-msw.t** von **Nb-mꜣᶜ.t-Rᶜ-nḫtw** ausgeübt wurde[16]. Das Vezirat des Herihor wäre dann frühestens im Jahre 2 möglich. Die Titel des Herihor auf der Stele, Vizekönig (VK) von Kusch und **jmj-r'-šnw.tj**, liefern umgekehrt ein Datum *ante quem non*: bis zum 17. Jahr von Ramses XI. ist Panehsi mit diesen Titeln belegt[17]. Dieser Anhaltspunkt mag sich allerdings auch nur auf den Zeitpunkt der schriftlichen Fixierung des Ereignisses beziehen.

§6

Nicht nur die thematische Verbindung der Stele mit der **wḥm-msw.t**-Ära ist zweifelhaft, sondern auch die mit dem Königtum des Herihor. Dies schließt ein, daß die **wḥm-msw.t**-Ära und das Königtum des Herihor nicht miteinander zu verknüpfen sind. Die Stele bezieht sich möglicherweise auf ein Ereignis, das noch während des Baus der Hypostylhalle sich zutrug und damit einige Zeit,

---

16 Helck, Verwaltung, 464f.; op.cit., 342, meint auch er, daß das Vezirat des Herihor und das der beiden anderen hier genannten Vezire sich wechselseitig ausschließen. Der Ansicht Helcks, das Vezirat des Herihor sei nur eine Übergangslösung gewesen (ebd), ist allerdings nicht zuzustimmen. Helck beruft sich für seine Auffassung darauf, der Vezirstitel Herihors auf seiner Statue CG 42190 sei ein Hapax; jedoch trägt er ihn auch in der Aufschrift auf dem Sarg Sethos' I. vom Jahre 6; ferner auf dem Ostrakon oKairo 25744. Vermutlich ist er nicht als kurze Unterbrechung und Übergangslösung zu sehen. Bis Painedjem I. ist von nun an der Vezirstitel zusammen mit dem des HPA das Kennzeichen der ersten Männer im Süden.

17 KRI VI, 734f.

bevor Herihor die königliche Phraseologie für sich benutzte. Der Text spricht überdies nicht von königlichen Segensgaben der Götter an Herihor. Es geht vermutlich um die Jahre für Herihor, die er *"in Theben, deiner Stadt"* bleiben kann, was mit dem Wunsch der HPA's der 19. Dynastie vergleichbar ist, ein langes priesterliches Leben im Dienste des Gottes führen zu dürfen[18].

§7

Das Orakeldenkmal Herihors im Chonstempel (I.20.b.) dürfte daher in keinem Bezug zu seiner Königsherrschaft stehen[19]. Auch die Alternative[20], daß es bei dem Orakel um die Einführung des Herihor ins Amt des HPA ging, ist nicht wahrscheinlich. Daß Herihor schon im ganzen Text als HPA angesprochen wird, ist dafür nicht unbedingt ein Hindernis; auf dem Denkmal für das Ernennungsorakel aus dem Jahre 7 **wḥm-msw.t** (I.20.c.), in dem **Nsj-Jmn**, Sohn des **ꜥšꜣ-jḫ.t**, zum Schreiber des Arbeitshauses des Amuntempels befördert wurde, trägt **Nsj-Jmn** im Darstellungsfeld über dem Text bereits seinen *neuen* Titel. Aber eine Ernennung des Herihor zum Hohenpriester des Amun wäre kaum durch ein Orakel des Chons zustandegekommen. Daß dafür Amun selbst zuständig war, wird durch die Orakeltexte IV.1.19.a./b./d., IV.1.21.a., I.21.b. (Z.7f.), IV.1.22.a.(?) nahegelegt. Dagegen ist die Gabe von 20 zusätzlichen Lebensjahren (Z.11), die dann von Amun bestätigt wurde (Z.15)[21], gut vereinbar mit der Eigenschaft des Chons als (Lebens-)Zeitrechner (**ḥsb-ꜥḥꜥw**)[22]. Daß sie Herihor für seine Werke für Chons und Mut gegeben werden (Z.16), worunter auch der Tempelbau für Chons fällt, spricht dafür, daß er bereits Bauleiter in Karnak war, ein Amt, das in der 19. und 20. Dynastie eng mit dem des HPA verknüpft war[23].

---

18 S.u. §83

19 v.Beckerath, Tanis und Theben, 95f.; so auch Weeks, in: Temple of Khonsu II, Beiheft, XVIII.

20 v.Beckerath, loc.cit.

21 Bells Annahme in: Serapis 6, 1980, 18, Anm.131, es ginge um insgesamt 50 Jahre, 20 vergangene und 30 zukünftige, ist nicht überzeugend. In Z.11 heißt es: *"[zwan]zig Jahre, die du mir gewährt hast; daß du sie mir gibst, ist als Überschuß über meine [Bestimmung]"* (**šꜣjw** ? Vgl. Orakelbeleg VI.3.1./4.); dies spricht dafür, daß es im Orakel um eben diese 20 Jahre geht, die von Amun in Z.15 bestätigt werden. **ḥꜣw**, *"Überschuß"* wird sich nicht auf die künftigen Jahre im Verhältnis zu den vergangenen beziehen, sondern auf die zusätzlich gegebenen Jahre im Verhältnis zu den vorherbestimmten.

22 Statue Berlin Inv. Nr.17271, Rückenpfeiler; Wreszinsky, in: OLZ 1916, 15; Leclant, Montouemhat, 60 und 63, Pl.14.

23 So bei Rama, Bakenchons I., Ramsesnacht, Amenophis.

§8

Daß Herihor im Chonstempel nicht als Vezir belegt ist, könnte bedeuten, daß er diesen Titel erst nach der Fertigstellung der Dekoration in der Hypostylhalle des Chonstempels annahm[24]. Bis zum Jahre 2 **wḥm-msw.t**, 4. **šmw** 25 ist nach pBM 10383, 1,2[25], **Nb-mꜣꜥ.t-Rꜥ-nḫtw** noch als Vezir belegt[26]. Herihor könnte demnach zwischen Jahr 2 und Jahr 6 **wḥm-msw.t** Vezir geworden sein. Geht man davon aus, daß Herihor spätestens im Jahre 7 **wḥm-msw.t** nicht mehr am Leben war, weil Paianch im Text I.20.c. für den 3. **šmw** 28 dieses Jahres als HPA genannt wird, muß man es für denkbar halten, daß die Erwähnung Herihors auf den Särgen Sethos' I. und Ramses' II. als Beamter während seiner "königlichen" Zeit stattfand, ferner, daß sein Königtum innerhalb der Regierungszeit von Ramses XI. lag. Angesichts weniger eindeutiger Fakten und vieler unsicherer und teilweise widersprüchlicher Anhaltspunkte beruht jede Annahme über den wirklichen Verlauf der Ereignisse auf einer bestimmten Gewichtung dieser Anhaltspunkte. Nimmt man die Tatsache, daß Paianch in einem ins Jahr 7 **wḥm-msw.t** datierten Dokument als HPA tituliert wird, als Hinweis auf das Ende Herihors spätestens dann[27], mit dem Argument, es könne keine zwei Hohenpriester des Amun zur gleichen Zeit gegeben haben, so muß man auch davon ausgehen, daß es zu Lebzeiten Ramses' XI. in der Thebais einen Hohenpriester des Amun gab, der es sich herausnahm, in Tempeln, die zu den wichtigsten des Reiches gehörten, mit königlicher Titulatur – wenn auch einer sonderbaren – aufzutreten: neben den Reliefs und Inschriften im Vorhof des Chonstempels eine Erneuerungsinschrift in der Hypostylhalle des Amuntempels[28]; nach der Darstellung im Chonstempel[29] hätte damals sogar der 2. Pylon des Amuntempels (zu jener Zeit also dessen Vorderfront) Königsinschriften Herihors getragen. Andererseits wäre derselbe Mann von dem Verfasser der Aufschriften auf den Särgen von Sethos I. und Ramses II. zur gleichen Zeit nicht als König behandelt worden. Daß Paianch in dem Dokument

---

[24] Wenn es kein durch die Zufälle der Erhaltung bedingtes Phänomen ist.

[25] Peet, Tomb-Robberies, Pl.22.

[26] Gegen die Annahme von Kees, Herihor, 15, Anm.4, und von v.Beckerath, Tanis und Theben, 92, daß er sogar noch im Jahre 6 im Amte war, s. Wente, LRL, 3, Anm.13; Jansen-Winkeln, in: ZÄS 119, 1992, 26 und 34, überlegt, ob das "*Jahr 6*" der Sargdockets ein eigenes "Regierungsjahr" des Herihor sein könnte. Allerdings trägt er gerade hier keine königlichen Titel.

[27] So Kitchen, TIP, §16ff.; §210; Wente, in: Temple of Khonsu I, Beiheft, XIVff; Jansen-Winkeln, in: ZÄS 119, 1992, 22ff., hat sich jetzt ablehnend zu dieser Konstruktion geäußert: er nimmt Herihor als *Nachfolger Paianchs nach dem Jahr 10* **wḥm-msw.t**.

[28] KRI VI, 730.

[29] Temple of Khonsu I, Pl.52.

aus dem Jahre 7 einmalig HPA genannt wird (nur in der Beischrift im Darstellungsfeld, im Text selbst wird er als "*General*" bezeichnet), ist das Grund genug, dies anzunehmen? Kitchen[30] rechtfertigt dies mit folgendem Argument:

"That 'Kingship' is wholly ignored in all everyday and administrative documents of whatever date. There is so far no evidence at all that Herihor's 'kingship' was ever recognized in his lifetime anywhere beyond the cloistered courts of Karnak (...)".

Das erste Argument ist nur dann eines, wenn man das Königtum Herihors schon an den Anfang der **wḥm-msw.t**-Ära legen will; denn nur aus den ersten Jahren dieser Ära gibt es datierte amtliche Dokumente[31]. Auch wenn man das Jahr 7 als spätestes Datum für den Tod Herihors betrachtet, wäre es theoretisch nicht ausgeschlossen, das Königtum Herihors, gleichbedeutend mit der Ausschmückung des Chonstempel-Vorhofes in die Zeit zwischen der **pr.t**-Jahreszeit des Jahres 6 und der **šmw**-Jahreszeit des Jahres 7 zu verlegen[32]. Kitchens Argument zu den späteren Jahren der **wḥm-msw.t**-Ära: daß Paianch an die Gemahlin des Herihor, **Nḏm.t** als Harimsobere und nicht als Königin schreibt[33], wird dadurch relativiert, daß auch im Vorhof des Chonstempels, dem zentralen königlichen Denkmal Herihors, **Nḏm.t** unter diesem Titel auftritt (neben **jr.t-pᶜ.t** und **ḥm.t-njswt-wr.t**) und ihren Namen nicht in Kartusche schreibt[34]. Darüber hinaus ist *"cloistered courts of Karnak"* die Suggestion der Weltabgeschiedenheit dieses Ortes; es handelt sich aber immerhin um eine der zentralen Stätten des Reiches, wer sich hier als König aufführen durfte, mußte sicher auch außerhalb derselben ein gewisses Maß an Anerkennung hinter sich haben. Der mögliche Ausweg aus der Verlegenheit, Herihor als "König" schon zu Lebzeiten Ramses' XI. anzunehmen: das Jahr 7 **wḥm-msw.t** war nicht das Todesdatum Herihors. Es gab in diesem Jahr zwei wichtige Personen in der Thebais und in Nubien: den General und Gouverneur von Nubien, Paianch, der daneben auch gelegentlich den HPA-Titel führte (aber keinesfalls als seinen

---

[30] Kitchen, TIP, §17.

[31] Zusätzlich zu den in Kitchens *"Datelines"* angeführten Belegen, TIP, §379, s. auch pTurin Cat. 1903, dessen vso. ins Jahr 4 und 5 **wḥm-msw.t** datiert ist, rto., 7, die Erwähnung des Empfangs von **jsj**-Pflanzen durch die **rwḏw.w n-pꜣ-ḫr** aus der Hand eines **ṯꜣtj pꜣ-**(sic)**ḥm-nṯr-tpj n-Jmn** und der **rwḏw.w n-pr-ḥḏ n-pr-Jmn**; KRI VII, 397,3ff., s. auch Janssen, Commodity Prices, 456f.; ist der Vezir und der HPA dieselbe Person? Es könnte sich dann um Herihor oder aber um Paianch handeln, vgl. Jansen-Winkeln, in: ZÄS 119, 1992, 25.

[32] Nach Wente, LRL, 4, Anm.13 (unter Berufung auf Nims), möglich.

[33] Kitchen, TIP, §17, Anm.92.

[34] Temple of Khonsu I, Pl.26; 28.

wichtigsten Titel, s.u. §45), und den "König" Herihor, der sein Königtum aus seinem Amt als Hoherpriester des Amun ableitete[35].

3. Die Besonderheiten im Verhältnis von König und Hohempriester des Amun (HPA) in den Szenen und Inschriften der Hypostylhalle des Chonstempels

a. *Die Ritualszenen an den Wänden: König und HPA*

§9

Die Szenen in der Hypostylhalle zeigen Ramses XI. als König, Herihor dagegen als HPA. Herihor führt keine königlichen Epitheta bis auf eine Ausnahme: die Verwendung des Epithets dj-ᶜnḫ als Zusatz zum Namen + mȝᶜ-ḫrw[36]. Die von Cerny[37] genannte Ausnahme an der Tür zum Barkensanktuar, die die Kartuschen Herihors enthält, ist eine ptolemäische Rekonstruktion und daher von geringer Beweiskraft. Darüber hinaus gibt es auch an keiner Stelle der Hypostylhalle eine Konfrontation von König und Priester, auch dort nicht, wo ein gemeinsames Auftreten von beiden nach dem traditionellen Kanon möglich wäre, nämlich in den Szenen der Barkenprozession[38]; hier tritt der HPA alleine auf. Niemals tritt also der HPA in ein unmittelbares Verhältnis zum König, welches dann eines der Unterordnung hätte sein müssen, sei es als Begleiter des Königs bei einer Ritualszene, sei es als neben der Barke einhergehender Priester, vor der der König opfernd oder anbetend stehen würde. Das einzige Verhältnis zwischen König und HPA besteht also in der Verteilung der Szenen, in welchen der König und in welchen der HPA agiert. Daher folgt nun eine Übersicht über alle Szenen in der Hypostylhalle des Chonstempels. Es handelt sich um insgesamt 45 Szenen an den vier Wänden mit zwei Hauptregistern, die von der Mitteltür in der Südwand aus nach Osten und Westen über jeweils drei Wände laufen und an der Mitteltür der Nordwand enden.

---

35 Von Wente, in: Temple of Khonsu I, Beiheft, XIVff., ausgeschlossen, da Herihor sich des Titels HPA nie entledigt habe und nur wenige Szenen im Vorhof des Chonstempels ihn mit vollem königlichen Ornat zeigen. Es bleibt aber eine Ermessensfrage, ob man die Verwendung des HPA-Titels als königlichen Pränomen und andere Sonderbarkeiten als Ausschluß der gleichzeitigen Existenz eines HPA Paianch sehen will. Hier spielt auch die Frage eine Rolle, ob man das Dokument des Jahres 7 wḥm-msw.t (I.20.c.) in eben diesem Jahr angebracht hat, ob es also den Stand der Ämterverteilung in diesem Jahre voll repräsentiert, s.u. §47. Auch Kees, HPA, 14f., hat das Datum Jahr 7 wḥm-msw.t als Todesdatum Herihors bezweifelt.

36 Temple of Khonsu II, Pl.188 A.

37 Cerny, in: CAH, Ch.35, 34.

38 Zusammenstellung solcher Szenen von Bell, in: Serapis 6, 1980, 20f., wobei das gemeinsame Auftreten von König und HPA nur der Form nach eines ist: es ist der König selbst, der sich in den HPA (neben der Barke gehend) und den König (vor der Barke stehend oder gehend) verdoppelt.

Zusätzlich zu diesen beiden Hauptregistern finden sich auf der Nord- und der Südwand im überhöhten Mittelteil des Raumes noch jeweils ein zusätzliches Register.

Die Szenen zeigen Krönung und Hebsed-Empfang durch Ramses XI. sowie Opferszenen vor allem gegenüber der Trias von Theben, ohne daß eine Hervorhebung von Chons erkennbar wäre. Zahlenmäßig sind die Szenen so über die Wände verteilt, daß, wenn man von der hauptsächlichen Aufteilung des Raumes durch die Mittelachse ausgeht, die 3 östlichen (Teil-)Wände 3 mal 8 = 24 Szenen enthalten, die 3 westlichen (Teil-)Wände aber, unregelmäßiger, S = 9 / W = 6 / N = 6, zusammen 21 Szenen enthalten.

b. Die Ritualszenen an den Wänden: Symmetrische Entsprechungen zwischen Ost- und Westteil:

§10

Im oberen Register ist die jeweils 6. Szene, von Süden aus gezählt, der Empfang der Jubiläen durch den König, auf der Westwand von Re-Harachte-Atum, auf der Ostwand von Chons, wobei auf beiden Szenen Seschat hinter dem König steht.

Auf beiden Hälften besteht dieses obere Register aus 12 Szenen, wobei die genannte Hebsed-Empfang-Szene auf beiden Seiten die erste Hälfte der Szenen abschließt. Auch die jeweils letzten Szenen der zweiten Gruppe von 6 Szenen entsprechen einander, da auch sie wieder das Hebsed-Thema bringen: Im östlichen Teil empfängt Ramses XI. Jubiläen und Sichelschwert von Amun und Month, im Beisein des Rests der thebanischen Trias; im westlichen Teil befindet sich Ramses XI. an der entsprechenden Stelle im Hebsed-Lauf vor dem ityphallischen Amun und vor **Jmn.t.** Das untere Register in beiden Hälften weist nicht dieselbe Gleichförmigkeit auf: es besteht auf der Westseite aus 6 Szenen, auf der Ostseite aus 8. Die jeweils erste Szene zeigt in der Osthälfte die Hekatombe von Ramses XI. an die thebanische Trias, in der Westhälfte den Empfang von Jubiläen von Amun und Chons.

Deutlicher sind die beiden letzten Szenen des unteren Registers aufeinander bezogen: sie zeigen Herihor vor den drei Barken der Trias, auf der Ostseite getragen, auf der Westseite aufgestellt. Die obersten Register im überhöhten Mittelteil auf der Süd- und der Nordwand zeigen ausschließlich Szenen mit Ramses XI., wobei der westliche Teil in sich symmetrisch ist: in der 1 Szene der Südwand ist ein Maat-Opfer an Amun dargestellt, in der 2. Szene der Südwand der Empfang der Jubiläen von Sachmet und von Jahren in **ꜥnḫ-ḏd-wꜣs** von Atum, während in der einen Szene, die das ganze dritte Register der westlichen Nordwand ausfüllt, ein Maat-Opfer an Amun im Beisein des Restes der thebanischen Trias dargestellt ist sowie das Aufschreiben der Jubiläen durch Thot. Dieser Maat-Opfer-Szene steht an der entsprechenden Stelle auf der östlichen Nordwand eine Krönung ebenfalls durch die thebanische Trias gegenüber.

§11

Die Türen der Mittelachse, insbesondere die nördliche, dem Tempelinneren zugewandte, sind ein bevorzugter Ort für die Anbringung von Barkenszenen. So, wie links und rechts der nördlichen Mitteltür in der Hypostylhalle sich eine Darstellung der Barken der Trias findet, so gibt es auch im "Portiko" auf der Nordseite des Vorhofs links (westlich) der Mitteltür eine Darstellung der auf die Tür zu getragenen Barken der Trias und der **Jmn.t.** Rechts (östlich) findet sich eine Darstellung des Herihor vor der von Priestern getragenen Barke des Chons. Letzteres entspricht vielleicht einer Darstellung des HPA Herihor vor der Chonsbarke auf der Nordseite derselben Mauer in der Hypostylhalle.

c. Die Ritualszenen an den Wänden: Verteilung der Szenen zwischen Ramses XI. und Herihor

§12

Das einzige Verhältnis, in das Ramses XI. und Herihor zueinander treten, liegt, mangels gemeinsamer Darstellungen, in der unterschiedlichen Häufigkeit ihres Auftretens an den einzelnen Wänden der Hypostylhalle und darin, vor welchen Göttern jeder von ihnen erscheint[39].

Von den 45 Szenen gehören 35 der Darstellung von Ramses XI., 8 Szenen dem Herihor, also ein Verhältnis von ungefähr 4,5:1, wenn man es nach der Gesamtzahl betrachtet[40]. Zwei der 45 Szenen zeigen ausschließlich Gottheiten. Dieses Verhältnis schließt eine Dominanz des Königs auch inhaltlicher Art schon dadurch ein, daß alle Szenen, die sich auf den Empfang königlicher Werte und Symbole von den Göttern richten, Ramses XI. vorbehalten sind: Empfang der Jubiläen, der Regierungsjahre in **ʿnḫ-ḏd-wꜣs,** Empfang der Kronen; ferner Reinigungszeremonie, Einführung vor Amun, Hebsed-Lauf.

Herihor sind ausschließlich Opferzeremonien vorbehalten, und zwar nur solche für den engeren Kreis der thebanischen Götter, also auf sein Amt als HPA

[39] S.o. §9.

[40] Modifiziert wird dieses Zahlen-Verhältnis noch durch die Einbeziehung der Darstellungen auf den Säulen.

und Stellvertreter des Königs in Theben in ritueller Hinsicht zugeschnitten; nie erscheint Herihor vor heliopolitanischen oder memphitischen Gottheiten.

Erscheinen des Herihor im einzelnen:

- **Nord- und Südwand:** jeweils vor der Trias, auf der Nordwand zweimal vor der Trias, auf der Südwand verteilt auf drei einzelne Szenen, wobei auf der Südseite Amun in seiner ityphallischen Gestalt erscheint.
- **Ostwand:** vor Chons und Amun.
- **Westwand:** vor Amun und **Jmn.t**, wobei Amun wieder in seiner ityphallischen Gestalt dargestellt ist; es handelt sich um die Südhälfte der Westwand.

Die Opfergaben Herihors beschränken sich auf: Räuchern, Libieren, Blumensträuße und einmal den **wsḫ**-Kragen vor Chons. Speiseopfer, Weinopfer, Salben **(mḏ.t)**, Maat-Opfer bleiben also dem König vorbehalten. Andererseits ist das Opfer vor den Barken ausschließlich dem HPA vorbehalten.

§13

Das allgemeine Häufigkeitsverhältnis zwischen dem König und dem Priester wird modifiziert, wenn man die beiden Hälften der Hypostylhalle jede für sich betrachtet. Zwar dominiert Ramses XI. auf beiden Hälften, dennoch ist er auf den Registern westlich der Hauptachse mit 15 Szenen schwächer vertreten als östlich der Hauptachse, wo er insgesamt 20 mal vorkommt.
Umgekehrt ist Herihor auf der östlichen Hälfte mit drei Darstellungen schwächer vertreten als auf der Westhälfte, wo er fünfmal vorkommt. Westlich der Mittelachse ist die Proportion zwischen beiden also glatt 15 : 5 oder 3 : 1, während es auf der Ostseite 20 : 3 oder 6 ²/₃ : 1 ist[41].
Was die Verteilung auf die einzelnen Register betrifft, so häufen sich vor allem im zweiten Register und im dritten, obersten Register auf der Nord- und der Südwand die Szenen, die auf königliche Dogmatik zugeschnitten und dem HPA vorenthalten sind. Von daher ergibt sich ein Schwergewicht Herihors in den *unteren* Registern. Jedoch ist er in jedem der beiden Hauptregister mindestens einmal vertreten: im östlichen oberen Register einmal, zu Beginn der zweiten Gruppe von 6 Szenen, nach der Hebsed-Empfangsszene mit einem Räucher- und Libationsopfer vor Amun und Chons; im westlichen oberen Register am Beginn der ersten Gruppe von 6 Szenen mit einem Opfer der gleichen Art (und Blumen) vor Mut. Da das westliche und das östliche obere Register

---

[41] Die Darstellungen auf den Säulen repräsentieren dieses Prinzip umgekehrt, s.u. §§18ff.

aus jeweils 2 mal 6 Szenen bestehen, dürfte das Auftreten des Herihor einmal am Beginn der ersten Gruppe, einmal am Beginn der zweiten Gruppe beabsichtigt sein, zumal sich beide Szenen zusammen wieder zu einem Opfer an die thebanische Trias ergänzen.

In diesem - westlichen - 2. Register erscheint Herihor noch ein zweites Mal, in der zweitletzten Szene, mit dem schon erwähnten Opfer eines **wsḫ**-Kragens an Chons; die Szene entspricht vielleicht der gleichen Opferszene, durch Ramses XI. ausgeführt, diagonal gegenüber, links von der südlichen Haupttür. Das untere Register des östlichen Teils, das im ganzen 8 Szenen enthält, wird in drei Teile, passend zu den drei Wänden, über die es läuft, gegliedert; der Anfang und der Schluß des Registerbandes auf der Süd- und auf der Nordwand enthalten die einander entsprechenden Szenengruppen, in denen jeweils Herihor auftaucht:

- **Südwand:** Ramses XI. mit Hekatombe vor A/M/C // Herihor vor der Chonsbarke.
- **Nordwand:** Ramses XI. vor A/C, begleitet von **Jmn.t** // Herihor vor den Barken von A/M/C.

Das Registerband beginnt und endet also mit der thebanischen Trias, am Anfang mit Ramses XI., am Ende mit Herihor. Der mittlere Abschnitt des unteren Registers in der Osthälfte der Hypostylhalle auf der Ostwand enthält als Zentrum die Darstellung der Zusammenziehung der Wappenpflanzen von Ober- und Unterägypten für Ramses XI. Nördlich davon eine Szene mit Ramses XI. vor A/M, südlich davon eine Szene mit Ramses XI. vor dem ityphallischen Amun-Kamutef, der auch hier als das südliche Gegenstück des Amonrasonther erscheint.

§14

Das entsprechende untere Register der westlichen Hälfte mit 6 Szenen ist das Register mit der größten Häufigkeit des Auftretens von Herihor: hier herrscht tatsächlich ein ausgeglichenes Verhältnis von König und HPA, ein Verhältnis, wie es sonst nur noch auf den vielleicht später dekorierten Säulen anzutreffen ist. Innerhalb der einzelnen Abteilungen der Szenenfolgen kann sich also das zahlenmäßige Verhältnis, das im ganzen durch ein starkes Übergewicht des Königs gekennzeichnet ist, zugunsten des HPA modifizieren. Die Szenenfolge zeigt einen regelmäßigen Wechsel von Ramses XI. und Herihor, beginnend mit Ramses XI. und endend mit Herihor; darin entspricht sie dem östlichen unteren Register.

Nach der ersten Szene auf der Südwand: Ramses XI. nimmt die Jubiläen von Amun in Empfang im Beisein von Chons, folgen zwei Szenen Herihors mit Blumen vor dem ityphallischen Amun und vor jeweils einer anderen Göttin; diese beiden Szenen umschließen eine Darstellung von Ramses XI. vor Chons und Hathor-**Bnn.t**, die durch eine später hineingebrochene Tür teilweise zerstört ist. Auch hier findet sich der ityphallische Amun auf der Südhälfte des Raumes.

Demgegenüber steht auf der Nordhälfte der Westwand im unteren Register Ramses XI. (räuchernd) mit **W3s.t-nḫttj** vor der Trias; dieser Szene folgt wiederum eine Darstellung Herihors, ebenfalls vor der Trias in Gestalt der drei aufgestellten Prozessionsbarken.

Damit steht die thebanische Trias am Nordende von 5 der insgesamt 6 Wandregister (die Szenen in der basilikalen Überhöhung der Nord- und Südwand mitgezählt):

Westhälfte:

3. Register: Ramses XI.: Maat-Opfer / Empfang der Jubiläen

2. Register: –

1. Register: Herihor vor Barken

Osthälfte:

3. Register: Ramses XI. gekrönt von A, im Beisein von M/C

2. Register: Ramses XI.: Empfang der Jubiläen

1. Register: Herihor vor Barken.

Auf den nächsten beiden Seiten folgt eine Synopse aller Wandszenen, das Auftreten von König, HPA und Gottheiten berücksichtigend; nicht aufgeführt werden die Arten der Opfergaben.

§15

Szenenfolge in der östlichen Hälfte der Hypostylhalle

Oberes (2.) Register:

Südwand

1. Ramses XI. - A/M / 2. Ramses XI. - C/Hathor-**Bnn.t** / 3. Ramses XI. - **Jmn.t** / 4. Ramses XI. - Ptah/Sachmet

Ostwand

5. Ramses XI. - A / 6. Ramses XI. - C(?)/Hathor-**Bnn.t** (Jubiläen) /
7. Herihor - C/A / 8. Ramses XI. - M

Nordwand

9. Ramses XI. - A/M / 10. Ramses XI. - C/Maat / 11. Ramses XI. - A(ityph.)/**Jmn.t** / 12. Ramses XI. - A/M/C/Month (Jubiläen)

Unteres (1.) Register:

Südwand

1. Ramses XI. - A/M/C / 2. Herihor - C (Barke)

Ostwand

3. Ramses XI. - A(ityph.) / 4. Ramses XI. zwischen 2 Gottheiten (Reichseinigung) / 5. Ramses XI. - A/M / 6. A+M

Nordwand

7. Ramses XI. - A/C / 8. Herihor - A/M/C (Barken)

§16

Szenenfolge in der westlichen Hälfte der Hypostylhalle

Oberes (2.) Register:

Südwand

1. Herihor - M / 2. Ramses XI. - C / 3. Ramses XI. - Horus/Thot (Reinigung) / 4. A+**Jmn.t**

Westwand

5. Ramses XI. - A/M / 6. Ramses XI./Seschat - Re-Harachte-Atum (Jubiläen) / 7. Ramses XI. von Atum u. Month-Re vor A geführt / 8. Ramses XI. - C

Nordwand

9. Ramses XI. - A/C / 10. Ramses XI./Sachmet - Ptah/Maat / 11. Herihor - C / 12. Ramses XI. - A(ityph./**Jmn.t**

Unteres (1.) Register:

Südwand

1. Ramses XI./Thot - A/C (Jubiläen) / 2. Herihor - A(ityph.)/Hathorgöttin

Westwand

3. Ramses XI. - C/Hathor-**Bnn.t** / 4. Herihor - A(ityph.)/**Jmn.t** /
5. Ramses XI./**W3s.t-nḫttj** - A/M/C

Nordwand

6. Herihor - A/M/C (Barken)

§17

Szenen im obersten (3.) Register der Nord- und Südwand

Östliche Hälfte der Hypostylhalle:

Südwand

1. Ramses XI. - C / 2. Ramses XI. - A

Nordwand

3. Ramses XI. - Re-Harachte / 4. Ramses XI. gekrönt von A/M/C

Westliche Hälfte der Hypostylhalle:

Südwand

1. Ramses XI. - A / 2. Ramses XI./Sachmet - Atum (Jubiläen

Nordwand

3. Ramses XI./Thot - A/M/C

d. Die Szenenverteilung auf den Säulen der Hypostylhalle

§18

Die acht Säulen der Hypostylhalle, vier hohe Papyrussäulen am Mittelgang, vier Papyrusbündelsäulen in den Seitenflügeln, sind nicht rundherum dekoriert, sondern tragen in der oberen Hälfte des Schaftes nur jeweils eine Szene, die dem Mittelgang zugewandt ist. Die Rückseiten aller Säulen sind ohne Darstellungen, tragen aber vorgezeichnete leere Inschriftzeilen. Der untere Teil der Säulenschäfte trägt dagegen schon rundherum die Kartuschen von Ramses XI. zwischen den Keimblättern. Es ist daher möglich, daß die Beschriftung und Dekorierung der oberen Hälften zu einem späteren Zeitpunkt als die der unteren Hälften und vielleicht auch zu einem späteren Zeitpunkt als die der Wände erfolgte. Für letzteres spricht auch die geringere Qualität der Darstellungen auf den Säulen, die stellenweise aus einem versenkten Relief in Ritztechnik übergeht. So z.B. die Säule in der Nord-West-Ecke der Hypostylhalle, auf der die vor Herihor stehenden Opfertische nur flach in den Stein eingeritzt sind. Demgegenüber ist das Unterteil der Säule mit dem Namen von Ramses XI. besser gearbeitet, wie auch die senkrechte Inschriftzeile hinter der Gestalt des Herihor, welche auf Ramses XI. bezogen ist.

Auch die acht Szenen auf den Säulen sind aufgeteilt zwischen Ramses XI. und Herihor, aber es fällt auf, mit welcher Regelmäßigkeit hier das Verhältnis zwischen beiden ausgestaltet ist; darüberhinaus nimmt es Bezug auf die Verhältnisse der Wanddarstellungen.

§19

Was die Gesamtzahl der Darstellungen von Ramses XI. und Herihor auf den Säulen betrifft, so ist die Aufteilung zwischen den beiden Persönlichkeiten hier genau 1 : 1; jedem der beiden gehören vier Säulen, während bei den Wanddarstellungen das Verhältnis ungefähr 4,5 : 1 zugunsten Ramses XI. war. Interessant ist, wie dieses Gleichgewicht zwischen beiden ausgestaltet wird in den beiden Hälften der Hypostylhalle westlich und östlich der Mittelachse. Die Einheit des Raumes wird dadurch betont, daß jeder auf mindestens einer Säule jeder Hälfte dargestellt ist, gleichzeitig wird jedem von beiden in *einer* Hälfte des Raumes eine Dominanz eingeräumt; eine auf den beiden Hälften symmetrische Dominanz, da Ramses XI. und Herihor auf der einen Hälfte je eine Säule, auf der anderen Hälfte dafür drei besitzen: es stellt sich das 1:1-Verhältnis also, jede Hälfte des Saales für sich betrachtet, dar als ein 1:3-Verhältnis, auf dessen *beiden* Seiten Ramses XI. *und* Herihor vorkommen.

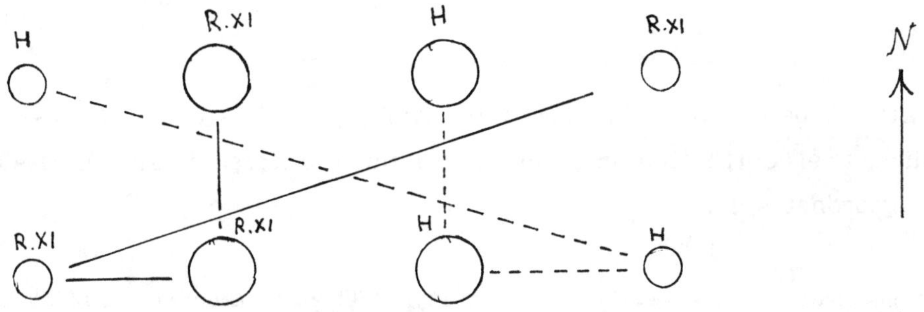

Anders ausgedrückt: Eine einfache Aufteilung der Darstellungen von Ramses XI. und Herihor auf die West- und die Osthälfte des Saales ergibt sich nur für die Säulen des Mittelganges, und diese entspricht damit der Verteilung des schwergewichtigen Vorkommens der beiden: Ramses XI. westlich, Herihor östlich. Was aber die Papyrusbündelsäulen betrifft, so ergibt sich eine Nord-Süd-Aufteilung, oder, von der Mittelachse her betrachtet, eine Diagonalstellung.

Diese Aufteilung aber stellt die Umkehrung des bei den Wanddarstellungen herrschenden Prinzips dar, denn dort war Herihor auf der westlichen Hälfte stärker vertreten als auf der östlichen, umgekehrt Ramses XI. auf der östlichen stärker als auf der westlichen[42]. Während jedoch auf den Wandreliefs rein zahlenmäßig Ramses XI. allemal stärker vertreten war als Herihor, ist bei den Säulendarstellungen die Dominanz auf *einer* Hälfte nicht nur bezogen auf den Vergleich mit dem jeweils eigenen Vorkommen auf der anderen Hälfte, sondern hier wirklich eine Dominanz über die jeweils andere Person. Insofern gehen die Säulendarstellungen einen Schritt weiter als die Wandszenen, in Verbindung mit ihrem flüchtigen Stil ein Hinweis auf die spätere Entstehung der Säulendarstellungen.

§20

Mit der Hinzunahme der Säulendarstellungen zu den summierten Zahlenverhältnissen in den Darstellungen von Herihor und Ramses XI. ergeben sich für Herihor im Ostteil mit den drei zusätzlichen Säulenszenen 3 + 3 = 6 Szenen, im Westteil mit der einen zusätzlichen 5 + 1 = 6 Szenen. Bei Herihor bewirkt der Beitrag der Szenen auf den Säulen zur Gesamtzahl seiner Darstellungen einen tatsächlichen Ausgleich auf beiden Hälften, zusammen also 6 + 6 = 12 Szenen. Bei Ramses XI. ergeben sich im Ostteil 20 + 1 = 21, im Westteil 15 + 3 = 18, zusammen 39 Szenen, womit Ramses XI. nur etwas mehr als dreimal soviel Szenen wie Herihor hat.

§21

Der jeweilige Anbeter bzw. Opferer tritt auf den Säulen der Hypostylhalle grundsätzlich zwei Gottheiten gegenüber, die nach unterschiedlichen Gesichtspunkten angeordnet sind.

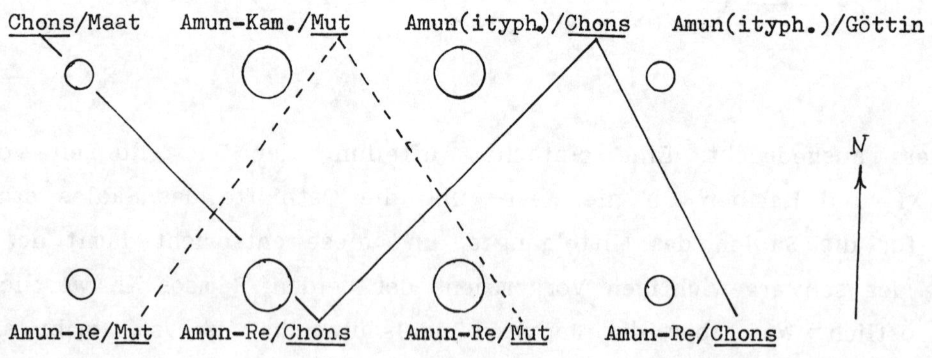

---

[42] S.o. §13.

Die jeweils erste Gottheit ist in 7 von 8 Fällen Amun, wobei es hier auf die Differenzierung dieses Gottes in sich ankommt, da sein ityphallischer oder Kamutef-Aspekt nur auf den Szenen der nördlichen Säulenreihe vorkommt, sein Aspekt als Amun-Re von Karnak aber auf der südlichen Säulenreihe. Man erinnere sich, daß bei den Szenen auf den Wänden umgekehrt der ityphallische Amun v.a. auf der Südhälfte des Raumes vorkam; so ergibt sich bei den Szenen auf den Säulen in der Ost-West-Achse in Bezug auf die Anbeter, in der Nord-Süd-Achse in Bezug auf die Gottheit eine chiastische Umkehrung der Verhältnisse bei den Wandszenen.
Bei der Anordnung der jeweils zweiten Gottheiten handelt es sich dagegen um eine diagonale Stellung von Mut und Chons zueinander, wobei Chons in einem Falle als erster Gott an die Stelle Amun-Re's tritt und Mut an einer Stelle durch eine anderer Göttin ersetzt ist. Dem siebenmaligen Auftreten Amuns, viermal als Amun-Re von Karnak, dreimal als ityphallischer Amun oder Amun-Kamutef entspricht also siebenmaliges Auftreten der beiden anderen Gottheiten der Trias, viermal Chons, dreimal Mut.
Bei den vier Säulen des Mittelgangs kulminieren die verschiedenen Anordnungsprinzipien: Nord-Süd-Aufteilung zwischen den beiden Amun-Gestalten, Ost-West-Aufteilung zwischen Herihor und Ramses XI. und chiastische Stellung von Mut und Chons zueinander.
Der Grund für diese unterschiedlichen Prinzipien der Anordnung von Anbetern, erster und zweiter Gottheit liegt sicherlich nicht in graphischen Spielereien, die ohnehin so nur in der schematischen Veranschaulichung deutlich werden, sondern darin, daß diese Anordnung der Gottheiten die beste Möglichkeit bot, jeden der beiden Anbeter mit jeder möglichen Kombination der drei hauptsächlichen Götter zu konfrontieren. Es ergibt sich also bei den Szenen auf den Säulen nicht nur in Bezug auf die Anbeter, sondern auch in Bezug auf die Gesamtkombination das Streben nach absolutem Gleichgewicht. Dies stellt einen Fortschritt gegenüber den Wandszenen dar, wo die Darstellungen des Herihor immer noch den Charakter von Einsprengseln haben.
Bei den Opfergaben handelt es sich fast ausschließlich um das Blumenopfer und das *"Opfern von Dingen"* (**fꜣj-jḫ.t**), einmal findet sich eine Szene mit einem Weinopfer Herihors, wovon dieser in den Wandszenen ausgeschlossen war.

§22

Die Darstellungen Herihors auf den Säulen des Chonshypostyls dürften nicht auf von ihm usurpierte Bilder Ramses' XI. zurückgehen. Der Fortschritt, der sich in der Verteilung der Säulendarstellungen erkennen läßt, ist vermutlich das Resultat einer Planung und nicht von Übergriffen: bei der königlichen

Figur ist auf den Säulen - nach den erhaltenen Szenen zu urteilen - der Abstand zwischen der hinteren Schulter und der Begrenzungslinie der Szene größer als bei Herihor wegen der Bänder, die dem König von der Schulter herabfallen; abgesehen davon wird der König auf den Säulen etwas schlanker als der HPA dargestellt[43]; zwei Merkmale, die sich nicht ohne Spuren nachträglich verändern lassen. Das ausgeklügelte Verteilungskonzept der Szenen auf den Säulen dürfte ebenfalls gegen eine nachträgliche Usurpation der (halbfertigen) Szenen durch Herihor sprechen.

e. *Zu den Szenen an den beiden Haupttüren der Hypostylhalle*

§23

Die zusammen mit den Säulendarstellungen gegebenen Proportionen aller bisher besprochenen Szenen in der Hypostylhalle zwischen Ramses XI. und Herihor von 39:12 (=13:4) oder, auf die beiden Hälften verteilt, Osten: 21:6, Westen: 18:6 (=7:2 und 6:2), wird modifiziert durch die Szenen, die sich über der Südtür befinden sowie durch die Szenen auf den beiden Pfosten der Nordtür. Wie diese Modifikation aussah, ist freilich nicht mehr feststellbar, die zuletzt genannten Szenen sind späte Rekonstruktionen und stellen auf den beiden Seiten der Tür jeweils dreimal Herihor als König dar, wohl nach dem Vorbild des Vorhofs. Eine entsprechende originale Darstellung ist nach dem Gesamtbild der Hypostylhalle unwahrscheinlich. Die Südtür hat über dem Architrav zwei Opferszenen, von denen die rechte, westliche noch voll erhalten ist. Sie zeigt Herihor im langen Gewand vor Amun-Re und Mut mit Blumen. Auf der östlichen Hälfte sind noch Amun und Chons zu erkennen. Ob dieser alternierenden Götterkombination A/M - A/C entsprach, daß auf der Westhälfte Herihor, auf der Osthälfte aber Ramses XI. agierte, ist nicht mehr zu verifizieren.

4. König und HPA in Kultdarstellungen

§24

So sehr auf die Ausgewogenheit des zahlenmäßigen Verhältnissen zwischen den beiden Anbetern geachtet worden ist, so bleibt es doch eine Ungeheuerlichkeit, verglichen mit den Ritualszenen der ramessidischen Ära, daß eine andere Person als der König, noch nicht einmal ein Mitglied der königlichen Familie[44], sondern ein Beamter an der Stelle des Königs und in gleicher Größe

---

[43] Vgl. Temple of Khonsu II, Pl.200 A/B und 201 B.
[44] So etwa die Königin Nefertari in Abu Simbel.

wie dieser in solchen Szenen agiert. Es gibt zwar auch aus der 19. und 20. Dynastie Darstellungen in den großen Tempeln, die einen HPA bei seinem Agieren während der Barkenprozession zeigen; neben der Barke einhergehen sieht man ihn in Szenen Sethos' I[45], Ramses' II.[46] und Ramses' III.[47]. In all diesen Darstellungen ist jedoch der neben der Barke des Amun im Pantherfell einhergehende HPA der König selbst, und er trägt ungeachtet seiner priesterlichen Kleidung die königlichen Titel. Ramses II. hat sich darüber hinaus an dieser Stelle auch noch den HPA-Titel zugelegt und somit das älteste Beispiel geliefert für die Verbindung des Königstitels mit dem des königlichen Stellvertreters im Kult vor Amun:

ḥm-nṯr-tpj n-Jmn / njswt-bjt (PN) zꜣ-Rᶜ (N) dj-ᶜnḫ.

Sethos I. bezeichnet sich in seiner Darstellung nicht als HPA, sondern als **zꜣ-njswt n-jmj.t-wr.t** [ ] (folgt Königsname)[48]; er benutzt also den vor allem in der 18. Dynastie gebräuchlichen Titel für die **wᶜb**-Priester, die den Gott bei seinen Prozessionen tragen[49]; dies in einer Darstellung, die ihn vor der Barke hergehend zeigt, während er gleichzeitig neben der Barke schreitend als HPA dargestellt ist, wenn auch nicht mit dessen Titulatur. Die Beischrift zu Sethos I. als *"Königssohn der Steuerbordseite"* enthält unter anderem den Passus: **ḫpr-mꜣn.n.f-zꜣ[.f ḥr-]rmn-jtj.f njswt ḥr-fꜣj<t>-msj-sw**[50]. Der König agiert hier also nicht nur als Priester, sondern auch als Träger seines göttlichen Vaters, und dies wird im Text als übereinstimmend mit seiner königlichen Natur behauptet: wie der **zꜣ-njswt** als Titel des priesterlichen Gottesträgers auf eine Verpflichtung der Königssöhne im Trägerdienst für ihren Vater verweist, so fungiert der König selbst als von Amun gezeugter als *dessen* Träger[51].

Während das Opfern vor der Barke - bei Abwesenheit des Königs sicher stellvertretend vom HPA vollzogen - diesen an die Stelle des Königs setzte, setzt umgekehrt die Darstellung des neben der Barke einhergehenden Königs diesen an die Stelle des HPA. Wenn nicht nur der HPA im Kult anstelle des Königs fungierte, sondern umgekehrt auch der König in die Rolle des Hohenpriesters

---

45 Seele, Coregency, 24, Fig.8; Nelson/Murnane, Hypostyle Hall, Pl.180; weitere Referenzen bei Bell, in: Serapis 6, 1980, 20.

46 S. auch §69; vgl. Sethe, in: ZÄS 58, 1923, 54; Nelson/Murnane, Hypostyle Hall, Pl.53.

47 RIK I, Pl.21; Bell, in: Serapis 6, 1980, 20f.

48 Nelson/Murnane, Hypostyle Hall, Pl.180, Z.1f.

49 S. Kees, in: ZÄS 85, 1960, 45ff.

50 Nelson/Murnane, Hypostyle Hall, Pl.180, Z.4f.; vgl. Murnane, in: JNES 34, 1975, 154ff.

51 Auch zum Amt des HPA gehörte das Tragen des Götterbildes, zumindest symbolisch, s. Lefebvre, Inscr., Inschrift Nr.5 (Statue CG 42185); vgl. Kees, in: ZÄS 85, 1960, 52f.

schlüpfen konnte, so muß dieses Amt einen Inhalt bekommen haben, der sich nicht erschöpfte im kultischen Agieren stellvertretend für den König.

§25

Die Darstellungen Herihors vor den Barken in der Hypostylhalle des Chonstempels sind die Umkehrung dieser Beispiele: denn hier ist der HPA an der Stelle des Königs vor der Barke mit einem Opfer abgebildet. Anders als bei den noch zu behandelnden Szenen Painedjems I. im Chonstempel[52], die dessen priesterliches Gewand mit königlichen Emblemen verbinden, wird darauf bei Herihor in der Hypostylhalle ganz verzichtet. In der Regel trägt er Schurz und weites Übergewand, nur auf den beiden Seiten der Nordtür vor den Barken der Trias erscheint er im Pantherfell, das wohl als mit dem Junmutef-Priester gemeinsame Tracht des HPA bei Sethos I. an der oben[53] genannten Stelle mit dem Tragen der Barke seines Vaters verbunden wird:

njswt-ḏs.f ḥᶜw.f-wᶜbw ẖnm.f-jnm-ȝbj *(der König selbst, sein Körper ist rein, wenn er anlegt das Pantherfell).*
njswt-bjt Mn-mȝᶜt-Rᶜ (u.s.w.) **ḏd.f-ᶜ.wj.j ḥr-rmn-jtj.j-špsj** *(...er sagt: "Meine Hände tragen meinen heiligen Vater"...).*

Nicht in der Usurpation irgendwelcher königlicher Amtszeichen durch einen HPA liegt die Besonderheit der Szenen im Hypostyl des Chonstempels, sondern darin, daß eine nicht-königliche Person den Platz des Königs vor den Göttern einnimmt und ihm so die Exklusivität seines Umgangs mit seinen göttlichen Ahnen bestreitet. Es ist kein Angriff auf einen individuellen König, gegen den Herihor seinerseits besondere, auf seine Person bezogene Ansprüche auf das Königtum geltend machen würde; in den wohlausgewogenen Proportionen der abwechselnden Darstellungen von König und Priester offenbart sich nicht persönliche Rivalität, sondern ein Angriff auf das traditionelle Königtum schlechthin.

5. Die Eigenheiten im Auftreten Herihors in den Ritualszenen

§26

Herihor verzichtet in den Ritualszenen der Hypostylhalle des Chonstempels auf königliche Ikonographie und Phraseologie[54]; daher ist es auch unwahrscheinlich, daß die Gaben der Götter, die in den Szenen mit Herihor genannt wer-

---

[52] S.u. §§96f.
[53] Nelson/Murnane, Hypostyle Hall, Pl.180.
[54] S.o. §9.

den, sich auf diesen beziehen: **dj.n.j-n.k qnj.t-nẖt r-ẖȝs.t-nb‹.t›**[55], **dj.n.j-n.k nḥḥ m-njswt-tȝ.wj** [56], u.ä. sind sicher Gaben, die sich auf Ramses XI. beziehen für die Opfergaben, die dieser durch Herihor darbringen läßt; so sind auch die vertikalen Randzeilen, die die einzelnen Szenen voneinander abteilen, häufig mit "**wnn-njswt nb-tȝ.wj** ...." beginnend, stets auf Ramses XI. bezogen, auch wenn es Herihor ist, der vor den Göttern steht. Deutlich wird dies vor allem an den Beischriften zur Darstellung Herihors vor den Barken der Trias auf der Westhälfte der Nordwand[57]. Die Rede Amun-Re's steht hier ganz in der Tradition von an den König gerichteten Ansprachen, wie sie anläßlich einer Prozession aus der Barke dringen: *"mein geliebter leiblicher Sohn (NN), ich freue mich, wenn ich sehe das (x), das du mir gemacht hast, ich gebe dir (y)"* u.ä.[58].
Die Gnaden, um die der vor der Barke im Pantherfell stehende Herihor den Gott bittet, haben keinen Bezug zum König, sondern stehen in der Tradition der Gebete an den Gott, wie sie sich auf den Statuen der Hohenpriester des Amun in der 19. Dynastie finden: **dj.k-ꜥḥꜥw-qȝj ḥr-mȝȝ-ḥȝw.tj.k jȝw‹.t›-nfr.t m-njw.t.k Wȝs.t** [59]. Das Bild des priesterlichen Stellvertreters des opfernden Königs am Platz von diesem selbst in den Ritualszenen steht daher in der Tradition dieser im Tempel aufgestellten Priesterstatuen, wobei der prominente Anbringungsort der Darstellung an der Stelle des räuchernden Königs besonders günstig für die Erlangung göttlicher Gnade war.

§27

Das Auftreten Herihors in der Hypostylhalle beinhaltet noch nicht einen Anspruch auf die königliche Würde, sondern steht in der Tradition des Priesters als Stellvertreter des Königs im Kult. Dies zeigt sich auch in folgendem Sachverhalt: die Beischrift zur Opferhandlung, **jrt-mḏ.t**, **jrt-snṯr**, **rdt-wsẖ** u.ä., nennt normalerweise nicht das Subjekt dieser Handlung, welches durch die Darstellung des opfernden Königs hinreichend klar ist. Der König wird nur indirekt als Subjekt der Handlung benannt: sie geschieht für *seine* göttlichen Eltern (**n-jtj.f..**). Wo dagegen der Hohepriester diese Handlung vollzieht, fungieren seine Titel und sein Name als logisches Subjekt derselben, meist eingeleitet

---

[55] Temple of Khonsu II, Pl.172, Z.9.
[56] Temple of Khonsu II, Pl.153, Z.12.
[57] Temple of Khonsu II, Pl.166 und 185.
[58] Z.B. Wolf, Das schöne Fest von Opet, 59f., 63, 66; RIK II, Pl.90.
[59] Temple of Khonsu II, Pl.185.

durch jn-[60]. Dies ist die übliche Art, wie Herihor in den Beischriften zu den Ritualszenen vertreten ist: sein Name fungiert nicht als Beischrift zu seiner Figur, sondern zu deren Handlung, wodurch sein ausnahmsweises Agieren anstelle des Königs unterstrichen wird[61].

6. Die Inschriften auf den Säulen des Mittelganges der Hypostylhalle, über der südlichen Haupttür und die Basis-Inschriften

§28

Unter den vier dem Mittelgang zugewandten Szenen auf den vier mittleren Säulen findet sich jeweils eine sehr tief eingehauene Inschrift, die den Namen des Herihor und seine Titel nennt, eingeleitet mit der Formel jrjw ḫr-ᶜ-sbȝ.n-ḥm.f, *"gemacht unter der Leitung eines, den Seine Majestät angewiesen hat"*, d.h. wohl im Auftrag des Königs[62]. Eine solche Inschrift findet sich auch in zwei Zeilen hoch über der Tür zum Vorhof[63]. Wie die entsprechende Tür in der Nordwand ursprünglich aussah, ist nicht mehr zu entscheiden. Falls sie auch schon vor der späten Restaurierung den Namen des Herihor trug, wäre der Mittelgang der Halle auf allen vier Seiten von diesem beherrscht gewesen. Auf der SO- und der SW-Säule des Mittelgangs ist die Nennung des Herihor mit einer Widmung an Chons verbunden, so daß die Gesamtformel hier lautet: "*Gemacht unter der Leitung eines von Seiner Majestät Angewiesenen .....für seinen Herrn Chons-in-Theben Neferhotep*".

Es ist davon auszugehen, daß sich das .f bei nb.f auf Herihor bezieht und jrjw als logisches Objekt das ganze Bauwerk hat. Somit geht der Bau der Hypostylhalle zwar auf einen Befehl des Königs zurück, ist jedoch zugleich Ausdruck eines Privatverhältnisses zwischen dem Bauleiter Herihor und dem Gott als seinem Herrn. Daß die Hohenpriester des Amun ihr ganzes Leben als Dienst nicht so sehr am König als vielmehr am Gott interpretieren, ist eine Gewohnheit, die sich schon auf den Statuen von Hohenpriestern des Amun aus der 19. Dynastie nachweisen läßt[64]; ungewöhnlich aber ist, daß sich solche Formulierungen auf den Wänden eines königlichen Denkmals finden und dort an zentraler Stelle. Insbesondere die Bekrönung der Mitteltür eines wichtigen

---

[60] Zur Einleitung des Namens mit jrj.n- (Temple of Khonsu II, Pl.188 A) s. Caminos, in: JEA 70, 1984, 206.
[61] Name ohne Einleitung: Temple of Khonsu II, Pl.172.
[62] Vgl. Caminos, op.cit., 205.
[63] Säulen: Temple of Khonsu II, Pl.199; 200; Tür: Pl.153.
[64] S.u. §§79ff.

Tempelraumes ist mit der geflügelten Sonnenscheibe über dem Türsturz ein Ort für die königliche Titulatur.

Auch die genannte Formel jrjw ḥr-ᶜ-sbꜣ.n-ḥm.f ist bei den ramessidischen Hohenpriestern des Amun in Gebrauch und findet Verwendung, wenn man sich für die Anbringung einer Inschrift in eigener Sache auf einem offiziellen Denkmal auf königliche Erlaubnis beruft[65]. Aber im Falle der Inschriften des Herihor im Chonstempel, die sich dieser Formel bedienen, sieht es so aus, als würde das Denkmal des Königs dadurch auch zu einem seines Bauleiters.

§29

Die wichtigsten Texte für die Urheberschaft Herihors an der Hypostyhalle des Chonstempels sind die beiden Inschriften, die an der Basis der Wände, ausgehend vom Nordportal nach beiden Seiten hin über die Ost- und die Westwand zum Südportal laufen[66]. In ihnen fällt die Rolle Herihors als Bauleiter im königlichen Auftrag zusammen mit der des Stifters des Gebäudes, einer Rolle, die traditionell bei den Tempeln dem König vorbehalten ist. Insofern sind diese Texte diejenigen, die am weitesten gehen in der Einnahme königlicher Positionen durch Herihor; jedoch ist dies hier, wie auch sonst in der Hypostylhalle, nicht mit der Annahme königlicher Würden durch Herihor verbunden.
Während die Architrav-Inschriften der Hypostylhalle ganz herkömmliche Weihinschriften sind, auf den Namen Ramses' XI. lautend[67], handelt es sich bei denen an der Basis um ein Kuriosum, da hier eine nicht-königliche Person, Herihor, als das Subjekt der jrj.n.f-m-mnw.f-Formel erscheint; in der Folgezeit ist sie dann des öfteren in dieser Art verwendet worden:

Painedjem I. als HPA:

- auf der Vorderfront des Pylons des Chonstempels, oberste (waagerechte) Inschriftzeile und Inschriften zu beiden Seiten der Fahnenmastengruben[68];
- auf der Nordseite dieses Pylons auf beiden Türmen die großen, senkrechten Inschriftzeilen mit njswt-bjt- und HPA-Titel[69];
- im ersten Vorhof des Amuntempels in Karnak auf dem Rückenpfeiler der Kolossalstatue[70] und auf einem Sphinx-Sockel[71];

65 S. Lefebvre, Inscr., Inschrift Nr.13, 29, 30, 31, 32 (vgl. KRI VI, 540ff.); KRI VI, 534,13.
66 KRI VI, 705f.
67 KRI VI, 703f.
68 TS 6.
69 Temple of Khonsu II, Pl.116-125; TS 10.
70 TS 2.
71 TS 3.

- in Medinet Habu auf der Vorderfront des Tempels der 18. Dynastie, nördliche Hälfte, nach einer **smꜣwj-mnw-Formel**[72].

Mencheperre:
- bei der Tür in der westlichen Außenwand des Chonstempel-Vorhofes[73].

§30

Diese Weihinschriften des Herihor gehen über die kurzen Texte auf den Säulen des Mittelganges und über der Südtür hinaus, insofern sie die Hypostylhalle zum Denkmal des Herihor selbst erklären, den Namen Ramses' XI. in der östlichen Inschrift in die zweite Hälfte des Textes schieben, in der westlichen gänzlich verbannen; dafür wird hier zweimal Name und Titel des Herihor genannt. Jedoch beansprucht Herihor auch hier keine königlichen Würden. Im Unterschied zu den Weihinschriften der späteren HPA's verzichtet Herihor auch darauf, den Gott, dem der Tempelteil geweiht wird, als "*seinen Vater*" zu bezeichnen. In den ausführlichen Weihinschriften, wie sie etwa in Medinet Habu im Tempel Ramses' III. vorkommen, lassen sich im wesentlichen fünf thematische Elemente unterscheiden[74]:

1. Titel und Name des Königs als Bauherrn,
2. die Weiheformel **jrj.n.f m-mnw.f n-** + Gottesname,
3. die Bautätigkeit selbst, eingeleitet mit **jrt-n.f**, mit Nennung des Namens des Heiligtums, der Baumaterialien, Preisung der Herrlichkeit und Einzigartigkeit des Bauwerks und Einrichtung der dazugehörigen Opfer[75],
4. Reaktion der Götter: Jubel,
5. Gaben der Götter an den König.

Von diesen fünf Elementen verwendet Herihor in seinen Weihinschriften regulär die ersten drei, wobei er die graphische Ähnlichkeit

von  und  am Anfang des Textes ausnützt, um seinen Namen einzuführen. In der Inschrift der Osthälfte wird damit nicht nur die Verfügung über die kostbaren Baumaterialien, sondern auch die Vermehrung der Opferga-

---

[72] TS 26.
[73] TS 50.
[74] Vgl. Medinet Habu III, Pl.182ff., v.a. 183 und 184; RIK I, Pl.76; zu Aufbau und Bedeutung der Weihinschriften s. Taufik, in: MDIK 27, 1971, 227ff.; Vittmann, in: WZKM 69, 1977, 21ff.; Jansen-Winkeln, in: MDIK 46, 1990, 146ff.
[75] Medinet Habu III, Pl.182 noch die bezeichnende Ergänzung: **nn-sẖnn.j-jz n-nb-ꜥnḫ.w mꜥḥꜥ.t n-tpj.w-ꜥ-špsj.w.**

ben: **dj.f-ḥꜣw ḥr-jmnj.t**, zur Sache des königlichen Bauleiters. Das Element 4 auf der Ostseite, die Freude der Götter über das Bauwerk, dient als Überleitung zu einem vom Schema abweichenden 2. Teil, in dem der bisher nicht genannte königliche Bauherr nachgeschoben wird über eine Relativ-Konstruktion:

[m-jr.]t-zꜣ-ꜣḫ [n-jtj.f Ḫnsw] msj-sw
nb-tꜣ.wj u.s.w.

Auf diese Weise wird die Freude der Götter zunächst auf die Erneuerung des Tempels durch Herihor gerichtet, über dieses Werk des Herihor dann auch auf den König. Ein unmittelbarer Bezug der Götter auf Herihor, der ihnen das Werk als *"sein Denkmal"* stiftet, wird vermieden. Der König tritt auf als der, der die Erweiterung des Tempels *wünscht*: **jsṯ-jb n-ḥm.f r-sꜥꜣ-pr-jtj.f...**
Mit dieser Aufteilung der Funktionen des Königs als alleinigem Bauherrn in den (königlichen) Auftraggeber auf der einen Seite und den (nicht-königlichen) Ausführer des Auftrages auf der anderen Seite ist zwar die Autorität des Königs anerkannt; gleichzeitig aber wird der, der den Bau wirklich geleitet hat, zum Bauherrn gemacht, der den Tempel dem Gott als sein Denkmal übergibt. Bis zu Herihor rühmten sich die Bauleiter, die im Auftrag des Königs Tempel errichteten, nur in ihren privaten Biographien ihres Werkes[76].
Sollten diese Weihinschriften einer metrischen Gliederung unterliegen, so ergibt sich bei der östlichen Basis-Inschrift des Herihor ein ausgewogenes Verhältnis zwischen den drei Teilen:

1) Herihor, Titel und Widmungsformel, Erneuerung und Erweiterung des Tempels,
2) Freude der Götter über das Bauwerk...,
3) ...als ein Werk ihres Sohnes Ramses XI.

Die Basis-Inschrift auf der Westseite ist durch eine Tür in der Nordwand auch inhaltlich in zwei Hälften geteilt. Der Teil vor der Tür bietet eine Kurzfassung des Widmungstextes, bestehend aus den ersten drei Elementen. Der Teil nach der Tür, beginnend auf der Westwand, bietet eine weitere Fassung des Widmungstextes mit den ersten vier Elementen desselben.
In keiner der zwei (oder drei) Inschriften aber findet sich eine Andeutung des 5. Elementes, das die Gaben der Götter an den, der das Bauwerk errichtet hat, schildert. Sofern dieses Element nicht nur aus Platzgründen fortgelassen wurde, könnte dies den Grund haben, daß man das den König kompromittierende Faktum einer Verleihung des göttlichen Segens an Herihor – insbeson-

---

[76] S.u. §80.

dere auf der Westseite, wo der König überhaupt nicht genannt wird – ebenso vermeiden wollte wie die Verleihung des Segens an Ramses XI. für ein Bauwerk, das Herihor mit diesen Inschriften für sich reklamierte.
Dies entspräche der Tatsache, daß Herihor in der Hypostylhalle bei allen Eigenmächtigkeiten jede Annexion königlicher Würden vermeidet. Dazu gehört auch, daß er an keiner Stelle in das dem König vorbehaltene Wechselverhältnis zu den Göttern tritt. Auch in den Wanddarstellungen, in denen Herihor anstelle des Königs zu sehen ist, sind die Gaben der Götter auf den König bezogen.

7. Herihor und die wḥm-msw.t-Ära

§31

Die "Wiedergeburts"-Ära und die Rolle, die Herihor in ihr spielte, waren lange Zeit umstritten. Repräsentativ sind die Standpunkte von Kees einerseits, v.Beckerath andererseits.
Kees[77] wandte sich gegen die Auffassung des nach der **wḥm-msw.t**-Ära beginnenden Gottesstaates als eine Epoche der "geistlichen" Herrschaft und wies auf den militärischen Charakter des Herihor hin. Er vertrat die Ansicht, bei der **wḥm-msw.t**-Ära handele es sich um eine von Herihor gegen Ramses XI. errichtete Herrschaft. Dagegen hat v.Beckerath[78] diese Ära als eine von Ramses XI. selbst ins Werk gesetzte interpretiert. Dafür spricht, daß zeitgenössische offizielle Dokumente auch den Namen Ramses' XI. tragen können[79]. Ferner, daß in den ersten Jahren der Ära Beamte der ramessidischen Residenz wie **Jns** und **Mn-mꜣʿ.t-Rʿ-nḫtw**[80] in Theben anwesend waren und dort die Grabräuberprozesse führten, wobei Herihor namentlich überhaupt nicht erwähnt wird.
Dies widerspricht einer Auffassung, derzufolge Herihor sein Königtum in offener Revolte gegen Ramses XI. am Anfang der Ära aufgerichtet habe.
Kees versuchte in seiner Stellungnahme zu v.Beckerath[81], seine eigene Auffassung aufrechtzuerhalten, indem er den ramessidischen König als einen nahm, der letztlich keine andere Wahl hatte, als die auf Initiative des Herihor ausgerufene Ära als die seine anzuerkennen[82]. Man bewegt sich mit solchen

---

[77] Kees, Herihor, besonders 11 und 16.
[78] v.Beckerath, Tanis und Theben, 88ff.
[79] S. Orakelbeleg I.20.c.
[80] Zu den beiden Personen s. Helck, Verwaltung, 342ff.; 383f.
[81] Kees, HPA, 6ff.
[82] Ähnlich auch Helck, Verwaltung, 396.

Überlegungen freilich in einem Bereich machtpolitischer Spekulationen, die sich nur schwer mit belegbaren Anhaltspunkten stützen lassen. Grundlage ist hauptsächlich die Verbindung des Orakeltextes I.20.b. mit der Einführung der neuen Ära[83], die sich nicht beweisen läßt[84].

Andererseits haben Kees[85] und v.Beckerath[86] auf die enge Beziehung des wḥm-msw.t-Begriffes zur Königsideologie hingewiesen. Wenn keine Benutzung dieses Begriffes durch Herihor für eigene Thronansprüche vorliegt[87], da ja die Einführung der Ära nicht mit dem Beginn des Königtums des Herihor zusammenfallen dürfte[88], so läßt sich auch kein Gegensatz zwischen Herihor und Ramses XI. konstruieren im Sinne einer Konkurrenz um die königliche Macht.

§32

Zu den Belegen der älteren Zeit, die v.Beckerath für den Begriff wḥm-msw.t anführt, Amenemhet I. (Horusname) und Sethos I. (nb.tj-Name)[89], kommen noch hinzu die Bezeichnung Tutenchamuns auf seiner Restaurationsstele als njswt-nḫt Ḥrw wḥm-msw.t[90] und ein Passus aus dem Dekret des Haremhab, der von sich sagt: tw.j-r-wḥm-msw.t mjt.t-jᶜḥ[91], in einem Zusammenhang, der von der Dauer seines Lebens auf der Erde spricht. Für den positiven Bezug von Ramses XI. auf die wḥm-msw.t-Ära sprechen die in seinem Namen enthaltenen Rückbezüge auf Sethos I. Nicht nur im PN Mn-mꜣᶜ.t-Rᶜ stimmt er mit Sethos I. überein, er führt auch in seinem N den Beinamen Ḫᶜj-m-Wꜣs.t, Horusname Sethos I.; der Zusatz in seinem PN, stp.n-Ptḥ, könnte dem Beinamen mrj.n-Ptḥ von Sethos I. in dessen N entsprechen; Ramses XI. hat in seinem bjk-nbw-Namen das Epithet sᶜnḫ-tꜣ.wj, das Sethos I. in seinem Horusnamen führt[92].

Sethos I. hat das Epithet wḥm-msw.t nicht nur als Teil der Titulatur geführt,

---

83 Kees, Herihor, 13; ders., HPA, 11; Cerny, in: CAH, Ch.35, 38.
84 S.o. §5.
85 Kees, Herihor, 13.
86 v.Beckerath, Tanis und Theben, 90f.
87 So aber Kees, Herihor, 13.
88 S.o. §7; Jansen-Winkeln, in: ZÄS 119, 1992, 25, geht davon aus, daß die Amtszeit Herihors überhaupt erst nach dem höchsten bekannten Datum der wḥm-msw.t-Ära, Jahr 10, beginnt.
89 v.Beckerath, Tanis und Theben, 90f.
90 Urk.IV, 2031,1.
91 Urk.IV, 2161,6; Kruchten, Le décret d'Horemheb, 184 und 189.
92 In der Hypostylhalle des Chonstempels befindet sich eine Pavianstatue, die die Kartusche mit dem PN von Sethos I. trägt, Mn-mꜣᶜ.t-Rᶜ, ohne den bei Ramses XI. üblichen Zusatz.

es finden sich auch Beispiele, wo es in programmatischer Weise als Attribut zum Regierungsjahr erscheint, wie bei Ramses XI.:

 [93]

Bei Tutenchamun und Sethos I., die sich wohl beide als Überwinder der Amarna-Periode verstanden, könnte der Beiname noch eine weitergehende Bedeutung gehabt haben, als die auf die Erneuerung des königlichen Lebens bezogene[94]. Auf der Restaurationsstele Tutenchamuns, an deren Ende sich der König selbst **wḥm-msw.t** nennt, wird das Verbum **msj** verwendet für die Herstellung von Kultstatuen des Amun und des Ptah: **msj.n.f-jtj<.f> Jmn ḥr-jnb-13**[95]. Auf dieses *"Erzeugen"* seines eigenen göttlichen Vaters dürfte sich auch der Passus gleich nach dem Epithet **Ḥrw wḥm-msw.t** beziehen, wo es von Amun im Verhältnis zum König heißt: **msj.n.f-sw r-mst.f** [96], "*er hat ihn erzeugt, um sich zu erzeugen*". Wohl vom König aus gesagt findet sich bei den königlichen Epitheta am Anfang der Stele die Wendung: **qd-qd-sw msj-msj-sw**[97].
Das *"Erneuern der Geburt"* dürfte sich nicht nur reflexiv auf das königliche Leben selbst bezogen haben[98], sondern auch auf die Wiederherstellung von Götterstatuen - was gerade am Ende der Amarna-Zeit zusammenfiel mit der Wiederherstellung der alten Ordnung. In diesem Zusammenhang konnte der Ausdruck einen politisch-programmatischen Charakter annehmen. In der Basis-Inschrift Herihors im westlichen Teil der Hypostylhalle des Chonstempels findet sich am Ende folgender Passus:

wḥm.w-ms<w.t>-tj.t-šps.j.t m-nbw-nfr
ꜥꜣ.t-nb.t-mꜣꜥ.t mj-Rꜥ
wḥm.w-n.f msw<.t>-wdḥ.w-ꜥšꜣ.w m-ḥḏ-nbw
r-sḥtp-kꜣ.f rꜥ-nb[99].

Die Verwendung der Verbindung **wḥm-msw.t** für die (auch vergrößernde) Wiederherstellung von Gebäuden, Statuen und sonstigem Tempelinventar steht in der Tradition zahlreicher ähnlicher Belege. So der Passus auf Block 285+24

---

93 Sethe, in: ZÄS 66, 1931, 4f.
94 Vgl. auch pKairo 58034 (Orakelbeleg II.33.a.), Z.4, wo Osiris mit dem Mond verglichen wird, der innerhalb von 30 Tagen **wḥm-msw.t** vollzieht.
95 Urk.IV, 2028,14; 2028,17f.
96 Urk.IV, 2031,3.
97 Urk.IV, 2026,13.
98 Vgl. Sethe, in: ZÄS 66, 1931, 5, Anm.4.
99 KRI VI, 705,12f.

der Chapelle Rouge[100]: **ḥw.t-nṯr.j wḥm.w-n.s msw.t m-jnr-ḥḏ-nfr n-ʿn mꜣw**. Die enge Auffassung von **wḥm-msw.t** als Wiederherstellung von Statuen[101] (weil **msj** ein Ausdruck für die Herstellung von Statuen sein kann), die bei Lacau-Chevrier zur Übersetzung geführt hat: "*quant a mon temple - renouveler pour lui les statues en belle pierre blanche de calcaire neuf*"[102], ist nicht notwendig, wie v.a. das Beispiel aus dem Chonstempel zeigt, wo **wḥm-msw.t** auch die Wiederherstellung von Opfertischen meint. Weitere Belege für **wḥm-msw.t** im Sinne der Wiederherstellung sakraler Gegenstände und Gebäude sind: Urk.IV, 817,10; 17; 820,17; 830,8; Bauinschrift Ramses' II. in Luxor, Abd el-Razik, in: JEA 60, 1974, 142ff., §§13 und 15; vgl. auch ders., in: JEA 61, 1975, 125ff.

§33

Vielleicht nimmt aber der Ausdruck **wḥm-msw.t** im Chonstempel auch Bezug auf den Namen der Ära, während der vermutlich die Hypostylhalle vollendet wurde. Die Wiederherstellung von Tempeln (nach den Unruhen in der Zeit des Hohenpriesters Amenophis) war vielleicht eines der zentralen Anliegen der neuen Ära; die Restaurationsstele Tutenchamuns führt vor, wie die Verödung der Heiligtümer auch den schlechten Zustand des ganzen Landes bedingte[103]. Ein weiteres Anliegen war wohl die Wiederherstellung der Bestattungen der früheren Könige (**wḥm-qrs**)[104], sowie die Aburteilung ihrer Schänder[105]. Nicht nur um die Erneuerung des königlichen Lebens[106] geht es bei **wḥm-msw.t**, sondern wohl auch um die Wiederherstellung der allgemeinen Voraussetzungen des König*tums* als Institution[107].
Hierin könnte eine Erklärung für die Eigentümlichkeit im Auftreten Herihors gegenüber Ramses XI. in der Hypostylhalle des Chonstempels liegen. Denn:

- Er ist kein Usurpator, jedenfalls nicht in der Zeit der Fertigstellung der Hypostylhalle; nirgendwo maßt er sich dort königliche Insignien und Würden an. Die Aufteilung der Szenen zwischen Ramses XI. und Herihor ist

[100] Lacau-Chevrier, Une chapelle d'Hatshepsout à Karnak I, 124.
[101] Op.cit., 128, Anm.h.
[102] Op.cit., 127.
[103] Urk.IV, 2027; vgl. auch 2119,11ff.
[104] Gauthier, LR III, 232 = KRI VI, 838.
[105] pMayer A, pBM 10052, 10383, 10403, pAmbras.
[106] S.o. §32.
[107] Es ist vielleicht kein Zufall, daß Reflexionen über die Natur und den Sinn und Zweck des Königtums als Institution unabhängig von seinen jeweiligen Inhabern gerade in Zeiten relativer Schwäche des Königtums Konjunktur hatten: solche Zeiten schärfen das Bewußtsein für die gedankliche Trennung zwischen dem Amt und seinen derzeitigen Inhabern.

nicht das Resultat von Übergriffen, sondern unterliegt einem wohlüberlegten Gesamtplan, wie es sich insbesondere an der Disposition der Reliefs auf den Säulen zeigt[108]. Derselbe Eindruck ergibt sich auch aus der Symmetrie der östlichen Basisinschrift, die aus zwei gleichlangen Teilen besteht, einer auf Herihor, einer auf den König bezogen[109].

- Dennoch läßt sich die darin auch liegende Selbstherrlichkeit Herihors gegenüber dem König nicht übersehen, verglichen mit dem Auftreten der Hohenpriester des Amun in der 19. Dynastie.

Die Verantwortlichkeit Herihors in der Thebais für die Wiederherstellung[110] und den Ausbau der Tempel und für die Neubestattung der Königsmumien stand wohl unter dem Zeichen der Renaissance-Ära. Mochte dies alles auch auf Befehl Ramses' XI. erfolgt sein, es war nicht nur Königsdienst, sondern ein Beitrag zur Wiederherstellung des Königtums selbst und seiner Ordnung im Lande. Darin könnte ein Moment liegen, das Herihor über seine Funktion mit seinem königlichen Herrn auf eine Stufe stellte, ohne, daß er deshalb wie ein Usurpator *an seine Stelle trat*. Auf eine solche Auffassung seiner Amtstätigkeit weisen gewisse Beinamen der Titulatur des Herihor hin, die diese Tätigkeit nicht auf den König, sondern auf die beiden Länder und die Götter direkt beziehen und damit fast zwangsläufig eine Ähnlichkeit mit königlichen Beinamen erhalten.

---

[108] S.o. §§18ff.

[109] S.o. §30.

[110] Vgl. die Erneuerungsinschriften Herihors in der Hypostylhalle des Amuntempels von Karnak (KRI VI, 730,1ff.) und auf dem Sphinx südlich des 10. Pylons (KRI VI, 847,7f.).

Die Hohenpriester des Amun als Machthaber in der Thebais und ihre Titel

1. Herihor

a. Die Belege für die vorkönigliche Titulatur

§34

Karnak, Chonstempel (**KC**)

a. Hypostylhalle.

KRI VI, 705ff.; 844.

b. Orakeltext I.20.b.

Karnak, Amuntempel (**KA**)

a. Inschrift auf dem 1. Sphinx südlich vom Westturm des 10. Pylons.

KRI VI, 847; Wiedemann, in: ZÄS 23, 1885, 84.

b. Inschrift auf dem Fundament der Verbindungsmauer zwischen dem 1. Pylon und dem Sphinx Nr.20.

Karnak V, 10.

c. Inschrift auf der östlichen Außenwand des Hofes zwischen 8. und 9. Pylon.

KRI VI, 846.

d. Statue CG 42190 aus der Favissa.

Lefebvre, in: ASAE 26, 1926; KRI V, 843f.

e. Inschrift auf Block aus der Hypostylhalle.

Rondot, in: Karnak VIII, 271ff.

Stele Leiden V.65 (**St.**) — Boeser, Leiden VI, Tf. 28; KRI VI, 846f.

oKairo 25744 (**O**) — KRI VI, 847f.

Aufschriften auf den Särgen Sethos' I. und Ramses' II. **(S.I / R.II)** ("*Jahr 6*")		Maspero, Momies royales, 553/7; Pl.10–12; Daressy, Cercueils des cachettes royales, 30; 32; Gauthier, LR III, 232; KRI VI, 838.
Totenpapyrus der **Nḏm.t** **(N)**		Gauthier, LR III, 234.
Wenamun 1,15; 2,25 ("*Jahr 5*") **(W)**		Gardiner, LESt, 62; 69 (ohne Titel).
Schmuck, Hildesheim **(Hi)**		H.W. Müller, in: Pantheon 37, 1979, 237ff.
Anonyme Nennungen eines HPA, die sich auf Herihor beziehen könnten **(An)**	a.	pBM 10052, 2A,3; 4,29: Jahr 1 **wḥm-msw.t**.
		Peet, Tomb-Robberies II, Pl.26 und 28; KRI VI, 771; 778.
	b.	pMayer A, 3,15; 4,12; 4,21: Jahr 1 **wḥm-msw.t**.
		Peet, The Mayer Papyri A&B; KRI VI, 809, 812, 813.
	c.	pTurin 1903 rto., 7: Lieferungen von **jsj**-Pflanzen durch den Vezir, den HPA u.a. (im Jahre 4 oder 5 **wḥm-msw.t** ?).
		Cerny, Notebooks 15,16–20; KRI VII, 397,3ff.
	d.	oKairo 25243.
		KRI VI, 870f.; Cerny, Valley of the Kings, 17, Anm.8; sehr unsicherer Beleg, der einzige Name auf dem Ostrakon, **ʿn-ḫr-tjr** weist auf das Jahr 12 Ramses' XI.; vgl. Cerny, Community of Workmen, 271; es könnte sich daher die Notiz über das Aushauen des Grabes des HPA auch auf einen Vorgänger Herihors, vielleicht Amenophis beziehen.
	e.	Wenamun 2, 61.
		Gardiner, LESt, 73.

b. Die Titel des Herihor und ihre Verteilung

§35

HPA	stets außer W 1,15 und 2,25
jmj-rʾ-mšꜥ (-wr n-Šmꜥw mḥw)	KC.a.; b. (? Z.16) KA.b. St.; 0; S.I / R.II (?) N (Louvre-Sektion; in der Sektion des BM ist Herihor dagegen König!)
ḥꜣwtj	KC.a. O (– ntj<-m>-ḥꜣ.t <n->nꜣ-mšꜥ.w n-Km.t-ḏr.w)
zꜣ-njswt n-Kꜣš	KC.a. (über der südlichen Mitteltür) KC.b. KA.d. O
jmj-rʾ-ḫꜣs.wt-nbw n-Jmn	KA.e.
jmj-rʾ-ḫꜣs.wt-rsj.wt	O
ṯꜣj-ḫw ḥr-wnmj-njswt	KC.a. (über der südlichen Mitteltür und Inschrift auf der Säule Nr.34, Querzeile)
zš-njswt	KC.a. (Westhälfte, unteres Register, 2. Szene)
jmj-r'-šnw.tj	KC.b. O (– n-šnw.tj n-Pr-ꜥꜣ)
jmj-r'-njw.t / ṯꜣtj	KA.d. O; S.I / R.II; R.II auch: ṯꜣtj šꜣꜥ tꜣ ḏr (?? s.Daressy, loc.cit.)
jmj-rʾ-njw.t / ṯꜣtj n-tꜣ-ḏr (sic)	KA.e.
jmj-rʾ-kꜣ.t n-mnw-nb n-ḥm.f	KC.a. (Säule Nr.32, senkr. Z.)
jmj-rʾ-kꜣ.t-wr m-pr-Ḫnsw	KC.a. (über der südlichen Mitteltür)
⌜jmj-rʾ-ḥm.w-nṯr n-⌝ [nṯr.w-nb.w] Šmꜥw mḥw	KC.a. (Säule Nr.32, Querzeile)

jrj-pꜥ.t/ḥꜣtj-ꜥ	KC.a. (Säule Nr.31, senkrechte Z.; Nr.32, senkrechte Z. und Querzeile; Nr.34, Querzeile; über der südlichen Mitteltür) KA.d.
jrj-pꜥ.t ḥrj-tp-tꜣ.wj	KC.a. (Westhälfte, unteres Register, 6.Szene; Säule Nr.33, Querzeile) KA.d.
smr-ꜥꜣ m-tꜣ-dr.f	KC.a. (Westhälfte, unteres Register, 6. Szene Osthälfte, unteres Register, 8. Szene) KA.d.
wpj-mꜣꜥ.t	KA.d.
sḏm-md.wt-rḫj.t-rsj[111]	KA.d.
mḥ-jb-ꜥꜣ mnḫ n-nb-tꜣ.wj	KC.a. (über der südlichen Mitteltür)
mḥ-jb-ꜥꜣ n-nṯr-nfr	KC.a. (Säule Nr.31, senkrechte. Z.; Säule Nr.34, Querzeile)
mḥ-jb-ꜥꜣ n-nb-tꜣ.wj	KC.a. (Säule Nr.31, Querzeile)
qꜣb-ḥtp.w-nṯr n-nb.w-Wꜣs.t	KC.a. (über der südlichen Mitteltür)
jrj-ꜣḫ.w m-pr-Jmn **ḫrp-n.f tꜣ-nb dmḏw**	KA.d.
ḫrp-tꜣ.wj (oder: **šmꜥw mḥw**)[112]	KC.a. (Säule Nr.32, senkrechte Z.)
sḥtp-tꜣ.wj n-nb.f Jmn	KA.d.
⌜grg⌝-tꜣ.wj n-nb-nṯr.w	KC.a. (Osthälfte, unteres Register, 8. Szene)

c. *Die Titelverbindungen des Herihor*

§36

Der Titel eines Hohenpriesters des Amun ist noch vor dem Generalstitel der wichtigste des Herihor: *er* wird gewählt, wenn Herihor nur *einen* Titel trägt, und er steht in der Mehrzahl der Belege *vor* dem Generalstitel.

Gleichzeitig aber steht dieser Priestertitel isoliert in seiner Gesamttitulatur da, vergleicht man die Titelreihen der Hohenpriester der 19. Dynastie. Betrachtet man Herihor, wie es die Dominanz des Titels HPA nahelegt, vor allem

---

111 Als Epithet des Vezirs; vgl. z.B. Urk.IV, 1139,12.

112 Vgl. hierzu die Formulierung im Ostrakon (O), als Bitte an die Trias von Theben: **jmj-ḫrp.f-pꜣ-tꜣ**.

als Priester, so muß man feststellen, daß fast alle seine sonstigen Ämter und Epitheta für einen Hohenpriester des Amun ganz ungewöhnlich sind, wiewohl diese anderen Titel z.T. *untereinander* in Beziehung zu setzen sind vom Standpunkt einer traditionellen Beamtentitulatur des Neuen Reiches; nur die "*Bauleiter*"-Titel und der einmal belegte eines "*Vorstehers der Propheten*" lassen sich mit dem Amt des HPA vereinbaren. Gerade die Kombination des Hohenpriesteramtes mit dem Generalstitel als Kern der Titulatur Herihors, die wohl die Grundlage seiner Machstellung zum Ausdruck bringt, ist vom Standpunkt der vorhergehenden Periode völlig ungewöhnlich und steht gewiss nicht im Zusammenhang damit, daß auch frühere Hohepriester des Amun sehr selten den Titel **jmj-rʾ-mšᶜ** tragen können; das "*Heer*", das in diesen Fällen gemeint ist, ist eine vermutlich dem Tempel untergeordnete Einheit, deren Oberbefehl daher eine Beigabe des Hohenpriesteramtes war, während Herihor, wie schon Kees vermutete, umgekehrt aufgrund seiner Stellung im Militär zum Amte des Hohenpriesters des Amum kam. Solche "Tempelheere" könnten vielleicht im Zusammenhang mit Expeditionen zu Steinbrüchen gestanden haben, wie das "*Heer*", welches unter dem Oberbefehl des HPA Ramsesnacht an der Expedition zum Wadi Hammamat im Jahr 3 Ramses' IV. beteiligt war[113]. So trägt der HPA Rama in Gebel es-Silsila den Titel eines **jmj-rʾ-mšᶜ n-Jmn**[114].

Über den Platz in der Tempelhierarchie des Amuntempels hinaus bezeichnet der Titel HPA zusammen mit dem Generalstitel seit Herihor den ersten Mann im Süden des Landes; in diesem Sinne findet sich in der Orakelinschrift der Maatkare (I.21.f.), Z.x+3, als summarische Aufzählung der mächtigsten Leute im Lande die Reihe: **njswt-nb / ḥm-nṯr-tpj n-Jmn-nb / ᶜȝ n-mšᶜ ḥȝwtj-nb n-mšᶜ**. Das Vezirsamt, wenn es in der 21. Dynastie überhaupt genannt wird, hatte wohl seine Selbständigkeit verloren und wurde von den HPA's mitverwaltet[115].

Kitchen[116] bemerkt, daß in der zweiten Hälfte der 21. Dynastie die Familie des Paianch keinen Anspruch auf die nachgeordneten Gottesdienerstellen des

---

113 KRI VI, 14,6; Christophe, in: BIFAO 48, 1949, 32ff.; Seyfried, Beiträge zu den Expeditionen des MR, HÄB 15, 1981, 218f.: "*Mannschaft*".

114 Lefebvre, Inscr., Nr. 25; Kees, Priestertum, 109; 120; Eine Reihe von Beamten dieser "*Tempelheere*", darunter "*Heeresschreiber des* **pr-Jmn**" sind von Helck, Materialien I, 50f., aufgeführt worden. Zu streichen ist der Hohepriester Nebwenenef als **jmj-rʾ-mšᶜ** im Text IV.1.19.a. nach KRI III, 285,1(a); ein **jmj-rʾ-mšᶜ n-pr-Ḫnsw**, dessen Uschebti sich im Besitz von Wiedemann befand, wird von diesem, in: ZÄS 23, 1885, 82, genannt. Sein Name, **Jmn-m-ḥȝb**, entspricht dem des **ḥm-nṯr n-pr-Ḫnsw** im pBerlin 3047 aus dem 42. Jahr Ramses' II., den Helck, op.cit., 61, aufführt. Ein **zš-mšᶜ** des Tempels Sethos' I. in Abydos namens Rama findet sich auf der Stele Nr.146 des British Museum (BM Stelae 9, 61f., Pl.47).

115 S.u. §39.

116 Kitchen, TIP, §232 (S.276).

Amun erhob. Andererseits war vermutlich auch keiner der HPA's seit Herihor vorher 4PA bis 2PA gewesen; daß die Erlangung des Amtes eines Hohenpriesters des Amun am Ende einer langen priesterlichen Karriere stand, wie es bei den Hohenpriestern der 19. Dynastie vorkam[117], ist unwahrscheinlich.

§37

Sieht man von dem Hohenpriestertitel ab, so erinnert der Generalstitel zusammen mit **ṯȝj-ḫw ḥr-wnmj-nswt**[118] und **jrj-pᶜ.t (ḥrj-tp-tȝ.wj)** sowie **zš-njswt** an die Titel, die in den Prinzenaufzügen der Söhne Ramses' II. von den ersten Königssöhnen getragen werden[119].

Schon am Ende der 18. Dynastie findet sich die Titelkombination **jrj-pᶜ.t / zš-njswt / jmj-rʾ-mšᶜ-wr** bei Nacht-Min[120], seit der 19. Dynastie wurde der Titel **jrj-pᶜ.t** (mit Zusätzen) u.a. von Personen geführt, die für die königliche Nachfolge in Frage kamen, die aber deswegen nicht unbedingt auch Söhne des Königs sein mußten: beides wird in einem literarischen Beispiel deutlich: im Brüdermärchen des pOrbiney wird 19,1ff. berichtet, wie der König seinen Sohn, zu dem er auf recht eigentümliche Weise gekommen ist, erst zum Königssohn von Kusch (!), dann aber zum **jrj-pᶜ.t n-pȝ-tȝ-ḏr(.f)** ernannt habe[121]. Vermutlich aufgrund dieser Stellung ist der "*Königssohn*" beim Tod des Königs derjenige, dem das Königtum zufällt und der dann seinerseits seinen Bruder zum **jrj-pᶜ.t** "*in seinem ganzen Lande*" macht, der ihm nach dreißigjähriger Herrschaft im Königtum nachfolgt. Daß der Thronfolger auch Vizekönig von Kusch ist, hat m.W. in der wirklichen Geschichte keine Parallele, abgesehen davon, daß gerade Herihor sowohl **jrj-pᶜ.t ḥrj-tp-t.wj** als auch Königssohn von Kusch war.

§38

Das historische Vorbild eines **jrj-pᶜ.t** des ganzen Landes, der später König wurde, ist Haremhab. Wie Herihor führte er als solcher außerdem die Titel ei-

---

117 Kees, Priestertum, 117ff.
118 Helck, Verwaltung, 281ff.
119 Schmitz, Untersuchungen zum Titel s3-njswt, 315ff.; Ramses II. selbst wird als Kronprinz auf der Qubanstele, Z.16f., **jrj-pᶜ.t** und **rʾ-ḥrj n-pȝ-mšᶜ** genannt, KRI II, 356; vgl. auch Inscr.dédic.R.II, Z.48f., KRI II, 327; noch Ramses-Anchefenmut von Tanis hat die charakteristischen Titel eines ramessidischen ersten Königssohnes, s. Montet, Tanis II, Pl.38 und 39.
120 Urk.IV, 1908ff.
121 Gardiner, LESt, 28f.; vgl. auch pHarris I,75,10ff.

nes **zš-njswt, ṯꜣj-ḫw ḥr-wnmj-njswt, jmj-r'-mšᶜ-wr**[122]. Das Beispiel des Haremhab zeigt zugleich, daß diese Stellung nicht identisch ist mit der eines "*Kronprinzen*" im deutschen Sinne des Wortes, also normalerweise des Königssohnes, der zum künftigen Herrscher vorgesehen ist. Offenkundig ist der Titel **jrj-pᶜ.t** (*des ganzen Landes*) an die gegenwärtige Ausübung von Regierungsgewalt gebunden und muß auch nicht notwendig von einem dynastisch mit dem König verbundenen Mann getragen werden[123]; so heißt es in der Turiner Krönungsinschrift des Haremhab (IV.1.18.d.)[124]:

"*Er (der König) setzte ihn zum Obersten Mund des Landes ein, um die Gesetze der beiden Ufer zu verankern* (**mnj-hp.w**) *in der Funktion eines* **jrj-pᶜ.t** *dieses ganzen Landes.*"

jrj-pᶜ.t ḥrj-tp-tꜣ.wj – so, wie sich auch Herihor nennt – ist der Titel des Haremhab in derselben Inschrift in dem Augenblick, als Amun seiner ansichtig wird und ihn zum **pr-njswt** führt[125].

Vielleicht sollte mit den genannten Titeln des Herihor eine Regentenstellung im Lande vergleichbar der des Haremhab zum Ausdruck gebracht werden; sie wird auch in Titeln und Beiworten wie: **smr-ᶜꜣ m-tꜣ-ḏr.f** [126], **ḫrp-tꜣ.wj** (*oder:* **šmᶜw mḥw**), **sḥtp-tꜣ.wj n-nb.f Jmn, ⌜grg⌝-tꜣ.wj n-nb-nṯr.w** enthalten sein. Ein Rückbezug des wichtigen Heeresvorsteher-Amtes auf den *König* in Titelzusätzen wie **n-nb-tꜣ.wj** oder **n-njswt**[127], wie er bei Haremhab gelegentlich vorkommt[128], findet sich bei Herihor jedoch nicht; wenn der Titel erweitert wird, dann nicht durch Rückbezug auf den König, sondern, wie es in der Libyerzeit üblich wird, durch geographische Zusätze[129] wie **n-šmᶜw mḥw**; dasselbe gilt auch für die in der Titelliste genannte Erweiterung des Epithets **ḥꜣwtj**[130]. Auch die oben aufgezählten schmückenden Beiworte enthalten nur selten einen Bezug auf eine

---

[122] Vgl. die Titel auf der Statue CG 42129 und auf der New Yorker Statue: Urk.IV, 2103ff.; 2089ff.; ferner Urk.IV, 2088,11ff., 2094,19f.; 2099,7ff.; s. auch Hari, Horemheb et la reine Moutnedjmet, Pl.1 und 2.

[123] Zu **jrj-pᶜ.t ḥrj-tp-tꜣ.wj** s. Helck, Verwaltung, 452f., 458, 471f., für die Verwendung bei hohen Beamten.

[124] Urk.IV, 2114,15f.

[125] Urk.IV, 2117,9.

[126] Vgl. den Titel des Amenophis, Sohnes des Hapu: **smr-ᶜꜣ n-mrw.t**, Urk.IV, 1828,9.

[127] Urk.IV, 2099,15; 2102,8; s. Hari, loc.cit.; Martin, The Memphite Tomb of Horemheb, Commander-in-Chief of Tutᶜankhamun I, EES 55, 1989; S.86 und Pl.109/110 (**jmj-r'-mšᶜ-wr n-nb-tꜣ.wj**); Pl.126, S. 102 (**jmj-r'-mšᶜ-wr n-njswt**).

[128] Bei Prinzen findet sich auch: **n-jtj.f** (Urk.IV, 91,12).

[129] Z.B. Gauthier, LR III, 332, D; 345,3 (RIK III, Pl.16); Hayes, in: JEA 34, 1948, 47ff. u.v.a.

[130] S.o. §35; hierzu auch Jansen-Winkeln, in: GM 99, 1987, 19ff.

Vertrauensstellung beim König, allenfalls auf den Gott Amun. Das erweckt den Eindruck, als habe es in dieser Zeit Armeen gegeben, die nicht unbedingt dem König verantwortlich waren.

§39

Außer den hier so genannten "Regententiteln", die enger mit dem Hohenpriester-Amt Herihors verbunden erscheinen, lassen sich in seiner Titulatur noch drei Gruppen von Titeln unterscheiden:

- die Titel, die zu seiner Stellung als Vizekönig von Kusch gehören,
- die Titel und Epitheta, die mit seinem Vezirsamt verbunden sind,
- die Bauleitertitel.

Den Titel eines Scheunenvorstehers Pharaos könnte Herihor zusammen mit dem Titel des Gouverneurs von Kusch von seinem Vorgänger Panehsi übernommen haben[131].

Die Bauleiter-Titel finden sich nur im Mittelgang der Hypostylhalle des Chonstempels; in diesem Bereich gibt es auch den einzigen Titel des Herihor, der auf eine Vertrauensstellung beim König verweist: mḥ-jb-ꜥꜣ (...).

Wenngleich die einzelnen Titel und Beiworte des Herihor durchaus dem traditionellen Bild eines Vizekönigs von Kusch oder eines Vezirs entsprechen, vereinigt er doch als "Regent" Ämter in seiner Hand, deren Verbindung bei *einer* Person ungewöhnlich ist[132]. Die derart zusammengefaßten Ämter dürften bei Herihor ihren traditionellen Charakter verloren haben[133], da sie wohl vor allem als Etikett des ersten Mannes im Süden dienten; die wirkliche Grundlage seiner Machtstellung wird, neben seiner Funktion als Armee-General (welcher Armee(n)?) seine Verfügung über die Amunsdomäne gewesen sein. Wie weit er damit der traditionellen königlichen Macht und ihrem Vollzug in der Thebais im Wege stand, ist nicht abzusehen; die Grabräuberprozesse in den Jahren 1 und 2 wḥm-msw.t wurden von anderen Beamten geleitet; die Akten nennen Herihor namentlich nicht[134].

---

[131] Panehsi im Königsbrief aus dem Jahr 17, KRI VI, 734f.; im Turiner Steuerpapyrus aus dem Jahre 12: Gardiner, RAD, 36,4f.

[132] Zum angeblichen HPA-Titel des Vezirs Paser in der 19. Dynastie s.u. §89.

[133] S.u. §45.

[134] Redford spricht in: LÄ II, Sp.1132, s.v. *Herihor*, von einem Vorsitz Herihors über die Grabräuberprozesse, nennt dafür aber keine Quellen.

d. Schwerpunktmäßiges Auftreten der einzelnen Titel

§40

Vezirstitel und Beiworte:	Statue (KA.d.[135]), Ostrakon (O).
Vizekönig von Kusch und zugehörige Titel:	KC.a. (südliche Mitteltür), KC.b. (I.20.b.), Ostrakon.
Beiworte, die seine Macht über und seine nützliche Tätigkeit für die beiden Länder hervorheben:	KC.a. (Nordwand), Statue.
Titel und Beiworte, die seine Tätigkeit für und seine Stellung beim König hervorheben:	KC.a. (Säulen des Mittelgangs, südliche Mitteltür).
traditionelle Würdenträgertitel (jrj-pꜥ.t/ḥꜣtj-ꜥ):	ebd.
Beiworte die seine Tätigkeit für die Tempel hervorheben:	KC.a. (südliche Mitteltür und Statue (KA.d.).

Zwischen den Titeln auf den vier Säulen im Mittelgang der Hypostylhalle des Chonstempels gibt es chiastische Beziehungen bei den Querzeilen unter den Szenen:

jmj-rʾ-mšꜥ-wr / ḥꜣwtj:	auf der NO- und auf der SW-Säule;
mḥ-jb-ꜥꜣ (n-nṯr-nfr / n-nb-tꜣ.wj):	auf der NW- und auf der SO-Säule.

Dagegen der alte Würdenträgertitel jrj-pꜥ.t/ḥꜣtj-ꜥ auf der NO- und der NW-Säule[136].

§41

Was die Verteilung der Titel auf die einzelnen Belege betrifft, gibt es stärkere Beziehung zwischen der Titulatur über der südlichen Mitteltür des Chonshypostyls, der Statue und dem Ostrakon sowie der Orakelinschrift (I.20.b.); zugleich gibt es aber auch einen Unterschied zwischen den Belegen

---

[135] Zu den Kürzeln s.o. §34.
[136] Temple of Khonsu II, Pl.199f.

aus dem Chonstempel einerseits, Statue und Ostrakon andererseits, insofern nur letztere den Vezirstitel aufweisen. Andererseits gibt es innerhalb der Hypostylhalle des Chonstempels einen gewissen Gegensatz zwischen der Nordwand einerseits, den Säulen des Mittelgangs und den beiden Zeilen über der südlichen Mitteltür andererseits: auf ersterer sind die Beiworte konzentriert, die die "Regentenstellung" Herihors in den beiden Ländern ohne Nennung des Königs herausstreichen, während auf letzteren sich die Titel und Beiworte konzentrieren, die auf den Königsdienst bezogen sind.
Im Amuntempel (außer der Statue, deren ursprünglicher Aufstellungsort nicht bekannt ist) ist die Titulatur Herihors am wenigsten ausdifferenziert; aber hier überwiegen die Inschriften aus der "Königszeit", die hier nicht aufgeführt sind.

2. Paianch

a. *Die Belege für Paianch außerhalb der Filiationsangaben*[137]

§42

Orakelinschrift aus dem Jahre 7 **wḥm-msw.t**	I.20.c.
Stele aus Abydos, Kairo 3/4/17/1 **(Ste)**	El-Sayed, in: BIFAO 78, 1978, 197ff.; KRI VI, 848; Demarée, The **ꜣḫ jkr n Rꜥ**-Stelae, Egyptologische Uitgaven 3, Leiden 1983, 39f.
Graffito von der Südwand (Osthälfte) des Statuenhofes in Luxor **(L)**; posthum	Daressy, in: RecTrav. 14, 1890, 32; PM, Theban Temples, 307 (27); El-Sayed, op.cit., 204f.; Niwinski, in: JARCE 16, 1979, 51f.
Statue aus grauem Granit mit königlichem Schurz und Kopftuch; Privatbesitz **(Sta)**	Hari, in: BSEG 7, 1982, 39ff.; s. aber Dewachter, in: BSEG 11, 1987, 3ff.
Ostrakon Kairo 25745 **(O)**	El-Sayed, op.cit., 207; KRI VI, 849; Cerny, Community of Workmen, 371.
pBM 10375,1f. **(28)**	Cerny, LRL, 44,3f. (Nr.28); Wente, LRL, 10ff.; 59ff.; El-Sayed, op.cit., 211f.

[137] El-Sayed, in: BIFAO 78, 1978, 197ff.; Ergänzungen zur Liste von El-Sayed s. bei Bell, in: Serapis 6, 1980, Anm. 189; Doc. Nr.3a. ist zu streichen gemäß Wente, in: Fs.Korostowzef, Moskau 1975, 36ff.; ders., in: Temple of Khonsu I, Beiheft, Xff.

pTurin 2021 vso. **(40)**	Cerny, LRL, 61,16f. (Nr.40); Wente, LRL, 14f.; 75; El-Sayed, op.cit., 211.
pTurin ohne Nummer vso., 10 (nur der Name) **(13)**	Cerny, LRL, 26,4 (Nr.13); Wente, LRL, 14; 45f. El-Sayed, op.cit., 211.
Anonyme Nennungen als jmj-rʾ-mšꜥ (n-Pr-ꜥꜣ (ꜥ.w.s.)) **(LRL)**	Cerny, LRL, Nr.4, 8, 10, 14, 16, 17, 18, 19, 20, 21, 22, 23, 24, 27, 28, 29, 30, 31, 32, 34, 35, 45, 49, 50; El-Sayed, op.cit., 207ff.; Versuch einer chronologischen Anordnung der Briefe (relativ) bei Wente, LRL, 1ff.
Graffito Theben Nr.714 **(Gr.Th.)**	Spiegelberg, Ägyptische und andere Graffiti, 57; KRI VI, 849; Bell, op.cit., 24 und Anm. 187.
(pStraßburg 23, 26, und 32 aus el-Hibeh: Nennung eines jmj-rʾ-mšꜥ und eines Königssohns von Kusch: Paianch?)[138] **(H)**	Spiegelberg, in: ZÄS 53, 1917, 1ff., bes. 4f. und Anm.4 auf S.4.
Grabinschrift des Paianch (?) in Herakleopolis Magna **(HM)**	Maria del Carmen Perez-Die, P. Vernus, Excavaciones en Ehnasya el Medina (Herakleópolis Magna), Madrid 1992, S.39f., bes. S.40, Anm.d.; S.121, Dokument 13, Fig.11a.[139].

b. Die Titel des Paianch und ihre Verteilung

§43

jmj-rʾ-mšꜥ (n-Pr-ꜥꜣ)	I.20.c.; Ste; L (??)[140]; Sta; 0; 28; 40; LRL; Gr.Th.; H(?); HM

[138] Nennung eines jmj-rʾ-mšꜥ, der vielleicht Paianch ist, auf Türsturz aus Karnak: Gohari, in: BIFA0 86, 1986, 184f. und Pl.14.

[139] Erhalten ist nur das ꜥnḫ-Zeichen nach den Titeln, diese sprechen aber sehr für die Identität dieser Person mit dem aus der 21. Dynastie bekannten Paianch. Ich verdanke dies einem Hinweis von Herrn Jansen-Winkeln. Sollte dieser Paianch in Herakleopolis Magna begraben gewesen sein, fiele ein neues Licht auf den Stammvater der 21. Dynastie. Mehr in dem Artikel, den Jansen-Winkeln in Kürze über den Beginn der Libyer-Herrschaft in Ägypten veröffentlichen wird.

[140] Gauthier, LR III, 241, IV, läßt diesen Titel ganz außer Betracht;  ist aber zweifelsfrei zu erkennen. Für eine Ergänzung jmj-rʾ-[njw.t/ṯꜣtj] ist der Platz etwas knapp. M.E sind noch Reste des Kopfputzes vom mšꜥ-Mann rechts unter dem jmj-rʾ-Zeichen zu erkennen.

ḥꜣwtj	I.20.c.; Ste; L; Sta
ḥꜣwtj ntj-<m->ḥꜣ.t <n->nꜣ-mšꜥ.w n-Km.t ḏr.w	O
ḥꜣwtj n-pḏ.wt-Pr-ꜥꜣ	28; 40
ḥrj-pḏ.wt-Pr-ꜥꜣ	Ste; Sta
zꜣ-njswt n-Kꜣš	I.20.c.; Ste; Sta; 0; 28; H(?)
jmj-rʾ-ḫꜣs.wt-rsj.wt	Ste; Sta; O; 28
zš-njswt	Ste; Sta, 0; 28
jmj-rʾ-šnw.tj n-Pr-ꜥꜣ	Ste; 0; 28; HM
HPA	I.20.c.; Ste; L; Sta; 28
jmj-rʾ-njw.t/ṯꜣtj	0
zꜣ-njswt n-ẖ.t.f	Sta
ṯꜣj-ḫw ḥr-wnmj-njswt	I.20.c.; Ste; Sta; 0; 28
wpj-tꜣ.wj	L
ꜣḫ-jqr n-Rꜥ [141]	Ste; Sta

c. *Die Titelverbindungen des Paianch*

§44

Von Paianch haben sich, anders als bei seinem Vorgänger und seinem Nachfolger, keine Erneuerungs- oder Weihinschriften an Bauwerken finden lassen, obgleich eine Kampagne zur Denkmäler-Reparatur in Theben unter Herihor beginnt und auch unter Painedjem I. fortdauert. Auch gibt es keine Zeugnisse von ihm für irgendwelche Aktivitäten bei der Neubestattungskampagne, die ebenfalls unter Herihor beginnt und von Painedjem I. fortgesetzt wird. Dafür ist er häufig in Briefen belegt[142], die auf seine Abwesenheit von Theben und seine besondere Zuständigkeit für Nubien schließen lassen, so daß der Titel eines Gouverneurs von Kusch bei ihm vielleicht ernster zu nehmen ist als bei Herihor.

---

[141] Vgl. El-Sayed, in: BIFAO 78, 1978, 199, Anm.4.
[142] Cerny, Community of Workmen, 371.

§45

Anders als bei dem Vorgänger und den Nachfolgern des Paianch im Amt des Hohenpriesters des Amun steht bei ihm der Titel eines HPA nicht im Vordergrund; zum einen, insofern dieser Titel bei ihm nicht durchgängig belegt ist. Zum andern ist Paianch, wenn nur *ein* Titel genannt wird, immer der "*General*" und nicht HPA; dies gilt auch für die Belege aus der Zeit nach dem Jahr 7 **wḥm-msw.t**, welches allgemein als Jahr des Amtsantritts Paianchs als HPA gewertet wird[143].

"*General*" ist immer *der* Titel des Paianch geblieben. Dieser Generalstitel ist obendrein andersartig als der des Herihor und der Nachfolger des Paianch; stets lautet er nur **jmj-r'-mšᶜ**, nie **jmj-r'-mšᶜ-wr**[144], anstelle einer geographischen Präzisierung **(n-šmᶜw mḥw, n-tꜣ r-ḏr.f)** gibt es bei Paianch öfter den Rückbezug auf den regierenden König **(n-Pr-ᶜꜣ)**, wobei es sich wohl eher um Ramses XI. als um Herihor handeln dürfte[145].

In diesem Titel und denen des Gouverneurs von Kusch, Vorstehers der südlichen Fremdländer, Scheunenvorstehers Pharaos, Wedelträgers zur Rechten des Königs, königlichen Schreibers gleicht seine Titulatur der des von ihm bekämpften (?)[146] Panehsi noch mehr als der des Herihor. Mit diesem gegenüber Herihor gemeinsam hat er die Züge eines königlichen (Militär-)Beamten, mit ihm teilt er auch den Titel **ḥꜣwtj n-(nꜣ-)pḏ.wt-Pr-ᶜꜣ**[147]. Demgegenüber ist der einmal belegte Titel eines Vezirs nicht charakteristisch für Paianch[148]. Angesichts der ungewöhnlichen Ämterhäufungen stellt sich wie bei Herihor[149] die Frage, ob nicht zumindest einige Ämter ihre Bedeutung als eigenständige Ressorts längst verloren hatten und die dazugehörigen Titel zu dekorativen Bei-

---

143 Kitchen, TIP, §16ff.; §210; Wente, in: Temple of Khonsu I, Beiheft, XIVff.; zur Auffassung von Bell s.u. §47; der sicher datierte Brief der LRL, Nr.9 mit dem Datum Jahr 10 (**wḥm-msw.t** ?) (Cerny, LRL, 17,11) erwähnt Paianch nicht; dafür ist er aber z.B. in Brief Nr.16 als "*General*" erwähnt, der thematisch eng mit Nr.9 verbunden ist: der **mḏꜣj Kꜣsꜣ** (19,8 / 32,12), das Kind der **Jwj-nfr** (19,7 / 32,15), die Speere (19,14 / 32,8f.). Ferner das Monatsdatum am Ende von Nr.16: 1. **šmw** 20, während das Datum des Briefes Nr.9 lautet: Jahr 10, 1. **šmw** 25. Cerny, Community of Workmen, 377, Anm.3, dagegen überlegt, ob diese Briefe mit dem Titel "*General*" *vor* der Ernennung des Paianch zum HPA geschrieben sind.

144 Innerhalb der Filiation Painedjems I. in der senkrechten Zeile in der Tür des 1. Pylons von Ramses III. in Medinet Habu (Südseite, s.u. §48, MH.a., TS 21) findet sich einmalig **jmj-r'-mšᶜ-wr**; von Painedjem I. beeinflußt?

145 Anders El-Sayed, in: BIFAO 78, 1978, 216.

146 Cerny, LRL, 7,16f.; Kitchen, TIP, §211 und Anm.56.

147 Zu den Titeln des Panehsi s. Königsbrief aus dem Jahr 17, KRI VI, 734f.; Turiner Steuerpapyrus aus dem Jahre 12: Gardiner, RAD, 36,4f.

148 Zum Beiwort **wpj-tꜣ.wj** s. Weil, Die Veziere des Pharaonenreiches, 98.

149 S.o. §39.

worten der Machthaber herabgesunken waren. So ist ein Vergleich zwischen den beiden, vermutlich aus der Hand des Butehamon stammenden Texten 28 und O aufschlußreich, insofern Paianch im ersten Beispiel HPA, aber nicht Vezir genannt wird, im zweiten umgekehrt Vezir, aber nicht HPA. Wenn beide Titel hier noch wirklich selbständige Ressorts bezeichneten im Sinne des traditionellen Beamtenapparats und wenn man nicht davon ausgehen will, daß Paianch eines der beiden Ämter wieder aufgegeben hat[150], so müßte er wenigstens in einer der beiden sehr ausführlichen Aufzählungen seiner Titel *beide* Würden besitzen[151].
Nicht charakteristisch für Paianch ist auch der einmalig belegte Titel eines "*leiblichen Königssohnes*". Sollte er auf eine Herkunft aus der Ramessidendynastie zurückgehen, sofern Paianch nicht doch ein Sohn Herihors war, wofür es keine Anhaltspunkte mehr gibt[152]?
Im Gegensatz zu seinen Nachfolgern und Nachkommen (und auch zu einem seiner Vorgänger, dem HPA Amenophis) nennt sonst Paianch nie eine Filiation, ebensowenig, wie auch Herihor. Die Regelmäßigkeit, mit der Painedjem I. ihn als seinen Vater seinem eigenen Namen beifügt, dürfte aber dafür sprechen, daß er nicht die schlechteste Herkunft für diesen darstellte.

§46

Die oben aufgeführten Eigenarten in der Titulatur Paianchs als der eines noch auf den regierenden König (Ramses XI.?) sich berufenden hohen Militärbeamten könnten auf andere Quellen seiner Macht schließen lassen, verschieden von der Grundlage für die Stellung Herihors. Jedenfalls ist es nicht ausgemacht, daß Paianch seinen auf den Pharao bezogenen Generalstitel von Herihor geerbt hat, wie Wente dies annimmt, wenn er das Auftreten des Titels bei Paianch in den LRL zum Datierungskriterium für das Jahr 6 **wḥm-msw.t** oder später macht, weil in diesem Jahr Herihor noch mit Generalstitel belegt ist[153]. Es gibt überhaupt kein Denkmal, aus dem irgendetwas über das Verhältnis zwischen den beiden hervorgeht. Allenfalls läßt sich die starke Ähnlichkeit der Brief(entwürf)e auf den Ostraka CG 25744/45 in der Anrede Heri-

---

150 So El-Sayed, in: BIFAO 78, 1978, 213.
151 El-Sayed, in: BIFAO 78, 1978, 215 unten, geht viel zu sehr vom traditionellen Beamtentum aus, wenn er argumentiert, Herihor habe angesichts von Amtsüberlastung einige Ämter an Paianch abgegeben.
152 S.o. §42, Anm.137.
153 Wente, LRL, 6f.; Jansen-Winkeln, in: ZÄS 119, 1992, 22ff., faßt Paianch jetzt überhaupt als Vorgänger, nicht als Nachfolger Herihors auf.

hors und Paianchs (mit Ausnahme des Hohenpriestertitels) feststellen[154]. Da der Schwerpunkt Paianchs möglicherweise außerhalb von Theben lag (s.o. §44), könnte es sein, daß das Verhältnis zwischen Herihor und Paianch nicht das von Vorgänger und Nachfolger war und Paianch nie in Theben die Stellung eines nach-ramessidischen Machthabers ausgefüllt hat. In diesem Falle hätte Paianch die Verwaltung der südlichen Gebiete oblegen, während Herihor stärker in der Thebais engagiert war, und dieser Zustand hätte angedauert auch, als Paianch Herihor nominell ins Amt des HPA nachfolgte. Der wirkliche Nachfolger Herihors als HPA und Bauherr in Theben wäre dann nicht Paianch, sondern dessen Sohn Painedjem I.
In auffallendem Gegensatz zur Gewichtung des Titels zu Lebzeiten Paianchs nennt sein Sohn, Painedjem I., als einzigen Titel seines Vaters den des HPA, so als wäre es für ihn wichtiger als für Paianch selbst, daß sein Vater dieses Amt ausgefüllt hatte.

§47

Für den Übergang des Paianch ins Amt des HPA als Nachfolger Herihors steht das Orakeldokument des Jahres 7 **wḥm-msw.t** (I.20.c.) mit seinen seltsamen Konstellationen im Mittelpunkt; eine spätere Anbringung der Figur des Paianch in der rechten oberen Ecke des Bildfeldes (wo er u.a. HPA ist) gegenüber dem Rest des Dokuments (wo er "*General*" ist) scheidet aus[155]. Die Diskrepanz zwischen dem Bildfeld, wo als "Vermittler" vor der Barke der 2PA **Nsj-Jmn-Rᶜ**[156] auftritt, und dem Text, wo der "*General*" Paianch als Sprecher genannt wird (einmalig: **ᶜḥᶜ-ḏd-n.f jmj-r'-mšᶜ Pꜣj-ᶜnḫ mꜣᶜ-ḫrw m-ḏd** ...[157]) führt

---

[154] Die Segenswünsche, die der Schreiber des oKairo 25744 auf Herihor bezieht, sind für einen Beamten ungewöhnlich: die Lebenszeit des Re im Himmel, daß er das Land leite, und daß irgendetwas [so zahlreich wie] "*Sand*" sei; im oKairo 25745 für Paianch fehlt leider der entsprechende Passus, aber im Brief desselben Schreibers an Paianch, Cerny, LRL, Nr.28, finden sich als Wünsche nur langes Leben, hohes, schönes Alter u.ä.; vgl. Bakir, Egyptian Epistolography, 63f.

[155] Cerny, in: CAH II, Ch.35, 36; Kitchen, TIP, §16; Bell, in: Serapis 6, 1980, 18. Kitchen, TIP, §15, betrachtet das Datum des Dokuments als das Orakels, nicht als das der Erstellung des Dokuments. Bell, op.cit., 24, versucht, die Ungereimtheiten des Dokuments mit einer Zeitspanne zwischen "*events*" und "*recording*" zu erklären, innerhalb der ein wichtiges Revirement im Amt des HPA stattfand.

[156] Zum Namen (Element **Rᶜ** nicht sicher) s. Nims, in: JNES 7, 1948, Anm.a; zur Funktion des Vermittlers s.u. §174f.

[157] Dies ist keine für die Einleitung der Rede des Vermittlers charakteristische Formel in zeitgenössischen Texten, s.u. §164; I.21.c. (TS 49) hat **ḏd m-bꜣḥ**; **ḏd n-** in Texten der Abteilung III und IV.2 kommt für den Petitionierenden in Frage.

bei Bell[158] zu weitreichenden Folgerungen, deren Notwendigkeit m.E. aber nicht gegeben ist. Er möchte in diesem 2PA den HPA Nesamun, Sohn des HPA Ramsesnacht erkennen, bekannt durch eine Inschrift auf der Statue CG 42162 des Ramsesnacht[159]. Da auch die "politischen" Überlegungen Bells für die Einschiebung eines zur Ramsesnacht-Familie gehörenden HPA zwischen Herihor und Paianch eher spekulativ sind, ist zu überlegen, ob nicht einer "langweiligeren" Lösung des Problems der Vorzug zu geben ist; derart, daß der 2PA **Nsj-Jmn-Rᶜ** in Vertretung für den vielleicht in Theben nicht anwesenden Paianch agiert hat; da jedoch die Angelegenheit wohl mit Paianch als Oberstem des **pr-Jmn** abgesprochen war, wurde dieser als Sprecher vor dem Gott eingeführt.

Bedeutsam ist dieser Text auch, insofern er einen *Terminus post quem* liefert für die Einsetzung des Paianch-Sohnes Heqanefer zum 2PA[160], damit auch für die beiden Briefe LRL 23 und 24 des 2PA Heqanefer an den Schreiber Thutmose[161].

Auch wenn Paianch im Jahre 7 **wḥm-msw.t** tatsächlich HPA und nicht nur General war, läßt sich daraus nicht schließen, Herihor müsse zu diesem Zeitpunkt bereits tot gewesen sein, womit nicht nur seine Zeit als Hoherpriester des Amun, sondern auch als Priester-König innerhalb der 20. Dynastie anzusetzen wäre[162].

---

158 Bell, in: Serapis 6, 1980, 16ff.

159 Grundlage für diese Gleichsetzung ist die Annahme, daß der "Vermittler" vor der Barke eigentlich ein HPA sein müßte. Er möchte daher diesen Sohn Ramsesnachts und Bruder des HPA Amenophis als HPA einschieben zwischen Herihor und Paianch. Jedoch ist der Orakeltext vom 10. Pylon (I.21.e.) immerhin ein zweiter, auch von Bell erwähnter Beleg für die Möglichkeit, daß auch ein 2PA (nicht 3PA!) für diese Funktion in Frage kommen kann. Das Argument, mit dem er eine Abfolge Ramsesnacht – Nesamun – Amenophis im Amt des HPA für unwahrscheinlich erklären möchte: daß der HPA Amenophis an zwei Stellen seinem Namen den Zusatz beifügt: "*am Platze seines Vaters, des HPA Ramsesnacht*" (Lefebvre, Inscr., Nr.34 und 41, s. Bell, op.cit., 17) ist nicht zwingend. Dieser Zusatz hat seine Berechtigung, wenn man ihn mit Bell "wörtlich" nimmt, auch dann, wenn vorher noch sein Bruder Nesamun das Amt des HPA innehatte.

160 Kitchen, TIP, §211.

161 So auch Wente, LRL, 7f.

162 S.o. §8.

3. Painedjem I.

a. Die Belege für Painedjem I. außerhalb der Filiationsangaben

§48

Karnak, Amuntempel (**KA**)

a. Inschrift auf den Basen der Sphingen vor und hinter dem 1. Pylon.
Daressy, in: RecTrav. 14, 1893, 30; Barguet, Temple d'Amon, 42; PM, Theban Temples, 22; TS 1.

b. Inschriften auf Basis, Rückenpfeiler und Gürtelschnalle der Kolossalstatue im 1. Vorhof, vor dem 2. Pylon.

PM, Theban Temples, 37, (133); Habachi, The Second Stela of Kamose, ADAIK 8, 1972, 16–20, Fig.1–6, Pl.1–3; TS 2.

c. Fragment (eines Sphinx-Sockels?) aus dem 1. Vorhof.

Sa'ad/Traunecker, in: Kemi 20, 1970, 179f.; Lauffray, in: Kemi 21, 1971, 81f.; TS 3.

d. 2. Sphinx (von Westen) der Nordreihe vor dem 1. Pylon; Darstellung Painedjems I., mit Weinkrügen vor Amun kniend.

Pillet, in: ASAE 25, 1925, 3; PM, Theban Temples, 22, (5); TS 4.

e. Ähnliche Darstellung bei den Sphingen innerhalb des 1. Vorhofs und auf Block, der im 1. Pylon verbaut war.

Leclant, in: Or. 20, 1951, 457f.; PM, Theban Temples, 23 und 24.

f. Statuette CG 42191 aus der Favissa.

PM, Theban Temples, 143; Kitchen, TIP, §215 und Anm.80.

Karnak, Chonstempel (**KC**)

a. Pylon, Südseite.

PM, Theban Temples, 228, (6)–(11); TS 5–7.

b. Pylon, Nordseite.

Temple of Khonsu II, Pl.116–125; TS 10.

c. Pylon, Westseite.

TS 8.

d. Pylon, Westwand im Tor.

PM, Theban Temples, 229f,(12); Temple of Khonsu II, Pl.113f.

e. Westliche Außenwand; Erneuerungsinschrift am oberen Rand.

PM, Theban Temples, 243, (120); LD III, 251c.; Champollion, Not. descr. II, 231; TS 9 (König).

f. Inschrift auf beiden Seiten der Mitteltür zur Hypostylhalle, Südseite.

PM, Theban Temples, 233, (24); Temple of Khonsu II, Pl.127-130; TS 11.

g. Dachheiligtum, Südwand, Westwand.

PM, Theban Temples, 242, (113)f.; TS 13 und 14.

Karnak, Muttempel/bezirk (**KM**)

Inschrift auf dem Rückenpfeiler einer Sachmet-Statue mit Nennung der DH Henut-tawi und Painedjems I. als König.

PM, Theban Temples, 257,(6); Gauthier, LR III, 250, XXIII (fälschlich als Sphinx bezeichnet) und 256, E; Kitchen, TIP, S.53f.; S.259 und Anm.86; Wente in: JNES 26, 1967, 163; Bonhême, Noms royaux, 48 und Anm.2; TS 16.

Karnak-Nord (**KN**)

a. Türpfosten aus dem Schatzhaus Thutmosis' I. mit Inschrift der Königsnamen von Amenophis I. und Painedjem I.

Jacquet, in: BIFAO 73, 1973, 209 (dort irrtümlich: Painedjem II.), Pl.20; vgl. auch ders., in: BIFAO 74, 1974, 179 und in: BIFAO 76, 1976, 134 und Anm.2; TS 17.

b. Block D 415, von Painedjem I. (König) wiederverwendeter Abakus Amenophis' III. mit Kartusche: **(Mrj-Jmn Pꜣj-nḏm)**.
PM, Theban Temples, 6f.; Karnak-Nord IV, FIFAO 25, 1954, 60 und 74 mit Fig.89 und Pl.57.

Karnak, Osiristempel (**KO**)

Türarchitrav mit Königstitulatur Painedjems I., JdE 37509.

Legrain, in: RecTrav. 24, 1902, 210; Gauthier, LR III, 250, XXIV und Anm.1; Bonhême, Noms royaux, 46 und Anm.1; Kitchen, TIP, S.259 und Anm.85; PM, Theban Temples, 194, (2); Cerny, in: CAH, Ch.35, 49.

Tempel von Luxor (L)

a. Posthumes Graffito des Paianch und seiner Söhne vor Amun.

PM, Theban Temples, 307, (27); Daressy, in: RecTrav. 14, 1893, 32f.; Wente, in: JNES 26, 1967, 166 und Anm.90; Kitchen, TIP, S.41f. und Anm.171; 257 und Anm.75; Gauthier, LR III, 245, IX; Bonhême, Noms royaux, 39; TS 18.

b. Graffito Painedjems I. mit Angehörigen vor der Trias von Theben.

PM, Theban Temples, 307, (27); Daressy, in: RecTrav. 14, 1893, 32f.; Gauthier, LR III, 245, VIII; Wente, in: JNES 26, 1967, 167 f; Gardiner, in: JEA 48, 1962, 68f.; Kitchen, TIP, S.45 und Anm.199–202; S.58 und Anm.271; S.258 und Anm.77; Niwinski, in: JARCE 16, 1979, 51f.; Bonhême, Noms royaux, 39; Mysliwiec, Royal Portraiture of the Dynasties XXI–XXX, Mainz 1988, Pl.7c und d; TS 19.

c. Steinhieratisches Graffito im Luxortempel.

PM, Theban Temples, 317, (100); Daressy in: RecTrav. 32, 1910, 185; Gauthier, LR III, 246, X; Wente, op.cit., 160 und Anm.41; Kitchen, TIP, S.53 und Anm.244–247; Bierbrier, in JNES 32, 1973, 311; Cerny, in CAH, Ch. 35, 47, Anm.4; TS 20.

Medinet Habu (**MH**)

a. Tempel Ramses' III., 1. Pylon, je zwei waagerechte und eine senkrechte Zeile auf den beiden Innenwänden der Tür.

PM, Theban Temples, 490, (54); Medinet Habu IV, Pl.247f.; TS 21.

b. Tempel Ramses' III., Palast; Türarchitrav mit den Namen der Henut-tawi und des HPA Painedjem.

Daressy, in: RecTrav. 19, 1897, 20; Gauthier, LR III, 247, XIV; Wente, in: JNES 26, 1967, 166; Kitchen, TIP, S.54; TS 22.

c. Tempel Ramses' III., Palast; Türpfosten mit Namen Painedjems I. innerhalb **ḥtp-dj-njswt**-Formel.

PM, Theban Temples, 523; Hölscher, Medinet Habu III, S.54f. und Pl.35 E; TS 23.

d. Kleiner Tempel, Süd- und Nordseite; teilweise kryptographische Inschriften.

PM, Theban Temples, 473f.; LD III, 251 e–g; Gauthier, LR III, 247, XIII., B.; C.; Drioton, in: ASAE 40, 1940, 328ff.; TS 24 und 25.

e. Kleiner Tempel, Ostseite; Erneuerungsinschriften.

PM, Theban Temples, 473f.; LD III, 251d; Gauthier, LR III, 247, XIII., A.; Hölscher, Medinet Habu II, Pl.13; TS 26.

Sargaufschriften (S)

Aufschrift auf dem Sarg Amenophis' I., Jahr 6, 4. **pr.t** 7[163] (HPA).
Maspero, Momies royales, 536f. und Fig.8; Daressy, Cercueils des cachettes royales, CG 61005; Gauthier, LR III 244; Kitchen, TIP §381,10; Thomas, RNT, 249,4b; TS 27.

Aufschriften auf Leichentüchern und Bandagen (M)

a. Mumie Ramses' III., Bandagenaufschriften aus Jahr 9 und 10.

Maspero, Momies royales, 564; Gauthier, LR III, 244, III; Kitchen, TIP, §381,12/13; §372 (A 1); Thomas, RNT, 250,5.

b. Aufschrift auf dem Leichentuch Ramses' III., Jahr 13, 2. **šmw** 27 (HPA).

Maspero, Momies royales, 563f. und Fig.19; Gauthier, LR III, 245; Kitchen, TIP, §382,25; Thomas, RNT, 250,7; TS 28.

c. Aufschrift auf Mumienbandage Sethos' I., Jahr 10 (HPA).

Maspero, Momies royales, 555; Gauthier, LR III, 244, IV.; Kitchen, TIP, §§381,14 und 372; Thomas, RNT, 250,6.

d. Aufschrift auf der Mumie Ramses' II., Jahr 15, 3. **ꜣḫ.t** 6[164] (HPA).

Maspero, Momies royales, 560 und Fig.18; Gauthier, LR III, 245, VI; Kitchen, TIP, §382,26; Young, in: JARCE 2, 1963, 102, Anm.15; Thomas, RNT, 250,8; TS 29.

---

[163] Nach dem Facsimile von Maspero dürfte wirklich Jahr 6, 4. **pr.t** 7 zu lesen sein, es überrascht allerdings das Datum auf M.h. (s.u.): Jahr 6, 3. **pr.t** 7! Vgl. Thomas, RNT, 262, Anm.13.

[164] Allgemein wird **pr.t 6** gelesen; sollte jedoch als  zu lesen sein.

e. Aufschrift auf Mumienbandage der **Nḏm.t**, "*Jahr 1 des Paindjem*" (HPA?).

Thomas, RNT, 249,3; Kitchen, TIP, §381,6; Niwinski, in: JARCE 16, 1979, 52f.

f. Aufschrift auf einem Stoffstück über der Brust der Mumie Ahmoses I., Jahr 8, 3. **pr.t** 29 (König).

Maspero, Momies royales, 534 und Fig.7; Gauthier, LR III, 248f.; Kitchen, TIP, §386,40; Thomas, RNT, 250,12a; TS 30.

g. Aufschrift auf einem Stoffstück auf der Mumie des Prinzen Siamon, selbes Datum wie M.f. (**ḥm.f**).

Maspero, Momies royales, 538 und Fig.9; Gauthier, LR III, 249, XX; Kitchen, TIP §386,41; Thomas, RNT, 250,12b; TS 31.

h. Aufschrift auf dem Leichentuch Thutmosis' II., Jahr 6, 3. **pr.t** 7 (HPA).

Maspero, Momies royales, 545f. und Fig.14; Gauthier, LR III, 243; Kitchen, TIP, §381,9; Gauthier und Kitchen sprechen von einer Aufschrift auf dem Sarg, nach Maspero ist es jedoch eine Aufschrift auf dem äußeren Tuch der Mumie; zum Datum vgl. Eintragung unter S und Thomas, RNT, 249, 4a; TS 32.

i. Aufschrift auf dem äußeren Leichentuch Amenophis' III., Jahr 12 (13?) 3.(4.?) **pr.t** 6 (?) (HPA?).

Daressy, Cercueils des cachettes royales, Pl.32; Loret, in: BIE III, 9, 1898, 109 u. "*une longe legende disant, qu'en l'an XII, quatrième mois de la saison perit, jour 6, le premier prophète d'Amon-Ra, P. enselevit le roi Amenophis III.*"; Thomas, RNT, 250, 13a will dagegen "*König*", nicht HPA gesehen haben; Kitchen, TIP, §382,22.

Grabausstattung aus Deir el-Bahri (**DeB**)

a. Sarg Thutmosis' I. als Sarg Painedjems I.

Maspero, Momies royales, 545; 570; Daressy, Cercueils des cachettes royales, CG 61025; Gauthier, LR III, 251, VIII; Bonhème, Noms royaux, 46, Anm.1.

b. Mumie und dazugehörige Stoffstücke. Leinentuch mit Aufschrift (jetzt im 1. Stock, Raum 12 des Ägyptischen Museums Kairo unter Nr.2149) (König).

Maspero, Momies royales, 570, mit Korrektur op.cit., 788; Gauthier, LR III, 251, XXIX.

c. Uschebtis in Kairo und anderen Sammlungen (König).

Maspero, Momies royales, 590f.; Gauthier, LR III, 251, XXXII und Anm.3; 252, XXXIII und Anm.1; Birch, in: ZÄS 15, 1877, 34; Schneider, Shabtis II, 117; Bonhême, Noms royaux, 47, 48, 49; Katalog Tanis, L'or des pharaons, Paris 1987, 118f.; Katalog Entdeckungen Ägyptischer Kunst in Süddeutschland, Mainz 1985, Nr.88.

d. Uschebti-Kästen (König)[165]

Maspero, Momies royales, 590; Gauthier, LR III, 251, XXX, XXXI.

e. Skarabäen (König).

Birch, in: ZÄS 15, 1877, 34; Bonhême, Noms royaux, 47.

f. Totenpapyrus (König); Kairo, Exhibition-Nr.4761 = SR 11488.

Maspero, Momies royales, 570; Katalog Die Hauptwerke im Ägyptischen Museum Kairo, Mainz 1986, Nr.235; Wente, in: JNES 26, 1967, 168, Anm.110; Niwinski, Studies on the ..... Theban Funerary Papyri, OBO 86, 1989, S.193, als *"Cairo 111"*.

g. Lederfragmente mit Darstellung des Königs vor dem ityphallischen Gott Amun, vielleicht von den "*Mumienriemen*" (Niwinski) Painedjems I. stammend.

Fabretti, Rossi, Lanzone, Regio Museo di Torino II, 281, Nr.6808; Lepsius, in: ZÄS 20, 1882, 110; Gauthier, LR III, 250, XXVII und Anm.2, zu entsprechenden Fragmenten im Louvre.

Graffiti im thebanischen Gebirge (Gr)

a. Graffito Nr.1001, Butehamon, *"Jahr 10"* (HPA).

Spiegelberg, Ägyptische und andere Graffiti, 83; Kitchen, TIP, §382,15; Cerny, Community of Workmen, 372f.; Wenig, in:

---

165 Gauthier, LR III, 248, nach Vorgang von Maspero, Momies royales, 590, zählt unter XVII zwei weitere Uschebti-Kästen auf als Painedjem I. zugehörig; die Titulatur HPA / jmj-r-mšᶜ-wr passt allerdings besser zu den Uschebtis, die Gauthier, LR III, 280, XXVIII, Painedjem II. zuweist.

ZÄS 94, 1967, 137; Niwinski, in: SAK 11, 1984, 145; TS 33.

b. Graffito Nr.1021a, Butehamon, *"Jahr 11"* (nicht 21) (HPA).

Spiegelberg, Ägyptische und andere Graffiti, 86f.; Kitchen, TIP, §382, 17; zum Datum s. Cerny, Community of Workmen, 372, Anm.5; s. ferner Literatur unter Gr.a.; TS 34.

c. Graffito Nr.2144, Butehamon (HPA).

Cerny/Sadek, Graffiti de la montagne thébaine, 43; TS 35.

Grab Ramses' XI. **(R.XI)**

Andersartige Königstitulatur Painedjems I. mit "HPA" als Pränomen.

Cicarello, in: Brooklyn Museum, Theban Expedition 1980; TS 36.

Graffito in Sehel **(GrS)**

(HPA)[166].

Mariette, Monuments divers, 25, Pl.73, Nr.73; Gauthier, LR III, 245, VII; Maspero, Momies royales, 714 (nimmt es für ein Werk Painedjems II., was nicht ausgeschlossen ist; dagegen Kitchen, TIP, §215 und Anm.73); TS 37.

Abydos **(A)**

Altar mit den Namen Painedjems I. (König); London, University College Nr.16127.

Petrie, History of Egypt III, 206f., Fig.83; Gauthier, LR III, 250, XXV; Kitchen, TIP, §216; Bonhême, Noms royaux, 49 und Anm.5; Steward, Egyptian Stelae III, 19, Nr.69, Pl.30.

Koptos **(K)**

Stele des **Wnn-nfr**, 2P Min mit Darstellung und Namen Painedjems I. (König) und der DH Henut-tawi vor Osiris; Kairo, JdE 71902.

Abdallah, in: JEA 70, 1984, 65ff., Pl.16 und 17; Kitchen, TIP, S.54f. und Anm. 252-254; §216; TS 38.

el-Hibeh **(H)**

Gestempelte Ziegel mit den Namen Painedjems I. (HPA) zusammen mit der **ꜣs.t-m-ꜣḫbjt** (A).

---

[166] Die Wiedergabe des Graffito bei Mariette: Z.1: HPA, ohne Namen, Z.2: **n-kꜣ n-jmj-r'-mšᶜ-wr....P. mꜣᶜ-ḫrw**, läßt an die Möglichkeit denken, daß es sich bei dem HPA und dem General um zwei Personen handelt.

LD III, 251h; LD Text II, 45f.; Gauthier, LR III, 248, XV; Cerny, in: CAH, Ch.35, 48 und Anm.7 und 8; 49 und Anm.9; Wente, in: JNES 26, 1967, 158; Kitchen, TIP, §50 und Anm.287–289; S.257.

Memphis (Mph)

Bruchstück einer Königsstatue, CG 387.

Borchardt, Statuen und Statuetten II, Berlin 1925; Petrie, History of Egypt III, 206f.; Gauthier, LR III, 250, Anm.2; Diese Statue ist wohl nicht Painedjem I., sondern Sesostris II. zuzuweisen. Es ist nur der PN in der Form Ḫꜥj-ḫpr-Rꜥ zu sehen.

Tanis (T)

a. Usurpierter Sphinx mit dem Namen Painedjems I. (?)[167], Kairo, CG 394.

Borchardt, Statuen und Statuetten II, Berlin 1925; Capart, L'art Egyptien, 2e série, Pl.133; Evers, Staat, Tf.122.

b. Kelch Nr.398 aus dem Grab Psusennes' I. mit den Namen Painedjems I. (HPA) und der Henut-tawi.

Montet, Tanis II, 100f. und Fig.41; Wente, in: JNES 26, 1967, 159 und Anm.28; Leclant, in: Or. 22, 1953, 417; Young, in: JARCE 2, 1963, 104; Kitchen, TIP, S.52f. und Anm.240-24; TS 39.

c. Drei Blöcke, gefunden in einem Brunnen:

1.Psusennes I.
2. (Pꜣj-nḏm)
3. "*le fils de Râ, qui a pris [la couronne rouge] et la couronne blanche, le maître des diadèmes Païnodjem [Aimé d'Har]akhté*".

Herkunft der Blöcke nach Montet vom selben Gebäude: "*nous pouvons même supposer que cet édifice est l'oeuvre commun des deux rois*".

Montet, in: BSFE 6, 1951, 29f., ohne Wiedergabe der Texte; Kitchen, TIP, §219.

---

167 Vom Königsnamen ist nur erhalten außer mrj-Jmn; der Name ist somit nicht von dem Psusennes' I. zu unterscheiden, der sich auf dem Sphinx CG 392 findet. Dieser Beleg ist daher wohl für Painedjem I. zugunsten Psusennes' I. zu streichen.

b. Zu den Entwicklungphasen der Titulatur Painedjems I.

§49

Während Bonhême in ihrem Buch über die Königsnamen der 3. Zwischenzeit[168] drei Entwicklungsphasen vor der Annahme der "klassischen" Königstitulatur ansetzt, wird hier von bis zu fünf Phasen innerhalb dieses Zeitraums bis zur eigentlichen Königstitulatur ausgegangen. Dabei werden die "Kurztitulaturen", in denen Painedjem I. sich ausschließlich HPA nennt, nur bedingt[169] berücksichtigt, da sie keinen eigenen Typus widerspiegeln und wohl nur den Typen e. und f. mit einiger Sicherheit nicht zuzuordnen sind. Daß den verschiedenen Phasen auch verschiedene Perioden in der Amtszeit Painedjems I. entsprechen, ist möglich, aber nicht zu beweisen. Noch weniger läßt sich eine *Datierung* solcher "Entwicklungsphasen" machen.

a. Die Phase der "Regententitel"[170]:

L.a.; b.
MH.a. (waager.Z.); b.
Gr.c.
GrS.

b. Verbindung solcher Titel mit Elementen königlicher Titulatur und Phraseologie: einerseits Vezirs- und Generalstitel, andererseits Gebrauch der Formel **jrj.n.f m-mnw.f,** Amun **(ḏsr-s.t)** als "*Vater*" bezeichnet, Empfang von **qnj.t (r-tȝ-nb)** und **nḫt** von den Götter:

MH.a. (senkr.Z.); c; d.; e.

c. (In längeren Titulaturen) Verzicht auf alle Titel von a. (außer HPA); gelegentlich Hinzunahme des Epithets **nb-jrt-jḫ.t;** Schreibung eines **ꜥnḫ**-Zeichens vor den HPA-Titel unter Ausnutzung der graphischen Ähnlichkeit von  und  ; Amun als "*Vater*" des HPA, dito andere Götter

KA.a.; b.;
(vgl. auch KA. c.–f.);
KC.a.; c.; d.; f.; g.
M.a.; c.).

d. Die Einfassung des Namens und des HPA-Titels in ein "*Tableau*", bekrönt von der **p.t**-Hieroglyphe, darüber die Schlange der Kronengöttin:

KC.b.; d.

---

[168] Bonhême, Noms royaux, 38ff.
[169] Dort, wo sich der Titel HPA mit teilweise königlicher Phraseologie oder Ikonographie verbindet.
[170] S.o. §38; s.u. §§60–63.

e. Die Einfassung von HPA-Titel und Namen (noch ohne den Zusatz mrj-Jmn) in zwei Kartuschen, die, wie bei Herihor und gelegentlich Psusennes I.[171] den königlichen PN und N vertreten[172]:

R.XI

f. Die Aufgabe des Titels HPA und Bildung einer regulären Königstitulatur:

KC.e.; KM; KN; KO;
M.f.; M.g.;
DeB; A; K; Mph; T.c.(??).

Hier geht es im Folgenden um die Phasen oder Typen a. und b., die "königliche" Phraseologie Painedjems I. wird später behandelt, s.u. §§95ff.

c. *Die Verteilung der Titel der Phasen a. und b.*

§50

HPA	durchgehend (vgl. aber die Bemerkung zu GrS)
jmj-rꜣ-mšꜥ-wr / sḥtp-tꜣ.wj	MH.a.; MH.b.
jmj-rꜣ-mšꜥ-wr n-šmꜥw mḥw	MH.a.; MH.e.; GrS
jmj-rꜣ-mšꜥ-wr n-tꜣ-ḏr.f	L.a.
jmj-rꜣ-mšꜥ-wr	MH.a.; MH.d.
ḥꜣwtj	L.a.
jmj-rꜣ-mnfj.t / shrr-tꜣ.wj	MH.d.
jmj-rꜣ-njw.t / ṯꜣtj	L.a. MH.a.; MH.d.; MH.e. Gr.c.
wpj-mꜣꜥ.t	Gr.c.

171 Vgl. Montet, Tanis II, Fig. 40, S.98.

172 Die Form des Nomens (N) ohne den Zusatz mrj-Jmn (Belege s. Bonhême, Noms royaux, 49, Anm.6) findet sich einmal auch in datiertem Zusammenhang: in der Aufschrift des HPA Masaharta auf dem Sarg Amenophis' I. aus einem "*Jahr 16*" (TS 40)*;* vgl. Kitchen, TIP, §383,27; im Orakeltext des Masaharta (I.21.a.) hat der Name des königlichen Vaters dagegen die Form *mit* mrj-Jmn.

jrj-pꜥ.t / ḥrj-tp-tꜣ.wj [173]	L.b.
jrj-pꜥ.t / ḥꜣtj-ꜥ	MH.b.
jmj-r’-kꜣ.t-wr	MH.a.
msj-sšmw.w (Kultbilder) **n-nṯr.w-nb.w**	MH.a.
jrj-ꜣḫ.w n-nṯr.w-nb.w-Wꜣs.t	MH.d.

§51

Anders als bei seinen beiden Vorgängern sind bei Painedjem I. (und auch bei seinen Nachfolgern) alle Titel nicht mehr belegt, die mit dem Amt eines Gouverneurs von Nubien in Zusammenhang stehen dürften: **zꜣ-njswt n-Kꜣš** [174], **zš-njswt, ṯꜣj-ḫw ḥr-wnmj-njswt, jmj-r’-ḫꜣs.wt-rsj.wt, jmj-r’-šnw.tj n-Pr-ꜥꜣ.**
Es fehlen damit solche Titel, die seinen Vater Paianch vermutlich als Beamten des letzten ramessidischen Königs gekennzeichnet haben dürften. Ebenso hat auch der Generalstitel (stets **jmj-r’-mšꜥ-wr** und nicht **jmj-r’-mšꜥ**, wie bei Paianch) bei Painedjem I. nicht die Form eines königlichen Beamtentitels, in der er bei seinem Vater auftrat[175], sondern wird in der Art des Herihor gebraucht: mit Präzisierungen, die die geographische Zuständigkeit seines Trägers[176] und nicht die Verantwortung gegenüber einem König zum Ausdruck bringen[177]. Wie bei Herihor wird der Generalstitel gelegentlich durch das Epithet **sḥtp-tꜣ.wj** erweitert, mit der die Funktion des Militär-Obersten ebenfalls nicht auf einen König, sondern unmittelbar auf Ägypten (bei Herihor außerdem auch auf den Gott Amun) bezogen wird.

Sachlich etwa entsprechend ist auch der Zusatz **shrr-tꜣ.wj** zu **jmj-r’-mnfj.t** in MH.d. (Nordseite). In MH.a. (Südseite, senkrechte Zeile) wird Paianch in der Filiation von Painedjem I. ungewöhnlicherweise mit dem Titel **jmj-r-mšꜥ-wr /**

---

173 Auf der Südseite des östlichen Pylonturms des Chonstempels, Feld 20 (TS 5), findet sich noch folgender Titel Painedjems I.:

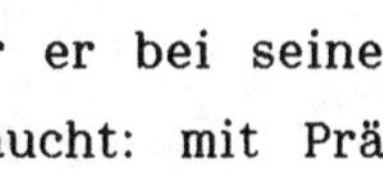

174 Ein **zꜣ-njswt n-Kꜣš**, dessen Name verloren ist (Paianch? s.o. §42f.) ist noch im pStraßburg 32 genannt, Spiegelberg, in: ZÄS 53, 1917, 19f.

175 S.o. §45.

176 Zu diesen geographischen Präzisierungen vgl. auch Jansen-Winkeln, in: GM 99, 1987, 19ff.

177 S.o. §38.

sḥtp-tꜣ.wj ausgezeichnet, den Painedjem I. selbst in den waagerechten Zeilen auf dieser Seite des Eingangs trägt; man ist daher versucht, an einen Fehler bei der Abschrift der Vorlage zu glauben.
Gemeinsam mit Herihor und abweichend von seinem Vater (bei den z.Z. bekannten Belegen!) hat Painedjem I. in der Phase a. auch den Titel eines "Regenten" und/oder Thronprätendenten, **jrj-pꜥ.t ḥrj-tp-tꜣ.wj** [178]. Painedjem I. ist der letzte der Machthaber in der 21. Dynastie (Süden), der noch die Titel und Epitheta eines Vezirs (**jmj-rꜣ-njw.t / ṯꜣtj, wpj-mꜣꜥ.t**[179]) führt; unter seinen Söhnen und Nachfolgern wird die Vezirstitulatur unüblich, die wohl als ein Rest der traditionellen Beamtentitel der neuen Art der Machtausübung nicht mehr adäquat war.
Während für die vorkönigliche Phase Herihors zu beobachten war, daß es eine ausgesprochene Zurückhaltung bei der Übernahme königlicher Phraseologie für das Verhältnis zu den Göttern gab[180]: der HPA nennt sie nicht seine Väter/Mütter und erhält auch nicht von ihnen die zum Königtum gehörigen Segnungen, nennt Painedjem I. schon als "Beamter" (!) die Götter seine Eltern und empfängt von ihnen z.B. **qnj.t/nḫt r-tꜣ-nb.**

4. Masaharta

a. *Quellen*

§52

1. Aufschrift auf dem Sarg Amenophis' I. "*Jahr 16*".

   Maspero, Momies royales, 536f. und Fig.8; Gauthier, LR III, 261; Thomas, RNT, 251,14; Kitchen, TIP, §383,27; TS 40.
2. Graffiti des Butehamon-Sohnes Anchefenamun; unpubl.; Nr.1570-77; "*Jahr 16*".

   Vgl. PM, Theban Necropolis II, 594; Kitchen, TIP, §383,28.

3. Bandagenaufschriften des HPA Masaharta auf der Mumie der Merit-Amun; Jahr 18.

   Winlock, The Tomb of Queen Meryet-Amun, 87 und Pl.40 A/B; Thomas, RNT, 251,15; Kitchen, TIP, §372; §383,29.

---

178 S.o. §38.
179 Zu **wpj-mꜣꜥ.t** s. Weil, Die Veziere des Pharaonenreiches, 77, 86, 92, 182; innerhalb von Preisungen Amuns als Richter der Armen: s. Posener, in: Bauforschung 12, 1971, 62; vgl. auch Orakelbeleg VI.1.3.
180 S.o. §30.

4. el-Hibeh, Brieffragment; s.u. Orakeltext V.21.a.; weiteres Brieffragment mit Nennung des Mencheperre als HPA in Moskau, aus el-Hibeh, möglicherweise die Angelegenheit des vorher genannten Dokumentes betreffend: V.21.b.

   TS 41 und 53.

5. Sphinx im Gebäude Sethos' II. im 1. Vorhof des Amuntempels in Karnak.

   TS 42.

6. Graffito auf dem Gebäude Amenophis' II. zwischen 9. und 10. Pylon in Karnak.

   Gauthier, LR III, 261; PM, Theban Temples, 186 (577); TS 43.

7. Torweg am 9. Pylon von Karnak.

   PM, Theban Temples, 181f., (549); TS 44.

8. Falkenstatue aus dem Chonstempel von Karnak in Brüssel, jetzt verloren.

   PM, Theban Temples, 244; Maspero, in: ZÄS 20, 1882, 134; Gauthier, LR III, 261; Photo bei van de Walle und andere, La Collection Egyptienne, Brüssel 1980, Fig.7; TS 45.

9. Sarg CG 61027 des Masaharta.

   Daressy, Cercueils des cachettes royales; LR III, 262.

10. Baldachin Kairo JdE 26276 einer Tochter des Masaharta.

    PM, Theban Necropolis II, 664; Maspero, Momies royales, 584ff.

11. Stele UC 16824 des Masaharta aus Koptos. Orakel eines Gottes.

    Orakeltext I.21.a.

12. Mumie des Masaharta. CG 61092.

    Smith, The Royal Mummies; Gauthier, LR III, 262, VI.

§53

Nicht belegt ist von Masaharta in el-Hibeh ein Weiterbau der großen Umfassungsmauer, obgleich diese bereits unter Painedjem I. begonnen und von Mencheperre fortgeführt wurde. Dies ist vielleicht damit zu erklären, daß Masahartas Amtszeit ganz in die Lebenszeit von Painedjem I. fällt, was bei Mencheperre nicht notwendig der Fall ist. Von Masaharta sind keine größeren Bauunternehmungen bekannt, vielleicht hat er überhaupt nur kurze Zeit amtiert, von Jahr 16 bis 25, wohl des Smendes; er starb vielleicht durch eine

Krankheit, deretwegen sich sein Bruder Mencheperre an den Gott von el-Hibeh wandte und ihn um ein günstiges Orakel zur Rettung seines Bruders bat (vgl. Nr.4)[181].
Außerhalb von Theben ist er nur durch dieses Papyrusfragment aus el-Hibeh und durch die Stele aus Koptos (Nr.11) belegt.

b. Die Titel des Masaharta

§54

HPA	durchgehend außer der titellosen Erwähnung Nr.4
jmj-r’-mšꜥ-wr n-šmꜥw mḥw / n-tꜣ r-ḏr.f	9.
zꜣ-njswt-nb-tꜣ.wj / zꜣ n-njswt (P) / zꜣ–(P)	1. 6. 9. 11.
jrj-pꜥ.t sšm-tꜣ.wj	8.
nb-jrt-jḫ.t	7. 9.
nb-ꜥꜣ n-Km.t	9.

Die größere Zahl der Belege des Masaharta sind Kurztitulaturen, die sich auf den HPA-Titel beschränken. Zu bedenken ist jedoch, daß es bei 11 erhaltenen sicheren Belegen des Masaharta wohl kein Zufall sein kann, wenn der bislang so wichtige "Generalissimo-Titel" nur auf einem einzigen Dokument vorkommt. Andere Elemente der alten "Kronprinzen-Titulatur" sind auf einem weiteren Denkmal einmalig vertreten: **jrj-pꜥ.t** und ein Titelzusatz, der die Zuständigkeit für die beiden Länder ausdrückt. Ein obskurer Titel in diesem Sinne ist **nb-ꜥꜣ n-Km.t** nach dem "Generalissimo-Titel" auf dem Sarg[182].

§55

Trotz der spärlichen Belege ist Masaharta als Vertreter einer Titulatur neuen Typs auszumachen: bei ihm vereinigen sich Beamtentitel wie HPA, der Titel

---

181 Anders Spiegelberg, in: ZÄS 53, 1917, 14, und Posener, in: JEA 68,1982, 137f.

182 Vgl. auch den Titel 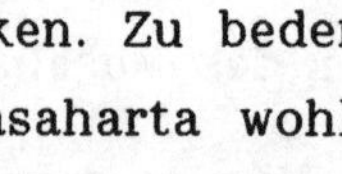 im Orakeltext V.22.a., Z.8; Jacquet-Gordon, in: JEA 46, 1960, 19, ergänzt zu **[ḥqꜣ].w-ꜥꜣ.w n-Km.t**.

Königssohn, die "Regententitel", aber auch königliche Epitheta wie **nb-jrt-jḫ.t**, "*Herr des Rituals*". Insbesondere die Verbindung des Königssohn-Titels mit dem HPA-Amt nimmt die Verhältnisse der Libyer-Zeit voraus. Andererseits ist seit Masaharta der Vezirstitel aus den Titelreihen der HPA's der 21. Dynastie verschwunden. Bei Masaharta und bei seinem Bruder Mencheperre wird deutlich, wie der HPA sich aus einem königlichen Beamten in eine Person verwandelt, die mit dem Königshaus verwandt und an seiner Herrschaft mittelbar beteiligt ist, statt der *Diener* des Königs zu sein.

Für die Libyer-Zeit geht diese Veränderung des alten Verhältnisses zwischen HPA und König vielleicht auf das anders geartete soziale System der neuen Herrscher zurück. Die maßgeblichen Personen der libyschen Herrschaft dürften ihre Stellung nicht nach dem Durchlaufen einer traditionellen Beamtenkarriere erlangt haben, sondern aufgrund einer Hierarchie, die aus einer dem ägyptischen Beamtentum ganz fremden *Stammesorganisation* der Libyer herrührte, deren Häupter die oberen Ränge des ägyptischen Gemeinwesens - einschließlich des Königtums - unter sich aufteilten: bemerkenswert ist jedenfalls, daß nicht nur der spätere König Scheschonq I. als *"Fürst der Ma(schwesch)"* firmiert[183], ähnlich führt auch der 4PA Paschedbastet aus der Zeit Osorkons I. den Titel eines Fürsten der **Mhs**[184], ebenso der 4PA Nesi[185]. So lebt innerhalb ägyptischer Beamtentitulaturen (die schon mit der Verbindung von militärischen Würden und priesterlichen Ämtern in Theben gemessen an der Tradition der Ramessidenzeit fremdartig wirken) der Verweis auf eine ganz anders geartete Hierarchie als Tradition fort; vielleicht ein Hinweis auf die Grundlage, die einmal zum Erwerb der ägyptischen Titel führte.

Was sich bei Painedjem I. schon andeutete, ist bei Masaharta offenkundig: es verschwindet das traditionelle Bewußtsein dafür, daß gewisse Titel und Eigenheiten in der Darstellung allein dem König vorbehalten sind: während auf den Denkmälern Painedjems I. die Annahme königlicher Eigenschaften mit der Ablegung der "Regententitel" verbunden ist[186], kann bei Masaharta die königliche Eigenschaft eines "*Herrn des Rituals*", **nb-jrt-jḫ.t**, zusammen mit den Würden eines Generalissimo, Königssohns, HPA genannt werden; daß dies ernst zu nehmen ist, zeigt sich auch darin, daß sich Masaharta als HPA in der Gestalt einer menschenköpfigen Sphinx mit Nemes-Kopftuch darstellen läßt[187], sowie

[183] Orakeltext I.21.g., Z.x+1.
[184] Stele aus Abydos, Jacquet-Gordon, in: JEA 53, 1967, 63ff., bes. 64, Anm.b.
[185] Statue Kairo CG 42218 (s. Legrain, Statues; Jansen-Winkeln, Ägyptische Biographien der 22. und 23. Dynastie, 112ff., 490ff.; Kitchen, TIP, §§188, 244, 266; Kees, Priestertum, 201 und 220.
[186] Ausnahme MH.d., wo die königlichen Titel jedoch kryptographisch behandelt werden (TS 24).
[187] S.o. §52, Nr.5, TS 42.

als falkenköpfige Mischgestalt[188]. Schließlich tritt Masaharta, wie auch schon Painedjem I. zu Amun in ein traditionell dem König vorbehaltenes Vater-Sohn-Verhältnis[189], dem als HPA die göttlichen Segensgaben für den König zuteil werden (**snb-nb**). Auf dem Baldachin[190] findet sich der HPA-Titel in der graphisch dem königlichen Epithet **nṯr-nfr** angenäherten Form: ... Damit entspricht die Titulatur des Masaharta, die sich wegen der wenigen Belege nicht so differenzieren läßt wie die Painedjems I., vielleicht aber auch gar nicht solche Entwicklungsstufen durchgemacht hat, ungefähr dem Typus der Phase c.[191] Painedjems I.

5. Mencheperre

a. Belege für die Titulatur des Mencheperre außerhalb der Filiationsangaben

§56

THEBANISCHER RAUM

Karnak, Amuntempel (KA)

a. Stele Louvre C 265, s. Orakeltext I.21.b.; Herkunft aus dem Amuntempel nur vermutet.

Gauthier, LR III, 264, III.

Z.5: HPA
jmj-rꜣ-mšꜥ-wr
zꜣ-njswt-(Mrj-Jmn P)
Z.8: HPA
jmj-rꜣ-mšꜥ-wr n-šmꜥw mḥw

Z.9f.: wie Z.5

Z.12: **jmj-rꜣ-mšꜥ-pn**

Z.18f.: HPA

Z.23: dito.

b. Priestly Annals, Fragment 3A, "*Jahr 40*".

Legrain, in: RecTrav. 22, 1900, 5; Gauthier, LR III, 265, IV; Young, in: JARCE 2, 1963, 102ff. und Anm.17; Wente, in: JNES 26, 1967, 168 und Anm.104; 172 und

[188] S.o. §52, Nr.8, TS 45.
[189] S.o. §52, Nr.7, TS 44.
[190] S.o. §52, Nr.10.
[191] S.o. §49.

Anm.135; Kitchen, TIP, §226; §387,44; Barta, in: MDIK 37, 1981, 38; TS 46.

HPA
z3-njswt-(Mrj-Jmn P)

c. Stele aus dem Osttempel, Kairo 3/12/24/2; "*Jahr 48*".

PM, Theban Temples, 210; Legrain, in: Archaeological Report for the E.E.F., 1906/7, 21ff.; Gauthier, LR III 265, V; Barguet, Temple d'Amon, 36f. und Pl.32B; Mysliwiec, Royal Portraiture of the Dynasties XXI–XXX, Mainz 1988, Pl.9c und d; Kitchen, TIP, 14; §226; §387,45; Barta, in: MDIK 37, 1981, 38; Cerny in: CAH, Chap.35, 49 und Anm.7; Wente, in: JNES 26, 1967, 168 und Anm.105; Young, in: JARCE 2, 1963, 102ff. und Anm.17; TS 47.

HPA
z3-njswt-(nb-t3.wj) (Mrj-Jmn P)
jmj-r'-mšᶜ-wr
tpj n-ḥḥ.w

d. Ritzzeichnung zweier Füße mit eingeschriebenen Titeln und Namen des Mencheperre auf einer Bodenplatte im Hof des 10. Pylons; über den Füßen die Namen und Titel der 3s.t-m-3ḫbjt (C) und ihres Sohnes Smendes als jmj-r'-pr-wr n-Jmn.

Goyon, in: Karnak VII, 275ff.; TS 48.

(ᶜnḫ) HPA
z3-(Mrj-Jmn P)

e. Gebrannte Lehmziegel, gefunden in sekundärer Lagerung nahe der Kai-Anlage von Karnak, vielleicht von der Umfassungsmauer stammend, von der Mencheperre auf seiner Stele (KA.c.) spricht; gestempelt mit den Namen von Mencheperre und 3s.t-m-3ḫbjt (C) in zwei echten, miteinander seitlich verbundenen Kartuschen. Keine Titel.

Lauffray, in: Karnak V, 48, Fig.4.

f. Ziegel mit Stempelabdruck des Mencheperre, gefunden in der Nähe der Priesterwohnungen östlich des heiligen Sees.

Anus / Sa'ad, in: Kemi 21, 1971, 219.

g. Amulett aus braunem Glasfluß mit der Kartusche (nicht Ring!) Mencheperres neben einem Uräus mit Sonnenscheibe; gefunden beim Südteil der Umfassungsmauer des Nektanebos.

Anus / Sa'ad, in: Kemi 19, 1969, 228; Photo 1.

Karnak, Chonstempel (KC)   a. Orakeltext I.21.c.

TS 49.

Z.3: HPA ?
z3-njswt-(Mrj-Jmn P)

Z.7f: HPA
jmj-r'-mš^c-wr n-šm^{c}w mḥw

Z.19: HPA

Z.25: HPA
z3-njswt-nb-t3.wj (/////)

Z.32: ///// z3-njswt

b. Tür in der Westwand des Chonstempels, Vorhof, Außenseite.

Nicht in PM; TS 50.

(^{c}nḫ) HPA
nb-jrt-jḫ.t
z3-njswt-nb-ḫ^{c}w-(mrj-Jmn P)

(folgt pseudokönigliche Weihinschrift; Chons als "*Vater*" des Mencheperre bezeichnet; der Name der Tür ist:

sb3-^{c}3 špsj Mn-ḫpr-r^c jnj-df3 m-pr-Ḫnsw
jrj.f-dj-^{c}nḫ mj-R^c

die Tür ist vermutlich von Mencheperre usurpiert worden, da sich am Ende der zweiten Zeile ältere Zeichenreste finden).

Luxortempel (L)   a. Erneuerungsinschrift an der westlichen Außenwand.

PM, Theban Temples, 334. (208); Gauthier, LR III, 266, VIII; Kitchen, TIP, §226 und Anm.161; TS 51.

HPA
z3-njswt-nb-t3.wj (Mrj-Jmn P)
(sm3wj-mnw-Formel + m-pr-jtj.f Jmn-Jp.t)

b. Ziegel einer Umfassungsmauer
(a) HPA und Name in jeweils einem Ring,
(b) Namen des Mencheperre und der **ꜣs.t-m-ꜣḫbjt** (C) in jeweils einem Ring.

PM, Theban Temples, 339; LD III, 251k; LD Text III, 88; Gauthier, LR III, 267, XVI (a); Kitchen, TIP, §226 und Anm.160.

Theben-West (**ThW**)

Bandagenaufschrift bei der Mumie Sethos' I., "*Jahr 6*".

Maspero, Momies royales, 555; Gauthier, LR III, 263, I; Thomas, RNT, 251,17; Kitchen, TIP, §372,7; §386,37.

HPA **(n-jtj.f Jmn)**

Deir el-Bahri (**DeB**)

a. Aufschriften auf Tüchern, Bandagen und Lederriemen, 2ᵉ trouvaille.

Nr.2. HPA **zꜣ-njswt-(Mrj-Jmn Pꜣ)**
(n-jti.f Ḫnsw)

Nr.11.a. (ꜥnḫ) HPA **(Mn-ḫpr-Rꜥ)**
b. (ꜥnḫ) HPA
zꜣ-(Mrj-Jmn Pꜣ)

Nr.13: wie Nr.11.b.

Nr.64: HPA **(Mn-ḫpr-Rꜥ)** (dagestellt mit Uräus)

Nr.96: HPA
zꜣ-nb-tꜣ.wj /////

Nr.105: "*Jahr 48 des HPA Mencheperre*"; TS 52.

Nr.109: HPA

Nr.113: HPA
zꜣ-(Mrj-Jmn Pꜣ)

Daressy, in: Revue Archéologique, 1896, 75ff.; ders., in: ASAE 8, 1907, 22ff.; Gauthier, LR III, 265, VI; 266f., XII; zu Nr.105: Young, in: JARCE 2, 1963, 103, Anm.21; Wente, in: JNES 26, 1967, 171f.; Niwinski, in: Jarce 16, 1979, 57f; Kitchen, TIP/Appendix, §435; Jansen-Winkeln, in: ZÄS 119, 1992, 35; weitere Literatur s.o. unter KA.b.

b. Lederriemen der Mumie der DH Henut-tawi.

Maspero, Momies royales, 576f.; Gauthier, LR III, 267, XIII und Anm.2; zur Person der Henut-tawi: Kitchen, TIP, S.49ff.

AUSSERHALB THEBEN

Gebelein (**G**)

Ziegel mit Stempelabdruck; Namen des Mencheperre und der **ꜣs.t-m-ꜣḫbjt** (C) in Ringen (Kartuschen?).

Fraser, in: PSBA 15, 1893, 498 und Pl.5; Gauthier, LR III, 267, XV und Anm.4; Kitchen, TIP, §226.

Kom esh-Shurafah (**KSh**)
(südlich von el-Hibeh)

Ziegel mit Stempeleindruck aus den Resten einer Festung; HPA und Name, jeweils in einem Ring, vgl. L.b.(a) (Kartuschen?)

Chaban, in: ASAE 8, 1907, 211ff.; Gauthier, LR III, 268, XVII und Anm.2; Kitchen, TIP, §226

el-Hibeh (**H**)

a. Ziegel mit Stempelabdruck,
(a) zusammen mit **ꜣs.t-m-ꜣḫbjt** in Kartuschen wie KA.e.,
(b) zusammen mit **ꜣs.t-m-ꜣḫbjt** ohne Kartuschen,

(c) **(njswt-bjt-šmꜥw mḥw) (Mn-ḫpr-Rꜥ)** .

(a): LD Text II, 45,4/5;
(b): LD Text II, 45,3;
(c): Prisse d'Avennes, Monuments égyptiens, 5 und Pl.23,5[192].
Gauthier, LR III, 268; Kitchen, §226; Cerny, in: CAH, Chap.35, 45f.; 48 und Anm.8; 49.

b. Papyrusfragment aus el-Hibeh (?).

HPA
jmj-rʾ-mšꜥ-wr-šmꜥw mḥw
ḥꜣwtj ntj-<m->ḥꜣ.t<n->nꜣ-mšꜥ.w-ꜥꜣ.w n-Km.t-ḏr.w

Orakeltext V.21.b.; TS 53.

c. pBerlin 8527, unpubl.

Cerny, in: CAH, Chap.35, 50, Anm.4.

---

[192] Ortsangabe unklar; möglich ist auch: "*zwischen Luxor und Bayadiyah*".

Bigeh (B)		Graffito HPA **z3-njswt-(Mrj-Jmn[P])** Maspero, Momies royales, 714; Champollion, Not. descr. I, 161; Gauthier, LR III, 266, VII; TS 54.
(Wadi Hammamat		Graffiti 58, 65, 98, 132, 212. **nṯr-nfr** **nb-t3.wj** Thutmosis III. oder Mencheperre. Für letzteres plädiert Gundlach, in: LÄ VI, Sp.1108; die Titel sprechen jedoch nicht dafür. Couyat-Montet, Inscr. du Ouadi Hammâmât)
Posthume Nennungen (außer den normalen Filiationen) (**PhN**)	a.	Erwähnung im Orakeltext I.21.d., waager.Z.15: **p3j.k-b3k** (bez. auf Amun). Kruchten, Djéhoutymose, 364.
	b.	Erwähnung eines Mencheperre innerhalb eines genealogischen Graffitos im Chonstempel von Karnak. HPA Daressy, in: RecTrav. 18 1896, 51.

b. Die Verteilung der Titel des Mencheperre

§57

HPA	durchgehend (sofern Titel genannt werden)
z3-(njswt) und Varianten (verbunden mit Namen Painedjems I.)	KA.a.; b.; c.; d. KC.a.; b. L.a.
jmj-r'-mš^c-wr	KA.a.; c.
jmj-r'-mšᶜ-wr-(n-)šmᶜw mḥw	KA.a. KC.a.
jmj-r'-mšᶜ (-pn)	KA.a.

ḥꜣwtj ntj-<m->ḥꜣ.t
<n->nꜣ-mšʿ.w n-Km.t-ḏr.w H.b.

tpj n-ḥḥ.w KA.c.

nb-jrt-jḫ.t KC.b.

(njswt-bjt-šmʿw mḥw] H.a.

§58

Wie für Masaharta, so gilt auch für Mencheperre, daß seine Titulatur eine Verkürzung der von Herihor bis Painedjem I. üblichen Titelreihen darstellt: Wegfall der Titel des Vezirs und des Vizekönigs von Kusch; ferner des Titels jrj-pʿ.t, bei Painedjem I. noch als traditioneller Beamtentitel, kombiniert mit ḥꜣtj-ʿ, anzutreffen und als "Regententitel" (letzteres auch noch bei Masaharta). Von den Titeln und Epitheta, die eine Zuständigkeit für ganz Ägypten zum Ausdruck bringen und sich noch bei Masaharta finden, sind fast nur die militärischen Würden übrig geblieben; Mencheperre ist mit Festungsbauten in Mittelägypten vertreten, ferner mit dem Bau von Umfassungsmauern in Luxor und Karnak, sein Name fand sich auf Ziegeln in Gebelein; der Name einer ꜣs.t-m-ꜣḫbjt, bei der es sich um die mutmaßliche Gattin des Mencheperre, ꜣs.t-m-ꜣḫbjt C, handeln könnte, fand sich nördlich von Karnak in Kom el-Higazeh[193]. In Tanis ist Mencheperre nur durch eine Filiationsangabe des HPA Smendes ohne jeden Titel belegt[194].

Der häufigste Titel des Mencheperre nach dem des HPA ist die aus den Ansprüchen des Vaters erwachsene Würde als *Königssohn*, die Mencheperre, wie schon sein Bruder Masaharta, nicht in der traditionellen, selbständigen Weise ohne Nennung des Vaternamens führt, sondern als in königliche Phraseologie übersetzte Filiationangabe.

Wie schon Masaharta beansprucht Mencheperre einzelne königliche Wesenszüge, verzichtet aber auf eine reguläre Königstitulatur, wenn man einmal von dem obskuren Titel auf Ziegeln in el-Hibeh absieht; so findet sich die Schreibung des Namens in Kartuschen, gelegentlich in der Form, die auch bei Herihor und Painedjem I. (Phase e.[195]) anzutreffen ist: (HPA] – (Name], ferner die Inan-

---

[193] Gauthier, LR III, 269f.; vgl. Kitchen, TIP, §51.
[194] Montet, Tanis II, Fig.54, Obj. Nr.600; ohne Titel; vgl. Wente, in: JNES 26, 1967, 156f.; Young, in: JARCE 2, 1963, 104ff.; Kitchen, TIP, §30.
[195] S.o. §49.

spruchnahme des Titels **nb-jrt-jḫ.t** und der Gebrauch der königlichen Weihinschrift-Formel mit dem abschließenden Wunsch **jrj.f-dj-ᶜnḫ**[196].

§59

Ein bis dahin königliches Privileg stellt auch die Benennung von Tempelteilen auf den Namen ihres Erbauers dar; so benennt Mencheperre die von ihm usurpierte Tür im Chonstempel mit seinem Namen (KC.b.): "*Das große Tor namens 'Mencheperre, der Speisen in den Chonstempel bringt'*"[197].

Mencheperre ist der einzige HPA der 21. Dynastie, von dem eine Erwähnung seiner Amtseinsetzung durch den Gott Amun selbst bekannt ist[198]. Ähnlich den Einsetzungen von Königen durch den Gott Amun in der 18. Dynastie ist sie verbunden mit der Verheißung von Gunsterweisungen (**bjꜣj.t**)[199].

Auf die thebanischen Götter bezieht sich Mencheperre bald als seine "*Väter*", bald als seine "*Herren*", wobei es vielleicht kein Zufall ist, daß letzteres in einem frühen Beleg geschieht[200].

Bei einigen Belegen wäre es theoretisch möglich, das **.f** in **jtj.f** auf den vorher in der Filiation genannten König Painedjem I. und nicht auf Mencheperre zu beziehen. Der Beleg ThW ist jedoch in dieser Hinsicht eindeutig auf Mencheperre bezogen. "Ansprüche" auf das Königtum außerhalb der gelegentlichen Übernahme königlicher Phraseologie (KC.b., L.a.), der Schreibung des Namen in eine Kartusche oder einen kartuschenähnlichen Ring und des obskuren Titels bei H.a.(c) finden sich nicht; jedoch ist zu bedenken, wie dürftig die Belege sind. Unbekannt ist, welche Titel Mencheperre auf seiner Grabausstattung getragen hat: bis heute ist es nicht gelungen, sein Grab zu finden.

---

196 Die Formel **jrj.f-dj-ᶜnḫ** ist dagegen in dieser Zeit auf die Gottheit und nicht auf den König zu beziehen, s. H.G. Fischer, The Orientation of Hieroglyphs, Part I, New York 1977, 97ff.; Nims, in: JNES 34, 1975, 76; zur Formel vgl. auch Osing, Der Tempel Sethos' I. in Qurna, AV 20,1, 1977, 21, Anm.55.

197 S.o. §56, KC.b.; TS 50. Möglicherweise wurden durch dieses Tor Opfermaterialien ins Tempelinnere gebracht.

198 KA.a. (I.21.b., Z.7f.).

199 Zu diesem Wort s.u. §§119ff.

200 KA.a. (I.21.b.), Z.12: **ḥr-dwꜣt-nb.f mj-jtj ḥr-wḥm n-zꜣ ḏs.f** – sollte mit dieser Wendung das Herr-Diener-Verhältnis des Priesters zum Gott in das königliche Vater-Sohn-Verhältnis uminterpretiert werden?

6. Eigenheiten der "Regententitulatur" der 21. Dynastie im Vergleich mit der des älteren Typs

a. Beschaffenheit und Gebrauchsweise der "Regententitulatur"

§60

Als "Regenten"-Titel oder -Epitheta werden hier die folgenden in der 21. Dynastie belegten Verbindungen bezeichnet, die eine Zuständigkeit ihres Trägers für das ganze Land ausdrücken:

jmj-rʾ-mšꜥ-wr (n-tꜣ r-ḏr.f / n-šmꜥw mḥw[201])	*passim*
ḥꜣwtj ntj-<m->ḥꜣ.t <n->nꜣ-mšꜥ.w (-ꜥꜣ.w) n-Km.t-ḏr.w	Herihor, Paianch, Mencheperre
sḥtp-tꜣ.wj (n-nb.f Jmn)	Herihor, Painedjem I.
shrr-tꜣ.wj	Painedjem I.
⸢grg⸣-tꜣ.wj n-nb-nṯr.w	Herihor
wpj-tꜣ.wj	Paianch
jrj-pꜥ.t ḥrj-tp-tꜣ.wj	Herihor, Painedjem I.
jrj-pꜥ.t sšm-tꜣ.wj	Masaharta
smr-ꜥꜣ m-tꜣ-ḏr.f	Herihor
ḫrp-tꜣ.wj (oder: šmꜥw mḥw)	Herihor

Anspielungen auf diese Zuständigkeit für das ganze Land finden sich ferner in dem Wunsch des Butehamon in seinem Briefentwurf an Herihor: jmj-ḫrp.f (sic) -pꜣ-tꜣ, "*laß ihn das Land leiten*", und auf der Statue des Herihor, wo es heißt: ḫrp-n.f *(Amun)* tꜣ-nb dmḏw, s.o. §34, (O) und (KA d.).

201 jmj-rʾ-mšꜥ-wr / tpj n-ḥḥ.w wirkt wie eine Variante von jmj-rʾ-mšꜥ-wr / tpj n-ḥm.f (z.B. ꜥnḫ.f-n-Mwt, Montet, Tanis II, Pl.39).

§61

Außerdem findet sich bei Wenamun 2,35 die Charakterisierung des Smendes und der Tentamun von Tanis als:

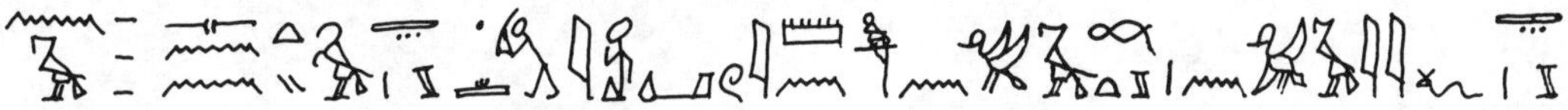

Das Wort **znntj** ist ein ἅπαξ; Wb.IV, 166, denkt an die Verbindung mit **znn**, "*Offizier*". Nicht ausgeschlossen ist vielleicht eine Verbindung mit dem Verb

sntj,  , "*ausführen der Gründungszeremonie mit dem Meßstrick*", das

nä. auch in der Schreibung 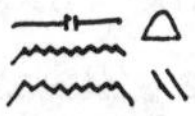 belegt ist[202]; hier findet sich sogar

die Verbindung  oder 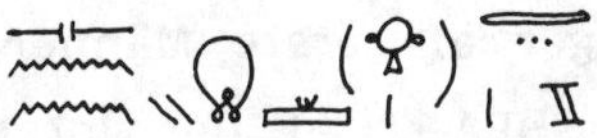 für "*Fundament*"[203]. Abgesehen von diesem unklaren Wort ist der Zusammenhang der Wenamun-Stelle insofern erhellend, als hier so deutlich wie selten Amun als der ideelle Oberkönig des ganzen Landes angesprochen wird, der die regionalen Machthaber als seine Provinzverwalter einsetzt.

§62

Herihor und seine Nachfolger (mit Ausnahme des Paianch) beziehen den Heeresvorstehertitel nicht mehr auf den König, sondern direkt auf das Gebiet ihrer Zuständigkeit[204]. Soweit der Titel **jmj-r'-mšᶜ** sich traditionell auf den Befehl über die königlichen Truppen bezog[205], ist dies ein erheblicher Schritt. Die Epitheta des Herihor enthalten dafür gelegentlich einen Rückbezug auf seinen *göttlichen* Herrn: so auf der Statue als Ergänzung zum Generalstitel das Beiwort **sḥtp-tꜣ.wj n-nb.f Jmn**, ferner **grg-tꜣ.wj n-nb-nṯr.w**. Hierzu gehört wohl auch das Epithet **ḫrp-n.f** (Amun!) **tꜣ-nb dmḏw** (Statue).

---

202 Wb.IV, 177.

203 Wb.IV, 178,19; pHarris I, 57,12; Caminos, LEM, 75f., zu **snṯ**, "*Plan*" (von Gebäuden, Städten); vgl. auch das Beiwort eines Amun, pWilbour 39,15:

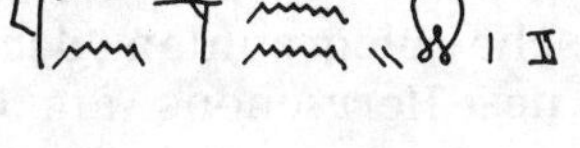

204 S.o. §38.

205 Zu einer anderen Verwendungsweise s.o. §36.

Painedjem I. wird auf auf einem Pilaster an der Nordseite vom Pylon des Chonstempels[206] genannt: **njswt-bjt....dj-wnn-tꜣ-pn n-[jrj-]sw**, "*König, der veranlasst, daß dieses Land dem gehört, der es [geschaffen hat]*"[207].

b. Resultate

§63

1. Die schrittweise Verkürzung der Titulaturen von Herihor zu Mencheperre bis auf den einen Titel HPA darf nicht notwendig als Abgabe anderer Titel betrachtet werden, womit sich die Auffassung eines Machtverlustes ergäbe. Die allen traditionellen Regeln widersprechende Zusammenstellung der Titel und Ämter will ihre Träger als erste Männer der Thebais und Oberägyptens auszeichnen, wobei der HPA-Titel der letztlich entscheidende war. Dies sowohl deshalb, weil er die Schlüsselgewalt über die Amunsdomäne enthielt, als auch, weil in ihm zusammengefaßt war, daß alle Macht seines Trägers in der 21. Dynastie für und durch Amun war.

2. Die Epitheta, die den Anspruch einer eigenmächtigen Befugnis über die Angelegenheiten der beiden Länder, nicht einem König, sondern den Göttern verantwortlich, beinhalten, ähneln mehr königlichen Beinamen als den Beamten-Epitheta; man denke an den **bjk-nbw**-Namen des Eje und des Haremhab: **sḫpr-tꜣ.wj**; an den **nb.tj**-Namen Amenophis' III. und Tutenchamuns, **sgrḥ-tꜣ.wj**, was dem **sḥtp-tꜣ.wj** von Herihor und Painedjem I. entspricht. Tatsächlich finden sich außer **wpj-tꜣ.wj** (Paianch) alle Epitheta dieses Typs als Bestandteile königlicher Titulatur belegt:

grg-tꜣ.wj ist belegt als Horusname Neferhoteps I. in der 13. Dynastie: Gauthier, LR II, 22ff.; v.Beckerath, Handbuch der ägyptischen Königsnamen, 70 und 205.

---

206 Temple of Khonsu II, Pl.135; TS 12.

207 So auch ergänzt in: Temple of Khonsu II, Beiheft, 22. Die Regierung als Gottesauftrag findet sich mit ähnlichen Worten auch auf der jüngeren Grenzstele von Amarna, Urk.IV, 1982 / Sandman, Texts from Akhenaten, 121: **ḫrp-tꜣ n-dj-sw ḥr-s.t.f ... dj-wn-tꜣ n-jrj-sw**; vgl. Fecht, in: ZÄS 85, 1960, 95 und Anm.4; vgl. auch Jansen-Winkeln, Ägyptische Biographien der 22. und 23. Dynastie, 336, 2.1.12; zu Formulierungen des Herrschens als Gottesauftrag in der 21. Dynastie vgl. **zꜣ-Jmn prj m-ḫnt.f r-grg-tꜣ.wj** (Painedjem I., MH.d., TS 25); **zꜣ-Jmn ... msj.n.f r-nbnb-Km.t r-grg-tꜣ.wj m-wḥm** (Herihor, Temple of Khonsu II, Pl.143 B, Z.1).

wpj-mꜣꜥ.t ist belegt als **nb.tj**-Name desselben Königs: Gauthier, LR II, 23; v.Beckerath, op.cit., 70 und 205. Ferner als Horusname Antefs VI. (-ꜥꜣ): Gauthier, LR I, 219ff.; v.Beckerath, op.cit., 82 und 222.

shr-tꜣ.wj ist belegt als **bjk-nbw**-Name des Kamose auf dem Carnarvon-Tablet 1: Gardiner, in: JEA 3, 1916, 95ff.; Helck, Hist.-biogr. Texte, 28; Gauthier, LR II, 169; v.Beckerath, op.cit., 82 und 223. Ferner als Horusname Antefs I.: v.Beckerath, op.cit., 63 und 193.

sḥtp-tꜣ.wj ist belegt als Horusname des Teti (6.Dyn.): v.Beckerath, op.cit.,56 und 184. Ferner als Horusname des Apophis: Gauthier, LR II, 142; v.Beckerath op.cit., 78 und 217. Ferner in der Form **sḥtp-tꜣ.wj.fj** als ein Horusname des Pije: Gauthier, LR IV, 3; v.Beckerath, op.cit., 108 und 269.

sšm-tꜣ.wj ist belegt als Horusname Sesostris' II.: Gauthier, LR I, 296f.; v.Beckerath, op.cit., 66 und 198.

Das Königtum als göttlich-irdische Doppelherrschaft

1. Besonderheiten des Königtums der 21. Dynastie

§64

Das Königtum der 21. Dynastie weist hinsichtlich der ideologischen Stellung des Herrschers drei Eigentümlichkeiten auf:

1. Die Verbindung der Königstitulatur mit dem Titel des HPA:

- Der Priestertitel kann als Pränomen an die Stelle des traditionell mit dem Re-Namen gebildeten Königsnamens treten, so bei Herihor, bei Psusennes I.[208], bei der einmalig belegten Titulatur Painedjems I. im Grabe Ramses' XI.[209] und - mit Einschränkungen - auf Ziegeln mit dem Stempel des Mencheperre[210].
- Der Priestertitel wird nicht als Name, sondern als Titel beibehalten und tritt nach dem **njswt-bjt**-Titel unmittelbar vor den nicht in Kartusche geschriebenen Eigennamen, so bei den vertikalen Inschriftzeilen Painedjems I. auf der Nordseite des Pylons vor dem Chonstempel[211].

Mit dieser unkonventionellen Art, sich königlicher Titel zu bedienen, ist es möglich, diese Titel partiell und in Abstufungen zu verwenden, vom Gebrauch des **njswt-bjt**-Titels bis herunter zur bloßen Andeutung königlicher Würde durch die Nennung des Titels **nb-jrt-jḫ.t** (Painedjem I., Masaharta, Mencheperre), oder durch den Bezug auf Amun als den "*Vater*" des HPA (dito). Aus der königlichen Titulatur als Kennzeichnung eines von allen anderen Menschen abgesetzten Individuums sind hier Bezeichnungen von Nuancen geworden für die Ausgestaltung eines *nicht*-königlichen Amtes. Dies gilt auch für den Bereich der Ikonographie: von Masaharta gibt es einen Sphinx im Barkensanktuar Sethos' II. im Amuntempel von Karnak; er trägt das Nemes-Kopftuch, unter dem Kopf Titel (HPA) und Name des Masaharta[212].

---

208 Montet, Tanis II, 98, Fig.40.
209 S.o. §48, R.XI (TS 36); §49, Typ e.
210 S.o. §56, L.b.(a) und KSh.
211 S.o. §48, Kc.b., TS 10.
212 S.o. §52, Nr.5, TS 42.

In Brüssel gab es vor dem Brand von 1946 die Statue eines sitzenden Mannes mit Falkenkopf, kombiniert mit dem Körper eines Falken[213]. Ein ähnlicher Statuentyp war in der 18. Dynastie für Könige im Gebrauch[214]. Eine Inschrift nennt den **jrj-pꜥ.t sšm-tꜣ.wj** und HPA Masaharta, geliebt von Chons, dem Herrn der Freude (**ꜣw.t-jb**). Bei der Falkenstatue könnte es sich um ein Abbild dieser Form des Chons handeln, die mit Horus gleichgesetzt wurde[215], sie könnte aber darüber hinaus die Einheit zwischen dem Gott und dem HPA als königlicher Person zum Ausdruck bringen.

§65

2. Zeitliche Überschneidungen bei Herrschern auch in Fällen, wo die Titulaturen der Machthaber sich ganz von der Priestertitulatur trennen.

Bei Smendes[216], und Psusennes I. einerseits, bei Painedjem I. andererseits gab es vermutlich regionale Begrenzungen ihrer Herrschaftsgebiete. Dennoch standen die gesamtägyptischen Königstitel dieser drei Herrscher für wohl nicht gegeneinander gerichtete und sich wechselseitig ausschließende Machtansprüche: das tanitische Haus stand in verwandtschaftlicher Beziehung zum thebanischen, Smendes ist als Bauherr in Oberägypten belegt, Painedjem I. umgekehrt in Tanis[217]. Nicht nur orientierten sich die Tempel-Anlagen und Kulte in Tanis in Gestalt und Benennung am Vorbild von Karnak[218], es hat auch Personen in führenden Positionen an beiden Orten gegeben, die denselben

---

213 S.o. §52, Nr.8, TS 45.
214 Krieger, in: RdE 12, 1960, 37ff.; Sauneron, in: BIFAO 70, 1971, Pl.69.
215 Brunner, in: LÄ I, Sp.962, s.v. **Chons*.
216 Königstitulatur in der Gebelein-Inschrift, s. Daressy, in: RecTrav. 10, 1888, 133ff.
217 S.o. §48, T.b. und T.c.
218 Römer, in: LÄ VI, Sp.197ff., s.v. **Tanis*.

Namen und ähnliche Titel trugen[219]. Vielleicht haben diese Könige ihre Herrschertitulaturen in dem Bewußtsein geführt, daß sie sich zusammen zur Einheit des ägyptischen Königtums ergänzten, gleichgültig, ob ihnen dies durch eine Pattsituation aufgezwungen war, oder ob sie sich freiwillig dazu verstanden.

Über den politischen Zustand des Landes am Ende der 20. Dynastie, der ein solches Verhältnis der Machthaber zueinander vielleicht erzwang, lassen sich nur Vermutungen anstellen; man vergleiche etwa Wenamun, I,14ff., wo von dem "*Silber*" für das Zedernholz die Rede ist und es heißt, es gehöre Amonrasonther, "*dem Herrn der Länder*" (geschrieben: **pꜣ-nb n-nꜣ-tꜣ.wj** (sic), als habe der Schreiber zugleich an den Königstitel gedacht), ferner Smendes und Herihor und den "*anderen Großen von Ägypten*" (**nꜣ-kthw-ꜥꜣ.w n-Km.t**). Die Auflösung Ägyptens in einzelne Fürstentümer (vom König ist an dieser Stelle gar nicht mehr die Rede, obwohl die Wenamungeschichte noch unter der Regierung Ramses' XI. spielen sollte[220]) könnte am Ende der 20. Dynastie soweit fortgeschritten sein, daß das, was z.B. Herihor gewisse Eigenmächtigkeiten erlaubte[221], zugleich auch verunmöglichte, daß einer dieser "*Großen*" sich nach dem Ende Ramses' XI. als allgemein anerkannter König durchsetzen konnte: dies könnte vielleicht an den jeweils "*anderen Großen von Ägypten*" gescheitert sein. So hätte keiner der möglichen Aspiranten seinen Anspruch verwirklichen können. Das Königtum blieb daher als *ideeller* Anspruch einer Gesamtherr-

---

219 a. Anchefenmut, Sohn des Herihor; Temple of Khonsu I, Pl.44 (KRI VI, 715,6) und Pl.26 (KRI VI, 716,8f.);
Titel (unter anderen): **zꜣ-njswt n-ẖ.t.f, jmj-r'-pr-wr n-Jmn, ḥm-nṯr n-Mwt jmj-r'-ss<m.t> n-nb-tꜣ.wj, ḥꜣwtj;**
b. Anchefenmut, Sohn des Paianch: Luxorgraffito, s.o. §48, L.a., TS 18;
Titel: **jmj-r'-jḥ.w, jmj-r'-pr-wr n-Jmn, ḥm-nṯr n-Mwt;**
c. Ramses-Anchefenmut, Sohn Psusennes' I., Titel auf dem Sarkophag aus Tanis (unter anderen), Montet, Tanis II, Pl.39: **zꜣ-njswt n-ẖ.t.f mrj.f, jmj-r'-pr-wr n-Jmn-Rꜥ-njswt-nṯr.w, jmj-r'-jḥ.w-wr n-Jmn-Rꜥ-njswt-nṯr.w, ḥm-nṯr n-Mwt-wr.t nb.t-Jšrw.**
Vielleicht steht der "Mut-haltige" Name bei allen drei (?) Personen im Verhältnis zu ihrem Amt als Mut-Priester. Die Annahme eines solchen Namens im Zusammenhang mit dem *Amt* der Person wäre vor allem dann einleuchtend, wenn es sich bei den Herren der 21. Dynastie überhaupt nicht um Ägypter handelte (*Masaharta, Masaqaharta, Na(?)wasuna, Osorkon* und *Madenna* als Söhne des Herihor, *Masaharta* als Sohn Painedjems I.). Auch Namen wie *Mencheperre* und *Maatkare* machen den Eindruck von programmatisch *angenommenen* ägyptischen Namen, wobei der Inhalt dieses Programms nicht recht durchschaubar ist: Rückgriff auf die 18. Dynastie, darunter ausgerechnet auf Hatschepsut!

220 Jansen-Winkeln, in: ZÄS 119, 1992, 25f., erwägt jetzt, die Wenamun-Geschichte mit ihrem Datum (Jahr 5) nicht mehr in der **wḥm-msw.t**-Ära anzusetzen, sondern unter Smendes oder vielleicht sogar als eigene Jahreszählung Herihors.

221 S.o. §33.

schaft getrennt von den Machthabern bestehen. Diese sahen sich umgekehrt auf die jeweils besondere Grundlage ihrer Macht zurückverwiesen. Im Falle des thebanischen Hauses war dies die Hohenpriesterstelle beim Gott von Karnak und die darin eingeschlossene Verfügung über die Reichtümer des **pr-Jmn**. Zugleich demonstrieren die "königlichen" Titulaturen des Herihor und seiner Nachfolger in Verbindung mit Priestertiteln, daß das Amt des HPA mehr als das sein sollte: ein Anspruch auf das Königtum, welches aber doch niemals in einer Hohenpriesterstelle aufgehen konnte.

§66

3. Dies schließt einen Widerspruch ein: denn die Machthaber melden *in* ihren Titulaturen einen Anspruch auf Gesamtherrschaft an, den sie sich *mit* diesen Titulaturen wechselseitig widerlegen. Die beiden hauptsächlichen Machthaber der Zeit in Tanis und in Theben beanspruchen mit ihren Titeln eine Herrschaft über ganz Ägypten, ohne sie aber gegen den jeweils anderen in die Tat umzusetzen[222]; die wechselseitige Anerkennung des jeweils anderen Hauses als Mitherrscher ist das Eingeständnis, daß das, was jeder vorstellt, gar nicht existiert und findet daher zu der Verehrung der Einheit des Königtums in einer von den wirklichen Machthabern getrennten *ideellen* Gestalt: als Verkörperung der nicht existenten Gesamtherrschaft tritt ein Gott als König[223] neben die beiden irdischen Herrscher. Was diese selbst nicht sein können, was sie also nur *repräsentieren*, das wird zum Objekt ihrer Verehrung und ihres Dienstes: daher wird das Amt des Hohenpriesters des königlichen Gottes Amun zum Bestandteil der Königstitulatur in Theben und Tanis. Im ersten Ort war es wohl die Grundlage der Macht, im zweiten Ort vielleicht umgekehrt nachgeschaffen, wobei hier die wirkliche Machtgrundlage unbekannt ist.

2. Gott als König – der König als Priester

§67

Daß ein Gott königliche Eigenschaften hat oder gar den Königstitel erhält, ist keine Erfindung der 21. Dynastie, sondern durch zahllose ältere Texte verbürgt. Neben der Aufzählung der Götter als Könige mit mehrhundertjähriger

---

222 Auch nicht die Könige, die schließlich "klassische" Königstitulaturen trugen, wie Painedjem I. und Psusennes I.

223 Ein Zeugnis der Königsherrschaft Amuns wurde jüngst von Traunecker, in: CRIPEL 15, 1993, 83ff., publiziert: Das Tor des Hauses I der Priesterwohnungen am Heiligen See in Karnak zeigt auf der Mitte des Türbalkens die Kartusche des **(njswt-bjt Jmn-Rᶜ ḫntj-jp.t.f)**.

Regierung und dem Titel **njswt-bjt** im Turiner Königspapyrus[224] gibt es vor dem Beginn des Neuen Reiches die Preisung des heliopolitanischen Sonnengottes mit Königstitel und Kartuschenschreibung des Gottesnamens[225]. Im Leidener Amunhymnus (pLeiden J350) wird im 60. Kapitel der Gott als (Ur-)König von Ägypten geschildert[226]; auch andere Götter, wie Atum oder Harsaphis, können den Titel eines Königs von Ägypten tragen[227]. Der Schöpfertätigkeit des Gottes als einer "königlichen" Tätigkeit[228] entspricht umgekehrt die Preisung des Königs als Schöpfergott mit einer bereits seit dem MR belegten Metaphorik[229].
Eine Besonderheit der 21. Dynastie ist daher nicht der Vergleich Gottes mit einem König, sondern, daß dies jetzt den Bereich des Mythos oder der Metaphorik überschreitet. Mit der Institution des Orakels, verstanden als Ausübung der Königsherrschaft durch den Gott Amun wird dieser Vergleich nun zur politischen Realität.
Eine Datierung etwa nach Regierungsjahren des "*Königs*" Amun-Re ist in der 21. Dynastie nicht belegt; jedoch zeigt die Epigraphik im Chonstempel Beispiele, wo der Name des Gottes den Platz der Königstitulatur einnehmen kann und annähernd in die Form einer Königstitulatur gebracht wird[230]. Die Wenamun-Erzählung enthält Passagen, in denen das Regime des Orakelgottes Amun von Karnak mit der Regierung der früheren Könige verglichen wird (2,27ff.; 2,51ff.), ein Vergleich, der im Lauf der Erzählung nicht positiv für den Gott ausfällt.

§68

Die Übernahme von Eigenschaften eines regierenden Königs durch einen Gott hat innerhalb der ägyptischen Geschichte m.W. nur noch in der Amarna-Zeit eine formelle Entsprechung; es soll daher kurz soweit auf sie eingegangen

---

224 pTurin N 1874 vso., 1,11ff.; KRI II, 827f.

225 pBoulaq 17 (=pKairo 58038), 2,2; Römer, in: Fs.Fecht, 405ff.; dort weitere Literatur; vgl. auch ebd., Kolumne 3, die Beschreibung des Gottes im königlichen Ornat.

226 Dieses Kapitel behandelt von Fecht, in: ZÄS 91, 1964, 46ff.; vgl. auch Zandee, in: Bleeker, Widengren, Sharpe, 167ff., mit Zitaten aus dem pLeiden J 344 über das Königtum Amuns, jetzt neu publiziert von Zandee, Der Amunshymnus des Papyrus Leiden J344 verso, 3 Bde., Leiden 1992.

227 Vgl. Luft, Theokratie, 48f.

228 Vgl. pKairo 58032 (II.21.a.), Z.29.

229 Kuentz, in: Fs.Griffith, 97ff.; Assmann, in: SAK 8, 1980, 1ff., bes. 17ff.; Posener, L'enseignement loyaliste; ders., Divinité du Pharaon, 37ff.; Fecht, in: ZÄS 105, 1978, 14ff.; Blumenthal, Untersuchungen zum ägyptischen Königtum des MR I, 99ff.

230 S.u. §109; die Kartusche des (**njswt-bjt Jmn-Rᶜ ḫntj-jp.t.f**) findet sich auf dem Tor des Hauses I der Priesterwohnungen am Heiligen See in Karnak, s. Traunecker, in: CRIPEL 15, 1993, 83ff.

werden, wie es notwendig ist, um die Andersartigkeit des Gotteskönigtums in der 21. Dynastie zu verdeutlichen. Auch in der Amarna-Periode findet man den Gott Achanjatis als quasi regierenden fiktiven König, dessen Regierungsantritt offenbar mit dem Amenophis' IV. zusammenfällt. Regierungsdaten, bei denen sich statt des königlichen Namens der des Jati hinter der Titulatur findet, gibt es in den Gründungsproklamationen von Amarna, in der jüngeren und, nach den Resten zu urteilen, wohl auch in der älteren Fassung[231]. Der Gottesname wird mit dem königlichen Epithet nṯr-nfr eingeleitet und dem ebenfalls für Götter ganz unüblichen dj-ᶜnḫ ḏ.t nḥḥ abgeschlossen. Eine Datierung auf den Jati aus der späteren Zeit findet sich im Grab des Huja (Jahr 12)[232].

§69

Eine auffallende Entsprechung zwischen der Amarna-Zeit und der Zeit des "Gottesstaates" in der 21. Dynastie besteht in der Verbindung von priesterlichen und königlichen Titeln bei den obersten Machthabern. Eine derartige Titelverbindung findet sich auch bei Ramses II. in der Hypostylhalle des Amuntempels von Karnak[233] als Beischrift zu einer Darstellung, die ihn an der Stelle des HPA neben der Barke des Amun einhergehend zeigt. Eine historische Ausdeutung dieser Priestertitulatur Ramses' II. wurde seinerzeit von Sethe[234] versucht, jedoch handelt es sich wohl nur um die letzte Konsequenz einer Ikonographie, die das Verhältnis von König und seinem priesterlichen Stellvertreter in der Weise umkehrt, daß sie den König am Platze und in der Funktion seines Stellvertreters zeigt[235].

§70

Was hier nicht mehr ist als eine spielerische Ausgestaltung der persönlichen Anwesenheit des Königs im Kult, das ist in der Amarna-Zeit und in der 21. Dynastie ein Zeugnis für die Doppelherrschaft von Gott und König. In beiden Epochen hat sie vergleichbare graphische Versinnbildlichungen gefunden.

---

231 Sandman, Texts from Akhenaten, 103 und 119f.; Urk.IV, 1965 und 1981; Gunn, in: JEA 9, 1929, 168ff.; Fecht, in: ZÄS 85, 1960, 91ff., bes. 101ff. und Anm.2 auf S.101.
232 Sandman, Texts from Akhenaten, 36.
233 S.o. §24 zu dieser und ähnlichen Darstellungen.
234 Sethe, in: ZÄS 58, 1923, 54; vgl. auch Lefebvre, Hist. des Grands prêtres, 117f.
235 S.o. §24.

So findet sich auf dem von Habachi[236] publizierten Altar aus Karnak aus der Anfangszeit Amenophis' IV. eine Inschrift, aus zwei senkrechten Zeilen bestehend, mit einander zugewandten Zeichen; jede der beiden Zeilen beginnt mit dem Wort **Ḥrw-ꜣḫtj**, wobei zwischen den beiden Falken ein **ꜥnḫ**-Zeichen steht:

In der linken Zeile ist dies die Einleitung für den "lehrhaften Namen" des Jati (ohne Kartuschen), in der rechten Zeile aber für den Titel des Königs als Hoherpriester dieses Gottes mit graphischer Voranstellung des **Ḥrw-ꜣḫtj** als Anfang des Gottesnamens; in beiden Zeilen gibt es also fast auf gleicher Höhe den "lehrhaften" Gottesnamen, aber einmal als Bestandteil der königlichen Titel und Namen, einmal als Name des Gottes selbst. Die Zeilenanfänge mit dem Falken sollen vielleicht graphisch an den Horus-Namen am Anfang einer Königstitulatur erinnern.

§71

Im Dachheiligtum des Chonstempels finden sich über der Eingangstür unter einer Flügelsonne zwei durch je ein **ꜥnḫ**-Zeichen in der Mitte geteilte Zeilen, in der oberen Zeile auf der einen Seite der Gottesname des Amun, auf der anderen der des Chons, in der unteren Zeile auf beiden Seiten, vom **ꜥnḫ**-Zeichen ausgehend der Name des HPA Painedjem I.; die beiden Zeilen bilden auf jeder Seite des **ꜥnḫ**-Zeichens je einen Satz, da die Gottesnamen das Subjekt zu: **dj.f-ꜥnḫ-ḏd-wꜣs n-** HPA ...sind[237]. An den entsprechenden Stellen finden sich in den älteren Heiligtümern die über eine oder zwei Zeilen verteilten Königstitulaturen. Der Wunsch, den irdischen König als Teil einer göttlich-königlichen Doppelherrschaft zu sehen, hat in der Anfangszeit Amenophis' IV. und in der 21. Dynastie ähnliche Ausgestaltungen dieses Gedankens gefunden.

---

[236] Habachi, in: MDIK 20, 1965, 78, Fig.7; ähnlich auch Altar B, Vorderseite (op.cit., 76, Fig.5.a); beim Altar A (op.cit., 75, Fig.4) stehen sich in den beiden senkrechten Zeilen, deren eine dem König, die andere dem Gott gewidmet ist, der Falke des königlichen Horusnamens und der Falke am Beginn der ersten Kartusche des "lehrhaften Namens" gegenüber.

[237] S.o., §48, KC.g. (TS 13); §108.

§72

Weitere Zeugnisse Amenophis' IV. als HP finden sich in Gebel es-Silsila auf einer Stele anläßlich des Beginns von Steinbrucharbeiten für ein Jati-Heiligtum in Karnak[238], auf einem Cynocephalus aus Karnak[239] und vielleicht im Grab des Parennefer in Theben, nach einer vermutlich zutreffenden Ergänzung von Sandman[240]. Dabei fällt auf, daß alle diese Zeugnisse, die einen HP-Titel für Amenophis IV. nennen, den Gott selbst noch nicht in Kartuschen schreiben und ihn auch nicht polemisch gegen die anderen Götter setzen; so ist auf der Stele in Gebel es-Silsila der König opfernd vor Amun-Re dargestellt, obgleich es um ein Bauwerk für den Jati geht[241]. Die Inschrift auf einer Statue aus der Cachette von Karnak präsentiert den Jati noch in ganz mythologischer Umgebung: als **Rᶜ-Ḥrw-ꜣḫtj ḥᶜj m-ꜣḫ.t** u.s.w., angebetet von den "*Seelen von* **P**" bei seinem Untergang[242].

Die erste Weise, in der der König die Besonderheit seines Gottes herausstrich, war weit entfernt von jedem "Monotheismus" und bestand darin, daß der Gott den König selbst als seinen Hohenpriester hatte, nicht nur, wie bei Ramses II. gegenüber Amun in einer besonderen Kultsituation und wohl neben einem regelrechten Hohenpriester, sondern derart, daß der König und kein anderer den Kult des Jati ausüben sollte; eine Absetzung von der üblichen Kultpraxis, jedoch noch nicht von den anderen Göttern: vor *diesem* Gott wollte sich der König *nicht* vertreten lassen, auch wenn er dies so ausdrückte, daß er selbst es war, der den Titel seines kultischen Stellvertreters annahm; dieser Titel, **ḥm-nṯr-tpj n-(Rᶜ-)Ḥrw-ꜣḫtj** ist vielleicht absichtsvoll dem des HPA angenähert, weshalb es fraglich ist, ob das **tpj** wirklich auf die Existenz eines 2. oder gar 3. und 4. Priesters des Gottes neben dem König hinweisen sollte[243].

§73

Die Vorstellung der göttlich-königlichen Doppelherrschaft wurde in Amarna neben der, schon vor der Umsiedlung begonnenen Kartuschenschreibung des

---

[238] Sandman, Texts from Akhenaten, 143f.

[239] Sandman, Texts from Akhenaten, 147,6.

[240] Sandman, Texts from Akhenaten, 141,17.

[241] Daß dieser Zustand noch bis ins Jahr 5 seiner Regierung währt, wird durch das Zeugnis des Briefes aus Gurob deutlich (Sandman, Texts from Akhenaten, 147f.), in dem der König über den guten Zustand des Ptahtempels von Memphis unterrichtet wird; vgl. auch Saout/Traunecker in: Karnak VII, 68, zu Steuern anderer Götter an den Jati.

[242] Sandman, Texts from Akhenaten, 147,2; Assmann, in: LÄ I, s.v. **Aton*, Sp.526 mit Anm.15 und 16.

[243] Zu den vielleicht gewollten Entsprechungen zu dem gegnerischen Gott zählt nicht zuletzt auch die Schreibung des Gottesnamens Jati, die graphisch der des Amun ähnelt.

Gottesnamens auch darin dokumentiert, daß der König in Amarna nicht mehr den Hohenpriester-Titel führt und es auch kein anderes Individuum in der Stadt gab, das den Titel eines **ḥm-nṯr-tpj** des Gottes trug. Das bedeutete nicht, daß der König in Amarna nicht mehr selbst der oberste Kultfunktionär war, nach Helcks Ergänzung könnte sich sogar in der Grenzstele K der Hinweis finden, daß er sich diesen Kult allein vorbehielt[244]. Vielleicht hielt aber der König den Ausdruck **ḥm-nṯr-tpj** nicht mehr für geeignet, sein exklusives Verhältnis zu dem Gott zu kennzeichnen, zumal er das Element **nṯr** enthielt und der Titel den König unter die verschiedenen Priester verschiedener Götter eingereiht hätte.

§74

Unter den Beamten von Amarna findet sich als priesterähnliche Funktion gegenüber dem Jati ein Amt mit der Bezeichnung **bꜣk-tpj n-Jtn**; auf den ersten Blick ist es naheliegend, in diesem Amt die Nachfolge eines **ḥm-nṯr-tpj** zu sehen: mit "**bꜣk**" wäre das gegenüber dem Jati nicht angebrachte "**nṯr**" vermieden worden. Abgesehen davon, daß sich ein **bꜣk-sn.nw** oder gar **ḥmt.nw** nicht gefunden haben, **bꜣk-tpj** also wohl nur den ersten aller menschlichen Diener des Gottes im weitesten Sinne meint (vgl. die mit **bꜣk-n-** (Gott)NN gebildeten Personennamen), spricht dagegen vor allem das Folgende:

Der Titel **ḥm-nṯr** ist nicht aus Amarna verbannt worden; während der König diesen Titel gegenüber dem Gott aufgibt, traten andererseits Personen auf, die das Amt eines **ḥm-nṯr** für die Verehrung der Person des Königs selbst bekleideten. So trug Panehsi, der auch ein "*Erster Diener des Jati*" war, den Titel **ḥm-nṯr-sn.nw n-nb-tꜣ.wj**[245]; dies unterstellt die Existenz eines "*Ersten Gottesdieners*", von dem sich jedoch in Amarna keine Spuren gefunen haben, jedoch gibt es ein Reliefbruchstück im Fitzwilliam-Museum Cambridge, möglicherweise aus der Zeit vor der Umbenennung des Königs stammend (Name nachträglich geändert), also vor dem Umzug nach Amarna; hier findet sich hinter dem König die Darstellung eines **ḥm-nṯr-tpj n-(Nfr-ḫprw-Rᶜ-Wᶜ-n-Rᶜ)**[246]. Diesen Gottesdienern des Königs steht Tutu gegenüber mit dem Amt eines

[244] Urk.IV, 1977,9; Sandman, Texts from Akhenaten, 117, hat an der entsprechenden Stelle nichts.
[245] Sandman, Texts from Akhenaten, 26,16.
[246] Sandman, Texts from Akhenaten, 152,18; Griffith, in: JEA 5, 1918, 61ff.

bꜣk-tpj n-(Nfr-ḫprw-Rꜥ-Wꜥ-n-Rꜥ) m-pr-Jtn m-ꜣḫ.t-Jtn[247]; dies entspricht dem Titel **bꜣk-tpj n-Jtn**, ebenfalls von Tutu getragen. Was auch immer die genaue Bedeutung dieses Amtes sein mag, die Existenz von **ḥm.w-nṯr** *und* **bꜣk.w** des Königs weist darauf hin, daß **bꜣk.w** und **ḥm.w-nṯr** in Amarna *nicht* identisch waren. Außerdem gab es in Amarna mehrere Personen, die gleichzeitig den Titel **bꜣk-tpj n-Jtn** tragen konnten; vielleicht entspricht dies der oben bemerkten Tatsache, daß **tpj** nicht auf einen zweiten und dritten Diener verweist. So gibt es im Grab Nr.4 des Merire I eine Darstellung, wo der König und seine Gemahlin mit Familie vor dem Tempel von 4 Leuten empfangen werden, neben denen sich die Beischrift findet:

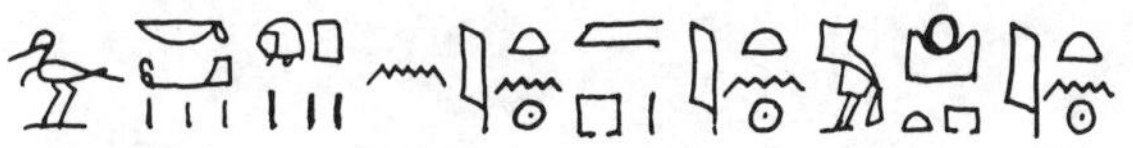 [248]

Als Träger des Titels sind in Amarna namentlich bekannt: Tutu, Panehsi und Pentu; nur bei Panehsi ist der Titel auf das **pr-Jtn** bezogen[249], bei Pentu[250] dagegen auf das **ḥw.t-pꜣ-Jtn**. Bei Tutu fehlt eine solche Modifizierung; man kann daher davon ausgehen, daß es in jedem der hauptsächlichen Heiligtümer von Amarna mehrere solcher "*Ersten Diener*" gab. Schließlich sind den "*Dienern*" vermutlich die Priester mit dem Titel eines "*Großen der Schauenden*" übergeordnet, die in der älteren Fassung der Grenzstelen überhaupt als erste Priester aufgezählt werden[251]. Auch dieses in Amarna zweimal vertretene Priesteramt ist jeweils auf verschiedene Heiligtümer bezogen, Merire ist "*Großer der Schauenden*" im **pr-Jtn**[252], Pawah in einem **pr-Rꜥ** [253]. Wie die "*Diener*" waren auch sie wohl nur Nebenfiguren in einem hauptsächlich vom König selbst vollzogenen Kult[254].

§75

Trotz einzelner, auf den ersten Blick an die 21. Dynastie erinnernder Phänomene wie göttlich-königliche Doppelherrschaft und Priestertum des Königs

---

247 Sandman, Texts from Akhenaten, 79,7 und 80,16.
248 Davies, El-Amarna I, Pl.X-XIV; Sandman, Texts from Akhenaten, 2,8.
249 Sandman, Texts from Akhenaten, 23,6.
250 Sandman, Texts from Akhenaten, 34,10f.; 49,6.
251 Sandman, Texts from Akhenaten, 116,1ff.; Urk.IV, 1975,2ff.; Helck möchte als dritten Priesterstand nach den "*Gottesvätern*" "*die Diener*" des Jati ergänzen.
252 Sandman, Texts from Akhenaten, 1,6f.
253 Sandman, Texts from Akhenaten, 172,13.
254 Vgl. Assmann in: LÄ I, Sp.531 s.v. **Aton*.

selbst ergibt sich im Resultat ein fast genau entgegengesetztes Verhältnis in der Amarna-Zeit: in dieser stand der Titel des Königs als "*Erster Gottesdiener*" für das besondere Verhältnis, das Amenophis IV. als König zu seinem Gott einnahm und wurde deshalb später wohl aufgegeben, weil der an die Vielfalt der **nṯr.w** erinnernde Gottesdiener-Titel dieses exklusive Verhältnis nicht adäquat zum Ausdruck brachte. Umgekehrt war der HPA-Titel in der 21. Dynastie die Grundlage für ein Königtum, das seinerseits nur die Überhöhung dieses priesterlichen Dienerverhältnisses zum Gott darstellte; daher wurde der Priestertitel nicht aufgegeben, sondern *zum Teil der königlichen Titulatur* gemacht.

3. Der Priester als König

a. *Einige phraseologische Eigenarten in der Selbstdarstellung der Hohenpriester des Amun im Neuen Reich*

§76

Der Titel HPA stellt als Teil der königlichen Namensreihe eine beabsichtigte Abweichung von der Tradition dar[255], wenn nicht sogar eine gewollte Einschränkung der königlichen Würde. Umgekehrt fragt sich, wie dem Titel eine Affinität zum Königtum zuwachsen konnte, die ihm als Beamtentitel eigentlich ebenso fremd sein sollte wie etwa dem Vezirstitel. Doch ist der phraseologische Zusammenhang, in welchen Herihor das Amt in seinen Inschriften stellt, schon durch die HPA's insbesondere der 19. und 20. Dynastie vorbereitet worden. Kees faßt den Unterschied, der sich zwischen den Inschriften der HPA's der 18. und denen der 19. Dynastie ergibt, in folgenden Worten zusammen:

"*Der eigentliche religiöse Ton, der aus den Grabbildern hoher Geistlicher im späteren NR spricht, fehlt (im Grab des 2PA Amenophis-Sise, d.V.). Für das Lebensgefühl dieser tatenfrohen Zeit war es unwesentlich, ob der Wille des Königs den einzelnen in den Dienst des Hofes oder den des Amonstempels brachte. Im ägyptischen Sinne waren beides fromme d.h. gottgefällige Betätigungen. Unterschiede wurden nicht gemacht.*"[256]

Abgesehen vom Gegensatz zwischen "*tatenfroh*" und "*religiöse(m) Ton*", der kaum den Gehalt der Texte trifft und überdies von Kees selbst schon im nächsten Satz für unwesentlich erklärt wird, fällt der Unterschied zwischen

---

[255] Vergleichen ließe sich allenfalls der König **Smnḫ-kꜣ-Rꜥ** mit dem Nomen **Jmj-rꜣ-mšꜥ** aus der zweiten Zwischenzeit, dessen Statuen aus Tanis sich im Museum von Kairo befinden; Evers, Staat, Tf.146ff.; pTurin N 1874 vso., 6,21, KRI II, 836,2; Gauthier, LR II, 17f.; v.Beckerath, Zweite Zwischenzeit, 51f., 239.

[256] Kees, Priestertum, 15f.

den Texten der HPA's der 18. Dynastie und denen der Zeit nach Amarna durchaus ins Auge.

§77

Aus der Zeit der 18. Dynastie sind die wichtigsten, hier zu berücksichtigenden Dokumente die folgenden:

Hapuseneb (Hatschepsut):

3 Statuen, 2 davon in Karnak gefunden, sowie Fragmente einer 4. Statue, ebenfalls aus Karnak.
PM, Theban Temples, 261; 283; 290; Urk.IV, 471ff.

Kenotaph in Gebel es-Silsila.
Urk.IV, 485ff.

Grab Nr.67, Theben, Schech abd el-Qurna.
Urk.IV, 487ff.

Mencheperreseneb
(Thutmosis III, Amenophis II.):

Statue CG 42125.
PM, Theban Temples, 169; Urk.IV, 936.

Statue British Museum Nr.708.
PM, Theban Temples, 279; BM Stelae V, Pl.32 und 33; Hall, in: JEA 14, 1928, 1f.

Grab Nr.86, Theben, Schech abd el-Qurna.
Urk.IV, 926ff.

Meri (Amenophis II.):

Grab Nr.95, Theben, Schech abd el-Qurna.
Urk.IV, 1414.

Grabkegel.
Urk.IV, 1414f.

Amenemhet:
(Amenophis II., Thutmosis IV.):

Fragment von Würfelhocker aus Deir el-Bahri, Chicago, Oriental Institute, Nr.8636.
PM, Theban Temples, 393; Urk.IV, 1413f.

Grab Nr.97, Theben, Schech abd el-Qurna.
Urk.IV, 1408ff.; Gardiner in: ZÄS 47, 1910, 87ff.

Kenotaph in Gebel es-Silsila.
Urk.IV, 1413.

Grabkegel.
ib.

Ptahmose (Amenophis III.):

Stele Lyon 88.
Urk.IV, 1914f.

Totenfigur aus Abydos.
Urk.IV, 1915.

Statuenfragment, Herkunft unbekannt; aus Karnak?
PM, Theban Temples, 182; Urk.IV, 1916.

Statuette (Uschebti) CG 48406 (Newberry).
Legrain, in: RecTrav. 26, 1904, 81ff.; Lefebvre, Hist. des Grands prêtres, 100; zu Ptahmose s. auch Helck, Verwaltung, 299ff. und 441f.

Zu berücksichtigen ist außerdem die biographische Inschrift im Grab des 2PA Amenophis-Sise, Urk.IV, 1207ff. (Thutmosis III.), ferner die Statue JdE 59868 des 3PA Nefer aus Medinet Habu, s. Gaballa, in: MDIK 26, 1970, 49ff.

§78

Repräsentative Inschriften von Hohenpriestern des Amun aus der 19. und 20. Dynastie sind:

Paser:
Statue CG 42156.
PM, Theban Temples, 145; KRI III, 292f.

Mḥwḥj:
Statue CG 42157.
PM, Theban Temples, 146; KRI IV, 291.

Bakenchons I :
Münchner Statue Gl.WAF.38.
PM, Theban Temples, 215; Plantikow-Münster, in: ZÄS 95, 1969, 117ff.; Bierbrier, in: JEA 58, 303; KRI III, 297ff.

Kairener Statue CG 42155.
PM, Theban Temples, 169; Lefebvre, in: REA 1, 1927, 138ff.; KRI III, 295ff.

Rama:
Statuen und Inschrift in Karnak.
Lefebvre, Inscr., 4-30.

Amenophis:
Inschrift über die Belohnung durch Ramses IX. vor dem 7. Pylon von Karnak.
PM, Theban Temples, 172, (505); Lefebvre, Inscr., 55ff.; Helck, in: MIO 4, 1956, 161ff.

Inschrift südlich des 7. Pylons, von Wente Amenophis zugeschrieben.
PM, Theban Temples, 174, (516); Wente, in: JNES 25, 1966, 73ff.; diese Inschrift von Helck, in: JARCE 6, 1967, 138, ders., in: Or. 53, 1984, 52ff. fälschlich Ramsesnacht zugeschrieben; dazu s. Jansen-Winkeln, in: ZÄS 119, 1992, 33f.

Inschrift über die Rekonstruktion einer Tür in Karnak-Nord.
PM, Theban Temples, 17; Sauneron, in: BIFAO 64, 1966, 11ff.

Inschriften des HPA Amenophis, in: KRI VI, 532ff.

§79

Soweit längere biographische Texte oder Beischriften zu Darstellungen erhalten sind, fassen die Hohenpriester der 18. Dynastie ihre Tätigkeiten vor allem als Königsdienst auf; die Hohenpriester der späteren Zeit beschreiben sie in ihren persönlichen Inschriften dagegen in erster Linie als Dienst am Gott. Allerdings überwiegen bei den HPA's der 18. Dynastie die Texte aus ihren Gräbern, bei denen der späteren Zeit dagegen Texte an Gebäuden und Statuen in Karnak. Es muß also eine aus dem jeweiligen Ort der Inschrift bedingte mögliche Differenz in Betracht gezogen werden. So spielt auf den Statuen, die in Karnak aufgestellt werden sollten, der Gott Amun die Hauptrolle, an dessen Opfern man teilzuhaben wünschte. Bei einem großen Teil dieser Statuen enthalten daher die Aufschriften ḥtp-dj-njswt-Formeln, bezogen auf die Götter von Karnak, vor allem Amun-Re und daneben gelegentlich Osiris[257]. Dennoch beziehen sich die Bitten nicht nur auf die Zeit nach dem Tode des Statueninhabers. Daß die Statue des Mencheperreseneb im Britischen Museum denselben nur als 2PA bezeichnet, verweist darauf, daß sie schon angefertigt (und aufgestellt?) wurde, als der Betreffende noch mitten im Leben stand. Auf dieser Statue, die keine biographischen Elemente in ihren Aufschriften enthält, bittet Mencheperreseneb um eine lange Lebenszeit (ᶜḥᶜw) in Karnak. Dies findet sich aber auch in Inschriften, die einen Rückblick auf das Leben des Betreffenden enthalten, wie bei Rama und bei Bakenchons I[258], – neben Formeln, die sich auf eine viel spätere Zeit richten und um die Dauer der Statue und des Namens im Tempel für die Ewigkeit bitten[259]. Die Kairener Statue des Herihor enthält sogar eine Verfluchung derjenigen, die "*nach vielen Jahren*" die Statue von ihrem Platz entfernen sollten[260]. Die biographischen und die Selbstpreisungs-Elemente, die auf den Tempelstatuen von "Privatleuten" in Karnak auftauchen, dürften ihren Grund vor allem in der Reflektion auf die

---

[257] Statue des Hapuseneb, Urk.IV, 480,16; 482,6.

[258] Die Statue des Rama CG 42185 (Lefebvre, Inscr., §I), die vom Standpunkt des vollendeten Alters aus abgefaßt ist, hat auf dem Sockel (Nr.5) und auf der linken Seite der Statue (Nr.2) auch die Bitte um langes Leben; ebenso die Münchner Statue des Bakenchons (Sockel); die Statue des Mḥwḥj hat auf dem Naos links eine auf Amun bezogene Opferformel mit der Bitte um eine schöne Lebenszeit im Amuntempel, rechts die Bitte, daß er die Dauer des Namens im Amuntempel gewähren möge.

[259] Lefebvre, Inscr., Nr.4; Statue des Mḥwḥj, am Naos rechts.

[260] Lefebvre, in: ASAE 26, 1926, 66; Morschauser, Threat-Formulae, 193.

Zeit *nach* dem Ableben der Person haben, für deren gutes Andenken und damit einen bleibenden Platz im Tempel sie sorgen sollten.

§80

Vergleicht man solche Texte miteinander, die sich vor allem um ein gutes Ansehen bei den Nachgeborenen sorgen, so ergibt sich zwischen den Texten der 18. Dynastie und denen der späteren HPA's eine gewisse Differenz. Die Statue des Hapuseneb aus Karnak, die sich jetzt im Louvre befindet, enthält unter anderen Inschriften einen Bericht über die Arbeiten, die Hapuseneb bei Tempelbauten der Hatschepsut beaufsichtigt hat, wobei die Form der parallel gebauten Sätze die folgende ist:

[jw-mꜣ.n.j-]jrt/sꜥḥꜥ-X jn-ḥm.t.s .... jsṯ-wj m-ḫrp-⌜kꜣ.wt⌝[-ḥr.s] [261].

Ein entsprechender Baubericht des Mencheperre, der sich in dessen Grab befindet, ist ähnlich abgefaßt, ein Abschnitt daraus lautet:

jw-mꜣ.n.j-sꜥḥꜥ-ḥm.f tḫn.w sn.wt-ꜥšꜣ.w n-jtj.f Jmn jw.j-m-mḥ-jb n-njswt ḥr-ḫrp-kꜣ.wt m-mnw.f.

Ein Bericht des Bakenchons über die Aufrichtung von Obelisken auf seiner Münchener Statue (Rückpfeiler, Z.5f.) lautet dagegen:

jw.j-jmj-rꜣ-kꜣ.t n-nb.j jrj.j-n.f ḥw.t-nṯr...sꜥḥꜥ.n.j(!)-tḫn.w-jm.s m-jnr n-mꜣṯ ...

Dies liest sich beinahe wie ein königlicher Baubericht, obwohl auch in diesem Text nirgendwo die Urheberschaft des Königs geleugnet wird, als dessen Bauleiter sich Bakenchons ausdrücklich bezeichnet (Z.4); daß aber hier das **nb.j** und das hierauf bezogene Suffix-Pronomem **.f** den Gott Amun meint, liegt deswegen nahe, weil in Zeile 6, ohne daß dazwischen der Name des Gottes noch einmal erwähnt worden wäre, von **ḥw.t-nṯr.f** die Rede ist, was sich nur auf den Gott beziehen kann. Somit vermittelt der Text die Fiktion, der HPA sei allein mit seinem göttlichen Herrn, obwohl er sich vorher als Baumeister Ramses' II. bezeichnet. Ähnlich ist auch die Inschrift des HPA Rama auf der Statue CG 42185 zu beurteilen, wo es heißt:

---

261 Urk.IV, 473ff.; zu der Ergänzung des Anfangs durch Sethe vgl. auch die Statue CG 910 des Pujemre, Urk.IV, 521,10ff.

jnk-ṯl rs-tp ꜣḫ n-nb.f jrj-mnw m-pr.f m-jb-mrr[262] **jb.j-jpw m-kꜣ.wt-nb<.t> ḥr-ḥḥj-ꜣḫ.w n-nṯr.j-špsj**[263].

jrj-mnw m-jb-mrr ist offenkundig königlichen Weihinschriften entlehnt[264], auch das "*Suchen von Nützlichem*" für den Gott findet sich häufig in solchen Texten[265].

Von den Hohenpriestern des Amun Rama und Amenophis finden sich auf kleineren Gebäuden innerhalb des Amun-Bezirks von Karnak auch Bauberichte, die den HPA als Subjekt des Baues nennen und sich an das von Königen benutzte Schema halten: '*ich fand es vor, indem es zerstört / nur aus Ziegeln / Holz gebaut war - ich machte es schöner als vordem*' [266]. Eine entsprechende Inschrift findet sich auch von Painedjem I. in Medinet Habu[267]. Eine Statue des HPA Mencheperreseneb aus der 18. Dynastie, die im Amuntempel von Karnak aufgestellt war[268], betont zwar im Vergleich zu den Beischriften im Grab dieses Mannes stärker den Bezug auf den Gott, indem sie in vier Verspaaren sein Wirken für die Ordnung im Tempel und die Verehrung des Gottes schildert, dies alles wird jedoch auf den Zweck zurückbezogen, daß es zu **ꜥnḫ-wḏꜣ-snb** des Königs dienen soll. Dagegen ist in den Texten der Amun-Priester der Nach-Amarna-Zeit das Tun von "*Nützlichem*" (**ꜣḫ**) für den Gott das Zentrum priesterlichen Handelns, dem auf der Seite des handelnden Subjekts die Charakterisierung als **mtr-mꜣꜥ(.t) šw m-grg** u.ä. entspricht[269].

§81

Beispiele für die Verwendung der Worte **ꜣḫ** und **jrj-ꜣḫ.w** in diesem Sinne finden sich:

Bakenchons;
Kairo CG 42155,
- Rückenpfeiler, Z.3: **jrj.j-ꜣḫ.w m-r'-pr.f m-kꜣ.t-nb.t-mnḫ.t bw-jrr.j-jsf.t m-pr.f**

---

262 Geschrieben: 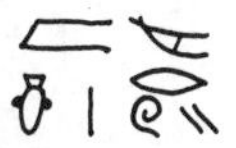
263 Lefebvre, Inscr., Nr.3.
264 Z.B. KRI II, 557,7f.; Urk.IV, 297,12 (hier umgekehrt vom Gott, der den König erschaffen hat).
265 Z.B. RIK I, Pl.23, senkr.Z.17; KRI VI, 31,14f.
266 Z.B. Urk.IV, 765f.; HPA Rama: Lefebvre, Inscr., Nr.16; HPA Amenophis: KRI VI, 532f.; KRI VI, 534ff.
267 S.o. §48, MH.d., TS 24 und 25.
268 CG 42125, s.o. §77.
269 Zur Identität von **nb.f** mit dem Gott s. Plantikow-Münster, in: ZÄS 95, 1969, 122; zur Beziehung des Begriff **ꜣḫ** auf die Maat ebd.; zu **mtr-mꜣꜥ(.t)** 122ff.

München,	
– Rückenpfeiler. Z.1 (ähnlich Z.4 und 5):	jnk-mtr-mꜣᶜ.t ꜣḫ n-nb.f ... jrj-zp.w n-ꜣḫ.w m-ḫnw-ḥw.t-nṯr.f
– Sockel:	ꜣḫ n-nṯr.f hn-sw ḥr-zp.f
Rama;	
Kairo CG 42185,	
– Lefebvre, Inscr., Nr.3 (ähnlich Nr.4):	jnk-ṯl rs-tp ꜣḫ n-nb.f ... jp m-kꜣ.t-nb.t ḥr-ḥḥj-ꜣḫ.w n-nṯr.j-špsj ḥzj.f-<w>j ḥr-jr.<t.>n.j mj-ꜣḫ.j-n.f
– Lefebvre, Inscr., Nr.5:	ḥzj-<w>j Jmn ḥr-nꜣj.j-ꜣḫ.w dj.w-n.j ᶜḥᶜw-nfr m-rʾ-pr.f
Kairo CG 42186,	
– Lefebvre, Inscr. Nr.9:	mnḫ m-pr.f jrj.j-ꜣḫ.w m-pr-Jmn ḥr-rn-wr n-nb-tꜣ.wj
– Lefebvre, Inscr., Nr.11:	jrjw-ḥtp-dj-njswt n-ḫntj.j mj-wꜣḥ.j-jb.j r-jrt-ꜣḫ.w n-A/M/C
Inscription commemorative, Karnak, Lefebvre, Inscr., Nr.16, Z.17f.:	ḥzj-<w>j Jmn ḥr-nꜣj.j-ꜣḫ.w dj.f-n.j rnpt-110 ḥr-rmn-sšm.f
Amenophis;	
Inschrift am Hof vor dem 7. Pylon; KRI VI, 539,11f.:	dj.f-ᶜḥᶜw-qꜣj ḥr-mꜣꜣ-ḥꜣw.tj.f rʾ.j-mḥw m-ḏfꜣ.w n-pr⸢.f⸣ [n-kꜣ n-jrj-pᶜ.t] ḥꜣtj-ᶜ ꜣḫ-jb n-nṯr-pn-nfr [s]mnḫ-mnw n-nb.f
biographische Inschrift ebd.	
– Z.1, KRI VI, 536,14:	(wie Bakenchons München, Rückenpfeiler, Z.1)
– Z.17, KRI VI, 537,15:	...]m-nꜣ-ꜣḫ.w-qn.w nꜣ-ḏnn-qn.w m-⸢pꜣj.f-pr⸣
– Z.19, KRI VI, 538,1f.:	⸢pꜣj.j⸣-nb jnk-pꜣj.k-bꜣk tw.j-ᶜḥᶜkwj <ḥr->ḏnn-n.k
– Z.24, KRI VI, 538,6f.:	jrj.j-n.f ꜣḫ.w thꜣ.f-pꜣ-thꜣ-wj ꜣs jw-bw-pw.f-[djt-wḏf].

§82

Schon am Anfang der 19. Dynastie spricht Ramses II. anläßlich der Ernennung des HPA Nebwenenef zu diesem die Worte: jrj-n.f ꜣḫ.w mj-ꜣbj.f-ṯw[270], wobei Amun gemeint ist[271]. Die zusammengestellten Beispiele, die sich noch vermehren lie-

---

270 Vgl. auch Orakeltext VI.2.8.
271 Orakeltext IV.1.19.a., Z.10f.

ßen, zeigen also für die Zeit des Neuen Reiches nach der Amarna-Periode eine geläufige Verwendung von **ꜣḫ** zur Charakterisierung eines vorbildlichen Herr-Diener-Verhältnisses der Hohenpriester des Amun zu ihrem Gott, ohne daß der König auch nur als Zwischenglied genannt wird. Demgegenüber ist die Verwendung dieses Wortes in der 18. Dynastie viel seltener. In einer biographischen Inschrift des 3PA **Nfr** auf einer Statue aus Medinet Habu[272] findet es sich z.B. nicht, obwohl gerade dieser Text den Priester bereits in ein unmittelbares Verhältnis zum Gott stellt.

Wie auch später wird das Wort einerseits gebraucht für die Charakterisierung des Verhältnisses der *Könige* zu den Göttern, wobei die Götter dann gerne als die Eltern des Königs bezeichnet werden[273], ferner in ähnlichem Sinne auch für die wirklichen Ahnen des Königs[274]. In der Amarna-Zeit ist es dann über diese Verwendungsweise zum Bestandteil des königlichen Namens geworden, um das Verhältnis des Königs zum Jati als seinem göttlichen Vater zu kennzeichnen.

Andererseits, aber viel seltener als später, wird das Wort auch von *Beamten* benutzt für ihr Verhältnis zum *König*[275]; jedoch findet sich das Wort bei wichtigen Beamten wie Ineni und bei dem HPA Mencheperreseneb überhaupt nicht. In der Amarna-Zeit wird das Wort in diesem Sinne nur von zwei Beamten, von Maja und Aja benutzt[276]. Unüblich aber ist *vor* und auch *während* der Amarna-Zeit, daß *Beamte* sich in Bezug auf einen *Gott* als **ꜣḫ** bezeichnen[277].

Gerade die Amarna-Zeit bringt aber einen Wandel im Verhältnis zwischen König und Beamten, der in die Nach-Amarna-Zeit fortwirkt[278]. In den Gräbern von Amarna sind die biographischen Passagen verschwunden, in denen ein Beamter seine Karriere aus seiner korrekten, d.h. maat-gemäßen Lebensweise erklärt, an ihre Stelle treten Gebete (!) an den König oder seinen Ka, in denen dieser als die Lebenssubstanz des Beamten gefeiert wird; weil der König *Schöpfer des Beamten* ist[279], ist der Gehorsam gegenüber dem König geradezu ein Lebensbedürfnis des Beamten, also ein unwillkürliches Verhalten, wo es in

---

272 Gaballa, in: MDIK 26, 1970, 49ff.
273 Urk.IV, 194,7; 297,13.
274 Urk.IV, 26,17.
275 Gebraucht in diesem Sinne: Urk.IV, 118,3; 208,6 und 15; 500,5.
276 S. das Folgende.
277 Vgl. Urk.IV, 414,10ff., die Differenzierung: **ꜣḫ n-njswt / mꜣᶜ n-nṯr / jwtj-wn.f ḥr-rmṯ.w** (Senenmut).
278 Vgl. hierzu Assmann, in: SAK 8, 1980, 1ff.
279 Vgl. den von Assmann, Zeit und Ewigkeit, 57, geprägten Ausdruck vom "*sozialen Schöpfertum*" des Amarna-Königs gegenüber dem "*kosmischen*" des Gottes.

den älteren Biographien eine vorbildliche Charakterleistung (**bjꜣ.t**) war, die erkannt (**sjꜣ**) wurde und Belohnung fand.

Als Geschöpf des Königs ist der Beamte *per se* für den König da, womit in Amarna die Übertragung stattfindet vom Verhältnis zwischen den Göttern und dem König als ihrem für sie nützlichen Geschöpf auf das Verhältnis zwischen König und Beamten; Amun sagt über Hatschepsut: **pr.t<.j>-ꜣḫ.t pr.t-ḫnt<.j> qmꜣ.n<.j> m-ḥꜥ.w-nṯr-ḏs.f** [280]. Entsprechend sagt Maja über sein Verhältnis zum König: **jnk-ḥm n-sḫpr.n.f ꜥqꜣ n-nb-tꜣ.wj ꜣḫ n-nb.f dj-mꜣꜥ.t m-ẖ.t.j ...**[281].

Der Beamte findet seine Lebenssubstanz im Hören und Sehen seines "*Schöpfers*". So sagt Merire I: **ḥꜥꜥ-jb.j m-mꜣꜣ-nfrw.k ꜥnḫ.j n-sḏm r-ḏd<.t>.k dj.k-n.j jꜣw.t bn-wꜣ.t r-rʾ.k (bn-ḥhj-jr.t.j ḥr-nfrw.k)**[282].

Die Bitte um ein langes Leben, welches seinen Inhalt in der Nähe des Königs beim belebenden "*Sehen*" desselben hat, ist einer der am häufigsten geäußerten Wünsche in den Amarna-Texten[283]. Ebenso wird auch der Gehorsam gegenüber dem König in Gestalt der Gnade, daß man die "*Lehre*" des Königs hören darf, zu einer lebensspendenden Gabe des königlichen Schöpfergottes:

wꜣḏ [284]**-wj sbꜣj.t n-Wꜥ-n-Rꜥ** [285],
rd.j n-sḏm-ẖrw.k [286],
wꜣḏ-wj pꜣ-sḏm-sbꜣj.t.k n-ꜥnḫ [287].

§83

Ähnliche Worte wie die Beamten von Amarna in Bezug auf den König finden die Hohenpriester des Amun der 19. und 20. Dynastie für das Verhältnis zu ihrem Gott. So der Wunsch nach einem langen Leben in der Nähe dieses Gottes.

Lefebvre, Inscr., Nr.14 (Rama):	**[dj.sn-n].j ꜥḥꜥw-qꜣj ḥr-rmn-Jmn m-Jp.t-s.wt**
Lefebvre, Inscr., Nr.5 (Rama): (vgl. auch Statue CG 42157 des **Mḥwḥj**)	**dj.w-n.j ꜥḥꜥw-nfr m-rʾ-pr.f**

---

[280] Urk.IV, 279,8f.
[281] Sandman, Texts from Akhenaten, 60,1f.
[282] Sandman, Texts from Akhenaten, 5,10f. und 16,13f.
[283] Panehsi: Sandman, Texts from Akhenaten, 28,6 und 28,16; Merire II: op.cit., 32,11f.; Parennefer: op.cit., 69,11f.
[284] (?) – geschrieben ist **wḏꜣ** !
[285] Tutu: Sandman, Texts from Akhenaten, 85,12.
[286] Sandman, Texts from Akhenaten, 172,13.
[287] Aja: Sandman, Texts from Akhenaten, 92,8.

Herihor in der Hypostylhalle
des Chonstempels.
KRI VI, 706,8: **j3w.t-nfr.t m-njw.t.k W3s.t**

Herihor, Statue.
KRI VI, 843,14: **dj.f-ᶜḥᶜw-q3j m-ḫnw-ḥw.t-nṯr.f**

Auch der Wunsch, den Gott zu sehen, findet sich.

Lefebvre, Inscr., Nr.16, Z.4:
(Rama): **dj.k-n.j ᶜḥᶜw-q3j ḥr-rmn-sšm.k**
jr.t.j ḥr-m33-ḥ3w.tj.k(j) m-ḫr.t-hrw
– Z.5: **s3kwj m-m33-Jmn**

vgl. auch Lefebvre, Inscr., Nr.1, ferner Münchener Statue des Bakenchons, Sockel.

Amenophis, beim 7. Pylon von
Karnak. KRI VI, 539,11: **ᶜḥᶜw-q3j ḥr-m33-ḥ3w.tj.f(j)**

Herihor in der Hypostylhalle
des Chonstempels.
KRI VI, 706,8: **dj.k-ᶜḥᶜw-q3j ḥr-m33-ḥ3w.tj.k(j)**

Das Sehen des Gottes findet sich als Topos auch auf der von Assmann[288] behandelten Statue aus dem Muttempel von Karnak, CG 917, die vermutlich aus der 19. Dynastie stammt[289]: (Chons) **ᶜnḫ.tw m-ptr.f.**
Schon vor der Amarna-Zeit findet sich das Motiv "*Sehen der Schönheit*", auf eine Gottheit bezogen, auf dem Fragment einer Statue Amenophis', Sohnes des Hapu[290].
Das Motiv des Hörens der Lehre des Königs kehrt wieder in etwas anderer Gestalt: Der Priester stützt sich auf den Plan/Willen Gottes und preist ihn. Solche Wendungen können auch mit dem in Amarna belegten Ausdruck **mtr-m3ᶜ(.t)** verbunden werden, der dort im Zusammenhang mit dem Hören der königlichen Lehre vorkommt[291].

Bakenchons,
Münchener Statue,
– Rückenpfeiler, Z.1: **jnk-mtr-m3ᶜ.t ....trj-sḫr[292]-nṯr.f šm ḥr-mtn.f**
– Sockel: **hn-sw ḥr-zp.f**

---

[288] Assmann, in: SAK 8, 1980, 1ff.
[289] PM, Theban Temples, 262.
[290] BM 103. Urk.IV, 1830,3.
[291] Sandman, Texts from Akhenaten, 98,15f. (Aja).
[292] Bei Bakenchons durchgehend **srḫ** geschrieben, möglicherweise identisch mit **sḫr,** vgl. Plantikow-Münster, in: ZÄS 95, 1969, 124f.

– Vorderseite, Z.4: (ähnlich Sockel der Statue CG 42155)	**sꜥꜣ-sḫr-nṯr.f**
Paser, CG 42156:	**jnk-trj-nṯr.f sꜥꜣ-sḫr.f**
Rama, CG 42185, Lefebvre, Inscr., Nr.2:	**jw-hn.n.f-sw ḥr-sḫr-nṯr.f**
JdE 37874, Lefebvre, Inscr., Nr.7:	**jnk-trj-nṯr.f sꜥꜣ-sḫr.f hn-sw ḥr-zp<.f>-nb**
Amenophis, KRI VI, 541,14f.:	**jnk-trj-nṯr.f sꜥꜣ-sḫr.w.f šm ḥr-wꜣ.wt.f-nb<.t> dj-sw m-jb.f**

Das Motiv des Gehens auf den Wegen Gottes findet sich auch auf der Statue Kairo CG 917: **šm.n.j ḥr-sḫr.w n-nb-nṯr.w**[293]. Die Ausdruckweise, dem Gott in gerechter Weise zu folgen: **šms-sw m-bw-mꜣꜥ**, findet sich auf der Kairener Statue des Bakenchons (Rückenpfeiler) und auf der Statue CG 42185 des Rama (Lefebvre, Inscr., Nr.1). Zu dem Ausdruck **sꜥꜣ-sḫr-nṯr** findet sich in Amarna, auf den König bezogen, die Parallele: **sqꜣj[.j]-sḫr.w.k-nfr.w pꜣj.j-nb**[294].

§84

Der Topos in den Gräbern von Amarna, daß der König den Beamten habe entstehen lassen (**sḫpr**), ist außerhalb von Amarna belegt auf dem Fragment einer Stele aus Sumenu, die von Bakry[295] in einer möglicherweise nicht ganz korrekten Nachzeichnung veröffentlicht wurde. In einem Gebet, das sich an diverse Götter, darunter auch den **kꜣ-njswt** richtet, finden sich in zerstörtem Zusammenhang die Worte: **[dd(?)-] ꜥnḫ qd-nmḥw jrj-w[....] nb.j sḫpr-<w>j m-ḫn[...**
In den Priesterbiographien der 19. Dynastie ist es häufig der Gott Amun selbst, nicht der König, der seine Hohenpriester in ihre Position gebracht hat, so, wie es im Orakel zur Ernennung des Nebwenenef[296] ausgeführt wird. Der Gott selbst "*erkennt*" und "*findet*" die Fähigkeit seines künftigen Dieners. Während es so in der Biographie des 2PA Amenophis-Sise aus der 18. Dynastie noch der König sein dürfte, von dem es heißt: **gm.n.f-wj m-ꜣḫ n-nb.f**, als

293 Assmann, in: SAK 8, 1980, 3: "*daß ich wandelte nach den Ratschlüssen des Herrn der Götter, ...*".
294 Merire I, Sandman, Texts from Akhenaten, 16,12f.
295 Bakry, in: MDIK 27, 1971, 134, Fig.3.
296 IV.1.19.a., VI.1.1., VI.2.8.

Auftakt zur priesterlichen Laufbahn[297], ist es bei Bakenchons der Gott Amun selbst, der diesen befördert:

Münchener Statue,
Rückenpfeiler, Z.3
(Kairo ähnlich): ḥzj.f-wj sjꜣ.f-wj ḥr-bjꜣt.j
dj.f-wj r-ḥm-nṯr-tpj n-Jmn...

Rama, auf der Statue CG 42186 (Lefebvre, Inscr., Nr.10), verwendet ähnliche Ausdrücke; bevor er ihn zum HPA macht, läßt der Gott Rama zu einem Bekannten des Königs werden[298].

Auch aus einigen Epitheta von Priestern geht hervor, daß man die eigene Stellung dem Gott selbst zuschrieb. So, als wollte er damit auf eine Ernennung, vergleichbar mit der des Nebwenenef, anspielen, nennt sich Rama auf dem Sockel der Statue CG 42185 (Lefebvre, Inscr., Nr.5): [jnk-ḥm-nṯr-tpj(?)]m-dd-Jmn ntf-stp-wj ḏs.f...[299].

§85

Die priesterlichen Inschriften der zweiten Hälfte des Neuen Reiches zeigen demnach:

- einen *Unterschied* zur ganzen 18. Dynastie einschließlich der Amarna-Zeit, insofern dort als Subjekt der Beförderung des Beamten in den meisten Fällen der König auftritt, während in diesen Texten der Priester mit sei-

---

297 Urk.IV, 1208,6.

298 Dieser Passus auf der Statue des Rama wurde gelegentlich als Beweis für den Beginn von Ramas Amtszeit noch unter Ramses II. genommen, so Bierbrier, in: JEA 58, 1972, 303, und in: LÄ II, Sp.1244, s.v. **Hoherpriester des Amun*; dem liegt zugrunde, daß die 3.p.sing nach der Erwähnung Ramses' II. in nicht ganz eindeutigem Zusammenhang (wegen einer Lücke) auf diesen und nicht auf Amun bezogen wird; dies ist aber ganz unwahrscheinlich. Die Stelle lautet: wḥm.f-ḥzw.t.j ḥr-ꜣḫw[.j ...]. Diese Wiederholung der Gunsterweisung bezieht sich aber sicher auf den vorhergehenden Satz ḥzj.f-wj ḥr-bjꜣt.j, wo eindeutig Amun das Subjekt ist. In diesem Sinne wird der Passus auch von Murnane, in: JNES 34, 1975, 188f., übersetzt. Die Ernennung Ramas ist hier also nicht als Werk Ramses' II. zu verstehen. Auch in der 18. Dynastie gibt es schon vereinzelte Beispiele für solches Agieren eines Gottes als Subjekt der Beamtenbeförderung (anders Plantikow-Münster, in: ZÄS 95, 1968, 127); so in der kurzen Biographie des Neb-Amun in seinem thebanischen Grab Nr.24, Urk.IV, 150f.: hier veranlaßt ein als "*Mein Herr*" angesprochenes und nicht mit dem König identisches Subjekt die Gunst des Grabherrn bei verschiedenen Herrschern und verhilft ihm vermutlich auch zu seinen Ämtern; ähnliches findet sich auch bei Hapuseneb, Statue Louvre, Urk.IV, 472,14.

299 Orakeltext IV.1.19.d.; vgl. ferner die Orakeltexte IV.1.20.c. und d., IV.1.21.a., b. und c.

nem Gott alleine ist, sofern der Königsdienst nicht dem Gottesdienst untergeordnet wird[300].

- eine *Gemeinsamkeit* mit den Texten der Amarna-Beamten: Wie der König dort, so wird hier der Gott mit den Qualitäten eines Lebens- und Schöpfergottes ausgestattet. Darin unterscheiden sich beide Textgruppen von der früheren Zeit.

§86

In den priesterlichen Inschriften der 19. und 20. Dynastie lebt in umgekehrter Gestalt ein Gedanke der Amarna-Zeit weiter. Dort wurde das Verhältnis des königlichen Dieners zum König umgedeutet zu einem solchen zwischen Geschöpf und Schöpfergott. Damit war gedanklich die Identität von Beamtendienst und Gottesdienst hergestellt; eine Identität, die auch eine Gleichsetzung in der Gegenrichtung ermöglichte: daß der Gottesdienst der HPA's als ein dem Königsdienst vergleichbares, unmittelbares Herr-Diener-Verhältnis verstanden werden konnte. Die Gleichsetzung dieser beiden Verhältnisse dürfte vorbereitet worden sein durch die schon vor dem Neuen Reich zu beobachtende Tendenz zur Vergleichung des Königs mit dem lebensspendenden Schöpfergott und umgekehrt des Schöpfergottes mit dem König, wie sie vor allem im Hymnus des pBoulaq 17 durchgeführt ist[301]. Diese Gleichsetzungen setzen geistes- und religionsgeschichtlich zweierlei voraus:

- Die Vorstellung von einer göttlichen Macht, die den menschlichen Zwecken positiv gegenübersteht. Dies ist keine Selbstverständlichkeit: der Begriff einer übermenschlichen Macht, die die menschlichen Zwecke nicht bedroht und vernichtet, sondern sie erhält, in sich aufnimmt, sogar vergöttlicht, dieser Begriff will erst einmal gewonnen sein.
- Die Vorstellung von einer den Menschen nützlichen Herrschergewalt.

Beides mußte ausgebildet sein, bevor es zu dem Gedanken einer "*Persönlichen Frömmigkeit*" kommen konnte, die die Götter als die Repräsentanten einer besseren, gerechteren, nützlichen Herrschaft gegen die mangelhaften, parteilichen und bestechlichen irdischen Behörden anruft.

---

300 Vgl. z.B. Lefebvre, Inscr., Nr.9.
301 Römer, in: Form und Maß, Fs.Fecht, 420f.

§87

Die Angleichung der Verhältnisse von Königs- und Gottesdienst aneinander brachte es mit sich, daß Ausdrücke, die für den Königsdienst üblich waren, auch für den priesterlichen Gottesdienst in Gebrauch kamen[302]. Das Wort ꜣḫ, das einerseits für das Verhältnis des Königs zu seinen göttlichen Eltern verwendet werden konnte, andererseits für das Verhältnis der Beamten zu ihrem königlichen Herrn[303], wird in der Nach-Amarna-Zeit zu einem Kernbegriff für das Verhältnis zwischen Priester und Gott. Dieses neue Verhältnis birgt zwei mögliche Implikationen, und beide haben in den Inschriften der 21. Dynastie Ausdruck gefunden:

1. Insofern der HPA dem Schutzherrn des Königs, Amun, als seinem persönlichen Gott dient, ohne das Zwischenglied des Königsdienstes, tritt er in seinen Inschriften an die Stelle des Königs, der der unmittelbare Diener dieses Gottes ist. Dies findet seinen Ausdruck in der Übernahme königlicher Topoi in den Bauinschriften der Hohenpriester des Amun der 19. Dynastie für Bauten, die diese in königlichem Auftrag ausführten.
2. Der Gott selbst, als der andere Pol dieses Verhältnisses, nimmt, indem er so an die Stelle des königlichen Herrn der Beamten tritt, seinerseits ebenfalls den Platz des Königs ein, den zuletzt der göttlich verehrte Amenophis IV. innehatte.

Sowohl vom Priester als auch vom Gott aus ergibt sich also eine Affinität zum König; diese bleibt jedoch in den Texten der 19. und 20. Dynastie im Bereich der metaphorischen Anspielung. Vermutlich waren die Priester dieser Zeit treue Diener des regierenden Königs, die Phraseologie dieser Texte drückt nur eine private Interpretation ihrer Tätigkeit für den König aus. Dennoch wird in diesen Inschriften eine innere Verwandtschaft zwischen der Tätigkeit des Priesters und der des Königs herausgearbeitet, die nach dem Ende des letzten König des Neuen Reiches politische Realität erlangt und den Träger des HPA-Amtes zur königsähnlichen Person macht.
Zunächst geschieht dies in der Form, daß der HPA auch auf offiziellen königlichen Denkmälern beim Gottesdienst gezeigt wird: Herihor in der Hypostylhalle des Chonstempels.
Später, nach dem Verschwinden der Ramessiden, treten in der Thebais Priester in Königsfunktion auf und in Tanis Könige mit HPA-Titel; ferner erhält der

[302] Vgl. Jansen-Winkeln, Ägyptische Biographien der 22. und 23. Dynastie, 464, Z.8:  ; s. dazu op.cit., Anmerkung 38 auf S.74f.

[303] S.o. §82.

Gott Amun königliche Titel[304]. Zusammen üben sie eine menschlich-göttliche Doppelherrschaft aus. Dabei tritt an die Stelle der traditionellen Dualität: Amun als Vater des Königs / der König als sein gottähnlicher Samen, eine neue duale Konzeption: Amun als königlicher Herr / der HPA als ebenfalls königsähnlicher Diener dieses Herrn.

b. Exkurs

§88

Die voranstehenden Ausführungen versuchen, bei der Wesensbestimmung des "Gottesstaates" der 21. Dynastie auszukommen ohne die Annahme eines prinzipiellen Gegensatzes zwischen der Priesterschaft des Amun und dem Königtum, der, in der 19. und 20. Dynastie langsam sich zuspitzend, dann in der 21. Dynastie zum Ausbruch gekommen sei. Im dritten Abschnitt dieser Arbeit (§315ff.) soll der Nachweis versucht werden, daß auch auf der ökonomischen Ebene ein solcher Gegensatz keine Grundlage hat[305].

In der 18. Dynastie ist zwar ein Gegensatz von Amenophis IV. gegen den Gott Amun greifbar, Zweifel sind aber angebracht, ob dies als Gegensatz zwischen Königtum und Amunspriesterschaft zu interpretieren ist. Die von Kees[306] dafür in Anspruch genommenen Fakten aus der Vor-Amarna-Zeit, so die interessante, aber undeutliche Passage in der älteren Proklamation von Amarna[307], die Ernennung des Rekrutenschreibers Haremhab zum Vorsteher der Gottesdiener von Ober- und Unterägypten, die Erhebung der nicht ebenbürtigen Teje zur Hauptfrau, die angebliche Selbstvergottung Amenophis' III., die Einführung des wr-mȝ.w-Titels in Karnak, beweisen alle nur dann einen aufkommenden Gegensatz dieser Art, wenn man von einem solchen schon ausgeht.

Die Zeit des Neuen Reiches nach Amarna wird von Kees interpretiert als eine Periode des religionspolitischen "*Ausgleichs zwischen Staat und Kirche*"[308]. Diese Auffassung beruht auf einer ziemlich bedenkenlosen Übertragung abendländisch-mittelalterlicher Verhältnisse mit ihrer Verdopplung der Herrschaft in weltliches und geistliches Amt auf das ägyptische Gemeinwesen mit seinem Tempelbeamtentum. Einer der wichtigsten Hinweise auf einen angeblichen Gegensatz zwischen Amunspriesterschaft und Königtum nach der Amarna-Zeit ist ein alter Übersetzungsfehler in der Belohnungsinschrift des HPA

[304] S. TS 11, TS 13, TS 24; II.21.a./b.; Traunecker, in: CRIPEL 15, 1993, 83ff., Fig.2 und 3.

[305] Vgl. auch Janssen, in: SAK 3, 1975, 181.

[306] Kees, Priestertum, 80ff.

[307] Sandman, Texts from Akhenaten, 116; Urk.IV, 1975,8ff.

[308] Kees, Priestertum, 97.

Amenophis[309], der sich als zählebig erwies, wohl deshalb, weil er eine willkommene Vorstellung zu bestätigen schien[310].

§89

Der religionspolitische "*Ausgleich*" stellt sich für Kees in einer Verbindung von Vezirat und HPA-Amt in der 19. Dynastie dar. Hauptbeleg dafür ist ihm die angebliche Identität des unter Ramses II. amtierenden Vezirs Paser mit dem gleichnamigen HPA der Statue CG 42156 aus der Favissa von Karnak[311], eine Identität, die sich mittlerweile als unwahrscheinlich herausgestellt hat. Der *Vezir* Paser war der *Sohn* eines Hohenpriesters, des **Nb-nṯr.w**, den man in der vieldiskutierten anonymen Figur am Eingang seines Grabes Nr.106 zu erkennen hat[312]; diese Figur mit dem Namen Sethos' I. auf dem Gürtelgehänge[313] gehört etwa in die *Elterngeneration* des Paser[314]. Paser selbst aber war *kein* Hoherpriester des Amun. Wenn aber der Vezir Paser nicht identisch ist mit

309 Lefebvre, Inscr., Nr.42; es handelt sich um den Passus: (Abgaben) **jw.k-jn<t>.w jw.w-mḥw r-nꜣj.w-ꜥḥꜥ**, "*du bringst sie, indem sie vollständig bezahlt sind gemäß ihrem Betrag*", und nicht: "*and thine shall be the tribute...*" (BAR IV, §495); richtig gestellt von Helck, in: MIO 4 1956, 164f.

310 Vgl. z.B. Montet, La vie quotidienne au temps des Ramses, Paris 1946, 204 (deutsche Ausgabe: So lebten die Ägypter vor 3000 Jahren, Stuttgart 1961, 207), der dieses Dokument als Totalausplünderung des Königs durch den HPA mißversteht.

311 Kees, Priestertum, 97.

312 In ihr wollte Anthes, in: ZÄS 67, 1931, 2ff., seinerzeit den Beleg für das HPA-Amt des Vezir Paser sehen. Vermutlich handelt es sich um den *Vater* des Vezirs, den HPA **Nb-nṯrw**. In diesem Sinne ergänzt Kitchen, KRI I, 285, 13, diese Stelle. Zu einem angeblichen Beleg für für den Vezir Paser als HPA, ein Stelenfragment im Vatican (Marucchi, Cat. Museo Egiz., 138), auf welchem sich *hinter* dem Namen des Vezirs Paser der HPA-Titel findet, s. Lefebvre, Hist. des Grands prêtres, 136ff. Gegen eine solche Identifizierung, die außer von Helck, Verwaltung, 311ff., auch von Bierbrier, in: LÄ II, s.v. **Hoherpriester des Amun*, Sp.1243 mit Anm.22, vertreten wurde, spricht Edels Feststellung in: SAK 1, 1974, 132, daß durch den hethitischen Korrespondenz-Beleg des Paser sich dessen höchstes Datum als Vezir vom 16. ins 21. Jahr Ramses' II. hinaufschiebt, nur noch 9 Jahre vom frühesten Datum des nächsten bekannten Vezir Chai im 30. Jahre Ramses' II. entfernt. Da die hohenpriesterliche Figur im Grabe des Paser auf ihrem Gewand den Namen Sethos' I. trägt, die Statue CG 42156 des HPA Paser an der entsprechenden Stelle aber den Namen Ramses' II., ist anzunehmen, daß der HPA Paser unter Ramses II. im Amt war, dann aber auch nicht identisch mit der Figur im Grabe Nr.106 sein sollte.

313 S. Anthes, in: ZÄS 67, 1931, 2.

314 Gegen eine angebliche Bezeugung **Nb-nṯr.w**'s im Jahre 17 Ramses' II. (Helck, Verwaltung, 313) s. Kitchen, in: JEA 61, 1975, 267.

dem HPA Paser, so ist der früheste sichere Fall einer Übergabe des HPA-Amtes von Vater zu Sohn die von Ramsesnacht zu Amenophis[315].

§90

Als Beleg für die angebliche "Ausgleichspolitik" taugt der Vezir Paser nicht; doch auch eine *nachgewiesene* Verbindung von HPA- und Veziramt in den Händen *einer* Person, warum sollte sie ausgerechnet auf einen Gegensatz zwischen "Staat" und Tempel hinweisen und über diesen auf die Notwendigkeit seines "*Ausgleichs*"? Tatsächlich tritt diese Titelverbindung in der 18. Dynastie ja auf, ohne daß sie hier für eine solche Argumentation benutzt wird[316]. Auch die Substanz des angeblichen Gegensatzes bleibt unklar. Aus der Tatsache, daß die Priester von Tempelpfründen lebten und der König die Instanz ihrer Zuteilung war, ist kein Gegensatz zwischen beiden Seiten zu konstruieren.

Die Überzeugung vom Bestehen eines solchen Gegensatzes beeinträchtigt auch das Bild, das Kees von der Vorgeschichte der 21. Dynastie zeichnet. So gipfelt der Versuch des Nachweises verwandtschaftlicher Beziehungen zwischen den mächtigsten Männern in Oberägypten am Ende der 20. Dynastie in dem gesperrt gedruckten Resultat, daß eine einzige Familie die vier Gottesdienerstellen des Amuntempels von Karnak in ihrer Hand hatte[317]. Damit soll offenbar der Nachweis erbracht werden, daß hier eine "*machtgierige Familie*"[318] mit dieser Ämterkonzentration eine Gegenposition gegen das Königtum aufbaute, dessen Macht untergrub.

Dagegen ist anzuführen:

1. Die Tatsache, daß die Nutznießer von Amtspfründen miteinander verwandt sind, bewirkt keine absolute Vergrößerung dieser Pfründen, gar auf Kosten der königlichen Macht. Die Tatsache der Verwandtschaft hoher Beamter ist nicht weiter erstaunlich, wenn man den relativ kleinen Personenkreis in Betracht zieht, der diese Beamten stellte, sowie die geringe Mobilität in der Gesamtbevölkerung.

2. Reichtum und Macht waren immer schon in den Händen des Königshauses und einer relativ kleinen Beamtenschaft konzentriert, ohne daß dies zu einer Krise des Gemeinwesens geführt hätte. Daß man versucht hat, sich und seine

---

315 Daß zwischen dem 2PA Rama, Bakenchons I und dem HPA Rama verwandtschaftliche Beziehungen bestehen (s. Bierbrier, in: LÄ II, Sp.1243f., s.v. **Hoherpriester des Amun*; Bell, in: MDIK 37, 1981, 51ff.), basiert auf Vermutungen.

316 Helck, Verwaltung, 434; 441.

317 Kees, Priestertum, 127.

318 Kees, Priestertum, 129.

nächsten Verwandten in auskömmliche Stellungen zu bringen, weist für sich auf keinen darüber hinaus gehenden politischen Zweck hin, der sich vielleicht sogar gegen den König selbst richtete. Warum sollte eine Beamtenschaft, die im Königtum eine gute Grundlage ihrer Existenz hatte, diese Grundlage antasten? Weder von Ramsesnacht noch von Amenophis gibt es einen Beleg, der Grund gäbe, an ihrer Treue zum regierenden Königshaus zu zweifeln.

c. *Die Inschriften Herihors im Vorhof des Chonstempel*

§91

Die Annahme der Königstitulatur durch Herihor bedeutete nicht, daß er den HPA-Titel ablegte. Die Königstitulatur, in der er den HPA-Titel an die Stelle eines mit dem Gottesnamen Re gebildeten Thronnamens setzt, ist auch in den ersten drei Bestandteilen nicht als normale fünfteilige königliche Namensreihe zu verstehen, regelmäßig kehren nur das 4. und das 5. Element wieder, sowie der Horus-Name **zꜣ-Jmn**, der indes erweitert werden kann. Was Bonhême[319] als fünfteilige Königstitulatur des Herihor nimmt, existiert u.a. als die formale Gliederung zweier dreizeiliger Inschriften auf den dem Hof zugewandten Flächen der beiden ihn im Osten und Westen begrenzenden Architrave[320]. Dabei leitet jeweils einer der drei ersten Namensteile eine der drei Zeilen ein, wodurch das folgende Schema entsteht, das sich auch bei Ramses II. in der Hypostylhalle des Amuntempels von Karnak findet[321]:

Z.1: **ḤRW Kꜣ-NḪT**	PN	PN	mrjw-A
Z.2: **NB.TJ**	N	N	mrjw-M
Z.3: **BJK-NBW**	PN	PN	mrjw-C

Der Pluralismus bei der Gestaltung der drei ersten Namensteile[322] spricht dagegen, daß es sich bei diesen Varianten um einen Statuswechsel des Königs handelt. Darüber hinaus gibt es zwischen den Texten der beiden Architrav-Flächen Entsprechungen, die sich wechselseitig ergänzen. Das zeigt, daß diese Namensformen sich vor allem der besonderen Konzeption der Texte verdanken und nicht einer allgemein verbindlichen Festlegung der königlichen Namensreihen.

Den drei Königstiteln am jeweiligen Zeilenanfang folgen Attribute, die den König als einen beschreiben, der die Götter im allgemeinen und Amun von

---

319 Bonhême, in: BIFAO 79, 1979, 274ff.; dies., Noms royaux, 27ff.
320 Temple of Khonsu II, Pl.139f.; KRI VI, 723ff. als Zeugnis für die "*forme développée*" (Bonhême, in: BIFAO 79, 1979, 275).
321 Nelson/Murnane, Hypostyle Hall, Pl.96.
322 Bonhême, in: BIFAO 79, 1979, 277; s. aber dies., Noms royaux, 30.

Karnak im besonderen durch die Errichtung von Denkmälern zufriedenstellt und somit die Maat tut. So in den Zeilen 1 von Ost- und West-Architrav:

O: wr-ꜣḫ.w m-Jp.t-s.wt
njswt-bjt ḥqꜣ mj-Rᶜ

W: jrj-mnw ḥr-mnḫ.t n-msj-sw
njswt-bjt ḥqꜣ-ᶜꜣ n-Km.t.

In den Zeilen 3 von Ost- und West-Architrav findet sich als bjk-nbw-Name des Königs:

O: jrj-mꜣᶜ.t m-ḫt-tꜣ.wj
W: jrj-ꜣḫ.w m-Jp.t-s.wt[323].

Die Parallelisierung von Herrschaft und dem Tun von Herrlichem o.ä. für Amun findet vielleicht eine Entsprechung in der Zeile 2 des westlichen Architravs, wenn es dort für das Verhältnis des Königs zu den Göttern heißt: jrj-hrr.t-kꜣ.sn, und für das Verhältnis der vom König regierten Länder zu diesem: tꜣ.w-nb.w (...) ḥr-jrt-mrr.t-kꜣ.f.
Als Entsprechung zwischen den Zeilen 2 (West) und 3 (Ost) findet sich:

O: tj.t-ᶜꜣ.t ꜣḫ.t n-jmn-rn.f sr.w-nḫt jw.f-m-ḫ.t ...
W: tj.t-ḏsr.t msj.n-Mwt nb.t-p.t r-ḥqꜣ n-šnjw-jtn.

Dies ist Teil einer Gesamtkonzeption der beiden Texte: zwischen den jeweils zweimaligen Nennungen des königlichen Pränomens (PN) bzw. Nomens (N) gibt es Elemente der königlichen Weihinschriften, deren 2. und 3. Element[324] sich in der ersten Zeile sowohl des östlichen als auch des westlichen Architravs finden. Die Elemente 4 und 5 finden sich in der 2. Zeile des Ost-Architravs, das Element 4 auch in der 3. Zeile des West-Architravs. Umgekehrt enthalten die Zeile 3 (Ost) und 2 (West) das Thema der Weltherrschaft des Königs, dergestalt, daß im Osten von der Berufenheit des Königs zur Herrschaft als Bild des jmn-rn.f die Rede ist, im Westen von der nämlichen Berufenheit in Verbindung mit seiner Abstammung von der Göttin Mut und von der Reaktion der Fremdländer auf sie.

---

[323] Zum Verhältnis von Maat und dem Begriff ꜣḫ s. Plantikow-Münster, in: ZÄS 95, 1969, 122.
[324] S.o. §30.

§92

Dies sind keine Gedanken, die abweichen von dem, was im Neuen Reich von Königen gesagt werden kann[325]. Nicht nur **kȝ-nḫt** und **zȝ-Jmn** lassen sich als "Namen" älterer Könige nachweisen[326], sondern z.B. auch das Epithet des Herihor auf dem West-Architrav, **sḥtp-nṯr.w**, dort als **nb.tj**-Name, das sich im **bjk-nbw**-Namen Tutenchamuns findet[327]. Das Epithet im Horusnamen auf dem Ost-Architrav, **wr-ȝḫ.w m-Jp.t-s.wt**, ähnelt dem **nb.tj**-Namen des Haremhab, **wr-bjȝ.wt m-Jp.t-s.wt**[328].

Das einzig wirklich Auffallende und von allen vorausgehenden Königstitulaturen sich Abhebende bleibt daher die Verwendung des HPA-Titels als Pränomen, die das stärkste Argument dagegen ist, Herihor habe eine in Wirklichkeit nicht existente Königswürde vortäuschen wollen – abgesehen davon, daß es mehr sein muß als ein nur vorgetäuschtes Königtum, das es einem HPA erlaubt, sich in einem der religiösen Zentren Ägyptens als König darstellen zu lassen. Bei einem solchen Pränomen geht es nicht um Vortäuschung königlicher Normalität, sondern um bewußte Absetzung von den Vorgängern. In dieselbe Richtung weisen auch die Architravtexte im Vorhof des Chonstempels, die durch den Abwechlungsreichtum ihrer Konzeption auffallen; ebenso die Texte von Herihor und Painedjem I. auf Pilastern und Türpfosten im Vorhof, wo z.B. Ramses III. an vergleichbaren Stellen in Medinet Habu nur routinemäßig seine Hauptnamen anbringen ließ. All dies dürfte die Besonderheit des Königtums von Herihor und Painedjem I. nicht verhehlt, sondern offensiv zum Ausdruck gebracht haben und läßt nicht auf das schlechte Gewissen eines kaum legitimierten Epigonen schließen, sondern auf das Selbstbewußtsein eines Erneuerers[329].

§93

Das Königsprotokoll des Herihor enthält mit dem HPA-Titel an der Stelle des traditionellen Pränomens ein Moment seiner eigenen Aufhebung. Der Beamten-

---

325 Bonhême, in: BIFAO 79, 1979, 278, ist nicht zuzustimmen, wenn sie meint, der Inhalt der Titulatur Herihors bleibe außerhalb der protokollarischen Tradition, die ihr vorausgeht.

326 Loc.cit.

327 Urk.IV, 2025,20.

328 S. Urk.IV, 2118,13.

329 Auch das Epithet **ḥqȝ-Jp.t-s.wt** (Architrav Ostseite B 1, Temple of Khonsu II, Pl.142) ist wohl nicht als beschämtes Eingeständnis der Machtlosigkeit eines auf Karnak begrenzten Königtums zu interpretieren, sondern als Modifikation von **ḥqȝ-Wȝs.t**, mit der der Haupttempel Amuns als Grundlage seines Königtums herausgestellt wurde.

titel als Königsname definiert programmatisch das Verhältnis des Königs zu seinem Königtum: Der priesterliche Dienst an Amun wird als das Wesentliche an diesem Königtum verstanden. Das kehrt die Aussage der Szenen Herihors in der Hypostylhalle des Chonstempels um: daß der HPA sich dazu berechtigt sieht, als Priester anstelle des Königs vor den Göttern zu erscheinen. Die Darstellungen und Texte im Vorhof markieren den Endpunkt der oben[330] skizzierten Entwicklung. Daß die Königstitel **njswt** und **pr-ꜥꜣ** gelegentlich "*emphatisch*" in Kartuschen geschrieben werden können[331], ist etwas ganz anderes als die Einfassung eines *Beamten*titels in eine Kartusche. Wie dieser das Königtum an dieser Stelle neu definiert, verändert sich umgekehrt auch der traditionelle Gehalt des Priestertitels: er definiert keine Priesterfunktion in königlichem Dienst, sondern ein unmittelbares Verhältnis zwischen Herihor als König und Amun als Königsgott. Der Fortschritt, der sich im Vorhof des Chonstempels mit den königlichen Eigenschaften Herihors im Vergleich zu den Szenen der Hypostylhalle ergibt, liegt vor allem in dem Wechselverhältnis zum Gott, dessen er als HPA noch nicht teilhaftig werden konnte:

- Der HPA wird als König für seine Opfergaben mit den Segnungen des Gottes belohnt, deren Vergabe mit der **dj.n.j-n.k**-Formel eingeleitet wird.
- Er tritt in ein Vater-Sohn-Verhältnis zum Gott ein oder wird als von Gott Geschaffener oder Gott-Gleicher bezeichnet.

Letzteres bedeutet, daß die von Herihor vor seiner Königlichkeit benutzten Epitheta, die seinen Dienst für das Land direkt auf den Gott und nicht auf den regierenden König bezogen[332], in der Weise fortleben, daß es nunmehr Amun ist, der seinerseits Herihor zu dem Zweck geschaffen hat, das Land wiederherzustellen.

§94

Epitheta Herihors als König, die diese Erneuerung gelegentlich aus der Zeitlosigkeit der königlichen Beiworte herausheben und vielleicht auf historische Verhältnisse anspielen, finden sich vor allem auf den inneren Architrav-Inschriften zu beiden Seiten des Vorhofs[333]. Es handelt sich um zweimal drei Architrav-Flächen (A-C), die mit jeweils zweizeiligen Inschriften bedeckt sind, mit dem Titel **(ꜥnḫ) nṯr-nfr** eingeleitet. Die Texte bestehen aus jeweils drei

[330] S.o. §86f.
[331] Bonhême, in: BIFAO 79, 1979, 272ff.
[332] S.o §§38 und 62.
[333] Temple of Khonsu II, Pl.142f.

Abschnitten pro Zeile, deren mittlerer Elemente der Weihinschriften[334] und Preisungen des Königs, vor allem als Bauherrn enthält.

Osten

B 1: Element 1 und 2 (wobei Element 1 der Königsname im ersten Zeilenabschnitt ist)[335].

C 1: Element 1 bis 5.

Westen

A 1: Element 1 bis 3.
C 1: Element 1 bis 3.

Während der mittlere Zeilenabschnitt teilweise finite Verbalformen enthält, bestehen der erste und dritte Abschnitt aus Epitheta des Königs, in deren Mittelpunkt der 4. und 5. Teil des königlichen Protokolls steht. Es dürfte kein Zufall sein, daß im Osten die Inschrift A den König mit Ptah und Thot vergleicht, die auf der Hofseite des ersten östlichen Architravs, Z.1[336] als Initiatoren des Tempelbaus auftreten, die Inschrift B mit Re (B 1: mjtj-Rᶜ; B 2: Rᶜ n-njwswt[337]), und mit Atum (B 1), die Inschrift C 2 schließlich mit Amun (nb-ḫᶜ.w mj-Jmn[338]), so daß alle Götter der ramessidischen "Reichstriade" vertreten sind. Auch auf den westlichen Architraven[339] findet sich in Inschrift A 1 ein Vergleich mit Amun (tj.t-Jmn) und Re (in A 2 das Epithet zꜣ-Rᶜ zꜣ-Jmn), in B 2 ein Vergleich mit dem jugendlichen Sonnengott und die Anwendung von Sonnenaufgangsmetaphorik auf den Ausbau des Tempels (sḥḏ.n.f-Wꜣs.t mj-ꜣḫ.t-p.t swsḫ.n.f-ḥw.t-nṯr.f) und in C 2 mit Amun, ebenfalls verbunden mit Sonnenaufgangsmetaphorik. An Stellen, die vielleicht, wie oben bemerkt, Anspielungen auf konkrete historische Situationen enthalten, sind zu nennen: der Passus zꜣ-Jmn ḥrj-ns.t.f msj.n.f r-nbnb-Km.t r-grg-tꜣ.wj m-wḥm (Inschrift B 1, Westseite)[340]. Die Wiederherstellungsarbeit erscheint hier als Zweck des Gottes selbst, als deren Mittel er den König geschaffen hat; da sich der Ausdruck grg-tꜣ.wj vielleicht bereits in einer Beischrift Herihors in der Hypostylhalle, r-⌜grg⌝-tꜣ.wj n-nb-nṯr.w fand[341], könnte hier eine Verlängerung dieses Gedankens vorliegen,

334 S.o. §30.
335 In B 2 finden sich Anklänge an die Elemente 4 und 5.
336 Temple of Khonsu II, Pl.139.
337 Temple of Khonsu II, Pl.142.
338 Loc.cit.
339 Temple of Khonsu II, Pl.143.
340 Man beachte, daß die Verwendung der Wörter msj und wḥm wie eine Anspielung auf die Renaissance-Ära ausieht.
341 S.o. §35.

insofern der Gott, für den es geschieht, auch selbst der Initiator der Instandsetzung ist. sḥtp-tꜣ.wj (Inschrift A 2, Ostseite) als Epithet zu njswt-bjt hat vielleicht seinen Vorläufer im Epithet zum "Generalissimo"-Titel sḥtp-tꜣ.wj n-nb.f Jmn[342]. Auch unabhängig davon, ob dies wirklich eine Wiederaufnahme darstellt, haben die Epitheta des nicht-königlichen Herihor und seiner Nachfolger eine gewisse Ähnlichkeit mit königlichen Beinamen, da sie auf die beiden Länder und nicht auf den Dienst am König bezogen sind[343]. Der in nbnb-Km.t ausgedrückte Gedanke des Schützens von Ägypten wird im Osten, C 1, veranschaulicht mit dem Bild des Königs als göttlichem Falken, der mit seinen beiden Flügeln Ägypten schützend umfaßt (bjk-nṯrj jnḥ-dnḥ.wj.f‹j›-Km.t). Wechselseitigkeit zwischen dem König und dem Gott herrscht auch in der Metaphorik, die den König als einen dem Gott korrespondierenden Schöpfergott feiert, wobei dann die Feier des Königs als Gegenschöpfer auf der Erde in der reziproken Formulierung zusammengefaßt wird: rẖ-rẖ-sw r-mst-msj-sw (C 1, Westseite)[344]. Eine gedanklich verwandte Stelle findet sich auf der Restaurationsstele Tutenchamuns: (*Sohn Amuns*) msj.n.f-sw r-mst.f, "*den er geboren hat, um sich zu erzeugen*"[345]. Vielleicht ist dies auch die Grundlage für den Vergleich des Königs mit Ptah.

d. *Die königliche Phraseologie Painedjems I.*

§95

MH.d.[346]

Nordseite:

nṯr-nfr zꜣ-Jmn prj m-ẖnt.f r-grg-tꜣ.wj[347]
rnn.n-sw Mwt r-mst-nṯr.w r-qd-ḥm.sn
jrj-ꜣḫ.w n-nṯr.w shrr-tꜣ.wj[348] nb-tꜣ.wj[349]
jrj.n.f-smꜣwj-mnw n-jtj.f Jmn-Rꜥ ḏsr-s.t[350].

---

[342] S.o. §35.
[343] S.o. §§51 und 63.
[344] Zu msj im Sinne des Bildens von Götterstatuen vgl. Urk.IV, 1676,11; s.o. §32.
[345] Urk.IV, 2031,3; man fühlt sich hier an die Statuen des Gottes Amun mit den Zügen Tutenchamuns erinnert. Der Name des Königs kehrt dieses Verhältnis um.
[346] S.o. §48 sowie TS 25 und 24.
[347] tꜣ.wj kryptographisch geschrieben.
[348] tꜣ.wj kryptographisch geschrieben.
[349] tꜣ.wj kryptographisch geschrieben.
[350] Zur hohenpriesterlichen Tradition solcher Erneuerungsinschriften s.o. §80; am Ende der Inschrift TS 25 findet sich noch ein Vergleich mit Re.

Südseite: außer **nb-ḫpš** keine Titel und Epitheta königlichen Charakters.

smꜣwj-mnw jrj.n.f r-sḥtp-jb n-jtj.f-špsj Jmn-ḏsr-s.t.

Gaben der Götter dafür: **qnj.t r-tꜣ-nb, nḫt r-ḫꜣs.t-nb.t, nrw.f r-tꜣ-nb ḫꜣs.t-nb.t jwj.sn-n.f m-[ks.w...ḫr-jnw.w.sn**[351]**]**.

rn, vom Namen Painedjems I., mit Kartusche determiniert.

MH.e.: keine königlichen Titel; Schluß der nördlichen Inschrift: **jrj.n.f-mnw** (sic) **n-jtj.f Jmn-Rꜥ nb-ns.wt-tꜣ.wj ḏsr-s.t.**

MH.c.[352],

Türpfosten A: **rn**, "*Name*", vom Namen Paindejems I., mit Kartusche determiniert.

Türpfosten B: Gabe von **qnj(.t)-nb(.t)** und **nḫt-nb** durch Month-Re.

Türpfosten C: Gabe von **ꜥnḫ wꜣs-nb snb-nb** durch Amun-Re.

KA.a.[353]: (**ꜥnḫ**) HPA
nb-jrt-jḫ.t
wr-mnw.w
ꜥꜣ-bjꜣ.wt m-ẖnw-Jp.t-s.wt.

rn mit Bezug auf den Namen Painedjems I. mit Kartusche determiniert.

[354]

KA.b.[355]

Rückenpfeiler: (**ꜥnḫ**) HPA **jrj.n.f m-mnw.f n-jtj.f Jmn-Rꜥ nb-ns.wt-tꜣ.wj**

351 Ergänzung nach Urk.IV, 1100,2f.; möglich wäre z.B. auch Urk.IV, 1101,16f.
352 S.o. §48 und TS 23.
353 S.o. §48 und TS 1.
354 Vgl. KA.b.; Architravtext Ramses' XI. in der Hypostylhalle des Chonstempels, Temple of Khonsu II, Pl.202 A; Herihor, Vorhof des Chonstempels, Ost-Architrav C 2, Temple of Khonsu II, Pl.142.
355 S.o. §48 und TS 2.

Westseite der Basis:  ...

Ostseite der Basis: **rn**, mit Bezug auf den Namen Painedjems I. mit Kartusche determiniert.

KA.c.[356]: **jrj.n.f-mnw.f n-jtj.f Jmn-Rꜥ njswt-nṯr.w jrt-n.f ...** ; Epitheta nicht erhalten.

KC.b.
innerhalb der Ritualszenen: **sḫꜣb-pr-Ḫnsw m-bw-nfr**[357]/ **sḥtp-nṯr.w-jmj.w.f** [358]

sḥtp-jb n-Ḫnsw m-mnw.w-wr.w <r-(?)>djt- (oder: **dj-)psḏ.t.f m-ršw<.t>**[359]

sḥtp-nṯr.w-nb.w m-[mnw.w-wr.w] dj-psḏ.t.f m-ršw<.t>[360]

jrj-ꜣḫ.w-qn.w m-pr-Ḫnsw[361]

mrjw-nṯr.w-nb.w / jrj-hrr-kꜣ.sn m-zp.w n-mꜣꜥ.t [362]

sꜥꜣ.n-Rꜥ pḥtj.f [363]

sꜥꜣ-pr-Ḫnsw ḏ.t [364]

qꜣb-ḥtp-nṯr-nb [n-] Ḫnsw-m-Wꜣs.t-Nfr-ḥtp m-ḥḥ.w ḥfn.w[365].

Soweit der Erhaltungszustand erkennen läßt, waren die Epitheta auf beiden Seiten des Tores in den sich gegenüberstehenden Szenen identisch oder entsprachen sich wenigstens. Dies gilt auch für den Inhalt der Szenen selbst: im untersten Register findet sich auf beiden Seiten die Tempelübergabe (**rdt-pr n-nb.f**); in den obersten und in den dritten Szenen von oben Elemente einer Weihinschrift, in allen vier Beispielen fast gleichlautend:

---

[356] S.o. §48 und TS 3.
[357] Vgl. Herihor, Ost-Architrav B 2, Temple of Khonsu II, Pl.142.
[358] Temple of Khonsu II, Pl.121 A, ptolemäisch rekonstruiert.
[359] Temple of Khonsu II, Pl.124 A.
[360] Temple of Khonsu II, Pl.119 A.
[361] Temple of Khonsu II, Pl.120 A; 125 A.
[362] Temple of Khonsu II, Pl.125 B; 120 B (hier ist die Rekonstruktion des Wortes **mꜣꜥ.t** zweifelhaft).
[363] Temple of Khonsu II, Pl.124 A.
[364] Temple of Khonsu II, Pl.122 A; 117 A.
[365] Temple of Khonsu II, Pl.124 B.

jrj.n.f-mnw.f (*var.*: mnw[366]) n-nb.f (sic) Ḫnsw-m-Wȝs.t-Nfr-ḥtp jrj.f-dj-ʿnḫ ḏ.t [367].

Die Gaben des Chons halten sich im Rahmen dessen, was üblicherweise von den Göttern einem König gegeben wird. Unter der untersten Szene auf beiden Seiten der Name des Tores, der aufgrund der erhaltenen Reste wohl gelautet hat:

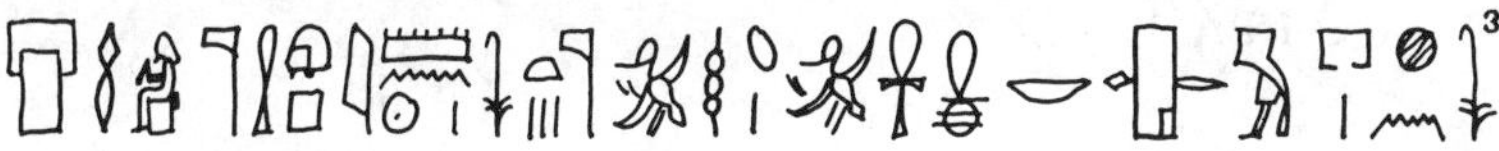 [368]

KC.b.[369]
senkrechte Inschriftzeilen am Rand der Szenen zur rechten Seite des Tores:

wnn-HPA P mȝʿ-ḫrw zȝ-Pȝj-ʿnḫ mȝʿ-ḫrw ḫʿjw m-pr-Ḫnsw[370]

njswt-nḫt <ḥr->jrt-ȝḫ.w mnwj wr-bjȝ.wt m-pr-Ḫnsw[371]

njswt-bjt mrjw-nṯr.w [.....] HPA (sic) ⌜P⌝ [mȝʿ-]ḫrw zȝ-Pȝj-ʿnḫ mȝʿ-[ḫrw.....][372]

njswt-bjt mrjw-nṯr.w smnḫ[... qȝb.]n.f-ḥtp-nṯr m-ḫr.t-hrw n.t-rʿ-nb[373].

KC.b.[374]
große senkrechte Inschrift quer zu den Szenen links des Tores (rechts stark zerstört):

Ḥrw kȝ-nḫt mrjw-Jmn
njswt-bjt sḥtp-nṯr.w jrj-ȝḫ.w n-kȝ.sn
HPA P mȝʿ-ḫrw (sic) zȝ-Pȝj-ʿnḫ mȝʿ-ḫrw
jrj.n.f m-mnw.f n-jtj.f Ḫnsw jrt-n.f bḫn.w m-mȝwj
[ḥr-rn...[375]] nb-st.wt
mrjw-Jmn[376].

---

366 Temple of Khonsu II, Pl.118 B.
367 Temple of Khonsu II, Pl.116 B; 121 B; 118 B; 123 B.
368 Temple of Khonsu II, Pl.120 A; 125 A.
369 S.o. §48.
370 Temple of Khonsu II, Pl.116 B.
371 Temple of Khonsu II, Pl.117 B; vgl. Herihor, Ost-Architrav C 2, op.cit., Pl.142: njswt-nḫt <ḥr->jrt-ȝḫ.w / mnwj ʿšȝ-bjȝ.wt.
372 Temple of Khonsu II, Pl.118 B.
373 Temple of Khonsu II, Pl.120 B.
374 S.o. §48 und TS 10.
375 Rekonstruiert nach Resten der westlichen Inschrift, Temple of Khonsu II, Pl.120; TS 10.
376 Temple of Khonsu II, Pl.121-125; TS 10.

KC.b.

Inschriftzeilen Painedjems I. auf den beiden inneren Pilastern,

östlicher:	**njswt-bjt ꜥꜣ-ḫpš ḥwj-pḏ.t-9** **dj-wnn-tꜣ-pn n-[jrj-]sw**[377] HPA P etc.[378].
westlicher:	**njswt-bjt sḥꜣb-Wꜣs.t dj-sw** (sic) **m-ršw‹.t›** HPA [.......] [379].

KC.d.[380]

unteres Register[381],	Z.20ff.:	**jrj-hrr-kꜣ.f** **qd.f-ḫw.wt-nṯr.w-nb.w** **msj-ḥm.sn**[382] **m-ḏꜥm** **sḏfꜣ.n.f-pꜣ.t.sn m-ḫr.t-hrw** **sḥtp-jb n-Ḫnsw-m-Wꜣs.t-Nfr-ḥtp** **ḥnꜥ-psd[.t]-ꜥꜣ[.t]...**
	Z.2f.:	(Rede des Amun:) **zꜣ.j n-ẖ.t.j mrjw.j** **nb-tꜣwj P mꜣꜥ-ḫrw**
	Z.14f.:	(Rede des Chons "*gegenüber seinem Sohn P* ":) **dj.j-n.k jꜣw.t.j s.t.j ns.t.j njswjt [...](?)** **m-ḥqꜣ-tꜣ.wj** [383]
Oberes Register[384],	Z.17f.:	**sꜥꜣ-pr-Ḫnsw r-ḏ.t** **ḫwj-sw n-nb.f m-kꜣ.t-nḥḥ**
	Z.20f.:	**sꜥꜣ-pr-Ḫnsw-m-Wꜣs.t n-nb.f** **mḥ.f-sw m-mnw‹.w›-nfr‹.w› wꜥb‹.w›** ...

---

[377] S.o. §62.
[378] Temple of Khonsu II, Pl.137 A; TS 12.
[379] Temple of Khonsu II, Pl.135 A; TS 12.
[380] S.o. §48.
[381] Temple of Khonsu II, Pl.113.
[382] Zu **ḥm** im Sinne von "*Leib*" s. Spiegel, in: ZÄS 75, 1939, 112ff.; Assmann, in: LÄ IV, Sp.965., s.v. **Persönlichkeitsbegriff.*
[383] Temple of Khonsu II, Pl.113.
[384] Temple of Khonsu II, Pl.114.

KC.a.[385]
Westturm. Horizontale Inschrift unter der Hohlkehle[386]: HPA (mrjw-Ḫnsw-Rᶜ nb-W3s.t[387]) nb-jrt-jḫ.t P m3ᶜ-ḫrw z3-HPA P3j-ᶜnḫ m3ᶜ-ḫrw jrj.n.f m-mnw.f n-jtj.f Ḫnsw-m-W3s.t-?Nfr-ḥtp jrt-n.f bḫn.w ᶜ3.w špsj<.w> ḫft-ḥr n-ḥw.t-nṯr.f ....

Ostturm. Horizontale Inschrift unter der Hohlkehle[388]: (in den hier interessierenden Punkten mit der des Westturms identische Weihinschrift, hier auch die Elemente[389] 4 und 5 der Weihinschrift erhalten mit dem Geschenk der Götter von ḥḥ.w m-ᶜnḫ w3s.)

KC.a.
Fahnenmasten-Gruben[390]: Die acht senkrechten Inschriftzeilen zu den jeweils beiden Seiten der vier Fahnenmasten-Gruben weisen weitgehend identische Weihinschriften auf, die Painedjem I. ausschließlich mit HPA-Titel und Filiation nennen und aus der Formel jrj.n.f m-mnw.f n-jtj.f Ḫnsw u.s.w. bestehen. Je eine Inschriftzeile in jeder Fahnenmasten-Grube nennt die Reaktion der Gottheiten Mut / Amun // Amun / Chons (von Westen nach Osten), die, soweit erhalten, dem HPA ᶜnḫ-w3s-nb 3w.t-[jb-nb.t] (Mut), ᶜnḫ-ḏd-w3s-nb snb-nb (Amun) und qnj<.t>-nb<.t> nḫt-nb (Chons) verleihen, wobei in der Inschriftzeile 3g.c als weiterer Titel Painedjems I. [nb]-ḫpš zu erkennen ist.

KC.a.
Ritualszenen[391]: Diese Szenen sind bislang nur unzureichend publiziert, die hier aufgeführten Epitheta stellen daher nur eine Auswahl dar.
Neben dem HPA-Titel finden sich zwar die Epitheta nb-jrt-jḫ.t und nb-ḫpš, jedoch die zentralen königlichen Titel wie njswt-bjt und nb-t3.wj kommen offenbar auf der Südseite des Pylons nicht vor; ungeachtet dessen werden dem HPA von den Göttern ein "*großes Königtum*", das "*Königtum des Atum in*

---

385 S.o. §48.
386 Champollion, Not. descr. II., 212; LD III, 251a; TS 7; ein Rest auf dem Westturm zeigt, daß auch an der Basis des Pylons sich eine zweizeilige waagerechte Inschrift befand.
387 Das Eingeklammerte steht vor dem HPA-Titel in Gegenrichtung.
388 Champollion, Not. descr. II, 215f.; LD III, 251b; TS 7.
389 S.o. §30.
390 TS 6.
391 Champollion, Not. descr. II, 212ff.; LD III, 248g-i; 250; LD Text III, 55f.; TS 5.

Heliopolis" oder das "*Königtum der beiden Länder*" verliehen. Auch im Türdurchgang des Pylons findet sich das Phänomen, daß das Königtum des HPA, soweit es von den Göttern im Munde geführt wird, demjenigen, das sich in den Beinamen und Titeln Painedjems I. niederschlägt, voraus ist. Die meisten Beinamen Painedjems I. auf der Südseite des Pylons schränken sein Königtum auf seine Bauherrenfunktion ein. Diese Epitheta stehen vor und nach dem HPA-Titel und nach der Präposition **jn**, durch die der Hohepriester als das Subjekt der Ritualtätigkeit eingeführt wird. Dies entspricht der Einführung des Herihor als Offiziant in der Hypostylhalle des Chonstempels[392] und weicht ab von der Behandlung des Königsnamens in einer Ritualszene in der Tradition des Neuen Reiches.

Epitheta Painedjems I. auf dem Westturm:

[393]

ṯnj-mnw m-Jp.t-s.wt HPA

jrj-ꜣḫ.w m-Jp.t-s.wt n-jtj.f Jmn q[mꜣ?]-⌜nfrw.⌝f-

wr-mnw m-Jp.t-s.wt HPA

sᶜꜣ-Wꜣs.t n-ḏ.t.

Epitheta Painedjems I. auf dem Ostturm:

mrjw-nṯr.w HPA **sᶜꜣ-Wꜣs.t [m-mn]w.w-ᶜꜣ.w wr.w [nb-]jrt-jḫ.t**

[s]ḥꜣb-Jp.t-s.wt m-bw-nfr HPA
jrj-ꜣḫ n-jtj.f Jmn m-ḥḥ<.w> ḥfn.w nb-nḫt

sḥꜣb-Jp.t-s.wt m-ḥḏ nbw [ᶜꜣ].t-nb<.t>-mꜣᶜ.t(?) nb-ḫpš nb-jrt-jḫ.t HPA

sḥꜣb-Wꜣs.t m-mꜣwj ᶜꜣ-bjꜣ.wt HPA

---

392 S.o. §27.

393 Vgl. Temple of Khonsu II, Pl.140, West-Architrav im Vorhof des Chonstempels, Z.1, wo es vom Vorhof heißt: **nb<.t>-ḥḏ ḫnw.t-nbw ᶜr[f]w-n.s ᶜꜣ.t-nb.t špsj<.t>.**

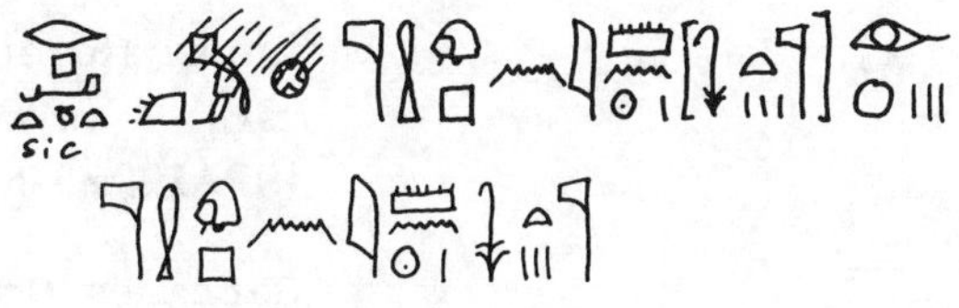

HPA nb-jr<t>-jḫ.t m-Jp[.t-s.wt (?)].

Das interessanteste Phänomen an diesen Inschriften ist die Schreibung der Präposition jn, die den HPA einführt, in zwei Fällen;

statt  kann man in den obersten Registern des Ostturms 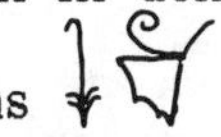 lesen, so, als wollte man an der Stelle der Einführung des nicht-königlichen Offizianten der Ritualszene durch jn- den Königstitel njswt-bjt suggerieren.

KC.g.[394]
Südwand:

Painedjem I. als Priester kniend vor Chons, falkenköpfig mit Sonnenscheibe und dem Zusatznamen Ḥrw ḥrj-tp-tꜣ.wj ḥrj-jb-Jp.t-s.wt:
HPA P mꜣꜥ-ḫrw zꜣ-HPA Pꜣj-ꜥnḫ mꜣꜥ-ḫrw
Ungeachtet der priesterlichen Titel und Ikonographie sind die Gaben des Gottes außer der Dauerhaftigkeit des Denkmals: die Lebenszeit des Re, die Jahre des Atum, alle Länder in Frieden.

Painedjem I. räuchernd und libierend mit denselben Titeln vor der Trias von Theben. Gabe des Amun: ꜥnḫ-ḏd-wꜣs-nb, snb-nb, nḥḥ m-njswt-tꜣ.wj (sic).

Inschrift über der Tür: s.u. §108

Westwand: horizontale Inschrift am oberen Rand:
(ꜥnḫ) nṯr-nfr mrjw-Jmn
nḏtj-nṯr.w
sḥḏ-Bnbn.t mj-ꜣḫ.t-p.t [wbn-]⌜Rꜥ⌝ [-jm.s...[395]]

KC.e.[396]: Schluß einer Weihinschrift:
m-jr.t.n-zꜣ jrj-ꜣḫ.t n-jtj.f dj-sw ḥr-ns.t.f njswt-bjt nb-tꜣ.wj u.s.w. gemäß der späteren regulären Königstitulatur.

---

394 S.o. §48; weitgehend unpubliziert; TS 13 bis 15.
395 TS 14, mit Anm.1.
396 S.o. §48 und TS 9.

R.XI[397]: innerhalb einer Rede des Amun-Re-Harachte:
zꜣ<.j> mrjw.j nb-tꜣ.wj <nb->jr<t>-jḫ.t nb-ḫpš (HPA)... nb-ḫꜥ.w (P mꜣꜥ-ḫrw)

Gabe des Gottes:
dj.n.j-n.k njswj.t jrj<.t>.n<.j> wnn<.j> m-p.t.

e. *Zu den Besonderheiten der Darstellungen und Inschriften Painedjems I.*

§96

Der erste Eindruck der Titulaturen und Epitheta Painedjems I. sowie der auf ihn bezogenen Phraseologie ist der der totalen Willkür; es mischen sich Beamtentitel mit königlichen Epitheta, königlicher Phraseologie und königlichen Segnungen durch die Götter, wie im kleinen Tempel von Medinet Habu. Der Bezeichnung als König kann der HPA-Titel folgen; der Name Painedjems I., obgleich nach dem Königstitel stehend hat dennoch wie bei nicht-königlichen Personen das Attribut mꜣꜥ-ḫrw bei sich sowie die Nennung seines irdischen Vaters[398]. Andererseits ergeben sich aber Unterschiede zwischen den einzelnen Denkmälern, wenn man neben den Inschriften die Darstellungen im ganzen in Betracht zieht. So agiert Painedjem I. in den Ritualszenen auf der Südseite des Chons-Pylons[399] in hohenpriesterlicher Tracht und ohne königliche Embleme vor den Göttern, die, abgesehen von den Szenen in der Toreinfassung, in Kapellen stehen. Der Name des HPA steht hier in normalen Zeilen, ohne jede Heraushebung und ohne die zentralen königlichen Titel[400]. Dennoch tritt Painedjem I. hier auf als quasi königlicher Bauherr (und nicht als priesterlicher Bauleiter in königlichen Diensten) und wird von den Göttern dafür als König angesprochen. Die Götter werden ihrerseits in den Weihinschriften der Südseite des Pylons und in den Tätigkeitsbeischriften der Ritualszenen dortselbst Eltern des HPA genannt.
In den beiden Szenen im Tordurchgang trägt Painedjem I. ebenfalls die Tracht des HPA, hier aber ist der Name herausgehoben, indem er ganz oder teilweise zusammen mit dem HPA-Titel in einer rechteckigen Umrahmung angeordnet ist, zusammen mit dem Epithet "*geliebt von Amun-Re...*"; in einem Beispiel ringelt sich eine Schlange als Verkörperung einer der Kronengöttinnen über diese Umrahmung[401]. Auch unter den Hohlkehlen der Südseite des Pylons ist der Name in eine königliche Emblematik integriert, da hier die Namensform "*HPA* –

[397] S.o. §48 und TS 36.
[398] S.o. §48, KC.b.; TS 10.
[399] TS 5.
[400] S.o. §48, KC.a.; §95, KC.a.; TS 5.
[401] Temple of Khonsu II, Pl.114.

Painedjem" unter einer Sonnenscheibe zwischen Kronen-Schlangen und Falken mit geöffneten Flügeln einen Fries bildet, so *als ob* der Name in einer Kartusche stünde[402].
Auch auf der Nordseite des Pylons in den Ritualszenen zu beiden Seiten des Tores[403] wird die Anordnung des Namens mit HPA-Titel, Filiation und dem Epithet "*geliebt von Amun-Re...*" in einer Umrahmung beibehalten; die Randzeilen der einzelnen Szenen und die beiden großen senkrechten Inschriften quer zu den Szenen und auf den Pilastern[404] dagegen sind von den zentralen königlichen Titel beherrscht, man findet hier einen Horusnamen und den Titel **njswt-bjt**; eine Kartuschen-Schreibung des Namens wird jedoch auch hier vermieden, statt dessen folgen den königlichen Titeln und Epitheta umstandslos der Hohepriestertitel und der Name mit dem Attribut **mꜣꜥ-ḫrw** nebst Filiation.

§97

Die Ritualszenen auf der Nordseite des Pylons, die mit der Übergabe des Tempels im untersten Register beginnen, weisen einige Merkwürdigkeiten auf, die auf eine Abänderung dieser Szenen zurückgehen, wobei die verschiedenen Stadien in der OIC-Publikation durch verschiedene Strich-Stärken voneinander abgehoben sind[405]. Die Änderungen sind solche an der Figur des HPA sowie den ihn umgebenden Emblemen und Inschriften, und sie bewegen sich zwischen einer königlichen und einer hohenpriesterlichen Erscheinungsweise Painedjems I. Welche Version die ältere ist, dazu äußert sich das Beiheft zum 2. Band der Publikation, S.XIX, mit dem Hinweis, daß explizit königliche Kleidungsstücke mit Mörtel abgedeckt wurden, wie das Nemes-Kopftuch; ebenso wurde mit bestimmten königlichen Epitheta innerhalb der Szenen verfahren. Andererseite wird festgestellt, daß die Randzeilen der einzelnen Szenen mit teilweise königlichen Titeln original sind und nicht das Resultat einer Abänderung darstellen.
Weder diese Randzeilen noch die großen vertikalen Inschriftzeilen, die quer zu den Szenen verlaufen, sind später mit Mörtel zugedeckt oder in sonst einer Weise abgeändert worden. Man darf daher eine mögliche Unterstellung zurückweisen: "ursprüngliche" Darstellungen und Inschriften, also solche, die ohne Vorstufe auf den Steinen angebracht wurden, müssen deswegen nicht alle auch zur selben Zeit entstanden sein; so dürften die nicht mit Mörtel überdeckten Inschriften zwar original sein, aber sie wurden anders beurteilt

---

402 Champollion, Not. descr. II, 212.
403 S.o. §95, KC.b.
404 S.o. §95, KC.b.; TS 10.
405 Temple of Khonsu II, Pl.116-125.

als die mit Mörtel überdeckten Teile, man hat sie wohl gerade passend zur zweiten Version der Szenen gefunden, in der königliche Elemente teilweise beseitigt worden sind; die "ursprünglichen" Inschriften können teilweise mit der abgeänderten Version zusammenfallen, oder die Abänderungen können im Zuge der Vollendung der Szenen geschehen sein.

§98

Was ist das Prinzip dieser Änderungen?

Zunächst ist die Gestalt Painedjems I. selbst verändert worden; ein ursprüngliches Nemes-Kopftuch wurde beseitigt: Pl.116 B, 119 B, 121 B, 122 B, 123 A/B, 124 B, 125 B.

Ein ursprünglicher Zeremonialbart ist noch zu sehen: Pl.120 A, 121 B.

Die ursprüngliche Existenz eines Uräus an der Stirn ist aufgrund der starken Zerstörung gerade der Kopfpartien nicht zu belegen; ein ursprünglicher Königsschurz wurde in ein Pantherfell oder einen weiten Rock verwandelt: Pl.117 B, 118 A, 119 A/B, 120 B, 121 A/B(?), 122 B, 123 A/B, 124 A/B, 125 A. Außer dem Schurz, dem Nemes-Kopftuch und dem Bart ist der ursprünglich königliche Habitus an den beiden über die Schulter hängenden Bändern zu erkennen, so auf Pl.120 A, 122 B, 123 B, 125 A. Einen größeren Einfluß auf den Aufbau der Szenen und die Verteilung der Texte in ihnen haben die Veränderungen im Bereich der königlichen Embleme. In einigen der Szenen sind noch Reste eines über dem HPA schwebenden Kronengeiers[406] oder einer Sonnenscheibe mit Uräen[407] erhalten. Diese beiden Embleme sind ausnahmlos beseitigt worden, an ihre Stelle sind die oben[408] genannten Weihinschriften und der Name Painedjems I. in der Umrahmung, teilweise mit Kobra, getreten. Diese Änderungen zeigen, daß die Beseitigung der königlichen Embleme und Kleidungselemente zugunsten eines hohenpriesterlichen Aufzuges dennoch nicht gleichbedeutend ist mit einem Verzicht auf königliche Würden[409]. So sind die Topoi der Weihinschrift der königlichen Phraseologie entnommen; ferner zeigen auch die Randzeilen der einzelnen Szenen, die mit dem endgültigen Zustand der Reliefs harmonierten (s.o.), so weit sie erhalten sind, königliche Titel oder wenigstens königliche Phraseologie auch dort, wo kein Königstitel

---

[406] Temple of Khonsu II, Pl.116 B; 118 B; 120 B; 121 B; 123 B; 125 B, d.h. nicht bei den A-Szenen!

[407] Temple of Khonsu II, Pl.117 B; 119 B; 122 B; 124 B.

[408] S.o. §95, KC.b.

[409] Vgl. Temple of Khonsu II, Beiheft, S.XIX: "*This suggests that the changes reflect a diminution of Painutem's claims to royal authority (or at least to the royal trappings that imply such authority) rather than a refutation of it.*"

erscheint, so der Passus **wnn-HPA P... ḫᶜjw m-pr-Ḫnsw**[410]. Bemerkenswert für das Verhältnis, das Painedjem I. in der zweiten Version zu den Göttern und darüber auch zum Königtum eingenommen hat, ist auch, daß die Weihinschriften in diesen Szenen allesamt den Gott mit **n-nb.f** ansprechen[411]. Dagegen haben die Tätigkeitsbeischriften, so wie auch auf der Südseite des Pylons, soweit erhalten, die Form (z.B.) **jrt-mḏ.t n-jtj.f Ḫnsw...**[412]. Überschneidungen dieser Beischriften durch das weite Gewand des HPA, anstelle des königlichen Schurzes angebracht, zeigen, daß sie der ersten Version der Szenen angehören[413].

§99

Die Feststellung, daß die königlichen Trachten und Embleme in den Szenen der Nordwand des Chons-Pylons älter sind als die hohenpriesterlichen Gewänder, ergäbe für Painedjem I. etwa folgende Entwicklung, wenn man von den Titulaturen nicht-königlichen Charakters, also der Phase a. absieht[414].

1. Königliches Äußeres; Namensform ungewiß[415].
2. Teilweise Aufgabe der königlichen Accessoires und Annahme priesterlicher Kleidung, Verbindung von priesterlichen mit königlichen Titeln.
3. Aufgabe des HPA-Titels zugunsten einer regelrechten Königstitulatur.

Dieses komplizierte Hin und Her von Annahme und wieder Aufgabe königlicher Attribute ist zwar nicht unmöglich, jedoch wäre einer einfacheren Lösung der Vorzug zu geben.

---

410 Temple of Khonsu II, Pl.116, Z.7; vgl. Nelson/Murnane, Hypostyle Hall, Pl.72, entsprechende Beischrift Ramses' II.

411 Dies wird z.B. bei Pl.118 im Beiheft der Publikation mit *"it's lord"* (i.e. des Tempels) übersetzt, was an dieser Stelle nicht recht überzeugt, da **n-nb.f** an der Stelle von **n-jtj.f** steht und außerdem vorher vom Tempel nicht die Re de war. Dagegen ist die Übersetzung von Pl.114, Z.17f.: **sᶜ3-pr-Ḫnsw...ḥwj-sw n-nb.f...**, mit *"it's Lord"* wegen des Kontextes durchaus naheliegend.

412 Natürlich mit Ausnahme der Formel **rdt-pr n-nb.f**, wo **nb.f** auf **pr** zu beziehen ist.

413 Temple of Khonsu II, Pl.118 A; 119 A; 123 A/B; 124 A.

414 S.o. §49.

415 Hier wäre dann vielleicht die Namensform Painedjems I. aus dem Grab Ramses' XI. unterzubringen (s.o. §48, R.XI, TS 36), in der einerseits der HPA-Titel beibehalten ist, andererseits die Titel und Namen Painedjems I. in königlicher Manier auf zwei Kartuschen verteilt sind.

§100

Herihor behauptet auf dem ersten westlichen Vorhof-Architrav A 1[416] von sich, daß er den Pylon des Chonstempels errichtet habe; doch dasselbe nimmt auch Painedjem I. für sich in Anspruch in den beiden Inschriften am oberen Rand der Südseite der beiden Pylontürme. Einmal mit den Worten: jr<t>-n.f bḫn<.w>-ꜥꜣ.w špsj(.w) ḫft-ḥr n-ḥw.t-nṯr.f (West), einmal so: jr<t>-n.f bḫn-ꜥꜣ wrt m-mꜣwj (Ost)[417].

Die Formulierung auf der Ostseite läßt die Möglichkeit zu, daß es sich um reine Erneuerung- und Dekorationsarbeiten an dem Pylon gehandelt haben könnte und bereits Herihor der Schöpfer der Pylontürme war[418].

Einige Inschriftreste in den Szenen auf der Nordseite des Pylons wurden später mit Mörtel überzogen, gehören also der früheren Version der Szenen an. Im dritten Register von oben, rechts vom Tor[419] unter dem ausgestreckten Geierflügel ist das das Epithet mrj.n-Rꜥ jmj-[msk]t.t-Rꜥ zu erkennen; im fünften Register von oben, links vom Tor[420] gab es ebenfalls unter dem Geierflügel und an der Stelle einer späteren Inschrift das Epithet zꜣ-Rꜥ mrjw-bꜣ.w-Jwnw; im zweiten Register von oben, links vom Tor[421] findet sich auf der Höhe des Kopfes des Opfernden das Epithet tj.t-Rꜥ ḫntj-tꜣ.wj. Für diese Epitheta gilt, daß

---

416 Temple of Khonsu II, Pl.143.

417 TS 7; so auch in der vertikalen Inschrift auf der Nordseite des Pylons; s.o. §95, KC.b., TS 10; in einer der senkrechten Weihinschriften des Ostturms, Südseite, heißt es: jr<t>-n.f rw.t [....], TS 6 (3g.a.).

418 Auch bei Herihor ist in dem entscheidenden Passus: jrt-n.f wsḫ.t-ḥꜣbj.t m-mꜣwj (...) bḫn.w-wr.w m-jnr-rwḏ, die Möglichkeit offengelassen, m-mꜣwj auch auf die Pylonen zu beziehen; die Nennung des Baumaterials sollte allerdings für die Urheberschaft Herihors beim Bau des Pylon-Massivs sprechen; in der Tat sind die an den Pylon angelehnten Pilaster als Abschlüsse der Säulenstellungen größtenteils noch von Herihor dekoriert worden. Die Spanne dessen, was mit m-mꜣwj bezeichnet werden konnte, reicht von Reparatur-Arbeiten (Inschrift Painedjems I. auf der Nordseite des kleinen Tempels von Medinet Habu, TS 25) bis zu kompletten Neubauten, so die Stele Thutmosis' III. vom Ptahtempel in Karnak, wo die Errichtung eines Steintempels an der Stelle eines älteren Heiligtums aus Ziegeln ebenfalls als ein m-mꜣw.t verrichtetes Werk bezeichnet wird, s. Urk.IV, 765ff.

419 Temple of Khonsu II, Pl.118 B.

420 Temple of Khonsu II, Pl.125 B.

421 Temple of Khonsu II, Pl.122 B.

sie für Painedjem I. sonst nicht gebräuchlich zu sind, wohl aber sind sie für Herihor im Vorhof des Chonstempels belegt[422].

§101

Vielleicht waren diese Szenen in ihrer früheren, in strengerem Sinne königlichen Version, wie auch die anderen Szenen des Vorhofs, für Herihor bestimmt und wurden bei ihrer Übernahme durch Painedjem I. umgearbeitet. Waren sie zur Zeit Herihors noch nicht vollendet, so konnte Painedjem I. die leeren Randzeilen mit seinen Inschriften füllen. Die bereits vorhandenen Tätigkeitsbeischriften, die den Gott als "*Vater*" des "*Königs*" bezeichnen, ließ er in diesem Falle zwar unverändert, überdeckte sie jedoch teilweise mit seiner hohenpriesterlichen Gewandung; Painedjem I. selbst hätte dann im Bereich des über dem König schwebenden Emblem-Tieres seine eigenen Weihinschriften angebracht, in denen er den Gott Chons nurmehr als seinen "*Herrn*" bezeichnete.

§102

Einwenden läßt sich dagegen, daß das Nemes-Kopftuch nicht zu dem charakteristischen Ornat des Herihor im Vorhof gehört. Vor allem aber: daß sich zwar für Herihor charakteristische Epitheta in den Szenen der Nordseite des Pylons finden, jedoch keinerlei Spuren seine Namens. Die Umrahmung mit dem Namen Painedjems I. harmoniert in allen Fällen mit den noch sichtbaren Resten des Emblem-Tieres über dem Kopf der königlichen Gestalt, schneidet sie nirgendwo an; dies gilt auch für die Sonnenscheibe mit Uräen, die gelegentlich anstelle des Emblem-Tieres erscheint. Auch die an Herihor erinnernden Epitheta harmonieren in ihrer Plazierung mit der Namensumrahmung Painedjems I.
Dennoch gibt es eine Kleinigkeit, die es zweifelhaft erscheinen läßt, daß jemals der Name Painedjems I. in seiner heutigen Form und die königlichen Symbole und Beinamen zusammen die gültige Gestaltung der Szenen ausgemacht haben. Es handelt sich um ein Detail im zweituntersten Register, links vom Tor[423], wo eine Sonnenscheibe mit Uräen der ersten Version in derselben

---

[422] – **mrj.n Rꜥ m-mskt.t**: Ost-Architrav A 2, Temple of Khonsu II, Pl.142; vgl. auch das verwandte **stp.n-Rꜥ m-wjꜣ n-Rꜥ**, West-Architrav B 2, op.cit., Pl.143; beide Epitheta stehen zwischen **zꜣ-Rꜥ** und der zweiten Kartusche;
– **mrjw-bꜣ.w-Jwnw**: Ost-Architrav A 2, C 2, op.cit., Pl.142; West-Architrav A 1, op.cit., Pl.143; immer zwischen **zꜣ-Rꜥ** und der zweiten Kartusche;
– **tj.t-Rꜥ ḫntj-tꜣ.wj**: Temple of Khonsu I, Pl.45, 55 u.a.m., nach beiden Kartuschen.

[423] Temple of Khonsu II, Pl.124 B.

Art mit **wꜣs**-Szeptern und **šn**-Ringen gestaltet war, wie man sie z.B. über einer Szene in der Hypostylhalle des Amuntempels von Karnak sehen kann[424]:

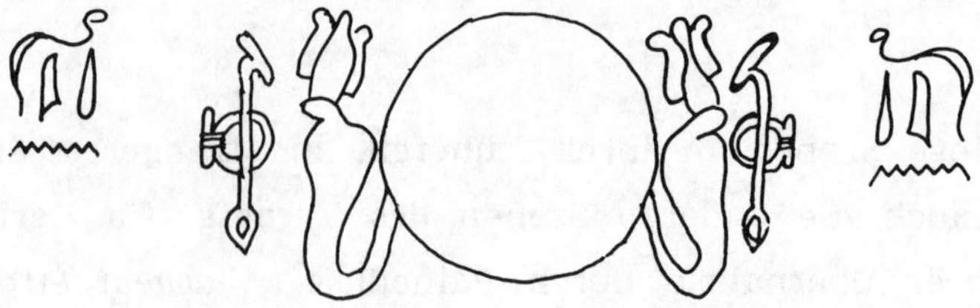

Während der **šn**-Ring im Amuntempel noch einiges von der nächsten Zeilenbegrenzung entfernt ist, schneidet der Abschluß des Ringes im Beispiel aus dem Chonstempel die Umrahmung mit dem Namen an, sitzt auf deren senkrechter Linie, was als ursprünglich beabsichtigte Gestaltung unwahrscheinlich ist.
Merkwürdig und ein möglicher Einwand gegen die Vermutung, daß die Szenen einst für Herihor bestimmt waren, ist andererseits die Stellung des Epithets **zꜣ-Rᶜ mrjw-bꜣ.w-Jwnw** auf Pl.125; denn bei Herihor wäre dies die Einleitung für die zweite Kartusche; für eine solche wäre aber nach der Raumaufteilung der ersten Verion nirgendwo Platz hinter diesem Epithet, zumal Herihor in den Fällen, wo auch er die rechteckige Umrahmung mit Himmelshieroglyphe als oberem Abschluß verwendet, natürlich beide Kartuschen innerhalb der Umrahmung unterbringt[425]. Man müßte daher gemäß der sonst im Vorhof üblichen Anordnung der Titel und Namen Herihors eine Wiederholung des Titels **zꜣ-Rᶜ** annehmen, während man bei Painedjem I. mit größeren Unregelmäßigkeiten rechnen darf. Auch wenn sich bei Herihor eine solche Verdopplung des **zꜣ-Rᶜ**-Titels nicht nachweisen läßt, gibt es in den Szenen im Vorhof ein paar Variations-Möglichkeiten in der Abfolge der Titel und Epitheta[426].

---

[424] Z.B. Nelson/Murnane, Hypostyle Hall, Pl.50.

[425] Temple of Khonsu I, Pl.53.

[426] Aus Gründen der graphischen Symmetrie stehen in einem Falle die beiden Kartuschen (ohne Einleitungstitel) links vom Kopf des Königs, der Horusname rechts vom Kopf, und zwar so, daß von der Schriftrichtung her die Kartuschen voranstehen, über dem Kopf das Epithet **tj.t-Rᶜ ḫntj-tꜣ.wj stp.n-Jtmw ḏs.f** (Temple of Khonsu I, Pl.65); daneben gibt es Beispiele, wo die Kartuschen ohne Einleitungstitel unter dem Flügel des Emblem-Tieres nebeneinander stehen, wobei die normale Abfolge: **nb-tꜣ.wj** vor der ersten Kartusche, **nb-ḫᶜ.w** vor der zweiten, abgeändert wird: Wohl aus Gründen der Platzverteilung stehen beide Epitheta nacheinander vor den Kartuschen. Interessanter und mit dem vorliegenden Problem eher zu vergleichen ist der Fall, wo **nb-tꜣ.wj** nach den beiden Kartuschen, vor denen es gestanden hat, als Einleitung des die Namensreihe abschließenden Epithets **mrj.n-Rᶜ** wiederholt wird (Temple of Khonsu I, Pl.58); dasselbe auch schon bei Ramses II.: Nelson/Murnane, Hypostyle Hall, Pl.53, Z.36: **nb-tꜣ.wj mrr.n(sic)-Rᶜ**.

Die Szenen der Pylon-Nordwand in der ersten Version dem Herihor zuzuschreiben, erscheint nicht abwegiger als die einer viermaligen (!) Status-Veränderung Painedjems I. zwischen Königtum und priesterlicher Würde[427].

§103

Für die Frage nach dem zeitlichen Verhältnis zwischen den Szenen auf der Südseite des Pylons und seiner Nordseite ist wohl entscheidend die Beurteilung des unteren Registers im Tor auf der Westseite (KC.d.)[428], da hier Eigentümlichkeiten der Nord- und der Südseite vereint sind: die Hervorhebung des Namens durch Umrahmung, wie auf der Nordseite üblich, das Auftauchen der Maatkare, die auf der Südseite vertreten ist. Wente[429] meinte, es handele sich hier um eine Darstellung der Maatkare als Kind; jedoch liegt die Kleinheit der zwischen den Göttern der Trias von Theben stehenden Figur vielleicht darin begründet, daß sie vermutlich erst später hinzugefügt wurde und zwischen den Gottheiten stehend auch nicht so groß wie diese erscheinen sollte[430]. Dies muß nicht bedeuten, daß die Hinzufügung zeitgleich mit der Anbringung der Szenen mit Maatkare auf der Südseite des Pylons erfolgt ist. Geht man von einer späteren Hinzufügung der Maatkare im Tordurchgang aus, wären die Szenen im Tordurchgang und die auf der Nordseite des Pylons, mit denen sie ein paar Eigentümlichkeiten teilen, wohl früher entstanden als die auf der Südseite. Sofern man einen geradlinigen Weg Painedjems I. zum Königtum annimmt, ist die umgekehrte Reihenfolge naheliegender, da königliche Elemente in den Beischriften der Nordwand, wie die Umrahmung des Namens, die Kronenschlangen dazu und bestimmte königliche Titel ausgeprägter sind. Doch ergibt sich die Frage, wie lange die erste und die zweite Version der Szenen auf der Nordseite des Pylons auseinanderliegen. Vielleicht ist die Dekoration der Südseite des Pylons und des Durchgangs *zwischen* diesen beiden Versionen anzusetzen, so daß die Nordseitenszenen vor *und* nach der Südseitendekoration entstanden wären. Wieviel von den Darstellungen auf der Südseite

---

[427] Das Epithet **tj.t-Rᶜ** ist nicht spezifisch für Herihor. Es findet sich sehr häufig in der Hypostylhalle des Amuntempels von Karnak bei Sethos I. und Ramses II., ferner bei Ramses III. im Festhof von Medinet Habu. **stp.n-Rᶜ m-wjꜣ n-Rᶜ** findet sich auch bei Ramses II., Nelson/Murnane, Hypostyle Hall, Pl.251. Auch sonst gibt es in den Inschriften des Herihor königliche Beinamen, die bereits in der 19. Dynastie belegt sind; Temple of Khonsu I, Pl.103: **tj.t-Rᶜ nḏtj n-jmj Jwnw,** wozu man Nelson/Murnane, op.cit., Pl.101, von Ramses II. vergleiche: **tj.t-Rᶜ nḏtj n-jmj-Wꜣs.t; tj.t-Rᶜ ḫntj-tꜣ.wj stp.n-Jmn** ist auch von Psusennes I. belegt: Montet, Tanis II, Pl.53,19.

[428] Temple of Khonsu II, Pl.113.

[429] Wente, in: JNES 26, 1967, 163, Anm.59.

[430] Beiheft zu Temple of Khonsu II, S.XIX und Anm.20.

und im Durchgang geht auf eine Zeit vor Painedjem I. zurück[431]? Vielleicht ist mit Vorzeichnungen oder angefangenen Reliefs von Herihor zu rechnen, so daß die Einbringung der Maatkare in die Szene im Tordurchgang auch bereits in die Anfangszeit der Arbeit Painedjems I. am Chonstempel fallen könnte[432].

§104

Sollte Painedjem I. Szenen von Herihor übernommen haben, so hätte er dabei entscheidende königliche Attribute desselben getilgt, andererseits aber auch nicht gänzlich auf königliche Eigenheiten verzichtet. Hier geht es also nicht um die Frage von Bonhême, *König, ja oder nein?*[433], sondern um ein neues *Verständnis* des Königtums; man wollte dasselbe in anderer Weise als Herihor mit dem Amt des HPA verbunden wissen. Auch wenn man davon ausgeht, daß auch die frühere Version der Szenen auf der Nordwand schon von Painedjem I. herrührt, ergibt sich eine solche Neudefinition gegenüber dem herkömmlichen Königtum des Neuen Reiches[434].

---

[431] Vgl. Temple of Khonsu II, Pl.114 B, die Darstellung Painedjems I., bei der die Kombination des priesterlichen Pantherfells mit einem weiten Gewand sich mit einem Schurz überschneidet; außerdem wird die Tatze des Pantherfells unter der rechten Achsel von der Linie des Oberkörpers durchschnitten.

[432] Man vergleiche hierzu die Wände des Heiligtums auf dem Dach, welches sowohl Hinweise auf Herihor enthält, wie die Darstellung einer Frau mit Sistren, die den Namen **Nḏm.t** trägt, auf der Nordwand, als auch Inschriften und Szenen Painedjems I.; auf der Ostwand befindet sich ein Hymnus an Amun-Re-Atum (TS 15), rechts davon die Gestalt eines knienden Königs im Anbetungs-Gestus (←) mit Nemes-Kopftuch und Ritualbart, wohl auch einem Schurz. Sie weist dieselben Merkmale der Abänderung auf wie in den Szenen auf der Nordwand des Pylons die Gestalt Painedjems I.; der Name des "Königs" ist nach den Spuren der von Painedjem I.: vom HPA-Titel sind vor der Figur Reste erhalten, darunter vielleicht der Schwanz des **pꜣ**-Vogels. Rechts davon, durch einen feinen Strich geschieden, findet sich eine stehende Figur mit Pantherfell, in entgegengesetzter Richtung (→) agierend; vgl. PM, Theban Temples, 242, (116), wo mit *"Man kneeling, and King in destroyed scene"* eine unrichtige Angabe gemacht wird. Beide Figuren sind wohl nicht vollendet worden, und die Hinweise auf Herihor besagen vielleicht, daß Painedjem I. von Herihor angefangene Reliefs vorfand und sie abzuändern begann, ohne sie noch zu vollenden. Auffallend ist, daß sich im Chonstempel Herihor und Painedjem I. wie unmittelbare Vorgänger/Nachfolger begegnen, vgl. dazu §§8, 46 und 47, ferner Jansen-Winkeln, in: ZÄS 119, 1992, 22ff., der dafür plädiert, die Abfolge Herihor / Paianch umzudrehen.

[433] Bonhême, Herihor fut-il effectivement roi, in: BIFAO 79, 1979, 27ff.

[434] Bemerkenswert ist es, wie Painedjem I. es fertigbringt, die (usurpierte?) Statue CG 42191 (s.o. §48, KA.f.) eines Königs mit Königsschurz und Nemes-Kopftuch, kniend, Weinkrüge darreichend, an den Armen mit der Aufschrift HPA P **zꜣ-Pꜣj-ꜥnḫ** zu versehen.

§105

Dies wird auch deutlich an den eigentümlichen Erneuerungsinschriften Painedjems I. auf der Süd- und Nordseite des kleinen Tempels von Medinet Habu[435]. Einerseits führt er hier Titel wie **jmj-r'-njw.t / ṯ3tj, jmj-r'-mnfj.t, jmj-r'-mšᶜ-wr**, HPA[436], andererseits aber wird er auf der Nordseite als Abkömmling von Amun und Mut und schließlich sogar (kryptographisch) als "*Herr der beiden Länder*" bezeichnet und nennt umgekehrt in königlicher Manier Amun seinen Vater. Es wäre in diesem Fall wohl ganz verfehlt, die Besonderheit Painedjems I. in diesem Stadium damit zu umschreiben, daß er in geringerem Maße als Herihor Anspruch auf das Königtum erhoben habe. Denn Painedjem I. geht über Herihor hinaus: Er versucht gar nicht, den HPA-Titel formell, über die Aufnahme in den 4. Namen, in die Königstitulatur zu integrieren, seine Titulatur besteht in der Konfrontation von königlichen und nicht-königlichen Bestandteilen ohne Rücksicht auf ihre divergierende Natur.

Die Inschrift auf der Nordseite des kleinen Tempels enthält eine Weihinschrift über die Erneuerung des Heiligtums, nachdem der Hohepriester ihn in schlechtem Zustand aufgefunden hatte. Diese Wendung kennt man auch von den Hohenpriestern des Amun aus der 19. und 20. Dynastie, so von Rama[437] und Amenophis[438]. Bei ihnen aber endet der Bericht über die Erneuerung mit der Aufforderung an die Nachgeborenen, das Gebäude und das Andenken des Restaurators zu schützen und den HPA vor Amun zu preisen, oder aber mit der Verfluchung derjenigen, die das Gedächtnis des Restaurators schänden sollten, schließlich auch mit der Bitte an den Gott um ein langes Leben für den regierenden König und den HPA. Die Inschrift auf der Südseite des kleinen Tempels von Medinet Habu führt nach einer kryptographischen Einleitung Painedjem I. mit Beamtentiteln ein und berichtet über die Neueinrichtung des Heiligtums und seines Kultus.; sie endet wie eine königliche Weihinschrift: die Götter reagieren freudig auf das Werk und lassen dem HPA königliche Segensgüter zuteil werden[439]. Am Anfang der Inschrift auf der Nordseite des Tempels heißt es ähnlich wie bei Herihor[440], daß die Götter den HPA für seine Aufgaben geschaffen haben; die Tätigkeit des Vezirs und Priesters wird als Ausführung eines göttlichen Auftrages an ihn verstanden, wofür die Götter dem Beamten ihren Dank abstatten. Damit steht der Beamte an der Stelle des

[435] S.o. §95, MH.d., TS 24 und 25.
[436] S.o. §50.
[437] Lefebvre, Inscr., Nr.16.
[438] KRI VI, 532f.; 534ff.
[439] S.o. §95, MH.d.; TS 24.
[440] S.o. §93f.

Königs und dies muß wohl der vom traditionellen Standpunkt aus ungeheuerlichen Verbindung der divergierenden Titel zugrunde liegen.

§106

Die Inschriften Painedjems I. auf den Sockeln der Widdersphingen in Karnak[441] sprechen aus, was die Selbstpreisungen der Hohenpriester des Amun der 19. und 20. Dynastie nur implizierten[442]. Eine Formulierung Painedjems I. wie **jnk-ꜣḫ n-kꜣ.f** (i.e. Amun) **r-ḥḥ.w n-zp** steht einer Formulierung wie: **jnk-ṯl rs-tp ꜣḫ n-nb.f** des Rama[443] recht nahe; dessen Aussage: **jnk-ꜣḫ mnḫ m-pr.f** ist zwar formal ähnlich wie das **jnk-wr-mnw ꜥꜣ-bjꜣ.wt m-ẖnw-Jp.t-s.wt** Painedjems I.; das letzte Epithet ähnelt jedoch mehr dem **nb.tj**-Namen des Haremhab **wr-bjꜣ.wt m-Jp.t-s.wt** als irgendeinem priesterlichen Ruhmestitel. Die Worte Painedjems I.: **jrj.j-n.f mnw.w-ꜥꜣ.w wr.w (...) ḫt.w ḥr-rn.j n-ḏ.t** und **smn.j-rn.j ḥr-tp-tꜣ m-bꜣḥ-Jmn**, erinnern an die Formulierung von Rama: **dj.sn-ḫntj.j-mnw ḥr-tp-tꜣ rn.j-ḫtw-ḥr.f r-d.t**[444]. Auch stehen sie in der Tradition eines HPA der 19./20. Dynastie, der ein Denkmal auf den Namen des *Königs* errichtete[445]; wenn bei Painedjem I. **rn** mit der Kartusche determiniert ist, so ist der private Wunsch eines Hohenpriesters, daß sein Name auf seiner eigenen Statue im Tempel dauern möge, zusammengeflossen mit dem Selbstlob, Denkmäler im Namen des *Königs* errichtet zu haben, der Bauleiter des Königs ist identisch mit dem königlichen Bauherrn geworden, wie Painedjem I. auch das königliche Selbstlob übernimmt: "*Nicht gibt es einen König, der tat, was ich tat*"[446].

§107

Die erste Implikation, bereits in den biographischen Texten der früheren Hohenpriester des Amun angelegt, war, daß der Priester als Diener des Gottes die Stellung des Königs gegenüber dem Gott einnimmt. Die zweite aber, daß auch der Gott, als Herr des Dieners, in eine königliche Stellung diesem gegenüber kommt; auch dies wird in den Inschriften Painedjems I. offenkundig.

---

441 S.o. §95, KA.a.; TS 1.
442 S.o. §87.
443 S.o. §81.
444 Lefebvre, Inscr., Nr.4.
445 Lefebvre, Inscr., Nr.9; KRI VI, 535,9.
446 S.o. §95, KA.a. und KA.b.; TS 1 und TS 2.

Das erste Beispiel hierfür ist der Beginn der Inschrift auf der Südseite des kleinen Tempels von Medinet Habu[447]. Diese beginnt nicht mit den Titeln Painedjems I., sondern mit einer Reihe von Epitheta des Amun von Medinet Habu, ähnlich denen, die sich in dem Text der Stele der Verbannten des HPA Mencheperre[448] und der Einleitung zum Dekret des Amun für Neschons pKairo 58032[449] finden; hier sind sie jedoch zu einer Quasi-Königstitulatur geworden, da sie auf Bestandteile der königlichen Namensreihe verteilt sind. Dafür, daß Driotons Lesung des kryptographischen Anfangs als **(ꜥnḫ) Ḥrw-Ꜣḫtj kꜣ-nḫt** zutreffen könnte als eine verfremdete Einleitung des königlichen Horusnamens, spricht das nicht kryptographische 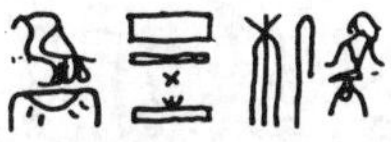 als **bjk-nbw**-Name im weiteren Verlauf des Textes. Nach der "Königstitulatur" des Gottes beginnt der Bericht über die Tempelerneuerung mit den Titeln und dem Namen Painedjems I., so daß diese etwa an die Stelle des 4. und 5. Königsnamens zu stehen kommen. Formal ähnelt der Text auf der Südseite einer traditionellen Weihinschrift, da er mit einer "Königstitulatur" beginnt – der des Gottes – und mit den Gaben der Götter an den König endet, an dessen Stelle nun der HPA steht.

§108

Das zweite Beispiel ist die Gestaltung des Türarchitravs auf der Südseite des Dachheiligtums im Chonstempel[450]:

[447] TS 24; Drioton, in: ASAE 40, 1940, 328ff.
[448] S. Orakeltext I.21.b.
[449] S. Orakeltext II.21.a.
[450] TS 13.

Dies spielt auf zwei Arten der Architrav-Gestaltung an. Das zweizeilige Schema[451]:

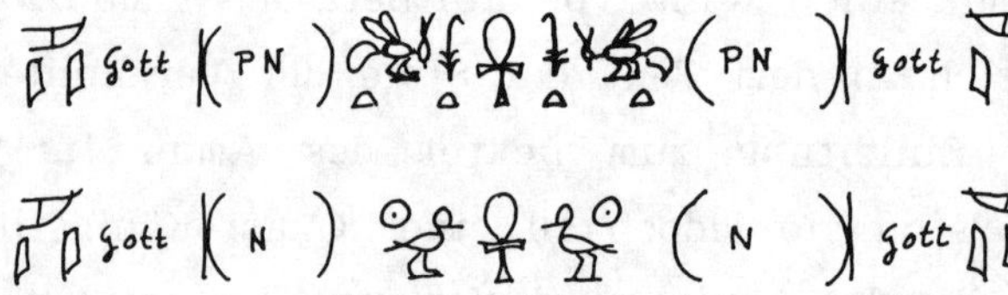

das einzeilige Schema:

Der Beginn der Titulatur Painedjems I. nutzt offenkundig die graphische Ähnlichkeit von **ḥm-nṯr** mit **nṯr-nfr** aus, insbesondere, wenn mit der **ᶜnḫ**-Hieroglyphe verbunden. Das zweimalige **ᶜnḫ**-Zeichen unter der geflügelten Sonnenscheibe täuscht dabei die normale zweizeilige Königstitulatur nur optisch vor, an die Stelle dieser Titulatur ist hier jedoch eine *Aussage* getreten:

Jmn-Rᶜ.... **ᶜnḫ-ḏd-wꜣs**
} **dj.f** { } **n-** HPA P **zꜣ-Pꜣj-ᶜnḫ**
Ḫnsw ..... **ᶜnḫ mj-<Rᶜ?>**

(Z.1) (Z.2)

eine Aussage über das Verhältnis der Götter zu ihrem Priester; beide Pole dieses Verhältnisses werden der graphischen Gestaltung der traditionellen Königstitulatur untergeordnet: nach dem zweizeiligen Schema die Götter an den Platz des **njswt-bjt**-Namens, Painedjem I. an den Platz des **zꜣ-Rᶜ**-Namens; nach dem einzeiligen Schema ersetzt der mit HPA eingeleitete Name Painedjems I. die beiden jeweils mit **nṯr-nfr** eingeleiteten königlichen Hauptnamen.

§109

Während hier weder Götter noch HPA als König bezeichnet werden, gibt das dritte Beispiel den Göttern wieder eine Königstitulatur: es handelt sich um die Gestaltung der Türpfosten des Haupteingangs zur Hypostylhalle im Chonstempel[452]. Hier stehen die königlichen Namen der Götter Amun und Chons wieder am Beginn einer Aussage in Bezug auf den HPA.

---

[451] Vgl. RIK I, Pl.49; 50; 66; Osing, Tempel Sethos' I. in Qurna, Tf.24b; 37c; 41a.

[452] Temple of Khonsu II, Pl.128–130; §48, KC.f.; TS 11.

Ostseite:

ḤRW ꜥꜣ-pḥtj nb-šfj.t
NJSWT-BJT Ḫnsw-Rꜥ nb-Wꜣs.t nṯr-ꜥꜣ ḫwj.f-HPA P

Westseite:

ḤRW ḥqꜣ-tꜣ.wj wr-nḫtw
NJSWT-BJT Jmn-Rꜥ nb-ns.wt-tꜣ.wj ḫntj-Jp.t-s.wt nb-p.t ḥqꜣ-nṯr.w-nb.w ḫwj.f–HPA P

So wird der selbst nicht als König bezeichnete HPA als Objekt des Schutzes der Götter in deren Königstitulatur integriert[453].

f. Resultat

§110

1. Ein Beamter, der sich auch als König bezeichnen kann, hat offenkundig keinen regierenden König mehr über sich, wie dies bei Herihor in seiner Beamten-Zeit noch der Fall war.

2. Wenn er an den Beamtentiteln festhält, so muß es dennoch einen königlichen Bezugspunkt für diese geben, der aber, gemäß der ersten Aussage, nurmehr ein ideeller sein kann.
In dem Verhältnis, das der HPA Painedjem I. zum Gott, insbesondere Amun, einnimmt, wurde das Gott/Vater – König/Sohn-Verhältnis übertragen auf das Gott/Herr – Priester/Diener-Verhältnis, das bei den Hohenpriestern des Amun schon Tradition hatte; damit konnten aber beide Pole dieses Verhältnisses in die Stelle des Königs einrücken, was sich logisch ausschließt. Dies führt im Extremfall daher bei Painedjem I. zu zwei verschiedenen Inschrifttypen: der eine, in dem *er* der *König* und der *Gott* sein Schöpfer ist, der andere, in dem der *Gott* der König und *er* als HPA und Diener desselben das Objekt seines Schutzes ist. Eine Synthese ist die Inschrift auf dem Architrav im Dachheiligtum[454], in der keine von beiden Seiten als König bezeichnet wird; statt dessen wird *das Verhältnis beider Pole zueinander* wie eine Königstitulatur behandelt.

---

[453] Ein Beispiel für die Schreibung des Gottesnamens Amuns in eine Königskartusche aus der 21. Dynastie, vom Eingang eines der Priesterhäuser am Heiligen See in Karnak, publiziert von Traunecker, in: CRIPEL 15, 1993, 83ff. mit Fig.2f.: **(njswt-bjt Jmn-Rꜥ ḫntj-j<p.t.>f)**.

[454] TS 13.

II

Das Orakelwesen als Medium der Gottesherrschaft

Ägyptische Wörter für "Orakel"

1. Die Diskussion um das Orakelwesen

§111

Das Orakelwesen im engeren Sinne, d.h. die Befragung von Götterstatuen, häufig anläßlich von deren Prozessionen, ist die Institution, in der sich die fiktive Königsherrschaft des Amun-Re in der 21. Dynastie realisierte. Die Wertung dieser Zeit als eine Epoche des religiösen Niedergangs, in der "*an die Stelle lebendiger Gottbezogenheit*" ein "*Mechanismus*" tritt, "*der in sich tot ist und dazu unter dem Zeichen der Lüge steht*"[1], ist identisch mit einer Verurteilung des Orakelwesens. Andere Stellungnahmen zum Orakelwesen haben auf eine solche Wertung im Zusammenhang der geschichtlichen Entwicklung der ägyptischen Religion weitgehend verzichtet und sich auf die Orakeltechniken und seine Ausprägungen konzentriert, so die Abhandlung von Cerny bei Parker, Saite Oracle Papyrus.

Eine Verurteilung des Orakelwesens wie die im Zitat von Bonnet enthaltene ist nicht mit seiner Erklärung gleichzusetzen, aber auch "wertneutrale" Betrachtung verschiedener Details läßt die Frage nach Grund und Zweck dieses Phänomens unbeantwortet, so wertvoll solche Untersuchungen auch sind. Auch der Abschnitt bei Luft, Theokratie, über das Orakelwesen (S.9ff.) erliegt der Versuchung, mit dem Hinweis auf Machtkämpfe innerhalb des "*Klerus*" oder zwischen Priesterschaft und Königtum ein religiöses Phänomen zu erklären; dies aber "*liegt*" keineswegs "*auf der Hand*"[2], wie Luft meint. Der Hinweis auf im Hintergrund agierende, meist bösartige und intrigante Subjekte und deren Inszenierungskünste bietet keinerlei Erklärung dafür, wa rum sich Menschen in ihren Entscheidungen von den Bewegungen eines Kultbildes abhängig machen. Mit dieser Erklärungweise wird bei Schenke aus dem Orakelwesen "*Priesterbetrug*"[3]. Daß die Ableitung der quasi-königlichen Funktion des Amun-Re im Orakel aus der "Schwäche" des Königtums un befriedigend ist[4], sieht man schon daran, daß sich dies auch umkehren läßt, indem man die "Schwäche" des Königs aus der "Stärke" des Gottes erklärt. Mit beidem ist nicht viel gewonnen.

---

[1] Bonnet, RÄRG, 800f.; ähnlich ders., op.cit, 563.
[2] Luft, Theokratie, 12.
[3] Schenke, Orakel, 175.
[4] Luft, Theokratie, 10.

§112

Zusammenstellungen des Materials für das Studium des Orakelwesens sowie der darauf bezogenen Literatur finden sich in den Anmerkungen des Aufsatzes von Cerny bei Parker, Saite Oracle Papyrus, ferner bei Leclant, Éléments pour une étude de la divination dans l'Égypte pharaonique, in: Caquot/Leibovici (Hg.), La divination. Rites et pratiques religieuses, Bd.1, Paris 1968, 1ff. Seiner Arbeit über das Orakelwesen hat Schenke einen Anhang angefügt, der eine Übersetzung der wichtigsten Quellen enthält, die allerdings des öfteren nicht befriedigt. Ferner ist auf Kákosys Artikel **Orakel*, in: LÄ IV, Sp.600ff., zu verweisen. Eine Zusammenstellung und Übersetzung einer bestimmten Gruppe von Orakeltexten, nämlich den "Gerichtsorakeltexten" von Deir el-Medineh, findet sich bei Allam, Hieratische Ostraka und Papyri aus der Ramessidenzeit, Tübingen 1973, wo diese Texte zwischen anderen juristischen Dokumenten übersetzt sind.

Da sich alle diese Zusammenstellungen mittlerweile sowohl bezüglich der Texte als auch bezüglich der Sekundärliteratur ergänzen lassen, wird im Anhang dieser Arbeit eine neue Zusammenstellung gegeben, die Textsammlung, -zusammenstellung und Bibliographie vereint. Allerdings werden die demotischen und griechischen Texte *nicht* berücksichtigt, ebensowenig wie die Nachbargebiete Traumdeutung und Prophetie, die in Leclants Sammlung enthalten sind. Diese Zusammenstellung versucht, das Material zu kategorisieren nach Maßgabe der Rolle, den das Orakelwesen in ihm spielt. Dabei wird zunächst unterschieden zwischen "Orakelprotokollen" und "Orakeldekreten" und damit zwei Textgruppen auseinandergehalten, die in den bisherigen Abhandlungen in der Regel gemeinsam abgehandelt worden sind. Vor allem aber wird die Gruppe von Texten stärker berücksichtigt, die auf das Orakelwesen nur anspielen (Abteilungen IV und VI), weder "Orakelprotokolle" noch "Orakeldekrete" sind. Auf diese Weise sind die bekannten Texte wie Urk.IV, 155ff., die bisher bei den Behandlungen des Orakelwesens fast immer an erster Stelle zu finden sind, an einen nicht so prominenten Platz (IV.1) geraten, da sie terminologisch mit den Zeugnissen des Orakelwesens der späteren Zeit wenig zu tun haben.

Die auf das Orakelwesen bezogenen Texte werden im Folgenden mit der Nummer zitiert, die sie in der Aufstellung der Texte haben. Literatur zu den einzelnen Texten, die dort aufgeführt ist, wird mit Verfassernamen und op.cit. zitiert.

2. Die griechische Terminologie für das ägyptische Orakelwesen

§113

Auf ägyptischer Seite stehen dem Begriff des "Orakels" zahlreiche Termini gegenüber. Keines dieser Worte deckt die Bedeutung ab, die wir mit "*Orakel*" verbinden. Vielleicht würde man heute überhaupt nicht von "*Orakeln*" in Ägypten reden, wenn nicht die Griechen, allen voran Herodot, eine bestimmte Art der Äußerung ägyptischer Gottheiten mit griechischen Termini bezeichnet hätten, die wesentlich genauer mit unserem Begriff von *Orakel* zusammenfallen als die in Frage stehenden ägyptischen Wörter. Herodot spricht von χρησμός (II,152), μαντήια (II,83[5]), um das "Orakel" im Sinne eines göttlichen Spruches zu bezeichnen, und von χρηστήριον (II,152), μαντήιον (II,133, 152), wenn es um das "Orakel" im Sinne des "Orakelortes" geht. Das Orakel*wesen* schließlich nennt er μαντική (τέχνη) (II,83[6]). Wenn er (ebd.) von letzterem sagt, diese Kunst (τέχνη) komme niemandem von den Menschen zu, sondern nur einigen Göttern, so wird deutlich, daß er an die Seherei denkt, die in Griechenland wesentlich enger mit dem dortigen Orakelwesen verbunden war als der Prophetismus in Ägypten (Neferti) mit den Tempelorakeln. Einem Ägypter wäre der Gedanke wohl gar nicht gekommen, daß mit Ausnahme von vergöttlichten Königen ein Mensch zu letzteren überhaupt hätte imstande sein können. Die wesensmäßige Differenz zwischen dem ägyptischen und dem griechischen Orakel wird in einer formellen Weise (keine Menschen, sondern nur Götter) aufgefasst. Den wirklichen Unterschied teilt Plutarch[7] unabsichtlich mit in der Anekdote über das Auftreten Alexanders des Großen in Siwa. Alexander habe in Siwa von Amon "*geheime*" (ἀποῤῥήτους) Orakelsprüche (μαντείας) empfangen, die er nur seiner Mutter allein schriftlich in einem Brief mitgeteilt habe. Einige allerdings sagen, der "*Prophet*" (i.e. der Gottesdiener?), der versuchte, Alexander in griechischer Sprache anzureden, habe begonnen mit ὦ παιδίον und dabei versehentlich ὦ παιδίος gesagt. Dies (was für den Ägypter bloßer Auftakt seiner Rede und darüber hinaus ein Fehler war) habe Alexander freudig als das wichtigste am Orakel genommen, indem er als Kind des Zeus (παῖδα Διός) angesprochen worden sei.

---

5 IV.4.27.a.

6 IV.4.27.a.

7 Theodorus Hopfner, Fontes historiae religionis Aegyptiacae, Bonn 1922, 269ff.

3. ḫrtw

§114

ḫrtw,  u.ä., kommt am nächsten dem Inhalt von lat. *oraculum*, ein Wort, das sowohl den Spruch allgemein, dann den Götterspruch und schließlich den Ort der Weissagung meinen kann. Mit diesem teilt das ägyptische Wort sowohl die Ableitung aus einem Verb des Redens (von ḏd.ḫr.tw) als auch die Tatsache, daß das Wort sich nicht nur auf den einmaligen Ausspruch jds. bezieht, sondern auf eine Institution, die eine gewisse Verselbständigung gegenüber dem Sprechenden als der Quelle des Ausspruchs erhalten hat: ḫrtw, mit maskulinem Artikel, gelegentlich aber auch als Femininum behandelt[8], ist zwar m.W nicht belegt in der Bedeutung "*Ort der Weissagung*", jedoch kann das ḫrtw, von dem es heißt, daß es "*hervorgehen*" kann[9], in manchen Texten fast wie ein eigenes Wesen neben dem Orakelgott behandelt werden; so in den Orakeldekreten Amuns über das Jenseitsleben, wo es Attribute wie ꜥꜣ špsj [10] oder ꜥꜣ wr tpj špsj [11] erhalten kann. Der Gott kann es "*aussenden*" (wḏj) als Träger seiner Macht[12] und damit seinen eigenen Wirkungsradius vergrößern; das ḫrtw kann selbst handeln[13] und hat eine "*Stimme*" (ḫrw)[14], als wäre es nicht ein Spruch, sondern ein sprechendes Wesen[15].

Kein Widerspruch dazu ist, daß in den O.A.D.[16], wo Schutz vor schlechten (dḥr) "*Orakeln*" zugesagt wird, ḫrtw offenbar den auf Papyrus geschriebenen Gottesausspruch meint[17] und dem "*Schriftstück*" (šꜥ.t) entspricht, das dḥr sein kann und vor dem Schutz versprochen wird[18]; denn gerade als Schriftstück mit

---

8 VI.2.2.
9 VI.2.2.
10 pKairo 58032 (II.21.a.), Z.119 = Gunn, §11.
11 pKairo 58034 (II.33.a.), Z.1, 21, 22.
12 pKairo 58032 (II.21.a.), ebd.; pKairo 58034 (II.33.a.), Z.21; vgl. auch pNevill (V.20.c.) vso., 2f., wo es in prinzipieller Weise vom Orakelgott heißt: "*und einer wie du, der an geheimer Stätte verborgen ist, der läßt seine Stimme nach draußen hervorgehen...*".
13 pKairo 58032 (II.21.a.), Z.121; pKairo 58033 (II.21.b.), Z.32; O.A.D. (II.21/22.a.), L.7, 62f.: jw.j-djt-mḥ-pꜣj.j-ḫrtw.....jm.f.
14 pKairo 58034 (II.33.a.), Z.22.
15 Vgl. auch N.T., Ev.Johannis, 1,1–3, 1,14, 1,23.
16 O.A.D. (II.21/22.a.), L.1 rto., 34f.
17 L.1 vso., 52ff.
18 L.6 vso., 43f.

magischer Kraft hat das Gotteswort tatsächlich eine verselbständigte Gestalt gewonnen.

Das **ḫrtw** des Amun ist gelegentlich als das Medium seiner Weltherrschaft als Überkönig gefaßt, so im Neschons-Dekret[19] und im Leidener Amunshymnus[20]. Im pTurin 1882 wird das **ḫrtw** des Amun darüberhinaus mit der Maat in Zusammenhang gebracht[21], und der König *Mittler* (**wḥmw**) und *Abbild* (? **sšm**) desselben genannt[22]. In der Bedeutung von **ḫrtw** als herrschaftlichem Ausspruch liegt jedoch auch die Differenz zum Begriff des Orakels, wie er durch die griechisch-römische Welt bestimmt ist: denn das Wort kann sich auch auf den Ausspruch des menschlichen Herrschers beziehen[23]; das Schwergewicht dürfte bei **ḫrtw** weniger auf einer Botschaft aus einer überirdischen Welt liegen als vielmehr auf einer herrschaftlichen Anordnung, sei es eines Gottes, sei es eines Königs[24].

4. Mit nḏ (nḏnḏ) gebildete Ausdrücke

§115

Die Verbindung **nḏw.t-r'** wird vom Wb.[25] wie auch von Faulkners CD[26] u.a. mit "*Orakel*" übersetzt; jedoch ist sie, wenn auch gelegentlich für Äußerungen eines Gottes benutzt[27], kein charakteristischer Ausdruck für das Orakelwesen, mit der dieses als ein eigentümliches und selbständiges Phänomen gekennzechnet würde. **nḏw.t-r'** ist zunächst allgemein ein Wort für "*Beratung*", auch zwischen Menschen unterschiedlichen Ranges, so zwischen dem König und seinem Heer, wobei es das Heer ist, das beratend für den König wirken soll[28]; es ist also noch nicht an das anordnende Verkünden von Richtlinien o.ä. gedacht. Daß **nḏw.t-r'** zu geben weniger eine Frage von Macht als von Klugheit

---

19 VI.2.4.
20 VI.2.2.
21 IV.1.20.a.
22 VI.2.11.
23 Wb.III, 318,5; vgl. auch pHarris I, 79,9f.
24 Im Sinne eines Gottesausspruchs dürfte auch das Wort  auf der Stèle d'Apanage (II.22.a., Z.27) gebraucht sein, von dem es heißt, daß man ihn nicht "*verletzen*" (**thꜣ**) darf ohne Strafe des Gottes.
25 Wb.II, 372,5.
26 Faulkner, CD, 144; so auch Cerny bei Parker, Saite Oracle Papyrus, 35 und Anm.7.
27 IV.3.18.a./b.
28 Urk.IV, 649,4; 649,13, fordert der König sein Heer auf, ihm zu sagen, ⌈was sie denken⌉.

ist, zeigt das Epithet des Ineni, **jqr-nḏw.t-r'**, das nach **nb-sȝr.t**, "*verfügend über Klugheit*", steht[29].

Im sogenannten "*Punt-Orakel*" des Amun für Hatschepsut[30] ist **nḏw.t-r'** nicht der zusammenfassende Ausdruck für die gesamte Ansprache des Gottes, die als **wḏ** bezeichnet wird[31]; **nḏw.t-r'**, das im Text nur einmal vorkommt, ist enger mit dem folgenden "*Suchen*" und "*Öffnen*" der Wege nach Punt verbunden sowie mit dem "*Leiten*" des Expeditionsheeres zu Wasser und zu Land, so daß hier Orakel vor allem im Sinne der "*Beratung*" des Königs durch den wissenden Gott gemeint ist; daß dies keine spezifisch göttliche Tätigkeit ist, zeigt sich schon in der Ausdrucksweise, daß der König die Beratung "*des Gottes selbst*" gehört habe. In der Inschrift der Stele CG 34012 (IV.3.18.b.) dürfte das **nḏw.t-r'** (des Gottes) (Z.2) bezüglich der *Anleitung/Durchführung* (**sšm.t**) beim Bau von Denkmälern darin bestehen, daß der Gott selbst das Strickspannen bei einem zu errichtenden Tempel übernimmt und damit dessen Gestalt festlegt.

§116

Auch das zugrunde liegende Verb **nḏ** und dessen reduplizierte Form **nḏnḏ** können im Kontext von "Orakel"-Episoden verwendet werden, und zwar für die Seite des den Gott befragenden Menschen, so auf der Konosso-Stele Thutmosis' IV. (IV.3.18.c)[32]. Sowohl hier als auch beim Punt-Orakel der Hatschepsut ist der Rahmen der Episode nicht eine Prozession des Gottes, sondern der Besuch des Königs im Heiligtum. Die Verbindung **nḏnḏ-ḫr.w** findet sich in der 21. Dynastie am Beginn der "*Inscription historique*" (I.21.d.), senkrechte Z.6f. Bevor das besondere Anliegen der Inschrift eingeführt wird, erfährt man, daß der HPA auf dem Silberboden des Amuntempels ein **nḏnḏ-ḫr<.t>-tȝ-pn** vor Amun veranstaltet, also den Gott nach den *Angelegenheiten des Landes*

---

[29] Urk.IV, 67,10f.; Schenke, Orakel, Beleg Nr.2, nimmt auch Urk.IV, 807,3, als Orakelbeleg in Anspruch, jedoch aufgrund einer falschen Übersetzung.

[30] IV.3.18.a.

[31] Urk.IV, 342,11 und 343,1.

[32] Cerny bei Parker, Saite Oracle Papyrus, 35, paraphrasiert die Episode so: "*He went to the temple and consulted Amun as to what steps he should take and what would happen to him.*" Auch Helck geht in seiner Übersetzung der Urkunden davon aus, daß sich **.f** immer auf den König bezieht. Da es jedoch oft genug vorkommt, daß wiederholtes **.f** sich auf wechselnde Subjekte bezieht, wäre auch möglich: der König befragt den Gott bezüglich der von ihm zu unternehmenden Schritte und der Gott läßt den König wissen, was von ihm aus geschehen werde.

fragt[33]. Dies ist vielleicht die zufälligerweise nur einmal und hier mitgeteilte Institution einer regelmäßigen Befragung des Gottes bei seinen Auszügen über allgemeine Angelegenheiten, in der sich die ideelle Königsherrschaft des Amun in der 21. Dynastie realisierte.

5. **wḏ, wḏ.t**

§117

Es ist bezeichnend für das ägyptische "Orakel"-Wesen, daß der am häufigsten benutzte Begriff für Orakel-Äußerungen von Gottheiten, v.a. von Amun-Re von Karnak, auch am wenigsten ein spezifischer Begriff für "Orakel" ist. Während die auf das ägyptische Orakelwesen angewandten griechischen Wörter **χρησ**-μος /-τηιον, **μαν**-τηιον /-τηια /-τικη dasselbe in den spezifischen Bereich der Wahrsagerei einordnen, wird mit dem Stamm **wḏ** das Orakelwesen dem Bereich obrigkeitlicher Anordnungen zugewiesen, also einem Bereich, der unserem Begriff von Orakel relativ fern liegt[34].

Zu den **wḏ/wḏ.t** genannten Dokumenten gehören auch die Götterdekrete, die nicht scharf von den "Orakeldekreten" abzugrenzen sind[35].

Neben dem eben genannten Beispiel des Punt-Orakels der Hatschepsut findet sich die Bezeichnung einer Orakeläußerung als **wḏ** oder **wḏ.t** auf der Stele Louvre C 256 (I.21.b.), Z.19 (vgl. VI.2.4., **pꜣj.k-wḏ** [36]) und Z.17: **jw.k-‹r-›jr‹t›-wḏ.t-ꜥꜣ.t ḥr-rn.k**; im Orakeltext auf dem 10. Pylon von Karnak (I.21.e.), Z.12: **[jr-]tꜣ-wḏ.t j.jrj-Jmn-Rꜥ...**; ferner Z.23; Z.27; Stèle d'Apanage (II.22.a), Z.26, und Orakel aus Elephantine (I.22.d.) Z.15: **wḏ.t-tn**.

Hinzukommen die Belege, die die Macht des (Orakel-)Gottes als Unerschütterlichkeit seiner "*Erlasse*" preisen, vgl. VI.2.2., VI.2.4./5., VI.3.9./10.

---

33 Zu **nḏnḏ-ḫr.w** s. Caminos, Tale of Woe, 12 und Anm.11 und 12.

34 Überhaupt ist man bei der Zusammenstellung von Orakelbelegen häufig mit der Schwierigkeit konfrontiert, wo man die Grenzen des Orakelwesens ziehen soll, weil der Charaker des ägyptischen Orakels nicht primär in Seherei liegt. Nimmt man jede Äußerung von Göttern gegenüber dem König als Orakel, so mag man unendlich viele Götterreden als Orakelbelege betrachten. Im Unterschied zu den durch das Dekorationsprogramm einer Tempelwand bedingten "Götterreden" stellen freilich die Orakel einen Götterspruch dar, der in der Wirklichkeit auf irgendeine Weise zum Ereignis wurde, und sei es nur durch die zustimmende Geste der Götterbarke zu einem schriftlich vorgefertigten Text.

35 Vgl. Otto, in: LÄ II, Sp.675ff., s.v. **Götterdekret*.

36 S. v.Beckerath, in: RdE 20, 1968, 24.

Nahe beieinander in ihrer Gebrauchsweise liegen oft **wḏ**, "*anordnen*", und **sr**, "*verheißen*". Wie man sagen kann, daß der Gott dem König Siege "*verheißt*"[37], kann man auch die Formulierung benutzen, daß er sie "*anordnet*" (**wḏ**)[38]; zu dem Ausdruck **sr-njswj.t**, "*Königtum verheißen*"[39] und **sr r-njswt**, "*(jdn.) zum König ernennen*"[40] vgl. auch die vom Gedanken her ähnliche Ausdrucksweise: "*wenn er König ist* (**j.jrj.f-njswt**), *dann auf deinen (Amuns) Befehl hin* (**ḥr-wḏ.k**)"[41].

6. **(pꜣ-)wḫꜣ / (nꜣ-)wḫꜣ.w**

§118
Für den schriftlichen Gottesbefehl, der wie ein Brief überbracht wird, kennt die Geschichte des Wenamun den Ausdruck **(pꜣ-)wḫꜣ / (nꜣ-)wḫꜣ.w**, s. Orakelbeleg IV.3.20.c.

7. **bjꜣj.t**

§119
Unter den Begriffen, die für die Bedeutung "*Orakel*" in Anspruch genommen werden, ist **bjꜣj.t** einer der wichtigsten. Die Stellung dieses Wortes innerhalb der zum Stamm **bjꜣ** gehörenden Wortfamilie wurde von Graefe behandelt[42]. Die Belege für **bjꜣj.t** wurden von ihm zusammengestellt, so daß dies hier nicht erneut geschehen muß[43]. Die Auffassung der Belege Urk.IV, 159,2 (IV.1.18.b.) und Urk.IV, 836,8 (IV.3.18.b.)[44] als Infinitive ist anfechtbar[45]. So findet sich **bjꜣj.t** im zweiten Dokument (Urk.IV, 837,13) in einem Zusammenhang, der deutlich macht, daß es sich um ein Femininum handelt: **bjꜣj.t-ꜥꜣ.t jrj.t.n-n.f jtj.f.** Einer Auffassung als Infinitiv widerspricht daher die Tatsache, daß alle Infinitive innerhalb des

---

37 Wb.IV, 190,1.
38 Urk.IV, 808,14; Caminos, New Kingdom Temples of Buhen I, Pl.62.
39 Wb.IV, 190,2.
40 IV.1.20.b.
41 pHarris I, 23,3.
42 Graefe, Untersuchungen zur Wortfamilie bj3-.
43 Graefe, Untersuchungen zur Wortfamilie bj3-, 113ff.
44 Osing, Nominalbildung, 57 und 517.
45 Vgl. auch Graefe, Untersuchungen zur Wortfamilie bj3-, 139; **(r-)ꜥꜣ.t-wr.t** kann auch jedoch auch als Adverb aufgefasst werden, so daß diese Form zu einem Infinitiv ebenfalls passen würde.

Bildungstyps **sḏm** von Verben ult.-inf. mit Auslaut **-it** seit der 11. Dynastie als Maskulina behandelt werden[46]. **bjꜣj.t** ist jedoch in Texten des Mittleren Reiches ebenso wie der 18. Dynastie ein Femininum[47]. Neben der Frage des Geschlechts von **bjꜣj.t** sind aber auch Formulierungen der folgenden Art nicht mit einer Auffassung des Wortes als Infinitiv zu vereinbaren:

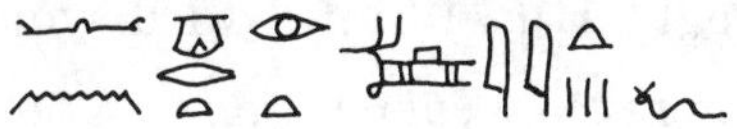 [48]

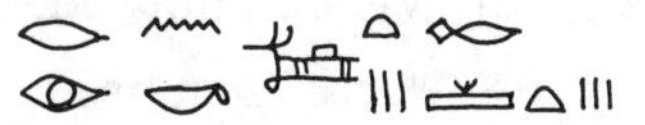 [49]

Wenn es sich hier also nicht um einen Infinitiv, sondern um ein weibliches Verbalsubstantiv handeln sollte, so dürfte es sich bei der Form 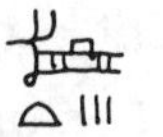 u.ä. in den Inschriften von Hatschepsut und Thutmosis III. und bei dem Wort **bjꜣj.t**, "*Zeichen*", "*Wunder*", nicht um zwei verschiedene Bildungen handeln. Es gäbe allenfalls die Möglichkeit, innerhalb der Inschriften der Hatschepsut auf der Chapelle Rouge (IV.1.18.a.) der auffallenden Differenzierung von Schreibungen wie einerseits 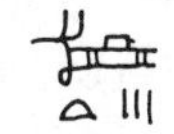 und andererseits 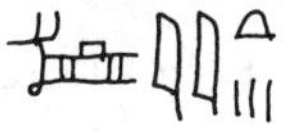 einen Aussagewert zuzubilligen und die erste als Infinitiv, die zweite als Verbalsubstantiv zu verstehen. Dies würde gestützt durch das Faktum, daß in der Tat alle Konstruktionen wie **wn.jn-X ḥr-bjꜣj.t, jsṯ-X ḥr-bjꜣj.t** die erste Schreibung benutzen; anders sieht es aber aus bei Verbindungen mit einem Verb der Bewegung; so steht der Formulierung:

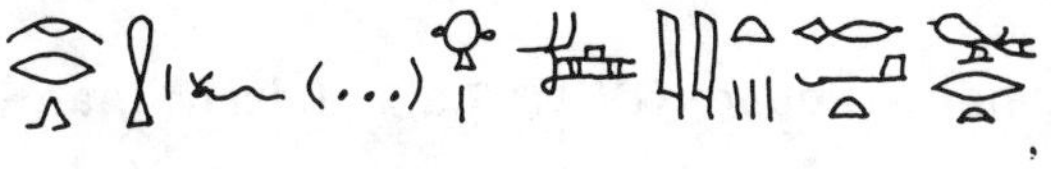 [50]

gegenüber:

 [51]

wo nicht einzusehen ist, daß es sich jeweils um eine andere Bildungsweise handeln sollte. Vor allem aber ist in Urk.IV, 837,13 der recht eindeutige Beleg

---

[46] Osing, Nominalbildung, 54.

[47] Belege bei Graefe, Untersuchungen zur Wortfamilie bj3-, 149ff.; u.a. Hammamat, Nr.110 (Couyat/Montet, Inscr. du Ouadi Hammâmât, 77/78); pWestcar, 1,18; 3,20; 4,10f.; 4,18; Urk.IV, 1238,8.

[48] Lacau-Chevrier, Une chapelle d'Hatshepsout à Karnak, 97.

[49] RIK II, Pl.92.

[50] Lacau-Chevrier, Une Chapelle d'Hatshepsout à Karnak, S.98.

[51] Ebd.

für **bjꜣj.t** als Verbalsubstantiv (wegen des weiblichen Geschlechts, s.o.) genauso geschrieben wie **bjꜣj.t** in der Konstruktion **wn.jn-X ḥr-bjꜣj.t**, Urk.IV, 836,8: .

§120

Das Verb, das diesem Verbalsubstantiv zugrunde liegt, **bjꜣj**, IV.inf., wird von Wb.I, 440,1/2 übersetzt: "*in freudiges Staunen geraten* (*über jdn., über etw.*)"[52]. Diese Bedeutung passt jedoch nicht sehr gut zu der Verwendung des Verbs in Götterreden wie z.B. auf der Poetischen Stele. Die Worte Amuns an den König: **smn.j-ṯw m-jwnn.j bjꜣj.j-n.k dj.j-n.k qnj.t-nḫt r-ḫꜣs.wt-nb.t** [53], sollte man besser nicht übersetzen mit "*ich stelle dich in mein Heiligtum und gerate in Staunen über dich....*" o.ä.[54].
Dieses Beispiel und noch deutlicher Götterreden wie die Worte Amuns auf der Stele CG 34025 Amenophis' III.: **dj.j-ḥr.j r-rsw (r-mḥtj / r-jmnt.t /r-wbn) bjꜣj.j-n.k dj.j-pḫr-n.k wr.w-Kꜣš-ḫz.t (....)** [55], bringen das Verb **bjꜣj** in Zusammenhang mit der Gewährleistung der königlichen Macht über den Erdkreis durch die Götter[56].
Eine bedeutungsmäßige Scheidung des so verwendeten Verbs als "*Wunder tun für jdn.*" von dem mutmaßlichen Verbalsubstantiv **bjꜣj.t** in den Texten IV.1.18.a./b., IV.3.18.b. als "*Orakel geben*" im Gefolge von Posener[57], wie sie Graefe[58] vornimmt, ist nicht notwendig. Daß das Strickspannen bei der Tempelgründung durch Amun selbst (IV.3.18.b.), das als "*großes* **bjꜣj.t**" bezeichnet wird (Z.12f.), ein "*Orakel*" sein soll, ist nicht einzusehen; als ein "*Wunder*" o.ä.[59] mag man es dagegen bezeichnen.
Dasselbe gilt auch für die Texte der Chapelle Rouge (IV.1.18.a.). Deren Inanspruchnahme als "*der erste Orakelbericht, der uns erhalten ist*" und der "*auch expressis verbis (sagt), daß nie vorher ein Orakel ergangen ist*"[60], beruht auf der Übersetzung von Block 222: **nn-grt-jrt-bjꜣj.t.f r-ꜥḥꜥw-nb n-njswt**, mit: "*ohne daß doch zuvor ein Orakel gegeben worden war an den 'Herren-*

52 Ähnlich auch Faulkner, CD, 80: "*wonder, marvel at*".
53 Urk.IV, 612,5ff.
54 S. Posener, Divinité du Pharaon, 51 und Anm.6, sowie Graefe, Untersuchungen zur Wortfamilie bj3-, 7 und 122ff., gegen diese Bedeutung.
55 Urk.IV, 1656f.; ähnlich: KRI I, 26f.; KRI V, 279f.; RIK I, Pl.21.
56 Urk.IV, 347,13f., zeigt jedoch, daß ein Moment des persönlichen Gefallens in **bjꜣj** enthalten ist, wenn auch Poseners Auffassung des Wortes ("*operer un miracle pour quelcun*") zuzustimmen ist, s. die folgende Anmerkung.
57 Posener, in: ZÄS 90, 1963, 102.
58 Graefe, Untersuchungen zur Wortfamilie bj3-, 157 und 137ff.
59 v.Beckerath, in: MDIK 37, 1981, 45: "*Wundertaten*".
60 Assmann, Theologie und Frömmigkeit, 228.

stationen' des Königs"[61]. Damit wird dieser "*Orakelauszug*" (Assmann) zum vorher noch nie dagewesenen Ereignis. Jedoch hat **grt**, wie auch das ihm nahestehende **gr**, wohl die Nuance von "*auch*", "*darüber hinaus*", zusammen mit einer Verneinung ist daher eine Bedeutung wie "*nicht mehr*" oder, im vorliegenden Fall, "*ohne aber noch*" o.ä. zu erwarten[62]; daher die Übersetzung: "*ohne aber (noch?) seine (!)* **bjꜣj.t** *zu tun an irgendeiner Station des Königs*".

Das **.f** bei **bjꜣj.t** verweist darauf, daß es sich bei dem **bjꜣj.t**-Tun des Gottes um ein vom Text als längst bekannt unterstelltes Phänomen handelt. Daß dieses **bjꜣj.t**-Tun fest zu den Prozessionen des Amun dazu gehörte und für sich allein keinen Anlaß zu einem so großen Erstaunen bot, wie es anschließend geschildert wird, geht aus anderen Texten deutlich genug hervor: Im Text zur Proklamation Thutmosis' III. (IV.1.18.b.), Z.4 (Urk.IV, 157,14ff.), ist das **bjꜣj.t**-Tun von Anfang an mit dem Erscheinen des Gottes und seinem Hervorkommen aus dem Tempelinneren verbunden und ruft daher zunächst auch kein Erstaunen hervor. Die Wendungen, die die Unvorhergesehenheit des göttlichen Tuns beschreiben, finden sich erst da, wo der Gott, dem vom König eine Hekatombe geopfert wurde, in der Säulenhalle umherzieht und eine nicht-königliche Person sucht, die er dann an den Standplatz des Königs bringt und für die er ein **bjꜣj.t** veranstaltet[63]. Auch im Text der Tempelgründung (IV.3.18.b.), Z.8, ist das **bjꜣj.t**-Tun des Gottes für den König eng mit dem Erscheinen des Gottes in der Öffentlichkeit verknüpft und für sich allein nichts "Erstaunliches".

In der Hatschepsut-Inschrift von Block 222 der Chapelle Rouge ist entsprechend das **wḏꜣ**, also das Dahinziehen des Gottes[64], mit dem Tun von **bjꜣj.t** verbunden wie im zuletzt genannten Text, ohne daß dies schon etwas "Erstaunliches" wäre. Das **nn-grt** liefert dann die Erklärung für die danach folgenden Sätze über die Verwunderung der Anwesenden. Es bringt entweder zum Ausdruck, daß der Gott das Tun von **bjꜣj.t** bei den Standplätzen des Königs, das bei solchen Auszügen dazugehörte, diesmal ganz unterließ; oder aber, daß eigentlich keine **bjꜣj.t** des Gottes mehr zu erwarten waren, da der Gott die kö-

---

[61] Assmann, op.cit., 225.

[62] Vgl. Gardiner, EG, §§205, 255; Edel, Altäg. Gramm., §§830, 851.

[63] **nn-ꜣ m-jb.w-ḫntj.w jrr.t.f**, Urk.IV, 158,9, "*es war nicht in den Herzen der Vorderen (i.e. der voranschreitenden Träger), was er tat*".

[64] Auffallend ist, daß hier und an anderen Stellen des Textes der Gott mit **ḥm.f** bezeichnet wird, was z.B. im Tempelgründungstext (IV.3.18.b.) die Bezeichnung des Königs ist, während der Gott in den Orakeltexten üblicherweise **ḥm n-nṯr-pn** genannt wird; vgl. auch v.Beckerath, in: MDIK 37, 1981, 46, Anm.m.

niglichen Standplätze bereits hinter sich gelassen hatte[65]. Das Erstaunen richtet sich nicht auf das bjꜣj.t-Tun schlechthin, sondern auf dessen ungewöhnlichen Zusammenhang. Die Formulierung, die die Ratlosigkeit zusammenfaßt, erinnert an die in der Proklamation Thutmosis' III. (Urk.IV, 158,9, s.o.): n-rḫ.tw nt.t-jr.tjfj nn[-jrr.f-sw m-s]ḫr.w ḥr<-ḏd>-ḏrw m-ḫprw-nṯr-pn[66]. In beiden Fällen kommt die Ratlosigkeit der Anwesenden daher, daß der Gott beim Vollbringen von bjꜣj.t sich auf eine nicht-königliche Person orientiert und von seinem normalen Prozessionsweg abweicht. Weder läßt sich aus den Texten auf der Chapelle Rouge entnehmen, daß das Vollbringen von bjꜣj.t als eine ganz neue und unbekannte Art von göttlicher Offenbarung aufgefaßt wurde, noch ist diese Offenbarung hier als ein Orakel im engeren Sinne, also eine Weissagung zu verstehen; denn es war nicht notwendig, den Inhalt der mit bjꜣj.t verbundenen göttlichen Äußerung mitzuteilen. Wenn Hatschepsut, die aus dem Innersten ihres Palastes herausgekommen ist, um dem Gott entgegenzugehen, denselben anspricht: wr-wj nn r-sḫr.w-ḥm.k[67], und ihn dann fragt, was er von ihr wünsche, ist die Antwort des Gottes ein "*sehr großes* bjꜣj.t", was offenbar deutlich genug ist. Ebenso unterstellt der Ausdruck ḥr-sꜥšꜣ-bjꜣj.t-ḥr.s eine positive Bedeutung des Wortes, weshalb die Übersetzung: "*multiplier les oracles*"[68] nicht sinnvoll ist. Auf Block 287[69] und auf Block 54[70] vollbringen Gottheiten ihre bjꜣj.t in engem Zusammenhang mit der Verheißung (sr) der Herrschaft bzw. der Festsetzung der Regierungsjahre[71]. Insofern ist der Unterschied zwischen den "*Orakeln*" der 18. Dynastie als bjꜣj.t und den "*Wundern*" (bjꜣj.t) im pOrbiney, 15,3f. und 17,2, die für den König geschehen (Stier und Perseabäume), nicht sehr groß. Graefe[72] bemerkt treffend, daß das "*Wunderbare*" bei beiden Ereignissen im Brüdermärchen nicht z.B. im Wachsen der Perseabäume in einer Nacht besteht, sondern darin, daß dies für den *König* geschieht. Es ist hier und bei den "*Orakeln*" als bjꜣj.t die Manifestation der göttlichen Gnade für die Herrschaft. Dies entspricht auch der Verwendung des Grundwortes

---

65 Ein solcher Standort des Königs offenbar in der Säulenhalle des Tempels: Urk.IV, 159,1; s. auch Gitton, in: BIFAO 74, 1974, 64 und Anm.5.

66 Zu nt.t-jr.tjfj s. Gardiner, EG, §400.

67 Vgl. Unwetterstele Ahmoses I., Helck Hist.-biogr. Texte, 107: wr-wj nꜣ r-bꜣ.w n-nṯr-ꜥꜣ [r-sḫ]r.w-nṯr.w.

68 Lacau-Chevrier, Une chapelle d'Hatshespout à Karnak, 101.

69 Op.cit., 133.

70 Op.cit., 141f.

71 Vgl. auch Urk.IV, 340,5ff.: swꜣš.sn-(Mꜣꜥ.t-kꜣ-Rꜥ) m-zp.w nw-nṯrr.s ("*in den Beispielen, wo sie göttlich ist*") n-ꜥꜣ.t n-bjꜣj.t ḫpr.t-n.s.

72 Graefe, Untersuchungen zur Wortfamilie bj3-, 117.

bjȝj im Zusammenhang mit der Gewährleistung der königlichen Macht über den Erdkreis (s.o.). Von einem solchen göttlichen Gnadenerweis bei einer Prozession, wie auch immer er vor sich gegangen sein mag, kann man auch sagen, daß der Gott ihn "*vervielfacht*" oder daß er "*sehr groß*" ist.

§121

Der Inhalt der mit **bjȝj.t** bezeichneten göttlichen Äußerungen an den "*Standorten des Herrn*" oder "*des Königs*" ist vermutlich aus den Götterreden in den Beischriften über den Barken in Prozessionsdarstellungen zu entnehmen. Solche Reden der nicht sichtbaren Gottheit aus ihrer Barke heraus finden sich z.B. in den Opetfestszenen Tutenchamuns, s. Wolf, Das schöne Fest von Opet, 52ff., Nr.8, 19, 22, 32, 40, 41; im Tempel Ramses' III. in Karnak, RIK II, Pl.90ff.; ähnlich Medinet Habu IV, Pl.229; ferner im Vorhof des Chonstempels von Karnak, Temple of Khonsu I, Pl.19ff.
Wiederkehrende Elemente dieser Götterreden sind:

- die Anrede des Königs als (leiblicher, geliebter) Sohn der Gottheit (bei der Mutbarke in Luxor umgekehrt auch die Göttin als Mutter des Königs oder Chons als Vater des Königs[73]),
- Zufriedenheit der Gottheit mit den **mnw** des Königs,
- Übergabe von Königtum und Regierungsjahren, Übergabe des unterworfenen Erdkreises an den König.

Die Anerkennung des Prinzen als Sohn des Amun ist bei der Proklamation Thutmosis' III. (IV.1.18.b.) ein wichtiges Element, sie spielt ferner eine Rolle im Krönungstext Haremhabs (IV.1.18.d), Urk.IV, 2126,8, vgl. auch IV.1.18.c.
Die Unterwerfung des Erdkreises oder seine Übergabe ist nach §120 eng mit dem Verb **bjȝj** als Tätigkeit des Gottes verbunden, und sie bildet in den Götterreden bei den Barkendarstellungen ein sehr regelmäßig erscheinendes Motiv; die Wörter **bjȝj** und **bjȝj.t** werden in den zitierten Stellen im Vorhof des Chonstempels, im kleinen Tempel Ramses' III. in Karnak und in Medinet Habu in den Götterreden benutzt.

[73] RIK II, Pl.92.

§122

Taharqa spricht in seinem großen Stelentext aus dem Jahre 6, der in mehreren Kopien vorliegt[74], von den "*vier guten* **bj3j.t**", die Amun in einem einzigen Jahr, eben dem Jahr 6, für ihn gemacht habe; welches diese vier "*Wunder*" sind, ist eine viel diskutierte Frage[75]. Es ist keineswegs zu banal, die vier **bj3j.t** in den vier in Z.11f. (K) aufeinanderfolgenden **sdm.n.f**-Formen zu erkennen:

"*Er (Amun) gab mir insgesamt gutes Ackerland,*
er tötete die Wühlmäuse in der Erde und die Schlangen (?), die in ihm (dem Ackerland) gewesen waren,
er wehrte von ihm ab den Fraß der Heuschrecken
*und er ließ nicht zu, daß der Südwind es 'aberntete' (*ʿ**w3**).*"[76]

"Übernatürlich" ist an all diesen Phänomenen nichts (aber was war für den Ägypter schon "natürlich"?)[77]; "wunderbar" war es für den damaligen Menschen aber durchaus, daß die gewohnten Mängel und Plagen in der Landwirtschaft einmal allesamt ausblieben und daher auch ein "Zeichen" besonderer Gunst der Götter für den regierenden König.

§123

In seiner Stele aus dem Jahre 8-10[78] zitiert Taharqa eine Rede seines Großonkels, des Königs Alara an Amun (Z.23f.), in der Alara es als **bj3j.t** bezeich-

---

[74] Macadam, Kawa, I, 24ff.; zur Tanis-Kopie s. Leclant und Yoyotte, in: Kemi 10, 1949, 28ff.

[75] Graefe, Untersuchungen zur Wortfamilie bj3-, 119, schließt sich der Lösung von Macadam, Kawa I, 19, an (Flut, Regen, Krönung in Memphis und Besuch der Mutter), "*da sonst nichts berichtet wird, was als bj3j.t interpretiert werden könnte*". Gardiner, Egypt of the Pharaohs, 344f., läßt das dritte Wunder weg, mit gutem Grund, denn eine Königskrönung Taharqas erst in seinem 6. Regierungsjahr böte einige Schwierigkeiten.

[76] Nachträglich stellte ich fest, daß auch schon Leclant und Yoyotte, in: BIFAO 51, 1952, 22f., diese Lösung favorisierten - manchmal ist Übereinstimmung also doch kein Zufall!

[77] Vgl. hierzu Graefe, Graefe, Untersuchungen zur Wortfamilie bj3-, 133f., zum Wunderbegriff; s. auch Posener, Divinité du Pharaon, 49ff.

[78] Macadam, Kawa I, Pl.12.

net, daß Amun ihn gegen die Intrigen seiner Gegner zum König machte[79]. Mit dem Wort **bjꜣj.t** wird hier, wie schon in den Inschriften der 18. Dynastie eine Herrschaftsverleihung ausgezeichnet, die offenbar für die Zeitgenossen eine Überraschung darstellte, weil die so herausgehobene Person vielleicht gar nicht dafür vorgesehen war oder, im Falle des Alara, sogar bekämpft wurde. Bei den vier **bjꜣj.t** des Taharqa bezeichnet dieser Begriff die *Erweisung einer ganz besonderen Gunst* seitens Götter für einen bestimmten König; daraus ergibt sich, warum so häufig zur Erwähnung eines **bjꜣj.t** hinzugefügt wird, daß dergleichen noch nicht vorher gesehen wurde. Die Bemerkungen des Taharqa dieser Art zu den vier **bjꜣj.t** zielen sicher nicht so sehr darauf ab, daß dergleichen bisher für nicht vorstellbar, weil unwahrscheinlich gegolten hatte, sondern vielmehr darauf, daß es eine Auszeichnung für sein Königtum darstellte, die noch keinem seiner Vorgänger zuteil wurde. Dies entspricht der umgekehrten Feststellung, daß ein König für einen Gott etwas getan hat, was bisher noch kein anderer König vollbracht hatte[80].

§124

Das "Wunderbare", wenn es im Wort **bjꜣj.t** enthalten ist, besteht sowohl bei den "Naturwundern" als auch bei den "Orakel"-Ernennungen in der Zuwendung der Götter zu einer ganz besonderen Person, sei es darin, daß diese, wenn sie schon König ist, mehr als die früheren Könige ausgezeichnet wird, sei es darin, daß ihr königliches Wesen den erstaunten Zeitgenossen überhaupt erst durch den Gott offenbart wird. Daß das Moment des persönlichen Gefallens im Grundwort **bjꜣj** als Tätigkeit des Gottes für den König enthalten ist, ist gelegentlich aus dem Zusammenhang zu ersehen[81]. Bei solchen Phänomenen, wie

---

[79] Von diesem **bjꜣj.t** wird gesagt:

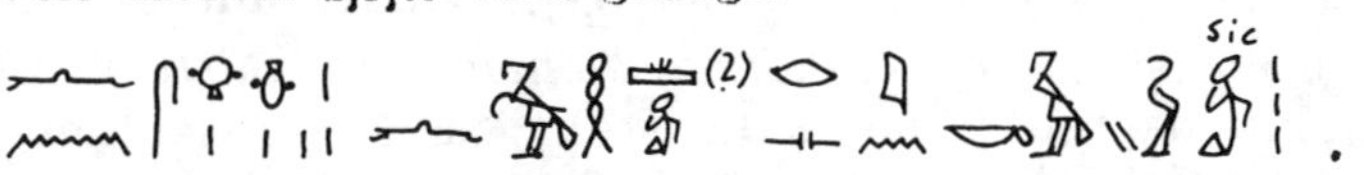

nn-sj ḥr-jb.w erinnert an die Formulierung Urk.IV, 158,9: **nn-ꜣ m-jb-ḫntj.w jrr.t.f** (IV.1.18.b.); den zweiten Satz übersetzt Macadam, Kawa I, 36: "*not contrived (?) by schemers*"; Graefe, Untersuchungen zur Wortfamilie bj3-, 119: "*und das nicht von Feinden 'ausgeheckt' worden ist*". Wie mag es zu dieser Übersetzung gekommen sein? Da **kjwj** auch einfach "*die Menge*" bedeuten kann, ist zu überlegen, ob es nicht ein **bjꜣj.t** des Gottes ist, das in (*"auf"*) dem Herzen von niemandem war und das von keinem Menschen "*erbeten*" (? **nḥj r-**) wurde.

[80] S. Morenz, Die Erwählung zwischen Gott und König in Ägypten, Fs.Wedemeyer, Leipzig 1956, 123ff.

[81] S.o. §120, Anm.56.

sie Graefe, Untersuchungen zur Wortfamilie bj3-, 113ff., aufzählt, dürfte die Übersetzung "*Zeichen*" für bjꜣj.t den Sinn dieses Wortes nicht voll ausschöpfen; das Finden eines Steinblocks im Wadi Hammamat, Wasser in der Wüste und die Nilüberschwemmung sind ja nicht nur "Zeichen" der Götter, die etwas anderes ankündigen, wie sie die Auguren aus dem Vogelflug herausgelesen haben, sondern sie haben in sich selbst ihren Wert: es sind Zeichen der göttlichen Gunst und daher selbst segensreiche Ereignisse[82].

§125

Posener hat für bjꜣj.t die Bedeutung "*Orakel*" etabliert[83]. Die Belege, die in seiner Argumentation das Hauptgewicht haben, verwenden das Wort allerdings in einer speziellen Weise, die abweicht von der bisher behandelten. Amenemope, 21,13, und Ani (Suys, Anii, 72) sprechen vom "*Verfälschen*" (sꜥḏꜣ) bzw. "*Verderben*" o.ä. (sꜥsꜥ)[84] von bjꜣj.t [85] als einer abzulehnenden Handlung. In den O.A.D. (II.21/22.a.), C.1, 90ff. und L.6 vso., 89, findet sich die Verbindung bjꜣj.t-sn.nw<.t>, als Bezeichnung für etwas Ungünstiges[86]. Wo es um Verfälschung von bjꜣj.t und um ungünstige bjꜣj.t geht, kann dieses Wort nicht die Bedeutung göttlicher Gunst-Offenbarung gegenüber dem König haben. Das gilt auch, wenn von bjꜣj.t auf Papyrus- oder Lederrollen (Amenemope, 21,13) oder auf Stein (Herihor-Orakel, I.20.b., Z.18) die Rede ist. Hier ist bjꜣj.t die Bezeichnung eines geschriebenen Textes. Daher gibt es in der Spätzeit auch den Titel

---

82 Graefe, der darauf insistiert, daß nur die Götter und nicht auch der König der Urheber solcher bjꜣj.t ist, fühlt sich mit dieser Auffassung offenbar im Gegensatz zu einer Textstelle in der Quban-Stele Ramses' II. (Z.14, KRI II, 355), in der die Höflinge den König mit den Worten preisen: "*Wir sehen viele von deinen* bjꜣj.t, *seit du als König der beiden Länder erschienen bist*". Man muß sich jedoch nicht bemühen, deshalb wie Graefe, Untersuchungen zur Wortfamilie bj3-, 128f., auch diese bjꜣj.t wieder auf die Götter zurückzuführen, indem man bjꜣj.t.k mit "*deine Zeichen* (*der Götter*)" übersetzt, was eindeutig nicht dasteht. Der Satz steht im Zusammenhang mit einem metaphorischen Vergleich des Königs mit Re, und im Rahmen eines solchen Vergleiches mag dem König auch einmal die Fähigkeit zu bjꜣj.t zugesprochen werden, was nur bestätigt, daß diese in der Macht der Götter liegen; s. auch Posener, Divinité du Pharaon, 57f.

83 Posener, in: ZÄS 90, 1963, 98ff.

84 sꜥsꜥ bei Merikare, 122 (Helck, Merikare, 75), als Gegensatz zu smnḫ und sḏsr gebraucht.

85 Schreibung:

86 Vgl. Wb.IV, 150, 5f.; Posener, in: ZÄS 90, 1963, 100, Anm.14; bjꜣj.t-sn.nw<.t> vielleicht auch im Orakeltext I.21.d., senkr.Z.19, anders jedoch Kruchten, Djéhoutymose, 87f.

zš-bjꜣj.t n-pr-Jmn[87]. Die Fortsetzung des Zitats aus Amenemope zeigt, daß auch das bjꜣj.t als geschriebenes Wort in direktem Zusammenhang mit göttlicher Macht steht, denn die Begründung für das Verfälschungsverdikt lautet, daß man sich nicht die Macht Gottes anmaßen ("*finden*") soll "*als ob es* Šꜣj.t *und* Rnn.t *nicht gäbe*", wobei die bjꜣj.t mit den sẖr.w Gottes parallelisiert sind.

Daß hier bjꜣj.t einen Sinn hat, der unserem Begriff von *Orakel* wesentlich näher steht als in den bisher besprochenen Beispielen, geht auch aus der Verbindung der Nisbe bjꜣjtj mit dem Vorhersagen der Zukunft hervor (VI.1.6. und VI.1.7.)[88].

In diesen späten Texten gibt es als Entsprechung zu den "*ungünstigen*" bjꜣj.t auch die Erwähnung von "*guten*" (nfr) bjꜣj.t[89], während bei dem "*Vervielfachen*" der bjꜣj.t in Texten der 18. Dynastie, deren guter Sinn schon unterstellt war. Daneben existiert das Wort als Bezeichnung für schöne oder bewunderungswürdige Dinge fort[90], so daß bjꜣj.t als (geschriebene) "*Orakelworte*" das Resultat der Verselbständigung *eines* Bedeutungsaspekts von biꜣj.t zu einem spezifischen Terminus sein dürfte.

§126

Es muß ein Bedeutungsübergang stattgefunden haben von bjꜣj.t als Gnadenoffenbarung der Götter durch ein "Wunder", vor allem auf den König bezogen, hin zu einem Wort für göttliche Offenbarungen z.B. der Zukunft, ob günstig oder ungünstig, für jedermann. In den beiden Königswahl-"Orakeln" der 18. Dynastie (IV.1.18.a./b.) liegt, was sie zu Dokumenten der Verkündigung eines göttlichen Willens werden läßt, darin, daß einerseits das Vollbringen von bjꜣj.t durch den Gott eine herkömmlich auf den König an seinem "*Standort*" in der Prozession bezogene göttliche Handlung ist. Das Opfer des anwesenden Königs

---

87 I.26.a., s. Parker, Saite Oracle Papyrus, 33f.

88 Daneben gibt es zwei Belege, in denen bjꜣjtj offenbar als eine Eigenschaft des Gottes in Opposition zu seiner "Verborgenheit" gebraucht wird und vielleicht den sich in "Wundern" offenbarenden Gott meint: Leidener Amunshymnus, 200. Kap. (4,12), und Neschonsdekret (II.21.a), Z.27ff. Assmann, ÄHG, 317, übersetzt das Wort im ersten Beleg mit "*wundertätig*", im zweiten Beleg aber mit: "*bahafter*" (310); jedoch wird b(j)ꜣjtj kaum eine Nisbe von bꜣ sein.

89 I.21.b., Z.8; IV.1.22.a.; auch Taharqa nennt seine vier bjꜣj.t in einem Jahr (s.o. §122) "*gut*".

90 pSallier IV vso., 2,5 (Gardiner, LEM, 90); Posener, in: ZÄS 90, 1963, 100 ("*les merveilles de Memphis*") und Anm.10, gegen die Auffassung von Caminos, LEM, 344, als "*like*", "*likeness*".

und das bjȝj.t-Vollbringen des Gottes sind im Proklamationstext Thutmosis' III. durch wnjn-Konstruktionen herausgehoben und vielleicht als aufeinander bezogen zu denken: zwischen der Handlung des Königs und der (Re?-)Aktion des Gottes liegt nur die Schilderung der unerwarteten Suche des Gottes nach einer anderen Person als der des Königs. Andererseits findet dieses bjȝj.t zwar an einem königlichen Standort statt, und dies wird in dieselben Worte gefaßt wie in Urk.IV, 836,8 (IV.3.18.b.), gegenüber dem König, *hier* jedoch *nicht* gegenüber dem König. Diese Verwirrung stiftende Abweichung vom "normalen" Ablauf enthielt schon die ganze Botschaft des Gottes, ohne daß es noch längerer Reden desselben im Text bedurfte. Die Offenbarung der göttlichen Gnade für den regierenden König als Element der Prozession wird zur Form der Verkündigung eines in den Geschichtsverlauf eingreifenden göttlichen Willens. Im Kern enthält aber auch schon der "normale" Fall eines in der Prozession für den König selbst stattfindenden bjȝj.t oder ein anderes "Wunder" als Gnadenoffenbarung des Gottes für den König immer das Moment der "Wahl" oder der Entscheidung des Gottes für den jeweiligen König. Das aufmerksame Registrieren von "Wunderereignissen" reflektiert auf die Möglichkeit, daß die Götter sich auch *gegen* einen König entscheiden könnten, indem sie ihm ihre Gnade vorenthalten. Diese Implikation des "Wunders" mag es gewesen sein, die dem Vollbringen eines bjȝj.t den Sinn der Deklaration einer göttlichen *Entscheidung* gab und den Weg freimachte für eine Bedeutungsentwicklung hin zu einem Wort für göttliche Zeichen und Vorhersagen in positivem wie negativem Sinne und ohne ausschließlichen Bezug auf den König.

§127

Dennoch ist bjȝj.t nicht zu einem geläufigen Wort für Orakel-Aktionen aller Art geworden. In den "Orakelprotokollen" (s.u. §§145ff.) spielt es keine wesentliche Rolle. Es findet sich in den späteren Texten, v.a. in den Ernennungsorakeln der Hohenpriester des Amun Mencheperre (I.21.b.) und Osorkon (IV.1.22.a.) und in der Gabe von Lebensjahren an den HPA Herihor (I.20.b.). Während in den Texten der 18. Dynastie das Vollbringen von bjȝj.t für den Thronanwärter mit dem "*Verheißen*" (sr) des Königtums verbunden sein kann[91], fällt auf, daß bei der Ernennung des HPA Mencheperre das **bjȝj.t** selbst zum Objekt der "*Verheißung*" wird (**sr.n.f-n.f bjȝj.t-qn.w nfr.w**)[92].

8. pḥ-nṯr

§128

Ein Begriff für die Kontaktaufnahme eines Menschen mit einer Gottheit ist **pḥ-nṯr**[93]. Das Wort wird auch außerhalb der Orakeltexte gebraucht. Es findet sich in den Orakelprotokollen I.21.d. und e. In ersterem gibt es die Verbindung **sḫꜥj ... m-ḥȝb.f-nfr n-pḥ-nṯr**, aber auch die Variante **m-ḥȝb.s-nfr m-pḥ-nṯr** (Beischriften zu den Barken von Chons bzw. Mut). In I.21.e. ist in dem von Champollion kopierten und heute verlorenen Textteil[94] in Z.1 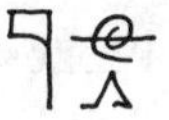 zu

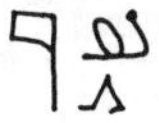 zu emendieren[95].

In den O.A.D. (II.21/22.a.), L.6 rto., 90, findet sich die Verbindung:

, von der es heißt, daß sie "*wirkungslos gemacht*" (**wsf**) werden soll[96].

Zur Bedeutung von **pḥ-nṯr** im Orakelwesen und zu seiner Verbindung mit dem "*Silberboden*" des Amuntempels s. Kruchten, Djéhoutymose, 63ff. und 328ff.[97].

9. s.t n-sr 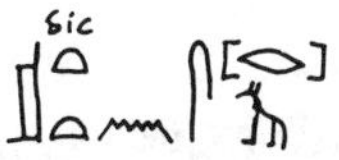 *"Orakelstätte"?*

§129

Die Verbindung **s.t n-sr** (?) im Orakelprotokoll I.21.d., waager.Z.8, wird von Wb.IV, 189,20, als "*Orakelstätte*" gedeutet. Kruchten[98] schließt den Ausdruck mit den darauffolgenden Wörtern zusammen und versteht **s.t n-sr-ḫꜥj<t> n-pȝ-**

---

[91] Lacau-Chevrier, Une chapelle d'Hatshepsout à Karnak, 133 (IV.1.18.a.).

[92] I.21.b., Z.8; **sr-bjȝj.t** ist gelegentlich auch verbunden mit dem Vorführen von Beute und Tributen, vgl. Urk.IV, 1345f. (Caminos, Ibrim, Pl.28), ähnlich Urk.IV, 2059,12. Zu dem Ausdruck s. Yoyotte, in: RdE 9, 1952, 125ff.; Posener, in: ZÄS 90, 1963, 102, Anm.11; Graefe, Untersuchungen zur Wortfamilie bj3-, 109ff.

[93] Wb.I, 535,13; Ritner, The Mechanics of Ancient Egyptian Magical Practice, SAOC 54, Chicago 1993, 214ff.

[94] S. Maspero, Momies royales, 704.

[95] So Kruchten, Djéhoutymose, 65 und Anm.3.

[96] Edwards, O.A.D. I, 39, Anm.60f.

[97] S. auch Kruchten, in: BSFE 103, 1985, 6ff.

[98] Kruchten, Djéhoutymose, 211ff.

nṯr-ꜥꜣ als "*Stätte der Ankündigung des Erscheinens des großen Gottes*", d.h. des Sonnenaufgangs, worin vielleicht das Re-Heiligtum auf dem Dach des Amuntempels zu sehen wäre. Andererseits ist in senkr.Z.1 die Verbindung **ḫꜥj<t> n-nṯr-pn-špsj** für das Erscheinen des Amun-Re belegt und **pꜣ-nṯr-ꜥꜣ** ist im ganzen Text immer auf den in der Prozessionsstatue gegenwärtigen Orakelgott bezogen. Von daher sind zwei andere Möglichkeiten ins Auge zu fassen:

- in Übereinstimmung mit der Übersetzung des Wb. **ḫꜥj<t>** als absoluter Infinitiv: **ḥtp m-s.t n-sr / ḫꜥj(.t) n-pꜣ-nṯr-ꜥꜣ**;
- in Übereinstimmung mit der Schreibung von **s.t**: **ḥtp m-s.t-tn / sr-ḫꜥj<t> n-pꜣ-nṯr-ꜥꜣ**, "(*Ruhen an dieser Stätte* (i.e. **pꜣ-wršj.t** (sic), die unmittelbar vorher genannte Stelle?) / *Verkünden des Erscheinens des großen Gottes* (i.e. der Prozessionsstatue)".

10. tpj.t-rꜣ

§130

tpj.t-rꜣ[99] wird von Graefe[100] mit "*Orakel*" übersetzt. Dies ist allerdings eine an den besonderen Verwendungszusammenhang gebundene Sinngebung: Urk.IV, 165,13 und 322,10, dürfte sich das Wort auf den "Orakel"-Ausspruch des Amun beziehen. Jedoch kann es genauso auch für den Ausspruch eines Menschen benutzt werden[101]. Die Form **tpj-rꜣ** wird auch für den Ausspruch eines Menschen[102], den herrschaftlichen Ausspruch eines Königs[103] gebraucht; aber auch für den schöpferischen Ausspruch des Amun, der die Götter entstehen läßt[104] und für das, was das Herz spricht als "*Ausspruch*" eines Gottes im Leib des Menschen[105].

---

[99] Wb.V, 287,13ff., als Nebenform von **tpj-rꜣ**.
[100] Graefe, Untersuchungen zur Wortfamilie bj3-, 138.
[101] Sethe, Lesestücke, 70,9; 81,6.
[102] Urk.IV, 959,5.
[103] pHarris I, 79,10.
[104] pKairo 58032 (II.21.a.), Z.20.
[105] Urk.IV, 974,9.

11. wsḫ.t-šnw, *"Halle der Untersuchung"* o.ä., als Schauplatz eines Orakels

§131

wsḫ.t-šnw findet sich im pBrooklyn 47.218.3 (I.26.a.), 1,2, für die Stelle, an der die Befragung des Gottes stattfindet. Hierzu Parker, Saite Oracle Papyrus, 8; Kruchten, Djéhoutymose, 62.

12. Resultate

§132

Die ägyptischen Wörter für Orakel und Orakelwesen haben nicht den spezifischen Gehalt, den die griechische Terminologie mit ihrer Konzentration auf die Seherei aufweist, obgleich es gerade die griechischen Autoren waren, die in Ägypten ein entsprechendes Orakelwesen vorzufinden meinten.

Die meisten Orakelprotokolle, -dekrete oder anderen Erwähnungen von Orakelvorgängen enthalten überhaupt keinen spezifischen Terminus für "Orakel". Meist sind es die Formulierungen, daß der jeweilige Gott "*bei seinem schönen Fest XY erscheint*" und auf Anfragen in bestimmter Art reagiert oder auch ganz allgemein "*spricht*" (**ḏd**), die darauf hinweisen, daß es sich um etwas Derartiges handelt.

Das Orakelwesen in Ägypten hat es nicht zu einer terminologisch erkennbaren, eigenständigen Einrichtung innerhalb der Religion gebracht, die dann auch einen ganz besonderen Gott als ihren Hüter hatte, so wie in Griechenland das delphische Orakel des Apollon: Dies wurde zum Orakelort schlechthin und besaß in ganz Griechenland trotz seiner politischen Zersplitterung allgemeine Autorität; seine Sprüche zeigten schon durch ihre metrisch gebundene Form, daß sie Allgemeingültiges zu verkünden hatten[106].

In Ägypten fällt das Orakelwesen nicht in die besondere Zuständigkeit bestimmter Götter als der prominenten Künder einer höheren Notwendigkeit, sondern es ist umgekehrt in bestimmten Kultsituationen von zahlreichen Gottheiten verankert[107], wie dem Auszug der Prozessionsstatuen. Die Bedeutung ägyptischer Gottheiten als Orakelgötter ist von ihrer Bedeutung *außerhalb* des Orakelwesens abhängig: lokal besonders wichtige Götter mochten auch die ersten Orakelgeber am Ort sein; Hauptgötter des Landes wie Amun-Re von Karnak waren auch überregional anerkannte Orakelgötter.

---

[106] S. Pauly-Wissowa, Realencyclop., XVIII, Sp.841, s.v. **Orakel.*
[107] Vgl. die Aufstellung der Orakelorte bei Schenke, Orakel, 149ff.

Das Orakelwesen ist von seinem systematischen Stellenwert her betrachtet in Ägypten nur eine untergeordnete Erscheinung innerhalb einer allgemeiner definierten Art und Weise göttlicher Wesensäußerung; oder, weniger methodisch formuliert: wenn von Barkenorakel die Rede ist, so bedeutet dies nicht, daß die Tragbarke des Gottes als Mittel des Orakelgebens definiert wäre, so wie z.B. der Dreifuß der Pythia. Umgekehrt: das Orakel ist ein bei den Barkenumzügen der Gottheit, die durch deren Kultkalender bestimmt sind, zusätzlich anfallendes Moment, vielleicht mit gewissen Ausnahmen in der 21. Dynastie[108].

§133

Die (Barken-)Orakel sind ein Element des kultischen Daseins ägyptischer Gottheiten, das sich bewegt zwischen dem "*Ruhen*" (**ḥtp**) im verborgenen Allerheiligsten und dem Wirksam-Werden nach außen im "*Erscheinen*" (**ḫᶜj**)[109]; diese Dualität hat sich auch in der Existenz zweier Kultbilder im Tempel niedergeschlagen: neben dem im Tempel permanent anwesenden gibt es ein bewegliches Götterbild. Auch die Architektur der großen Tempel des Neuen Reiches ist von dieser Dualität geprägt: sie haben zwei Sanktuare hintereinander, bei kleineren Tempeln ist die Kultbarke vor dem Naos aufgestellt[110]. Auch der Tempel insgesamt hat die Doppelfunktion, das Götterbild einerseits zu verbergen, andererseits aber auch die Bühne für den Auftritt der Gottheit zu sein. Das Orakelwesen, in welchem der Gott und der einzelne Mensch mit seinen besonderen Anliegen in unmittelbaren Kontakt treten, gehört im wesentlichen der "offenbaren" Seite des Gottes an, als *ein* Element seines öffentlichen Auftretens[111]. Orakel außerhalb dieser Umzüge sind vor allem gegenüber dem König belegt, der Zutritt zum Tempelinneren hat[112]; dagegen wird bei den Königsernennungsorakeln, wo die zu ernennende Person in der Regel dieses Vorrecht noch nicht genießt, der Gott von sich aus aktiv. Der Gott kann in diesem Falle außer den Umzügen als der Sphäre des Kontakts auch die Welt des Traums benutzen für die Begegnung von Gott und Mensch[113]. Für einen normalen Menschen war es dagegen ein Problem, außerhalb der öffentlichen Auftritte der Gottheit zu einem Orakel zu kommen; das zeigt der Brief an einen Orakelgott des pNevill (V.20.c.) und die Inschriften auf den beiden Statuen von Amenophis, des Sohnes des Hapu vom 10. Pylon in Karnak

---

[108] Vgl. Kruchten, Djéhoutymose, 331, zum **pḥ-nṯr** als eigenständigem "Fest".
[109] Vgl. Schunck, Untersuchungen zum Wortstamm **ḫᶜ**, Diss. Bonn 1985, 112ff.
[110] Vgl. Assmann, in: LÄ II, Sp.758f., s.v. **Gott*.
[111] S.o. §125, Anm.88.
[112] IV.3.18.a./c.; s. auch Kuhlmann, Ammoneion, 133f.
[113] IV.1.18.c.

(IV.4.18.a./b.). Dieses "*Erscheinen*" der Götter, ihr Übergang aus der Verborgenheit in die Offenbarkeit ist seit alters her mit den tragbaren und schwimmenden Barken der Götter verbunden[114], die vermutlich schon seit der frühesten Zeit das Bild der Feste bestimmt haben[115]. Bei zahlreichen Gottheiten (nicht aber z.B. bei Min auf seiner Tragstange und beim Auszug des vergotteten Amenophis I.) wurde die Barke geradezu zum öffentlichen Erscheinungsbild des Gottes, in welchem er gleichzeitig auch wieder seine "*Verborgenheit*" wahren konnte, da er selbst - jedenfalls in den Darstellungen - unsichtbar blieb.

Rahmen und Erscheinung der Barkenorakel sind also ganz bestimmt von Eigenarten, die außerhalb des Orakelwesens in einem größeren Zusammenhang ihre Erklärung finden.

---

114 S. Assmann, in: LÄ II, Sp.758f., s.v. **Gott.*

115 Auf dem Palermo-Stein haben viele Feste das Determinativ  u.ä.; Ptah-schepses spricht vom "*Hochheben des Götterschiffs* (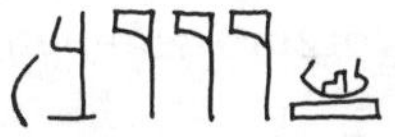) *bei allen Festen des Erscheinens*" (Urk.I, 53,6); im Grab des Anchtifi von Mocalla findet sich eine Darstellung, die die Ausfahrt des Gottes Hemen schildert. Der Grabherr schaut, auf einen Stock gestützt, zwei (oder drei?) nebeneinanderherfahrenden Ruderbooten zu, denen ein viertes Schiff folgt. Über den Booten ist das Zerlegen eines Rindes dargestellt, vielleicht als Vorbereitung für ein Opfer; die Beischrift lautet:

, "*Betrachten jeder Ruderfahrt des Hemen*"; Vandier, Mo^{c}alla, Pl.14 und 40. In Theben ist die Ruderfahrt des Amun schon auf der Stele Antefs II. aus Dra abu'l-negga belegt, wo sich der von Sethe, Amun und die acht Urgötter, 54, ergänzte Passus findet:

, **r-ḫn‹t›-jtj.j Jmn / ‹Jmn.t›.**

Auf einem Wandrelief aus dem Mentuhotep-Tempel von Deir el-Bahri (Arnold, Mentuhotep II, Tf.22) ist eine Barke mit kapellenartigem Aufbau zu sehen, die von einem übergroßen König mit oberäyptischer Krone gerudert wird, der hinter dieser Kapelle steht; Bug und Heck des Schiffes sind noch nicht wie im Neuen Reich mit den Widderköpfen des Amun gestaltet. Daß es sich dennoch um die Barke des Amun handelt, wird durch die Reste der Beischrift nahegelegt, die den Namen **Jmn nb-ns.wt-tꜣ.wj** nennen und von dessen "*Ruhen*" im Tempel und von einer viermaligen Ruderfahrt sprechen.

Inhalt und Form - zwei Möglichkeiten der Kategorisierung von Orakeln

1. Verschiedene Kategorien von Orakelsprüchen

§134

Die Aufstellung von Quellen zum Orakelwesen, auf der die vorliegende Abhandlung beruht, hat – im Interesse einer größeren Offenheit der Numerierung – auf einfaches Durchnumerieren der Belege verzichtet, wie es von Schenke[116] durchgeführt wurde, auch wenn dies ein komplizierteres Zählsystem zur Folge hat. Eine Einteilung der Quellen in verschiedene Kategorien ist nicht zuletzt aus inhaltlichen Gründen angebracht; auch nach Ausgrenzung der Belege für Prophetismus und Traumdeutung sind diese Quellen von großer Vielfalt. Eine Einteilung nach Kategorien wie "politische Orakel", "juristische Orakel" wurde vermieden, weil sie von Unterscheidungen lebt, die dem Ägypter fremd waren. Eine Unterscheidung der göttlichen Leistungen und Fähigkeiten, auf die man hoffte, läßt sich dagegen durchaus vollziehen, sie eignet sich aber, wie sich im Folgenden zeigen wird, nicht zur Kategorisierung der Quellen, weshalb der Kompromißlösung einer Einteilung nach "Text-Typen" der Vorzug gegeben wurde.

§135

Die Orakel können sich beziehen auf:

(1) Willen und Einverständnis einer Gottheit,
(2) (Bitten um) direktes Eingreifen der Gottheit aufgrund ihrer höheren Macht,
(3) höheres Wissen der Gottheit, sei es der Vergangenheit, Gegenwart oder Zukunft.

(1): "Ernennungsorakel" wie I.20.c., I.21.b. (Z.8), I.26.a.; einige der unter IV.1. zusammengestellten Belege; evt. V.19/20.b., Nr.1; (Fragen nach) Willen und Einverständnis der Gottheit in anderen Angelegenheiten: I.20.b. (Z.17ff.), I.21.a. (?), I.21.b., I.21.d., I.21.g. (Z.1f.), I.22.c., I.22.d., I.22.e., IV.3.18.e., IV.3.19.a., IV.3.21.b., V.19/20.b., Nr.5 und Nr.43 (?).

---

116 Schenke, Orakel, Anhang, 1ff.

(2): (Orakel-)Texte, die Testamente und andere Vereinbarungen unter den Schutz von Gottheiten stellen: I.21.e, I.21.f., I.21.g. (Z.2ff.), I.22.b., IV.2.18.a.; inhaltlich gehören hierzu überhaupt alle Arten von Fluchformeln am Ende von Verordnungen und Vereinbarungen.
Unter (2) fallen die Orakeldekrete sub II. insgesamt, die alle das Aktiv-Werden einer Gottheit durch den Mund der Gottheit selbst zusichern. Zahlreiche Belege unter III. und IV.2, die sich auf das gerichtliche Eingreifen einer Gottheit zugunsten einer Partei beziehen.
Belege für alle Arten des praktischen Eingreifens einer Gottheit (IV.3.). Orakelvorgänge zum Schutz einer in der Fremde befindlichen Person durch einen Gott (IV.4.). Unter (2) fallen schließlich einige der "Ernennungsorakel", sofern die Ernennung durch unmittelbares Eingreifen des Gottes stattfindet: IV.1.18.a., IV.1.18.b.
Zahlreiche Petitionen bitten um praktisches Eingreifen des Gottes (V), so die Aufforderung an einen Gott, eine Person aus ihrem Amt zu entfernen (V.19/20.b., Nr.16[117], dazu auch IV.3.20.a.).
Die Bitte um Verlängerung der Lebenszeit (I.20.b.) dürfte ebenfalls unter (2) fallen als Bitte um ein Eingreifen in das vom Schicksal festgesetzte Maß an Jahren aufgrund der Macht des Gottes (s. VI.3.).
Die Preisungen des Orakelgottes, in erster Linie Amuns, als allmächtiger Weltherrscher (VI.2.) beziehen sich vor allem auf die in (1) und (2) existierenden Dimensionen von Macht, Wille und eigener Interessiertheit des Orakelgottes, weniger auf den Aspekt des Orakelgottes als Künder der Wahrheit (3).

(3): Belege, die sich auf das Wissen der Gottheit beziehen, sind vor allem bei den "Gerichtsorakeln" zu finden. So zielt die Frage, welche Seite recht hat, sowohl auf ein höheres Gerechtigkeitsempfinden der Gottheit[118] als auch auf ihr den menschlichen Richtern überlegenes Wissen über den wahren Schuldigen: I.19b., I.21.d., fast alle Texte unter III. und IV.2.; vgl. auch die Entscheidung des Orakelgottes der Dachla-Stele über Wasser-Rechte, mit der derselbe beweist, daß er über bemerkenswerte Kenntnisse im Kataster-Wesen verfügt (I.22.a.). Das göttliche Wissen, um das es hier geht, ist in erster Linie ein auf die Vergangenheit bezogenes, wie es sich vor allem aus der Feststellung von Dieben durch Orakel ergibt: III.20.f. und g.; evt. V.20.b. Auf das Wissen der Vergangenheit beziehen sich auch einige der kurzen Fragen auf Ostraka (V.19/20.b.), so die Nr.2, 3, 7, 11, 13, 14, 19, 20. Allgemeine Aussagen über das menschliche Grenzen überschreitende Wissen der Gottheit, v.a. bezo-

---

[117] Vielleicht ist dies allerdings die Antwort des Gottes auf eine Frage, s. Römer, in: BiOr 47, 1990, Sp.624, Anm.32.
[118] Vgl. Römer, in: Fs.Fecht, 417f. und Anm.8-10.

gen auf die Gedanken der Menschen, deren Inneres der Gott durchforscht, s. VI.1.[119].

Auffallend wenige Texte beziehen sich dagegen auf das Wissen zukünftiger Dinge. Dies liegt offensichtlich nicht daran, daß man den Gott für dazu nicht fähig hielt, vgl. VI.1.6.–8.

Die Orakelanfragen "*Soll ich herausgehen*?" (V.19/20.b., Nr.6), ob man nach Norden fahren soll (ebd., Nr.10), könnten gerichtet sein auf das Vermögen des Gottes, aufgrund seines Wissens um die Zukunft den Nutzen solcher Vorhaben besser beurteilen zu können; die Frage Nr.21, ob man die Rationen bekommen werde, bezieht sich auf die Kenntnis der Zukunft (falls nicht die Frage gemeint ist, ob der Gott dafür sorgen werde), ebenso die Fragen Nr.30, 32, 40.

§136

Diese Einteilung der Orakelbelege trifft jedoch nur jeweils den Hauptaspekt der einzelnen Texte. Denn die verschiedenen Fähigkeiten der Gottheit, auf die die jeweiligen Anliegen zielen, lassen sich zwar begrifflich unterscheiden; dies heißt jedoch nicht, daß ein Text auf jeweils nur eine dieser Fähigkeiten hin orientiert wäre. Das Schema dieser drei Kategorien ist daher nicht zur Einteilung der Belege geeignet.

So ist zunächst (2) als Kategorie, in der die übermenschliche Macht Gottes im Mittelpunkt steht, nicht nur bei der Bitte um sein direktes Eingreifen vorausgesetzt, sondern auch bei (1) und (3). Insofern ist (2) die Grundvoraussetzung des Orakelwesens insgesamt. Umgekehrt kann (2) als Bitte um das Eingreifen der Gottheit seine Voraussetzung auch in (3) haben, namentlich in den "Gerichtsorakeln", wo um deren Eingreifen gebeten wird aufgrund ihrer höheren Kenntnis der Rechtslage. Aber auch die Ernennungen mit Willen und Einverständnis der Gottheit (1) werden damit begründet, daß die Gottheit die Person besonders genau kennt (3), so VI.1.1. zu IV.1.19.a.; IV.1.19.b.

Die unter (2) aufgeführten Bitten um das Eingreifen der Gottheit, etwa zum Schutz von Vereinbarungen und Testamenten, setzen natürlich auch das Einverständnis der Gottheit mit deren Inhalt (1) voraus. Überhaupt sind Ernennungen mit Einverständnis der Gottheit (1) von solchen durch direktes Eingreifen der Gottheit (2) vom Gehalt her kaum zu trennen. Die Preisfestsetzungsorakel (III.20.d., IV.2.20.e/a., I.21.c.) liegen auf der Grenze von Wissen (3) und praktischem Eingreifen (2), da ja die Kundgabe des Tauschwerts auch ein Eingreifen in das Tauschgeschäft darstellt. Dies heißt nicht, daß die im Orakel angesprochenen Fähigkeiten der Gottheit letztlich nicht voneinander

---

119 Zur Umkehrung dieses Gedankens: das Herz als Stimme Gottes im Menschen s. Urk.IV, 974,9; vgl. auch VI.1.3. mit Anm.

unterscheidbar wären, jedoch kann jede von ihnen die Voraussetzung für die jeweils anderen sein.

2. Die verschiedenen Typen der Orakeltexte

§137

Die verschiedenen Techniken, derer sich die ägyptischen Orakel bedient haben könnten, haben bereits viel Tinte zum Fließen gebracht[120]. Aufgrund der spärlichen Auskünfte, die die Texte hier geben, ist man allerdings weitgehend auf Vermutungen angewiesen, da auch archäologische Evidenz rar ist[121]. Weniger Aufmerksamkeit hat man dagegen den recht unterschiedlichen Text-Typen und deren Form gewidmet, in denen die Orakel überliefert sind. Bei Schenke[122] finden sich gelegentlich ein paar Bemerkungen über Differenz und Gemeinsamkeit von Orakeltexten und Götterdekreten; Kruchten[123] hat sich im Interesse einer Überbrückung der langen Lücken in der "*Inscription historique*" (I.21.d) und der Wiedergewinnung ihrer Struktur mit den formalen Bestandteilen dieser und anderer Orakelinschriften auseinandergesetzt. Auch aus der Betrachtung der formalen Seite der Belege und des Verhältnisses der einzelnen Text-Typen zueinander ist einiges über den Zweck und die Eigenart des Orakelwesens zu entnehmen.

§138

Folgende Text-Typen lassen sich bei den sprachlichen Belegen zum Orakelwesen unterscheiden:

(1) Orakelprotokolle (= Abteilung I und III der Belegaufstellung),
(2) Orakeldekrete (= Abteilung II),
(3) Orakelanfragen (= Abteilung V).

Diese drei Text-Typen entspringen unmittelbar der Orakelpraxis und stehen daher in einem komplementären Verhältnis zueinander. Daneben gibt es noch die Gruppe der Orakelbelege innerhalb anderer Zusammenhänge (Abteilung IV)

---

120 Schenke, Orakel, 4ff.; Legrain, in: ASAE 16, 1916, 165ff.; Blackman, in: JEA 11, 1925, 254f.; Cerny, in: BIFAO 30, 1931, 491ff.; ders., in: BIFAO 35, 1935, 56ff.; ders, in: BIFAO 41, 1942, 22ff.; ders., bei Parker, Saite Oracle Papyrus, 44ff.

121 Brunton, in: ASAE 47, 1947, 293ff.; Fakhry, Siwa Oasis, 153ff.; Kuhlmann, Ammoneion, 13ff., besonders 22ff.; s. auch Steindorff, Ricke, Aubin, in: ZÄS 69, 1933, 1ff.

122 Schenke, Orakel, 40ff.

123 Kruchten, Djéhoutymose, 21ff., 37ff.

und religiöse Texte, die Äußerungen über die Orakelfähigkeit einer Gottheit enthalten (Abteilung VI).

§139

Die Entstehung des Typs (1), der den gesamten Ablauf des Orakels, Auftritt, Befragung und Antwort der Gottheit, in relativ feststehenden Formeln beschreibt, fällt keinesfalls mit der Entstehung des Gottesorakels selbst zusammen; die "Königswahlorakel" der 18. Dynastie haben in ihrer Phraseologie sehr wenig zu tun mit den Orakelprotokollen, wie sie seit der 19. Dynastie nachweisbar sind. Die Orakelprotokolle aus Theben-West, die sich vor allem auf Anliegen gerichtlichen Charakters beziehen, wurden in einer eigenen Abteilung zusammengefaßt wegen phraseologischer Differenzen etwa zu den Texten aus den Tempeln von Karnak. Der grundsätzliche Unterschied zwischen den Typen (1) und (2) besteht darin, daß (1) den gesamten Vorgang von Befragung und Antwort inklusive Datum, Ort der Handlung und *dramatis personae* überliefert, während (2) nur die "Antwort" des Gottes wiedergibt, die dann auch keine Antwort mehr ist, sondern selbständige Willensbekundung, so wie die Reden des alttestamentlichen Gottes durch den Mund der Propheten (כה־אמר יהוה, *"so spricht der Herr..."*)[124].

§140

Texte des Typs (3), die in Abteilung V zusammengestellt sind, sind häufiger *genannt*, als tatsächlich erhalten; in Briefen und anderen Texten ist gelegentlich davon die Rede, daß Schriftstücke einer Gottheit zur Beantwortung oder Beurteilung *vorgelegt* (**wꜣḥ**) werden[125].

Der Terminus für diese Schriftstücke, bei denen es sich auch um Ostraka handeln kann[126], ist häufig **mḏꜣ.t**[127]: IV.2.20.b./c./e., IV.4.20.b./i., IV.4.21.a.

[124] Von den "Orakeldekreten" wurden hier die "Götterdekrete" abgesondert: nicht aufgenommen wurden "Befehle" von Gottheit zu Gottheit, wie das Dekret zum Schutz des Toten im Jenseits auf späten Stelen s. (Abd el-Hamid) Zayed, in: ASAE 56, 1951, 87ff.; Otto, in: LÄ II, Sp.677, Anm.12; Kákosy, in: OLP 23, 1992, 311ff.; neuere Literatur s. ebd., Anm.3; ebenso das Dekret des Allherrn an Thot auf dem Sarg der Anchnesneferibre, Sander-Hansen, Anchnesneferibre, 66ff. Die hier aufgenommenen Dekrete enthalten Selbstverpflichtungen von Gottheiten zu bestimmten Handlungen, die sich in der Regel direkt auf Orakelfragen beziehen lassen.

[125] IV.2.20.b./c., IV.2.22.a., Abteilung IV.4 insgesamt.

[126] V.19/20.a./b. u.a.m.

[127] Kruchten, Djéhoutymose, 80ff.

Wenn es um zwei (alternative) Schriftstücke geht, kann auch von ᶜ **n-mḏꜣ.t** die Rede sein: I.21.d. (senkr.Z.15), I.22.f. (2,5ff. und 3,8ff. bzw. IV.2.22.a.). Erhalten blieb ein solches Paar alternativ formulierter Fragen an den Gott auf Papyrus in Gestalt des Beleges V.21.f.

Einmal findet sich **mt(r?)w**: IV.4.20.c. Gelegentlich wird dieses Schriftstück auch ganz abstrakt **md.t**, "*Angelegenheit*" genannt, die man der Gottheit "*vorlegt*": IV.4.20.a./e.

Ferner kann auch gesagt werden, daß eine *Person* vor eine Gottheit "*gelegt*" wird (**wꜣḥ** + Suffix-Pronomen); da diese Person in der Regel selbst nicht anwesend ist (v.a. bei brieflichen Erwähnungen des Vorgangs), wird sie durch ein Schriftstück mit einer Frage vertreten: IV.2.20.h.(?), IV.4.20.f./g./h./k., IV.1.0.a., Z.18[128].

Dagegen sagt man: **rdj-ᶜḥᶜ-NN m-bꜣḥ**-Gott **NN**, wenn es darum geht, eine Person selbst vor den Gott zu bringen: IV.2.21.a.[129].

šᶜ.t heißt das Schriftstück in IV.4.19.a. Dies dürfte aber ein Sonderfall sein, da hier persönliche Briefe von ihrem Empfänger vor den Gott gelegt werden.

§141

Der Text-Typ (1) schließt die beiden anderen insofern ein, als in ihm sowohl Anfrage wie Antwort des Gottes enthalten sind. Die Typen (2) und (3), die schriftlichen Fassungen von Frage und Antwort im Orakelprozess, sind als solche eigentlich zwei einander entgegengesetzte Pole. Es ist jedoch bezeichnend für das ägyptische Orakelwesen, daß diese ineinander übergehen können dadurch, daß die Gottheit ein "Anfrageschreiben" "*nimmt*" (**ṯꜣj** [130]) oder ihm "*zustimmt*" (**hnn**[131]) und es damit aus dem Anfrage- in den Antwortstatus befördert. Einerseits heißt dies, daß die "Anfrage" selbst schon eine vorformulierte Rede des Gottes ist, andererseits, daß der Gott nur sagt, was ihm vorformuliert wurde. So besteht der Inhalt der beiden Schreiben V.21.c. in zwei möglichen Reden des Gottes selbst. In den O.A.D. (II.20/21.a) wurde das die Rede der Gottheit(en) einleitende **ḏd**, "*es spricht...*", oder "*es sprach...*", ver-

128 **wꜣḥ m-bꜣḥ** ohne Objekt: I.22.d., Z.11.

129 Unsicher ist der Fall von IV.2.20.h., wo mit **wꜣḥ** vielleicht gemeint ist, daß eine Person vor einen Gott gebracht wird. – **ᶜḥᶜ m-bꜣḥ** kann auch da benutzt werden, wo ein Bittsteller aus eigenem Antrieb vor eine Gottheit tritt, v.a. in Texten aus Theben-West, III und IV.2.

130 I.21.d., senkr. Z.20 und 23; Cerny, in: BIFAO 35, 1935, 56f.; ders. bei Parker, Saite Oracle Papyrus, 45; Kruchten, Djéhoutymose, 10ff., 114f.

131 Stèle d'Apanage (II.22.a.), Z.30.

mutlich erst nach der Vorlage vor den Gott eingesetzt, da in zwei Fällen nur der dafür freigelassene Platz zu sehen ist[132]. Der Orakelvorgang konnte sich zu einem Beglaubigungsakt des Gottes verkürzen, mit dem er einen Text als seine "Rede" affirmierte. Bezeichnend ist, daß **ᶜ n-md̲ꜣ.t** einmal auch als Ausdruck für die (geschriebene) Rede des Gottes belegt ist: Tafeln Rogers/McCullum (II.21.c.), Z.17[133]. Dagegen sind auf den Ostraka der Gruppe V.19/20.b. die Fragen durch die entsprechenden grammatischen Mittel als solche gekennzeichnet. Fragen wie "*Ist es ein Fremder?*" (Nr.57) nehmen nicht eine mögliche Rede des Gottes vorweg, sondern waren irgendwie mit "*ja*" oder "*nein*" zu beantworten.

§142

Die Art der Überlieferung ist bei den drei Text-Typen unterschiedlich. Texte vom Typ (1) finden sich auf Tempelwänden: I.19.c., I.20.b., I.20.c., I.21.c./d./e.f./h., I.22.b.

Ferner auf Stelen, die ihrerseits wieder in einem Tempel Aufstellung finden konnten: I.19.a., I.19/20.a., I.20.a., I.21.a./b.g., I.22.a./c./d.

Im Bereich der "Gerichtsorakel" von Theben-West (Abteilung III) sind die Orakelvorgänge wie auch andere Prozesse auf Ostraka und Papyri festgehalten[134]. Man muß jedoch damit rechnen, daß die Fixierung von Orakelvorgängen auf archivierbarem Material die primäre und allgemeine war und nur ein Teil der Vorgänge aufgrund ihrer besonderen Wichtigkeit als Inschriften einen Platz im Tempel fanden. So existieren in den Dokumenten I.22.f. und I.26.a. zwei Orakelprotokolle auf Papyrus mit Formulierungen und - im zweiten Beispiel - mit einer Thematik, wie sie in den inschriftlichen Belegen des Text-Typs (1) zu finden sind. Ein Hinweis auf Gegenstücke zu den inschriftlichen Dokumenten, die auf Papyrus geschrieben waren, könnte die Stelle im Orakeltext vom 10. Pylon in Karnak (I.21.e.), Z.26f. sein, die von einem Schreiber des **pr-dwꜣ.t-nṯr n-Jmn** spricht, der "*diesen Befehl*" (**tꜣj-wd̲** (sic)) vor den Kindern der Henut-tawi einmal "*verbergen*" (**ḥꜣp**) sollte; dies dürfte nur bei einem Archiv-Dokument möglich sein.

---

132 Edwards, O.A.D. I, S.XVII.

133 Die gleichlautende Formulierung in pBrooklyn 16.205, 2,5f. (I.22.f.), ist dagegen anders aufzufassen: der Gott äußert sich "*zu*" den beiden ihm vorgelegten Schriftstücken. Es ist also eine formulierungs- oder verfahrenstechnische Alternative zu dem "*Nehmen*" der Schriftstücke.

134 S. Allam, in: JEA 54, 1968, 121ff.

§143

Nur ein einziger der bekannten Belege des Typs (2) existiert in inschriftlicher Form: das (Orakel-)Dekret des Amun-Re zugunsten des Erben des HPA **Jwꜣrṯ** (II.22.a.) wurde auf einer Stele überliefert, die sich im 1. Vorhof des Amuntempels von Karnak nahe dem Barkensanktuar Sethos' II. fand; der Standort steht vielleicht im Zusammenhang mit einer Absegnung des Textes durch den Gott anläßlich einer Prozession[135].

Die Fixierung der anderen erhaltenen Dekrete auf Papyrus oder Holz in hieratischer Schrift ist ihrem Inhalt und Zweck adäquat; denn es handelt sich um persönliche Schutzerklärungen von Gottheiten für lebende oder tote Individuen, deren Wirksamkeit darin bestand, daß sie als Amulette von diesen getragen wurden[136] oder daß sie ihnen als Grabbeigaben mitgegeben wurden. Dagegen befaßt sich das Dekret der Stèle d'Apanage mit Kauf und Vererbung von Land(rechten), das (die) vielleicht mit dem **pr-Jmn** in Zusammenhang stand(en), ähnlich einigen Orakelprotokollen der 21. Dynastie. Durch die Anbringung im Tempelvorhof als einem zugleich geweihten und einsehbaren Ort sollte das Dekret dieses Land vor Zweckentfremdung schützen. Warum man hier die Form des Dekrets, nicht die des Orakelprotokolls gewählt hat, ist unklar. Dagegen ergibt sich bei den persönlichen Schutzdekreten Überlieferungsweise und Textform aus dem amuletischen Charakter dieser Texte. Sie sollten nicht spätere Generationen vor dem Zugriff auf fremdes Gut warnen, sondern sollten einen magischen Schutz gewähren durch die Anwesenheit des persönlich getragenen oder ins Grab mitgegebenen Götterspruches[137], wofür das Frage- und Antwort-Spiel des Typs (1) nicht notwendig war.

Um ein Dekret auf Papyrus könnte es sich auch bei den **wḫꜣ** genannten schriftlichen Befehlen des Amun-Re handeln, die Wenamun nach Tanis überbringt (IV.3.20.c.), s.o. §118.

§144

Texte des Typs (3) sind gemäß ihrer Bestimmung zur Vorlage vor eine Gottheit in der Regel auf Papyrus oder auf Ostraka geschrieben; dafür spricht auch der Terminus **mḏꜣ.t**. Ein Sonderfall ist die inschriftliche Überlieferung einer "Orakelanfrage" auf einem Stelophor Osorkons II. (V.22a.), der im vorderen Bereich des Amuntempels von Tanis aufgestellt war, so daß die Fragen

135 S. Kruchten, Djéhoutymose, 336; ders., in: BSFE 103, 1985, 16ff.
136 Edwards, O.A.D. I, S.XVIIIf.
137 Dies wohl die Realisierung dessen, daß der Gott sein "**ḫrtw** *aussendet*", s.o. §114.

dem Gott bei jeder Prozession "*vorlagen*"; dementsprechend allgemein ist das Anliegen und seine Formulierung, welche deutliche Bezüge aufweist zu den für das irdische oder jenseitige Leben einer Person bestimmten Schutzdekreten.

Die Form der Orakelprotokolle

1. Beginn der Texte und Einführung des Gottes[138]

§145

Die Orakelprotokolle beginnen, auch wo es sich um inschriftliche, auf Tempelwänden angebrachte Texte handelt, häufig in der Art von Rechtsurkunden; diese Stilisierung bezweckt die Dokumentation eines zeitlich genau festzulegenden Ereignisses mit Recht setzender Kraft[139].

Die Anfangsformel, die die Schilderung des Orakelvorgangs eröffnet – im Falle von mehreren Orakelvorgängen mit unterschiedlicher Datierung kann diese Formel auch mehrmals in einem Text erscheinen – lautet dann:

Datum – gegebenenfalls Königsname – **hrw-pn** (var. **hrw n-**):

I.20.a.
I.21.d., senkr.Z.1f.[140]
I.22.a. (Datum und Königsname Z.1, **hrw-pn** Z.8)
I.22.b.[141] / c.
I.26.a.

Königsname fehlt bei:

I.21.b.
I.21.d. (waager.Z.8, 12, 13[142])
I.21.e. (Champollion-Kopie, Z.5)
III.20.a. / b. / c. / h. / i.
I.22.f. (3,1)

Variante **hrw n-**:

I.19.a. I.20.c.
I.21.d. (waager.Z.12[143]
I.22.f. (3,1).

---

[138] S. auch Kruchten, Djéhoutymose, 24ff.
[139] Jedoch fehlen in den Inschriften auf den Wänden des Amuntempels von Karnak am Ende der Texte Aufzählungen von Zeugen, die sonst auch in Orakelprotokollen öfters zu finden sind.
[140] Kruchten, Djéhoutymose, 32.
[141] **hrw-pn** wahrscheinlich zu ergänzen, Vernus, in: BIFAO 75, 1975, 14.
[142] Kruchten, Djéhoutymose, 29f.
[143] Kruchten, Djéhoutymose, 29f.

§146

Nach diesen drei (bzw. zwei) Elementen kann der Text in recht unterschiedlicher Art fortfahren. Eine Variante ist, mit dem Auftreten des Orakelgottes zu eröffnen, wobei örtliche und zeitliche Modifikationen des Auftretens entweder davor oder danach erscheinen können.

Seltener vorher:

I.20.a.: **hrw-pn m-tr n-dwꜣj.t** [144]
I.21.d.: **hrw-pn m-pr-Jmn-Rꜥ njswt-nṯr.w** (senkr.Z.3, waager.Z.8)
I.21.e.: **hrw-pn m-pr-Jmn-Rꜥ njswt-nṯr.w** (Champollion-Kopie, Z.5).

Häufiger wird *nach* **hrw-pn** (bzw. **hrw n-**) einer der Akteure des Orakelvorgangs eingeführt, wobei hier zuerst das Auftreten des Gottes erörtert werden soll.

§147

Das Wort für dieses Auftreten des Gottes ist in aller Regel **sẖꜥj**, eigentlich ein transitives Verbum mit der Bedeutung "*jdn. zur Erscheinung bringen*"[145]. In Bezug auf die Prozession eines Gottes findet es sich in dieser transitiven Verwendung z.B. auf der Statue CG 42213: **sẖꜥ.j-Jmn ẖft-ḥꜣb.w.f**, "*ich ließ Amun zu/gemäß seinen Festen erscheinen*" (sagt ein Priester)[146].

Die Verbindung **sẖꜥj n-ḥm-nṯr-pn-šps** übersetzt Gardiner dementsprechend mit "*the making to appear of the Majesty of this noble god*"[147]. Einige Belege sprechen jedoch dafür, daß der nach **sẖꜥj** stehende Genitiv eher als genitivus *subjectivus* denn *objectivus* empfunden wurde[148]. In der *Inscription historique* (I.21.d.) findet sich neben:

 (waager.Z.8),

 (Beischrift zur Chonsbarke),

[144] **m-tr n-dwꜣj.t**: I.20.a./c, I.21.d. (senkr.Z.14), I.21.e. (Champollion-Kopie Z.5); vgl. Kruchten, Djéhoutymose, 79 und Anm.2.
[145] Wb.IV, 236f.; Kruchten, Djéhoutymose, 77f.
[146] Jansen-Winkeln, Ägyptische Biographien der 22. und 23. Dynastie, Text A 7, d 12 (=4.3.51).
[147] Gardiner, in: JEA 19, 1933, 25f.
[148] S. Caminos, in: JEA 38, 1952, 51.

auch die Verbindung:

 (senkr.Z.14),

 (waager.Z.14).

Das "*Erscheinen*" als Resultat einer Einwirkung auf den Gott ließ sich auch als vom Gott selbst ausgehende Aktivität auffassen, so wie es auf der Stele des Königs Pije, Z.58f., vom König heißt:

 [149]

§148

Beispiele für die Einführung des Gottes durch **sḫꜥj** als Auftakt der Orakelschilderung:

I.20.a.	**hrw-pn m-tr n-dwꜣj.t sḫꜥꜥ**(sic)**-ḥm-nṯr-špsj** A **m-ḥꜣb.f-nfr n-Jp.t**
I.20.c.	**hrw n-sḫꜥj-ḥm-nṯr-pn-špsj** A [**m-**]**tr n-dwꜣj.t m-ḥꜣb.f-nfr n-Jp.t-ḥm.t.s smn ḥr-sqꜣ jn-pꜣ-nṯr-ꜥꜣ**
I.21.d. (senkr.Z.3/14)	**hrw-pn m-pr-Jmn-Rꜥ njswt-nṯr.w (...)**[150] **sḫꜥj jn-pꜣj-nṯr-ꜥꜣ ḥr-pꜣ-tꜣ n-ḥḏ n-pr-Jmn m-tr n-dwꜣj.t**
(waager.Z.8)	**hrw-pn m-pr-Jmn-Rꜥ njswt-nṯr.w sḫꜥj-nṯr-pn-špsj nb-nṯr.w** A / M / Γ C
(waager.Z.13f.)	(Datum – **m-pr-Jmn [(mḥ ?) hrw]-⸢9⸣)**[151] **sḫꜥj-nṯr-pn-špsj nb-nṯr.w** A / M / C [...] **m-ḥꜣb.f-nfr m-ḥꜣb-Jp.t** (sic)
I.22.a. (Z.8)	**hrw-pn sḫꜥj-ḥm-nṯr-pn-špsj**[152] **Swtḫ pꜣj-nṯr-ꜥꜣ-** Datum - **m-ḥꜣb.f-Nfr-wršw**[153]

---

[149] Urk.III, 20; Grimal, La stèle triomphale de Pi(ᶜankh)y, 22*.
[150] Längerer Einschub.
[151] Kruchten, Djéhoutymose, 254.
[152] Gardiner, in: JEA 19, 1933, 25f.
[153] Gardiner, loc.cit.

I.26.a. — **hrw-pn sḫꜥj-nṯr-pn-špsj nb[-nṯr.w]-nb.w** A **pꜣ-nṯr-ꜥꜣ n-ḏr-ꜥ nꜥj m-ḫr.f r-bnr** (?)[154] **ḫr-pꜣ-tꜣ-ḥḏ r-qdw-pr** ("*um das Haus zu umrunden*") **pḥ r-tꜣ-wsḫ.t-šnw**

I.21.b. (Z.9f.) — (Datum (5. Epagomenen-Tag) **msw.t-ꜣs.t ḫft-ḥꜣb-Jmn m-wp.t-rnp.t**) **sḫꜥj n-ḥm-nṯr-pn-špsj nb-nṯr.w** A **nꜥj r-nꜣ-wsḫ.wt-ꜥꜣ.wt n-pr-Jmn ḥtp m-bꜣḫ-pꜣ-ḏꜣḏꜣw n-Jmn stꜣ.n.f r-**HPA (...) **wšd.f-sw r-wr zp-2 m-zp.w-ꜥšꜣ.w**

I.22.a. — (Datum) **sḫꜥj n-nṯr-pn-špsj nb-nṯr.w** A **pꜣ-nṯr-ḏr-ꜥ**

§149

Bei **sḫꜥj** dürfte es sich in allen Fällen um einen Infinitiv handeln[155]. Dies wird besonders deutlich an I.20.c. mit der Genitivkonstuktion **hrw n-sḫꜥj**, ferner dann, wenn die Bewegung des Gottes durch weitere Infinitive ausgeführt wird, in I.20.c. und I.26.a. Bei I.21.b. ist der Wechsel zu finiten Verbalformen auffallend, wo die Handlung aus der Schilderung eines Ritual-Ablaufs in die besondere Situation der Begegnung mit dem Hohenpriester einmündet. In zwei Beispielen wird der Weg des Gottes etwas genauer beschrieben. I.21.b. unterstützt m.E. die von Kruchten[156] geäußerte Ansicht, daß die großen Orakel der 21. Dynastie in den südlichen Höfen des Amuntempels stattfanden, denn zu dieser Zeit werden die "*großen Höfe*"[157] kaum an einem anderen Ort zu suchen sein. In I.26.a. ist nicht zu entscheiden, ob nach dem "*Gehen auf den Silberboden*" das "*Umrunden des Hauses*" auf diesem Silberboden stattfand. In diesem Falle müßte der "*Silberboden*" eine große Ausdehnung gehabt haben[158].

---

[154] Dieses Wort wird von Parker versehentlich mit  umschrieben. Es steht jedoch  da; eine Kurzschreibung für **bnr**? Kruchten, Djéhoutymose, 325, Anm.3, liest **pfꜣ** (Wb.I, 507), was unwahrscheinlich ist.

[155] Vgl. Kruchten, Djéhoutymose, 26; problematisch ist nur I.20.a., wobei es sich vielleicht nur um eine graphische Variante handelt, wenn es nicht einfach ein Fehler für  oder  ist.

[156] Kruchten, Djéhoutymose, 333ff.

[157] **wsḫ.t** als Bezeichnung für einen Tempelvorhof z.B. in der Inschrift Scheschonqs I. in Gebel es-Silsila, Z.47f., Caminos, in: JEA 38, 1952, 46ff.; zu **wsḫ.t-ḥꜣbj.t** bzw. **wsḫ.t-wꜣḏ.w** als Bezeichnung des Vorhofs des Chonstempels von Karnak s. Temple of Khonsu II, Pl.143 und 140; vgl. Gardiner, AEO II, *208f.

[158] Zur Lage desselben s. Nims, in: JNES 14, 1955, 116; Parker, Saite Oracle Papyrus, 8; Kruchten, Djéhoutymose, 325ff.

§150

Von einem "*Ziehen*" (**sṯꜣ**) des Gottes zum HPA wie in I.21.b. ist in verlorenem Zusammenhang auch im Orakeltext vom 10. Pylon von Karnak (I.21.e.) die Rede (Champollion-Kopie Z.1), wo nach I.21.d., senkr.Z.4f., vielleicht zu ergänzen ist:

[ḫꜥj (oder **sḫꜥj**)-**nṯr-pn-šps**j **nb-nṯr.w** A / M? / C? **ḥr-pꜣ-tꜣ n-ḥḏ n-pr-Jmn**] **m-tr n-dwꜣj.t m-pḥ-nṯr**[159] **jn-HPA** (...) **sṯꜣ r-HPA** (...) [...].

Die Formel **sṯꜣ-r.f jjj n-ḫrw.f jn-pꜣ-nṯr-ꜥꜣ** findet sich, als positive Reaktion des Orakelgottes auf das Anliegen des Bittstellers, in IV.1.22.b. und I.26.a.[160].

§151

In einem einzigen Fall, in der Dachla-Stele (I.22.a.), steht das Datum *nach* und nicht *vor* **hrw-pn** und **sḫꜥj**. Genauere Zeitangaben, sofern vorhanden, geben stets den frühen Morgen an[161].

§152

Die Protokolle der "Gerichtsorakel" aus Theben-West (Abteilung III) verzichten auf diese Art der Eröffnung in der Schilderung des Orakelprozesses, die nach dem Datum (und **hrw-pn**) zunächst in feierlicher Weise das Erscheinen des Gottes registriert, und beginnen statt dessen mit dem Auftreten des Bittstellers vor dem Gott (s.u. §159).

2. Die Einführung des Orakelbefragers ("NN") in Orakelprotokollen, die mit dem Auftreten des Gottes beginnen

§153

I.20.a. **ꜥḥꜥ.n-smj-n.f NN m-ḏd-mj-n.j Jmn-Rꜥ pꜣj.j-nb-nfr**

---

159 Zu dieser Lesung s.o. §128.

160 S. Caminos, Chronicle of Prince Osorkon, 109f.; Parker, Saite Oracle Papyrus, 11; zu **smn ḥr-sqꜣ** in Text I.20.c. als vorläufigem Abschluß der Prozession vor dem Beginn des Orakels s. Nims, in: JNES 7, 1948, 158, Anm.h; sollte **sqꜣ**, wie Nims, loc.cit., meint, ein tragbarer Barkenuntersatz sein, auf dem die Barke vor Beginn der Befragung abgestellt wurde, so könnten die darauffolgenden Reaktionen des Gottes *nicht* durch eine Bewegung der Barke seitens der Trägermannschaft bewirkt worden sein.

161 S.o. §146.

I.20.c.		ꜥḥꜥ(sic)-[ḏ]d-n.f NN m-ḏd- pꜣj.j-nb-nfr smn-ṯw ḥr-md.wt n-pꜣj[.k-pr(?) ꜥḥꜥ]-pꜣ-nṯr-ꜥꜣ hn r-wr zp-2
I.21.b.	(Z.10f.)	ꜥḥꜥ.n-wḥm-n.f NN m-ḏd-pꜣj.j-nb-nfr wnn-md.t jw-jw.tw-<r->wḥm.s m-bꜣḥ (sic) ꜥḥꜥ.n-pꜣ-nṯr-ꜥꜣ hn r-wr zp-2
I.21.d.	(senkr.Z.14f.)	(sḥꜥj jn-pꜣ-nṯr-ꜥꜣ u.s.w.) jjj jn-HPA NN m-bꜣḥ-pꜣj-nṯr-ꜥꜣ wšd <r->wr zp-2 jn-pꜣj-nṯr-ꜥꜣ
I.21.d.	(waager.Z.12)	(Datum - Festname [....] sḥꜥj n-nṯr-pn-špsj nb-nṯr.w A jw- M / C -ḥtpw m-tꜣj-gꜣj.t[162]-ꜥꜣ.t špsj.t Jmn-[nḏ]m-sḥꜣw (?)[163]) HPA NN -m-bꜣḥ-pꜣ-nṯr-ꜥꜣ ꜥḥꜥ.n-wḥm-HPA NN m-bꜣḥ-pꜣ-nṯr-ꜥꜣ m-ḏd-pꜣj.j-nb-nfr...
I.21.d.	(waager.Z.13f.)	(Datum, sḥꜥj des Gottes u.s.w.) jjj jn-HPA NN m-bꜣḥ-pꜣ-nṯr-ꜥꜣ wšd (r-)wr zp-2 jn-pꜣ-nṯr-ꜥꜣ <m-?[164]> nꜥj m-ḥr.f

---

162 Zur Lesung gꜣj.t gegen Kruchtens ḥm.t s. Jansen-Winkeln, in: JEA 76, 1990, 244.

163 Naville, Inscription historique, gibt: 

Kruchten, Djéhoutymose, 231: 
Die ersten beiden Gruppen faßt er als Name des Heiligtums auf: "*'Amun est present'*(?)" was als Bedeutung von jm jedoch ungewöhnlich ist. sḥꜣw zieht er zum Folgenden und übersetzt: "*Notes du (?) premier prophète d'Amon...adressés au grand dieu*" (op.cit., 233); auch dies ist recht ungewöhnlich, zumal erst danach die übliche Eröffnungsformel der Rede an den Gott folgt. Sowohl das von Kruchten angenommene jm als auch das das nachfolgende sḥꜣw machen in diesem Zusammenhang keinen überzeugenden Eindruck. Die Zeichen sind heute verschwunden, eine Überprüfung von Navilles Lesung ist nicht mehr möglich.

Da das  vor dem  in Kruchtens Ergänzung nicht gesichert ist und keinen übermäßig guten Sinn ergibt, ist zu überlegen, ob nicht ein anderes hohes Zeichen dort gestanden haben könnte, welches von dem phonetischen Komplement m begleitet werden konnte; das jwn von Naville passt mit dem m schlecht zusammen. Versuchsweise wäre z.B. das nḏm-Zeichen einsetzen und die Gruppe mit Jmn und sḥꜣw zu einem dreiteiligen sakralen Gebäudenamen zusammenschließen nach der Art von Jmn-sḫm-fꜣw u.ä. Der Name des Heiligtums wäre dann Jmn-nḏm-sḥꜣw, "*Amun (ist) angenehmen Angedenkens*". Dann wäre die ganze Stelle so aufzufassen: *Erscheinen Amuns, wobei Mut und Chons in der Kapelle* Jmn-nḏm-sḥꜣw *ruhen (und wobei) der HPA vor Amun ist. Anrede des HPA,* u.s.w.

164 Vorschlag von Kruchten, Djéhoutymose, 253: "*salutation...(par) mouvement en avant*", womit nꜥj m-ḥr.f hier den Sinn von Zustimmung hätte, der auch sonst belegt ist.

I.21.d.	(waager.Z.14)	(sḫꜥj jn-pꜣ-nṯr-ꜥꜣ m-pḥ-nṯr jn[165]-HPA NN) ꜥḥꜥ.n-wḥm-HPA NN m-bꜣḥ-pꜣ-nṯr-ꜥꜣ m-ḏd-pꜣj.j-nb-nfr....
I.21.e.	(Champollion, Z.5f.)	(Datum – hrw-pn m-pr-Jmn-Rꜥ njswt-nṯr.w [a]sḫꜥj jn-nṯr-pn-špsj nb-nṯr.w m-ḥꜣb.f-nfr[b]...[166]) jjj jn-3PA....
I.22.a.	(Z.8f.)	(hrw-pn sḫꜥj u.s.w.) jw-NN ꜥḥꜥ m-bꜣḥ (sic) ḏd-Swtḫ pꜣj-nṯr-ꜥꜣ ....
I.26.a.		ꜥḥꜥ smj jn-NN m-ḏd m-bꜣḥ-pꜣ-nṯr-ꜥꜣ mj-n.j Jmn-Rꜥ njswt-nṯr.w pꜣ-nṯr-ꜥꜣ n-ḏr-ꜥ pꜣ-nṯr-ꜥꜣ šꜣꜥ-ḫpr ꜥnḫ-rn.k-ꜥꜣ-wr špsj mn-rn.k r-nḥḥ (folgt konkretes Anliegen).

§154

Bei der Schilderung der Prozession des Gottes ist der Infinitiv das vorherrschende sprachliche Mittel. In auffallendem Kontrast dazu wird der *Befrager* des Orakels in der Regel mit einer finiten Verbalform eingeführt, die gerne mit dem Hilfsverbum ꜥḥꜥ.n- eingeleitet wird. Niemals wird dagegen die wnjn-Konstruktion benutzt, um den Orakelbefrager einzuführen, die in den Königsproklamationen von Hatschepsut und Thutmosis III. (IV.1.18.a./b.) die vorantreibenden und unvorhergesehenen Aktionen des Gottes gegenüber der Königin bzw. die Aktionen von regierendem König und Gott schildert. Die Infinitive, mit denen die Orakelprotokolle anheben, dürften die Feierlichkeit der sakralen Ereignisse unterstreichen als Hintergrund, von dem sich dann die besondere Befragungssituation abhebt. Die Antwort des Gottes kann wieder in Form eines absoluten Infinitivs erscheinen (s.u.).

Eigentümlich ist die Formulierung in I.26.a.: ꜥḥꜥ smj jn-NN, die fast den Eindruck macht, als habe man die Form ꜥḥꜥ(.n)-smj-n.f NN, wie sie sich in I.20.a.

---

165 Kruchten, Djéhoutymose, 266, liest, wie schon Naville:  .
Sethe las jn und ich kann nach meinen Photos keine Notwendigkeit für Kruchtens Auffassung entdecken; andererseits spricht eine Menge gegen sie: 1. die Ungewöhnlichkeit einer solchen Schreibung für jjj jn- innerhalb *dieses* Textes; 2. umgekehrt die Tatsache, daß die Verbindung m-pḥ-nṯr jn-HPA innerhalb dieses Textes (senkr.Z.5) und außerhalb desselben (I.21.e., Champollion, Z.1) belegt ist.

166 *a...b* von Champollion nicht wiedergegeben; da er die einzelnen Zeilen aber nicht vollständig abgeschrieben hat (bzw. sie damals schon verloren waren), wäre eine solche Ergänzung möglich.

findet, als Ganzes in einen absoluten Infinitiv transponiert[167]. In beiden Belegen beginnt die Rede des Befragers übrigens mit mj-n.j Jmn-Rᶜ... [168]. Mit ᶜḥᶜ.n- oder auch ᶜḥᶜ- (I.20.c) wird der Orakelbefrager als einer eingeführt, der sogleich mit der Befragung beginnt und sein Anliegen vorträgt (s.u. §168).

§155

Eine andere Art der Einführung des Befragers ist die, die von seinem "*Kommen*" spricht (I.21.d.[169], I.21.e.). Genauso wie bei der Schilderung der Prozession des Gottes geschieht dies in Form des absoluten Infinitivs, vielleicht deshalb, weil dieses "*Kommen*" noch mehr zum offiziellen und in feierlichem Ton gehaltenen *Rahmen* der Orakelschilderung gehört als zum besonderen Orakelanliegen selbst. In einigen Fällen "*begrüßt*" (**wšd**) daraufhin der Gott den Befrager in zustimmendem Sinne[170]. Das "*Kommen*" des Priesters dürfte dem umgekehrten Fall entsprechen, wo der Gott seinerseits zum Priester "*zieht*" (**sṯꜣ**) und ihn "*sehr stark und viele Male*" begrüßt (I.21.b., Z.9f.)[171].

§156

Eine weitere, der Einleitung des eigentlichen Orakelanliegens noch vorausgehende Formel, mit der das Subjekt der Orakelbefragung eingeführt werden kann, findet sich I.21.d., waager.Z.14: **sḥᶜj jn-pꜣ-nṯr-ᶜꜣ m-pḥ-nṯr jn-HPA NN**. Mit Kruchten[172] ist **m-pḥ-nṯr jn-HPA NN** wohl auch in der senkr.Z.5 zu lesen, ferner in I.21.e., Champollion-Kopie, Z.1. Diese Verbindung spricht dafür, daß **pḥ-nṯr** wenigstens in diesem Zusammenhange nicht der Name eines Festes ist, wie es gelegentlich aussieht[173], sondern ein Infinitiv, dessen logisches Subjekt der HPA ist. **pḥ-nṯr**, "*sich an den Gott wenden*", ist also zunächst einmal eine Veranstaltung des Hohenpriesters oder des jeweiligen Orakelbefragers und

---

167 Parker, Saite Oracle Papyrus, 8f., erwägt, ob ᶜḥᶜ hier eher als Hilfsverb zu verstehen ist oder dem ᶜḥᶜ m-bꜣḥ entspricht. Seiner Übersetzung: "*thereupon petitioning:...*", liegt wohl die erste Möglichkeit zugrunde.

168 Zu ᶜḥᶜ (ḥr) + Infinitiv s. Gardiner, in: RdE 6, 1951, 121 (p); zu KRI VI, 538,1, s. Wente, in: JNES 25, 1966, 80, Anm.19a; Beispiele zur Verbindung ᶜḥᶜ ḥr + Infinitiv s. bei Kruchten, Études de syntaxe néo-égyptienne, Brüssel 1982, 8; 10; 15; 20; 24; 26; 27.

169 Kruchten, Djéhoutymose, 38, wobei das letzte Beispiel wohl zu streichen ist (s.o., §153, Anm.165).

170 Kruchten, Djéhoutymose, 45f.

171 S.o. §148.

172 Kruchten, Djéhoutymose, 54.

173 S.o. §128.

nicht des Gottes, wie es Kruchtens Übersetzung "*göttliche Anhörung*" ("*audience divine* (*conduite*) *par*" HPA) nahelegt. Sie ist in senkr.Z.5 von I.21.d. eng mit der allgemeinen Befragung des Gottes über die Angelegenheiten des Landes (**nḏnḏ-ḫr<.t>-tꜣ-pn** [174]) verbunden, deren Erwähnung nur den Hintergrund für die Befragung in der Sache des Thutmose bildet. Der Einführung des eigentlichen Orakelanliegens geht die Verbindung **m-pḥ-nṯr** jn-HPA **NN** auch in I.21.e. (s.o.) voraus, denn dieses besondere Anliegen wird in diesem Text gar nicht vom HPA, sondern vom 3PA **Ṯꜣj-nfr** betreut.

§157

Eine Besonderheit stellt die Formulierung in I.22.a. dar; hier wird nur die Antwort des Gottes im Text wiedergegeben und die Tätigkeit des Orakelbefragers in dem Umstandssatz zusammengefaßt, daß dieser beim Erscheinen des Gottes vor demselben "*stand*" (**ꜥḥꜥ**).

§158

Die Benennung des Orakelgottes wird nach der Schilderung seines ersten Auftretens verkürzt. Das logische Subjekt von **sḫꜥj** nach einem *Datum* ist zunächst von folgenden Epitheta begleitet, die dem Gottesnamen vorausgehen: (**ḥm (n-)) nṯr-pn-špsj**, im Falle Amun-Re's von Karnak häufig der Zusatz **nb-nṯr.w**[175]; diese Reihe ist beim ersten Auftreten des Gottes üblich. Danach ist von dem Gott in der Regel nur noch ohne Namen und mit dem dem Namen beim ersten Auftreten gelegentlich nachgeordneten Epithet **pꜣ(j)-nṯr-ꜥꜣ** die Rede; dies ist auch dort der Fall, wo ohne neues Datum ein weiteres **sḫꜥj** des Gottes vorausgeht[176]; dieses nachgeordnete Epithet wird gelegentlich zu der in den Orakeldekreten üblichen Form **pꜣ-nṯr-ꜥꜣ-wr n-šꜣꜥ-ḫpr** (und Varianten)[177] erweitert. IV.1.22.a. und I.26.a. erweitern zu **pꜣ-nṯr-ḏr-ꜥ** bzw. **pꜣ-nṯr-ꜥꜣ n-ḏr-ꜥ**.

---

174 S.o. §116.
175 S. Kruchten, Djéhoutymose, 344ff.
176 I.21.d., waager.Z.14.
177 Hierzu Edwards, in: JEA 41, 1955, 96ff.; Kruchten, Djéhoutymose, 337ff.

3. Die Einführung des Bittstellers als Einleitung von Orakeltexten

§159

I.19.a.	Datum – König – **hrw n-spr jrj.n-NN r-smj [n-njswt-bjt nb-tꜣ.wj** (o.ä.)] **(Nb-pḥtj-Rꜥ)**
III.20.a.	Datum – **hrw-pn smj-rmṯ-jz.t NN n-njswt (Jmn-ḥtpw)....**
III.20.b.	Datum – **ꜥš jrj.n-rmṯ-jz.t NN n-(Jmn-ḥtpw) m-hrw-pn r-ḏd-pꜣj.j-nb-nfr ....**
III.20.c.	Datum – **hrw-pn smj.n-** (oder: **smj n-**) **rmṯ-jz.t NN1 n-njswt (Jmn-ḥtpw) ... r-ḏd-mj-n.j pꜣj.j-nb wpj-wj jrm-NN2**
III.20.d.	Datum – **smj.n-** (oder: **smj n-**) **rmṯ-jz.t NN n-njswt (Jmn-ḥtpw) ... r-ḏd-mj-n.j pꜣj.j-nb...**
III.20.f.	Datum – **ꜥš jn-NN n-njswt (Jmn-ḥtpw) ... r-ḏd-pꜣj.j-nb-nfr mj pꜣ-hrw...**
III.20.g.	Datum – **ꜥḥꜥ.n-ꜥš.n-NN n-Jmn......m-ḥꜣb.f-nfr.... ḏd.f-mj[-n.j Jmn...] pꜣj.j-nb-nfr mrjw**
III.20.e.	Datum – **ꜥš jrj.n-⌜rmṯ-jz.t⌝ NN n-njswt (Jmn-ḥtpw) r-ḏd-pꜣj.j-nb-nfr....**
III.20.i	Datum – **hrw-pn smj-rmṯ-jz.t NN n-njswt (Jmn-ḥtpw) pꜣ-nb n-pꜣ-dmj m-ḏd-mj-n.j pꜣj.j-nb-nfr...**
IV.2.20.a.	**ḥr-jr-m-ꜣbd-3** (u.s.w.) **jw.f-ḥr-ꜥš n-njswt (Jmn-ḥtpw) ... ḏd.n.f** (oder: **<ḥr->ḏd-n.f**) ...
IV.2.20.e.	**ḥr-ḥr-sꜣ m-rnp.t-21** (u.s.w.) **jw<.j>-ḥr-ꜥḥꜥ m-bꜣḥ-(Jmn-ḥtpw) ... ḥr-ḏd-n.f ...**
I.22.c.	Datum – König – **hrw-pn n-djt-ꜣḥ.t .... j.jrj-NN jw.f-wḥm m-bꜣḥ-Ptḥ pꜣj-nṯr-ꜥꜣ m-ḏd-pꜣj.j-nb-nfr jw.k-šzp...** [178]
I.22.f. (3,1ff.)	Datum – **hrw n-šm m-bꜣḥ-Ḫnsw j.jrj-NN1 jrm-NN2 r-ḏbꜣ-**[179]

---

[178] Der Orakelvorgang ist hier dem Formular einer Schenkungsstele untergeordnet.

[179] **r-ḏbꜣ** wohl im Sinne von "*wegen*" (Wb.V, 560,2); anders Parker, Saite Oracle Papyrus, 51: "*about payment for*".

IV.3.32.a. ...n-rnp.t-zp-26 (u.s.w.) ḫft-ḥꜣb-Jmn jw-ḥm.f m-ḫnw-Wꜣs.t ꜥḥꜥ.n-wḥm.n-ḥm.f m-bꜣḥ-Ḫnsw-m-Wꜣs.t-Nfr-ḥtp m-ḏd-pꜣj.j-nb-nfr j.jrj.j[180]-wḥm m-bꜣḥ.k ḥr-zꜣ.t ....

§160

Bei den Orakeltexten unter den Gerichtsakten aus Theben-West findet sich nur ein Beispiel, welches mit der Nennung des Orakelgottes nach dem Datum beginnt - aber dies in völlig anderer Art als die Texte, die mit dessen "*Erscheinen*" anheben:

III.20.h. [Datum - hrw-]pn jw-njswt (Jmn-ḥtpw]...

hd- 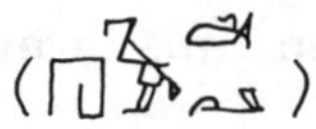 mḏꜣj NN1 m-pꜣ-ꜥꜣ ("*Esel*") n-NN2

§161

Häufig ist nach dem Datum, mit oder ohne hrw-pn als Rückverweis, die Form smj + n, was man als erstarrte sḏm.n.f-Relativ-Form deuten kann. Jedoch auch ein Infinitiv läßt sich als Möglichkeit nicht ausschließen, so, wie der Formel sḫꜥj + n + nṯr-pn-špsj (I.21.b.) ein (hrw n-) sḫꜥj-ḥm-nṯr-pn-špsj (I.20.c.) gegenübersteht; daneben finden sich auch Formen von smj ohne n: III.20.a./i. Die Infinitiv-Formen sind teilweise absolut gebraucht, teilweise - nach dem Rückverweis hrw-pn oder hrw n(j) - stehen sie im Genitiv-Verhältnis zu hrw.

§162

Anstelle des Infinitivs mit jn zur Einführung des logischen Subjekts (III.20.f.) findet sich häufiger die Verbindung von Infinitiv + jrj.n- + Subjekt, zum Ausdruck einer zurückliegenden Handlung[181], daneben die Form Infinitiv + j.jrj + Subjekt (I.22.f.). Der Infinitiv ist auch hier teilweise absolut, teilweise im Genitiv zu hrw stehend gebraucht.

180  falls das r nicht zu nfr gehört.

181 Erman, NG, §§411, 419, 560, 561; Cerny-Groll, LEG, S.491ff.

§163

Finite Verbalformen gibt es häufiger, wo sich die Erwähnung eines Orakelvorgangs nur an untergeordneter Stelle findet und nicht als Eröffnung der Urkunde nach dem Datum: IV.2.20.a. und e., I.22.c., IV.3.32.a., anders III.20.g. mit finiter Form nach Datum. In den zitierten Beispielen aus Deir el-Medineh fehlt jeder Hinweis auf eine Festprozession des Amenophis als dem Rahmen der Orakel. Anders als bei einer inschriftlichen Fassung auf einer Tempelwand erachtete man hier die Erwähnung der religiösen Rahmenereignisse vielleicht als überflüssig für den Zweck der Archivierung der Urkunden[182], zumal sie Angelegenheiten untergeordneter Bedeutung betrafen.

4. Die Form der Orakelanfragen und ihrer Einleitung

§164

I.19.a.	(1)	spr jrj.n-NN r-smj [n-njswt-bjt (o.ä)] (Nb-pḥtj-Rᶜ] spr jrj.n-NN jr-tꜣj-ꜣḥ.t nj-sw ...
	(2)	wḥm-spr n-pꜣ-nṯr m-ḏd-nj-sw...
I.20.a.		ᶜḥᶜ.n-smj-n.f NN m-ḏd-mj-n.j Jmn-Rᶜ pꜣj.j-nb-nfr
I.20.b. (Z.3, 17, 18)		ᶜḥᶜ- (sic) wḥm-n.f HPA NN (m-ḏd-pꜣj.j-nb-nfr) (diesem ᶜḥᶜ-wḥm-n.f steht auf seiten des Gottes ein mehrmaliges ᶜḥᶜ.n-pꜣ-nṯr... gegenüber)
I.20.c.	(1)	ᶜḥᶜ[.n(?)-ḏ]d-n.f jmj-r'-mšᶜ NN m-ḏd-pꜣj.j-nb-nfr smn.ṯw ḥr-md.wt n-pꜣj[.k-pr]
	(2)	ᶜḥᶜ-[wḥm.tw/wꜣḥ.tw-sḥ]n.w-nb<.w> n-pꜣj.f-pr m-bꜣḥ.f
	(3)	ᶜḥᶜ-wḥm.n.f m-ḏd-tw.tw-djt.f r-zš ...
I.21.a.		ᶜḥᶜ.n-wḥm-n.f zꜣ.f mrjw.f HPA NN [m-ḏd-pꜣj].j-nb-nfr dd.tw ....
I.21.b. (Z.10)	(1)	ᶜḥᶜ.n-wḥm-n.f HPA NN m-dd-pꜣj.j-nb-nfr wnn-md.t jw-jw.tw-<r->wḥm.s m-bꜣḥ
(Z.11)	(2)	ᶜḥᶜ.n-wḥm.n.f-spr r-pꜣ-nṯr-ᶜꜣ m-ḏd-pꜣj.j-nb-nfr tꜣ-md<.t>-nꜣ-bꜣk.w...
(Z.16)	(3)	ᶜḥᶜ.n-wḥm.n.f m-ḏd-pꜣj.j-nb-nfr jr-pꜣ-ntj-nb j.wḏ.k...
(Z.16f.)	(4)	wie (2); Anliegen: jw.k-<r->jr<t>-wḏ.t-ᶜꜣ.t ḥr-rn.k r-tm-djt...

[182] Zur Archivierung von Papyri und Ostraka in Deir el-Medineh s. Allam, in: JEA 54, 1968, 121ff.

(Z.18)	(5)	wie (3) ohne pꜣj.j-nb-nfr; Anliegen: tw.k-ḏd-jrj-sj m-wḏ.t ḥr-ꜥḥꜥj ....
(Z.18f.)	(6)	wie (1); Anliegen: ḫr-pꜣj.k-wḏ r-ḥḥ.w n-zp
(Z.23)	(7)	ꜥḥꜥ.n-HPA NN spr r-pꜣ-nṯr-ꜥꜣ m-ḏd-jr-rmṯ-nb ntj-jw.w—mdw m-bꜣḥ.k ....
I.21.c. (Z.7.)	(1)	[ꜥḥꜥ.n-wḥm.n-(? vgl.(6))] HPA NN m-bꜣḥ-pꜣ-nṯr-ꜥꜣ m-ḏd-pꜣj.j-nb-nfr ḏd-Jmn-Rꜥ njswt-nṯr.w pꜣ-nṯr-ꜥꜣ-wr n-šꜣꜥ n-(sic) ḫpr....
(Z.10f.)	(2)	ḏd-⸢HPA⸣ [NN [183]] m-bꜣḥ-nṯr-pn (sic) jrj-Jmn pnꜥ.f r-rmṯ-nb....
(Z.14)	(3)	ḏd ()-HP[A NN m-bꜣḥ-pꜣ-nṯr-ꜥꜣ[184]] jr-nꜣ-[...]
(Z.19)	(4)	ꜥḥꜥ[.n- HP]⸢A⸣ [NN ḏd m-bꜣḥ-pꜣ-nṯr-ꜥꜣ[185]] pꜣj.j-nb-nfr .....
(Z.22f.)	(5)	[ꜥḥꜥ-.n-wḥm.n-[186]] HPA NN m-bꜣḥ-pꜣ-nṯr-ꜥꜣ m-ḏd-pꜣj.j-nb-nfr ....
(Z.25f.)	(6)	ꜥḥꜥ[.n-wḥ]m.n-HPA NN m-ḏd ptr-nꜣ-rmṯ.w...
I.21.d.[187](senkr.Z.18)	(1)	[ꜥḥꜥ.n-]wḥm-HPA NN m-bꜣḥ-pꜣ-nṯr-ꜥꜣ ḥr-ḏd-pꜣj.j-nb-nfr jw.k-<r->wḏꜥ-nꜣ-[...]
(waager.Z.1f.)	(2)	ꜥḥꜥ.n-wḥm-HPA NN m-bꜣḥ-pꜣ-nṯr-ꜥꜣ [m-ḏd-]pꜣj.j-nb-nfr tw.tw-hrw jw.k-hrw mtw.k-wḏꜥ-nꜣ-[...]
(waager.Z.3–5)	(3)	ꜥḥꜥ.n-wḥm.tw-spr.t m-bꜣḥ-pꜣ-nṯr-ꜥꜣ m-ḏd-pꜣj.j-nb-nfr wn-kt-md.t jw.tw-wḫꜣ.s...
(waager.Z.5)	(4)	wie(3); Anliegen: dj.tw[188] m-ḫr n-...
(waager.Z.9)	(5)	ꜥḥ[ꜥ.n-wḥm.]n.f m-bꜣḥ-pꜣ-nṯr-ꜥꜣ m-ḏd-pꜣj.j-nb-nfr jw-tꜣ-mḏꜣ.t ntj-m-[dj.]j <n->Jmn-Rꜥ [189]
(waager.Z.10)	(6)	ꜥḥꜥ.n-wḥm.n.f-spr.t m-bꜣḥ-pꜣ-nṯr-ꜥꜣ m-ḏd-pꜣj.j-nb-nfr jw.k-[...]
(waager.Z.11)	(7)	vgl. (6)

183 ḥm-nṯr-tpj-Jmn-Rꜥ njswt-nṯr.w Mn-ḫpr-Rꜥ mꜣꜥ-ḫrw füllt die Lücke nicht vollständig.

184 Diese Ergänzung füllt die Lücke ziemlich genau aus.

185 Diese Ergänzung passt mit dem vorhandenen Raum recht gut zusammen; die Einsetzung von wḥm anstatt ḏd würde am Ende der Einleitungsformel ein m-ḏd- nach sich ziehen, wofür nicht genügend Platz vorhanden ist und welches andererseits bei der Verwendung von ḏd überflüssig ist, vgl. (2).

186 Vgl. (6).

187 Vgl. die Zusammenstellung der Einleitungsformeln bei Kruchten, Djéhoutymose, 40f.

188 Zur Schreibung dieser Form vgl. Erman, NG, §263; Jansen-Winkeln, in: JEA 76, 1990, 244.

189 Kruchten, Djéhoutymose, 217.

	(waager.Z.12)	(8)	wie (2); Anliegen: jr-nꜣ-⌜mḏꜣ.wt⌝ [ntj-][190] m-rʾ.k <m-> rnp.t-zp [.....]
	(waager.Z.12)	(9)	ꜥḥꜥ.n-wḥm.n.f m-ḏd m-bꜣḥ-pꜣ-nṯr-ꜥꜣ pꜣj.j-nb-nfr ptr Jmn-Rꜥ njswt-nṯr.w pꜣ-nṯr-ꜥꜣ-wr n-šꜣꜥ-ḫpr ḏd-[191] jnk-jṯꜣ-nꜣ-mḏꜣ.<w>t
	(waager.Z.13)	(10)	wie (6); Anliegen: jw.k-<r->dj<t>-wḏꜣ.f m-ḏr.t.k[192]
	(waager.Z.13)	(11)	wie (6); Anliegen: j.jrj.k-dj<t>-mwt-Ḏḥwtj-msjw [.....]
	(waager.Z.14)	(12)	wie (2); Anliegen: tjw[193] Ḏḥwtj-msjw m-bꜣḥ.k...
	(waager.Z.15	(13)	wie (6); Anliegen: Mn-ḫpr-Rꜥ pꜣj.k-bꜣk mdw n-(?)Ḏḥwtj-msjw
	(waager.Z.15f.)	(14)	wie (6); Anliegen: sḏm.j[194] r-ḏd-NN1, NN2 ḏd-jw.j-<r->ꜥš n-Jmn ḥr-tꜣ-jꜣw.t ...
	(waager.Z.16)	(15)	wie (6); Anliegen: pꜣ-ḏd j.jrj-Jmn-Rꜥ njswt-nṯr.w pꜣ-nṯr-ꜥꜣ-wr n-šꜣꜥ n-(sic)ḫpr: smn.tw-Ḏḥwtj-msjw n-tꜣj.f-jꜣw.t.... ḫprw ...
	(waager.Z.17)	(16)	wie (6); Anliegen: jr-rmṯ-nb n-wnḏww-nb jw.f...
	(waager.Z.18)	(17)	dito
I.21.e.	(Z.10f.)	(1)	[ꜥḥꜥ.n-wḥ]m[195] 2PA NN [spr m-bꜣḥ-pꜣ-nṯr-ꜥꜣ m-ḏd-pꜣj.j-nb-nfr...]
	(Z.11f.)	(2)	ꜥḥꜥ.n-wḥm.n.f-spr m-bꜣḥ-pꜣ-nṯr-ꜥꜣ <m->ḏd-pꜣj.j-nb-nfr jr-rmṯ-nb ntj-jw.w-<r->ḏd jrm- ...
	(Z.12)	(3)	wie (2)? Anliegen: [jr?-] tꜣ-wḏ.t j.jrj-Jmn-Rꜥ n-nꜣ-ꜣḫ.w<t>-nmḥw.w j.jnj-[.....]
I.21.g.	(Z.2f.)		ꜥḥꜥ.n-wḥm-ḏd jn-<ḥm.>f m-bꜣḥ-pꜣj-nṯr-ꜥꜣ pꜣj<.j>-nb-nfr jw.k-<r->ḫdb-pꜣ-ꜥꜣ n-mšꜥ ...

190 Kruchten, Djéhoutymose, 231, gibt mit Naville: 

womit er nichts anfangen könne (239); vielleicht ist so: 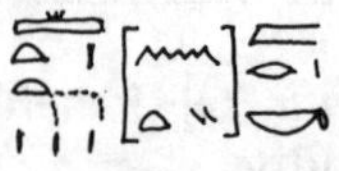

zu ergänzen, womit die Lücke ausgefüllt wäre; Sinn: "*Was die Schriftstükke betrifft, welche in deinem/durch deinen Mund (i.e.: deine Rede) waren im Jahre X*".

191 Kruchten, Djéhoutymose, 240f.

192 Kruchten, Djéhoutymose, 232: **m-bꜣḥ.k**, was aber nicht zu dem passt, was Naville und Sethe sahen.

193 Kruchten, Djéhoutymose, 266 und 277.

194 S. Kruchten, Djéhoutymose, 267 und 283.

195 Ergänzung der ganzen Stelle unsicher; von **wḥm** (?) ist zu sehen, für dieses Wort eine ungewöhnliche Schreibung.

I.22.c.	(Z.6)	(1)	....jw.f-wḥm.f m-bꜣḥ-Ptḥ pꜣj-nṯr-ꜥꜣ m-ḏd-pꜣj.j-nb-nfr jw.k-<r->šzp-pꜣj-ḥnk...
	(Z.8)	(2)	wḥm-ḏd.f-pꜣj.j-nb-nfr jw.k-<r->ḫdb-rmṯ-nb
I.22.d.	(Z.8)	(1)	....jw.sn-ḏd m-bꜣḥ-nṯr-pn šꜣw-jn<t>-nꜣ-mnḥ.w ntj-m-swꜣw n- ....
	(Z.11)	(2)	... jw.s(n)-wꜣḥ m-bꜣḥ-nṯr-pn m-ḏd-šꜣw-djt-rwḏw(.w?) <r->jr<t>.s (?)[196] m-hrw-ꜥwꜣj.t...
I.26.a.			ꜥḥꜥ smj jn-NN m-ḏd m-bꜣḥ-pꜣ-nṯr-ꜥꜣ mj-n.j Jmn-Rꜥ njswt-nṯr.w pꜣ-nṯr-ꜥꜣ n-ḏr-ꜥ... pꜣj.j-jtj wꜥb n-pꜣj.k-pr pfꜣ[197] wšd-NN pꜣj.j-jtj Mnṯw-Rꜥ-Ḥrw-ꜣḫtj
IV.3.32.a.		(1)	ꜥḥꜥ.n-wḥm.n-ḥm.f m-bꜣḥ-Ḫnsw-m-Wꜣs.t-Nfr-ḥtp m-ḏd-pꜣj.j-nb-nfr j.jrj.j-wḥm m-bꜣḥ.k ḥr-zꜣ.t ....
		(2)	ꜥḥꜥ.n-ḏd.n-ḥm.f m-bꜣḥ-Ḫnsw-m-Wꜣs.t-Nfr-ḥtp pꜣj<.j>- nb-nfr j[ḥ] jr-dj.k-ḥr.k r-Ḫnsw-...
		(3)	ꜥḥꜥ.n-ḏd.n-ḥm.f jmj-zꜣ.k-ḥnꜥ.f
I.19.b.			ḏd-mdw jn-HP-(Jmn-ḥtpw) NN1 ḏd.f-pꜣj.j-nb-nfr ḏd-pꜣ-jrj-pꜣ-nṯr mꜣꜥtj-NN2 ꜥḏꜣ-NN3 (wnjn-pꜣ-nṯr hn ....)
III.20.a.			smj-rmṯ-jz.t NN n-njswt (Jmn-ḥtpw)....
III.20.b.		(1)	ꜥš jrj.n-rmṯ-jz.t NN n-(Jmn-ḥtpw) m-hrw-pn r-ḏd-pꜣj.j-nb-nfr bn-jw.j-<r->djt
		(2)	ꜥḥꜥ.f wḥm-n.f m-ḏd-(j)n-jw.tw-<r->djt...
		(3)	ꜥḥꜥ.n-ꜥš-n.f rmṯ-jz.t NN m-ḏd-pꜣj.j-Šw jr-nꜣ[198]...
III.20.c.		(1)	smj.n-(smj n-) rmṯ-jz.t NN1 n-njswt (Jmn-ḥtpw)... r-ḏd-mj-n.j pꜣj.j-nb wpj-wj jrm-NN2
		(2)	jw.tw-ḥr-ḏd-n.f jw.tw-r-dj<t>.s n-NN (j[w]-pꜣ-nṯr hn r-j[qr] zp-2)
		(3)	ꜥš n-(Jmn-ḥtpw)... r-ḏd-pꜣj.j-Šw [...]
III.20.d.			smj.n- (oder: smj n-)rmṯ-jz.t NN n-njswt (Jmn-ḥtpw)...r-ḏd-mj-n.j pꜣj.j-nb snj-n.j wp.t-j.jrj.j ...
III.20.e.			vgl. III.20.b. (1)
III.20.f.		(1)	ꜥš jn-NN n-njswt (Jmn-ḥtpw)....r-ḏd-pꜣj.j-nb-nfr ⌜mj pꜣ-⌝hrw jw-jṯꜣ-pꜣj.j-ḥbs-2[199]

196 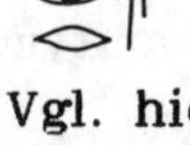

197 Vgl. hierzu Parker, Saite Oracle Papyrus, 9.

198 (2) und (3) nach den Ergänzungen, die nach 1948/49 möglich wurden.

199 Zur Passivkonstruktion s. Cerny-Groll, LEG, 245f.

		(2)	jw-NN ꜥḥꜥ m-bꜣḥ-pꜣ-nṯr r-ḏd-jr-nꜣ-ḥbs.w-j.ḏd.k
			jn-() tꜣ-šrj<.t> n-NN j.jṯꜣ-st (jw-pꜣ-nṯr hn)
III.20.g.	(rto., 1f.)	(1)	ꜥḥꜥ.n-ꜥš.n-NN1 n-Jmn-Pꜣ-ḫntj m-ḥꜣb.f-nfr ḥꜣb-Jp.t[200] ḏd.f-mj [-n.j Jmn] P[ꜣ-ḫ]ntj pꜣj.j-nb-nfr mrjw dj-wj NN2 ꜥḥꜥ.j dj ...
	(rto., 3f.)	(2)	ꜥḥꜥ.n-NN wḥm-n.f nꜣj-pꜣ-dmj r-ḏr.w
	(rto., 4f.)	(3)	ꜥḥꜥ-NN ḏd m-bꜣḥ-pꜣ-nṯr ꜥḏꜣ
	(rto., 5f.)	(4)	wḥm-zp jn-NN šm m-bꜣḥ-Jmn-Tꜣ-šnj.t
	(rto., 7)	(5)	ꜥḥꜥ.n-NN ḏd-ꜥḏꜣ
	(vso., 1f.)	(6)	ꜥḥꜥ.f-wḥm-zp-ꜥḥꜥ m-bꜣḥ-Jmn-Pꜣ-ḫntj m-ḥꜣb.f-nfr Kꜣ-ḥr-kꜣ r-mḥ-3-zp jw.f-ꜥš r-ḏd-mj-n.j Jmn-Pꜣ-ḫntj pꜣj.j-nb-nfr jn-jnk jṯꜣ-...
III.20.h.			....jw.f-smj-n.f ꜥn (jw.f-hd.f ꜥn)
III.20.i.		(1)	smj-rmṯ-jz.t NN1 n-njswt (Jmn-ḥtpw)....pꜣ-nb...-pꜣ-dmj m-ḏd-mj-n.j pꜣj.j-nb-nfr jnk-j.qd-pꜣ-ḫnw n-rmṯ-jz.t NN2 ...
		(2)	ḫr-jr-zš NN (...) ḥr-wḥm-n.f jw.f (i.e. der Gott) -ḏd-jmj-pꜣ-ḫnw ... [201]
IV.2.20.a.		(1)	[...jw(?)].f-ꜥḥꜥ m-bꜣḥ-njswt (Jmn-ḥtpw)
		(2)	ḫr-jr-m- (Datum) jw.f-ḥr-ꜥš n-njswt (Jmn-ḥtpw) ... <m->ḏd-n.f
IV.2.20.e.			ḫr-ḥr-sꜣ m- (Datum) jw<.j>-ḥr-ꜥḥꜥ m-bꜣḥ-(Jmn-ḥtpw) ... ḥr-ḏd-n.f wḏj r-wꜥ-ꜥḥꜥ<.t>

§165

Bei den Einleitungsformeln für die Ansprache des Orakelbefragers an den Gott ergibt sich eine Differenz hinsichtlich des Verbs, mit dem das Reden des Befragers charakterisiert wird, und seiner grammatischen Form. Diese Unterscheidung fällt bis auf wenige Ausnahmen mit der zwischen den Texten der Abteilung I einerseits und denen der Abteilungen III und IV.2 andererseits zusammen.

---

200 Vgl. *Inscription historique* (I.21.d.), waager.Z.14, Kruchten, Djéhoutymose, 252f.

201 Zu Präsens I mit ḫr-jr als Temporalsatz s. Cerny-Groll, LEG, 145 und Ex. Nr.778.

§166

Das am meisten gebrauchte Verb in der ersten Gruppe ist **wḥm**, daneben, oder auch in Kombination mit **wḥm**, gelegentlich **ḏd**. **wḥm** kann in den Einleitungsformeln für die Rede des Fragenden in zweierlei Bedeutung verwendet werden. Zum einen im Sinne von "*berichten*"[202] in Formeln vom Typus:

ᶜḥᶜ(.n)-wḥm.n .f/-NN m-ḏd- I.20.c. (3); I.21.b. (3); I.21.c. (6),

häufiger erweitert durch den Bezug auf den Gott mit **m-bꜣḥ**: [203]

I.21.d. (*passim*); IV.3.32.a. (1); s. auch I.22.c. (1),

daneben in Formeln mit Dativ-Bezug auf den Gott vom Typus:

ᶜḥᶜ(.n)-wḥm-n.f NN m-ḏd- I.20.b.; I.21.a./b. (1); s. auch III.20.b. (2); III.20.i. (2).

Analog zu **wḥm m-bꜣḥ** findet sich auch **ḏd m-bꜣḥ**:

I.21.c. (2); IV.3.32.a. (2), (3); I.21.g.

§167

Der Orakelbefrager, dessen Tätigkeit mit **wḥm** bezeichnet wird[204], ist in der Regel einer, der ein Anliegen vorträgt, das nicht unbedingt mit seinen eigenen Interessen zusammenfällt, sondern andere Personen betrifft: I.20.c., I.21.b./d./e./g., oder auch ein Anliegen des Gottes selbst einschließt: I.20.c., I.21.d. Das vorgetragene Anliegen kann auch weit über den Lebenshorizont aller anwesenden oder betroffenen Personen hinausgehen, insofern die Sicherung von Verhältnissen für alle Zukunft angetrebt wird (I.21.e.). Der Befragende agiert hier weniger als Betroffener denn als Vermittler qua priesterli-

---

[202] Wb.I, 343,8ff.

[203] Kruchten, Djéhoutymose, 173, denkt hier an die Bedeutung "*se représenter devant le dieu*"; es dürfte jedoch auch hier die Bedeutung des "Redens" vor dem Gott vorliegen, analog zu **ḏd m-bꜣḥ**, so, wie Mencheperre den Gott fragt, ob es eine Angelegenheit gibt, die man dem Gott "*berichten*" könne (**jw-jw.tw-‹r-›wḥm.s m-bꜣḥ**, I.21.b. (1)).

[204] Bei dem Priestertitel **ḥm-nṯr wḥm** handelt es sich nach Kees, in: ZÄS 85, 1960, 138ff., um die Bezeichnung der Vermittlerfunktion zum Gott im Orakel; vgl. auch Drioton, in: ASAE 41, 1942, 22f.; s. auch Jansen-Winkeln, Ägyptische Biographien der 22. und 23. Dynastie, 92. Allerdings wird in den Orakeltexten der als Befrager agierende Priester nicht mit diesem Titel bezeichnet. Nur in I.26.a. wird in der Vignette der erste der vor dem Gott stehenden Priester mit Pantherfell so genannt; s. Parker, Saite Oracle Papyrus, 32; zum Titel **ḥm-nṯr wḥm** (im Verhältnis zum Titel **jmj-rʾ-snṯ-wr**) s. auch Traunecker, in: CRIPEL 15, 1993, 89ff.

cher Befugnis. Daher wird seine Tätigkeit mit **wḥm** als Übermittlung eines Anliegens an den Gott gekennzeichnet, so wie Amenophis, Sohn des Hapu sich auf seinen Statuen vom 10. Pylon in Karnak (IV.4.18.a./b.) einen vom König eingesetzten **wḥmw** nennt, um die Anliegen der Leute (dem Gott) zu übermitteln (**wḥm**). Hierzu passt auch, daß sich m.W. kein Beleg für ein Zusammentreffen von **wḥm** im Sinne von "*berichten*" mit einer Einleitung der direkten Rede durch **mj-n.j** findet, worin sich gewöhnlich eine unmittelbare Betroffenheit des Sprechenden ausdrückt, der den Gott zu Hilfe ruft[205].

§168

Neben der Verwendung im Sinne von "*berichten*" kann **wḥm** in Verbindung mit einem anderen Verb des Sagens oder Petitionierens das wiederholte Tun desselben zum Ausdruck bringen[206], vergleichbar dem arabischen عاد يقول:

ᶜḥᶜ.n- wḥm.n.f /wḥm.tw -spr /-spr.t /-ḏd m-bꜣḥ- /r-(bei spr) pꜣ-nṯr-ᶜꜣ

I.21.b. (2); I.21.d. passim; I.21.e. (2); I.21.g.; I.22.c. (2) (**wḥm-ḏd.f**); s. auch III.20.g. (4) und (6) (**wḥm-zp**).

Die überwiegende Menge der Einleitungsformeln für die Rede des Orakelbefragers in den Texten der Abteilung I ist mit dem Hilfsverb **ᶜḥᶜ(.n) + sḏm(.n).f** konstruiert[207]. Seltener, dafür aber bei der Darstellung der Reaktion des Gottes sehr häufig, ist die Konstruktion:

ᶜḥᶜ(.n) + .f / Subjekt + (ḥr-)sḏm[208]: I.21.b. (7); I.21.c. (4) (?); III.20.b. (2); III.20.g. (2), (5), (6).

§169

Eigentümlich sind die Verbindungen von **ᶜḥᶜ(.n)** mit Infinitiven in I.21.g. und I.26.a.; bei **ᶜḥᶜ.n-wḥm-ḏd jn-ḥm.f** könnte man den Infinitiv als Subjekt von **ᶜḥᶜ.n** auffassen, falls nicht in einer ganz formellen Weise der ganze Ausdruck in

---

205 Im Orakeltext des Herihor (I.20.b), in welchem es u.a. um die Lebenszeit des Herihor geht, scheint beides, Befugnis und Interesse, zumindest teilweise zusammenzufallen.

206 Wb.I, 341,2ff.

207 Zum Stellenwert dieser Konstruktion in nichtliterarischen neuägyptischen Texten s. Cerny-Groll LEG, S.452.

208 S. Erman, ÄG, §352, Anm.; Erman NG, §565; Gardiner, EG, §482.

einen "Infinitiv" + jn- transformiert worden ist[209]. Bei ᶜḥᶜ smj jn- wird man im Zweifel sein, ob der Schreiber an das Hilfsverb ᶜḥᶜ gedacht hat oder nicht doch eher meinte: "*(vor dem Gott) stehen und Rede führen seitens...*"[210]. In der *Inscription historique* (I.21.d.) findet sich gelegentlich eine unpersönliche Form für die Einleitung der Frage, auch das "*Machen*" und das "*Vorlegen*" der Schriftstücke vor den Gott wird dort in den senkrecht geschriebenen Zeilen unpersönlich ausgedrückt. Hinter dem "*man*" dürfte der die Befragung durchführende Hohepriester des Amun stehen[211], dessen Aufgabe wohl auch die Vorlage der Schriftstücke war[212].

§170

Die meisten Texte aus den Abteilungen III und IV.2 unterscheiden sich in allen hier genannten Eigenarten von denen der Abteilung I. Das Verbum wḥm spielt nur eine untergeordnete Rolle, sowohl im Sinne von "*berichten*" (a) als auch von "*wiederholt tun*" (b), die ᶜḥᶜ(.n)-Konstruktion der Einleitung der Fragen findet sich nur selten (c).

§171

ad (a): dieses Faktum dürfte sich v.a. damit erklären, daß in den Texten meistens der unmittelbar Betroffene selbst sein Anliegen vorträgt; es handelt sich hier also nicht um die "Übermittlung" eines Anliegens an den Gott durch einen Dritten. Umgekehrt ist die Verwendung von wḥm im Sinne von "*berichten*" in III.20.i. (2) einer der Fälle, wo ein in den Fall vermutlich nicht direkt involvierter Schreiber (Horscheri) sich an den Gott wendet. Die Verwendung von wḥm in III.20.g. (2) bezieht sich auf das "*Berichten*" von möglichen Tätern vor dem Gott; in ähnlicher Verwendung findet sich wḥm auch in der *Inscription historique* (I.21.d.), waager.Z.8[213]; das Vortragen von Personen, aus denen der Gott eine Auswahl treffen soll, wird auch in der Erwählung des Nebwenenef (IV.1.19.a.) in Z.9 mit wḥm bezeichnet, ebenso in I.20.c., Z.22f. In III.20.f. wird dafür ᶜš gebraucht. Im dritten Beleg von wḥm in dieser Text-

---

209 Vgl. Caminos, Chronicle of Prince Osorkon, §66.

210 Zu den Konstruktionen mit ᶜḥᶜ s.o. §154.

211 Kruchten, Djéhoutymose, 41, Anm.3 und 4.

212 Daher wird umgekehrt einmal (IV.2.20.c.) von einem *Betroffenen* ausdrücklich gesagt, er habe zwei Schriftstücke angefertigt, die er dann "*selbst*" dem Gott vorlegte.

213 S. Kruchten, Djéhoutymose, 97ff.

gruppe, III.20.b. (2), tritt der Betroffene selbst als Redner vor dem Gott auf, nicht ein Vermittler; die erste Frage wird mit dem in dieser Textgruppe häufigen **ᶜš n-** "*(um Beistand) anrufen*" eingeleitet; **wḥm (m-ḏd)** vor der zweiten Anfrage des Mannes, die nur die positive Umkehrung der ersten ist, könnte auf einen Gebrauch des Verbs im Sinne von "*erneut reden*" o.ä. hinweisen.

§172

Die Worte für die Anrede des Gottes in den Texten der Abteilung III und IV.2, in der Regel durch den Betroffenen selbst, daher seltener in Abteilung I vorkommend, sind:

ᶜš n-	III.20.b. (1), (3); III.20.c.(3); III.20.e.; III.20.g.(1), (6); IV.2.20.a.(2); vgl. auch I.21.d. (14): **jw.j<-r>-ᶜš n-Jmn** u.s.w., ähnlich waager.Z.17; auch hier geht es um persönlich Betroffene.
smj n-	I.19.a. (1); I.20.a.; III.20.a.; III.20.c. (1); III.20.d.; III.20.h.; III.20.i (1).
smj m-bꜣḥ- (?)	I.26.a. (**m-bꜣḥ** könnte sich auch auf das vorhergehende **ᶜḥᶜ** beziehen).
ᶜḥᶜ m-bꜣḥ-	I.21.c., Z.11: **nꜣ-jwᶜ.w ntj-ᶜḥᶜ m-bꜣḥ-Ḫnsw...** I.22.a. Z.7: **jw-NN ḏd-n.f ᶜḥᶜ m-bꜣḥ-Swtḫ** Z.8: **sḫᶜj-ḥm-nṯr-pn-špsj jw-NN ᶜḥᶜ m-bꜣḥ** III.20.g. (6); IV.2.20.a.(1); IV.2.20.e.; I.26.a. (? s.unter **smj m-bꜣḥ**).
wnn m-bꜣḥ-	IV.2.20.d.
šm m-bꜣḥ	I.22.f., 3,1; III.20.g. (4).
ḏd (m-bꜣḥ-, n-)	I.20.c. (1), (3); I.22.d. (1); III.20.c. (2); III.20.g. (3), (5).
spr r-smj	I.19.a. (1).
spr r-	I.21.b. (2), (7); I.21.h.(?)[214].
spr m-bꜣḥ-	I.21.e. (2); vgl. auch I.21.d. (3), (6) und IV.2.19.a.
wꜣḥ m-bꜣḥ- (m-ḏd)	I.22.d. (2) (als Einleitung einer direkten Rede).

[214] Cerny bei Parker, Saite Oracle Papyrus, 45, links oben.

§173

ad (b) / (c): die Verwendung von **wḥm** in der Bedeutung von "*wiederholt etwas tun*" findet sich in den Texten der Abteilungen III und IV.2. vielleicht schon deswegen seltener, weil es in diesen Texten oft gar nicht über das Zitat einer einzigen Anfrage des Bittstellers hinausgeht. In III.20.h. wird die Wiederholung von Anfrage und Reaktion des Gottes jeweils durch das Adverb **ᶜn** verdeutlicht.

Aus demselben Grunde ist wohl auch die Verwendung der mittelägyptischen Erzählform **ᶜḥᶜ(.n)-**, die in Abteilung I für die Abfolge der Fragen und der Reaktionen des Gottes geläufig ist[215], nur selten belegt, zumal die Fragen in Abteilung III und IV.2 häufig den Orakelvorgang eröffnen, wo sie gerne infinitivisch eingeleitet werden[216]. Der einzige Text, der hier eine Ausnahme macht, pBM 10335 (III.20.g.), bestätigt als Ausnahme auch die Regel; denn es ist der einzige Text, der eine längere Folge von Anfragen aufzählt bis zur Verurteilung des Beschuldigten, und er bedient sich dafür sowohl des Hilfsverbs **ᶜḥᶜ(.n)-** als auch des Verbs **wḥm(-zp)** zum Ausdruck der wiederholten Befragungsaktionen.

§174

Mit den oben aufgeführten Verben wird die Rede des Betroffenen selbst vor dem Gott eingeleitet. Dieses Sprechen ohne priesterlichen oder sonst befugten Vermittler ist aber wohl nicht als Zeugnis einer alternativen Orakelpraxis zu interpretieren. Die Orakeldarstellung im Grab Nr.19 des Amenmose und der dazu gehörige Text (I.19.b.), der sich auf einen Rechtsfall nach der Art der Urkunden von Deir el-Medineh bezieht, zeigen, daß der Hohepriester des Amenophis als Befrager des Gottes in den Angelegenheiten zweier anderer Leute agiert. Auch das Beispiel IV.2.20.c. spricht davon, daß jemand etwas "*selbst*" tut und dann zwei Schriftstücke "*selbst*" vor den Gott legt, was daher als eine Ausnahme erscheint. Zweifelhaft ist auch, ob die Orakelbefragung so unvermittelt beginnen konnte, wie dies in den Texten der Fall ist, die mit der Einführung des Bittstellers den Orakelvorgang beginnen lassen[217].

Die Texte der Abteilungen III und IV.2 dürften daher oft nicht den wirklichen Ablauf der Befragungen wiedergeben, sondern nur deren wichtigste Resultate, auf die es den Betroffenen ankam; daneben werden öfters Zeugen genannt,

---

[215] S.o. §154.
[216] S.o. §§159ff.
[217] S.o. §159; vgl. auch die unpersönliche Rede-Einleitung III.20.c. (2) in der Aufstellung von §164, die vielleicht auf einen Vermittler verweist.

die den Vorgang gegebenenfalls bestätigen konnten. Umgekehrt wird in den inschriftlichen Texten, die die Befragung sehr genau wiedergeben, auf eine Nennung von Zeugen am Ende verzichtet.
In der auf das Resultat der Befragung zielenden Knappheit ist die Person des Vermittlers, sei es eines Priesters oder auch eines Schreibers, wie anscheinend in III.20.i., im Orakelbericht der Abteilungen III und IV.2 ganz weggefallen und in dem Subjekt aufgegangen, das ein Anliegen an den Gott hatte.
Dafür gibt es ein Zeugnis aus der Abteilung I. Auf der Stele aus Karnak-Nord I.20.a. widersprechen Orakeldarstellung und -text einander. Die Darstellung zeigt den betroffenen Priester **Mrj-Mꜣᶜ.t**, hinter dem HPA Ramsesnacht stehend, so wie Thutmose in der Darstellung zur *Inscription historique* (I.21.d.) hinter dem HPA Painedjem II. abgebildet ist, der hier die Befragung durchführt. Im Text aber ist es **Mrj-Mꜣᶜ.t** selbst, der ganz in der Art der Urkunden der Abteilung III und IV.2 den Gott persönlich um Hilfe angeht (**smj**) und seine Rede mit **mj-n.j** einleitet[218], obgleich es vermutlich Ramsesnacht war, der die Fragen stellte[219].
Problematisch ist das Beispiel I.20.c.; nach der Darstellung ist der 2PA **Nsj-Jmn-Rᶜ** derjenige, der, vor der Barke stehend, die Fragen an den Gott stellt; hinter ihm ist wieder der Betroffene dargestellt. Im Text jedoch ist der Sprecher der HPA Paianch, der am rechten oberen Ende der Darstellung etwas außerhalb der Akteure dargestellt ist, ohne priesterliches Pantherfell, obgleich in der Beischrift der HPA-Titel genannt ist. Im Text selbst wird er dagegen nur "*Heeresvorsteher*" genannt. Die Darstellung zeigt Paianch nicht im Rede-Gestus. Die (auch historische) Problematik dieser Widersprüchlichkeit wird an anderer Stelle[220] diskutiert. Möglicherweise ist der 2PA hier in zweierlei Hinsicht ein Vermittler; einerseits bezüglich des Beförderungsfalles des **Nsj-Jmn**, Sohn des **ᶜšꜣ-jḫ.t**, andererseits bezüglich des HPA Paianch: der 2PA **Nsj-Jmn-Rᶜ** dürfte hier als Stellvertreter für den HPA zu agieren, *dessen* Fragen hatte er vorzutragen, weshalb er vielleicht im Text nicht erscheint.

§175

Auch der umgekehrte Fall findet sich, daß der, um dessen Anliegen es geht, aus dem Bericht verschwindet zugunsten des "Vermittlers"; in dem Text der Dachla-Stele (I.22.a.) sagt zwar zunächst **Wꜣjhst** zu dem Antragsteller, er solle

---

[218] S.u. §177.
[219] S. Vernus, in: BIFAO 75, 1975, 110.
[220] S.o. §47.

"*vor dem Gott stehen*" (Z.7), danach ist es jedoch nur **W3jhst** selbst, der vor dem Gott steht, wobei er die (nicht mitgeteilten) Fragen an den Gott übermittelte. In anderen Beispielen ist der "Vermittler", der dem Gott vorträgt (**wḥm**), zumindest partiell selbst in die Angelegenheit involviert. So geht es im Text I.20.b. um die Lebensjahre des Sprechers Herihor. In I.22.c. wird der Sprecher **Nmrṯ** auch als der bezeichnet, der die Schenkung an Ptah ausführt, um deren günstige Annahme er den Gott im Orakel bittet, auf daß ihm Leben, Heil, Gesundheit und lange Lebenszeit gegeben werde. Da in der Rede des **Nmrṯ** selbst ausdrücklich der Gottesvater **Ḏd-Ptḥ-jw.f-ᶜnḫ** als Veranlasser der Schenkung bezeichnet wird (Z.6f.), kann es sein, daß es die vom "Vermittler" vorgetragene Bitte um günstige Annahme der Schenkung durch den Gott ist, die als formaler Akt der Übergabe den Vermittler in der Tat zum Ausführenden der Schenkung macht.

In einigen Orakeltexten erscheinen vor einem Orakelgott zwei Personen, die einen Streit untereinander haben, so in I.19.a. und I.22.f. Im ersten Fall wird einer der Kontrahenten, ein **wᶜb**-Priester – aber nicht des Orakelgottes –, als Redner angegeben (**smj** und **spr**), der in seinen Fragen von sich und seinem Gegner in der 3. Person spricht; hier ist nicht zu entscheiden, ob der eine der Betroffenen sich selbst als "Vermittler" stilisiert indem er formell in Distanz zu sich tritt, oder ob es doch noch eine dritte, nicht genannte Person vor dem Gott gab. Die Darstellung im Oberteil der Stele zeigt ausschließlich den **wᶜb**-Priester (im Adorationsgestus) vor der Barke, während der Priester des Orakelgottes, der als Vermittler in Frage käme, neben der Barke einhergeht.

§176

Bezüglich der formalen Elemente in den Reden an den Gott kommt zweierlei in Betracht:

1. wiederkehrende Einleitungs- oder Abschlußformeln,
2. die Systematik einer Befragung, das Verhältnis der einzelnen Fragen zueinander oder jeder einzelnen Frage zum Anliegen insgesamt.

Es liegt an der der Überlieferung, daß nur die Formelemente der ersten Art leicht nachweisbar sind. Die der zweiten Art sind nur dort zu fassen, wo ein Text a) überhaupt den ganzen Ablauf der Befragung relativ detailliert schildert, b) auch einigermaßen vollständig erhalten ist. Es gibt jedoch nur wenige Texte, die beide Voraussetzungen erfüllen; von den großen Orakeltexten der

20. und 21. Dynastie ist entweder jeweils die Hälfte der Zeilen verloren (I.20.b., I.21.c./d.), oder es fehlt der ganze obere Teil (I.21.f./g.), oder es sind überhaupt nur Fragmente erhalten (I.21.e.). So kommen als Quellen vor allem I.21.b. und – mit Einschränkungen – I.21.d. in Frage, neben dem Orakeltext I.20.c., der jedoch relativ kurz ist. Die Texte der Abteilungen III und IV.2 teilen oft nur das Resultat einer Befragung mit, auf das es den Betroffenen letztlich ankam[221], oder sie vereinfachen auch den Orakelvorgang, insofern sie die Pole Bittsteller und Orakelgott in der Erzählung einander direkt gegenüberstellen, ohne die Person des Vermittlers zu berücksichtigen[222].

§177

Der Unterschied in den Wendungen, die der Rede *vorausgehen*, setzt sich fort im Bereich der charakteristischen *Eröffnungselemente* der Rede an den Gott; ein Unterschied zwischen den Textgruppen der Abteilungen I einerseits, III und IV.2 andererseits.

In beiden Textgruppen ist die Anrede des Orakelgottes als **pꜣj.j-nb-nfr** oder **pꜣj.j-nb** geläufig, die sowohl vom Vermittler als auch vom Bittsteller gebraucht wird. In III.20.g. (1) findet sich die Form **pꜣj.j-nb-nfr mrjw**; in III.20.b. (3) und III.20.c. (3) und Z.6 findet sich die Anredeform **pꜣj.j-Šw (-ꜥꜣ)**. **nb-nfr** ist im Neuen Reich eine beliebte Bezeichnung des Königs und die Anrede als Schu erinnert an die Phraseologie, in der die Höflinge von Amarna vom König reden (**pꜣ-Šw ꜥnḫ.j m-ptr.f, Šw n-jr.t-nb.t**[223]).

Damit ist jedoch die Gemeinsamkeit zwischen beiden Textgruppen in der Anrede schon erschöpft. Neben dieser Einleitung findet sich der aus den Zeugnis-

---

221 S.o. §174.

222 Dies läßt sich durch einen Vergleich verdeutlichen: während die *Inscription historique* (I.21.d.), senkr.Z.15ff., das Vorlegen von zwei Schriftstücken vor den Gott genau schildert, indem sie den Inhalt derselben zitiert, die Worte des HPA beim Vorlegen vor den Gott wiedergibt, mitteilt, welches der Schriftstücke der Gott "*genommen*" habe und auch die Wiederholung der Prozedur nicht erspart, offenbar im Bemühen um Genauigkeit in der Dokumentation, heißt es im pDeM 26 (IV.2.20.b.) B rto., 8, nur, daß man zwei Schriftstücke vor den Gott legte und er (der Gott) dann etwas "*sagte*". Dieses "*Sagen*" ist vermutlich nur das inhaltliche Resultat des in der *Inscription historique* geschilderten komplizierten Schriftvorlage-Verfahrens. Ähnlich verkürzt teilt die Aussage eines Mannes in IV.2.20.d. nur mit, daß ein von ihm Beklagter vor dem Gott gewesen sei und der Gott ihm, dem Kläger, wegen der Gegenstände, um die es ging, Recht gegeben habe (**ḥn**); vgl. zu diesem Punkt auch Schenke, Orakel, 33ff.

223 Belege bei Fecht, in: ZÄS 85, 1960, 105ff.

sen der "Persönlichen Frömmigkeit" bekannte[224] Hilferuf **mj-n.j**, var. ⌜**mj pꜣ-**⌝**hrw** ("*komm heute*" oder "*jetzt*", III.20.f.(1)).
Dieser Ruf, der einen unmittelbaren Bezug zwischen dem Gott und dem Sprecher herstellt oder auch von einem solchen schon ausgeht, wird nur gebraucht, wenn der Sprecher der Bittsteller selbst ist, nicht ein "Vermittler". Ähnlich ist auch die Anrede des Gottes in I.22.e. als Äußerung der eigenen Betroffenheit aufzufassen, wo es heißt:

"*Mögest du kommen auf unseren Ruf hin, mögest du abwehren die Angreifer / Wütenden in ihrer Stunde*" (Z.x+6).

5. Die Formulierung der Anliegen, Systematik ihrer Auflösung in Einzelfragen

§178

Die Texte der Gruppe III. und IV.2, die die Person des Vermittlers in den meisten Fällen unterschlagen, verzichten auch auf eine Umformung der Anliegen in die für das Orakel notwendige Frageform.
Sofern die Rede an den Gott wirklich eine Frage enthält, wird sie hier in der Regel auch grammatisch als solche kenntlich gemacht, während in den Texten, in denen das Wirken des Vermittlers dokumentiert wird, die Fragen grammatisch nicht von Aussagen zu unterscheiden sind. So werden die Fragen der Bittsteller mit der Partikel **jn** eingeleitet in den Texten III.20.b. (2), III.20.f. (2), III.20.g. (6); Diese Partikel leitet in den unterschiedlichsten Schreibungen auch die meisten der Fragen ein auf den kleinen, von Cerny herausgegebenen Ostraka aus Deir el-Medineh (V.19/20.b.)[225]; daneben gibt es auch eine nicht mit ja/nein beantwortbare Frage mit dem Fragewort **tnw** "*wo?*" (Nr.94). Daß diese kurzen Texte noch einer "Bearbeitung" durch den Vermittler bedurften, zeigt auch die Tatsache, daß nur die wenigsten von ihnen die obligate Anrede **pꜣj.j-nb-nfr** schriftlich fixiert haben, die sicher mitzusprechen war: Nr.20, 21, 36, 37, 91-93, oDeM 574, 576.
Die tatsächliche Vortragsweise der Fragen durch den Vermittler vor dem Orakel Amenophis' I. zeigt der Text von I.19.b., wo die Frage nach Recht und Unrecht zwischen zwei Kontrahenten bereits als (mögliche) Aussage des Gottes selbst aufbereitet worden ist, der der Gott nur noch zustimmen (**hn**) muß.

---

[224] Belege s.u. §326.
[225] Cerny, in: BIFAO 35, 1935, 55.

§179

Nach der Aufforderung des Bittstellers an den Gott: "*Komm zu mir*", kann sich ein zweiter Imperativ anschließen, wenn es um das direkte Eingreifen des Orakelgottes zugunsten des Bittstellers geht:

III.20.c. (1), III.20.d.; vgl. auch IV.2.20.e.

Dies muß nicht den Worten entsprochen haben, die der Gott dann wirklich zu hören bekam; die persönliche Beziehung zwischen Bittsteller und Orakelgott bedurfte vermutlich der vermittelnden Reden des Priesters[226].

In III.20.c. folgt der Aufforderung zum Richten eine kurze Schilderung der Umstände des Streitfalles. Im pBM 10335 (III.20.g. (1)) folgt nach der Anrede des Gottes zunächst die Schilderung der Umstände des Falles (ähnlich III.20.f. (1), III.20.i. (1)); diese schließt ab mit der konkreten Bitte oder Frage:

jw.k-<r->dj<t>-n.j pꜣj.w-ṯꜣw.t.

In zwei Orakelfragen (V.20.a./b.), in denen es um Gegenstände geht, auf die der Bittsteller Anspruch erhebt, endet deren Aufzählung mit der Formel:

jrj-pꜣj.j-nb r-djt-n.j ....

Die Orakelanfrage V.19/20.a. schildert nach der Anredeformel **mj-n.j pꜣj.j-nb** nur die Sachlage, ohne irgendeine Bitte an den Gott zu formulieren. Insbesondere in diesem Fall hat man den Eindruck, das Schriftstück mit der Petition diene vor allem zur Orientierung einer Person, die dann an den Gott die entsprechenden Fragen zu formulieren hatte.

Überhaupt dürfte der Widerspruch, daß das Anliegen dem Gott in seinen sachlichen Aspekten oft noch geschildert werden mußte, obgleich das Orakelwesen von der Allwissenheit des Gottes ausgeht, für Schenkes Ansicht[227] sprechen, daß diese schriftlichen Eingaben vor allem zur Orientierung des Vermittlers dienten.

§180

Eine Eigentümlichkeit teilen die Orakelanfragen in den Texten der Abteilungen III, IV.2, V mit den Reden in den ausführlichen Protokollen der Abteilung I, ferner aber auch mit den Götterreden in den Orakeldekreten (Abteilung II): sofern die Frage sich auf einen äußeren Gegenstand oder auf eine dritte Person neben dem Gott und dem Fragenden bezieht, stellt man die Nennung derselben gerne mittels **jr**[228] der Frage oder Aussage voran:

---

[226] Schenke, Orakel, 49.
[227] Schenke, loc.cit.
[228] Erman, NG §705; Satzinger, Neuägyptische Studien, 7ff.

I.19.a. (1)[229]; I.21.b. (3), (7); I.21.c. (3); I.21.d. (8), (16); I.21.e. (2), (3)(?); Z.15, 21, 23, 26; I.21.f., Z.x+2 möglicherweise zu ergänzen; III.20.b. (3); III.20.f. (2); V.19/20.b., Nr.36, 37, 40, 54, 68, 69, 84, 91, 93, oDeM 576.

Vielleicht wollte man mit dieser antizipierenden Hervorhebung den Gott angesichts der Vielzahl von Angelegenheiten, mit denen er sich zu befassen hatte, zu allererst orientieren, worauf er sich nun einzulassen habe. Darüber hinaus spielt diese antizipierende Redeweise in den Götterreden der Orakeldekrete eine große Rolle, s.u. §§256ff.

§181

Orakelfragen, die sich auf den Willen des Gottes beziehen oder den Gott zu einer bestimmten Handlung auffordern, werden gerne mit **jw.k-(r-)** eingeleitet; Beispiele:

I.21.b. (4), Z.23; I.21.d. (1), (6), (10); I.21.e., Z.5, 14, 15, 19, 20, 23, 25; I.21.f., Z.x+2; I.21.g.; I.22.c. (1), (2)[230].

Es ist bezeichnend, daß diese Form, die schon der durch den "Vermittler" geprägten Redeweise angehört, sich in den Texten der Abteilungen III und IV.2 nur schwer nachweisen läßt; so ist einmal, als Zitat einer vermutlich durch einen Vermittler gestellten Frage zu finden:

(jw.tw-ḥr-ḏd-n.f:) jw.tw-r-dj<t>.s n-NN III.20.c. (2), vgl. auch III.20.b. (2).

Hierher gehört auch, nach Erman, NG, §556 (Ersatz von **jw** durch **jrj** vor nominalem Subjekt) das schon zitierte **jrj-pꜣj.j-nb r-djt-n.j** ... (V.20.a./b.).
Dem **jw.tw-r-** , "*man soll . . .* ", entspricht inhaltlich etwa das **šꜣw** +Infinitiv von I.22.d. (1), (2).
Daß dieses **jw.k-r-** als Frage an den Gott zugrundeliegt der Redeweise in den Orakeldekreten, wo die Götter Handlungsgarantien ausdrücken mit **jw.j-/jw.n-(r-)**, "*ich/wir werde/n...*", wird insbesondere deutlich an Text I.21.f., wo die Götterreden, soweit es sich noch erkennen läßt, nur die in die 1. Person transponierten Fragen sind.

229 Gemäß der Aufstellung §164.
230 Gemäß der Aufstellung §164.

§182

Die Systematik, der eine Orakelbefragung folgte, ist nur aus relativ wenigen Quellen zu entnehmen[231]. Daß eine solche Befragung kompliziert war, zeigt nicht nur der lange Text der *Inscription historique* (I.21.d.), sondern auch der viel kürzere Orakeltext aus dem Jahre 7 **wḥm-msw.t** (I.20.c.); es geht um die Ernennung eines **zš n-šnᶜ.t n-pr-Jmn**, wobei der Schluß der Inschrift offenbart, daß von vorneherein **Nsj-Jmn**, Sohn des **ᶜšꜣ-jḫ.t** für diesen Posten in Frage kam, da sein Vater ihn schon innegehabt hatte. Es ging also nicht um das Problem, aus einer großen Menge von Personen irgendeine für diesen Posten zu bestimmen. Dennoch hat man dem Gott nicht einfach die Frage vorgelegt, ob man den **Nsj-Jmn** auf den Posten seines Vaters bringen soll, vielmehr gleicht das Vorgehen des Befragers einem langsamen Einkreisen dieses Resultats.

Nach der Ergänzung von Nims endet die Schilderung des "*Erscheinens*" des Gottes damit, daß er auf einem portablen Untersatz (**sqꜣ**) haltmacht:

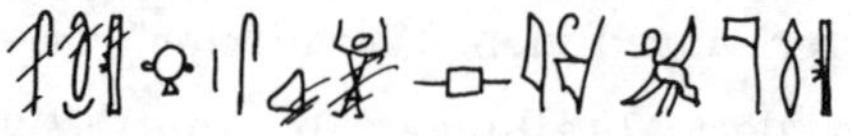

Dann aber ist es nicht sinnvoll, den Inhalt der ersten Rede des Befragers in Z.16f.:

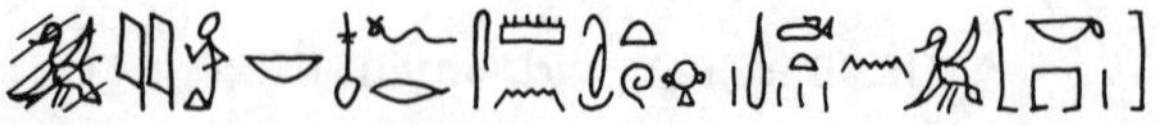

wie Nims es tut, als Imperativ zu deuten: "*My good lord, halt at matters of thy estate*"[232]. Die passende Reaktion des Gottes darauf wäre, tatsächlich anzuhalten; aber das hat er ja bereits getan. Es heißt jedoch, daß der Gott daraufhin "*zustimmte*" (**hn**), was eher die Reaktion auf die Frage nach einen Sachverhalt als auf einen Imperativ "**smn-ṯw**"[233] sein dürfte. Die erste Rede des Priesters wird man besser als eine *Interpretation* dieses Anhaltens auffassen:

"*Mein guter Herr, man (d.h. du) hält an wegen der Angelegenheiten deines Vermögens ?*"[234] – Zustimmung.

---

231 S.o. §176.
232 Nims, in: JNES 7, 1948, 159.
233 Wb.IV, 133,11f.
234 Das unpersönliche "*man*" für den Gott findet sich auch im Text der Schriftstücke, die in der *Inscription historique* (I.21.d.), senkrechte Zeilen, dem Gott vorgelegt werden; gegen Kruchtens Auffassung dieses "*man*", Djéhoutymose, 106f., s. Römer, in: BiOr 47, 1990, Sp.624 und Anm.31.

Daraufhin (Z.18) folgt die Präsentation (vermutlich **[wḥm] m-bꜣḥ.f** wie in Z.22f.) der Vermögensbeamten (**sḥn.w n-pꜣj.f-pr**, wohl ein Sammelbegriff für alle Beamten der Wirtschaftsbetriebe) vor der Barke des Gottes und in Z.18f. die Reaktion des Gottes darauf. Nims ergänzt die verlorene Verbform wegen der Zeichenreste von  :

j[w.f-djt] ⌜-jwd⌝-nꜣ-rwḏw.w n-pꜣ-ḥtp-nṯr, "*[he caused (the) setting apart] of the inspectors of the divine offerings*"[235].

Man sollte sich jedoch für die Ergänzung dieser Stelle an die darauf folgende Rede des Priesters (Z.20f.) halten, die, soweit noch zu erkennen, dieselben Worte benutzt:

Diese Ergänzung folgt Kruchten, der "**wn**" als Verb der Bewegung auffasst[236] und mit **(r-) jw(d)** als "*passer entre*" übersetzt. Die Aktion des Gottes auf die Präsentation der Beamten hin wäre dann:

jw.f-wnj <r->jwd-nꜣ-rwḏw.w n-pꜣ-ḥtp-nṯr;

das **r-** vor **jwd** wurde aus Platzgründen vermutlich nicht geschrieben. Die Rede des Priesters daraufhin wäre:

pꜣj.j-nb-nfr wnj.tw r-jwd-nꜣ-rwḏw.w n-pꜣ-ḥtp-nṯr, "*Mein guter Herr, man (d.h. du) geht zwischen die* **rwḏw.w** *des Gottesopfers?*" – Zustimmung.

Auch diese Rede des Priesters möchte ich nicht, wie Kruchten, als Imperativ verstehen, sondern als Nachfrage wegen der vorausgegangenen Aktion des Gottes, deren Sinn vom Gott dann zustimmend bestätigt wird; der Sinn wäre eine erste Auswahl unter den Vermögensbeamten, die auf die Gruppe der **rwḏw.w** des Gottesopfers gefallen wäre. Da hier vermutlich der Gott selbst eine Vorentscheidung auf die Präsentation der Beamten hin getroffen hat, wäre es nicht sehr sinnvoll, daß der Priester diese dem Gott mit einem Imperativ vorschreibt. Er wird sie vielmehr mit Respekt zur Kenntnis nehmen.
In Z.22f. wiederholt sich dann der Präsentationsvorgang, aber jetzt nur noch auf diese Gruppe der **rwḏw.w** bezogen, bis der Gott bei **Nsj-Jmn** "*anhält*" (**smn ḥr-**). Auch hier folgt, als letzte Rede des Priesters, wieder die Frage, ob man diese Aktion des Gottes so interpretieren dürfe, wie man es gerne möchte: als

---

[235] Nims, in: JNES 7, 1948, 159.
[236] Kruchten, Djéhoutymose, 98 und Anm.1 (= Wb.I, 313f.).

Erhebung des **Nsj-Jmn** auf den Posten seines Vaters (Z.25f.), worum es offenbar von Anfang an gegangen ist. Dies wird vom Gott wiederum bestätigt (Z.26f.).

Schon vor dem Beginn der Befragung stand vermutlich fest, welcher Posten gerade vakant war und wer für ihn in Frage kam, aber der Gott wurde erst einmal gefragt, ob er sich überhaupt allgemein mit Angelegenheiten seines Wirtschaftsapparates befassen wolle, so daß der Gang vom Allgemeinen zum Besonderen ganz vom Gott auszugehen scheint, als wäre es dessen Initiative gewesen, gerade an diesem Tage ausgerechnet dieses Amt zu besetzen; immer handelt erst der Gott, und der Priester fragt nur, ob er seinen Willen richtig interpretiert habe.

§183

Auch das Orakel auf der Verbannungsstele (I.21.b.) unterscheidet sich von den Texten in den Abteilungen III und IV.2, die sofort die Sache, um deren Entscheidung es geht, nennen, in der Art, wie erst einmal ganz allgemeine Fragen an den Gott gestellt werden, als stünde es noch gar nicht fest, um was es jetzt gehen solle, als hinge dies allein vom Gott ab; erst in mehreren Schritten tastet man sich an das Anliegen heran. Ähnlich wie in I.20.c. eröffnet der Hohepriester in Z.10 nach der Begrüßung durch den Gott (**wšd**), die vielleicht schon dessen Bereitschaft ausdrückt, sich auf Fragen des HPA einzulassen[237], die Befragung mit den Worten:

"*Mein guter Herr, es gibt eine Angelegenheit, die man vor (dir) vortragen wird* ?" – Zustimmung!

Auch die nächste Frage (Z.11) geht noch nicht *in medias res*, sondern tastet sich nur einen Schritt weiter: Man erkundigt sich, ob man die Angelegenheit der in der Oase befindlichen Leute auf die Tagesordnung setzen könne[238]. Das

---

[237] So auch Kruchten, Djéhoutymose, 138.

[238] v.Beckerath, in: RdE 20, 1968, 12 und 20, hat von dem Satz: **tꜣ-md<.t> <n->nꜣ-bꜣk.w ... ntj-m-wḥꜣ.t tꜣ-ntj-smn.tw-r.s**, folgende Übersetzung: "*Ist es die Angelegenheit der ... Untertanen,.... die (nun) in der Oase sind, nach der man verbannt*?". v.Beckerath kann für "*verbannen*" als eine Bedeutung von **smn** keinen zweiten Beleg nennen; dagegen ist **smn r-** als Ausdruck innerhalb des Orakelwesens belegt (s.u. §233). Der Relativsatz ist auf **md.t** zu beziehen in dem Sinne: "*ist es die Angelegenheit der ... Diener, wegen der man (d.h. der Gott)* **smn** *macht*?"; so auch Kruchten, Djéhoutymose, 139 und Anm.1–2. Für die Tatsache der Verbannung verwendet die Inschrift in Z.15 das Verb **ḫꜣꜥ (r-wḥꜣ.t)**; vgl. auch Gardiner, RAD, 7,11, wo die Verbannung zur Zwangsarbeit wegen Verbrechen ausgedrückt wird mit den Worten: **rmṯ.w-jnjw.w ḥr-btꜣw.w** ("*fortgebracht wegen ihrer Untaten*").

eigentliche Anliegen kommt erst nach erneuter Zustimmung des Gottes in Z.15ff. zur Sprache nach einer hymnischen Preisung desselben, die seine Gnade in den Mittelpunkt stellt.

§184

Bis dahin fand eine Einkreisung des "Problems" statt, mit der der Gegenstand als vom Gott selbst auf die Tagesordnung gesetzt erscheint. Nachdem die Befragung jedoch den Punkt erreicht hat, auf den es ihr ankam, nimmt sie in ihrer Systematik einen anderen Weg. Diese Phase der Befragung ist in dem vorher behandelten Text aus dem Jahr 7 **wḥm-msw.t** nicht weiter ausgeführt. Nach der ersten Frage, die nun direkt auf die Entscheidung des Gottes in Bezug auf die Leute in der Oase zielt:

(1) **jw.k-(r-)sḏm-ḫrw.j m-pꜣ-hrw mt<w>.k-ḥtp r-nꜣ-bꜣk.w-ṯt.w j.ḫꜣꜥ.k r-wḥꜣ.t mtw.tw-jnt.w r-Km.t** (Z.15f.),

folgt:

(2) **jr-pꜣ-ntj-nb-j.wḏ.k r-jn<t>.f tw.tw-ḏd-ḥtp** [...] (Z.16; mit v.Beckerath, in: RdE 20, 1968, 13 u. 23 vielleicht als Frage zu verstehen, ob der Gott auch allen, die zurückgeholt werden sollen, gnädig sein wird; man vergleiche zur Formulierung **tw.tw-ḏd**, "*man (d.h. der Gott) sagt*", die gleichlautende Einleitung der "*Schriftstücke*", die dem Gott in I.21.d. vorgelegt werden.

(3) **jw.k-<r->jr<t>-wḏ.t-ꜥꜣ.t ḥr-rn.k r-tm-djt-[j]nj.t[w]-rmṯ-nb n-pꜣ-tꜣ r-tꜣ-wꜣ<.t> n-wḥꜣ.t r-tm [-djt...] šꜣꜥ m-pꜣ-hrw r-ḥrw** (Z.17, Ergänzungen nach v.Beckerath).

(4) **tw.k-ḏd-jrj-s<j> m-wḏ.t ḥr-ꜥḥꜥj [....] smn m-njw.t.k mn-wꜣḥ ḏ.t** (Z.18).

(5) **ḫr-pꜣj.k-wḏ r-ḥḥ n-zp ḫr-pꜣ-wḏ n-jtj mw.t mhwtj-nb**[239] (oder: **m-hꜣw-nb**) (Z.19).

(6) **jr-rmṯ-nb ntj-jw.w-<r->md<t> m-bꜣḥ.k r-ḏd-smꜣ-rmṯ.w-ꜥnḫ.w jw.k-(r-)ḫf.f jw.k-<r->ẖdb.f** (Z.23).

§185

Während die erste Phase der Befragung die Wahl des "Tagesordnungspunktes" und ob er sich überhaupt zu einem solchen äußern wolle, scheinbar ganz in das Belieben des Gottes stellt, läuft die zweite Phase darauf hinaus, den Gott nach der generellen Gnadenzusage in all ihren Details und Konsequenzen zu verbindlichen Zusagen zu bringen.

---

239 So v.Beckerath, in: RdE 20, 1968, 25: "*Familienangehöriger*".

In "logischem" Sinne wären einige der Fragen überflüssig, da manches Detail in der generellen Gnadenzusage (1) schon mit enthalten ist. So ist (2), ob der Gott auch jedem einzelnen der Zurückgebrachten gnädig sein werde (?), auch in (1) im Prinzip schon unterstellt; (5) als Frage nach der Allgemeingültigkeit des Entscheids ist auch schon in dem erhaltenen Teil von (3) enthalten, wonach nie wieder ein Mensch in die Oase gebracht werden soll; (4), die Frage, ob man die Entscheidung des Gottes in Stein verewigen soll, ist dagegen eine Konsequenz aus deren Allgemeingültigkeit; (6) als die ausdrückliche Bitte, Leute abzuweisen und zu bestrafen, die den Tod von Menschen verlangen, ist im Verhältnis zur vorliegenden Entscheidung des Gottes nicht ganz klar, da es ja nicht um Tötung, sondern um Verbannung ging. Jedoch kennt man nicht die Details der ursprünglichen (Orakel-?)Entscheidung zur Verbannung der Leute. Faßt man mit v.Beckerath das "*Töten von lebenden Menschen*" (**smꜣ-rmṯ.w-ᶜnḫ.w**) als Ausdruck für "*verbannen*" auf[240], dann wäre die Frage (6) wirklich in (1), v.a. aber in (3) und (5) längst unterstellt: denn wenn die Entscheidung, daß man hinfort niemanden mehr in die Oase schicken soll, verbindlich ist, dann ist ein gegenteiliges Anliegen damit auch ausgeschlossen. Abgesehen davon, daß v.Beckeraths Interpretation von **smꜣ** auf schwachen Füßen steht, ist diese verdoppelnde Art der Befragung durchaus üblich gewesen, wie die ganz entsprechenden Fragen der *Inscription historique* (I.21.d.) an deren Ende zeigen werden.

Eine Entsprechung zur Frage (4), mit der auch die Verewigung des Orakels von einer Entscheidung des Orakelgottes abhängig gemacht wird, findet sich im stark zerstörten Orakeltext des Herihor im Chonstempel (I.20.b.):

pꜣj.j-nb-nfr j[w.k-r-dit...]nꜣ-bjꜣj.t ḥr-jnr (Z.17f.);

[Ḫnsw-m-]Wꜣs.t Nfr-ḥtp pꜣj.j-nb-ḏd-jmj-jrj.w-ᶜḥᶜw m-pꜣ[.j-wbꜣ] (o.ä.) (Z.19),
"*sagt Chons-.... mein Herr: 'Laß machen einen Denkstein in* ⌜*meinem*⌝(?) [*Vorhof* (*oder: Tempel*)?]'".

§186

Der Text über die den Vermögensvorsteher des Amuntempels Thutmose betreffenden Gottesentscheidungen, die sogenannte *Inscription historique* (I.21.d.), faßt eine Folge von Orakeln zusammen, die sich über mehrere Jahre hinzo-

---

240 v.Beckerath, in: RdE 20, 1968, 35; offenbar zustimmend Kitchen, TIP, §218 mit Anm.104.

gen[241]. Daher liegt es nahe, daß das "Orakelprotokoll", das dieser Text bietet, eine aus diversen Auszügen konzipierte Einheit darstellt. Als Vorlage wären jährliche Akten des Amuntempels denkbar, die chronologisch und nicht personenbezogen die Protokolle aller Orakelentscheidungen des Gottes enthielten[242].

§187

Kruchten betrachtet den gesamten Text des Monuments als zusammengesetzt aus 4 eigenständigen Teiltexten, "A" bis "D"[243]. Dabei beurteilt er die im Darstellungsfeld befindlichen und in senkrechten Zeilen geschriebenen Texte (A–C) als Beischriften zu den drei Götterbarken, den langen, vor allem aus den waagerechten 18 Zeilen im unteren Feld bestehenden Text ("D") aber als "*pièce annexe*", also eine Art Fußnote, wenn ich das recht verstehe[244]. Daß es sich bei den Texten B und C um die Beischriften zur Chons- und zur Mutbarke handelt, ist sofort einleuchtend. Ob der Text A, der in der vorliegenden Arbeit unter "senkr.Z." zitiert wird und der immerhin eine ganze Orakelepisode enthält, als "Beischrift" zur Amunbarke zu klassifizieren ist, ist insofern nicht eine scholastische Definitionsfrage, als eine solche Klassifizierung auch sein Verhältnis zum Text "D" (hier: "waager.Z.") festlegt. Kruchten insistiert mit dieser Auffassung von A als Beischrift auf einer strikten Trennung der Texte A und D als zweier selbständiger Einheiten, die sich zwar auf denselben Gegenstand beziehen, deren Verhältnis zueinander aber auf keinen Fall in dem Sinne zu bestimmen ist, daß D einfach die Fortsetzung von A darstellt[245]. Dies würde bedeuten, daß das im Text A geschilderte "*Nehmen*" zweier Schriftstücke durch den Gott Amun nicht etwa den Auftakt der auf Thutmose bezogenen Orakelvorgänge darstellt, sondern ein Höhepunkt und (vorläufiger) Abschluß dieser Vorgänge an dem von Kruchten erschlossenen Datum[246] Jahr 2, 4.ꜣḫ.t 23 sein könnte innerhalb der im Text D geschilderten Ereignisse.

Im Folgenden werden einige Argumente aufgeführt, die gegen die Trennung der Texte "A" und "D" sprechen.

---

[241] Kruchtens Bearbeitung dieses stark zerstörten Textes, zitiert als "Kruchten, Djéhoutymose" (s. Abkürzungsverzeichnis) wird wegen der Bedeutung dieses Dokumentes für das Orakelwesen, zu dem sich Kruchten an vielen Stellen seines Werkes äußert, hier eingehender behandelt; s. auch Jansen-Winkeln, in: JEA 76, 1990, 242ff.; Römer, in: BiOr 47, 1990, Sp.620ff.

[242] S.o. §142.

[243] S. das Schema, Kruchten, Djéhoutymose, 35*bis*.

[244] Kruchten, Djéhoutymose, 34; 102.

[245] Kruchten, Djéhoutymose, 22; 34; 101f.

[246] S. aber unten, §250, Anm.390.

§188

Der Text A, als zentrale Bildbeischrift der Darstellung im oberen Teil des Monuments betrachtet[247], stellt zumindest ein ungewöhnliches Faktum dar, wegen der enormen Länge von 24 erhaltenen Zeilen und weil der Inhalt eine komplette, datierte Orakelepisode mit vollständigen Sätzen und mit der Exposition eines Orakelprotokolls inklusive Vorgeschichte der Episode ist. In der Tat gibt es sonst keine weitere "Beischrift" zur Amunbarke, die den Beischriften B und C zur Chons- und Mutbarke entspräche, andererseits werden die Gottheiten Mut und Chons auch in Text A noch einmal genannt als Begleiter des Gottes, so daß A nicht auf einer Stufe mit B und C steht.

Lange Beischriften finden sich z.B. in den Luxorfestszenen Tutenchamuns in der Kolonnade von Luxor, diese sind aber in ihrer Ausdrucksweise deutlich als Explikationen der Darstellungen gefaßt oder geben wörtlich die Reden von beteiligten Personen wieder[248].

§189

Der Text "D" beginnt nicht erst mit den waagerechten Zeilen unter der Darstellung, sondern mit senkrechten Zeilen wie Text A irgendwo am rechten Rand des Darstellungsfeldes, ein Rest der letzten senkrechten Zeile dieses Textes D, von Kruchten *"col.d"* genannt, ist noch zu sehen. Die unbekannte Größe bei der Beurteilung des Verhältnisses der beiden Texte ist, daß genau der Raum zwischen dem Ende(?) von A und dem Beginn(?) von D, der Raum über den Köpfen der beiden Hauptpersonen Painedjem II. und Thutmose, schon zu Navilles Zeiten restlos zerstört war. Der Text D ist also weder nach seiner zeitlichen Ansetzung noch nach seiner Plazierung von der großen Inschrift im oberen Teil scharf zu trennen, etwa in der Art der Dokumente I.20.a./b./c., wo sich im oberen Teil Darstellungen mit Beischriften finden, während im unteren Teil der eigentliche Orakeltext mit Datum und Konigsprotokoll beginnt; auch Kruchten subsumiert die ersten 6 Zeilen des Textes D unter das Datum am Anfang von A[249].

---

[247] Kruchten, Djéhoutymose, 35: "*légende générale*"; op.cit., 102: "*légende principale*".

[248] Wolf, Das Schöne Fest von Opet, 52ff.; Urk.IV, 2037ff.; eher vergleichbar mit Text A und seiner Plazierung innerhalb einer Darstellung ist z.B. das "Bulletin" der Kadesch-Schlacht, das mit Datum und Königsprotokoll eröffnet und dann mit jsṯ-ḥm.f... eine fortlaufende Erzählung beginnt, die nicht in einer Bildbeischrift aufgeht, wenn auch ein Bezug zwischen Bild und Text besteht, s. KRI II, 102ff.

[249] Kruchten, Djéhoutymose, 172f.

§190

Text A bezieht sich auf keine der "*Affairen*", die der Text D bis zur waager.Z.6 als mögliche Schuldpunkte des Thutmose aufzählt[250], umgekehrt bezieht sich der Text D bis zur 6. Zeile auch nicht auf das Ereignis, das Text A mitzuteilen hat - weil sie als *ein fortlaufender Text* die Ereignisse *nacheinander* berichten?

Der wichtigste Grund, die beiden Texte auseinanderzuhalten: es ist schwer, einzusehen, warum zunächst mit dem Bericht über das "*Nehmen*" der beiden Schriftstücke durch den Gott eine endgültige und generelle Absolution von jedem denkbaren Anklagepunkt mitgeteilt wird, dann aber eine detaillierte Aufzählung der möglichen Anklagepunkte vor dem Gott folgt. Kruchten möchte daher die im Text A beschriebene endgültige Absolution ("*décharge définitive*"[251]) *nach* der eingehenden Untersuchung von D 1-6 gelagert wissen[252], was nur möglich ist, wenn man beide Vorgänge als zu verschiedenen Texten gehörig betrachtet. Freilich wird die Endgültigkeit dieser "*décharge définitive*" schon dadurch relativiert, daß nach dieser Absolution das Verfahren sich noch drei Jahre lang hinzog, vielleicht sogar wiederholt wurde[253]; sicherlich wurde das gesamte Monument in einem Stück geschaffen und nicht etwa von Jahr zu Jahr "nachgetragen"[254].

Nach Kruchten[255] stellt die im Oberteil des Monuments befindliche Szene ein besonderes Orakelverfahren vor: ein *Losorakel* ("*tirage au sort*"[256]), das zur endgültigen Entscheidung von Fällen von besonderer Wichtigkeit benutzt worden sei. Einen solch brisanten Fall sieht er hinter der Wendung **tw.tw-ḏd** versteckt, Einleitung der Schriftstücke, die dem Gott vorgelegt wurden. Er interpretiert sie als Ausdrucksweise für ein "*allgemeines Gerede*" über den Fall des Thutmose[257]; dieser sei Streitpunkt zweier großer Parteien im Personal des Amuntempels gewesen. Die Entscheidung des Gottes über dieses *Gerede* hätte man aus der Folge der Orakelvorgänge herausgenommen und an eine prominente Stelle des Monuments gesetzt[258].

Was aber soll eine Orakelentscheidung des Gottes über die Frage, ob es ein Gerede *für* oder *gegen* Thutmose *gab*? Um dies zur Kenntnis zu nehmen,

---

250 Kruchten, Djéhoutymose, 105: "*Le texte A est muet sur ce point*".
251 Kruchten, Djéhoutymose, 101; 105.
252 Kruchten, Djéhoutymose, 105: "*Mais avant que n'intervienne la décharge définitive accordée par Amon à son intendant, il a certainement fallu que le dieu s'occupe des nombreuses "affaires" (mdt) relevées à sa charge...*".
253 S.u. §195f.
254 Kruchten, Djéhoutymose, 291.
255 Kruchten, Djéhoutymose, 106-115.
256 Kruchten, Djéhoutymose, 109; 114.
257 Kruchten, Djéhoutymose, 107.
258 So auch Kruchten, Djéhoutymose, 34 unten.

brauchte man wohl kaum ein Orakel[259], und ein Orakel dieses Inhalts hätte auch über den Fall des Thutmose gar nichts entschieden[260]. **tw.tw-ḏd** macht nur Sinn, wenn es die Antwort auf die Frage einleitet, ob Thutmose unschuldig ist; die Formel kann also nur die Äußerung des Gottes selbst über diesen Fall einleiten, so wie auch in I.20.c. und I.21.b. vom Gott mit "*man*" die Rede sein kann[261]. Daher ist es auch zweifelhaft, ob das Verfahren des Vorlegens von Schriftstücken wirklich eine Alternative zum Sprechorakel war: Viele "Reden" des Gottes im Orakel dürften dadurch zustande gekommen sein, daß er eine von zwei alternativen Reden als die seine kennzeichnete, indem er sie in schriftlicher Form "*nahm*" (**jṯꜣ**).

§191

Eine Generalabsolution *vor* der Detailuntersuchung ist zwar "unlogisch"; jedoch sind ähnlich "unlogische" Abfolgen noch häufiger in der Systematik der Orakelbefragungen zu beobachten. Die letzte erhaltene Zeile des Teiles von D, der sich einmal im Oberteil des Monuments befunden hat, Kruchtens *"col.d"*, zeigt, daß bereits *vor* der Detailuntersuchung in waager.Z.1-6 eine Unschuldserklärung durch den Gott stattfand nach dem Muster der in waager.Z.8ff. vorliegenden: [...] **wḏꜣ m-bꜣḥ.k ꜥḥꜥ.n-pꜣ-nṯr-ꜥꜣ ⸢wšd⸣**.

In waager.Z.8ff. wird dieses **wḏꜣ m-bꜣḥ** ausdrücklich und mehrmals mit der "*Aufnahme*" der Schriftstücke (im Jahre 2) verknüpft.

§192

In den ersten 6 waagerechten Zeilen des "Textes D", dessen Gliederung in acht Orakelepisoden ("*comptes rendus*") Kruchten trotz der Zerstörung des Textes aufgrund phraseologischer Untersuchungen hat wahrscheinlich machen können[262], also im Verlauf der ersten Orakelepisode, die Kruchten in ein Jahr 2, 4. **ꜣḥ.t** 23 datiert[263], werden dem Gott alle Vorfälle vorgetragen, die dem Vermögensvorsteher eventuell zum Vorwurf zu machen wären.

---

259 Auch Kruchten, Djéhoutymose, 292f., wundert sich darüber, warum man den Gott nicht direkt fragte, ob etwas gegen Thutmose vorlag oder nicht – er wundert sich über die Konsequenzen *seiner* falschen Interpretation von **tw.tw-ḏd** !

260 Ähnlich auch Jansen-Winkeln in seiner Rezension, JEA 76, 1990, 244.

261 S.o. §182 und §184.

262 Kruchten, Djéhoutymose, 21-31.

263 Kruchten, Djéhoutymose, 314ff.

Die Formulierung der Anfrage an den Gott beim ersten Vorfall (ähnlich beim 4. und 5.):

jr-tꜣ-md.t ntj-Jmn <ḥr->wḫꜣ.s tꜣ-md.t <n->nꜣ-r'-3 n-jp.t (...) wšd jn-pꜣ-nṯr-ꜥꜣ
("*die Angelegenheit, die Amun untersucht, (es ist) die Angelegenheit der Drittel-Oipen?*"[264] – Zustimmung),

zeigt, daß es sich um ein ähnliches Vorgehen am Anfang einer Befragung handelt, wie das in I.20.c. und I.21.b. beschriebene[265]. Wie dort wird der Gott gefragt, welche Punkte er auf die Tagesordnung gesetzt haben will, nur daß der Gott hier vorher schon zu erkennen gegeben hatte, daß er über die Taten eines Teils seines Personals in Zorn geraten war (senkr.Z.7–14). Die Einfügung, die Kruchten vornimmt: "*l'affaire que Amon examine (en ce moment)*"[266], ist überflüssig und bringt einen falschen Ton in die Anfrage hinein: es handelt sich wohl nicht um eine (auch für die Umgebung bestimmte) Ankündigung, was als nächstes dran ist, sondern um die ehrerbietige Frage an den Gott, ob er diese Angelegenheit behandelt wissen will.

§193

Problematisch ist der vor jeder "*Angelegenheit*" wiederholte Passus: **ḏd.f jtj-nṯr n-Jmn (...) Ḏḥwtj-msjw mꜣꜥ-ḫrw m-bꜣḥ-pꜣ-nṯr-ꜥꜣ**. Im Gegensatz zu Schenkes Auffassung, dies sei die Einleitung für eine Rede des Betroffenen Thutmose selbst vor dem Gott[267], entschließt sich Kruchten, dies als Rede des HPA Painedjem I. zu übersetzen[268]. Im Sinne seines Verständnisses dieser Rede als einer Ankündigung für den Gott und die Anwesenden, nicht als einer Frage an den Gott, stellt er sich vor, der HPA habe bei den großen Orakelveranstaltungen "*mit lauter Stimme*" angekündigt, wer in welcher Angelegenheit gerade vor dem Gott erschienen sei: "*le pere divin (...) comparaît devant le grand dieu: l'affaire.....*". Nach Schenke hielte der Betroffene am Vermittler vorbei selbst Reden an den Gott[269], nach Kruchten würde die Ankündigung des HPA, Thutmose sei vor dem Gott erschienen, reichlich oft wiederholt. Vielleicht ist **jtj-nṯr (...) Ḏḥwtj-msjw m-bꜣḥ-pꜣ-nṯr-ꜥꜣ** als ein adverbialer Nominalsatz, unterge-

[264] Vgl. Cerny-Groll, LEG, §57.10.
[265] S.o. §§182ff.
[266] Kruchten, Djéhoutymose, 130; 131; 132.
[267] Schenke, Orakel, Anhang, 27f.
[268] Kruchten, Djéhoutymose, 137.
[269] Schenke, Orakel, 38 oben.

ordnet zu **ḏd.f**, aufzufassen: "*Er sagte, wobei Thutmose vor dem großen Gott stand*"[270].

Die 2.–4. Orakelepisode sind kurz und so schlecht erhalten, daß sich über ihren Inhalt nichts näheres sagen läßt[271].

§194

Etwas klarer wird es erst wieder ab dem 5. Orakelvorgang, waager.Z.8ff., dessen Datum verloren ist; ein Datum, das zwischen "*Jahr 2*" und "*Jahr 3, 1.* **šmw** ..." als dem Datum des 6. Orakelvorgangs (waager.Z.12) liegen muß[272]. Die Schilderung des Handlungsrahmens, in welchem dann der Fall des Thutmose behandelt wird: **wḥm.tw-nꜣ-zš.w rwḏw.w ḫntj.w**, wird von Kruchten ohne Notwendigkeit emendiert zu: "*de nouveau contre (<r->) les scribes* ..."[273], mit dem Argument, diese Wendung sei "*manifestement elliptique*"[274]. **wḥm** mit Objekt der Person findet sich in Orakeltexten jedoch öfters im Sinn des Nennens von Personen vor einem Gott, die für irgendetwas in gutem oder schlechtem Sinne in Frage kommen[275].

---

[270] Zu untergeordneten adverbialen Nominalsätzen ohne **jw** im Mittelägyptischen s. Gardiner, EG, §117; im Gegensatz zu den direkten Reden des Textes sind die erzählenden Passagen und Formeln in einer dem Mittelägyptischen näher stehenden Sprache abgefaßt. K. Jansen-Winkel verdanke ich folgenden Vorschlag, die Schwierigkeit zu lösen: mit der Auffassung von **ḏd** als "*nennen*" (Wb.V, 622,11f.) ließe sich der Satz übersetzen als: "*Er (der HPA Painedjem II.) nannte den Gottesvater (....) Thutmose vor dem großen Gott; die Angelegenheit...*".

[271] S. Kruchten, Djéhoutymose, 190–203; den Beginn des 4. "*compte rendu*" gibt Kruchten an, wie folgt:

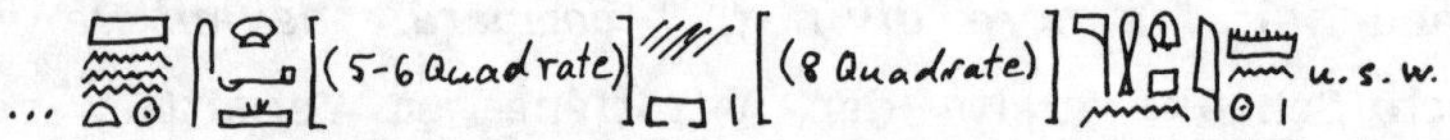

(waager.Z.8)

Dies ließe sich ergänzen:

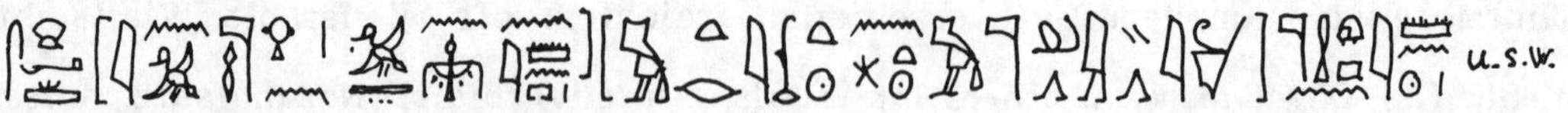

[272] Kruchten, Djéhoutymose, 319; zum Schauplatz s. op.cit., 211ff., 224ff., 319f. und s.o. §129.

[273] Kruchten, Djéhoutymose, 207.

[274] Kruchten, Djéhoutymose, 214.

[275] S.o. §171. Das seltsame  (waager.Z.9), beruht vielleicht auf einem Fehler von Navilles Abschrift und ist evt. in  zu verbessern. Schreibungen mit **ꜥꜣ** *hinter* **pꜣ-nṯr** sonst allerdings nur in den senkrechten Zeilen!

§195

Im Mittelpunkt des 5. und 6. Orakelvorgangs steht die Berufung auf das im oberen Teil des Monuments dokumentierte Ereignis des "*Nehmens*" der Schriftstücke im Jahre 2, mit welchem die prinzipielle Unschuld des Vermögensvorstehers erwiesen wurde.

Die in den Inschriftresten immer wieder auftauchenden Elemente des "*Nehmens*" der Schriftstücke und der Unschuld des Vermögensverwalters vor Amun (**wḏꜣ m-bꜣḥ-**) finden sich in waager.Z.12 in einem erhaltenen Satz klar zusammengeschlossen:

"*Siehe, Amun-Re, der große Gott des Urbeginns, erklärt: 'Ich bin es, der genommen hat die Schriftstücke des Thutmose (...)', indem dein Diener unschuldig vor dir ist*"[276].

In waager.Z.10 ist ausdrücklich vom "*Nehmen*" der Schriftstücke im Jahre 2, 4. **ꜣḫ.t** [...] die Rede als einem *zurückliegenden* Datum, Schriftstücke, die der HPA jedoch bei der *aktuellen* Befragung wieder in seiner Hand hält, wie es die Formulierung in waager.Z.9 zeigt: **pꜣj.j-nb-nfr jw-tꜣ-mḏꜣ.t** (Singular!) **ntj-m[-dj].j** .... ; Kruchten möchte hierin ausschließlich die Nachfrage des HPA erkennen, ob der Gott in der zurückliegenden Orakelepisode das für Thutmose sprechende Schriftstück genommen hat[277]. Einige Details könnten jedoch darauf hinweisen, daß es darüber hinaus unter Berufung auf die frühere Entscheidung des Gottes eine Wiederholung dieses Vorgangs gab.

In der waager.Z.10 findet sich die Passage:

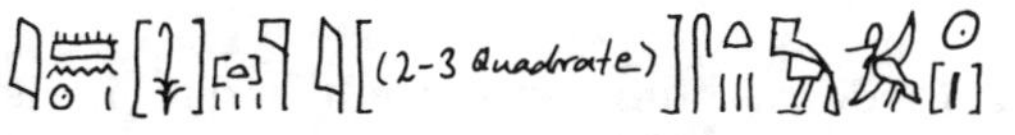

;

dies ist vielleicht zu ergänzen zu:

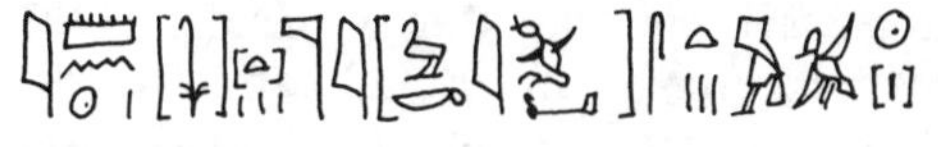
,

"*...Amun-Re, König der Götter, und du wirst sie (die Schriftstücke) (auch) heute nehmen?*"[278]

Auch waager.Z.12, im 6. "*compte rendu*", ist vielleicht eine Rede des HPA an den Gott in diesem Sinne zu deuten:

---

276 Zu diesem Satz und den Schwierigkeiten, die Kruchten mit ihm hat, s. Römer, in: BiOr 47, 1990, Sp.627; man beachte, daß es hier stets heißt, der Gott habe *die* Schriftstücke genommen und nicht nur das eine, welches zugunsten des Thutmose sprach.

277 Kruchten, Djéhoutymose, 229.

278 **m-pꜣ-hrw** nicht in Kruchtens Übersetzung.

("*Was die Schriftstücke betrifft, die in deinem Munde waren* (!)[279] *im Jahre* [*2(?)* ....], *indem du <es> für ihn aktenkundig machst* (jw.k-<ḥr->spḥr-n.f) *und indem du sagst 'Er ist unschuldig vor mir'*")

 [280]

"*Nimmt Amun-Re, König der Götter sie?*" [(*Zustimmung des Gottes*)][281].

§196

Die Verdopplung des Orakels, insofern der Gott im 5. und 6. Orakelvorgang eine Erklärung darüber abgibt, daß er früher einmal ein positives Orakel über Thutmose gegeben hat (und dieses vielleicht sogar wiederholt), wird von Kruchten gedeutet als Reaktion auf mögliche Zweifel, um die öffentliche Glaubwürdigkeit der Orakelinstitution zu erhalten[282]. Damit geht er unbewiesener Maßen davon aus, eine in der 21. Dynastie bereits relativ alte und außerordentlich durchgesetzte Einrichtung wie das Orakelwesen habe eigentlich ständig um seine öffentliche Reputation kämpfen müssen. Die beste Widerlegung seiner Vermutung bringt Kruchten selbst: zur Sicherstellung der Glaubwürdigkeit des Gottes ist die Frage an diesen, ob er glaubwürdig sei, so ungeeignet, wie die Frage an den Fischhändler, ob seine Ware frisch sei[283]. Daher beurteilt Kruchten diese Methode als "*naiv*". Vielleicht ergibt sich aus

---

279 S.o. §164, Anm.190.

280 Das **m** nach Naville; **w[šd]** aber ist zu fordern, hier wie nach jeder Rede an den Gott. Platz reicht gerade für **wšd jn-pꜣ-nṯr-ꜥꜣ**.

281 Andere Auffassung der ganzen Passage bei Kruchten, Djéhoutymose, 217f.; 240; zu meiner Auffassung als Fragesatz mit **jn** s. Cerny-Groll, LEG, §61.2.4. Ein Rätsel bietet noch die Entdeckung von Kruchten in der waager.Zeile 9, wo er innerhalb einer Rede des HPA nach [...] **ḏd-jnk-jṯꜣ-nꜣ-mḏꜣ.t** noch Zeichenreste gesehen hat, so daß sich folgendes ergibt:

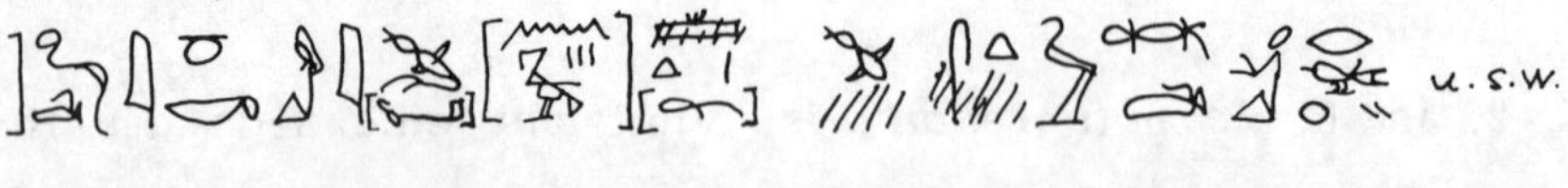

Man findet dies nur in seiner Falttafel, nicht aber in dem Text, den er innerhalb seines Buches gibt; folglich auch keine Bemerkungen im "*kritischen Apparat*" oder im Kommentar. Die Reste weisen deutlich auf ein weiteres **jṯꜣ-st** hin, aber die von Kruchten angegebenen Zwischenräume machen jede Ergänzung wie z.B. **[jw.k-r-] ḏd-jnk-jṯꜣ-nꜣ-mḏꜣ.t [mtw.k-]⌜jṯꜣ⌝-st** unmöglich. Die Abfolge könnte jedenfalls auch auf eine Verdopplung der Orakelhandlung hinweisen.

282 Kruchten, Djéhoutymose, 229: "*Afin de parer aux doutes qui pouvaient être conçus à ce sujet, le premier prophète (...) fait appel à une méthode à nos yeux assez puérile...*"; "*....pour garder leur crédibilité auprès du public*".

283 Ebd.

dem Orakelwesen selbst eine bessere Begründung für solche Verdopplungen der Orakelvorgänge[284].

§197

In der 5. und 6. Orakelepisode treten jeweils nach der Frage, ob Thutmose unschuldig oder "*immun*" (**wḏꜣ**) vor dem Gott sei, weitere Fragen auf, die sich darauf beziehen, vor welchen möglichen Strafen oder Heimsuchungen diese Immunität den Thutmose schütze (**jw.f-wḏꜣ r-**, waager.Z.11, 13). Auch Fragen dieses Typs stellen im logischen Sinne eine Verdopplung dar; denn wenn der Gott den Beklagten schon für unschuldig erklärt hat, ist es streng genommen nicht mehr notwendig, von ihm auch noch eingehende Erklärungen zu verlangen, vor welchen Strafen ihn das schützt. Innerhalb der 6. Orakelepisode (waager.Z.13) verwandelt sich dabei in bezeichnender Weise das "*Immun-Sein*" als Folge der Schuldlosigkeit des Thutmose in einen vom Gott erst noch herzustellenden Zustand: **jw.k-(r-)djt)-wḏꜣ.f r-...**

Dergleichen "unlogisches" Verfahren läßt es auch nicht allzu unwahrscheinlich aussehen, daß der Gott am Anfang der Inschrift, möglicherweise nach der generellen Unschuldserklärung des Thutmose, noch einmal zu einzelnen möglichen Vorwürfen gegen diesen Stellung nahm und ihn von jedem einzelnen ausdrücklich frei sprach.

§198

Die beiden ersten Orakelfragen zu Beginn des 8. und letzten Orakelvorgangs nach Kruchtens Zählung, in einem 5. Jahr während des Opetfestes[285], sind vermutlich auf die Vergangenheit gerichtet[286]. Bei den Formulierungen: **jw.k-ḏd-sw-wḏꜣ m-bꜣḥ.j jw.k-smnt.f m-tꜣ-jꜣw.t** .... (waager.Z.14f.), und: **jw-gmj.k-sw m-rmṯ n-šꜣw .... jw.k-smnt.f n-(=m-)tꜣj.f-jꜣw.t** ... (waager.Z.15), (im Sinn von Cerny-Groll, LEG, §38 und nicht von §17 verstanden), von denen sich die beiden letzten anlehnen an die Erwähnung einer positiven Äußerung des früheren HPA Mencheperre über Thutmose, handelt es sich um Fragen, die den Gott nachsuchen um eine Bestätigung seiner in der Vergangenheit gegebenen Unschuldserklärungen und Amtsbestätigungen für Thutmose. Erst die dritte Anfrage (waager.Z.15f.) bringt den Grund, warum der Gott im Jahre 5 nochmals wegen seiner Erklärungen aus dem Jahre 3 gefragt wurde; die Wiederholung der frü-

284 S.u. §228.
285 Kruchten, Djéhoutymose, 322.
286 Kruchten, Djéhoutymose, 278f.

heren Erklärungen, ohne daß noch etwas Neues an Entscheidungssubstanz hinzugekommen wäre, wurde offenbar notwendig, weil zwei (!) Leute nachwievor mit der Person des Thutmose nicht einverstanden waren. Kruchten verweist auf die möglicherweise einflußreiche Position des einen der beiden, **Pꜣ-ms-ḥm.w**, als **wꜥb n-ḥꜣ.t** als Ursache für eventuelle Befürchtungen des Thutmose[287]. Dies fällt ins Reich der Spekulationen im Halbdunkel. Jedoch ist der ganze Vorgang auf jeden Fall erhellend für die Natur des Orakelwesens. Man kann sich kaum vorstellen, daß königliche Entscheidungen in ähnlicher Weise wieder und wieder zur Diskussion gestellt und bestätigt werden mußten, nur weil ein paar Leute mit ihnen nicht einverstanden waren.

§199

Die nächsten Fragen sind wieder von der für die Befragungen charakteristischen, zugleich vervielfachenden und tautologischen Systematik geprägt: die Bestätigung der vergangenen Urteile ist der Auftakt zur Frage, ob der Gott demnach entgegengesetzte Klagen (**ꜥš**) der beiden Leute nicht beachten werde (**wnj**) - was eigentlich selbstverständlich sein sollte - und den Thutmose in seinem Amte bestätigen werde. Danach wird, angesichts der Tatsache, daß die beiden renitenten Personen vielleicht auf irgendwelche angeblichen Untaten des Thutmose hingewiesen hatten, die Reihenfolge von Unschuldserklärung und Amtsbestätigung auf den Kopf gestellt:

"*Was Amun-Re (...) gesagt hat: 'Möge bestätigt werden Thutmose (...) in seinem Amt (...)', ist ergangen* (**ḫprw**), *indem Thutmose (...) unschuldig vor Amun-Re (...) war, keinen Frevel in Theben, deiner Stadt getan zu haben* (**wḏꜣw ... r-tm-ir<t>-gbj ... pꜣ-jrj-Ḏḥwtj-msjw**)" (waager.Z.16f.),

so, als müßte die Möglichkeit ausgeschlossen werden, daß die Amtsbestätigung auch *ohne* die Freisprechung des Thutmose von Verdächtigungen hätte erfolgen können. In methodischer Anzweiflung der Grundlagen der Entscheidung werden alle vergangenen Schritte der Befragung noch einmal rückwärts vollzogen: vom Abweisen entgegengesetzter Anliegen zur Wiederholung der Amtsbestätigung, von dieser zur Wiederholung der Unschuldserklärung.
Die nächste Frage verdoppelt das Ganze noch einmal, indem sie es für notwendig befindet, nach der Abweisung zweier *konkreter* Querulanten den Gott auch noch auf die Abweisung jeder *denkbaren* Person, die einmal klagen

---

[287] Kruchten, Djéhoutymose, 367; zur Funktion der "*vorderen* **wꜥb**-*Priester*" bei den Prozessionen s. Kees, in: ZÄS 85, 1960, 45ff.

könnte, festzulegen (waager.Z.17f.); die letzte Frage bezieht sich auf die Abwehr von solchen Leuten, die mit Thutmose selbst in gegnerischem Sinne über das Amt "*reden*" (**ḏd jrm- ḥr-**) könnten (waager.Z.18).

§200

Solche Garantien des Gottes, wie sie während der letzten Orakelepisode erfolgten, könnten durchaus einen festen Platz am Ende von Orakelprotokollen gehabt haben, auch wenn sie, wie hier, in einer eigenen Befragung zu einem späteren Zeitpunkt ausgesprochen und durch gewisse Vorfälle nachträglich notwendig wurden. Eine ähnliche Schlußgarantie findet sich auch in der Frage (6) des Verbannungsorakels (I.21.b)[288], wo um die Bestrafung von Leuten gebeten wird, die in entgegengesetztem Sinne vor dem Gott petitionieren könnten.

In Inhalt und Form ähneln solche Schlußpassagen von Orakelbefragungen, in denen die Gültigkeit der voranstehenden Bestimmungen für alle Zeiten betont wird, den Verfluchungsformeln am Ende von Orakeldekreten und von Schenkungsstelen.

§201

Es ist leider nicht mehr möglich, die von Anbringungsort und Länge prominentesten Orakeltexte der 21. Dynastie, I.21.e. und f., in denen es wie im Text der Stèle d'Apanage um Transaktionen von mobilem und immobilem Vermögen geht, nach Form und Aufbau zu beurteilen. Auch sie enthalten in ihren Schlußpassagen Formeln, die auf die ewige Gültigkeit der Bestimmungen gerichtet sind; aber welchen Stellenwert diese im Ganzen der Texte hatten, läßt sich nicht mehr mit Sicherheit feststellen. Nicht nur in inhaltlicher, grammatischer und lexikalischer Hinsicht weisen die beiden Inschriften untereinander starke Ähnlichkeiten auf; auch im Ort der Anbringung entsprechen sie sich: während der etwas ältere Text I.21.e., die Inschrift über das Vermögen der Henut-tawi und ihrer Tochter **ꜣs.t-m-ꜣḫbjt**, sich auf der Nordwand des Westturms des 10. Pylons von Karnak befindet, ist die Inschrift über das Vermögen der Maatkare an der entsprechenden Stelle des 7. Pylons angebracht. Wie noch zwei andere Orakeltexte der 20./21. Dynastie (I.20.c. und I.21.d.) sind sie damit im Bereich der südlichen Höfe angesiedelt[289].

---

[288] S.o. §184f.

[289] S. Kruchtens Schema, in: BSFE 103, 1985, 17, wo allerdings die Stelle auf dem 7. Pylon nicht ganz korrekt angegeben wird: *außerhalb*, nicht innerhalb der Westmauer des Hofes.

Als Champollion die Inschrift I.21.e. sah, muß sie noch aus 50 (!) langen waagerechten Zeilen bestanden haben[290].

§202

Wie das Orakelprotokoll über die Amtsbestätigung des Thutmose (I.21.d.) erstreckt sich auch der von diesem Text erfaßte Zeitraum über drei Jahre oder sogar noch mehr. In Champollions Auszug, der in den oberen Teil des Textes gehören dürfte, von dem nur noch Fragmente existieren, finden sich zwei Daten: ein Jahr 5, 1. **ꜣḫ.t** 1, also ein Neujahrstag (Champollion, Zeile 5) und ein Jahr 6, 3. **šmw** 19 (Champollion, Zeile 8; jedoch läßt der Beginn der Champollion-Abschrift unbedingt auf ein von ihm leider nicht mitgeteiltes Datum schließen, welches noch vor dem Neujahrstag des Jahres 5 liegen dürfte:

[Datum – **ḥr-ḥm n-... hrw-pn ḫꜥj** (oder: **sḫꜥj)-nṯr-pn-špsj nb-nṯr.w** A / M / C **ḥr-pꜣ-tꜣ n-ḥḏ n-pr-Jmn**] **m-tr n-dwꜣj.t** [291].

Andererseits findet sich das Datum "*Jahr 8, 4.* **ꜣḫ.t** *x*" auf dem wohl aus dem unteren Bereich der Inschrift stammenden Fragment L[292] in einem Zusammenhang, der darauf schließen läßt, daß es sich um die Bezugnahme auf ein bereits zurückliegendes Datum handelt.

§203

Der die Befragung durchführende Priester **Ṯꜣj-nfr** taucht in einem 40. Jahr unter Mencheperre als 4PA auf[293], in der Darstellung über der *Inscription historique* (I.21.d.), die sich auf eine Prozession in einem 2. Jahre beziehen dürfte[294], geht er als 3PA neben der Barke des Amun einher; Auch in der Champollion-Abschrift ist er unter dem Jahr 5 als 3PA genannt, während er in dem von Maspero kopierten unteren und auf einen späteren Zeitpunkt bezogenen Teil des Textes als 2PA die Befragung durchführt (Z.11 des jetzigen Textes); beides läßt sich heute nicht mehr überprüfen, wenn jedoch die Abschriften stimmen, müßte **Ṯꜣj-nfr** zwischen dem Jahre 5 und dem Jahre 8 noch einmal aufgestiegen sein[295]. Eine solche Abfolge seiner Karriere würde für Kitchens

---

290 Gardiner, in: JEA 48, 1962, 57; Champollion, Not. descr. II, 178f.
291 S.o. §150.
292 Gardiner, op.cit., 63.
293 S. Legrain, in: RecTrav. 22, 1900, 53.
294 S.o. §187.
295 Bestattet als 3PA! Niwinski, Coffins from Thebes, Nr.142; ders., Studies on the Illustrated Theban Funerary Papyri, OBO 86, 1989, S.264 ("*Cairo 33*").

Anordnung sprechen, der in den Jahren 2 – 5 von I.21.d.und den Jahren 5 – 8 von I.21.e. *eine* Abfolge (unter Siamon) sieht[296].

§204

Nur der Inhalt der letzten 27 Zeilen (von 1–27 gezählt) läßt sich noch halbwegs absehen. Es handelt sich um Fragen an Amun-Re oder die ganze Trias von Theben bezüglich einer göttlichen Garantie des Vermögens vor eventuellen Anfechtungen. Ob dies auch der Charakter der ersten 23 Zeilen war, ist schwer zu entscheiden. Über die Struktur des gesamten Textes lassen sich nach den vorhandenen Resten ein paar Aussagen treffen.

§205

Es muß im oberen, heute fast völlig verschwundenen Teil der Inschrift mindestens drei von einander unterschiedene Orakelvorgänge gegeben haben, den verschiedenen "*comptes rendus*" (Kruchten) der *Inscription historique* (I.21.d.) entsprechend. Der erste lag vor dem Beginn des Jahres 5, also am Morgen irgendeines Tages vor diesem Jahre während eines von Painedjem II. durchgeführten **pḥ-nṯr**[297]. Wenn die von Champollion kopierten Stücke aus Z.2-4 ebenfalls noch unter diesen Termin fallen, so ließe sich immerhin sagen, daß es in ihm bereits um eine **ꜣs.t-m-ꜣḫbjt** (entweder die Mutter oder aber die Tochter der Henut-tawi, also in Kitchens Zählung C oder E[298]) und um Henut-tawi (in Kitchens Zählung C[299]) geht; die Zeile 4 von Champollions Abschrift nennt "Würdenträger" (?? **srjw.w** ?), Gottesdiener, Gottesväter, **wꜥb**-Priester, Vorlesepriester und Schreiber, wohl als Anwesende oder auch als Zeugen irgendeiner Orakelentscheidung (das Vermögen von?) **ꜣs.t-m-ꜣḫbjt** und Henut-tawi betreffend. Es ist nicht auszuschließen, daß diesem ersten Orakelvorgang eine ähnliche Bedeutung zukommt wie dem ersten von I.21.d., auf dessen Entscheidung sich die späteren Vorgänge beziehen, s. das Folgende.

§206

Der zweite Vorgang lag am Neujahrstag des Jahres 5 und fand im Amuntempel statt (wie auch der erste? evt. auf dem "*Silberboden*"[300]). Durchgeführt wurde

[296] Kitchen, TlP, §389.
[297] S.o. §128.
[298] Kitchen, TIP, §52.
[299] Kitchen, TIP, §46f.
[300] S.o. §150.

die Befragung, wie vielleicht auch in allen folgenden Vorgängen, von **Ṯ3j-nfr**, Sohn des **Nsj-p3-ḥr-n-Mwt**. In dieser Befragung muß es, nach der Nennung der Namen von Henut-tawi und ihrer Mutter **3s.t-m-3ḫbjt** (C) zu einer Aufzählung der Vermögensteile über die Länge etwa einer Zeile gekommen sein, denn Champollion schreibt: "*grands dons faits par Hontho, file de Isé*", was sich auf die Mobilia und Immobilia beziehen könnte, die der Henut-tawi durch die Entscheidung des Amun gegeben wurden. Die Quelle dieser Güter könnte, entsprechend den erhaltenen Passagen im unteren Teil und auf den Fragmenten, ihre Mutter **3s.t-m-3ḫbjt** sein, von der Champollion schon in der zweiten Zeile notiert: "*souvent mentionée à propos de constructions* (sic) *et de dons d'argent*"[301].

§207

Ein dritter Vorgang begann in der von Champollion gezählten Zeile 8, am Ende eines 6. Jahres, also fast zwei Jahre später. Innerhalb dieses Vorganges könnten Reden aus früheren Vorgängen zitiert worden sein, z.B. aus dem ersten, von Painedjem II. geleiteten Vorgang, worauf die von Champollion kopierten Worte: **ḫr.f P3j-nḏm m3ᶜ-ḫrw p3j.tn-b3k**, "*so sprach Painedjem, euer Diener*", hinweisen könnten. Vielleicht ist das Fragment Gardiner A (= CFETK Nr.4) ebenfalls in dem Bereich der Zeilen Champollion 8–10 einzuordnen; es enthält in seiner ersten Zeile den Rest einer Zustimmungs- oder Ablehnungsformel des Gottes, z.B. **[wšd (r-)wr zp-2 jn-]⌜p3-⌝ nṯr-ᶜ3**, und danach den Beginn einer Frageeinleitungsformel: **ᶜḥᶜ.n-wḥm[.n.f-spr]** (o.ä.). In seiner zweiten Zeile aber finden sich Worte, die ebenfalls nach dem Zitat einer zurückliegenden Orakelfrage aussehen: [....] **p3j.k-b3k ḏd m-b3ḥ.k** [...], "*dein Diener X hat vor dir gesagt*".

Worum es in dem Vorgang des Jahres 6 ging, kann man nur raten. Man muß bedenken, daß zwischen dem Vorgang am Anfang des Jahres 5 und dem derzeitigen ein für die Beteiligten bedeutsames Ereignis eingetreten war: irgendwann im Jahre 5 muß Neschons, die Tochter des HPA Smendes, gestorben sein; ihr Begräbnis fand statt am 4. **šmw** 21 des Jahres 5[302]. Dies könnte für die Beteiligten die Vermögensverhältnisse verändert haben, denn Neschons dürfte

---

301 Freilich ist unklar, ob es **3s.t-m-3ḫbjt** C oder E ist, auf die Champollions Bemerkung sich bezieht; aus den erhaltenen Passagen ist wohl zu schließen, daß die in Verbindung mit Vermögen genannte Frau die Mutter der Henut-tawi ist.

302 Cerny, in: JEA 32, 1946, 25f.

die Trägerin des Vermögensanteils gewesen sein, den **ꜣs.t-m-ꜣḫbjt** (C), um deren Sachen es in der ganzen Inschrift vermutlich hauptsächlich geht, ihrem Sohne, dem HPA Smendes, Vater der Neschons, vermacht hatte. Die Zeilen 12–17 des jetzt noch einigermaßen überschaubaren Textteils handeln unter anderem von diesem, "*Anteil des Smendes*" genannten, Vermögensteil der **ꜣs.t-m-ꜣḫbjt** (C), der vielleicht nach dem Ableben der Smendes-Tochter auf die Linie ihrer Tante Henut-tawi (C) übertragen werden sollte gemäß dem Vorrecht, das die Geschwister eines Erblassers in Ägypten genossen[303].

§208

Vielleicht gehört auch das Fragment Gardiner B (=CFETK Nr.2/3) in den Bereich der Orakelvorgänge aus den Jahren 5 und 6, also etwa in den Raum der Zeilen 6–10 (nach Champollion); in Zeile 5 dieses Fragments findet sich die rätselhafte Bemerkung, daß Neschons "*gegangen*" sei, die Gardiner[304] unübersetzt gelassen hat:

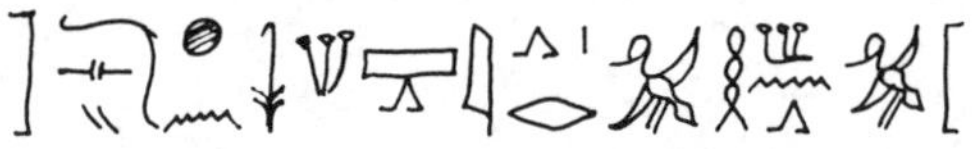

ḥn ist hier vielleicht in dem transitiven Sinne "*etwas betreten*"[305] gebraucht. Bei einer solchen Einordnung des Fragments kämen die Zeilen 2 und 3 des Fragments Gardiner B, welche eine Aufzählung der Felder im Hochland von XY enthielten, die "*man*" u.a. in der Hand der Henut-tawi und ihrer Tochter **ꜣs.t-m-ꜣḫbjt** "*festmachen*" (**smn**) solle, in den Bereich der Zeile 7 von Champollion mit dessen Bemerkung: "*grands dons faits par Hontho...*".

§209

Im unteren Teil der Inschrift sind nach Fragment Gardiner L, das Teile der Zeilen 24–27 des heutigen Textes enthält, zwei Orakelvorgänge absehbar. Einer im Jahre 8 und ein späterer zu einem unbekannten Zeitpunkt, in dessen Verlauf ein Rückbezug auf den Vorgang des Jahres 8 stattfand (Z.24 des heutigen Textes nach Fragment L); nur aus diesem Rückbezug kennt man das Datum des Jahres 8. Gemessen daran, daß dieser untere Teil 27 Zeilen umfaßt und in den von Champollion abgeschriebenen 10 Zeilen drei verschiedene Orakelvorgänge erkennbar sind, ist im unteren Textabschnitt mit mehr Orakelvorgängen ("*comptes rendus*") als nur zwei zu rechnen.

---

303 Mrsich, in: LÄ I, Sp.1250 und Anm.193, 205, 206, s.v. **Erbe*.
304 Gardiner, in: JEA 48, 1962, 63.
305 Wb.III, 103,20f.

§210

Bezüglich der Form des Textes ist zu beobachten, daß gegen Ende die direkten Reden Amuns bzw. der thebanischen Trias zunehmen, in der Art der "Orakeldekrete" eingeleitet mit **ḏd-Jmn-Rꜥ njswt-nṯr.w pꜣ-nṯr-ꜥꜣ-wr n-šꜣꜥ-ḫpr** (M/C). Nachzuweisen sind fünf solcher Reden in den Zeilen 20–27. Da der Name des Amun in dieser für die Eröffnung seiner Dekrete charakteristischen Form auch schon in Z.18/19 zweimal in völlig zerstörtem Zusammenhang vorkommt, können es noch mehr gewesen sein. Bemerkenswert ist, daß die dritte und vierte zählbare Rede (Z.25f. bzw. Z.26) unmittelbar aufeinanderfolgen ohne eine Zwischenfrage des "Vermittlers"; dies entspricht der Abfassungsweise der Dachla–Stele (I.22.a), wo nur noch die Reden des Gottes wiedergegeben sind. Ob auch die vierte und die fünfte Rede (die den Text beschlossen hat) direkt aufeinander gefolgt sind, ist wegen einer Lücke nicht zu entscheiden. Die letzten erhaltenen Worte unmittelbar vor dem Beginn der 5. Rede in Z.26 können sowohl vom Gott als auch vom Priester gesprochen worden sein: "*...laß sie ihnen geben*".

§211

Die Wendung **ḥtp ḥr-pꜣ-tꜣ n-ḥḏ n-pr-Jmn** (Z.24) gleicht der Infinitiv(?)–Formel in I.21.d., waager.Z.9[306]. Hier ist sie wohl eher mit Gardiner[307] als Attribut zu den vorher genannten Göttern aufzufassen, es sei denn, man faßt die Schreibung der 2.p.pl. in der vorhergehenden Zeile 23, wie in den O.A.D. belegt[308], als Schreibung der 1.p.pl. auf, also als Rede und nicht Anrede der Götter. Dann wäre **ḥtp ḥr-pꜣ-tꜣ n-ḥḏ** ... als infinitivischer Abschluß der Götterrede zu verstehen und man könnte das nach der Formel von Maspero noch gesehene

 als Rest von  deuten, das in I.21.d. dieser Formel folgt. Die Wendung gibt auf jeden Fall einen Anhaltspunkt für den Schauplatz des Orakels und vielleicht auch für die Rekonstruktion der Anfangszeilen des ganzen Textes[309].

---

306 Kruchten, Djéhoutymose, 30; 167; 215f.; 387.
307 Gardiner, in: JEA 48, 1962, 62.
308 S.u. §249.
309 S.o. §§150, 202.

§212

Für die Frage, in welchem Verhältnis die einzelnen Orakelvorgänge vom Jahre 5 *minus* x bis zum Jahre 8 *plus* x zueinander standen, muß man mit zwei Möglichkeiten rechnen:

- Da die letzten 27 Zeilen, also über 50% des Textes, deren Anfang und Ende größtenteils erhalten ist, überwiegend Garantien der Götter enthalten, gegen alle die vorzugehen, die Ansprüche auf das Vermögen geltend machen sollten, könnte man annehmen, daß dergleichen auch den Charakter der ersten 23 Zeilen bestimmte.
- Es könnte eine Zweiteilung des Textes vorliegen: ein erster Teil von maximal 2 bis 23 Zeilen Länge dokumentierte den Übergang der einzelnen Vermögensbestandteile auf Henut-tawi und ihre Tochter im Verlaufe mehrerer Orakelvorgänge. Ein zweiter Teil von mindestens 27 Zeilen Länge dokumentierte spätere Orakelvorgänge, während derer die Gültigkeit der vorangegangenen Vermögensbestimmungen versichert wurde für alle Zukunft, verbunden mit entsprechenden Warnungen.

§213

Für die erste Möglichkeit spricht, daß die Zeilen 1–27 des zweiten Teils nicht nur in allgemeiner Weise über dieses Vemögen und seinen Schutz reden, sondern recht eingehend die Vermögensteile aufzählen zusammen mit den Personengruppen, die sie bedrohen könnten. Daher sind diese Garantieerklärungen auch so vielfältig geworden. Könnte es nicht sein, daß *dies* genau die Form war, wie diese Vermögensteile übertragen wurden, und der verlorene erste Teil in der gleichen Weise noch mehr Bestandteile dieses Vermögens aufzählte?

§214

Die Fragen und Erklärungen des zweiten Teils handeln bald von der Gültigkeit einer Bestimmung, eingeleitet mit der Formulierung: jr-tꜣj-wḏ(.t) j.jrjw-A (M/C) n- + Gegenstand der Bestimmung (so Z.12 und wohl auch Z.3f.), bald von der Anwendung dieser Bestimmungen als Garantie gegen bestimmte Leute mit der Einleitungsformulierung: jr-X-nb ntj-... .

Folgende Vermögensbestandteile lassen sich aus ihnen erkennen:

I. ȝḥ.t-nmḥw.w und andere Felder; Z.4–13:

- ȝḥ.wt-nmḥw.w im "*Hochlandbezirk*" einer Stadt, die sich mit dem jwn-Pfeiler, schreibt[310], "*gekauft*" (jnj r-swn‹.t›) von Henut-tawi (Z.12f.),
- nȝ-ȝḥ.wt-nmḥw.w[311] m-sjp.t (Gardiner[312]: "*in inspection*") (Z.4f.),
- ȝḥ.wt-nmḥw.w, die in irgendeiner Beziehung zu einem Manne namens Ḥrw-m-ȝḫ.t (mȝᶜ-ḫrw) stehen[313] (Z.6f.),
- ein Landstück(?), von dem es Z.10 in zerstörtem Kontext heißt:

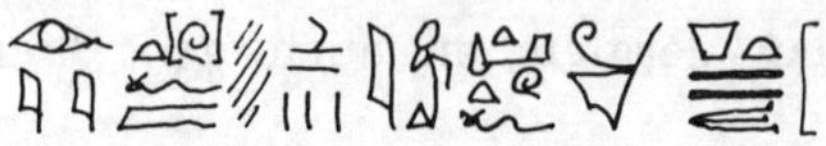

II. Der sogenannte "*Anteil des Smendes*" (tȝj-dnj‹.t› n-Nsj-bȝ-nb-Ḏd‹.t› (mȝᶜ-ḫrw); Z.13–16...:

Bestehend aus Mobilia (u.a. Kleider) und Immobilia (Felder, ein Haus, ein Weingarten); Erbe des Smendes von seiner Mutter ȝs.t-m-ȝḫbjt (C) und vermutlich von Neschons gehalten.

III. Häuser/Güter (pr.w), die ȝs.t-m-ȝḫbjt (C) für ihre Tochter Henut-tawi "*gekauft*" (swn) hat; Z.24ff.

§215

Für die zweite Möglichkeit der Konzeption des Gesamttextes, nach der es sich bei den Orakelvorgängen des zweiten Teils um die Wiederholung und Bestärkung früherer Bestimmungen handeln könnte, gibt es innerhalb dieser Schutzerklärungen einige Anhaltspunkte.

1. Formulierungen, mit denen über eine Verordnung (wḏ.t) gesprochen wird, die Amun bezüglich z.B. der nmḥw-Felder gemacht hat (Z.12f.), lassen darauf schließen, daß diese Verordnung schon vorher einmal ausgesprochen worden

310 S. Gardiner, in: JEA 48, 1962, 60, Anm.14.

311 nmḥw.w von Maspero nicht erkannt, jedoch nach Abschrift des CFETK sicher.

312 Gardiner, in: JEA 48, 1962, 60, mit Fragezeichen.

313 Nach Abschrift des CFETK:

Dies läßt folgende Ergänzung zu: [nȝ-ȝ]ḥ.wt-⌜nmḥw.w⌝ n[tj.....-]Ḥrw-m-ȝḫ.t [ᶜr]ᶜr-pȝ[j.w-šmw] o.ä.; zu ᶜrᶜr in Bezug auf das Ausführen von Abgaben u.ä. s. Wb.I, 209,15ff.; Belohnungsinschrift des HPA Amenophis, Lefebvre, Inscr., Nr.42, Z.10.

sein muß; das Fragment Gardiner B, das im oberen Teil der Inschrift anzusiedeln ist, enthält in seiner zweiten Zeile eine Felderqualifizierung, die genau derjenigen von Z.13 (nach der jetzigen Zählung) entspricht. In seiner dritten Zeile folgt eine Übergabeformel (**smn**) zugunsten von Henut-tawi und vermutlich **ꜣs.t-m-ꜣḫbjt** (E), bezogen auf Felder. Auch das Fragment Nr.9 (CFETK-Zählung) könnte hierher gehören.

Auch die Stèle d'Apanage (II.22.a.), deren Text wohl das Resultat einer Orakelbefragung ist, trennt von der eigentlichen Bestimmung über den Transfer des Vermögens (**jw.j-<r->smn.w n-...**), welches in aller Ausführlichkeit aufgeschlüsselt wird, die Formeln, mit denen die Gültigkeit dieser Bestimmung für alle Zeiten gesichert werden soll und in denen über "*dieses Dekret*" (**wḏ.t-tn**) gesprochen wird.

2. Eine Frage an den Gott innerhalb des Abschnitts, der sich mit dem "*Anteil des Smendes*" befaßt, lautet:

[........tꜣj-dnj.t n-Nsj-]bꜣ-nb-Ḏd<.t> mꜣꜥ-ḫrw j.[hꜣj.t]-r.f n-jḫ.t n-ꜣs.t-m-ꜣḫbjt tꜣj.f-mw.t n-Ḥnw.t-tꜣ.wj jw.k[-djt.f] n-ꜣs.t-m-ꜣḫbjt tꜣj-šrj.t ⸢n-⸣Nsj-bꜣ-nb-Ḏd<.t> mꜣꜥ-ḫrw jw.k-tm-djt-ḫpr[-jwꜥ (?)] n-[rmṯ(?)]-nb [n]tj-[314][........] (Z.14f.).

Gardiner[315] übersetzt dies:

"[*Give this share of Nesp*]*nebded (justified) which* [*fell*] *to him of the property of Isimkheb his mother to Neskhons* (sic, irrtümlich für Henut-tawi), *thou shalt give it to Isimkheb this daughter of Nespnebded (justified), thou shalt not cause to increase* ?....".

Eine Verbform von "*geben*" als Beginn des Satzes liegt wegen des Dativs **n-Ḥnw.t-tꜣ.wj** nahe. Jedoch handelt es sich aufgrund der Negativ-Form für die Folge **jw.k-djt....** / **jw.k-tm-djt....** nicht um ein Futurum III, dessen Negativum **bn-jw.f-(r-)sḏm** lauten sollte, sondern um das auf die Vergangenheit bezogene **jw.f-(ḥr-)sḏm**, verneint **jw.f-(ḥr-)tm-sḏm**[316].

Es könnte also eine Frage des Priesters an Amun vorliegen, die um eine Bestätigung älterer Entscheidungen und Bestimmungen des Gottes nachsucht, wie sie auch in der Orakelinschrift des Thutmose (I.21.d.) anzutreffen ist. Die Bestimmungen über den "*Anteil des Smendes*" könnten schon in Z.8f. (nach

---

314 Versuchsweise ergänzt als:

nach den vom CFETK gesehenen Resten.

315 Gardiner, in: JEA 48, 1962, 60f.

316 Cerny-Groll, LEG, §38 und 39.

Champollion) angesiedelt sein[317]. Ausführlicher über Neschons (und diesen "*Anteil des Smendes*"?) dürften auch die beiden im Fragment Nr.7 (CFETK-Zählung) existierenden Zeilen gehandelt haben, die von der "*Mutter der Neschons*" (also der **T3-ḥn.t-Ḏḥwtj**, der anderen Frau des HPA Smendes) sprechen und von "*diesen vier Frauen, die ge*[*geben*(?) *haben*...]" (**t3j** (sic)-4-**rmṯ j.**[...]).

3. Die Bestimmungen über die Häuser/Güter der **3s.t-m-3ḫbjt** (C) (Z.24ff.), die sich gegen mögliche Ansprüche der Nachkommen derer richten, die an **3s.t-m-3ḫbjt** "*verkauft*" haben, können ebenfalls auf eine in der Substanz schon vorher dokumentierte Transaktions-Verordnung bezogen sein im Sinne von deren Verstärkung. Man kann auf der Stèle d'Apanage (II.22.a.) erkennen, wie genau die einzelnen Vorbesitzer, Größe und Beschaffenheit ihres Objekts und der ihnen gegebene Gegenwert (in Silber) aufgeführt werden, wohl um solche Ansprüche im Namen des Gottes auszuschalten. Es ist kaum vorstellbar, daß die umfangreichen Transaktionen, die die Inschrift einmal dokumentiert hat, mit solch knappen Formulierungen, wie sie sich in Z.24ff. finden, abgetan waren, wo auch viel kürzere Texte über Immobilienverkäufe es nicht versäumen, Größe des Objekts und Kaufpreis festzuhalten[318]. Dasselbe gilt natürlich auch für die **nmḥw**-Felder, von denen in der Inschrift nur summarische Erwähnungen erhalten sind. Hier ist die Bemerkung von Champollion interessant, der Name der **3s.t-m-3ḫbjt** sei häufig in der Inschrift verbunden mit "*Bauten*" ("*constructions*") und "(*Silber-*)*Geldgeschenken*" ("*dons d'argent*")[319].

§216

Dies könnte darauf hinweisen, daß im oberen Teil der Inschrift einmal umfangreiche Aufzählungen von Häusern zu sehen waren, die der **3s.t-m-3ḫbjt** "*verkauft*" wurden, und ihrem Kaufpreis in Silber, den sie dafür gegeben hatte, verbunden mit einer Transaktionsverordnung von Amun zugunsten von Henut-tawi und ihrer Tochter, ähnlich der auf der Stèle d'Apanage (II.22.a.). Dann wäre das **jw.j-<r->smn-n3-pr.w...** in Z.25 nur die ihre ewige Gültigkeit unterstreichende Wiederholung einer vorher schon gegebenen Bestimmung. Da die zweite Zeile von Fragment Gardiner L (CFETK Nr.1) in die große Lücke von Z.24 hineingehören dürfte[320], muß im Zusammenhang mit diesen Häusern auch

---

317 S.o. §207.
318 Vgl. z.B. Legrain, in: ASAE 7, 1907, 226f.; Munier, in: Fs.Champollion, 361ff.
319 S.o. §206.
320 Gardiner, in: JEA 48, 1962, 63.

der Rückverweis auf das Jahr 8, 4. **ꜣḫ.t** x gestanden haben (als Datum des Orakelvorgangs, der sich mit diesen Häusern beschäftigte?)[321].

§217

Wenn der Orakeltext vom 10. Pylon gemäß der oben[322] genannten zweiten Möglichkeit in seinem zweiten Teil aus Orakelvorgängen bestanden haben sollte, die keine inhaltlich neue Entscheidungssubstanz mehr enthielten, sondern die Wirksamkeit der vorher gegebenen Orakelentscheidungen noch einmal versicherten, dann stellt die letzte Rede des Amun (Z.26f.) auch die letzte Konsequenz dieser methodischen Gültigkeitsversicherungen dar: sie richtet sich nicht gegen Leute, die das Vermögen anfechten könnten, sondern gegen den Schreiber des **pr-dwꜣ.t-nṯr n-Jmn**, der das Dekret (**wḏ.t**), mit dem diese Gefahr unwirksam gemacht werden soll, selbst unwirksam macht, indem er es vor den Nachkommen der Henut-tawi vebirgt oder Schriftzeichen tilgt[323].

§218

Für den Orakeltext bezüglich des Vermögens der Matkare (B)[324] gibt es, obgleich seine letzten sieben Zeilen recht gut erhalten sind, noch weniger Anhaltspunkte für das Aussehen und die Konzeption des gesamten Textes, der nach einer Schätzung von Mariette eine dreifache Länge, also etwa 25 waagerechte Zeilen gehabt haben dürfte[325]. Nur die beiden letzten Fragen eines nicht genannten Vermittlers sind noch erhalten. Wie auch im Orakeltext vom 10. Pylon stimmen die Götter - wie dort die Trias von Theben - nicht nur den Fragen zu, sondern antworten mit langen Reden, die viele Elemente der

---

321 Dies basiert freilich auf der nicht mit Sicherheit beweisbaren Annahme, daß es nicht das Jahr 8 eines früheren Königs ist! - Es ist bedauerlich daß man den Inhalt der ersten Zeile des Fragments nicht versteht: "*...rechts und links vom großen Gott im* (?) *Jahr 8...*". Ist dies vielleicht ein Hinweis auf eine Technik bei der Vorlage von Schriftstücken vor den Gott? Oder sollte man an O.A.D. (II.21/22.a.) L.1 rto., 1ff., denken, wo von den beiden Nebengöttern des Chons die Rede ist, den "*beiden großen, lebenden Pavianen, die rechts und links von Chons-in-Theben-Neferhotep ruhen und die es sind, die das Buch des Todes und des Lebens herausgehen lassen*" ?

322 S.o. §212.

323 Nach Fragment L muß auch die vorletzte Rede des Gottes schon etwas mit dem **pr-dwꜣ.t-nṯr** zu tun gehabt haben; ein Ausschnitt aus ihr in seiner vorletzten Zeile zeigt vielleicht den letzten Rest von **wḏ**, "*Dekret*", nennt die Institution und sagt, daß man etwas tun solle (**mtw.tw-ḥ[...]**). Geht es um Aufbewahrung des Dekrets im **pr-dwꜣ.t-nṯr** ?

324 I.21.f.; zur Person der Maatkare s. Kitchen, TIP, §49.

325 Mariette, Karnak, 63.

Frage wörtlich wieder aufnehmen und nur in die erste Person transponieren. Ebensowenig wie beim Text I.21.e. muß das bei I.21.f. den Charakter der ganzen Inschrift bestimmt haben; vielmehr mag dies ein Mittel gewesen sein, die Garantien für die Gültigkeit der Bestimmungen bis in alle Ewigkeit und die damit verbundenen Drohungen noch nachdrücklicher zu gestalten. Die starke Ähnlichkeit zwischen den Fragen und den Götterreden legt die Vermutung nahe, daß man das Zeichen der göttlichen Zustimmung zu einer Anfrage bei der Abfassung der Orakelprotokolle umgesetzt hat in eine direkte Rede der Gottheit.

§219

Bei der Analyse des Textes geht man am besten vom zwar nicht erhaltenen, aber leicht ergänzbaren Ende des Textes[326] aus, um angesichts der vielen Wiederholungen und der gelegentlichen Verwechslungen in der Schreibung der 1. und 2. p.pl. korrekt zwischen Frage und Antwort zu unterscheiden.
Der Text endet mit einer in Z.x+6 beginnenden Rede der Trias von Theben. Diese stellt wiederum die Reaktion auf eine in Z.x+4 beginnende Anfrage dar, die im wesentlichen dieselben Worte und Wendungen enthält wie die Antwort; von der Einleitungsformel für die Frage ist 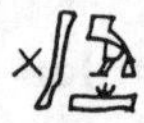 erhalten, sie wird von Gardiner gegen Masperos **wḥm[-ḏd-Jmn-Rꜥ...]** mit Recht zu **wḥm[-ḏd.f n-Jmn-Rꜥ...]** ergänzt[327], denn andernfalls erhielte man zwei fast gleichlautende Götterreden. Eine solche etwas ungewöhnliche Einleitungsformel für eine Orakelfrage findet sich auch im Text I.22.c.[328]. In Z.x+2 beginnt die erste erhaltene Götterrede, deren Anfang wohl besser mit Cerny[329] zu ergänzen ist als: **[jw.n-(r-)djt m-ḥr n-]njswt-nb** u.s.w., als mit Gardiners "*as for*" (**jr-**). Diese Formel findet sich auch in I.21.e. in Z.25 des heute erhaltenen Textes in der Frage **jw.tn-<r->djt m-ḥr n-rwḏw** [...]. Auf diese Weise erklären sich dann die beiden Infinitive

r-smn (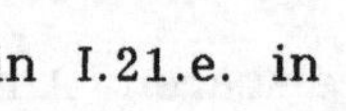) als Inhalt des "*Auftrags*" der Götter an die künftigen Machthaber (Z.x+3 und x+4), während Gardiner das erste **r-smn** von **ntj-**

[326] Eine Ergänzung nach dem Prinzip von Gardiner, aber mit einigen zusätzlichen Worten füllt die Lücke recht gut aus: **jw.w⸢-m⸣(=n)-[bꜣ.w-ꜥꜣ.w dns.w Jmn-Rꜥ-njswt-nṯr.w pꜣ-nṯr-ꜥꜣ Mwt Ḫ]n[sw] ⸢nꜣ⸣-⸢nṯr.w-⸣⸢ꜥꜣ.w⸣**; vgl. Gardiner, in: JEA 48, 1962, 67, Anm.12.
[327] Gardiner, in: JEA 48, 1962, 65.
[328] S.o. §164.
[329] Cerny, in: BIFAO 41, 1942, 127.

jw.w-<r->jrt-sḫr.w abhängig machen muß und da zweite ganz in der Luft hängt[330].

Die Reste von Z.x+1 und die erste Hälfte von Z.x+2 gehören zu einer Anfrage des Priesters, deren Anfang sich in etwa aus der folgenden Götterrede ergänzen läßt[331].

§220

Zwei bis drei Kategorien von Vermögen sind – zwar nicht sachlich, aber nach der angewandten Terminologie – unterscheidbar:

- **nkt-nb.t** (sic) (**n-wnḏww-nb**) **j.jnj-Mꜣꜥ.t-kꜣ-Rꜥ** (...) **m-znnt**[332] **m-ꜥ-rsj m-dj-nꜣ-rmṯ.w n-pꜣ-tꜣ** (Z.x+1, x+3f., x+5, x+7),
- (**ḥnꜥ-**) **pꜣ-**)**nkt-nb.t** (sic) **n-wnḏww-nb j.djt-n.s** (**nꜣ-**)**rmṯ.w n-pꜣ-tꜣ j.ṯꜣj.s m-šrj.t n-jḥ.t.w** (Z.x+1f., x+4, x+5f., x+7),
- **nkt-nb.t n-(?)nm[ḥ]w.w**,  (Z.x+2).

Es wird differenziert zwischen den Dingen, die Maatkare gegen ein Äquivalent erworben hat und den Dingen, die ihr die Leute – offenbar ohne Äquivalent – "*gegeben*" haben und die sie von deren Sachen "*genommen*" hat, als sie noch ein Kind war[333]. Allerdings ist nicht mit einer allgemeingültigen und festen juristischen Terminologie zu rechnen: Dies zeigt der Text I.21.e., Z.24f., wo es von den Häusern, die **ꜣs.t-m-ꜣḫbjt** "*gekauft*" (**swn**) hat, auch heißt, diese hätten ihr die Leute "*gegeben*"[334].

§221

Die erste der beiden erhaltenen Befragungsphasen, also jeweils Frage und Antwort, bezieht sich darauf, daß die Götter das in Rede stehende Vermögen für die Nachkommen der Maatkare sichern und vor allem die künftigen Machthaber zur Sicherung dieses Vermögens veranlassen sollen.

---

330 Gardiner, in: JEA 48, 1962, 66.

331 Schenke, Orakel, Textübersetzung Nr.39, faßt, sicher zu Unrecht, den gesamten Text als Götterrede auf, weshalb er ihn "*Götterdekret*" nennt.

332 Zu **m-znnt** und seinem Verhältnis zu **swn.t** s. Cerny, in: BIFAO 41, 1942, 126ff.

333 So mit Gardiner gegen Cernys Auffassung als "*petite contribution*", BIFAO 41, 1942, 127.

334 Zur Terminologie des Tauschhandels s. Römer, in: SAK 19, 1992, 265ff.

Die zweite Befragungsphase bezieht sich auf die Tötung[335] und Verfolgung von Leuten, die ungerechtfertigte Ansprüche auf das Vermögen erheben könnten, durch die Götter. Die beiden Orakelfragen lassen also wieder das Prinzip erkennen, eine Sache gleich mehrfach durch Orakel abzusichern: neben der Beauftragung der künftigen Machthaber zur Sicherung des Vermögens gibt es die Zusage der Götter, das Vermögen auch selbst noch zu sichern; daher auch ihr Versprechen, die zu bestrafen, die sich dennoch vergreifen sollten. Die eine Garantie soll die andere verstärken, was allerdings statt dessen die Wirksamkeit *beider* Garantien relativiert.

§222

Das mit **nkt-nb.t n-wnḏww-nb** bezeichnete Vermögen der Maatkare muß nicht unbedingt das gewesen sein, was auch den Inhalt der vorangegangenen, heute verlorenen 16 bis 17 Zeilen eines Orakeltextes an einem so prominenten Platz bestimmte. Neben den mit **nkt** bezeichneten, wahrscheinlich v.a. mobilen Objekten[336] ist zu erwarten, daß es auch um die Absicherung erheblicher immobiler Vermögensteile wie Felder und Häuser gegangen ist, die gewöhnlich neben mobilem Eigentum aufgeführt werden; so geschieht es in der Stèle d'Apanage oder auch bei den Bestandteilen des "*Anteils des Smendes*" in der Orakelinschrift vom 10. Pylon. Daß die sicherlich hohen Würden der Maatkare nicht genannt werden, liegt wohl daran, daß nur das Ende des Textes erhalten blieb; immerhin ist bekannt, daß sie Gottesdiener der Hathor von Dendera war[337]. Die inhaltlichen und formalen Ähnlichkeiten mit dem Orakeltext vom 10. Pylon und vor allem die diesem Text korrespondierende Plazierung könnte auf eine besondere Beziehung zwischen den beiden Inschriften hindeuten. Maatkare (B) als Tochter des Königs Psusennes II. mit dem Titel einer Gottesmutter des Horus **smꜣ-tꜣ.wj**[338] und Gemahlin Osorkons I. hatte eine Schlüsselstellung inne wie **ꜣs.t-m-ꜣḫbjt** (C), Tochter Psusennes' I., "*Gottesmutter des*

---

335 Gardiner, in: JEA 48, 1962, 66 und Anm.10, faßt das **ḫdb-rmṯ-nb** ... in Z.x+5 als Imperativ auf, was grammatisch unanfechbar ist. Wenn Cerny, in: BIFAO 41, 1942, 126f., diese Anfrage an die Götter aufgrund der parallelen Antwort zu **[jw.tn-(r-)]ḫdb** emendiert, so hat dies dennoch seine Berechtigung: Die Verwendung eines brüsken Imperativs bei Orakelfragen des Vermittlers ("*kill any people...*") ist unüblich.

336 Zu **nkt** für mobiles Gut s. pBologna 1094, 1,5 (Gardiner, LEM, 1); pLeiden J348 vso..9,2 (Gardiner, LEM, 135); Caminos, LEM, 203f.

337 Gauthier, LR III, 300 B.

338 Gauthier, LR III, 300 B.

Chons **pꜣ-ḫrd**"[339] und Gemahlin des HPA Mencheperre. Vielleicht haben sich die beiden Inschriften einmal zu zwei Transaktionen derselben Güter ergänzt.

§223

Daß die Inschrift über das Vermögen der Maatkare noch aus der 21. Dynastie stammt, ist mangels Datums und weiterer Namen nicht zu beweisen; nicht auszuschließen ist die Möglichkeit, daß sie erst zu Beginn der 22. Dynastie entstand; die Nachkommen der Maatkare, denen die Bestimmungen zugute kommen sollten, waren wohl Angehörige dieser Dynastie.

6. Das Prinzip der Orakelbefragung

§224

Die von einem offiziellen "Vermittler" durchgeführte Befragung eines Gottes offenbart am meisten über die Natur des Orakelwesens, zumal der Vermitter oft die Rede des Gottes schon vorformuliert. Wenn auch die Orakelentscheidung gerne als **wḏ** oder **wḏ.t** bezeichnet wird, verrät doch das Vorgehen des Befragers deren Unterschied zu einem *königlichen* Befehl.
Die drei Texte, die den Aufbau einer solchen Befragung noch erkennen lassen, I.20.c., I.21.b und I.21.d., zeigen, daß das ganze Verfahren oft um ein Vielfaches so lang war, wie es die Substanz der anstehenden Entscheidung eigentlich erfordert hätte. Das Verfahren hatte aus drei hauptsächlichen Phasen zu bestehen:

1. Die Hinführung des Gottes auf den Gegenstand der Entscheidung in der Weise, daß man von diesem ein Zeichen seiner Bereitschaft erhalten mußte, sich auf den Befrager und den Gegenstand der anstehenden Entscheidung einzulassen. Diese Phase ist besonders deutlich in den Texten I.20.c. und I.21.b. dokumentiert[340].

2. Die Entscheidung selbst. Sie kann stattfinden in Form des "*Nehmens*" alternativ formulierter Schriftstücke durch den Gott. Belege dafür sind die Orakelprotokolle I.21.d. (senkr.Z.15ff.), I.22.f. (2,5ff. und 3,8ff. bzw. IV.2.22.a.), und die alternativen Orakelfragen V.21.f.

---

339 Montet, Tanis II, 101, Fig.42.
340 S.o. §§182ff.

3. Die Absicherung dieser Entscheidung. Diese Phase nahm in den Orakelprotokollen oft den größten Raum ein, so im Verbannungsorakel (I.21.b.) die Fragen 2–6[341]. In der Inschrift über das Orakel des Thutmose (I.21.d.) ist mit dem in den senkrechten Zeilen 15–25 (Kruchten Text A) dokumentierten Vorgang die Entscheidung in ihrer Substanz im wesentlichen erfaßt: daß es *keine* Einwände gegen die Amtsführung des Thutmose gibt. Der Rest der Inschrift, vor allem die letzten waagerechten Zeilen, dokumentieren die *Absicherung* dieser Entscheidung. Auch die 27 erhaltenen Zeilen im unteren Teil der Inschrift vom 10. Pylon (I.21.e.) und die 8 erhaltenen Zeilen der Inschrift vom 7. Pylon (I.21.f.) dürften nach den vorangegangenen Überlegungen dieser Absicherungsphase angehören[342].

§225

Auch die zweite Phase, in der es um die Entscheidungsinhalte ging, konnte mit methodischen Prämissen verbunden werden. Im Verbannungsorakel[343] ist dies der Hymnus, der die Macht und Gnade des Orakelgottes herausstreicht, im Orakeltext des Thutmose der seltsame Zusatz zur Entscheidungsfrage:

(**jw.k-<r->wḏ^{c}-nȝ-[mdȝ.t]**)  (senkr.Z.19).

Zu dieser im entscheidenden Punkt (**sn.nw** oder **ḥmt.nw** ?) heute zerstörten Modifikation der erwünschten Orakelentscheidung s. Posener[344], anders dagegen Kruchten[345].

§226

Die dritte Phase der Orakelbefragung, Absicherung der Entscheidung, ersucht den Gott hauptsächlich nach der Bestätigung, daß er diese Entscheidung wirklich so verbindlich meint, wie er sie ausgesprochen hat. In tautologischer Weise vervielfacht sie deren Aussage: Fragen, ob seine Entscheidung auch in jedem Detail gilt (I.21.b., Frage (2)[346]), ob sie auch allgemein und außerhalb des aktuellen Falles gilt (I.21.b., Fragen (3) und (5), I.21.d., waager.Z.17f.). Bei Orakelprotokollen, die sich über mehrere Jahre erstrecken, findet sich ferner die Frage an den Gott, ob er noch immer zu seiner alten Entscheidung

[341] S.o. §184.
[342] S.o. §§212ff.
[343] I.21.b.
[344] Posener, in: ZÄS 90, 1963, 100f. und Anm.1ff. auf S.101.
[345] Kruchten, Djéhoutymose, 55 und 87f.
[346] S.o. §184.

steht[347]. Hierzu korrespondiert die umgekehrte Frage, ob er auch in Zukunft zu seinen Entscheidungen und Bestimmungen stehen werde, dergestalt, daß er

(a) sie für alle Zeiten schützen werde: I.21.d./e./f./g., I.22.c./d.; vgl. hierzu auch die Götterreden als Antwort auf solche im Text nicht dokumentierten Fragen: I.22.b., II.22.a.; vgl. auch die Schutzerklärung Amuns IV.2.18.a.;

(b) keine gegenteiligen Orakelentscheidungen diesbezüglich treffen werde: I.21.b., Frage (6)[348], I.21.d., achter Orakelvorgang.

§227

Formell gleichen diese letzteren Orakelfragen bzw. Götterreden oft Strafbestimmungen von königlichen Dekreten wie z.B. dem Nauri-Dekret:

- Definition der Straftat, eingeleitet mit **jr-pꜣ-ntj-nb**, **jr-NN1-nb NN2-nb ntj-** + Futurum III,
- Festlegung der Bestrafung, im Nauri-Dekret eingeleitet mit **jrj.tw-hp-r.f m** + Infinitiv der Strafe[349], in den Orakeltexten häufig wieder Futurum III mit den Göttern als Subjekt.

Jedoch tritt – besonders deutlich zu sehen an der Fluchformel der Stèle d'Apanage (II.22.a.) – an die Stelle der genauen Festlegung der Strafe für eine Untat die möglichst abschreckend abgefaßte *Ausmalung* des Unglücks, welches den möglichen Übeltäter treffen könnte[350].

§228

Die Fragen, ob der Gott noch zu seiner früheren Entscheidung stehe, ob er sie auch in ferner Zukunft verbindlich vor Übertretung schützen werde, v.a. aber, ob er keine anderslautenden Orakelentscheidungen treffen werde, machen deutlich, daß sie nicht zuletzt gegen den Orakelgott selbst gerichtet sind, mit der Absicht, ihn möglichst verbindlich auf die einmal getroffene Entscheidung festzulegen.

Entgegen dem Verdacht betrügerischer Inszenierung, der gegenüber dem ägyptischen Orakelwesen geäußert worden ist[351], unterstellt die seltsam umständliche Systematik der Befragung eher eine Unsicherheit hinsichtlich der zu erwartenden Antworten des Gottes. Der Formalismus, dem der göttliche Wille im

---

[347] I.21.d., 5., 6. und 8. Orakelvorgang, s.o. §§194ff.; I.21.e., Z.14f., s.o. §215.
[348] S.o. §184.
[349] Zu dieser Formel s. Kruchten, Le décret d'Horemheb, 46f. und Anm.130.
[350] Zur Art der von den Göttern verhängten Strafen s.u. §§405ff.
[351] S.o. §111.

ägyptischen Orakelwesen unterworfen wird, liegt weniger in der technischen Durchführung als im Charakter der gestellten Fragen. Denn durch sie wird der Wille auch des mächtigsten und höchsten Gottes auf Ablehnung oder Zustimmung zu einem Anliegen oder auf die Auswahl zweier alternativ formulierter "Götterreden" festgelegt, deren Inhalt ganz und gar in den Bereich partikularer und augenblicksgebundener Interessen fällt; sinnfällig wird dies daran, daß das als "*sehr großer Gott des Uranfangs*" titulierte Wesen Dinge als seinen Willen ausspricht, die vom religiösen Standpunkt aus Banalitäten darstellen. Es gibt in der Sphäre des Orakelwesens und den in ihm zur Sprache kommenden Anliegen kein erkennbares Kriterium am göttlichen Willen selbst, welches Anliegen - z.B. aus ethischen oder moralischen Gründen - vor diesem höheren Willen Gnade finden kann und welches nicht. Daß man sich den göttlichen Willen in zwei Alternativen vorzustellen vermochte, zeigt die Beliebigkeit dessen, was man seinem höchsten Richter alles zutraute. Hätte man dagegen den göttlichen Willen als eine höhere moralische Instanz auf die Anliegen beziehen können, diese also unter *moralischen* Gesichtspunkten beurteilt, so wäre das ganze Orakelwesen überflüssig und auch unmöglich gewesen. Es ist jedoch so, daß diese Anliegen sich schon von ihrer Natur her gar nicht zu einer solchen moralischen Beurteilung eignen (z.B. *ob* der Gütervorsteher des Amuntempels Thutmose irgendwelche Frevel begangen habe oder nicht). *Dennoch* werden sie im Orakel zum Inhalt einer höheren, göttlichen Willensäußerung erhoben. Die Instanz des "göttlichen Willens" ist hier ganz formell und in sich unbestimmt aufgefaßt. Umgekehrt: das jeweilige partikulare Interesse, welches durch das Orakel eine für alle anderen verbindliche Allgemeingültigkeit erlangt hat (z.B. das Verlangen des Thutmose, in seinem Amt bleiben zu dürfen), hängt ganz von dem öffentlich bezeugten Ereignis ab, *daß* der Gott dies einmal sichtbar als *seinen* Willen ausgesprochen hat. Es ist jedoch an diesem Willen Gottes, eben weil er in sich unbestimmt ist und sich nur durch die *ad hoc* gegebenen Orakelantworten definiert, keinerlei Sicherheit zu finden, daß er nicht genausogut auch - vielleicht bei einer späteren Gelegenheit - das gegenteilige Anliegen billigen könnte. Daher die Versuche, im Orakel den Gott auf die einmal gefällte Entscheidung festzulegen, indem der Gott selbst jene Möglichkeit ausschließen soll und beteuert, daß er nichts Gegenteiliges wolle. Ganz anders ein königliches Dekret, welches die Willensäußerung nicht eines ideellen Wesens, sondern einer realen und mit entsprechenden Machtmitteln ausgestatteten Person ist, die weiß, was sie will und sich daher dergleichen seltsame Beteuerungen sparen kann.

§229

Das Orakelwesen hat seine Verbindlichkeit daher wohl nur in einer Sphäre erhalten können, wo – aus welchen Gründen auch immer – eine gewisse freiwillige Bereitschaft herrschte, sich dem einmal gegebenen Spruch zu unterwerfen. Dies zeigt sich in umgekehrter Weise in der Orakelinschrift des Thutmose (I.21.d.), wo eine erneute Bestätigung der drei Jahre alten Orakelentscheidung notwendig wurde, nur weil zwei Leute mit dem Ausspruch des Gottes nicht zufrieden waren und eventuell selbst vor den Gott treten konnten. Auch die vorher schon notwendig gewordenen Wiederholungen der ursprünglichen Entscheidung können ihren Grund in einem Mangel an freiwilliger Übereinstimmung aller gehabt haben. Als Herrschaftsinstrument dürfte das Orakelwesen daher eher schlecht getaugt haben. Es beruhte nicht auf äußeren Machtmitteln, sondern auf Gottesfurcht; dieser galt zwar das Manipulieren von Orakelentscheidungen als Verbrechen[352], nicht aber der Versuch, den Orakelgott zur Revision seiner eigenen früheren Entscheidungen zu veranlassen. Die Gültigkeit einer Entscheidung war daher davon abhängig, daß keiner der Betroffenen dies vorhatte[353].

§230

Das widersprüchliche Verfahren, der Unberechenbarkeit des Orakelgottes abhelfen zu wollen durch weitere Aussprüche desselben zur ersten Entscheidung, erinnert an einen Brauch innerhalb der Gottesgerichtsverhandlungen von Deir el-Medineh, wo gelegentlich der Beklagte und Überführte zu einer Erklärung gebracht werden mußte, daß er nichts gegen das Urteil unternehmen werde[354]. In der Gemeinde von Deir el-Medineh, wo auch ohne die Präsenz äußerer Gewalt die Einwohner und ihre Honoratioren über die Einhaltung der Vorschriften wachten, war eine Selbstverpflichtung des Verurteilten vor Zeugen geeignet zur Absicherung des Urteils. Dergleichen findet sich nicht, wenn sich dieselben Leute vor einer hohen Kommission wegen Grabräubereien zu verantworten hatten, oder bei den Prozessen zur Harimsverschwörung[355]. Auch die

[352] Vgl. Orakeltext IV.3.20.a.

[353] Daß das Orakelwesen auch ein Mittel der Intrige sein konnte, ist sehr wahrscheinlich. Als ein gefügiges und total manipuliertes Instrument der Herrschenden wäre es aber dafür relativ ungeeignet gewesen. Ein Mittel der Intrige war es umgekehrt durch seine Unberechenbarkeit und auf der Grundlage, daß in der thebanischen Priesterschaft der 21. Dynastie vermutlich die "Machtfrage" nicht eindeutig entschieden war.

[354] Allam, Verfahrensrecht, 95f.; Lurje, Studien zum altägyptischen Recht, 124f.; s.u. §321.

[355] S.u. §320.

Verwendung von Orakelverfahren scheint in dieser Sphäre nicht üblich gewesen zu sein.
Innerhalb der Priesterschaft von Karnak versuchte man mit der Frage, ob der Gott gegenteilige Anträge in aller Zukunft nicht beachten werde, die Verbindlichkeit einer Entscheidung für alle Beteiligten herbeizuführen. Denn es gab für diese Priesterschaft damals vermutlich keine Instanz, die die Macht hatte, Beschlüsse zu treffen und auch gegen den Willen der Beteiligten durchzusetzen.

7. Die Antwort des Gottes und ihre Phraseologie

a. *Die Kategorisierung der Orakelprotokolle nach den Reaktionen des Orakelgottes*

§231

In der Schilderung der *göttlichen Reaktion* auf die Orakelanfrage gibt es keine Differenz zwischen den Texten der Abteilungen I und III (bzw. IV.2), wie sie bei der Phraseologie der Anfrage zu bemerken war[356]. Aus den verschiedenen Arten, wie die Reaktion des Gottes wiedergegeben werden kann, ergibt sich jedoch eine andere Kategorisierung der Orakelprotokolle:

1. Kategorie

Texte, in denen sich die Schilderung der Antwort des Gottes auf einen Vermerk über Zustimmung bzw. Ablehnung beschränkt.

2. Kategorie

Texte, in denen dieser Vermerk verbunden werden oder wechseln kann mit der Wiedergabe kurzer Reden oder Handlungen des Gottes.

3. Kategorie

Texte, in denen der Vermerk über die Zustimmung des Gottes die Einleitung zu längeren Reden bilden kann, in denen ferner diese Zustimmungsformeln ganz wegfallen können vor der Götterrede, ebenso wie die Anfrage zwischen zwei Antworten des Gottes. Diese Kategorie bildet den Übergang zu den Orakeldekreten der Abteilung II.

---

[356] S.o. §§165ff.

b. Ausdrücke für das Handeln der Gottheit:
Positive oder negative Reaktion auf eine Frage

§232

hn(n), "*zustimmen*"	I.19.a./b.; I.19/20.a.; I.20.b./c.; I.21.a./b./c.; I.22.b./e.; II.22.a. (Z.30); III.20.b./c./d./e./f./g.; IV.1.19.c.; IV.1.22.a./b.; IV.2.20.b./d.; IV.3.19.a.; IV.3.22.a.; IV.3.32.a.; IV.4.20.b./c. (**hmn**)
wšd, "*grüßen*", "*akzeptieren*"	I.21.b./d./e./f./g.
nᶜj m-ḥr.f,	
– für Zustimmung	I.21.h.
– nicht als Reaktion auf eine Frage	I.21.d. (waager.Z.14); I.26.a. (1,2); IV.1.22.a.(?)
nᶜj n-ḥꜣ.f (für Ablehnung)	I.20.b. (Z.4;5); I.21.c./h.; III.20.b./c.; IV.2.20.a.

c. Ausdrücke für das Handeln der Gottheit:
Andere Wendungen für eine Stellung(nahme) zum Befrager oder zur Frage

§233

ḥḏn, "*ärgerlich sein*", als Reaktion des Gottes auf die Ablehnung seines Orakelspruches	III.20.g. (rto.,5)
hd, "*jdn. abweisen*" (Wb.II, 505,5)	III.20.h.
tks, i.S. von "*beschuldigen*" (Wb.V, 335)	IV.2.21.b.
ḫr, "*zu Fall bringen*"	I.21.d. (senkr.Z.12)
smn r-, "*anhalten bez. einer Sache/Person*", als Zeichen des Gottes, daß er zu etwas "Stellung" nimmt	I.21.a.(?)/ b.(Z.11); I.21.d (senkr.Z.9)
smn ḥr-, dito	I.20.c. (Z.16)
smn ḥr-, "*anhalten bei jdm.*", als Zeichen der Auswahl einer Person	I.20.c. (Z.25); IV.1.19.c.
smn, "*anhalten*", als negative Antwort? (Ggs.: **hn**)	I.19.a.

sṯꜣ r-NN, "*zu jdm. hinziehen*", als Zeichen des Akzeptierens einer Person	I.21.b. (Z.9); I.21.e.(Champollion, Z.1)
sṯꜣ-r.f / jjj n-ḫrw.f, dito	I.26.a. passim; IV.1.22.b.
wšd, Zeichen des Akzeptierens einer Person (s.auch §232)	I.21.b. (Z.10); I.21.d. (senkr.Z.15; waager.Z.14)
wnj r-jwd- (?), "*zwischen Personen treten*"(?), bei Personenauswahl	I.20.c. (Z.18f.)
wnj, "*nicht beachten*" (einen entgegengesetzten Antrag)	I.21.d. (waager.Z.16;17)
wḏꜥ, "*beurteilen*" (eines Schriftstücks, einer Angelegenheit), "*zuweisen*"	I.21.d. (senkr.Z.19; waager.Z.2; 3); IV.2.20.f.; IV.4.19.a.; IV.4.20.i.; V.20.c. (rto.,6); VI.3.11a.
wḫꜣ, "*untersuchen*"	I.21.d. (waager.Z.1; 2)
ṯꜣj/jṯꜣ-mḏꜣ.t, "*wählen eines Schriftstücks*"	I.21.d. (senkr.Z.20; 23f.; waager.Z. 9ff.; passim)
jṯj, "*wählen*" einer Person (durch Nehmen eines Schriftstücks?)	IV.1.0.a. (Z.18)
wḏꜣ r-, "*immun sein*" (gegen ein ungünstiges Orakel?)	I.21.d. (senkr.Z.20)
wꜣj r-ḫpt, "*in Zorn geraten*"	I.21.d. (senkr.Z.7f.)
rdj-jrj-NN ꜥnḫ n-nb ꜥ.w.s., "*jdn. zu einem Eid veranlassen*"	III.20.h. (vom Streitverzichtseid; NB: in III.20.g. (vso., 16) besorgt dies ein **rwḏw**); III.20.g. (vso., 20f.)
jnj(.f) / jrj(-n.f) sbꜣj.t, "*jdn. holen und züchtigen*"	III.20.g. (vso., 6f.)
jrj-mtr n-, "*Zeugnis ablegen bei jdm.*"	III.20.g. (vso.,11f.)
(jrj-)bjꜣj.t ḥr-, "*für jdn. eine Verheißung (o.ä.) vollbringen*"	IV.1.18.a. (passim); IV.1.18.b. (Z.7)

sʿšꜣ-bjꜣj.t ḥr-, "*vervielfachen von* **bjꜣj.t** *für jdn.*"	IV.1.18.a. (Bl.72, Z.9; Bl.184, Z.20f.)
(jrj-)bjꜣj.t-ʿšꜣ.t ḥr-	IV.3.18.b. (Z.8)
wḥm-, "*etwas wiederholen*" (?)	I.21.d. (waager.Z.15) (?)
ptr, "*etwas ansehen*"	V.19/20.b. (Nr.26)

d. Ausdrücke für das Handeln der Gottheit: Sprechen und Künden

§234

ḏd	I.20.b. (Z.15); I.21.c. (Z.8) I.21.d. (*passim*); I.21.e./f. (*passim*); I.22.a.(*passim*); I.22.b. (Z.7); I.22.d. (Z.11) (?); I.22.f. (3,9); Abteilung II; III.20.a.; III.20.c. (vso.,7); III.20.i. (rto.,7; vso.,3); IV.1.20.a. (**ḏd-ḫrtw**); IV.1.0.a. (Z.19; 23; 27); IV.1.0.b. (Z.40; 52; 58; 65); IV.1.0.c. (Z.12; 20–22); IV.1.0.d. (Z.24; 29); IV.2.20.b. (B rto., 8); IV.2.20.h. (?); IV.3.18.d.; IV.3.20.c./d.; IV.3.21.a./b; VI.2.3.; VI.3.13.
ḏd n-ʿ-2 n-mḏꜣ.t	I.22.f. (2,5; 3,9 abgekürzt **ḏd**)[357]; II.21.c. (§3)
sḏd, "*erzählen*"	IV.3.18.e. (Z.23)
srḫ, "*wissen lassen*"	IV.3.18.c. (Z.7)
mdw, "*reden*"	IV.1.18.c. (Z.9); IV.3.18.c. (Z.8)
mtr r-, "*hinweisen auf etw.*"	IV.3.18.e (Z.19f.)
sr, "*verheißen*"	I.20.b. (Z.8); IV.1.18.a. (Bl.287, Z.1; 4); IV.1.20.b.
sr-nḫt.w, "*Siege verheißen*"	IV.1.22.a.
sr-bjꜣj.t	I.21.b. (Z.8)
sr-ḫpr.w, "*Geschehnisse ankündigen*"	IV.3.20/21.a.; vgl. auch VI.2.3.
sr-jjj.t, "*die Zukunft verkünden*"	VI.1.6.–8.

---

[357] S.o. §141.

wḏj-pꜣ-ḫrtw, "*den Orakelspruch aussenden*"	II.21.a. (Z.41=§1; Z.119=§11); II.21.b. (Z.32=§1; II.33.a. (Z.21)
wḏj-mꜣꜥt, "*die Wahrheit hervorschicken*"	V.19/20.b. (Nr.11)
rdj-prj-ḫrw.f <r->**bnr**, "*seine Stimme hervorgehen lassen*"	V.20.c. (vso.,3)
hꜣb, "*(einen Orakelspruch) aussenden*"	IV.1.0.c. (Z.113); V.20.c. (vso.,3); VI.2.2.
prj (**ḫrtw**), "*hervorgehen (des Orakelspruchs)*"	VI.2.2.
wšb-sḫr.w, "*(antwortend) Weisungen erteilen*"	VI.2.2.
rdj-prj-mḏꜣ.t n-mwt n-ꜥnḫ (var.: **r-smꜣ r-sꜥnḫ**)	VI.3.7.
wḥm, "*berichten*" (?)	s. unter §233.
jrj-wḏ.w	VI.2.4.

e. *Ausdrücke für das Handeln der Gottheit: Verhalten in der Prozession*

§235

sḫꜥj, "*erscheinen*"	s.o. §§147ff
ḫꜥj/sḫꜥj in äthiopischen Texten	IV.1.0.b. (Z.59; 64; 74; 79); IV.1.0.d. (Z.16; 23; 25; 34)
kfꜣ-sštꜣ "*das Geheimnis enthüllen*" (vom Gott, der aus dem Allerheiligsten kommt)	V.20.c. (rto.,5)
jjj r-bnr m-ꜥ n-swtwt, "*herauskommen im Verlauf einer Prozession*"	V.20.c. (rto.,6)
pḫr, "*(ein Gebäude) umrunden*"	IV.1.18.b. (Z.6); IV.1.0.b. (Z.75; 79 (?))
qdw, dito	I.26.a. (1,3)
wḏj r- , "*sich begeben zu*"	IV.2.20.e.
jrj-wꜣ.t r-, "*den Weg auf jdn. zu nehmen*"	I.21.b. (Z.3)

pḥ r-, "*(ein Gebäude) erreichen*"	I.26.a. (1,3)
spr r-, dito	I.20.b. (Z.13); IV.1.18.a. (Bl.222, Z.5f.)
šzp-bjꜣj.t, "*beginnen mit dem Vollbringen von* **bjꜣj.t**"	IV.1.18.b. (Z.4)
wḏꜣ ḥr-bjꜣj.t, "*beim Vollbringen von* **bjꜣj.t** *dahinziehen*"	IV.1.18.a. (Bl.222, Z.1)
wḏꜣ, "*dahinziehen*"	I.21.d. (waager.Z.18)
wḏꜣ r-nmt.t.f, "*dahinziehen gemäß seinem Gang*"	I.21.d. (waager.Z.6; 11); IV.3.18.b. (Z.8)
rdj-ḥr r-, "*sein Gesicht (einem anderen Gott) zuwenden*"	IV.3.32.a. (Z.14f.)
rdj-ḥr m-ḫd (r-), "*das Gesicht nach Norden (zu etw. hin) wenden*"	I.20.b. (Z.13); IV.1.18.a. (Bl.222/35, Z.7f.)
sḫd n-ḥr.f r-, "*das Gesicht in Richtung auf etwas senken*"	IV.1.18.a. (Z.10 nach DeB)
nꜥj m-ḥr.f, "*nach vorne ziehen*"	s. unter §232
ḏꜥr, "*jdn. suchen*"	IV.1.18.b. (Z.6)
sṯꜣ r-, "*zu jdm. ziehen*"	s. unter §233; IV.3.32.a. (Z.14)
sṯꜣ-r.f / jjj n-ḫrw.f	s. unter §233
ḫnj, "*sich niederlassen*", "*Halt machen*"	IV.1.18.b. (Z.6)
jrj-ḫnn (sic), dito	I.21.d. (waager.Z.14)
wnj r-jwd-, "*zwischen Personen treten*"	s. unter §233
smn, "*anhalten*"	s. unter §233
rdj ḥr-ḥꜣ.t.f, "*jdn. vor sich stellen*" (bez. des Erwählten)	IV.1.18.a. (Bl.184, Z.18); IV.1.18.b. (Z.7); IV.1.18.d. (Z.15); IV.3.18.b. (Z.10)
sꜥḥꜥ r-ꜥḥꜥw n-nb, "*jdn. an den königlichen Standplatz stellen*"	IV.1.18.b. (Z.7)

dhn r-ꜥḥꜥw-nb n-njswt, "*jdn. einsetzen an jedem königlichen Standplatz*"	IV.1.18.a. (Bl.72, Z.8f.); s. unter §236.
nꜥj r-nꜣ-wsḫ.w<t>-ꜥꜣ.w<t> n-pr-Jmn, "*ziehen zu den großen Höfen des Amuntempels*"[358]	I.21.b. (Z.9)
ḥtp m-bꜣḥ-pꜣ-ḏꜣḏꜣ[359] **n-Jmn**, "*ruhen vor dem Gebäude des Amun*"	I.21.b. (Z.9)
ḥtp ḥr-s.t-wr.t	I.21.d. (waager.Z.13; 14; 18)
ḥtp ḥr-pꜣ-tꜣ n-ḥḏ n-pr-Jmn	I.21.d. (waager.Z.9); I.21.e. (Z.24)
ḥtp ḥr-s.t-wr.t ḥr-pꜣ-tꜣ n-ḥḏ n-pr-Jmn	I.21.d. (waager.Z.6; 8)
nꜥj m-ḥr.f r-bnr (??)[360] **ḥr-pꜣ-tꜣ-ḥḏ**	I.26.a. (1,2f.)

f. *Ausdrücke für das Handeln der Gottheit: Handlungen, die bereits Resultat oder Zusammenfassung eines Orakelvorgangs darstellen*[361] *oder eine Reaktion des Gottes nur auf der Ebene ihrer Bedeutung beschreiben*

§236

wpj (jrm), "*richten zwischen jdm. und einem anderen*"	III.20.c. (rto.,3)
wḏꜥ, "*beurteilen*"	s. unter §233
wḫꜣ, "*untersuchen*"	s. unter §233
wꜣj r-ḫpt, "*in Zorn geraten*"	s. unter §233
ḥḏn, "*ärgerlich sein*"	s. unter §233
hd, "*abweisen*"	s. unter §233

---

358 D.h. die südlichen Höfe des Amuntempels von Karnak?

359 Wb.V, 532,6f.; Barguet, Temple d'Amon, 301f.; Spencer, The Egyptian Temple. A Lexicographical Study, London, ... 1984, 130ff.

360 S.o. §148 mit Anm.154.

361 Diese Wortgruppe ist teilweise von den anderen nicht zu trennen. – Nicht berücksichtigt werden die Ausdrücke, mit denen die Gottheiten künftige Verfolgung bzw. den Schutz einer Person ankündigen, da außerhalb des Orakelvorgangs liegend.

tks, "*beschuldigen*"	s. unter §233
wšd, "*begrüßen*"	s. unter §233
jrj-mtr n-, "*Zeugnis ablegen bei jdm.*"	s. unter §233
jrj-pꜣj.f-pšn, "*jds.* **pšn** *machen*"	IV.2.21.c.
stp, "*jdn. erwählen*"	IV.1.19.d.; IV.1.22.a.; IV.1.22/23.a. (4.2.15)
šzp, "*sich zum Empfang einer Sache/Gabe bereit finden*"	I.22.c. (Z.6f.); V.19/20.b. (Nr.17)
rdj (r-), "*jdn. (zu etwas) machen*", "*jdn. (an eine Stelle) setzen*"	I.20.c. (Z.25); IV.1.19.b./c./d.; IV.1.20.a. (rto., 3,7); IV.1.20.c./d.; IV.1.21.a./b./c.; IV.1.22.b.
dhn, "*einsetzen*", "*ernennen*"	IV.1.22.a./b.; IV.1.22/23.a. (4.2.18–20); s. unter §235
ḏꜥr, "*jdn. suchen*"	s. unter §235
smn, "*bestätigen*", "*garantieren*" (Besitz, eine Person in einem Amt)	I.21.b. (Z.8); I.21.d. (*passim*); I.21.e. (Z.5 und Fragment Nr.5, Z.3: "*im Amt bestätigen*"; Z.25 und Fragment Gardiner B, Z.3: "*Besitz garantieren*"); II.21.f.; II.22.a. (Z.23); V.22.a. (Z.11)
ꜣbj, "*jdn. wünschen*" (von der Wahl einer Person durch den Gott); "*etwas wünschen*"	I.21.b. (Z.4 (?)); IV.1.19.a. (Z.11 und 13); IV.3.18.b. (Z.10); IV.3.18.e. (Z.19, Z.35)
ḫr, "*zu Fall bringen*"	s. unter §233
ḫꜣꜥ, "*jdn. (aus einer Stellung) herauswerfen*"	IV.3.20.a.
ḫꜣꜥ-ḥꜣ.f r-, "*den Rücken wenden gegen jdn.*" (von der Entscheidung des Gottes gegen jdn.)	IV.3.19.a.
ḫꜣꜥ-pḥw.t-3 r-nꜣ-srjw.w	IV.2.20.i.
rwj, "*jdn. (aus einer Stellung) herauswerfen*"	IV.2.20.g.(?); V.19/20 b. (Nr.16)

spẖr n-, "*(eine Orakelentscheidung) für jdn. registrieren (lassen)*"	I.21.d. (waager.Z.12)
rdj-wḏꜣ.f, "*veranlassen daß er unschuldig/immun ist*"	I.21.d. (waager.Z.13); I.21.e. (Z.22)
rdj m-ḥr, "*jdn. beauftragen*"	I.21.d (waager.Z.5); I.21.e. (Z.25); I.21.f. (Z.x+2 als Ergänzung, s. §219); II.21.c.; IV.3.18.e. (Z.24f.)
rdj, "*etwas (zurück)geben*"	I.20.b. (Z.9ff.); I.22.c. (Z.7); III.20.g. (rto., 3); III.20.i. (vso., 3); IV.2.19/20.a.; IV.2.20.e.; IV.3.21.a.; V.20.b. (vso., 5f.)
snj, "*bewerten*" (?)	III.20.d.

g. Zu Fragen der Terminologie

§237

Da die Frage der technischen Durchführung der Prozessionsorakel im Vordergrund der meisten Abhandlungen gestanden hat, sind die Termini für die verschiedenen Reaktionen des Gottes (v.a. die hier unter §§232 und 233 aufgelisteten) bereits vielfach erörtert worden, so daß dies hier nicht erneut geschehen muß. Man weiß, welche *Bedeutung* eine bestimmte Reaktion des Gottes hat, auch wenn es häufig ungewiss ist, *wie* man zu dieser Reaktion kam.

§238

Grundlegend zu den Reaktionen des Orakelgottes (**hn(n)**, **nᶜj n-ḥꜣ.f/m-ḥr.f**, **ḥḏn**, **wḏᶜ**, **ṯꜣj/jṯꜣ**, **smn**) hat sich Cerny geäußert in: BIFAO 30, 1931, 491ff.; BIFAO 35, 1935, 56ff.; BIFAO 41, 1942, 23f.; ders., bei Parker, Saite Oracle Papyrus, 43ff. Zu **hn(n)**, **wšd**, **nᶜj n-ḥꜣ.f**, **ḥḏn**, **smn** s. auch Schenke, Orakel, 18ff.; bemerkenswert sind aber v.a. Schenkes Bemerkungen über ähnliche Orakelbräuche außerhalb Ägyptens, op.cit., 29ff.

Zu **hn(n)**, **wšd**, **ṯꜣj/jṯꜣ/jṯj**, **ḥḏn**, **nᶜj n-ḥꜣ.f**, **smn** s. ferner Lurje, Studien zum altägyptischen Recht, 111ff. Seine Argumente gegen die Auffassung von **hn(n)** als Bewegung der Barke vermögen aber kaum zu überzeugen. Ohnehin ist es fraglich, ob das Götterbild während der Prozessionen überhaupt sichtbar war, sofern es sich in einer Kultbarke befand und nicht wie das Amenophis' I. in einer Sänfte; auf jeden Fall aber läßt sich die Ausdrucksweise, daß der Gott etwas "*genommen*" habe, nicht als Argument für eine Statue mit beweglichem

Kopf und Armen benutzen: niemand weiß, wie dieses "*Nehmen*" vor sich ging. Warum sollte das "*Nehmen*" eines Schriftstückes nicht die *Interpretation* einer Barkenbewegung in Richtung auf eines von zwei vor die Barke "*gelegten*" Schriftstücken gewesen sein[362]?
Zusammenfassend zu den Termini hat sich Kákosy, in: LÄ IV, Sp.600 mit Anm.4-15, s.v. **Orakel*, geäußert.

Zu **hn(n)** s. noch Nims, in: JNES, 27, 1968, 77; v.Beckerath, in: RdE 20, 1968, 19, Anm.a.; zu den Präpositionen, mit denen **hn(n)** verbunden werden kann, s. Vernus, in: Karnak VI, 1980, 229; zur Form 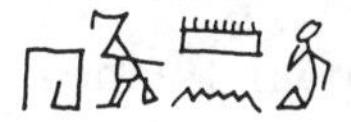 (IV.4.20.c.) s. Schenke, Orakel, 25; Peet, in: JEA 10, 1924, 121, Anm.2; Ward, in: SAK 9, 1981, 367, und Anm.46; zu **hn(n)** im Verhältnis zu **wšd** s. Kruchten, Djéhoutymose, 46f., 104f.; zu **wšd** ebd., 79f., 138f.; s.o §183; ferner v.Beckerath, in: RdE 20, 1968, 18, Anm.a.

Zu **wšd** und **hn(n)** sind noch zwei Belege außerhalb der Orakeltexte zu nennen, in deren einem beide Worte parallel im Sinne einer positiven Reaktion verwandt werden: Statue des HPA Rama, CG 42185, Rückseite (Lefebvre, Inscr., 12f.): **wšd-sw** (i.e. das Standbild) **Jmn ṯnw-ḫ^{cc}.f hn-Mwt Ḫnsw-n.f r-wr.w** (sic).
Daß zwei in Orakeltexten häufig benutzte Worte auch außerhalb derselben vorkommen können, um das Verhalten der in ihren Prozessionsbildern erscheinenden Gottheiten zu charakterisieren, zeigt, daß das Prozessionsorakelwesen nur einen Sonderfall innerhalb der göttlichen Epiphanie im Tempel darstellt[363].
Umgekehrt sind die meisten der oben aufgelisteten Ausdrücke für das Handeln der Orakelgottheit völlig unspezifisch bezüglich des besonderen Phänomens Orakel: der Gott "*spricht*", "*ist ärgerlich*", "*weist ab*", "*untersucht*", "*gibt*", "*wünscht*", "*beschuldigt*" u.s.w., ohne daß sich irgendein Verhältnis zu einer bestimmten Orakeltechnik herstellen ließe.

Ganz außerhalb der religiösen Texte finden sich **wšd** und **hn(n)** zusammen im pBerlin 10470, 1,14[364]; dies kann jedoch ein Zufall sein, da **wšd** hier wohl nicht im Sinne von "*zustimmen*" verwendet wird, sondern von "*befragen*"[365].
Zur Technik des "*Nehmens*" von Schriftstücken s. Cerny bei Parker, Saite Oracle Papyrus, 45; Kruchten, Djéhoutymose, 109ff.

[362] S.o. §216, Anm.321.
[363] S.o. §133.
[364] Smither, in: JEA 34, 1948, 31ff.
[365] Wb.I, 375,13.

Der Ausdruck **ḫꜣᶜ-mḏꜣ.wt** findet sich einmalig in oGardiner 103 (IV.2.20.c.); dem Zusammenhang dieses Textes nach könnte es die Bezeichnung für die Wiederholung der Vorlage von Schriftstücken vor den Gott sein. Oder sollte es sich um das "*Werfen*" von Schriftstücken bei einem Losverfahren handeln?

Zu **smn** im intransitiven Sinne s. Kruchten, Djéhoutymose, 73f., 284f., Nims, in: JNES 7, 1948, 161f.; s. auch §§182 und 183, 250. Gelegentlich wird mit **smn** der Wille der Gottheit ausgedrückt, zu einem Problem "Stellung" zu nehmen; bei **smn r-** im Orakeltext des Thutmose (I.21.d., senkr.Z.9) vielleicht schon mit einer negativen Nuance.

Zu **sḫd** (s. unter §235) s. Gitton, in: BIFAO 74, 1974, 68, Anm.1.
Zu **stꜣ-r.f/ jjj n-ḫrw.f** s. Caminos, Chronicle of Prince Osorkon, §170; Parker, Saite Oracle Papyrus, 11; v.Beckerath, in: RdE 20, 1968, 18, Anm.f.

Zu **ḥtp ḥr-st-wr.t** und **ḥtp ḥr-pꜣ-tꜣ n-ḥḏ** und Varianten s. Kruchten, Djéhoutymose, 167f. und 215f.

Zu **wḏꜣ (r-nmt.t.f)** s. Kruchten, Djéhoutymose, 165f.

h. Die Reaktion des Gottes gemäß der 1. Kategorie[366]

§239
Wie die voranstehende Auflistung zeigt, sind positive Reaktionen der Orakelgottheit auf eine Frage wesentlich häufiger belegt als negative. Die Vermerke über die jeweilige Reaktion haben sehr oft die Form einer **ᶜḥᶜ.n**-Konstruktion, die sich auch bei der Einleitung der Frage oft findet[367]. Verbreitet ist jedoch auch die Verwendung der **jw.f/Nomen-(ḥr-)sḏm**-Konstruktion[368], die bei der Einleitung der Fragen seltener zur Anwendung kommt[369]. Nicht unüblich sind auch Infinitiv-Konstruktionen. Im allgemeinen gilt, daß ein Text *eine* Ausdrucksweise ziemlich konsequent durchhält. In oKairo 25555 (III.20.b.) könnte der Wechsel von der **ᶜḥᶜ.n**-Form zur **jw.f-(ḥr-)sḏm**-Form bei der zweiten Befragungsepisode seinen Grund darin haben, daß das *successive past narrative* die Bejahung des Gottes weniger stark von der vorangegangenen Frage ab-

[366] S.o. §231.
[367] S.o. §164.
[368] Erman, NG, §486ff.; Cerny-Groll, LEG, §38.
[369] S.o. §164, I.22.c. (1); I.22.d. (1), (2).

setzt als die ꜥḥꜥ.n–Form die abweisende Reaktion des Gottes von der ersten Frage:

bn-jw.j-<r->djt-mtm n-ꜥq-pr<t> n-NN (...)
ꜥh.n-pꜣ-nṯr ḥr-nꜥ<t> n-ḥꜣ.f
ꜥḥꜥ.f wḥm-n.f m-ḏd-jn-jw.tw-djt-n.f mtm n-ꜥq-pr<t>
jw-pꜣ-nṯr ḥr-hn r-wr (zp-2) (rto., 6ff.).

Für die Reaktion des Gottes scheint die Verwendung der **jw.f-(ḥr-)sḏm**–Konstruktion in den auf Papyri und Ostraka geschriebenen Texten der Abteilungen III und IV.2 die beliebtere gewesen sein, während die inschriftlichen Texte der Abteilung I die **ꜥḥꜥ.n**–Konstruktion bevorzugen.

§240

Im Unterschied zur Einleitung der Frage hat die **ꜥḥꜥ.n**–Konstruktion bei dem Vermerk über positive oder negative Reaktion des Gottes nicht die Gestalt **ꜥḥꜥ(.n)-sḏm(.n).f**[370], sondern **ꜥḥꜥ.n**–Nomen **(ḥr-)sḏm**, vgl. das in §239 zitierte Beispiel[371]. Bei der Einleitung der Frage findet sich dies nur ausnahmsweise: §164, I.21.b (7), I.21.c. (4), III.20.b. (2) (das Beispiel des §239)[372].
Außerhalb der Vermerke über die *Reaktion* des Gottes wird auch bei diesem die **ꜥḥꜥ.(n.)-sḏm(.n).f**–Konstruktion gebraucht[373].

§241

Auch die Verwendung des absoluten Infinitivs ist bei den Vermerken über Zustimmung des Gottes möglich, die Ablehnung des Gottes wird in den vorhandenen Belegen dagegen nicht in dieser Weise ausgedrückt. Merkwürdiger–

---

370 S.o. §§166, 168.
371 Erman, NG, §565.
372 Es ist bemerkenswert, wie konsequent das Herihor–Protokoll (I.20.b.) die Schreibung  bei der Frage (Z.3, 17, 18) von der Schreibung  bei der Antwort (Z.4, 5, 9, ⌜18⌝) unterscheidet, so als seien es mehr als nur Schreibvarianten.
373 So – mit pronominalem Subjekt – I.21.b., Z.3: **ꜥḥꜥ-jrj.n.f-wꜣ.t r-nꜣ-zš.w...**; IV.3.32.a., Z.16: **ꜥḥꜥ-jrj.n.f-zꜣ n-Ḫnsw...**; aber: I.21.d., senkr.Z.12: **ꜥḥꜥ.n-pꜣ-nṯr-ꜥꜣ <ḥr->ḥr-nꜣ-zš.w** ..., und mit pronominalem Subjekt: I.20.b., Z.13: **ꜥḥꜥ.f-spr r-pꜣ-wbꜣ.**

weise wird das Verbum **wšd** nur in der Form des absoluten Infinitivs gebraucht, selten auch **hn(n)** : I.22.e. (Z.x+6), IV.3.32.a. (Z.15f.)[374].

§242

Die §239 zitierten Befragungsepisoden aus oKairo 25555 (III.20.b.) sind ein gutes Beispiel dafür, daß Verneinung und Bejahung des Gottes in formaler Weise zu verstehen sind. Wenn der Gott auf die Frage: "*ich werde nicht geben....?*", "*nein*" sagt, so heißt dies: "*ich werde geben*", wie die zweite Befragungsepisode beweist. Anders als bei der lebendigen Rede und Gegenrede ist die Verneinung einer verneinten Aussage/Frage die Bejahung der gegenteiligen, positiven Aussage/Frage und nicht eine Bestätigung der Verneinung. Nebenbei ist diese Stelle ein schönes Beispiel für die Verfahrensweise von Probe und Gegenprobe im Orakelwesen[375].

i. Die Reaktion des Gottes gemäß der 2. und 3. Kategorie

§243

In einigen Texten bleibt es nicht bei dem *Ja* und *Nein* des Gottes, sondern dies wird inhaltlich ausgeführt durch eine mit **r-ḏd** eingeleitete Rede. So in einer Episode auf dem Verso des oKairo 25555 (III.20b.), wo eine Frage an den Gott lautet:

jr-nꜣ- (einige Objekte) **bn-hn[.k**[376] **n-]ꜥnẖ.t n-njw.t NN r-(?) ṯꜣj<t>.s**

und die Antwort:
jw-pꜣ-nṯr ḥr-hn <r->wr [(zp-2)] r-ḏd-ṯꜣj.s-ꜣẖ.t.s

"'*Was .... angelangt, du stimmst nicht zu der Bürgerin NN, es zunehmen?' Und der Gott stimmte zu [sehr] stark: 'Sie mag ihre Sachen nehmen'*".

Die inhaltliche Ausführung der Zustimmung dürfte ihren Grund darin haben, daß ein mögliches Mißverständnis ausgeschlossen werden sollte. Denn da, wie

---

374 Vielleicht liegt eine weitere Konstruktionsweise vor in IV.1.22.b.:
, vgl. I.20.b., Z.15: ;
vgl. auch oDeM 580 (IV.2.20.d.): **jw.f-hn.f-n.j m-nꜣj-ꜣẖ.t**. Liegt hier der Fall von Gardiner, EG, §463, vor, oder ist **.f** Objekt zu **hn(n)** ?

375 S.u. §§325, 330.

376 Geschrieben  ; hier als verneintes prospektives **sḏm.f** verstanden (Erman, NG, §765; Cerny-Groll, LEG, §22).

das Beispiel vom *Recto* desselben Ostrakon gezeigt hatte, beim Orakeldialog mit dem Gott Verneinung einer Verneinung Bejahung bedeuten konnte im Sinne formaler Logik und nicht lebendiger Rede (s.o. §242), so hätte hier Bejahung einer negativen Aussage durch den Gott umgekehrt als Bestätigung aufgefaßt werden können, daß die Frau ihre Sachen *nicht* nehmen solle.

Ob das **r-ḏd-...** hier wirklich bedeutet, daß sich der Gott zusätzlich zu seiner Zustimmung noch inhaltlich näher geäußert hat, ist nicht sicher. Vielleicht ist es nur ein verkürzendes Verfahren des Protokollanten, der so das wesentliche Resultat der Befragung festhielt; dieses könnte so zustande gekommen sein, wie es das Beispiel vom *Recto* des Ostrakon demonstriert: durch eine zweite, entgegengesetzte Frage, etwa so:

"*Du stimmst zu, daß sie nimmt*?" / Zustimmung.

§244

Daß eine mit **r-ḏd** eingeleitete "Rede" des Gottes vielleicht eher als erläuternder Zusatz des Protokollanten aufzufassen ist, gilt auch für die beiden einander sehr ähnlichen Beispiele in den Texten III.20.f. und III.20.g. (rto., 4); es geht in beiden Fällen um das Verlesen der Namen von Einwohnern bzw. von deren Häusern vor dem Orakelgott, um einen Dieb zu finden. Die Identifikation, die der Gott bei einem bestimmten Namen vornimmt, wird mit **hn (r-)** ausgedrückt und mit dem Zusatz versehen: **r-ḏd-st-m-dj-tꜣj.f-šrj.t** (d.h. das Diebesgut ist bei der Tochter des Hausherrn, dessen Name genannt wurde) bzw. **r-ḏd-ntf-j.jṯꜣ-st**. Auch hier könnte es sich nur um die schriftliche Verdeutlichung einer zustimmenden Reaktion des Gottes handeln, deren Sinn den Augenzeugen aus der Situation heraus verständlich war.

§245

Dennoch ist dies **r-ḏd-...** nicht nur als Technik des Protokollierens zu erklären. Offenbar lag die Auffassung vor, daß durch die Zustimmung des Gottes zu einer in der Aussageform gehaltenen Frage diese zu einer Rede von ihm selbst wurde. Dies zeigt das Beispiel I.19.b. aus dem Grab des Amenmose in Theben. Wenn hier die Frage an den Gott lautet:

"*Die Rede des Gottes ist: 'Recht hat A, Unrecht hat B*'?",

so entscheidet er die Frage, wer Recht hat, auf die Weise, daß er eine "Rede" bestätigt als die seine. Da durch die Art, wie die Frage formuliert ist, der darauf folgende Akt der Zustimmung äquivalent mit einer Rede des Gottes ist, wird der Zusatz zu **hn, r-ḏd-mꜣꜥtj** () -A daher bedeuten, daß die Zustimmung dies "*besagt*". Auch die schriftliche Frage an den Gott über mögliche Verwicklungen des Vermögensvorstehers Thutmose in dunkle Angelegenheiten (I.21.d.) ist als Rede des Gottes formuliert[377]. Das mit **ḏd-Jmn-Rꜥ...** eingeleitete Orakeldekret II.22.a. zeigt in Z.30, daß diese "Rede" des Gottes durch seine Zustimmung zum Text derselben zustande gekommen ist[378].

§246

Das "Reden" des Gottes kann sich jedoch auch, in verschiedenen Abstufungen, unabhängig machen von der Zustimmungsreaktion. Zunächst in der Weise, daß die Rede nicht mit **r-ḏd** an das **hn(n)** angeschlossen wird; in I.20.b. (Z.15) werden Zustimmung und Rede vielmehr parataktisch behandelt, beide stehen nebeneinander und die Rede folgt im *successive past narrative*:

⌜jw⌝.f-⌜hn⌝.f [r-]wr (zp-2) jw.f-ḏd-20 n-rnp.t nꜣ-dj-n.k Jmn-Rꜥ, "*er sagte es* (?)[379] *zu sehr deutlich und sprach: 'Zwanzig Jahre sind es, die Amun-Re dir gab*'".

Doch der Vermerk über die Zustimmung kann auch ganz entfallen; in pBM 10335 rto., 7 (III.20.g.) spricht der Gott nach der Ablehnung seines Urteils durch den Delinquenten von sich aus: **ꜥḥꜥ.n-pꜣ-nṯr <ḥr->ḏd-jṯꜣ-sw m-bꜣḥ-Jmn-Bw-qnn ...**

Auch im oBM 5625 vso., 2ff. (III.20.i.) erfolgt eine Rede des Gottes, die über eine Zustimmung hinausgeht: "*Als aber der Schreiber NN der Nekropole ihm (dem Gott) berichtete, sagte er: 'Gebt (zurück) ....'* "[380].
Diese Rede des Gottes endet so wie die Götterrede in einigen Orakeldekreten mit der Formel:

 [381]

---

[377] S.o. §190, Ende.
[378] Vgl. auch den Vermerk, daß ein Orakeldekret vor einem Gott gelegen hat, in II.21.c.; ferner die Formulierung, daß der Gott "*durch zwei Schriftstükke*" spricht, s.o. §234, sowie die Beispiele IV.4.20.f./h., wo der Gott nach der Vorlage der Schriftstücke "*spricht*".
[379] S.o. §241, Anm.374.
[380] S.o. §164, III.20.i. (2).
[381] II.21.a./b., s.u. §266.

§247

In den Orakeltexten I.21.e./f. erfolgt, nach einer Formel der Zustimmung oder auch ohne sie, die Rede der Götter, eingeleitet wie in den Orakeldekreten mit der Formel **ḏd-Jmn-Rᶜ-njswt-ntr.w p3-nṯr-ᶜ3-wr n-š3ᶜ-ḫpr**; in dieser Götterrede wird die Frage ihrer Substanz nach wiederholt und in eine Aussage der Götter transformiert. Somit ähneln diese Texte in ihren Schlußpassagen den Orakeldekreten der Abteilung II, besonders an Stellen, wo mehrere Götterreden aufeinander folgen, ohne daß dazwischen noch eine Frage zitiert wird, so in I.21.e.[382].

Was in diesem Text *gelegentlich* zu beobachten ist, das ist das *Prinzip* der Abfassung des Orakeltexts auf der Dachla-Stele (I.22.a) als einem repräsentativen Text für die 3. Kategorie[383]. Ohne jedes Zitat einer Frage, daher ohne jeden Vermerk über eine zustimmende Reaktion des Gottes werden nur Reden des Orakelgottes wiedergegeben. Die einzelnen Frage- und Antwort-Episoden sind vielleicht noch kenntlich an den die Rede unterbrechenden Einleitungsformeln **ḏd-Swtḫ p3-nṯr-ᶜ3 / ḏd-p3-nṯr(-ᶜ3)**, die nun, wie in den Orakeldekreten zur Einleitungsformel für die einzelnen "Paragraphen" geworden sind. Ebenso unterscheidet sich auch der Orakeltext I.22.b. von einem Orakeldekret nur noch durch die Einleitung des Textes, in der nach Datum und Königsname das Erscheinen des Gottes geschildert wird.

§248

Es ist wohl kein Zufall, daß das Orakelwesen im Extremfall zwei gegensätzliche Formen des Orakelprotokolls (1. und 3. Kategorie[384]) hervorgebracht hat: solche Texte, in denen nur die *Frage* zitiert wird und der Gott dann nur zustimmt oder ablehnt, und solche, in denen nur die *Antwort* des Gottes zitiert wird. Wie solche Götterreden zustande gekommen sind; ob sie nur das Resultat einer in der schriftlichen Fixierung vorgenommenen Stilisierung eines Befragungsvorganges mit jeweiliger Reaktion des Gottes sind, ist kaum nachvollziehbar. Daß man jedoch die Wiedergabe der Frage ersetzen konnte durch die Wiedergabe der Antwort, macht die formelle Art sinnfällig, mit der im Orakelwesen partikulare Anliegen in den allgemeingültigen "Gotteswillen" transponiert wurden[385].

---

382 S.o. §210.
383 S.o. §231.
384 S.o. §231.
385 S.o. §228.

§249

Zu den gelegentlichen neuägyptischen Schreibungen des Suffixes der 1.p.pl.:

 , für **.n** [386], die sich auch in den O.A.D. (II.21/22.a.) finden[387], fügt das Orakel über das Vermögen der Maatkare (I.21.f.) den umgekehrten Fall hinzu: man findet dort neben:

 für **jw.n** (Z.x+4), umgekehrt

 für **jw.tn** (Z.x+6),

 für **nꜣj.tn** (Z.x+6)[388].

Eine gewisse Indifferenz in der Schreibung der 1. und 2.p.pl. in diesem Text wurde wohl nicht zuletzt durch den Gleichlaut von Frage und Antwort gefördert, dergestalt, daß durch den Einsatz des "Vorzeichens" **ḏd-Jmn-Rꜥ...** aus der Orakel*frage* eine *-antwort* wurde.

k. "Handeln" des Orakelgottes

§250

In der oben gegebenen Liste[389] finden sich neben den Worten für die Äußerung von Willen oder Wissen durch den Orakelgott zahlreiche Ausdrücke, die auf äußere Handlungen des Gottes bezogen sind.

- Ausdrücke, die sich auf den Prozessionsablauf als Rahmenhandlung des Orakelvorgangs beziehen, also die Worte für das Erscheinen, Herumziehen, Stehenbleiben und Ruhen des Gottes, die unter §235 aufgelistet sind.
- Handlungen innerhalb des Prozessionsablaufs, die prägnante Bedeutung für den Orakelvorgang haben, insofern sie irgendeine Stellungnahme des Gottes zum Ausdruck bringen:

  sṯꜣ r-, jjj n-ḫrw.f
  smn r- / ḥr-
  nꜥj n-ḥꜣ.f / m-ḥr.f
  wnj r-jwd.

---

386 Cerny, in: JEA 31, 1945, 38; Cerny-Groll, LEG, §2.4.1.
387 Edwards, O.A.D. I, 2, Anm.7.
388 Gardiner, in: JEA 48, 1962, 65.
389 S.o. §§232ff.

Hierzu gehören auch die Ausdrücke, mit denen in IV.1.18.a./b. Abweichungen vom "normalen" Prozessionsablauf geschildert werden, in denen sich der Wille des Gottes äußert. Ferner die Rahmenhandlung in den senkrechten Zeilen der Orakelinschrift des Thutmose (I.21.d.), wo von einer Untersuchung über den Zustand dieses Landes (**nḏnḏ-ḫr<.t>-tꜣ-pn**) vor dem großen Gott die Rede ist,

"*am zweiten Monat, fünften Tag, als der große Gott ärgerlich geworden war und nicht nach Luxor hatte stromaufwärts fahren lassen beim Opetfest in diesem Jahr*" (**mḥ-ꜣbd-2 hrw-5 ⌜jw⌝-pꜣ-nṯr-ꜥꜣ-wꜣjw r-ḫpt n-sḫntj.n.f r-Jp.t m-[ḥꜣb n-]Jp.t m-rnp.t-tn**)[390].

Die ungewöhnliche Situation beim Opetfest des "*Jahres 2*" könnte der Hintergrund für die Untersuchungen sein, die in I.21.d. geschildert werden.

- Handlungen des Gottes beim Orakel, die äquivalent mit einer Rede sind: das "*Aufnehmen*" von Schriftstücken, auf denen eine Rede des Gottes steht; hierzu gehören neben der Episode in I.21.d. und vielleicht auf der "Königswahlstele" (IV.1.0.a. (Z.18)) als Belege auch die auf Ostraka geschriebenen Orakelfragen, auf denen **m-bjꜣ**, "*nein!*", geschrieben steht (V.19/20.b., Nr.80–83, oDeM 572), wenn nicht alle Texte in Aussageform auf diesen Ostraka, wie die des Typs "*es gehört NN*".

- Reden des Gottes, die umgekehrt als Handlungen aufgefaßt werden können, insofern sie ein praktisches Resultat zur Folge haben; es sind also gegenüber den "Prozessionshandlungen" des Gottes solche auf einer abgeleiteten, "zweiten" Ebene. Die Ausdrücke hierfür finden sich v.a. unter §236.
  Im oBM 5624 (IV.2.20.e.), wo es vom Gott heißt: "*... und er gab mir das Grab des NN durch ein Schriftstück*" (**...jw.f-ḥr-djt-n.j tꜣ-ꜥḥꜥ<.t> n-NN m-mḏꜣ.t**), ist zunächst die Reaktion des Gottes auf ein Schriftstück, also vielleicht die Handlung des "*Nehmens*", als verbale Willensäußerung unterstellt, diese wiederum als der Akt des "*Gebens*".

---

390 Kruchtens Interpretation dieser ganzen Stelle, Djéhoutymose, 68ff., vermag nicht zu überzeugen. Zu **špt, ḫpt, ḥpt, ḫpd**, "*Ärger*", "*ärgerlich sein*", s. Wb.IV, 453f.; zu **sḫntt.n.f** für **sḫntj.n.f** vgl. die Verwechslungen bei der Schreibung der Adjektive auf **.tj**, Erman, NG, §228. Nach den Resten sehe ich keinen Grund, in der Lücke in senkr.Z.7 zu ergänzen: [**n-pr.t n-**], also: "*2. Monat, 5. Tag des Auszugs des großen Gottes*"; s. Römer, in: BiOr 47, 1990, Sp.623. Damit ist auch für die Datierung des 1. "*compte rendu*" der Tag des Beginns des Opetfestes, also der 2. **ꜣḫ.t** 19, nicht sicher als Fixpunkt anzunehmen. Daß dieser Fixpunkt innerhalb des Opetfestes des "*Jahres 2*" liegt, ist aber wahrscheinlich.

Wenn der Wunsch geäußert wird, der Gott möge gestohlenes Gut wiederbeschaffen (III.20.g., rto.,3, V.20.b.), so ist dies, wie III.20.g. zeigt, gleichbedeutend mit dem Wunsch nach einem Zeichen des Gottes zur Identifizierung des Diebes nach dem auch in III.20.f. geschilderten Verfahren.
Die Prozessionshandlungen des "*Dazwischentretens*" zwischen die Tempelbeamten (wnj r-jwd) und des "*Anhaltens bei*" einer bestimmten Person ist zugleich auf der abgeleiteten Ebene die Handlung von deren Amtseinsetzung (rdj r-), (I.20.c., s.o. §182).

§251

Was sich auf der Ebene der Orakelhandlungen während einer Prozession dahinter verbirgt, wenn der Gott jemanden zu einem Eid zwingt oder jemanden sogar "*züchtigt*"[391], bleibt unklar. Merkwürdig ist auch die Aktion des Gottes, die im Orakeltext des Thutmose beschrieben wird (I.21.d., senkr.Z.12ff.):

("*Der große Gott hielt an wegen der Schreiber / stellte sich gegen die Schreiber* (jsṯ-smn-pꜣ-nṯr-ꜥꜣ r-nꜣ-zš.w) (...), *die Frevel getan hatten in Theben*"), "*und der große Gott brachte zu Fall die Schreiber* (...) *wegen ihrer unrechten Taten*" (ꜥḥꜥ.n-pꜣ-nṯr-ꜥꜣ <ḥr->ḫr-nꜣ-zš.w (...) ḥr-nꜣ-zp.w n-grg j.jrj.n.w).

Vielleicht ist mit diesem "*zu Fall bringen*" eine ganze Folge von Orakelvorgängen zusammengefaßt, in denen diese Personen verurteilt wurden. In ähnlicher Weise vom Resultat eines Orakelvorgangs her sind wohl auch die Verben rwj und ḫꜣꜥ, "(*aus einem Amt) herauswerfen*"[392] gemeint. Ganz unwahrscheinlich ist Kruchtens[393] Einfall, ḫr in diesem Zusammenhang intransitiv zu verstehen und daran zu denken, die Barke sei beim Vorbeigehen an den verdächtigen Personen "*gefallen*" (er liest ḫrw <n->nꜣ-zš.w ...).

8. Abschlußformeln in den Orakelprotokollen

§252

Anders als der Anfang zeigt das Ende der Orakelprotokolle keine charakteristischen Formeln, mit denen der Text abschließt. Inschriftliche Orakelprotokolle können mit der Zustimmung zur letzten Frage enden (I.20.c., I.21.b., I.22.c.) oder mit einer letzten Rede des Orakelgottes (I.21.e./f.).

---

[391] S.o. §233.
[392] S.o. §236.
[393] Kruchten, Djéhoutymose, 76f.

Der letzte Gegenstand der Befragung ist oft die Garantie der Götter für den dauerhaften Bestand der Bestimmungen, um die es im Orakel ging, in Form von Fluch- und Segensformeln[394]. Ein regelmäßiger Gebrauch von Schlußformeln am Ende von Orakelvorgängen und eine Schlußformel am Ende des ganzen Protokolls ist nur in I.21.d. nachzuweisen in Gestalt der Vermerke **wḏꜣ ...(r-nmt.t.f)**[395] und/oder **ḥtp ḥr-s.t.f-wr.t ...**[396].

§253

Zeugenaufzählungen finden sich vor allem in den Texten der Abteilung III am Ende von Orakeltexten, ferner in I.19.a., I.22.a./f., I.26.a.

In den Texten, die in Karnak an den Tempelwänden angebracht sind, wird auf eine Aufzählung von Zeugen verzichtet; vielleicht war hier die Tatsache der Anbringung des Textes an einem solchen Ort Beweis genug für die Authenzität des Berichtes, während bei der aktenmäßigen Aufzeichnung eine Fixierung der Zeugen des Vorgangs im Berufungsfalle von Wichtigkeit sein konnte[397]. Diese Zeugenlisten stellen aber nichts Spezifisches für Orakeltexte dar.

9. Schriftliche Orakelerteilung

§254

Daß nicht nur die Anfrage an den Gott, sondern auch dessen Antwort schriftlich erfolgen konnte, wird nicht nur durch die unter §234 zusammengestellten Ausdrücke **ḏd n-ᶜ-2 n-mḏꜣ.t, rdj-prj-mḏꜣ.t n-mwt n-ᶜnḫ, hꜣb** (?) deutlich. Der Texttyp des Orakeldekrets ist ein handfester Beleg für das schriftliche Orakel; dabei können schriftliche Anfrage und Antwort identisch sein, die "Anfrage" enthielt bereits den Text des Dekrets und wurde durch den Akt der Zustimmung des Gottes zu seiner "Antwort", aus **jw.tn** wurde **jw.n**, wobei beides gleich geschrieben werden konnte[398].

---

394 S.o. §§200, 226f.

395 Kruchten, Djéhoutymose, 165f.; s.o. §235.

396 Kruchten, Djéhoutymose, 30; 167f.; 215f.; s.o. §235. Daß I.21.d. mit dem Vermerk schließt über das "*Ruhen*" des Gottes im Tempel von Luxor, nachdem die Angelegenheit restlos aus der Welt geschafft sein soll, hat vielleicht seinen Grund auch in der Gesamtkonzeption des Textes; denn dieser begann in den senkrechten Zeilen mit der Vorgeschichte, daß der Gott im Jahre 2 nicht nach Luxor fuhr und sich gegen Leute aus der Tempelbeamtenschaft wegen ihrer Untaten stellte (s.o. §250).

397 S.u. §321.

398 S.o. §§141, 249.

§255

Daß ein solches Schriftstück dann zum Begleiter einer lebenden oder toten Person werden konnte, wurde in der religiösen Metaphorik so ausgedrückt, daß der Gott sein Orakel wie ein eigenständiges göttliches Wesen "*aussenden*" konnte (wḏj-ḫrtw)[399]. Ähnlich heißt es im Leidener Amunshymnus, daß ein ḫrtw "*hervorgeht*" (VI.2.2.).

[399] S.o. §§114, 143.

Die Form der Orakeldekrete

1. Terminologie

§256
Die Orakeldekrete, gelegentlich in der Literatur auch "*Götterdekrete*" genannt[400], tragen ihren Namen insofern zu Recht, als sie auch von den Ägyptern **wḏ / wḏ.t** genannt werden konnten[401]. Da diese Bezeichnung auch für Reden der Götter in den Orakelprotokollen belegt ist, ist damit auch der innere Zusammenhang mit diesen sichergestellt, obgleich die Prozedur, die in den Orakelprotokollen beschrieben wird, in den Dekreten so nicht mehr aufzufinden ist.

2. Gemeinsamkeiten in der äußeren Form

§257
Der Orakelprozess, der zu den "Dekreten" geführt haben könnte, ist nur insofern ein formbildendes Element, als das wiederholte **ḏd-**(Gott)*NN* als Einleitung der verschiedenen "Paragraphen" in einigen Dekreten den einzelnen Fragen entsprochen haben könnte, die dem Gott vorgelegt wurden[402].
Anspielungen auf den Orakelprozess, dem die Dekrete ihre "Gültigkeit" verdanken, finden sich innerhalb dieser Textgruppe nicht selten:

II.22.a. (Z.30): **wḏ.t-tn hn<.t>.j-jm.s,**

II.21.a. (Z.92; 98f.): von Dingen, "*die man vergessen hat, vor mir zu sagen*" (**sḫm.w r-ḏd.w m-bꜣḥ.j**),

(Z.107): **jr-pꜣj-ḏd-j.jrjw.w,**

(Z.111f.): **jr-md.t-nb<.t>-nfr<.t> j.ḏd.w m-bꜣḥ.j r-ḏd-j.jrj-st ...,**

II.21/22.a., L.1., vso., 56f.: von Angelegenheiten, "*die (uns) täglich vorliegen*" (**ntj-wꜣḥ m-bꜣḥ m-mn.t**),

---

400 So Otto, in: LÄ II, Sp.675ff., s.v. **Götterdekret.*
401 S.o. §117.
402 S. aber §254.

II.21.c.: **ḏd-Jmn-ns.t-tȝ.wj .....m-ꜥ-2 n-mḏȝ.t**[403] **jw.w-mtr.f ẖ(.t) n-nȝ-mḏȝ.wt j.wȝḥ m-bȝḥ-Jmn-ns.t-tȝ.wj,**

passim: die Verwendung des Wortes **ḫrtw** innerhalb der Orakeldekrete.

Umgekehrt zeigen die direkten oder zitierten Götterreden in den Orakelprotokollen (I.21.d./e./f.) die charakteristische Einleitungsformel des Orakeldekrets sowie das für es typische Futurum III, auch in seiner verneinten Form mit *converter* : **jw-bn-jw.n-(r-)** (I.21.f., Z.x+8, s.u. §264).

§258

Die formalen Elemente dieses Text-Typs sind weniger vielfältig als die der Orakelprotokolle. Dies ist insofern nicht erstaunlich, als die Dekrete nur einen Bestandteil des Orakelprotokolls, die göttliche Antwort, darstellen. Darüber hinaus fallen die Orakeldekrete ihrem Inhalt nach weitgehend nur unter *eine* der drei oben[404] aufgestellten Kategorien von Orakelsprüchen, derjenigen, die sich auf Bitten um direktes Eingreifen der Gottheit aufgrund ihrer höheren Macht bezieht.

§259

Gemeinsam ist den Dekreten die Einleitung durch die Formel **ḏd** + Göttername. **ḏd**, welches häufig mit der Götterstandarte determiniert ist, dürfte als aktivisches, perfektisches **sḏm.f** zu verstehen sein.

Neben 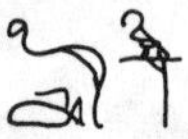 findet sich auch die Schreibung 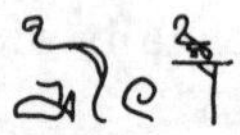 (II.21.c., Tablette McCullum, Z.8). Die Schreibung  (II.33.a.) sieht aus, als sei gemeint: "*was gesagt hat....*".

§260

Die Einleitung dieser "Dekrete" hat wenig gemeinsam mit der der königlichen Verordnungen, die häufig nach dem Datum und dem königlichen Protokoll eingeleitet werden mit der Formel **(jw-)wḏ(.n-)ḥm.f/.j** + Infinitiv des Befohlenen

[403] S.o. §234.
[404] S.o. §135, (2).

oder subjunktivischem **sḏm.f** [405]. Wenn auch die Orakeldekrete als **wḏ** oder **wḏ.t** bezeichnet werden können und der Gott als einer gepriesen werden kann, der "*seine Befehle gibt*" (**jrj-wḏ.w.f**, VI.2.4.) oder der etwas befohlen hat (VI.2.5./6.), wird doch die Tätigkeit des Gottes innerhalb der eigentlichen Dekrete stets mit **ḏd** und nicht mit **wḏ** bezeichnet.
In der Einleitung der Dekrete II.21.a./b. in Gestalt einer langen Reihe von Epitheta und preisenden Beiworten des Amun, eröffnet mit **nṯr-pn-špsj** (= **nṯr-nfr** ?) und endend mit dem Titel **njswt-bjt** + Gottesname, ist vielleicht eine Entsprechung zum Königsprotokoll vor Dekreten zu erkennen[406].

§261

Die Dekrete selbst bestehen vorwiegend aus Verbalsätzen im Futurum III, welches auch in den Orakelfragen häufig Verwendung findet[407]. Subjekt dieser Sätze sind in der 1.p.sing./pl. die Gottheiten; von der Person und ihren Belangen, um die es geht, ist stets in der dritten Person die Rede[408]; dies mag bei den meisten der erhaltenen Orakeldekrete darin seinen Grund haben, daß diese Person entweder tot oder noch ein neugeborenes Kind war, in der Orakelinschrift über das Vermögen der Henut-tawi (I.21.e.) ist es dadurch bedingt, daß sich die Gottheiten auf die Person des Vermittlers beziehen. Wie auch das **ḏd** der Einleitungsformel wird das pluralische **jw.n** oft mit dem Götterdeterminativ geschrieben, vielleicht, weil das Wort als unmittelbare Äußerung des göttlichen Willens betrachtet wurde, wobei die Schreibung durch das singularische 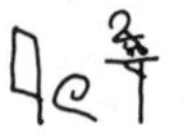 beeinflußt sein mag. Zur graphischen Indifferenz gegenüber 1. und 2.p.pl. s.o. §249. Das **r-** des Futurums III ist in der Regel nicht ausgeschrieben, jedoch findet man in pKairo 58034 (II.33.a.) die Folge:

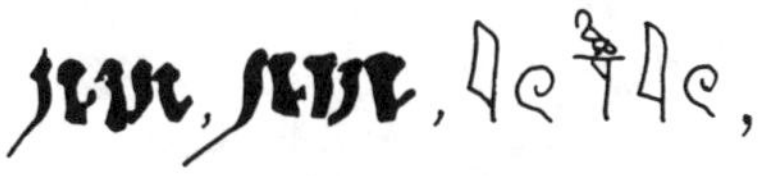

die wohl für **jw.j-r-** steht.

---

[405] Urk.IV, 2078; 2109; KRI I, 51,1; Stele des Apries in Mitrahina, Gunn, in: ASAE 27, 1927, 217.

[406] Zum Beiwort der Götter in den Dekreten: **pꜣ-nṯr-ꜥꜣ wr n-šꜣꜥ-(n-)ḫpr**, s. Edwards, in: JEA 41, 1955, 96ff.; Parker, in: JEA 42, 1956, 122; Kruchten, Djéhoutymose, 343, Anm.1; 350.

[407] S.o. §181.

[408] Edwards, O.A.D. I, XVIII.

§262

Die Verben, die für das Handeln stehen, welches die Götter in den Dekreten zusagen, sind vorwiegend solche des Veranlassens, daß etwas geschieht: **rdj** + subjunktivisches ("*non-initial prospective*"[409]) **sḏm.f**; Kausativa (**(s)ꜥnḫ**, **nṯrj**, **(s)snb**); **rdj m-ḥr** ("*beauftragen*")[410]. Auch bei anderen Verben geht es häufig um diesen Bedeutungsaspekt, so bei **pẖr-ḥꜣtj** [411], "*(jds.) Herz umkehren*", d.h. ihn etwas anderes als bisher tun lassen. Die Verben des Schützens, **šdj**[412], **ẖwj**[413], **rwj** ("*vertreiben (von Üblem)*")[414], sind umgekehrt Ausdrücke für das Verhindern, daß etwas geschieht.

§263

Das Futurum III, in den Orakeldekreten die dominierende grammatische Form, wird gelegentlich durch einen Konjunktiv weitergeführt[415].

§264

Die häufig vorkommende Verneinung des Futurum III: **bn-jw.f-(r-)sḏm**, wird durch **jw** als *converter* eingeleitet und der positiven Form nachgeordnet; das Subjekt dieser nachgeordneten Negativsätze sind häufig diejenigen, die im Positivsatz an etwas gehindert werden sollen oder etwas sein / tun sollen:

jw.j-<r->pẖr-ḥꜣtj.s jw-bn-jw.s-<r->jr<t>-n.f md.t-nb<.t> ....[416].

Seltener ist es die dekretierende Gottheit selbst:

jw.j-<r->nṯrj-bꜣ.f .....jw-bn-jw.j-<r->djt-jrj.tw-sḥtm-bꜣ.f [417].

---

409 Cerny-Groll, LEG, §45.
410 S.o. §236.
411 II.21.a., §4f. = Z.59ff.; I.21.e., Z.21 (?); Gunn, in: JEA 41, 1955, 89.
412 O.A.D. (II.21/22.a.), *passim*; II.21.b., Z.46f.
413 II.21.b., Z.48.
414 II.21.a., §7, Z.99; II.21/22.a., L.2. vso., 28, *et passim*.
415 II.21.a., §3, Z.56.
416 II.21.a., §5, Z.65f.
417 II.21.b., Z.36ff.; s. auch I.21.f., Z.x+8.

§265

Das Negativ-Verbum **tm**, welches in den königlichen Dekreten eine gewisse Rolle spielt (**r-tm-djt**, "*um zu verhindern/verbieten*", z.B. KRI I, 51f.), findet sich dagegen nur selten, so in O.A.D. (II.21/22.a.) L.1. vso., 47f.: **jw.n-tm<-djt>-^{c}ḥ^{c}-rmṯ...** [418].

§266

Das Dekret, das durch wiederholtes **ḏd**-(Gott)*NN* in Unterabschnitte (§) eingeteilt werden kann[419], kann schließen mit der Formel: "*So sprach(en) der (die) große(n) Gott (Götter)*" u.ä.:

I.22.a., Z.16,

II.21.a./b.,

O.A.D. (II.21/22.a.), L.1. vso., 50ff.,

III.20.i., vso., 1.

Danach kann es den für das Orakelwesen und seine Techniken recht aufschlußreichen Hinweis geben:

II.21.b., Z.67,

O.A.D., L.7., 73f.,

O.A.D., T.1. vso., 108f.,

O.A.D., C.1., 99f.

---

418 S. auch I.21.e., Z.20 (**jw.tn-<r->[tm-]djt-rd.w**); Z.21 (**jw.n-<r->pẖr-[ḥꜣtj.w...] (...) r-tm-ꜣ^{cc}.s r-tm-[jrt-n.s md.t-nb.t-bj]n.t**).

419 S.o. §247.

"Gemacht gemäß dem, was der große Gott / die großen Götter gesagt hat / haben".

Es wird so getan, als sei das Schriftstück erst angefertigt worden, nachdem der Orakelgott "*gesprochen*" hatte; jedoch weiß man aus anderen Passagen, daß solche Texte dem Gott "*vorgelegt*" wurden[420]. Ob diesem Akt schon eine "Rede" des Gottes vorausging, die dann schriftlich fixiert und ihm zur Bestätigung vorgelegt wurde, ist schwer zu entscheiden. In den "Vergessensklauseln"[421] der einzelnen Dekrete ist das "*Vorlegen*" (wꜣḥ m-bꜣḥ) der Dokumente (O.A.D., L.1. vso., 56, C.1., 96ff.) äquivalent mit dem "*Sagen*" (ḏd) vor dem Gott (II.21.a., s.o. §257) einerseits, mit dem Sagen des Gottes selber andererseits (O.A.D., L.2. vso., 52ff.). Der Gott, wenn er im Orakel "*redete*", bezog sich demnach auf einen bereits vorliegenden Text[422], der also nicht umgekehrt erst nach einer "Rede" des Gottes angefertigt wurde. Der mündliche Vortrag oder die schriftliche Vorlage des Textes vor den Gott und dessen Zustimmung wären dann äquivalent einer *Rede* des Gottes. Dies wird auch durch den etwas tautologischen Passus: "*es sprach Gott NN in/durch zwei Schriftstücke, die es* (das Sprechen?) *bezeugen*"[423], nahegelegt. Andererseits geht der Text O.A.D. (II.21/22.a.), T.3. rto., 118ff., in der Vergessensklausel von einer möglichen Disparatheit aus zwischen den Dingen, die dem Gott "*vorgelesen*" (šdj) wurden, und dem, was im abgesegneten Text stand: "(*wir werden tun....*) *ebenso auch, was vorgetragen, aber nicht (schriftlich) gemacht wurde*".

3. Der inhaltliche Aufbau der Orakeldekrete

a. *Stèle d'Apanage (II.22.a.)*

§267

Obwohl der Text zunächst völlig unüberschaubar wirkt, ist er in seinem Aufbau relativ schlicht. Der ganze Text besteht aus drei Elementen.

Überweisung des Vermögens, Z.1-24:

ḏd-Jmn-Rʿ......jr-tꜣ-s.t n-sḫ.wt j.grg<.t>-NN1 ....jw.j-<r->smn.w n-NN2,

"*Es hat gesprochen Amun-Re ... : 'Was das Landgut betrifft, das NN1 gegründet hat ...., ich werde sie* (constructio ad sensum, da die Aufzählung der einzelnen Bestandteile vorausgegangen) *dauerhaft übereignen dem NN2...*",

---

[420] S.o. §257.

[421] S.u. §283.

[422] S.o. §245, Anm.378.

[423] II.21.c., s. Cerny, in: BIFAO 41, 1942, 108f.; Lesung von mtr mit Vorbehalt, s. ebd., 113, Anm.K.

Ausschließungs- und Vererbungsbestimmung, Z.24–26:

... jw-bn-jrj-nꜣ-ktḫw-ḫrd.w .... rḫ-ᶜq-ḫr.w r-pš-jm.w ḥr-sꜣ-dwꜣw ... wpw-st-m-dj-NN*2*
j.jrj.f-dj<t>.s ᶜn n-zꜣ n-zꜣ.f jwᶜ n-jwᶜ.f ....,

"... ohne daß die anderen Kinder .... Zutritt zu ihnen haben können in Zukunft, um Teil an ihnen zu haben ...., sondern sie gehören NN2; daß er sie wiederum gibt, ist (nur) dem Sohn seines Sohnes, Erben seines Erben ....".

Verfluchungsformel gegen Dritte, Z.26ff.:

jw-jr-pꜣ-ntj <r->mnmn-wḏ.t-tn ...

§268

In die erste Klausel, die von ihrem Gehalt her nur den Übergang des Vermögens vom HPA **Jwrṯ** an seinen Sohn Chamawisa regelt und unter den Schutz des Gottes stellt, wurde in Kurzform der Inhalt der Urkunden über die Zusammenbringung dieses Vermögens hineingepackt mit Nennung der Güter, ihrer Vorbesitzer und der vom HPA an diese gezahlten Preise[424]. Dies alles wurde dadurch zur "Rede" des Gottes, der damit wohl auch noch mögliche Ansprüche der Vorbesitzer an die neuen Herren abwehren und für gegenstandslos erklären sollte. In der Vererbungsklausel geht es dagegen um die Fixierung eines Alleinanspruches des Chamawisa und seiner Nachkommen gegen Seitenverwandte[425]. Die Verfluchungsformel richtet sich jedoch nicht gegen Leute, die gegenüber Chamawisa und seinen Nachkommen Ansprüche geltend machen könnten, die das Dekret zurückgewiesen hat, sondern gegen die, die am Wortlaut oder am materiellen Dasein des Dekrets selbst rütteln[426].

§269

Gerade an einem solchen Orakeldekret von relativ einfachem Aufbau wird deutlich, daß das Orakeldekret nicht einfach als "Orakelprotokoll mit Auslassung der Orakelfragen" zu definieren ist, auch wenn es innerhalb der Ora-

---

[424] S.u. §§461ff.

[425] S. Mrsich, in: LÄ I, Sp.1250 und Anm.205f., s.v. **Erbe.*

[426] Eine solche zweifache Art, gegen ein Gesetz zu verstoßen, gibt es natürlich nur da, wo die "Gültigkeit" einer Verordnung an ihr materielles Dasein (z.B in Gestalt einer Stele) gebunden ist; wenn diese erst einmal durch eine öffentliche Gewalt garantiert wird (die dann freilich auch nur noch *ihre* Bestimmungen als Gesetze zuläßt!), gibt es nur noch den Verstoß gegen den *Inhalt* der Gesetze; gegen die *Existenz* der Gesetze kann sich kein Verbrecher mehr richten. Ein göttlicher Schutz derselben entfällt damit ebenfalls.

kelprotokolle Übergänge gibt zur Form des Orakeldekrets[427]. Die Texte I.21.e./f. geben, trotz ihrer starken Zerstörung, noch einen Eindruck, durch wie komplizierte Befragungsstrategien Bestimmungen zustande kommen konnten ähnlich denen, die in der Stèle d'Apanage in drei wesentlichen Punkten zusammengefaßt sind.

§270

Dies gilt auch für den Text I.22.b., der wie ein Orakelprotokoll beginnt:

[Datum –] König – [**hrw - pn sḥ** **sḫ^{c}j n—nṯr-**]**pn-špsj Jmn-R^c...**

und dann in zwei jeweils mit **ḏd-Jmn-R^c** ... eingeleiteten "Paragraphen" die Garantie der Dauerhaftigkeit einer Stiftung in Memphis und die Fluchformel enthält. Solche Fluchformeln, eingeleitet durch **ḏd-**(Gott)*NN*, haben sich gerade in der Libyerzeit zu einem Abschluß von Inschriften verselbständigt, daß man nicht mehr beurteilen kann, ob es hier überhaupt noch einen Bezug zum Orakelwesen gibt, vgl. die Texte unter II.22/23.a.

b. Die Orakeldekrete über das Leben im Jenseits – Allgemeines

§271

Von den beiden Dekreten des Amun zur Sicherstellung der Jenseitsexistenz von Neschons und Painedjem II. (II.21.a./b.) hat man[428] insbesondere von dem für Neschons bestimmten Text angenommen, er sei ein durch besondere historische Umstände (Animositäten zwischen den Ehepartnern, Furcht des Mannes vor Nachstellungen durch den Geist seiner verstorbenen Frau, deren Rache er aus irgendwelchen Gründen zu befürchten hatte) zustande gekommenes kurioses Dokument.

Dagegen spricht,

- daß auch Painedjem II. ein solches Dokument für sein eigenes Jenseitsleben besaß, in dem von Neschons nicht die Rede ist;
- daß sich im Dekret für Painedjem II. Vergleiche finden, die darauf schließen lassen, daß, zumindest in dieser Zeit und an diesem Ort, Amun überhaupt als der betrachtet wurde, der die Macht hatte, die Verstorbenen bei

[427] S.o. §247.
[428] Vgl. die unter II.21.a./b. aufgeführte Literatur, insbesondere Spiegelberg und Kees.

den Herren des Jenseits Gnade finden zu lassen: "*Ich werde ihn groß sein lassen wie die Verklärten, die ich habe groß sein lassen, ich werde ihn vergöttlichen wie die, die ich vergöttlicht habe*" (Z.55f.);

- daß das wesentlich später entstandene Dokument II.33.a. über die Vergöttlichung des Osiris in der Unterwelt durch Amun viele Ähnlichkeiten mit den beiden Dekreten aufweist. Die drei Dokumente dürften daher zu einer Gruppe genormter und auf dieser Grundlage auf die besondere Situation (z.B.: Wer ist der Hinterbliebene, der gegebenenfalls von dem Geist des Verstorbenen behelligt werden könnte?) zugeschnittener Texte gehören, von der nicht mehr Beispiele erhalten blieben. Diese Gruppe wäre dann das Gegenstück der O.A.D. (II.21/22.a.), die sich auf den Schutz *lebender* Personen beziehen.

c. *Das Dekret für Neschons (II.21.a.)*

§272

Die elf Paragraphen[429] über das Jenseitsleben der Neschons machen auf den ersten Blick in ihrer Verklausuliertheit den Eindruck, es ginge unablässig um dasselbe; jedoch in der Art, *wie* dies zum Gegenstand der Garantieerklärungen des Gottes gemacht wird, gibt es eine Entwicklung. Einschnitte in formaler und inhaltlicher Hinsicht ergeben sich zwischen dem ersten Paragraphen, der keine Rede des Gottes enthält, sondern von der Aussendung des Orakels durch Amun zur Vergöttlichung der Neschons spricht, und den §§2–11 sowie zwischen §§2–5 und 6–11. Die §§2–11 werden jeweils eingeleitet durch **ḏd-Jmn-Rᶜ** ...

§273

Die §§2 und 3 enthalten die Willenserklärung Amuns zur Vergöttlichung (**nṯrj**) der Neschons, §2 mit der Aufzählung der Orte des Jenseits[430], an denen dies geschehen soll und der davon betroffenen Wesenskomponenten der Neschons (**bꜣ** und **ẖꜣ.t**), §3 mit der Aufzählung der dazu notwendigen Voraussetzungen: Essen, Trinken, freie Beweglichkeit ihres **bꜣ**.

---

429 Zählung gemäß der Transkription von Edwards, in: JEA 41, 1955, 100ff.

430 Im Neschons-Dekret (II.21.a.) **jmnt.t** und **ẖr.t-nṯr**; im Dekret für Painedjem II. (II.21.b.) kommen hinzu noch **dwꜣ.t** und **s.t-nb.t**; im Dekret II.33.a. **ẖr.t-nṯr**, **dwꜣ.t**, **jmnt.t**, **(m)ᶜḥᶜ.t**.

In den §§4 und 5 steht der Schutz des Hinterbliebenen Painedjem II. vor dem unzufriedenen Geist der Neschons im Mittelpunkt durch die Günstigstimmung der Neschons (**pẖr-ḥꜣtj**[431]). Es mag sein, daß zunächst diese Günstigstimmung gegenüber Painedjem als Folge ihrer guten Aufnahme im Totenreich gemeint ist; in der letzten Bestimmung des §5 ist jedoch umgekehrt das Gute, das Amun für sie geschehen lassen will, davon abhängig gemacht, daß sie ihrerseits dem Painedjem nichts Schlechtes widerfahren läßt:

"*ich werde geschehen lassen, daß für sie ist alles, was nützlich ist* ...(**jw.j-<r->djt-ḫpr jw-pꜣ-ntj-ꜣḫ-n.s** ....)[432], *sofern alles Gute ... für Painedjem und seine Angehörigen geschieht*" (**m-pꜣ-md.t-nb<.t>-nfr<.t>....ḫpr m-dj-Pꜣj-nḏm** ...[433]) (Z.84ff.).

§274

Während die §§2–5 sich zusammensetzten aus Einzelbestimmungen, eingeleitet mit **jw.j-<r->**, in denen der Zweck des Götterdekretes im Mittelpunkt stand, für die Jenseitsexistenz der Neschons und die Günstigstimmung ihres Herzens zu sorgen, sowie für die dazu erforderlichen Mittel und Voraussetzungen, gehen die §§6–11 umgekehrt von diesen Mitteln und Voraussetzungen aus: deren Sicherstellung wird zum Gegenstand eigener Garantieerklärungen. Diese Paragraphen unterscheiden sich daher auch in ihrer Form von den §§2–5: auch in ihnen dominieren die Willenserklärungen in Form der 1.p.sing. des Futurum III, aber den Bestimmungen der §§6, 7, 9, 10 und 11 wird eine mit **jr-** eingeleitete Benennung der Dinge vorangestellt, auf die es als Voraussetzung der Jenseitsexistenz der Neschons bzw. des Wohlbefindens Painedems II. (§11) ankommt.

§275

§6 ist den §§7 und 8 übergeordnet und nennt zusammenfassend alles, wodurch ein Toter göttlich sein kann als Gegenstände der Garantie des Gottes, daneben insbesondere das Gebet **wr-ḥzw.t-Rꜥ**. Der Passus: "*und man wird nicht zerstören ihren Ba in der Nekropole jemals*" (Z.90), ist eine Wiederaufnahme aus §2 (Z.45f.), der am Anfang der ersten Gruppe der Paragraphen steht, so, wie §6 am Anfang der zweiten.

---

[431] Belege für diesen Ausdruck bei Gunn, in: JEA 41, 1955, 89; dazu noch I.21.e., Z.21: **jw.n-<r->pẖr[-ḥꜣtj.w?]**.
[432] Zur Übersetzung s. Gunn, in: JEA 41, 1955, 92, Anm.20.
[433] Gunn, in: JEA 32, 1946, 93.

Die §§7 und 8 sind die Ausführung von §6: §7 enthält die "Vergessensklauseln"[434], daß der Gott für alles, was für die Vergöttlichung der Neschons von Wichtigkeit sein könnte, sorgen will für alle Zeit, gleichgültig, ob es vor ihm gesagt wurde oder ob vergessen wurde, es zu sagen. §8 enthält die Garantie des Gebets **wr-ḥzw.t-Rᶜ** und des Totenopfers.

Auch die §§9–11 enthalten Stellungnahmen des Gottes zu Orakelfragen. §10 ähnelt in der generellen Art, in der er sich auf alles, was für Neschons gut sein könnte, bezieht, dem §7. Die Differenz liegt nur im Aspekt, unter dem die Dinge betrachtet werden: hier nicht so sehr unter dem Aspekt, daß der Gott nichts auslassen werde, sondern daß er keine künftige Unvollständigmachung (durch andere) zulassen werde, sei es durch Wegnahme (**ṯ3j**), sei es durch Kürzung (**ḫb3**). §11 als letzter Paragraph der zweiten Gruppe bezieht sich auf das irdische Wohlergehen des Painedjem und seines Anhangs, so, wie die §§4 und 5 in der ersten Gruppe, hier aber, wie überall in den Paragraphen der zweiten Gruppe, vom Standpunkt der "*guten Dinge*" aus, um die für ihn im Orakel gebeten worden ist.

d. Das Dekret für Painedjem II. (II.21.b.)

§276

Dieser Text besteht nur aus zwei, jeweils durch **ḏd-Jmn-Rᶜ** ... eingeleiteten "Paragraphen", die dafür umso mehr Einzelbestimmungen enthalten. Sie entsprechen der Zweiteilung des Neschons-Dekretes (II.21.a.) in die §§2–5 und 6–11, insofern §1 des Painedjem-Textes mit Einzelbestimmungen in Form von Aussagen im Futurum III (**jw.j-‹r-›**) Erklärungen zu Ziel und Zweck des Dekretes enthält, während §2, eingeleitet mit **jr-**, das, was beim Orakel vergessen worden sein könnte, vor die göttliche Willenserklärung setzt.

§277

Der Text ist stärker formalisiert als II.21.a. und daher auch ärmer an grammatischen Phänomenen. Die Einzelbestimmungen des §1 sind durch Parallelismen zu größeren Einheiten zusammengefaßt, die sich auf die verschiedenen Bereiche des Jenseitslebens bzw. des Übergangs in dasselbe beziehen: einzelne Bestimmungen oder auch Gruppen parallel gebauter Einzelbestimmungen werden durch entsprechende Negativbestimmungen abgeschlossen:

---

[434] S.u. §283.

§1 a. **jw.j-<r->nṯrj.f m-dwꜣ.t** Z.33ff.
" " **m-ẖr.t-nṯr**
" " **m-s.t-nb.t ntj-tw.tw-nṯrj ꜣḫ-jm**

§1 b. **jw.j-<r->djt-šzp.f-mw-jmnt.t**
" " " **-ḥtp.w n-ẖr.t-nṯr**
" " " **-t' snṯr ....**
" " " **-mw ḥnq.t jrṯ.t jrp šdḥ**

§1 c. **jw.j-<r->nṯrj-bꜣ.f ẖꜣ.t.f m-Jmnt.t**
" " " " **m-ẖr.t-nṯr**
" " " " **m-s.t-nb.t ntj-sw-jm....**

jw-bn-jw.j-<r->djt-jrj.tw-sḥtm-bꜣ.f ꜥnꜥn[435] **r-ḫt-nḥḥ ḥnꜥ-ḏ.t**

Im ganzen läßt sich der §1 des Dekretes in die folgenden Gruppen von Einzelbestimmungen gliedern:

§1 a. Vergöttlichung des Painedjem an allen Orten des Jenseits,

§1 b. Opferempfang,

§1 c. Vergöttlichung von **bꜣ** und **ẖꜣ.t** an allen Orten des Jenseits (Z.33ff.),

§1 d. Günstige Aufnahme durch die Götter und Wesen des Jenseits,

§1 e. Ungehinderte Bewegungsfreiheit des **bꜣ** und Schutz desselben,

§1 f. Vergöttlichung, Schutz und Verklärung von **bꜣ**, bzw. **ẖꜣ.t**, bzw. **ꜣḫ** (mit Wortspiel **ḫwjt-ẖꜣ.t.f** entsprechend zu **sꜣḫ-ꜣḫ.f**) an allen Orten des Jenseits. (Z.39ff.),

§1 g. Schutz vor dem Jenseitsgericht,

§1 h. Günstige Aufnahme durch die "*Großen*" (d.h. wohl die "*Verklärten*") an allen Orten des Jenseits,

§1 i. Öffnung aller Tore der Unterwelt und freier Zugang zu den Gefilden des Jenseits (Z.49ff.),

§1 k. Groß sein lassen des Painedjem wie die **ꜣḫ.w**, die Amun hat groß sein lassen, Göttlich sein lassen wie die, die Amun hat göttlich sein lassen, Opferversorgung[436],

§1 l. Garantien für die Unsterblichkeit und Versorgung des **bꜣ** (Z.55ff.).

---

[435] Zu **ꜥnꜥn** s. Gunn, in: JEA 41, 1955, 88.

[436] Mit versuchsweiser Ergänzung von Z.56f.: **jw.j-<r->djt-nꜣs (njs?)-bꜣ.f ḫft(!)-dm-[rn.f] jw.j-<r->djt-šzp.f<-ḥtp.w(?)> ḫft(!)-znntj.f (=znn,** "*Schriftstück*"? Wb.III, 460,1).

§278

Der Aufbau des §2 läßt sich am einfachsten durch eine Wiedergabe des gesamten Textes verdeutlichen:

ḏd-Jmn-Rʿ ....

jr-md.t-nb<.t>-nfr<.t> j.sḫm.w r-ḏd.w r-Pꜣj-nḏm ...

jw-ntw (pron.3.pl)-j.jrj-nṯrj.f

mtw.w ———————— nṯrj-bꜣ.f

" ———————— ḫwj<t>-ẖꜣ.t.f

" ———————— sꜣḫ-ꜣḫ.f

" -djt- šzp.f-mw ḥtp.w

" " " -t' snṯr

" " " -mw hnq.t jrṯ.t dgꜣ jrp šdḥ

" " prj-bꜣ.f ʿq.f m-dd-ib.f jw-bn-jw.tw-<r->šnʿ.f

" -jr<t>-n.f qj-nb n-nṯrj.f ("*jede Bedingung dessen, daß der göttlich ist*", oder: "*seiner Vergöttlichung*")

jw.j-<r->jr<t>.w n-Pꜣj-nḏm......dr.w

jw-mn-<m->dj.w zpp (Z.59–66).

Die Ausführung der Bedingungen für die Vergöttlichung beziehen sich auf die Willenserklärungen des ersten Paragraphen in der Reihenfolge §1 a., f., b., d.

e. Das Dekret über die Uschebtis der Neschons (II.21.c.)

§279

Das Dekret besteht aus drei Paragraphen, die ersten beiden beziehen sich auf Erklärungen des Amun-Re (njswt-nṯr.w), die die Funktion der Uschebtis für Neschons sicherstellen sollen. Der dritte Paragraph dieses Dekretes wird in den beiden erhaltenen Fassungen als Kopie oder Wortlaut (ẖ.t [437]) der Dokumente bezeichnet, die im "*Jahr 5*" dem Amun (ns.t-tꜣ.wj) vom "*Obeliskenhaus*" (ḥw.t-brbr) vorlagen.

§280

§1: eine Bestimmung, eingeleitet mit jw.j-<r->djt m-ḥr n-nꜣ-tr-wšbtj .... r-djt-jrj.w..., daß die Uschebtis der Neschons alle Dienstleistungen (md.t n-ḫꜣm) für Neschons erbringen sollen, die sie für einen Toten erbringen, ohne daß etwas davon fehlt.

[437] Wb.III, 358,15; Erichsen, DG, 374; Cerny, in: BIFAO 41, 1942, 113, Anm.I.

Zusatz, eingeleitet durch **ḏd-pꜣ-j.jrj-Jmn**, daß sie dies (nur) für Neschons tun sollen.

§2: zwei Einzelbestimmungen mit der Einleitung **jw.j-<r->djt m-ḥr n-nꜣ-tr-wšbtj ....** **r-djt-jrj.w...**, bzw. **jw.j-<r->djt m-ḥr.w r-mkt.s ...**

- Bestimmung, daß diese Dienstleistung der Uschebtis als eine Dienstverschonung (**mkj**) des Toten eine Dienstverschonung der Neschons sei,
- Bestimmung, daß diese Dienstverschonung der Neschons in allen Jahren, allen Monaten des Jahres, allen Dekaden, allen Tagen und allen Epagomenen des Jahres stattfinden soll.

§3: Dekret des Amun (**ns.t-tꜣ.wj**) vom Jahr 5, 4. **šmw** 2.

Die beiden Bestimmungen des §3 sind, so wie auch die Bestimmungen in den Schlußparagraphen der anderen Orakeldekrete, charakterisiert durch die mit **jr-** eingeleitete Voranstellung der zu garantierenden Bedingungen für die Verwirklichung des Gotteswillens. Hier ist es die Bezahlung der Uschebti-Hersteller[438],

- dergestalt, daß sie vollständig bezahlt sind (1. Bestimmung),
- dergestalt, daß durch diese Bezahlung die Funktion der Uschebtis sichergestellt ist (2. Bestimmung).

Dieser Paragraph enthält keine Willenserklärung des dekretierenden Gottes bezüglich des zu garantierenden Sachverhalts (**jw.j-<r->**), sondern stellt den Sachverhalt als solchen fest.

f. Der Aufbau der Dekrete über das Jenseitsleben allgemein

§281

Insbesondere die beiden Texte II.21.a./b. zeigen, daß das Orakeldekret eine aus dem Orakelprozess hervorgegangene, auf ihn verweisende Form ist; deutlich ist aber auch die Eigenständigkeit dieser Form der Offenbarung des Gotteswillens gegenüber den göttlichen Willenserklärungen innerhalb der Orakelprotokolle.

---

[438] Eine göttliche Bestätigung, daß etwas vollständig bezahlt ist, wie hier mit **ḥtm** ausgedrückt, findet sich auch in I.22.f., 2,7; **ḥtm** ist sicherlich als "*vollbezahlt*" zu verstehen und nicht mit Parker, Saite Oracle Papyrus, 50: "*it is closed*"; vgl. Wb.III, 198,3.

Beide Texte sind zweigeteilt. Der erste Teil enthält eine göttliche Willenserklärung, die nicht mehr als Reaktion auf bestimmte Fragen erscheint, sondern als unmittelbare Äußerung des Gottes (Neschons: §§2-5, Painedjem II.: §1). Dafür findet sich aber im zweiten Teil (Neschons: §§6-11, Painedjem II.: §2) ein Rückbezug auf den Orakelprozess, der zugleich an diesen erinnert, wie er auch über dessen "Protokoll" hinausgeht. Denn hier wird nicht eine Antwort auf eine Frage gegeben; die Rede des Gottes hat vielmehr, insbesondere in der "Vergessensklausel" (s.u. §283), die grundsätzliche Stellung des Gottes zu allen möglichen geäußerten oder nicht geäußerten Orakelfragen zum Gegenstand. Hier stellt sich wiederum[439] die Frage, ob das Dekret nur eine besondere schriftliche Stilisierung des Orakelprozesses ist als Alternative zum Orakelprotokoll oder ob sich nicht eine besondere Technik entwickelt hat, Orakeldekrete vom Gott zu erlangen: indem man solche Texte nämlich dem Gott *in toto* zur "Verabschiedung" vorlegte.

§282

Andererseits weisen diese Texte eine enge Verwandtschaft mit den Orakelprotokollen auf; denn das Prinzip der tautologischen Vervielfachung eines Sachverhalts, wie er im Frage- und Antwortspiel des Protokolls zu beobachten war[440], waltet auch in den Dekreten. Dies zeigt sich schon an dem relativ kurzen Text II.21.c. über die Uschebtis der Neschons: in allen drei Paragraphen des Dekretes geht es einerseits immer um dieselbe Sache: die für Neschons erworbenen Figuren sollen für sie zu allen Zeiten zum Zweck der Dienstverschonung (mkj) fungieren. Andererseits hebt jede der Bestimmungen in den Paragraphen jeweils ein Element oder einen Aspekt hiervon heraus und macht ihn zum Gegenstand einer besonderen Garantie: daß die Uschebtis ihre Funktion für Neschons *vollständig* erfüllen sollen, daß sie sie *für Neschons* erfüllen sollen, daß diese Funktion den *Zweck* haben soll, den sie hat, daß sie ihn *für Neschons* haben soll, daß das Fungieren für diesen Zweck stattfindet, indem es *immer* stattfindet, daß die Figuren auch wirklich der Neschons *gehören*, daß sie *deshalb* auch ihre *Funktion* für sie ausüben sollen. Es ist so, als würde man einen Satz aus 10 Worten zehnmal hintereinander hinschreiben und dabei jedes Mal ein anderes Wort unterstreichen. Kein Aspekt der gewünschten Sache darf ausfallen und damit die Sache als Ganzes gefährden.

---

439 S.o. §266; s.u. §283, Anm.441.
440 S.o. §§226ff.

g. *Die "Vergessensklausel"*

§283

Ebenso ist das Verhältnis zwischen dem ersten und dem zweiten Teil in den Texten II.21.a./b. durch eine Verdopplung gekennzeichnet. Der Gott hatte zwar im ersten Teil der Dokumente erklärt, daß er die betreffenden Personen mit allem, was dazu gehört, vergöttlichen werde; dennoch stellt sich der zweite Teil auf den Standpunkt, daß von dem, was dazugehört, etwas fehlen könnte, so daß der im ersten Teil genannte Zweck in seiner Realisierung möglicherweise gefährdet wäre. Hier ist den Verfassern dieser Texte vermutlich aufgefallen, daß die Rede des Gottes durch entsprechende Fragen zustande gekommen sein könne und nicht von sich aus, wie der erste Teil vorgibt. Dann wäre der Inhalt der Gottesrede auch von dem abhängig, was *'vor dem Gott gesagt'* wurde, davon also, ob der *Befrager* an alles gedacht hatte, was notwendig für die "*Vergöttlichung*" war. Deshalb macht sich der Gott dadurch von dem Befrager unabhängig, daß er in einer besonderen Erklärung bestimmt, daß er auch das geschehen lassen werde, was vergessen worden sein könnte, vor ihm zu sagen (Neschons: §7, Painedjem II.: §2). Vom Standpunkt der Logik aus ist dies eine Absurdität: Nur weil man es für notwendig hielt, den Gott nicht nur generell, sondern auch detailliert nach allen Einzelheiten der Vergöttlichung um Erklärungen anzugehen, ergab sich ja die Möglichkeit, daß etwas vergessen worden sein könnte. Wenn nun der Gott es übernimmt, auch das Vergessene zu garantieren, so heißt dies, daß im Grunde die Detailliertheit des Abfragens überflüssig war, da der Gott auch so am besten weiß, was die "*guten Dinge*" im einzelnen sind. Für den Ägypter waren aber solche Widersprüche nicht existent oder sie lösten sich sehr einfach: Es geschieht alles, sofern der Gott nur *erklärt*, daß es geschehen soll. Und wenn sich der Fall ergibt, daß er etwas tun soll, von dem auch der, der es wünscht, gar nicht weiß, was es sein könnte, so muß der Gott eben nur erklären, daß er auch Dinge tun werde, um die er gar nicht gebeten worden ist[441].

---

[441] Diese "*Dinge*" (**md.t**, **nkt** u.ä.), die der Gott garantieren soll, werden mit wenigen Ausnahmen (so das Gebet "**wr-ḥzw.t-Rᶜ**") selbst nie genannt, sondern nur, *wozu* sie gebraucht werden. Dennoch spricht die "Vergessensklausel" davon, daß solche Dinge vor dem Gott genannt, andere aber vergessen worden seien. Dies könnte wieder ein Hinweis sein auf die schon mehrfach erörterte Frage nach der Art, wie es zu den Orakeldekreten gekommen ist. Denn diese Formulierung in der "Vergessensklausel" spricht dafür, daß es eine Befragung gab, wo diese "*Dinge*" nicht nur summarisch, wie in den Dekreten, sondern ausdrücklich beim Namen genannt und aufgezählt wurden. Dies wäre ein Argument dafür, daß es *vor* der Abfassung des Dekretes eine Orakelbefragung gab, deren Resultat dann in generalisierender Weise im Dekret zusammengefaßt und dem Gott zur endgültigen Verabschiedung vorgelegt wurde; vgl. oben §§266, 281.

h. *Orakeldekret und Königsdekret*

§284

Die Bezeichnung der Orakeldekrete als **wḏ**, **wḏ.t**[442], die Preisung des dekretierenden Gottes vor Beginn des eigentlichen Dekretes in den Texten II.21.a./b., vergleichbar den Preisungen des Königs vor dem Beginn der Königsdekrete[443], und die Stilisierung Amun-Re's als König lassen nicht über den Unterschied der Orakeldekrete zu königlichen Erlassen hinwegsehen.

§285

Die vier hauptsächlichen Paragraphen des Nauri-Dekretes[444], die sich auf den Schutz der Stiftung für den abydenischen Tempel Sethos' I. beziehen (Schutz der Bevölkerung, die zum Tempel gehört, Z.30ff.; der Herden, Z.55ff.; der Schiffe, Z.82ff.; der Priester, Z.97ff.), werden jeweils durch (**m-mjt.t**) **jw-wḏ.n-ḥm.f** eingeleitet, so wie entsprechend **ḏd**-(Gott)*NN* die Einleitung der Paragraphen in den Orakeldekreten ist. Es folgt die Aufzählung positiver und negativer Zwecke der Bestimmung (**r-djt-** / **r-tm-djt-**), danach Strafandrohungen im Falle der Zuwiderhandlung, denen, formal den zweiten Teilen der Orakeldekrete II.21a./b. ähnelnd, mit **jr-** eingeleitete Aufzählungen der Übeltäter voranstehen. Außer der Einleitung der Paragraphen des Nauri-Dekretes und außer den Bemerkungen innerhalb der Paragraphen des weniger formell gehaltenen Haremhab-Dekretes[445] wie: "*Meine Majestät hat befohlen, davon abzulassen*" u.ä., findet sich kein weiterer Hinweis auf die königliche Person als Subjekt der Verordnung.

§286

Dagegen weist das göttliche Subjekt der Orakeldekrete ständig auf sich selbst zurück. Keine Verordnung wird genannt, in der nicht der Gott von sich als demjenigen spricht, der etwas veranlassen oder verhindern will. Der "*Befehl*" nimmt die Form der *Selbstverpflichtung* des Gottes an, für bestimmte Zwecke einzustehen. Während das Königsdekret die Äußerung eines Zwecks ist, der

---

442 S.o. §117.

443 So auch im Haremhab- und im Nauri-Dekret: Urk.IV, 2140-2142,14 / Kruchten, Le décret d'Horemheb, 18ff., bzw. KRI I, 46,2-16.

444 S. Edgerton, in: JNES 6, 1947, 219ff.; Gardiner, in: JEA 38, 1952, 26.

445 Der Text des Haremhab-Dekretes wird im Vorspann als Wiedergabe einer Rede des Königs bezeichnet (Z.11f.); so dürften sich die formlosen Übergänge von einem Paragraphen zum nächsten erklären, wie: "*eine andere Missetat, von der* [*man gehört*] *hat...*" (Z.27 / Urk.IV, 2149,14f.).

unabhängig von diesem Text im Willen der königlichen Person und deren Mitteln Objektivität hat, ist es bei den Orakeldekreten als der Äußerung eines ideellen, vorgestellten Subjekts umgekehrt: Was der Gott will, bestimmt sich dadurch, was in das von ihm autorisierte Dekret hineingeschrieben worden ist. Das Orakeldekret *definiert* die Zwecke, die man sich vom Gott verfolgt wünscht; daher die Form der Selbstverpflichtung des Gottes.

i. Die Orakeldekrete für das diesseitige Leben (O.A.D., II.21/22.a.)

§287

Angesichts der eingehenden Behandlung dieser Textgruppe durch Edwards soll hier nur kurz auf einige Besonderheiten derselben innerhalb der anderen Orakeldekrete hingewiesen werden.

Das Schicksal des Toten im Jenseits war durch den Glauben weitgehend festgelegt; im Prinzip erhoffte jedes Individuum, denselben Zustand eines Verklärten zu erreichen, der versorgt und dessen Ba frei beweglich ist, und hatte auf dem Wege dorthin dieselben Gefahren zu fürchten; die Schutzdekrete für das Jenseitsleben hatten also auf das, was im Bereich der religiösen Vorstellungen hierzu bekannt war, Bezug zu nehmen; darüberhinaus war der Tote angewiesen auf gewisse Leistungen der Lebenden im Kultbereich seines Grabes, deren Inhalt feststand.

Der Schutz einer lebenden Person vor den Gefahren, die sie auf ihrem Lebensweg bedrohen können, ist dagegen etwas ganz anderes. Diese sind von nicht absehbarer Vielgestaltigkeit, überdies ist jedes individuelle Leben im Diesseits ein anderes und dementsprechend vielfältig können die Gefahren sein; dies macht sich insbesondere angesichts der Tatsache geltend, daß die zu schützenden Personen zum Zeitpunkt der Abfassung der Dekrete vermutlich noch Kinder waren[446], deren künftiges Schicksal nur im Rahmen ihrer Herkunft absehbar war.

§288

Diese Voraussetzung für die Abfassung der Texte hat sich in zwei gegensätzlichen Eigentümlichkeiten derselben niedergeschlagen.

Was den formalen Aspekt betrifft, sind die Texte relativ einfach konzipiert und bieten wenig Abwechslung; es handelt sich meistens um kurze, dreigliedrige Sätze in der 1.p.sing./pl. des Futurums III, deren erstes Element in den grammatikalischen Ausdrucksmitteln dieser Form, das zweite in der angekün-

[446] Edwards, O.A.D. I, XVI.

digten Handlung der Götter als Infinitiv und das dritte im Objekt dieser Handlung besteht. Der Monotonie dieser Satzform steht jedoch eine ungeheure Vielfalt im Bereich dieses dritten Elements der Sätze gegenüber; sie läßt die Texte einerseits zu einem Fundus von seltenen Wörtern werden, andererseits findet hier auch eine Spezifizierung statt, die gelegentlich eine Vielfalt grammatischer Formen hervorgetrieben hat; so die Transponierung der Relativsätze bzw. -formen, die zur Spezifizierung der Träume dienen, die die Götter einem Schützling zukommen lassen wollen, gemäß der erforderlichen Zeitstufe[447]. Diese Vielfalt hat ihren Grund zu einem erheblichen Teil in dem negativen Charakter dieser Texte: sie wollen der zu schützenden Person in den meisten Fällen nicht positiv vorschreiben, wie ihr Lebensweg auszusehen habe, sondern umgekehrt mögliche Gefahren bei seiner Beschreitung ausschließen. Ein großer Teil der Sätze sind daher Schutzzusagen mit dem Verbum **šdj**, erheblich seltener mit anderen Ausdrücken des Schützens[448] als zweitem Element, die das Bestreben erkennen lassen, möglichst viele Gefahren für das Leben des Schützlings aufzulisten. Zu Unfällen und Krankheiten kommen noch die Gefahren, die sich der Aberglaube ausmalte, in dessen Besonderheiten oft nur diese Textgruppe Einblick gewährt.

§289

Jedoch, so lang diese Aufzählungen auch sein mögen, sie müssen immer unvollkommen bleiben, und die auch in diesen Texten vorfindlichen "Vergessensklauseln"[449] zeigen, daß man diese Unvollständigkeit als Mangel für die Wirksamkeit der Dekrete empfand. Neben dem Verfahren, daß man besonders gefürchtete Gefahren detailliert auflistete, die dann auch in der gesamten Textgruppe immer wieder zu finden sind, hat man auch generalisierende Schutzzusagen in die Dekrete hineingeschrieben, wie nach einer Aufzählung der Götter, die für eine Quelle von Gefahr gehalten wurden, und anderen Übeln folgt:

"*Wir werden sie schützen vor jedem Gott und jeder Göttin des ganzen Landes, im Himmel, auf der Erde, im Süden, Norden, Westen, Osten*" (L.1. rto., 52ff.).

---

[447] T.1. rto., 17ff.

[448] **ḫwj / mkj** (T.1. rto., 11f.); **(jw.n-‹r-›jr‹t›-) jwd.s jwd-...** (T.1. rto.,12f.); **rdj-wḏꜣ-... m-ḏr.t-** (L.1. vso., 32; L.2. rto., 43 (**wḏꜣ r-**)).

[449] S.u. §292.

Die Erklärung:

"*Wir werden ihn schützen vor jedem Tod, jeder Krankheit, jedem* **ᶜb** (Wb.I, 174,15ff.), *jedem Schmerz* (**dḥr**), *jedem Fieber,* (**šm**), *jeder Entzündung* (**srf**) *....*" (L.5. vso., 43ff.),

verbindet sogar Generalisierung mit dem Prinzip der Detail-Aufzählung. Ferner aber hat man die Schutzzusagen ergänzt durch positive Garantien der Gesundheit (**(s)snb**), ein Verfahren, mit welchem durch die Aufzählung aller Körperteile als Objekte dieser Garantien tatsächlich eine Vollständigkeit der notwendigen Schutzzusagen erreicht werden konnte. Jedoch hat man den generalisierenden Schutzzusagen und den Gesundheitsgarantien nicht so vertraut, daß man deshalb das detaillierte Aufzählen der Gefahren für überflüssig gehalten hätte.
Die Methode der (tauto)logischen Vervielfachung von Orakelgarantien hat innerhalb der O.A.D. noch die Erklärung der Orakelgötter hervorgebracht, sie würden ihr "*Orakel*" von dem zu Schützenden Besitz ergreifen lassen[450]. Da **ḫrtw**, "*Orakel*", vemutlich das vorliegende Schriftstück meint[451], ist dies, *neben* den Garantien im Dokument, die Versicherung von dessen Wirksamkeit für den Schützling.

§290

Erklärungen der Orakelgötter, die nicht direkt oder indirekt auf den Schutz vor möglichem Unheil bezogen sind, sondern die Beförderung der Entwicklung des Kindes beinhalten, nehmen mit wenigen Ausnahmen[452] keinen Bezug auf individuelle Besonderheiten der jeweiligen Person, sondern beschränken sich auf Dinge, die allen Menschen gemeinsam sind: Öffnen des Mundes zum Essen und Trinken (*passim*), gutes Sehen und Hören (L.2. vso., 21f.; T.1. rto., 50ff.), Zusagen, jemanden erwachsen und klug werden zu lassen[453].

§291

Eine "Paragraphen"-Einteilung durch Wiederholung der Einleitungsformel **ḏd**-Gott-NN ist, wo sie sich findet, ohne erkennbare Bedeutung für Form und Inhalt der Texte.

---

[450] L.6. vso., 51; 94; L.7., 62ff.; 70f.
[451] S.o. §114.
[452] L.7. und P.1., vgl. Edwards, O.A.D. I, XV, XXI, 47, 77; vgl. die Orakelanfrage V.22.a.
[453] P.1. rto., 19ff.

§292

Die "Vergessensklauseln"[454] am Ende mehrerer Texte sind sehr kurz und ohne die Spezifizierung der Dinge, die im Orakel vergessen worden sein könnten, wie in den Dekreten über das Jenseitsleben.

§293

Für den praktischen Umgang mit diesen Texten ist die Formulierung der "Vergessensklausel" in L.1. vso., 52ff., interessant:

"*Was jede gute Sache betrifft, die man auf den Orakelpapyrus* (ḫrtw) *geschrieben* (jrj) *hat, aber auch das* (ḫr-m-dj-nꜣ-), *was man vergessen hat, darauf zu schreiben* (jrj), *es ist so wie das* (st-mj-qd-nꜣ-), *was* (*uns*) *vorliegt täglich.*"

Ebenso wie das Adverb "*täglich*" (m-mn.t) (sonst nur noch in T.3. vso., 2f.) spricht die Formulierung einer Übereinstimmung dafür, daß der Text, der vom Schützling am Hals getragen wurde[455], ein Gegenstück hatte, das sich im Tempel befand und vor dem Gott lag. Recht erstaunlich ist der Hinweis, daß diese Vorlage kein einmaliger Akt war, sondern täglich wiederholt wurde, wenn es nicht sogar ein Dauerzustand war. Die "*Vorlage*" ginge dann über die bloße Absegnung des Textes durch den Gott hinaus und diente der Aufrechterhaltung einer Verbindung zwischen Gott, Orakeltext und Schützling. Zum Vergleich wäre der Text IV.4.20.f. heranzuziehen aus einem Brief an den in der Ferne weilenden Schreiber Thutmose, dem der Briefschreiber mitteilt: "*Ich lege dich* (sic) *dem Amenophis vor, wann immer er erscheint. 'Ich werde dich schützen, ich werde dich gesund heimbringen....', so spricht er...*".
Ferner der Text V.22.a., der Entsprechungen zu den O.A.D., insbesondere L.7., aufweist, auf einem Stelophor Osorkons II., der sich im Vorhof des großen Tempels von Tanis fand. Somit "*lag*" dieser Text mit einer "Orakelanfrage" des Königs dem Gott ebenfalls bei jeder Prozession "*vor*"[456].

4. Der gemeinsame Charakter der Orakeldekrete

§294

Die Orakeldekrete als Entsprechung zu Bitten der Kategorie (2)[457] um das Eingreifen der Götter haben die Gemeinsamkeit, daß diese mit ihren Erklärun-

---

[454] S.o. §283.
[455] Edwards, O.A.D. I, XVIII; weitere Literatur zu den Behältnissen, in denen die Dekrete aufbewahrt wurden, s. unter II.21/22.a.
[456] S.o. §144.
[457] S.o. §135.

gen einer Person Bereiche erschließen, die außerhalb von deren direkter Einwirkung liegen.

So die "*Veranlassung*" der gnädigen Aufnahme durch die Mächte des Jenseits, die Freundlichstimmung (**shrj**) von Göttern und Dämonen zugunsten eines Lebenden und die Abwendung übermächtiger Gefahren. Aber auch das Dekret der Stèle d'Apanage (II.22.a.), das mit der Regelung einer materiellen Angelegenheit zu tun hat, fällt hierunter.

Der Gott, der eine Erbangelegenheit regelt und garantiert, wendet sich damit vor allem an bzw. gegen später lebende Menschen, die außerhalb der Einwirkungsmöglichkeiten der zeitgenössischen Personen liegen, weil es sie noch nicht gibt. Dies ist der Punkt, wo auch in königlichen Inschriften wie dem Nauri-Dekret oder der Kanais-Inschrift Sethos' I. auf die Macht der Götter verwiesen wird, die zukünftige Generationen von Übergriffen abhalten sollen[458].

§295

Daß die Orakeldekrete auf einen innergöttlichen Bereich ausgerichtet und auch auf einen die Grenzen menschlichen Lebens überschreitenden Zeitraum bezogen sein können, stellt das Dekret eines Gottes, wenngleich aus dem Orakelprozess hervorgegangen, in einen mythologischen Rahmen, wo Götter anderen Göttern Befehle erteilen, wie es bezüglich des **ḫrtw** des Amun im Leidener Amunshymnus geschildert wird (VI.2.2.)[459].

§296

Daß die Garantien Amuns für das Jenseitsleben eine direkte Einflußnahme dieses Gottes auf die Jenseitsgötter unterstellt, heißt jedoch noch nicht mit Spiegelberg: "*Der thebanische Gott ist hier also an die Stelle des Totengottes Osiris getreten.*"[460] Gerade den Dekreten über das Jenseitsleben (II.21.a./b./c.) ist anzusehen, daß in ihnen Amun nicht als Totengott, sondern als Orakelgott agiert, von dem das Eingehen auf ein partikulares Interesse eines einzelnen Individuums gewünscht wird[461]. So sind viele der Erklärungen des Gottes durch ein deduktives Analog-Verfahren charakterisiert, dergestalt, daß das, was allen Toten, die als Verklärte im Jenseits sind, zugute kommt, auch diesem besonderen Toten zukommen soll. Die Erklärungen Amuns nehmen nicht den

---

[458] S.u. §395; §§399ff.

[459] S.o. §139, Anm.124.

[460] Spiegelberg, in: ZÄS 57, 1922, 149.

[461] S.o. §228.

Standpunkt der Jenseitsrichter ein, sie sind vielmehr die Einkleidung des individuellen Wunsches, vor diesen Richtern zu bestehen, in die Willenserklärung eines omnipotenten Gottes, der daher nicht an die Stelle der Jenseitsgötter tritt, sondern dem Toten helfen soll, sich vor diesen zu bewähren[462].

[462] Umgekehrt wurde dem Gott in dieser Zeit die Macht zugetraut, das Jenseits vor dem Toten verschließen zu können: I.21.e., Z.3: jw.tn-<r->ḫtm-jmnt.t r-ḥꜣ.t.w; zu Amun als Jenseitsgott s. auch Schneider, Shabtis I, 327.

Das Orakelwesen in der ägyptischen Religion

1. Orakel als Betrug?

§297

In der Literatur wird das Orakelwesen häufig als Resultat eines Niedergangs der ägyptischen Religion, wenn nicht sogar von Betrug angesehen[463]. Zugrunde liegt die Vorstellung, das Orakelwesen in Ägypten stehe irgendwie im Widerspruch zu den gedanklichen Leistungen, die das religiöse Denken in Ägypten hervorgebracht hat.

§298

Schenkes Beurteilung des Orakelwesens als "*Priesterbetrug*", die er insbesondere auf das Prozessionsorakel bezieht[464], hat folgende Implikation: eine gläubige Menge wird von einer Priesterschaft, die selbst nicht mehr an die Macht des Gottes glaubt, mittels zynischer Machenschaften hereingelegt. Da es Priester waren, die als Träger die Bewegungen des Götterbildes verursachten, wäre der Manipulation "*Tor und Tür geöffnet*"[465]. Der Betrugsverdacht in der Literatur wird dadurch genährt, daß man über die Hintergründe eines Gottesurteils in den Texten so gut wie nichts erfährt.

§299

Wie viele Orakel fanden überhaupt vor einem breiteren Publikum statt? Bei den Orakeln von Deir el-Medineh wird man davon ausgehen können, daß die Einwohnerschaft mehr oder weniger vollständig zugegen war. Wie aber verhielt es sich mit den Orakelprozessen, die in der 20. und 21. Dynastie vermutlich in den südlichen Höfen des Amuntempels von Karnak veranstaltet wurden[466]? Woher weiß man, ob hier außer den Priestern selbst und der Verwaltungsbeamtenschaft des Tempels größere Volksmassen beteiligt waren?

---

[463] S.o §111.
[464] Schenke, Orakel, 175ff.
[465] Schenke, Orakel, 176.
[466] S.o. §201; Kruchten, Djéhoutymose, 333f.

§300

Zum Orakelwesen gehört der Glaube der Augenzeugen. Diesen konnte es aber nicht verborgen bleiben, daß natürlich die Trägermannschaften unter dem Götterbild es waren, die die Bewegungen auszuführen hatten. Dies brauchte auch nicht verborgen werden, wo dieser Glaube die Verstandesleistung zuwege brachte, in diesen Bewegungen eine Wirkung des in seiner Prozessionsstatue anwesenden Gottes selbst erkennen zu *wollen.*

§301

Die Überlegung, ob man vielleicht die Bewegungen vorher abgesprochen hatte, ist insofern haltlos, als man ohnehin nicht weiß, ob das "*Zurückweichen*" und das "*Nach-vorn-Gehen*" des Götterbildes Interpretationen waren von relativ kleinen unwillkürlichen Bewegungen desselben, wie sie bei 18 bis 30 Trägern durchaus entstehen können, oder ob es wirkliche Bewegungen der Trägermannschaften insgesamt waren.

Daß es bezüglich des Gottesorakels Absprachen gab, ist nicht nur möglich, sondern sogar belegt; im pTurin 1887 heißt es: "*Veranlassen wir, daß der Gott diesen Sohn dieses Kaufmannes hinauswirft*" (sagte ein **w^cb**-Priester zu einem anderen)[467].

Dieses Beispiel zeigt aber nur, daß die Ägypter mißbräuchliche Nutzung des Orakelwesens kannten und als Verbrechen einstuften[468]. Deswegen das Orakelwesen selbst als Verbrechen zu betrachten, ist ihnen nicht eingefallen. Ebensowenig schloß die Ablehnung einzelner Orakelsprüche eine Ablehnung des Orakelwesens schlechthin ein[469]; im Gegenteil, die dreimalige Wiederholung einer Befragung hatte institutionellen Charakter[470].

2. Orakelwesen als Zeichen religiösen Niedergangs?

§302

Die Auffassung, daß das Orakelwesen der Ausdruck eines religiösen Niedergangs war, wird zumindest dadurch relativiert, daß die Zeugnisse für eine der großen "theologischen" Leistungen des Neuen Reiches, das Konzept eines umfassenden Schöpfer-, Welt- und Lebensgottes[471] sich auch innerhalb der Grup-

---

[467] IV.3.20.a.

[468] Vgl. hierzu auch den Passus in der Orakelinschrift des Nebwenenef: "*er selbst wünschte dich, es gab keinen anderen, der es ihm sagte*" (VI.2.8.).

[469] III.20.g.

[470] III.20.h.

[471] S. Assmann, Re und Amun, 189ff.

pe der Orakeltexte[472] finden und umgekehrt in Hymnen an diese Gottheit anderer Provenienz Anspielungen auf die Orakeltätigkeit des Gottes anzutreffen sind[473]. Und dies dürfte kein Zufall sein. Die bei der Kategorisierung der Orakelsprüche aufgelisteten Dimensionen[474] einer höheren Macht und eines höheren Wissens als Grundlage der Orakelaussagen, mit denen der Gott z.B der Gerechtigkeit zum Durchbruch verhilft und zugunsten des Bedrängten eingreift, sind zwar auch bei kleineren Gottheiten wie dem vergöttlichten König Amenophis I. unterstellt; *ausgesprochen* werden sie in den Preisungen des wichtigsten Orakelgottes, Amun-Re, als allgegenwärtiger, allwissender Schöpfergott, der deswegen auch umso mehr der "*Gott des Einzelnen*"[475] ist. Es dürfte kein Zufall sein, daß gerade in den Orakeldekreten **pꜣ-nṯr-ꜥꜣ-wr n-šꜣꜥ-ḫpr** zu *dem* Beiwort des dekretierenden Gottes geworden ist, die auch anderen Gottheiten als Amun-Re beigelegt werden kann, sofern sie ein Dekret aussprechen[476].

§303

Das Subjekt der verkündeten Geschehnisse oder Anordnungen ist im ägyptischen Orakel immer der Orakelgott selbst: *sein* allmächtiger Wille ist gefragt; und wo es um Fragen des Wissens geht, ist er, wie bereits bemerkt[477], häufiger als Zeuge *vergangener* Ereignisse gefordert als *zukünftiger*. Bei zukünftigen Geschehnissen findet sich m.W. keine Stelle in den Orakeltexten, wo ein anderes Subjekt aufträte, das, der μοῖρα oder αἶσα vergleichbar, die Geschicke lenkte und ihm nur deren Verkündigung überließe[478].

Was diese Souveränität des Gottes angeht, steht das ägyptische Orakelwesen auf einer Stufe mit den Verkündigungen des alttestamentlichen Gottes, der die Geschicke seines Volkes lenkt.

---

472 II.21.a./b.; Hymnus in I.21.b. (VI.1.9.).
473 S. die Belege in Abteilung VI.
474 S.o. §135.
475 S. Assmann, Re und Amun, 264ff.
476 So treten in den O.A.D. (II.21/22.a.) mit diesem Beiwort u.a. auf: Month-Re-Harachte, Thot, Mut, Chons, Amun, Isis, Horus-Sohn-der-Isis.
477 S.o. §135.
478 Vgl. Morenz, Untersuchungen zur Rolle des Schicksals, 29ff.; Belege unter VI.3.

3. Der Charakter des Orakelgottes und die Gegenstände seiner Verkündigungen

§304

Gemeinsamkeiten zwischen dem ägyptischen Orakelwesen und den Verkündigungen des alttestamentlichen Gottes finden sich zunächst auf der Ebene der Erscheinung[479]. Wie Amun-Re durch seine Willenskundgabe den künftigen König proklamieren kann, so tut dies auch der Gott Israels. Zu dem von Zandee genannten Beispiel der Erwählung Sauls durch Losorakel (1.Samuel, 10,20f.)[480] ist noch hinzuzufügen die entsprechende Erzählung der Erwählung Davids unter seinen Brüdern zum König, wo es heißt:

"*Da ließ Isai seine 7 Söhne an Samuel vorübergehen. Aber Samuel sprach zu Isai: 'Der Herr hat keinen von ihnen erwählt*" (1. Samuel, 16,10).

Nach I.20.c. dürfte in Ägypten bei Ernennungsorakeln umgekehrt der Gott an den in Frage kommenden Personen vorübergezogen sein, um bei der erwählten Person stehenzubleiben[481].
Bemerkenswert ist aber vor allem eine durch Zufall und die vergleichbare Situation zustande gekommene Parallele im Text der Königswahl des Aspalta (IV.1.0.a.), wo es in Z.18 heißt:

Eine regelrechte "Orakelbefragung" Jahwes durch David nach ägyptischem Muster findet sich 1. Samuel, 23,10ff.[482].

§305

Der Gedanke der Königsherrschaft Amuns durch sein Orakel, wo der Gott nicht nur im Hintergrund königlicher Entschlüsse als deren ideeller Auftraggeber steht, sondern konkret um seine Entscheidung befragt wurde, erinnert an die jüdische Interpretation der vorköniglichen Zeit als Königsherrschaft Jahwes, wie sie in 1. Samuel, 8,7 greifbar ist[483]. Durch alle geschichtlichen und prophetischen Bücher des Alten Testaments hin finden sich die Beispiele für das Eingreifen Gottes durch sein Wort, durch den Mund der Propheten

479 Literatur zum Komplex Ägypten – Altes Testament s. Zandee, in: Fs.Beek.
480 Zandee, in: Fs.Beek, 276.
481 S.o. §182; vgl. auch IV.1.19.c.
482 Zandee, in: Fs.Beek, 276.
483 Vgl. auch Zandee, in: Bleeker, Widengren, Sharpe, 167; 171f.

(כה־אמר יהוה אלהי ישראל) und gegenüber diesen durch deren direkte Ansprache.

§306

Allerdings läßt sich aus den vorhandenen Orakelbelegen nur schwer absehen, wie weit eine "politische" Herrschaft des Amun-Orakels wirklich reichte. Die meisten erhaltenen Orakeltexte über Entscheidungen des Amun aus der **wḥm-msw.t**-Ära und der 21. Dynastie beziehen sich auf Ernennungen innerhalb der Tempelbeamtenschaft (I.20.c., I.21.b.), Unregelmäßigkeiten in deren Amtsführung (I.21.d., I.22.e.), sonstige Verwaltungsangelegenheiten (IV.3.21.c.), den Bau einer neuen Flußbarke des Amun (IV.3.20.c./d.), Vermögenstransaktionen innerhalb der herrschenden Familie (I.21.e./f.).
Ein Orakel über die Umbettung der Königsmumien wurde seltsamerweise nicht von Amun, sondern von Mut erteilt (IV.3.21.b.).
"Politische" Entscheidungen Amuns lassen sich im Grunde nur auf der Verbannungsstele (I.21.b.) finden, neben einer Ernennung des Mencheperre zum HPA. Jedoch ist auch hier nicht bekannt, aus welchem Personenkreis Individuen in die Oase verbannt worden waren und nunmehr wieder zurückgeholt werden sollten. Sollte es sich um Angehörige des **pr-Jmn** gehandelt haben, die dem Gott unmittelbar unterstellt waren, so würde sich auch hier der allgemein "politische" Charakter der Entscheidung relativieren. Vielleicht ist eine Anspielung auf eine Orakelentscheidung des Amun politischer Art in einer Bemerkung in der Wenamun-Erzählung zu sehen, wo Smendes und Tentamun von Tanis charakterisiert werden als: "*die* **znntj.w-tꜣ**[484], *die Amun dem Norden seines Landes gab*" (IV.1.20.e.). Sonst fehlt jede Spur der Erwähnung eines Orakels aus Tanis, obwohl sich Psusennes I. als König auch HPA nennt[485].
Auf der anderen Seite fällt auf, daß die Grabräuberprozesse, die in der **wḥm-msw.t**-Ära stattfanden, also in der Zeit, in der das Orakel des Amun in Blüte stand, ohne Beteiligung desselben abgelaufen sein dürften.

§307

Die oben zitierte Wahl Davids zum König durch Jahwe offenbart nicht nur die Souveränität der Entscheidung als Gemeinsamkeit mit dem ägyptischen Orakelgott. Wie bei der Wahl des Nebwenenef zum HPA wird die Wahl mit der Kennt-

---

484 Zu diesem Titel s.o. §61.
485 Montet, Tanis II, Fig.5 (S.17); Fig.39 und 40 (S.98); Fig.41 (S.99); Fig.42 (S.101) ...

nis der Herzens durch Gott begründet (VI.1.1., vgl. auch VI.1.2.-5.), wenn Jahwe vor der Wahl zu Samuel spricht: "*Gott sieht das Herz an*" (1. Samuel, 16,7)[486].

§308

Auch auf der Ebene der preisenden Charakterisierung des ägyptischen Welt- und Schöpfergottes einerseits, des biblischen Gottes andererseits und der der Beschreibung des demütigen Verhältnisses, das der Mensch zu ihm einzunehmen habe, finden sich zahlreiche Gemeinsamkeiten[487]. Das Bild ändert sich jedoch, wenn man den Inhalt der Reden betrachtet, die die jeweiligen Gottheiten gegenüber den Menschen offenbaren.

So großartig die Allmacht eines ägyptischen Orakelgottes auch im Vorspann eines Orakeldekretes gepriesen werden mag und obgleich sie der Grund ist, daß ihm ein Anliegen vorgetragen wurde, der *Inhalt* dessen, wofür er seine Macht und sein Wissen einsetzt, fällt gänzlich in die Sphäre der Endlichkeit partikularer Interessen und Alltagsgeschäfte bis hin zur Festlegung oder Bestätigung der Preise von Gütern[488].

Nirgendwo tritt der Gott im Orakel als einer auf, der mit ganz anderen als den Kriterien der ihn befragenden Menschen deren Angelegenheiten beurteilen würde: er lehnt die eine ihm vorgelegte Alternative ab, weil er der anderen zustimmt. So stellt sich das ägyptische Orakelwesen dar als eine Sphäre der Zufälligkeiten, in der man sogar mittels ausgefeilter Abfragestrategie versucht, den Gott daran zu hindern, am nächsten Tag eine entgegengesetzte Entscheidung zu treffen[489]. Von einem Gott, der unverrückbare Schicksalsnotwendigkeiten zu verkünden hat wie der delphische Apollon, ist wenig zu spüren. Die Beliebigkeit der Aussagen erscheint geradezu als die andere Seite der Souveränität des Gottes über das Schicksal. Götter geben Orakel, die sie selbst widerrufen können, weshalb der Vorgang gelegentlich zwei- bis dreimal wiederholt werden mußte, wenn es nicht andere Götter sind, die das Orakel widerrufen können[490]. Götter schützen ihre Mandanten vor den ungünstigen Orakeln anderer Götter[491], die dann auch auf die Stufe von übelwollenden Dämonen herabsinken können. Es ist diese Eigenart des ägyptischen Orakel-

---

486 Nach der Wahl Sauls heißt es übrigens, daß Samuel dem Volk das "*Recht des Königreichs*" verkündet, es in ein Buch schreibt und "*vor Gott legt*" (1. Samuel, 10,25).

487 Literatur s. bei Grieshammer, in: LÄ I, Sp.163ff., Anm.7-20, s.v. **Altes Testament*; dazu noch Morenz, in: ZÄS 84, 1959, 79f.

488 I.21.c.; II.22.a.; III.20.d.; IV.2.20.e/a.

489 S.o. §226.

490 III.20.g./h.

491 O.A.D. (II.21/22.a.), L.1. rto., 34f.; L.6. vso., 43ff.; 86-89.

wesens, die dazu verführen könnte, an einen Niedergang der ägyptischen Götter zu glauben: der Gott als Schauspiel-Puppe der Priester?

§309

Im Inhalt der Äußerungen, mit denen sich der Gott Israels, meist über seine Propheten, offenbart, läßt sich dagegen eine solche Beliebigkeit, mit der sich die Orakelaussagen in Ägypten auf die Ebene partikularer menschlicher Interessen begeben, nicht feststellen[492]. Vielmehr eröffnet er von seinen eigenen höheren Zwecken aus einen Gegensatz zu den Menschen und ihrem Treiben, dessen Kriterium in der ersten großen Offenbarung gegenüber dem Volk Israel nach dem Exodus in aller Kürze angegeben wird:

"*Ich bin Jahwe, dein Gott, der ich dich herausgeführt habe aus dem Lande Ägypten, aus dem Hause der Knechte; es soll für dich keine anderen Götter neben mir geben*" (Exodus, 20,2f.).

Der Gott offenbart sich so als *Gott des Volkes*, das wie ein Subjekt in der 2.p.sing. angeredet wird, weil diese "*sechshunderttausend*" (Exodus, 12,37) und mehr Leute das *Volk Gottes* sind[493]. Jede Seite dieses seltsamen Verhältnisses verwirklicht sich in der jeweils anderen: das Volk, von Gott in die Freiheit geführt, in dem freiwilligen und ausschließlichen Bekenntnis zu seinem Gott, einem Bekenntnis, das durch die Entbehrungen der Freiheit in der Wüste auf die Probe gestellt wird, und Gott darin, daß sich umgekehrt dieses sein Volk zu ihm bekennt und damit Zeugnis für seine Größe ablegt. Die Untreue der Menschen gegen Gott ist ihre Untreue gegen sich selbst als Volk Gottes, die Äußerungen Gottes, meist unzufriedene, durch seine Propheten sind Erinnerungen daran, daß das Volk in ihm allein seine Identität hat.

Das Verhältnis des Frommen zu seinem Gott ist nicht mehr das "unwillkürliche", sich aus Gott entstanden oder als sein Geschöpf und Werk zu sehen und ihm zusammen mit allen anderen Geschöpfen dafür zu danken; zwar sieht er Gott *auch* als seinen Schöpfer, hält sich Gottes Größe anhand seiner Schöpfungswerke vor Augen (Hiob, 38 und 39) und preist ihn als Teil der Schöpfung dafür (Ps. 104, 148, 150). Der eigentliche Inhalt dieses Verhältnisses ist jedoch die Feier einer *willentlichen* Gemeinsamkeit zwischen dem Gott und seinem Volk, die alles andere ausschließt: andere Götter und "Heiden";

---

[492] Man muß freilich bei diesem Vergleich berücksichtigen, daß die Quelle für die jüdische Seite eine kanonisierte heilige Schrift ist, der der zeitgenössische Alltagskult etwa zur Zeit Salomos nicht entsprochen haben muß. Andererseits ist es nicht untypisch für die ägyptische "Religion", daß sie keine "heilige Schrift" im Sinne der Bibel hervorgebracht hat.

[493] Vgl. Hempel, in: Regalità Sacra, 302ff.

es ist das Bekenntnis beider Seiten zueinander, der *"Bund"* (ברית)[494]. Wie vom Frommen, so entsprechend auch vom Gott aus: Obgleich er der Schöpfer aller Lebewesen ist, akzeptiert er Dank und Kultus nicht einfach als Erwiderung seiner Geschöpfe auf sein Schöpfertum und seine Sorge. Er will das Opfer nicht als Ausfluß eines kreatürlichen Verhältnisses, sondern des Selbstbewußtseins seiner Gemeinde als Volk Gottes; ohne das ausschließliche Bekenntnis zu ihm lehnt er den Opferkult ab, mag er auch reichlich ausfallen (Amos, 5,21–23) und straft das Volk für seine Untreue sogar durch Plünderung oder Zerstörung seines eigenen Tempels (2. Chronik, 12,7–9; 36,16–19).

§310

Die Topoi der bedingungslosen Demut gegenüber Gott sind auch in den Lebenslehren des Neuen Reiches und der Spätzeit zu finden[495]. In zeitlicher Nähe zu diesen vermitteln jedoch das Orakelwesen, seine Gegenstände und die Art der Gottheiten, sich auf diese einzulassen, ein anderes Bild des Glaubens[496]. Zu den allgemeinen Aussagen in den Lebenslehren über "*den Gott*" und "*den Menschen*" und zur Frage eines "monotheistischen" Gottes in den Lebenslehren hat sich Assmann in überzeugender Weise geäußert[497], wenn er das Problem, welcher Gott mit **(pꜣ) nṯr** gemeint sei, so löst: "*In bezug auf die Menschenwelt gibt es keine spezifischen, die einzelnen Götter voneinander unterscheidenden Manifestationsweisen*", weshalb "*hier das Göttliche nicht als differenzierte Vielheit in Erscheinung tritt*".

Dies heißt aber umgekehrt: Vom Standpunkt des besonderen, einzelnen Menschen aus gibt es die besonderen Manifestationsweisen des Göttlichen durchaus, die Abstraktion von den besonderen Göttern in der lehrhaften Literatur, von Assmann "*Transzendierung der Götterwelt*" genannt[498], ist vor allem ein theoretischer Akt, insofern sie die Tatsache, daß das Göttliche nach wie vor in vielen Gestalten existiert, unberührt läßt. Vom Standpunkt nicht der "Menschenwelt", sondern des einzelnen Menschen aus ist durchaus individuelle Beliebigkeit und nicht Ausschließlichkeit wie in der jüdischen Religion das

---

494 Belege s. Baumgartner, Hebräisches und Aramäisches Lexikon zum Alten Testament, Leiden 1967 ³, 151f.

495 Brunner, Der freie Wille Gottes in der ägyptischen Weisheit, in: Les Sagesses du Proche Orient Antique (CESS 1963), 103ff.; Volten, Ägyptische Nemesis-Gedanken, in: Miscellanea Gregoriana, 1941, 371ff.

496 S.o. §308.

497 Assmann, in: LÄ II, Sp.771f., s.v. **Gott*; vgl. auch Vergote, in: Les Sagesses du Proche Orient Antique (CESS 1963), 159ff.; Hornung, Der Eine und die Vielen, 39ff.; Hornung entschließt sich op.cit., 43, dazu, in dem "*Gott*" den Sonnengott zu sehen.

498 Assmann, in: LÄ II, Sp.772, s.v. **Gott*.

Kriterium, zu welchem Gott er sich hingezogen fühlt; hier kann der Geburts- oder vorwiegende Aufenthaltsort des jeweiligen Menschen eine Rolle spielen ebenso wie die soziale Stellung oder die Profession. Ebenso wird man bei der Frage, an welchen Orakelgott man sich wenden sollte, persönliche Kriterien geltend gemacht haben, ohne daß dies gotteslästerlich war, zumal der persönliche Aufenthaltsort für die Wahl des Gottes zwingend sein konnte.

4. Der "Weltgott" als Orakelgeber – Universalität und Vereinzelung

§311

Auch die Preisungen des Orakelgottes, vor allem Amun-Re's, als allmächtiger Weltkönig u.s.w. stehen nicht im Widerspruch zu den relativ "banalen" Gegenständen der "Offenbarungen" des Gottes im Orakel, wie es auf den ersten Blick aussehen mag.
Im Vorspann der Orakeldekrete über das Jenseitsleben von Neschons und Painedjem II. (II.21.a./b.) wird die Größe des dekretierenden Gottes Amun auf fünf Ebenen in Gegensatzpaaren dargestellt:

(1) Der *Eine*, der *allein* ist und *alles* geschaffen hat,

(2) Präexistenz und Allgegenwart (*vor* allem und *in* allem vorhanden),

(3) *Verborgener*, der sich in *vielen* Gestalten *offenbart*,

(4) *Ewiger*, der sich *in der Zeit verjüngt*,

(5) *Allmächtiger*, der sich dem *Einzelnen* zuwendet.

Hierfür einige repräsentative Beispiele (Zeilenzählung nach pKairo 58032):

wꜥ wꜥjw jrj-wnn.t
šꜣꜥ-tꜣ m-zp-tpj
štꜣ-msw.t ꜥšꜣ-ḫprw.w[499] **nn-rḫ.tw-bs.f** (Z.3f.);

bjꜣjtj ḫpr-ḫprw.w
ḏsr jwtj-rḫ-sw (Z.28);

nḫḫ nhp.f m-ḥwn
jnj-ḏr.w n-nḥḥ (Z.8f.);

nb-nḥj.t zbb-rnp.wt nn-ḏr.w-ꜥḥꜥw.f
jꜣwj-rnpj zbb-nḥḥ
nḫḫ jrj-ḥwn.f (Z.21f.);

---

499 Vgl. Osing, Nominalbildung, 883ff.

nb-pḥtj ḏsr-šfj.t
sštꜣ.n-mꜣw.t.f ḏ.t.f
wnm.t.f jꜣb.t.f jtn jꜥḥ
p.t-tꜣ-ꜣbḫtj m-nfrw(?).f (Z.17f.);

ꜥšꜣ-bl.w(?) wr-ꜥnḫ.w
sšm-ḥḥ <m-[500]> psḏ.f
nb-ꜥnḫ dd <n-[501]> mrjw.f (Z.22f.);

jrj-wḏ.wt.f n-ḥḥ n-ḥḥ.w nn-mnmn-ḏr.t.f
ḏrj-ḫrtw mnḫ-wḏ.wt.f jwtj-whj-zp.f
dd-ꜥḥꜥw qꜣb-rnp.wt n-pꜣ-ntj-<m->ḥzw.t.f
nḫw-nfr n-dj-sw m-jb.f (Z.36ff.).

Die Komplementarität der Gegensätze wird durch stilistische Mittel unterstrichen, ebenso die Entsprechungen zwischen den Gegensatzpaaren.

- Lautliche Entsprechung von **šꜣꜥ-tꜣ** und **štꜣ** und Kontrastierung von **wꜥ wꜥjw / ꜥšꜣ-ḫprw.w** in Z.3f.;
- Chiasmus von **nḫḫ** und **nḥḥ** in Z.8f. und Z.21f.;
- chiastische Entsprechung von **nḥj.t** und **nḥḥ** einerseits, **rnp.wt** und **rnpj** andererseits, während sich in den parallelen Ausdrücken **zbb-rnp.wt** und **zbb-nḥḥ** die Komplexe "*Jahre/Verjüngung*" und "*Ewigkeit*" gegenüberstehen;
- chiastische Stellung von **jrj-wḏ.wt.f** und **mnḫ-wḏ.wt.f** einerseits, von **ḏr.t.f** und **ḏrj** (?) andererseits; ferner von **ḏd-(ꜥḥꜥw)** und **n-ḏj-sw** in Z.36ff.

§312

Mit diesen Gegensatzpaaren hat sich Assmann in seiner Abhandlung über die "*Amun-Theologie der Ramessidenzeit*"[502] eingehend beschäftigt. Worum es hier geht, ist die Frage, was solche Preisungen Amuns als erhabener Weltkönig zu einer geeigneten Einleitung für ein Orakeldekret macht, in welchem sich dieser erhabene Gott einsetzt für die Sicherung der Jenseitsexistenz und den Totenkult einer einzigen Person mittels ihm in den Mund gelegter formelhafter Garantieerklärungen. Die Fragestellung, ob solche Wesensbestimmungen des Gottes ein Zeugnis für seine "Transzendenz" seien[503] (und damit möglicherweise ein Widerspruch zu Anliegen und Form der Orakeloffenbarungen), hat Assmann mit der Feststellung als unergiebig kritisiert: "*Die ägyptischen Göt-*

[500] Nach pKairo 58033, Z.21.
[501] Nach pKairo 58033, Z.21.
[502] Assmann, Re und Amun, 189ff.
[503] Literatur hierzu s. bei Hornung, Der Eine und die Vielen, 181ff.

ter übersteigen weder die Kategorien von Raum und Zeit, noch sind sie ihnen unterworfen: sie konstituieren sie vielmehr."[504]
Die Sache hat nur eine Schwierigkeit: das "*Konstituieren*" hat der Ägypter damit zum Ausdruck gebracht, daß der "*Eine allein*" "*alles Seiende*" gemacht hat (**jrj-wnn.t, jrj-nt.t-nb.t, qmꜣ-wnn.t** u.ä.); wollte er darüber hinaus die Präsenz Gottes in seiner Schöpfung zum Ausdruck bringen, so konnte er sagen: **jjj m-nṯr-wᶜ / ⌈jrj-sw⌉ m-ḥḥ.w** (pBerlin 3049, 2,2f.)[505].
Es ist aber ganz gleichgültig, ob der Gott außerhalb der geschaffenen Welt sich aufhält oder in ihr oder gar mit ihr identisch gesetzt wird: Sobald er als *Schöpfer* von "*Allem*" gedacht wird, ist nicht darum herumzukommen, daß er dann auch von "*allem Seienden*" verschieden sein muß, andernfalls er nicht der *Grund* von "*Allem*" sein könnte. Dabei hat Assmann mit seiner auf Hornung aufbauenden Überlegung sicher recht: Die Sphäre des Göttlichen ist nach ägyptischen Vorstellungen nur denkbar innerhalb des geordneten "*Seienden*". Nur war der Gedanke, daß der Schöpfergott selbst ein Teil der Schöpfung ist oder in ihrer Gesamtheit als "*Vielgestaltiger*" präsent, schon im Kopf der Ägypter ein widersprüchlicher; dies zeigt sich spätestens bei den Weltentstehungsmythen, wo der Schöpfer als Teil der geschaffenen Welt ein Anfangender nicht nur im transitiven Sinne sein durfte, sondern auch im intransitiven: er mußte selbst entstehen, ohne aber auf einen Schöpfer vor ihm zu verweisen, der ihm seine wichtigste Eigenschaft genommen und einen Zirkel ohne Ende in Gang gesetzt hätte. Der Gedanke vom "*Selbstschöpfer*" (**msj-sw ḏs.f, nbj-sw ḏs.f** u.ä.) ist Lösung und Darstellung dieses Widerspruchs in einem.

§313

Ob man sagt, dieser Gott sei innerhalb der geschaffenen Welt präsent, oder ob man darauf beharrt, er sei größer und überschreite ihre Grenzen[506], *beide* Aussagen bestimmen den Gott *im Verhältnis zu* der geschaffenen Welt und *durch* sie. Für die Größe Gottes wird das als Maßstab genommen, was ohne ihn gar nicht wäre, was nur durch ihn sein soll. Dies ist ganz unvermeidlich, wo das Weltschöpfertum als die erste und vornehmste Bestimmung des Gottes angesehen wird. Die Größe Gottes wird anhand der Größe und Vielgestaltigkeit seiner Werke oder Erscheinungsformen gepriesen, die doch jedes bzw. jede für

---

504 Assmann, in: LÄ II, Sp.768, s.v. **Gott.*
505 Parallelen s. Assmann, Re und Amun, 211ff.
506 Auch solche Aussagen finden sich: Leidener Amunshymnus, 200. Kapitel (4,17f.): **wꜣj-sw r-ḥr.t mḏ-sw r-dwꜣ.t**, "*weiter entfernt ist er als der Himmel, tiefer als die Unterwelt*".

sich allein die Größe Gottes nur sehr bedingt zum Ausdruck bringen, da der Schöpfer andersartig als alles Geschaffene sein muß. Der Begriff dieses Gottes bleibt notwendig abstrakt und abhängig von den endlichen Erscheinungen der von ihm geschaffenen Welt; seine Größe ist "*Universalität*", abstrakte Zusammenfassung einer Fülle von Unterschieden. Assmann, dessen Begriff "*Weltgott*" dies recht gut trifft, hat mit seinen "*Schemata*"[507] genau dies sinnfällig dargestellt, obwohl er es nicht explizit als Urteil über diese Gottesvorstellung ausspricht. Man überlege sich, ob der jüdische Gott sich mit solchen Schaubildern darstellen ließe, obgleich er (*auch* !) Schöpfergott ist[508].
Diese Universalität aber hat immer die zwei Seiten, die in den im §311 zitierten Gegensatzpaaren zum Ausdruck gebracht werden: Ist der Gott als allgemeiner "*Weltgott*" die Einheit aller Einzelerscheinungen, der Götter ebenso wie der Elemente der geschaffenen Welt, so kann er seine Allgemeinheit als "*der Eine*" nur wahren als "*Verborgener*", indem er nichts von all dem ist, oder, indem er in allem zugleich ist. Soll er aber wirksam werden, sich offenbaren und aus seiner Verborgenheit heraustreten, so bedeutet dies auch das Eintreten des Gottes in die Vereinzelung in *einer* Gestalt.

§314
Dies ist zum einen seine Präsenz für einen bestimmten Zeitraum in einer Prozessionsstatue an einem bestimmten Ort als Voraussetzung seiner Orakeloffenbarung. Aber es betrifft auch den *Inhalt* der Orakeloffenbarung. Der göttliche Zweck, für die Schöpfung und ihre Erhaltung da zu sein, ist einerseits umfassend. Aber er kann sich gar nicht anders realisieren als in der Sorge für die *einzelnen* Wesen der Schöpfung[509], was auch immer ihr Bedürfnis oder ihr Anliegen sein mag. Insofern ist die Inanspruchnahme des Gottes im Orakel für recht alltägliche Angelegenheiten der einzelnen Bittsteller keine Relativierung seiner Größe als Schöpfer- und Weltgott, sondern deren Erfüllung; umgekehrt ist die Preisung seiner Allmacht und Größe eine passende Einleitung für ein Orakeldekret oder für die entscheidende Orakelfrage wie im Text der Verbannungsstele (I.21.b.).

---

507 Assmann, Re und Amun, 261f.
508 S.o. §309.
509 Am deutlichsten wird dies im Hymnus des Papyrus Boulaq 17, der die Größe des Gottes als des "*Einen allein*" zur Anschauung bringt mit der Schilderung seiner Sorge noch für die kleinsten Tiere, s. Römer, in: Fs.Fecht, 421. Zur Zusammengehörigkeit von "*Ferne*" des Gottes und seiner Nähe zum Einzelnen s. auch Morenz, Die Heraufkunft des transzendenten Gottes, 78f. mit Anm.2; s.u. §326f.

III

Die Gegenstände der Orakelentscheidung: Recht und Eigentum

Die juristische Relevanz der Gottesgerichtsbarkeit

1. Das Gottesurteil im ägyptischen Rechtsleben

§315

Wie in religionsgeschichtlichen, so auch in rechtsgeschichtlichen Erörterungen ist das Orakelwesen in Ägypten häufig zum Gegenstand einer wissenschaftlichen Betrachtungsweise geworden, in der "idealistische" Erwartung, was altägyptisches Rechtswesen sein könnte und "realistische" Enttäuschung über seine Ausprägung im Gottesurteilsverfahren miteinander eine Verbindung eingehen. Beispielhaft hierfür ist Seidls Äußerung:

"*Das Gottesurteilsverfahren scheint eine vorübergehende Verirrung* (sic) *des ägyptischen Rechts gewesen zu sein (...). Jurisprudenz kann sich in diesem Gottesurteilsverfahren nicht entwickeln (...), in oDeM 133 scheint gar eine Zeugenvernehmung dem Urteil erst nachzufolgen.*"[1]

Die Vorstellung vom Orakel als Instrument einer machthungrigen Priesterschaft führt Lurje[2] dazu, das Orakelwesen als Teil einer mit den "*weltlichen*" Machthabern konkurrierenden "*Tempelgerichtsbarkeit*" zu betrachten.

§316

Allam (so auch Kákosy, in: LÄ IV, Sp.601, s.v. **Orakel*) dagegen räumt dem Gottesurteilsverfahren einen wichtigen Platz im ägyptischen Rechtswesen ein und verweist auf die Bedeutung religiöser Motive, insbesondere der "Persönlichen Frömmigkeit" der Ramessidenzeit, in der das Gottesurteilsverfahren Bedeutung hatte[3].

Das Gottesurteilsverfahren war ein fester Bestandteil des Rechtswesens. Das zeigt sich auch daran, daß sich eine Scheidung der ägyptischen Justiz in eine weltliche und eine Tempel-Abteilung weder terminologisch noch sachlich durchführen läßt. So gibt es als Spezifizierung eines **qnb.t**-Kollegiums, das üblicherweise mit der Schlichtung von Angelegenheiten rechtlichen Charakters

---

[1] Seidl-Scharff, Ägyptische Rechtsgeschichte, 38f.

[2] Lurje, Studien zum altägyptischen Recht, 97ff. Die Bestrafung von Übeltätern im Verlauf von Götterprozessionen ist vielleicht schon für die 1. Zwischenzeit belegt, s. Orakelbeleg IV.2.10/11.a.

[3] Allam, Verfahrensrecht, Abschnitt VIII und IX; ders., in: LÄ V, Sp.183, s.v. **Recht*.

zu tun hatte, zwar die Bezeichnung **qnb.t n.t-ḥw.t-nṯr**, jedoch fehlt das terminologische Gegenstück für eine "weltliche" **qnb.t**[4], durch welches erst bewiesen wäre, daß mit "*Tempel-Kollegium*" wirklich die eine Seite eines dualistischen Systems gemeint sei[5]. So spricht Haremhab in seinem Dekret über die Beteiligung von Priestern und **ḥ3tj.w-ᶜ** an der Neuerrichtung des **qnb.t**-Systems in allen Städten des Landes, ohne daß von irgendeinem Dualismus die Rede ist[6]. Im pTurin 2021[7] nimmt der Vezir an der Sitzung der **qnb.t** des Tempels Ramses' III. von Medinet Habu teil, was gegen die Ausgrenzung einer nichtweltlichen Gerichtsbarkeit spricht. Auch Lurje[8] geht davon aus, daß diese Tempelgerichte unter der Aufsicht des Vezirs standen; jedoch ist die von ihm daraus gezogene Konsequenz nicht überzeugend, in dieser Aufsicht drücke sich ein prinzipieller Gegensatz zwischen Priesterschaft und Vezir aus, der durch das Gottesurteilsverfahren zugunsten der Priester gelöst werden sollte. Im Grabräuberprozeß des pAbbott nimmt umgekehrt der Hohepriester des Amun an der Sitzung der "*Großen* **qnb.t** *der Stadt*" teil[9].

§317

Zwischen dem Urteilsverfahren durch eine **qnb.t** und dem durch ein Orakel läßt sich außerdem in Deir el-Medineh weder inhaltlich noch in der Kompetenz ein Gegensatz und eine Konkurrenz erkennen[10]. So können Gottesurteile aus älterer Zeit vor einem Gerichtskollegium als Argument zitiert werden[11], der Orakelgott kann in Gegenwart der **qnb.t** eine Entscheidung fällen, wobei diese vermutlich eine Zeugenfunktion hatte[12]. Dies muß man nicht mit dem weit hergeholten Argument rechtfertigen, bei der **qnb.t** von Deir el-Medineh habe sich um einen Teil der Tempelgerichtsbarkeit gehandelt, unabhängig von deren personeller Zusammensetzung, da die Arbeiterschaft eine Art "*religiöser Bruderschaft*" gewesen sei[13].

[4] Griffith, Siût and Dêr Rîfeh, Pl.7, Z. 283, 293, 295, 304; Sethe, Lesestücke, 93ff.; pTurin 2021 rto., 4,2, s. Cerny und Peet, in: JEA 13, 1927, 30ff., KRI VI, 742,1.

[5] Ähnlich äußerte sich auch bereits Peet gegen Moret, in: JEA 10, 1924, 119.

[6] Urk.IV, 2157,10ff.; Kruchten, Le décret d'Horemheb, 148.

[7] Cerny und Peet, in: JEA 13, 1927, 30ff.; KRI VI, 738ff.

[8] Lurje, Studien zum altägyptischen Recht, 94ff.

[9] pAbbott, 7,2, s. Peet, Tomb-Robberies, Pl.4.

[10] Ähnlich auch Allam, Verfahrensrecht, 80.

[11] Vgl. oBM 5624 vso., 5ff. (IV.2.20.e.), wo sich möglicherweise vor einer **qnb.t** ein Mann auf ein Urteil Amenophis' I. als Orakelgott beruft.

[12] pBoulaq 10 (= pKairo 58092) rto., 15 (IV.2.19/20.a.).

[13] Lurje, Studien zum altägyptischen Recht, 56 und 85.

§318
Die behauptete Dualität von säkularer und Tempel-Gerichtsbarkeit stimmt wohl nicht mit den in Ägypten am Ende des Neuen Reiches gegebenen Verhältnissen überein; eine solche Zweiteilung des Rechtswesens setzt immerhin zwei eigenständige, nur der weltlichen bzw. religiösen Macht verantwortliche Justizbehörden voraus. Abgesehen davon, daß es die Teilung der Macht zwischen einer "weltlichen" und einer "geistlichen" Instanz nicht gegeben hat[14], waren auch die **qnb.t**-Kollegien keine Justizbehörden in unserem Sinne, die Rechtsprechung war eine ihrer wichtigen Funktionen, nicht aber ihre einzige[15]. Keiner der Angehörigen einer rechtsprechenden **qnb.t** war ein "Jurist". Es handelte sich um die Honoratioren der jeweils mit dem besonderen Fall befaßten Verwaltungseinheit, in Deir el-Medineh waren es u.a. die beiden Vorarbeiter. In der **qnb.t**, die die Grabräuber der königlichen Nekropole abzuurteilen hatte, waren die höchsten Beamten des Landes vertreten. Der gelegentlich vorkommende Ausdruck "**qnb.t** *dieses Tages*" verrät, daß die Zusammensetzung der Korporationen sich kurzfristig verändern konnte, wofür es vielleicht bestimmte Regeln gab[16]. Auch Seidl[17] beurteilt diese Rechtsorgane als Honoratioren-Gerichte. Die Regelung von Streitfällen und Aburteilung von Gesetzesverstößen dürfte *eine* der Verwaltungsaufgaben der einzelnen Behörden gewesen sein, so wie auch dem Vezir die Funktion des obersten Richters nur unter anderen Aufgaben in seiner Eigenschaft als Oberaufseher der Beamtenschaft zukam[18]. Dies steht im Gegensatz zu den heute gültigen Rechtsbegriffen, nach denen ein Richter zwar ein Beamter ist, nicht jedoch umgekehrt ein Beamter auch ein Richter. Nur unter der Voraussetzung, daß er nichts anderes vertritt als die

---

14 S.o. §§88ff.
15 Urk.IV, 1111,3; 1113,4; Hayes, A Papyrus of Late Middle Kingdom, 139f.; Lurje, Studien zum altägyptischen Recht, 61f.
16 Zur **qnb.t** und ihrer Zusammensetzung s. Lurje, Studien zum altägyptischen Recht, 35ff.; zur **qnb.t-ᶜ3.t** s. Gardiner, Inscription of Mes, 33ff.; Helck, Verwaltung, 26f.; ein Prozess vor einer nicht näher bezeichneten **qnb.t** in Gegenwart des Königs: Cerny, LRL, 59,4f.
17 Seidl-Scharff, Ägyptische Rechtsgeschichte, 33.
18 Edgerton, in: JNES 6, 1947, 155.

Behörde, die ausschließlich mit dem Rechtsvollzug befaßt ist, gilt heute ein Richter als unvoreingenommen[19].

2. Die juristische Qualität des Orakelwesens

a. *Die dramatis personae im modernen Gerichtsverfahren*

§319

Eine Differenz zwischen dem heutigen und dem altägyptischen Rechtswesen wird natürlich auch von Seidl nicht geleugnet, wenn er schreibt:

"*Will man für ein Land, wie das alte Ägypten, das "Privatrecht" schildern, so muß man sich darüber klar sein, daß damit eine von den Römern gefundene Unterscheidung auf ein anderes Rechtsgebiet übertragen wird. Die alten Ägypter selbst haben sicherlich nicht zwischen privatem und öffentlichem Recht unterschieden. (...) Doch weil wir es als eine Aufgabe dieser Abhandlung ansehen, das ägyptische Recht vom Standpunkt der antiken Rechtsgeschichte aus darzustellen, greifen wir unter der Überschrift "Privatrecht" diejenigen Fragen heraus, die für eine Entwicklung des Privatrechts überhaupt in Betracht kommen.*"[20]

Bei dem hier vorgeschlagenen Verfahren sollte man sich jedoch auch darüber im klaren sein, daß eine Anwendung der Kategorien des römischen Rechts in der Art eines Juristen, der einen Fall bearbeitet, nicht identisch ist mit der Erklärung eines Rechtswesens, daß anderen Kriterien gefolgt ist. Die Unterscheidung: *Privatrecht – Öffentliches Recht – Strafrecht* ist zwar eine Definitionsfrage, wenn es um die Anwendung dieser drei Kategorien des Rechts auf einzelne Fälle gehen soll; die *Existenz* dieser Kategorien, ihre rechtliche Gültigkeit jedoch ist keine Frage der Begriffsbildung, sondern unterstellt sachlich völlig andere Verhältnisse, als sie im Ägypten des Neuen Reiches anzutreffen waren. Diese drei Sphären, in die sich heute das Recht teilt, bezeichnen die verschiedenen Stellungen, die der Staat im Rechtswesen einnehmen kann; im Privat- oder Zivilrecht ist er im Grunde nur in Gestalt der von der Legislative beschlossenen Gesetze anwesend, nach denen die Richter die Streitsache

---

19 Was der König dem Vezir als Standpunkt der Gerechtigkeit zur subjektiven Beherzigung anträgt: Urk.IV, 1091,7 und 13ff., wird heute nicht mehr einem subjektiven Rechtsempfinden überlassen, sondern ist institutionalisiert durch die Einrichtung der Justiz als eigenständige Teilgewalt, deren einzige Aufgabe die Vollstreckung der von der Volksvertretung beschlossenen Gesetze ist. Berufung auf Gesetze findet sich auch in altägyptischen Verfahren gelegentlich: pKairo 58092 rto., 11, s. Orakelbeleg IV.2.19/20.a.; zwei(?) Zitate von königlichen Bestimmungen finden sich in pTurin 2021 rto., 2,11 (?) und 3,4f., s. Orakelbeleg IV.2.20.g.; ferner der Passus in der Amtseinsetzung des Vezirs, Urk.IV, 1092,12, dazu Faulkner mit abweichender Lesung in: JEA 41, 1955, 18ff.

20 Seidl-Scharff, Ägyptische Rechtsgeschichte, 41.

zweier Bürger zu schlichten haben, in den beiden anderen Abteilungen erscheint er als Partei: im *Öffentlichen Recht* als Gegner eines Privatmannes oder seiner selbst in Gestalt seiner verschiedenen Institutionen, im *Strafrecht* als Vertreter der öffentlichen Gewalt, die von einem Bürger durch einen privaten Akt der Gewalt in ihrer Monopolstellung verletzt wurde. In allen drei Fällen zeigt sich die Eigenständigkeit der Justiz im modernen Staatswesen als unabhängige, nur dem Gesetz verantwortliche Gewalt, so daß die Staatsseite selbst als bloße Partei im Recht auftritt, als sei sie nicht die Grundlage der Justiz; eine Partei allerdings, nach deren unterschiedlichem Auftreten das Rechtswesen in drei Abteilungen zerfällt. Daß die Rechtssphäre selbst aus dem Parteienstreit herausgehoben ist, um über ihn richten zu können, zeigt sich darin, daß im Rechtswesen selbst die Streitparteien noch einmal vertreten sind, die die unterschiedlichen Interessen in Rechtsstandpunkte verwandeln und damit die Sache nach den Kriterien des geltenden Rechts aus der Welt schaffen. Es gibt also die Charaktere des Anwalts, Staatsanwalts, Richters. Irgendwelche anderen, gesellschaftlich bedingten Unterschiede zwischen diesen Akteuren der Justiz sind für die Entscheidung unerheblich, nur gerichtlich kann die Entscheidung eines Gerichts angefochten werden: Instanzenweg.

Während *vor* der Entscheidung des Gerichts der Staat nur als Partei auftrat, sieht es *nach* dem Sieg der Gerechtigkeit etwas anders aus: gleichgültig wie der Prozeß ausgegangen ist, wird nun der Fall demgemäß vollstreckt durch die öffentliche Gewalt.

b. Die Akteure des ägyptischen Rechtswesens

§320

Auf einige Phänomene des modernen Rechts wurde kurz hingewiesen, weil auf diesem Hintergrund die Besonderheiten des altägyptischen Rechtswesens schärfer hervortreten dürften.

Die Zusammensetzung der **qnb.t** wurde vermutlich durch die Funktion ihrer Mitglieder im Beamtenapparat bestimmt, also durch ein außerhalb des Rechtswesens liegendes Moment. Es handelte sich nicht um Leute, die unterschiedslos als Agenten der Justiz bestimmt waren und denen dann erst *durch* und *in* dem Prozeßwesen die dafür charakteristischen Bestimmungen zuteil wurden. Komplementär nämlich zu der Unterschiedenheit der **qnb.t**–Mitglieder als Beamte der verschiedensten Bereiche des Lebens findet sich in den Texten kein Hinweis auf eine spezifisch juristische Rollenverteilung innerhalb des Kollegiums; daß z.B. ein Mitglied desselben die Verteidigung des Beklagten führen würde, geht weder aus den Akten zum Harimverschwörungsprozeß[21] noch aus denen zu den Grabräuberprozessen als typischen "Strafprozessen" hervor. Damit dürfte auch, als deren Gegenpol die Anklage als Aufgabe einer besonderen Person wegfallen. Die Mitglieder der **qnb.t** in den Grabräuberprozessen des pMayer A[22] agieren vielmehr allesamt gleichermaßen als Verhörende, also in einer Funktion, die heute weitgehend von der Polizei übernommen wird. Durch die dem Verhör oft schon vorhergehende Verprügelung der Personen, gleichgültig, ob es sich um die Täter selbst oder nur um deren Angehörige handelt, wird kundgetan, daß ihre Aussagen von vorneherein als Ausreden genommen werden. Eine Trennung von Verhör, abwägender Schuldfeststellung und Strafzumessung dürfte es nicht gegeben haben, wie die lakonischen Bemerkungen des Protokolls der Harimverschwörungsprozesse verraten:

"*Er wurde herbeigeholt .... man brachte ihn vor die Würdenträger der Untersuchungsstelle, sie untersuchten seine Schandtaten, sie befanden, daß er sie verübt hatte, ... und die Würdenträger, die ihn verhört hatten, ordneten an, daß ihn seine Strafe traf*" (var.: "*Man verbrachte ihn an seinen Ort, und er starb durch Selbstmord*")[23].

Auch von einer Beweispflicht der Anklage ist nichts zu bemerken bei den Protokollen der Grabräuberprozesse. Diese Gerichte treten auf als obrigkeitliche Institutionen gegenüber den Untertanen bzw. degradierten und ausgestoßenen Würdenträgern, die die notwendigen Aussagen mit den zur Verfügung stehenden Mitteln erpressen. Auch außerhalb dieser "Prozesse" wegen Verbrechen gegen tote oder regierende Könige lassen sich innerhalb der Gerichtskollegien aus den vorhandenen Protokollen keinerlei Differenzierungen der juristischen Funktionen entnehmen[24].

§321

Zeugen (**mtr.w**) werden dagegen in den Prozeßurkunden häufiger aufgeführt; abgesehen von der Vernehmung von den Verbrechern nahestehenden Personen in den Grabräuberprozessen (die auch nicht als "*Zeugen*" bezeichnet werden) finden sie sich jedoch in einer andersartigen Funktion als in modernen Prozessen. Wenn sich in zahlreichen Rechtsdokumenten, darunter auch solchen

---

[21] KRI V, 350-366.

[22] Peet, The Mayer Papyri A & B.

[23] pTurin 1875; s. KRI V, 352ff.

[24] Der Ausdruck für Gericht, **qnb.t-sḏmj.w**, "*Kollegium der An- (oder Ver)hörenden*", macht keine Differenz zwischen den Gerichtspersonen als Vertretern verschiedener Prozeß-Parteien und als Richter. Das Gerichtsverfahren erscheint in dem Ausdruck als obrigkeitliche Anhörung einer Beschwerde oder als Verhör; zu dem Audruck s. Lurje, Studien zum altägyptischen Recht, 57ff.

über Gottesurteile, am Ende derselben oder am Ende eines Abschnitts eine Liste von Namen findet, eingeleitet mit der Formel **m-bꜣḥ-mtr.w-qn.w ꜥšꜣ.w** (o.ä.)[25], so handelt es sich hier wohl nicht um Zeugen, die die Wahrheitsfindung sicherstellen sollen; solche Zeugen, wie sie heute in Strafprozessen von der Anklage und von der Verteidigung aufgefahren werden, entfallen dort, wo es eine Parteiung innerhalb des Justizpersonals nicht gibt. Die "*Zeugen*" in den Gerichtsakten werden weniger wegen ihrer Ausagen *zum* Prozeß aufgeführt; ihre Bedeutung liegt vielmehr darin, daß das Verfahren vor ihren Augen zu einer Entscheidung gekommen ist. Sie haben vermutlich die Funktion von Gewährsleuten, die für die Einhaltung des Schiedspruches durch die Betroffenen stehen. Zu diesem Zweck können "*Zeugen*" daher auch am Ende von testamentarischen Bestimmungen genannt werden[26]. Oft, so z.B. in oDeM 133 werden die aufgezählten Gewährsleute gar nicht explizit als "*Zeugen*" bezeichnet, und es ist möglich, daß sie identisch mit den Angehörigen der **qnb.t** sind[27]. Die Notwendigkeit solcher Gewährsleute weist darauf hin, daß es damals keine zentrale und allgemeine Gewalt gab, die eine Gerichtsentscheidung als für sie verbindlichen Auftrag zur Vollstreckung bzw. Überwachung genommen hätte, mit der heute eine solche Entscheidung verbindlich und unentrinnbar wird. Umgekehrt muß vielmehr der Betroffene im Beisein seiner Vorgesetzten und Mitbewohner unter Eid zusichern, daß er selbst der Entscheidung nichts in den Weg legen werde[28].

c. *Das Anwendungsgebiet der "Gottesgerichtsbarkeit"*

§322

Das Ansehen, das Urteile von göttlichen Wesen im ägyptischen Rechtswesen genießen, weist sie nicht als eine Ausnahme innerhalb desselben aus, die als eine "*Verirrung*"[29] abzutun wäre. Über die tatsächliche Ausbreitung des Gottesurteilsverfahrens ist wenig bekannt, da ja im wesentlichen nur die Quellen aus Deir el-Medineh zur Verfügung stehen; immerhin gibt es jedoch auch aus

---

25 Z.B. pAshmolean 1945.96 rto., 7f.; vso., 11f., Gardiner, in: JEA 26, 1940, 23ff.; pBM 10335 (III.20.g.) rto., 7f.; Dachla-Stele (I.22.a.), Z.16ff.

26 So im Testament der Naunachte, Dokument I, Kolumne 6, s. Cerny, in: JEA 31, 1945, 29ff., Pl.9; pAshmolean 1945.96 rto., 7ff., s. Gardiner, in: JEA 26, 1940, 23ff.

27 So auch Allam, Hieratische Ostraka und Papyri, 262, von den Zeugen im pAshmolean 1945.96. Namentliche Identität von einigen Zeugen, vor denen der Eid geleistet wird, mit den Mitgliedern der **qnb.t** findet sich im Dokument I des Testaments der Naunachte, s. Anm.26; zu den Zeugen s. auch Lurje, Studien zum altägyptischen Recht, 123f.

28 S.o. §230; Lurje, Studien zum altägyptischen Recht, 124f.

29 S.o. §315.

Abydos ein Orakelurteil bezüglich Nutzungsrecht an Feld[30], wobei merkwürdiger Weise auch hier ein verstorbener König als Orakelgott fungiert.

§323

Für die Verbreitung des Gottesurteilsverfahrens in Ägypten ist zu beachten, daß die Abgrenzung zwischen "Gerichtsorakeln" und Orakeln anderer Art modernen Rechtskategorien verpflichtet ist. So könnte außerhalb der Zeugnisse von Deir el-Medineh auch der Schluß der Ämter-Kauf-Stele der Königin Ahmes-Nofretere dazugerechnet werden, wo "*die Majestät dieses Gottes*", vermutlich Amun-Re, sich zum Schützer der Urkunde in Ewigkeit erklärt[31]. Vom Gegenstand der Gottesentscheidung her sind auch die Inschrift über die Rechtfertigung des Thutmose (I.21.d.), die Inschrift über Bodenkauf im Chonstempel (I.21.c.) sowie die Dachla-Stele (I.22.a.) dazuzurechnen. Die Zusicherung des Erbschafts-Schutzes in den Texten I.21.e./f. und II.22.a. durch die thebanischen Götter für alle Zeiten ist nur die Umkehrung davon, daß im oBM 5624 (IV.2.20.e.) Amenophis I. einem Arbeiter ein Grab zuweist, welches bereits in der Zeit Haremhabs seinem Vorfahren zugebilligt wurde. Die 104 Orakelanfragen aus Deir el-Medineh (V.19/20.b.) beziehen sich teilweise auf Anliegen, die im heutigen Sinne juristischen Charakter haben:

- Fragen nach dem Urheber eines Verbrechens, insbesondere Diebstahls: Nr.2, 13, 14, 42, 51, 60(?), 88(?); oDeM 573;
- Fragen nach einer Person, der etwas gehört: Nr.19, 36, 48, 54, 68, 75-79; oDeM 574;
- Bitte um Absicherung einer Transaktion oder um Bestätigung, daß eine solche (nicht) stattgefunden hat: Nr.8, 9, 15, 24(?), 25, 39, 47, 52, 56, 64, 67, 74, 91; oDeM 575(?), 576.

Daneben aber finden sich Fragen völlig anderer Art, solche, die einen Rat für die Zukunft erbitten (21), Bitte, jemanden aus seinem Amt zu entfernen (16)[32], Frage nach der Bedeutung von Träumen (40), Frage nach der Gunst des Gottes (5).

---

30 Orakelbeleg I.19.a.

31 IV.2.18.a.; vgl. Gitton, in: BIFAO 76, 1976, Anm.(ap).

32 Vielleicht ist dies nicht als Bitte an den Gott zu verstehen, sondern bereits als Gottesbefehl, s. Römer, in: BiOr 47, 1990, Sp.624, Anm.32.

d. Die Funktionen des Orakelgottes in seiner Gerichtsbarkeit

§324

Die Dinge, deretwegen man sich an Amenophis I. als Orakelgott bei den Prozessionen wandte, waren also primär nicht solche rechtlichen Charakters; er wurde nicht gefragt, weil er der oberste Richter am Ort gewesen wäre, sondern wegen der drei Komponenten des Orakelwesens[33]: Kundgabe des göttlichen Willens, machtvolles Eingreifen, Kundgabe des göttlichen Wissens; das schloß auch die Beantwortung von "Rechtsfragen" ein. Dies ist vergleichbar damit, daß auch die menschlichen Richter diese Stellung aufgrund ihrer sonstigen Beamten-Position wahrnahmen, die sie für Petitionen der verschiedensten Art zuständig sein ließ.

So wenig wie bei den Entscheidungen der qnb.t läßt sich beim Agieren des Orakelgottes eine spezifische juristische Rolle desselben im Prozeß feststellen. Ein erstaunlich großer Teil der Orakelgerichtsfälle ist auf Streitigkeiten wegen Immobilien bezogen[34]; dabei ist häufig die Frage des Eigentums oder Nutzungsrechts der Gegenstand des Streits, die heute mit einem Blick ins Grundbuch erledigt wäre. Darum geht es in:

oKairo 25555 (III.20.b.),
oGenf 12550 (IV.2.20.a.),
oPetrie 16 (V.20.a.),
oPetrie 21 (III.20.c.),
oGardiner 103 (IV.2.20.c.),
oBM 5624 (IV.2.20.e.),
oBM 5625 (III.20.i.),
oGardiner 23 (III.20.k.).

Die Zuteilung einer Begräbnisstätte durch Amenophis I. als Orakelgott wird erwähnt in pKairo 58092 (IV.2.19/20.a.). Um Nutzungsrechte an Immobilien geht es schließlich auch in der Dachla-Stele (I.22.a.) und im Orakel des Königs Ahmose I. aus Abydos (I.19.a.). Diese Prozesse liefen häufig so ab, daß für die eigenen Ansprüche die Vorfahren, von denen man die Gegenstände geerbt haben wollte, aufgezählt wurden, so in oBM 5624 und oGenf 12550. Ähnliches geschieht auch im Prozeß der Familie des Mes vor der *Großen* qnb.t, in dem die Familie ihre Ansprüche auf eine Schenkung von Ahmose I. an ihren Ahnen herleitet[35]. oBM 5625 beruft sich auf eine Zuteilung durch den regierenden König. Daß sich solche Streitigkeiten ergeben konnten, ist ein Hinweis darauf, daß diese Rechte auf Immobilien nicht sehr eindeutig waren, daß möglicherweise eine königliche Schenkung oder Zuteilung durch die eines anderen Königs aufgehoben werden konnte. Auch werden die zentralen Register, sofern es solche überhaupt gab, nicht immer über jeden Zweifel erhaben gewesen sein, wenn eine Anfechtung von Nutzungsrechten Aussicht auf Erfolg hatte.

---

[33] S.o. §135.
[34] Allam, Verfahrensrecht, 78.
[35] Gardiner, Inscription of Mes, N4, S.42.

Der Richterfunktion des Gottes, der hier zwischen zwei einander widerstreitenden Ansprüchen zu entscheiden hatte, tritt die Funktion des *Zeugen* zur Seite als *Grundlage* der Richtertätigkeit des Gottes; denn der Gott ist als ein die Grenzen des menschlichen Lebens überdauerndes Subjekt kompetent, die Richtigkeit solcher Herleitungen zu überprüfen und gegebenenfalls zu bestätigen. Bei dem Orakelspruch des Seth auf der Dachla-Stele, wo der Gott aus einem Grundbuch zitiert, erhebt sich die Frage, warum es dazu eines Gottesurteils bedurfte. Sinn macht es nur, wenn dieses Kataster aus der Zeit Psusennes' I. nicht die einzige mögliche Regelung darstellte, weshalb der Gott durch sein Wissen und seine Autorität festlegte, was gelten sollte.

§325

Auch bei der anderen großen Gruppe von Gerichtsorakeln, der Behandlung von Diebstählen, umfaßt die Orakeltätigkeit des Gottes mehr als nur *eine* der heute bekannten Rechtsfunktionen. Es handelt sich im wesentlichen um den pBM 10335[36] und oGardiner 4[37]. In beiden Fällen wird dem Gott zur Ermittlung von Kleiderdiebstählen eine Liste der Einwohner bzw. ihrer Häuser vorgelesen. Daß dies auch als Losverfahren vor sich gehen konnte, zeigt der Packen von Schilfrohren, der bei dem ptolemäischen Tempel von Deir el-Medineh gefunden wurde[38]; wenn man ein Schilfrohr herauszog, wurde der darauf geschriebene Name eines Hauses sichtbar. Unklar ist, ob dies auf eine mit dem Barkenorakel konkurrierende Technik verweist, oder aber dem Gott gar keine vollständige Liste vorgelesen wurde, sondern eine, die man bereits auf dem Los-Weg ermittelte, solange bis der Gott ein Zeichen der Zustimmung gab.
Zu dieser Gruppe gehört auch oBM 5637[39], welches eine Aufzählung von gestohlenen Haushaltsgegenständen mit der Aufforderung an den Gott verbindet, dem Geschädigten die Übeltäter zu nennen ("*geben*"). Wenn der Gott spricht: "*Er ist es, der sie gestohlen hat*"[40], so hat er damit drei Funktionen in einem wahrgenommen: erstens die Ermittlung des Täters, also eine polizeiliche Funktion; zweitens die eines Zeugen, insofern der Aussage des mit besonderem Wissen begabten Gottes ein Beweiswert zukommt; drittens die eines Richters, insofern er mit seinem Ausspruch die Schuld des Angeklagten festgestellt hat. Im pBM 10335 hat der dreimalige Schuldspruch des jeweiligen Orakelgottes immer diesen endgültigen Charakter. Zugleich aber überwiegt im ersten, vom

[36] Orakelbeleg III.20.g.
[37] Orakelbeleg III.20.f.
[38] Cerny, in: BIFAO 40, 1941, 135ff.
[39] Orakelbeleg V.20.b.
[40] pBM 10335 (III.20.g.) rto., 4; 7; vso., 6: **ntf-j.jṯ3-st**; vgl. auch oGardiner 4 (III.20.f.) rto., 6; vso., 5f.

Amun von **Pꜣ-ḫntj** auf Anfrage des geschädigten **Jmn-m-wjꜣ** erteilten Orakel der Aufklärungscharakter; die zweite Auskunft erfolgt gleichlautend vom Amun von **Tꜣ-šnj.t** auf Anfrage des verdächtigten **Pꜣ-ṯꜣw-m-dj-Jmn** selbst, nachdem dieser geleugnet hat. Es ist dieses Urteil und das nicht überlieferte Urteil eines Amun von **Bw-qnn.f**, bei dem der Charakter der Bestätigung oder Zeugenschaft zum ersten Urteil vorwiegt. Das letzte Urteil, das gleichlautend wieder vom Amun von **Pꜣ-ḫntj** ergeht, hat offensichtlich die Kraft einer Verurteilung, worauf dem Angeklagten durch Prügeln ein beeidetes Geständnis abgenötigt wird, ohne das auch das Gottesurteil für seine Gültigkeit nicht auszukommt.
Auch im Rechtsstreit des oDeM 133 über einen Esel[41] hat das Urteil nach der dritten Wiederholung die volle Urteilskraft[42]. Der Eid, zu dem der Verurteilte daraufhin genötigt wird, enthält nur dessen Zusicherung, demselben hinfort nichts mehr in den Weg zu legen. Mehrmaliges Vorlegen von Schriftstücken vor den Gott findet sich auch in oGardiner 103[43] sowie im senkrecht geschriebenen Teil der Inschrift über die Rechtfertigung des Thutmose[44].

§326

Es gibt noch eine juristische Funktion des Richtergottes. Der pBM 10335 ist eines der Beispiele dafür, wie der Gott in einem Rechtsstreit von *beiden* Seiten angerufen werden kann[45], jeweils mit der Formel **mj-n.j ... pꜣj.j-nb-nfr mrjw**[46]. In allen bisher behandelten Rechtsfunktionen erfüllt der Gott, sofern seine Tätigkeit durch den Hilferuf eines einzelnen ausgelöst wird, auch noch die Rolle des *Anwalts* desjenigen, der ihn um Beistand angerufen hat. Die Einleitungsformel, mit der er zum rechtlichen Tätigwerden aufgerufen wird, **mj-n.j** (Gott) *NN* **pꜣj.j-nb-nfr**, die übrigens nur gebraucht wird, wenn der Betroffene selbst den Gott anruft, nicht aber, wenn ein Dritter das Anliegen vorträgt[47], stellt eine enge Verbindung zu den Gebeten der "Persönlichen Frömmigkeit" her. Diese sind die religiöse Begründung für die Fähigkeit und den Willen des

41 Orakelbeleg III.20.h.
42 Vgl. Allam, Verfahrensrecht, 96; eine dreimalige Befragung (zweimal Hemen, einmal Chons) auch in pBrooklyn 16.205 (I.22.f.).
43 Orakelbeleg IV.2.20.c.
44 Orakelbeleg I.21.d., s.o. §225.
45 Auch oBM 5625 ist ein Beispiel dafür, daß sich beide Parteien auf einen Spruch des Gottes zu ihren Gunsten berufen.
46 Orakelbeleg III.20.g. rto., 1f.; vso., 3f.
47 S.o. §177; zu dem Gebrauch der Formel in Gerichtsorakeln s. Vernus in: BIFAO 75, 1975, 109.

Gottes zu dieser Art von Orakeltätigkeit[48], ohne sich dabei auf die Bitte um Hilfe in rechtlichen Angelegenheiten zu beschränken:

- Relief Kairo JdE 43591[49]. Gebet an Amun-Re, welches den Gott mit den Beinamen "*Hirte*", "*Retter des Schiffbrüchigen*" und "*Fährmann*" preist, also in allgemeiner Weise als einen Segen für den ihm als Diener Ergebenen;
- pAn. IV, 10,1ff. (Gardiner, LEM, 45)[50]. Anrufung Amuns zur Rettung aus einem "*Jahr der Not*"[51];
- pAn. V, 9,2ff. (Gardiner, LEM, 60)[52]. Dreimaliges Vorkommen in einem Gebet an Thot als Schutzherrn der Schreiber;
- pAn. IV, 4,11ff. (Gardiner, LEM, 39). Gebet an Ptah mit der Bitte, den Betenden nach Memphis zu holen, damit er den Gott sehen könne; es handelt sich um die Bitte eines seinem Gott Entrückten um Nähe[53];
- pCh.Beatty XI vso., 2-3[54]. Die Anrufung mj-n.j Jmn erscheint am Anfang einer jeden Verseinheit, in der Amun als Helfer des Bedrängten gepriesen wird;
- oKairo 25349. Gebet an Amun mit der Einleitung mj<-n>.n als "*Retter in Millionen Fällen*";
- Cerny, Graffiti, Nr.1345 und 1394[55].

§327

Gemeinsamkeit aller dieser Anrufungen, auch derjenigen innerhalb der Gerichtsorakel-Texte, ist immer der Wunsch und der Glaube, daß der Gott zugunsten des ihm treu ergebenen Dieners direkt eingreifen werde, wenn dieser in Not ist. Eine Form dieses Eingreifens ist eben das "Gerichtsorakel". In diesem soll der Gott einerseits aufgrund seiner Beziehung zu einem besonderen Individuum diesem zu Hilfe kommen; insofern ist er dessen "Anwalt". An-

---

[48] S.o. §314.
[49] Assmann, ÄHG, Nr.165.
[50] Fecht, Persönliche Frömmigkeit, Nr.6.
[51] Zum möglichen Gleichklang von mj-n.j und Jmn s. Sauneron, in: BIFAO 51, 1952, 51, mit Anm.1 und 2.
[52] Fecht, Persönliche Frömmigkeit, Nr.9; vgl. auch pSallier I, 8,5 (Gardiner, LEM, 86).
[53] Vgl. Cerny-Gardiner, HO, 5,1: pꜣ-ntj-<m->Ḫꜣrw <ḥr-ḏd->mj jnj-wj r-Km.t.
[54] Assmann, ÄHG, Nr.189.
[55] Weitere Beispiele s. Sauneron, in: BIFAO 51, 1952, 51, Anm.1 und 2.

dererseits aber ist er derjenige, dessen Eingreifen zugunsten des Bedrängten auch endgültig und allgemein Recht setzen soll; insofern ist er "Richter". Im modernen Recht dagegen sind die Funktionen von Richter und Anwalt getrennt, weil ein Rechtsstandpunkt erst noch der Überprüfung bedarf durch eine Person, die ausschließlich das Gesetz vertritt, bevor er als rechtsgültig beschieden wird. Die moderne Justiz hat die Nicht-Identität von Recht und Interesse in ihren Verfahrensregeln verankert, die es andererseits dem Interesse ausdrücklich erlauben, sich mit rechtlichen Mitteln, z.B. einem Anwalt, Rechtsgeltung zu *verschaffen*.

§328

Im modernen Recht wird eine besondere Art von Gesetzeswidrigkeiten, die ein Einzelner begehen kann, nicht als dessen Privatangelegenheit behandelt, sondern vom *Staats*-Anwalt als Verletzung des allgemeinen Interesses strafrechtlich verfolgt. Dagegen werden in den altägyptischen Gottesorakeln auch Verbrechen wie Diebstahl und Unterschlagung so behandelt, als handele es sich um einen privaten Rechtsstreit[56]. Als Anwalt und Richter in einer "Person" entscheidet der Gott, wem etwas gehören soll und wer in Zukunft keinen Anspruch darauf erheben darf; von einer Bestrafung ist nur selten etwas zu hören.

§329

Beim *Gott* als Anwalt und Richter ist der Widerspruch von Interesse und Recht aufgehoben, der bei den Beamten der **qnb.t**, wo eine Scheidung von Anwalt und Richter genausowenig praktiziert wurde, den Verdacht der Parteilichkeit entstehen und den Wunsch nach göttlicher Hilfe wach werden ließ. Beim Gott ist nicht die absichtslose Abstraktheit des Rechts, das die Taten nur an *seinen* Bestimmungen mißt – dargestellt in der Allegorie der *Justitia* mit verbundenen Augen – der Garant der Gerechtigkeit, sondern der Gotteswille, wie er sich im Orakel äußerte. Recht setzende Kraft hatte dieser Wille, weil es sich bei der Gottheit um ein über alle menschlichen Zwecke soweit erhabenes Wesen handelte, daß sie bei ihrem Einsatz für die Belange eines ihrer "*Diener*" nicht in den Verdacht der Parteilichkeit geraten konnte. Die übermenschliche Dimension des Gottes garantierte die Gerechtigkeit unter den Menschen. Dies aber ließ den Gott wiederum zu einer *irdischen* Instanz werden: Amenophis I. wurde als Richtergott gelegentlich "*der Herr des Dorfes*"

[56] Allam, Verfahrensrecht, 80.

(pꜣ-nb (n-)pꜣ-dmj) genannt[57]. Im selben Sinne, wenn auch auf einer höheren Ebene, wurde Amun-Re in den Orakeldekreten als Ur- und Schöpfergott gepriesen und zugleich zum "*König*" Ägyptens stilisiert[58]. An die übermenschliche Macht der Gottheit richteten sich bei den Prozessionen Amenophis' I. Rechtsfragen gleichermaßen wie Fragen nach der Bedeutung von Träumen oder nach der Zukunft[59]. Ebenso wie das Schicksal lag auch das Recht in der Hand Gottes.

§330

Obwohl das Gottesurteil sich an geltenden Rechtsbestimmungen orientierte[60], waren Begründungen seines Spruches nicht notwendig. Für die Identifikation von Dieben durch den Gott wie im pBM 10335 und oGardiner 4 bedurfte es neben dem Schuldspruch vermutlich keiner weiteren Beweise; die übermenschliche Macht des Gottes, der als Richter auch sein eigener Ermittler und Zeuge war, war Beweis genug[61].

Zweifel an der Richtigkeit der Aussage des Gottes, wie sie in pBM 10335 vorkommen[62], wurden angesichts der Beweiskraft, die das Gottesurteil als Ausdruck höheren als menschlichen Wissens hatte, nicht als juristisch begründetes Plädoyer vorgetragen. Die Wiederholung des Orakelspruches erkennt nur einen Zweifel an der Eindeutigkeit der göttlichen Willensäußerung an, wie in oDeM 133. Die Einholung von Orakeln anderer Götter durch den Beklagten in pBM 10335 in der Hoffnung auf Widerspruch zum ersten Orakel reflektiert darauf, daß die Recht setzende Kraft des Gottes unmittelbar in seiner Macht besteht; diese war zwar der der Menschen fraglos überlegen, jedoch durch die

---

57 oKairo 25234, Cerny, in: BIFAO 27, 1927, 183f. (kein Orakeltext); oGardiner 103 (IV.2.20.c.); oBM 5625 (III.20.i.).

58 pKairo 58032 (II.21.a.), Z.39 und pKairo 58033 (II.21.b.), Z.30. Die Preisungen Amuns als alle irdischen Grenzen überschreitender Allgott münden in den Königstitel njswt-bjt.

59 S.o. §323.

60 Allam, Verfahrensrecht, 81.

61 In oDeM 133 steht, nachdem der Beklagte das Urteil bereits anerkannt hat, die das Urteil bestätigende Aussage eines Dritten.

62 Die Inanspruchnahme des oDeM 133 als Beleg für einen Irrtum des Gottes durch Schenke, Orakel, 182, beruht auf einer Fehlübersetzung.

Macht anderer Götter eventuell aufzuheben, ohne daß es einer juristischen Argumentation bedurfte[63].

e. Resultat

§331

Das Gottesurteilsverfahren bildete keine Ausnahme innerhalb der Justiz und dürfte im Einklang mit dem allgemeinen Rechtsempfinden der Ramessidenzeit gestanden haben. Aus ihm erwuchs die Kritik an der Parteilichkeit der menschlichen Richter, die den Wunsch nach einem unbestechlichen, *göttlichen* Richter beförderte. Die Qualität besonders des Schöpfergottes als Richter hatte im Neuen Reich bereits eine lange Tradition. Der Wunsch nach Gerechtigkeit äußerte sich als der nach einem Herrn, mit dessen Schutz man belohnt wurde, weil man sich seiner übergroßen Macht vertrauensvoll unterordnete. Der Anspruch auf Gerechtigkeit als Lohn für *Unterordnung* unter den Richter steht im Einklang mit dem ägyptischen Rechtswesen. Dessen qnb.t-Gerichtshöfe waren nach den vorhandenen Quellen *keine* eigenständigen Institutionen der Rechtspflege, die Herren und Untertanen als gleiche, rechtsfähige Subjekte behandelten, sondern obrigkeitliche Gremien auf der Grundlage von Befehl und Gehorsam.

---

[63] pBM 10335 zeigt, daß es keine verbindliche Zuständigkeit *eines* Gerichts für eine Angelegenheit gab, s. Allam, Verfahrensrecht, 80, Anm.122. Man hat den Eindruck, daß der Angeklagte die Freiheit hat, alle möglichen anderen Götter anzurufen und erst nach dem 4. Urteilsspruch wirklich verurteilt ist. In der Erzählung von Horus und Seth (pChester Beatty I, Gardiner, LESt, 37ff.) kommt der Prozeß nicht vom Fleck, weil Seth nicht bereit ist, ein Urteil gegen sich zu akzeptieren.

Göttliches Eigentum und Königsherrschaft

1. Die gesellschaftliche Relevanz des Bodeneigentums

§332

Vor dem Gottesgericht spielten die Streitigkeiten über Immobilien eine sehr bedeutende Rolle[64]. Von den Gottesgerichts-Dokumenten aus Deir el-Medineh sind mit Immobilien befaßt:

oGenf 12550	(IV.2.20.a)
oBM 5625	(III.20.i.)
oKairo 25555	(III.20.b.)
oPetrie 21	(III.20.c.)
oPetrie 16	(V.20.a.)
pKairo 58092	(IV.2.19/20.a.)
oGardiner 23	(III.20.k.)
pDeM 26 (?)	(IV.2.20.b.)
oGardiner 103	(IV.2.20.c.)
oBM 5624	(IV.2.20.e.)

Darüber hinaus stehen folgende Orakeltexte oder Erwähnungen von Orakelvorgängen in Verbindung mit Immobilien:

- Verkaufsurkunde der Königin Ahmes-Nofretere, die auch die Transaktion von Feldern enthält und von Amun-Re garantiert wird (IV.2.18.a).
- Orakel der Statue Ahmoses I. in Abydos, Stele Kairo JdE 43649 (I.19.a.)
- Orakeltext des HPA Mencheperre im Chons-Tempel in Karnak über Kauf von Land von den "**nmḥw.w** *der Stadt*" (I.21.c.).
- Orakel der thebanischen Trias für Henut-tawi und ihre Tochter **ꜣs.t-m-ꜣḫbj.t** am 10. Pylon von Karnak u.a. bezogen auf Häuser, Gärten und **nmḥw.w**-Felder (I.21.e.)

(- Orakel der thebanischen Trias für Maatkare bezogen auf Dinge, die diese von "**nmḥw.w** *des Landes*" gekauft hat. Der obere Teil des Textes am 7. Pylon von Karnak ist verloren, es besteht jedoch einige Wahrscheinlichkeit, daß zu diesen Dingen auch **nmḥw.w**-Felder dazugehörten (I.21.f.).)

- Orakel des Amun über die Einrichtung eines Totenkults für den Vater Scheschonqs I. mit 100 Aruren **nmḥw.w**-Feldern (I.21.g.).
- Dekret Amuns für den Sohn des HPA **Jwrṯ**, u.a. auf **nmḥw.w**-Felder bezogen (II.22.a.).
- Orakel des Seth auf der Dachla-Stele über Rechte auf Quellen in der Oase (I.22.a.).

---

[64] S.o. §§315-331.

- Orakel des Ptah bezüglich einer ḥnk-Stiftung aus dem Jahre 16 Osorkons II., Stele Kairo JdE 45327 (Meeks 22.5.16[65]) (I.22.c.).
- Stele Kairo 27/6/24/3, Z.7, Orakel-Erwähnung in Verbindung mit einem Landkauf (IV.2.20.h.).
- Orakel des Chons und des Hemen von Hefat bezüglich Landkauf im pBrooklyn 16.205. (I.22.f.).

§333

Es wird kein Zufall sein, daß 20 Orakeldokumente mit Immobilien befaßt sind. Daß man die Verfügungsrechte auf Immobilien gerne von der Zustimmung eines Gottes abhängig machte, wird mit der Eigenart dieser auf dem Lande liegenden Rechte zu tun haben.

Das Recht auf Nutzung des Landes nimmt unter den Eigentums-Gesetzen in einer gegebenen Gesellschaft stets einen besonders wichtigen Platz ein. Dies hat vor allem zwei Gründe:

- Der Boden, über den eine gesellschaftlich miteinander verbundene Gruppe von Menschen verfügt, ist das erste und wichtigste Produktions- und Reproduktionsmittel. Denn die landwirtschaftlichen Produkte für die Ernährung des Menschen sind die Voraussetzung alles anderen Produzierens. Boden für Wohnraum zu haben ist die Grundlage der Reproduktion des Lebens. Darüber hinaus bringt der Boden auch alle Rohstoffe für die Produktion hervor, seien es Bodenschätze, seien es organische Rohstoffe, auch solche tierischer Herkunft.
- Der vorhandene Boden ist durch die Tätigkeit des Menschen nur bedingt vermehrbar; dies beschränkt sich auf die Urbarmachung noch unbenutzter Landstriche. Vermehrung durch Eroberung gehört nicht dazu, da dabei nur eine Umverteilung des vorhandenen Bodens stattfindet.

§334

Die erste Voraussetzung dafür, sich die Natur in der Arbeit zu eigen und verfügbar zu machen, ist die Inbesitznahme des Bodens durch eine Gruppe von Menschen; *wie* sie stattfindet, ist daher auch bestimmend für die Eigentumsformen, unter denen die gesamte Produktion vor sich geht. Die Aneignung des Bodens kann in der unterschiedlichsten Weise erfolgen, und dementsprechend vielfältig sind die auf der Erde vorhandenen oder in der Geschichte belegten Formen des Landbesitzes. Es ist etwas anderes, ob man als europäischer Aus-

---

[65] S. Meeks, in: OLA 6, 667.

wanderer in Amerika Farmen gründet oder sich als Stammesgemeinschaft Weideland erschließt und das Stammeseigentum am Land die Bedingung seiner individuellen Nutzung ist. Unter den bekannten Eigentumsformen stellt das Privateigentum am Boden eine relativ neuartige Form dar, die sich im Europa des ausgehenden Mittelalters aus dem feudalen Grundeigentum entwickelt hat, befördert durch das Aufkommen der Geldwirtschaft. Schon vor der Kenntnisnahme ägyptischer Quellen läßt sich sagen, daß es zumindest sehr erstaunlich wäre, wenn man im alten Ägypten ausgerechnet Privateigentum an Grund und Boden anträfe, welches nicht zu verwechseln ist mit individueller Nutzung des Bodens. Letztere ist mit Gemeineigentum ohne weiteres vereinbar.

§335

Das Orakelwesen des späten Neuen Reiches galt manchen Wissenschaftlern als Beleg für eine Zunahme der Priestermacht auf Kosten des Königtums - verbunden mit der Verfügung der Tempel über immer größere Anteile des Bodens. Andererseits wird gerade in den Orakeltexten öfter mitgeteilt, daß Boden zum Gegenstand eines von den Göttern abgesicherten (Ver)Kaufs wird. Man wäre daher geneigt, hier an Privateigentum von Land zu denken, was nicht leicht mit Tempelbesitz vereinbar ist. Die im Folgenden zu erörternden Fragen sind daher:

- Gab es in Ägypten im Neuen Reich einen Tempelbesitz an Land, der auf Entmachtung des Königtums herauslief und so die Gründung des Priesterkönigtums in der 21. Dynastie zur Folge hatte?
- Lassen die in den Orakeltexten und außerhalb derselben bezeugten (Ver)Käufe von Land den Schluß auf die Existenz von privatem Landeigentum zu?
- In welchem rechtlichen und ökonomischen Verhältnis standen in Ägypten die Institutionen (Tempel und Königtum) und Individuen zum Grund und Boden?

§336

Sich den ägyptischen Eigentumsverhältnissen mit den Kategorien des heute geltenden Rechts zu nähern, stellt ein Problem dar, insofern letztere Eigentumsformen voraussetzen und kodifizieren, die nicht auf Ägypten übertragbar sind. Mrsich macht die Schwierigkeit des Arbeitens mit moderner juristischer Begrifflichkeit deutlich:

"Da das Rechtsobjekt (Person, Gegenstand) nicht gehindert ist, seinerseits wieder als Rechtssubjekt zu fungieren, kann bei dieser herrschaftsrechtlichen Denkart etwas wie eine pyramidale Struktur entstehen, in der 'Staatlichkeit' mit 'Privatem' integriert wird, daß unsere klassisch-bipolar orientierten Aussagen daran scheitern."[66]

Warum aber sollten die Begriffe *"Staatlichkeit"* und *"Privates"* noch sinnvoll sein, wenn der Gegensatz, den sie zum Ausdruck bringen, möglicherweise gar nicht existiert hat, es vielleicht weder einen Staat noch dessen Gegenpol, den privaten Bürger gab; für beides ist aus dem überlieferten Schrifttum kein Begriff bekannt.

§337
In zahlreichen Kulturgeschichten des alten Ägypten stößt man irgendwann bei der Behandlung des Königtums auf sinngemäß folgenden Satz:

'Im Prinzip / theoretisch war in Ägypten der König Eigentümer des ganzen Landes.' [67]

Entweder stellt man sich dies als tatsächlichen Zustand am Beginn des Alten Reiches vor oder auch nur als Ideologie des Königtums. Die vorsichtige Einschränkung im zweiten Fall verrät, wie es gemeint ist: der König sei der (theoretisch) *einzige* Eigentümer mit Ausschluß aller anderen gewesen, was aber praktisch durch das Eigentum auch von Beamten an Grund und Boden widerlegt werde. Dies kann zu einer Theorie über den Untergang des AR-Königtums durch zu große Amtsvermögen der Beamten ausgebaut werden[68], bzw. des NR-Königtums durch überdimensionalen Tempelbesitz. Diese Vorstellung ist geprägt durch einen für Ägypten nicht selbstverständlich anzunehmenden Eigentumsbegriff: daß Eigentum als das einer einzelnen, juristischen oder natürlichen Person zu denken sei, die zugleich jede andere Person davon ausschließe. Nur dann wird ein Gegensatz aus der Verfügung des *Königs* über das Land und der seiner *Agenten*[69].

---

66 Mrsich, in: LÄ I, Sp.733, s.v. **Besitz und Eigentum.*

67 Wolf, Kulturgeschichte des Alten Ägypten, Stuttgart 1962, 126; Otto, Ägypten, Der Weg des Pharaonenreiches, Stuttgart 1953, 48 unten; vgl. auch Meeks, in: OLA 6, 652.

68 Dagegen: Janssen, in: GM 48, 1981, 72 unten.

69 Diese Vorstellung ist auch deshalb nicht sinnvoll, weil ausschließendes Privateigentum nicht so existieren kann, daß *einem* alles und dem Rest der Gesellschaft *nichts* gehört. Privateigentum gibt es nur in der Form, daß ein wesentlicher Teil, wenn nicht alle rechtsfähigen Mitglieder der Gesellschaft etwas als Privateigentum für sich allein haben, wonach ein Bedürfnis bei den jeweils anderen besteht, und auf dieser Grundlage miteinander in einen Warenaustausch eintreten.

Welche Worte kommen im Ägypischen für "Eigentum" in Betracht, und was bringen sie über dasselbe zum Ausdruck?

2. Ausdrücke für Eigentum[70]

a. *Grundformen der Zugehörigkeitsausdrücke*

§338

Ausdrücke für die Zugehörigkeit einer Sache zu einer Person von der Sache her: Hierunter fallen, neben dem Suffix-Pronomen und dem Possessiv-Artikel, die bei Gardiner, EG, §§114, 115, Erman, NG, §§107-110, 508, 784 genannten Möglichkeiten, ferner die Verbindungen **m-ḏr.t**, **r-ḫt** [71], s. Gardiner, Pap.Wilbour, Comm., 76.

Ausdrücke für die Zugehörigkeit einer Sache zu einer Person von der Person her: Neben dem häufigen **nb**, "*Herr von etwas*", "*Besitzer von etwas*" (Gardiner, EG, S. 423f.) findet sich seltener auch **ḥqꜣ** zum Ausdruck von sachlichem Besitz (Wb.III, 172,9), ferner die Nisbe **ḫrj**, "*unter etwas, mit etwas seiend, es besitzend*" (Wb.III, 389,13-16).

Ausdrücke für die Zugehörigkeit als die Natur der besessenen Sache selbst: Das Deutsch-Ägyptische Wörterbuch führt unter den Stichworten "*Besitz*" und "*Eigentum*" (Unterschied?) eine Fülle von Ausdrucksmöglichkeiten an; die aufgeführten Worte, **jḫ.t**, **jš.t**, **ꜥḥꜥ**, **hꜣw**, **ḫr.t**, **ḫr.t**, **šb**[72], **grb**, **jmj.t-pr**, **nkt**, lassen sich noch ergänzen durch die Ausdrücke bzw. Wörter **psš.t**, **dnj.t**, **ḥnw**, **sdf**, **wsrw**, . Dennoch ist bei allen diesen Wörtern die Übersetzung "*Eigentum*" *stricto sensu* problematisch.

---

70 "*Eigentum*" wird im Folgenden nicht als unterschieden von "*Besitz*" gebraucht, wie Helck, Materialien I,7, dies versucht hat, da mir dieses Begriffspaar zu sehr an die Verhältnisse des Feudalismus gebunden scheint; dort ist das Recht des Besitzenden, den eigenen Boden zu bebauen, gebunden an den Dienst an dem grundherrlichen Recht des Eigentümers, die Früchte des Bodens sich ohne eigene Arbeit anzueignen. Die Bedingung dieses Rechtes, der Gefolgschaftsdienst gegenüber Kaiser oder König, wurde im Lauf der Zeit zu einer theoretischen Größe, so daß sich Eigentum und Besitz gegenüberstanden als unbedingtes Recht der einen Person auf den Rente erbringenden Dienst der anderen Person. Dagegen ist, wie Helck, loc.cit., bemerkt, das persönliche Eigentumsrecht am Boden in Ägypten nur schwach entwickelt.

71 S.u. §349.

72 Stele des Königs Nastesen (IV.1.0.d.), Z.54: Vermutung von Schäfer, Die äthiopische Königsinschrift des Berliner Museums, 128.

b. **jḫ.t, ḥnw, nkt**

§339

Einer der am häufigsten mit "*Eigentum*", "*Besitz*" übersetzten Ausdrücke ist in bestimmten Zusammenhängen **jḫ.t**, "*Sache*":

- **m.tn jḫ.t.j-pw nw-(sic)pr-jtj.j n-jḫ.t-js-pw pr-ḥꜣtj-ꜥ** [73],
- **tꜣj.j-jꜣw.t-ḥꜣtj-ꜥ n-Nḫb pḥ.t-n.j m-jḫ.t n.t-jt.j m-jwj.t-n.f m-jḫ.t n.t-sn.f n-mw.t.f** [74],
- **tꜣ-dnj.t n-Nsj-bꜣ-nb-ḏd j.hꜣj<.t>-r.f n-jḫ.t n-ꜣs.t-m-ꜣḫbj.t** [75].

Einige Zusammenhänge, in denen das Wort auftaucht, legen nahe, daß es sich vor allem um die bewegliche Habe handelt:

- Adoptions-Papyrus vso., 7ff.: **jḫ.t-nb.t n-pꜣ-tꜣ** neben Feldern[76];
- pBrooklyn 35.1446 vso., "Text B", 17.18: **jḫ.t** neben **ꜣḥ.wt**, "*Felder*"[77];
- oGardiner 55 vso., im Sinne von Hausrat[78].

Parallel zu **jḫ.t** findet sich auch **ḥnw**, v.a. für bewegliche Habe[79].

Im Sinne von "*Habe*" wird auch **nkt** gebraucht im Ausdruck **nkt-nb.t** (sic) **n-wnḏww-nb** im Orakel der thebanischen Trias für Maatkare; da der Anfang fehlt, weiß man nicht, ob auch Felder dazugehörten[80].

c. **ḫr.t** *und* **ḫr.t**

§340

Das Wörterbuch führt unter diesen beiden Wörtern u.a. auch die Bedeutung "*Besitz*", "*Habe*" an, neben der des "*Bedarfs*". Jedoch sind die Belegstellen, die es für die Bedeutung "*Besitz*" in Anspruch nimmt[81], zu einem großen Teil

---

[73] Griffith, Siût and Dêr Rîfeh, Pl.7 und 8, Z.288, 313, 321; Sethe, Lesestücke, 94,8; 93,20; man beachte die ungewöhnliche Verwendung des direkten Genitivs.

[74] Lacau, Une stèle juridique de Karnak, 35; zum scheinbaren Widerspruch zum ersten Zitat s.u. §§368, 370.

[75] Orakeltext 1.21.e., Z.15f.

[76] Gardiner, in: JEA 26, 1940, 23ff.

[77] Hayes, A Papyrus of Late Middle Kingdom, Pl.14; zu weiteren Belegen von **jḫ.t** im Sinne von beweglicher Habe s. Hayes, op.cit., 118.

[78] Cerny-Gardiner, HO, 66,2; Allam, Hieratische Ostraka und Papyri, Nr.157; in diesem Text findet sich parallel auch **ḥnw** im Sinne von *Hausrat*; auf der Stele aus Sesebi findet sich: **jr-jḫ.t-nb.t n-NN m-ꜣḥ.wt m-sḫ.t m-ḥm ḥm.t ...** (Fairman, in: JEA 24, 1938, 155, Pl.11,3).

[79] Hayes, A Papyrus of Late Middle Kingdom, 118.

[80] S.o. §222.

[81] Wb.III, 319,2; 391,6.

ebenso gut mit "*Bedarf*" zu übersetzen. So wird der Ausdruck **nb.w-ḫr.t** als Epithet von Göttern[82] sicher als "*die Besitzer des Bedarfs*" zu verstehen sein und nicht *"des Besitzes"*; es wird also wohl eine ähnliche Bedeutung vorliegen wie in der Wendung **jrj-ḫr.t.f**, "*jds. Bedarf befriedigen*"[83], sowie

 , "*Wegzehrung*"[84], wo die notwendige Versorgung gemeint ist.

Auch **ẖr.t** bietet an der vom Wörterbuch für "*Besitz*" in Anspruch genommenen Stelle, Urk.IV, 123,10, kein Problem für ein Verständnis des Wortes als "*Bedarf*", "*Versorgung*": **ẖr.t.j m-ᶜ.j m-jḫ.t-nb.t**, "*Mein Bedarf an allen Dingen ist bei mir*". Daneben wird das Grab genannt, welches offenbar, wenn auch im Besitz des Sprechers, dennoch nicht zu seinen **ẖr.t** dazugehört. Ähnlich heißt es auch in Tb.170,12f: "*Willkommen, willkommen, zieh doch dahin, damit du deine* **ẖr.t** *in deinem Ewigkeitshaus siehst*".

Auch hier ist **ẖr.t** etwas Konkreteres als "*Besitz*", da es die Ausstattung des Grabes meint. Eher schon für die Bedeutung "*Besitz*" spricht eine Stelle in der Kanais-Inschrift Sethos' I.[85]: "*Was das Gold anbelangt, das Fleisch der Götter, nicht gehört es zu eurem Besitz*" (**bn-nj-sw ḫr.t-tn**, angesprochen sind die früheren Könige). Dann heißt es von den Tempelgöttern: "[...], *seine Augen sind auf seinem Besitz* (**jḫ.t.f**), *nicht lieben sie, daß man sich vergreift* (**sᶜḏꜣ**) *an ihrem Besitz* (**ẖr.t.sn**)".

§341

jḫ.t, **ḫr.t** und **ẖr.t** beziehen sich hier in der Tat auf etwas, was jemandem zusteht unter Ausschluß von anderen. In dem Satz, Pije-Stele Z.74, in der Rede des Fürsten von Herakleopolis magna: **jw.j-r-bꜣkj ḥnᶜ-ẖr.t.j**, "*ich werde zinspflichtig sein mit meinem* **ẖr.t**", wäre eine Übersetzung mit "*Vermögen*" oder "*Hausstand*" u.ä. gleichermaßen denkbar[86].

Der Aspekt von Bedarf und Versorgung kann jedoch auch in den Belegen, die das ausschließliche Anrecht eines Individuums auf **ḫr.t** und **ẖr.t** hervorheben, enthalten sein; die gar nicht der Abstraktheit des Wortes "*Eigentum*" entspre-

---

[82] Pyr. §836, d/e.
[83] Z.B. Stele Kairo 27/6/24/3, Z.2 (Bakir, Slavery, Pl.3).
[84] Wb.III, 319,4.
[85] KRI I, 68,1ff.
[86] Urk.III, 23; Grimal, La stèle triomphale de Pi(ᶜankh)y, 76: "*je serai (ton) serviteur avec mes biens*"; vgl. auch Dévaud, Ptahhotep, 317.

chende Bedeutung von ḫr.t offenbart sich auch in seiner koptischen Form ϩⲣⲉ, in der es direkt "*Nahrung*" meint[87].

d. Resultate

§342

Die bisher angeführten Worte sind zwar alle gelegentlich mit "*Eigentum*" übersetzbar, diese Bedeutung trifft jedoch nicht ihren Kern. Diese Übersetzungsweise ist nur möglich, weil man bei "*Eigentum*" im Deutschen auch an konkrete Dinge denkt, vor allem bei den Pluralen "*Besitzungen*", "*Besitztümer*", während umgekehrt in den ägyptischen Worten die ausschließliche Verfügung einer Person enthalten sein kann. In beiden Sprachen handelt es sich aber jeweils um Sonderbedeutungen. Denn "*Eigentum*" bezeichnet zunächst überhaupt keinen konkreten Gegenstand, sondern das Rechtsverhältnis einer Person zu einem Ding, man kann daher auch vom Eigentum *an* etwas reden. Wird dieses Rechtsverhältnis dann zur Natur der Dinge selbst gemacht, indem sie als "*Eigentum jds.*", "*Besitztümer jds.*" bezeichnet werden, so wird an die Konkretheit dieser Gegenstände nur als Trägerin eines *Rechtsverhältnisses* gedacht. Ist im Ausdruck "*mein Eigentum*" auch schon ohne das Possessiv-Pronomen enthalten, daß die Sache, jenseits des besonderen Besitzverhältnisses, prinzipiell eine von jemandem angeeignete ist, so drückt jḫ̮.t.j, "*meine Sachen*", keinerlei Prinzip an den Dingen selbst aus; jḫ̮.t für sich allein bedeutet nicht Eigentum, sondern ist ein Sammelbegriff aller konkreten Gegenstände, die zum Vermögen einer Person gehören können, gelegentlich sogar mit der Spezialisierung "*mobiles Vermögen*"; umgekehrt ist "*Besitztümer*" die Konkretisierung eines abstrakten Rechtsprinzips.

---

87 Crum, CD, 701; Osing, Nominalbildung, 314.

ḫr.t und ẖr.t als Nisben zweier Präpositionen meinen das, was bei jemandem ist, was jemand hat, dabei ist auch an den *Bedarf* jds. gedacht, nicht aber an ein abstraktes Eigentums-Prinzip[88].

Es ist bemerkenswert, daß ḫr.t und ẖr.t sowohl den Aspekt von "*Habe jds.*" haben als auch den von "*Bedarf / Versorgung jds.*", wie die Ausdrücke ẖr.t-hrw /-jbd /-rnp.t und ḫr.t-ḥr.t, "*Wegzehrung*", zeigen. Denn damit definiert der Ägypter das "*Eigentum*" jemandes als das, was einer gerade zum Leben braucht. Sehr passend zu dem abstrakten und kategorischen Charakter, den "*Eigentum*" heute hat, ist uns dagegen selbstverständlich, daß der Bedarf eines Menschen und sein Eigentum nur selten und nur zufällig zur Deckung zu bringen sind, weshalb sie auch begrifflich streng getrennt werden. Einer Sache zu "*bedürfen*" heißt schon fast, daß man sie *nicht* hat, weshalb die "*Bedürftigen*" stets zu bedauern sind[89].

---

[88] Théodoridès, in: RdE 22, 1970, 139ff., wendet sich dagegen, daß der Ausdruck m-dj.j mit "*ma propriété*" übersetzt wird und plädiert statt dessen für "*ma possession*"; jedoch weisen beide Übersetzungsmöglichkeiten eine wesentliche Differenz auf zur ägyptischen Formulierung: mtw.w-ḫpr-m-dj.j heißt nicht: "*sie werden mein Eigentum/Besitztum*" ("*qui deviendra ma propriété*", Théodoridès, op.cit., 141), sondern: "*sie werden bei mir sein*", im Sinne von: "*mir gehören / zur Verfügung stehen*". Wenn es auf die juristische Substanz dieser Aussage ankommt, so ist darauf zu bestehen, daß eine Präposition mit Nomen oder Suffix-Pronomen nichts von dem Gehalt von "*Possession*" und "*Propriété*" hat. Diese beinhalten bestimmte Eigentumsprinzipien *unabhängig* von dem Bezug auf eine besondere Person, an die ein Präpositional-Ausdruck immer gebunden ist. Solange sich aber eine Terminologie für die Prinzipien von Besitzverhältnissen unabhängig von den Personen gar nicht fassen läßt, sollte man nicht schon den nächsten Schritt machen und nach juristischen Unterschieden innerhalb derselben suchen. Théodoridès, op.cit, 153, sagt dies selbst, wenn er darauf hinweist, daß die Ausdrücke nj-sw, n.f-jmj, swt, nb, wn-m-dj.f, pꜣj.f keine rechtlichen Unterschiede der Verfügung erkennen lassen. Umgekehrt wird nb, "*verfügend über*", immer in Bezug auf die besondere Sache gebraucht; auch nb heißt also nicht "*der Eigentümer*", ist also nicht die Versubjektivierung des rechtlichen Prinzips Eigentum, so, wie "*die Besitztümer*" dessen Versachlichung sind; vgl. Meeks, in: OLA 6, Anm.182, der meint, in pAbbott, 4,2, ein Beispiel für den absoluten Gebrauch des Wortes gefunden zu haben: "*Possesseur*"; man liest dort aber: nꜣj.w-nb.w, "*ihre (der Gräber) Herren*".

[89] Vgl. hierzu auch das Wort mḫrw, Wb.II, 134,12ff., in welchem ebenfalls die Aspekte von Bedürfnis und Versorgung zusammenfallen; auch hier ist das Bedürfnis als über die Mittel seiner Befriedigung verfügend gedacht.

e. jmj.t-pr

§343

Zwei Stellen im pHarris werden vom Wörterbuch[90] in Anspruch genommen für ein Verständnis dieses Wortes als "*Eigentum*"; pHarris, 8,2: ("*Ich machte dir einen heiligen Bezirk...*") smntj m-jmj.t-pr n-<rn.>k r-nḥḥ; pHarris, 9,1f.: ("*Ich baute dir einen Tempel...*") m-jmj.t-pr n-rn.k. Das Wörterbuch trennt diese Stellen von den Belegen für die Bedeutung "*Vermächtnis*", "*Nachlass*", wohl deshalb, weil es sich hier um eine Stiftung für einen Gott und nicht um ein Erbe handelt. Dennoch dürfte der Bedeutungsunterschied nicht so groß sein. Was in beiden Zitaten ausgedrückt wird, ist die Versicherung, daß das Anrecht des Gottes durch eine jmj.t-pr-Urkunde über den Tod des Gebenden hinaus in Ewigkeit garantiert ist, wie es auch bei testamentarischen Verfügungen gewünscht wurde[91]. In einer Hinsicht ist der Ausdruck jmj.t-pr näher an unserem Eigentumsbegriff als jeder der bisher diskutierten Termini. Ohne auf die mit diesem Rechts-Institut verbundene Problematik hier näher eingehen zu können[92], ist in unserem Zusammenhang wichtig, daß jmj.t-pr, obgleich dies nur "*das, was im Hause ist*" bedeutet, eine urkundliche *Verfügung über* Dinge darstellt. Wenn etwas als/durch (m) jmj.t-pr vergeben wird, für jemanden ein jmj.t-pr gemacht wird oder etwas als jmj.t-pr gemacht wird für jemanden, so stellt dies eine Aussage über den *rechtlichen Status* der übergebenen Dinge dar, die weder mit der Benennung dieser konkreten Dinge noch ihres besonderen "*Besitzers*" zusammenfällt, daher auch nicht sich auf ein Genitiv-Verhältnis zwischen den beiden reduziert. Jedoch kommt die eigentumsrechtliche Bedeutung nicht zustande durch einen Verweis auf das besitzende Subjekt als Rechtsinstanz[93], sondern auf die mit pr gekennzeichnete *nicht*-personale Instanz. So wird in der §339 zitierten Stelle aus den Siut-Inschriften "*Besitz*" ("*meines Vaters*" / "*des Fürsten*") umschrieben mit jḫ.t (n-)pr, also über den Umweg dieser nicht-personalen Instanz.

---

[90] Wb.I, 73,21.

[91] Vgl. die zꜣ-n-zꜣ / jwʿ-n-jwʿ-Klauseln in den jmj.t-pr-Urkunden, die auf der Stèle juridique, Z.4ff. (Lacau, Une stèle juridique de Karnak, 7f.), und auf der Stele über den Ämterkauf der Ahmes-Nofretere (s. Orakeltext IV.2.18.a.), Z.4f. genannt werden.

[92] Vgl. Mrsich, Untersuchungen zur Hausurkunde des Alten Reiches, MÄS 13, 1968; ders., in: LÄ III, Sp.141ff., s.v. **Imet-per*; Gödecken, Die Inschriften des Meten, ÄA 29, 1976, *passim*; Menu, in: RdE 23, 1971, 156ff.; dies., in: BIFAO 77, 1977, 92f.

[93] Bei "*Besitz*" sofort einsehbar; zu "*Eigentum*" vgl. Braune-Mitzka, Althochdeutsche Grammatik, Tübingen 1963^{11}, §371; eigan: Part. Praet. zu *eigan, got. aigan, "*haben*", "*besitzen*".

f. ʿḥʿ

§344

Die Belege für **ʿḥʿ**, "*Besitz*", "*Habe*"[94], beziehen sich, entsprechend der Grundbedeutung des Wortes, "*Haufen*", auf den konkreten Reichtum oder Wohlstand einer Person. Diese Bedeutung liegt vor in der Verbindung **nb-ʿḥʿ**[95]; als "*Herr von Eigentum*" aufgefaßt wäre dies ganz tautologisch, so wie "*Vater des Sohnes*". Die auf den Gebrauchswert und nicht auf einen abstrakten Rechtstitel zielende Bedeutung von **ʿḥʿ** wird auch deutlich, wenn das Wort neben anderen für den Reichtum einer Person benutzt wird, wie in einem Beleg aus Assiut (neben Speisen, Herden, Kleidern, Korn)[96], ferner Sinuhe B 147 (neben Herden)[97]. Jedoch bezeichnet **ʿḥʿ** nicht ganz bestimmte Gebrauchswerte, sondern ist ein Sammelbegriff, was sich an der Verbindung **ʿḥʿ (...) m-jḫ.t-nb.t**[98] zeigt. Die Übersetzung des vom Wörterbuch gesondert aufgeführten Wortes 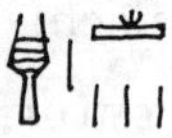, "*Betrag*"[99] mit "*Property (of Pharaoh)*" durch Gardiner[100] und Caminos[101] in pSallier I, 9,6[102] in einer langen Liste von königlichen Ländereien ist eine Verlegenheitslösung; es ist unwahrscheinlich, daß *ein* Posten innerhalb solch einer Aufzählung eine so allgemeine Bedeutung hat. In der Stèle d'Apanage (Orakelbeleg II.22.a), Z.5f., findet sich 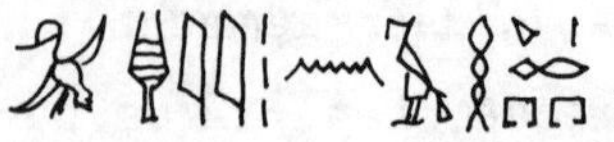 in Opposition zu 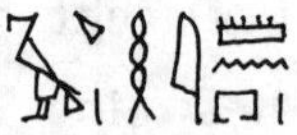. Die Bedeutung dürfte hier "*Bestand*" o.ä. sein, ebenso wie in pBerlin 3047, Z.20[103].

---

94 Wb.I, 220,13f.

95 Admonitions, 8,1; vgl. auch pPrisse, 6,6; 13,8 (Dévaud, Ptahhotep, 92 und 433); Lebensmüder, 33.

96 Griffith, Siût and Dêr Rîfeh, Pl.5, Z.247.

97 Blackman, MESt, 29.

98 Beni Hasan I, Pl.25, Z.80f.

99 Wb.I, 221,3-7.

100 Gardiner, Pap.Wilbour, Comm., 78.

101 Caminos, LEM, 326.

102 Gardiner, LEM, 87.

103 Helck, in: JARCE 2, 1963, 65ff.; KRI II, 803ff.; Helck, op.cit., 69: "*Aufstellung der Felder*"; vgl. auch pTurin 1896+2006 rto., 5,8 und 5,10 (Gardiner, RAD, 42): Korn des Sobektempels von **Jw-m-jtrw** und des **ʿḥʿ n-Pr-ʿꜣ**.

g. **hꜣw**

§345

Eine bestimmte Verwendungsweise von , "*Nähe*", "*Umgebung*", "*Nachbarschaft*", betrachtet das Wörterbuch[104] als Beleg für eine Bedeutung "*Besitz*", "*Habe jds.*". Als ein Wort für Nähe drückt **hꜣw** in solchen Fällen nur aus, daß sich bestimmte Dinge in der Umgebung einer Person befinden und ihr zur Verfügung stehen. Ein rechtliches Eigentumsverhältnis ist damit nicht impliziert. Eine Sache zu benutzen und sie als Eigentum zu haben ist nicht dasselbe, Eigentum an einer Sache, zumal privates, war nicht in allen gesellschaftlichen Zuständen der Menschheit Voraussetzung ihrer Benutzung.

In den Abrechnungen des pLeiden J350 vso. und pTurin 2008+2016 meint das Wort den Ge- und Verbrauch von Gütern[105]. Auch in pTurin 1896+2006 rto., 4,5[106], wo die 20 Sack Getreide für den Schiffer als **rdj <r->hꜣw n-pꜣ-nfw** gekennzeichnet werden, wird man bei **hꜣw** an "*Verbrauch*" denken müssen[107].

Im Dekret des Amenophis, Sohnes des Hapu, Z.6: **...mtw.f-jṯꜣ-rmṯ-jm.s r-dit.f <m->hꜣw-nb n-Pr-ꜥꜣ**, ist **hꜣw-nb n-Pr-ꜥꜣ** mit einer konkreteren Vorstellung als der von *königlichem* "*Besitz*" verbunden[108]; vermutlich ist irgendein Dienstverhältnis zugunsten des Königs gemeint, dem der Betreffende unterstellt werden sollte[109].

In einem Oppositionsverhältnis stehen **m-dj(.f)** und **jrj-hꜣw** (in Bezug auf eine Sache) im pTurin 1887 rto., 2,2[110], nebeneinander: 34 von 60 entwendeten Gewändern fand man "*bei ihm*" (**m-dj.f**), den Rest hatte er – **jw-jrj.f-hꜣw n-nꜣ-kthw** – irgendwie vermöbelt, irgendeinem Zweck zugeführt und nicht mehr bei sich; Peet, in: JEA 10, 1924, 121: "*he having disposed of the rest*".

---

[104] Wb.II, 478,14ff.

[105] Janssen, Two Ancient Egyptian Ship's Logs, 51 und 90.

[106] Gardiner, RAD, 40; ähnlich rto., 3,16 (RAD, 39).

[107] Gardiner, in: JEA 27, 1941, 31, mit Anm.6 auf S.30. Er übersetzt die Stelle: "*Given for the expenses of the skipper, 20 sacks*". Vgl. auch pTurin 1887 vso., 2,9 (Gardiner, RAD, 80): **jw.w-jr<t>-hꜣw.w m-nꜣj.w-hꜣw n-ḥꜥ.w**; Peet, in: JEA 10, 1924, 123: "(*barley..., which this boat's-captain had conspired with the scribes, ... to purloin and*) *appropriate to their own use*".

[108] Möller, Dekret des Amenophis, 934: "*... um ihn irgendwie in den Besitz des Pharao (...) zu setzen*"; diese Übersetzung zeigt, daß Möller durch seine Auffassung von **hꜣw** als "*Besitz*" im abstrakten Sinne des Wortes Probleme mit der Übersetzung von **nb** bekommen hat.

[109] Vgl. Robichon-Varille, Le temple du scribe royal Amenhotep, 5: "*Quelque service de Pharaon*".

[110] Gardiner, RAD, 76.

h. **psš.t** *und* **dnj.t**

§346

Beide Wörter, eigentlich "*Teil*", "*Anteil*" bedeutend, haben gelegentlich eine Affinität zur Bedeutung "*Eigentum*".

Das Verbum **p(s)š** wird im Zusammenhang mit der Verteilung eines Erbes unter mehrere Erbberechtigte verwendet, so im Adoptionspapyrus[111] vso., 8f.; ähnlich wird es auch in der Inschrift des Mes[112] gebraucht, wo es um die Verteilung von Ackerland unter mehrere Erben geht. Ist bei dieser transitiven Verwendung von **p(s)š** der Standpunkt des Gesamtvermögens eingenommen, das unter einzelne Individuen aufgeteilt wird, so liegt im Ausdruck **p(s)š m-**, "*teilhaben an*", der Standpunkt eines einzelnen vor, der bei der Verteilung mitberücksichtigt wird. In dieser Verwendung kann die Bedeutung des Wortes in die Nähe von "(*anteilsweise*) *besitzen*" kommen, freilich nicht im Sinne eines ausschließenden Besitzverhältnisses, wie es im Privateigentum vorliegt. So heißt es in der Stèle d'Apanage[113], Z.24f., in der Ausschließungsklausel gegen andere Ansprüche an das Erbe: ... **jw-bn-jrj-nꜣ-kt̮hw-h̠rd.w ... rḫ-ʿq-ḥr.w r-pš-jm.w ḥr-sꜣ-dwꜣw**[114].

§347

Die Bedeutung des Substantivs **p(s)š.t**, "*Anteil*", kommt vor allem dort in die Nähe von "*Habe*", "*Besitz*", wo das Wort ohne Angabe dessen verwendet wird, wovon es ein Teil ist. So heißt es in oPetrie 21[115], daß ein Gebäude im "*Großen Feld*"[116] **ḥr-tꜣ-pš.t n-Sḫm.t-nfr.t**, "*auf dem 'Anteil' der S.*", liegt, ohne daß dieser "*Anteil*" näher spezifiziert wäre[117]. In Schwüren findet sich die Formel: **jw.j-šwkwj m-p(s)š.t.j**, "*indem ich meines Anteils verlustig gegangen bin*", womit vielleicht der (ererbte?) Besitz gemeint ist[118].

---

111 pAshmolean 1945.96; Gardiner, in: JEA 26, 1940, 23ff.
112 Gardiner, Inscription of Mes, N2, N3, N7, N17.
113 Orakeltext II.22.a.
114 S.o. §267; vgl. auch Dachla-Stele (I.22.a.), Z.15.
115 III.20.c.
116 Cerny, Community of Workmen, 90f.
117 Allam, Hieratische Ostraka und Papyri, Nr.236, versteht das **ḥr** anders als Cerny, in: BIFAO 30, 1931, 493, dem die hier gegebene Übersetzung folgt. Ein Beispiel für **psš.t** mit Angabe dessen, wovon es ein Anteil ist, findet sich in pBerlin 3047, Z.28 (Helck, in: JARCE 2, 1963, 65ff.): **psš.t.s m-pr-ʿnḫ.t-njw.t ....**, "*ihr Anteil am Haus der Bürgerin ....*".
118 oBM 5625 (III.20.i.) vso., 10; Gardiner, Inscription of Mes, S6; pKairo 58092 (vgl. Orakeltext IV.2.19/20.a.) vso., 10.

In der Mes-Inschrift findet sich die Verbindung **tꜣ-psš.t n-Nšj**, "*der 'Anteil' des* **Nšj**". Von einer größeren Einheit, von der dies ein Teil gewesen wäre, ist aber nirgendwo die Rede; das Landstück des **Nšj** ist vielmehr selbst ein unter seine Erben aufgeteiltes. Auch hier ließe sich ohne Schwierigkeit "*Besitz* (o.ä.) *des* **Nšj**" übersetzen[119].

Im Pfortenbuch I, 156, wird **psš.t** parallel zu **ḫr.t** gebraucht[120].

Auch das Wort **dnj.t**, "*Anteil*", wird in diesem Sinne verwendet, so im Adoptionspapyrus[121] rto., 7: (*und wenn er sagt:*) **jmj-<dj.>tw-dnj<.t> n-pꜣj.j-sn**, "*man gebe heraus den Anteil / Besitz meines Bruders ...*", wobei hier vermutlich das Vermögen des Mannes einen Erbanteil darstellt, auf den der Bruder Ansprüche anmelden konnte[122].

3. "Eigentum" durch "Schenkungen"?

§348

Der aus der Mes-Inschrift zitierte Beleg für **psš.t** leitet über zur Gruppe der "Schenkungen" von Feldern, die z.B. Helck für eine wichtige Quelle von Privateigentum hält[123]. Den "*Anteil des* **Nšj**" in der Mes-Inschrift (N4) hatte König Ahmose I. dem Vorfahren des Mes, **Nšj**, **m-fqꜣw** gegeben. Das Wort **fqꜣw** kann die Bedeutung von materieller Belohnung für treue Dienste haben[124]. Im selben Sinne kommt parallel zu **fqꜣw** auch das Wort **ḥzw(.t)** vor[125]; es spielt in der Terminologie der Land-"Schenkungen" eine Rolle (s.u.), ebenso die Worte

ḥnk ()[126], **smn**[127] und einfaches **rdj**. Keiner dieser Begriffe deckt sich mit "*schenken*" in unserem Sinne, wo dieses Wort der Gegenpol zum

---

[119] Gardiner, Inscription of Mes, 7: "*Portion of Neshi*" (N5).

[120] Vgl. auch Edfu I, 144,23: **rdj r-psš.t**, "*(jdm.) etwas zu eigen geben*".

[121] pAshmolean 1945.96; Gardiner, in: JEA 26, 1940, 23ff. Vgl. auch Amenemope, 6,14 (Wb.V, 466,2). Die männliche Form **dnjw** kann "*Anteil*" im Sinne von "*Ration*" (Urk.IV, 2158,6) oder "*Zuteilung*" (von Äckern) (Urk.IV, 6,7) bedeuten.

[122] Auch **dnj.t** findet sich parallel zu **ḫr.t** gebraucht: Edfu II, 76: (...) **nḥḥ r-ḫr.t.k ḏ.t r-dnj.t.k**

[123] Helck, Materialien II, 237ff.

[124] So in einer der Inschriften über die königliche Auszeichnung des HPA Amenophis, Lefebvre, Inscr., Nr.42, Z.1.

[125] Ebd.

[126] Meeks, in: OLA 6, 625: "*offrir*"; Helck, Materialien II, 228: "*opfern*"; Gardiner, Pap.Wilbour, Comm., 111ff.: "*present*".

[127] Meeks, in: OLA 6, 613 mit Anm.25.

"*Kaufen*" ist[128]. Auch entsprang aus diesen "*Geschenken*" kein dem unseren vergleichbares Eigentumsrecht. Der Versuch, die **m-ḥzw.t** vergebenen Felder als eine Art Privateigentum des Begabten aufzufassen gegenüber den **m-fqꜣw** vergebenen Feldern als in der Regel nur auf Zeit überlassenen Ländereien, die einem anderen gehören[129], beruht nicht auf der Bedeutung dieser Termini, da sie ja nur (königliche) *Motive* der Vergabe bezeichnen ("*Gnade*", "*Belohnung*"); die Zusammenhänge, innerhalb derer sie auftreten, sind nicht eindeutig; den unter Eje vergebenen Feldern in der Gegend von Memphis[130], die **nꜣ n-ꜣḫ.wt-fqꜣw** genannt werden und auf dem Boden von älteren königlichen Gründungen liegen, also einem anderen "*Eigentümer*" als dem mit der **fqꜣw**-Schenkung bedachten Individuum gehören, steht der Beleg aus der Mes-Inschrift (N4) gegenüber, wo von den durch Ahmose I. an **Nšj m-fqꜣw** gegebenen Feldern die Rede ist, ohne daß irgendwo ein übergeordneter Eigentümer genannt würde. Auch sind diese Felder über viele Generationen in der Familie weitergegeben worden, was gegen eine Vergabe auf Zeit spricht. Wenn es bei der Auszeichnung des HPA Amenophis heißt: **jmj-ḥzw.w(t)-qn.w fqꜣw.w-ꜥšꜣ.w m-nbw-nfr ... n-** (HPA....)[131], und bei der detaillierten Aufzählung nur von **m-ḥzw.t**-Gaben[132] die Rede ist, so dürfte es sich bei dem Nebeneinander der beiden Ausdrücke um einen literarischen Parallelismus und nicht um eine juri-

---

128 Zum Stellenwert des "Kaufens" in der ägyptischen Ökonomie s. Römer, in: SAK 19, 1992, 257ff.; zum "Schenken" in Ägypten s. Janssen, in: GM 48, 1981, 65f.; ders., in: JEA 68, 1982, 253ff.; Aldred, in: JEA 56, 1970, 105ff. Die Behandlung von Schenken und Handel als zwei Formen des "Tausches" beseitigt allerdings mit der der strukturalistischen Sichtweise eigentümlichen absichtsvollen Blindheit, mit der diese Wissenschaftsweise auf die Entdeckung inhaltsloser "*Strukturen*" versessen ist, den wesentlichen Unterschied zwischen Warentausch und Schenken. Beim Tausch ist der Marktwert der getauschten Waren entscheidend. Die Austauschenden betrachten sich wechselseitig ausschließlich als Repräsentanten der in einem bestimmten Wertverhältnis zu tauschenden Produkte. Gerade diese Gleichgültigkeit zwischen ihnen erlaubt ihnen den Tausch nur nach den Kriterien des Warenwerts. Nach vollzogenem Tausch ist die Beziehung, die der Tausch zwischen ihnen herstellte, aufgehoben und ausgelöscht. Die durch ein Geschenk gestiftete Verpflichtung zur Geschenkerwiderung bezieht sich dagegen auf die Personen; das Schenken findet statt, weil zwischen den Personen eine Beziehung besteht, die dem Akt des Schenkens vorausgesetzt ist, eine solche Beziehung entsteht nicht erst durch das Schenken, sondern wird durch dasselbe nur bestätigt. Der Tausch dagegen mag zwischen einander völlig fremden Menschen stattfinden und stiftet auch keine weitere Beziehung zwischen ihnen.

129 Helck, in: ZÄS 85, 1960, 32; vgl. auch ders., Materialien II, 238f.

130 Urk.IV, 2109f.

131 Lefebvre, Inscr., Nr.42, Z.1; ein zweiter Beleg in der Neubearbeitung der Inschriften durch Helck, in: MIO 4, 1956, 162 rechts; Helck, loc.cit., übersetzt dies: "*Gebt viele Belohnungen und zahlreiche Ehrengeschenke...*".

132 Lefebvre, Inscr., Nr.43, Z.1.

stische Definition zweier Arten von Gaben handeln.

§349

Die Gruppe der sogenannten *Schenkungsstelen* wurde zusammenfassend von Meeks[133] behandelt; diese Stelen, die sich auf die Vergabe von Land beziehen, kommen in der 18. Dynastie auf, ihre größte Verbreitung ist in der Libyerzeit zu beobachten. Von Meeks stammt auch die im Folgenden benutzte Numerierung der Stelen, mit der gleichzeitig auf die von ihm erstellte Bibliographie zu den einzelnen Stelen a.a.O. verwiesen wird. Der Akt der Schenkung mit den §348 genannten Termini, der in diesen Stelen dokumentiert wird, dürfte in vielen Fällen die Eröffnung eines Verhältnisses zwischen dem "geschenkten" Stück Land und einem Individuum sein, welches mit **r-ḫ̌t-** bezeichnet wird[134]. Wesentlich seltener ist die Formel **n-ḏr.t-** zur Einleitung des Namens der betreffenden Person[135]. Mit beiden Ausdrücken wird nicht ein Besitz-Verhältnis angezeigt, sondern die Zuständigkeit oder Verantwortlichkeit der genannten Person für das Land[136]. Sie finden sich häufig in den Dokumenten zur Getreideabrechnung aus dem Neuen Reich, jeweils untergeordnet den im Genitiv-Verhältnis zu den Domänen stehenden königlichen und göttlichen "Eigentümern" derselben[137].

Auch wenn Schenkungen direkt an eine Person vergeben werden, ohne daß ein Gott als deren Adressat genannt wird, und diese Person mit **r-ḫ̌t** eingeführt wird, ist sie nicht der Empfänger von Eigentum in unserem Sinne[138]. Im pBerlin 8523[139] heißt es von einem Grundstück in Bezug auf den Untergebenen eines Mannes: **m-jrw-nḥm-tȝj-ȝḥ.t m-ḏr.t-Pȝj-nb-n-ʿḏd swḏ-st-n.f jmj-skȝ.f-st.** "*Aus der Hand*" kann hier nicht bedeuten "*aus seinem Eigentum*", da das Land dem Schreiber des Briefes untersteht. Es geht um die *Verantwortlichkeit* des Untergebenen für die Kultivierung (**skȝ**) des Landes.

---

133 Meeks, in: OLA 6.
134 Meeks, in: OLA 6, 644, Anm.173.
135 Meeks, in: OLA 6, 644, Anm.174.
136 Erman, NG, §§651 und 663; Cerny-Groll, LEG, 7.3.10 und 7.3.17; vgl. auch pSallier I, 9,3 (Gardiner, LEM, 87) **pȝ-ḫtr n-Pr-ʿȝ ntj-m-ḏr.t.j** (Caminos, LEM, 326: "*in my charge*").
137 Gardiner, Pap.Wilbour, Comm., 19; 110f.; ders., in: JEA 27, 1941, 42; Menu, Régime juridique, 44-63; Vleeming, Papyrus Reinhardt, §13; Graefe und Wassef, in: MDIK 35, 1979, 110, Anm.r.
138 Stele Meeks 24.1.0.
139 Spiegelberg, in: ZÄS 53, 1917, 107ff.

§350

Die Verbindung **m-ḏr.t** wird in den Schenkungsstelen gebraucht, um denjenigen einzuführen, durch den eine Schenkung geschieht. So in der Stele Brooklyn 67.118 (Meeks 22.8.22)) durch einen Großfürsten der Ma und einer Stele aus Mendes (Meeks 23.2.21); hier lautet die Übergabe-Formel: **ḥnk n-**(Gott) **NN m-ḏr.t-wr-ꜥꜣ-Mꜥ... NN.** Handelt es sich hier nur um einen *Vermittler* der Schenkung, der durch **m-ḏr.t** eingeführt wird?[140] Jedoch agiert auf der Stele in Brooklyn der Großfürst der Ma selbst mit der Feldhieroglyphe, an der Stelle, an der häufig der König als *Ausgangspunkt* der Schenkung dargestellt ist. Auch der Beleg Kairo JdE 45327 (Meeks 22.5.16) ist ambivalent. Denn auch wenn der Königssohn **Nmrṯ** als Vermittler im Kopf der Stele zwischen dem opfernden König und dem Geber steht, so tritt er doch im Text in einer Orakel-Episode vor dem Gott Ptah auf als der, der die Schenkung ausführt und dafür für sich vom Gott **ꜥnḫ-wḏꜣ-snb** sowie ein langes Leben erbittet; andererseits spricht er davon, daß der Gottesvater **Ḏd-Ptḥ-jw.f-ꜥnḫ** die Felder gegeben habe (Z.6f.). In die Vermittlerfunktion des Königssohn **Nmrṯ** ist eingeschlossen, daß er zugleich als (offizielles) *Subjekt* der Schenkung auftritt.

Für die Einführung des *Königs* ist **m-ḏr.t** ungebräuchlich; somit besteht ein Unterschied zwischen dem libyschen Fürsten der Stele Brooklyn 67.118 und dem König als der wirklichen Quelle aller Schenkungen[141]. Die Verbindung **m-ḏr.t** besagt nicht, daß der, *"aus"* dessen *"Hand"* die Schenkung kommt, auch ihr vorheriger Eigentümer gewesen ist; ebenso wenig zeigt **m-ḏr.t**, *"in der Hand"*, ein Eigentumsverhältnis an. **m-ḏr.t**, *"aus der / durch die Hand"*, ist so ein geläufiger Ausdruck in Papyri zur Einsammlung der Getreidesteuer, der sowohl den primären Lieferanten des Getreides einführen kann[142] als auch denjenigen, der es nur als Einsammler in den Speicher überbringt[143]. Weder dürften die Schenkungsstelen, in denen eine Person in einem **r-ḫt-** bzw. **m-ḏr.t**-Verhältnis zu Ackerland steht, den Beginn von Privatbesitz dokumentie-

---

140 Meeks, in: OLA 6, 633f. und Anm.107.

141 Anderseits tritt auf der Stele Meeks 22.10.15 ein "*Großer der Libyer*" sowohl im Stelenkopf als auch im Text als Subjekt des Schenkungsvorganges auf.

142 Z.B. pTurin 1896+2006 (Gardiner, RAD, 35ff.), *passim.*

143 pTurin 1896+2006 rto., 3,6 (Gardiner, RAD, 38,12).

ren[144], noch hat derjenige, der die Schenkung ausführt, das Land vorher in Privatbesitz gehalten.

4. Typisierung der Schenkungsstelen nach Geber und Adressat

a. *Schenkungen des Königs an einen Gott oder eine Königsstatue mit göttlicher Verehrung*

§351

Hierunter fallen alle Angaben über die Einrichtung eines Kultes durch einen König, verbunden mit einer Landschenkung, die von Helck, Materialien II, 216ff. zusammengestellt worden sind; diese Belege, bei denen keinerlei "Privatpersonen" genannt werden müssen, umfassen einen wesentlich größeren Bereich als den der Schenkungsstelen. Beispiele für Schenkungsstelen dieses Typs:

Stele Meeks 20.2.00 (Kessler, in: SAK 2, 1975, 103ff.).

Stele Meeks 20.2.2 (KRI V, 227). Aufbau:

DATUM/KÖNIGSNAME
wḏ.n-ḥm.f
rdt-3ḫ.wt-ḥnk.jt st3.t-50
n-p3-twt n-Jmn-R^{c}-njswt-nṯr.w ḥn^{c}-p3-twt n-(R^{c}-msj-sw ḥq3-Jwnw)l...
m-sw3w n-..... ("*im Bezirk von.....*")
ḥr-3ḫ.wt-pr-dw3.t.......
m-wḏ n-rnp.t-zp-2 ....n-njswt-bjt ....
[jw.w-(?)]dj.t(?) m(?)-ḥr(?) n-jrj(?)-zš.w ....
z3 n-z3.f / jw^{c} n-jw^{c}.f ⌜nḥḥ⌝ .

---

[144] Vgl. die Stele Meeks 22.8.14 (Daressy, in: ASAE 16, 1916, 61f.), in der Land durch den Königssohn **B3k-n-nfj** ohne Nennung eines Gottes geschenkt wird, welches sich **m-sḥnw** eines Priesters befindet; dieser Ausdruck dürfte wohl besagen, daß der Priester mit diesen Feldern "*beauftragt*" war, was nicht unbedingt ein Pachtverhältnis bedeutet, so aber Wb.IV, 217,18. Vgl. Pestman, Recueil des textes demotiques et bilingues, 102; ferner pTurin A (LEM, 122,10), Gardiner, in: JEA 27, 1941, 20: "*set in charge*". Der mutmaßliche Nutznießer der Schenkung kann auch durch **dj.t m-ḥr n-**, also einen Ausdruck der Beauftragung, eingeführt werden (s.u. §§351, 352 (Stele Meeks 18.13.3)).

Stele Meeks 24.1.8 (El-Sayed, Documents relatifs à Sais, 37ff. und Pl.7; Spiegelberg, in: RecTrav. 25, 1903, 190ff.). Aufbau:

DATUM/KÖNIGSNAME
hrw-nfr-jr<t>-wḏ-njswt r-dmj-.....
r-ḥnk-ꜣḥ.t sṯꜣ.t-10
m-ẖnw-.....
n-pr-Nt nb<.t>-Zꜣw
r-ḫt n-jrj-ꜥꜣ-Nt ......
(*Segens-und Fluchformeln*).

Während die Formel **rdj.tw m-ḥr** auf der Schenkungsstele aus dem dritten Jahr des Eje (Meeks 18.13.3, Urk.IV, 2109f.) den Auftrag an eine Person einleitet, die Felder zu "*übergeben*" (**swḏ**), wird in der Stele Meeks 20.2.2 dieser Ausdruck verwendet, falls die Lesung von Kitchen zutrifft, um denjenigen einzuführen, der für die Felder verantwortlich und mit seinen Nachkommen ihr Nutznießer ist. In der Stele Meeks 20.2.6[145] in der weder ein Gott noch sonst ein Adressat der Schenkung genannt wird, ist es das "*Abmessen*" (**dgs**), was "*in Auftrag gegeben*" wird.

Stele Meeks 26.4.4a (Kees, in: ZÄS 72, 1936, 40ff.).
Stiftung eines ganzen Dorfes mit 1600 Aruren und allen seinen Einkünften für das Gottesopfer des Bockes von Mendes aus der Zeit des Apries. Zu **Nsj-Ḥrw**, den Kees für den eigentlichen Stifter hält, vgl. Meeks, in: OLA 6, Anm.163; möglich ist, daß dieser Mann, dessen Name im Dorfnamen enthalten ist, bereits tot ist, so daß es sich hier nicht um eine "private" Stiftung an den Gott handelt.

Stele des Apries in Mitrahina (Meeks B 7; Gunn, in: ASAE 27, 1927, 211ff.). Schenkung von Land an Ptah; es handelt sich nicht um eine Schenkungsstele im engeren Sinne dieser Gattung, da keine Beauftragung einer Person mit der Verwaltung der Schenkung vorliegt; es wird auch keine Arurenanzahl angegeben, vielmehr wird eine ganze Gegend mit all ihrem Personal und all ihren Herden und allem, was hervorgeht aus Feld und Stadt, dem Gott übergeben. Das Dekret ist ab Z.7 gleichzeitig ein Exemptionsdekret und ab Z.10 die Bestätigung der älteren Besitzungen des Gottes Ptah. In Z.4f. werden die Ländereien anderer Gottheiten in die Schenkung einbezogen[146]. Dies muß nicht die

---

[145] Gaballa, in: JEA 59, 1973, 110ff., Pl.38; KRI V, 229.

[146] **ḥrw r-**, "*außerdem*", nicht: "*abgesehen von*" (so Wb.III, 146,7ff.); s. Edel, Altäg.Gramm., §§815-817: letztere Bedeutung nur nach Verneinungen. Gunn, in: ASAE 27, 1927, 220: "*as well as*".

Enteignung dieser Gottheiten bedeuten, sondern könnte auch als die Abgabe von Anteilen ihrer Erträge zum Gottesopfer des Ptah zu verstehen sein.

b. Schenkungen des Königs an einen "Privaten"

§352

Beispiele:

Stele Meeks 18.12.1 (Urk.IV, 2078). Aufbau:

DATUM/KÖNIGSNAME
hrw-pn jsṯ-ḥm.f ḥr-jrt-ḥzz.t-jtj.f Ptḥ (!) ...
wḏ-ḥm.f djt-sꜣḥ n-jtj-nṯr... *(Vorbesitzer)*
n- [....] Mrj-mrj *(neuer Besitzer oder Benutzer)*
sꜣḥ n-ꜣḥ.t stꜣ.t-40 ḥr- *(Angabe der größeren Landeinheit, auf der das Grund stück liegt)*
jj-ḥr.s zš Mrj-mrj *(neuer Besitzer oder Benutzer).*

Da die königliche Landvergabe ein gutes Werk für Ptah ist, wird es sich wohl um Äcker des Ptahtempels handeln, auf die ein Verantwortlicher gesetzt wurde[147]. Vielleicht war der Vor-"Besitzer" gestorben. Mit jj-ḥr.s wird, wie auch im nächsten Beispiel, der neue Verantwortliche eingeführt[148]. Zu sꜣḥ vgl. Meeks, in: OLA 6, Anm.185.

Stele Meeks 18.13.3 (Urk.IV, 2109f.). Aufbau:

DATUM/KÖNIGSNAME
hrw-pn jw.tw-m- .....
wḏ-ḥm.f rdt-mnj-nꜣ n-ꜣḥ.wt-fqꜣw n-... *(Vorbesitzer [149])*
jrw m-ww.......ḥr-ꜣḥ.wt-pr-...
ꜣḥ.wt stꜣ.t-54
(Begrenzungen)
jj-ḥr.s ....*(Neubesitzer, 3 Personen)*
rdj.tw m-ḥr n- ....r-swḏ.s[t] .

Stele Meeks 18.8.0b (Urk.IV, 1611). Diese Stele bezieht sich ebenfalls auf eine Landschenkung des Königs an "Privat"; es handelt sich jedoch nicht um die datierte Dokumentation des Schenkungsvorgangs in Form eines Königs-Dekrets (wḏ), sondern um den Grenzstein eines ḥnk-Landstücks für eine Königsstatue

---

147 Die mit ḥr- eingeleitete Angabe ist jedoch zerstört.
148 Zur abweichenden Bedeutung der Formel jj-ḥr.s in den saitischen Schenkungsstelen s. De Meulenaere, in: RdE 44, 1993, 14.
149 Vgl. aber Meeks, in: OLA 6, Anm.219.

(insofern auch unter die Kategorie a. fallend), die als Gnadengabe (**m-ḥzw.t n.t-ḥr-njswt**) an eine Privatperson vergeben wird.

Stele Meeks 20.2.0 (Habachi, in: ASAE 52, 1954, 507ff.). Aufbau:

KÖNIGSNAME
jsṯ-wḏ.n-ḥm.f
rdt-t-ꜣḥ.t stꜣ.t-16 m-ḥzw.t
n-qrᶜ .....
m-swꜣw n- .... ("*im Bezirk von...*").

Im Oberteil der Stele ist der König vor Seth Feinde erschlagend dargestellt; der Gott kommt jedoch im Text nicht mehr vor.

Stele Meeks 24.1.0 (Yoyotte, in: Kemi 21, 1971, 37ff.). Aufbau:

(*kein Datum*)
hrw-pn n-ḥnk-ꜣḥ.t
jn-njswt-bjt KÖNIGSNAME
n-(=m-)pꜣ-tꜣš n-dmj ...
stꜣ.t-10
r-ḫt-...
(*Segens- und Fluchformeln*).

c. Schenkungen ohne Nennung des Schenkenden an "Privat" oder an eine Gottheit

§353

Zu dieser Kategorie gehört die große Masse der bekannten Schenkungsstelen; man wird die Tatsache, daß ein Schenkungssubjekt nicht genannt wird, mit Meeks[150] so interpretieren dürfen, daß in diesem Falle der König der Ausgangspunkt der Schenkung ist.

Beispiele: Stelen Meeks 19.3.0 a/b (Gauthier, in: ASAE 36, 1936, 49f. und Pl.3; KRI III, 75). Aufbau:

ꜣḥ.wt-ḥnkj n-pꜣ-mdw n-Jmn-nb-ns.wt-tꜣ.wj ...
ḥnkw.f zš-šᶜ.t .... ("*sein (des Gottes) Stiftungsbeauftragter: der Urkundenschreiber...*")
zꜣ ‹**n-**›**zꜣ** / **jwᶜ n-jwᶜ**
(**ꜣ**)**ḥ.t** (?) **ḫt-7** [151] (*Begrenzungen*).

---

[150] Meeks, in: OLA 6, 629f.
[151] Auf nubischen Stelen häufig verwendetes Maß; auf der Stele Meeks 19.3.00 (KRI III, 72,5) sind möglicherweise 7 **ḫt** mit 5 **stꜣ.t** gleichgesetzt.

Im Oberteil der Stele ist der Vizekönig von Kusch, Paser, dargestellt in Verehrung vor Amun, Herr der Throne der beiden Länder; dieser verheißt Ramses II. ᶜnḫ, ḏd, wꜣs, snb. Der nubische Gouverneur agiert also nur an Stelle des Königs, im Text wird er gar nicht genannt. Vergleichbar sind auch die beiden nubischen Stelen Meeks 19.3.63 (KRI III, 102) und Meeks 20.5.0 (KRI VI, 350ff.) für Königsstatuen mit der Abfolge: ḥnk n-pꜣ-twt.../ ḥnkw.f.....
Ein Teil dieser Stelen wurde zeitweise als "private" Schenkungen an einen Gott mißverstanden, so z.B. Meeks 26.1.23, Hannover, Kestnermuseum Nr.1935.200.439, die ihr erster Herausgeber Spiegelberg[152] als Gabe des Choachyten Nsj-bꜣ-<nb->Ḏd interpretierte. Jedoch fehlt dann die Angabe, wem die Felder zum Geschenk gemacht wurden; dagegen läßt sich der Ausdruck ḥnk n-wꜣḥ-mw... leicht als Einführung des Adressaten und nicht Urhebers der Schenkung verstehen[153]. Ähnlich wird man auch für die Stele Meeks 22.0.6 (Spiegelberg, in: ZÄS 56, 1920, 57 und Tf.4) die Möglichkeit einräumen müssen, daß der Priester des Amun, Ntmr, nicht Stifter eines Landstückes für Thot ist, wie Spiegelberg und Yoyotte[154] annahmen, sondern der mit der Schenkung Betraute oder Bedachte.
Im Oberteil der Stele ist noch eine weitere, größere Person dargestellt, in Verehrung vor Thot stehend, bei der es sich um den Vermittler der (königlichen) Schenkung handeln könnte[155].

d. Schenkungen von "Privat" an eine Gottheit

§354

Stele Meeks 19.1.1a (Spiegelberg, in: ZÄS 56, 1920, 55f.; KRI I, 3f.). Aufbau:

DATUM/KÖNIGSNAME
hrw-pw ḏd jn-ḥrj-pḏ.wt.......
r-ntt-[dj].j-ꜣḥ.wt sṯꜣ.t-50
r-ḥtp-nṯr n-Jmn-Rᶜ.....
jw.j-ḥr-dj(t)-ꜣḥ.wt sṯꜣ.t-21 r-pꜣj(.j?)-mꜣwḏ
(m-)mjt.t ꜣḥ.wt sṯꜣ.t-[x] r-pꜣ-mꜣwḏ n- ....

---

[152] Spiegelberg, in: ZÄS 56, 1920, 58f.
[153] So auch Meeks, in: OLA 6, 630, Anm.96.
[154] Yoyotte, in: Mel.Masp. I,4, 140, Anm.2.
[155] Yoyotte, loc.cit.

Im Oberteil der Stele ist der König mit der Hieroglyphe  in der Hand vor dem beschenkten Gott dargestellt. Zu **mꜣwḏ** s. Gardiner, Pap.Wilbour, Comm., 18 und Anm.2; Helck, Materialien II, 233f.

Stele Meeks 22.10.19, Kairo JdE 30972 (Maspero, in: RecTrav. 15, 1893, 84ff.). Aufbau:

DATUM/KÖNIGSNAME
jw-qrʿ-ʿꜣ n- Pr-ʿꜣ ...... ḥnk-ꜣḥ.wt sṯꜣ.t-5
r-pr-Ḥw.t-Ḥrw ...
r-ẖt-ḥrj-jrj.w-ʿꜣ ....
r-dbḥ-n.f ʿ.-w.-s. ʿḥʿw-qꜣj ....
(Fluchformel).

Im Oberteil der Stele ist in der Mitte die beschenkte Göttin, gefolgt von dem im Text genannten **qrʿ** dargestellt, vor ihr ein **wr-ʿꜣ n-Lbw** ohne Namen in Anbetungsgestus; beiden Personen wird von der Göttin **ʿ.w.s.** zuteil.
Für die 18. Dynastie ist unter dieser Kategorie die Landstiftung des Senenmut für Amun(?) anzuführen[156] sowie die des Amenophis von Memphis für eine Königsstatue im Jahrmillionen-Haus des Königs Amenophis III. in Memphis[157]. In beiden Fällen ist wenigstens ein Teil des gestifteten Landes ursprünglich eine Gabe des Königs an den Stifter.

Stele Meeks 25.6.21 (Graefe und Wassef, in: MDIK 35, 1979, 103ff.). Schenkung eines Beamten der Gottesgemahlin Schepenupet II. an einen Osiris-Gott von u.a. 10 Aruren Acker. Im Oberteil der Stele aber ist Taharqa vor Amun und Schepenupet vor dem beschenkten Osiris-Gott dargestellt. Aufbau:

DATUM/KÖNIGSNAME
hrw-pn smn-ḥnk[158]**-Wsjrt-....**
j.jrj-ḥrj-sḏmj.w-ʿš-ʿq.w-dwꜣ.t-nṯr .....
pꜣ-rn ("*Liste*")-pꜣ-nkt ntj-dd.w m-bꜣḥ-Wsjrt-... n-(=m-)ḥnk jw.w-mnw r-nḥḥ
jmj-rn.w .....
ꜣḥ.w<t> ḥr-pr-Jmn n-(nj-/m-)tꜣ-qʿḥ<.t> .....
sṯꜣ.t-ꜣḥ<.t> n-10.........wn m-ḏr.t-..... [159]

---

[156] Meeks B 1 (Helck, in: ZÄS 85, 1960, 23ff.).
[157] Urk.IV, 1793ff.
[158] Zur Verwendung von **smn** als einer Besonderheit der oberägyptischen Schenkungsstelen s. Meeks, in: OLA 6, 613 und Anm.25; 625 und Anm.69.
[159] Ein gutes Beispiel für Tempelland, welches zugleich *"in der Hand"* einer Person sich befindet.

e. *Schenkungen von "Privat" an "Privat"*

§355

Diese Kategorie läßt sich zwar formal belegen mit Stelen, in denen eine Person eine andere mit Feldern betraut, ohne daß im Text von einer Gottheit die Rede wäre. Da jedoch die eine Person an Stelle des Königs agieren dürfte, die andere verantwortlich für die Bearbeitung des Landes im Namen einer Gottheit ist, auch wenn diese nur im Oberteil der Stele genannt und dargestellt wird, sind diese Stelen unter die anderen Kategorien zu subsumieren. Die Stele Brooklyn 67.119 (Meeks 22.10.15)[160] wäre in diesem Sinne unter b. einzuordnen[161].

f. *Resultate*

§356

Was für die Kategorie d. gilt, das gilt mit Einschränkungen auch für die drei anderen Kategorien: die Einordnung der Stelen nach den Extremen des Übergabe-Vorgangs gibt nicht unbedingt auch den eigentumsrechtlichen *Gehalt* der Schenkungsstelen wieder; an diesem dürften sich die Unterschiede zwischen den einzelnen Stelen relativieren. So erweist sich die Differenz zwischen a. und b. in einigen Fällen als formell, denn die Schenkungsstelen sub a. im engeren Sinne, ohne Berücksichtigung der summarischen Inschriften und Rechenschaftsberichte über königliche Kult-Stiftungen, dokumentieren häufig zugleich die Einsetzung einer Person, die mit der Verantwortung für die Bebauung des Landes betraut wurde. Umgekehrt haben die sub b. aufzuführenden Stelen Meeks 22.10.15 und 24.1.0 nur die modifizierte Form einer Stele sub a.: es wird zwar im Text nicht ausdrücklich die Schenkung des Landes an einen Gott genannt, sondern nur an einen Menschen. Jedoch erscheint im Oberteil der Stele häufig der königliche Spender vor dem Gott, dessen Priester oder sonstiger Angestellter die im Text bedachte Person ist, so daß es sich um eine Maßnahme für den jeweiligen Gott handeln dürfte.

---

160 Kitchen, in: JARCE 8, 1969/70, 64ff.

161 In pBM 10412 (Cerny, LRL, 55) ist die Rede davon, daß ein Angestellter von Medinet Habu von einem Gottesdiener des Month von Erment eine Arure Land bekommt, ohne Angabe der Gründe. Von einer dritten Person, die mit der Bearbeitung des Landes beauftragt wird, heißt es dann, daß der Acker *"in"* ihrer *"Hand"* sei.

§357

Am deutlichsten läßt sich zunächst eine Differenz zwischen a. und b. einerseits, c. andererseits fassen, also zwischen der königlichen und der "privaten" Stiftung. Jedoch tritt auch hier und gerade bei den eindeutig identifizierbaren "privaten" Schenkungen der König im Oberteil der Stele vor dem Gott auf, so auf den Stelen Meeks 19.1.1a, 25.6.21. Auf der Stele Meeks 22.10.19 ist im Oberteil vor der beschenkten Göttin Hathor ein Großfürst der Libyer dargestellt, während der Stifter der Göttin folgt. Die Stele Meeks 22.5.16[162] ist ebenfalls ambivalent: Im Oberteil steht der König vor dem beschenkten Gott, die Stiftung wird laut Text von dem hinter ihm stehenden Königssohn **Nmrṯ** ausgeführt, nach dessen Aussage aber ist der Gebende ein Gottesvater des Ptah, der im Oberteil hinter dem Königssohn stehend dargestellt ist. Was die Grundlage hierfür ist, ob eine königliche Genehmigung die Voraussetzung für solch eine "private" Stiftung war[163], ist nicht auszumachen. Diese Stelen führen auf jeden Fall die "private" Stiftung nur als die besondere Form einer königlichen vor, gehen also davon aus, daß auch die "private" Verfügung über Land letztlich keine andere Quelle hat als den König.

§358

Damit stimmt überein, daß die Stiftungen des Senenmut und des **jmj-rʾ-pr-wr** Amenophis von Memphis[164] zumindest teilweise aus Ländereien bestritten wurden, die ihrerseits königliche Geschenke an den Stifter waren, so daß es sich indirekt um eine königliche Stiftung an die Gottheit handelte. Auf der Stele des Senenmut wird es so dargestellt, daß auf den Wunsch des Senenmut hin der König diesem befiehlt, eine Stiftung durchzuführen, die Stiftung erfolgt somit durch Order des Königs. Vom Stiftungsland heißt es, daß es aus einer Gabe des Königs an Senenmut stammt, insgesamt 8 Aruren. Wenn die über 58 Sack Getreide, die jährlich auf das Arbeitshaus des Gottesopfers kommen sollen, das Produkt dieser acht Aruren sind[165], so würde dies auch bedeuten, daß Senenmut das Land nicht völlig aus seiner Verfügung in die des Tempels gibt, denn dann wären solche Präzisierungen überflüssig. Vielmehr wäre dem Tempel ein (Teil-?)Nutzungsrecht an dem Ackerland übertragen worden, für das der Stifter vielleicht auch weiterhin verantwortlich war. Laut Angabe des

---

[162] Orakeltext I.22.c.; Iversen, Two Inscriptions Concerning Private Donations to Temples, Kopenhagen 1941, 3ff.

[163] S. das Folgende zur Senenmut-Stiftung.

[164] S.o. §354.

[165] Zum Kornprodukt per Arure s. Gardiner, Pap.Wilbour, Comm., 71 und 206; Schenkel, in: LÄ III, Sp.932f., s.v. **Landwirtschaft*; Vleeming, Papyrus Reinhardt, §19.

Textes (Z.5) liegt die Gabe des Königs an Senenmut zum Zeitpunkt der Stiftung schon einige Zeit zurück, es ist auch nicht bekannt, ob dieser mit den acht Aruren die gesamte königliche Stiftung übergeben hat. Daß jedoch die Schenkung eines Königs an "Privat" einerseits und von "Privat" an eine Gottheit andererseits nur die formelle Aufspaltung eines Schenkungsvorganges mit dem Gehalt einer königlichen Schenkung für eine Gottheit darstellen kann, zeigt die von Meeks, in: OLA 6, Anm.93, angeführte Schenkung von 50 Aruren an Amun, die in zwei Stelen, Meeks 23.IX.10a/b[166], dokumentiert ist. Obwohl die Darstellung auf der ersten Stele darauf schließen lassen könnte, daß es sich um eine Schenkung der **ḥsj.t n-ẖnw-Jmn** namens **Jrwṯ** an Amun handelt (der Text sagt hier nichts über Geber und Adressaten derselben), verrät der Text der zweiten Stele, daß es eine Schenkung des Königs Peftauauibastet[167] von Herakleopolis an jene Sängerin des Amun ist. Darstellung und Text dürften sich eher ergänzen als widersprechen, so daß die Stiftung von "Privat" an die Gottheit Vollendung und Zweck der Schenkung des Königs an "Privat" ist[168].

§359

Es ist nicht auszuschließen, daß die Schenkung von 16 Aruren durch den König an einen **qrᶜ**–Soldaten (Stele Meeks 20.2.0) nach sich zog oder schon implizierte die Stiftung von Land an eine Gottheit, z.B. an den im Oberteil der Stele dargestellten Gott Seth. So gibt es in der Libyerzeit die Stiftung eines **qrᶜ**–Soldaten von 5 Aruren an eine Hathor–Göttin (Stele Meeks 22.10.19). Vier **ḥnk**–Stiftungen von "*Göttern Pharao's*" unter der Autorität (**(r-)ḫt-**) eines **qrᶜ**–Soldaten[169] im pWilbour ("*Schildträger*") sind bei Helck, Materialien II, 229, zusammengestellt. Auch sie könnten durch die Gabe von Land seitens des Königs an den Soldaten und damit an den Gott zustandegekommen sein; die Formulierung **ḥnk n-nṯr.w-Pr-ᶜꜣ (r-)ḫt-.......** als Bezeichnung dieser Ländereien im Papyrus läßt es offen, wer der Stifter ist. Es besteht keine Notwendigkeit für eine Entwicklung der **ḥnk**–Stiftungen, wie Helck sie darstellt: Während in der 18. Dynastie der König einem "Privaten" eine Königsstatue nebst Ländereien

---

166 Kairo JdE 45948, Kairo 11/9/21/14; Daressy, in: ASAE 17, 1917, 43 und ASAE 21, 1921, 138f.

167 Gauthier, LR III, 400f.; Kitchen, TIP, §198; Mokhtar, Ihnâsya el–Medina, 131.

168 Vgl. Meeks, in: OLA 6, 630, Anm.93.

169 Zum Auftreten dieses Titels im pWilbour s. Gardiner, Pap.Wilbour, Comm., 81f.

übergeben hätte[170], hätten sich die Dinge in der Ramessidenzeit dahin entwikkelt,

"*daß die Privatleute selbst Königsstatuen aufstellen können, denen sie dann Felder übergeben und deren Priester sie selbst wieder werden, so daß sie dadurch die Produkte der gestifteten Felder selbst als Priester essen können. Der Vorteil dieser Übertragung liegt darin, daß die Felder nicht mehr dem Zugriff des Königs bzw. des Staates unterliegen, da sie ja nun der Statue gehören. (...) So sagt Ramses III. im Papyrus Harris I, 11,1/2, daß er 'die Kapellen, Statuen und Statuengruppen, die die Beamten, Standartenträger, Inspektoren und Privatpersonen stifteten', an den Amunstempel wirtschaftlich angeschlossen habe.*"[171]

Was hier als zeitliches Nacheinander dargestellt wird und als '*Umkehrung des Weges der Stiftung*'[172], dürften nur die im Stiftungswesen vereinten beiden Aspekte sein, daß die Stiftung eines einzelnen an eine Gottheit zugleich die Zuweisung des Landes an ihn durch den König war. Das Problem liegt in der Formulierung "*daß die Privatleute selbst Königsstatuen aufstellen lassen können, denen sie dann Felder übergeben*". Wo haben sie die her? Offenbar besaßen sie sie schon vorher und konnten recht frei über sie verfügen; wenn dies aber der Fall gewesen wäre, warum dann noch der komplizierte Umweg, um sie vor dem Zugriff des Königs zu schützen? Warum sorgt Ramses III. sogar noch für diese Ländereien, wenn sie doch seinem Zugriff entzogen sind? Schließlich aber ist die zitierte Stelle aus dem pHarris, die Helck als Beleg für seine Auffassung des Stiftungswesens in der Ramessidenzeit anführt, an der entscheidenden Stelle nicht korrekt übersetzt: denn **bȝk-n.w** heißt nicht "*die....stifteten*", sondern : "*denen Abgaben leisten...*".

§360

Die sogenannten "*Schenkungen*", die aufgrund der modernen Wortbedeutung den Gedanken an unentgeltliche Eigentumsübertragungen im Sinne der absoluten und ausschließenden Rechtsherrschaft eines Einzelnen über eine Sache aufkommen lassen, dürften von ihrem rechtlichen Gehalt her in Ägypten eine Angelegenheit zwischen dem König einerseits und den Göttern andererseits gewesen sein, während die Einzelpersonen für das Nutzungsrecht des Landes durch den Gott gerade standen und davon auch selbst ein Einkommen hatten. Als Quelle von "Privateigentum" im Gegensatz zum königlichen Eigentum wäre die Schenkung der Ausverkauf des Königtums gewesen. Dem widerspricht, daß

---

170 Helck, Materialien II, 226.

171 Helck, Materialien II, 228f.; diese Auffassung liegt offenbar auch Helcks Rekonstruktion einer Stele aus Memphis zugrunde, in: JNES 25, 1966, 32: [**dj.n.j-pȝ-twt-ꜥȝ...**].

172 Helck, Materialien II, 229.

das Königtum über einen Zeitraum von fast tausend Jahren als Subjekt von Schenkungen und Stiftungen von Land belegt ist.

5. Zusammenfassend zu den Worten psš.t, dnj.t und den Ausdrücken für Schenkung

§361

Wenn Worte mit der Grundbedeutung "*Anteil*" in bestimmten Zusammenhängen mit einem Terminus wie "*Eigentum*" oder "*Besitz*" sinnvoll übersetzbar sind, so läßt sich daraus umgekehrt ein Schluß ziehen, *was* für den Ägypter so gut wie Eigentum war. Das Verbum **p(s)š** spielt eine Rolle bei der Aufteilung eines Erbes[173]. Eine Erbteilung setzt heutzutage das Privateigentum schon voraus, es ist ja nur seine Aufteilung unter die Erbberechtigten; in deren Händen verlieren daher die verschiedenen Teile dessen, was vorher das Privateigentum einer natürlichen oder juristischen Person war, ihren Anteilscharakter und werden zu voneinander unabhängigen, privaten Besitztümern, sofern es sich nicht um eine Erbengemeinschaft handelt. Umgekehrt, wo ein Wort für Eigentum nichts anderes heißt als "*Anteil*". Hier wird nicht von einer naturhaften Selbstverständlichkeit des Privateigentums ausgegangen als Voraussetzung aller individuellen Nutzung. Die individuelle Nutzung von Gütern, wenn sie sich terminologisch als "*Teilhabe*" darstellt, wird abgeleitet aus einer Eigentumsform, die einen anderen Charakter haben muß als den von rechtlich voneinander unabhängigen, nur über Warenaustausch miteinander in Beziehung tretenden privaten Besitztümern.

Eine Eigentumsbegründung kann oft die Form eines offiziellen Schenkungs- oder Zuteilungsnachweises haben, so die Behauptung in der Inschrift des Mes, ein Stück Land benutzen zu dürfen als Folge einer königlichen Vergabe an einen Vorfahren[174], ferner die Feststellung in oBM 5625 vso., wo es von einem Gebäude heißt: **jmj-pꜣ-ḫnw n-NN pꜣj.f-nb ꜥn jw.f-m-dj.f m-sḥn.t n-Pr-ꜥꜣ**, "*Gib das* **ḫnw** *dem NN, seinem Herrn zurück, es gehört ihm durch Verordnung des Pharao*"[175].

In beiden Fällen ist die Berufungsinstanz für das Nutzungsrecht ein Befehl des Königs als des Repräsentanten eines überpersönlichen Verfügungsrechts. In ähnlicher Weise wird auch die Nutzung eines Grabes in der Nekropole von Deir el-Medineh in oBM 5624 vso. damit begründet, daß die Gräber in der

[173] S.o. §346.
[174] Mes-Inschrift, N4, Gardiner, Inscription of Mes, 42.
[175] III.20.i.

Vergangenheit durch einen städtischen Beamten verteilt (**pš**) wurden und eines davon dem Ahnen des Betreffenden als/durch Auftrag gegeben wurde (**djt m-sḥn**)[176]. Dies unterstellt, ebenso wie die Zuteilung von Rationen aus einer zentralen Behörde, die Gültigkeit einer der individuellen Verfügung vorgelagerten Eigentumsform, in der die Güter noch nicht vereinzelt waren und die deshalb die Quelle aller individuellen Verfügung war.

Das dürfte auch die Grundlage aller Verfügung über Boden aufgrund von "*Schenkungen*" und Gnaden- oder Belohnungsgaben (**m-ḥzw.t**, **m-fqꜣw**) des Königs sein. Insbesondere die beiden letzten Begriffe bestimmen sich inhaltlich nicht durch ein Mehr oder Minder privater Verfügungsgewalt, sondern durch ein königliches Motiv zur Vergabe, unterstreichen also die königliche Freiheit der Zuteilung.

6. Weitere Eigentumsbegriffe

a. sdf

§362

Dieses Wort und seine Verwendungsweise wurde von Gardiner, Pap.Wilbour, Comm., 116ff. und 21, Anm.4 behandelt; er erkannte die Identität von **sḏfꜣ** in dem Ausdruck **ḥr-sḏfꜣ n-**[177] mit **sdf** in dem entsprechenden Ausdruck **ḥr-sdf (n-)**[178]. Eine dritte Eintragung des Wörterbuchs, **srf**[179], beruht auf einer Fehllesung von **sdf**[180].

Die Deutung von **sdf** bzw. **srf** als "*Grundbesitz*" durch das Wörterbuch, die auch von Schaedel[181] geteilt wird ("*Grund und Boden*"), dürfte wohl auf der Lesung des Determinativs dieses Wortes im pHarris I durch Erichsen als  beruhen, die jedoch durch die Lesung  zu ersetzen ist[182]. Es handelt sich nicht um einen Begriff für den rechtlich abgesicherten Besitzanspruch auf ein Stück Land, sondern um einen Funktionsbegriff, der gemäß dem zugrundeliegenden Verb **sḏfꜣ** sich auf ein Ensemble von Gütern – und nicht nur

---

[176] IV.2.20.e.
[177] Wb.IV, 384,1.
[178] Wb.IV, 370,1.
[179] Wb.IV, 197,16.
[180] Erichsen, Papyrus Harris I, 59,5.
[181] Schaedel, Die Listen des großen Papyrus Harris, 34.
[182] Gardiner, Pap.Wilbour, Comm., 117, Anm.4.

Land - bezieht, die für die Versorgung eines Tempels bestimmt waren[183]. Als Subjekt dieser Zweckbestimmung von ökonomischen Resourcen kommt die übergeordnete Instanz des Königs in Frage, dessen Anliegen die Ausstattung (**sḏfꜣ**) der Gottesopfer war[184].

b. **wsrw**

§363

Das Wort **wsrw** liegt dem koptischen **ⲁⲥⲏⲣ**, "*Habe*", "*Güter*", "*Proviant*", zugrunde. Es handelt sich um ein Abstraktum vom Bildungstyp A **a** B **ū** C **u** **w**[185] und findet sich Pyr. 290a parallel zu **nḫtw**, "*siegreiche Stärke*". Das Grundwort **wsr** als unmittelbar körperliche Eigenschaft (**wsr-ᶜ** "*mit starkem Arm*"[186]) kann daneben auch die Bedeutung "*reichlich verfügend über etwas*" haben, wobei es sich nicht um etwas der Person körperlich Zugehöriges handeln muß: **wsr-rnp.wt**[187], **wsr-mꜣᶜ.t**[188]. **wsr** kann daher geradezu "*reich*" bedeuten, so in pHarris I, 58,8, wo es parallel zu **brg**, "*im Wohlstand sein*", von der Ausstattung eines Tempels (**ḥw.t-nṯr**) verwandt wird: **wsrtj brgtj m-nt<.t>-nb<.t>**. Entsprechend hat auch das Abstraktum **wsrw**, "*Macht*", "*Stärke*"[189], eine Bedeutung, die in etwa mit "*Reichtum*" wiederzugeben ist. Ähnlich wie bei dem deutschen "*Reichtum*" (gebildet aus ahd. *rihhi*, gotisch *reikeis*, "*mächtig*" (!)) hat hier ein Übergang stattgefunden von der aktiven Bedeutung "*Verfügung über etwas*" hin zu dem, *worüber* verfügt wird: **wsrw** bezeichnet die Güter, die den Reichtum jemandes ausmachen, so Amenemope, 9,5: **ꜣḫ-pꜣ-nmḥw m-ḏr.t-pꜣ-nṯr r-wsrw m-wḏꜣ**, "*Besser ist der Arme/Geringe* (oder: *"die Armut")* *in der Hand des Gottes als (der Besitz von) Reichtümern im Speicher.*"

---

183 Helcks Übersetzung "*Wirtschaftseinheit*" (Materialien I, 8) kommt dem Begriff wohl näher, ist aber zu unspezifisch, da **ḥr-sdf** offenbar eine sehr präzise Bedeutung hatte. Gardiners Versuch "*Endowment*", "*Foundation*" (Gardiner, Pap.Wilbour, Comm., 116) macht deutlicher, daß die Sache wohl als Objekt der Stiftung des Königs vorzustellen ist, der das Subjekt des **sḏfꜣ** gewesen sein dürfte; dieser Aspekt fehlt in "*Wirtschaftseinheit*" gänzlich.

184 Vgl. z.B. Urk.IV, 173,2; 767,16.

185 Osing, Nominalbildung, 99 und 579.

186 Wb.I, 361,15.

187 Wb.I, 361,22f.

188 Wb.I, 361,21.

189 Wb.I, 362,10ff.

Anders als die bisher aufgeführten Wörter für "*Habe*" hat **wsrw** in diesem konkreten Sinne die persönliche Verfügungsgewalt über materielle Güter zum Inhalt. Andererseits ist **wsrw**, "*Reichtum*" nicht von der Abstraktheit des Eigentumsbegriffs. Während dieser sich gleichgültig gegen deren Quantität und Qualität allgemein auf die Verfügung über Sachen bezieht, ist bei **wsrw** schon mitenthalten, daß es *reichliche* Verfügung über etwas ist. Dem Gegensatzpaar in dem Zitat aus Amenemope entspricht auf der personalen Ebene der **nmḥw** als der Geringe und Habenichts gegenüber dem **wsr** als dem Einflußreichen, Mächtigen und Reichen[190]. Dieses Begriffspaar ist aber nicht beschränkt auf die Eigentumsverhältnisse, sondern bezieht sich auf die soziale Hierarchie zwischen den Menschen.

c. Zusammenfassend zu den ägyptischen "Eigentums"-Begriffen

§364

Es fehlt nicht an Ausdrücken, die die Befindlichkeit von Gegenständen in der Hand einer Person zum Inhalt haben; auch gibt es Qualifikationen einer Person als reich/mächtig einerseits, mittellos/gering andererseits. Was sich jedoch nicht findet, ist ein Begriff, der die ausschließliche Verfügung einer Person über eine Sache abstrakt, d.h. ohne jeden Bezug auf konkreten Gebrauch und Gebrauchswert zum Ausdruck bringt in der Art, wie dies bei "*Eigentum*", "*Besitztum*", "*Propriété*", "*Possession*"[191] geschieht.

§365

Bei **jḫ.t** ergibt sich eine Übersetzbarkeit mit "*Eigentum*" o.ä. nur durch ein zusätzliches Genitiv-Verhältnis oder ein Possessiv-Suffix, bei **ḫr.t** und **ẖr.t** ist Besitz nicht von "*Bedarf*" zu trennen, dergestalt, daß das, was sich bei einer Person befindet, daran gemessen wird, was zu ihrer Versorgung bei ihr zu sein hat: Die Instanz, die den "Besitz" der einzelnen schuf, indem sie die Gegenstände des Bedarfs an sie verteilte, sah keinen Gegensatz zwischen Bedarf einerseits, Eigentum/Besitz andererseits. Wenn **psš.t** und **dnj.t** Wörter für Eigentum sein können, so leitet sich das Eigentum des einzelnen ab aus der *Teilhabe* an einem höheren Eigentum. Umgekehrt ist bei einer Gemeinschaft

---

190 S. pAn. II, 8,5 – 9,1 (Gardiner, LEM, 17).

191 Um die Unterschiede zwischen diesen Begriffen braucht es hier nicht zu gehen.

von Privateigentümern das, was insgesamt vorhanden ist, nur eine abgeleitete und ganz theoretische Größe, die als "Volkseinkommen" durch Addition der einzelnen Einkommen ermittelt wird und für niemanden außer dem Staat von praktischer Bedeutung ist. Die Zersplitterung des Reichtums als Privateigentum in den Händen der einzelnen Gesellschaftsmitglieder ist nicht durch Verteilung zustandegekommen und wird in ihrer jeweiligen Zusammensetzung auch nicht durch Verteilung bestimmt, wenn auch die Ökonomen gerne von der Verteilung des als Kuchen vorgestellten Volkseinkommens reden; es handelt sich dabei um nicht mehr als um ein Gedankenspiel - erst durch die Additionen der "Volkswirtschaftlichen Gesamtrechnung" ist ja das "zu Verteilende" zustandegebracht worden, welches sich schon längst in der Händen der einzelnen befindet. Wo dagegen tatsächlich Verteilung von Gütern stattfindet, ist auch das wirkliche Zusammensein der Güter vorausgesetzt. Dies gilt schließlich auch für den "Besitz" einer Sache, der sich aus der Gnade oder Anerkennung durch den König herleitet, wo sich also die individuelle Verfügung aus dem Willensakt einer übergeordneten Instanz erklärt.

7. Die Instanzen des Bodeneigentums

a. Nutzungsrecht oder Eigentum?

§366

Welches war die Hand, in der sich das Land und die aus ihm erwachsenden Reichtümer befanden, wenn es nicht die Hand des Königs im Gegensatz zum eigentumslosen Rest der Gesellschaft war[192]? Es gab im Neuen Reich eine Menge Leute, die an dem vorhandenen Boden partizipierten, obwohl das, was sie selbst "*mein*" nennen mochten[193], in einem Verhältnis zu ihnen stand, das sie zu verantwortlichen Nutznießern machte, nicht aber zu unumschränkten Eigentümern.

§367

So gibt es weder im pWilbour noch in einem anderen der erhaltenen Kornrechnungsakten eine nicht-königliche Person, die Land anders besäße denn als Verantwortlicher gegenüber einer "Institution": Die Namen dieser Inhaber werden eingeführt durch **r-ḫt** oder **m-ḏr.t.** Helck bemerkt zum pWilbour, "*daß in diesem Aktenstück ein privates Feldereigentum nicht zu erkennen ist*"[194]. Ob es, wie er meint, neben dieser Akte, die etwa 32 000 Aruren erfaßt[195], noch andere gegeben hat, die sich mit *privatem* Feldereigentum beschäftigten, sei dahingestellt. Immerhin werden im pHarris I über eine Million Aruren (von möglicherweise ungefähr 6 Millionen Aruren, die im Altertum überhaupt kultivierbar waren[196]) als in einem Verhältnis zu Tempeln stehend angegeben, allein für den Amuntempel in Theben über 800 000 Aruren. Wenn dies, laut

---

192 Zur Unwahrscheinlichkeit der Vorstellung vom König als einzigem "Privateigentümer" der Gesellschaft s.o. §337; diese Auffassung findet sich auch Genesis 47,14ff. in einer kuriosen Geschichte, die offenbar eine Erklärung des für die Juden erstaunlichen Faktums darstellen soll, daß sich – scheinbar! – der ganze Boden Ägyptens in der Hand des Königs (und der Priester) befand. Dies wird erklärt durch die Schlauheit Josephs, der in der ersten Hälfte der mageren Jahre den Leuten in Ägypten und Kanaan für Getreide alles Geld abnahm. Als sie dann kein Geld mehr hatten, gaben sie ihm erst ihr Vieh und dann ihr Land und sich selbst. V.20: "*Also kaufte Joseph dem Pharao ganz Ägypten*", ausgenommen die Priesterfelder. Auf dem dem Pharao gehörenden Feld sollte das Volk einsäen und ein Fünftel dem Pharao geben. Es ist freilich völlig unlogisch, daß nunmehr, wo die Felder dem König gehören, das Volk ein Fünftel Getreide abgeben muß, während vorher, in den fetten Jahren Joseph alles Getreide, das in Ägypten wuchs, in die Speicher tat (also zu Zeiten, als die Felder dem Volk noch gehörten! – Genesis 41,48). Wenn das Volk das während der fetten Jahre gewachsene Getreide vom König kaufen mußte, so hat es ihm nicht gehört, also auch nicht die Felder, auf denen es wuchs; also konnte es diese auch nicht verkaufen gegen Getreide. Wenn der König dem Volk umgekehrt das Getreide, das auf den Feldern des Volkes wuchs, wegnehmen konnte, um es ihnen dann wieder zu verkaufen, so brauchte er ihnen nicht erst die Felder abzukaufen, um sich in den Besitz des Getreides zu bringen. Hier wird der König zum Privateigentümer des Landes dadurch, daß es ihm schon vorher gehörte.

193 Vgl. z.B. pBerlin 8523 (Spiegelberg, in: ZÄS 53, 1917, 107ff.; Allam, Hieratische Ostraka und Papyri, Tf.76f.), Z.23–25: **tꜣj.j-ꜣḥ.t** ...

194 Helck, Materialien II, 237.

195 Fairman, in: JEA 39, 1953, 119f.

196 Baer, in: JARCE 1, 1962, 43.

Angabe des Papyrus nur das neugeschenkte Land ist, dann bleibt für privates Feldereigentum nicht viel Platz[197].

Als **ḥnk**-Stiftung überlassenes Land ist zunächst für eine Gottheit bestimmt und bedeutet für das damit betraute Individuum einen Dienst gegenüber dieser.

Das vom König **m-fqꜣw** oder **m-ḥzw.t** einem Individuum überlassene Land ist durch diese beiden Ausdrücke für das königliche Motiv der Vergabe, Belohnung oder Gnade, nicht (oder jedenfalls nicht für uns erkennbar) in seinem eigentumsrechtlichen Status bestimmt. Es ist nicht ausgeschlossen, daß so vergebenes Land zugleich dem Kult eines Gottes oder einer Königsstatue unterstand[198].

b. "Amtsvermögen" und "Privatvermögen"

§368

In den Verträgen, die der Gaufürst Hapi-djefai von Assiut mit den für seinen Totenkult verantwortlichen Priestern abgeschlossen hat, gibt es eine Trennung bei der Charakterisierung der Dinge, die den Priestern dafür gegeben werden, bei der man an die Unterscheidung von Amtsvermögen einerseits, Privatvermögen des Hapi-djefai andererseits denken könnte: die wiederholte Feststellung des Fürsten gegenüber den Priestern, daß es sich nicht um "*Dinge*" (**jḫ.t** oder **jš.t**) des **pr-ḥꜣtj-ꜥ** handele, sondern um solche seines "*Vaterhauses*" (**pr-jtj(.j)**). Dies erscheint zunächst gerade deswegen einleuchtend, weil es ja um die Absicherung seines eigenen Totenkults geht, für den "öffentliches" Eigentum wie die an die **ḥꜣtj-ꜥ**-Stelle gebundenen Einkünfte vielleicht nicht angetastet werden sollten.

Jedoch trügt dieser Eindruck, da es vermutlich gar kein prinzipielles Verbot gab, auch Einkünfte des **ḥꜣtj-ꜥ**-Amtes für den Totenkult des Fürsten zu verwenden. Neben zwei **ḫꜣ-tꜣ**-Einheiten von Land aus seinem "*Vaterhaus*"[199], also

---

197 Man beachte, daß die **nmḥw**-Äcker, die häufig für Privat-Äcker gehalten werden (s.u. §§485ff.), zumindest in den späten Verkaufsurkunden als auf Tempeldomänen-Land liegend bezeichnet werden können; vgl. Malinine, Choix de textes: pTurin 2118 (246) Z.38; ebenso pTurin 2120 (247), Z.3.

198 Z.B. die Grenzstele Meeks 18.8.0b (Urk.IV, 1611); Meeks 18.13.3 (Urk.IV, 2109f.): **fqꜣw**-Land auf dem Boden älterer königlicher Gründungen.

199 Griffith, Siût and Dêr Rîfeh, Pl.8, Z.313; Sethe, Lesestücke, 95,15ff. Eine weitere Gabe von *väterlichen* Äckern findet sich Z.306: **ꜣḥ.t.f n.t-jtj.f**; Z.321: **ꜣḥ.t (...) m-jḫ.t.f nw(sic)-pr-jtj.f.**

20 Aruren, ist die Rede von einem **ḥqꜣ.t** "*voller Gerste*"[200], das gegeben wird von jedem **ꜥḥ.t**–Feld des **pr-ḏ.t** als das Beste der Ernte (**m-tp nj-šmw**) des Hauses des **ḥꜣtj-ꜥ** [201]. Die sogenannte Stèle juridique[202], die ebenfalls mit den Einkünften eines **ḥꜣtj-ꜥ**–Amtes, desjenigen von Elkab in der zweiten Zwischenzeit, zu tun hat, nennt unter den Segnungen, die das Amt einbringt, auch (den Unterhalt der) Totenpriester[203]. Gewisse Anteile der Einkünfte, die an ein solches Amt geknüpft waren, waren durchaus auch für den Totenkult der verstorbenen Amtsträger verwendbar.

§369

Die Unterscheidung von väterlichem und Amtsvermögen kann auch einen anderen Zweck haben als die Beteuerung, daß kein öffentliches Eigentum für private Zwecke veruntreut wurde; denn warum sollte dies die Priester, mit denen Hapi–djefai die Verträge abschloß, groß interessiert haben? Ihnen ging es vermutlich vor allem um die Dauerhaftigkeit der getroffenen Vereinbarungen nach dem Tode des Hapi–djefai, also darum, daß nicht einer seiner Nachfolger im Amte des **ḥꜣtj-ꜥ** die Vereinbarungen annullierte. Es dürfte sie beruhigt haben, daß die Gegenstände, über die der Vertrag abgeschlossen worden war, nicht aus den zum Amt des **ḥꜣtj-ꜥ** gehörenden Einkünften abgezweigt worden waren. Die Gegenprobe dazu stellt die Versicherung dar, die Hapi–djefai bei den Einkommensbestandteilen der Totenpriester abgibt, die tatsächlich aus dem **pr-ḥꜣtj-ꜥ** stammen:

"*Nicht kann ein* **ḥꜣtj-ꜥ** *seiner Zeit zerstören, was kontrahiert hat ein anderer* **ḥꜣtj-ꜥ** *in der Hand von den Priestern, die in ihrer Zeit sind*" (weil es für keinen, ob groß oder gering, angenehm sei, seiner Dinge verlustig zu gehen – daher stillschweigendes Übereinkommen zwischen den Generationen)[204].

---

200 Müller–Wollermann, in: VA 3, 1987, 39ff.

201 Griffith, Siût and Dêr Rîfeh, Pl.6, Z.279; var. Pl.8, Z.309: "*volle Gerste als das Beste der Ernte eines jeden* **ꜥḥ.t**–*Feldes des Hauses des* **ḥꜣtj-ꜥ**".

202 S. Lacau, Une stèle juridique de Karnak.

203 Zu 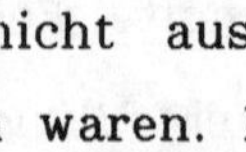 s. Lacau, Une stèle juridique de Karnak, 12; Gardiner, Pap.Wilbour, Comm., 112.

204 Griffith, Siût and Dêr Rîfeh, Pl.6, Z.280f. (vgl. auch Pl.8, Z.310f.); Sethe, Lesestücke, 93,10ff.: **m.ṯn rḫ.n.ṯn-ntt-jr-jḫ.t-nb.t dd.t-srjw-nb nḏs-nb r-ḥw.t-nṯr m-tp nj-šmw.f n-nḏm.n-n.f ḥtḥt-jm n-grt-ḥḏ.n-ḥꜣtj-ꜥ-nb jmj-hꜣw.f ḫtm.t-kj-ḥꜣtj-ꜥ m-ꜥ-wꜥb.w jmj.w-hꜣw.sn.**

Wo es um die Vermachung von in "*Tempeltagen*" gemessenen Rationen geht[205], wird die Versicherung, daß es sich nicht um Dinge des Hauses des **ḥ3tj-ᶜ** handelt, sondern um solche des Hauses seines Vaters, begleitet von der Bemerkung: "*denn ich bin der Sohn eines* **wᶜb**-*Priesters wie ein jeder von euch*". Die Quelle der Totenkultstiftung ist demnach diejenige, aus der die künftigen Totenpriester auch sonst ihre Rationen beziehen, die daher sehr zuverlässig fließen wird. Worauf Hapi-djefai mit dieser Begründung hinweist, ist also nicht, daß er privates neben öffentlichem Vermögen unter sich hat, sondern daß er über Einkünfte auch noch aus anderen Ämtern als nur dem des **ḥ3tj-ᶜ** verfügt und sein priesterliches Einkommen, das er den Totenpriestern teilweise vermacht hat, für diese besonders zuverlässig ist.

§370

Es dürfte kein Widerspruch zu der Feststellung des Hapi-djefai sein: "*Es sind Dinge aus dem Haus meines Vaters, nicht sind es solche aus dem Haus des* **ḥ3tj-ᶜ**"[206], wenn auf der Stèle juridique der Amtsinhaber des **ḥ3tj-ᶜ**-Amtes von Elkab nachweisen muß, daß dieses Amt auf ihn gekommen sei **m-jḫ.t n.t-jtj.j**, "*als Besitz/Vermögen meines Vater*"[207]. Denn ein prinzipieller Gegensatz zwischen väterlichem Erbe und Amtsvermögen läßt sich aus den Verträgen von Assiut nicht entnehmen. Sie stehen auch nicht im Widerspruch zur Stèle juridique, wo das Amt des **ḥ3tj-ᶜ** eingesetzt und weggegeben wird zur Begleichung einer persönlichen Schuld seines derzeitigen Inhabers, nachdem es auf den Wert von 60 Gold-Deben veranschlagt worden ist. Ähnlich wird am Anfang der 18. Dynastie das Amt des 2PA von Karnak zum Gegenstand eines Kaufvertrages[208]. Es war für den Ägypter kein Widerspruch, Ämter und die an sie gebundenen Einkünfte für "private", oder besser: persönliche Zwecke einzusetzen. Mrsich bemerkt hierzu:

"*Zu beachten ist dabei, daß auch die Herrschaftsbefugnis, gewisse Amtsvermögen innezuhaben, in stärkerem Maße als Eigenbefugnis aufgefaßt wird, als wir dies mit dem Begriff des 'Amtes' in moderner Auffassung verbinden; die Ägypter stellen gewisse Ämter zu stark eigennütziger Vermögensnutzung (z.B. Renten, Totendienst und Ausstattung eines* **ḥ3tj-ᶜ** *der 2. ZwZt) zur Verfügung.*"[209]

---

[205] Griffith, Siût and Dêr Rîfeh, Pl.7, Z.283ff.; Sethe, Lesestücke, 93f.
[206] Griffith, Siût and Dêr Rîfeh, Pl.7, Z.268; Sethe, Lesestücke, 94,8ff.
[207] Stèle juridique, Z.19.
[208] Helck, Hist.-biogr. Texte, 100ff.; s. IV.2.18.a.
[209] Mrsich, in: LÄ I, Sp.738, s.v. **Besitz und Eigentum.*

Die Ausstattung eines Amtes mit einem Einkommen ist jedoch genauso sehr oder so wenig als "*starke eigennützige Vermögensnutzung*" zu werten wie heutzutage ein Beamtengehalt, welches z.B. ebenfalls eine "Rente" einschließt. Der Unterschied liegt vielmehr in der Form: Denn ein modernes Beamtengehalt ist die Entlohnung des Staats für einen Dienst, die vom Staat *ad personam* gezahlt wird, während das Amt beim Staat bleibt. Eine Beziehung zwischen Amt und Einkommen gibt es nur über allgemeine Richtlinien des Staates zur Bewertung der verschiedenen Kategorien der Beamtentätigkeit: Das Amt ist das des Beamten nur darin, daß es von ihm durch seinen Staatsdienst ausgefüllt wird; damit erwirbt er sich einen Anspruch auf das Gehalt, aber nicht auf das Amt selbst. In Ägypten war dagegen das Amt selbst schon, unabhängig von der Person, mit einem Einkommen ausgestattet, so daß das Amt seine eigene Entlohnungsinstanz war[210] und das Amt selbst *erworben* werden mußte, um in den Genuß des Einkommens zu gelangen.

Beide Seiten ergänzen sich also: Einerseits ist die Ausstattung eines Amtes unabhängig von dem, der es ausübt, so daß davon eine **jmj.t-pr**-Urkunde angelegt werden kann[211]; andererseits kann das Amt selbst als vererbbarer und sogar "verkaufbarer" "Besitz" seines Inhabers betrachtet werden[212]. An diesem Amtsbegriff wird jegliche Scheidung von "privat" und "staatlich" zuschanden. Denn auch in dieser Form *ist* das Amt *kein* Privatbesitz in unserem Sinn. Man merkt dies z.B. an dem Wunsch, daß die Nachkommen in das eigene Amt eintreten mögen: Dies läßt auf ein Veto-Recht von höherer Stelle schließen, was die Nachfolgeregelung anbelangt. Ein Zeugnis hierfür ist der königliche Befehl an die Honoratioren von Koptos, einen Beamten mitsamt seinen Nachkommen (!) aus dem Amt seines Vaters zu werfen[213]. Es ist vielleicht auch nicht bedeutungslos, daß die beiden erwähnten Amts-Transaktionen *innerhalb* der jeweiligen Familien stattfinden.

---

210 Vgl. Stèle juridique, Z.6f.: **ᶜqw.s ḥnq.t.s wᶜb.t.s ḏfꜣ.w.s ḥm.w-kꜣ.s** (oder: **ḥm-kꜣ.w.s**) **ṯz.t.s pr.s**, wobei sich **.s** auf **jꜣw.t**, "*Amt*", bezieht; vgl. auch Gurob-Fragments L (Gardiner, RAD, 30,11;15), wo von Scheune und **pr** eines **ḥꜣtj-ᶜ** die Rede ist; ferner Hapi-djefai, Z.292 und 293 (Griffith, Siût and Dêr Rîfeh, Pl.7), wo das **šnᶜ** des **ḥꜣtj-ᶜ**(-Amtes) genannt wird.

211 Stèle juridique Z.4; Stele über den Verkauf des 2PA-Amtes der Ahmes-Nofretere (vgl. IV.2.18.a.), Z.4.

212 Vgl. die erstaunliche Formulierung der Stèle juridique, Z.26: **pꜣj.j-ḥꜣtj-ᶜ n-Nḫb**, "*mein Fürstenamt von Elkab*".

213 Sethe, Lesestücke, 98.

§370a

Das "Vermögen" eines Individuums schließt, sofern es sich um ein Amtsvermögen handelt (und es ist fraglich, ob es noch etwas anderes als "Amtsvermögen" gab), den Dienst gegenüber einer höheren Instanz ein.

Das Boden-"Eigentum" ist identisch mit der verantwortlichen Zuständigkeit der Personen, die es innehaben, ausgedrückt durch r-ḫt oder m-ḏr.t. Daß der Verfasser der Bilgai-Stele[214] sich rühmt, mehr Abgaben auf das Land, das ihm unterstellt war, gezahlt zu haben, als ihm aufgetragen war, wäre absurd, wenn es sich hier um öffentliche Steuern auf privates Eigentum handelte, die einen Abzug von dem erwirtschafteten Gewinn darstellten. Ein Privateigentümer, der sich dessen rühmte, würde sich dem allgemeinen Gespött aussetzen. Wo aber die Verfügung über Ländereien nicht privaten Gewinn bedeutete, sondern mit dem Dienst an einer höheren Stelle in eins fiel, in dem der eigene "Nießbrauch" des Landes enthalten war, da konnte besonders hohe Abgabenleistung durchaus die Tüchtigkeit und Befähigung einer Person beweisen.

Das wirkliche Eigentum am Boden existierte immer jenseits der einzelnen Individuen, eingeschlossen auch die höchsten Beamten, deren Verfügung bestenfalls ein verfestigtes Nutzungsrecht darstellte.

8. Königtum und Grundeigentum

§371

Ist der *König* der "wirkliche Eigentümer" des Landes? Unter den Eigentümern, die im Papyrus Wilbour A am Anfang der Paragraphen zu den einzelnen Domänen genannt werden, finden sich königliche Institutionen nur unter anderen. Im Abschnitt B des Papyrus Wilbour ist eine besondere Art von königlichem Land, die ḫꜣ-tꜣ-Länder Pharaos, auf *Tempelland* zu finden[215], statt daß der König als wirklicher Eigentümer aller Ländereien auftritt. Gardiner über Papyrus Wilbour (A):

"*The strongest impression may well be one of astonishment that temple and royal property should be found hobnobbing, so to speak, in one and the same administrative document. (...) Speaking broadly, one has the impression that the different temples were just as independent the one of the other as they were of the Pharaonic institutions* (womit hier die Ländereien des regierenden Königs gemeint sind, d.V.)."[216]

---

[214] Gardiner, in: ZÄS 50, 1912, 19ff.
[215] Gardiner, Pap.Wilbour, Comm., 167ff.
[216] Gardiner, Pap.Wilbour, Comm., 25.

Von einer Hoheit des Königs über alles Land ist aus diesem Dokument zunächst nichts zu entnehmen.
Andererseits ist die Auszeichnung des HPA Amenophis in der 20. Dynastie durch den König[217] vor allem auf das Füllen der Speicher des Amuntempels mit Abgaben bezogen und erst in zweiter Linie auf Leistungen des HPA, die dem König direkt zugute kamen. Auch wenn der König daher in der Aufstellung der Felder im pWilbour nur als "Landeigentümer" *neben* den Tempeln erscheint, muß er dennoch eine Zuständigkeit für die Tempelländereien gehabt haben, die auch den Dienst am Reichtum des Gottes zu einem Dienst für den König machte. Diese Zuständigkeit muß nicht im Einzug von Steuern von den Tempeln durch den König bestanden haben, denn der HPA wird dafür ausgezeichnet, daß er die *Tempel*speicher gefüllt hat.

a. *Der König als "Landeigentümer"*

§372
Wo der König selbst Grundeigentümer ist, wird er im pWilbour in eine Abfolge der Götter und ihrer Tempelliegenschaften eingeordnet, die auch aus dem pHarris I bekannt ist[218]. Nach den Ländereien der drei großen Götter und der ihnen zugehörigen Gottheiten Amun, Re, Ptah folgen in den Sektionen II - IV im Teil A des Papyrus die Landungsplätze Pharaos und ihnen zugeordnete Felder Pharaos, also Einrichtungen, die aus dem Dekret des Haremhab bekannt sind und für Aufnahme und Versorgung des reisenden Königs und seines Hofstaats gedient haben[219]. Danach folgen die Liegenschaften der kleineren Tempel. In Sektion I des Teils A ist die Reihenfolge der Häfen und kleineren Tempel umgekehrt. Nach einer Folge von Ländereien, die für die Versorgung von Herden bestimmt sind, folgen die Liegenschaften der Harime, des Schatzhauses Pharaos, schließlich mjn.t-Land und ḫꜣ-tꜣ-Land Pharaos.
Diese Aufzählung läßt also den regierenden König gewissermaßen als eine unter den landbesitzenden Gottheiten erscheinen, und dies noch nicht einmal an prominenter Stelle.

---

217 Lefebvre, Inscr., 55ff. und 62ff.; Helck, in: MIO 4, 1956, 161ff.; s.o. §88 mit Anm.309 und 310.
218 Vgl. hierzu Helck, Materialien I, 7ff., bes. 12-19; ders., Altägyptische Aktenkunde des 3. bis 2. Jahrtausends v. Chr., MÄS 31, 1974, 67ff.; Gardiner, Pap.Wilbour, Comm., 124- 157.
219 Urk.IV, 2149ff., Kruchten, Le décret d'Horemheb, 96ff. und 111f. Die Versorgung einer königlichen Person während einer Reise durch die jeweils ansässigen Gaugouverneure wird auf der Adoptions-Stele der Nitokris geschildert, Z.9-10, s. Caminos, in: JEA 50, 1964, 71ff.

§373
Ebenso wie der regierende König besitzt ein Tempel wie der des Amun eine Scheune und ein Schatzhaus; nach der im pWilbour gegebenen Aufstellung heißt das aber nicht, daß der Amuntempel ein "*Staat im Staate*" war mit Ämtern, die die Allgemeinheit der entsprechenden königlichen Ämter wie Scheune und Schatzamt in Frage gestellt hätten. Umgekehrt wären die königlichen Institutionen als besondere Instanzen *neben* den Tempel-Instanzen zu betrachten. Dabei müssen die Scheunen und Schatzhäuser der Tempel nicht weniger und nicht mehr "staatliche" Institutionen gewesen sein als die dem regierenden König zugehörigen Stellen.

b. Königliche Zuständigkeit für Tempelland

§374
Auch wenn der König nur ein Landeigentümer neben anderen, d.h. neben den Göttern bzw. ihren Tempeln war, existierte wohl eine Zuständigkeit des Königs und seiner Beamtenschaft für alles Land. So heißt es in der Dienstordnung des Vezirs, die allerdings Verhältnisse aus der Zeit vor dem Neuen Reich dokumentiert:

"*Es ist das Gaukataster* (**zš-spꜣ.t**) *in seiner Halle für das Anhören bezüglich aller Felder, er ist es, der die Grenze jedes Bezirks* (**spꜣ.t**) *festsetzt* ("*macht*"), (...), *jedes 'Gottesopfers'* (d.h. der entsprechenden Ländereien)"[220].

Kurz darauf wird seine Zuständigkeit für die Gaben (**jnw**) der Tempel erwähnt[221].
Umfassende Register der Ländereien muß es gegeben haben, die Mes-Inschrift nennt eines in der Residenz von Pi-Ramses[222]. Auch der pHarris I erwähnt ein Gesamtregister oder Archiv von Ägypten (**ḫꜣ n-zš.w n-Tꜣmrj**), wo das "Eigentum" der Tempel - nicht nur das Landeigentum - fixiert (**smn**) ist[223]. Auf der Dachla-Stele (I.22.a.) wird von einem Kataster (**mtn**) gesprochen, in dem Immobilien von unterschiedlicher rechtlicher Natur verzeichnet sind, ähnlich auf

---

220 Urk.IV, 1113,15f.
221 Urk.IV, 1114,13; übrigens ist diese Stelle nicht auskunftsfähig bezüglich Tempelsteuern an den "Staat"; Helcks Übersetzung, Verwaltung, 38: "*Er macht die Berechnungen über die Abgaben der Wirtschaftsbetriebe*", ist ganz ungenau; zu **ḫ̌bt-jnw** s. Smither, in: JEA 27, 1941, 75; der Ausdruck kann auch bedeuten **ḫ̌bt-jnw** *für* die Tempel; s. auch Gardiner, Pap.Wilbour, Comm., 203 mit Anm.2.
222 **tꜣ-dnj.t**, Mes-Inschrift N9, N15; Gardiner, Inscription of Mes, 45 und 47.
223 pHarris I, 26,9; 47,8; 60,9.

der Stèle d'Apanage (II.22.a.), Z.5f. Schließlich stellt auch der pWilbour ein Register der Ländereien der verschiedensten landbesitzenden Institutionen dar.

§375

Gelegentlich ist von der Zuständigkeit königlicher Beamter für Tempelschatzhäuser die Rede. So läßt Ramses V. den Schatzhausvorsteher **Ḫ^cj-m-tjr** nach Elephantine kommen, um dort das Schatzhaus des Chnum-Tempels zu überprüfen (**sjp**); dieser Beleg weist auf die Zuständigkeit des (königlichen) Schatzhausvorstehers auch für die Tempelschatzhäuser hin[224].

Der Fürst von Elephantine, **Mrj-Jwnw**, wendet sich im pValençay I wegen einer Abgaben-Angelegenheit zwischen ihm und dem Schreiber vom Haus der Gottesanbeterin des Amun an den **ᶜꜣ-št Mn-mꜣᶜ.t-Rᶜ-nḫtw**, bei dem es sich möglicherweise ebenfalls um einen königlichen Beamten handelt, vielleicht identisch mit dem Schatzhaus- und Scheunenvorsteher gleichen Namens[225].

Daß die Institutionen des Amuntempels unmittelbar auch den Bedürfnissen des Königs dienten und ihn mit Materialien versorgten, die unter der Verwaltung des Tempels gefördert wurden, zeigt die Aufforderung Ramses' IX. durch seinen Schatzhausvorsteher Amenophis an den HPA Ramsesnacht, schwarze Augenschminke für den Pharao zu schicken[226].

§376

Wenn der König den Tempeln Äcker und Arbeitskräfte zusprach, setzte er seine Macht dafür ein, daß diese Ländereien dem Nutzen seiner göttlichen Eltern dienten: mit den "Schenkungen" entäußerte sich der König nicht seiner Macht, sondern gab ihr eine Richtung. Wenn sich Ramses III. bezüglich seiner Tempelanlage von Medinet Habu im pHarris I, 4,4f. so äußert: "*Ich machte für sie abgabenpflichtig* (**ḥtr**) *Ober- und Unterägypten, Nubien und Zahi stehen für sie unter ihren Dienstverpflichtungen* (**bꜣkw**)", so ist dies kein Eingeständnis

---

[224] pTurin 1887 rto., 2,1f. (Gardiner, RAD, 75f.).

[225] Gardiner, RAD, 72f.; zu **Mn-mꜣᶜ.t-Rᶜ-nḫtw** s. Helck, Verwaltung, 417f.

[226] Helck, in: JARCE 6, 1967, 135ff. (Text B).

der Selbstaufgabe des Königtums, sondern das Gegenteil davon[227]. Zugriffsrechte der königlichen Beamten auf Tempel sind belegt und zeigen, daß der König sich zu den von ihm und seinen Vorgängern den Tempeln zugewiesenen Ländereien nicht als exterritorial und nicht mehr unter seiner Macht stehend verhielt. Gerade die Exemptionsdekrete wie für das Neue Reich das Dekret von Nauri zeigen, in welchem Umfang königliche Beamte Tempelpersonal beanspruchen konnten, worauf diese Dekrete nur reagieren. In dem besonderen Schutz, den sie einem Tempel angedeihen lassen, bezeugen gerade sie die Zuständigkeit königlicher Macht für die Tempel. Was die Heranziehung von Tempelpersonal zu königlichen Diensten anbelangt, so spricht pHarris I, 57,8f. eine deutliche Sprache, wo der König sich gegenüber den Göttern rühmt, daß er es unterlassen habe, das Tempelpersonal zu zehnten (**jnj-rmṯ.w m-$^{1}/_{10}$ m-rʾ.w-pr.w**), um sie für Infanterie und Wagentruppen einzusetzen. Der Beschwerdebrief im pTurin A[228] offenbart die komplizierten (und sich vermutlich auch teilweise widersprechenden) Zuständigkeitsverhältnisse zwischen königlichen und Tempelbeamten: Ein Archivar (**ḥrj-zꜣw.w-zš.w**) der königlichen Scheunenverwaltung beklagt sich bei dem Schreiber des Hohenpriesters des Ptah[229], weil dieser acht Leute abgezogen habe von "*Arbeiten Pharaos*", die im Tempel des "*Thot-des-Ramses-maiamana*" stattfinden und unter der Aufsicht (**r-ḫt**) des Beschwerdeführers stehen. Da dieser durch den Abzug der acht Leute mit seinen eigenen Arbeiten in Verzug gerät und er auch keine neuen finden kann, droht er, sich beim König selbst ("*dem schönen Re eines jeden Landes*") zu beklagen: Der Schreiber des Priesters habe aufgrund einer **bḥ**-Fron-Verordnung gehandelt, die für das laufende Jahr gar nicht bestehe. Demnach berufen sich also Tempelverwaltungen auf Arbeitsverordnungen, für die zuletzt der König zuständig ist, die aber auch die Möglichkeit einschließen, daß ein Tempel Arbeiter von königlichen Arbeitsvorhaben abziehen darf[230].

---

[227] Vgl. die treffende Äußerung von Janssen, in: OLA 6, 1979, 511: "*The usual remark found in many egyptological handbooks that, by these gigantic donations, the state was impoverished for the benefit of the temple of Amun lacks every proof, and, if the temple was merely a branch of the governmental organization, it cannot even be correct.*" Man könnte sagen: je gewaltiger der Umfang der "Schenkungen", desto unwahrscheinlicher, daß es sich überhaupt um Schenkungen handelt - zu pHarris I, 4,4f., vgl. auch den Passus pHarris I, 7,4, wo von einer Hekatombe die Rede ist, die aus einer besonderen Abgabe der Würdenträger (**srjw.w**) erstellt wurde.

[228] Gardiner, LEM, 123f.

[229] (?) **sm**; die Angelegenheit trägt sich in Memphis zu.

[230] Zu diesem Brief und zur **bḥ**-Fron s. Janssen, Two Ancient Egptian Ship's Logs, 29f.; Vleeming, Papyrus Reinhardt, §12, bes. S.53ff.

Tempelländereien, die durch königliche Beamte verwaltet wurden, finden sich im pWilbour[231]. Demnach gab es eine Unterscheidung zwischen Beamten königlicher Ämter und solchen des Tempels, aber keinen *Gegensatz* zwischen beiden Instanzen.

c. *Das Verhältnis von a. und b. (§§372ff.) zueinander*

§377

Wenn der König einerseits besonderer "Landeigentümer" neben anderen ist, andererseits aber zuständig für alles Land, so kann es zwischen beiden Seiten keinen direkten oder unmittelbaren und sofort einleuchtenden Zusammenhang geben nach dem Prinzip des oben[232] wiedergegebenen "Lehrsatzes": Da der König theoretisch Eigentümer des ganzen Landes war, war er theoretisch auch dafür verantwortlich, wenn er nur nicht soviel weggeschenkt hätte und daher am Ende verarmt und verantwortungslos und also zum Verschwinden verurteilt dastand. Die allgemeine Zuständigkeit für alles Land und die königliche Funktion als Spender von Land an seine göttlichen Eltern kann nicht darauf beruhen, daß er der einzige Eigentümer des Landes war und aus seiner Privatschatulle ständig Schenkungen veranstaltete. Angesichts der Größe dieser "Schenkungen" wäre es damit bald vorbei gewesen. Der König ist als *Eigentümer* von Land ein anderer als der *Spender* von Land, das "Schenken" ist keine Eigentums*übertragung* im strengen Sinne, da der König das zu vergebende Land nicht als dessen vorheriger Eigentümer repräsentiert. Wenn nicht als Privateigentümer, dann repräsentiert er also das gesamte Land als verfügbares, *insofern* angeeignetes, *ohne* daß dabei eine bestimmte, andere ausschließende Person mitgedacht wäre. Er repräsentiert als besonderes Individuum die prinzipielle Benutz*barkeit* des Bodens für die auf ihm lebenden Individuen, oder, was dasselbe ist: *das Gemeineigentum am Boden*, dessen Form noch zu entwickeln wäre. Der Schein von "Privateigentum" entsteht nur, weil der König als Repräsentant des Gemeineigentums zugleich besondere Person ist gegenüber allen anderen, diese somit in den umgekehrt entsprechenden Schein der Eigentumslosigkeit setzend.

---

[231] Vgl. Gardiner, Pap.Wilbour, Comm., 21 mit Anm.3 und 4; hinzuzufügen ist noch, daß die Vizekönige von Kusch als Verwalter der Goldminen des Amun belegt sind, s. Helck, Materialien I, 40f.

[232] S.o. §337.

9. Menschliche und göttliche Verfügung über Land

a. *Die Götter als Herren des Landes*

§378

Als Garant der Benutzbarkeit des Landes für die Menschen im eben genannten Sinne agiert der König so, daß er das Land zu einem erheblichen Teil, wenn nicht sogar insgesamt, mit Ausnahme der Böden, die ihm als regierendem König zur Verfügung stehen, in die Verfügung von nicht-menschlichen Wesen gibt. Dies erscheint zunächst als ein Widerspruch. Der Boden kann durch die "Schenkungen" des Königs die Bestimmung eines "*Gottesopfers*" erhalten[233] und damit zu den Dingen gehören, durch deren Weggabe der Mensch die Herrschaft höherer Mächte über sich und die Natur anerkennt.

§379

Diese Mächte können einerseits unmittelbar mit natürlichen Gegenständen in eins gesetzt werden, von denen der Mensch kein anderes Bewußtsein hat als das des feindlichen Gegensatzes zu sich und seinen Zwecken. Geistig bestimmt sind diese Wesen nur darin, daß sie vielleicht auf die Drohungen des Zaubers hören können, mit denen man sich ihrer zu erwehren sucht. Die Vorstellung vom Göttlichen als einer die menschlichen Zwecke vernichtenden Macht tritt sinnfällig in der Opferung des Menschen selbst zutage. Den Göttern Ägyptens aber ist das Bedürfnis fremd, den Menschen selbst aufzuessen und zum – wenn auch edelsten – Opfermahl zu erniedrigen. Die Opfergaben, die ihnen dargebracht werden, zeigen, daß sie gerade die zivilisatorischen Leistungen des Menschen zu schätzen wissen; statt mit Naturmächten identisch zu sein im oben genannten Sinne, leben sie, wie der Mensch, von den Produkten der Arbeit, die sich diese tendenziell unterwirft. Dies wird deutlich gerade an solchen Gottheiten, die noch eng mit natürlichen Gegebenheiten verbunden sind. Der Nil als das Stück ägyptischer Umweltbedingung, das am handgreiflichsten die Beherrschung der Natur durch die menschliche Arbeit relativierte, dessen Überschwemmungshöhe außerhalb jeder Einflußmöglichkeit lag, ist dennoch als Gottheit, wie er im Nilhymnus beschrieben wird, ein geistig bestimmtes Wesen mit Willen und Charakter wie der Mensch selbst: er ist der Vater aller Zivilisation, er "*arbeitet*" (**b3k**)[234] oder ist "*faul*" (**wsf**)[235] und unberechenbar.

---

[233] S.u. §§384ff.
[234] Zitiert nach: Helck, Der Text des "Nilhymnus", Vd.
[235] Helck, Der Text des "Nilhymnus", IId.

§380

Der Ackerboden als Geschenk an die Götter ist eine einzigartige Opfergabe: denn mit ihm wird den Göttern nicht ein Anteil der Früchte menschlicher Arbeit überlassen und dem Genuss durch die Menschen selbst entzogen, sondern das wichtigste Arbeitsmittel, um diese Früchte zu erzeugen. Würde er aber durch die Weggabe an die Götter der menschlichen Verfügung entzogen, so wäre er Ödland und kein Gegenstand des göttlichen Gefallens mehr. Mit dem Boden werden den Göttern auch die Menschen, die auf ihm leben und arbeiten, gegeben, ebenso wie die sekundären Arbeitsmittel: Den Göttern wird nicht nur bei bestimmten Gelegenheiten ein Anteil des erarbeiteten Reichtums überlassen, sie werden vielmehr so zu den Herren der *Produktion* dieses Reichtums gemacht, unter deren Herrschaft sich auch die ihnen überlassenen Menschen vom Boden ernähren. Die Vorstellung einer Relativierung menschlicher Verfügung über die Welt durch höhere Mächte hat in Ägypten die Ausprägung erhalten, daß es Menschen gab, die unter der Bedingung von göttlichem Eigentum an den Mitteln der Produktion lebten und arbeiteten.

Der §378 konstatierte Widerspruch, daß der König als Repräsentant der Benutzbarkeit des Landes für die Menschen dasselbe weggibt an übermenschliche Wesen, löst sich also so auf: Das Opfer im weitesten Sinne, die Unterstellung von Reichtümern unter göttliche Verfügung, ist in Ägypten nicht Weggabe im Sinne des Verlustes dieser Güter oder ihrer Vernichtung. Indem sie den Göttern gegeben werden, werden sie auch den Menschen gegeben, denn unter der Regie der Tempel kommen die Menschen und die materiellen Güter als Bestandteile des "*Gottesopfers*" wieder zusammen, sowohl zwecks Arbeit als auch zwecks Konsumption. Das "Opfer" ist in der Weggabe auch die Zusammenführung.

§381

Diese Zusammenbringung von Menschen und Gütern schließt die Eröffnung eines Dienstverhältnisses gegenüber dem Gott ein, vom ersten Priester bis zum Tempelbäcker und Landarbeiter auf den Feldern des Gottes. Die Götter, denen die Menschen damit als Diener unterworfen werden, waren aber nach dem Vorangegangenen so beschaffen, daß der Mensch in ihnen seine eigene geistige Wesensart wiedererkannte, seine hochentwickelten Bedürfnisse ebenso wie seine handwerklichen Fähigkeiten (**Šzmw** als Gott der Wein- und Ölkelter, **Ḥd-ḥtp** als Webergott, Ptah als Gott der Handwerker und Künstler) und seine Kenntnisse auf theoretischem Gebiet (Thot). *Seine* zivilisatorische Leistung ist als *göttliche* gefaßt, aber existiert praktisch als *Dienst* an den Gottheiten. Es

können aber nicht dieselben Menschen den Göttern gleich *und* ihnen zugleich als Diener oder Sklaven unterworfen sein.
Das Dienstverhältnis nimmt daher die Form an, daß die Seite der Gottgleichheit oder -ähnlichkeit zur ausschließlichen Eigenschaft des einen Menschen wird, der für die Gottgefälligkeit des Dienstes geradesteht und ihn dementsprechend gestaltet. Als das Individuum, das mit seiner Person für die Verwandtschaft zwischen Menschen und Göttern steht als gottähnlicher Sohn, Liebling und Erwählter der Götter, ist er aber unterschieden von den Menschen, er stellt diese Beziehung vor als hermetisches Verhältnis zwischen sich allein und der Götterwelt. Ihm gegenüber wird das Dienen zu *der* Persönlichkeitsbestimmung der anderen Menschen. Ein König mag sich einmal als Diener eines Gottes bezeichnen und ein einzelner Mensch zu einem bestimmten Gott ein Verhältnis wechselseitiger Sympathie pflegen, dennoch ist das Verhältnis aller Menschen zur Gesamtheit der Götter nur dann geregelt, wenn einer von ihnen ausschließlichen Umgang mit den Göttern als ihnen Gleicher pflegt. Ein König, der sich nicht in diesem Sinne korrekt verhält, macht auch die Gebete der anderen zu den Göttern wirkungslos, wie es zu Beginn der Restaurationsstele des Tutenchamun heißt[236]. Der König bestimmt sich von vornherein durch sein besonderes Verhältnis zu den Göttern, das ihn den Menschen ungleich macht, sein Königtum *ist* seine göttliche Herkunft, Gottesgeliebtheit, Gottähnlichkeit; letztere kann daher nicht *verliehen* werden, so wie C. Julius Caesar als *princeps civium* auf Beschluß von Senat und römischem Volk in *letzter Überhöhung* seines Amtes unter dem Namen *Jupiter Julius* unter die römischen Staatsgötter erhoben wurde[237].

§382

Auch die Eigenschaft, Land zu besitzen, teilt der regierende König mit den Göttern und unterscheidet sich so von den anderen Menschen.
Daß er in den Urkunden über die Getreideerträge der Domänen in der ersten Zeile von Paragraphen-Überschriften mit dem Signum **n-Pr-ꜥꜣ** neben (anderen) Göttern als landbesitzende Instanz figuriert, spricht eher dafür, daß er als Abkömmling und Erbe der Götter an deren Besitz des Landes teilhatte, als

---

[236] Die Diskussion, ob der ägyptische König gottähnlich, gottgleich, mehr ein Mensch oder mehr ein Gott sei, hat gelegentlich einen etwas scholastischen Charakter, da die Menschennatur des Königs Voraussetzung aller seiner Bezüge zu den Göttern ist, indem die Menschen ihre innere Verwandtschaft, die sie als *Menschen* mit den Göttern haben, an *einem* aus ihrer Mitte ausschließlich dargestellt sehen.

[237] Kornemann, Römische Geschichte II, Stuttgart 1954, 74f.

dafür, daß umgekehrt göttliche Verfügung über das Land sich aus königlichem Besitz ableitete.

§383

An den Stiftungen und Schenkungen des Königs war nicht der Aspekt der Eigentumsübertragung entscheidend, da der König kaum als vorheriger Eigentümer alles gestifteten Landes in Frage kommt, sondern der der Sicherstellung des Nutzens, den ein Tempel aus einem bestimmten Stück Land nebst Zubehör ziehen konnte. So folgt in den Listen-Abschnitten des pHarris I nach der Aufzählung der neu gegründeten Tempelanlagen, ihrer Liegenschaften und sonstigen Besitztümer eine Liste, die von Erichsen etwas irreführend *neben* den "*Geschenken des Königs*" als "*Abgaben der Untertanen*" bezeichnet wird; irreführend, da nach der Überschrift dieser Liste im Theben gewidmeten Teil des Papyrus (12a,1ff.) auch die hierunter aufgeführten Dinge Gaben des Königs sind. Die genaue Festlegung der dem Gott aus den Stiftungen zufließenden Beträge an Leinen, Honig, Wein, Getreide, Gemüsebündel, Flachs u.s.w. wäre überflüssig, wenn es nur um die Einsetzung des jeweiligen Tempels als neuer Eigentümer der Stiftungen ginge; in einem Akt tatsächlicher Besitzübertragung wie etwa einem Kaufvertrag muß nicht fixiert werden, welchen Nutzen der neue Eigentümer eines Gegenstandes aus diesem ziehen werde, da dies in sein Belieben fällt. Wenn aber der stiftende König auch die Ertragsmengen seiner Stiftungen dem Tempel garantiert, dann sind diese ein Objekt seiner Zuständigkeit, auch noch nach der Übergabe.

b. Gottesopfer

§384

Der Begriff **ḥtp-nṯr**, "*Gottesopfer*", enthält neben dem religiösen Aspekt auch einen ökonomischen, da dieser Begriff auf das Vermögen eines Tempels bezogen werden kann, nicht zuletzt auf seinen "Landbesitz". Was den religiösen Aspekt betrifft, so definiert **ḥtp-nṯr** als Wort für Vermögen des Tempels dasselbe vom Zweck des Opfers her und schließt damit die Abstraktheit des Begriffs "*Eigentum*" aus, ebenso wie die meisten anderen ägyptischen Worte dieses Bedeutungsfeldes, da bei "*Eigentum*" der Zweck, dem ein Gut dienen soll, nicht benannt wird und in die Freiheit des Eigentümers fällt. Griechisches Äquivalent für **ḥtp-nṯr** ist (ἱερὰ) πρόσοδος, "(*heiliges*) *Einkommen*", daneben auch τροφή, "*Nahrung*"[238]. Auch in den griechischen Begriffen dominiert nicht der Eigentumsaspekt, der mit Ableitungen von κτέω, "*erwerben*", ἴδιος, "*eigen*", adäquat hätte ausgedrückt werden können; vielmehr steht ebenfalls die Zweckbestimmung im Vordergrund. Auffällig ist aber auch, daß keines der im Griechischen üblichen Worte für "*Opfer*", etwa θυσία als Übersetzung von **ḥtp-nṯr** verwendet wird; nur in dem Attribut ἱερός ist enthalten, daß es sich um eine Einrichtung für einen Gott handelt.

§385

ḥtp-nṯr findet sich einerseits im Sinne der auf dem Altar vor dem Gott liegenden Opfergaben. So z.B. pHarris I, 5,12, wo die Rede ist von **ꜥbꜣ.w ḫr-ḥtp-nṯr.k mꜣꜥ ḫft-ḥr.k**, *"Opfersteine mit deinem Gottesopfer, welches vor dir übergeben wird";* ähnlich auch pHarris I, 48,4. pHarris I, 28,10 ist von Standbildern des Königs die Rede, die auf den Boden dahingestreckt sind, also wohl den König im Kriechgang vor der Gottheit zeigten, ebenfalls mit der Bestimmung: **ḫr-ḥtp-nṯr**. Auch dort, wo der Begriff **ḥtp-nṯr** mit einer Zeitangabe verbunden wird, sind die jeweils auf dem Altar liegenden Opfergaben gemeint; so pHarris I, 7,2: **r-sḏfꜣ-ḥtp-nṯr.k m-jmnj.t** ("*täglich*"), pHarris I, 27,1: **wꜣḥ.j-n.s** (einer Waage) **ḥtp-nṯr m-jmnj.t r-sḏfꜣ-ḫꜣw.t.s ḥr-tp-dwꜣj.t** ("*täglich, um ihren Opfertisch am Morgen zu versorgen*"). pHarris I, 60,7f. wird spezifiziert, was alles zu einem **ḥtp-nṯr** dazugehören kann:

wꜣḥ.j-n.w ḥtp-nṯr 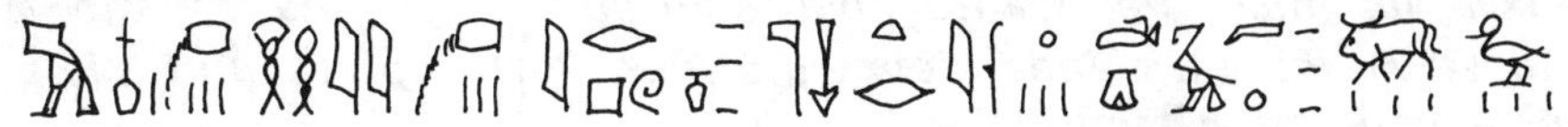

Andererseits wird auf einem Block Amenophis' II. im Chonstempel[239] von "*Geflügelhäusern des Gottesopfers*" gesprochen, so, wie im selben Text auch von "*Geflügelhäusern Pharaos*" die Rede ist. Solche Belege lassen sich noch so interpretieren, daß die Felder und die Geflügelhöfe des Gottesopfers ökonomische Einrichtungen sind, die bereitstellen, was als Gottesopfer auf den Altar zu liegen kommt. So argumentiert auch Gunn:

"*The determinatives* (des Wortes *"Gottesopfer"*, nämlich 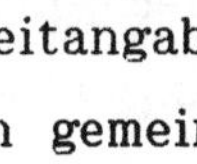 d.V.) (...) *show that* **ḥtp-nṯr** *was primarily victuals; land-endowments of temples were not in themselves* **ḥtp-nṯr**, *but for the purpose of supplying that.*"[240]

---

[238] S. Gunn, in: ASAE 27, 1927, 219; zu (ἱερὰ) πρόσοδος s. Griffith, Rylands Papyri III, 133.
[239] Urk.IV, 1341f.
[240] Gunn, in: ASAE 27, 1927, 219.

In diesem Sinne ist sicher auch pHarris I, 27,12f. zu verstehen, wenn es dort heißt: **q3b.j-n3j.sn-3ḥ.wt (...) r-q3b-ḥtp-nṯr**, "*ich vermehrte ihre* (d.h. der **ḫ3-t3**-Länder) *Felder, (...) um das Gottesopfer zu vermehren*". Andererseits wird in der Dienstvorschrift des Vezirs **ḥtp-nṯr** parallel zu **sp3.t**, "*Bezirk*", und "*Kräuterfeldern*" als Objekt der Landzumessungstätigkeit des Vezirs genannt[241]. Auf der Stele über die Stiftung für **Nmrṯ**, den Vater Scheschonqs I. wird **ḥtp-nṯr** als begriffliche Zusammenfassung der gestifteten Feldern, Menschen, Herden, Gärten, Hekatomben und **ḫnk**-Stiftungen verstanden[242]. Es dürfte hier die Bedeutung vorliegen, wie sie auch in dem griechischen Äquivalent πρόσοδος, "*Einkommen*", zu fassen ist, da hier mit "*Gottesopfer*" nicht die hervorgebrachten Gegenstände gemeint sind, die dem Gott vorgelegt werden, sondern das, was diese Gegenstände hervorbringt, so wie mit "*Einkommen*" nicht die einmalige Verpflegung gemeint ist, sondern die Institution derselben oder ihre Quelle. Dies steht nicht im Widerspruch zu den zuerst genannten Belegen für **ḥtp-nṯr** im Sinne konsumabler Opfergaben, da ja auch hier die Zeitangaben "*täglich*" und "*am Morgen*" deutlich machen, daß es sich hier nicht um einmalige Opfer handelt, sondern um die Institutionalisierung derselben, so daß der König mit der Einrichtung eines solchen Opfers auch für seine Quelle zu sorgen hatte. So zählt Thutmosis III. in dem Bericht über seine Stiftungen für Amun beides auf:

"*Befehl des Königs selbst, ein Gottesopfer von neuem einzurichten* (...) *aus* [*Bier*], *Kräutern, Wein,* **ḫt-ꜥ3**-*Gänsen*, **dqw**, *Weißbrot, Kuchen, Datteln* (z.T. mit Mengenangaben), (...) , *und es machte ihm M.M. einen Garten* (**ḥr.t-š**) *von neuem, um ihm alle Kräuter heranzuführen* (...) *und es gab M.M. 1800 Aruren Feld* (**3ḥ.t**) *zu Farmländereien* (**ꜥḥ.t**) *des Gottesopfers und viele Bezirke* (**ww**) *in Ober- und Unterägypten.*"[243]

Kaum voneinander zu trennen sind die Bedeutungen von **ḥtp-nṯr** als vorgelegte Opfer und als Institution oder Quelle desselben in Urk.IV, 1797,9f.: **rdj.n-n.j ḥm.f ḥtp-nṯr-pr.t m-b3ḥ-ḫntj.f**, (..."*ein Gottesopfer dessen, was vor seiner Statue hervorgegangen war*"). Hier ist das Gottesopfer, bestehend aus den Dingen, die vor der Königsstatue gelegen hatten, doch zugleich etwas Allgemeineres als nur diese Dinge, eben die Institution ihrer immer wieder erneuerten Übergabe.

Das "*Gottesopfer*" bezieht sich also nicht nur auf die gefüllten Altäre eines Gottes, sondern auf ein Nutzungsrecht an den Produktionsfaktoren Boden,

---

241 Urk.IV, 1113,16f.
242 I.21.g., Z.4.
243 Urk.IV, 170ff.

Menschen und Nutztiere; das es sich um ein besitzähnliches Nutzungsrecht handeln dürfte, welches mit **ḥtp-nṯr** ausgegedrückt werden konnte, zeigt auch die parallele Verwendung des Zusatzes **n-ḥtp-nṯr** zu **n-Pr-ᶜ3** in der oben zitierten Inschrift Amenophis' II. im Chonstempel[244]; so kann der Begriff "*Gottesopfer*" vor allem in demotischen Texten, aber auch schon früher so verwendet werden, daß er sich fast mit "*Grund und Boden* (eines Tempels)" übersetzen läßt, so in pRyland XV, wo Äcker verkauft werden, von denen es heißt: **ntj-ḥr-p3-ḥtp-nṯr-Ḥw.t-Ḥrw**, "*die auf dem Gottesopfer der Hathor liegen*"[245].

§386

Die Nutznießer eines "*Gottesopfers*" sind natürlich zunächst die Götter. Daß ein verstorbener König als "*Besitzer*" eines Gottesopfers genannt wird, ist denkbar, jedoch weniger häufig. So spricht Ramses II. in der Dedikationsinschrift von Abydos zu Sethos I. als einem der Tempelgötter von dem Gottesopfer als **ḥtp-nṯr.k**[246]. Im pHarris I äußert Ramses III. dagegen im Vorspann zu Theben den Wunsch an Amun: "*daß ich verzehre die Brote und die Speisen deines Gottesopfers*"[247].

Daß ein lebender Mensch aus dem **ḥtp-nṯr** eines Gottes Anteile erhält, ist bekannt von der Adoptionsstele der Nitokris, Z.24. Dort heißt es, daß der König der Nitokris vom Gottesopfer aus dem Atumtempel von Heliopolis Anteile gibt, "*nachdem sich der Gott daran gütlich getan hat*"[248]; allerdings nahm Nitokris aufgrund ihrer Funktion als Gottesgemahlin eine teils priesterliche, teils gottähnliche Stellung ein. Ein Gottesopfer für eine verstorbene, nicht-königliche Person ist belegt auf der Stele bezüglich der Stiftung für den Vater Scheschonqs I., Z.4 und Z.25[249]. Immerhin handelt es sich hier um den Vater des künftigen Königs und um einen Großfürsten der Maschwesch, und bereits

[244] U.a. gibt es auch "*Arbeitshäuser*" (**šnᶜ**) des Gottesopfers, s. Sethe, Lesestücke, 76,8f.; vgl. pHarris I, 47,10.

[245] Griffith, Rylands Papyri III, 265 (της ουσης εν τηι ιεραι προσοδωι της Αφροδιτης; op.cit., 133); zu **ḥtp-nṯr** als Kategorie für einen bestimmten Status von Tempelland s. Meeks, in: OLA 6, 642f. mit Anm.167 und 169; die Stele Meeks 22.8.00, auf die er sich stützt, ist allerdings in der Abschrift von Daressy, in: RecTrav. 20, 1898, 85, sehr unklar oder vielleicht fehlerhaft abgeschrieben, und Meeks gibt nicht an, ob seine abweichende Übersetzung auf einer eigenen Abschrift beruht.

[246] KRI II, 333,4.

[247] pHarris I, 3,6.

[248] Caminos, in: JEA 50, 1964, 71ff.

[249] I.21.g.

in der 21. Dynastie sind die Unterschiede in der Behandlung von hohen Würdenträgern und königlichen Personen ins Fließen geraten[250].

c. *Gemeinbesitz und Tempel-/ Gottesbesitz*

§387

Auf die ägyptischen Eigentumsverhältnisse bei Grund und Boden werden gerne einige Begriffe angewendet, die wesentlich besser auf ein ganz anders geartetes Gemeinwesen passen[251]. Es folgen daher einige Bemerkungen zu dem Verhältnis, in dem im frühen Rom Staat und Gemeinwesen, Religionsausübung und Grundeigentum zueinander standen, in der Absicht, demgegenüber die Eigenarten einer altorientalischen Wirtschaftsweise schärfer hervortreten zu lassen.

Die antiken Schriftsteller, so Dionysios, Ῥωμαικὴ Ἀρχαιολογία[252] II, 7, schreiben die urtümliche Einteilung des römischen Volkes in drei Stämme (*Tribus*) einer Einteilung desselben durch Romulus zu. Diese drei Stämme, die den Namen *Luceres*, *Titii* und *Ramnes* trugen, waren ihrerseits in zehn Curien gegliedert, diese wiederum in zehn *gentes* (Geschlechter), so daß der gesamte *populus Romanus* aus 300 Geschlechtern bestand. Begrifflich steht gegen diese sagenhafte Überlieferung die Tatsache, daß man Geschlechter und Stämme nicht im Nachhinein durch eine Verfassung herstellen kann, da ein Geschlecht einen natürlichen Zusammenhang der Menschen darstellt. Schon Theodor Mommsen[253] geht davon aus, daß umgekehrt der *populus Romanus* aus mehreren Stämmen zusammengewachsen ist und die "Stadt" Rom zunächst als Versammlungsort der konföderierten Stämme zwecks gemeinsamem Kultus, Rechtsprechung und Rückzug im Falle kriegerischer Bedrohung diente für Stämme, die zunächst in einzelnen Dörfern im Umland von Rom hausten[254]. Die Erzählung von Livius, *Ab urbe condita* I, 8, daß Romulus die Leute am Tiber zum römischen Volk versammelt habe, ist zwar nur eine Sage, jedoch kommt darin das Bewußtsein

---

[250] S.o. §55.
[251] S.u. §389.
[252] Jacoby, Usener, Rademacher, Bibliotheca Teubneriana, Leipzig, 1885–1929.
[253] Mommsen, Römische Geschichte I, 10. Aufl., Berlin 1907, 42ff.
[254] Nach L. H. Morgan, Ancient Society, Chicago 1907, 61ff., sind die Gentilverfassung des frühen römischen Volkes und die der irokesischen Stammeskonföderation vergleichbar miteinander. Der Aufbau der irokesischen Stammeskonföderation ist teilweise mit lateinischen Termini darstellbar. Der irokesische "Senat" konnte bezeichnenderweise sich nicht selbst einberufen, so daß er keine von den Stämmen unabhängige Macht erhielt; für unvorhersehbare äußere Bedrohungen gab es zwei gewählte "Konsuln" als Exekutivbeamte, deren Macht sich wechselseitig neutralisieren sollte (Morgan, op.cit., 130f.).

darüber zur Geltung, daß das römische Volk das Resultat eines politischen Kalküls war; wohl nicht eines einzelnen Mannes, sondern der dem römischen Volk vorausgesetzten Stämme und Geschlechter, die sich durch einen gemeinsamen Willensakt zu einem Bündnis zusammenschlossen. Die daraus erwachsende gemeinsame Instanz des römischen Volkes dürfte zunächst kaum eine "Herrschaft" gewesen sein, sondern ein Ausschuß zur Regelung gemeinsamer Interessen der Stämme und Geschlechter: Der Ältestenrat (*Senatus*) wird bezüglich der Anzahl seiner Mitglieder in der römischen Geschichtstradition auf die Anzahl der *gentes* des *populus Romanus* bezogen; mit der Aufnahme der *Luceres* als des dritten Stammes ins römische Volk wurde auch die Anzahl der Senatoren aufgestockt und betrug dann 300, wobei die letzten 100, für die Geschlechter der *Luceres* im Senat Sitzenden "*patres minorum gentium*" genannt wurden, die anderen aber "*patres maiorum gentium*"[255]. So dürfte es sich zunächst um ein durch Delegation zustandegekommenes Gremium gehandelt haben. Die Dualität, einerseits die öffentlichen Angelegenheiten des *populus Romanus* als gemeinsame Sphäre, andererseits die Angelegenheiten, die nur die einzelnen Stämme und ihre Geschlechter etwas angingen, schlägt sich auch nieder in dem Nebeneinander zweier Bodeneigentumsformen: Wie der Staat als vergrößertes Abbild der einzelnen Haushalte sein eigenes, von den Vestalinnen gehütetes Herdfeuer hatte, so gab es neben dem Land, das von den einzelnen Stämmen, Geschlechtern, Familien gehalten wurde[256], den *ager publicus*, das *öffentliche Land*, das durch gemeinsame Eroberungen des Volkes anwuchs und nachträglich verteilt werden konnte.

§388

Auch die religiösen Bräuche waren dieser Dualität untergeordnet: Neben den *sacra gentilicia* oder *sacra privata*, die von den einzelnen Geschlechtern und Familien zu beachten waren und sich auf die Schutzgottheiten der einzelnen *gentes* sowie die Schutzgeister der Familie (*manes, lares, penates*) richteten, gab es die öffentlichen religiösen Riten, die den römischen *gentes* gemeinsam oblagen. Neben den eben genannten Gottheiten gab es noch eine Religion des Staates; dies ist nicht zu verwechseln mit dem Verhältnis einer "Hochreligion" gegenüber einem Volksglauben. Es handelt sich vielmehr um die Gottheiten, die als die Hüter des im *populus Romanus* existierenden Bundes oder des gemeinsamen Willens seiner Träger eingesetzt waren, wie Mars und der kapitolinische Jupiter. Dies erklärt den "politischen" Charakter der römischen Religion, in welcher das Göttliche zur Allegorie politischer Zustände und Zwecke

---

[255] Cicero, *De re publica* II, 20; Livius, *Ab urbe condita* I, 35.
[256] Mommsen, Römische Geschichte I, 10. Aufl., Berlin 1907, 43; 182f.

oder Einrichtungen werden kann (*Pax* als Gottheit, *Juno Moneta* als Hüterin des Geldwesens), umgekehrt Menschen, die sich um den Staat verdient gemacht hatten, zu Götter *ernannt* wurden[257]. Die Priesterschaft dieser Gottheiten bestand aus teilweise gewählten Staatsbeamten[258].

§389

Mit folgenden Gegensatzpaaren wird bei der Befassung mit ägyptischen Eigentumsverhältnissen häufig gearbeitet:

(1) Tempelbesitz gegen Besitz der Krone,

(2) Tempelbesitz gegen Gemeinbesitz oder Staatseigentum.

Beide Gegensatzpaare beziehen sich auf dasselbe Verhältnis, fassen es aber unterschiedlich. (1) faßt königliches Land und Tempelland als zwei nebeneinander vorkommende Eigentumsformen. Dies dürfte auch zutreffen in dem Sinne, daß es Länder Pharaos gab, neben oder sogar auf Tempelland gelegen. Ein Gegensatz ergibt sich daraus nicht. Meistens aber wird von (1) im Sinne von (2) gesprochen, indem dem königlichen Landbesitz der Charakter eines öffentlichen oder allgemeinen Besitzes verliehen wird, demgegenüber das Tempelland als nicht-allgemeiner, partikularer Besitz erscheint. Was verleiht jedoch den königlichen Ländereien den Charakter eines öffentlichen Eigentums? Für die Mitglieder des Gemeinwesens dürfte es kein wesentlicher Unterschied gewesen sein, ob sie Ländereien des Königs oder solche von Göttern verwalteten bzw. auf ihnen arbeiteten; in beiden Fällen war ihre Tätigkeit Gottesdienst. Unterschiede gab es zunächst einmal bezüglich der Besonderheiten in der göttlichen Natur des Königs gegenüber den Tempelgöttern. Wie weit diese auch eine andere Behandlung des königlichen Landes in rechtlicher Hinsicht nach sich zogen, ist aus dem Material nicht mit Sicherheit zu entnehmen; gewiss nicht rechtfertigen die spärlichen Informationen über den Status z.B. von **ḫ3-t3**- und **mjn.t**-Ländern Pharaos eine Redeweise im Sinne von (2)[259].

§390

Auf ganz anderer Grundlage ergibt sich eine Dualität von privater und öffentlicher Sphäre im altrömischen Gemeinwesen und verwandten Gebilden, wenn sich Stämme oder Geschlechter aufgrund ihrer eigenmächtigen Verfügung

---

[257] S. das im §381 genannte Beispiel des C. Julius Caesar.

[258] Dionysios, Ῥωμαικὴ Ἀρχαιολογία, II, 22.

[259] Zu **ḫ3-t3**- und **mjn.t**-Ländereien s. Gardiner, Pap.Wilbour, Comm., 165ff.; Helck, Materialien II, 275ff.; 286f.; ders., Verwaltung, 129ff.

über bestimmte Ländereien und zu deren Schutz durch einen gemeinsamen Willensakt zu einer höheren Einheit zusammenschließen. Diese erhält damit eine eigene Existenz als Sphäre der gemeinsamen Interessen in den Verfassungsorganen des *populus Romanus* und in den Gottheiten, die diese Einheit beschützen, neben den fortbestehenden Eigenmächtigkeiten der Geschlechter und Familien. Während die römischen Staatsgötter die Hüter der auf dem Willen der Stadtbürger beruhenden Instanzen der Republik sind, erscheinen in Ägypten die Gottheiten einschließlich des Königs selbst als die Instanzen, die die Gemeinsamkeit der sich als ihre Diener verstehenden Mitglieder des Gemeinswesens erst konstituieren. Wenn, nach den erhaltenen Quellen zu urteilen, die individuelle Nutzung des Landes sich ableitet aus einem Dienstverhältnis gegenüber den landbesitzenden Mächten, die als übermenschliche Instanzen gefaßt sind, dann ist Tempel- und Königsland eben die Form des Gemeinbesitzes an Land im Neuen Reich[260]. Das "*Gottesopfer*" ist mehr als nur ein Opfer, es ist die Organisation einer ganzen Abteilung der Güterproduktion des Gemeinwesens in Form des Gottesdienstes. Umgekehrt war in Rom die Zweiteilung des Kultes in eine öffentliche Abteilung und eine andere, die den Geschlechtern und Familien unterstand, bestimmt durch die *politische* Zweiteilung des Gemeinwesens. Waren in Rom die Priester, die zum Heile des

---

[260] Daß Tempeleigentum und individuelle Verfügung über Land keinen Gegensatz im alltäglichen Bewußtsein darstellten, zeigt sich u.a. in der Ausdrucksweise des pWarschau 148.288 (Pestman, Recueil des textes démotiques et bilingues, Nr.10): **sḥn.j-n.k mḥ n-jtn 6 (...) n-⌜ḫn⌝-nꜣj.j-wrḫ.w n-Jmn-Ḏmꜣ**, "*ich vertraue dir an 6 Landellen (...) auf meinem Brachland des Amun von Djeme*". Im pRyland XV wird ein Landstück, welches auf dem "*Gottesopfer*" der Hathor liegt, zum Gegenstand des Verkaufs, und dieser Verkauf wird durch einen Schreiber des Hathortempels von Gebelein abgezeichnet, war also offenbar durch den Tempel zu genehmigen. Zum "*Verkauf*" von tempeleigenem Land auf der Ebene von dessen Benutzern s. Malinine/Pirenne, Documents jur. Eg. II, 38ff. Zu **sḥn** im Sinne von "*anvertrauen*" (und nicht "*verpachten*") s. Pestman, op.cit. Bd.II, 102; Malinine, in: Fs.Schott, 92, dagegen: **sḥn** ="*bail*" ("*Verpachtung*"), jedoch in einem Zusammenhang, wo man es auch als (durch Tempelbehörden ihren Untergebenen) "*anvertraute*" Güter verstehen kann. Als neuägyptischer Beleg ist anzuführen pTurin A vso., 2,3 (Gardiner, LEM, 122), wo in der Reihe der den unglückseligen **jḥwtj**-Bauern treffenden Schicksalsschläge aufgeführt wird: **jw.k-ṯztj n-300 n-jt jw.k-sḥntj m-ꜣḥ.t m-ḥꜣw**, "*dir sind verordnet 300 Sack Gerste, und du bist beauftragt mit Äckern im Übermaß*". Die 300 Sack Gerste beziehen sich auf die üblicherweise nur 200 (bei Jugendlichen 100) Sack pro Person betragende "*Aussaat-Verordnung*" (**ṯz-pr.t**, vgl. Gardiner, Pap.Wilbour, Comm., 113ff., Helck, Materialien II, 288f.). In diesem Beleg erscheint das **sḥn** in Bezug auf Landbenutzung ganz als obrigkeitliches Befehlsverhältnis. Das Simplex **ḫn** findet sich in ähnlicher Bedeutung in pBerlin 8523, Z.23: **ḫn.j-n.f tꜣj.j-ꜣḥ.t** (Spiegelberg, in: ZÄS 53, 1917, 107ff.). Im Zusammenhang mit **ḥnk** findet sich **sḥn** auf der Schenkungsstele Meeks 22.8.14, Daressy, in: ASAE 16, 1916, 61f. (**ḥnk m-sḥnw**).

neben den Göttern eigenständig existierenden Staatswesens für die Gnade seiner göttlichen Hüter sorgten, Staatsbeamte, so waren umgekehrt in Ägypten die "Beamten" Gottesdiener, gleichgültig, ob es sich um königliche oder Tempelbeamte handelte.

10. Königlicher und göttlicher Schutz von "Eigentum": Königliche Schutzdekrete und Orakelgarantien

a. Die gemeinsame Grundlage beider

§391

Die sogenannten Exemptionsdekrete werden häufig in der Literatur als Beleg für den Verzicht des Königs auf ein Stück seiner Macht gehalten und umgekehrt für einen Machtzuwachs der so geschützten Tempel auf Kosten des Königs[261]. Mit dem Dekret jedoch verkündet der König seinen herrscherlichen Willen, ein Dekret mit dem Inhalt des teilweisen Macht*verzichts* wäre daher eine *contradictio in adjecto.* Die Gültigkeit eines Schutzdekretes für einen Tempel ist Ausübung königlicher Macht und verrät deren Zuständigkeit auch für den Tempel. Der Grund für solche Dekrete, in denen sich ein König für den Schutz eines Tempels einsetzt, sollte daher nicht in einem Gegensatz zwischen "*Krone*" und "*Tempel*" gesucht werden; dann wäre ausgerechnet der höchste Repräsentant der einen Seite ein Verbündeter der Gegenseite, wenn der König etwa im Nauri-Dekret seinen eigenen Beamten bestimmte Zugriffe auf den Tempel verbietet. Der Grund für solche Dekrete dürfte sich vielmehr einem inneren Widerspruch im königlichen Handeln verdanken.

§392

Wie alle Gesetze, so zeigen auch die ägyptischen Königsdekrete zum Schutz von Tempeleigentum in umgekehrter Weise, was die Realität in einer Gesellschaft ist. Königliche Verbote der Zweckentfremdung von Tempeleigentum bestätigen einerseits die Götter als Herren eines erheblichen Teils der Reichtümer des Landes, zeigen aber gleichzeitig, daß die Unverletzlichkeit des Rechts eines Gottes auf die Nutzung bestimmter Reichtümer als gesellschaftlich anerkanntes Prinzip nicht existierte. Königliche Schutzerklärungen können sich

---

[261] Pirenne, Institutions et Droit III, 290; Helck, Wirtschaftsgeschichte, 104ff., v.a. 106; Hayes, in: JEA 32, 1946, 23; Wolf, Kulturgeschichte des Alten Ägypten, 132f. und 347f. Vgl. auch die in Wb.II, 160,21, gegebene Übersetzung von ḥwj mkj: "*selbstständig machen (gegenüber dem Staat u.ä.)*"; gegen das Mißverständnis, diese Dekrete seien Steuerbefreiungen der Tempel gegenüber dem "Staat", s. Gardiner, Pap.Wilbour, Comm., 202.

gegen königliche Beamte richten und zeigen damit, daß es innerhalb der königlichen Verwaltung Gewohnheiten im Umgang mit den Tempeln gab, die dem Wunsch eines Königs, einen bestimmten Tempel zu fördern, entgegengesetzt waren.
Sie können sich auch gegen künftige Könige richten, die die Stiftung möglicherweise einmal außer Kraft setzen, und reagieren damit auf die Freiheit der Könige, ihrer Verpflichtung zur Versorgung der Götter in der Weise nachzukommen, daß sie Vorlieben für bestimmte Gottheiten geltend machen, auch auf Kosten älterer Stiftungen.

§393
Das Nauri-Dekret[262] als Schutz von Rechten des abydenischen Tempels Sethos' I. richtet sich zunächst gegen königliche Beamte, und nicht alles, was in dieser Verordnung untersagt wird, ist an und für sich schon strafbar, sondern liegt im Bereich der normalen Tätigkeit dieser Beamten. Daß Einziehen von Tempelpersonal u.a. für die Fron des Aussäens und des Erntens (**bḥ n-skꜣ**, **bḥ n-ᶜwꜣj**, Z.32, 43f., 46f.) sowie die **brt**-Fron werden bezüglich dieses Tempels unter Strafe gestellt; diese Fronden, die von hohen Beamten veranlaßt werden konnten, waren sicherlich nicht allgemein als irregulär geächtete Einrichtungen[263], die *'Gesetze, die gegen sie geltend gemacht werden sollen'* (**jrj.tw-hp.w-r.f**, Z.46), können also nicht allgemeine Verbote dieser Fronden sein, da sie für das Land vermutlich unerläßlich waren.
Das Verbot des **ḏꜣj-tꜣ** gegen das Tempelpersonal, wie die Fronden von Beamten vom Range eines Vizekönigs von Kusch abwärts angeordnet (Z.41f.), dürfte sich gegen eine durchaus übliche Maßnahme wenden, wenngleich die Bedeu-

---

262 KRI I, 45ff.

263 Zur **bḥ**-Fron s. Vleeming, Papyrus Reinhardt, §12; zu den Verboten und Strafen des Nauri-Dekrets vgl. Gardiner, in: JEA 38, 1952, 25ff., zu Edgertons Auffassung der Aufzählung von Maßnahmen gegen das Tempelpersonal, in: JNES 6, 1947, 227f. Edgerton versucht den Widerspruch, den das Verbot einer erlaubten und notwendigen Sache darstellt, dadurch zu lösen, daß sich das Verbot auf die gewaltsame Methode ihrer Durchführung beschränke. Gardiner verweist auf die Parallele in Z.67ff., wo **m-kfᶜw** und **m-w n-w** durch **m-r'-pw**, "*oder*", getrennt sind, so daß mit **m-kfᶜw**, **m-w n-w**, **m-brt**, **m-bḥ n-skꜣ**, **m-bḥ n-ᶜwꜣj** *alle* Maßnahmen in der Zuständigkeit der genannten Beamten mit dem Dekret untersagt wurden. Insbesondere das Säen und Ernten dürfte Rekrutierungen auch bei dem Tempelpersonal im Prinzip notwendig gemacht haben: Große Flächen mußten in kurzer Zeit bearbeitet werden, sollte das Werk nicht vergeblich gewesen sein.

tung des Ausdrucks nicht geklärt ist[264]: Bei Sinuhe, B 304, wird diese Tätigkeit durchgeführt von Arbeitsvorstehern und soll dem Grab des Sinuhe zugute kommen, andererseits wird neben dem Nauri-Dekret noch in zahlreichen Dokumenten der Schutz vor ihr zugesichert. Daß **bḥ**-Fronarbeiten gegen Tempel im Prinzip durchgeführt werden durften, zeigt pTurin A vso., 2,9ff.[265], wo sich ein Vorgesetzter von acht Leuten, die zum Thot-Tempel von Memphis gehören, darüber beschwert, daß der Schreiber des **sm** sie zum Steine-Schleifen für den Tempel des Hauron von Memphis abkommandiert hat. Das Argument des Beamten vom Thot-Tempel lautet: "*Aber es gibt doch gar keine* **bḥ**-*Fron, die du auszuführen hättest.*" Dies unterstellt das Recht eines Beamten, unter bestimmten Voraussetzungen nach der **bḥ**-Fron gegen Tempelpersonal zu verfahren[266].

Mit den Bestimmungen des Nauri-Dekrets wird ein Recht durch Sonderverordnungen aufgehoben; solche Schutzbestimmungen waren keine Ausnahme, so verbürgt sich Ramses III. im pHarris I für den Schutz zahlreicher Stiftungen[267].

§394

Sonderbar sind auch die Adressaten der Verbote des Nauri-Dekrets: Mit den drakonischen Strafen werden u.a. die hohen Beamten gewarnt vor Übertretung der Verbote, von denen man annehmen sollte, daß sie es waren, die für den König die Ordnung aufrecht erhielten. Denn wer hätte die Gültigkeit dieses Dekrets in Nubien durchsetzen sollen, wenn nicht der Vizekönig von Kusch oder die nubischen Festungskommandanten. Man muß hier Gardiners Bedenken Recht geben: "*Here again I would warn students against taking the decree too seriously*"[268], angesichts der harten Strafen, denen ein Vizekönig ebenso

---

[264] S. Gardiner, Notes on the Story of Sinuhe, Paris 1916, 115; Lacau, Une stèle juridique de Karnak, 14 (Z.7); Naville, Festival-Hall, Pl.VI; Ämterverkaufs-Stele der Ahmes-Nofretere, Z.5 (Helck, Hist.-biogr. Texte, 100ff.); Urk.IV, 1619,4; hierzu Kruchten, Le décret d'Horemheb, 94, Anm.307; Sethe, Lesestücke, 91,5, wie bei Sinuhe, B 304, bezüglich eines Grabes, aber verneint; Vernus, in: Karnak VI, 229; Caminos, Chronicle of Prince Osorkon, §74.

[265] Gardiner, LEM, 123.

[266] Janssen, Two Ancient Egyptian Ship's Logs, 29, möchte den Passus dagegen so verstehen, daß solches im Prinzip nicht erlaubt war. Vgl. auch pMallet, 3,6 (Bakir, Egyptian Epistolography, Pl.21 und Pl.XXVIIf.), wo der Rindervorsteher des Amuntempels eine **bḥ**-Fron für **mḏꜣj.w**, **jḥwtj.w** und Hirten anordnet; die Requirierung von Schiffsmannschaftsangehörigen, die im Nauri-Dekret, Z.86, verboten wird, findet sich im pAn. VI, 9f. (Gardiner, LEM, 73), als möglicherweise gängige Praxis.

[267] pHarris I, 26,9; 28,1; 47,8; 60,8f.

[268] Gardiner, in: JEA 38, 1952, 28.

wie ein geringerer Beamter unterliegen soll, ohne daß neben dem Vizekönig ein Organ des Strafvollzuges erkennbar wäre. Dennoch wird man das Dekret nicht als Farce abtun können.

In den Kanais-Inschriften Sethos' I. zum Schutz der Goldwäschertruppen in der Wüste östlich von Edfu und eines neu gegründeten Tempels werden als Adressaten v.a. Könige angesprochen[269]. Die verstorbenen (Text C,1ff.) wie die zukünftigen Könige (Text C,11ff.) werden vor der Eifersucht der Götter gewarnt, denen Sethos I. die Goldproduktion anvertraut hat, "*deren Augen auf ihrem Besitz* (**jḫ.t**) *liegen*" (Text C,4), die "*wie Krokodile*" sind (Text C,4), die ihren Besitz schützen (**wšb ḥr-**, Text C,12). Die Drohungen richten sich z.B. dagegen, daß man das Personal mitnimmt und auf eine andere Stiftung (**sdf**) versetzt (Text C,15). Da aber hier die künftigen Könige selbst eine Gefahr für die Stiftung sind[270], kann ihre Bestrafung nur von den Göttern kommen, deren Einkommen geschützt werden soll. So endet dieser Abschnitt der Kanais-Inschriften mit der Warnung, die Götter des Tempels würden das schützen, was durch ein **jmj.t-pr** zu ihren Füßen ihnen zugesichert sei (Text C,18), und Osiris und seine Gefährten würden den verfolgen, der taub sei gegen die Vorschriften (Text C,19). Auch das Nauri-Dekret (Z.113f.) droht am Schluß mit der Rache des Osiris selbst.

Es ist nicht ohne Witz, daß der Inhalt von Schutzinschriften, derer sich z.B. Ramses III. gegenüber den Göttern im pHarris I so rühmt, darauf hinausläuft, daß die göttlichen Nutznießer der Stiftungen schon selbst für deren Sicherheit sorgen müssen[271].

§395

Es werden Strafen angedroht, ohne daß eine Instanz für deren Ausübung erkennbar wäre. Es gab zwar den Wunsch nach Kontinuität einer Stiftung seitens der jeweiligen Stifter; aber es gab im ägyptischen Gemeinwesen offenbar keine Institution, deren Anliegen die Unantastbarkeit alles göttlichen Besitzes war, die sich also nicht für diesen oder jenen Tempel einsetzte, sondern für ein *allgemeines Prinzip* der Unantastbarkeit. Die Könige, die die Fortdauer ihrer Stiftungen wünschten, werden zugleich oft genug auch diejenigen gewesen sein, die andere Stiftungen verletzten. So waren vom Standpunkt des jeweils regierenden Königs aus gerade seine Nachfolger als die künftigen Wahrer der

269 Schott, Kanais; KRI I, 65ff.
270 Hierzu auch Text B,12ff. (KRI I, 67,7ff.).
271 Ähnliches findet sich auch auf Schenkungsstelen aus der Libyerzeit, so Stele Meeks 22.10.19 (Maspero, in: RecTrav. 15, 1893, 84ff.), wo Hathor als die beschenkte Göttin auch über die Sicherheit ihrer Stiftung wacht.

Ordnung des Landes eine Gefahrenquelle für seine Stiftungen. In der Zeit, wo sein Wille, gerade diesen oder jenen Gott zu fördern, nicht mehr galt, war die letzte Instanz für die Sicherheit der Stiftung nur der Eifer des jeweiligen Gottes selbst, der über seine Stiftung wachte.

Ferner geriet der König schon zu Lebzeiten in Gegensatz zu seinen eigenen Behörden, die auf der Aufsichtspflicht auch gegenüber Tempeleinkommen bestehen mochten und von den Tempelgütern Leistungen für die Allgemeinheit wie Beteiligung an Frondiensten und am Militär forderten[272]. Was sich nach dem Nauri-Dekret in die Quere kommt, sind nur zwei Seiten des Königtums selbst[273], nicht ein Gegensatz zwischen den Tempeln und der Krone: einerseits die Pflicht des Königs, den ökonomischen und militärischen Einsatz der Mitglieder des Gemeinwesens zu organisieren, andererseits die Pflicht zur Bedienung der Götter, welche auch einschließen konnte, daß man sie von solchen Einsätzen ausnahm.

Da im Lauf der Zeit sicher sehr viele Tempel solche Vorzugsregelungen durch einen König aufweisen konnten[274], andererseits die Dienstverpflichtungen natürlich weiterhin notwendig waren, ergab sich ein Widerspruch im ökonomischen Leben, der sich gar nicht anders lösen konnte als in der Verlaufsform des beständigen Streits der einzelnen Behörden untereinander. Dies zeigen z.B. zahlreiche Texte in den LEM, die als Schulungstexte der Schreiber deutlich machen, daß sich die Adepten dieses Berufes frühzeitig einzuüben hatten in eine Korrespondenz, deren Inhalt die Zänkereien von Beamten und Behörden über Wegnahme von Leuten, Ländereien, über angeblich zu hohe Abgaben u.s.w. waren. Dies ist sicher kein Beweis für "*chaotische Verhältnisse*" im fortgeschrittenen Neuen Reich, sondern eine strukturelle Notwendigkeit dieser Ökonomie, die den *Allgemein*besitz des Landes als *Götter*besitz behandelte und zugleich als den Besitz *vieler* Götter *vereinzelte*, so daß sogar der königliche Besitz einer neben den anderen war, ohne daß aber das Einkommen der einzelnen Tempel als deren unverbrüchliches Recht gewahrt worden wäre.

§396

Auch die Götter selbst treten zunächst nicht als Wahrer eines allgemeinen Standpunkts der Unverletzlichkeit von Stiftungen auf, sondern als Schützer ihres jeweils eigenen Besitzes, auch wenn die Verletzung gelegentlich mit dem

---

272 pHarris I, 57,8f.

273 Vgl. die seltsame Äußerung Ramses' III. im pHarris I, 59,11, er habe seinen eigenen Vezir aus dem Tempel(?) verjagt.

274 Vgl. pHarris I, 59,12, wo Ramses III. einem Provinztempel zusichert, daß er geschützt (ḫwj mkj) sei, wie die großen Tempel des Landes.

Gericht der Götterneunheit von Heliopolis[275] oder mit dem Totengericht[276] bedroht wird. Da die Verletzung einer Stiftung oft genug die Förderung eines anderen Gottes bedeutet haben wird, standen auch die Götter hier in einem gewissen Gegensatz zueinander.

Dies wird in der ägyptischen Vorstellungswelt kein Problem dargestellt haben, wie die Orakeldekrete für den persönlichen Schutz von Individuen, die sogenannten "*Oracular Amuletic Decrees*"[277], zeigen. Versicherungen eines Gottes, daß er seinen Schützling vor den Nachstellungen anderer Götter schützen werde, sind nichts Ungewöhnliches. Dabei werden auch genau die von Göttern herrührenden Bedrohungen genannt, die aus den Orakeldekreten zum Schutz von Eigentum umgekehrt als göttliche Strafen bekannt sind. So wird der Schutz vor dem Udjat-Auge(?) versprochen[278], umgekehrt wird in der Fluchformel der Stèle d'Apanage (II.22.a., Z.31) mit dem Horus-Auge gedroht. Der Schützling soll vor Sachmet und Nefertem[279], vor den **bꜣ.w** der thebanischen Götter bewahrt werden[280], mit denen diese Götter den bedrohen, der gegen ihre Bestimmungen zum Schutze des Vermögens von Henut-tawi und Maatkare (I.21.e./f.) verstößt.

§397

Die Drohungen, mit denen ein bestimmter Gott trotz aller königlichen Dekrete zuletzt selbst für die Sicherheit seiner Besitzungen zu sorgen hatte, waren freilich gebunden an die Größe des Respekts, den der jeweilige Gott einzuflößen vermochte. Dies spielte nicht zuletzt dann eine Rolle, wenn die Schädigung eines Gottes zugleich die Förderung eines anderen, vielleicht mächtigeren war. Wohl deshalb verband Ramses III. die Förderung der Provinztempel damit, daß er seine Stiftungen für dieselben dem Schutz des Amun von Karnak anvertraute, "*auf dessen Namen*" er **jmj.t-pr**-Urkunden dieser Stiftungen ausstellen ließ[281], "*um sie anzubefehlen* (**ḥn**) *deinem Namen in Ewigkeit, du bist ihr Beschützer, der für sie sorgt* (**r-wšb-ḥr.w**)".

Die Unterstellung der Provinztempel unter den Schutz Amuns dürfte auch mit Nutznießer-Rechten dieses Gottes verbunden gewesen sein, damit überhaupt

---

[275] Kanais, Text C,11ff. (KRI I, 69,2ff.).

[276] Stele Louvre C 108, Möller, Dekret des Amenophis, 943: **jr-rmṯ.w-nb<.w> ntj-jw.sn-r-mnmn m-wḏ-pn n-ʿḥʿ.f m-bꜣḥ-Ḏḥwtj n-ṯzj-Mꜣʿ.t.**

[277] S. Orakeltext II.21/22.a.

[278] Edwards, O.A.D., L.1 rto., 11.

[279] Edwards, O.A.D., L.1 rto., 6f.; dies entspricht der Drohung in der Fluchformel auf der Schenkungsstele Meeks 22.5.16 (Orakeltext I.22.c.).

[280] Edwards, O.A.D., L.1 rto., 33.

[281] pHarris I, 6,7.

ein hinreichendes Interesse Amuns an diesem Schutz bestand: Erlasse dieser Art werden unter den guten Taten des Königs für *Amun* aufgeführt. Umgekehrt ist bei der Ansprache des Königs an die Provinzgötter von ihrer Anvertrauung an Amun mit keinem Wort die Rede, hier heißt es nur[282]: **jrj.j-wḏ.wt-ᶜꜣ.w<t> r-ḥn-ḥw<.w>t-nṯr.w st-mnw m-ḫꜣ n-zš.w r-šꜣᶜ r-nḥḥ**. Vielleicht bedeutete solch ein Schutz für diese Tempel nicht nur Vorteile[283].

Daß die Könige aus ihrem eigenen Interesse an der Kontinuität ihrer – teilweise auch für ihr Jenseitsleben wichtigen – Stiftungen darauf hingewiesen waren, die respektabelsten Götter am stärksten zu fördern, deren Eifersucht von ihren Nachfolgern am meisten gefürchtet wurde, und die kleineren deren Schutz zu unterstellen, dies wäre eine Erklärung dafür, daß die großen Götter immer größer wurden, die ohne das Argument der Selbstaufgabe der Krone vor den Tempeln als Grund für die großen Schenkungen und Schutzerklärungen auskäme.

§398

Die Rolle, die Amun als Schutzherr älterer Stiftungen übernommen hat, wird in dem Dekret zum Schutz der Stiftung für den Totenkult des Amenophis, Sohnes des Hapu[284] so begründet: Nachdem davon die Rede war, daß Amun die Stiftung anvertraut (**ḥn**, wie z.B. im pHarris I, 6,8) ist, heißt es: "*Denn er ist der König der Ewigkeit, er ist der Schützer* (**nḏtj**) *derer, die tot* (oder: "*begraben*") *sind*" (Z.5). Der Vergleich Amuns mit (und damit auch seine Unterscheidung von) einem menschlichen König dürfte darin liegen, daß der Schutz der Stiftung einerseits eine königliche Funktion des Gottes ist, andererseits aber dieser bei ihm, als einem die Grenzen des menschlichen Lebens überdauernden, ewigen Wesen eine ganz andere Kontinuität hat als in der Hand der menschlichen Könige mit ihren wechselnden Interessen und Bevorzugungen.

Wenn die Götter explizit den Schutz einer Person und ihrer Habe oder einer Stiftung übernehmen, so geschieht dies am Ende des Neuen Reiches in der Form des Orakeldekrets, in dem der Name des zu schützenden Individuums und – gegebenenfalls – die genaue Benennung der zu schützenden Gegenstände enthalten zu sein haben: Ihr Tätigwerden muß in dem jeweils besonderen Fall seinen Grund haben; denn auch die Götter vertreten keine abstrakte und all-

---

282 pHarris I, 60,8f.

283 Vgl. den Passus pHarris I, 9,5, wo es um die Statuen und ihre Diener geht, deren Schützer der Gott ebenfalls ist und die direkt zum "Eigentum" des Amun geschlagen werden: **jw.w-n.k r-nḥḥ jr.t.k-ḥr.sn ntk-pꜣj.w-nbj šꜣᶜ-ḏ.t.**

284 Möller, Dekret des Amenophis; Robichon-Varille, Le temple du scribe royal Amenhotep, 1ff.

gemeine Bestimmung vergleichbar dem modernen Schutz des Privateigentums[285], der selbst in allgemeiner Weise regelt, wer und was darunter fällt und was nicht[286].

Der Schützling kann so das Tätigwerden eines Gottes beanspruchen, indem er sich als dessen Diener (**bꜣk**) bezeichnet[287]. Ob aber ein Gott und welcher Gott tatsächlich schützend eingreift, dafür gibt es, mangels allgemeiner Kriterien nur *eine* Sicherheit: *Daß* sich ein Gott zu dem besonderen Fall äußert und sich explizit dazu bereit erklärt, ein bestimmtes Individuum zu schützen. Daß der Ausspruch zugunsten einer Person auch wirklich stattgefunden hat, kann daher durch Zeugen abgesichert werden[288], das Dokument, welches mit "*es hat gesprochen (Gott) NN*" eingeleitet wird und vom Gott als seine Rede beglaubigt ist, kann, als Amulett getragen, den Schutz des jeweiligen Gottes für die besondere Person gewährleisten. Die Orakelbefragung, deren Resultat vielleicht das Orakeldekret sein kann, wird zu einem Verfahren, den Gott möglichst lükkenlos auf seine Zusagen zu einem besonderen Fall festzulegen, wie es im Abschnitt über die Form der Orakeltexte abgehandelt wurde[289].

---

285 S.o. §396.

286 Der durch Dekrete angestrebte Schutz von Totenstiftungen ist nicht zu verwechseln mit der Anerkennung einer letztwilligen Verfügung als einer Verlängerung des modernen Schutzes des Privateigentums. Wenn heute ein "*letzter Wille*" durch notarielle Beglaubigung vom Staat Gültigkeit verliehen bekommt, obgleich sein wirklicher Träger nicht mehr existiert, so ist dies auch ein Resultat des modernen Eigentumsschutzes: Weil es um das *Prinzip* des Privateigentums geht, wird dasselbe auch dort gewährleistet, wo der Eigentümer verstorben ist. Ganz anders der ägyptische Gedanke beim Schutz einer Totenstiftung als dem "Eigentum" des Verstorbenen: es wird geschützt, weil es für die Befriedigung der fortbestehenden Bedürfnisse der Person mit konkreten Gebrauchswerten von Nöten ist. Auffallend ist auch, daß die in den Orakeldekreten überlieferten Erbregelungen die Rechte der als Erben eingesetzten Personen garantieren, indem sie umgekehrt alle möglichen anderen Ansprüche abwehren, die im einzelnen aufgezählt werden können (s.u. §400). Das moderne Testament geht dagegen umgekehrt davon aus, daß, solange der in Frage stehende Gegenstand sich in einer Hand befindet (und sei es die des Verstorbenen), jeder andere Anspruch ungültig ist, es sei denn, er ist explizit zugelassen. Aufgrund dieses prinzipiellen und gesellschaftlich garantierten Ausschlusses können die Testamente nur noch aus den positiven Bekundungen bestehen, wem etwas vermacht werden soll, während in Ägypten dieser Ausschluß von Nutzungsrechten Dritter offenbar nicht so selbstverständlich war.

287 Dies ist die übliche Bezeichnung des Schützlings in den O.A.D. (II.21/22.a.), ebenso im Orakel vom 10. Pylon in Karnak (I.21.e.).

288 So v.a. in den Orakeltexten der Abteilung III, ferner in I.19.a., I.22.a./f., I.26.a.; s.o. §§253, 321.

289 S.o. §§228, 286.

b. *Zum Inhalt der Schutzdekrete und Orakelgarantien*[290]

§399

Eines der Schlüsselworte in den Orakelgarantien für Nutzungsrechte an Immobilien ist das Wort **smn**[291]. Im transitiven Sinne bedeutet es zunächst "*dauerhaft sein lassen*" oder "*dauerhaft machen*" und wird für das Errichten von Bauwerken verwendet[292]. Auch wenn es darum geht, eine Person in ein Amt einzusetzen oder darin zu bestätigen, wird in den Orakeltexten **smn** gebraucht[293]. In einem übertragenen Sinne[294] bezieht es sich auf die dauerhafte Einrichtung bestimmter Verhältnisse über die Lebenszeit eines Menschen hinaus. So spricht Sethos I. in der Kanais-Inschrift C,14 seinen Segen für jeden Beamten aus, der in der Zukunft dafür sorgen wird, daß das, was der König gemacht hat, dauerhaft bleibt: **ḫr-jr-srjw-nb ntj-jw.f-r-spr-njswt ḥn^{c}-ntf-djt-sḫꜣ-nfr r-smnt-jr.t.j ḥr-rn.j ...** [295].

In dieser übertragenen Verwendungsweise spielt das Wort in den Orakeltexten und auf den Schenkungsstelen aus Oberägypten eine wichtige Rolle, nicht aber auf den Schenkungsstelen des Deltas[296]. In Texten aus dem Süden findet sich z.B. die Formulierung: **hrw-pn smn-tꜣ**-35 **n-sṯꜣ.t-ꜣḥ.t (...) n-NN**[297], oder: **hrw-pn smn-ḥnk <n->Wsjrt**[298]. Dagegen benutzen die Texte aus dem Norden für den Akt der Übergabe **ḥnk** (als Verb) oder **dj-ḥnk**, z.B.: **hrw-pn dj<t>-ḥnk-ꜣḥ.wt** (...) **n-NN**[299].

---

290 Morschauser, Threat-Formulae, 146, setzt sich auseinander mit dem Verhältnis zwischen "Gesetzen" auf der einen Seite und den "Droh-Formeln" auf der anderen Seite, die den Gesetzen gegenüber einen eher "persönlichen" Charakter gehabt hätten. Die ägyptischen "Gesetze" sind allerdings so wenig bekannt, daß man den Unterschied zu den "Droh-Formeln" nicht sehr genau erfassen kann. Andererseits dürften beide Sachen auch zusammengehören: Der eifrige Gebrauch der Schutzerklärungen in Verbindung mit Verfluchungen von künftigen möglichen Übeltätern unterstellt ein Gesetzeswesen, das einen Schutz von Eigentumsverhältnissen nur sehr unzulänglich gewährleistete. Dazu s. auch Willems, in: JEA 76, 1990, 27ff.; Assmann, in: JEA 78, 1992, 149ff.

291 Zu diesem Wort s. Meeks, in: OLA 6, 613, Anm.25.

292 Wb.IV, 132,1ff.

293 So in I.21.b., Z.8; I.21.d., waager.Z.15 *et passim*, s.o. §236.

294 Wb.IV, 133,13ff.

295 KRI I, 69,7f.; zu einer ähnlichen Verwendungsweise des Wortes **smnḫ**, geradezu im Sinne eines Generationenvertrages: dauerhaft sein lassen der Werke der Ahnen, damit die Späteren dauern lassen, was man selbst eingerichtet hat, s. die Stele des Apries von Mitrahine (Gunn, in: ASAE 27, 1927, 211ff.) Z.10f.

296 Meeks, in: OLA 6, 613 und Anm.25; 625 und Anm.69.

297 IV.2.22.b. = Stele Meeks 22.7.25.

298 Stele Meeks 25.6.21 (Graefe und Wassef, in: MDIK 35, 1979, 103ff.), Z.1f.

299 Stele Meeks 23.1.23 (Stele Florenz 7207).

Das Wort **smn**, "*dauerhaft machen*", steht also in einem Zusammenhang, der auch durch ein Wort des Gebens ausgefüllt werden konnte. **smn** wurde auch in der Bedeutung "*jemandem etwas dauerhaft übereignen*"[300] gebraucht, obwohl es von seiner Grundbedeutung kein Verb des Gebens ist. Bei der Vergabe von Immobilien und von anderen Gütern, wie auf den Schenkungsstelen und in den Testaments-Orakeln der 21. und 22. Dynastie, wurde es an der Stelle von "*übergeben*" gebraucht, weil bei diesen Vergaben die Dauerhaftigkeit des zu etablierenden Verhältnisses so im Mittelpunkt des Interesses stand, daß sie den Aspekt der Übergabe ganz absorbierte.

§400

In den Orakeltexten für Maatkare und Henut-tawi sowie auf der Stèle d'Apanage ist die Frage, *wer was* zugedacht bekommt, nicht die einzig wichtige, wie dies in einem modernen Testament normalerweise der Fall ist. Während in letzterem die Gültigkeit des Willens des Erblassers mit der amtlichen Beglaubigung hergestellt ist, ist sie in den genannten Texten das vordringliche Problem. Im Orakel für Maatkare, von dem freilich nur noch die letzten Zeilen erhalten sind, ist im erhaltenen Teil nicht (mehr?) davon die Rede, wer von ihren Nachkommen was bekommen soll. Die Trias von Theben wird vielmehr darum gebeten, *daß* sie die Dinge, die Maatkare erworben hat, für sie und in der Hand ihrer Nachkommen "*festmache*". Im Henut-tawi-Orakel geht es neben dem Faktum, daß das Vermögen des HPA Smendes in die Hand seiner Gemahlin Henut-tawi und ihrer Tochter **ꜣs.t-m-ꜣḫbjt** gelange, darum, *daß* die Dinge, die von bestimmten Leuten (**nmḥw.w**) erworben wurden, auch wirklich der Familie gehören und ihr nicht von Angehörigen dieser Menschen bestritten werden können (Z.24); auch das Maatkare-Orakel sorgt sich um Dinge, die von **nmḥw.w** einmal erworben worden waren[301]. Das Testament des HPA **Jwrṯ** auf der Stèle d'Apanage hat als einzigen Inhalt die mit **ḏd-Jmn-Rꜥ** ... eingeleitete Willenserklärung des Amun (und nicht etwa des Erblassers!), wobei übrigens auch auf königliches Datum, Darstellung des regierenden Königs im Oberteil der Stele verzichtet wird zugunsten der zeitlosen Gültigkeit des Gotteserlasses. Obwohl die Übertragung von Land an einen Sohn des **Jwrṯ** im Mittelpunkt des Dekrets steht, ist der ganze erste Teil des Dokuments dem Kaufakt gewidmet, mit dem der HPA seinerzeit die zu vererbenden Ländereien mit Zubehör von **nmḥw.w** erworben hat, so als hätte der abgeschlossene Kaufakt aus sich heraus noch

---

[300] Wb.IV, 134,7.

[301] Zu den beiden Orakeltexten I.21.e. und I.21.f. s.o. §§201ff.

nicht gewährleistet, daß nicht Nachkommen der Verkäufer Ansprüche an die Erben des **Jwrṯ** anmeldeten. Man sieht, wie unsicher die Anerkennung von Kaufakten noch war, wie wenig entwickelt also die elementarsten Voraussetzungen für die Existenz von ausschließlichem oder privatem Eigentum.

§401

In allen drei Texten ist nicht ein Erblasser das Subjekt des **smn**, der dauerhaften Übertragung von Vermögen, die Aktivität fällt vielmehr ganz auf die Seite der Götter, die die Dauerhaftigkeit garantieren sollen. Im Henut-tawi-Orakel wird die Vermögensübertragung von HPA Smendes auf seine Gemahlin Henut-tawi und ihre Tochter **ꜣs.t-m-ꜣḫbjt** vermutlich sogar als "*Geben*"[302] des Gottes bezeichnet. Verglichen mit einem modernen Testament tritt also die Instanz, die den "letzten Willen" absichert und den besonderen Inhalt dieses Willens nur vom Standpunkt der formalen Korrektheit aus beurteilt, hier selbst als Subjekt der Übergabe auf. Vom Erblasser ist auf der Stèle d'Apanage nur in der dritten Person die Rede. Derjenige, der mit einem Orakeldekret eine Vermögensregelung für seine Nachkommen erreichen wollte, mußte die Durchsetzung von deren Dauerhaftigkeit, d.h. ihrer gesellschaftlichen Anerkennung, als so wenig gesichert empfinden, daß ihm die Dauerhaftigkeit als der wesentliche Inhalt seiner Regelung erschien und er das Testament nicht als seinen eigenen Willen aussprach, sondern als Wille und Akt desjenigen, von dem er sich eine Gewährleistung der Sicherheit erhoffte[303].

---

302 I.21.e., Z.14; das Wort ist zu ergänzen, die Größe der Lücke und der Zusammenhang läßt allerdings kaum etwas anderes zu als:

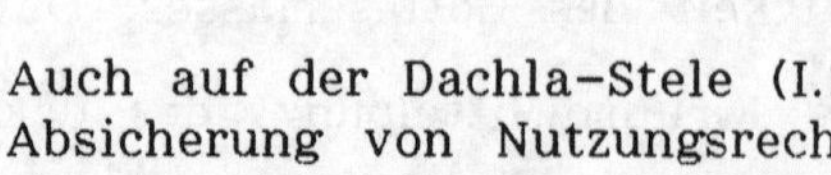

303 Auch auf der Dachla-Stele (I.22.a.) findet sich das Wort **smn** im Sinne der Absicherung von Nutzungsrechten innerhalb eines Orakelausspruches. Hier ist jedoch nicht der Gott das Subjekt des **smn**, der Gott befiehlt es vielmehr denen, die ihn nach der Zugehörigkeit von Brunnenwasser in der Oase fragen (Z.10): **j.smn-sw-n.f pꜣ-hrw**. Bemerkenswert ist übrigens, daß der Gott für seine Entscheidung eine Kataster-Eintragung zitiert, die man nur hätte nachschauen müssen, um auch ohne Gottes-Orakel zu einer Entscheidung des Streits zu kommen. Offenbar waren auch die Grundbücher nicht fraglos anerkannt, so daß es der ausdrücklichen Bestätigung durch den Gott bedurfte.

c. *Die Adressaten der Warnungen in den Schutzdekreten und Orakelgarantien*

§402

Das ägyptische (Boden-)Eigentum schließt nicht, wie das moderne Privateigentum, alle, mit Ausnahme dessen, der als Eigentümer gilt, zunächst[304] vom Zugang aus. Daher werden in den Schutzdekreten und Orakelgarantien für Stiftungen und Vermögen, mit denen man eine *Ausnahme* vom geltenden Brauch durchsetzen wollte, häufig besondere Personengruppen benannt, die nach den herkömmlichen Maßstäben durchaus das Recht und die Macht zu einem Zugriff auf das (Stiftungs-)Vermögen hatten. Würdenträger und Beamte aller Art sind die Adressaten der Warnungen in den Schutzdekreten und Orakelgarantien. Entsprechend einer umgekehrten Rechtswirklichkeit ist dagegen heute das Privateigentum eines jeden universal garantiert, ohne daß der Eigentümer oder dessen Gegner irgendwie benannt werden müßten[305].

§403

Neben allgemein gehaltenen Formulierungen als Einleitung für die Strafandrohungen: **jr-rmṯ-nb ntj-** oder **jr-pꜣ-ntj-** (**thꜣ** o.ä.), finden sich Beispiele, die konkreter werden. So kann der angegebene Personenkreis differenziert werden je nach der besonderen Situation, in die das Dekret eine Ausnahme hineinsetzen will. Daraus können sich Informationen über die jeweils existierenden Zugriffsrechte ergeben. Im Nauri-Dekret[306] finden sich zahlreiche und in den einzelnen Bestimmungen differenzierte Aufzählungen der angesprochenen Personen, die u.a. den Vizekönig von Kusch, **ḥꜣtj-ꜥ**-Fürsten, Truppenoberste (**ḥrj-pḏ.wt**), Agenten (**rwḏw**), Wagenlenker (**kḏn**), Marstall-Vorsteher (**ḥrj-jḥw**), Nubiervorsteher (**ḥrj-nḥsj.w**), Festungskommandanten (**jmj-r'-ḫtm**) und Festungsschreiber (**zš n-pꜣ-ḫtm**)[307] nennen. Differenzierte Aufzählungen enthält auch das späte Schutzdekret für die Stiftung des Amenophis, Sohnes des Hapu, das

---

304 Der Zugang, der Nicht-Eigentümern eingeräumt wird, steht dann unter den Bedingungen des Privateigentums: Miete, Pacht.

305 Grundgesetz, Artikel 14, Absatz 1: "*Das Eigentum und das Erbrecht werden gewährleistet. Inhalt und Schranken werden durch die Gesetze bestimmt.*" Hier müssen umgekehrt die zu erlaubenden Zugriffe auf das Eigentum (wegen höherer Belange des Gemeinwesens) als Ausnahmen genau definiert werden, der *Schutz* ist dagegen als Normalfall mit *einem* kurzen Satz umfassend ausgesprochen.

306 Morschauser, Threat-Formulae, 185f.

307 Nauri-Dekret, Z.45, Z.48 und Z.87ff., KRI I, 53 und 56; zum Prinzip der Aufzählung s. Gardiner, in: JEA 38, 1952, 26.

eine Herkunft aus der Zeit Amenophis' III. vorzutäuschen sucht[308]. Einerseits werden die als zu bestrafende Beamte genannt, deren Aufgabe tatsächlich der Schutz der Stiftungen in der Nekropole von Theben-West war, sofern sie diese Aufgabe vernachlässigen: Vezir, Schatzhausvorsteher, **jmj-r'-pr**, **ꜥꜣ n-pr**, Scheunenvorsteher, HPA's, Gottesväter und **wꜥb**-Priester des Amun (Z.11ff.). Andererseits wendet sich das Dekret gegen die, die sich Angestellte der Stiftung nehmen sollten, um sie irgendeiner Benutzung (**hꜣw**) durch den regierenden König zuzuführen; hier werden Heeresvorsteher und Heeresschreiber genannt, von denen man vermutlich das Requirieren von Personen gewohnt war (Z.5f.). Dieses Dekret kennt also zwei mögliche Gefahren für die Stiftung: die nicht wahrgenommene Schutzfunktion bestimmter Beamter; da man hiermit rechnete, werden in Z.16. besonders noch einmal die Obersten der Polizeitruppen (**ḥrj-mḏꜣj.w**), die Bezirksaufseher (**jrj-spꜣ.t**) und die Fürsten der Westseite (**ḥꜣtj-ꜥ n-jmnt.t**) von **Ḫft-ḥr-nb.s** angesprochen, für den Fall der Nichtachtung verwarnt. Daneben kennt es das direkte Vorgehen gegen die Stiftung, das durch das Verhalten der ersten Gruppe von Beamten ermöglicht wurde.

§404

Die Dokumente der 21./22. Dynastie verzichten in der Regel auf die differenzierte Aufzählung von in Frage kommenden Beamten zugunsten der Benennung von irgendwie einflußreichen Personen. Dies ist vielleicht auch durch die Art der zu schützenden Gegenstände bedingt, die, anders als die Totenstiftung des Amenophis, nicht in eine definierbare Zuständigkeit gefallen sein könnten. So findet sich im Orakeltext I.21.f. mit der Schutzgarantie für das Vermögen der Maatkare in einer absteigenden Linie in teilweise zerstörtem Kontext die Aufzählung derer, die Macht haben, dieses Vermögen anzufechten (Z.x+3):

njswt-nb / ḥm-nṯr-tpj n-Jmn-nb / ꜥꜣ n-mšꜥ (sic) / **ḥꜣwtj-nb n-msꜥ / rmṯ.w n-wnḏww-nb** (*männlich oder weiblich, welche Macht haben* (**jrj-sḫr.w**) *oder Macht haben werden*).

[308] Möller, Dekret des Amenophis; Robichon-Varille, Le temple du scribe royal Amenhotep, 1ff.

Bezeichnend für die Verhältnisse der 21. Dynastie ist die Abfolge vom König zum HPA und zu den militarischen Ämtern als Aufzählung der maßgeblichen Personen, ohne ein früher so wichtiges Amt wie das des Vezirs zu nennen[309].
Im Orakeltext I.21.e. haben sich, wohl nur wegen seiner starken Zerstörung, keine solchen hierarchischen Aufzählungen gefunden. Als Gefahrenquelle für das Vermögen wird einmal jeglicher **ᶜꜣ n-mšᶜ** genannt, dazu auch deren Angehörige, ferner *jedermann von jeder Art* (**rmṯ-nb n-wnḏww-nb**) (Z.19f.). Z.26f. wendet sich gegen einen Schreiber vom Haus der Gottesanbeterin des Amun, der das Dokument, wohl in Form eines Papyrus vorgestellt, vor den Nachkommen verbergen oder Teile davon auslöschen könnte, wogegen bereits die Inschrift selbst eine Vorkehrung darstellt.
Die Fluchformel der Stèle d'Apanage läßt die Identität derer, gegen die sie sich richtet, unbestimmt (Z.26). Die testamentarischen Bestimmungen wenden sich aber ausdrücklich gegen Verwandte des begünstigten Erbsohns, denen vermutlich ein besonderes Recht zustand[310].

Auf der Stele zur Sicherung der abydenischen Totenstiftung von **Nmrṯ**, dem Vater Scheschonqs I.[311], wird in einer Orakelanfrage der Schutz vor möglichen Schädigern der Stiftung erbeten:

jw.k-<r->ẖdb-pꜣ-ᶜꜣ n-mšᶜ pꜣ-ḥntjw[312] **pꜣ-zš pꜣ-rwḏw pꜣ-jpw(tj)-nb hꜣbw-nb m-("n-") wpw<.t> r-sḫ.t ntj-jw.w-r-....** (Z.2f.) (danach allgemein: **rmṯ-nb ntj-**, Z.3).

---

309 Im Orakeltext des Mencheperre (I.21.c., TS 49) findet sich Z.28ff. die Aufzählung: **j<r>-[rmṯ].w-nb<.w> ntj-jw.w-mdw m-pꜣ-sḫr j.jrj-Jmn-Rᶜ-ḏs.f (...) [jr-...]-nb s[rjw].w-nb<.w> m-mjt.t ntj-jw.w-⸢mdw⸣ [m-]pꜣ-jwtn ...** . Die Inschrift des HPA Osorkon (Caminos, Chronicle of Prince Osorkon, §74) verbietet das **ḏꜣj-tꜣ** durch **[z]-nb ḥꜣtj-ᶜ-nb srjw-nb rwḏw-nb n-pr-njswt ᶜ.w.s.**

310 Vgl. Mrsich, in: LÄ I, Sp.1250, s.v. **Erbe*. Die Bestimmung in der Stèle d'Apanage ist nicht ganz eindeutig; möglich ist die Übersetzung (Z.24f.): "*wobei die anderen Kinder, die ihm* (i.e. dem **Jwrṯ**) *geboren wurden oder die Kinder von seinem* (*des* **Jwrṯ**) *Vater alle keinen Zutritt haben*". Dies unterstellt im Prinzip eine Zugriffsmöglichkeit der Brüder und der Onkel des Erbsohns **Ḫᶜj-m-Wꜣs.t**; ähnlich wehrt im Adoptionspapyrus (Gardiner, in: JEA 26, 1940, 23ff.) rto., 6f., der Mann, der seine Frau adoptiert und ihr sein Erbe vermacht, ausdrücklich seine Brüder als Erbberechtigte ab. Man könnte den ersten Teil der Ausschlußklausel allerdings auch anders auffassen und **nꜣ-ktḫ.w-ẖrd.w j.msj.s-n.f** umschreiben, "*die anderen Kinder, die sie* (i.e. **Tꜣ-njt-n-Bꜣst.t**, die Mutter des **Ḫᶜj-m-Wꜣs.t**) *ihm geboren hat*", so daß die Brüder von derselben Mutter ausgeschlossen wären.

311 I.21.g.

312 S. Cerny, Community of Workmen, 231ff.

Auch die libyschen Schenkungsstelen, wenn sie Differenzierungen der möglichen Verletzer der Schenkung enthalten, nennen Beamte (srjw.w) oder aber Schreiber und Agenten, die auf die Felder geschickt werden[313].

d. Die Art der Strafen

§405

Die Strafen, die im Nauri-Dekret gegen Honoratioren der nubischen Provinzverwaltung verhängt werden, falls sie sich nicht an die Bestimmungen des Dekrets halten, sind vermutlich nicht allzu wörtlich zu nehmen[314]. Die Merkwürdigkeit einer Züchtigungsstrafe mit offenen Wunden gegen den Vizekönig von Kusch besteht weniger in einem "*Mangel an Proportion*"[315] als darin, daß unklar ist, wer überhaupt solche Strafen vollstrecken sollte, wo es keine allgemeine Gerichtsbarkeit gab neben den Beamten, denen sie angedroht wurden. Wenn sogar Könige und Vezire mit Strafen bedroht wurden, so kann es sich nicht mehr um Strafen irdischer Gerichte handeln. Die Mehrzahl der angeführten Strafen sind solche, die von Göttern verhängt werden. Dies bedeutet natürlich auch, daß sich unter den irdischen Gerichtsinstanzen kein Anwalt für die zu schützenden Anliegen fand.

§406

Anders als in den Gerichtsorakeln, die in der Regel mit subalternen Personen befaßt sind, agieren die Götter hier nicht nur als die, die eine Entscheidung in einem besonderen Fall herbeiführen, wobei die Ausführung der Strafe wieder den irdischen Maßstäben gehorcht; vielmehr sollen sie selbst die Bestrafung vornehmen.

Das Töten allein ist hier noch die geringste Strafe[316], der Vergleich mit irdischen Sanktionen wird nicht gesucht. Da die einflußreichen Stellen Zweckentfremdungen von Stiftungen und Verletzungen von Verfügungen nicht mehr lebender Personen häufig ungestraft begehen konnten und dies den Verursachern nicht schadete, wird ihnen eine Schädigung für das zweite Leben angedroht, falls sie das Jenseitsleben eines anderen beeinträchtigen sollten, seine Stiftung zerstörten oder seine Nachkommen beraubten. Derjenige, der sich vergeht, wird also an einen Zustand erinnert, wo ihm seine diesseitige Macht

---

[313] Stele Meeks 22.7.9 und 22.10.19.
[314] Gardiner, in: JEA 38, 1952, 27f.
[315] Gardiner, in: JEA 38, 1952, 27 unten.
[316] S. Orakeltexte I.21.e., Z.20; I.21.f., Z.x+5; x+7; I.21.g., Z.2f.; I.22.c., Z.8

nichts mehr nützt, sondern ihn sogar verletzlich macht, da gerade die, die die Mittel für eine gute Grabausrüstung besaßen, hier etwas zu verlieren hatten. Die Auslöschung des Namens im ganzen Land wird im Henut-tawi-Dekret (Z.20) über das Töten hinaus angedroht. Ähnlich wird auch im Orakel der Schenkungsstele Meeks 22.5.16[317] das Aushacken des Namens im ganzen Land als eine Drohung noch über den Tod hinaus (**ẖdb**) aufgeboten. Schon im Nauri-Dekret[318] wird am Schluß nach der Züchtigung noch eine Götterstrafe angedroht, die in der Bestrafung (**szwn**) des Namens besteht (Z.114). Der ganze Passus (Z.113f.) macht deutlich, daß das, was zunächst wie eine diesseitige Strafe aussieht, die Verfolgung von Frau und Kindern des zu Bestrafenden, sich auf dessen Jenseitsleben richtet, da dies den Zweck hat, seinen Namen zu bestrafen, seinen Ba zu verderben und seinen Leichnam nicht in der Nekropole ruhen zu lassen. Auch sonst wird die Verfolgung der Familie durch Götter häufig genannt[319]. Wenn vom Hungern und Dürsten die Rede ist, ferner vom Sterben des Leibes, so steht dies häufig in einem Zusammenhang, der annehmen läßt, daß es sich hier um das Darben im Jenseits und um den *"zweiten Tod"* handelt[320]. Im Amenophis-Dekret findet sich auch, gleich nach der Feststellung der Unversorgtheit des Toten im Jenseits die Drohung, daß der Sohn nicht an seine Stelle treten soll (Z.9), was ebenfalls auf die Androhung hinauslaufen könnte, daß es keinen ordentlichen Totenkult geben werde[321]. Vielleicht auf den Toten zu beziehen, zumindest aber auf einen Zustand des Bedrohten, wo dieser machtlos dem göttlich verursachten Unglück zusehen muß, ist die Wendung im Dekret für Amenophis, Sohn des Hapu (Z.9f.) daß die Frau vergewaltigt wird, 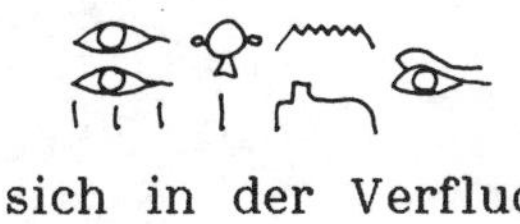, "wobei *die Augen zuschauen*"[322]. Derselbe Gedanke findet sich in der Verfluchung der Stèle d'Apanage (Z.28)[323]: **jw-jṯj.tw-ḥm.t.f r-ḫft-ḥr.f**, "*seine Frau wird vor seinem Angesicht genommen*".

---

317 Orakeltext I.22.c.

318 KRI I, 45ff.

319 Stele Meeks 22.5.16 (Orakeltext I.22.c.), Z.9; Stele Meeks 20.5.0 (KRI VI, 351f.), Z.19f.; KRI I, 70,3f.

320 Amenophis-Dekret, Z.11; Stele Meeks 20.5.0, Z.20; WBZ Nr.100 (Möller, Dekret des Amenophis, 944); zum Jenseitsbezug der Strafen s. Morschauser, Threat-Formulae, 208; freilich ist mit dem Argument "*eschatological emphasis*" oder "*eschatological implication*" (op.cit., 186) nicht der *Grund* für diesen auffallenden Jenseitsbezug benannt.

321 Zu den Strafandrohungen in diesem Text s. Morschauser, Threat-Formulae, 205ff.; Assmann, in: JEA 78, 1992, 156.

322 Morschauser, Threat-Formulae, 218, betrachtet gerade diese Wendung als Beweis dafür, daß diese Strafe zu Lebzeiten des Bedrohten stattfand; angesichts vielfältiger Aktivitäten der Verstorbenen in Ägypten ist das nicht so sicher.

323 Vgl. Sottas, La préservation de la propriété funéraire, 163ff.; Morschauser, Threat-Formulae, 216ff.

Ähnlich auch, ebd.: "*Sein Erbe ist bei einem Fremden, wobei seine Augen zuschauen*".

§407

Die Konsequenz dieser Drohungen ist die totale Auslöschung des Toten, die eingeleitet wird durch das Göttergericht gegen ihn[324]. Die Beschreibung dieser Auslöschung selbst findet sich auf der Stèle d'Apanage, derart, daß das Horus-Auge mit seiner Flamme den Leib vernichtet (Z.31f.); hier, wie im Dekret für Amenophis (Z.11) sowie in den Schenkungsstelen Meeks 24.1.8[325] und 23.XV.24[326] ist dies ein Bild für die völlige Auslöschung jeder materiellen Existenz[327].

Das totale Verschwinden wird im Amenophis-Dekret auch so ausgedrückt, daß der Übeltäter im Ozean untergehen soll und dieser seinen Leichnam verbirgt, so daß er nicht zum Gegenstand der Versorgung werden kann (Z.8f.). Bemerkenswert ist schließlich auch die Drohung der Trias von Theben im Orakeltext vom 10. Pylon in Karnak (oder die Bitte an die Trias), das Jenseits vor den möglichen Übeltätern abzuschließen (ḫtm-jmnt<.t> r-ḥꜣ.t.w)[328].

---

[324] Kanais, C,12/14/19 (KRI I, 69f.).
[325] Spiegelberg, in: RecTrav. 25, 1903, 191f. (Z.9).
[326] Spiegelberg, in: RecTrav. 25, 1903, 195 (Z.13).
[327] Vgl. auch Kanais, C,12 und 15 (KRI I, 69); zu den Drohungen gegen Grabschänder vgl. auch Edel, Die Inschriften der Grabfronten der Siut-Gräber in Mittelägypten aus der Herakleopolitenzeit, Opladen 1984, 65, ferner 36f., 133, 192ff.
[328] I.21.e., Z.3.

Bodeneigentum und "Steuer"

1. Steuer und Abgabe

§408

Die Realisierung des Eigentums ist die *Nutzung* des angeeigneten Gegenstandes. Diese ist daher abhängig von den jeweils gültigen Eigentumsformen. Der Abtransport des produzierten Getreides zu den Nutznießern desselben, das sogenannte Abgaben- oder Steuersystem auf Bodenfrüchte, sollte sich aus den geltenden Formen des Eigentums an Grund und Boden ergeben.

§409

Die Frage, ob die Tempel Steuern zahlten, ist bekanntlich in der Ägyptologie umstritten und hat bereits viel Tinte zum Fließen gebracht[329]. Kritikabel an dieser Fragestellung ist, daß sie sich ganz auf die *eine* Frage: Zahlten sie oder zahlten sie nicht? konzentriert und damit die *andere* Frage, die nach der Existenz eines *Adressaten* dieser Zahlung, implizit mit ja beantwortet: daß es nämlich im ägyptischen Gemeinwesen eine Instanz gab, die nach solchen "Steuern" einen Bedarf hatte und die Mittel besaß, sie einzutreiben. Nimmt man eine solche Instanz mit Steuermonopol als Selbstverständlichkeit an, lautet der negative Befund von Frage Nr.1 dann so: Die Tempel zahlten keine Steuern, denn sie seien *von Steuern befreit* gewesen - mit dem Hinweis auf die Exemptionsdekrete[330]. Daß eine gewisse Voreingenommenheit bei dieser Diskussion herrscht, hat Janssen mit der Bemerkung kritisiert:

"*If indeed the temple was 'just a branch of government administration'* (Zitat Kemp, d.V.)", dann folgt daraus: "*Nobody has ever suggested that the Granary or the army paid taxes; why then should the temples do so? There is indeed not a single shred of evidence for a temple tax.*"[331]

Gardiner[332] nennt als Beleg für Steuern von Priestern in der Ramessidenzeit die Passage pBologna 1094, 5,8ff.[333], sowie pTurin 1896+2006[334]. Im zuletzt ge-

---

[329] Gardiner, Pap.Wilbour, Comm., 201ff.; Baer, in: JARCE 1, 1962, 41; Janssen, in: SAK 3, 1975, 180ff.
[330] Dagegen Gardiner, Pap.Wilbour, Comm., 202.
[331] Janssen, in: OLA 6, 1979, 509f.
[332] Gardiner, Pap.Wilbour, Comm., 203.
[333] Gardiner, LEM, 5f.
[334] Gardiner, RAD, 35ff.

nannten Papyrus empfängt ein königlicher Schreiber Getreide aus den Händen von Priestern, dennoch ist dies nicht interpretierbar als eine allgemeine Steuer auf das Vermögen oder Einkommen der Tempel, es handelt sich vielmehr um das Produkt von Feldern, die als **ḫ3-t3**-Ländereien Pharaos einen Sonderstatus innerhalb des Tempellandes hatten. pBologna 1094, 5,8ff., handelt zwar von Abgaben, für die ein Priester eines Seth-Tempels verantwortlich war, aber es bleibt unklar, an wen diese zu entrichten waren. Ferner dreht es sich auch hier nicht um allgemeine "*Tempelsteuern*", sondern um den Posten "*Abgaben der Leute*"[335] sowie um die *<Aussaat->Festsetzung*[336] für den Tempel, u.a. wieder auf **ḫ3-t3**-Land Pharaos bezogen, die nicht mit Steuern in eins zu setzen sind[337].

§410

Die Vorstellung von einer Instanz mit Steuermonopol, die der Fragestellung zugrundeliegt, ist aus den Quellen nicht zu belegen, ebensowenig wie das notwendige Komplement einer solchen Instanz: die Steuerpflicht *aller* gegenüber der *einen* Staatsgewalt. Statt dessen findet sich die größte Vielfalt von Abgaben einziehenden Instanzen nebeneinander, die sich sogar in "Steuerrechte" an ein und demselben Stück Land teilen können, wenn es um Getreideabgaben geht. Der "Staat", also der regierende König erscheint mit eigenen Ländereien *neben* den Tempeln. Es ist anzunehmen, daß der König die eigenen Bedürfnisse auch aus den ihm zugeordneten Landstücken abdeckte, sein Einkommen ihm daher als einem unter anderen göttlichen Landbesitzern zufloß und nicht durch allgemeine Steuern aller anderen. Wenn die Mengenangaben im pWilbour A sich nicht auf Abgaben der Tempel an die Krone beziehen[338], sondern es die Revenuen der "*land-owning institutions*" sind, ergibt sich die Frage, wer dann die Stelle gewesen sein mag, die die unterschiedlichsten Landbesitzer in *einem* Papyrus zusammengefaßt hat[339].

---

335 S.u. §§434ff.

336 **ṯz** für **ṯz-pr.t**, s. Gardiner, Pap.Wilbour, Comm., 115f.; s.u. §415.

337 Die Interpretation des Ausdrucks **ḥbj-jnw n-** (wohl Dativ, nicht Genitiv!) **gs.w-pr.w** in der Dienstvorschrift des Vezirs (Urk.IV, 1114,13) als Beleg dafür, daß der Vezir von den Tempeln Steuern eingezogen habe (so auch Smither, in: JEA 27, 1941, 75), hat schon Gardiner, Pap.Wilbour, Comm., 203, angezweifelt. Ein Beleg für Leistungen der Tempel für den König ist auch ein Passus aus der Belohnungsinschrift des HPA Amenophis, s. Helck, in: MIO 4, 1956, 162 und 170, jedoch deshalb noch kein Beleg für allgemeine Steuerpflicht der Tempel.

338 Gardiner, Pap.Wilbour, Comm., 203f.

339 Vgl. Gardiner, Pap.Wilbour, Comm., 25: "(...) *it is necessary to note that all these lands were dependent upon* (...) *a particular assessing authority.*"

Nach Gardiner bestünde ein allgemeines Interesse der Krone an der Aufzeichnung dieser Quantitäten insofern, als diese Beträge ihrerseits wieder vom König besteuert wurden[340]. Dies würde jedoch bedeuten, daß der König dann auch seine eigenen Einkünfte noch einmal besteuern würde, da im pWilbour ja auch königliche Ländereien verzeichnet sind.

§411

Ist es jedoch wirklich unumgänglich, aus der allgemeinen Registrierung der Liegenschaften und der Einnahmen, die aus ihnen von den diversen Institutionen gezogen wurden, auf eine allgemeine Besteuerung der Einkommen durch den "Staat" zu schließen? Die Existenz allgemeiner Liegenschaftsverzeichnisse ist auch sonst belegt[341]; ist außer dem Zweck der Besteuerung keinerlei Grund denkbar, sie anzulegen?[342]

Was der pWilbour leistet, wird in den Überschriften der einzelnen Sektionen des Textes A wiedergegeben durch **št**, ein Terminus für die Veranschlagung der Steuer[343]. Für Einziehen und Abtransportieren des Getreides werden andere Wörter verwendet, so **šdj**[344] und **šzp (m-ḏr.t)**[345]. Auch wenn die Veranschlagung der Abgaben für die einzelnen Institutionen (**št**) durch eine zentrale Behörde, etwa den **ꜥꜣ n-št** erfolgte, muß nicht sie es gewesen sein, die die Abgaben wirklich einsammelte. Eine zentrale Festsetzung aller Abgaben, die die Tempel und die anderen Institutionen von den Ländereien holen durften, würde sich gut mit der Aufgabe des Königs vertragen, die Verfügbarkeit des Landes und der daraufsitzenden Menschen für die Götter herzustellen, so wie es im pHarris I, 4,4f. heißt: "*Ich machte zinspflichtig* (**ḥtr.j**) *für es* (i.e. den Tempel von Medinet Habu) *Ober- und Unterägypten*".

So sorgte der König auch für den Bau von Lastschiffen, mit denen der Tempel sein Getreide abfahren konnte[346]. Daß er das Eintreiben der Abgaben für die Götter auch als Dienst an sich selbst betrachtete und entsprechend honorier-

---

340 Gardiner, Pap.Wilbour, Comm., 203.

341 S.o. §374.

342 Baer, in: JARCE 1, 1962, 31, verweist auf den Passus in der Mes-Inschrift (N14ff.), in dem von einem Kataster in Pi-Ramses die Rede ist, um zu beweisen, daß es eine Steuerpflichtigkeit der Landeigentümer gab; andererseits geht auch er in diesem Aufsatz, S.41, davon aus, daß die Eintragungen des pWilbour keine Steuern an den "Staat" sind.

343 Gardiner, Pap.Wilbour, Comm., 10 *et passim*: "*assess*", "*assessment*".

344 pChester Beatty V rto., 7,12ff.; pHarris I, 48,2; Haremhab-Dekret, Urk.IV, 2156,19.

345 pTurin 1896+2006 (Gardiner, RAD, 35ff.) *passim*.

346 pHarris I, 4,12f.

te, zeigt die Belohnungsinschrift des HPA Amenophis[347]: Der HPA wurde nicht nur dafür belohnt, daß er Abgaben für den König einsammelte, sondern genauso dafür, daß er die Speicher des Amuntempels füllte. Von einem Gegensatz zwischen dem "privaten" Einkommen des Tempels einerseits, "öffentlichen" Steuern auf dieses Einkommen andererseits ist bei dieser Aufzählung der verschiedenen Abgaben-Posten, teils für den Tempel, teils für den König nichts zu bemerken. Wenn man in den Dokumenten des Neuen Reiches die Tempel mit eigenen Schiffen Getreide einsammeln sieht[348], liegt zunächst keine Konkurrenz zu einem königlichen Steuermonopol vor. Es ist vielmehr der König, der das Nutzungsrecht eines Tempels an einem bestimmten Stück Land festsetzt und garantiert und den Tempel mit den Mitteln ausstattet, es auch wahrzunehmen, und es ist der Tempel, der es wahrnimmt. Daß dies die Möglichkeit von allerlei Übergriffen einschließt, ist damit nicht ausgeschlossen, es ist jedoch zu unterscheiden zwischen diesen Übergriffen und dem zugrunde liegenden Verhältnis[349].

2. Überblick über die Abgaben-Terminologie

§412

Die geläufigsten Termini für Abgaben sind die folgenden:

bꜣkw, var. **bꜣk.t**	**tp-ḏr.t**
jnw	**šdj.t**
ḥtr	**ḫrpw**, var. **ḫrpw.t** [350]
šmw	**gꜣw.t** [351]
šꜣj.t	**jrw** [352]

Der Vielzahl der Begriffe entspricht die Unklarheit ihrer Bedeutung sowie ihres Verhältnisses zu- bzw. ihrer Abgrenzung voneinander[353]. Man hat den Eindruck, daß die Begriffe fast in jeder Belegstelle in etwas anderer Art ver-

---

347 Lefebvre, Inscr., Nr.42; Helck, in: MIO 4, 1956, 162.

348 Z.B. pTurin 1887 vso., 1,7ff. (Gardiner, RAD, 78ff.); pLeiden J348 vso., 9,1f. (Gardiner, LEM, 135); pHarris I, 4,12f.; 7,8; 28,5; Inscr. dédic. R.II (KRI II, 332f.), Z.87 (Abgaben aus "Übersee"); pAmiens (Gardiner, RAD, 1ff.); vgl. auch Helck, Verwaltung, 146ff.

349 Vgl. Leidener Amunshymnus, 60. Kapitel (pLeiden, J350, 3,6ff.), wo Amun mit dem König verglichen wird als dem Herrn der Äcker, des Katasters und des Meßstricks, von dem die Götter Opferbrote erbitten, s. Fecht, in: ZÄS 91, 1964, 46ff.

350 Wb.III, 329,7-10.

351 Neben **jnw** und **bꜣkw**, s. Helck, Merikare, XXVIII; Urk.IV, 138,6; 334,7f.; Wb.V, 153,4-7.

352 Von der Viehsteuer, Beni Hasan I, Pl.13; Urk.IV, 75,14; 2149,2; Kruchten, Le décret d'Horemheb, 85ff.; Wb.I, 114,5.

353 Janssen, in: SAK 3, 1975, 174f.

wendet werden. Außerdem sind diese Begriffe nicht in solchen Texten zu finden, die in ihre technische Handhabung einführen wollen, sondern in solchen, die ihre praktische Bedeutung für die Betroffenen schon unterstellen.
Was Helck über das Abgabenwesen im Neuen Reich geschrieben hat[354], dürfte mehr Klarheit verbreiten, als tatsächlich derzeit zu erreichen ist. So ist die Übersetzung von **ḥtr** als "*Soll*" nur in manchen Texten eindeutig. Es wäre eine Vereinfachung, **ḥtr** als *quantitativen* Begriff aufzufassen, der den anderen Termini als *qualitativen* Bestimmungen der Abgabe gegenüberstünde: Neben den Angaben im Text der Stele von Bilgai[355], die recht gut mit einer Übersetzung von **ḥtr** als "*Soll*" konvenieren, findet sich **ḥtr** auch als Sammelbegriff von qualitativ unterschiedenen Abgaben im pChester Beatty V rto., 8,1ff., wo es heißt:

šdjt-tꜣj-šꜣj.t (n-)nꜣ-mjnjw.w n-tꜣ-ḫꜣw.t-ḥꜣb-Jmn m-ḏḥt (..., folgen weitere Materialien) **m-ḥtr.t** (sic)**-nb.t ntj-tw.tw-wḫꜣ.w r-pr-ḥḏ n-pr-Jmn-Rꜥ-njswt-nṯr.w.**

Umgekehrt schließt **šmw** in dem Ausdruck **šmw n-rnp.t** möglicherweise auch eine quantitative Bestimmung ein[356].
In der Aufzählung königlicher Felderarten im pSallier I, 9,6f.[357], steht der Ausdruck **šmw n-Pr-ꜥꜣ** dem Ausdruck **ḫꜣ-tꜣ n-Pr-ꜥꜣ** und anderen Termini gegenüber. Dagegen findet sich im pTurin 1896+2006 rto.[358], der sich laut Titel mit der Ablieferung von Getreide des **ḫꜣ-tꜣ**-Landes Pharaos befaßt, an zwei Stellen, 2,4 und 3,12, Erwähnung von **šmw**-Getreide[359].
Gegen Helcks Vermutung, **bꜣkw** ließe sich als Abgabe des nicht-landwirtschaftlichen Sektors abgrenzen[360], sind die Listen des pHarris I anzuführen, wo Getreide als **bꜣkw** der **jḥwtj.w** genannt wird[361]. Im Grab des Parennefer in Theben aus der Zeit Amenophis' IV. gibt es die Schreibung:

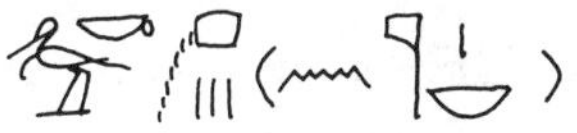 [362]; in pSallier IV vso., 9,4[363], heißt es von schlechtem Korn, es sei nicht wert für **bꜣkw** Pharaos; in pPushkin 127, 4,15, findet sich in

---

[354] Helck, Wirtschaftsgeschichte, 246ff.
[355] Gardiner, in: ZÄS 50, 1912, 19ff.
[356] Königspapyrus von Turin (pTurin 1874) rto., 4,19, s. KRI II, 822.
[357] Gardiner, LEM, 87.
[358] Gardiner, RAD, 35ff.
[359] S. Gardiner, in: JEA 27, 1941, 29 und Anm.2; s. auch ders., Pap.Wilbour, Comm., 207f.
[360] Helck, in: LÄ I, Sp.5, s.v. *Abgaben und Steuern.*
[361] pHarris I, 12b,3; 32b,6; 51a,11.
[362] Sandman, Texts from Akhenaten, 143,6f.
[363] Gardiner, LEM, 94.

unklarem Zusammenhang die Stelle:  .
Caminos[364] erwägt, dies als "*corn for the tax*" zusammenzuschließen. Eindeutige Abgrenzungen der Begriffe nach dem Kriterium, was ein qualitativer, was ein quantitativer Terminus sei, lassen sich nicht vornehmen, ebensowenig wie zweifelsfreie Zuweisungen der Abgabenbegriffe zu den jeweiligen Gebrauchswerten der Abgaben.

3. šmw

§413

Im Begriff der Steuer oder der Abgabe[365] ist nach heutigem Verständnis die Vorstellung eines Gesamtprodukts oder Gesamteinkommens enthalten, von dem die Steuer oder Abgabe dann einen – prozentual bestimmbaren – Abzug darstellt. Entsprechend dem griechischen Äquivalent für ϣωм, φόρος, wird auch für das Wort šmw einerseits eine ursprüngliche Bedeutung "*Ernte*" angenommen, daneben aber eine zweite, "*Erntesteuer*" ("*harvest-tax*")[366]. Demnach ist das Wort šmw, entsprechend der Bedeutung des koptischen Wortes, schließlich zu einem Ausdruck für Abgabe geworden ohne besonderen Bezug auf geerntete Bodenfrüchte. Die Bemerkung von Gardiner, der Gedanke der Ernte sei in der Vorstellung der Ägypter "*disagreeably associated*"[367] gewesen mit den Besuchen der "*tax-collectors*", ist treffend; ist es auch ein Argument dafür, neben "*Ernte*" für šmw noch die oben genannte zweite Bedeutung zu fordern, nach der es ein Ausdruck für eine Abgabe *auf* die Ernte wäre?

§414

Bei den mit šmw bezeichneten Bodenfrüchten, die in den Annalen Thutmosis' III. als Abgaben von Fremdländern aufgeführt werden[368], handelt es sich zwar sicher um Dinge, die den Einheimischen durch die Ägypter weggenommen wurden. Dies hat aber nicht unbedingt Konsequenzen für das Verständnis des Wortes šmw. So wird auch der Ausdruck für die Aberntung der

---

[364] Caminos, Tale of Woe, 61.
[365] Es ist irrelevant, eine Differenzierung beider Ausdrücke zu versuchen, wie es offenbar von Janssen, in: SAK 3, 1975, 174, gefordert wird. Es noch nicht sehr lange her, daß sich von der feudalen Abgabe eine staatliche Steuer getrennt hat.
[366] Gardiner, Pap.Wilbour, Comm., 24; ders., in: JEA 27, 1941, 20.
[367] Gardiner, Pap.Wilbour, Comm., 24.
[368] Urk.IV, 696,12; 703,13; 719,11.

Felder von Megiddo im Auftrag der Ägypter, (r-)ʿwꜣjt-pꜣj.sn-šmw[369], vielleicht einen gewaltsamen Aspekt dieser Ernte für die Bewohner einschließen; jedoch kann derselbe Ausdruck auch für die Ernte auf ḫꜣ-tꜣ-Feldern Pharaos verwandt werden[370]. Wenn Taharqa auf seiner Stele aus Kawa aus dem Jahre 6[371], Z.13 schreibt: , als Folge einer besonders günstigen Nilüberschwemmung, so ist sicher "*Ernte*" und nicht "*Steuer auf die Ernte*" gemeint. Wenn man bedenkt, daß die Ernte in Ägypten ihren Abschluß fand im vermutlich nicht immer gewaltlosen Abtransport des jährlichen Getreideprodukts aus den Händen der Produzenten in die zuständigen Scheunen, so ist der "*Ernte*" mit dem Begriff der "*Abgabe*" gemeinsam, daß es sich bei beiden um den Einzug eines Produkts durch eine zentrale Stelle handelte. Warum sollte der Ausdruck (nwjt-)pꜣ-šmw[372] ein Beleg für die Bedeutung "*(Einsammeln der) Ernte*"[373] sein, dagegen (sphr-)šmw[374] für "*(Registrieren der) Erntesteuer*"[375]? Warum sollte sich das Registrieren nicht auf die Ernteerträge insgesamt beziehen? Dem widerspricht nicht, daß šmw unter den anderen Titeln zur Ablieferung von Produkten mitaufgeführt wird, daß es ferner eine Verpflichtung zur Lieferung einer ganz bestimmten Menge von Bodenfrüchten einschließen konnte[376] und daß es das Grundwort für das koptische ϣωм, "*Abgabe*" ist. Ernte und Erntesteuer erscheinen nur unvereinbar miteinander, solange man sich die Ernte zunächst als die Privatangelegenheit der Produzenten oder der jeweiligen Felder-"Besitzer" vorstellt, die Ernte-Abgabe aber als die Verpflichtung, einen Teil des Ernte-Ertrages an die Allgemeinheit abzuführen. Wenn jedoch schon die Einsaat der Auftrag einer Allgemeinheit an die Bauern ist, so ist der Abtransport des gesamten Getreides in die zuständigen Scheunen konsequent. Die Ernte schließt dann begrifflich auch die Abgabe des Getreides ein, die "Steuer" hätte nicht den Charakter eines Abzugs von privatem Einkommen; umgekehrt wäre das, was man den

---

369 Urk.IV, 667,12.

370 pSallier I, 4,11 (Gardiner, LEM, 81); s. zu dem Ausdruck auch Caminos, LEM, 309.

371 Macadam, Kawa I, 24ff.

372 pSallier I, 5,2f. (Gardiner, LEM, 81); pChester Beatty V vso., 1,5.

373 Caminos, LEM, 309.

374 pAn. V, 15,7f. (Gardiner, LEM, 64 = pSallier I, 6,2, Gardiner, LEM, 83; pLansing, 7,2, Gardiner, LEM, 105).

375 Gardiner, in: JEA 27, 1941, 20, Anm.4.

376 Bilgai-Stele (Gardiner, in: ZÄS 50, 1912, 49ff.) Z.20: 70 000 n-x n-jt pꜣj.j-šmw n-rnp.t; pAn. VI, 87f. (Gardiner, LEM, 78): "*Sieh den Überschuß an* šmw, *den brachte der Schreiber NN, daß man ihn rechne zu ihrem (einer "Steuer"-Zahlerin) Rest*".

Produzenten gegebenenfalls für ihren eigenen Bedarf übriggelassen hätte, ein Abzug vom Gesamtprodukt.

§415

In diesem Sinne gab es in der Ramessidenzeit eine an die Ausgabe des Saatgetreides (**pr.t**) gebundene Festsetzung (**ṯz-pr.t**[377]) der mit ihm zu produzierenden Erntebeträge pro Landarbeiter (200 Sack pro Erwachsenen, 100 pro Jugendlichen[378]). Damit war nicht erst die Ernte-Ablieferung, sondern schon die Produktion des Getreides eine Sache der Allgemeinheit, in der der Produzent nicht als privatwirtschaftendes Individuum, sondern als Beauftragter vorkam. Die tatsächlich abgelieferten Kornquanta, wie sie in den Dokumenten mitge-

[377] Gardiner, Pap.Wilbour, Comm., 113ff.; Helck, Materialien II, 288f.
[378] S. pBologna 1086, 20ff. (Wolf, in: ZÄS 65, 1930, 89ff.).

teilt werden, stimmen nur selten mit diesen Sätzen überein[379]. Dies mag jedoch daran liegen, daß bei der Bemessung des stehenden Korns mit dem Meßstrick vermutlich noch andere Größen in die Rechnung gelangten als bei der Ermittlung des pro Arbeiter zu erzeugenden Gesamtprodukts des Landes: so die Größe des Feldes, die eine bestimmte Institution berechtigte zum Abtransport einer Menge von Korn, Abzüge für eine andere Instanz, die Rechte auf dasselbe Land hatte, Abzüge für die Produzenten u.a.m.

Der Satz auf der Stele von Bilgai, Z.20: **70 000 n-x n-jt p3j.j-šmw n-rnp.t**, beweist nicht nur, daß **šmw**, "*Ernte*", zugleich ein von höherer Stelle gefordertes jährliches Getreidequantum war, insofern der "Steuer" vergleichbar; die

---

379 Bemerkenswert ist der pBM 10447 (Gardiner, RAD, 59; ders., in: JEA 27, 1941, 58ff.); hier werden für eine Statue Ramses' II. im ganzen 800 Sack Korn eingezogen aus zwei Dörfern im Bezirk **Nfr-wsj** im Zeitraum von zwei Regierungsjahren Ramses' II. In jedem Jahr sind es 400 Sack, die von je einem Schreiber stammen, wobei als Produzenten für die beiden 400-Sack-Kontingente jeweils zwei **jḥwtj.w** genannt werden, so daß man hier auf die **ṯz-pr.t**-Quote kommt. Der pHarris I liefert keine befriedigenden Zahlen, obwohl er sowohl das in die neuen Gründungen geschickte Personal als auch das Getreideprodukt aufführt. So lassen sich die 86 486 Menschen, die Amun geschenkt werden, nicht zu dem Getreideprodukt von 309 950 **ḫ3r** (Z.12b,3) nach der **ṯz-pr.t**-Quote in Beziehung setzen (nach dieser wären zu der Produktion dieser Getreidemenge etwa 1550 Menschen notwendig). Indes wird nicht aufgeschlüsselt, wieviele Menschen, die dem Gott geschenkt wurden, **jḥwtj.w** waren. Schaedel, Die Listen des großen Papyrus Harris, 52f., nimmt an, daß der größte Teil der Leute auf den Feldern arbeitete, er berücksichtigt nicht das Personal für die **šnᶜ**-Häuser, die Gärten, die Herden, vielleicht auch die Bauarbeiter. Ginge man angesichts der 864 168,... Aruren, die der Gott erhalten hat, von 20 Aruren pro Mann aus, um 200 Sack Korn zu erzeugen, so käme man auf 43 208 **jḥwtj.w**, also ziemlich genau die Hälfte der geschenkten Leute (86 486). Die Arurenzahl und das angegebene Kornprodukt ins Verhältnis gesetzt ergäbe sich weniger als ein halber Sack per Arura, wo bis zu 10 Sack als Produkt einer Arure möglich sind. Auch die jährliche Gabe an Fest-Korn durch den König von 96 183 **ḫ3r** (2981 674 **ḫ3r** in 31 Regierungsjahren gemäß 16b,15) würde diese Zahl nicht wesentlich ändern. Die Gesamtrechnung am Ende des Papyrus nennt 1 071 780 Aruren (67,8) und 460 900 **ḫ3r** Getreide (69,5) als **b3kw-jḥwtj.w,** zwei Größen, die sich offenkundig nicht zueinander ins Verhältnis setzen lassen: Daß das mit **b3kw-jḥwtj.w** bezeichnete Produkt schon die Gesamteinnahme der Tempel von den neu geschenkten Aruren sein soll, ist unwahrscheinlich. (Warum Schaedel, op.cit., 59, Anm.4, in den 309 950 Sack für Amun das Produkt von 31 Regierungsjahren sehen will, ist unverständlich, da in der Einleitung zu dieser Liste gesagt wird, es handele sich um die Jahresauflage (**ḥtr-rnp.t**).) Im Einleitungstext zu Theben (7,2) heißt es noch, der König habe für die tägliche Speisung des Gottesopfers 100 000 Sack Getreide pro Jahr nach Theben fahren lassen; auch diese Größe steht in keinem Verhältnis zum möglichen Gesamtprodukt der dem Gott geschenkten Aruren. Die mit **b3kw-jḥwtj.w** bezeichnete Größe, die wohl von der Größe **b3kw-rmṯ.w** abgeleitet ist, muß also durch eine andere Rechnung zustande gekommen sein als die **ṯz-pr.t**-Größe, s.u. §436ff.

Fortsetzung verrät auch, daß es sich hier nicht um einen Abzug von einer anderen Größe handelt, sondern um eine Größe, die für das Individuum, dem sie auferlegt war, einen positiven Zweck darstellte. Andernfalls würde sich der Verfasser des Textes kaum rühmen, diese Größe noch überboten zu haben: Es war also eher die Erfüllung eines Produktionsauftrages als eine Abgabe[380].

§416

In dem Ausdruck **jt n-šmw** muß **šmw** auch ein verwaltungstechnischer Ausdruck sein: die Bezeichnung eines Getreidekontingentes als "*Gerste der Ernte*" wäre andernfalls nichtssagend. Daß mit dem Wort für "*Ernte*" eine bestimmte Art behördlicher Verfügung über das Getreide ausgesprochen ist, zeigt die Opposition in den Gurob-Fragments, Fragment M[381], wo sich neben Gerste, die **m-jt n-šmw** eingezogen wird, auch solche findet, die **m-jt n-jnjw.t ḥr-sꜣ** - "*als Gerste dessen, was später gebracht wurde*" - verbucht wird. *Kein* Beleg dafür, daß mit **šmw** hier eine "Steuer" gemeint ist. Wohl aber für die "Ernte" als behördliche "Staatsaktion" zu einem bestimmten Termin. Auch die Bezeichnung **šmw n-Pr-ꜥꜣ** für eine königlichen Felderart[382] (neben **ḫꜣ-tꜣ**-Feldern Pharaos, auf denen, nach einem anderen Beleg, freilich ebenfalls **šmw**-Ernten durchgeführt werden konnten[383]) verweist auf eine besondere verwaltungsmäßige Kategorisierung des als **šmw** geernteten Getreides[384].

4. **bꜣkw / bꜣk.t**

§417

Das Verbum **bꜣk** als Grundwort dieses Terminus für materielle Dienstleistungen kann in transitiver Verwendung sowohl die Bedeutung "*jemanden dienstbar*

[380] Vgl. auch Urk.IV, 1842,6: **rdj.sn-ḫꜣw ḥr-šmw.sn n-rnp.t-30**.
[381] Gardiner, RAD, 33.
[382] pSallier I, 9,7 (Gardiner, LEM, 87).
[383] pSallier I, 4,11 (Gardiner, LEM, 81).
[384] Im pWilbour findet sich der Ausdruck **šmw n-pš**, "*Anteilsernte*", als Ausdruck für Land und das von ihm gelieferte Korn, hierzu Gardiner, Pap.Wilbour, Comm., 24.; Helck, in: LÄ I, Sp.7 oben, s.v. "*Abgaben und Steuern*.

machen", "*versklaven*"[385] haben, gelegentlich mit dem Determinativ eines sitzenden Mannes mit Joch um den Hals geschrieben, als auch "*etwas bearbeiten*"[386]; es sind in der Regel Handwerksarbeiten, die mit **bꜣk** bezeichnet werden. In intransitiver Verwendung findet sich die Bedeutung "*(jdm.) zinsen*", "*(für jdn.) arbeiten*"[387].

Die intransitive Verwendung des Wortes, "*(für jdn.) arbeiten*", "*dienstbar sein*", ob sie sich nun als Sonderfall von "*arbeiten*" erklärt oder sich ableitet aus der passivisch gewendeten Bedeutung "*jdn. versklaven*", vereinigt in sich die beiden unterschiedlichen Bedeutungen der transitiven Verwendung. Einerseits gibt es Belege, die deutlich den Aspekt des Arbeitens betonen, wie der folgende:

jw.w-ꜥḥꜥ ḥr-bꜣk ḥr-ḏꜣḏꜣ n-pꜣ-bꜣkw n-Pr-ꜥꜣ, "*sie standen beim Arbeiten auf dem (Bau-)Werk Pharaos*"[388],

andererseits gibt es Belege, wo die Bedeutung der Arbeit ganz hinter der des Dienens oder "*Zinsens*" zurücktritt:

"*Götterbilder (...) denen die Edlen (...) dienen*"[389],

neben solchen, bei denen man nicht entscheiden kann, ob die Bedeutung

"*arbeiten*" oder "*dienen*" vorwiegt: .[390]

Es ist bemerkenswert, daß das Verbum **bꜣk** zwei Bedeutungen vereinigt, die in vielen Sprachen durch verschiedene Stämme ausgedrückt werden (z.B. δουλεύω contra ἐργάζομαι, *servare* contra *laborare, operare*). Gleichgültig, ob **bꜣk** wirklich eine Zwangsarbeit meint oder z.B. das Arbeiten des Königs für einen Gott, ist

---

385 Wb.I, 427,12, seit dem Alten Reich. Zu dem Verb und seinen Ableitungen s. Bakir, Slavery, 15ff.; Osing, Nominalbildung, Anm.914 und 918. Osing versteht das Wort **bꜣk**, *"Diener"* als Passiv-Bildung von Typ **sāḏam** und nicht als akt. Partizip **bāꜣ(i)k** (das nach dem kopt. **ⲂⲰⲔ** auch nicht ausgeschlossen wäre), da das Ableitungsverb **bꜣk** im Alten Reich in der intransitivischen Bedeutung noch nicht belegt ist.

386 Wb.I, 426,9.

387 Wb.I, 426,14ff.

388 pSalt 124 rto., 2,8 (Cerny, in: JEA 15, 1929, 243ff.); **bꜣk** im Sinne von "*arbeiten*" kann auch für den gebraucht werden, der streng genommen die Arbeit nur anordnet, z.B. pHarris I, 8,1: **bꜣk.j n-nꜣj.k-sšm.w (...) m-ꜥꜣ.t-nb<.t>-špsj.t**.

389 pHarris I, 11,1; gegen Helcks Übersetzung, Materialien II, 196, s. Gardiner, Pap.Wilbour, Comm., 17.

390 Urk.IV, 132,5.

in diesem Wort das *Arbeiten* zugleich als *Dienst* gefaßt, obwohl es der Arbeit an und für sich äußerlich ist, ob sie für einen Herrn stattfindet oder nicht[391].

§418

Dies gilt auch für die Verbalsubstantive **b3kw** und **b3k.t**[392]. Daß sie die Bedeutung eines Sammelbegriffs für konkrete Arbeitsprodukte haben können, ist aus zahlreichen Belegen zu ersehen. Neben dem in §417 zitierten Passus aus pSalt 124, wo **b3kw** die Bedeutung "(*Bau-*)*Werk*" hat, z.B. die Aufzählung von allen möglichen Handwerksprodukten im Grab des Qenamun, die mit den Worten endet: **b3k.t-ḥmw.t-nb.t**, "*und Arbeit*(*en*) *jedes Handwerks*"[393].

Ist hier das Resultat der Arbeit gemeint, so findet sich **b3kw** auch als ein Wort für die Arbeit in ihrem Prozessieren, so in einer Preisung des Schreiberberufs, wo es über den Vertreter einer anderen Tätigkeit heißt:

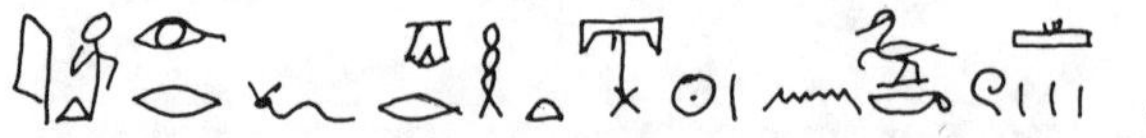,

"*Die Nacht verbringt er mit Arbeit*"[394].

Daneben ist jedoch auch eine Bedeutung belegt, welche sachlich etwas ganz Verschiedenes ist, aber dem Ägypter mit ersterer zusammenfloß: nicht "*Arbeit*(*sprodukt*)", sondern Pflicht zur Leistung eines bestimmten Arbeitsquantums. Außer dem Ausdruck **b3kw-rnp.t**[395] findet sich die aufschlußreiche Stelle im pLansing über einen Werftarbeiter:

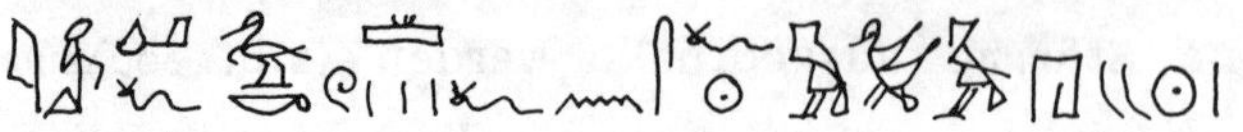,

"*Seine* **b3kw** *von gestern gibt er heute*"[396].

---

[391] In transitiver Verwendung könnte **b3k** vielleicht auch die Bedeutung von "*arbeiten*" nicht im Sinne der Herstellung eines bestimmten Gegenstandes, sondern der Erarbeitung einer Auflage haben: pHarris I, 47,10f.: ("*Ich füllte sie* (die Arbeitshäuser) *mit Sklaven, die ich als Beute gebracht hatte*") **r-b3k-ḥtp-nṯr.k (...) r-sḏf3-pr-Ptḥ** ... (**b3k** parallel zu den anderen Infinitiven wohl ebenfalls verbal aufzufassen).

[392] Wb.I, 427f.; Osing, Nominalbildung, 66 und 68.

[393] Davies, The Tomb of Ken-Amun at Thebes, PMMA 5, 1930, Pl.13; Urk.IV, 1391,4.

[394] pLansing, 4,8 (Gardiner, LEM, 103); pLansing, 6,1f. (Gardiner, LEM, 104), wird auch die Arbeit des **jḥwtj** als **b3kw** bezeichnet.

[395] pHarris I, 48,2; pTurin 1874 rto., 3,1 (KRI II, 818,9): **b3kw**/Jahr verschiedener Personen.

[396] pLansing, 5,2f. (Gardiner, LEM, 104).

Einen Unterschied zwischen der *Tätigkeit* einerseits und der *Verpflichtung* zu einem bestimmten Quantum dieser Tätigkeit andererseits hat man offenbar nicht gesehen. Vielleicht wurde dies dadurch gefördert, daß dem Ägypter die Unannehmlichkeit vieler Tätigkeiten ganz mit der untergeordneten Dienerstellung ihrer Repräsentanten in eins fiel. So heißt es in pLansing, 5,7, nach der Beschreibung von allen möglichen Tätigkeiten als Plackerei, daß der Schreiber es ist, der die **b3kw** aller dieser Leute, die sie ausüben, berechnet[397]: als Objekt von **ḥsb** ist **b3kw** die Bezeichnung für das Fixum, das den Leuten als Dienstverpflichtung auferlegt war; für **b3kw** in solchen Zusammenhängen hält das Wb. die Bedeutung "*Steuer*" bereit[398].

Daß **b3kw** als Bezeichnung für Produkt gleichzeitig die Bedeutung einer Auflage für den Hersteller dieses Produkts hat, zeigt sich auch an dem Text der Stele Kairo JdE 66285 für den Totenkult des Vaters von Scheschonq I.[399]. Es heißt z.B. in Z.16, daß ein halbes *hin* Honig täglich aus dem Schatzhaus des Osiris für das Gottesopfer des **Nmrṯ** erworben wird. Der Preis von 3,67 **dbn** Silber kommt aber dadurch zustande, daß dieses tägliche Quantum als Pflichtquantum (**b3kw**) von fünf Imkern des Tempels aufgefaßt wird, so daß mit dem Silber eigentlich fünf Dienstverpflichtungen gekauft werden[400].

§419

Wie für **šmw** gilt auch für **b3kw**, daß die in "*Steuer*" enthaltene Bedeutung eines *Abzuges* vom Einkommen oder Reichtum in dem Wort nicht vorliegt. Daß ein Wort für Arbeit und Arbeitsprodukt gleichzeitig in diesem Sinne "*Steuer*" bedeutete, wäre eigentümlich. Wenn man aber davon ausgeht, daß der in dem Stamm **b3k** enthaltene Arbeitsbegriff immer schon solche Arbeit meint, die zugleich ein Dienst ist, dann ist **b3kw** als Wort für Arbeitsprodukte zu verstehen, die als Resultat eines Dienstes zur "*Abgabe*" durch den Hersteller an einen Herrn oder an eine jeweils übergeordnete Stelle vorgesehen sind.

---

397 Gardiner, LEM, 104.
398 Wb.I, 428,6ff.
399 I.21.g.
400 Offenbar waren aber die Quantitäten des benötigten Produkts der Ausgangspunkt der Rechnung und nicht die Anzahl der zu erwerbenden dienstverpflichteten Leute, weshalb auch Bruchteile von Bäckern erworben wurden, s. Z.21.

5. jnw

§420

Unter den für Abgaben und Steuern in Anspruch genommenen Temini findet sich häufig auch das Verbalsubstantiv **jnw**, "*Lieferung*", sowohl in Bezug auf Güter aus dem Ausland als auch innerägyptische Produkte. Zur Abgrenzung des Begriffs **jnw** von "*Tribut*"[401] haben sich in jüngerer Zeit Liverani[402], Müller-Wollermann[403] und andere[404] geäußert. Weder **jnw** noch **bꜣkw** entsprechen der Definition des Tributs durch die politische Anthropologie[405]. Die aus dem Wort **jnw** selbst zu entnehmende Differenz zu **bꜣkw** besagt nur, daß die Gegenstände, die unter diesem Wort zusammengefaßt werden, durch die "*Lieferung*" in die Verfügung eines anderen übergehen, während die unter **bꜣkw** genannten Gegenstände schon unter einem Dienstverhältnis *produziert* werden. Über Grund und Bedingung der "*Lieferung*" von **jnw** läßt sich aus dem Wort selbst nichts entnehmen.

§421

Gegen die Überlegungen von Müller-Wollermann zur Bedeutung von **jnw** in den Tempelinschriften, die sie zu der Auffassung führten, bei **jnw** handele es sich in den meisten Fällen um freiwillige, ohne Zwang und unregelmäßig gegebene Geschenke als sekundäre Denotation des Wortes "*Lieferung*"[406], gibt es Einwände, die im Folgenden entlang ihrer vier Kriterien für die Abgrenzung von der Bedeutung Tribut erhoben werden[407].

§422

ad 1: Daß **jnw** aus dem Ausland häufig von Fürsten stammen, also von Einzelpersonen, widerspricht nicht unbedingt der Definition von Tribut als Leistung unterworfener Völker, da diese Einzelpersonen ja die Repräsentanten

---

401 **jnw** als "*Tribut*" aufgefaßt: Wb.I, 91,13; deutsche Überschriften in Urk.IV, z.B. 699, 701, 2003, 2006.
402 Liverani, in: Or. 42, 1973, 191ff.
403 Müller-Wollermann, in: GM 66, 1983, 81ff.; dort weitere Literatur.
404 Zu **jnw** und **bꜣkw** s. auch Bleiberg, in: JARCE 21, 1984, 155ff.; JARCE 25, 1988, 157ff.
405 Müller-Wollermann, in: GM 66, 1983, 81; 90f.
406 Müller-Wollermann, in: GM 66, 1983, 90.
407 Müller-Wollermann, in: GM 66, 1983, 84ff.

einer politischen Einheit sind. Der Unterschied z.B. zu dem **bꜣkw** entrichtenden Land Nubien (**Kꜣš**) muß nicht der von Geschenk einerseits, Tribut andererseits sein; es kann sich auch um die unterschiedliche Weise handeln, wie das Unterwerfungsverhältnis zwischen Ägyptern und Ausländern im Einzelfall gestaltet ist[408].

§423

ad 3: Ist die Unregelmäßigkeit der Lieferungen wirklich ein durchgängiges Merkmal der **jnw**-Gaben, mit denen sich diese von den **bꜣkw** unterscheiden? So werden die **jnw**-Gaben von **Rṯnw** in den Annalen Thutmosis' III. mit einer Regelmäßigkeit von Jahr zu Jahr aufgeführt, die sich nicht stark unterscheidet von der der **bꜣkw** aus Nubien.

Wie auch bei **bꜣkw**[409] findet sich bei **jnw**-Gaben in den Annalen oft der Zusatz **n-rnp.t-tn**[410], was zumindest auf eine Gewohnheitsmäßigkeit der Lieferungen schließen läßt. Auch stofflich gibt es Gemeinsamkeiten zwischen **jnw** von **Rṯnw** und **bꜣkw** von Nubien. Wie diese enthalten sie Menschen (**ḥm.w/ḥm.wt**), Gold, Rinder, während Pferde, Kriegswagen, Silber, Wein u.a. zu den Gaben aus Vorderasien gehören. Die Unterschiede in den Quantitäten der vergleichbaren Artikel sind nicht derart, daß man **bꜣkw** als Zwangsabgabe, **jnw** aber als freiwilliges Geschenk bezeichnen müßte. Die Schwankungen, die bei den Quantitäten der einzelnen **jnw**-Artikel aus **Rṯnw** von Jahr zu Jahr auftreten, lassen sich vergleichbar auch bei den **bꜣkw** von **Kꜣš** und **Wꜣwꜣ.t** feststellen. Andererseits

---

[408] S.u. §426.
[409] Urk.IV, 734,2.
[410] Z.B. Urk.IV, 691,13f.; 701,11; 705,17; 707,16.

sind bei einigen Artikeln aus **Rṯnw** charakteristische Größenordnungen zu beobachten, innerhalb derer sich die Schwankungen bewegen[411].

Unregelmäßigkeiten bei der Lieferung von **jnw**-Gaben, die Müller-Wollermann mit dem Verweis auf pBoulaq 18 belegt[412], können u.a. dadurch zustande kommen, daß die **jnw** sich auf die Erfordernisse besonderer Gelegenheiten beziehen[413]; ähnlich dürfte es sich auch bei den Eintragungen von **jnw** in pLeiden J350 vso. und pTurin 2008+2016 (vso., 2) verhalten. Hier handelt es sich bei

---

411 Hierzu einige Beispiele:

Pferde aus Rṯnw:

Jahr	30	33	35	38	39	40
	188	260	226	328	229	124.

Stärker abweichend Jahr 34: 30+[4] oder 50 (Urk.IV, 706, Anm.a); Jahr 42: 68 (einzige Beispiele unter 100).

ʿw.t-Vieh aus Rṯnw:

Jahr	31/2	33	38	39	40
	4622	5323	1200	1183	5703.

(Drei Beispiele über 4000, zwei in zwei aufeinander folgenden Jahren um 1200).

Rinder aus Rṯnw (jwꜣ, wnḏw, tpj):

Jahr	33	34	38	40
	28	13	12	45

(Abweichend Jahr 31/2: 286(!), dafür keine **kꜣ nj-jdr**).

Rinder aus Rṯnw (kꜣ nj-jdr):

Jahr	33	34	40
	564	530	749

(Abweichend Jahr 39: 84).

Jahr	31/2	33	34	37	38	39	41	42
Kꜣš, jwꜣ/wnḏw	113	114	105	[-]	111	[-]	[-]	-
kꜣ-jdr	230	305	70	[-]	185	[-]	[-]	-
Wꜣwꜣ.t, jwꜣ/wndw	31	44	[-]		77	35	35	-
				} 94				
kꜣ-jdr	61	60	[-]		-	54	79	-
Kꜣš, Gold (dbn)	[-]	135,2	300[..]	70,1	[-]	44,3	95,2	[-]
Wꜣwꜣ.t, Gold(dbn)	[-]	-	2554?	-	2844	-	3144,3	2374,1

Die geringsten Schwankungen für **Kꜣš** und **Wꜣwꜣ.t** ergeben sich bei den **jwꜣ/wnḏw**-Rindern; die Gesamtzahl der Rinder liegt bei den **jnw** aus **Rṯnw** höher als bei den **bꜣkw** aus Nubien. Beim nubischen Gold liegen die Beträge aus **Wꜣwꜣ.t** immer in den Tausendern und gehen seltsamer Weise immer auf 4 aus.

412 Müller-Wollermann, in: GM 66, 1983, 88.

413 Scharff, in: ZÄS 57, 1922, 55; zu diesem Papyrus s. auch Hayes, in: JNES 12, 1953, 38f. Spalinger zu den **jnw** in diesem Papyrus, in: SAK 13, 1986, 208ff.; s. auch ders., in: SAK 12, 1985, 179ff.

den jnw-Gaben um Einnahmen des Schiffes aus der Hand von Leuten, die an den jeweiligen Anlegeplätzen leben[414]. Eine Verpflichtung von Beamten zur Versorgung anlegender königlicher Schiffe ergibt sich aus dem Haremhab-Dekret[415] und aus der Stele zur Adoption der Nitokris, Z.9f.[416]. Zweifellos waren solche jnw unregelmäßig, da sie vom Zeitpunkt der Ankunft eines Schiffes abhängig waren; in der *Unregelmäßigkeit* solcher jnw-Gaben oder der jnw-Gaben, die bei einem Sed-Fest dem König von seinen Höflingen überreicht wurden[417], ist jedoch kein Hinweis auf *Freiwilligkeit* derselben zu sehen, auch wenn jnw gelegentlich freiwillige Geschenke bezeichnen kann.

§424

ad 4: Bei einem großen Teil der jnw-Belege wird es sich nicht um freiwillige Geschenke handeln, denn das Wort gehört in den Umkreis der Termini für "*Auflagen*". In der Inschrift über die Belohnung des HPA Amenophis ist nach der Erwähnung von šmw, š3jt, b3kw-rmṯ.w auch von den jnw-tp.w-ḏr.wt die Rede[418], für deren Ausführung der HPA vom König belohnt wird. In der Dienstordnung des Vezirs findet sich eine Bestimmung über die jnw (s.u.) unmittelbar vor einer, die die ḥtr-Auflagen betrifft[419]. Das Empfangen von jnw durch einen Beamten findet statt im Zusammenhang mit der Abrechnung der Herden (jrt-jrw)[420]. Die jnw können, so wie auch ḥtr und š3j.t, zum Gegenstand einer amtlichen Meldung durch den Beamten werden[421]. jnw-Gaben können schließlich zum Gegenstand der ḫbj genannten Tätigkeit werden, wobei es sich vielleicht um einen Ausdruck für Eintreibung handelt[422]. Der pGurob verbucht vso., 1b,2ff.[423], nach dem Empfang einer dem ḥ3tj-ᶜ von Mr-wr auferlegten (ḥtr) Quantität von Fischen die jnw eines anderen Beamten. Der Beschwerdebrief eines Priesters in pBologna 1094, 5,8ff.[424], über eine angeblich unrechtmäßige Auflage (ḥtr) beruft sich in diesem Zusammenhang auf eine "*Kopie*" (Quit-

414 S. dazu Janssen, Two Ancient Egyptian Ship's Logs, 104.
415 Urk.IV, 2150; Kruchten, Le décret d'Horemheb, 110f.
416 Caminos, in: JEA 50, 1964, 71ff.
417 Müller-Wollermann, in: GM 66, 1983, 87 und Anm.26.
418 Helck, in: MIO 4, 1956, 162; 170.
419 Urk.IV, 1114,13.
420 Urk.IV, 1394,2f.
421 jnw: Urk.IV, 1115,12; ḥtr: Urk.IV, 1114,14; š3j.t: Urk.IV, 75,17.
422 Smither, in: JEA 27, 1941, 75; Wb.III, 251f.; warum Müller-Wollermann, in: GM 66, 1983, 86, dieses Wort mit "*zählen*" übersetzt, ist unklar.
423 Gardiner, RAD, 17f.
424 Gardiner, LEM, 5f.

tung? Auflagenbescheid?) des ihn betreffenden "*Geldes*" (**ḥḏ**) und der **jnw**[425] (**mj[t.t]-pꜣ-ḥḏ / jnw m-⸢mḏꜣ.t⸣**). Daß das Schreiben dem Vezir vorgelegt werden soll, erinnert an den oben erwähnten Passus in der Dienstvorschrift des Vezirs über die Meldepflicht der **jnw** durch die Beamten beim Vezir[426].

§425

ad 5: Die Gegengabe des Königs auf die **jnw** der Fremdländer hin, die Müller-Wollermann anführt, um die Freiwilligkeit der **jnw**-Gaben zu unterstreichen[427], sind nicht geeignet, diese Gaben in einem Licht der Freiwilligkeit erscheinen zu lassen: die Gegengabe ist der "*Hauch des Lebens*". Ob nun die Gegenstände, die unter **jnw** zusammengefaßt wurden, in Wirklichkeit Handelsobjekte waren oder nicht, der Hauch des Lebens (**ṯꜣw nj-ꜥnḫ**) vom König ist keine Gegengabe im Sinne eines freiwilligen Geschenke-Austausches beider Seiten, sondern stellt im Gegenteil die Übergabe der **jnw** als Wirkung der überlegenen Macht des Königs dar, wie es der Schluß der von Müller-Wollermann zitierten Passage aus dem Grab des Rechmire zeigt:

jjt m-ḥtpw jn-wr.w nj.w-Rṯnw
ḫꜣs.wt-nb.t-mḥtj.wt nj.w(sic)-pḥwj-Sṯ.t
m-ksw m-wꜣḥ-tp
jnw<.w?>-sn ḥr-psḏ.sn
zjtw-rdt-n.sn ṯꜣw nj-ꜥnḫ
n-mrw.t-wnn ḥr-mw nj-ḥm.f
mꜣ.sn-nḫtw.f ꜥꜣ.t-wr.t
ḥrjt.f sḫm.s-jb.w.sn [428]

Die Gabe des Lebenshauches von einem Herrscher zu erbitten, ist wohl kaum anders zu verstehen denn als Kundgabe der bedingungslosen Unterwerfung unter den, in dessen Hand sich die Grundlage des eigenen Lebens befindet, der also Macht darüber hat[429]. Die Überlegung, "*daß der Wert der ägyptischen Gabe weit höher liegt als der der Gabe der Ausländer*"[430], ist in formaler Wei-

---

[425] Caminos, LEM, 18: "*revenue*"; Helck, Materialien II, 283: "*Steuer*".
[426] Belege für die parallele Verwendung von **jnw** und **bꜣkw** s. Müller-Wollermann, in: GM 66, 1983, Anm.8.
[427] Müller-Wollermann, in: GM 66, 1983, 84 und 86.
[428] Urk.IV, 1101,14ff.
[429] Dies ist ein Argument zur verwendeten Phraseologie, nicht zu der Frage, ob diese Fürsten wirklich in einem solchen Unterwerfungsverhältnis zum ägyptischen König standen.
[430] Müller-Wollermann, in: GM 66, 1983, 86.

se dem Austausch-Gedanken verhaftet, der hier in die Irre führt[431]. Auch ist die Abhängigkeit vom König nicht eine *Folge* des Darbringens der jnw[432]: Es ist wohl eine Unterwerfungs-*Erklärung* der Fremdländer, diese aber dürfte ihren Grund in ihrer behaupteten Abhängigkeit vom König aufgrund von dessen Übermacht haben.

Der Unterschied von bꜣkw und jnw als von Zwangsabgaben einerseits, freiwilligen Geschenken andererseits wird übrigens auch durch einen Text aus dem Grab des Ḥwjꜣ in Amarna relativiert, der vom Empfang der jnw (šzp-jnw) der Fremdländer durch Amenophis IV. handelt. Der König, der daraufhin wieder den Hauch des Lebens vergibt, sitzt bei diesem Empfang auf dem "*Thron* (jsb.t-ꜥꜣ.t) *des Empfangens der* bꜣkw *eines jeden Fremdlands*"[433].

§426

In der Regel mag bꜣkw für Güter aus solchen Ländern stehen, die in die ägyptische Verwaltung integriert waren, während jnw die Güter die aus Gebieten bezeichnet, die unter ihrer eigenen Herrschaft belassen waren[434]. Dennoch ist jnw kein typischer Ausdruck für die Leistungen von politisch unabhängigen Ländern. Für die jnw-Gaben aus Assur und Groß-Cheta in den Annalen Thutmosis' III. mag dies zutreffen; daß jedoch die wesentlich umfangreicheren Lieferungen der Großen von Rṯnw bloße Geschenke oder Handelsobjekte waren, ist unwahrscheinlich[435]. Wenn die jnw-Gaben solcher Fürsten nach den Inschriften geliefert wurden, damit ihnen der Hauch des Lebens vom ägyptischen König gegeben werde und von ihrem Respekt vor dessen Macht die Rede ist, so verweist dies auf die andere Gestaltung der Unterwerfung solcher Länder gegenüber den Gebieten Nubiens; da die "*Abgaben*" hier von den angestammten Herrschern geliefert wurden, werden sie zum Ausdruck ihrer persönlichen Unterwerfung unter die ägyptische Oberherrschaft ausgestaltet, was

---

431 Daß ideelle Gaben in dem Augenblick lächerlich werden, wo die dazugehörige Macht nicht mehr existiert, wird im Wenamun-Bericht, 2,27ff. (Gardiner, LESt, 69f.), dargestellt. - Der Austausch mit dem "*Lebenshauch*" erinnert an die Gepflogenheit der Engländer, den Indern gegen Kolonialtribute "*good gouvernment*" zu "verkaufen".

432 Müller-Wollermann, in: GM 66, 1983, 86.

433 Urk.IV, 2006,19.

434 Müller-Wollermann, in: GM 66, 1983, 90f. Immerhin ist aber auf der Statue des Minmose aus Medamud (Zeit Thutmosis' III.), Z.9f., von den bꜣkw der Großen von Rṯnw die Rede! Drioton, in: FIFAO 4.2, 1927, 54.

435 Vgl. Urk.IV, 694,7f.: Ernte von Rṯnw aktenmäßig so behandelt wie die bꜣkw der Südländer.

bei den **bꜣkw** aus Nubien, die von ägyptischen Beamten eingetrieben wurden, deplaziert gewesen wäre[436].

§427

Die Übersetzung von **jnw** mit "*Geschenk*" ist insofern problematisch, als die Verwendung dieses deutschen Begriffs auf der Opposition von Schenken und Kaufen beruht. Wo das Kaufen die durchgesetzte Form des gesellschaftlichen Güterverkehrs ist, hat demgegenüber das Geschenk den Charakter einer unverbindlichen und freiwilligen Gabe, oft privater oder persönlicher Natur. Im Ägypten des Neuen Reiches aber ist der Warenverkehr noch relativ schwach entwickelt gegenüber den Verhältnissen von Gütereinzug und -austeilung jeweils ohne Bezahlung. So haben auch die **jnw**-Gaben nicht den Charakter von Geschenken im eben genannten Sinn; dies sieht man z.B. an dem parallelen Gebrauch des Wortes zu "Steuer"-Begriffen oder auch daran, daß der Inhalt eines ganzen Speichers mit "**jnw** *der südlichen Oase und des Nordlandes*" angegeben werden kann[437].

§428

Die Listen im pHarris I über die königlichen Schenkungen von beweglicher Habe an die Götter zerfallen in mehrere Abteilungen. Die erste enthält Dinge, die dem Tempelpersonal als **šꜣj.t** und **bꜣkw-rmṯ.w** auferlegt sind als Auflage (**ḥtr**) jedes Jahres, die zweite die **jnw n-nb ꜥ.w.s.** genannten Gaben des Königs innerhalb von 31 Regierungsjahren. Dies ist jedoch nicht so aufzufassen, daß die erste Listen-Abteilung sich auf "*Abgaben der Untertanen*" bezieht, die zweite aber auf "*Geschenke des Königs*", wie Erichsen in seiner Textausgabe diese Abteilungen überschreibt. Aus dem Titel der Liste im thebanischen Abschnitt 12a,1-5 geht vielmehr hervor, daß auch die **šꜣj.t** und **bꜣkw-rmṯ.w** genannten Dinge Gaben des Königs an die Götter sind. **šꜣj.t**, **bꜣkw-rmṯ.w**, **jnw n-nb ꜥ.w.s.** und die für Feste fälligen Stiftungen (**wꜣḥ**) bezeichnen nur den unterschiedlichen Status der Dinge, die allesamt den Göttern "geschenkweise" zu-

---

436 Die Differenz wird deutlich an einer Stelle im pHarris I, 9,2ff.: Zunächst heißt es von dem *Amun-des-Ramses*-**ḥqꜣ-Jwnw** in Zahi, daß zu ihm die Ausländer (**ḫꜣstj.w**) von **Rṯnw** kommen mit ihren **jnw**-Gaben, um der Göttlichkeit des Amun willen, wohl aus eigener Anerkennung dieser Göttlichkeit; im nächsten Satz sagt der Köng, daß er das gesamte Volk (**tꜣ-dmḏw**) mit seinen **bꜣkw**-Gaben zu dem Gott *geführt* (**sṯꜣ**) habe.

437 Urk.IV, 1145,1ff.

fließen, kaum aber einen Unterschied in der Verbindlichkeit dieser königlichen Leistungen für den Gott.

Zum einen fallen gewisse stoffliche Differenzen auf zwischen den beiden Abteilungen. Das Gold ist nur im thebanischen Abschnitt in beiden Abteilungen vertreten, in den anderen Abschnitten aber nur in der **jnw**-Abteilung. Amulette aus Halbedelsteinen, Gegenstände aus Fayence, aromatische Hölzer, Natron, Salz, Flechtprodukte, **ᶜntw** (Myrrhen), bestimmte Arten von Geflügel gibt es nur in der **jnw**-Abteilung; andererseits findet sich hier kein Getreide, das nur in der **šꜣj.t/bꜣkw-rmṯ.w**-Abteilung sowie in der Abteilung der zusätzlichen Feststiftungen verbucht wird. Warum z.B. Sahne (**smj**) und Gänsefett in Theben nur unter den **jnw** verzeichnet sind, ist schwer einzusehen; besser zu verstehen ist die Verteilung des Goldes und anderer edler Metalle. Das Gold ist nur in Theben in der Abteilung der **šꜣj.t** und **bꜣkw-rmṯ.w** zu finden und ist hier aufgeteilt in *"gutes Gold"*, Gold von Koptos und Gold von **Kꜣš**. Hier dürfte es sich um die Erträge der dem **pr-Jmn** unterstehenden Goldförderung handeln, von denen der König einen Teil seinen dem **pr-Jmn** angegliederten Neugründungen zukommen ließ. *"Gutes Gold"*, das unter **jnw n-nb ᶜ.w.s.** verbucht ist, existiert zum größten Teil in Form von bestimmten Gegenständen und stellt mengenmäßig nur einen Bruchteil dessen dar, was als *"gutes Gold"* in der **šꜣj.t/bꜣkw-rmṯ.w**-Abteilung verzeichnet ist (57,5 **dbn** in 31 Jahren gegenüber 217,5 **dbn** jährlich). Dies könnte seinen Grund darin haben, daß das Gold in der **jnw**-Abteilung sich auf solche Gegenstände bezieht, die vom König als Grundausstattung an heiligem Hausrat in seine neuen Tempel gegeben wurden. Ähnliches gilt auch für das Silber in der **jnw**-Abteilung sowie für das gehämmerte Kupfer ebendort: diese wurden für Inschriftplatten verwendet, auf denen unter anderem die Schutzdekrete für die neuen Tempel verzeichnet waren[438]. Ebenso sind wohl auch die Amulette aus Halbedelsteinen als Teil der Grundausstattung zu verstehen.

In den Abschnitten über die anderen Tempelorte fehlt das Gold in der Abteilung der **šꜣj.t** und **bꜣkw-rmṯ.w** ganz, so als hätte die gesamte Goldförderung in den Südländern unter der Ägide des Amuntempels gestanden[439]. Umgekehrt fallen hier aber die **jnw**-Gaben an Gegenständen aus Gold höher aus: 1278,...

---

438 pHarris I, 6,6-10.

439 Vgl. Helck, Materialien I, 40: Königssöhne von Kusch als Vorsteher der Goldländer des Amun; anders Reisner, in: JEA 6, 1920, 78f.

dbn an *"gutem Gold"* in Heliopolis[440], 265,... an Gold insgesamt in Memphis[441], 1719,... Gold für die restlichen Tempel[442].

Zum andern gibt es eine erhebliche quantitative Differenz zwischen der **šȝj.t/bȝkw-rmṯ.w**-Abteilung und der **jnw**-Abteilung bei solchen Materialien, die sich in beiden Abteilungen finden. Außer für Gold gilt dies auch für Silber und Kupfer: Die Quantität in der ersten Abteilung innerhalb eines Jahres ist in Theben höher als die in der zweiten Abteilung innerhalb von 31 Jahren. Daß die erste Abteilung jährliche Betrage rechnet, die zweite aber die **jnw**-Gaben von 31 Regierungsjahren, dürfte für die von Müller-Wollermann konstatierte Unregelmäßigkeit der **jnw** sprechen, ohne daß dies deren durchgängige Eigenart sein muß[443]. Die substanzielle Differenz zwischen beiden Abteilungen dürfte die sein, daß die erste Abteilung Gegenstände verzeichnet, die als Resultat eines dem Gott vom König ein für allemal geschenkten Nutzungsrechts an Land, Menschen, Vieh in dessen Tempel strömten, die zweite aber solche Gegenstände, die jeder für sich ein einmaliges Geschenk des Königs waren.

6. ḥtr, šȝj.t, bȝkw-rmṯw

a. *Verhältnis der Begriffe zueinander*

§429

Keiner der bisher erörterten "Steuer"-Begriffe beinhaltete die Vorstellung eines Abzugs von einer anderen, zu besteuernden Größe, zu der jener in einem prozentualen Verhältnis stände. Dagegen verweisen die beiden Begriffe **ḥtr** und **šȝj.t** immerhin auf zwei sich beim Abgabenwesen gegenüberstehende Parteien. **ḥtr**, als Infinitiv des Verbums **ḥtr**, "*verpflichten*"[444], ist die Verpflichtung jds. zu einer Leistung und diese selbst[445], **šȝj.t** ist "*das Auferlegte*". **šȝj.t** und **ḥtr** kommen mit **bȝkw** zusammen in zahlreichen, teilweise widersprüchlich erscheinenden Verbindungen vor. Relativ klar differenzierbar sind die Termini **bȝk.t**, **šȝj.t** und **ḥtr** in einer Passage aus der biographischen Inschrift des Sennefer in dessen thebanischem Grab Nr.96, die seine Tätigkeit als Scheunenvorsteher schildert:

---

440 pHarris I, 33a,5.
441 pHarris I, 52a,8f.
442 pHarris I, 62b,5.
443 S.o. §423.
444 Wb.III, 200f.; Osing, Nominalbildung, 501, Anm.189 (zu S.36).
445 Osing, Nominalbildung, 7 mit Anm.23.

šzp.n<.j?>-ḥḥ [......] **bꜣk.t.sn** (wessen?) **m-šꜣ[j.]t nj.t-njw.wt.sn m-ḥtr nj-ṯnw-⌜rnp.t⌝**[446].

bꜣk.t dürfte hier das tatsächlich erarbeitete Abgabenprodukt meinen, während **šꜣj.t** und **ḥtr** sich auf dessen ideelle Seite beziehen, die Verpflichtung dazu. Dabei ist **ḥtr**, wie auch sonst häufig[447], als Soll pro Zeit gefaßt, während **šꜣj.t** in Verbindung mit Zeitbegriffen mir nicht bekannt ist, dafür aber häufig im Genitiv-Verhältnis von dem begleitet wird, dem die Verpflichtung aufgetragen ist[448]. Nur aus der wörtlichen Bedeutung von **ḥtr** und **šꜣj.t** eine Differenz zwischen beiden Termini zu erschließen, ist unmöglich, da beiden der Aspekt der Verpflichtung eignet. Dennoch muß für den Ägypter ein erheblicher Bedeutungsunterschied bestanden haben, da die beiden Wörter nicht nur in paralleler Verwendung vorkommen, so wie **šmw, šꜣj.t, bꜣkw(-rmṯ.w)**, sondern miteinander verbunden sich auch zu *einem* Ausdruck ergänzen können:

---

446 Urk.IV, 530,14ff.

447 **ḥtr-rnp.t** (pHarris I, 12a,5); **ḥtr n-ḥr.t-rnp.t** (Urk.IV, 1395,1); **jmj-ḥꜣw ḥr-ḥtr.k r-ṯnw-rnp.t** (pKoller, 4,7, Gardiner, LEM, 119f.).

448 **šꜣj.t** (...) **smd.t-nb<.t>** (pHarris I, 12a,1; hier ist die Differenz zu **ḥtr** ebenfalls faßbar, da am Ende steht: **m-pꜣj.sn-ḥtr-rnp.t**); **šꜣj.t n-smd.t-...** (pAn. III, 6,12, Gardiner, LEM, 28); **šꜣjw** (sic) **n-smd.t, šꜣj[.w?]-mtr n-pꜣ[...]** (pTurin 1874 rto., 3,19 3,4, = KRI II, 820 und 818); **šꜣj.t-nꜣ-mjnjw.w** (pChester Beatty V rto., 8,1f.). Auch **ḥtr** findet sich in Verbindung mit besteuerten Personen, so daß in dieser Hinsicht keine Differenzierung möglich ist.

pꜣj.j-ḥtr-šmw/šꜣj.t (also wohl: **pꜣj.j-ḥtr-šmw/pꜣj-j-ḥtr-šꜣj.t**)	Bilgai-Stele Z.17[449],
bꜣkw-tꜣ.wj ḥtr n-šꜣj.t	pHarris I, 28,5,
šꜣj.t (...) m-pꜣj.sn ḥtr-rnp.t	pHarris I, 12a,1–5, und entsprechende weitere Listen,
šꜣj.t (m-x m-y...) m-ḥtr-nb ntj-tw.tw-wẖꜣ.w r-pr-ḥḏ....	pChester Beatty V rto., 8,1ff.,

Das Verbum **ḥtr** kann mit **šꜣj.t** verbunden werden zu dem Ausdruck:

(jꜣw.t-nb.t-)ḥtr<tj> ḥr-šꜣj.t	pChester Beatty V rto., 8,1f.

Vergleichbar findet sich auch der Ausdruck:

(jw.sn-m-ḥm.wt (Sklavinnen) **m-pr-nb) ḥtrw ḥr-bꜣkw.sn**	Osorkon II. in Bubastis[450].

In einigen Belegen ist **šꜣj.t** direkt auf die konkreten Gegenstände der Auflage bezogen, während **ḥtr** für die Verpflichtung zu denselben steht[451]. In dem Ausdruck **šꜣj.t m-ḥtr-nb** ist dagegen umgekehrt **ḥtr** ein Sammelbegriff für die vorher

---

449 Gardiner, in: ZÄS 50, 1912, 49ff.; **šmw** und **šꜣj.t** sind hier zwei parallel gebrauchte Ausdrücke, wie die Wendung **ḥr-mḥ-šmw / ḥr-mḥ-šꜣj.t** in Z.16 der Stele zeigt. Als solche sind sie zusammen der Obertitel für die im Folgenden genannten Leistungen des Verfassers der Stele, **bꜣkw-rmṯ.w**, **ḥtr-bj.t** (Soll an Honig), **šmw**. Daß **šmw** hier als besonderer Terminus für das Getreideprodukt dient und daneben auch als Obertitel für alle Leistungen neben **šꜣj.t** verwandt wird, ist vielleicht so zu erklären, daß **šꜣj.t** allein kein Oberbegriff für die Getreideleistungen sein konnte. **šꜣj.t** war ein Oberbegriff für Auflagen aller Art, jedoch nicht für die unter **šmw** genannte Getreideleistung. Dies wird bestätigt durch die parallele Aufzählung **šmw / šꜣj.t / bꜣkw-rmṯ.w** in der Inschrift über die Belohnung des HPA Amenophis. Andererseits wird in der ersten Abteilung der Liste der Schenkungen von Mobilia im pHarris I unter **šꜣj.t / bꜣkw-rmṯ.w** auch ein **bꜣkw-jḥwtj<.w>** genanntes Getreideprodukt aufgeführt, welches gemäß den vorhergehenden Überlegungen dann nicht mit dem **šmw** genannten Getreideprodukt identisch sein dürfte, s.u. §§434ff. und §§441ff., ferner §415, Anm.379. Der Befund der Bilgai-Stele widerspricht anderen Belegen, insofern hier **šꜣj.t** der Obertitel für **bꜣkw-rmṯ.w** ist, während in der eben genannten Listenabteilung des pHarris I und in der Belohnungsinschrift des HPA Amenophis beide Termini nebeneinander stehen. Als Oberbegriff aller Leistungen (außer **šmw**) erscheint **šꜣj.t** im pChester Beatty V rto., 6,1f.: **jꜣw.t-nb.t-ḥtr<tj> ḥr-šꜣj.t smd.t-nb.t m-mjt.t**. **ḥtr** ist im Text der Bilgai-Stele deutlich als quantitative Bestimmung von **šmw** und **šꜣj.t** zu identifizieren; dies ist jedoch nicht durchgängig der Fall, s.o. §412.

450 Naville, Festival-Hall, Pl.6; van Siclen, in: JNES 32, 1973, 296ff.

451 Zu **ḥtr**, "*verpflichten*", in Verbindung mit bestimmten Gebrauchswerten oder Leistungen (mit **ḥr** bzw. **r**) s. KRI II, 332,8f. und 333,9f.

aufgezählten konkreten Gegenstände, während **š3j.t** die Verpflichtung zu diesen meint.

b. Abgaben und Einkommen

§430

Es ist kennzeichnend für die ökonomische Funktion der Abgabe, daß das Ägyptische, ein Wort, das die Verpflichtung zu einer Leistung beinhaltet, auch als Sammelbegriff für Gebrauchswerte benutzen konnte. **ḥtr** wird, anders als der moderne Begriff der "*Steuer*", nicht nur für Abgaben, sondern auch für Zuteilungen und Rationen[452] verwendet.

[453]

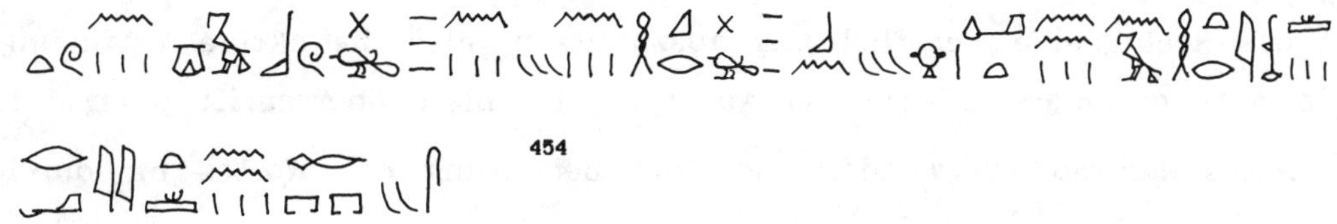
[454]

Janssen[455] versucht dieses Phänomen damit zu erklären, daß der Terminus **ḥtr** ("*dues*") sich so eng mit den Gütern verbunden habe, die dann an die Arbeiterschaft von Deir el-Medineh verteilt wurden, daß er die Bedeutung "*Lohn*" ("*wages*") annahm. Jedoch werden z.B. auch Beamtengehälter heutzutage aus Steuermitteln bezahlt, es ist dasselbe Geld in anderer Funktion, dennoch würde das Wort "*Steuer*" niemals eine Nebenbedeutung "*Gehalt*" annehmen; im Gegenteil, das Beamtengehalt ist selbst steuerpflichtig. Das Phänomen läßt sich nicht mit dem Verweis auf Sprachgewohnheiten erklären; vielmehr liegt hier ein prinzipiell anderes Verhältnis von Abgabe und Einkommen vor, nicht mit dem von Steuern einerseits, Löhnen und Gehältern andererseits vergleichbar[456].

Das Problem der Doppelbedeutung stellt sich schon bei dem Ableitungsverbum und nicht erst bei der Bezeichnung der Gegenstände der Verpflichtung als

---

[452] Wb.III, 201,17f.; hierunter fällt auch pHarris I, 12a,5, wenn man **p3j.sn-ḥtr** nicht auf **smd.t-nb.t** bezieht, sondern auf die Tempel; s. auch Caminos, Tale of Woe, 54; Helck, Verwaltung, 38, zu Urk.IV, 1114,9; Janssen, Commodity Prices, 456f.

[453] oDeM 114 rto., 5.

[454] Botti, Peet, Giornale, Pl.25,9.

[455] Janssen, in: SAK 3, 1975, 176.

[456] Römer, in: GM 108, 1989, 12ff.

"*Steuer*" und "*Lohn*" in einem: **ḥtr** kann neben "*verpflichten*" auch "*zuteilen*" oder "*ausstatten*" bedeuten:

Inscr. dédic. R.II Z.90 (KRI II, 333):	**ḥtr.j-n.k ꜣpd.w m-šꜣ n-grg,** *"ich teilte dir Vögel zu aus dem Sumpfland des Fallenstellens."*
Urk.IV, 753,8ff.:	*("Gebt mir Bratenstücke")* **mj-ḥtr.j-tp-tr.w m-jwꜣ.w,** *"da ich die Jahreszeitenfeste mit Rindern ausgestattet habe."*
Urk.IV, 1114,9:	**ntf-ḥtr-ḥtr-nb m-ᶜqw n-ddw-n.f-sw-nb** (hier auch das Nomen "*Zuteilung*").

Der Ausdruck "*Verpflichtung*" ist gleichbedeutend mit Abgabenleistung nur vom Standpunkt dessen, der sie zugunsten eines anderen zu erfüllen hat. Für diesen oder für diese Instanz bedeutet **ḥtr** nicht das passive Verpflichtetsein, sondern das Recht, eine Verpflichtung auszunutzen, also die aktive Verfügung über die Auflage eines anderen. Im Ausdruck der Listenüberschrift pHarris I, 12a,5: **m-pꜣj.sn-ḥtr-rnp.t** verwandelt sich die Bedeutung des Wortes **ḥtr** durch den Bezug von **pꜣj.sn** statt auf die leistungspflichtigen **smd.wt** der Tempel auf die Tempel selbst von "*Jahresauflage*" in "*Jahresverfügung*", ohne daß sich am Sinn der Überschrift im Ganzen etwas ändern würde. Übersetzt man **ḥtr n-** mit "*etwas für jdn. ordern*", so hat man "*Verpflichtung*" und "*Zuteilung*" auch im Deutschen in einem Ausdruck zusammengefaßt[457].
Zwei ebenfalls mit "*Abgabe, Steuer, Tribut*" übersetzbare Worte, das seltenere **šdj.t**[458] und **jnw** betonen jeweils einen der beiden Aspekte der Leistungsverpflichtung: **šdj.t** den des (Fort-)Nehmens (**šdj**) von dem Abgabepflichtigen, **jnw** den des Bringens zum Einkommensberechtigten.

§431
Die Schwierigkeit liegt nicht in den ägyptischen Worten, sondern in den Rechtsvorstellungen, die mit dem Begriff der Steuer verknüpft sind. Wenn

---

[457] Vgl. auch den Ausdruck **ḥtr r-** im Haremhab-Dekret, Z.15 (Urk.IV, 2144,10), von Schiffen, die zu (Transport-)Leistungen verpflichtet sind "*in Richtung auf die* **wᶜb.wt s.wt-Pr-ᶜꜣ**", womit wieder die Nutznießer der Verpflichtung angegeben sind; s. auch Kruchten, Le décret d'Horemheb, 41. Zu **ḥtr n-pꜣ-ḫr** s. Vernus, in: RdE 37, 1986, 145ff.

[458] pTurin 1874 rto., 3,5 (KRI II, 819): **šdj<.t>-mtr<.t> ntj-tw.tw-ḥr-šd<t>.s m-ᶜ-nꜣ-wḥᶜ.w.**

"*Steuer*" als Einkommen des Staates nie ein Wort für Einkommen geworden ist, so liegt das an der Besonderheit *dieses* Einkommens: Der Staat, der heute eine Steuer erhebt, ist nicht einer unter anderen Einkommensbeziehern, die öffentliche Sphäre ist vielmehr der Gegenpol zu allen Privateinkommen. Der Anteil, der von den privaten Einkommen zur Steuer bestimmt ist als Einnahme des Staates, verwandelt auch seinen rechtlichen Charakter: Aus Privateigentum wird öffentliches Eigentum, das Einkommen der öffentlichen Instanz ist Nicht-Einkommen aller Staatsbürger auch dann, wenn Beamte damit bezahlt werden. Denn dies geht nur vor sich durch eine erneute rechtliche Verwandlung der Steuermittel in ein seinerseits steuerpflichtiges Gehalt.
Wo aber Güter eingezogen werden von zahllosen Instanzen zur Versorgung ihres jeweiligen Personals, seien es Angestellte eines "*Gottesopfers*" oder sei es z.B. die Nekropolenarbeiterschaft von Theben, da sind die Abgaben der einen unmittelbar die Einkommen der anderen, die Identität wird nur bei längerfristig lagerfähigen Produkten verhüllt durch den Zwischenaufenthalt in einem Magazin.

Die Eintragung im pGurob aus der 19. Dynastie, rto., 2,12: **šzp m-pꜣ-ḥtr n-rmj.w ntj-ḥr-ḥꜣtj-ᶜ** [459], steht ebenso gut für ein Verständnis von **ḥtr** als Auflage des Fürsten wie als Einkommensposten an Fisch für den Harim von **Mr-wr**. Die Bemerkung von Müller-Wollermann[460] zu einer anderen Eintragung im selben Papyrus macht die Fragwürdigkeit der Kriterien deutlich, nach denen man Lieferungen als "*Steuern*" beurteilt:

> (**jnw**) *"liefert (...) ein Vorsteher der beiden Throne des Königs in Form von Brot und Bier. Sowohl Tribute als auch Steuern kann man wegen der Verderblichkeit der Güter wohl auch hier ausschließen."*

Wenn es an der Aufbewahrbarkeit der abgelieferten Güter liegen soll, ob man sie als Gaben oder als Steuern einschätzt, dann ist die Unterscheidung nicht viel wert; die längere Verweildauer von Getreide in einer Scheune macht dies nicht zur Steuer gegenüber dem sofort zu verzehrenden Fisch. Die Scheune steht hier wohl für das Bild einer größeren Allgemeinheit der Verteilung gegenüber solchen Produkten, die für den sofortigen Konsum bestimmter Individuen geliefert werden. "*Steuer*" ist ein rechtlich definierter Terminus und

---

[459] Gardiner, RAD, 15.
[460] Müller-Wollermann, in: GM 66, 1983, 87 (zu Gardiner, RAD, 18,2f.).

sollte nicht mit einem Organisationsprinzip bei der Verteilung von Gütern verwechselt werden[461].

§432

Der Vorgang, wie Getreide von den Agenten seiner Produktion in den Speicher gelangt, wird im pTurin 1896+2006[462] als rein technischer Vorgang mehrerer Übergabe-Akte dargestellt, ohne daß sich eine Differenz zwischen den *dramatis personae* des Abgabewesens im Sinne von Steuerzahler einerseits, Staatsbehörde andererseits feststellen ließe. Die Formulierung, mit der der Empfang von Getreide durch den Nekropolenschreiber Thutmose aus der Hand der Produktionsagenten konstatiert wird, ist die gleiche wie die, die für die Einlieferung des Getreides durch Thutmose in den Speicher verwendet wird:

šzp ... m-dmj-X jn-zš Ḏḥwtj-msjw ... m-ḏr.t-NN[463],
šzp ...... m-ḏr.t-zš-Ḏḥwtj-msjw ..... jn-šmꜥj.t n-Jmn Ḥnw.t-tꜣwj zš Nsj-Jmn-Jp.t ....
sꜥqw r-pꜣ-mḫr...("*eingetreten in den Speicher*")[464].

Es ist wohl deshalb kein Vorgang, der noch einer rechtlichen Terminologie bedurft hätte, weil hier bei der Übergabe kein Besitzwechsel des Getreides stattfand. Das Getreide wird definiert als zu den **ḫꜣ-tꜣ**-Feldern Pharaos gehörig[465] und wird vom Nekropolenschreiber empfangen *"aus der Hand"* von Gottesdienern[466], die für den Anbau auf den **ḫꜣ-tꜣ**-Feldern *verantwortlich* waren, ohne deren *Eigentümer* zu sein. Gelegentlich werden die einzelnen Getreidequanta auch empfangen *"aus der Hand"* von Bearbeitern und Beamten, die unter der Autorität der Gottesdiener standen[467] und erst recht nicht die Eigentümer des Landes und seines Ertrages waren. Die Personen, die in den Abgabe-Vorgang involviert sind, treten auf als Funktionäre eines Rechtsver-

---

[461] Auch die neuerdings recht beliebt gewordene Terminologie von "*Redistributivität*" contra "*Reziprozität*" ist voreingenommen, da sie davon ausgeht, der Zweck einer Ökonomie sei nur die Verteilung von Gütern an die Individuen, wobei nur die *Art* der Verteilung differiert. Wenn es darum geht, etwas über den Zweck einer bestimmten Ökonomie herauszufinden, taugen beide Termini nichts: *Reziprozität* passt gleich gut auf sprachliche Ausdrücke, Fußball oder Gesellschaftstanz. Am Warentausch festzuhalten, er sei *reziprok,* also zu deutsch "*wechselseitig aufeinander bezogen*", ist banal. Zu erklären, *welche ökonomischen Gesetze* sich *in* dieser Wechselseitigkeit des Tausches geltend machen, wäre dagegen ein lohnendes Unterfangen.
[462] Gardiner, RAD, 35ff.
[463] pTurin 1896+2006 rto., 2,1ff. (Gardiner, RAD, 36) *et passim.*
[464] pTurin 1896+2006 rto., 3,6f. (Gardiner, RAD, 38).
[465] pTurin 1896+2006 rto., 1,3 (Gardiner, RAD, 36).
[466] pTurin 1896+2006 rto., 1,3 (Gardiner, RAD, 36).
[467] pTurin 1896+2006 rto., 3,2 (Gardiner, RAD, 38).

hältnisses, welches nicht *sie* zu *Steuerzahlern* macht, sondern unabhängig von ihnen auf dem Boden und dem Getreide liegt. Dementsprechend vielfältig und vielgestaltig können die Abgabenleistungen der einzelnen Personen sein, die sich, je nach den Orten, an denen sie Felder innehaben, an die verschiedensten Adressaten als Einnehmer richten können.

So hat ein **jdnw-tꜣ-nt-ḥtr** nach dem pWilbour an drei verschiedenen Orten Felder. Von einem Landstück bei **Pr-jqr** entrichtet er Leistungen für eine Vieh-Kräuter-Domäne des **pr-Jmn**[468], für den Landeplatz von **ꜣnꜣjnꜣ** entrichtet er sie als Teilhaber von Feldern Pharaos bei **Nꜣjr'tj**[469], schließlich ist er abgabenpflichtig für den Totentempel Ramses' V. auf einer Domäne bei Hardai[470]. Der Schatzhausvorteher **Ḫᶜj-m-tjr** ist mit 16 verschiedenen Eintragungen im pWilbour vertreten[471]. Der Kornrechnungsschreiber **Nsj-Jmn** vom **pr-Jmn** im pTurin 1896+2006 rto. liefert Korn des Month-Tempels an den Schreiber Thutmose, wobei er "*unter der Autorität*" eines Gottesdieners des Month steht[472]. Derselbe Rechnungsschreiber ist in **Jw-m-jtrw** als Lieferant (**m-ḏr.t**) von Korn des Sobektempels und des "*Vermögens*" (**ᶜḥᶜ**) Pharaos verzeichnet[473]. Es handelt sich hier sicher nicht um die bei der heutigen Steuer vorliegende partielle Enteignung von Privatbesitz, überhaupt nicht um eine *ad personam* ausgerichtete Steuer.

§433

Wenn die Arbeiterschaft der königlichen Nekropole aus dem Schatzhaus Pharaos Rationen erhielt, die als **ḥtr** bezeichnet werden konnten, so heißt dies nicht, daß aus einem Wort für Abgabe nun ein Wort für Lohn geworden war[474].

---

[468] pWilbour, 17,7ff., §31.
[469] pWilbour, 61,19, §156.
[470] pWilbour, 47,29, §123.
[471] Gardiner, Pap.Wilbour, Comm., 84.
[472] pTurin 1896+2006 rto., 3,1ff. (Gardiner, RAD, 38).
[473] pTurin 1896+2006 rto., 5,5/8/10 (Gardiner, RAD, 42); vgl. auch 4,11 (Gardiner, RAD, 41); Gardiner, in: JEA 27, 1941, 33; 34f.
[474] Man denkt an "Löhne", weil diese Rationen für "Arbeiter" ausgegeben werden sollen. Jedoch sind Löhne etwas ganz anderes als Rationen; wo Löhne gezahlt werden, findet ein Kaufakt statt, in der sich ein Geldbesitzer und ein Besitzer von Arbeit als Privateigentümer ihres jeweiligen Gutes gegenüberstehen. Das Prinzip der Ration ist jedoch nicht der Kauf, sondern die Versorgung. Der Arbeiter muß nicht gekauft werden, weil der König ohnehin schon sein "Besitzer" ist, oder besser: sein "*Herr*" (**nb**); daher findet auch mit der Ausgabe der Ration kein Besitzwechsel derselben statt, sondern der Arbeiter des Herrn verzehrt dessen Ration. Dagegen wechselt das Geld, welches an einen Arbeiter als Lohn gezahlt wird, wirklich den Besitzer, so wie umgekehrt auch die Arbeit.

Denn der Status dieser Sachen veränderte sich nicht dadurch, daß sie nun im Schatzhaus für die Bedürfnisse von Einkommensberechtigten bereitlagen. Ferner: Ob sie vom König in Person konsumiert wurden, oder ob er sie an seinen Hofstaat verteilte oder auch an "Arbeiter", die seine Aufträge ausführten, es blieb das Einkommen des Königs.

c. **bȝkw-rmṯ.w** *und verwandte Begriffe*

§434

Das Wörterbuch verzeichnet für das Neue Reich als mögliche Bedeutung von **bȝkw** "*Lohn*" (mit Fragezeichen) und verweist auf das koptische ⲂⲈⲔⲈ[475]. Der Ausdruck **ṯȝj-bȝkw**, auf den sich das Wb. als Beleg für diese Bedeutung beruft, findet sich im pBibl.Nat.198, III rto., 14ff.[476]. Der Zusammenhang, in dem der Ausdruck im Papyrus vorkommt, ist einigermaßen unklar, doch geht es hier nicht um das Empfangen von Lohn wie im koptischen Ausdruck ϪⲒⲂⲈⲔⲈ[477].
Einmal wird folgender Zusammenhang hergestellt:

"*Wenn sie* (die Leute) *nicht arbeiten werden, dann gibt es keine* **bȝkw** *für die* (oder: *der*) *Leute*" (**wn-bn-bȝk.w ḫr-bn-bȝkw n-nȝ-rmṯ.w**)[478];

später heißt es dann:

"*Du hast früher unsere Leute genommen und hast* **bȝkw** *genommen; und sieh, du hast die Leute wieder genommen und hast* **bȝkw** *genommen*" (**ṯȝj.k-nȝj.n-rmṯ.w / ṯȝj.k-bȝkw**)[479].

Auch wenn der genaue Sinn dieses Vorwurfs unklar ist, geht der Briefschreiber vermutlich davon aus, daß man nur eines von beiden "*nehmen*" darf. Am Ende des Briefes wird vom Adressaten verlangt, er solle sich um Getreide für die Leute kümmern, damit sie nicht hungern und untätig (⸢**wsf**⸣) sind. Sollte dies mit der ersten zitierten Aussage in einem Zusammenhang stehen, die ja ebenfalls mit Untätigkeit der Leute zu tun hat, so könnte dies heißen, daß die **bȝkw**, von denen hier die Rede ist, Getreiderationen für die Leute meinen.

---

475 Wb.I, 428,15; dagegen aber Janssen, Two Ancient Egyptian Ship's Logs, 90.
476 Cerny, LRL, 69.
477 Westendorf, KHW, 21f.
478 So mit Cerny-Groll, LEG, 329, gegen Wente, LRL, 81.
479 Wente, loc.cit., versteht das **ṯȝj.k** dagegen als prospektives **sḏm.f** mit finaler Bedeutung (Cerny-Groll, LEG, 45,4): "*So that you might take work*"; dieselbe Auffassung auch bei Wente, LAE, 172f.

§435

Ist **bꜣkw** das Regens eines Genitiv-Verhältnisses, so sind zwei Bedeutungen möglich. In selteneren Fällen ist die Auflage jds. gemeint, die er einem anderen auferlegt:

("*Er tat mir Böses in meiner Stadt*")

"*Schwerer lastet seine Auflage auf mir, als sich denken läßt*"[480].

Häufiger sind mit **bꜣkw** jds. aber die Auflagen dessen gekennzeichnet, der sie zu leisten hat: "*Seine* **bꜣkw** *von gestern gibt er (erst) heute*"[481]
Hier wie auch im Text der Stele Kairo JdE 66285 über die Stiftung für den Vater Scheschonqs I. in Abydos[482] sind mit den **bꜣkw** jds. die Leistungen gemeint, die diese Person zu erbringen hat. In dieselbe Gruppe gegenüber dem zuerst zitierten Beleg aus pPushkin 127 gehört auch die Bedeutung von **bꜣkw.sn** in einer Passage auf der Restaurationsstele Tutenchamuns[483], die aber dennoch etwas von den beiden zuletzt genannten Belegen differiert:

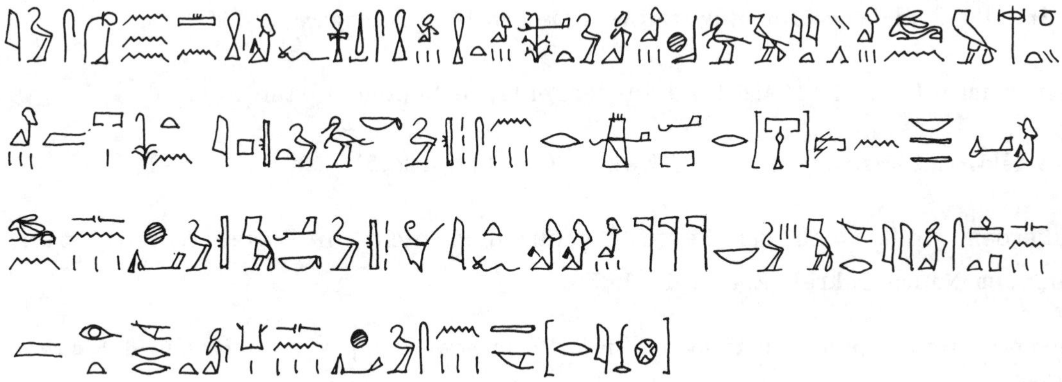

Der König berichtet zunächst, daß er die Dienerschaft, die (teilweise?) vorher im **pr-njswt** beschäftigt war, (den Göttern) "*geweiht*" (**swᶜb**) habe, und konstatiert dann, daß

1. deren **bꜣkw** zu Lasten des Palastes und des königlichen Schatzhauses gerechnet werden,

---

480 pPushkin 127, 4,11f.; Caminos, Tale of Woe, 57f. (hier die Nebenform **bꜣk.t**).
481 pLansing, 5,2f. (Gardiner, LEM, 104).
482 I.21.g.
483 Urk.IV, 2030,6ff.

2. er angeordnet habe, daß sie "*geschützt*" seien, um die Götter zufriedenzustellen[484].

Wenn die erste Bestimmung einen Vorteil für die Götter darstellen sollte, so kann sie nur bedeuten, daß Abgaben, die für die Benutzung der Leute zu entrichten waren, nicht von den Tempeln, sondern von den königlichen Institutionen getragen wurden, vielleicht in dem Sinne, daß das königliche Schatzhaus wie vorher für ihren Lebensunterhalt aufkam (so daß dies ein weiterer Beleg für **bꜣkw** = "*Ration*" wäre?).

§436

Die Bedeutung von **bꜣkw** jds. im Sinne von **bꜣkw**, die für jdn. von einem Dritten zu entrichten sind (unklar freilich, an wen), ist besonders deutlich bei dem Terminus **bꜣkw-rmṯ.w** in Verbindung mit dem Possessiv-Artikel der ersten Person im Munde eines Beamten auf der Stele von Bilgai[485]. **bꜣkw-rmṯ.w** ist offenkundig ein fester Begriff und findet sich in diesem Sinne auch in der Belohnungsinschrift des HPA Amenophis:

pꜣ-ᶜrᶜr j.jrj.k nꜣ-šmw šꜣj.t bꜣkw-rmṯ.w n-pr-Jmn-Rᶜ-njswt-nṯr.w r-ḫt.k[486].

Ferner im pHarris I, 12a,1 (und in den entsprechenden Listen):

šꜣj.t bꜣkw-rmṯ.w-smd.t-nb<.t> n-tꜣ-ḥw.t ... (s. auch 12b,2).

Außerdem findet sich der Begriff, wenn auch nicht in dieser festen Verbindung, im Nauri-Dekret, Z.47 (KRI I, 53):

ḥnᶜ-šd<t>-bꜣkw n-pꜣ-rmṯ n-tꜣ-ḥw.t... m-ᶜ.f[487] **m-hrw-nb ntj-jw.f r-jr<t>.f-m-dj.f ddw r-tꜣ-ḥw.t...;**

im pBibl.Nat.198, III rto., 7f.:

bꜣkw n-nꜣ-rmṯ.w[488] (Dativ oder Genitiv).

---

[484] Zu dem weiblichen Dienstpersonal in Tempeln vgl. auch pHarris I, 47,9; Abgaben und Abgabenbefreiung im Zusammenhang mit weiblichem Tempelpersonal wird angesprochen in der Inschrift zu einem Relief aus Bubastis von Osorkon II., Naville, Festival-Hall, Pl.6; van Siclen, in: JNES 32, 1973, 296ff.

[485] Gardiner, in: ZÄS 50, 1912, 49ff.

[486] Lefebvre, Inscr., Nr.42; Helck, in: MIO 4, 1956, 162.

[487] Geschrieben **m-dj.f**.

[488] Cerny, LRL, 69,6.

Der pHarris I macht deutlich, daß **bꜣkw-rmṯ.w** zugleich ein Oberbegriff ist, denn in der Liste, über der er steht, sind **bꜣkw-jḥwtj.w**[489], **bꜣkw n-nꜣ-kꜣpw.w / wḥꜥ.w** (der Vogelfänger und Fischer) verzeichnet. Demnach ist auch der Ausdruck **bꜣkw n-tꜣ-mrj<.t>** "*Leistung der Weberleute*" hier aufzuführen, von der es im pAn. VI, 19ff.[490] heißt, daß sie ebenfalls durch einen Beamten zu entrichten ist.

§437

Diese **bꜣkw-rmṯ.w** waren nach Auskunft der Bilgai-Stele für den jeweils verantwortlichen Beamten quantitativ festgelegt (vermutlich auch qualitativ), wobei, wie die in §436 zitierte Stelle aus dem Nauri-Dekret zeigt, die Anzahl der Arbeitstage in Anschlag gebracht wurde und vermutlich auch die Anzahl der angewandten Leute. Diese Stelle im Nauri-Dekret und ihre Fortsetzung, wo es um entsprechende **bꜣkw** für ein Schiff geht, könnten so gedeutet werden, daß die zu entrichtenden **bꜣkw** zustande kamen als Teil einer Strafe: Entschädigung für Zweckentfremdung von fremdem Besitz; so faßt es Kruchten auf: "*Paiement d'une indemnité calculée en fonction du temps pendant lequel il* (der **nmḥw** im Haremhab-Dekret) *a été privé de son instrument de travail*"[491]

Dies ist jedoch nur eine spezielle Art der Geltendmachung von **bꜣkw(-rmṯ.w)**; es wurde als Strafe für *Mißbrauch* verlangt, weil es *allgemein* für die Benutzung von Leuten gegen den jeweiligen Benutzer geltend gemacht wurde. Dies zeigt eine Stelle in einem Brief in pTurin A vso., 4,6[492], wo es nach der Klage, daß dem Briefschreiber acht Leute für die **bḥ**-Fron abgezogen wurden, in zerstörtem Zusammenhang heißt:

 , "*....ihre* **bꜣkw** *gegen mich gerechnet werden*".

Der Briefschreiber befürchtet wahrscheinlich, Leute angerechnet zu bekommen, über die er gar nicht wirklich verfügen konnte, weil sie ihm weggenommen wurden. Eine ähnliche Klage findet sich auch im pBol.1094, 6,6[493]; ein Seth-Priester beschwert sich in einem Brief über ungerechtfertigte Forderungen und sagt mit Blick auf den Vezir:

[489] Hierzu evt. auch Cerny, LRL, 53,8f.
[490] Gardiner, LEM, 74.
[491] Kruchten, Le décret d'Horemheb, 73.
[492] Gardiner, LEM, 124.
[493] Gardiner, LEM, 6.

bn-ḥtr.f-rmṯ.w ḫr-mn-m-dj.j-rmṯ.w, "*nicht soll er (mir) Leute anlasten, wo es bei mir keine Leute gibt*" ("*he is not to tax (me on account of) people, for I have no people*"[494]).

Über ungerechtfertigte Mehrfachforderung nach Lieferung der **bꜣkw** für die Weberschaft ans Schatzhaus beschwert sich ein dafür verantwortlicher Beamter im Brief pAn. VI, 18ff.[495]. Aus diesem Brief geht auch hervor, daß die Verpflichtung eines Beamten auf Leistung für Leute, die in seiner Verantwortung arbeiten, benannt wird mit dem Ausdruck **snhj**-A **n**-B, "*(den Arbeiter) A zu Lasten des (Verantwortlichen) B registrieren*"[496].

Zu **bꜣkw-rmṯ.w** gibt es in pTurin 2008+2016 vso., 3,9f.[497] vielleicht eine Umkehrung **rmṯ.w-bꜣkw**. Es ist jedoch nicht mit Sicherheit zu entscheiden, ob in der Verbindung  schon eine Entsprechung zum koptischen ⲣⲙⲃⲉⲕⲉ[498], "**bꜣkw**-*Mann*", "*Tagelöhner*", zu erkennen ist, oder ob **bꜣk** hier nur Partizip ist und der ganze Ausdruck daher nur bedeutet: "*Leute, die unter seiner Autorität arbeiten*"[499].

§438

Wie verhalten sich die Leistungen, die unter dem Titel von **bꜣkw-rmṯ.w** eingefordert werden, zu **šmw** und **šꜣj.t**, mit denen sie öfters zusammen auftreten? Möglich ist allenfalls eine Trennung zwischen **šmw** und **bꜣkw-rmṯ.w**. **šꜣj.t** kann dagegen auch ein Oberbegriff für **bꜣkw-rmṯ.w** sein[500]. Für das Verhältnis zwischen dem im pHarris I unter dem Titel **bꜣkw-jḥwtj.w** aufgeführten Getreideprodukt und dem möglichen Getreideprodukt der geschenkten Aruren Ackerlan-

---

494 Caminos, LEM, 18.
495 Gardiner, LEM, 73f.
496 Zu **snhj** s. Smither, in: JEA 27, 1941, 75.
497 Janssen, Two Ancient Egyptian Ship's Logs, 66.
498 Crum, CD, 31a; Westendorf, KHW, 22.
499 Janssen, Two Ancient Egyptian Ship's Logs, 90, entscheidet sich für die Übersetzung "*labourer*", da **bꜣkw** noch nicht die Bedeutung "*Lohn*" gehabt habe. Es ist indes nicht das Problem, hier ein passendes Übersetzungswort zu finden, das ohnehin nie ganz passt ("*labourer*" ist heute etwas ganz anderes als ein "Arbeiter" im alten Ägypten, s.o. §433, Anm.474), sondern es ist die Frage, wie **bꜣkw** hier zu verstehen ist. Waren es **bꜣkw**, die für den Mann an eine dritte Stelle zu entrichten waren, oder hat der Mann sie selbst erhalten, so daß sie einer "*Ration*" entsprachen?
500 S.o. §429, Anm.449.

des[501] ergab sich, daß das "*Werk der Bauern*" keinesfalls ihr Gesamtprodukt sein kann[502]; diese Größe, obgleich "*Werk der Bauern*" (bzw. "*der Leute*") genannt, wäre nicht ihr gesamtes Produkt, sondern ein Betrag, der *auf* ihre Arbeit pro Kopf und Zeit angerechnet wurde und dementsprechend als Posten in die Abrechnung eines Beamten einzugehen hatte[503]. Unter welchem Titel ist dann der andere Teil des (Getreide-)Produkts zu finden? Die Stele von Bilgai führt neben den hier in Wein abgelieferten **b3kw-rmṯ.w** als Abrechnungsposten für Getreide den Titel **šmw** an, so ist es auch in der Inschrift über die Belohnung des HPA Amenophis; der pHarris I führt dementsprechend in den Listen, die nur mit den **š3j.t**-Erträgen des Tempelpersonals und den **b3kw-rmṯ.w** befaßt sind, *keine* **šmw**-Erträge an.

Den **b3kw** der Leute entspricht auf der Stele Kairo JdE 66285 über die Stiftung zugunsten des Vaters Scheschonqs I. in Abydos ein pro Kopf zu zahlender Preis, mit dem ihr Dienst ein für allemal erworben wird[504].

Für die Entwicklung der Bedeutung von **b3kw** hin zu einem Wort für *Lohn* im Koptischen bedurfte es wohl nur einer gewissen Unabhängigkeit der Arbeitsleute von einer zentralen Behörde, daß der Betrag, der unter dem Titel **b3kw** an eine solche Behörde für die Benutzung der Leute zu entrichten war, sich verwandelte in einen, der den Leuten selbst für ihre Dienste zu geben war.

§439

Die Zahlung eines solchen Betrages beschränkte sich nicht auf die Benutzung von Menschen. Im Nauri-Dekret wird im Falle der Zweckentfremdung von Tempelschiffen damit gedroht, daß die **b3kw** dieser Schiffe pro Tag an den Tempel zu entrichten seien (Z.50) - mit derselben Formulierung wie bei der Strafe für die Benutzung von Tempelpersonal durch Unbefugte. Im pKairo 58057[505] beklagt sich der Schreiber des Briefes beim Adressaten, weil dieser ihm einen

---

501 Ginge man davon aus, daß die insgesamt neu geschenkten 1 071 780 Aruren (pHarris I, 67,8) 10 Millionen Sack Getreide produzieren, so wäre dies keine phantastisch hohe Zahl: Bei einer Bevölkerung von drei Millionen wären dies pro Kopf etwa 3,6 Sack Getreide im Jahr.

502 S.o. §415, Anm.379.

503 Dies ist vielleicht der Grund für die Überbeauftragung der Landarbeiter, vgl. pTurin A vso., 2,2ff. (Gardiner, LEM, 122).

504 I.21.g. - die Bezahlungsklausel wird von Blackman, in: JEA 27, 1941, 85, wohl falsch übersetzt: "*Whose silver has been paid* (...) *so that they shall never die, so that they shall never be missing* (?)"; besser wohl: "*Ihr Preis wird* (...) *gegeben, sofern sie nicht sterben oder verloren gehen*".

505 Möller, Hieratische Lesestücke III, 8; Allam, Hieratische Ostraka und Papyri, Tf.86.

Esel mit dem Status **ꜥgꜣ.t.f-m-bjꜣ**[506], der unter seiner Verantwortung stand, nicht ordnungsgemäß habe zukommen lassen, und endigt mit dem Vorwurf:

bw-dj.t.k (sic) **-jnj.tw.f ḫr-tw.tw-ḥr-šd‹t›-bꜣkw.f-m-ꜥ.j rnp.t n-rnp.t ḫr-jw.f-m-dj.k**, "*du hast ihn nicht bringen lassen, doch man nimmt von mir seine* **bꜣkw** *Jahr für Jahr, und er ist doch bei dir*".

§440

Ein Beispiel für **bꜣkw** im Bereich der sächlichen Arbeitsmittel ist vielleicht auch ein Passus im Haremhab-Dekret; in Z.16ff.[507] ist dort die Rede von einem **nmḥw**, der selbst kein Schiff hat und daher:

ḫr-jnj.n.f-n.f ꜥḥꜥw r-bꜣk.f () **m-ꜥ-kj**.

Helck übersetzt dies: "*So holt er sich ein Schiff für seine Arbeit von einem anderen*"; ähnlich auch Kruchten[508]: "*Il se procure* (*alors*) *un bateau pour accomplir ses prestations au moyen de* (*celui d'*) *un autre*".

Vielleicht aber ist **jnj r-bꜣk(w)** ein Ausdruck, der der Wendung **jnj r-jsw**, "*gegen Entgelt holen*", "*erwerben*" entspricht und das Suffix **.f** ist nicht auf den **nmḥw**, sondern auf das Schiff zu beziehen. Der **nmḥw** würde dann das Schiff "*gegen seine* **bꜣkw**" von einem anderen – *mieten*. **bꜣkw**, die ja nach der Zeit berechnet wurden, wäre hier ein Wort für den Entschädigungsbetrag für leihweise Überlassung des Schiffes, ganz entsprechend den **bꜣkw**, die im Nauri-Dekret (wenn auch dort als Strafe) für ein fremdes Schiff zu entrichten sind[509]. Ein Einwand gegen diese Überlegung wäre weniger die Schreibung des Wortes **bꜣkw** (?) als die Wortstellung, da bei dieser Interpretation eher zu erwarten wäre: **ḫr-jnj.n.f-n.f ꜥḥꜥw m-ꜥ-kj r-bꜣkw.f**.

Die **bꜣkw**, die der Werftarbeiter des pLansing, 5,2f., Tag für Tag zu "*geben*" hat, sind, wie die Beispiele zeigen, die von der Entrichtung von **bꜣkw** auch in Bezug auf Arbeitsmittel sprechen, nicht in erster Linie "*seine*" Abgabe, auch

---

506 S. Gardiner, in: JEA 27, 1941, 19, Anm.3.
507 Urk.IV, 2145,4ff.
508 Kruchten, Le décret d'Horemheb, 50.
509 In pKairo 58056 rto., 7f., ist von den offenbar tagweise berechneten **bꜣkw** für ein Schiff die Rede; Bakir, Epistolography, Pl.5 und Pl.VII; vgl. auch pStraßburg 32 rto., 4 (Spiegelberg, in: ZÄS 53, 1917, Tf.7 und S.19):

wenn er sie zu erarbeiten hatte, sondern ein Betrag, der *für ihn* angerechnet wurde und dessen Äquivalent er vielleicht seinem Vorgesetzten zu erbringen hatte.

7. Die Zusammensetzung des Gesamt-Getreideertrags in der ägyptischen Terminologie

§441

Der Betrag der **b3kw-jḥwtj.w** im pHarris I umfaßt vermutlich nicht das gesamte Getreideprodukt. Ferner wurden **b3kw**-Gaben nicht nur für die Benutzung von menschlicher Arbeitskraft, sondern auch von sächlichen und tierischen Arbeitsmitteln verlangt, und dies könnte bedeuten, daß **b3kw** für Tiere im landwirtschaftlichen Bereich ebenfalls als Anteile des Getreideprodukts geltend gemacht wurden. Ein Beleg für die Verwendung von "*Leihvieh*" im Agrar-Betrieb ist der pAn. V, 16,4[510]: Hier ist von dem Verlust von Tieren mit **ᶜg3.t.f-m-bj3**-Status[511] die Rede, für welche nach pKairo 58057 **b3kw** zu entrichten waren[512].

§442

b3kw wurden zwar für die subjektiven und die gegenständlichen Bedingungen der Arbeit verlangt, der Boden selbst, als wichtigstes der Arbeitsmittel dürfte jedoch nicht zu diesen gerechnet worden sein; **b3kw** für Ackerland sind mir nicht bekannt[513]. Jedoch gibt es neben der Gruppe der **b3kw**-Leistungen die davon recht deutlich abgesetzte Größe **šmw** als Abgabe-Posten für Getreide. Da dies nur ein Abrechnungsposten unter anderen war, wird es sich bei **šmw** nicht notwendig um "*Totalablieferung*"[514] handeln müssen. Jedoch definiert sich keiner der besprochenen Begriffe als bloßer Abzug von einer anderen Größe. Mit allen Begriffen zusammen dürfte nicht die Gesamtheit einer Steuer auf das Einkommen der einzelnen gefaßt sein, sondern eine Terminologie vorliegen für das Gesamteinkommen selbst, welches als Netto-Einkommen der

---

510 Gardiner, LEM, 64.

511 S. Gardiner, in: JEA 27, 1941, 19, Anm.3.

512 Vgl. auch pBoulaq 12 (Spiegelberg, in: RecTrav. 15, 1893, 142ff.), wo es um Schweine dieses Status geht.

513 In *diesem* Sinne wäre Helcks Auffassung, **b3kw** bezöge sich nicht auf landwirtschaftliche Produkte (LÄ I, Sp.5, s.v. **Abgaben und Steuern*), zuzustimmen; s.o. §412.

514 Helck, in: LÄ I, Sp.6, s.v. **Abgaben und Steuern*.

Gemeinschaft (vermutlich nach Abzug des Korns für die Produzenten, ferner für die Schiffer der Transportkähne[515]) in die Scheunen floß. Wenn diese Termini Anteile des Gesamtprodukts darstellen, so würde in der Abrechnung definieren:

- **bꜣkw(-rmṯ.w)** den Anteil, der durch die menschliche Arbeit hervorgebracht wird,

- **bꜣkw** anderer Art den Anteil, der durch Einsatz tierischer und sächlicher Arbeitsmittel hervorgebracht wird,

- **šmw** den Anteil, der durch die Bodenfruchtbarkeit verursacht ist.

Es handelte sich also um eine abrechnungstechnische Zerfällung des Produkts nach Produktionsfaktoren. Eine solche buchhalterische Aufteilung hat ihren guten Sinn, wenn bei der Abrechnung der Beitrag eines jeden dieser Faktoren zum Gesamtprodukt gewichtet werden soll. Diese Zerfällung kann freilich auch zu der unsinnigen Vorstellung führen, die drei Faktoren seien die jeweiligen Entstehungsgründe der auf sie anfallenden Getreidequanta, die sich auch heute mit den Kategorien der modernen volkswirtschaftlichen Gesamtrechnung oft verbindet. Das "*Werk der Bauern*" ist natürlich das gesamte Getreide und nicht nur der unter diesem Titel abgerechnete Teil. Ebenso ist auch das *gesamte* Getreide durch den Boden sowie die Arbeitsmittel zustande gekommen. Nur in der Abrechnung scheint es dann, als sei ein Teil des Produkts nur durch menschliche Arbeit entstanden, die gewissermaßen im leeren Raum stattgefunden hätte, ein anderer Teil nur durch die Bodenfruchtbarkeit bzw. die Arbeitsmittel wie von Geisterhand entstanden.

§443

Das Prinzip, daß mit den **bꜣkw**-Gaben eine Entschädigung oder ein Ersatz für die individuell verbrauchte Arbeitskraft und die Arbeitsmittel bei einer zuständigen Behörde durch die Verantwortlichen geleistet wurde, ist vermutlich nicht auf den Boden ausgedehnt worden, obgleich auch dieser zur Nutzung an einzelne Individuen vergeben wurde. Wenn der Hauptposten der Getreideabgabe schlicht "*Ernte*" genannt wird, so liegt hier nicht der Gedanke einer Entschädigungsabgabe an eine Behörde vor für partikulare Nutzung des Bodens. "*Ernte*" ist nicht ein Titel für Abgaben *auf* die Benutzung von einem Gut, sondern der Terminus für die Benutzung des Bodens selbst, deren Resultat

[515] pAmiens rto., 2,9; 3,3; 3,12; 4,8 (Gardiner, RAD, 1ff.); pTurin 1896+2006 rto., 2,11; 4,3; 4,9 (Gardiner, RAD, 37ff.).

eben die Ernte ist. In der Tat unterscheidet sich der Boden von den beiden anderen Faktoren. Die Benutzung von menschlicher Arbeitskraft und von Arbeitsmitteln ist Verbrauch von erarbeitetem Reichtum, der sich ersetzen läßt und der auch ersetzt werden muß, wenn das Gemeinwesen nicht verarmen soll: durch die Wiederherstellung der menschlichen Arbeitskraft und durch neue Arbeitsmittel. Dagegen ist die Bodenfruchtbarkeit nur zum Teil (Bewässerungswerke) durch Arbeit hergestellt. Der Boden selbst ist unabhängig von der Arbeit vorhanden ebenso wie das Überschwemmungswasser, daher ist auch für deren Ausnutzung nicht an irgendeine, Arbeitkräfte oder Arbeitsmittel verwaltende Instanz Ersatz zu leisten. Die einzig mögliche Form der "Entschädigung" bezüglich des Faktors der Bodenfruchtbarkeit ist die, daß man ihr Produkt zur Gabe an deren übermenschliche Spender macht in Gestalt des Gottesopfers[516].

[516] S.o. §§378ff.

Das nmḥw-Land als Gegenstand von Orakeltexten

1. Die Bedeutung des Wortes nmḥw

§444

Von den Orakeltexten aus der dritten Zwischenzeit und der Spätzeit, die sich auf Grundeigentum beziehen[517], hat ein großer Teil mit dem Verkauf der nmḥw-Felder zu tun. Ist dieses Land, im Widerspruch zu dem, was im Vorangegangenen über die Natur des Grundeigentums im Neuen Reich gesagt wurde, als freies, also auch frei verkäufliches Privateigentum aufzufassen, und hat das Orakelwesen zur Absicherung des Besitzes von Privatland gedient?

a. nmḥw – *Grundbedeutung*

§445

Seit Spiegelberg[518] und Lacau[519] die Identität von nmḥw und dem koptischen ⲣⲙϩⲉ = ἐλεύθερος[520] nachgewiesen haben, hat man auch die Belege für nmḥw aus dem Neuen Reich, ja, sogar die aus dem Mittleren Reich schon für die Bedeutung "*Freier*", "*Privateigentümer*" in Anspruch genommen[521]. Diese Auffassung, die nicht unwidersprochen blieb[522], kann sich stützen auf das Oppositionsverhältnis, in dem dieses Wort gelegentlich zu bꜣk[523], "*Diener*", steht und die Verwendung des Begriffs in den – allerdings erheblich späteren – Selbstverkaufsurkunden[524]; ferner auf eine Opposition zu Pr-ꜥꜣ ("*privat*" contra "*staatlich*"?) auf der Dachla-Stele[525]. Die Bedeutung "*frei*" wird von Helck

---

517 S.o. §332.
518 Spiegelberg, in: ZÄS 56, 1920, 116f.
519 Lacau, in: Fs.Champollion, 721ff.; Osing, Nominalbildung, Anm.779; s. auch Felber, in: GM 123, 1991, 32ff.
520 Crum, CD, 297.
521 Helck, in: ZÄS 80, 1955, 130f.; ders., Verwaltung, 122ff.; ders., in: JESHO 2, 1959, 24f.; 32f.; Bakir, Slavery, 48ff.; Thompson, in: JEA 26, 1940, 73ff.
522 Kruchten, Le décret d'Horemheb, 31f.; s. auch Théodoridès, in: LÄ II, Sp.302f., s.v. *Freiheit*.
523 Gardiner, in: JEA 26, 1940, 23ff.
524 Thompson, in: JEA 26, 1940, 73ff.; Malinine/Pirenne, Documents jur. Eg. II, 73ff.
525 Orakeltext I.22.a.

und Bakir abgeleitet aus einer ursprünglichen Bedeutung "*verwaist*", d.i. "*ohne Herrn*", "*ohne Schutz*".
M.E. läßt sich jedoch aus den Belegen nicht entnehmen, daß "*verwaist*", d.h. schutzlos, die Grundbedeutung des Wortes ist, die dann einerseits zur Bedeutung "*arm*", andererseits zur Bedeutung "*frei*" geführt hätte[526].

§446

nmḥw ist ein deverbales Nomen vom Bildungstyp **suḏmiw** mit aktivischer Bedeutung bei transitiven Verben und gehört zu den endbetonten Akzentvarianten dieses Typs[527]. Ein Übergang des **w** in **j** (y) ist möglich und ist bei der femininen Form offenbar eingetreten: , **n‿mḥēy.‿t**[528]; jedoch ist er in den Schreibungen nicht eindeutig dokumentiert. Am deutlichsten dafür spricht die Schreibung des Haremhab-Dekrets: 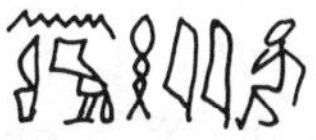 [529].
Ähnlich findet sich in der 21. Dynastie im Orakel des HPA Mencheperre im Chonstempel die Schreibung  pl.  [530]. Die Schreibung mit dem doppelten  kommt natürlich zustande durch das als  mißverstandene hieratische . Dasselbe gilt auch für die gelegentlichen Schreibungen mit .
Sonst überwiegen in der Ramessidenzeit und danach die Schreibungen mit **w**, so pBol.1094, 2,4[531]; pAn. II, 6,5 und 8,6[532]; Adoptionspapyrus[533]; oBerlin 10627.

In der 21. und 22. Dynastie gibt es Schreibungen ohne **w** oder **j** : u.ä., so in den Orakeltexten von Maatkare und Henut-tawi[534] und der Stèle d'Apanage[535]. Die Dachla-Stele[536] (Z.7) kennt die Pluralschreibung:

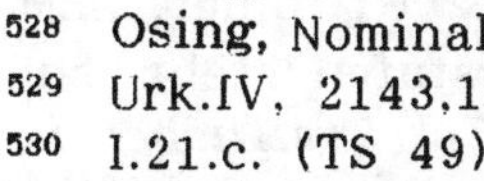.

---

[526] S.o. Anm.521 (Helck und Bakir).
[527] Osing, Nominalbildung, 176.
[528] Osing, Nominalbildung, 177.
[529] Urk.IV, 2143,15 *et passim.*
[530] I.21.c. (TS 49), Z.24 und 26.
[531] Gardiner, LEM, 2.
[532] Gardiner, LEM, 16 und 17.
[533] Gardiner, in: JEA 26, 1940, 23ff.
[534] I.21.e./f.
[535] II.22.a.
[536] I.22.a.

§447

Obgleich nach Osing Bakirs Erklärung des Wortes als passives Partizip[537] abzulehnen ist, findet sich neben der Bedeutung des Ableitungsverbs **nmḥ**, "*arm, gering, waise sein*"[538], gelegentlich eine transitive Bedeutung des Verbums **nmḥ**, so im Totenbuchkapitel 125:

 [539]

Zu der transitiven Bedeutung, "*jdn. von einer Sache trennen*" oder derselben "*berauben*", s. auch oBerlin 10630: **jw.k-m-dj.j m-jtj r-nḥḥ jw-bn-jw.j-<r->nmḥ-jm.k;** ähnlich auch Totenbuchkapitel 170: **prj.n.j m-ẖ.t nmḥkwj m-jtj.j** [540]. Auch der Zustand, wo einem (die Kräfte) *fehlen*, schwere Arbeit zu tun, kann durch **nmḥ** ausgedrückt werden, s. das Folgende[541].

b. Die Opposition **nmḥw - wsr**

§448

Die Verwendung von **nmḥw** bzw. **nmḥ** in Zusammenhängen, wo man es am besten mit "*arm, schutzlos, bedürftig (sein)*" wiedergibt, ist wesentlich häufiger als die andere, wo vielleicht eine Übersetzung mit "*waise (sein)*" angemessen wäre[542].

---

[537] Bakir, Slavery, 51.

[538] Wb.II, 268,11ff.

[539] De Buck, Egyptian Readingbook, 2. Aufl., Leiden 1963, 116,12; Maystre, Les déclarations d'innocence (livre des morts, chapitre 125), RAPH 8, Kairo, 1937, 34; Faulkner, The Ancient Egyptian Book of the Dead, London 1985, 29: "*I have not deprived the orphan of his property*". Diese Version ist die Variante "Nu"; die Variante "Neb" wird dagegen von Maystre, loc.cit., als die bessere angesehen. Sie bietet:

"*Ich habe mich nicht vergriffen an einem* **nmḥw**"

[540] Naville, Totenbuch I, 191.

[541] pLansing, 8,1 (Gardiner, LEM, 106); vgl. auch pSallier I, 7,2 (Gardiner, LEM, 84), wo der **nmḥw** am Ende einer Folge menschlicher Alterstufen steht, s.u. §477, Anm.658; Wb.II, Belegstellen, 268,12, Kairo <246>: "*Ein Trefflicher ist es, der sich es (ein Grab) nimmt, nachdem er alt (klapprig / hinfällig;* **nmḥw**) *geworden ist*".

[542] Vgl. auch die Kausativ-Bildung **snmḥ**, "*beten*", "*flehen*", deren Grundbedeutung vielleicht "*(sich) gering machen*" ist; so Brunner, in: LÄ II, Sp.453, s.v. **Gebet*, und in: LÄ IV, Sp.959, s.v. **Persönliche Frömmigkeit*; Wb.IV, 165f.

Auch der §447 zitierte Beleg aus Tb.125 wird sicher bedeuten: "*Ich beraubte nicht einen Armen seiner Habe*", und nicht: "*ein Waisenkind*" ("*orphan*"), wie es auch gelegentlich übersetzt wird[543]. Die Bedeutung "*waise*" ist auch dort unwahrscheinlich, wo es um die häufig belegte Opposition **nmḥ(w) – wsr** geht, die sich z.B. auch in der Glückwunschformel findet:

ꜥnḫ.k wḏꜣ.k snb.k wsr.k
bn-ꜣt.k (jꜣd.k) bn-nmḥ.k mj-ꜥḏd [544].

Hier dürfte das Verbum **jꜣd**, "*vom Unheil betroffen sein*"[545] die Opposition zu den drei eng zusammen gehörigen Wünschen **ꜥnḫ-wḏꜣ-snb** sein, während **nmḥ** ("*schwach sein (wie ein Kind)*") den Gegenpol zu **wsr** bildet[546]. Bei dieser Opposition kann die Differenz *stark/schwach* im Vordergrund stehen; so deutlich im pBerlin 3050, 4,7f.[547], wo sich innerhalb einer Reihe von Oppositionen, die auf Re und seinen Widersacher verteilt sind (**qꜣj/dḥj**, **ꜥnḫ/mwt**, **ꜥꜣ/ktj**, **sꜣj/ḥqr**, **tḫj/jb**, **wbn/hrp**, **nfr/bjn**), für das Verhältnis von Sieger und Unterlegenem auch findet: **wsr-Rꜥ / nmḥ-sbj**. Ähnlich wird in der Textgruppe der "Persönlichen Frömmigkeit" **nmḥw** als Gegenpol zu **wsr** für den Schwachen verwendet, der im Gericht durch die Einwirkung Gottes über den Starken, Mächtigen, Einflußreichen triumphiert[548].

§449

Es ist bezeichnend für die Bedeutung von **nmḥw**, daß an seiner Stelle manchmal **mꜣr**, "*elend*", "*arm*", in ähnlichen Zusammenhängen als Oppositionswort zu **wsr** gebraucht werden kann[549].

Eine noch allgemeinere Bedeutung von **nmḥw** in Sinne von "*sozial niedrig stehend*", "*gering*", findet sich im Poème der Kadesch-Schlacht, §175[550], wo der König spricht: "*Ich stand nicht als Herrscher da und ihr wart* **nmḥw.w**". Daß die Opposition **wsr-nmḥw** ohnehin auch einen materiellen Aspekt einschließt,

---

[543] Hornung, Das Totenbuch der Ägypter, 234; Allen, The Egyptian Book of the Dead, 97.
[544] Gardiner, LEM, 19,8f.
[545] Wb.I, 35,9f.
[546] Caminos, LEM, 63: "*You shall not be poor like a child*"; allerdings fehlt in der Parallele pAn. V, 14,6f. (Gardiner, LEM, 63) **wsr**.
[547] Sauneron, in: BIFAO 53, 1953, 65ff.
[548] Fecht, Persönliche Frömmigkeit, Texte 1, 2 und 3.
[549] pBoulaq 17, 4,4f.; s. Römer, in: Fs.Fecht, 408; 417f.; Urk.IV, 1161,12.
[550] KRI II, 57.

zeigt Amenemope, 9,5: **ꜣḫ-pꜣ-nmḥw m-ḏr.t-pꜣ-nṯr r-wsrw** (*Reichtum*) **m-wḏꜣ** (*im Speicher*).

Der **nmḥw** als ewig hungriger Habenichts findet sich pAn. IV, 10,6f.[551], wo er durch die Nilflut Amuns gesättigt wird[552]. Jedoch geht die Bedeutung des Wortes nicht völlig auf in der Vorstellung von Mittellosigkeit, wie parallele Gedankengänge zeigen, bei denen das Nichts-Besitzen durch andere Worte als **nmḥw** ausgedrückt wird:

jw-rdj.n.j-jḫ.t n-jwt.t-n.f / swsr.n.j-nmḥw m-njw.t.j [553].
jw-dj.n.j n-šwꜣw / sḫpr.n.j-nmḥw [554].

§450

Ein **nmḥw** muß nicht unbedingt einer sein, der gar nichts hat, sonst könnte der Verstorbene vor dem Totengericht nicht von sich sagen, er habe einem **nmḥw** nicht seine Habe geraubt[555]; in dem Gebet an Amun, pAn. II, 8,6f.[556], heißt es von einem, der **nmḥw** und nicht **wsr** ist, daß ihn das Gerichtskollegium (**qnb.t**) um Silber, Gold und Kleider erleichtert. Es gab sowohl große als auch kleine "*Geringe*", von denen pLansing, 12,5, sagt, daß sie kommen, um eine neu zu gründende Siedlung zu bewohnen[557]:

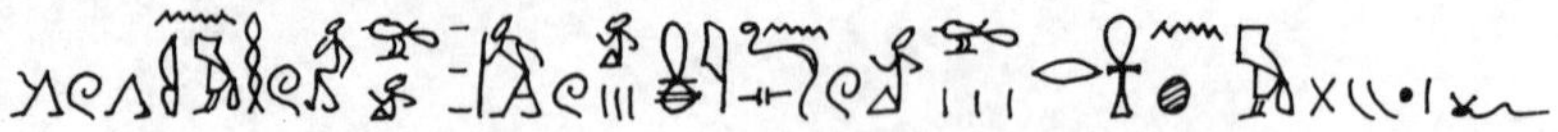

Es dürfte sich bei **nmḥw** um eine umfassende Bezeichnung für geringes Volk handeln, das sich seinerseits in Große und Kleine differenzierte[558]. Zu modern gedacht wäre allerdings eine Übersetzung mit "*große und kleine Bürger*".

---

[551] Gardiner, LEM, 45.
[552] Vgl. auch Jansen-Winkeln, Ägyptische Biographien der 22. und 23. Dynastie, 371 (3.9.6.).
[553] Statue Louvre A 84 des Harwa aus der Äthiopenzeit. Linke Seite, Z.10f., publiziert von Gunn und Engelbach mit Parallel-Text, in: BIFAO 30, 1931, 802ff., bes. 809.
[554] pMillingen, 1,6f.; wegen der Verbindung mit **sḫpr** kann dies auch ein Beleg für **nmḥw**. "*waise*", sein.
[555] S.o. §447.
[556] Gardiner, LEM, 17.
[557] Gardiner, LEM, 111.
[558] S.u. §478; anders Caminos, LEM, 412: "*The poor, old and young alike, have come...*".

c. **nmḥw** – "*waise*"

§451

Eindeutige Belege für eine Bedeutung von **nmḥw** als "*waise*" sind wesentlich seltener als solche, wo die Bedeutung "*arm*" oder "*gering*" naheliegt. In diesem Sinne eindeutig sind Passagen wie die im "Bauern", B 62: **ntk-jtj nj-nmḥw h3j nj-ḫ3r.t sn nj-wḏᶜ.t** (*geschiedene Frau*), wo sich **nmḥw** als ein Ausdruck neben anderen für einen Familienstand findet[559].

§452

In Tb. 170,14: **nmḥkwj m-jtj.j**, mag die Bedeutung "*beraubt/getrennt sein von jdm./etwas*" vorliegen, auch wenn der Zustand der *Verwaisung* gemeint ist[560].
Daß **nmḥw**, "*waise*", und **nmḥ**, "*verwaist sein*", nur die Sonderbedeutung eines Wortes darstellte, dessen Grundbedeutung allgemein das Getrenntsein von etwas oder das Armsein ausdrückt, wäre vom sprachlichen Standpunkt aus nichts Ungewöhnliches; Analogien finden sich in anderen Sprachen:
Waise von einem Stamm (ahd.) wîsan mit der Grundbedeutung "*trennen*",
davon ahd. ent-wîsan, "*verlassen*", "*leer*"[561].
Die Bedeutung "*verlassen*" liegt noch vor in "*verwaist*" als Bezeichnung für ein menschenleeres Haus.

ὀρφανός	1. "*beraubt*", "*leer*", 2. "*verwaist*"
orbus	"*verwaist*", "*elternlos*";
orbare	1. "*berauben*" (qua re), 2. "*verwaisen*";

vgl. auch viduus: "*beraubt*", "*leer*"; davon: vidua, "*Witwe*".

---

559 So auch Sethe, Lesestücke, 79,14f. (Denkstein des **Mnṯw-wsr**). Statue des Bakenchons, CG 42155, KRI III, 296,9f. Stele London University College 14333 (dazu Goedicke, in: JEA 48, 1962, 25ff.; Schenkel, in: JEA 50, 1964, 6ff., Grumach, Untersuchungen zur Lebenslehre des Amenemope, 101f.),
Z.14f.: 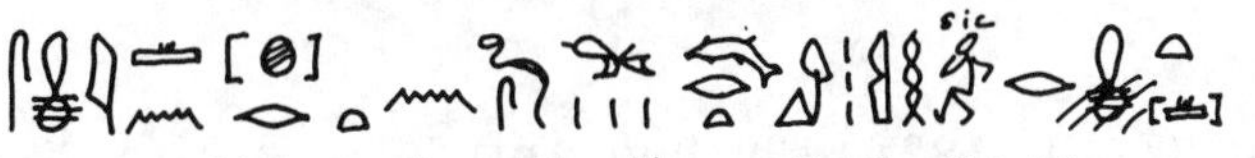 ;
Personenname **Mw.t-nmḥw**, Gardiner, RAD, 74,11.

560 Faulkner, The Egyptian Book of the Dead, London 1985, 170: "*orphaned of my father*"; vgl. auch oBerlin 10630: **jw.k-m-dj.j m-jtj.j (...) jw-bn-jw.j-<r-> nmḥ-jm.k.**

561 Kluge, Etymologisches Wörterbuch der Deutschen Sprache, 21. Aufl., 1975, 833.

§453

Der von Bakir[562] angeführte Beleg aus Amarna für **nmḥw** im Sinne von "*waise*"[563]: **jnk-nmḥw ḥr-jtj mw.t qd-wj pꜣ-ḥqꜣ**, ist zu streichen. Der Beleg gehört in die Reihe von Ausdrücken wie: **jrj-wr.w qd-nmḥw.w**, "*der die Großen erschafft und die Geringen aufbaut*"[564]. Daß **nmḥw ḥr-jtj mw.t** wohl anders aufzufassen ist als: "*orphaned of father and mother*"[565], zeigt der Satz auf der Statue des HPA Bakenchons, CG 42155, Rückenpfeiler, Z.1: **jnk-zꜣ n-Wꜣs.t ḥr-jtj.j mw.t.j** [566], "*ich bin ein Thebaner von Vater und Mutter her*"[567]. Dementsprechend wird der Amarna-Beleg zu verstehen sein: "*Ich war ein Geringer von Vater und Mutter her*", also auch nicht der Sohn eines Vornehmen und einer Dienerin.

Auch ein zweiter Beleg für **nmḥw**, "*waise*"[568], ist nicht eindeutig. Es handelt sich um den Brief auf oBerlin 10627, in welchem dem Adressaten, der kein Kind (**ᶜḏd**) hat, geraten wird, er solle sich "*einen anderen* **nmḥw**" nehmen, der ihm dann wie ein "*leiblicher Hauptsohn*" (? **šrj-ᶜꜣ n-ḥᶜ.t.f**) "*Wasser auf seine Hand gibt*". Ist hier ein adoptierbares Waisenkind[569] gemeint? Jedoch ist von der Dachla-Stele[570], Z.15 der Ausdruck **šrj-nmḥw** bekannt als Bezeichnung für den Status eines Kindes jds. (gegenüber Kindern mit **bꜣk**-Status wie im Adoptionspapyrus?) in dem Satz: "*indem es keinen anderen* **šrj-nmḥw** *gibt, der der* **Tꜣj.w-ḥnw.t** *angehört*"[571]. Sollte der Briefschreiber des oBerlin 10627 vielleicht darauf reflektiert haben, daß der **šrj-ᶜꜣ**, der dem Adressaten fehlt, dann ein Sohn mit eben diesem **nmḥw**-Status gewesen wäre, und er daher sich einen "*anderen* **nmḥw**" nehmen soll?

§454

Wenn das dem koptischen **ⲣⲙϩⲉ**, "*frei*", zugrundeliegende ägyptische Wort hauptsächlich zur Bezeichnung von geringen und armen Leuten gedient hat

562 Bakir, Slavery, 48.
563 Sandman, Texts from Akhenaten, 61,12.
564 KRI II, 326,15; Sandman, Texts from Akhenaten, 24,6f.
565 Bakir, Slavery, 48.
566 KRI III, 295f.
567 So auch Lefebvre, in: REA 1, 1927, 139 und Anm.2.
568 Bakir, Slavery, 48.
569 Bakir, Slavery, 48, übersetzt **kj-nmḥw** mit "*another (child), an orphan*", in Reflektion darauf, daß "*ein anderes Waisenkind*" nicht recht in den Zusammenhang passt.
570 I.22.a.
571 Gardiner, in: JEA 19, 1933, 22: "*son of private status*".

und nicht von Waisenkindern, so ist auch anzunehmen, daß es diese Bedeutung ist, die zur Bedeutung des Wortes im Koptischen geführt hat. Dies ist allerdings kein leicht zu verstehender Übergang, wenn man bedenkt, daß "*frei*" in zahlreichen Sprachen ein positives Wort ist, das die Freiheit von Auflagen und Zwängen ausdrückt[572], während **nmḥw** zunächst einen Menschen meint, der aufgrund seiner niedrigen Stellung ständig den Schikanen der Mächtigen ausgesetzt ist.

2. nmḥw als sozialer Begriff – nmḥw / Pr-ᶜ3

§455

Nach der Erörterung der Grundbedeutung des Wortes **nmḥw** geht es um den Versuch, die Stellung der mit diesem Wort gekennzeichneten Menschen in der Gesellschaft des späten Neuen Reiches zu bestimmen, indem die beiden zu belegenden Begriffsoppositionen untersucht werden, auf die sich das Verständnis dieser **nmḥw.w** als einer Klasse von freien Privatleuten mit Privateigentum stützt: **nmḥw / Pr-ᶜ3** und **nmḥw / b3k**.

a. Das Dekret des Haremhab[573]

§456

nmḥw, **ᶜnḫ n-njw.t**, **ᶜnḫ-nb n-mšᶜ**, **rmṯ-nb (ntj-)m-t3 r-ḏr.f** bilden in diesem Text austauschbare Begriffe[574]. So wird am Anfang der §§1 und 6 in der Schilderung des "Unrechts"-Falles das Opfer als **nmḥw** bezeichnet (Schiff eines **nmḥw**, **ḥzp**-Garten eines **nmḥw**); dagegen wird im abschließenden Teil der Paragraphen, der die Bestrafung für künftige Fälle festlegt[575], das Opfer mit **ᶜnḫ-nb n-mšᶜ** und **rmṯ-nb (ntj-)m-t3 r-ḏr.f** bezeichnet. Demnach wäre **nmḥw** der Oberbe-

---

[572] Vgl. hierzu die ganz andersartige Etymologie von "*frei*" aus einem Stamm mit der Grundbedeutung "*lieben*": indogerm. *prijo-, "*Liebe*", davon ahd. fri-unt, "*Freund*", got. frijon, "*lieben*", "*lieb gewinnen*", nhd. freien, Freier (der); wahrscheinlich ursprünglich ein Wort, das sich auf das Verhältnis von Mitgliedern *eines* Stammes untereinander bezog, das daher nicht von Zwang und Gewalt gekennzeichnet war; s. Kluge, Etymologisches Wörterbuch der Deutschen Sprache, 21. Aufl., 1975, 216.

[573] Text in Urk.IV, 2144ff.; Neubearbeitung durch Kruchten, Le décret d'Horemheb.

[574] Helck, in: ZÄS 80, 1955, 130.

[575] Übersicht über den Aufbau der Paragraphen s. Kruchten, Le décret d'Horemheb, 10ff. mit Tabelle.

griff für Heeresangehörige[576] und sonstige (geringe) Leute im ganzen Lande. Daß es sich um ein Wort für Heeresangehörige oder sonstige Menschen *im Status* eines **nmḥw** handelt, also um eine bestimmte *Gruppe innerhalb*[577] oder *außerhalb*[578] des Heeres, geht aus dem Text nicht hervor[579].

§457

Das Dekret hat daher auch nicht den Zweck, Leute, die mitsamt ihrer Habe einen besonderen Status einnahmen, in diesem Sonderstatus zu bestätigen, dergestalt, daß die Palastbeamten keine Befehlsgewalt über sie haben sollten und keine Abgaben von ihnen verlangen durften[580]. Daß eine Mißachtung von privatem Eigentum durch (königliche) Beamte in den einzelnen §§ verhindert und bestraft werden soll, ist aus dem Text nicht zu entnehmen. So geht es um das Verbot der Requirierung von Schiffen, die bereits für einen bestimmten Dienst u.a. für den König genutzt werden (§§1 und 2)[581]. In §3 geht es nach Kruchtens Interpretation[582] um die unzulässige Verwendung von Sklaven der **nmḥw.w** für einen Dienst, den die mit ihm Beauftragten auch alleine leicht ausführen können (Einsammeln der Färberdistel, *carthamus tinctorius*). Verboten wird ferner, daß Einsammler von Futterkräutern für eine königliche Institution täglich zu den **ḥzp**-Gärten der **nmḥw.w** gehen und diese Kräuter von ihnen als **b3kw n-Pr-c3** fordern (§6). Deswegen muß das Einsammeln außerhalb der "königlichen Ländereien" nicht prinzipiell untersagt gewesen sein im Sinne einer Trennung von privatem und königlichem Landeigentum. Wenn die Einsammler der Futterkräuter "*täglich*" bei den **nmḥw.w** erschienen, dann war es vermutlich üblich, sich von den Gärten der Geringen etwas für den königlichen Haushalt zu besorgen, und das Verbot sollte nur das Überhandnehmen dieses Brauches bekämpfen, das den Geringen nichts mehr für ihren eigenen

---

576 Daß Militärangehörige **nmḥw** genannt werden können, ist auch sonst belegt: Kadesch-Schlacht (Poème, §175 (KRI II, 57); in der Stèle d'Apanage (II.22.a.) sind unter den **nmḥw.w** auch **qr**^{c}-Leute aufgeführt.

577 So Helck, in: ZÄS 80, 1955, 131.

578 So Helck, Verwaltung, 123.

579 Kruchten, Le décret d'Horemheb, 31ff., lehnt für das Haremhab-Dekret eine Bedeutung von **nmḥw** als "*freiem Lehnsmann*" ("*tenancier libre*") ab.

580 Helck, in: ZÄS 80, 1955, 131.

581 Unverständlich ist das Erstaunen von Kruchten, Le décret d'Horemheb, 38, darüber, daß hier der "*Königsdienst*" (**šms-Pr-c3**) auch für einen **nmḥw** belegt ist, obgleich er einem **srjw**-Beamten gegenüberstehe und nicht ins Räderwerk des Staates einbezogen sei (Auffassung von Théodoridès, von Kruchten geteilt, RIDA 12, 1965, 116ff.). Warum sollten geringere Untertanen keine Diener des Königs sein, etwa im Ableisten von **b3kw**?

582 Kruchten, Le décret d'Horemheb, 58ff., 77ff.

Bedarf (dem die ḥzp–Gärten wohl nicht zuletzt dienen sollten) übrig ließ. Der §7 schließlich richtet sich gegen die Anwendung zu großer Kornmaße gegenüber den nmḥw.w.

Bei diesen Bestimmungen geht es nicht um den Versuch, die nmḥw.w als "Privatleute" dem Zugriff bestimmter Beamter zu entziehen, sondern um die Beseitigung von Auswüchsen *bei* solchen Zugriffen. Daher wohl auch die Formulierung in Z.22 als Charakterisierung eines Vergehens: ḫnw-pw n-ḥꜣw-pꜣj, "*ein Fall von zuviel ist das*", "*das geht zu weit*".

b. pValençay I [583]

§458

In diesem Text findet sich der kurze Zeit später sehr häufig belegte Terminus ꜣḥ.t-nmḥw.w für eine Kategorie von Feldern, aber noch nicht in der Form eines feststehenden Begriffes:

Es heißt, daß diese nmḥw.w das in Rede stehende Feld bearbeiten und sein (des Ackers) Gold in das Schatzhaus Pharaos bringen Sie befanden sich also auf Feldern, auf denen diese Institution irgendwelche Einzugsrechte hatte. Daraus folgt aber nicht, daß das Zahlen von Abgaben an das königliche Schatzhaus eine für die nmḥw.w typische Verpflichtung war[584]. Nicht der jeweilige Stand eines Menschen war das Kriterium für die Art seiner Abgaben, sondern der Status der Felder, mit denen er beauftragt war – soweit es sich um landwirtschaftliche Leistungen handelte[585].

§459

Für die Einordnung dieses Belegs unter "*Privates Feldereigentum*" durch Helck[586] gibt es keinen zwingenden Grund außer der Übersetzung von nmḥw mit "*freier Privatmann*" anstatt "*Geringer*". Bei dem Brief handelt es sich nicht um einen Disput über den privaten oder ḫꜣ-tꜣ–Status der fraglichen Felder, so, als wollte der Bürgermeister sagen: Wenn es sich um ḫꜣ-tꜣ–Felder

583 Gardiner, in: RdE 6, 1951, 115ff.; ders, RAD, 72f.
584 So Helck, Materialien II, 237; Menu, Régime juridique, 133.
585 S.o. §432.
586 Helck, Materialien II, 237.

handelte, dann wäre ich dafür steuerpflichtig. Er schreibt vielmehr: Sollte man auf der "*Insel von Ombos*" **ḫꜣ-tꜣ**-Felder finden, *die er bebaut habe*, dann sei er bereit zur Zahlung von Abgabe. Sein Gegenargument: Dort gäbe es aber nur ein Feld, das von einigen **nmḥw.w** bebaut werde, dient nur zur Verstärkung seiner Behauptung, *er* habe mit irgendwelchem Land auf der Insel von Ombos nichts zu schaffen (**jw-bw-pw.j-ḫn-ꜣḥ.t-jm**). Diese Passage schließt noch nicht einmal die Möglichkeit aus, daß auch diese Felder **ḫꜣ-tꜣ**-Land sein könnten.

So läßt sich aus diesem Dokument auch kein Gegensatz zwischen **ḫꜣ-tꜣ**-Feldern Pharaos einerseits, **nmḥw**-Ländern andererseits gewinnen[587].

c. Landschenkungsstelen Meeks 19.3.0. a/b[588]

§460

Die Ausdrücke  und  "*Feld(er?)*[589] *Pharaos*" und "*Feld(er?) der* **nmḥw.w** (?)" finden sich nebeneinander auf zwei gleichlautenden Landschenkungsstelen der 19. Dynastie aus Abu Simbel. Irgendwelche Informationen über das Verhältnis dieser beiden mutmaßlichen Landkategorien zueinander[590] enthalten sie nicht, da beide Feldarten nur genannt sind als Begrenzung eines dritten Landstückes, um das es bei der Schenkung eigentlich geht. Als negatives Resultat ergibt sich hier nur soviel, daß **nmḥw.w**-Felder, sofern es sich um solche handelt, hier jedenfalls nicht *auf* "*Feldern Pharaos*" liegen.

---

587 In diese Richtung argumentiert Helck, Materialien II, 237; s. auch Gardiner, in: RdE 6, 1951, 124 oben.

588 Gauthier, in: ASAE 36, 1936, 49ff.; KRI III, 75.

589 Zur Schreibung von **ꜣḥ.t** vgl. Mes-Inschrift, N4, Gardiner, Inscription of Mes, 42:

590 Zu den "*Feldern Pharaos*" s. Gardiner, Pap.Wilbour, Comm., 18; Helck, Materialien II, 235.

d. Stèle d'Apanage[591]

§461

Bezüglich der Felder, die der HPA Jwrṯ in seiner Jugend von nmḥw.w n-pꜣ-tꜣ erworben hatte, 556 Aruren mit der Bezeichnung:  findet sich auf der Stele in Z.5f. eine Bemerkung über deren aktenmäßige Behandlung bei der Erwerbung. Dazu wurden die Kataster-Akten (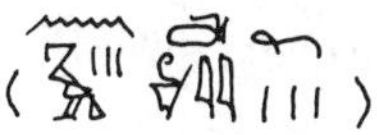) der Felder des pr-Jmn geholt, die sich bei den Kornrechnungsschreibern des pr-Jmn für die "*Gegenden*" (qꜥḥ<.t>[592]) des gesamten Südens befanden. Was der HPA tun ließ, wird ausgedrückt mit den Worten:

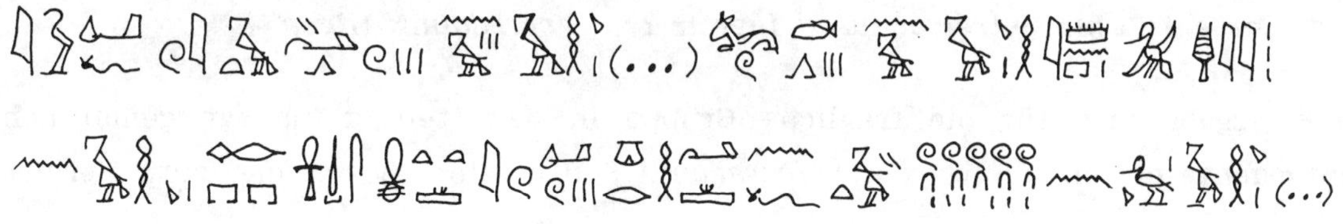

Helcks[593] Wiedergabe dieses Passus ist sehr ungenau:

(Es) "*werden Felder (...) 'in den Listen der Felder des Amuntempels' (dem Eigentümer der Felder!) und in denen 'des* ꜥḥꜥj *der Felder Pharaos eingetragen'.*"

Diese Paraphrase verkehrt gerade die eine klare Feststellung, die aus dem Satz hervorgeht: Die Felder Amuns und die Felder des "*Vermögens* (o.ä.) *Pharaos*" befinden sich im *selben* Register, das vorher ausdrücklich als Register der Felder des pr-Jmn im Süden bezeichnet wird. Es sollte sich daher um königliche Felder handeln, die auf Tempelland lagen, wie es z.B. bei den ẖꜣ-tꜣ-Ländern Pharaos der Fall war. Das ꜥḥꜥ n-Pr-ꜥꜣ wird im pTurin 1896+2006 rto., 5,5 und 5,8, als Quelle von Kornlieferungen genannt und gehört vielleicht zu den ẖꜣ-tꜣ-Ländern Pharaos, denen der Papyrus laut Titel (rto., 1,3) hauptsächlich gewidmet ist[594].

Daß  ausgerechnet den Sinn von "*eintragen* (in ein Register)" haben soll, ist nicht einzusehen.

---

591 II.22.a.
592 Zu qꜥḥ.t als Verwaltungsbegriff s. Kees, in: ZÄS 72, 1936, 46ff.; Helck, Verwaltung, 226 und Anm.2.
593 Helck, Materialien II, 215.
594 Gardiner, RAD, 42; Gardiner, in: JEA 27, 1941, 35.

§462

Graphisch hat die Gruppe eine starke Ähnlichkeit mit  in dem Ausdruck  [595], jedoch auch mit dem vieldiskutierten  (Amenemope 19,16f.)[596] und neuägyptischen Schreibungen des Verbums **rwj**, "*fliehen*", "*vertreiben*"[597]. Sollte ein Beziehung der Gruppe zu letzterem Wort bestehen (wofür man allerdings annehmen müßte, daß durch Verwirrung mit der Form **wjꜣ.tw** das **r** in der Schrift vergessen wurde), so böte sich etwa der Beleg pBerlin inv. 3040 A an, wo sich der Satz findet[598]:

"*Ich lasse 700* **ḫꜣr** *Getreide aus deiner* **ṯz-pr.t**–*Verordnung tilgen*".

Dies ergäbe also für die fragliche Gruppe in der Stèle d'Apanage genau den entgegengesetzten Sinn von "*eintragen*". Sollte eine Beziehung zum Verbum **wjꜣ** bestehen, so könnte man, falls man dieses Verb mit "*trennen*" übersetzen will[599], die Stelle so auffassen, daß die **nmḥw.w**–Felder "*zwischen*" (**‹r-›jwd**) den Feldern des **pr-Jmn** und denen des "*Vermögens*" Pharaos aufgeteilt wur–

---

[595] Wb.I, 272,4; Gardiner, in: ZÄS 47, 1910, 134ff.

[596] Sethe, in: NAWG 1925, 141ff.; ders., in: ZÄS 63, 1928, 99ff.; Gunn, in: ZÄS 62, 1927, 83ff.

[597] Wb.II, 406f.

[598] Gardiner, Pap.Wilbour, Comm., 115; auch für das Verb **wjꜣ** ist außerhalb der festen Verbindung **wjꜣ.tw** die Verwendung im Sinne von "*fernhalten*" oder "*abweisen*" einer (schlechten) Sache belegt: O.A.D. (II.21/22.a.), P.2 vso., 20, von Edward, O.A.D. I, 83 und Anm.51, mit "*ward off* (?)" übersetzt; für die reflexive Verwendung im Sinne von "*sich entfernen*" vgl. Cerny, pDeM I, 1978, Pl.15, p.11f. und Anm.a. Dies legt eine Auffassung der Stelle auf der *Stèle d'Apanage* im Sinne von etwas anderem als "*eintragen*" nahe. Zur Auseinandersetzung zwischen Gunn und Sethe s. auch Osing, Der spätägyptische Papyrus BM 10 808, ÄA 33, 1976, 172, (259).

[599] Gunn, in: ZÄS 62, 1927, 83ff.; Zaba, Ptahhotep, 157; von Sethe, in: ZÄS 63, 1928, 100, abgelehnt.

den[600]. Vor der Erwerbung durch den HPA **Jwrṯ** oder danach, oder sogar vor *und* nach der Erwerbung, dann mit irgendwelchen Modifikationen, waren die **nmḥw.w**-Felder in einem Kataster der Felder des Amuntempels aufgeführt[601] und standen auch in irgendeiner Beziehung zu den Feldern des "*Vermögens Pharaos*".

§463

Am Anfang der Stele werde alle 556 Aruren als **ꜣḥ.t-nmḥw.w-nᶜ** bezeichnet, danach aber, in der Aufzählung der einzelnen Vorbesitzer und ihres Landes wird dieser Terminus in Opposition zu **ꜣḥ.t šṯꜣ-tnj** gebraucht, so als sei auch **nmḥw** die Bezeichnung einer Bodenart[602]. Am Schluß der Aufzählung in der Summation wird dann auch der Ausdruck **ꜣḥ.t-nmḥw.w-nᶜ** für *alle* Felder zugunsten von **ꜣḥ<.wt>-šbn<.wt>**, "*vermischte Äcker*" (Z.22), aufgegeben. Dies zählt zu den merkwürdigen Inkonsequenzen, wie man sie bei den ägyptischen ökonomischen Kategorien und Termini oft antrifft.

e. Die Dachla-Stele

§464

Bei diesem Text[603] handelt es sich um den deutlichsten Beleg für eine Opposition zwischen **nmḥw** und **Pr-ᶜꜣ**. Der Streit um das Recht auf Nutzung bestimmter Quellwasser innerhalb eines Bezirkes wird vom Orakel des Gottes

---

600 Für den Sinn der ganzen Stelle ist wichtig, ob man das **<m->mjt.t** zum Vorangegangenen oder zum Folgenden nimmt – **<r->jwd** kann ja auch so viel bedeuten wie "*in the charge of*" (Cerny-Groll, LEG, S.123). Zu **ꜣḥ.t-nmḥw.w** und zur vorliegenden Passage auch I.A. Stuchevsky, *Zemledel'tsy gosudarstvennogo khozyaïstva drevnego Egipta epokhi Ramessidov*, Moskau, Izdatel'stvo 'Nauka', 1982, besprochen von Janssen, in: BiOr 43, 1986, 351ff., zur vorliegenden Stelle insbesondere 363. Zur Auffassung von Janssen (? oder Stuchevsky?), "*the fields are to be separated* (**wjꜣ**) *from the land of the Amun temple and of Pharaoh*": Die Präposition **<r->jwd** bezieht sich auf etwas, was "*zwischen*" zwei anderen Dingen sich befindet, diese also trennt und nicht auf etwas, was seinerseits "*von*" anderem getrennt ist.

601 Zu **nmḥw**-Land **ḥr-pr-Jmn**: pTurin 246, Malinine, Choix de textes II, 22; pTurin 247, op.cit., 33; Legrain, in: ASAE 7, 1907, 226f.

602 Zur Opposition **nᶜ** / **šṯꜣ** s. Gardiner, Pap.Wilbour, Comm., 32, Anm.3; zu **tnj** / **nᶜ** ebd., 29, Anm.1.

603 I.22.a.

Seth so entschieden, daß der Gottesdiener **Nsj-Bꜣst.t** das Wasser einer bestimmten Quelle benutzen darf, weil im Kataster (**dnj<.t>**) des Königs Psusennes nur *eine* Quelle für den Bezirk gefunden worden sei; da es sich aber bei dem in Frage stehenden Wasser *nicht* um Wasser aus dieser Quelle handele, sei es kein königliches, sondern **nmḥw**-Wasser und jedweder **nmḥw**, der es hervorleite, könne es nutzen. Diese Begründung stellt keinen Beleg für die Auffassung von **nmḥw** als Wort für "*privat*" dar – eine solche Auffassung wird nur durch die moderne Vorstellung von Staat hier und Bürger da gespeist – sondern einen Beleg für **nmḥw** als Wort für nicht-königliche, "*geringe*" Personen und deren Habe. Denn das Argument des Orakels lautet: Weil nur eine Quelle bekannt ist, auf die der König einen Anspruch erhoben hat, ist jede andere Quelle für jeden **nmḥw** verfügbar, der sie praktisch nutzt; oder: Weil es den einen (königlichen) Anspruch *nicht* gibt, ist das Wasser für *jedermann* verfügbar. Dies ist das Gegenteil von Privateigentum, welches der Ausschluß von jeglichem Anspruch auf eine Sache ist außer einem einzigen.

Die letzte Bestimmung des Orakels, die das Recht des **Nsj-Bꜣst.t** an dem Wasser auch für seine Erben bestätigt, weil es keinen anderen **nmḥw**-Sohn seiner Mutter außer ihm gebe, reflektiert nicht mehr das Verhältnis von König einerseits, "*Geringen*" andererseits, sondern sie bezieht sich auf die vorher vom Orakel verkündete Tatsache, daß es unter diesen "*Geringen*" (zumal dann, wenn es sich um Brüder handelt), gleichermaßen ein Recht auf Nutzung des Quellwassers geben kann.

Das Problem, um das es im Text der Dachla-Stele geht, ist übrigens eines, das im Niltal wohl gar nicht in dieser Schärfe auftreten konnte. Der Streit um das Recht auf Nutzung einer Quelle ist dort nicht von solcher Bedeutung, wo das Gros des Nutzwassers außerhalb der Ländereien und unberührt von den vielen Ansprüchen, die auf diesen Ländereien liegen, frei dahinfließt, augenfällig die gemeinsame Grundlage aller darstellend.

f. Der Ausdruck rmṯ.w-nmḥw.w n-pꜣ-tꜣ n-Pr-ꜥꜣ *(und Varianten)*

§465

rmṯ.w-nmḥw.w n-pꜣ-tꜣ n-Pr-ꜥꜣ ist wohl die vollständige Form einer Verbindung, die sich auch in mehreren Abkürzungsvarianten findet. Hierfür sind die Korrekturen im Adoptionspapyrus[604] aufschlußreich: rto., 22 findet sich die Form

[604] pAshmolean 1945.96, Gardiner, in: JEA 26, 1940, 23ff.; KRI VI, 735ff.

nmḥw‹.w› n-pꜣ-tꜣ n-Pr-ꜥꜣ, wobei das Wort **rmṯ.w** nachgetragen wurde; vso., 6 umgekehrt **rmṯ.w n-pꜣ-tꜣ** (sic), wobei **nmḥw‹.w›** nachgetragen wurde. Dies legt die Austauschbarkeit der Verbindungen **rmṯ.w n-pꜣ-tꜣ** und **nmḥw.w n-pꜣ-tꜣ n-Pr-ꜥꜣ** untereinander und mit der vollständigen Form **rmṯ.w-nmḥw.w n-pꜣ-tꜣ (n-)Pr-ꜥꜣ** nahe sowie die Äquivalenz der Verbindungen **pꜣ-tꜣ** und **pꜣ-tꜣ (n-)Pr-ꜥꜣ**[605].

§466

Die Form **nmḥw n-pꜣ-tꜣ n-Pr-ꜥꜣ** findet sich im Dokument I des Testaments der Naunachte, 2,1[606]. Häufiger und vor allem in der Zeit nach dem Neuen Reich verbreitet sind aber die Formen:

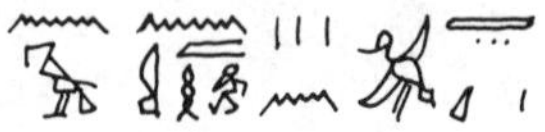 (Stèle d'Apanage, II.22.a., Z.4),

 (Orakeltext I.21.f., Z.x+1, x+4).

Letzteres ist die Bezeichnung der Leute, von denen Maatkare ihr Vermögen bekommen hat. Geht es dort aber um die Leute, die ihr dasselbe streitig machen könnten, so lautet die Bezeichnung:

rmṯ.w(-nb.w) n-wnḏww-nb (n-pꜣ-tꜣ-ḏr.f) jw.w-n-(= m-)ꜥḥꜣwtj.w jw.w-n-ḥm.wt, "*(alle) Leute jeglicher Art (des ganzen Landes), seien sie Männer oder Frauen*" (Z.x+3, x+5, x+7).

In ähnlich generalisierendem Sinne findet sich die Form **rmṯ-nb (ntj-)m-tꜣ r-ḏr.f** (neben **ꜥnḫ-nb n-mšꜥ**) im Haremhab-Dekret[607] in den Schlußklauseln der Paragraphen als Bezeichnung für jedweden zu schützenden Menschen, der vorher als **nmḥw** bezeichnet wurde[608]; in der 21. Dynastie ist der Ausdruck in diesem allgemeinen Sinne noch belegt auf der Stele Louvre C 265[609], Z.17 (**rmṯ-nb n-pꜣ-tꜣ**), in der Orakelinschrift zugunsten des Gottesvaters Thutmose[610], waager.Z.17 und 18 (**rmṯ-nb n-wnḏww-nb**). In unklarem Zusammenhang ist in Z.6

605 S. auch Peet, Tomb-Robberies I, 70, Anm.34.
606 Černy, in: JEA 31, 1945, 29ff.
607 S.o. §456.
608 Derselbe Ausdruck findet sich auch in den Kanais-Inschriften Sethos' I., Text C (KRI I, 69,14).
609 I.21.b.
610 I.21.d.

der Orakelinschrift des Herihor im Chonstempel[611] die Verbindung **rm[ṯ n-]pꜣ-tꜣ** zu erkennen. Der Orakeltext I.21.e., Z.20, kennt **rmṯ.w-nb<.w> <n>-wnḏww-nb**. Auf der Stele des HPA Mencheperre aus dem "*Jahr 48*"[612], Z.3f., ist die Verbindung **nꜣ-rmṯ.w n-pꜣ-tꜣ** nicht in dem abstrakten Sinn gebraucht, daß sie jedes irgendwie denkbare Individuum bezeichnen soll. Ebenso wie bei der gleichlautenden Verbindung im Orakel für Maatkare (für die Leute, von denen sie etwas erworben hat), geht es hier um konkret vorhandene Menschen, die in den Höfen des Amuntempels ihre Behausungen errichtet hatten und durch eine neue Mauer ferngehalten werden sollten. Zweifellos handelte es sich hier um geringes Volk, weshalb Mencheperre sie auch als 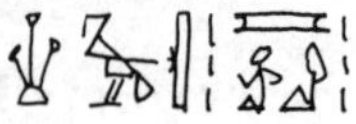, "*Pöbel*" o.ä.[613], bezeichnet.

§467

Weder ist mit dem Zusatz **n-pꜣ-tꜣ (n-Pr-ꜥꜣ)** an eine Einschränkung gedacht in dem Sinne, daß es sich um "*Land Pharaos*" im Gegensatz zu anderem Land handelte, wie die Äquivalenz von "*Land*" und "*Land Pharaos*" zeigt[614]; noch ist Land im Gegensatz zu "*Stadt*" gemeint, zwei Begriffe, die keinen Gegensatz bilden wie im europäischen Mittelalter. Der Ausdruck  in der Orakelinschrift des Mencheperre im Chonstempel[615], Z.26, meint die "*geringen*" Leute von Theben und nicht allgemein Stadtbewohner im Gegensatz zu Landvolk[616].

§468

Im Sinne der Dualität von **nmḥw** und **Pr-ꜥꜣ** auf der Dachla-Stele, wo **nmḥw** für alle "*geringen*" Leute und ihre Habe gegenüber dem König (und seinen höhe-

---

611 I.20.b.

612 S.o. §56, KA.c., TS 47.

613 Wb.III, 18,10.

614 Der Ausdruck **pꜣ-tꜣ n-Pr-ꜥꜣ** dürfte in einem Dokument der 22. Dynastie prägnante Bedeutung besitzen: Auf der Stele Leningrad Erm. 5630 (Meeks, 22.1.10) ist die Rede von einer Schenkung von 10 Aruren **n-pꜣ-tꜣ n-Pr-ꜥꜣ ꜥ.w.s.**, vgl. Yoyotte, in: Mel.Masp. I,4, 142 und Anm.6; Meeks, in: OLA 6, 641, überlegt, ob dies vielleicht ein Äquivalent für **ꜣḥ.t-Pr-ꜥꜣ** sei.

615 I.21.c. (TS 49).

616 Tosi/Roccati, Stele e altre epigrafi, Nr.500 52: **nḏm.wj-ḥtp.k (...) n-nmḥw n-njw.t.k** (von Chons); Naunachte nennt sich in ihren testamentarischen Bestimmungen sowohl **nmḥw n-pꜣ-tꜣ n-Pr-ꜥꜣ** als auch **ꜥnḫ.t n-njw.t**, s. Cerny, in: JEA 31, 1945, 29ff.

ren Beamten) steht, dürfte der Ausdruck "*geringe Leute des Landes (Pharaos)*" (u.ä.) keine juristische Prägnanz besessen haben in dem Sinne, daß er einen Stand oder Status ("*frei*") bestimmter Individuen definierte. Auch die abstrakte Generalisierung "*jeder (denkbare) Mensch im ganzen Land*" hatte eine Nebenbedeutung von "*geringe Leute*". So jedenfalls in einigen Belegen: Die Aufzählung der Personen, mit denen in Zukunft als möglicher Gefahrenquelle für das Vermögen der Maatkare zu rechnen ist, folgt mit größerer Allgemeinheit (jeder König, jeder HPA, jeder Große des Heeres, jedermann) zugleich auch einer hierarchisch absteigenden Linie. Jedoch bedarf die Vorstellung des Menschen *in abstracto*, unabhängig von seiner gesellschaftlichen Stellung, gewisser historischer Voraussetzungen. Für den Ägypter bedeutete der Versuch, sich einen Menschen jeder Art ohne *Ansehen* seiner gesellschaftlichen Würden vorzustellen, vermutlich gleichzeitig auch, ihn sich ohne den *Besitz* von Würden zu denken.

3. nmḥw als sozialer Begriff – nmḥw / bꜣk

§469

Der wichtigste Beleg für ein Oppositionsverhältnis der beiden Begriffe **nmḥw** und **bꜣk** ist der Adoptionspapyrus[617]; der entscheidende Satz findet sich vso., 2ff. nach einer Schwurformel:

"Ich mache die Leute (...) zu nmḥw*-Leuten des Landes Pharaos ... sie sind nicht mehr mit ihm (d.h. mit demjenigen der Familie, der gegen sie reden sollte) als* bꜣk.w, *sondern als Geschwister (bzw.) Kinder, da sie* nmḥw*-Leute*[618] *des Landes Pharaos sind".*

Daß hier mit der Bezeichnung **nmḥw** die Eigenschaft einer Person als **bꜣk** jds. aufgehoben ist, steht außer Frage. Daß aber die Opposition von **bꜣk** und **nmḥw** im Adoptionspapyrus der von unfrei und frei entspricht[619], geht aus dem Text nicht hervor: Mit der Statusänderung der **bꜣk.w** ist offenbar vor allem das Verhältnis der bisherigen "*Sklaven*" zum Rest der Familie affiziert. Es ist die

---

[617] Gardiner, in: JEA 26, 1940, 23ff.; KRI VI, 735ff.
[618] Das Wort **nmḥw** ist über der Zeile hinzugefügt worden.
[619] Théodoridès, in: LÄ II, Sp.302f. und Anm.15, s.v. **Freiheit*, bestreitet überhaupt, daß es im Adoptionspapyrus eine Opposition zwischen **bꜣk** und **nmḥw** gibt und sieht stattdessen eine Opposition zwischen **nmḥw** und **srjw** (hoher Beamter). Er sieht die Befreiung vom Sklavenstand im Akt der Adoption, in der Erklärung zu **nmḥw** dagegen nur eine ergänzende Statusänderung ökonomischer Natur.

Adoption selbst, die den **bꜣk**-Status beendet[620], und dies schließt ein, daß der neue Status sich vor allem auf das Verhältnis der neuen Familienmitglieder zu ihren bisherigen Herren bezieht, wie es sich aus dem oben gebenen Zitat ergibt.
Wo dagegen die Freiheit erste und gemeinsame Bestimmung aller Vollbürger eines Gemeinwesens ist, da ändert sich mit der Freilassung eines Sklaven durch seinen Besitzer das Verhältnis dieses Sklaven zum Gemeinwesen insgesamt: er war eine Sache und er wird ein Staatsbürger[621]. Und erst auf dieser Grundlage wäre dann eine Adoption durch den bisherigen Besitzer möglich, die ja ein Akt zwischen zwei Personen ist, die auch als solche vom Staat anerkannt sein müssen.

§470

Der Ägypter des Neuen Reiches hat zwischen **nmḥw** und **bꜣk** vermutlich keinen fundamentalen Statusunterschied gesehen. **nmḥw.w** und **bꜣk.w** waren Leute, die in der gesellschaftlichen Hierarchie nahe beieinander waren: nämlich ziemlich weit unten. In einem Papyrusfragment mit dem Namen pVarzy[622], heißt es von irgendeiner Person:

[......] **pꜣ-rn j.ḏd-n.f Pr-ꜥꜣ ꜥ.w.s. pꜣj.f-nb ꜥ.w.s. ḫr-jw-wꜥ-rn n-bꜣk n-nmḥw pꜣ-wn-m-dj.f jw.f** [...], "*...der Name, den Pharao, sein Herr ihm gegeben ("gesagt") hat, obwohl der Name, den er getragen hatte, der eines Dieners oder eines Geringen*[623] *gewesen war. Und er.....*"[624].

Naunachte, die sich in ihrem Testament als **nmḥw** bezeichnet[625], nennt gleich darauf ihre Söhne und Töchter gegenüber der **qnb.t** "*diese eure acht Diener* (**pꜣj-8-bꜣk.w (n-)tn-jmj.w**)"[626]. Maja in seinem Grab in Amarna sagt einmal von

[620] Théodoridès, loc.cit.
[621] Schon das Freilassen eines Sklaven durch seinen Besitzer wäre daher vom Standpunkt eines modernen Staates ein Rechtsproblem, da sich damit ein einzelner Bürger einen hoheitlichen Akt anmaßte; nur der Staat kann jemanden zum Bürger erklären.
[622] Gardiner, RAD, 59f.
[623] Vgl. Erman, NG, §198.
[624] Auch bei Gardiners Übersetzung ("*of a servant of lowly birth*", RAD, XIX) sind **bꜣk** und **nmḥw** als zwei Bezeichnungen für Personen geringer Herkunft aufgefaßt, die nicht sehr weit auseinander liegen.
[625] Cerny, in: JEA 31, 1945, 29ff.
[626] Kol. 2,2 des Dokuments I; Cerny bemerkt dazu: "*It is strange that Naunakhte, though a free woman, presents her children to the court as 'these eight servants of yours'*". Er sieht hier in **bꜣk** einen figurativen Ausdruck, ähnlich wie **bꜣk-jm**. Es ist aber nicht sicher, ob Naunachte sich wirklich als "*free woman*" bezeichnen wollte.

sich: jnk-nmḥw ḥr-jtj mw.t qd-wj pꜣ-ḥqꜣ [627]; ein anderes Mal: jnk-ḥm n-sḫpr.n.f [628]; ḥm *und* nmḥw sind Charakterisierungen seines niedrigen Standes vor der Erhöhung durch den König[629].

§471

Zu Belegen und Bedeutung von ḥm und bꜣk s. Bakir, Slavery, 15–22 und 29–34; ḥm und bꜣk sind in ihrer Bedeutung schwer voneinander zu unterscheiden[630]. Allerdings sind einige auffallende Unterschiede im Gebrauch der beiden Wörter festzustellen, auf die Bakir nicht eingegangen ist. Obwohl der Priestertitel, der griechisch mit προφήτης wiedergegeben wird, ḥm-nṯr (nj-NN) lautet, wird der Personenname, der das Dienerverhältnis zu einem bestimmten Gott zum Ausdruck bringen soll, im Neuen Reich in der Regel mit (pꜣ-)bꜣk gebildet[631].

Gelegentlich hat man bei den Texten des späten Neuen Reiches den Eindruck, als sei ḥm ein Wort, mit dem der Betreffende allgemein als Angehöriger des Dienerstandes gekennzeichnet werden soll, während bꜣk dann verwandt wird, wenn das Dienerverhältnis zu einer bestimmten Person gemeint ist; dies wäre in Übereinstimmung mit der Verwendung von ḥm im Priestertitel, bꜣk aber in theophoren Personennamen; so der von Bakir[632] zitierte Beleg pBM 10052, 10,15f.:

"*Es sagte der Vezir: 'Man lasse* Pꜣj-nḫw *holen, ihren Sklaven* (bꜣk)..., *es wurde gebracht der Sklave* (ḥm) *P.*"[633].

Im pKairo 65739[634] geht es um Probleme, die sich aus dem Kauf einer Sklavin ergeben. Die künftige Besitzerin nennt die Sklavin als ihr zum Kauf angebo-

---

[627] Sandman, Texts from Akhenaten, 61,12.

[628] Sandman, Texts from Akhenaten, 60,1f.

[629] Umgekehrt kann der König alle seine Untertanen als seine ḥm-Sklaven ansprechen, ohne daß das etwas Beleidigendes für diese hätte: pHarris I, 79,3ff.

[630] Vgl. die Belege, die Bakir, Slavery, 19, aufführt für die Bezeichnung derselben Person bald als ḥm, bald als bꜣk im späten Neuen Reich.

[631] Ranke, PN II, 225.

[632] Bakir, Slavery, 19.

[633] Vgl. auch Abbott-Dockets (Peet, Tomb-Robberies, Pl.23) A9: ḥm Sḫꜣ-ḥꜣtj-Jmn n-šwtj NN; derselbe Mann, B10: ꜥꜣcc Sḫꜣ-ḥꜣtj-Jmn bꜣk n-šwtj NN. Gegenbeispiele: pMayer A (Peet, The Mayer Papyri A&B), 10,23f.: tꜣj.f-ḥm.t – vielleicht wegen ihres Namens Bꜣk.t ? pBM 10100, 10f. (Cerny, LRL, 50): "*Die Angelegenheit mit diesen fünf Sklavinnen* (bꜣk.wt*), die ich euch gegeben habe*".

[634] Gardiner, in: JEA 21, 1935, 140ff.

ten: **ḥm.t-ẖ3rw** (Z.4), als ihr gehörig aber: **t3j-b3k.t** (Z.16), während das Gericht von ihr als **ḥm.t** spricht (Z.20).

§472

Weitere Belege für die Opposition von **b3k** und **nmḥw**, die die Auffassung von **nmḥw** im Sinne von "*frei*" nahelegen, finden sich in den demotischen Urkunden über Verkäufe und Selbstverkäufe von "*Sklaven*". Jedoch machen diese Dokumente auch die Besonderheiten des Verhältnisses von "*Sklaven*" und "*Freien*" deutlich. Im Dokument Nr.38 der von Malinine und Pirenne herausgegebenen Sammlung später Rechtsurkunden[635], welches über den Verkauf eines **b3k** handelt, findet sich eine Zustimmungsklausel dieses **b3k** selbst, in der dieser erklärt, daß er mit seinen Kindern gegenüber dem Käufer ein **b3k** und nicht ein **nmḥw** ist und mit der Transaktion einverstanden ist. In den Dokumenten Nr.39–41 ist der (künftige) **b3k** sogar selbst das Subjekt des Verkaufs; dies widerspricht der Natur des Sklaven als einer bloßen Sache[636]. Denn der Selbstverkauf schließt ein:

- die Anerkennung seines Willens und seines Interesses durch den Käufer[637],
- die Anerkennung seiner Rechtsherrschaft über sein Eigentum durch den Käufer.

Während der im Sinne des römischen Rechts als Sache erworbene Sklave in das Eigentum des Käufers übergeht, gibt es bei den "Selbstverkäufen" das Phänomen, daß die Gegenstände, die den Kaufpreis des "Sklaven" darstellen, auch in dessen Hand übergehen und damit der Besitz des "Sklaven" Nicht-Besitz für dessen Käufer darstellt; dagegen wäre der Akt, einem als Sache erworbenen Sklaven den Kaufpreis zu bezahlen, sinnlos, da er dann zusammen mit dem Sklaven in die Hand des Käufers zurückkehren würde[638].

---

635 Malinine/Pirenne, Documents jur. Eg. II.

636 Zu **b3k** und **nmḥw** in den Selbstverkaufsdokumenten s. auch Thompson, in: JEA 26, 1940, 73–76.

637 Bei einem Sklaven als Eigentumssache im Sinne des römischen Rechts ist dagegen Zwang unabdingbar, um ein Subjekt auf eine willen- und interesselose Sache zu reduzieren. Zum Sklaven als Nichtbesitzer von *caput*, worin die Rechtsfähigkeit einer Person zusammengefaßt ist, daher als "*gegenständliche Sache*" *(res corporalis)* vgl. R.D. Melville, A Manual of the Principles of Roman Law, Edinburgh 1918², 68f., 71, 104f., 199f.

638 Malinine/Pirenne, Documents jur. Eg. II., 72, sprechen daher bezüglich des **b3k**-Status von "*demi-liberté*" oder von "*serf*" (leibeigen).

Die Unterwerfungserklärung, mit der der sich Verkaufende zum **bꜣk** des Käufers wird, enthält vielleicht eine einschränkende Formulierung: Zu der Erklärung, daß der Verkäufer nicht mehr "*frei*" sein könne, tritt der Zusatz "*im Verhältnis zu dir*"[639]. In Dokument Nr.39 (ähnlich auch Nr.42) scheint die Unterwerfungsformel in Zusammenhang damit zu stehen, daß sich kein anderer als "Eigentümer" des sich Verkaufenden betrachten kann:

"*Ich bin dein* **bꜣk**. *Niemand außer dir wird sich als mein Eigentümer betrachten können. Ich werde mich dir gegenüber nicht mehr als* **nmḥw** *betrachten können.*"

Vielleicht hat **bꜣk** in diesen Erklärungen keinen allgemeinen Status definiert, sondern eine Abhängigkeit nur gegenüber dem Käufer, so daß dessen **bꜣk** gegenüber Dritten weiterhin ein **nmḥw** gewesen sein könnte! Wenn eine Person ein **nmḥw** genannt wird, könnte sie dann zugleich auch jemandes **bꜣk** sein[640]. Die Opposition von **bꜣk** und **nmḥw** in den Unterwerfungserklärungen muß nicht bedeuten, daß **bꜣk** und **nmḥw** zwei sich bei derselben Person ausschließende Zustände sind; die Opposition könnte auch nur besagen, daß sich diese beiden Zustände ausschließen nur im Verhältnis dieser Person zu einer einzigen anderen. Vielleicht war das Dasein als **nmḥw** (gegenüber allen anderen) sogar die Bedingung für das Dasein als **bꜣk** (gegenüber der einen Person) und es war dies, was mit der Formel "*niemand außer dir wird sich als mein Eigentümer betrachten können*" ausgesagt wurde.

§473

"(...) *Il existe une opposition entre* **nmḥw** *et* **srw** (*gens de l'administration, en général*) *et non entre* **nmḥw** *et 'esclaves*'"[641], so faßt Théodoridès das Resultat seiner Überlegungen zusammen. Dies mag überzogen sein, jedoch ist Vorsicht geboten gegenüber Aussagen wie dieser:

---

639 Demotisch **j.jr.n.k**, s. Spiegelberg, Demotische Grammatik, §390.

640 Vgl. die Stele Kairo 27/6/24/3, publ. Bakir, Slavery, Pl.3 und 4, wo eine "*Sklavin*" (**ḥm.t**) zugleich auch als **ꜥnḫ.t n-njw.t** bezeichnet wird, evt. ein Aquivalent zu **nmḥw.t**: so Testament der Naunachte (Cerny, in: JEA 31, 1945, 29ff.), Dokument I, 1,5 und 2,1; s. auch Helck, Verwaltung, 122, Anm.7.

641 Théodoridès, in: LÄ II, Sp.303f. (Anm.15).

"*Diese Bezeichnung* (nmḥw.w des Landes, d.V.) *wird am Ende des Neuen Reiches dann zu der von 'Freien': 'nmḥjw des Landes' stehen den 'Sklaven' gegenüber.*"[642]

Die nmḥw.w und die "*Sklaven*" sind nicht zwei einander gegenüberstehende Bevölkerungsgruppen; vielmehr erscheinen sie als vielfältig miteinander in Beziehung stehend, gelegentlich sogar identisch miteinander und als geringe Leute den hohen Beamten gegenüberstehend.

4. nmḥw als sozialer Begriff – zum Umkreis der als nmḥw bezeichneten Personen

a. *Vorkommen auf verschiedenen Denkmälern*

§474

Die Überlegungen zum Wort nmḥw als sozialem Begriff lassen sich ergänzen durch den Versuch, den Personenkreis einzugrenzen, auf den dieses Wort angewandt werden kann. Die wichtigsten Quellen hierfür sind:

- das Dekret des Haremhab,
- das Testament der Naunachte (pAshmolean 1945.95+97),
- der Adoptionspapyrus (pAshmolean 1945.96),
- das Orakel des Mencheperre im Chonstempel (I.21.c.),
- die Stele d'Apanage (II.22.a.),
- die Dachla-Stele (I.22.a.).

§475

Das ***Haremhab-Dekret*** enthält die Information, daß unter die nmḥw.w auch die "*Heeresangehörigen*" (ᶜnḫ-nb n-mšᶜ) fallen können[643]. Dazu passt die Bemerkung Ramses' II., daß normalerweise das Verhältnis zwischen dem König und den Soldaten eines ist zwischen dem "*Herrn – L.H.G.*" einerseits und nmḥw.w andererseits[644].

Das ***Testament der Naunachte*** könnte einige Anhaltspunkte bieten, wenn die Kinder der Naunachte, wie diese selbst, nmḥw.w n-pꜣ-tꜣ n-Pr-ᶜꜣ gewesen sind. Da ihre Söhne die Bezeichnung rmṯ-jz.t tragen (ihre Töchter sind, wie Nau-

---

[642] Helck, in: JESHO 2, 1959, 32.
[643] Kruchten, Le décret d'Horemheb, 32 und Anm.38.
[644] Kadesch-Schlacht, Poème, §175 (KRI II, 57).

nachte selbst ꜥnḫ.t n-njw.t, so würde zumindest ein Teil der Arbeiterschaft von Deir el-Medineh unter die nmḥw.w fallen[645].

Wenn im ***Adoptionspapyrus*** die bisherigen Besitzer der "*Sklaven*" selbst der Gruppe der nmḥw.w angehören, zu denen die bꜣk.w nach ihrer Adoption zu zählen sind, so trifft die Bezeichnung zu auf

- ḥrj-jḥw, *Stallmeister* (Nb-nfr Gemahl der Nꜣ-nfr; Pꜣ-dj.w, Bruder der Nꜣ-nfr),
- šmꜥj.t-Sängerinnen (Nꜣ-nfr, šmꜥj.t des Seth von Spr-mrw).

Die beiden Zeugenlisten des Papyrus könnten weitere Personen enthalten, die zu den nmḥw.w zu rechnen sind, da sie u.a. Leute nennen, die dieselben Titel wie Nb-nfr und Nꜣ-nfr tragen. Neben Stallmeistern und einer Sängerin des Seth finden sich mehrere šrdn-Leute und ein jḥwtj-Bauer.

Das ***Orakel des HPA Mencheperre*** im Chonstempel[646], welches sich mit dem Kauf von Land befaßt von Leuten, die als "nmḥw.w *der Stadt*" bezeichnet werden, nennt unter diesen Angehörige des Amuntempels:

- Gottesväter bzw. deren Kinder (Z.5, 40, 43),
- einen ꜥꜣ n-qwr n-pr-Jmn (Z.35),
- einen Schreiber des Gottesopfers (Z.44),
- einen Schreiber (Z.50)[647],
- einen Heeresschreiber (zš-mšꜥ) der zugleich Gottesvater ist (Z.5, 43),
- eine Frau mit dem Titel  (Z.4)[648].

§476

Die *Stèle d'Apanage* ist die ergiebigste Quelle, da sie die als nmḥw.w des Landes bezeichneten Leute, die Land verkauft haben, einzeln mit Namen, Titeln und Größe des Landstückes auflistet. Es werden genannt:

---

645 Vgl. Cerny, in: JEA 31, 1945, 45; 44 mit Anm.2.

646 I.21.c., TS 49.

647 Der in Z.7 genannte zš-sḥn.w n-pr-Jmn gehört wohl nicht zu diesen nmḥw.w, um deren Boden es geht; er gehört vielmehr zum Personal, das beim Orakel Dienst tut.

648 Zu dem Titel vgl. den Personennamen Nsj-pꜣ-ḥr-n-Mwt, Ranke, PN I, 175, Nr.11.

- ein **wꜥb**-priester des Amun mit 236 Aruren (Z.8f.),
- eine **ꜥnḫ.t n-njw.t** und Frau eines **wꜥb**-Priesters des Amun mit 10 Aruren (Z.12f.),
- ein Ruderer (**ḫnw**) des Rindervorstehers des Amun mit 3 Aruren (Z.14),
- zwei **qrꜥ**-Leute, also Angehörige des Heeres (Schildträger) mit 30 und 10 Aruren (Z.12 und 15f.),
- zehn **mnḥ**-Leute mit Ländereien von 1 bis 71 Aruren.

Die Bezeichnung der größten Gruppe unter diesen **nmḥw.w**, wenn auch nicht der größten Verkäufer, **mnḥ**, bedeutet eigentlich nur "*Jüngling*", "*Bursche*"[649] und bezeichnet in Deir el-Medineh die jugendlichen Mitglieder der Arbeiterschaft[650]. **mnḥ n-Kꜣš**[651] ist die Bezeichnung eines Mannes, der mit der Bearbeitung von Feldern zu tun hat, im pBerlin 8523[652]. Seine Tätigkeit wird mit **skꜣ** angegeben, "*Pflügen*"; ein Wort, das zugleich auch in einem allgemeineren Sinne für die Ausübung eines Nutzungsrechts auf Land stehen kann[653], welches dieser **mnḥ n-Kꜣš** im Auftrag eines Obersten der Bogentruppen und Schreibers ausübt[654]. Ein eindeutiger Beleg für einen militärischen Sinn von **mnḥ** existiert offenbar nicht[655]. Die Doppelbedeutung des Wortes, einerseits eine menschliche Alterstufe, andererseits eine Art Titel, könnte durch die Übertragung der biologischen Bezeichnung auf eine soziale Ebene zustande

---

649 Wb.II, 83,13; Gardiner, AEO I, *214; Leahy, in: RdE 34, 1983/84, 80f.

650 Cerny, Community of Workmen, 113ff.

651 Von Spiegelberg, in: ZÄS 53, 1917, 109 mit Anm.2, mit "*nubischer Pächter*" übersetzt; s. auch Gardiner, in: JEA 19, 1933, 27; Wente, LAE, 209: "*kushite cadet*".

652 Spiegelberg, in: ZÄS 53, 1917, 107ff.; Möller, Hieratische Lesestücke III, 12; Allam, Hieratische Ostraka und Papyri, Tf.76f.

653 S.u. §490.

654 Dieser **mnḥ n-Kꜣš** aus dem Ende der 20. oder aus der 21. Dynastie hat übrigens seinen Namen gemeinsam mit **Pꜣ-nb-n-ꜥḏd**, dem **ꜥꜣ n-qwr n-pr-Jmn** in Z.35 des Orakeltextes I.21.c. im Chonstempel (TS 49). Ein **mnḥ** findet sich auch unter den Zeugen der Dachla-Stele, von Gardiner, in: JEA 19, 1933, 22, unter Vorbehalt mit "*cultivator*" übersetzt; ders, Inscription of Mes, 14: "*tenant*"; vgl. auch Cerny, in: Mel.Masp. I,1, 234f. und Anm.6: "*fermier*". **mnḥ** im Sinne von "*Kultivator*" vielleicht auch I.22.d., Z.8.

655 Helcks Übersetzung von **mnḥ** auf der Stèle d'Apanage mit "*nubischer Soldat*", Materialien II, 274, beruht nur auf Vermutungen; Wente, LAE, 209: "*kushite cadet*" für **mnḥ n-Kꜣš** im pBerlin 8523; pSallier I, 7,1 (Gardiner, LEM, 84) heißt es vom *Jüngling* (**mnḥ**), daß er "*Krieger*" (?, vgl. Caminos, LEM, 53) wird.

gekommen sein. Dazu finden sich auch in anderen Sprachen Parallelen (im Deutschen: *Junker*)[656].

Die **mnḥ**-Leute der Stèle d'Apanage stammen alle aus höchstens drei Familien (wenn nicht auch diese Familien, für uns ungreifbar, noch miteinander verwandt waren), von denen die ältere Generation fremdländische, vielleicht libysche Namen[657] trägt, die nächste dagegen meist ägyptische. Vielleicht waren diese **mnḥ**-Leute ausländische und in Ägypten angesiedelte Truppenangehörige.

§477

Auf der ***Dachla-Stele*** dürfte der Gottesdiener des Seth, **Nsj-Bꜣst.t**, zu den **nmḥw.w** zählen, da es von dem ihm zugesprochenen Wasser heißt, es gehöre einem jeden **nmḥw**, der es herausleitet (Z.13), und da er außerdem als **nmḥw**-Sohn (**šrj-nmḥw**) seiner Mutter bezeichnet wird (Z.15)[658].

§478

Das Spektrum der Personen, die von der 19. bis zur 22. Dynastie **nmḥw** genannt werden konnten, ist außerordentlich groß. In der Libyer-Zeit findet sich darunter ein Ruderer mit 3 Aruren Land, ein **wꜥb**-Priester mit 236 Aruren und ein Gottesdiener in der Oase Dachla. Zur Zeit des HPA Mencheperre treten mittlere Beamte und Priester des Amuntempels unter dieser Bezeichnung auf. Im Neuen Reich finden sich neben Heeresangehörigen Arbeiter von Deir el-Medineh(?), Stallmeister, Tempelsängerinnen und vielleicht **jḥwtj**-Bauern und **šrdn**.

---

[656] Vgl. auch die Verbindung **mnḥ n-kꜣ.w**, Shorter, in: JEA 22, 1936, 165ff., bes. 166: "*ox-herd*", "*cattlefarmer*"; vgl. amerikanisch *cowboy*, eine altersunabhängige Bezeichnung für den Rinderhirten zu Pferde.

[657] Vgl. den *Namen* **Knmtwhr** eines **mnḥ** (Z.16) mit dem *Titel* **mtwhr** einiger Zeugen auf der Dachla-Stele (I.22.a.).

[658] Im pSallier I, 7,2 (Gardiner, LEM, 84) ist vom **nmḥw** als Pferdeknecht (**mrj**, Wb.II, 110,5) die Rede. Caminos, LEM, 317: "*The poor will be a groom*". **nmḥw** dürfte jedoch hier das letzte Glied in der Aufzählung menschlicher Altersstufen sein: (Das Kind ist im Dienst des Soldaten, der Jüngling ein Krieger, der erwachsene Mann ein Bauer), "*der (seiner Kräfte) beraubte (Alte) ein* **wr-mrj.w**", so daß diese Stelle nicht auskunftsfähig ist über die Bewandtnisse eines **nmḥw** im sozialen Sinne.

Zwischen all diesen Leuten läßt sich kaum eine andere Gemeinsamkeit finden als die, daß es keine leitenden Beamten waren; es dürfte daher kein Problem sein, die oben[659] zitierte Stelle, pLansing 12,5, zu übersetzen mit: "**nmḥw.w**, *große wie kleine*".

Wenn man in den **nmḥw.w** einen Sammelbegriff für mittlere und niedere Beamte, Arbeiter, Soldaten, Stallmeister, Bauern erkennen darf, die allesamt in dem Abhängigkeitssystem des ägyptischen Gemeinwesens ihren Platz hatten, so ist nicht zu einzusehen, daß es sich um eine Schicht mit dem Sonderstatus von "*Freien*" gehandelt haben soll. Auch wenn die **nmḥw.w** den leitenden Beamten (**srjw.w**) gegenüberstanden[660], sind die **nmḥw.w** keine Leute, die "*nicht in das Räderwerk des Staates integriert*" waren[661]. Warum sollte ein **wᶜb**-Priester oder ein Stallmeister nicht in die Hierarchie (anders gab es keinen "Staat"!) integriert gewesen sein?

b. *Die* **nmḥw.w** *im Verhältnis zu den Angaben des pWilbour und der Landschenkungsstelen*

§479

Der Papyrus Wilbour kennt den Begriff (**ꜣḥ.t-)nmḥw.w** nicht, jedoch lassen sich einige der aufgeführten Berufe und Titel, die von **nmḥw**-Leuten getragen werden konnten, auch bei den Landinhabern der "*apportioning domains*" dieses Dokuments nachweisen[662]. So bilden die im Adoptionspapyrus genannten **ḥrj.w-jḥw**, "*Stallmeister*", die größte Gruppe der unter diesen Domänen im Teil A des Papyrus aufgeführten Individuen[663]; ferner Frauen mit dem Titel **ᶜnḫ.t n-njw.t**, den auch die **nmḥw**-Frau Naunachte trägt[664]; Schildträger (**qrᶜ**), die in der Stèle d'Apanage als Inhaber von Land genannt werden, finden sich gelegentlich[665], es handelt sich allerdings um explizit königliche Schildträger. Belegt sind ferner zwei Heeresschreiber, wie im Mencheperre-Orakel im Chonstempel ein Heeresschreiber sich unter den "**nmḥw.w** *der Stadt*" fand, sowie

---

659 S.o. §450.
660 Théodoridès, in: LÄ II, Sp.303f. (Anm.15), s.v. *Freiheit*.
661 Théodoridès, in: RIDA 12, 1965, 116: "*nous sommes amenés .... à interpréter 'nemehou' comme désignant une personne non intégrée dans les rouages de l'Etat*".
662 Gardiner, Pap.Wilbour, Comm., 79ff.; Helck, Materialien II, 258ff. Zu den "*apportioning domains*" s. Gardiner, Pap.Wilbour, Comm., 55ff.; Menu, Régime juridique, 96ff.
663 Gardiner, Pap.Wilbour, Comm., 79.
664 Gardiner, Pap.Wilbour, Comm., 76.
665 Gardiner, Pap.Wilbour, Comm., 81f.

Tempelschreiber, die etwa den Rang des Schreibers des Gottesopfers in diesem Orakeltext gehabt haben könnten[666]. Schließlich Gottesdiener, Gottesväter, wᶜb-Priester[667], im Vorangegangenen als mit nmḥw ansprechbar aufgeführt. Nimmt man auch die in der Zeugenliste des Adoptionspapyrus genannten Personen allesamt als nmḥw.w, so fänden auch šrdn-Leute und jḥwtj-Bauern als nmḥw.w in der genannten Abteilung des pWilbour ihre Entsprechung[668]. Bei einer größeren Anzahl von Quellen ließen sich diese Entsprechungen wahrscheinlich noch erweitern, dennoch besagen sie nicht viel für eine Qualifizierung der in den "*apportioning domains*" aufgeführten Ländereien als ꜣḥ.t-nmḥw.w. Denn an der gleichen Stelle werden dort auch solche Personen als Inhaber von Ländereien genannt, die sicher nicht unter die nmḥw.w fallen dürften, so der Schatzhausvorsteher Ḫᶜj-m-tjr und der Gütervorsteher Wsr-mꜣᶜ.t-Rᶜ-nḫtw[669].

§480

Auch in der Gruppe von Eintragungen innerhalb der "*apportioning domains*", die Gardiner "*honk-entries*"[670] nennt, und die die Form haben:

ḥnk (n-nꜣ-nṯr.w-Pr-ᶜꜣ /<r->ḫt-NN, "*geschenktes Land*[671] *für die Götter Pharaos*[672] *unter der Autorität von ...* ",

finden sich unter den nach <r->ḫt- genannten "Verantwortlichen" einige mit Titeln, die auch von nmḥw.w getragen werden konnten; so ein Stallmeister (ḥrj-jḥw), ein Schildträger (qrᶜ, allerdings ein königlicher Schildträger), eine Frau mit dem "Titel" ᶜnḫ.t n-njw.t, ein Gottesvater, zwei Gottesdiener und diverse Schreiber[673]. Daneben aber gibt es auch hier Persönlichkeiten, die gewiss keine nmḥw.w waren, wie der Hohepriester des Amun und der Schatzhausvorsteher. Die Bezeichnung ḥnk verbindet diese Eintragungen mit den Landschen-

666 Gardiner, Pap.Wilbour, Comm., 83.
667 Gardiner, Pap.Wilbour, Comm., 84.
668 Gardiner, Pap.Wilbour, Comm., 80 und 82.
669 Gardiner, Pap.Wilbour, Comm., 84.
670 Gardiner, Pap.Wilbour, Comm., 86f.
671 Gardiner, Pap.Wilbour, Comm., 111ff.
672 Diese "*Götter Pharaos*" sind wohl nicht mit Königsstatuen zu verwechseln, Gardiner, Pap.Wilbour, Comm., 17 und 87; so aber Helck, Materialien II, 229; zu den Gottheiten "*des Ramses*", die vielleicht darunter fallen, s. Montet, in: Fs.Griffith, 406ff.
673 Faulkner, Pap.Wilbour, Index, 39f.; Helck, Materialien II, 229ff.

kungsstelen[674], die einer Gottheit Land stiften und es in die Verantwortlichkeit einer Person stellen. Auf den Schenkungsstelen oberägyptischer Provenienz sind gelegentlich **ꜣḥ.t-nmḥw.w** Gegenstand einer Stiftung[675]. Einige Titel wie **ꜥꜣ-(n-)thr**[676], **qrꜥ**, **jtj-nṯr**, **ḥm-nṯr** und Schreibertitel derjenigen, unter deren Verantwortung die Landstiftungen stehen, kommen an entsprechender Stelle auch in den "*honk-entries*" des pWilbour vor. Diese "*honk-entries*" verweisen als Sonderfall der von Gardiner sogenannten "*posh-B-entries*"[677] in zwei Fällen auf zwei Anwesen (non-app.) mit der Überschrift **pꜣ-nṯr n-(Wsr-mꜣꜥ.t-Rꜥ-mrj-Jmn) ꜥ.w.s.** (Ramses III.), die einen Anteil von Korn (eben den in der korrespondierenden "*honk-entry*" genannten) für den Tempel Ramses' III. von Medinet Habu abzweigen. Die insgesamt 4 Paragraphen mit Land für den Gott Ramses' III. in Sektion II des Teils A (33,1ff.) unterbrechen die Aufzählung der königlichen Totentempel in Theben in umgekehrt chronologischer Reihenfolge und befinden sich fast am Ende des thebanischen Abschnitts in dieser Sektion. In Sektion III finden sich an der entsprechenden Stelle 3 Paragraphen mit Feldern eines **sšmw-ẖwjw** (Prozessionsbildes) Ramses' III. (55,1ff.), und ein Paragraph dieser Art in Sektion IV (83,26ff.)[678], (alle §§ non-app.).
Es dürfte kein Zufall sein, daß an der entsprechenden Stelle im pHarris I, 11,1ff., am Ende der Aufzählung der Neugründungen von Theben (also zwischen Theben und Heliopolis) die **sšmw-ẖwjw**-Bilder und andere (Götter-)Statuen aufgeführt werden, die Ramses III. **ḥr-sdf**[679] des **pr-Jmn** gegeben hat, damit der Gott sie beschütze[680]; diesen Bildern "*erbringen Leistungen*" (**bꜣk**) die **srjw.w**, Standartenträger (**ṯꜣj.w-srj.t**), die Agenten (**rwḏw.w**) und die "*Leute des Landes*"; letztere entsprechen wohl den **nmḥw.w**[681], und bilden, ganz entsprechend der primären Bedeutung von **nmḥw**: *geringe Leute*, gegenüber den hohen Beamten, das Schlußlicht der Aufzählung. Ein **ṯꜣj-srj.t** als Diener eines solchen **sšmw-ẖwjw**-Bildes findet sich pWilbour A, 55,7, ein **srjw** als Diener desselben könnte der Schatzhausvorsteher **Ḫꜥj-m-tjr** sein, der an entsprechender Stelle genannt wird (83,26); unter die "*Leute des Landes*" könnte dagegen ein Gottesdiener (55,1) zu rechnen sein[682]. Auch in der Sphäre der Stiftungsländerei-

---

674 S.o. §§348ff.
675 Meeks, in: OLA 6, 612f. und Anm.24.
676 Gardiner, Pap.Wilbour, Comm., 81; Kessler, in: SAK 2, 1975, 117ff.
677 Gardiner, Pap.Wilbour, Comm., 58f., 87ff.
678 S. Gardiner, Pap.Wilbour, Comm, 153, zu §235 des Papyrus.
679 S.o. §362.
680 Hierauf bezieht sich auch pHarris I, 9,4f.
681 S.o. §§465ff.
682 S.o. §478.

en kann also mit dem Auftreten von **nmḥw.w** gerechnet werden. Ihnen allein vorbehalten ist sie jedoch nicht.

§481

Sind die "*apportioning domains*" oder, nach Helck[683], die "*Abgabe-Domänen*" des pWilbour die Kategorie, unter der die "*Felder der Geringen*" (**ꜣḥ.wt-nmḥw.w**) verzeichnet waren? Daß dieser Begriff im pWilbour und anderen Kornrechnungsakten keine Verwendung findet, muß nicht viel bedeuten[684], da der Begriff **nmḥw** sehr weit gefaßt ist und daher für die minutiöse Aufzählung der für das Land verantwortlichen Personen und ihrer unterschiedlichen Verpflichtungen nicht taugte. Aus der gelegentlichen Übereinstimmung der sozialen Grade der **nmḥw.w** und der kleinen Leute als Inhaber eines Landstücks in den "*apportioning domains*" läßt sich nicht auf die Identität dieses Landes mit den **ꜣḥ.wt-nmḥw.w** schließen[685]; auch andere als **nmḥw**-Leute sind in diesen Domänen vertreten. .

§482

Es mag durchaus sein, daß die als **ꜣḥ.wt-nmḥw.w** bekannten Ländereien innerhalb der "*apportioning domains*" des pWilbour anzutreffen sind; dafür könnte auch sprechen, daß immerhin 9 der 16 auf der Stèle d'Apanage aufgeführten Anwesen aus 3 oder 5 Aruren bestehen oder einer Arurenzahl, die durch 3 oder 5 teilbar ist. Diese Eigenschaft haben sie gemeinsam mit den meisten der Anwesen in den "*apportioning domains*", die aus 3, 5 oder einem Vielfachen von 5 Aruren bestehen[686]; auch die Stiftungsländereien der Schenkungsstelen sind häufig mit Vielfachen von 3 oder 5 Aruren bemessen[687]. Ferner bestehen auch die **ꜣḥ.wt-nmḥw.w**, die für die Stiftung des Vaters Scheschonqs I. erwor-

---

683 Helck, Materialien II, 254ff.

684 So aber Menu, Régime juridique, 133.

685 So z.B. Helck, Verwaltung, 123: "*Die Felder (...) der* **nmḥjw** *haben wir aber nun mit Sicherheit* (!) *in den Feldern zu sehen, die unter dem Namen einzelner Personen in den Abgabedomänen des Papyrus Wilbour erscheinen*". Gardiner, Pap.Wilbour, Comm., 206, dagegen: "*It is very well possible that the status of its* (d.h. der **ꜣḥ.t-nmḥw.w**, d.V.) *cultivators was that of the holders of land in the apportioning paragraphs of the Wilbour papyrus.*" Er spricht mit Bedacht nur über den Status der *Personen, nicht* der Ländereien!

686 Gardiner, Pap.Wilbour, Comm., 91.

687 Meeks, in: OLA 6, 646 und Anm.187.

ben wurden, aus zweimal 50 Aruren[688]. Jedoch läßt sich über diese mögliche Verbindung mit **nmḥw**-Land für die "*apportioning domains*" kein privater Status erschließen. Die Interpretation dieser Landklasse im Sinne von Pachtland[689] beruht auf der für das Neue Reich nicht nachzuweisenden Bedeutung von **nmḥw** als "*freier Privatmann*"[690].

Daß **nmḥw** in der Ramessidenzeit noch weit entfernt davon war, einen Menschen zu bezeichnen, der eine gewisse Freiheit von Vorgesetzten und Auflagen genoß, zeigt sich z.B. auch daran, daß die Passagen in den *Late Egyptian Miscellanies*, die den Schreiberberuf preisen, weil er frei von Vorgesetzten und Abgaben sei[691], dafür nie den Ausdruck **nmḥw** verwenden; für die positive Bedeutung von "*frei*" war **nmḥw** viel zu eng mit der traurigen Figur des ständig von seinen Herrn und Richtern Gebeutelten und ungerecht Behandelten verbunden.

Daher kann der Ausdruck **ꜣḥ.t-nmḥw.w** zunächst kaum einen anderen Sinn gehabt haben als "*Feld geringer Leute*".

---

688 I.21.g.

689 "*Tenanted land*" (Gardiner, Pap.Wilbour, Comm., 29, Anm.1; 206); "'*Lehns'-Land*" (Helck, Materialien II, 262).

690 Gardiner erwägt die Möglichkeit, das Wort **pš** ("*Teilung*") im pWilbour, z.B. in der Überschrift der "*apportioning domains*": **rmnj.t n-pš**, als Ausdruck für ein Pachtverhältnis zu verstehen, "*for does not a lease suggest a division of the profit from a given property among two interested parties?*" (Gardiner, Pap.Wilbour, Comm., 209). Eine Pacht ist zwar die Teilung des Gewinns zwischen Pachtherr und Pächter, aber deswegen ist noch nicht umgekehrt jede Teilung auch ein Pachtverhältnis, zumal die privatwirtschaftliche Kategorie des Gewinns bei der Pacht vorausgesetzt ist, die in der Akte nirgendwo auszumachen ist. Eine von Gardiner abweichende Interpretation des Pachtverhältnisses in den "*apportioning domains*" bei Menu, Régime juridique, 139ff., bes. 142f. – Helck, Materialien II, 262, beruft sich für seine Auffassung dieser Felder als in einem besitzähnlichen Verhältnis zu ihren Bearbeitern stehend, daher mit den **ꜣḥ.wt-nmḥw.w** im Sinne von Privatfeldern identisch, auf eine Passage in der Kadesch-Schlacht: Der König habe seine Soldaten auch dann noch auf ihren Feldern wohnen lassen, als sie nicht mehr Soldatendienste taten (Poème, §182-185, KRI II, 59f.); dies stehe für den Übergang dieser Felder in Familienbesitz. Die fragliche Stelle besagt indes nur, daß der König die Soldaten nicht kaserniert hatte, sondern sie in ihren Dörfern wohnen ließ, weil er darauf vertraute, daß sie jederzeit verfügbar waren.

691 pChester Beatty V rto., 7,9ff.; Gardiner, LEM, 16,9ff.; 65,5f.; 83f.

5. nmḥw.w – Privatleute?

a. *Théodoridès' Auffassung von* nmḥw

§483

Théodoridès, der sich in seinem Artikel über den Adoptionspapyrus[692] mit den nmḥw-Leuten und ihrer Habe beschäftigt hat, sieht in nmḥw ein Wort für "*propriétaire privé*"[693] und sogar "*propriétaire(s) libre(s) de biens privés*"[694]; er stützt sich dafür auf den pValençay, die Dachla-Stele und die Stèle d'Apanage. Für die nmḥw.w zieht er den Schluß:

"*Les 'nemehou' sont toujours nettement différenciés des autres catégories de la population, en tant qu'ils ne relèvent pas des biens de la Couronne ni de l'État ni du Domaine d'Amon: ils sont les propriétaires* **libres** *de biens privés.*"[695]

§484

nmḥw möchte Théodoridès als *Adjektiv* mit der Bedeutung "*privat*" verstehen, das sich gleichermaßen auf Personen wie auf Sachen beziehen kann[696], darauf basiert seine unglückliche Bestimmung, "*que sont 'nemehou' les personnes* **propriétaires** *de biens 'nemehou'*"[697]. Auch auf der Dachla-Stele, wo er sich auf die (freie!) Übersetzung Gardiners: "*private waters*", stützt, ergibt sich aus der Schreibung deutlich, daß sicher eine Genitiv-Verbindung gemeint ist[698]. Als Adjektiv ist mir nmḥw nur in Bezug auf Personen bekannt, wie šrj-nmḥw in Z.15 der Dachla-Stele.

Daher liegt genau das Gegenteil der eben zitierten Definition von Théodoridès vor: die "*Felder der Geringen*" bestimmen sich nach den Personen, zu denen sie in irgendeinem Verhältnis stehen, und nicht die Personen nach der Natur der Güter, die sie "*besitzen*". Es verhält sich mit den ꜣḥ.wt-nmḥw.w also genau umgekehrt wie mit dem jḥwtj, der nach den Feldern genannt ist, die er zu bearbeiten hatte. Der Versuch, die nmḥw.w nach Gütern zu bestimmen, die nach

---

692 Théodoridès, in: RIDA 12, 1965, 79ff.
693 Théodoridès, in: RIDA 12, 1965, 128.
694 Théodoridès, in: RIDA 12, 1965, 123.
695 Théodoridès, in: RIDA 12, 1965, 123; Hervorhebungen von Théodoridès.
696 Théodoridès, in: RIDA 12, 1965, Anm.227 (136f.).
697 Théodoridès, in: RIDA 12, 1965, 130; Hervorhebung von Théodoridès.
698 Auch Gardiner faßt, trotz seiner Übersetzung, nmḥw, wenn verbunden mit Sachen, nicht als Adjektiv auf; JEA 19, 1933, 21: "*fields of freemen*".

ihnen bestimmt sind, ist daher entweder ein sinnloser Zirkel – oder er birgt ein Problem.

Denn Théodoridès und viele andere sind natürlich nicht ohne Grund darauf gekommen, mit nmḥw die Vorstellung von "*frei*" oder "*privat*" zu verbinden. Wie die Definition von Théodoridès deutlich zeigt, ist man nicht durch das Wort selbst darauf gekommen, das für sich allein kaum etwas Prägnanteres meint als einen Menschen von relativ niedrigem Status und mit geringen materiellen Mitteln.

Das Eigentümliche ist aber, daß nmḥw in Verbindungen wie ꜣḥ.t-nmḥw.w eine präzisere Bedeutung zu haben scheint als für sich allein. Man möchte daher annehmen, das Wort nmḥw und mit ihm seine Träger bestimmten sich erst aus den Verbindungen, die *mit* diesem Wort gebildet sind, denen es also umgekehrt zugrundeliegt: die Natur der nmḥw-*Leute* aus den *Gütern* der nmḥw-Leute.

b. Die "Felder von Geringen"

§485

ꜣḥ.wt-nmḥw.w bedeutet zunächst – und der Ausdruck ist ja bereits in der 19. Dynastie belegt[699] – nicht mehr als "*Felder von geringen Leuten*"[700]. Zu der Verwendung dieses nicht sehr aussagekräftigen Begriffs als Terminus für eine bestimmte Landkategorie läßt sich wenigstens zweierlei festhalten – unter der Bedingung, daß das "*Eigentum*" am gesamten Lande sich vermutlich in göttlicher Hand befand, seien es Instanzen des Königspalastes oder Tempelinstanzen, und daß alle individuelle Verfügung über Land sich daraus ableitete als Verantwortlichkeit für dasselbe und damit verbundene Nutzungsrechte.

1. Diese Felder sind nicht dadurch bestimmt, daß sie von geringen Leuten bearbeitet wurden, denn *alle* Felder wurden von geringen Leuten bearbeitet. Umgekehrt: die nmḥw.w, die diesen Feldern den Namen gegeben haben, sollten nicht Leute sein, die auf diesen Feldern unter der Autorität eines höheren Beamten arbeiten.

2. Den ꜣḥ.wt-nmḥw.w entsprechen nicht auf der anderen Seite ꜣḥ.wt-srjw.w / wsr.w / wr.w o.ä., also eine Felderart, die mit einem der Worte bezeichnet ist,

---

[699] Schenkungsstelen Meeks 19.00.00 (Gauthier, Le Temple d'Amada, Kairo 1913, 196) Z.5; Meeks 19.3.0a/b (Gauthier, in: ASAE 36, 1936, 49ff.).

[700] S.o. §482.

welche als Opposition zu **nmḥw** denkbar sind für die entgegengesetzte Bevölkerungsgruppe. Es gibt zwar im pWilbour den Ausdruck **rmnj.t r-ḫt-srjw.w**[701] (Helcks "*Beamtendomänen*"[702]), aber diese sind dort natürlich nicht den **ꜣḥ.wt-nmḥw.w** als besondere Kategorie von Feldern entgegengesetzt.

Der in Frage stehende Terminus setzt also keine Unterscheidung innerhalb einer besonderen Felderart, die insgesamt aus Feldern der Beamten und Feldern der geringen Leute bestehen würde.

§486

Der Terminus hebt die mit ihm bezeichneten Felder daher hervor als Sonderfall innerhalb der *allgemeinen* Art und Weise, wie die Verfügung über Felder gestaltet war, wobei der Sonderfall nur darin bestehen dürfte, *wer* hier diese Verfügung ausübte. Die Felder waren dadurch ausgezeichnet, daß bei ihnen geringe Leute das taten, was sonst, und ohne daß dies hervorgehoben wurde, Angelegenheit der höheren Beamten war: die Ausübung der Autorität und Verantwortlichkeit gegenüber dem göttlichen oder königlichen "Eigentümer", durch **r-ḫt** wiedergegeben.
Für die "*Felder von Geringen*" ergibt sich so eine Besonderheit, die aber den Rahmen der Eigentumsverhältnisse im Neuen Reich nicht sprengt, so wie es bei ihrer Erklärung zu "freiem Privateigentum" der Fall wäre.

§487

Was hier nur aus dem Begriff "*Felder der Geringen*" erschlossen wurde, läßt sich an den "*apportioning domains*" des pWilbour aufzeigen. Bei diesen Domänen mit der Überschrift **rmnj.t n-pš** gibt es in der Regel keine Angabe einer Person, unter deren Autorität dieselbe steht, auch nicht solche mit pronominalem Rückbezug auf vorhergehende Paragraphen (**r-ḫt.f**); andererseits finden sich in diesen Domänen zusammengefaßt kleine Leute wie **wꜥw**-Soldaten, Sklaven etc. als Inhaber von Landstücken ebenso wie hohe und höchste Beamte und sogar Gottheiten ("*posh-C-entries*"). Für keinen dieser Inhaber wird ein Vorgesetzter genannt. Leute wie **jḥwtj**-Bauern, die in den "*non-apportioning domains*" als Kultivatoren einem Beamten untergeordnet sind, stehen in den Paragraphen mit der Überschrift **rmnj.t n-pš** auf einer Ebene mit solchen Beam-

---

[701] Gardiner, Pap.Wilbour, Comm., 22 und Anm.1.
[702] Helck, Materialien II, 254.

ten. Der hierin liegende Unterschied zu den "*non-apportioning domains*" läßt sich innerhalb der "*apportioning domains*" aufzeigen am Unterschied zwischen einer "*honk-entry*" und einer auf eine "*non-apportioning domain*" zurückverweisenden "*posh-B-entry*":

"*honk*":	ḥnk <n->nȝ-nṯr.w n-Pr-ꜥȝ	<r->ḫt-ꜥnḫ.t n-njw.t ...
	ḥnk n-pȝ-nṯr n-Pr-ꜥȝ	<r->ḫt-qrꜥ-Pr-ꜥȝ ...
"*posh-B*":	jḥwtj Sbk-ḥtpw <m->pš-jḥ.t-ḥȝ-tȝ-Pr-ꜥȝ	<r->ḫt-pȝ-ꜥȝ n-št[703]

Als Verantwortliche für ihr ḥnk-Land dürften hier die "*Städterin*" und der Schildträger dem Oberaufseher des Abgabenwesens (ꜥȝ n-št) näherstehen als dem Kultivator, der auf einer "*non-apportioning domain*" unter der Autorität des hohen Beamten zu arbeiten und Anteile an den Totentempel Ramses' V. zu liefern hat.

Die "*apportioning domains*" sind daher nicht mit den ȝḥ.wt-nmḥw.w identisch, aber sie bieten die Konstellation, in der geringe Leute in derselben Position zu ihrem Land stehen können wie hohe Beamte, weshalb man ihre Ländereien innerhalb dieser Domänen vielleicht als Felder, für die die Geringen (wie sonst die höheren Beamten) verantwortlich sind, charakterisieren konnte.

c. Die nmḥw.w *als Verkäufer von Land*

§488

Angesichts des Verkaufs von nmḥw-Land durch nmḥw-Leute, der ein wichtiger Gegenstand der Orakel-Vorgänge in der 21. und 22. Dynastie ist, ergeben sich zwei Fragen:

1. Wenn das nmḥw-Land keinen mit Privatbesitz vergleichbaren Status gehabt haben sollte, wie konnte es dann zum Gegenstand von Verkäufen werden?
2. Wenn diese Ländereien das Subsistenzmittel der nmḥw.w waren, warum haben sie sie weggegeben? Man müßte dann mit einem Preis dieser Ländereien rechnen, der es ihren Verkäufern erlaubte, damit den Rest ihres Lebens zu bestreiten.

703 pWilbour A, 37,25; 46,12; 46,3.

§489

ad 1: Malinine/Pirenne[704] und Kruchten[705] äußerten die Vermutung, daß zum Verkauf kommendes "*Privateigentum*" wie Grund und Boden und z.B. Vieh unter den Prärogativen einer höheren Institution, etwa eines Tempels stand. Daher bezögen sich nach Kruchten die dafür gezahlten Preise weniger auf die Sache selbst als auf ein Nutzungsrecht *an* derselben. Dies ist z.B. auch zu berücksichtigen bei der von Baer[706] vorgenommenen Aufstellung von Preisen für Land vom Neuen Reich bis zur Spätzeit. Noch bei späten Verträgen über Verkäufe von nmḥw-Land findet sich die Bemerkung, daß dasselbe auf Tempelland liegt.
Unter dem Eigentumsbegriffen fand sich kein Wort für die abstrakte, d.h. von jeder praktischen Benutzung unabhängig definierte und ausschließliche Rechtsherrschaft des Einzelnen über eine Sache[707]. Ein Teil der Begriffe betraf in Wirklichkeit nur die Tatsache, daß ein Gut zur individuellen *Nutzung* verfügbar war, andere Begriffe definierten ein Gut als "*Anteil*" eines Individuums, womit eine höhere Einheit unterstellt ist.

§490

Für die Ausübung der Verfügung über Land gibt es das Wort **skꜣ**, welches diesen Eindruck bestätigt. Dieses Wort für "*Pflügen*" bringt auch die Ausübung eines Rechtsanspruchs auf Land zum Ausdruck[708]. **skꜣ** ist als Ausübung eines Nutzungrechts auf Land zugleich auch die Realisierung eines Auftrags oder einer Pflicht. Der Absender des Briefes pBerlin 8523[709] zitiert zuerst die Äußerung seiner Frau, den Adressaten betreffend: "*Nimm dem NN nicht die Felder aus der Hand, übergib* (**swḏ**) *sie ihm und laß sie ihn "pflügen"* (**skꜣ**)", und fährt dann fort: "*Wenn mein Brief dich also erreicht, dann kümmere dich um die Felder und sei nicht faul.*" Nach pValençay I schließt das Ausüben des **skꜣ** die Pflicht zur Erbringung bestimmter Leistungen ein: "*...und wenn man ein* **ḫꜣ-tꜣ***-Feld findet, daß ich 'pflüge'... so nehme man das Korn von mir.*"[710]

---

[704] Malinine/Pirenne, Documents jur. Eg. II, 38f.; vgl. auch Malinine, in: Fs.Schott, 92f.
[705] Kruchten, Le décret d'Horemheb, 93f.
[706] Baer, in: JARCE 1, 1962, 25ff.
[707] S.o. §§364f.
[708] Gardiner, Inscription of Mes, 14; vgl. Mes-Inschrift N5, N11f. (**jw-ḥrj-jḥw NN ... pꜣ-wn-ḥr-skꜣ.s ḏr-hꜣw-(NN)**), N29 (**jw-jrr.f ḥr-skꜣ.s r-ḏd-jnk-šrj n-NN**).
[709] Spiegelberg, in: ZÄS 53, 1917, 107ff.; Möller, Hieratische Lesestücke III, 12; Allam, Hieratische Ostraka und Papyri, Tf.76f.
[710] Gardiner, RAD, 72f.

In dem Wort **skȝ** fällt das individuelle Nutzungsrecht, wie es die Familie des Mes gegen andere Ansprüche verteidigt, zusammen mit einer Verpflichtung zur Bebauung des Landes durch die Instanzen des Gemeinwesens. Beides dürfte nicht zueinander im Widerspruch gestanden haben.

§491

Verkäufe bzw. Käufe von Land zwischen den Mitgliedern eines Gemeinwesens sind noch kein Anzeichen dafür, daß Privateigentum das Tempel- und Königseigentum an Land abgelöst hat. Auch in einem Gemeinwesen, das die Gebrauchsgüter noch nicht zum größten Teil als verkäufliche Waren herstellt, können ständig Handelstransaktionen stattfinden[711]. Zunächst mit anderen Gemeinwesen, die über Gegenstände verfügen, an die man selbst auf dem Wege der Produktion nicht herankommt, die umgekehrt *für* die Produktion wichtig sind. So sind die Bodenschätze, die auf dem Erdball nach den Launen der Natur verteilt liegen und daher oft in die ausschließliche Verfügung *eines* Gemeinwesens geraten sind, frühzeitig zu Handelsartikeln geworden. Und auch in den Grenzen *eines* Gemeinwesens sind Austauschverhältnisse nur dann ausgeschlossen, wenn seine Mitglieder noch durch natürliche Verhältnisse miteinander verbunden sind, innerhalb eines Stammes oder einer Großfamilie, in der alles allen gemeinsam gehört. Wo aber das Gemeinwesen und sein Besitz Eigenständigkeit gegenüber den Mitgliedern gewonnen hat, z.B. als Königtum, können auf der anderen Seite die Untertanen soweit voneinander unabhängig geworden sein, daß die Möglichkeit und auch die Notwendigkeit zum Austausch von Gütern gegeben ist.

§492

Bei Land, das immer noch den Instanzen der Gemeinschaft, König und Göttern bzw. Tempeln, gehört, ist zwar der Verkauf des Landes selbst ausgeschlossen, nicht aber der "Verkauf" der Nutzungsrechte, wenn es voneinander unabhängige Nutzungsrechte einzelner Personen sind. Der Einkauf in diese Rechte und damit in die Leistungsverpflichtungen, die auf einem Stück Land unter höherem Eigentum liegen, ähnelt der Abstandszahlung, die man für den Einstieg in ein Mietverhältnis an den Vormieter entrichtet, ohne daß am Eigentumsverhältnis des angemieteten Objekts sich etwas verändern würde.

---

[711] Römer, in: SAK 19, 1992, 257ff.

§493

ad 2: Auch das **nmḥw**-Land stand unter einem höheren Eigentumsvorbehalt[712], nur die Nutzungsrechte werden Gegenstand des "Verkaufs" gewesen sein. An einem nahezu privaten Status dieses Landes im Unterschied zu anderen Liegenschaften wird es also nicht gelegen haben, daß gerade diese Felder so häufig im Zusammenhang mit Verkäufen genannt werden. Außerdem wäre dies nur ein Argument für die *Möglichkeit* des Verkaufens, nicht aber für die Notwendigkeit. Es muß für die **nmḥw.w** besondere Gründe gegeben haben, ihre Rechte auf das Land zu veräußern. Daß in der 21. Dynastie für eine Arure Land (ohne Qualitätsangaben) 1,1[713] bzw. 0,5 **dbn** Silber gezahlt werden (Jahr 16 Siamun)[714], am Ende der 21. Dynastie (Stele Scheschonqs I. für den Kult seines Vaters[715]) aber **q3j.t**-Land nur noch mit durchschnittlich 0,1 **dbn** Silber/Arure bewertet wird und in der 22. Dynastie (Stèle d'Apanage[716]) mit weniger als 0,05 **dbn**, könnte auf eine starke Zunahme der Verkäufe hindeuten. Allerdings sind die Qualitätsunterschiede dieser Ländereien meist unbekannt[717].

§494

Wenn jemand ein Mittel des Lebensunterhalts freiwillig (?[718]) für einen Gegenwert aus der Hand gibt, dann ist es für ihn vermutlich kein Mittel mehr. Entweder liegt der Gegenwert für die Weggabe des Landes über dem Ertrag, der sich mit ihm erwirtschaften ließe, oder die Kosten, die die Haltung des Landes bereitet, übersteigen den Ertrag. Die Ursache hierfür können z.B. Mißernten sein. Daß gerade **nmḥw**-Leute so häufig ihr Land fortgeben, läßt vermuten, daß bei ihnen noch ein spezieller Grund vorliegt. Es kann dies z.B.

---

[712] S.o. §489.

[713] Baer, in: JARCE 1, 1962, 26, gibt 0,6 statt 1,1 **dbn** an; dies liegt offenbar an einem Versehen von Munier, der statt 2,2 **dbn** für 2 Aruren in seiner Übersetzung 1,2 **dbn** angibt – s. die folgende Anmerkung.

[714] Munier, in: Fs.Champollion, 361ff.

[715] I.21.g.

[716] II.22.a.

[717] Aus den peniblen Angaben der Stèle d'Apanage (II.22.a.) errechnet sich für Land mit der Qualität **nmḥw-nᶜ** ein Preis von 0,4–0,5 Kite Silber für die Arure, für Land mit der Qualität **št3-tnj** von 0,18–0,2 Kite Silber für die Arure.

[718] Oder haben vielleicht die mit der 21. Dynastie einsetzenden Aufkäufe von Land(rechten) durch die herrschenden Familien, abgesegnet durch Gottesorakel, etwas zu tun mit der Etablierung der Libyerherrschaft schon in der 21. Dynastie? Dazu jetzt Jansen-Winkeln, in: Biblische Notizen 71, 1994, 78ff.; s. auch oben, §55 und §65, Anm.219.

die Kleinheit der Parzellen sein. Betrachtet man nach dem Vorhergehenden die kleinen Leute in den "*apportioning domains*" des pWilbour als Inhaber von nmḥw-Ländereien, so besteht die größte Zahl der Anwesen aus nicht mehr als 3 bis 5 Aruren[719]. Anwesen dieser Größe und noch kleinere werden auch in der Stèle d'Apanage aufgeführt, allerdings daneben auch wesentlich größere bis zu den 236 Aruren des wꜥb-Priesters[720]. Was die Leute mit den großen Anwesen zum Verkauf getrieben hat, ist fraglich, bei den kleinen Anwesen allerdings mag der Grund sein, daß sie wegen ihrer Kleinheit unwirtschaftlich waren. Legt man den Getreidepreis des ausgehenden Neuen Reiches von 1 bis 2 Kupferdeben/ḫꜣr (= 0,017 bis 0,03 Silberdeben)[721] zugrunde, so ergäbe sich bei einem sehr guten und vermutlich ausnahmsweisen Jahresprodukt per Arura von 10 ḫꜣr, wie es der pValençay I vso., 5ff., mitteilt[722], bei einem Landstück von 5 Aruren ein Jahres-Wertprodukt von 0,85 bis 1,5 Silberdeben, die Abzüge nicht gerechnet. Auch bei der sicherlich hoch zu veranschlagenden Fehlerquote dieser Rechnung zeigt sich doch, wenn man vor allem auf die durch die Kommastelle angegebene Größenordnung der Beträge achtet, daß ein Inhaber von 3 bis 10 Aruren Land Schwierigkeiten gehabt haben wird, über mehrere Jahre auf ein Durchschnitts-Wertprodukt von wesentlich mehr als einem Silberdeben zu kommen. Dies könnte für die Inhaber der Ländereien gewisse Probleme mit sich gebracht haben: denn der Preis der auf den Ländereien arbeitenden Menschen lag bei 0,48 bis 0,66 Silberdeben für den Sklaven, 1,43 Silberdeben für den jḥwtj [723].

§495

Die Orakeltexte schweigen sich über die Gründe für den Verkauf von Land durch die nmḥw.w aus, Weggabe von Land aus Not ist aber dokumentiert in der Stele Kairo 27/6/24/3[724] aus dem späten Neuen Reich. Hier bietet eine

---

[719] Gardiner, Pap.Wilbour, Comm., 91; Helck, Materialien II, 260.
[720] Stèle d'Apanage, Z.8f.
[721] Cerny, in: Archiv Orientální 6, 1934, 176f.; Janssen, Commodity Prices, 106; 112ff.; Baer, in: JARCE 1, 1962, 28. Zur Liste von Baer ist noch der Beleg von Orakeltext I.21.c. auf einer Säule im Chonstempel, Z.28 und Z.32f. (TS 49) hinzuzunehmen, der 20 Kupferdeben für 10 Sack Emmer angibt: 5 ḫꜣr für ein rd-Gewand, das mit 10 Kupferdeben bewertet wird.
[722] Gardiner, RAD, 73; ders., in: RdE 6, 1951, 115ff.; ders., Pap.Wilbour, Comm., 206. Zum Getreideprodukt per Arura s. auch Schenkel, in: LÄ III, Sp.932f., s.v. *"Landwirtschaft"*; Vleeming, Papyrus Reinhardt, §19.
[723] Nach den Angaben der Stele über die Einrichtung des Kultes für den Vater Scheschonqs I. (I.21.g.) und der Stèle d'Apanage (II.22.a.).
[724] Bakir, Slavery, 85f. und Pl.3f.

ʿnḫ.t n-njw.t einem Sandalenmacher ihr Feld an, wenn er in Zukunft für sie sorgt[725]. Die Gegenstände, die ihr dann für das Feld gegeben werden, darunter 2 Sack jt-m-jt, dürften kaum den künftigen Lebensunterhalt darstellen. Vielleicht war dieser unabhängig vom Kaufpreis in die Transaktion eingeschlossen. Daß der Sandalenmacher die Frau als seine ḥm‹.t›-Skavin bezeichnet, ist vielleicht als die Antizipation eines Abhängigkeitsverhältnisses zuverstehen, in das sich die Frau mit der Weggabe des Feldes zugleich begab. Auf derselben Stele sagt eine andere Frau explizit, daß sie ihr Feld anbietet, weil sie Not leidet (Z.9f.).

§496

Der Verkauf der Felder durch die nmḥw.w in den Orakeltexten dürfte deren zukünftigen Lebensunterhalt nicht gesichert haben. Vielleicht aber bedeutete für einige von ihnen der Verkauf gar nicht die Trennung von diesem Feld, sondern nur eine *Statusveränderung im Verhältnis zu* diesen Feldern, mit der sie in eine Klientel von deren neuen Inhabern eingetreten wären.

d. nmḥw – ἐλεύθερος

§497

Daß der koptische Nachfahr des Wortes nmḥw die Bedeutung von "*frei*" angenommen hat, ist wohl nicht auf dem Weg der Bedeutungsgleichung *waise = herrenlos = frei*[726] am Wort selbst zu erklären. Der Bedeutungsübergang von "*Geringer*" zu "*Freier*" dürfte auf einem Umweg erfolgt sein. Wenn die mit der der höheren Beamten vergleichbare direkte Verantwortlichkeit der "*Geringen*" für bestimmte Ländereien gegenüber den landbesitzenden Institutionen im Terminus ꜣḥ.t-nmḥw.w als Besonderheit dieser Ländereien festgehalten wurde[727], so könnte dies zurückgewirkt haben auf die Bedeutung von nmḥw selbst als einem in Bezug auf diese Ländereien nicht unter der Autorität eines höheren Beamten stehenden Geringen.

---

[725] Z.2.: jrj-n.j ḫr.t jw.j-ʿnḫkwj mtw.k-gm‹t›-pꜣ-tꜣ n-ꜣḥ.t-jnk.
[726] S.o. §445.
[727] S.o. §§486f.

Zusammenfassung

§498

Die Abkunft der ägyptischen Könige von den Göttern, im Neuen Reich insbesondere von Amun, hebt den König als obersten Repräsentanten des Gemeinwesens heraus. Zu manchen Zeiten, so zu Beginn der 18. Dynastie ist eine Heiratspolitik erkennbar, die die Familie des Königs absondert.

Jedoch hat die herausgehobene Stellung des Königs Usurpationen der Herrschaft durch Personen nicht-königlichen Blutes nicht unmöglich gemacht, sondern vielleicht sogar befördert. Denn die Berufung auf die Abstammung von den Göttern hat die irdische Herkunft des Königs in den Hintergrund gerückt. In einer Monarchie, die sich durch die einmalige Abkunft der Dynastie in mythischer Vorzeit von den Göttern legitimiert, kann der Throninhaber auf seine Abstammung von dieser Familie verweisen und jeden Usurpator schon dadurch ins Unrecht setzen. Anders dagegen, wo jeder König selbst unmittelbar von den Göttern abstammt und nicht über die Verwandtschaft mit seinen Vorgängern und Ahnen mit den Göttern verbunden ist: Hier muß der Herrscher durch seine erfolgreiche Regierung, nicht durch seine Herkunft beweisen, daß er wirklich ein Gottessohn ist[1]. Ein Mißerfolg seiner Regierung kann seine göttliche Abkunft zweifelhaft erscheinen lassen. Vielleicht stimmen die derzeitigen Verhältnisse gar nicht mit den normativen Verhältnissen überein: Auf dem Thron sitzt ein Nicht-Sohn der Götter, während der wirkliche Sohn der Götter nicht auf dem Thron sitzt. In den Orakelprozessionen der frühen 18. Dynastie verkündet Amun, wer sein Sohn ist und macht so die normativen Verhältnisse in der konkreten Wirklichkeit geltend.

Die unmittelbare Abkunft jedes einzelnen Königs von den Göttern schließt die Möglichkeit ein, daß der von den Göttern gewollte Thronanwärter sogar außerhalb der königlichen Familie existiert. Während die Orakel-"Erwählungen" der frühen 18. Dynastie innerhalb der königlichen Familie verbleiben, gibt es den Fall einer Orakel-"Wahl" außerhalb dieser Familie am Ende dieser Dynastie bei Haremhab[2].

Die Familie des Königs hat weniger Bedeutung für das Selbstverständnis der Pharaonen als die Abkunft von Gott. Daher muß der Wechsel einer Dynastie kein neues Selbstverständnis des Herrschertums als ideologische Begründung

---

1 Vgl. Otto, Legitimation des Herrschens im pharaonischen Ägypten, in: Saeculum 20, 1969, 385ff., bes. 395.

2 S. Orakeltext IV.1.18.d.

für den Wechsel nach sich ziehen. Erfolgreichen Usurpatoren sieht man es wegen des Erfolges ihrer Usurpation anschließend nicht mehr an, daß sie Usurpatoren sind, vielmehr treten sie als ebenso legitime Herrscher auf wie ihr Vorgänger. Der usurpierende Nachfolger kann sich im Prinzip auf dieselbe Legitimationsbasis berufen wie dieser. Umgekehrt schwebt auch über ihm und seinen Nachkommen die Gefahr, daß die Götter ihm die Gnade der Gottessohnschaft entziehen. In diesem Sinne hat es in der Königsabfolge Umbrüche gegeben, die die Grundsätze des ägyptischen Königtums aber nicht angetastet haben.

§499

Der Wechsel von der 20. zur 21. Dynastie jedoch ist andersartig. Denn ungeachtet der etwas trockenen Fragestellung, ob Herihor und Painedjem I. "*wirklich*", "*effectivement*"[3] König waren, ist festzuhalten, daß diese Könige ihr Anderssein nicht verhehlten, und dies ist auch der "wirkliche" Grund für die mißtrauische Fragestellung der Wissenschaft. Der Wechsel von der 20. zur 21. Dynastie[4] ist nicht in erster Linie ein Wechsel der Person des Königs, vielmehr ein Wechsel im Selbstverständnis des Königtums selbst.
Die "Königstitulatur" des Herihor weist ihn als einen ebenso ungewöhnlichen König (§92f.) aus wie seine vorkönigliche Phraseologie als ungewöhnlichen Beamten (§33). Dies gilt auch für Painedjem I. Mit der Interpretation des HPA-Titels als Thronname oder mit der Integration dieses Titels in eine an die Königstitulatur angelehnte Namensreihe leiten sie die königliche Würde ab aus ihrer Dienerstellung gegenüber dem wichtigsten Königsgott des Neuen Reiches; "Könige" sind sie als die *Repräsentanten* eines nicht mehr vorhandenen Königtums, welches mehr ein ideeller Wert als Realität in Gestalt eines leibhaftigen Menschen ist. Im Priester-Königtum der 21. Dynastie verbinden sich das bisherige Amt des Königs und das des Priesters im Verhältnis beider Institutionen zu den Göttern. Beim König ist es der Bezug auf die Götter als Eltern, insbesondere auf Amun-Re als Vater der Könige des Neuen Reiches. Bei den Priestern ist es, wie sich an den Zeugnissen der Amunpriester der 19. und 20. Dynastie beobachten läßt, der Bezug auf den Gott als den "*Herrn*" des Priesters (§87). Solange das Königtum des Neuen Reiches existierte, war

---

3 Bonhême, in: BIFAO 79, 1979, 267ff.

4 Nach Fertigstellung des Manuskripts erschien der Aufsatz von K. Jansen-Winkeln, in: ZÄS 119, 1992, 22-37, zur Abfolge von Herihor, Paianch und Painedjem I. Die von ihm vorgeschlagene Reihenfolge: Paianch als Vorgänger, nicht als Nachfolger von Herihor dürfte die richtige Lösung darstellen, der, auch in Übereinstimmung mit den Überlegungen in §8, §§44ff. und besonders §46, zuzustimmen ist.

der wirkliche Herr des Priesters der König, daneben aber trat im Bereich der Ideologie der Gott gegenüber dem Priester in die Rolle eines zweiten königlichen Herren ein; umgekehrt: der Priester, der sich nicht mehr nur vermittelt über den König, sondern unmittelbar auf den Gott bezieht, trat dem Gott gegenüber seinerseits in eine dem König vergleichbare Position. So stilisieren manche der Hohenpriester des Amun in der 19. Dynastie ihre Bauberichte in einer Weise, die an königliche Weihinschriften erinnert (§80). Was in der 19. und 20. Dynastie ein Gedankenspiel, eine ideologische Verkleidung für den Königsdienst der Priester war, das wird zur politischen Realität, als das ramessidische Königtum als Bezugspunkt der Beamtenschaft untergeht. Nun gewinnt das unmittelbare Verhältnis zwischen Priestertum und Gott politische Realität in der paradoxen Weise, daß sowohl der Gott als auch der Priester königliche Eigenschaften annehmen. Der Gott wird zum König, insofern er der unmittelbare Herr des Priesters ist, und der Priester wird zum König, insofern er dem Gott so unmittelbar dient, wie es vorher die Könige allein getan haben (§§105ff., bes. §110).

Eine vergleichbare Neudefinition des Königtums hat es im Neuen Reich nur noch unter Amenophis IV. gegeben (§§68ff.). In beiden Fällen wurden dem Gott königliche Qualitäten verliehen, und der König agierte als Priester. Doch gerade hier tritt der unterschiedliche Ausgangspunkt von Amenophis IV. einerseits und von Herihor und Painedjem I. andererseits deutlich zutage: Amenophis IV. brauchte das Königtum nicht zu repräsentieren, denn es existierte wirklich in seiner Person. Umgekehrt benutzte er zu bestimmten Phasen seiner Herrschaft den Titel des Hohenpriesters, um diesem Königtum und seinem Verhältnis zum Sonnengott einen besonderen Ausdruck zu verleihen (§72). Im Gegensatz dazu war Herihor von seinem Ausgangspunkt her kein König, sondern ein Priester und interpretierte sein Priestertum in zunehmendem Maße als Königtum. Während bei Amenophis IV. der Hohepriestertitel nach einiger Zeit wieder aufgegeben wurde (§73), weil er nicht geeignet war, das besondere Verhältnis des Königs zum Sonnengott passend zu umschreiben, blieb er bei Herihor die Grundlage seiner Herrschaft und wurde daher auch in die königliche Namensreihe aufgenommen (§92)[5].

§500

Die nur repräsentationsartige Ausübung der Königsherrschaft durch die Hohenpriester des Amun ließ das Orakelwesen in der 21. Dynastie an Bedeutung

[5] Zu den historischen Ursachen für diese inhaltliche Neubestimmung des Königtums in der 21. Dynastie s. Jansen-Winkeln, in: Biblische Notizen 71, 1994, 78ff., über den Beginn der Libyer-Herrschaft in Ägypten.

gewinnen. Zu der Form, in der das Barkenorakel in der 21. Dynastie in Gebrauch war, hat es spätestens in der 19. Dynastie gefunden. Das Orakel wurde nicht zuletzt in juristischen Fragen beansprucht; man vermutete daher, daß es eine göttliche Gerichtsbarkeit gegenüber einer weltlichen gab. Das Gottesurteilsverfahren ist jedoch weder eine Ausnahme im ägyptischen Rechtssystem, noch läßt sich begrifflich und terminologisch eine Scheidung des Rechtswesens in zwei Abteilungen durchführen (§§315ff.). Die Blüte des Gottesurteilsverfahrens wird vielmehr auf die Unentwickeltheit des ägyptischen Rechtswesens als Ganzem zurückzuführen sein. Die Unabhängigkeit des abstrakten Rechtsstandpunkts von den Interessen der Beteiligten, die die moderne Justiz auf institutionellem Wege herstellt mit der Aufteilung des Gerichtspersonals auf die Rollen von Staatsanwalt, Rechtsanwalt und Richter, ist beim altägyptischen Gerichtswesen nicht aufzufinden (§§319f.). Der Wunsch nach einer unparteiischen Gerichtsbarkeit, die mit den menschlichen Protagonisten schon aus diesen institutionellen Gründen nicht zu verwirklichen war, richtete sich daher entweder auf ein Gericht, dessen Mitglieder sich wenigstens subjektiv dem Standpunkt der Gerechtigkeit verpflichtet fühlten - oder auf das Gottesurteilsverfahren; im göttlichen Wesen fand man das verwirklicht, was institutionell noch nicht abgesichert war: Freiheit von parteilichen Interessen und Allwissenheit als Ideal des Richters, Einsatz für das Opfer eines Unrechts als Ideal des Anwalts (§§324ff.).

§501

In einigen Denkmälern von Herihor und Painedjem I. hat es den Anschein, als übten Amun und die Götterdreiheit von Theben mit den irdischen Repräsentanten des Königtums eine göttlich-irdische Doppelherrschaft aus (§§107ff.): als ideelle Berufungsinstanz für das Königtum, welches für das ägyptische Weltbild unabdingbar war. Daβ das Orakel des Amun auch als die Ausübung seiner irdischen Königsherrschaft aufgefaβt wurde, läβt sich an den vorhandenen Orakeltexten nicht sicher nachweisen; zu begrenzt auf die Belange des Amuntempels und seiner Priesterschaft sind die bekannten Angelegenheiten dieses Orakels in der 21. Dynastie[6]. Dies gilt auch für das Orakel der "Verbannungsstele" (I.21.b.), da die Verbannten zum Stab des Amuntempels gehört

[6] Vgl. Bonnet, RÄRG, 802, s.v. *Theokratie*: "*Nun legt man jede Angelegenheit von einiger Bedeutung dem Gott zur Entscheidung oder zur Sanktionierung bereits gefaßter Entschlüsse vor.*" Dies ist gar nicht so sicher und aus den wenigen Belegen nicht zu entnehmen. Von einer Beteiligung des Amun-Orakels an den Grabräuberprozessen ist m.E. nichts bekannt. Ähnlich wie Bonnet äußert sich auch Cerny bei Parker, Saite Oracle Papyrus, 36, rechts unten.

haben dürften; immerhin werden sie in Z.15 als "*Diener*" (**b3k.w**) (des Gottes?) bezeichnet. Andererseits wurden "politische" Entscheidungen Amuns auch schon vor der Zeit des "Gottesstaates" von den Königen eingeholt[7]. Gleichsetzungen der Orakeltätigkeit des Amun mit seiner Weltherrschaft finden sich v.a. auf der Ebene hymnischer Preisungen des Gottes und nicht erst aus der Zeit der 21. Dynastie (s. die Belege unter VI.2.).

§502

Entgegen der verbreiteten Ansicht, daß das Orakelwesen ein bequemes Mittel des Betrugs und der manipulierenden Beherrschung "*ahnungsloser Gläubiger*" durch eine gerissene Priesterschaft darstellte, zeigt schon die Betrachtung der Textformen, in denen das Orakelwesen überliefert ist, daß es als Herrschaftsinstrument eher untauglich gewesen sein dürfte.

Zweifellos spiegeln sich in den Willensäußerungen eines fiktiven Subjekts im Orakelprozess nur die Zwecke der jeweiligen historischen Protagonisten wider. An Stelle der Fragestellung, welches intrigante Anliegen sich in diesem oder jenem Fall eines Orakels als Mittel betrügerischer Manipulationen bedient haben könnte – eine Fragestellung, die nie über Vermutungen hinauskommen dürfte – , ist die Überlegung weiterführend, *warum* so manches Interesse sich zu seiner Durchsetzung des Orakelwesens bedient hat. Das Betrugsargument wird schon dadurch widerlegt, daß das Publikum vieler Orakelprozesse und die Betroffenen derselben selbst Priester waren, keinesfalls "ahnungsloses" Volk[8]. Auch für die Priester stellte das Orakelwesen eine Autorität dar. Die Orakelvorgänge I.20.c. (Jahr 7 **wḥm-msw.t**) und I.21.d. ("*Inscription historique*") spielten sich innerhalb der höheren Beamtenschaft des Amuntempels ab und wendeten sich an diese. Die Leute, aus deren Kreisen z.B. die Trägermannschaften der Barke kamen, müssen es auch gewesen sein, die die Entscheidungen des Orakels zu akzeptieren hatten oder gegebenenfalls sich selbst an das Orakel wandten und Widerspruch einlegten.

Die Überlieferungsformen Orakelprotokoll und -dekret offenbaren nicht viel über die Orakeltechniken, an die sich meist der Verdacht des Betruges heftet, immerhin aber die Umständlichkeit des Verfahrens, vor allem bei der Absicherung der Gottesentscheidung (§§178ff.). Die Fragestellungen an das Orakel und die Erklärungen der Gottheit zu einem gegebenen Fall zeigen ein Auseinanderklaffen von Textmenge auf der einen Seite, Entscheidungssubstanz auf der anderen (§198). Der größte Teil von langen Orakeltexten wie der

---

7 S. Orakeltext IV.3.18.c.

8 Dieses Faktum wird auch hervorgehoben von McDowell, Jurisdiction, 110f.

Inscription historique dreht sich um die Versuche, den Orakelgott auf die einmal getroffene Entscheidung verbindlich festzulegen – weil es die Entscheidung eines fiktiven Subjektes war, die in ihrem Inhalt von bestimmten Interessen bestimmt wurde. Die Beliebigkeit, mit der der Gott bald diesem, bald jenem Anliegen zustimmmen konnte, machte das Orakel so unberechenbar, daß es nicht als das Machtmittel nur einer Seite taugte (§§224ff.). Offenbar wurde es nicht als bequemes Manipulationsinstrument geschätzt, sondern gefürchtet. Dies zeigt sich an den Fragen, ob der Gott in Zukunft eine gegenteilige Entscheidung treffen werde (§§228ff.). Daß der Orakelspruch sich mit dem partikularen Anliegen eines Menschen decken konnte, machte das Orakelwesen zu einer Institution, die auch für die derzeit siegreiche Partei unberechenbar blieb. Einsprüche aus den Kreisen der betroffenen Tempelbeamtenschaft vor dem Orakelgott konnten offenbar sehr viel in Frage stellen, wie die Schlußpassage der *Inscription historique* (I.21.d.) offenbart (§§228ff.). Das Orakelwesen war ein Mittel, dem eigenen Anliegen in einer herrschaftslosen Zeit Gewicht zu verleihen; ein widersprüchliches Mittel, weil gegensätzliche Interessen gleichermaßen zur Absicherung ihres Anliegens das Orakel in Anspruch nahmen. Alles andere als ein bequemes Herrschaftsinstrument hatte das Orakelwesen in einer Zeit seine größte Bedeutung, als die "Machtfrage" keinesfalls entschieden war; die Hohenpriester des Amun in der 21. Dynastie, die nicht mehr die Autorität eines Königs hinter sich wußten, dürften bei ihrem Regime in hohem Maße von der Gefolgschaft der Tempelbeamten abhängig gewesen sein, deren Einsprüche vor dem Orakel sie wohl fürchteten und mit dem Mittel des Orakels abzuwehren suchten.

§503

Die Zuflucht, die die führenden Kreise der 21. Dynastie beim Orakel nahmen, um sich ein Familienvermögen von den Göttern absichern zu lassen, ist nicht unbedingt als letzte Konsequenz einer priesterlichen Pfründenwirtschaft auf Kosten der Krone zu verstehen; die Zuständigkeit der Götter für den Schutz von Vermögen in den Orakeltexten ist vielmehr aus den Besonderheiten des ägyptischen Eigentumsrechtes zu erklären; dies gilt vor allem für das Eigentum an Immobilien, die in diesen Texten eine wichtige Rolle spielen (§§332f.).

§504

Eine Untersuchung der Begriffe, die häufig mit "*Besitz*", "*Eigentum*" wiedergegeben werden (§§338ff.), zeigt, daß keiner dieser Begriffe unserem Verständnis von Eigentum adäquat ist. Keines dieser Worte drückt das Angeeignet-Sein einer Sache durch eine Person *in abstracto* aus, so wie es bei "*Eigentum*" und "*Besitz*" der Fall ist: unabhängig vom Verweis auf einen "*Besitzer*". Im Ägyptischen ist die Übersetzbarkeit eines Begriffs als "*Eigentum*" immer an dessen sprachliche Bindung an eine Person, etwa durch ein Possessiv-Verhältnis gebunden. **jḫ.t.j** kann man zwar frei als "*mein Besitz*" o.ä. übersetzen, **jḫ.t** allein ist aber deswegen nicht als "*der Besitz*" zu verstehen (§342); und die Anwendung des sogenannten "*besitzanzeigenden Fürwortes*" sagt auch im Deutschen nichts über die "Eigentumsfrage" aus[9]. Der sprachliche Ausdruck des Eigentumsverhältnisses *in abstracto* ist gebunden an die Herstellung unumschränkter persönlicher Rechtsherrschaft über Sachen. In den Dokumenten des ägyptischen Neuen Reiches, die sich auf Landvermögen und den Einzug des Getreides beziehen, aber befindet sich das Eigentum an Land immer jenseits derer, die darüber verfügen oder es benutzen. Die Mitglieder des Gemeinwesens tun dies im Dienste übermenschlicher Wesen, denen das Land gehörte: der Götter und ihres königlichen Sohnes. Insofern war das Landeigentum in den Händen der Tempel und der Palast-Ämter als überpersönliches, jenseits der einzelnen Individuen stehendes definiert, oder: Götter und König waren die Instanzen des Bodens als Allgemeingut (§§370a, 377).

Der Allgemeinbesitz an Land als Götterbesitz bedeutet aber zugleich auch die Zersplitterung dieses Besitzes unter die Verfügung vieler, miteinander konkurrierender Tempel (§395). Im Neuen Reich dürfte auch der König als Landeigentümer keine den Göttern übergeordnete Stellung innegehabt haben. Umgekehrt: als gottähnliches Wesen war auch er Landbesitzer *neben* den Göttern (§372f.). Eine übergeordnete Stellung des Königs ergibt sich dagegen aus seiner Funktion, das Eigentumsverhältnis der Tempel und des Palastes am Boden im ganzen aufrechtzuerhalten und damit auch die religiösen Grundlagen der Bodenfruchtbarkeit als Gabe der Götter. Dies schließt den Einsatz seiner Machtmittel ein, damit auf dem Lande im Sinne der Tempel gearbeitet wurde (§§371, 383); als Verwalter von Tempelland finden sich Beamte des Königs. (§375f.). Auch die Neuausstattung von Göttern mit Tempelland gehörte zu seinen Aufgaben. Doch war er nicht König als übergeordneter Landbesitzer, sondern als der, der für die Aufrechterhaltung des Gesamtverhältnisses zuständig war - so war er auch nicht Schenkender in seiner Eigenschaft als Landbesitzer (§377). Die Schenkung an die Götter ist nicht so zu verstehen, daß Königsland zu Tempelland wurde, was auf eine schrittweise Selbstabschaffung des Königtums herausliefe. Tempelland war aufgeteiltes gemeinsames Land, das der König als Sachwalter der Gemeinschaft umverteilen konnte. Angesichts der Vielzahl der Götter vollzog sich der Dienst des Königs an ihnen

---

9 Vgl. z.B. die Redeweise: "*Da kommt meine Straßenbahn*".

als Einsatz für bestimmte einzelne Götter, auch gegen andere Gottheiten. Mit königlichen Dekreten sollte die Unverletzlichkeit z.B. eines Tempelvermögens garantiert werden, indem auf die Rache der Götter verwiesen wurde (§394), und der Orakelspruch eines Gottes sollte das Vermögen einer Hohenpriesterfamilie schützen[10]. Dies zeigt, wie wenig gesichert das Recht eines Tempels oder eines einzelnen Individuums und seiner Nachkommen auf ein Stück Land war. Es waren Könige und höchste Beamte, die in den Texten vor einem Zugriff gewarnt wurden, und es waren Götter, die davor schützen sollten; der Schutz von Vermögen war im Gemeinwesen nicht so verankert, daß man sich darauf verlassen konnte.
Das Recht des Königs, in bestehende Nutzungsverhältnisse einzugreifen, um sie zum Vorteil eines bestimmten Gottes zu verändern, war zugleich auch die Grenze seiner Macht, mußte er doch damit rechnen, daß ein späterer König in Ausübung desselben Rechtes auch *seine* Bestimmungen wieder aufhob (§395).

§505

Die Schutzverordnungen über Tempel- oder Priestervermögen offenbaren nicht den Erfolg einer hypothetischen "Tempelpartei" gegenüber der "Krone"; sie lassen sich überhaupt nicht in ein solches dualistisches Schema der ägyptischen Gesellschaft einordnen, sondern verdanken sich einem inneren Widerspruch am Eigentum; es ist zugleich auch ein Widerspruch in der Tätigkeit der Könige. Als Allgemeingut lagen die Ländereien in der prinzipiellen Zuständigkeit des Königs und seiner Beamtenschaft, um sie den Institutionen bzw. Gottheiten zuzuteilen, die er zum Segen des ganzen Landes besonders zu fördern gedachte. Jedoch realisierte sich das Allgemeineigentum dann auch nur in derartig verteilten institutionellen und individuellen Nutzungsrechten auf verschiedenen Zuständigkeitsebenen (§395). Hier aber ergab sich die Möglichkeit von Kollisionen: denn es gab einerseits das Bestreben der Tempel und einzelner Individuen, sich einmal zugeteilte Nutzungsrechte auch für alle Zeiten zu erhalten. Andererseits war das Königtum als Quelle und Berufungsinstanz dieser Nutzungsrechte auch die Instanz, die sie aufheben konnte, daher die größte Gefahr für sie. Und es gab im Prinzip nichts, was einen späteren König hinderte, etwas an der bisherigen Einteilung des Bodens zu verändern, weil er irgendeinen Gott für besonderer Förderung wert erachtete – nichts, außer der Furcht vor der Rache eines vielleicht dadurch geschädigten anderen Gottes. Jeder König, der das Allgemeingut des Bodens in der Weise realisierte, daß er alte Rechte als eine sehr relative Sache behandelte, andererseits aber

10 Orakeltext II.22.a.

neue Rechte dieser Art setzte, verging sich (zumal das Land nicht beliebig vermehrbar war) so an den Bestimmungen seiner Vorgänger und hatte seinerseits Ähnliches von seinen Nachfolgern zu befürchten. Daraus ergibt sich ein Argument einzig aus dem Interesse der Könige selbst, warum mächtige Götter, deren Rache besonders gefürchtet wurde, auch am reichsten mit Stiftungen versehen wurden (§397).

§506

Neben den Tempeln hat man auch an entstehendes Privateigentum als Ursache für einen angeblichen Verfall des "*Staates*" gedacht[11]. Die Suche nach "privatem" Landeigentum neben dem Götter- und Königsbesitz hat ihre Grenze an möglicherweise verlorenen Dokumenten, die vielleicht dergleichen enthielten. Von Privateigentum ist jedoch das Recht individueller Nutzung von Land zu unterscheiden: individuelle Nutzung ist sogar dann möglich, wenn das Land noch Eigentum eines ganzen Stammes ist, und erst beim Tod des derzeitigen Nutznießers können die besonderen Bewandtnisse des jeweiligen Landstückes wieder offenbar werden. Praktische Nutzung und rechtliches Eigentumsverhältnis können sehr disparate Dinge sein (§490). Daß die Suche nach "Privateigentum" bei den **nmḥw.w** fündig geworden ist, ist zu bezweifeln, auch wenn sie in Orakeltexten über Vermögensgarantien als solche auftreten, die etwas zu verkaufen haben (§§444ff., 488ff.); in den späten Verkaufsurkunden kann **nmḥw**-Land Teil vom Land eines Tempels sein (§489). Erst recht ist die umstandslose Übersetzung von **nmḥw** mit *"frei"*, *"privat"* für die pharaonische Zeit anzuzweifeln. Aus dem Kontext, in dem die **nmḥw.w** in der 19. und 20. Dynastie auftauchen, ergibt sich, daß dies ein Sammelbegriff war für Leute, die nicht zum Kreis der obersten Beamtenschaft des Landes gehörten (§478). Während der Ausdruck **nmḥw** daher sehr unspezifisch zu sein scheint, hat ein mit **nmḥw** zusammengesetzter Begriff, nämlich **ꜣḥ.t-nmḥw.w** zur gleichen Zeit wohl eine prägnante Bedeutung. Daß der Ausdruck "*Felder der Geringen*" trotz der sehr allgemeinen Bedeutung von "*Geringer*" juristisch genauer abgegrenzt war, dürfte daran liegen, daß es eine Besonderheit darstellte, wenn **nmḥw**-Leute Felder zu verwalten hatten, und nicht **srjw**-Leute. Unter den

---

11 Beispielhaft Graefe, in: LÄ VI, Sp.1448, s.v. •*Zwischenzeit, Dritte:* "*Die Entstehung von Privat-Landeigentum in größerem Umfang in der Ramessiden-Zt bei gleichzeitigem offiziellem Festhalten an der hergebrachten Versorgungswirtschaft dürfte einer der wichtigsten Gründe für den Verfall der staatlichen Autorität gewesen sein: Der entstandene 'Freie Markt' unterminierte die Moral der Beamten und das Einkommen des Staates.*"

Felder-Arten des Papyrus Wilbour, der **ꜣḥ.t-nmḥw.w** nicht kennt, gibt es eine Kategorie, in der **nmḥw**-Leute in vergleichbarer Funktion vertreten sind, wie sonst **srjw.w** (§§485ff.). Eine Auffassung dieser Ländereien als "Privat-Land" ergibt sich daraus nicht. Bis aus **nmḥw** wirklich ein Begriff wie "*frei*" werden konnte, waren weitere Entwicklungsschritte notwendig.

Daß es in der 21. und 22. Dynastie "Landverkäufe" seitens dieser **nmḥw**-Leute gab, die dann durch Orakel abgesichert wurden, zeigt zwar, daß eine gewisse Selbständigkeit der Mitglieder des Gemeinwesens gegeneinander gegeben sein mußte, damit solche Transaktionen überhaupt stattfinden konnten. Die **nmḥw.w** müssen deshalb aber noch nicht Privateigentümer ihrer Ländereien gewesen sein. Wenn solche Göttergarantien für die Gültigkeit der Transaktion notwendig gewesen sind, muß das "Privateigentum" zumindest auf sehr unsicherem Boden gestanden haben. Vielleicht bezogen sich die Verkäufe nicht auf das Land selbst, sondern auf Nutzungsrechte daran. Die Instanz, der sich diese Rechte verdankten, konnte sie im Prinzip auch wieder außer Kraft setzen. Damit wäre die Gültigkeit der Transaktion nicht nur von der Übereinstimmung der Vertragspartner abhängig gewesen, sondern auch noch von der Administration, deren künftige Vollzugsorgane daher von den Göttern verwarnt wurden.

Anhang

Urkunden zum Orakelwesen

Abteilung I.

Orakelprotokolle

Vorbemerkung

In den Abteilungen I bis V ist die Dynastie Teil der Numerierung. Die Anordnung gemäß der Reihenfolge der Könige einer Dynastie ist gelegentlich durch Nachträge außer Kraft gesetzt.
Ein Beispiel: Die Dachla-Stele ist durch die Benennung als "I.22.a." als "Orakelprotokoll" der 22. Dynastie gekennzeichnet.

19. a. Orakel einer Statue Ahmoses I. Stele Kairo JdE 43649 aus Abydos. Jahr 14 Ramses' II.

LECLANT, in: La divination, 5; KRI III, 464; LEGRAIN, in: ASAE 16, 1916, 161ff. mit Tafel; MORET, in: CRAIBL 1917, 157ff.; CLERE, in: Fs.Schott, 45ff.; CERNY bei Parker, Saite Oracle Papyrus, 43; THOMAS, in: ANCIENT EGYPT, 1921, 76ff.; ROEDER, Die Ägyptische Religion in Texten und Bildern, Bd.III, Zürich 1960, 238ff.; WILSON, in: Pritchard, ANET, 448; SCHENKE, Orakel, Nr.15, S.12f., 125f.; KEMP, in: MDIK 23, 1968, 143 (zum Schauplatz).

19. b. Orakel der Statue Amenophis' I. im Grab Theben Nr.19 des Amenmose, Hoherpriester des Amenophis I. Zeit Ramses' II.

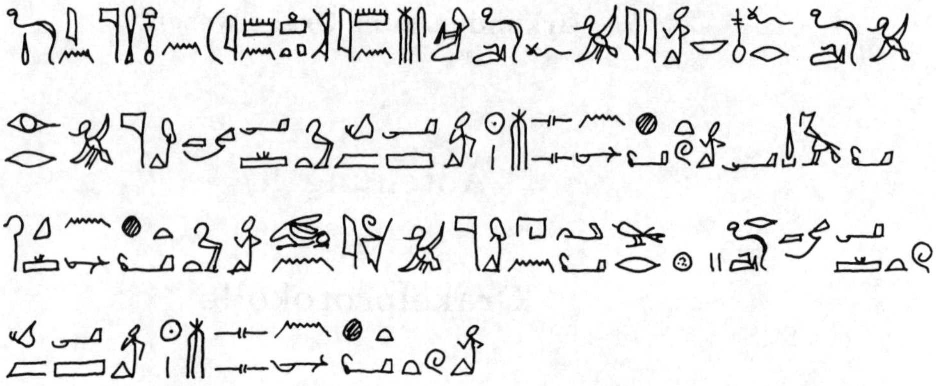

PM, Theban Necropolis I, 34 (7); LECLANT, in: La divination, 4; KRI III, 395; FOUCART, Le tombeau d'Amonmos, MIFAO 57,3, IV, Tf.28–32; OTTO, Osiris und Amun, München 1966, 121; CERNY bei Parker, Saite Oracle Papyrus, 42; LURJE, Studien zum altägyptischen Recht, 108 und Anm.33; WENTE, in: JNES 22, 1963, 5; KUHLMANN, Das Ammoneion, AV 75, 1988, 129f., Anm.1055.

19. c. Orakel einer Statue Ramses' II. Abu Simbel, großer Tempel. Jahr 1 Sethos' II.

LD III, 189a.; KRI IV, 275; KITCHEN, in: JEA 61, 1975, 266.

19. d. oMFA Boston 11.1498. Abschrift oder Entwurf eines Orakelprotokolls (?)[1] aus der Zeit Siptah's. Erworben um das Jahr 1909 im Kunsthandel von Luxor[2].

KRI IV, 358ff.; CERNY, in: JEA 44, 1958, 23ff.; BERG, in: JARCE 30, 1993, 57ff.

---

[1] Der Text wird von seinem letzten Herausgeber, David Berg, wohl allzu sicher für die Abschrift einer Schenkungsstele in Verbindung mit einem Orakel erklärt. Daß es in dem Text um ökonomische Belange geht, dürfte zutreffen: es ist die Rede von *Dingen* (jḫ.t) und Herden; auch der Ausdruck ʿq ḥr- (jḫ.t.f) wird in der Stèle d'Apanage (II.22.a.) gebraucht für die Wahrnehmung eines ökonomischen Nutzungsrechts. Die für die Schenkungsstelen typischen Formulierungen sind jedoch nicht zu finden. Hinweis auf das Agieren eines Orakelgottes ist nur gegeben in dem Satz: ḏd-Jmn jw.f-ḥʿjw jr-pꜣ-ṯꜣtj ... (folgen Fluchformeln).

[2] Berg, op.cit., Anm.1.

19/20. a. Orakel (?) einer Statue Amenophis' II. Ramessidisch. Stele aus dem Totentempel Thutmosis' III. in Qurna.

WEIGALL, in: ASAE 7, 1906, 132; versuchsweise Ergänzung des Fragments zu einem kurzen Orakeltext durch BELL, in: JNES 44, 1985, 261, Anm.55.

20. a. Orakel des Amun-Re. Stele Kairo JdE 91927 aus dem Tempel der Maat in Karnak-Nord. Jahr 7 (? x+4) Ramses' VI.

KRI VI, 283,1ff.; SAUNERON, in: RdE 7, 1952, 56; v.BECKERATH, in: ZÄS 97, 1971, 12, Anm.37; CERNY, in: CAH, Ch.35, 24, Anm.2; VERNUS, in: BIFAO 75, 1975, 103ff.

20. b. Orakel des Chons-in-Theben-Neferhotep für Herihor. Orakelinschrift auf der Nordwand der Hofes im Chonstempel von Karnak. Zeit Ramses' XI.

PM, Theban Temples, 231, (22); LECLANT, in: La divination, 4; LD III, 248b; Temple of Khonsu II, Pl.132 und Beiheft, 14ff.; KRI VI, 709f.; MEYER, Gottesstaat, Militärherrschaft und Ständewesen in Ägypten, SPAW, 1928, 495f.; v.BECKERATH, Tanis und Theben, 95f.; CERNY, in: CAH II, Ch.35, 38; CERNY bei Parker, Saite Oracle Papyrus, 38; CERNY, in: BIFAO 30, 1931, 491f.; KEES, Herihor, 12ff.; KEES, HPA, 11; BELL, in: Serapis 6, 1980, 18, Anm.131; SCHENKE, Orakel, Nr.36, S.38 und 116f.; WEEKS, in: Temple of Khonsu II, Beiheft, XVIII.

20. c. Orakel des Amun-Re an der Außenseite des Gebäudes Amenophis' II. zwischen 9. und 10. Pylon von Karnak. Jahr 7 wḥm-msw.t.

PM, Theban Temples, 186,(576); LECLANT, in: La divination, 4; KRI VI, 702f.; NIMS, in: JNES 7, 1948, 157ff.; CERNY, in: CAH CH.35, 36f.; GARDINER, Egypt of the Pharaohs, 305; KITCHEN, TIP, §§16 und 211; BELL, in: Serapis 6, 1980, 16ff.; KEES, HPA, 13f.; EL-SAYED, in: BIFAO 78, 1978, 199f.; KRUCHTEN, Djéhoutymose, 97f.; SATZINGER, Neuägyptische Studien, 126f. (zu Z.25f.).

21. a. Orakel eines Gottes vor HPA Masaharta. Stelenfragment University College 16824 aus Koptos.

STEWARD, Egyptian Stelae III, 3f. und Pl.2.

Ergänzungsversuch nach der Zeichnung von Stewart:

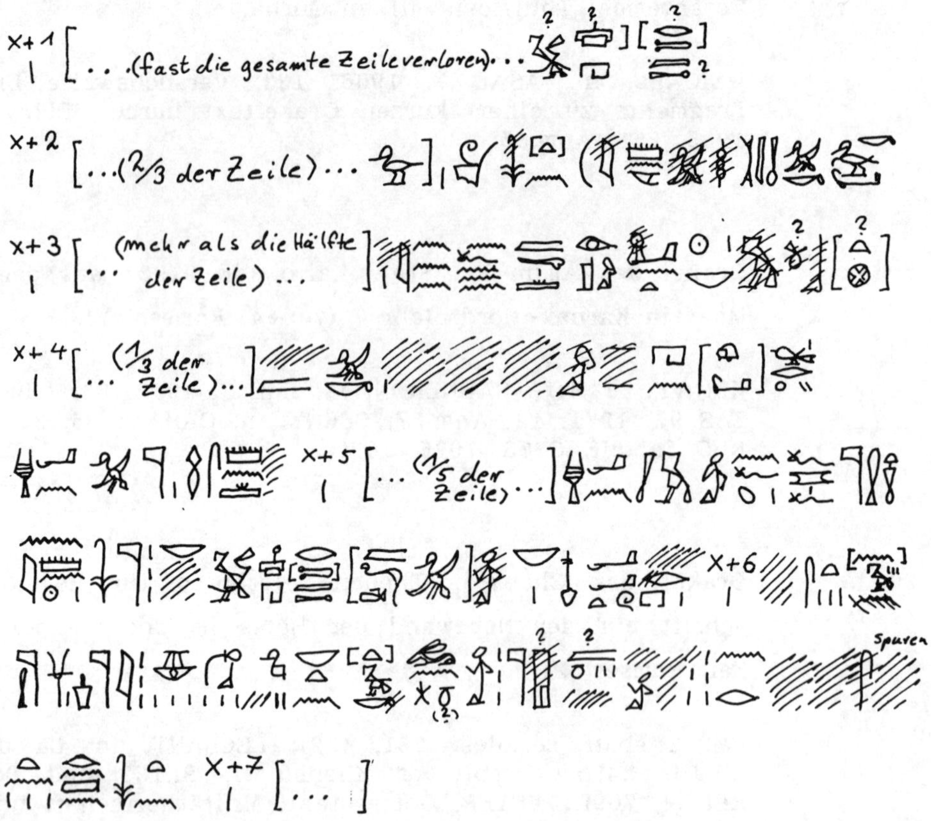

Der Rest ist völlig unklar.

In Zeile x+7 ist noch 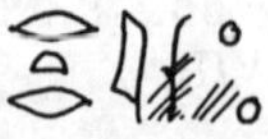, *"immerwährend"* (Wb.V, 316,2), zu erkennen, sowie der Anfang einer Imperativ- oder Relativform:
 sowie ...ᶜš3.w wn.... In Zeile x+8 vielleicht noch eine Anrede des Orakelgottes: 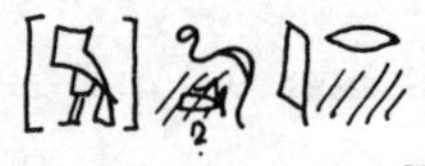. In Zeile x+9 wird vielleicht noch einmal der HPA genannt: 

21. b. Orakel des Amun-Re vor HPA Mencheperre. Stele Louvre C 256, vermutlich aus Karnak. *"Jahr 25"* und *"Jahr x"*.

LECLANT, in: La divination, 5; v.BECKERATH, in: RdE 20, 1968, 7ff. (dort ältere Veröffentlichungen); GAUTHIER, LR III, 264, III; PM, Theban Temples, 294; KEES, HPA, 45f.; SCHENKE, Orakel, Nr.38, S.37, 41f., 117; CERNY, in: CAH, Ch.35, 54; CERNY bei Parker, Saite Oracle Papyrus, 8; TUAT II, 112ff.; HORNUNG, in: ZÄS 87, 1962, 118 (zu Z.15); KITCHEN, TIP, §§23-27 (zu den Jahresdaten), und §217; RÖMER, in: GM 114, 1990, 96f. (zu Z.4); MORSCHAUSER, Threat-Formulae, 208ff.

21. c. Orakel des Amun-Re vor HPA Mencheperre auf einer Säule im Vorhof des Chonstempels von Karnak.

PM, Theban Temples, 232 (fälschlich "*legal text (...) of Pinezem*"); Temple of Khonsu II, Pl.133, Beiheft, 17ff.; ältere Veröffentlichung: LD Text III, 62f.; TS 49.

21. d. Orakel des Amun-Re vor Painedjem II. bezüglich des Gottesvaters Thutmose auf der Außenseite der Ostmauer zwischen 9. und 10. Pylon von Karnak. "*Jahr 2*" bis "*Jahr 5*".

PM, Theban Temples, 183, (553); LECLANT, in: La divination, 6; NAVILLE, Inscription historique; kollationiert von SETHE, WBZ 1171-1236, Mappe 268; KRUCHTEN, Djéhoutymose; ders., in: BSFE 103, 1985, 6ff.; CERNY bei Parker, Saite Oracle Papyrus, 45; KEES, HPA, 62ff.; LURJE, Studien zum altägyptischen Recht, 108f., 113; SCHENKE, Orakel, Nr.41, S.46f., 118; JANSEN-WINKELN, in: JEA 76, 1990, 242ff.; RÖMER, in: BiOr 47, 1990, Sp.620ff.

21. e. Orakel der Trias von Theben vor Painedjem II. und dem 2PA **Ṯꜣj-nfr**, Sohn des **Nsj-pꜣ-ḥr-n-Mw.t** über das Erbe des HPA Smendes und das Vermögen der Henut-tawi auf dem 10. Pylon von Karnak. "*Jahr 5*", "*Jahr 6*" und "*Jahr 8*".

PM, Theban Temples, 187, (580); MASPERO, Momies royales, 704ff.; GARDINER, in: JEA 48, 1962, 57ff.; KEES, HPA, 56ff.; SCHENKE, Orakel, Nr.40, S.39f.; YOUNG, in: JARCE 2, 1963, 104ff.; WENTE, in: JNES 26, 1967, 157ff.; KITCHEN, TIP, §46,(ii); CERNY bei Parker, Saite Oracle Papyrus, 39; MORSCHAUSER, Threat-Formulae, 210f.; neue Abschrift des Textes und aller Fragmente durch das CFETK (unpubl., Benutzung mit freundlicher Erlaubnis des CFETK); zu **ꜣcc**, *"beschuldigen"*, in Z.21 s. Gardiner, in: JEA 34, 1948, 16f.; zur Lesung **pḥ-nṯr** in Z.1 der Champollion-Abschrift s. KRUCHTEN, Djéhoutymose, 65.

21. f. Orakel der Trias von Theben über das Vermögen der Maatkare und dessen Vererbung auf ihre Nachkommen auf dem 7. Pylon von Karnak.

PM, Theban Temples, 167f., (497); LECLANT, in: La divination, 5; MARIETTE, Karnak, 63f., Tf.41; MASPERO, Momies royales, 694f.; GARDINER, in: JEA 48, 1962, 64ff.; KITCHEN, TIP, §49 (iii) und S. 284; CERNY bei Parker, Saite Oracle Papyrus, 39; CERNY, in: BIFAO 41, 1942, 126ff., besonders zu Z.x+5; KEES, HPA, 87; SCHENKE, Orakel, Nr.39, S.118f.; MORSCHAUSER, Threat-Formulae, 211f.

21. g. Orakel des Amun bezüglich des abydenischen Totenkults von **Nmrṯ**, Vater Scheschonqs I. Stele Kairo JdE 66285 aus Abydos.

LECLANT, in: La divination, 6; BLACKMAN, in: JEA 27, 1941, 83ff. (dort ältere Literatur); GARDINER, Egypt of the Pharaohs, 327; CERNY bei Parker, Saite Oracle Papyrus, 39; KEES, HPA, 80f.; SCHENKE, Orakel, Nr.47, S.120; ROEDER, Die Ägyptische Religion in Texten und Bildern, Bd.III, Zürich 1960, 223ff.; KITCHEN, TIP, S.285f. und Anm.248f.; MORSCHAUSER, Threat-Formulae, 214f.

21. h. Steinhieratische Inschrift in Kom Ombo mit Orakeltext.

WILKINSON, Manuscripts I, 145; CERNY bei Parker, Saite Oracle Papyrus, 45; BEDELL, Criminal Law in the Egyptian Ramesside Period, Ann Arbor, 1973, 247.

22. a. Orakel des Seth vor **Wȝjhst** bezüglich Nutzungsrechten an Quellwasser. Stele Ashmolean Museum, Oxford, 1894.107 aus der Oase Dachla. Jahr 5 Scheschonqs I. (?).

PM, Nubia, the Deserts, and Outside Egypt, S.296; LECLANT, in: La divination, 6; GARDINER, in: JEA 19, 1933, 19ff. (dort ältere Literatur); Abbildung bei SPIEGELBERG, in: RecTrav. 21, 1899, 13; CERNY bei Parker, Saite Oracle Papyrus, 40; THOMPSON, in: JEA 26, 1940, 75; BAKIR, Slavery, 50; THEODORIDES, in: RIDA 12, 1965, 120; SCHENKE, Orakel, Nr.48, S.7f.; KITCHEN, TIP, S.290; OSING, in: MDIK 41, 1985, 229ff., zu Seth als Gott von Dachla.

22. b. Orakel des Amun-Re nördlich des 6. Pylons von Karnak zur Zeit Scheschonqs I. über den Schutz von dessen Totentempel (Jahrmillionenhaus) in Memphis (enthält nur die Rede des Gottes ohne Zwischenfragen, insofern bis auf die Einleitung der Abteilung II nahestehend).

VERNUS, in: BIFAO 75, 1975, 13ff. und Fig.10; KRUCHTEN, Djéhoutymose, 340.

22. c. Orakel des Ptah bezüglich Annahme einer Landstiftung. Stele Kairo JdE 45327 aus Tell el-Miniah wa-esh-Shurafah (= Meeks, in: OLA 6, 22.5.16). Jahr 16 Osorkons II.

DARESSY, in: ASAE 15, 1915, 140ff.; IVERSEN, Two Inscriptions Concerning Private Donations, Kopenhagen 1941, 3ff. und Pl.1; GARDINER, Pap.Wilbour, Comm., 112f.; CERNY bei Parker, Saite Oracle Papyrus, 40; SCHENKE, Orakel, Nr.50, S.17, 36f., 130; MORSCHAUSER, Threat-Formulae, 219.

22. d. Orakel des Chnum von Elephantine vor dem *"Königssohn von Kusch"* N[mrṯ][3] bezüglich Verwaltungsangelegenheiten des (Chnum-?)Tempels. Als Abdeckplatte im Vorhof des Chnumtempels verbaut gefunden. Zeit Osorkons II.

SEIDLMAYER, in: MDIK 38, 1982, 329ff. und Tf.72.

22. e. Orakel des Amun-Re zu einer Beschwerde von Priestern von Karnak. 22./23. Dynastie. Block aus dem 3. Pylon von Karnak.

SAUNERON, in: Kemi 19, 1969, 271ff., Tf.18f.; VERNUS, in: Karnak VI, 215ff. und Tf.53; JANSEN-WINKELN, in: Varia Aegyptiaca 9, 1993, 7ff.

22. f. Orakel des Hemen und des Chons-in-Theben bezüglich des Erwerbs von Land zur Zeit der 22. Dynastie (? evt. Scheschonq III. und Pami) in pBrooklyn 16.205. *"Jahr 4"* und *"Jahr 49"*, wobei das *"Jahr 49"* vor dem *"Jahr 4"* (Gegenwart der Handschrift) liegt.

LECLANT, in: La divination, 6; PARKER, A Saite Oracle Papyrus, 49ff., Pl.17ff.; NIMS, in: JNES 27, 1968, 77.

26. a. Orakel des Amun-Re bezüglich einer Priesterernennung in pBrooklyn 47.218.3. Jahr 14 Psammetichs I.

LECLANT, in: La divination, 6f.; PARKER, Saite Oracle Papyrus, 7ff. und Pl.1ff.; CERNY bei Parker, Saite Oracle Papyrus, 46; KEES, in: OLZ 58, 1963, 229ff.; MASSART, in: Or. 32, 1962, 479ff.; NIMS, in: JNES 27, 1968, 76f.

---

3 Zu diesem spätesten bekannten Vizekönig von Kusch und seinem Namen s. Seidlmayer, in: MDIK 38, 1982, 332f.

Abteilung II.

Orakeldekrete

21. a. Dekret des Amun-Re über das Jenseitsleben der Neschons. pKairo 58032 und Schreibtafel Kairo 46891.

LECLANT, in: La divination, 5; MASPERO, Momies royales, 594-614, Pl.25ff.; GOLENISCHEFF, Catalogue Général (...) du Musée du Caire, Papyrus hiératiques, Kairo 1927, 169ff.; GUNN, in: JEA 41, 1955, 83ff. mit Appendix und Umschrift der Schreibtafel von EDWARDS, ebd., 96ff.; GUNN, in: JEA 32, 1946, 92ff. zu einer Infinitiv-Konstruktion in diesem Dekret; GARDINER, Egypt of the Pharaohs, 322f.; CERNY bei Parker, Saite Oracle Papyrus, 39; ROEDER, Die Ägyptische Religion in Texten und Bildern, Bd.IV, Zürich 1961, 302ff.; SCHENKE, Orakel, Nr.43, S.119; zur Einleitung: ASSMANN, ÄHG, Nr.131; zu einem ähnlichen Text aus der Zeit Taharqas s. VERNUS, in: BIFAO 75, 1975, 29ff.; zur historischen Interpretation des Dekrets s. KEES, HPA, 65ff.; NIWINSKI, in: JEA 74, 1988, 226ff.

21. b. Dekret des Amun-Re über das Jenseitsleben Painedjems II. pKairo 58033.

LECLANT, in: La divination, 5; DARESSY, in: RecTrav. 32, 1910, 175ff.; GOLENISCHEFF, Catalogue Général (...) du Musée du Caire, Papyrus hiératiques, Kairo 1927, 196ff.; SCHENKE, Orakel, Nr.44; SPIEGELBERG, in: ZÄS 57, 1922, 149ff. zu II.21.a. und b.; ROEDER, Die Ägyptische Religion in Texten und Bildern, Bd.IV, Zürich 1961, 316ff.; zu II.21.a. und b. s. ebd., 288ff.

21. c. Dekret des Amun-Re bezüglich der Uschebtis der Neschons. Die Tafeln Rogers und McCullum, Louvre und British Museum.

CERNY, in: BIFAO 41, 1942, 105ff.; CERNY bei Parker, Saite Oracle Papyrus, 39; SCHENKE, Orakel, Nr.42, S.40f., 119f.; ROEDER, Die Ägyptische Religion in Texten und Bildern, Bd.IV, Zürich 1961, 322ff.; SCHNEIDER, Shabtis I, Leiden 1977, 323ff.; zu **tr-wšbtj** besonders 328; BORGHOUTS, The Magical Texts of Papyrus Leiden J348, OMRO 51, 1970, 127, Anm.1.

21/22.a. Die *"Oracular Amuletic Decrees"* (O.A.D.) verschiedener Götter. Papyri in London, Turin, Paris, Kairo, Turin, New York und anderen Sammlungen.

EDWARDS, O.A.D., zitiert mit der hier eingeführten Nummer II.21/22.a. und Edwards Numerierungen der einzelnen Texte; LECLANT, in: La divination, 6; SCHNEIDER, Shabtis I, Leiden 1977, 327f.; ders. und BOURRIAU, in: JEA 61, 1975, 257f.; MORSCHAUSER, Threat-Formulae, 212ff.; zu den Kästen für solche Dekrete und deren Aufschrift RAY, in: JEA 58, 1972, 251ff.

22. a. Dekret des Amun-Re bezüglich des Vermögens des HPA **Jwrṯ** und seiner Vererbung an seinen Sohn **Ḫ^{c}j-m-W3s.t** auf der "Stèle d'Apanage" aus Karnak. Stele Kairo JdE 31882. Vermutlich Zeit Takelotis' I.

PM, Theban Temples, 27; LECLANT, in: La divination, 6; LEGRAIN, in: ZÄS 35, 1897, 12ff.; ERMAN, ebd., 19ff.; SCHENKE, Orakel, Nr.49; HELCK, Materialien II, 274f.; THEODORIDES, in: RIDA 12, 1965, 121ff.; PIRENNE und VAN DE WALLE, Documents juridiques Egyptiens I, AHDO I, 1937, 43ff.; KITCHEN, TIP, S.311; zu den Felder-Arten s. GARDINER, Pap.Wilbour, Comm., 29, Anm.1 und 32, Anm.3.; CERNY bei Parker, Saite Oracle Papyrus, 38f.; KEES, HPA, 93ff.; zur Fluchformel am Ende s. SOTTAS, La préservation de la propriété funéraire, Paris 1913, 163ff. und MORSCHAUSER, Threat-Formulae, 215ff.

22/23. a. In den Grenzbereich der Orakeldekrete gehören die Verwünschungen von Leuten, die Graffiti auslöschen, in Form einer Götterrede: Jacquet-Gordon, in: Fs.Sauneron, Kairo 1979, 167ff., zu Priestergraffiti auf dem Dach des Chonstempels von Karnak aus der Libyerzeit, Graffito Nr. 10. Es ist jedoch nicht sicher, daß solche Graffiti wie ein Orakeldekret durch den Gott selbst "beglaubigt" wurden als seine Rede, wie es Amun in der "Stèle d'Apanage" (II.22.a.) in bezug auf das dort verewigte Dekret sagt. Hierzu auch: steinhieratische Priestergenealogie im Amuntempel von Karnak, Z.13ff., PM, Theban Temples, 103, (306); BRUGSCH, Thesaurus Inscriptionum Aegyptiacarum, 1238f.; WILDUNG, Imhotep und Amenhotep, MÄS 36, 1977, 281f.; CERNY, Notebooks, 24f.

33. a. Dekret des Amun-Re für Osiris. pKairo 58034.

DARESSY, in: ASAE 18, 1919, 218ff.; GOLENISCHEFF, Catalogue Général (...) du Musée du Caire, Papyrus hiératiques, Kairo 1927, 209ff.; ROEDER, Die Ägyptische Religion in Texten und Bildern, Bd.III, Zürich 1960, 263ff.; OTTO, Osiris und Amun, München 1966, 119; CERNY bei Parker, Saite Oracle Papyrus, 39 (teilt Golénischeffs Datierung des Papyrus ins erste nachchristliche Jahrhundert, während OTTO, loc.cit., den Text in die Perserzeit datiert, darin DARESSY, loc.cit., folgend).

Abteilung III.

Gerichtsorakelprotokolle aus Theben-West

20. a. oDeM 672. Auseinandersetzung um die Bezahlung eines Rindes vor Amenophis I. Wenn mit Allam die durch **ḏd.f** eingeleitete Rede die Frage des **Mnnȝ** an den Gott ist, so gibt es keine Antwort desselben. Es existiert in dieser Rede jedoch weder die übliche Anrede **pȝj.j-nb-nfr** noch eine Fragepartikel. *"Jahr 8"* (Ramses' III.?).

KRI V, 449; ALLAM, Hieratische Ostraka und Papyri, Nr.141 (dort weitere Literatur); zur Datierung s. JANSSEN, Commodity Prices, 61 (späte 20. Dynastie); dagegen GUTGESELL, Datierung, 275ff., besonders 277 (kein König nach Ramses III., möglich auch späte 19.Dyn.).

20. b. oKairo 25555. Auseinandersetzung um das Recht auf die Benutzung eines Weges vor Amenophis I. und um eine andere Angelegenheit. *"Jahr 14"* (Ramses' III.).

KRI V, 456f.; ALLAM, Hieratische Ostraka und Papyri, Nr.29 (dort weitere Literatur); op.cit., S.60, die Ergänzungen, die durch die Funde von 1948/49 möglich wurden; CERNY, in: BIFAO 30, 1931, 493ff.; CERNY, in: BIFAO 35, 1935, 41 und Anm.3; CERNY bei Parker, Saite Oracle Papyrus, 41; HELCK, Materialien III, 343f.; SCHENKE, Orakel, Nr.19, S.126f.; VLEEMING, in: Gleanings DeM, 187.

20. c. oPetrie 21. Auseinandersetzung um das Recht an einem Gebäude vor Amenophis I. *"Jahr 27"* (Ramses' III.).

CERNY-GARDINER, HO, 16,4.; KRI V, 518f.; ALLAM, Hieratische Ostraka und Papyri, Nr. 236 (dort weitere Literatur); CERNY, in: BIFAO 30, 1931, 492f.; CERNY, in: BIFAO 35, 1935, 41 mit Anm.3 und 4; CERNY bei Parker, Saite Oracle Papyrus, 41 mit Anm.4; HELCK, Materialien III, 340f.; LURJE, Studien zum altägyptischen Recht, 124; SCHENKE, Orakel, Nr. 21, S.124f.; DEMAREE, in: Gleanings DeM, 101ff.

20. d. oKairo 25242. Preis-Schätzungsverfahren vor Amenophis I. *"Jahr 29"* (Ramses' III).

KRI V, 531f.; ALLAM, Hieratische Ostraka und Papyri, Nr.27 (dort weitere Literatur); CERNY, in: BIFAO 27, 1927, 179ff.; CERNY, in: BIFAO 35, 1935, 41 und Anm.4; CERNY bei Parker, Saite Oracle Papyrus, 41 und Anm.8; LURJE, Studien zum altägyptischen Recht, 112 und Anm.43, 115; SCHENKE, Orakel, Nr.22, S.124; JANSSEN, Commodity Prices, 506 und 509, Anm.78 (zu **znjw**); VLEEMING, in: Gleanings DeM, 187; vgl. IV.2.20. e/a.

20. e. DeM 448. Anliegen an Amenophis I., bezogen auf Bet(ten?) und 8 Kupferdeben und positive Antwort. *"Jahr 30"* (Ramses' III.).

KRI V, 541; ALLAM, Hieratische Ostraka und Papyri, Nr.112; JANSSEN, Commodity Prices, 5 gegen die Auffassung der Stelle als Preisverhältnis; VLEEMING, in: Gleanings DeM, 187; GUTGESELL, Datierung, 123.

20. f. oGardiner 4. Verlesen (einer Liste) der Häuser des Ortes zur Feststellung eines Kleiderdiebes vor Amenophis I. *"Jahr 5"* (Ramses' IV.?).

CERNY-GARDINER, HO 27,3.; KRI VI, 142; ALLAM, Hieratische Ostraka und Papyri, Nr.147 (dort weitere Literatur); CERNY, in: BIFAO 27, 1927, 178f.; CERNY, in: BIFAO 35, 1935, 41 und Anm.3, 55 und Anm.2; CERNY bei Parker, Saite Oracle Papyrus, 41 und Anm.2; CERNY, in: BIFAO 40, 1941, 135ff., zum Verfahren, das Haus des Täters durch Orakel zu bestimmen; LURJE, Studien zum altägyptischen Recht, 107, 125; BEDELL, Criminal Law in the Egyptian Ramesside Period, Ann Arbor 1973, 252f.; JANSSEN, in: Schrijvend verleden, Documenten uit het oude nabije oosten vertaald en toegelicht, Leiden, Zutphen 1983, 280ff.; SCHENKE, Orakel, Nr.27, S.44f.; VLEEMING, in: Gleanings DeM, 187; VALBELLE, "Les ouvriers de la tombe", 306f. und 307, Anm.1 (vgl. den folgenden Beleg, III.20.g.); zur Datierung s. CERNY, Community of Workmen, 156 und Anm.11; GUTGESELL, Datierung, 253.

20. g. pBM 10335. Auseinandersetzung wegen Kleiderdiebstahls vor mehreren Orakelgöttern. Herkunft des Papyrus offenbar unbekannt. *"Jahr 2"* (Ramses' IV?).

LECLANT, in: La divination, 5; ERMAN, Zwei Aktenstücke aus der thebanischen Gräberstadt, SPAW 1910, 336ff.; DAWSON, in: JEA 11, 1925, 247f.; zur Datierung s. DAWSON, ebd.; BLACKMAN, ebd., 249ff.; CERNY, in: JEA 23, 1937, 60, 186ff.; CERNY, in: BIFAO 30, 1931, 491 und Anm.1; CERNY, in: BIFAO 35, 1935, 41 und Anm.5;

CERNY bei Parker, Saite Oracle Papyrus, 40f. und Anm.4 auf S.40; LURJE, Studien zum altägyptischen Recht, 101 und Anm.1, 107, 123; ROEDER, Die ägyptische Religion in Texten und Bildern, Bd.III, Zürich 1960, 256ff.; SCHENKE, Orakel, Nr.28, S.124, 183; TUAT II, 123ff.; ALLAM, Verfahrensrecht, 80, Anm.122; 83, Anm.125; 96, Anm.134; MORSCHAUSER, Threat-Formulae, 201f.; zur Lokalisierung von **P3-ḫntj** s. HELCK, Materialien I, 77.

20. h. oDeM 133. Auseinandersetzung um einen Esel vor Amenophis I. *"Jahr 4"* (Ramses' V.?).

ALLAM, Hieratische Ostraka und Papyri, Nr.71 (dort weitere Literatur); CERNY bei Parker, Saite Oracle Papyrus, 42 und Anm.2; LURJE, Studien zum altägyptischen Recht, 123, 124; SCHENKE, Orakel, Nr.29, S.127f., 182; JANSSEN, in: Schrijvend verleden, Documenten uit het oude nabije oosten vertaald en toegelicht, Leiden, Zutphen 1983, 282f.; VLEEMING, in: Gleanings DeM, 187; zur Datierung s. GUTGESELL, Datierung, 244f. (nicht vor Ramses V., dieser recht sicher); anders BIERBRIER, LNK, 38.

20. i. oBM 5625. Auseinandersetzung um das Recht an einem Haus vor Amenophis I. *"Jahr 4"* (Ramses' V.?).

KRI VI, 252f.; ALLAM, Hieratische Ostraka und Papyri, Nr.21 (dort weitere Literatur); BLACKMAN, in: JEA 12, 1926, 181ff.; CERNY, in: BIFAO 27, 1927, 182 und Anm.2; CERNY, in: BIFAO 35, 1935, 41 und Anm.2 und 4; CERNY bei Parker, Saite Oracle Papyrus, 41 und Anm.5; CERNY, in: BIFAO 41, 1942, 23; LURJE, Studien zum altägyptischen Recht, 106, 123, Anm.2, 124 mit Anm.5; SCHENKE, Orakel, Nr.24, S.124; HELCK, Materialien III, 342f.; VLEEMING, in: Gleanings DeM, 187; JANSSEN, in: Gleanings DeM, 118f.; DEMAREE, in: Gleanings DeM, 101ff.; TUAT II, 129ff.; VALBELLE, "Les ouvriers de la tombe", 117 und Anm.7; s. auch McDOWELL, Jurisdiction, 112; zur Datierung s. GUTGESELL, Datierung, 251.

20. k. oGardiner 23. Streit um Immobilien, nach dem fragmentarisch erhaltenen Anfang zu urteilen, offenbar vor Amenophis I. Jahr 9/10 Ramses' IX.(?).

CERNY-GARDINER, HO, 43,4; KRI VI, 663; ALLAM, Hieratische Ostraka und Papyri, Nr.149 (dort weitere Literatur); HELCK, Materialien III, 337ff.; McDOWELL, Jurisdiction, 113; zur Datierung s. GUTGESELL, Datierung, 309.

20. l. oDeM 342. Rest eines Orakelprotokolls. 20. Dynastie?

VLEEMING, in: Gleanings DeM, 187.

Abteilung IV.

Erwähnungen von Orakelvorgängen außerhalb der Orakeltexte

1. Ernennungen durch den Gott

1.18. a. Orakelprozessionen verschiedener Gottheiten zur Proklamation der Hatschepsut zum königlichen Nachfolger in Karnak und Deir el-Bahri. *"Jahr 2"* Thutmosis' I., II. oder III.

PM, Theban Temples, 65f.; LECLANT, in: La divination, 3; LACAU-CHEVRIER, Une chapelle d'Hatshepsout à Karnak, 97ff. (Chapelle Rouge, Block 222, 35, 184, 295: Amun), 107ff. (Chapelle Rouge, Block 22 und 142: Amun), 130ff. (Chapelle Rouge, Block 109 und 72: Amun), 133ff. (Chapelle Rouge, Block 287, zwei Orakelvorgänge, der zweite mit dem Datum *"Jahr 2"*: Amun, beim ersten nur der Schluß erhalten), 141ff. (Chapelle Rouge, Block 54, ungenannte Göttin[1]; SCHENKE, Orakel, 108ff.; zum Datum auf Block 287: SCHOTT, Zum Krönungstag der Hatschepsut, NAWG 1955, 212ff.; YOYOTTE, in: Kemi 18, 1968, 85ff.; Zum Schauplatz der Handlung von Block 222 u.s.w., Block 22 u.s.w. GITTON, in: BIFAO 74, 1974, 63ff.; Übersicht über die Blöcke: GITTON, NEGRONI, YOYOTTE, in: Kemi 19, 1969, 295ff.; Übersetzung und Interpretation des Textes von Block 222 u.s.w. bei ASSMANN, Theologie und Frömmigkeit, 225ff.; dazu RÖMER, in: GM 99, 1987, 31ff.

1.18. b. Proklamation Thutmosis' III. zum königlichen Nachfolger bei einer Prozession Amuns. Karnak, Amuntempel[2].

PM, Theban Temples, 106, (328); LECLANT, in: La divination, 3; BREASTED, in: UGAÄ 2, 1900, 6ff.; Urk.IV, 155ff.; KEES, Priestertum, 8f.; GARDINER, Egypt of the Pharaohs, 181f.; CERNY bei Parker, Saite Oracle Papyrus, 35; WILSON, in: Pritchard, ANET, 446f.;

---

[1] Erwähnung einer Ernennung der Hatschepsut durch "Orakel" zum Thronfolger auch Urk.IV, 273,5ff.; vgl. auch Urk.IV, 1277,8 (Sphinxstele Amenophis' II., Schenke, Orakel, Nr.6), wo von einer Ernennung dieses Königs durch Amun selbst die Rede ist.

[2] Zu einer diesem Text ähnlichen Inschrift in Deir el-Bahri, die auf Thutmosis I. bezogen ist, s. Naville, The Temple of Deir el-Bahari VI, EEF 27, Pl.166 und S.9; Redford, History and Chronology of the Eighteenth Dynasty of Egypt, Toronto 1967, 74ff.; Sethe, Das Hatschepsutproblem noch einmal untersucht, APAW 1932, phil.-hist. Kl., Nr.4, 78ff.

ROEDER, Die Ägyptische Religion in Texten und Bildern, Bd.III, Zürich 1960, 195ff.; POSENER, Divinité du Pharaon, 83; SCHENKE, Orakel, Nr.1, S.9, 106; BARGUET, Temple d'Amon, 128; REDFORD, History and Chronology of the Eighteenth Dynasty of Egypt, Toronto 1967, 74ff.; ZIBELIUS-CHEN, in: SAK 15, 1988, 289f.; zur Erwähnung seiner göttlichen Ernennung, Urk.IV, 180,10ff., s. YOYOTTE, in: Kemi 18, 1968, 88f.

1.18. c. Sphinx-Stele Thutmosis' IV. in Gizeh. Göttliche Ernennung des Königs zum Thronfolger. *"Jahr 1"* Thutmosis' IV.

LECLANT, in: La divination, 3; PM, Memphis I, 37; Urk.IV, 1539a ff., besonders 1542,10ff.[3]; WILSON, in: Pritchard, ANET, 449; SCHENKE, Orakel, Nr.8, S.75, 112f.; ZIVIE, Giza au deuxième millénaire, BdE 70, 1976, 125ff. und 262ff.; POSENER, Divinité du Pharaon, 85; ZIBELIUS-CHEN, in: SAK 15, 1988, 288f.; zum Verhältnis zu den Ernennungsorakeln des Amun in der 18. Dyn. s. ASSMANN, in: LÄ II, Sp.993 (s.v. **Harmachis*) und Anm.29 und 30; zu Harmachis s. auch STADELMANN, in: Fs.Fecht, 439f.

1.18. d. Statuengruppe des Haremhab und der Mutnedjemet. Turin, Nr.1379. Krönungsinschrift.

Urk.IV, 2113ff., besonders 2117f.; HARI, Horemheb et la reine Moutnedjemet, 246ff., Pl.37 a/b[4]; GARDINER, in: JEA 39, 1953, 13ff. mit Pl.1 und Pl.2; SCHENKE, Orakel, Nr.10, S.8, 114; ROEDER, Die ägyptische Religion in Texten und Bildern, Bd.IV, Zürich 1961, 72ff.

1.19. a. Ernennung des Nebwenenef zum HPA aufgrund göttlicher Auswahl im Jahr 1 Ramses' II. Inschrift im thebanischen Grab Nr.157 des Nebwenenef.

PM, Theban Necropolis, 267, (8); LECLANT, in: La divination, 4; SETHE, in: ZÄS 44, 1907, 30ff.; KRI III, 282ff.; LEFEBVRE, Hist. des

---

[3] Es handelt sich nicht um ein Orakel im engeren Sinne, d.h. um eine durch ein Götterbild gegebene göttliche Erklärung, jedoch ist der hier agierende Gott eine Erscheinungsform des Sonnengottes, dessen himmlische Überfahrt das Vorbild der Barkenprozessionen ist, und der Traum des Prinzen wird in Beziehung gesetzt zum Höchststand der Sonnenscheibe. Wie Harmachis zu seinem Schützling spricht: *"Mein Sohn Thutmosis, ich bin dein Vater"* (Urk.IV, 1542,16f.), so konstatiert Thutmosis III. seine göttliche Abstammung, Urk.IV, 157,1 und 162,7f.; ähnlich die Erklärung Haremhabs zum Sohn Amuns durch diesen selbst, Urk.IV, 2126,8. Die Formel: *"Er sprach wie ein Vater zu seinem Sohn"* (Urk.IV, 1542,15), findet sich abgewandelt auch in den Texten IV.3.18.c., I.21.b. (Z.12), IV.1.22.a.

[4] Vgl. auch die Krönungsinschrift aus Karnak, Urk.IV, 2124ff, besonders 2126,8.

Grands prêtres, 117ff.; KEES, Priestertum, 90f.; CERNY bei Parker, Saite Oracle Papyrus, 36; POSENER, Divinité du Pharaon, 83f.; SCHENKE, Orakel, Nr.13, S.115; ROEDER, Die ägyptische Religion in Texten und Bildern, Bd.III, Zürich 1960, 216ff.

1.19. b. Anspielungen des HPA Bakenchons auf eine Erwählung zum HPA durch den Gott selbst. Zeit Ramses' II.

Statue München Gl.W.A.F.38, Rückenpfeiler, Z.3:

ḥzj.f-wj sjꜣ.f-wj ḥr-bjꜣ.t.j dj.f-wj r- HPA

Statue Kairo CG 42155, Rückenpfeiler, Z.2:

ḥzj.f-<w>j sjꜣ.f-<w>j ḥr-bjꜣ.t.j .

Vgl. die Rede des Königs in der Inschrift des Nebwenenef, Z.13f.: **ꜣbj.f-ṯw ḏs.f** (...), danach Vergleich des Gottes mit **sjꜣ**, der das Innere des Menschen kennt.

Münchener Statue: PLANTIKOW-MÜNSTER, in: ZÄS 95, 1969, 117ff.; KRI III, 297ff., dort ältere Literatur.

Kairener Statue: PM, Theban Temples, 169; LEFEBVRE, in: REA 1, 1927, 138ff.; KRI III, 295ff.

Zu beiden Statuen: LEFEBVRE, Hist. des Grands prêtres, 126ff., 253; dazu, daß in beiden Fällen mit .f nicht der König sondern der Gott gemeint ist, s. PLANTIKOW-MÜNSTER, op.cit., 126f.

1.19. c. Stele Ashmolean Museum, Oxford Nr.1894/106 aus Koptos. Im Oberteil Ramses II. mit Räucherarm vor der von Priestern getragenen Barke der "*Gottesmutter Isis, der Großen*". Der Unterteil enthält in senkrechten, teilweise zerstörten Zeilen eine Preisung der Isis durch einen **jmj-rʾ-kꜣ.t m-tꜣ-ḥw.t-Wsr-mꜣ^{c}.t-R^{c} stp.n-R^{c} m-pr-Jmn**, dessen Name nicht erhalten ist. In Z.11f. Erwähnung eines Orakels der Isis, das offenbar zur Erhöhung des Preisenden geführt hat: **wnjn.s ḥr-smn ḥr-wr-n-Mḏꜣj.w-pn [...] jw.s-ḥr-hn-n.f jw.s-ḥr-djt.j r-gs.f jw.j-ḥr-[...]**

Z.14 sicher so:

ḥr-ḏd-tjw-wr (zp-2) mk-<wj->ḥr-jrt-wḏ..., *"mit den Worten: "Jawohl*[5]*, ‹ich› mache eine Stele....".*

Z.15: hier gibt es sicher eine bessere Ergänzung von 
als das *"the decrees (?)[....]"* von Nims; da Barns hier noch einen **pꜣ**-Vogel erkannt hat, ist zu ergänzen: **wꜣḏ-wj ⌜pꜣ⌝ [-dj-ṯn/sj m-jb.f]**, *"wie gedeiht der, der dich/sie (die Göttin) in sein Herz gibt"*, mit der dann ganz passenden Fortsetzung in Z.16: **kꜣ-ḫpr-n.f ḫpr-n.j**, *"dann geschieht ihm das, was mir geschehen ist"* (nämlich die Erhöhung durch das Orakel der Göttin), und nicht mit Nims: *"for what happened to him happened to me"*. Mit dieser Ergänzung wäre der Text ein Beleg für das Orakel als Resultat eines gottgefälligen Verhältnisses zum Orakelgott, vgl. IV.1.19.a. und VI.1.3. mit Anmerkung.

LECLANT, in: La divination, 4; PETRIE, Koptos, London 1898, 15f., Pl.XIX,1; KRI III, 270f.; CERNY bei Parker, Saite Oracle Papyrus, 40; SCHENKE, Orakel, Nr.16; NIMS, in: MDIK 14, 1956, 146ff., mit Pl.9, aufgrund einer Kollation von Barns; KRUCHTEN, Djéhoutymose, 97; zum Namen **Bw-nḫt.f** (nicht der Name des Preisenden) s. RANKE, PN I, 94,7.

1.19. d. Statue Kairo CG 42185. Inschrift auf dem Sockel. Anspielungen des Hohenpriesters des Amun Rama auf eine Erwählung zum HPA durch den Gott selbst. Zweite Hälfte der 19. Dynastie.

ḏd.f-[jnk-ḥm-nṯr-tpj](?)[6] **m-ddw-Jmn ntf-stp-<w>j ḏs.f**

Vgl. auch die Inschrift auf der Statue des Rama CG 42186, (LEFEBVRE, Inscr., Nr.10), in der Amun als Beförderer der Karriere des HPA beim König auftritt.

PM, Theban Temples, 146; LEFEBVRE, Inscr., Nr.5; PLANTIKOW-MÜNSTER, in: ZÄS 95, 1969, 127; LEFEBVRE, Hist. des Grands prêtres, 141f., 256.

---

[5] Zu **tjw-wr zp-2** vgl. Wb.V, 242,7.

[6] Ergänzung nach Parallele auf derselben Statue (LEFEBVRE, Inscr., Nr.3, Z.6).

1.20. a. pTurin 1882 rto., 3,6ff. Erwähnung einer Ernennung Ramses' IV. (?) zum König durch Amun (mittels Orakel?).

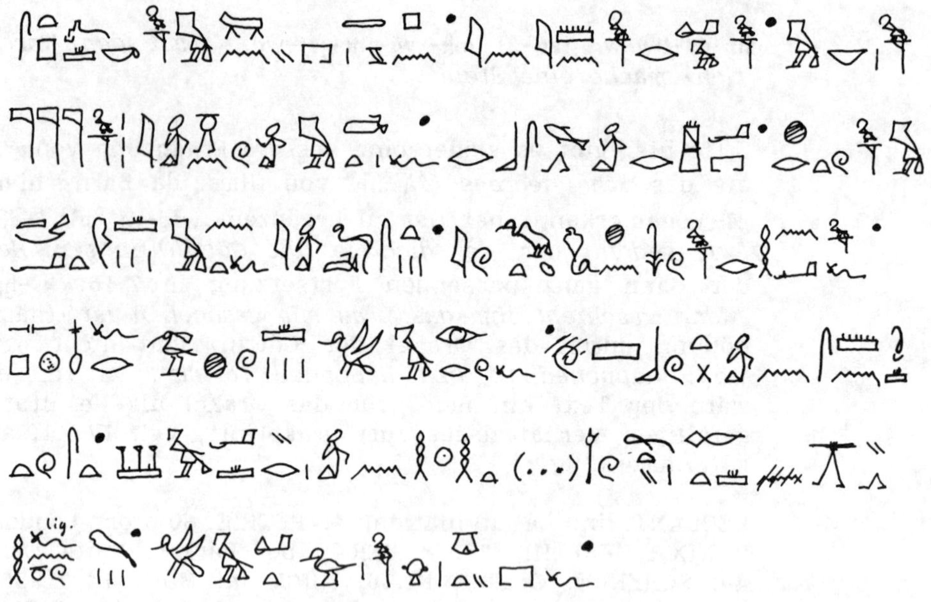

GARDINER, in: JEA 41, 1955, Pl.9; ders., in: JEA 42, 1956, 10f. und 16f.; zu **nb-nṯr.w** als Beiname des orakelgebenden Prozessionsbildes des Amun s. KRUCHTEN, Djéhoutymose, 337ff.

1.20. b. pHarris I, 22,5. Anspielung auf eine Ernennung des künftigen Königs Ramses IV. zum Thronfolger während seiner Jugend durch Amun (mittels Orakel?).

ntk-sr-sw r-njswt jw.f-m-jḥwnw

ERICHSEN, pHarris I, 26; SCHENKE, Orakel, Nr.23.

1.20. c. Stele Kairo JdE 91927 aus Karnak-Nord (I.20.a.). Im Oberteil der Stele Beiname des **wᶜb, zš-zḥ-nṯr, jmj-r'-pr n-Mȝᶜ.t** namens **Mrjw-Mȝᶜ.t:**

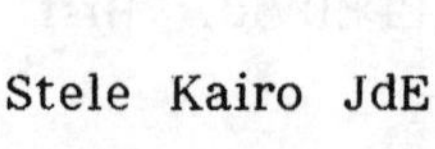

Dies ist sicherlich zu **ddw-Jmn ḏs.f** zu ergänzen, *"der, den Amun selbst gegeben (d.h. eingesetzt) hat"*; vgl. die folgenden Beispiele.

VERNUS, in: BIFAO 75, 1975, 104 und 105f.

1.20. d. Graffito des Schreibers der Vizekönige von Kusch Wentawat und Ramsesnacht namens **Pꜣ-nꜣ-ḥr** im großen Tempel von Abu Simbel. Zweite Hälfte der 20. Dynastie.

Beiname des Schreibers:

Von CERNY (s.u.) wird dieser Zusatz zum Namen als Hinweis auf eine Ernennung des Schreibers durch ein Orakel der Statue Ramses' II. in Abu Simbel gedeutet.

CHAMPOLLION, Not. descr. I, 74; LD VI, 22,4; CERNY, in: Kush 7, 1959, 71ff., besonders 74; KRI VI, 526,15f.; THIRION, in: RdE 43, 1992, 165.

1.20. e. Wenamun, 2,35, über Smendes und Tentamun:

nꜣ-znntj.w-tꜣ j.dj-Jmn n-pꜣ-mḥtj n-pꜣj.f-tꜣ

GARDINER, LESt, 70; zu **znntj-tꜣ** s.o. §61.

1.21. a. Kolossalstatue Ramses' II. im ersten Vorhof von Karnak, Usurpationsinschrift Painedjems I. auf dem Rückenpfeiler.

Nach "(ꜥnḫ) *HPA Painedjem, Sohn des HPA Paianch*":

PM, Theban Temples, 37, (133); HABACHI, Second Stela of Kamose, Fig.5 und S.18f.; CHEVRIER, in: ASAE 53, 1956, 25ff.; TS 2.

1.21. b. Horusname Psusennes' I.

Stelenfragment aus Gizeh, Kairo JdE 4747.

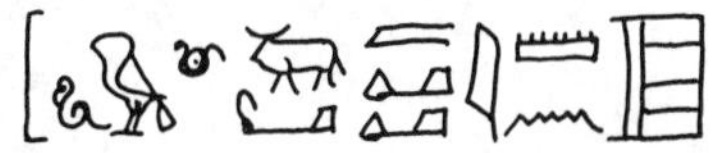

PM, Memphis I, 18; GAUTHIER, LR III, 289, II; HASSAN, The Great Sphinx and its Secrets, Kairo 1953, 299.

Statuensockel aus Tennis am Menzalah-See, Kairo JdE 41644:

GAUTHIER, LR III, 290, VII; KITCHEN, TIP, §225.

1.21. c. Orakelinschrift I.21.d. Zusatz zum Namen des Thutmose im Oberteil in der Beischrift zu seiner Darstellung:

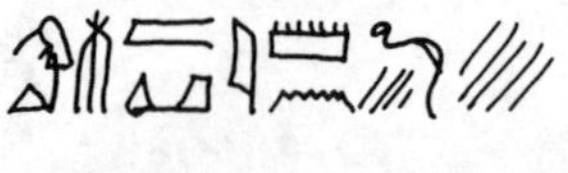

Der gesamte Orakeltext bestätigt, daβ dieser Zusatz eine Anspielung auf eine Amtseinsetzung durch den Gott selbst ist. Von NAVILLE, Inscription historique, Z."25", falsch durch **mȝᶜ-ḫrw** wiedergegeben. Zur Identität dieser Gruppe mit der von IV.1.19.d und IV.1.20.c. / d. u.s.w. s. BELL, in: Serapis 6, 1980, 19, Anm.143; er übersetzt: *"By Amun's appointment"*, mit Verweis auf CERNY, in: Kush 7 (s.o. IV.1.20.d.)[7].

1.22. a. Ernennung des HPA Osorkon durch das Orakel des Amun im Jahr 11 Takelothis' II., A 27ff.:

j[j]‹t›-p[w] jrj.n-jmj-r'-šmᶜw **Wȝsȝrk[n]** r-ḥm ⌜n⌝-nṯr-pn-špsj m-ḥȝb.f-nfr m-Nḥb-kȝ.w [ȝbd-1] pr.t ‹sw-›1 sḫᶜj n-nṯr-pn-špsj nb-nṯr.w Jmn-Rᶜ-njswt-nṯr.w pȝ-nṯr-ḏr-ᶜ js-ḥm-nṯr-tpj n-Jmn Wȝsȝ[r]kn m-jrw.f m-jwn-mw.t.f ḫr [....] ⌜jjj⌝ (?) m-ḥr.f-n.f m-bjȝj.t-nfr.t ⌜jj.⌝[sn r-]ḥw.t-nṯr n-mrw.t-sr-n.f ‹n›ḫt.w [m-ḥȝ.t-] mšᶜ.f jw.f-hnn.f wr zp-2 ḫft-ḏd.t.f mj-jtj jȝm-n.f zȝ.f

Nach dem Orakel preist das Volk von Theben den Osorkon u.a. mit den Worten (A 30):

dhn-ṯw Jmn ‹m-› zȝ-smsw n.t(sic)-wtṯw.k stp.n.f-ṯw m-qȝb-ḫfn.w r-jrt-mrr-jb.f

PM, Theban Temples, 35f.; RIK III, Pl.18, Z.28ff.; CAMINOS, The Chronicle of Prince Osorkon, S.34ff.; S.175, §285; CERNY bei Parker, Saite Oracle Papyrus, 38 und Anm.3, die sich gegen Caminos' Anm.f. (op.cit., S.36) richtet; KEES, HPA, 116ff.; POSENER, in: ZÄS 90, 1963, 102, Anm.11; zur Stellung des Osorkon als Junmutef vgl. IV.1.18.b. (Z.3).

7 KRUCHTEN, Djéhoutymose, 357, faßt dies so auf: *"'auprès* (**m-dj**) *d'Amon lui-même* (**Jmn ḏs[.f]**)*', ce qui reviendrait à dire 'qui comparaît en personne'."* Dies übezeugt nicht. Eine weitere Parallele findet sich auf Fragment Nr.22 der *"Priestly Annals"*, Legrain, in: RecTrav. 22, 1900, 59:

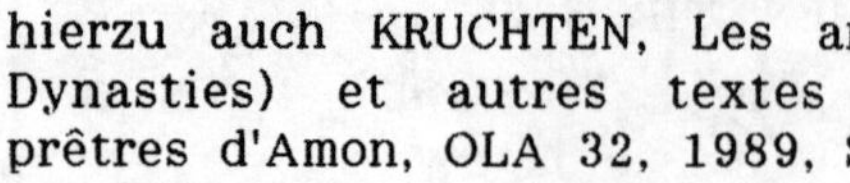

hierzu auch KRUCHTEN, Les annales des prêtres de Karnak (XXI–XXIIImes Dynasties) et autres textes contemporains relatifs à l'initiation des prêtres d'Amon, OLA 32, 1989, S.113: *"auprès du Khonsou, en personne"*.

1.22. b. Ein zweites (Ernennungs?-)Orakel des Amun für Osorkon einige Jahre nach dem Jahr 15 Takelothis' II.:

sṯꜣ-r.f jjj<t> n-ḫrw.f m-[ḥr-jb-]ꜥšꜣ.w jn-pꜣ-nṯr-ꜥꜣ jw.f-hnn.f wr [............].n.f-n.sn dhn.f-nb.sn mjn r-[......] ꜥḥꜥ.n-rdj.n.f-sw m-[.....]

RIK III, Pl.22, Z.1; CAMINOS, Chronicle of Prince Osorkon, S.109ff. und S.178, §288; KITCHEN, TIP, §293.

1.22/23. a. Erwähnungen göttlicher Ernennung auf verschiedenen Statuen der Libyerzeit, zusammengestellt bei JANSEN-WINKELN, Ägyptische Biographien der 22. und 23. Dynastie II, 388f., Nr.4.2.15 – 23.

(inhaltlich gehören in diese Gruppe auch die Texte I.20.c., I.21.b. und I.21.d.).

1.25. a. Stele Gebel Barkal Nr.26 des Königs Pije. Senkrechte Zeilen im Oberteil, 17ff.:

ḏd.f.-dj-n.j Jmn-Npt jr<t>-ḥqꜣ n-ḫꜣs.t-nb<.t> pꜣ-ntj-tw.j-ḏd-n.f ntk-njswt jw.f-<ḥr>jr<t>-njswt pꜣ-ntj-tw.j-ḏd-n<.f> bn-ntk-njswt-jwnꜣ b<w>-jrj.f-jr<t>-njswt dj-n.j Jmn m-Wꜣs.t jr<t>-ḥqꜣ n-Km<.t> pꜣ-ntj-tw.j-ḏd-n.f jrj-ḫꜥj jrj.f-ḫꜥj pꜣ-ntj-tw.j-ḏd-n.f m-jr-ḫꜥj b<w>-jrj.f-ḫꜥj pꜣ-ntj-tw(sic)-dj.j-ḥr.j-r.f-nb mn-qj n-ḫf-pꜣj.f-dmj jw-bn-sw-m-ḏr.t.j-jwnꜣ *(nicht gibt es eine Möglichkeit, seine Stadt zu zerstören, es sei denn durch meine Hand)* **nṯr.w jrj.w-njswt rmṯ.w jrj.w-njswt jn-Jmn jrj-(w)j pꜣ-ntj-b<w>-p<w>-nꜣ-ḥꜣwtj.w(?)-jr<t.>f...**

Reisner, in: ZÄS 66, 1931, 89ff.

1.32. a. Frühptolemäisches Graffito auf der NO-Ecke der Außenwand des Hofes Amenophis' III. Erwähnung der Ernennung eines Bauleiters durch das Orakel (bj3j.t) des Amun.

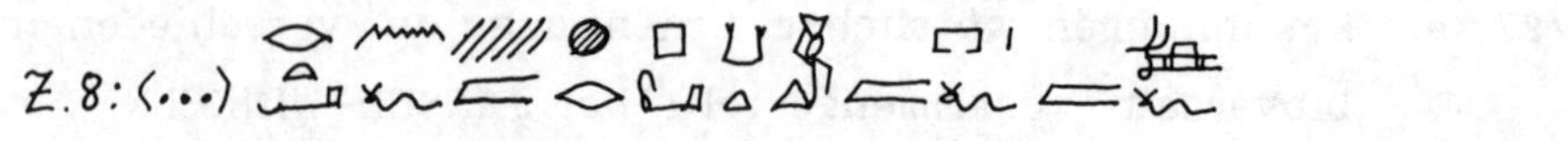

PM, Theban Temples, 335, (219); DARESSY, in: RecTrav. 14, 1893, 33f.; ABDER-RAZIQ, in: ASAE 69, 1983, 212ff.; freundlicher Hinweis von K. Jansen-Winkeln.

1.0. a. Stele Kairo JdE 48866, Z.11ff. Ernennung des Äthiopenkönigs Aspalta durch Amun von Napata.

LECLANT, in: La divination, 4; Urk.III, 81ff.; GRIMAL, Quatre stèles Napatéennes, 21ff. und Pl.5ff.; WILSON, in: Pritchard, ANET, 447f.; CERNY bei Parker, Saite Oracle Papyrus, 38; GARDINER, Egypt of the Pharaohs, 350; LURJE, Studien zum altägyptischen Recht, 109f., 113; SCHENKE, Orakel, Nr.53, S.121; ROEDER, Die Ägyptische Religion in Texten und Bildern, Bd.IV, Zürich 1961, 380ff.; TUAT II, 117ff.

1.0. b. Große Inschrift des Königs Aman-nete-yerike (im LÄ: Mani-note-yerike), Kawa Nr.9, v.a. Z.57ff.

MACADAM, Kawa, S.50ff. und Pl.17ff. SCHENKE, Orakel, Nr.54; LECLANT, YOYOTTE, in: BIFAO 51, 1952, 30f.

1.0. c. Stele Kairo JdE 48864 des Königs Harsijotef. Z.10ff., Z.111ff.

Urk.III, 113ff.; GRIMAL, Quatres Stèles Napatéennes, 40ff.; SCHENKE, Orakel, Nr.55, S.121f.

1.0. d. Stele des Königs Nastesen, Berlin Nr.2268. Ernennung des Nastesen zum Herrscher durch mehrere Gottheiten Nubiens

Urk.III, 137ff. (bis Z.36); SCHÄFER, Die äthiopische Königsinschrift des Berliner Museums; SCHENKE, Orakel, Nr.56; WENIG, in: Africa in Antiquity II (Ausstellungskatalog), Brooklyn 1978, 163 (Bibliographie).

2. "Juristisches" Eingreifen des Gottes. Absicherung von Urkunden. Vorlegen von Schriftstücken in gerichtlichen Fragen

2.10/11. a. Inschrift im Grab des Anchtifi, Mo'allah. Androhung der Bestrafung von Grabschändern durch Abschlagen des Arms bei der Prozession des Gottes Hemen:

VANDIER, Moꜥalla, 206ff., Inschrift Nr.8; SCHENKEL, MHT, 51; WILLEMS, in: JEA 76, 1990, 27ff.; ASSMANN, in: JEA 78, 1992, 153.

2.18. a. Amtsverkaufsstele der Königin Ahmes-Nofretere aus Karnak, jetzt im Luxor-Museum. Jahr x Ahmoses I.

Z.21ff. Absicherung der **jmj.t-pr**-Urkunde durch das Prozessionsbild des Amun:

[jrj.n.tw-]jmj.t-pr r-gs-pꜣ-sšmw-n-ḫwjw-Jmn m-hꜣb.f n-Kꜣ-ḥr[-kꜣ m-[wꜣḏ]j.t-rsj.t r-gs-njswt ḏs.f r-gs-ḥm.t-nṯr ḥm.t-njswt-wr.t (Jꜥḥ-msjw-nfr.t-jrj) ꜥnḫtj ḫft-ḥr[-pꜣ-tꜣ r-ḏr.f] m-zp-wꜥ (...) ḏdjn-ḥm n-nṯr-pn wn.j m-nḫw.s nn-ẖn.s r-nḥḥ jn-niswt-nb ꜥḥꜥ.tjfj m-ḫt-ẖ.wt-jwj.tjsn (...) (Ergänzungen nach Helck).

HELCK, Hist.-biogr. Texte, 100ff. (dort ältere Veröffentlichungen); DRIOTON, in: BSFE 12, 1953, 11ff.; KEES, Priestertum, 4ff., besonders 6; KEES, in: Or. 23, 1954, 57ff.; MENU, in: RdE 23, 1971, 155ff.; GITTON, in: BIFAO 76, 1976, 65ff.; MENU, in: BIFAO 77, 1977, 89ff., besonders 97, Anm.1[8].

---

[8] *"Le roi se présente personnellement comme garant à la ligne 24."* **ḥm nṯr-pn** ist jedoch eine geläufige Bezeichnung des im Orakel oder in einer Prozession agierenden Gottes, s. auch GITTON, in: BIFAO 76, 1976, 79, Anm.(am) und 80, Anm.(ap). Die zur Verfügung stehenden Abschriften des Textes sind nicht zuverlässig in der Unterscheidung von Königs- und Gottes-Determinativ. Nach Helcks Abschrift ist das Wort **sšmw** durch eine Gestalt mit Uräus determiniert, nach DRIOTON, op.cit., 24, hat sie nur den Bart.

2.19. a. pAnastasi III, 3,3ff. Beim Einzug der Statue **Wsr-mꜣꜥ.t-Rꜥ-stp.n-Rꜥ ꜥ.w.s. Mnṯw-m-tꜣ.wj** in die Delta-Residenz am Morgen des Choiak-Festes stehen die Leute mit ihren Petitionen an die Statue bei ihren Haustüren:

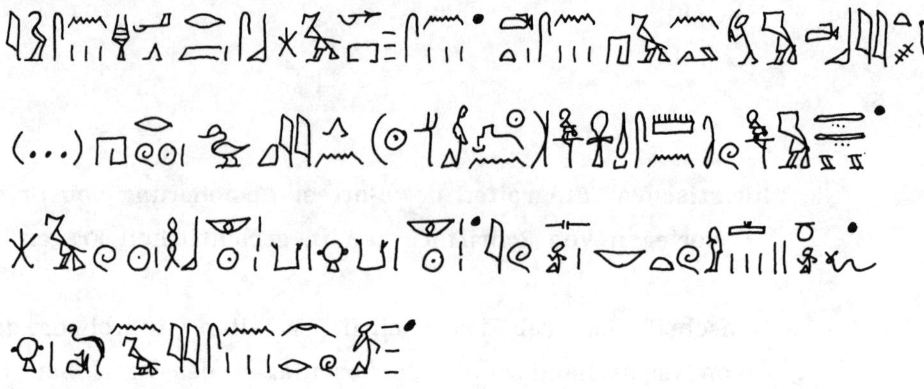

GARDINER, LEM, 23,3ff.; CAMINOS, LEM, 74f.; BRUNNER, in: MDIK 37, 1981, 101.

2.19. b. Bauinschrift Ramses' II. in Luxor:

ABD EL-RAZIK, in: JEA 60, 1974, 142ff., §3; KRI II, 607,14f.; KRUCHTEN, Djéhoutymose, 257f.

2.19/20. a. pKairo 58092 (= pBoulaq 10). Verso datiert ins Jahr 8, vermutlich Ramses' III., recto Ende 19., Anfang 20. Dynastie.

Rto., 15, Berufung auf frühere Entscheidung des Gottesgerichts Amenophis' I. in einer Erbangelegenheit:

ḫr-jw-m-(=jn-)njswt (Jmn-ḥtp) ꜥ.w.s. j.dj-st (i.e. **tꜣj.s-p<s>š<.t>)-n.f m-tꜣ--qnb.t**

KRI V, 450,9; ALLAM, Hieratische Ostraka und Papyri, Nr.268 (dort weitere Literatur) und Tf.88ff.; JANSSEN und PESTMAN, in: JESHO 11, 1968, 137ff., zur Datierung besonders 143; CERNY, in: BIFAO 27, 1927, 181; CERNY bei Parker, Saite Oracle Papyrus, 42 und Anm.1; SEIDL-SCHARFF, Ägyptische Rechtsgeschichte, Quelle Nr.71; SCHENKE, Orakel, Nr.9, S.124; HELCK, Materialien III, 339; zum Verhältnis von **qnb.t** und Gottesorakel nach diesem Papyrus s. McDOWELL, Jurisdiction, 127f., 139f.; s. auch V.20.a.

2.20. a. oGenf 12550. Jahr 11 Ramses' III.

Anrufung Amenophis' I. innerhalb eines Streits vor der **qnb.t** um die Rechte an einem Speicher, rto., 7ff.:

j[w.]f-ḥr-jr⟨t⟩-⌜zš-⌝[2[9] **jw.]f-⟨ḥr-⟩ꜥḥꜥ m-bꜣḥ-njswt-(Jmn-ḥtpw[)|||] ḫr-jr-m-ꜣbd-3-ꜣḫ.t sw-9 jw.f-ḥr-ꜥš n-njswt-(Jmn-ḥtpw)|| ḏd.n.f**[10]**-[pꜣj.j-]⌜nb-⌝nfr j⟨w⟩.j-pꜣ[..........]-pšt-jm.f jw-pꜣ-nṯr ḥr-nꜥj n-ḥꜣ.f**

ALLAM, Hieratische Ostraka und Papyri, Nr.194 (dort weitere Literatur) und Tf.54ff.; KRI V, 452f., besonders 453,4ff.; VLEEMING, in: Gleanings DeM, 187; McDOWELL, Jurisdiction, 256ff.; zum Schreiber Pentaweret s. CERNY, Community of Workmen, 207 und Anm.5; zu **nꜥj n-ḥꜣ.f** s. CERNY bei Parker, Saite Oracle Papyrus, 44 und Anm.6.

2.20. b. pDeM 26. Mehrere Gottesurteilsverfahren innerhalb verschiedener Streitfälle. Nach A vso., 2,1 Jahr 16 (Ramses' III.).

A rto., 18ff.:

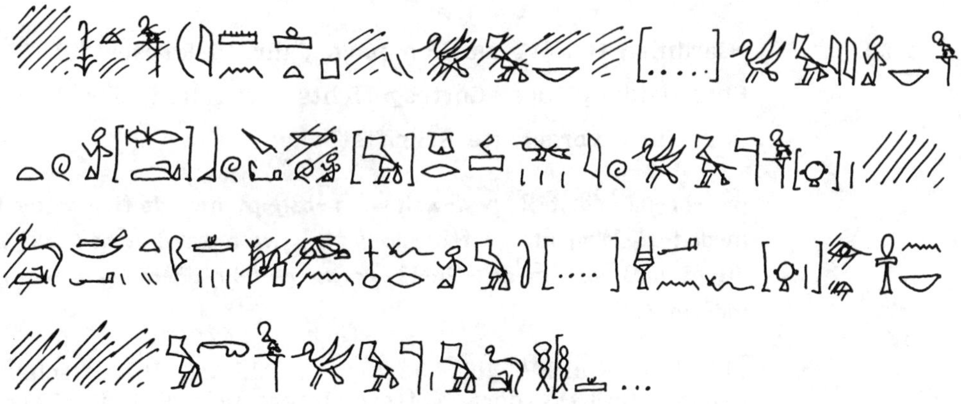

CERNY, Papyrus DeM II, Pl.12; ALLAM, Hieratische Ostraka und Papyri, Pl.93.

A vso., 2,3ff.: Anrufung des Orakelgottes in zerstörtem Zusammenhang.

CERNY, Papyrus DeM II, Pl.13; ALLAM, Hieratische Ostraka und Papyri, Pl.94.

---

9 Ergänzung von Kitchen.

10 Oder: **⟨ḥr-⟩ḏd-n.f** ?

B rto., 8: Zwei Schriftstücke werden dem Gott vorgelegt in einem Streit um ein Gerät (**jqm**):

[jw.tw-]<ḥr->wꜣḥ-tꜣ-mdꜣ.t-2 m-bꜣḥ-pꜣ-nṯr ḏd.f-jrj-nꜣ-ẖrd.w n-Nfr-snw.t <r->dj[t-.....

CERNY, Papyrus DeM II, Pl.14; ALLAM, Hieratische Ostraka und Papyri. Pl.95.

B vso., 9ff.: Anzeige eines Mannes wegen Diebstahls(?):

[J]mn-ḥtp] pꜣ-nb-pꜣ-dmj [r-sm]j-n.f ⸢rmṯ-⸣jz.t-Qnnꜣ (........) ꜥḥꜥ.n-pꜣ-nṯr [.....] (.......) [.....ꜥḥꜥ.n-pꜣ-]nṯr <ḥr->hn n-tꜣ-jnḥ.[t] (...)

CERNY, Papyrus DeM II, Pl.15; ALLAM, Hieratische Ostraka und Papyri, Pl.96.

KRI V, 461ff.; ALLAM, Hieratische Ostraka und Papyri, Nr.271; CERNY bei Parker, Saite Oracle Papyrus, 45, Anm.6; GUTGESELL, Datierung, 99.

2.20. c. oGardiner 103. Vermutlich nach Jahr 15 Ramses' III.

Entscheidung des Gottesgerichts bezüglich der Rechte an einem Haus über vorgelegte Schriftstücke:

jw.f-ḥr-jrt-mḏꜣ.t-2 jw.f-wꜣḥ.w m-bꜣḥ-pꜣ-nṯr ḏs.f j<w>.tw-ḥr-djt-tꜣ-mdꜣ.t m-ḏr.t-zš-Wnn-nfr jw.f-ḥr-ḏd (...) jrj.w n-zp-2 n-ẖꜣꜥ-mḏꜣ.wt j<w>.tw-ḥr-djt-nꜣ-mḏꜣ.[w]t m-ḏr.t-Pn-tꜣ-wr<.t> jw.f-ḥr-ḏd-m-bjꜣ.t bn-jw.j-r-nw r-nꜣ-mḏꜣ.wt (...)

CERNY-GARDINER, HO, 52,2 rto.; ALLAM, Hieratische Ostraka und Papyri, Nr.167 (dort weitere Literatur); KRI V, 571f.; CERNY bei Parker, Saite Oracle Papyrus, 45, Anm.6; CERNY, Community of Workmen, 200 und Anm.6; JANSSEN, Commodity Prices, 70; HELCK, Materialien III, 341f.; KRUCHTEN, Djéhoutymose, 111ff.; McDOWELL, Jurisdiction, 254ff.; GUTGESELL, Datierung, 473.

2.20. d. oDeM 580. Vermutlich zwischen Jahr 17 und 29 Ramses' III.

Rto., 9ff. Entscheidung Amenophis' I. über die Rechte an einigen Gegenständen:

wnn.f m-bꜣḥ-Jmn-ḥtp jw.f-<ḥr->hn.f-n.j m-nꜣj-ꜣḫ.t

ALLAM, Hieratische Ostraka und Papyri, Nr.129 (dort weitere Literatur); KRI V, 574f. (**wnn.f** irrtümlich ausgelassen); GUTGESELL, Datierung, 369.

2.20. e. oBM 5624. Nach vso., 5, Jahr 21 (Ramses' III.).

Vso., 5ff. Zuteilung eines Grabes durch Amenophis I.:

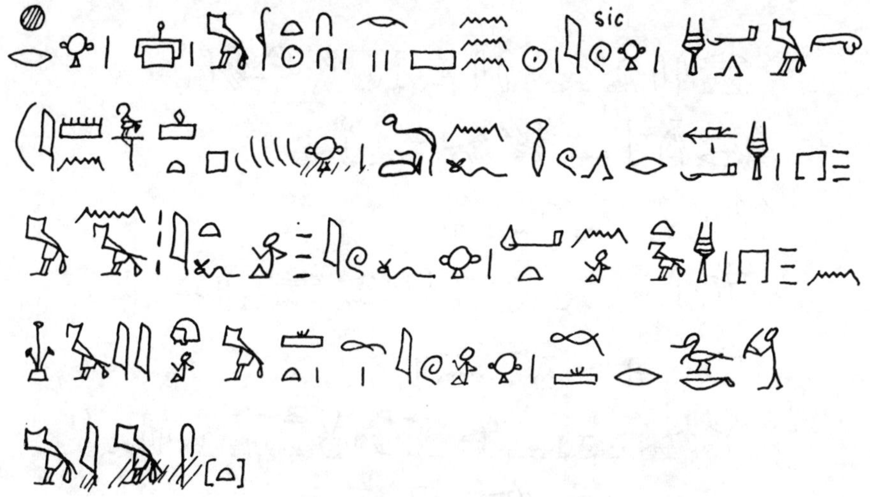

ERMAN, Zwei Aktenstücke aus der thebanischen Gräberstadt, SBAW, phil.-hist. Kl. 1910, 330ff.; BLACKMAN, in: JEA 12, 1926, 176ff., Pl.34f. und Pl.40; Urk.IV, 2162; KRI V, 475f.; ALLAM, Hieratische Ostraka und Papyri, Nr.20 (dort weitere Literatur); CERNY bei Parker, Saite Oracle Papyrus, 41 und Anm.6; LURJE, Studien zum altägyptischen Recht, 99 mit Anm.6, 102 mit Anm.9, 123; CERNY, in: BIFAO 35, 1935, 42 und Anm.3; SCHENKE, Orakel, Nr.20 und S.124; HELCK, Materialien III, 347ff.; VLEEMING, in: Gleanings DeM, 187.

2.20. e/a. oGARDINER 3. Ramses III. / Ramses V.

Rto., 7, Hinweis auf Preisbestimmung eines hölzernen Standbildes durch ein Orakel:

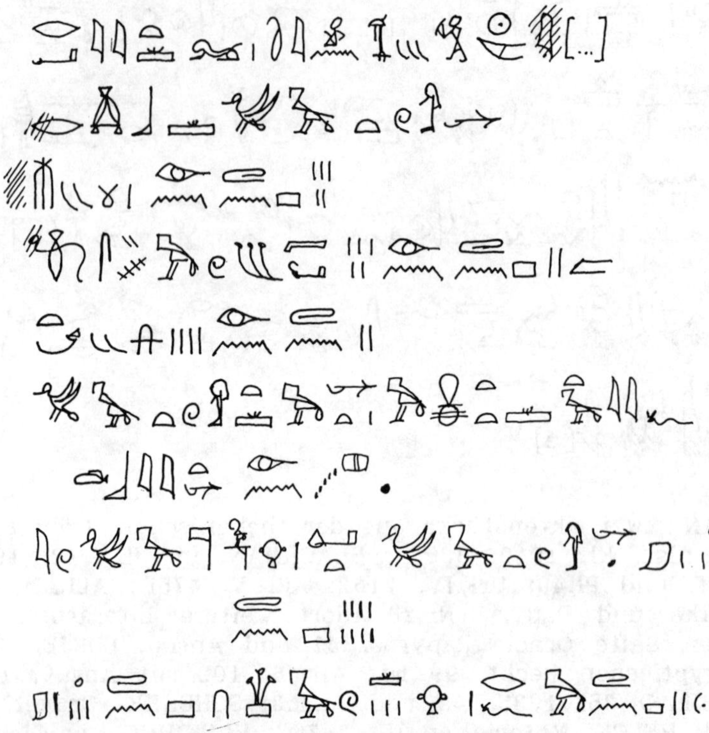

CERNY-GARDINER, HO, 22,2; KRI V, 584f.; JANSSEN, Commodity Prices, 66 *et passim*; GUTGESELL, Datierung, 413; vgl. III.20.d.

2.20. f. pHarris I, 61a,3. Name einer göttlich verehrten Statue Ramses' III.

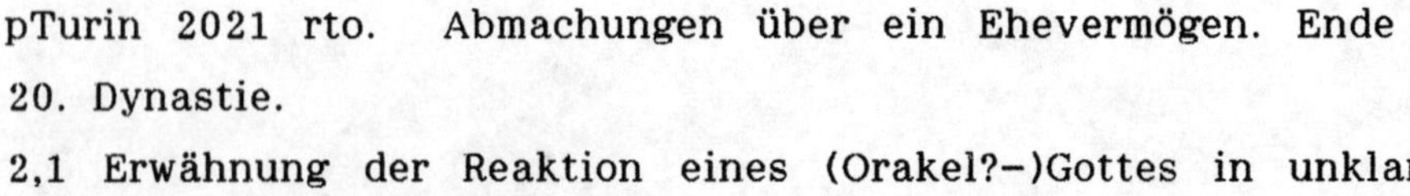

ERICHSEN, Papyrus Harris I, 71; CERNY bei Parker, Saite Oracle Papyrus, 43 und Anm.3; s. auch IV.4.19.a.

2.20. g. pTurin 2021 rto. Abmachungen über ein Ehevermögen. Ende der 20. Dynastie.

2,1 Erwähnung der Reaktion eines (Orakel?-)Gottes in unklarem, weil zerstörtem Zusammenhang:

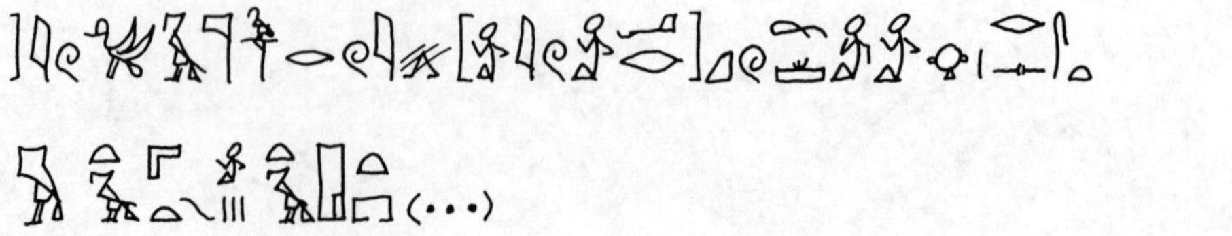

CERNY und PEET, in: JEA 13, 1927, 30ff. und Pl.13ff.; CERNY, in: BIFAO 37, 1937/38, 41ff.; ALLAM, Hieratische Ostraka und Papyri, Nr.280 (dort weitere Literatur) und Tf.113ff.; KRI VI, 739,5f.; LURJE, Studien zum altägyptischen Recht, 24f., 30, 40, 84, 94f. und Anm.6; THÉODORIDES, in: RIDA 17, 1970, 117ff.; CERNY, Community of Workmen, 371 und Anm.2.

2.20. h. Stele Kairo 27/6/24/3. Späte 20. Dynastie, Wadi Halfa. Orakelvorgang bezüglich eines Landverkaufs in Z.7f.:

jw.j-ḥr-wꜣḥ.f (i.e. den Verkaufswilligen?) **m-bꜣḥ-pꜣ-nṯr jw.f** (der Gott?)-**ḏd-jmj-nbw** [...] **jw.j-ḥr-djt.f n**-NN (nicht identisch mit dem Verkaufswilligen).

BAKIR, Slavery, 86f. und Pl.3f.; CERNY, in: JEA 31, 1945, 33; HELCK, Materialien II, 275; GARDINER, Pap.Wilbour, Comm., 84 und Anm.6.

2.20. i. pBibliothèque Nationale 237. Jahr 3 Ramses' VI.

Carton I, Z.8ff. Schilderung eines Vorganges, in dem auch ein Orakelvorgang (?) erwähnt wird, Z.17ff.:

KRI VI, 339f.; CERNY, in: CAH, Ch.35, 11; BORGHOUTS, in: Gleanings DeM, 25.

2.21. a. pStraßburg 51 aus el-Hibeh. Fragment eines Briefes, der u.a. die Aufforderung enthält, bestimmte Leute vor den Gott zu stellen, vielleicht zum Zweck der Ergreifung eines durch die Leute vor dem Gott zu verratenden Mannes?

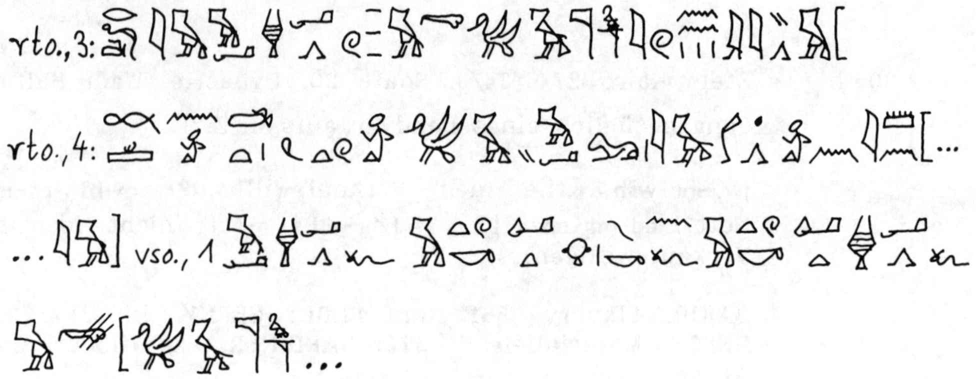

SPIEGELBERG, in: ZÄS 53, 1917, 22f.

2.21. b. Unveröffentlichter Papyrus in Kairo, laut Gardiner aus der 21. Dynastie stammend. Keine Nummer angegeben: "*...in the heading of a Dyn.XXI papyrus in the Cairo Museum quoted to me by Cerny; here*

probably signifies 'The list of the people whom the god stigmatized as having acted impurely'; an enumeration of eight people follows, four of them being we^{c}b-priests."

GARDINER, in: RdE 6, 1951, 119.

2.21. c. pLouvre AE/E 25359 aus el-Hibeh. Brief des HPA Mencheperre.

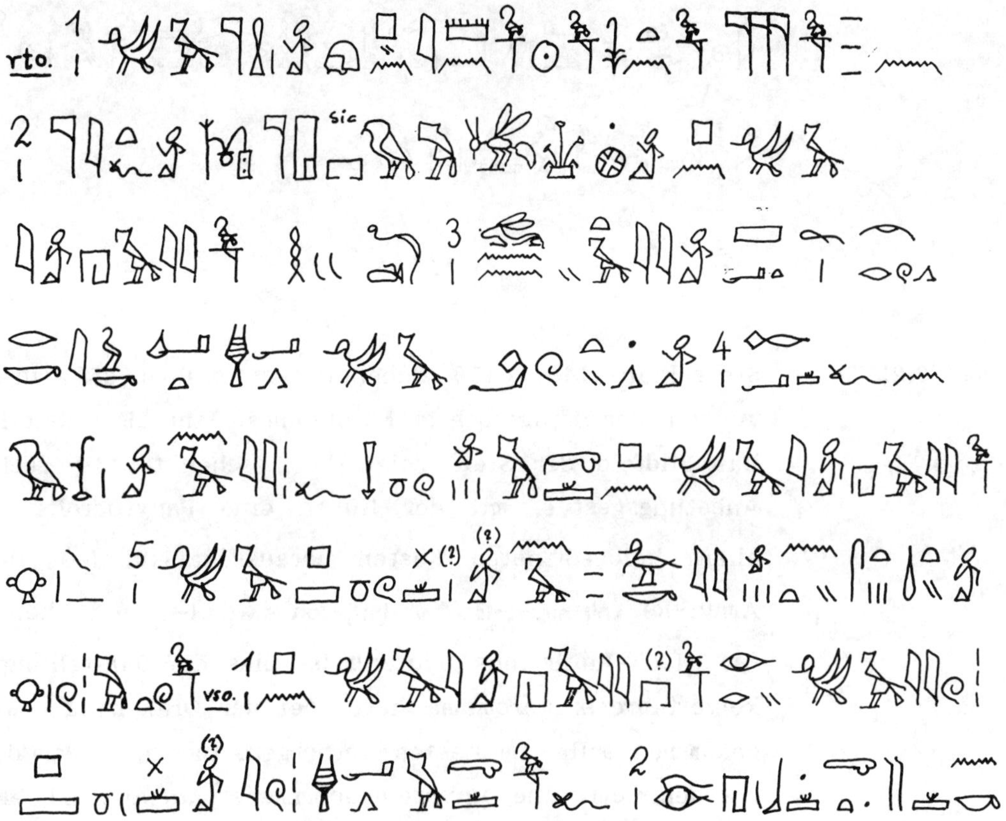

Foto in Katalog "Naissance de l'écriture", Paris 1982, S.285, Nr.241, davon die obenstehende Transskription. Der Gottesvater und Tempelschreiber Ḥrw-m-3ḫbjt wird auch genannt im pStraßburg 39 (SPIEGELBERG, in: ZÄS 53, 1917, 20f. und Tf.1) und im pBerlin 23098, s. FISCHER-ELFERT, in: Miscellanea Aegyptologica, Wolfgang Helck zum 75. Geburtstag, Hamburg 1989, 62ff.

2.22. a. pBrooklyn 16.205, 3,8f.

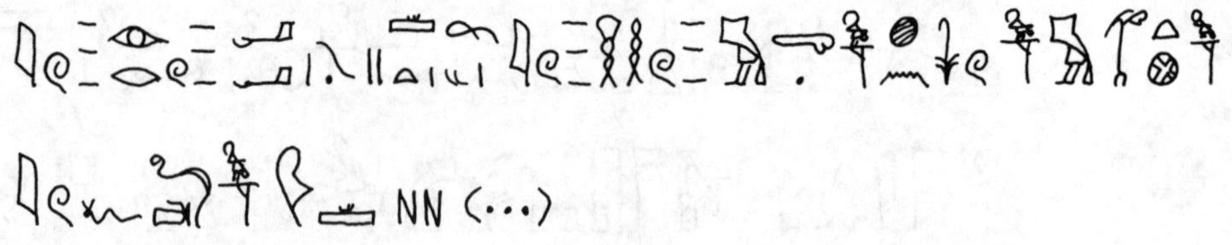

s. I.22.f.

2.22. b. Stele Kairo JdE 36159. Schenkungsstele über 25 Aruren Land zugunsten der Königstochter Karo(m)ama. Jahr 25 Takelothis II.
Das Bildfeld der Stele zeigt die Beschenkte, die rechte Hand im Anbetungsgestus, mit der linken eine Papyrusrolle haltend, aus einem halbgeöffneten Kasten herausschauend (←), ihr gegenüber Amun-Re (**nb-ns.wt-tꜣ.wj / ḫntj-Jp.t-s.wt**) (→) und Chons-Neferhotep (→). Nach Kuhlmanns Deutung ist dies die Darstellung eines Orakelverfahrens: Karomama hätte bei der Orakelfrage, wer das Land bekommen solle, im Kasten verborgen, incognito vor dem Gott gestanden, um eine unvoreingenommene Antwort zu erhalten. Daß Schenkungen durch Orakel gebilligt wurden, ist immerhin auch durch I.22.c. belegt.

LEGRAIN, in: ASAE 4, 1903, 183; MASPERO, in: ASAE 4, 1903, 185f.; MEEKS, in: OLA 6, Nr.22.7.25; KUHLMANN, in: Fs.Kákosy, 367ff.

2.26. a. Herodot, II,174. Amasis durch Orakel des Diebstahls überführt:

Οἱ δ' ἄν μιν φάμενοι ἔχειν τὰ σφέτερα χρήματα ἀρνεύμενον ἄγεσκον ἐπὶ μαντήιον, ὅκου ἑκάστοισι εἴη. Πολλὰ μὲν δὴ καὶ ἡλίσκετο ὑπὸ τῶν μαντηίων, πολλὰ δὲ καὶ ἀπέφευγε.

LECLANT, in: La divination, 7; WIEDEMANN, Herodots zweites Buch, Leipzig 1890, 596f.; CERNY bei Parker, Saite Oracle Papyrus, 46 und Anm.5; SEIDL, in: American Studies in Papyrology 1, 1966, 60f.; SCHENKE, Orakel, Nr.84.

2.0. a. Stele Kairo JdE 48865. Sogenannte Stèle de l'Excommunication. Jahr 2 eines äthiopischen Königs (Kartusche ausgehackt).

Ausschluß einer Sippe aus dem Tempel des Amun von Napata durch königliches Dekret, weil sie im Tempel etwas geplant hatten, was der Gott entweder: *"nicht befohlen"* oder aber: *"verboten"* hatte (**n-wḏ.n-nṯr jr<t>.s / jr<t.>f**, Z.7): die Tötung eines Unschuldigen. Vielleicht ist die Fälschung eines Gottesbefehls gemeint, in dessen Namen die Tötung des Mannes erfolgen sollte, vielleicht auch nur, daß eine Tat verabredet wurde, die nicht im Sinne Gottes war. Stattdessen erfolgte laut Bericht der Stele die Entlarvung der Täter durch den Gott. Z.8: **rdj.n-nṯr ḏd.sn m-r'.sn-[ḏd.t**[11]**.]sn n-mrw<.t>-sḫpr-ꜣᶜb<.t>.sn**, *"der Gott ließ sie mit ihrem Mund sagen, was sie besprochen hatten, um sie in Bedrängnis zu bringen"*(?)[12]. Anschließend läßt der Gott sie mit dem Tod bestrafen, auch dies wird als seine eigene Tat berichtet: **smꜣ.n.f-st** ....

Mariette, Monuments divers, Pl.10; Urk.III, 108ff.; SCHÄFER, in: Klio 6, 1906, 287ff.; GRIMAL, Quatre stèles Napatéennes, S.VIII und 36–39, Pl.8a–9a; KUHLMANN, Ammoneion, 129.

3. (Königliche) Beratung mit den Göttern. Aufträge und Eingreifen der Götter

3.10/11. a. Inschrift auf dem ersten Pfeiler im Grab des Anchtifi, Moᶜallah, Iα,2ff.

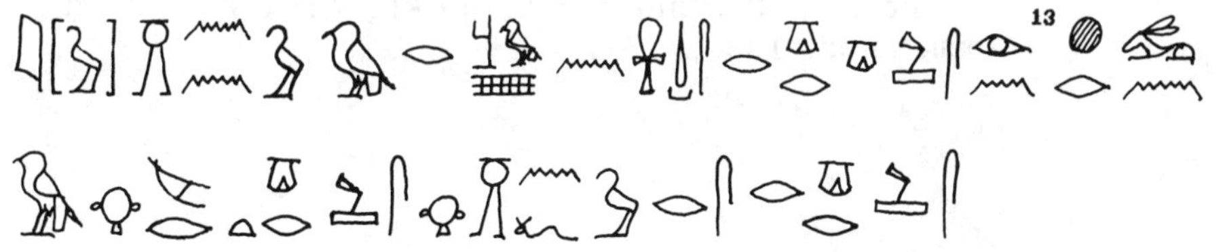

In der Übersetzung von Gerhard Fecht: *"(Anchtifi) sagt: es brachte mich Horus in den Horusthrongau um des Lebens, des Gedeihens, des Wohlergehens willen, mit den Worten 'ordne ihn' und ich tat (es). Denn Horus hat gewünscht, ihn zu ordnen, weil er mich in ihn brachte, um ihn zu ordnen."*

VANDIER, Moᶜalla, 163ff.; FECHT, in: Fs.Schott, 50ff., besonders 53f.; dort weitere Literatur zu dieser Passage; SCHENKEL, MHT, 45ff.; vgl. auch Siut, Grab IV, Z.49: EDEL, Die Inschriften der Grabfronten der Siut–Gräber in Mittelägypten aus der Herakleopolitenzeit, Opladen 1984, 69; 75 (Horus = König?).

---

11 So nach Mariette.

12 Wörtlich: *"um ihre Bedrückung* (o.ä.) *entstehen zu lassen"*.

13 Vielleicht ist **rn** zu lesen, so Schenkel, MHT, 45, Anm.c; anders Edel, Altäg. Gramm., §932.

3.17. a. Carnarvon Tablet, Z.10:

ḫd.n.j n-nḫt r-sȝsȝ-ʿȝm.w m-wḏ-Jmn mtr-sḫr.w
auf den Stelen des Kamose ist dieser Satz nicht erhalten

GARDINER, in: JEA 3, 1916, 95ff.; HELCK, Hist.-biogr. Texte, 88.

3.18. a. Orakel Amuns zur Punt-Expedition der Hatschepsut. Inschrift in Deir el-Bahri:

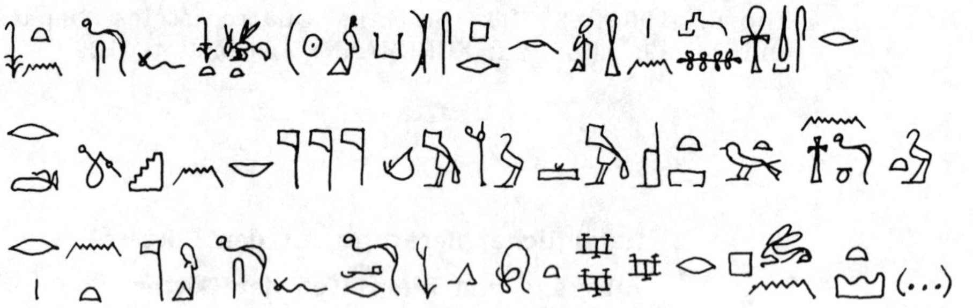

PM, Theban Temples, 347, (14); LECLANT, in: La divination, 3; Urk.IV, 342,9ff.; DE BUCK, Egyptian Readingbook I, 1948, 48ff.; SCHOTT, Zum Krönungstag der Hatschepsut, NAWG 1955, 206ff.; CERNY bei Parker, Saite Oracle Papyrus, 35f.; POSENER, Divinité du Pharaon, 32 und 83; SCHENKE, Orakel, Nr.3, S.111; KUHLMANN, Ammoneion, 133.

3.18. b. Stele Kairo CG 34012 aus dem Tempel des Amun von Karnak. 24. Jahr Thutmosis' III.

"Orakel" des Amun bei einer Grundsteinlegung im Tempel von Karnak:

Z.1f
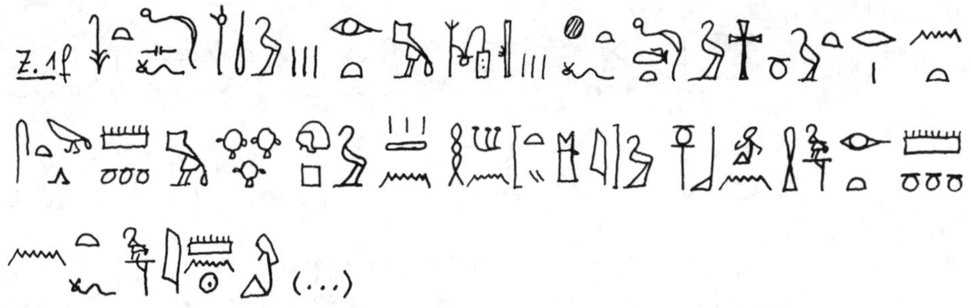

Z.7f
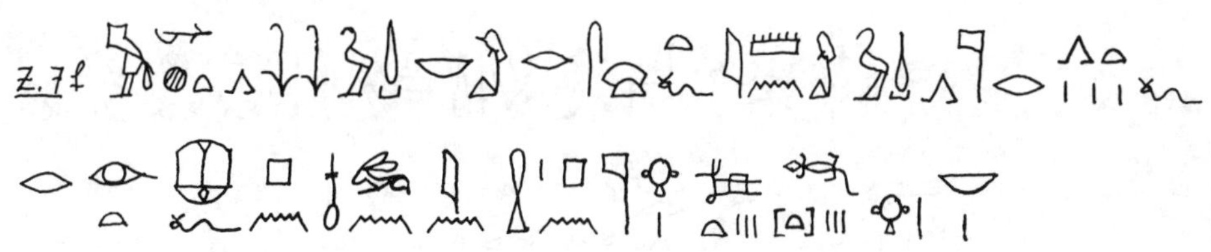

Z.10f
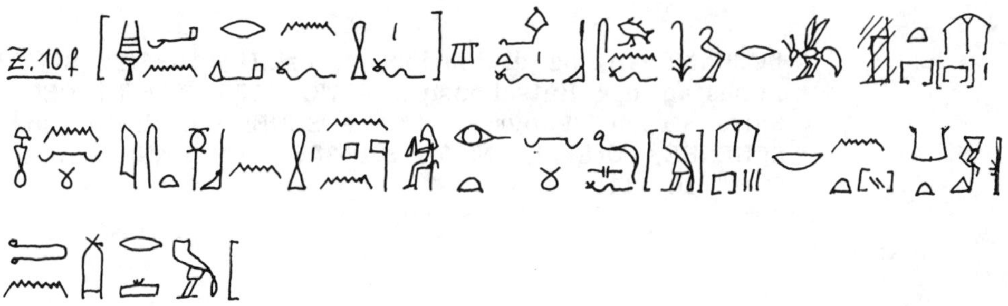

Z.12f.
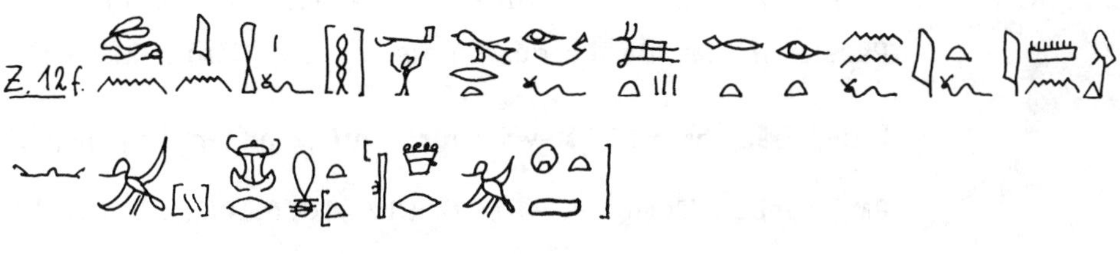

LECLANT, in: La divination, 3; Urk.IV, 833ff.; v.BECKERATH, in: MDIK 37, 1981, 41ff.; ebd., Anm.5, ältere Veröffentlichungen und Übersetzungen; BARGUET, Temple d'Amon, 296f.; LACAU, Catalogue Général (...) du Musée du Caire, Stèles du Nouvel Empire, Kairo 1909–26, 24ff. und Pl.8; CERNY bei Parker, Saite Oracle Papyrus, 35; SCHENKE, Orakel, Nr.4, S.111; zum Datum in Z.6f. s. auch: WENTE, in: JNES 34, 1975, 265ff.; HELCK, in: GM 69, 1983, 40ff.; DER MANUELIAN, Studies in the Reign of Amenophis II, HÄB 26, Hildesheim 1987, 7ff.

3.18. c. Konosso-Stele Thutmosis' IV. Orakel Amuns bezüglich des Nubienfeldzugs im 8. Jahr des Königs, Z.5ff.:

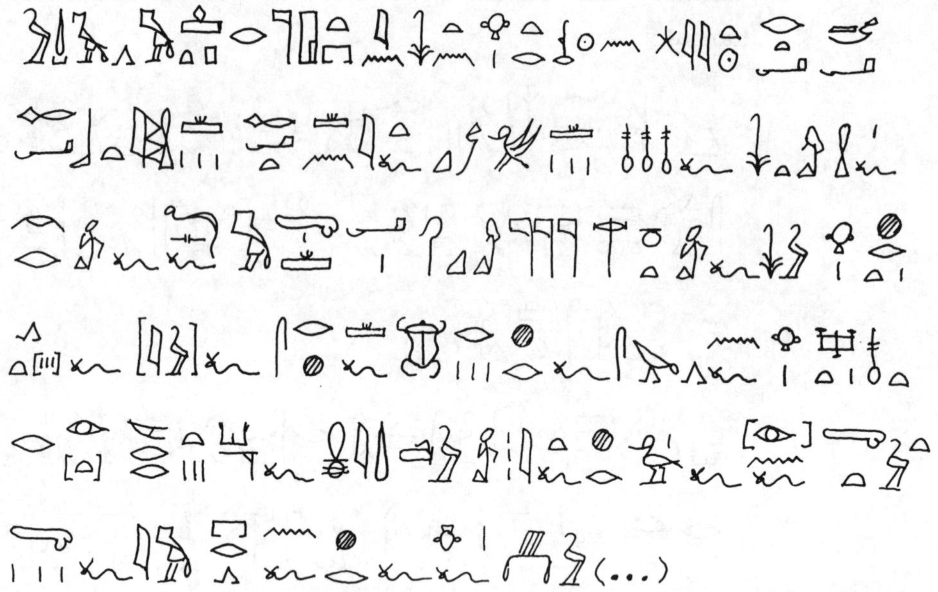

LECLANT, in: La divination, 4; Urk.IV, 1545ff.; SCHOTT, Zum Krönungstag der Hatschepsut, NAWG 1955, 206ff.; CERNY bei Parker, Saite Oracle Papyrus, 36; POSENER, Divinité du Pharaon, 83; SCHENKE, Orakel, Nr.5, S.113f.; KUHLMANN, Ammoneion, 133f.; TUAT II, 111f.

3.18. d. Stele Amenophis' III. hinter den Memnonskolossen.
Passus in der Dankrede Amuns an den König, Z.16f.:

[ntf-js-zꜣ.]j ḥr-s.t.j ḫft-wḏ.n-nṯr.w ntf-js nḏ.f-rʾ-ḥr.j m-jr[t]-ḏd.t.j-nb.t

PM, Theban Temples, 451; Urk.IV, 1675,10f.; LD III, 72.

3.18. e. Grenzstelen von Amarna, ältere Fassung.

Passagen, in denen der König betont, daß der Gott selbst ihn auf den Platz für die neue Stadt hingewiesen habe (Zeilenzählung nach Helck (K)):

Z.18ff. [hieroglyphs]

Z.23f. [hieroglyphs] u.s.w. (u.s.w.) [hieroglyphs] (...)

Z.24f. [hieroglyphs]

Z.35 [hieroglyphs]

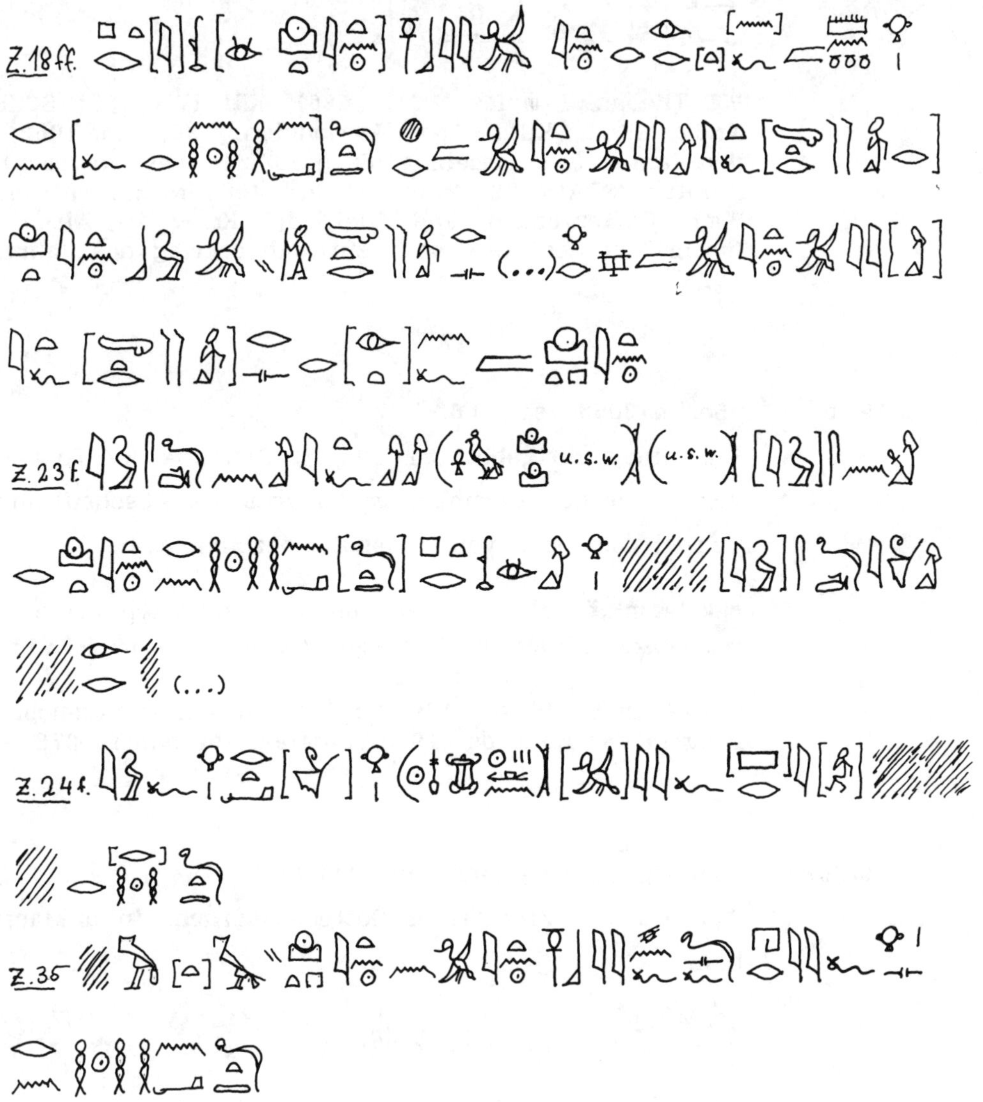

Urk.IV, 1965ff.; SANDMAN, Texts from Akhenaten, 103ff.; zur Schreibung der 1.p.sing. s. WESTENDORF, in: MDIK 25, 1969, 202ff.

3.19. a. Inschrift Merienptahs über den Libyerkrieg in Karnak, Z.26:

PM Theban Temples, 131, (486); KRI IV, 5,6f.; SCHENKE, Orakel, Nr.17, S.115; KUHLMANN, Ammoneion, 130, Anm.1062; zur Inschrift des Jahres 5 allgemein s. SOUROUZIAN, Les Monuments du roi Merenptah, SDAIK 22, Mainz 1989, 143f., Nr.81, mit Pl.25; VON DER WAY, Göttergericht und "Heiliger" Krieg im Alten Ägypten. Die Inschriften des Merenptah zum Libyerkrieg des Jahres 5, SAGA 4, 1992.

3.19. b. pBerlin 3056 vso., 9,6f.

Aus einem Bittgebet der 19. (?) Dynastie an Thot um Bewahrung vor politischen Unruhen, im Papyrus als Abschrift eines Textes im Tempel des Amun von Heliopolis bezeichnet.

dj.k-ṯw m-zš n{t}-sḏm-sprw n-nṯr.w mj-rmṯ.w prj-ẖrtw m-ns.t-tꜣ.wj
r-smnḫ-<s?>t ḥrj-tp m-tjꜣ ḥr-nḏ-jr.t.k nḥḥ-ḥmw ḥr-r’-ꜥ.wj.fj

OSING, in: MDIK 47, 1991, 269ff.; zu seiner versuchsweisen Datierung in das Ende der 19. Dynastie s. besonders 278.

3.19/20. a. oLeipzig 11. Fragment eines Briefs.

Auf dem rto. Zitat eines Gottesausspruchs in unklarem Zusammenhang:

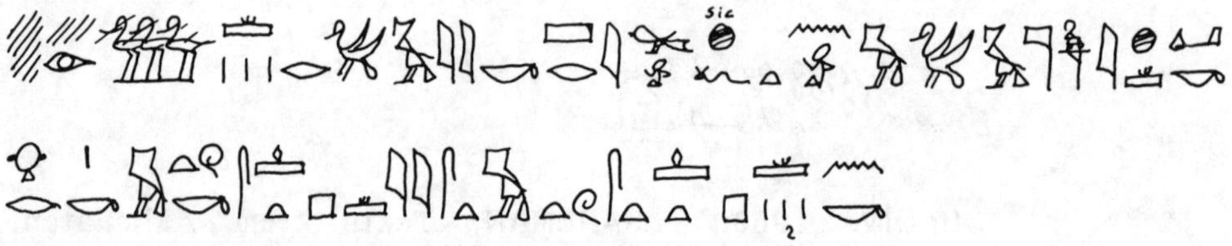

CERNY-GARDINER, HO, 16,1. Offenbar hat jemand im Auftrag eines anderen einen Gott befragt, da dessen Kind unter den **bꜣ.w** einer Göttin litt. Der Orakelgott teilte (entweder) den Namen der Göttin mit, die für diese **bꜣ.w** verantwortlich war, und (oder) den Grund, warum diese Göttin erzürnt war, weshalb der Briefschreiber mit dem Orakelzitat den Rat verbindet, sie zu besänftigen. Zu den **bꜣ.w**, wie sie in den O.A.D. (II.21/22.a.) als Heimsuchung einer Gottheit auftauchen, ebenso auch in I.21.e. und f., s. EDWARDS, O.A.D. I, 4f., Anm.24 und 33, ferner BORGHOUTS, in: Gleanings DeM, 1–70.

3.20. a. pTurin 1887. Zeit Ramses' V.

Rto., 1,12f. (Amts?-)Vertreibung eines Mannes durch Orakel; zugleich ein Beleg für verbrecherische Einflußnahme auf ein Orakel:

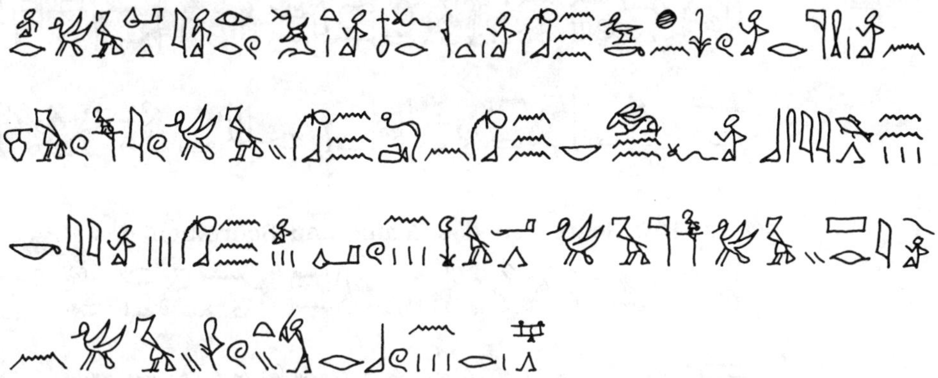

Vgl. Orakelfrage Nr.16 bei CERNY, in: BIFAO 35, 1935, 50 (V.19/20.b.)

GARDINER, RAD, 75 und XXIII (zur Datierung); PEET, in: JEA 10, 1924, 121 und 125; SCHENKE, Orakel, 177f.; GARDINER, Egypt of the Pharaohs, 295f.; KUHLMANN, Ammoneion, 129 mit Anm.1044; RÖMER, in: SAK 19, 1992, 283f.

3.20. b. pGenf D 191. Nach vso., 1f. vielleicht Jahr 2 (**wḥm-msw.t**).

Maßnahme des Amun (**ḫnm-nḥḥ**) als Reaktion darauf, daß kein Getreide mehr für sein Gottesopfer vorhanden ist.

Vso., 2f.:

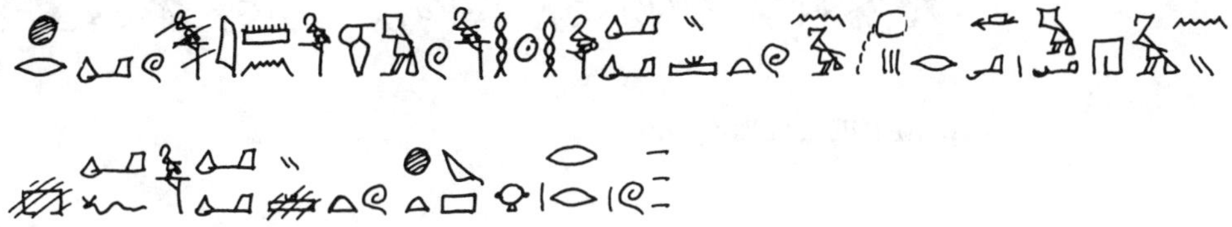

CERNY, LRL, 58; WENTE, LRL, 72; WENTE, LAE, 174f., Nr.290; zum Datum s. ders., LRL, 4; vgl. auch IV.3.20.e.

3.20. c. Wenamun, Erwähnungen eines Dekretes des Amun.

1,4ff. Schriftliche Befehle des Amun-Re bezüglich des Holzes für seine Flußbarke, überbracht an Smendes und Tentamun:

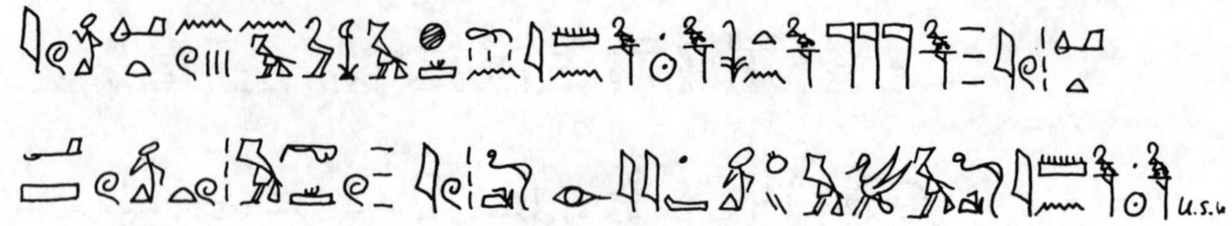

1, x+16f. Schreiben des Amun und Schreiben des HPA:

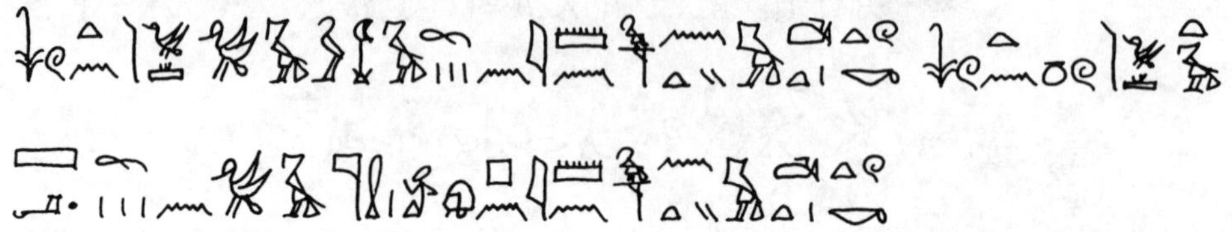

GARDINER, LESt, 61 und 66; GARDINER, Egypt of the Pharaohs, 306ff.; BAKIR, Egyptian Epistolography, 15f.; SCHENKE, Orakel, Nr.37, S.117; KUHLMANN, Ammoneion, 134.

3.20. d. Wenamun 2,25f. Auftrag Amun-Re's an Herihor, ihn (in Gestalt des *"Amun des Weges"*) in den Libanon zu schicken, vielleicht in Form eines Orakels:

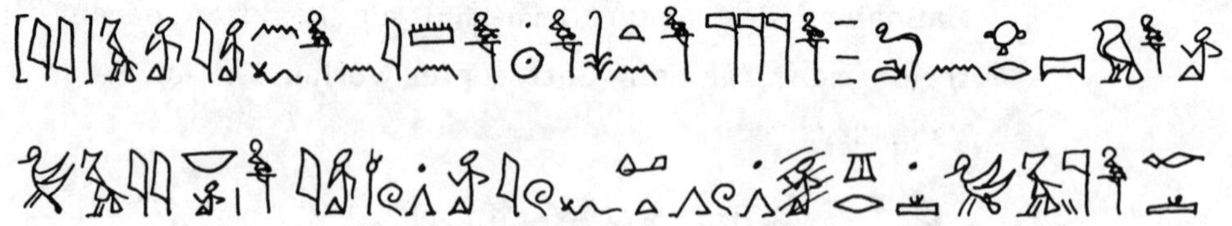

GARDINER, LESt, 69.

3.20. e. oKairo 25559, vormals JdE 50348. *"Jahr 1"* eines nicht genannten Königs.

Erwähnung eines *"Aufstiegs"* Amenophis' I. zum *"Tal"* (**tȝ-jn.t**), während die Nekropolenarbeiterschaft vor ihm herlief, am 3.**pr.t**, 21; danach heißt es vom Gott:

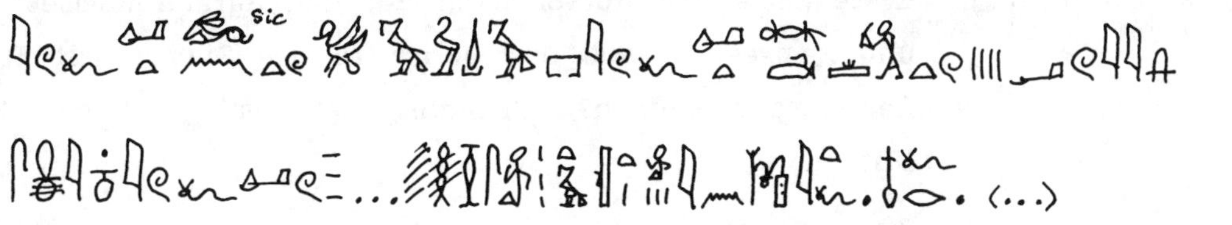

CERNY, in: BIFAO 27, 1927, 185; ders., in: ASAE 27, 1927, 1927, 205f.; CERNY, Community of Workmen, 94 und Anm.1; LURJE, Studien zum altägyptischen Recht, 104; VALBELLE, "Les ouvriers de la tombe", 321 und Anm.3; datiert von CERNY, in: ASAE 27, loc.cit., aus paläographischen Gründen in die Mitte der 20. Dynastie; Umschrift dieses Ostrakons von DARESSY, in: ASAE 27, 1927, 178f., mit abweichenden Lesungen. Vgl. zu diesem Beleg auch IV.3.20.b.

3.20/21. a. oKairo 25653. 20./21. Dynastie.

Auf dem rto. Gebet an Amun um Rettung aus unglücklichen Geschehnissen, die der Gott vorausgesagt hat:

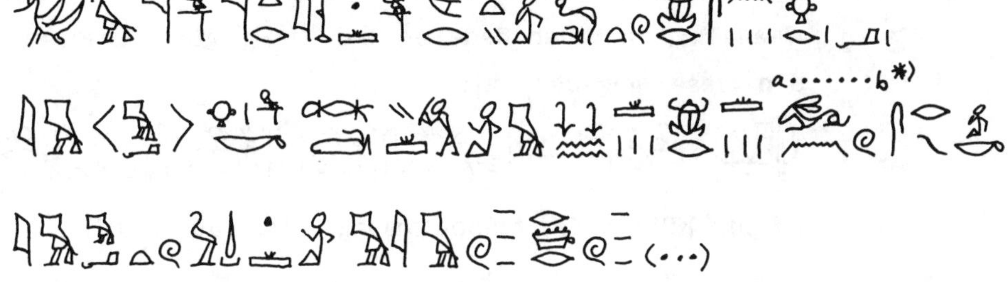

*) *a.......b über der Linie*

TUAT II, 131ff.; zur Datierung in die 20./21. Dynastie aus paläographischen Gründen s. CERNY, oKairo I, 50 (auf dem vso. findet sich das *"Jahr 24"* eines ungenannten Königs).

3.21. a. pBibliothèque Nationale 197, I vso., 2f.:

[jr-tȝ-md.t o.ä.] **n-tȝ-ȝḥ.t j.dj-Jmn r-pr-Sbk Nb-Ḫnw mk-jrj.j mk-jrj.j zp-2 m-pȝ-ḏd-Jmn-Rꜥ-njswt-nṯr.w m-pȝ-ḏd-pȝj.j-nb (...)**

Vielleicht wird auf eine Landschenkung in Verbindung mit einem Orakel Bezug genommen ähnlich wie I.22.c; s. auch IV.2.22.b.

SPIEGELBERG, Correspondences du temps des rois-prêtres, Paris 1895, 250ff.

3.21. b. Erste Serie der Aufschriften auf den Särgen Ramses' I., Sethos' I. und Ramses' II. aus dem Jahre 10 des Siamon mit Erwähnung einer (orakelmäßigen?) Billigung der Umlegung der Könige durch Mut:

(Tag des Herausbringens König NN aus seinem Grabe, um ihn eintreten zu lassen in das **q3j** *der* **(Jnj-Ḥʿpj⸣...)** **m-ḫt-ḏd-Mwt t3-ḥr<.t>-s.t-wr<.t> p3-ntj-m-šs m-b3ḥ<.j> jw-mn-sḫd[14]-nb-jm.f m-p3j.tw-jnt.w r-bnr** *... (aus dem Grab, worin sie waren...)*

Der Anfang der Texte nennt immer nur den *einen* König, auf dessen Sarg der jeweilige Text steht, während sich das Zitat des Orakels (?) der Mut auf *alle* Könige bezieht, die von der Umlegung betroffen waren; offenbar wurden die drei Umlegungen durch ein einziges Orakel sanktioniert; s.u. bei Gunn.

CERNY bei Parker, Saite Oracle Papyrus, 39 und Anm.3; CERNY, in: JEA 32, 1946, 27ff.; CERNY, in: CAH, Ch.35, 52; DARESSY, Cercueils des cachettes royales, 26ff. (CG 61018 - 61020); MASPERO, Momies royales, 551ff.; GUNN, in: JEA 32, 1946, 94 und Anm.8; THOMAS, in: JARCE 16, 1979, 85ff., besonders 85 und 89 (rechts oben); THOMAS, RNT, 252f.; NIWINSKI, in: JEA 70, 1984, 79f.

3.21. c. Orakelinschrift des Thutmose ("*Inscription historique*").

Waagr.Z.1, in einer Rede an den Orakelgott, Zitat eines Auftrages, den dieser gegeben hat:

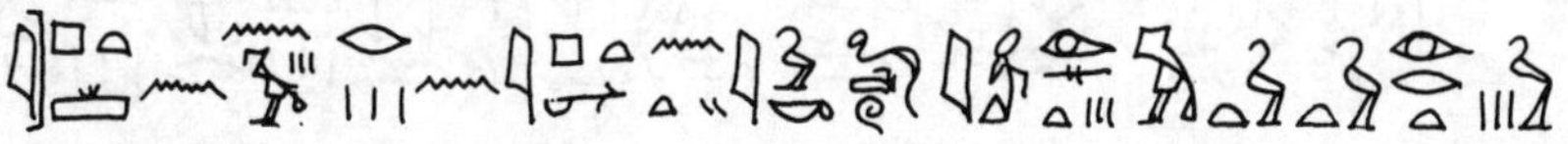

I.21.d.; KRUCHTEN, Djéhoutymose, 124, 130, 140ff.

[14] So mit Gunn, in: JEA 32, 1946, 94, Anm.5: **sḫd**, *"tadeln"*.

3.22. a. Statue Kairo JdE 37527 des ḥm-nṯr n-Jmn, Ḏd-Bꜣst.t-jw.f-ꜥnḫ. Zeit Osorkons I.

Vorderseite:

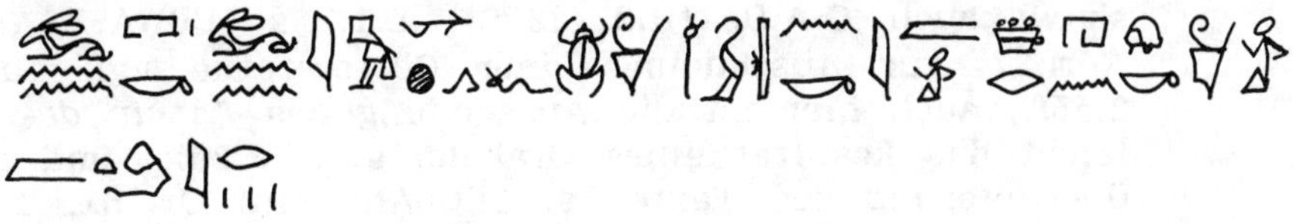

JANSEN-WINKELN, in: MDIK 48, 1992, 59; s. auch ders., Ägyptische Biographien der 22. und 23. Dynastie, 255 ("B 6"); dort weitere Literatur.

3.32. a. Stele Louvre C 284. Zeit Ptolemaios' V. In die Zeit Ramses' II. verlegte Erzählung über die Entsendung des Chons (pꜣ-jrj-sḫr.w) zur Heilung der Prinzessin von Bḫtn von einem Dämon als Folge eines Orakels des Chons (Neferhotep). Z.13ff.:

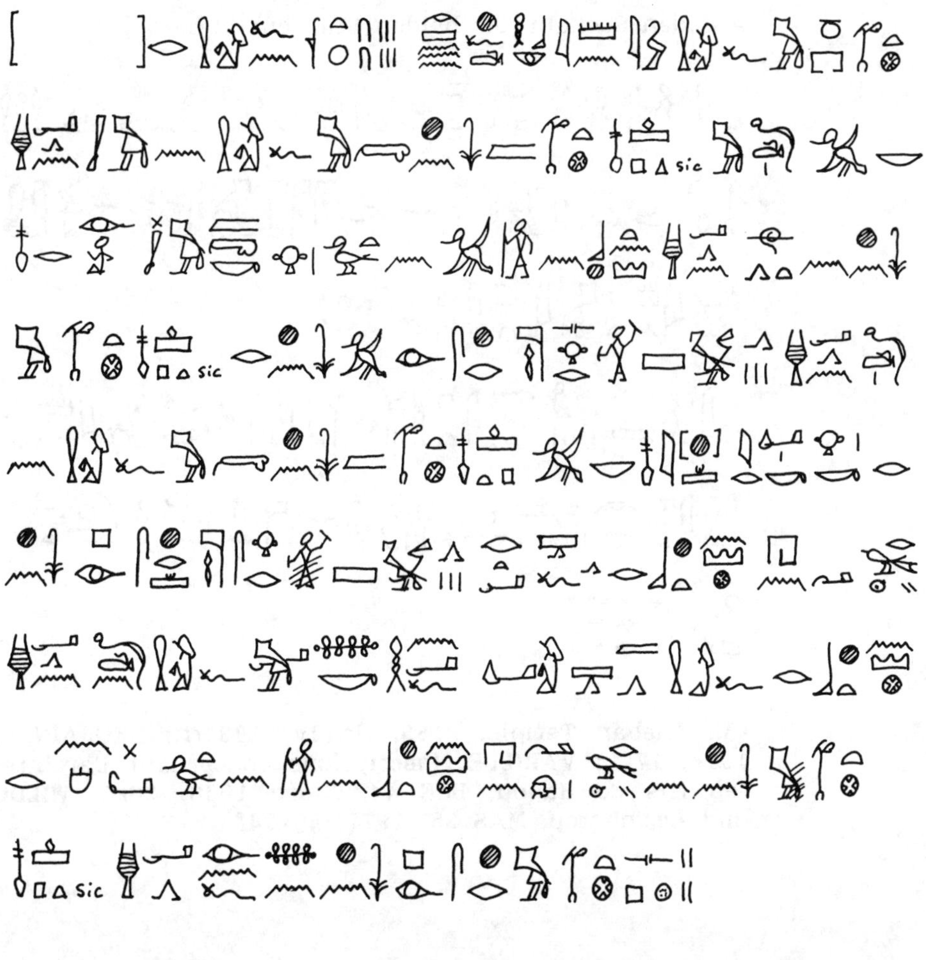

KRI II, 284ff. (dort ältere Literatur); LEFEBVRE, Romans et contes égyptiens, Paris 1949, 221ff.; WILSON bei Pritchard, ANET, 29ff.; BRUNNER-TRAUT, Altägyptische Märchen, Düsseldorf 1963, 163ff.,

293; POSENER, Divinité du Pharaon, 69 und Anm.1; SCHENKE, Orakel, Nr.57, S.15f., 28; DEVAUCHELLE, in: RdE 37, 1986, 19f.; MORSCHAUSER, in: SAK 15, 1988, 203ff.; BROZE, La Princesse de Bakhtan, Essai d'analyse stylistique, Monographies Reine Elisabeth, Bd.6, 1989; zum Schutz vor **šmꜣw**-Dämonen durch Chons (**pꜣ-jrj-sḫr.w**) auch O.A.D. (II.21/22.a.), L.1., s. EDWARDS, O.A.D. I, 6, Anm.37; zur Aussendung einer Götterstatue vgl. auch Wenamun, 2,55f.; auch hier ist die Aussendung des *"Amun des Weges"* vielleicht das Resultat eines Orakels, s. IV.3.20.c. und d.; zu älterer Überlieferung des Textes s. LECLANT, in: Or. 51, 1982, 79; zum Datum des Amunfestes s. BORCHARDT, in: ZÄS 70, 1934, 101f.

4. Vorlegen von Schriftstücken vor eine Gottheit, u.a. zum Schutz einer Person. Verschiedene Anliegen

4.18. a./b. Zwei Statuen, Kairo JdE 44861 (a) und 44862 (b), des Amenophis, Sohnes des Hapu, gefunden am Tor des 10. Pylons in Karnak.
(b) jetzt im Luxor-Museum (Katalog Nr.148).
Auf den Sockeln der beiden Statuen:

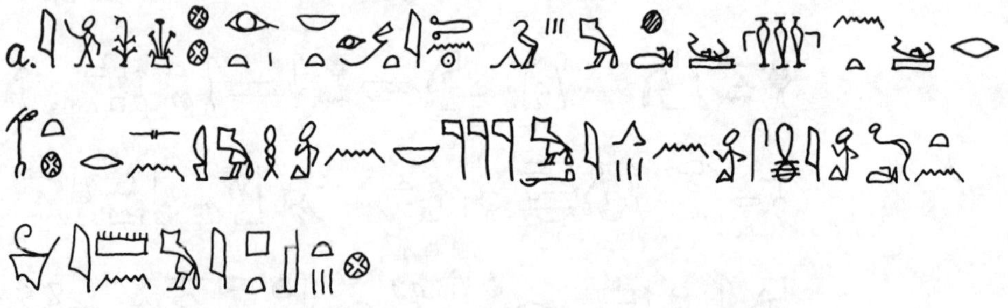

PM, Theban Temples, 188; Urk.IV, 1832ff.; LEGRAIN, in: ASAE 14, 1914, 17ff.; VARILLE, Inscriptions concernant l'architecte Amenhotep fils de Hapou, BdE 44, Kairo 1968, 26ff.; WILDUNG, Imhotep und Amenhotep, MÄS 36, 1977, §§194f.

4.18. c. Restaurationsstele des Tutenchamun, Z.9: Wirkungslosigkeit der Bitten um ein Orakel nach der Amarna-Zeit.

jr-snmḥ.tw n-nṯr r-nḏ-jḫ.t m-ʿ.f nn-jj.n.f [rsj] jr-sšꜣj.tw n-nṯr.t-nb<.t> m-mjt.t n(sic)-jj.n.s rsj

Urk.IV, 2027,15ff.

4.19. a. pAnastasi I, 13,3f.:

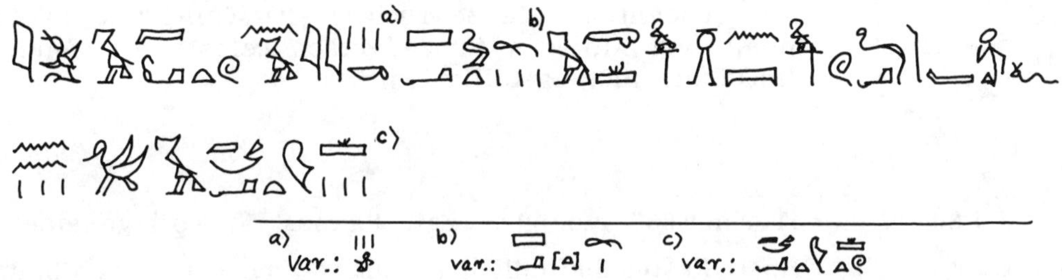

GARDINER, Egyptian Hieratic Texts, Nachdruck, Hildesheim 1964, 16* und 23; FISCHER-ELFERT, Die satirische Streitschrift des Papyrus Anastasi I, ÄA 44, 1986, 115f. und Anm.g; FISCHER-ELFERT, Die satirische Streitschrift des Papyrus Anastasi I, Textzusammenstellung, Kleine ägyptische Texte, Wiesbaden 1983, 105; SCHENKE, Orakel, Nr.14; vgl. auch IV.2.20.f.

4.20. a. pValençay II. Späte 20. Dynastie.

Brief von Leuten, die beauftragt sind, jemanden zu suchen und die Angelegenheit vermutlich schriftlich vor das Orakel des Sutech im 7. oberägyptischen Gau legen:

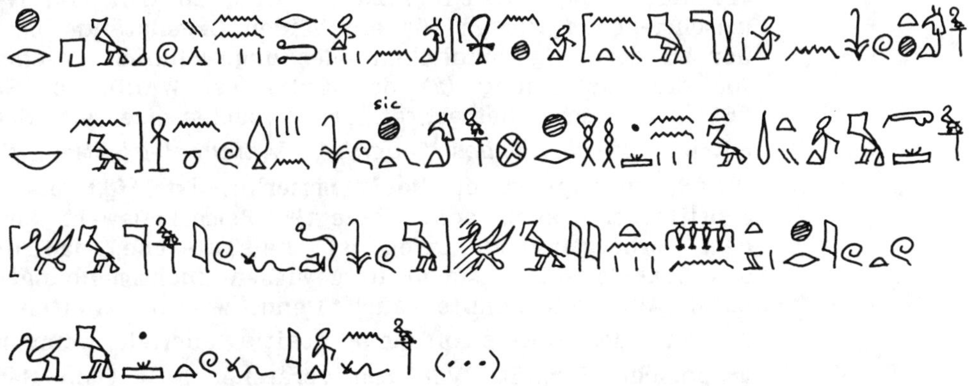

GARDINER, in: RdE 6, 1951, 125ff.; Ergänzungen von Gardiner nach Vorschlägen von Cerny; WENTE, LAE, 13O, Nr.155.

4.20. b. pTurin 1887 rto., 1,4. Zeit Ramses' V. Vorlage von Schriftstücken vor Chnum in unklarem Zusammenhang:

smtr r-pꜣ-šmt j.jrj.f r-njw.t jw.f-<ḥr->šzp-nhꜣ n-mḏꜣ.wt n-pꜣ-ntj-bw-pw-Rꜥ-djt-jrj.f-rd r-nḥḥ jw.f-jnt.w r-rsj r-wꜣḥ.w m-bꜣḥ-Ḫnmw jw.f-tm-hn-ḥr.w

GARDINER, RAD, 74; PEET, in: JEA 10, 1924, 120 und 124f.; zur Formel **bw-pw-Rꜥ-djt-** u.s.w. s. SPIEGELBERG, in: ZÄS 29, 1891, 83, sowie SAUNERON und YOYOTTE, in: BIFAO 50, 1952, 109. Eine ähnliche Formel findet sich in pRollin, 2 und 3 (KRI V, 361) und in pRifaud, A5, A9, B1, C6, (KRI V, 363ff.). Es handelt sich offenbar um Schriftstücke einer ebenso bekannten (weil nicht mit Namen genannten) wie verruchten Persönlichkeit in Theben, deren Inhalt und Anliegen (diese Person selbst betreffend?) vom Orakel des Chnum nicht gebilligt wird.

4.20. c. pTurin 1887 rto., 1,8. Zeit Ramses' V. Vorlage eines von zwei in einem Kasten befindlichen Schriftstücken (?) vor Chnum:

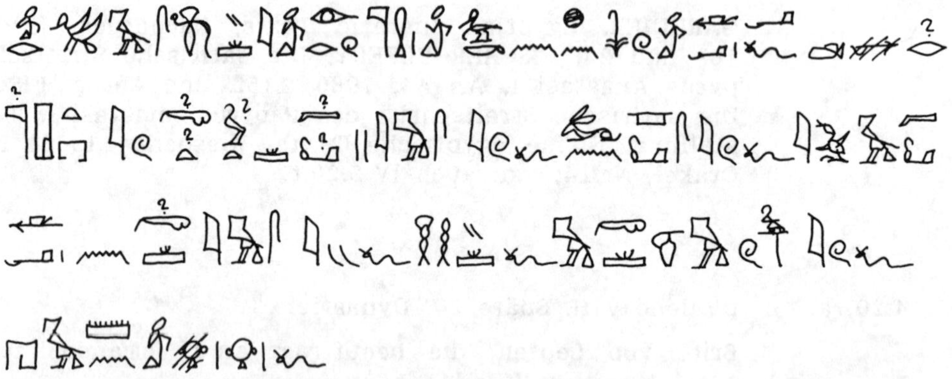

GARDINER, RAD, 75 und die Noten auf S.75a zu Z.1–3; PEET, in: JEA 10, 1924, 121 mit Anm.1 und 2; zu den von Gardiner nicht umschriebenen Worten für die beiden Gegenstände im Kasten, ferner zu dem ungewöhnlichen oder ungewöhnlich geschriebenen Wort für die Zustimmung (?) des Gottes s. WARD, in: SAK 9, 1981, 365ff.; ersteres betrachtet er versuchsweise als Schreibung für **mt(r)w**, *"geschriebenes Zeugnis"*, *"Aktenbeleg"* (Mes, N13, s. GARDINER, Inscription of Mes). Immerhin ist **ꜥfḏ.t** als Behälter für Schriftstücke auch sonst belegt[15]. Bemerkenswert an diesem und dem vorhergehenden Beleg ist die Tatsache, daβ die Befragung des Orakels selbst schon in gewissen Zusammenhängen ein strafbarer Akt sein konnte, auch wenn, wie im zweiten Beispiel, die Antwort des Gottes offenbar positiv ausfiel, wenn man **hmn** als graphische Variante von **hnn** verstehen will (von Gardiner abgelehnt); s. auch den nächsten Beleg.

[15] Cerny–Gardiner, HO, 75,9.

4.20. d. pTurin 1887 rto., 2,17. Zeit Ramses' V. Unrechtmäßige Orakelbefragung durch einen **wꜥb**-Priester:

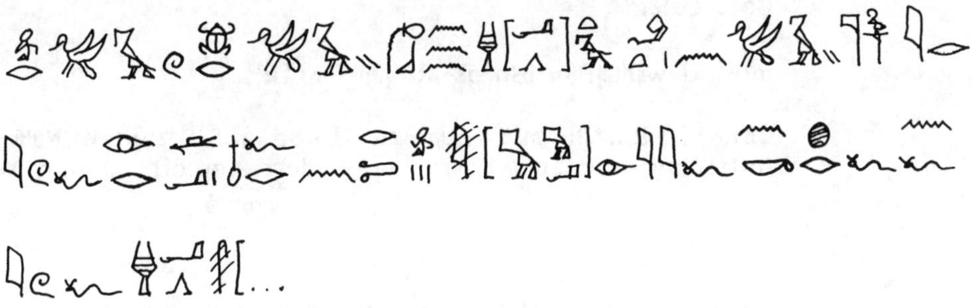

GARDINER, RAD, 77; PEET, JEA 10, 1924, 122; SCHENKE, Orakel, Nr.32 (für alle Belege von pTurin 1887).

4.20. e. pBournemouth. Evt. Jahr 6 **wḥm-msw.t**.

Z.10 Erwähnung des Anliegens an ein Orakel des Amun:

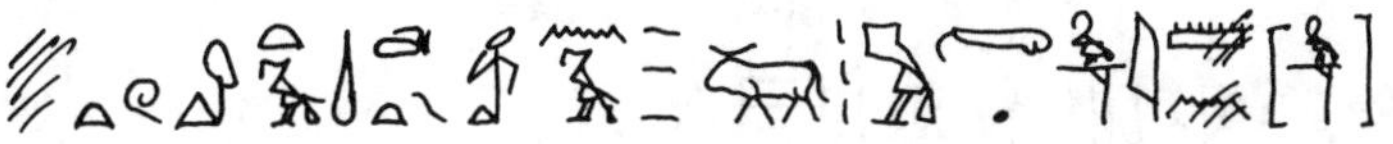

CERNY, LRL, 65; WENTE, LRL, 78; ders., op.cit., 6, zur Datierung.

4.20. f. pBM 10417. Evt. Jahr 6 **wḥm-msw.t**.

Vso., 3ff. Vorlage (eines Schriftstückes?) vor Amenophis I. zum Schutz des in der Ferne weilenden Schreibers Thutmose:

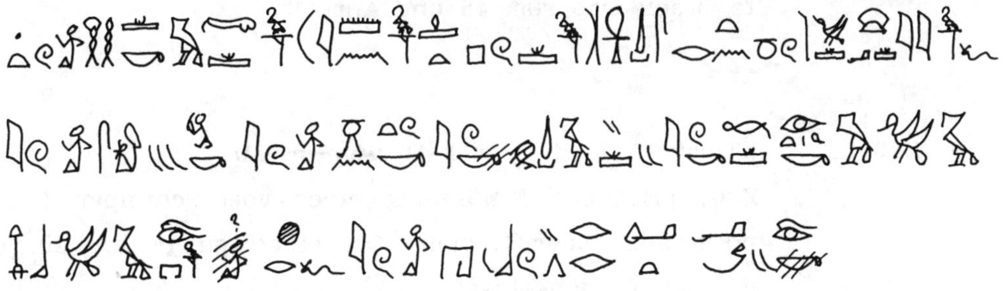

CERNY, LRL, 28; CERNY, in: BIFAO 35, 1935, 42 und Anm.2; CERNY bei Parker, Saite Oracle Papyrus, 45 und Anm.9; WENTE, LRL, 47; ders., op.cit., 6f. zur Datierung; BLACKMAN, in: JEA 12, 1926, 184f. und Pl.39; SCHENKE, Orakel, Nr.450; WENTE, LAE, 179, Nr.296; zur Form, in die die Götterrede gebracht wird: als Ansprache des Gottes unmittelbar an den nicht anwesenden Thutmose s. SWEENEY, in: Fs.Lichtheim, 949f.

4.20. g. pTurin unn. Evt. Jahr 10 **wḥm-msw.t.**

Z.10: die Angelegenheit jemandes vermutlich schriftlich vor einen Gott gelegt:

mtw[.k]-wꜣḥ[.j] m-bꜣḥ-pꜣ-nṯr jrj[.f-n].⌜k⌝...

CERNY, LRL, 25 mit Anm. zu 7b–8a auf S.25a; WENTE, LRL, 45; zur Datierung und zum Verfasser s. ders., op.cit., 9 und 14.

4.20. h. pBibliothèque Nationale 196,III. Evt. Jahr 10 **wḥm-msw.t.**

Vso., 5f. Mitteilung des vermutlich in Elephantine weilenden **Pꜣ-(n-)tꜣ-ḥw.t-rsw** an Butehamon über dessen außerhalb der Reichweite beider sich befindenden Vater Thutmose, daß er ihn (also wohl Thutmose) *"vor Chnum"* gelegt habe:

Weitere, halbzerstörte Erwähnung einer (schriftlichen?) Orakelbefragung, vso., 10:

CERNY, LRL, 52; WENTE, LRL, 67f.; zur Einordnung des Briefes ders., op.cit., 14; WENTE, LAE, 199, Nr.321; CERNY bei Parker, Saite Oracle Papyrus, 45 und Anm.10.

4.20. i. pTurin 1975. Evt. Jahr 10 **wḥm-msw.t.**

Z.3f. briefliche Erwähnung einer vom Schreiber Thutmose vorgenommenen schriftlichen Orakelbefragung in einem Brief des Paianch an denselben:

pꜣ-hꜣb-j.jrj.k r-ḏd-wꜣḥ.j-nꜣ-mḏꜣ.t m-bꜣḥ-pꜣj-nṯr-ꜥꜣ wḏꜥ.f-sn m-wḏꜥ-nfr j.n.k sw-m-šs pꜣ-hꜣb-j.jrj.k (...)

CERNY, LRL, 37; WENTE, LRL, 54; zur Datierung ins Jahr 10 (mit Vorbehalt) ders., op.cit., 8; WENTE, LAE, 184f., Nr.306; CERNY bei Parker, Saite Oracle Papyrus, 45, und Anm.7; CERNY, in: BIFAO 35, 1935, 57; SCHENKE, Orakel, Nr.30.

4.20. k. pBM 10326. Laut Z.6 Jahr 10 (**wḥm-msw.t**).

Z.16f. Bitte (schriftlich und mündlich?) an das Orakel Amuns (**ḫnm-nḥḥ**) und Amenophis' I. um Schutz für den Briefschreiber Thutmose:

(...) ⌜m⌝tw[.k]-wꜣḥ<.j> m-bꜣḥ-Jmn-ḫnm-nḥḥ Jmn-ḥtp ᶜ.w.s. mtw.k-ḏd-n.w jw.ṯn-jn<t.>f jw.f-ᶜnḫ

Hier ist der Orakelvorgang nicht eindeutig von einem Gebet zu trennen, insofern vgl. hierzu u.a. auch pTurin 1973 vso., 2ff. (CERNY, LRL, 4), wo die Götter um glückliche Heimkehr gebeten werden.

CERNY, LRL, 18; WENTE, LRL, 38; WENTE, LAE, 190ff., Nr.313; CERNY bei Parker, Saite Oracle Papyrus, 45 und Anm.8; zum Datum WENTE, LRL, 11f.

4.20. l. pTurin 2072/142. Jahr 9 Ramses' IX.

Vso., 1,6. Abwesenheit eines Nekropolen-Arbeiters:

ALLAM, Hieratische Ostraka und Papyri, Tf.129; KRI VI, 632,10f.; RITNER, The Mechanics of Ancient Egyptian Magical Practice, SAOC 54, Chicago 1993, 214f.

4.21. a. Tablets Rogers - Mcullum, 15f. (Zeilenzählung nach MC):

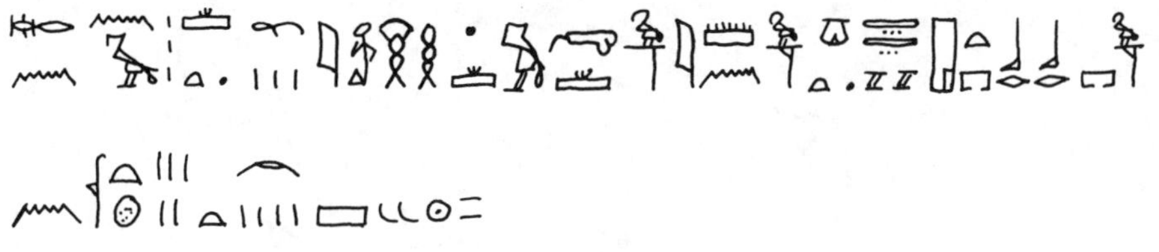

s. II.21.c.; vgl. KRUCHTEN, Djéhoutymose, 80f.

4.21/22. a. O.A.D., L.1. vso., 46ff.:

s. II.21/22.a.; EDWARDS, O.A.D. I, 11, Anm.32-34.

4.27. a. Orakel in Ägypten zur Zeit Herodots. Herodot, II, 83.

μαντικὴ δὲ αὐτοῖσι ὧδε διάκειται. ἀνθρώπων μὲν οὐδενὶ πρόσκειται ἡ τέχνη, τῶν δὲ θεῶν μετεξετέροισι. καὶ γὰρ Ἡρακλέος μαντήιον αὐτόθι ἔστι καὶ Ἀπόλλωνος καὶ Ἀθηναίης καὶ Ἀρτέμιδος καὶ Ἄρεος καὶ Διός, καὶ τό γε μάλιστα ἐν τιμῇ ἄγονται πάντων τῶν μαντηίων, Λητοῦς ἐν Βουτοῖ πόλι ἐστί. οὐ μέντοι αἵ γε μαντηίαι σφι κατὰ τωυτὸ ἑστᾶσι, ἀλλὰ διάφοροί εἰσι.

Abteilung V.

Orakelfragen

18. a. s. IV.4.18.a./b.

19/20. a. oBerlin 10629. Petition einer Frau an einen Orakelgott bezüglich einiger Gegenstände, die sie und ihr Mann von ihrem Vater erhalten hatten und die ihre Mutter genommen hat.

Worin das Anliegen an das Orakel besteht, wird von Cerny anders aufgefaßt als von Allam (s.u.).

Hieratische Papyrus aus den Königlichen Museen zu Berlin III, Leipzig 1911, Tf.37; KRI V, 574; ALLAM, Hieratische Ostraka und Papyri, Nr.7 (dort weitere Literatur); SCHENKE, Orakel, Nr.18, S.125.; CERNY, in: BIFAO 27, 1927, 177f.; LURJE, Studien zum altägyptischen Recht, 108; zum Schreiber Pentaweret, der sowohl eine Datierung in die zweite Hälfte der 19. als auch in die 20. Dynastie erlaubt, s. CERNY, Community of Workmen, 207ff.; zur Datierung in die 19. oder 20. Dynastie s. auch JANSSEN, Commodity Prices, 24, 301f. (gegen Cernys Auffassung von Z.6) und 548.

19/20. b. Kurze Orakelfragen und -petitionen auf Ostraka.

Nr. 1-22: CERNY, in: BIFAO 35, 1935, 41ff.

Nr.23-37: CERNY, in: BIFAO 41, 1942, 13ff.

Nr.38-99: CERNY, in: BIFAO 72, 1972, 49ff.

Nr.100-104 (= oDeM 572-576): SAUNERON, Catalogue des Ostraca hiératiques non littéraires de Deir el-Medineh, DFIFAO 13, 1959, Pl.12; ALLAM, Hieratische Ostraka und Papyri, Nr.126-128.

LECLANT, in: La divination, 5; CERNY bei Parker, Saite Oracle Papyrus, 45f. und Anm.1 auf S.46; SCHENKE, Orakel, Nr.33, S.47f., 128f.; ROEDER, Die ägyptische Religion in Texten und Bildern, Bd.III, Zürich 1960, 242ff.; TUAT II, 126ff.; JANSSEN, in: Schrijvend verleden, Documenten uit het nabije oosten vertaald en toegelicht, Leiden, Zutphen 1983, 278f.

19/20. c. oGardiner 45. Gebet eines Mannes an Amun um Rettung vor der **qnb.t**.

Vermutlich nicht als Orakelbeleg zu werten. Der Beter stilisiert sich in der Art der Textgruppe der "Persönlichen Frömmigkeit" (vgl. z.B. pAn. II, 8,5ff.) als Hilfsbedürftigen, ohne irgendein konkretes Anliegen zu nennen. Die Orakelfragen nach Art von V.19/20.b. beziehen sich dagegen häufig auf spezifische Situationen, die sie zugleich als bekannt unterstellen, so daß man sie kaum verstehen kann. Gemeinsam mit Orakelpetitionen ist zwar die Einleitung **mj-n.j**, jedoch fehlt die bei letzteren übliche Anrede des Gottes als **pꜣj.j-nb-nfr**.

CERNY-GARDINER, HO, 8,2.

20. a. oPetrie 16. Petitionen an einen Orakelgott wegen des Erbrechts aufgrund der Bestattung des Erblassers; der Vorgang auf dem vso. wird im pKairo 58092 (s. IV.2.19/20.a.) rto., 13, als Präzedenzfall zitiert. Zeit Ramses' III.

CERNY-GARDINER, HO, 21,1; ALLAM, Hieratische Ostraka und Papyri, Nr.231 (dort weitere Literatur); JANSSEN und PESTMAN, in: JESHO 11, 1968, 153ff.; zur Datierung s. JANSSEN, Commodity Prices, 66; GUTGESELL, Datierung, 414.

20. b. oBM 5637. Liste von gestohlenem Gut und Bitte an den Orakelgott (namentlich nicht genannt, vermutlich Amenophis I.), ihm die Sachen wieder zu beschaffen (so Blackman und Cerny) oder: ihm die Diebe zu nennen (so Allam und Janssen).

BLACKMAN, in: JEA 12, 1926, 183f.; KRI V, 577; ALLAM, Hieratische Ostraka und Papyri, Nr.23 (dort weitere Literatur); ALLAM, in: JEA 53, 1967, 59ff.; CERNY bei Parker, Saite Oracle Papyrus, 41 und Anm.3; CERNY, in: BIFAO 35, 1935, 42 und Anm.5; LURJE, Studien zum altägyptischen Recht, 108; SCHENKE, Orakel, Nr.25; JANSSEN, Commodity Prices, 279f.; HELCK, Materialien III, 340; VALBELLE, "Les ouvriers de la tombe", 307; zur Datierung GUTGESELL, Datierung, 475 (wegen des Arbeiters **Nḫw-m-Mwt** entweder in der Zeit Ramses' III./IV. oder Ramses' IX.); zur Formulierung der Aufforderung an den Gott: **jrj-pꜣj(.j)-nb r-djt-n.j** ... , vgl. V.20.a: **jrj-pꜣj(.j)-nb r-djt-pš.tw.f...**[1].

---

[1] Zur Verbform s.o. §181. Allams Übersetzung: *"Handle, mein Herr, um mir jeden Frevler (bekannt)zugeben"*, ist nur im Deutschen mit einem kleinen eingeklammerten Zusatz zu bewerkstelligen. Im Ägyptischen wäre statt **r-djt-n.j** etwas wie **r-djt-rḫ.j** zu erwarten.

20. c. pNevill. Brief, den ein Mann durch einen Schreiber an einen Gott im Tempelinnern überbringen ließ wegen einer Unstimmigkeit in der Anzahl von Kleidern, für die der Mann dem Vezir verantwortlich war und von denen ein Teil zum Totentempel des Haremhab (? **tꜣ-ḥw.t-(Ḥrw-m-ḥꜣb)**) gehörte. Aus paläographischen Gründen wohl späte 20. Dynastie.

LECLANT, in: La divination, 5; BARNS, in: JEA 35, 1949, 69ff.; CERNY bei Parker, Saite Oracle Papyrus, 46, Anm.2; SCHENKE, Orakel, Nr.31; ROEDER, Die ägyptische Religion in Texten und Bildern, Bd.III, Zürich 1960, 252ff.

21. a. pStraßburg 21. Brief des Mencheperre (?) an den Gott **Pn-pꜣ-jhꜣj ḥrj-jb** ...[2] von el-Hibeh (?) um Rettung seines Bruders, des HPA Masaharta aus einer Krankheit.

SPIEGELBERG, in: ZÄS 53, 1917, 13f. und Tf.5f.; GUNN, in: JEA 32, 1946, 95 (bessere Umschrift eines Teils des Briefs); CERNY bei Parker, Saite Oracle Papyrus, 46 und Anm.2; BAKIR, Egyptian Epistolography, 27f.; POSENER, in: JEA 68, 1982, 134ff.; KEES, HPA, 44; CERNY, in: CAH, Ch.35, 50 und Anm.5; SCHENKE, Orakel, Nr.46, S.82ff., 120; KITCHEN, TIP, §217 und Anm.91; WENTE, LAE, 208; TS 41.

21. b. pMoskau 5660. Brief des Mencheperre als HPA an den Gott **Pn-pꜣ-jhꜣj** von El-Hibeh(?). Fragment.

POSENER, in: JEA 68, 1982, 134ff.; JANSEN-WINKELN, in: GM 99, 1987, 19ff.; WENTE, LAE, 208f.; TS 53.

---

[2] POSENER, in: JEA 68, 1982, 136, faßt die Adresse des Briefes:

auf als: *"Ce noble prophète de Penpohé..."*. Es dürfte sich jedoch um eine Verschreibung handeln für: **ḥm n-ntr-pn-šps**j **Pn-pꜣ-jhꜣj** ..., *"(an) die Majestät dieses ehrwürdigen Gottes"*, u.s.w.; vgl. Dachla-Stele (I.22.a.), Z.8, GARDINER, in: JEA 19, 1933, 25f.; ebenso ist auch das Dokument V.21.b. ein Brief an den Gott **Pn-pꜣ-jhꜣj**, auch wenn beide Briefe vom Gott in der 3. Person reden. Die Schwierigkeiten, die Posener auf S.137 anspricht, lösen sich damit.

21. c. Inhalt der beiden Orakelanfragen in der Orakelinschrift des Thutmose ("Inscription historique"), senkr.Z.16ff.:

1. [hieroglyphs] (...)

2. dito, nur [hieroglyphs] statt [hieroglyphs]

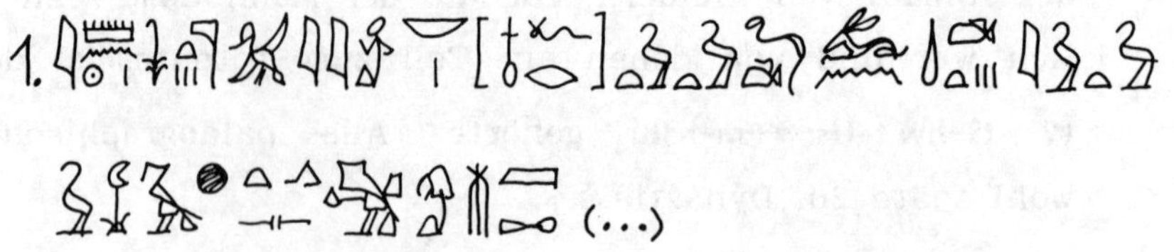

s. I.21.d.

21. d. pBerlin 8525. Orakelanfrage an den Gott "Horus-ḥꜥw" wegen Ergreifung (?) einer entflohenen (?) Dienerin und wegen einer anderen Angelegenheit. Herkunft ungewiss, vielleicht el-Hibeh.

BURKARD / FISCHER-ELFERT, Verzeichnis der Orientalischen Handschriften in Deutschland (VOHD), 19.IV, Nr.2. Wird publiziert von H.-W. FISCHER-ELFERT[3].

21. e. pBerlin 8526. Orakelanfrage an den Gott "Horus-ḥꜥw" in einer wirtschaftlichen Angelegenheit. Zur Herkunft s. V.21.d.

BURKARD / FISCHER-ELFERT, Verzeichnis der Orientalischen Handschriften in Deutschland (VOHD), 19.IV, Nr.3. Wird publiziert von H.-W. FISCHER-ELFERT.

21. f. pBoston ohne Nr., A/B. Zwei Papyri mit alternativen Orakelfragen an den Gott Horus-Pn-pꜣ-jhꜣj über die Bezahlung einer Kuh. Gefunden in Nag' ed-Deir, aber vielleicht nicht von dort sondern aus el-Hibeh stammend.

RYHOLT, in: JEA 79, 1993, 189ff.

---

[3] Ich danke Herrn Fischer-Elfert für die Informationen zu diesem und dem folgenden Beleg und für die freundliche Genehmigung, sie hier schon vor der Publikation aufführen zu dürfen.

22\. a. Stelophore Statue Kairo CG 1040 / JdE 37489 Osorkons II. aus Tanis. Auf der zum Teil zerstörten Stele in waagerechten Zeilen Petition Osorkons an einen unbekannten Gott (Amun von Tanis?) betreffend den König selbst und seinen Schutz vor der Ungnade bestimmter Götter, seine Nachkommen, Erfolg gegen äußere Feinde.

JACQUET-GORDON, in: JEA 46, 1960, 12ff. (dort ältere Erwähnungen und Publikationen); DARESSY, in: RecTrav. 18, 1896, 49ff.; BORCHARDT, Catalogue Général (...) du Musée du Caire, Statuen und Statuetten IV, Berlin 1934, 34ff.; MONTET, Tanis I, 28f.; YOYOTTE, in: Mel. Masp. I,4, 136f. und Anm.1-4 auf S.136, besonders 2 und 3; KEES, HPA, 102, Anm.1; KITCHEN, TIP, §276 und Anm.408f.; VERNUS, in: Katalog "Tanis. L'or des pharaons", Paris 1987, 108[4]; zum Kopf der Statue Nr.E.16199, im University Museum, Philadelphia, s. BOTHMER, in: JEA 46, 1960, 3ff.

[4] Vernus interpretiert, aus seinen Ergänzungen erkennbar, diesen Text unzutreffenderweise als Orakelprotokoll.

Abteilung VI.

Äußerungen zur Macht der Gottheit, Orakel zu erteilen

1. Allwissenheit

1.1. Inschrift im Grab des HPA Nebwenenef (IV.1.19.a). Z.14f.:

jr-jtj.j Jmn nṯr-wr nn-mjt.t.f ḏᶜr n-ẖ.wt wbꜣ-ḥꜣtj.w sjꜣ rḫ-ẖnw-ẖ.t

Hierzu auch die Inschrift auf der Sehetepibre-Stele Kairo CG 20538, POSENER, L'enseignement loyaliste, Genf 1976, 19f., 62f.; KUENTZ, in: Fs.Griffith, 97ff.: **sjꜣ-pw jmj-ḥꜣtj.w jw-jr.tj.f(j) ḏᶜr.sn-ẖ.t-nb.t.** Ähnlich die Beinamen des Königs von Amarna: **sjꜣ-mtj ḏᶜr-ḥꜣtj.w**, SANDMAN, Texts from Akhenaten, 81,6; Urk.IV, 2013,1. JANSEN-WINKELN, Ägyptische Biographien der 22. und 23. Dynastie II, 388, 4.2.12 (Text A22, A,2) im Zusammenhang mit der "Erwählung" eines Priesters durch den Gott. NAVILLE, Totenbuch, Kap.125, Schlußrede, Z.43, Name eines Türwächterdämonen im Jenseits: **sjꜣ-jb.w ḏᶜr-ẖ.wt.** Zu **rḫ-ẖnw-ẖ.t** DAUMAS, Les mammisis de Dendara, Kairo 1959, 31 und 152; DAUMAS, in: RdE 8, 1951, 35ff. Vgl. auch 1. Samuel 16,7.

1.2. Orakelszene im Grab des Amenmose (I.19.b.). Beischrift bei der Figur des Ramsesnacht:

ḏd.n- (...)[Rᶜ-m]sj-sw-nḫtw pꜣj.j-nb[-nfr Jmn-ḥt]p [...] [gm]ḥ.f r-ḥꜣtj.w

KRI III, 395,13f.

1.3. Hymnus an Amenophis I. auf zwei ramessidischen Stelen:

ntk-pꜣ-ṯꜣtj wpj-mꜣᶜ.t / gmḥ.f r-ḥꜣtj.w bwt.f-grg / ntk-nṯr n-mḥ-jb-jm.f[1]

WENTE, in: JNES 22, 1963, 30ff.; CLERE, in: Fs.Schott, 45ff.

---

[1] Zu einer Parallele s. CLERE, in: Fs.Schott, 45ff. (s. I.19.a.); zum letzten Gedanken vgl. auch IV.1.19.c., wo in Z.15 vermutlich zu ergänzen ist: **wꜣḏ.wj-pꜣ-[dj-sj m-jb.f].**

1.4. Graffito Theben Nr.1396 (von Butehamon, Sohn des Thutmose nach Nr.1396a?):

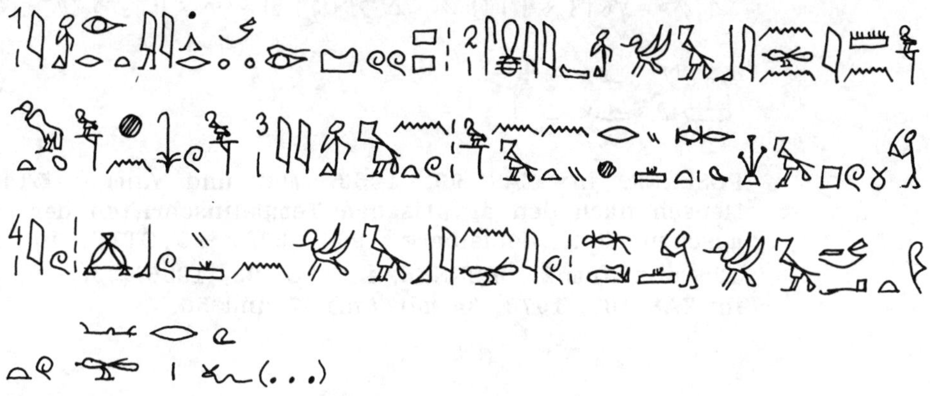

CERNY, Graffiti, 27; vgl. die Äußerung des Orakelgottes Apollon über sich selbst, Herodot I, 47,3:

οἶδα δ'ἐγὼ ψάμμου τ'ἀριθμὸν καὶ μέτρα θαλάσσης
καὶ κωφοῦ συνίημι **καὶ οὐ φωνεῦντος ἀκούω.**

1.5. pChester Beatty IV rto.

8,7f.:

10.13f.:

11,4:

GARDINER, Pap.Chester Beatty, Pl.15ff.; ASSMANN, ÄHG, Nr.195; ASSMANN, Re und Amun, 275.

1.6. pKairo 58033 (II.21.b.), Z.25f.:

POSENER, in: ZÄS 90, 1963, 102 und Anm.6; OTTO, Gott und Mensch nach den ägyptischen Tempelinschriften der griechisch-römischen Zeit, Heidelberg 1964, 20f.; YOYOTTE, in: RdE 9, 1952, 135 und Anm.2; BRUNNER, in: ZÄS 93, 1966, 33f.; zu jjj.t s. FECHT, in: ZÄS 105, 1978, 34 mit Anm.57 und 58.

1.7. Inschrift des Taharqa am 6. Pylon von Karnak, Z.3:

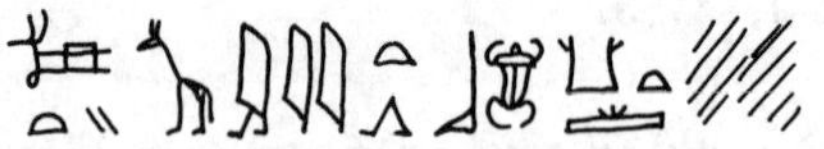

VERNUS, in: BIFAO 75, 1975, Fig.1 auf S.3 und S.29f.; er übersetzt: *"Celui qui profère les oracles, qui prédit l'avenir avant qu'il ne se soit produit"* mit Anm.x auf S.36; KRUCHTEN, Djéhoutymose, 344 und Anm.1.

1.8. pBerlin 3049, 12,4f.:

Hieratische Papyrus aus den Königl. Museen zu Berlin II, Leipzig 1905, Tf.19; ASSMANN, ÄHG, Nr.127, S.283; zur Parallele Psalm 90,4 s. ders., in: MDIK 27, 1971, 14, Anm.27; ders., Zeit und Ewigkeit, 69 mit Anm.107.

1.9. Verbannungsstele Louvre C 256 (I.21.b.), Z.14f. im Hymnus an den Orakelgott Amun-Re:

v.BECKERATH, in: RdE 20, 1968, 13 und 22.

2. Allmacht Gottes, Wirksamkeit seines Spruches; **wḏ**, **wḏ.t**, **sḫr.w**

2.1. pLeiden J350 rto. *"Leidener Amunshymnus"*. 70. Kapitel.

3,20:

3,20f.:

GARDINER, in: ZÄS 42, 1905, 28ff.; ZANDEE, Hymnen aan Amon, 50ff.; zu **nṯr-n^{c}** s. ZANDEE, op.cit., 55: *"vriendelijke (??) god"*; vgl. auch pTurin A vso., 5,5, CAMINOS, LEM, 511 und 462 (*"merciful god"*); zu **mnḫ-sḫr.w** s. ZANDEE, op.cit., 61.

2.2. pLeiden J350 rto. *"Leidener Amunshymnus"*. 300. Kapitel. 4,24f.:

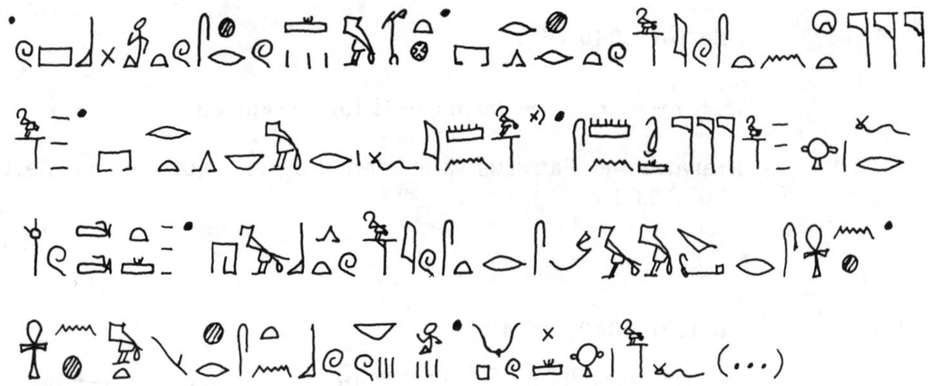

GARDINER, in: ZÄS 42, 1905, 35f.; ZANDEE, Hymnen aan Amon, 87ff.; OTTO, in: ZÄS 87, 1962, 150ff.; ASSMANN, ÄHG, Nr.139; KUHLMANN, Ammoneion, 134; s.u. VI.3.2. und VI.3.7.

2.3. pHarris I. 23,1:

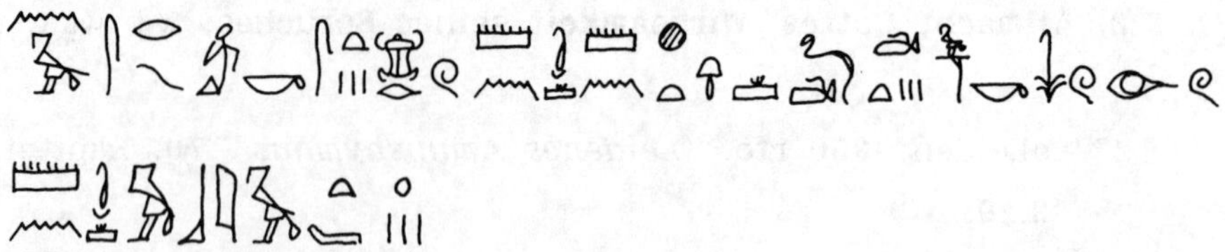

ERICHSEN, Papyrus Harris I, 27.

2.4. pKairo 58032 (II.21.a.). Z.36ff.:

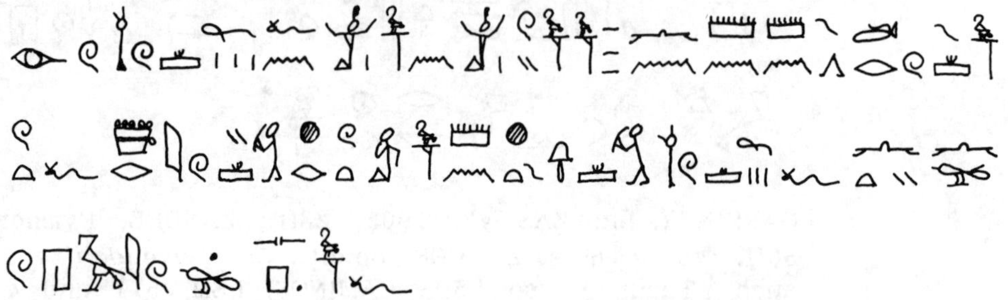

Vgl. zu dem ersten Gedanken auch die Orakelfrage des HPA Mencheperre (I.21.b.), Z.19: **pꜣj.j-nb-nfr ḫr-pꜣj.k-wḏ r-ḥḥ.w n-zp**

2.5. pBerlin 3049. 6,2:

mnḫ m-wḏ.t.n.k nn-mnmn n-šꜣ.t.n.k r-km-ḏ.t

Hieratische Papyrus aus den Königl. Museen zu Berlin II, Leipzig 1905, Tf.15.

2.6. pBerlin 3049. 16,4:

Hieratische Papyrus aus den Königl. Museen zu Berlin II, Leipzig 1905, Tf.23; vgl. auch pBerlin 3048, 9,12a, WOLF, in: ZÄS 64, 1929, 35.

2.7. oKairo 25653 (s. IV.3.20/21.a.):

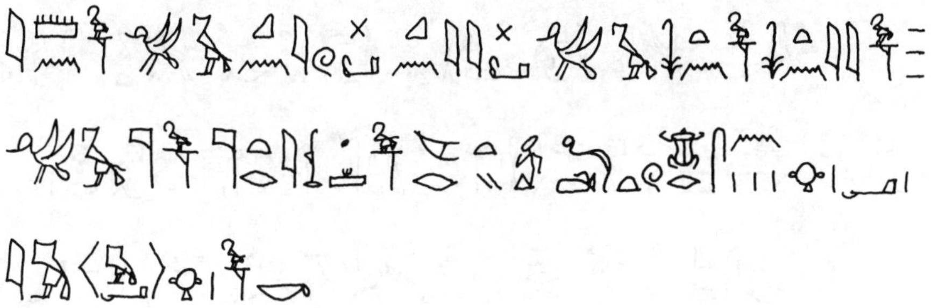

2.8. Inschrift im Grab des Nebwenenef (IV.1.19.a.).

Z.13f.:

ꜣbj.f-ṯw ḏs.f nn-kj ḏd-n.f

Z.15f.:

nn-sḫm-nṯr m-jr.t.n.f n-khb.n.tw-sḫr.w.f rhn.tw ḥr-prjw n-rʾ.f ntf-pꜣ-nb-psḏ.t

2.9. Inschrift Taharqas beim 6. Pylon von Karnak.

Z.19f.:

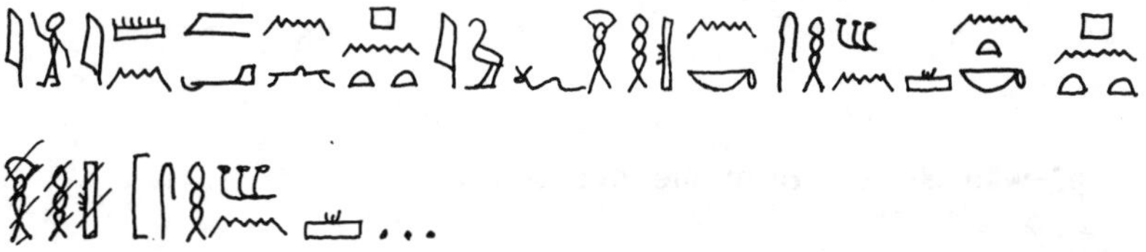

VERNUS, in: BIFAO 75, 1975, Fig.11 auf S.11 und S.30f.

2.10. Zwei Beinamen des Chons:

pꜣ-jrj-sḫr.w, (χεσ)πισοῖχις.

MONTET, in: Kemi 12, 1952, 64ff., besonders 66; POSENER, in: Annuaire de Collège de France, 67e Année, 1967/68, 345–349; 68e Année, Paris 1968/69, 401–407, besonders 402/403; EDWARDS, O.A.D. I, 1, Anm.1; Urk. II, 108,13; BONNET, RÄRG, 143f. BRUNNER, in: LÄ I, Sp.961 und Anm.18, s.v. **Chons*; DARESSY, in: RecTrav. 18, 1896, 52; s.o. IV.3.32.a.

MONTET, op.cit., besonders 66 und Fig.3.

2.11. pTurin 1882 rto., 4,8f.: Der König und das Orakel des Amun:

GARDINER, in: JEA 41, 1955, Pl.10; ders., in: JEA 42, 1956, 11 und 19.

2.12. pTurin 1882 rto., 3,8f.: Die unendlich dauernde Gültigkeit der Gottesbefehle des Amun.

s.o. IV.1.20.a.

2.13. oPetrie 34. Rto., 4:

nb rḫ-sw m-wšb.t

CERNY-GARDINER, HO, 39,1.

2.14. **pꜣ-wšb-jꜣd** als Beiname des Amun.

O.A.D. (II.21/22.a.) T.1. rto., 4f.; vso., 38f.

Darstellung eines **Jmn-Jp.t pꜣ-wšb-jꜣd** auf der östlichen Außenmauer des Tempels von Luxor.

PM, Theban Temples, 335, (221); vgl. auch Wb.I, 371,19; LECLANT, in: Fs.Grapow, 197-204.

3. Leben, Tod und Schicksal in der Verfügung der Gottheit

3.1. pLeiden J350 rto. *"Leidener Amunshymnus"*. 70. Kapitel. 3,17f.:

sw-ḥr-sqꜣ-ꜥḥꜥw ḥr-ḫbꜣ-jm(?)[2].f / sw-ḥr-rdt-ḥꜣw ḥr-šꜣj.t n-mrj.n.f

GARDINER, in: ZÄS 42, 1905, 28ff.; ZANDEE, Hymnen aan Amon, 50ff.; MORENZ, Untersuchungen zur Rolle des Schicksals, 18; ASSMANN, ÄHG, Nr.194; QUAEGEBEUR, Shai, 78 und Anm.3.

3.2. pLeiden J350 rto. *"Leidener Amunshymnus"*. 300. Kapitel. 4,25:

hꜣb.tw jw.s[3]-r-smꜣ r-sꜥnḫ ꜥnḫ mwt-ḫr.s n-bw-nb

GARDINER, in: ZÄS 42, 1905, 35f.; ZANDEE, Hymnen aan Amon, 90f.; ASSMANN, ÄHG, Nr.139; OTTO, in: ZÄS 87, 1962, 150ff., zu Ottos Liste noch VI.3.7.; vgl. auch Urk.III, 74, Z.37; s.o. VI.2.2., s.u. VI.3.7.

3.3. Wenamun. 2,30f.:

ḫr-jr-Jmn-Rꜥ-njswt-nṯr.w ntf-pꜣ-nb n-pꜣ-ꜥnḫ-snb

GARDINER, LESt, 70.

3.4. Wenamun. 2,57f.:

dj.j-pḥ.w r-Km.t r-dbḥ-n.j 50 n-rnp.t n-ꜥnḫ m-dj-Jmn m-ḥꜣw-pꜣj.j-šꜣjw

GARDINER, LESt, 73; zum Zusammenhang dieser Stelle mit VI.3.1. s. MORENZ, Untersuchungen zur Rolle des Schicksals, 19; QUAEGEBEUR, Shai, 78 und Anm.6. Hierzu auch das Orakel des Herihor, I.20.b. Z.10f., über 20 zusätzliche Lebensjahre für Herihor, die von Chons verkündet und von Amun gegeben (Z.15) werden.

---

[2] So Zandee, op.cit., Pl.3; s. Wb.III, 253,11.

[3] Bezieht sich dies auf die Gottesaussprüche, die vorher mit **prj.t m-rʾ.f** und **wḏḏ.t** bezeichnet werden? Im Beleg VI.3.7. sind es die vor dem Gott hervorgehenden *"Schriften"*, die das **smꜣ** und das **sꜥnḫ** bewirken.

3.5. pKairo 58032 (II.21.a.), Z.38 = pKairo 58033 (II.21.b.), Z.28:

3.6. pBerlin 3048 (Ptah-Hymnus).

9,7b:

11,1f.:

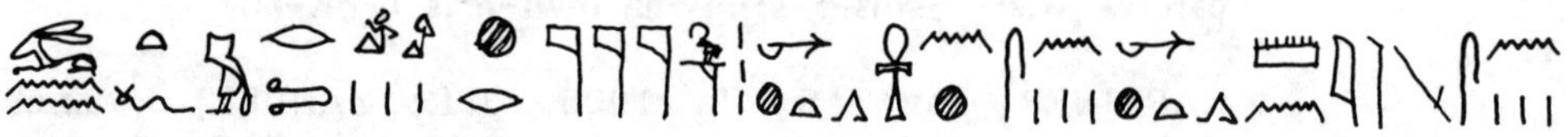

Hieratische Papyrus aus den Königlichen Museen zu Berlin II, Leipzig 1905, Tf.35ff.; WOLF, in: ZÄS 64, 1929, 17ff.; ASSMANN, ÄHG, Nr.143 (S.331f.); MORENZ, Untersuchungen zur Rolle des Schicksals, 27f. und Anm.3 auf S.27.

3.7. O.A.D. (II.21/22.a.), L.1. rto., 5f. (= T.1. rto., 56ff., L.6. rto., 66f., P.3. rto., 95, B rto., 58f.):

(von Chons (wn-nḫn) und Chons (pꜣ-jrj-sḫr.w))
ntj-ntsn-jrj-djt-prj-mḏꜣ.t n-mwt n-ꜥnḫ (Var.: mḏꜣ.t r-smꜣ r-sꜥnḫ)

S. auch VI.2.2. und VI.3.2.

3.8. pHarris I, 44,6 (von Ptah):

ꜥḥꜥw šꜣj.t rnn.<t> r-ḫt.f ꜥnḫ.tw m-prj.t n-rʾ.f

ERICHSEN, Papyrus Harris I, 49; BRUNNER, in: Vetus Testamentum 8, 1958, 428f.; MORENZ, Untersuchungen zur Rolle des Schicksals, 21f. und Anm.1 auf S.22; QUAEGEBEUR, Shai, 99 und Anm.5; zu šꜣj.t und rnn.t s. auch FECHT, in: ZÄS 105, 1978, 21ff.

3.9. pBerlin 3049. 13,2:

šꜣj.t-pw r-ḫt.f rnp.wt m-ᶜ.f rnn.t msḫn.t ẖr-wḏ.t.n.f

Hieratische Papyrus aus den Königlichen Museen zu Berlin II, Leipzig 1905, Tf.20; MORENZ, Untersuchungen zur Rolle des Schicksals, 22, dort weitere Beispiele für diesen Gedanken; QUAEGEBEUR, Shai, 79 und Anm.1; zur Unterordnung der Schicksalsgottheiten unter die großen Götter und den König s. FECHT, in: ZÄS 105, 1978, 26f. und Anm.34; zum König in Amarna als Herrn der Lebenszeit s. ASSMANN, in: SAK 8, 1980, 15ff.

3.10. Hymnus Ramses' III. an Amun im kleinen Tempel von Karnak. Waager.Z.9:

<...> jrj.k-ᶜḥᶜw smn.k-msḫn.t ḫpr-šꜣjw rnn.t ẖr-wḏ.n.k

RIK I, Pl.23; ASSMANN, ÄHG, Nr.196, S.410; QUAEGEBEUR, Shai, 77 und Anm.4.

3.11. *"Inscription commemorative"* des HPA Rama. Z.3:

ᶜnḫ m-ᶜ.k snb-ḫr.k šꜣjw rnn.t-dmḏw m-ḫfᶜ.k

LEFEBVRE, Inscr., S.32, Nr.16.

3.11a. pHarris I. 23,2:

wḏᶜ.k-n.j njswj.t n-200 n-rnp.t

ERICHSEN, Papyrus Harris I, 27.

3.11b. oMFA Boston 11.1498 (I.19.d.):

ṯwt-pꜣ-ᶜnḫ nꜣ-ḥzw.w<t> r-ḫt.k wsrw ᶜḥᶜw jmꜣḫ zmꜣ-tꜣ m-wḏ-kꜣ.k
(zu Amun-Re gesagt)

3.12 Bezeichnung des Chons als **jrj-šꜣjw sḫpr-rnn.t** im Grab Nr.49 des Neferhotep in Theben.

DAVIES, The Tomb of Neferhotep at Thebes, PMMA (Egyptian Expedition) 9, 1933, Pl.58,1 und S.68; ASSMANN, Zeit und Ewigkeit, 62 und Anm.67; zu diesen Epitheta s. MORENZ, Untersuchungen zur Rolle des Schicksals, 21 und Anm.2; QUAEGEBEUR, Shai, 91 und Anm.2.

3.13 *Nomen proprium* des Typs: Ḏd-Gott-NN-jw.f-ʿnḫ.

RANKE, PN I, 409,16 – 412,9; II, 227 und Anm.9–13, 334,7–20; CERNY bei Parker, Saite Oracle Papyrus, 43 und Anm.4; FECHT, Wortakzent und Silbenstruktur. Untersuchungen zur Geschichte der ägyptischen Sprache, ÄF 21, 1960, §151 und Anm.254.

3.14 Herodot II, 133. Orakel aus Buto über die Lebenszeit des Mykerinos:

(...) ἐλθεῖν οἱ μαντήιον ἐκ Βουτοῦς πόλιος ὡς μέλλοι ἓξ ἔτεα μοῦνον βιοὺς τῷ ἑβδόμῳ τελευτήσειν

WIEDEMANN, Herodots zweites Buch, Leipzig 1890, 483f.; CERNY bei Parker, Saite Oracle Papyrus, 46 und Anm.4.

3.15 pLeiden T32. Zeit Caesars.

7,28ff. Erwähnung eines (Traum?-)Orakels des Amun-Re über die Lebenszeit eines Priesters.

VERNUS, in: RdE 32, 1980, 128ff.

Konkordanz der Urkunden zum Orakelwesen

1. Stelen und Inschriften aller Art

Carnarvon-Tablet	IV.3.17.a.
Amtsverkaufsstele der Ahmes-Nofretere	IV.2.18.a.
Orakelinschriften der Hatschepsut, Chapelle Rouge in Karnak	IV.1.18.a.
Ernennungsorakel Thutmosis' III. im Amuntempel von Karnak	IV.1.18.b.
Puntorakel der Hatschepsut in ihrem Tempel in Deir el-Bahri	IV.3.18.a.
Stele Kairo CG 34012, Gründungsorakel Thutmosis' III.	IV.3.18.b.
Sphinx-Stele Thutmosis' IV., Gizeh	IV.1.18.c.
Konosso-Stele Thutmosis' IV.	IV.3.18.c.
Stele Amenophis' III. hinter den Memnonskolossen	IV.3.18.d.
Statuen Kairo JdE 44861/62 des Amenophis, Sohnes des Hapu	IV.4.18.a./b.
Grenzstelen, Amarna	IV.3.18.e.
Stele Kairo CG 34183, Restaurationsstele Tutenchamuns	IV.4.18.c.
Statuengruppe Turin Nr.1379 des Haremhab	IV.1.18.d.
Bauinschrift Ramses' II. im Tempel von Luxor	IV.2.19.b.
Statue Kairo CG 42155 des HPA Bakenchons	IV.1.19.b.
Statue München Gl.W.A.F.38 des HPA Bakenchons	IV.1.19.b.
Stele Ashmolean Mus. Nr.1894/106 aus Koptos	IV.1.19.c.
Statue Kairo CG 42185 des HPA Rama	IV.1.19.d.
Inscription Commemorative des HPA Rama in Karnak	VI.3.11.
Stele Kairo JdE 43649 mit Orakel Ahmoses I.	I.19.a.
Orakel Ramses' II. in Abu Simbel	I.19.c.
Orakel Amenophis' II. im Totentempel Thutmosis' III.	I.19/20.a.
Inschrift Merienptahs im Amuntempel von Karnak	IV.3.19.a.
Stele Kairo 27/6/24/3 aus Wadi Halfa	IV.2.20.h.
Graffito des Schreibers **Pꜣ-nꜣ-ḥr** in Abu Simbel	IV.1.20.d.
Stele Library G.Michaelidis, Kairo, mit Anrufungen Amenophis' I.	VI.1.3.
Stele (verschollen) mit Anrufungen Amenophis' I.	VI.1.3.
Hymnus Ramses' III. im kleinen Tempel von Karnak	VI.3.10.
Graffito Theben Nr. 1396	VI.1.4.
Stele Kairo JdE 91927 mit Orakel des Amun, Zt. Ramses' VI.	I.20.a.
Orakel des Chons für Herihor im Chonstempel.	I.20.b.
Orakel des Amun, Jahr 7 **wḥm-msw.t** in Karnak	I.20.c.

Inschrift Painedjems I. auf dem Koloss im Amuntempel, Karnak	IV.1.21.a.
Inschriften Psusennes' I. aus Gizeh und Tennis	IV.1.21.b.
Stele UC 16824 aus Koptos, Orakel vor HPA Masaharta	I.21.a.
Stele Louvre C 256, "Stele der Verbannten", Mencheperre	I.21.b., VI.1.9.
Orakel des Amun vor HPA Mencheperre, Chonstempel, Karnak	I.21.c.
Orakelinschrift des Thutmose ("Inscription historique") in Karnak	I.21.d., IV.1.21.c., IV.3.21.c., V.21.c.
Orakelinschrift am 10. Pylon von Karnak	I.21.e.
Orakelinschrift am 7. Pylon von Karnak	I.21.f.
Darstellung des **Jmn-Jp.t pꜣ-wšb-jꜣd** im Tempel von Luxor	VI.2.14.
Stele Kairo JdE 6628 des Scheschonq	I.21.g.
Orakelinschrift in Kom Ombo	I.21.h.
Stele Ashmolean Museum Oxford Nr.1894.107, Dachla-Stele	I.22.a.
Inschrift Scheschonqs I. beim 6. Pylon von Karnak	I.22.b.
Statue Kairo JdE 37527, Zeit Osorkons I.	IV.3.22.a.
Stele Kairo JdE 31882, "Stèle d'Apanage"	II.22.a.
Orakel des Chnum von Elephantine	I.22.d.
Stele Kairo JdE 45327 mit Orakel des Ptah	I.22.c.
Stelophor Kairo CG 1040 / Philadelphia E.16199 Osorkons II.	V.22.a.
Stele Kairo JdE 36159 der Karo(m)ama, Jahr 25 Takelothis' II.	IV.2.22.b.
Chronik des HPA Osorkon am Bubastidentor, Karnak	IV.1.22.a./b.
Orakeltext vom 3. Pylon von Karnak	I.22.e.
Steinhieratische Priestergenealogie, Amuntempel von Karnak	II.22/23.a.
Graffiti auf dem Dach des Chonstempels von Karnak	II.22/23.a.
Inschrift Taharqas beim 6. Pylon von Karnak	VI.1.7., VI.2.9.
Stele Louvre C 284, "Bentreschstele"	IV.3.32.a.
Graffito an der Außenwand des Tempels von Luxor	IV.1.32.a.
Stele Gebel Barkal Nr.26 des Pije	IV.1.25.a
Stele Kairo JdE 48865 eines äthiopischen Königs	IV.2.0.a.
Stele Kairo JdE 48866 des Aspalta	IV.1.0.a.
Inschrift des Aman-nete-yerike, Kawa Nr.9	IV.1.0.b.
Stele Kairo JdE 48864 des Harsijotef	IV.1.0.c.
Stele Berlin Nr.2268 des Nastesen	IV.1.0.d.

2. Gräber

Grab des Anchtifi, Mo^{c}alla	IV.2.10/11.a., IV.3.10/11.a.
Grab Theben Nr.49 des Neferhotep	VI.3.12.
Grab Theben Nr.157 des HPA Nebwenenef	IV.1.19.a., VI.1.1., VI.2.8.
Grab Theben Nr.19 des Amenmose	I.19.b., VI.1.2.

3. Papyri und Schreibtafeln

pAnastasi I	IV.4.19.a.
pAnastasi III	IV.2.19.a.
pBerlin 3048	VI.3.6.
pBerlin 3049	VI.1.8., VI.2.5.-6., VI.3.9.
pBerlin 3056 vso.	IV.3.19.b.
pBerlin 8525	V.21.d.
pBerlin 8526	V.21.e.
pBibl.Nat.196,III	IV.4.20.h.
pBibl.Nat.197,I	IV.3.21.a.
pBibl.Nat. 237	IV.2.20.i.
pBournemouth 10	IV.4.20.e.
pBM 10326	IV.4.20.k.
pBM 10335	III.20.g.
pBM 10417	IV.4.20.f.
pBoston ohne Nr., A/B	V.21.f.
pBrooklyn 16.205	I.22.f., IV.2.22.a.
pBrooklyn 47.218.3	I.26.a.
pChester Beatty IV	VI.1.5.
pDeM 26	IV.2.20.b.
pGenf D 191	IV.3.20.b.
pHarris I	IV.1.20.b., IV.2.20.f., VI.2.3., VI.3.8., VI.3.11a.
pKairo CG 58032 / Schreibtafel Kairo 46891	II.21.a., VI.2.4., VI.3.5.
pKairo CG 58033	II.21.b., VI.1.6., VI.3.5.
pKairo CG 58034	II.33.a.
pKairo CG 58092 (=Boulaq 10)	IV.2.19/20.a.
pLeiden J350	VI.2.1.-2., VI.3.1.-2.
pLeiden T32	VI.3.15.
pLouvre AE/E 25359	IV.2.21.c.

pMoskau 5660	V.21.b.
pNevill	V.20.c.
Oracular Amuletic Decrees (O.A.D.)	II.21/22.a., IV.4.21/22.a., VI.3.7.
pStraßburg 21	V.21.a.
pStraßburg 51	IV.2.21.a.
Tablets Rogers/McCullum	II.21.c., IV.4.21.a.
pTurin 1882	IV.1.20.a., VI.2.11.-12.
pTurin 1887	IV.3.20.a., IV.4.20.b.-d.
pTurin 1975	IV.4.20.i.
pTurin 2021	IV.2.20.g.
pTurin 2072/142	IV.4.20.l.
pTurin unn. 10	IV.4.20.g.
pValençay II	IV.4.20.a.
Wenamun	IV.1.20.e., IV.3.20.c.-d. VI.3.3.-4.

4. Ostraka

oBerlin 10629	V.19/20.a.
oBM 5624	IV.2.20.e.
oBM 5625	III.20.i.
oBM 5637	V.20.b.
oDeM 133	III.20.h.
oDeM 342	III.20.l.
oDeM 448	III.20.e.
oDeM 580	IV.2.20.d.
oDeM 672	III.20.a.
oGardiner 3 (HO 22,2)	IV.2.20.e/a.
oGardiner 4 (HO 27,3)	III.20.f.
oGardiner 23 (HO 43,4)	III.20.k.
oGardiner 45 (HO 8,2)	V.19/20.c.
oGardiner 103 (HO 52,2)	IV.2.20.c.
oGenf 12550	IV.2.20.a.
oKairo 25242	III.20.d.
oKairo 25555	III.20.b.
oKairo 25559	IV.3.20.e.
oKairo 25653	IV.3.20/21.a., VI.2.7.
oLeipzig 11 (HO 16,1 / 114,1)	IV.3.19/20.a.
oMFA Boston 11.1498	I.19.d., VI.3.11b.
oPetrie 16 (HO 21,1)	V.20.a.

oPetrie 21 (HO 16,4)	III.20.c.
oPetrie 34 (H0 39,1)	VI.2.13.
Kurze Orakelanfragen auf Ostraka	V.19/20.b.

5. Sargaufschriften

Särge Ramses' I., Sethos' I., Ramses' II.	IV.3.21.b.

6. Herodot

I, 47	VI.1.4.
II, 83	IV.4.27.a.
II, 133	VI.3.14.
II, 174	IV.2.26.a.

Texte der 21. Dynastie

Painedjem I.

1. Inschriften auf den Sockeln der Widdersphingen vor und hinter dem 1. Pylon von Karnak. S.o. §48, KA.a.

   Text nach dem 1. Sphinx der Nordreihe von Osten vor dem 1. Pylon, mit Ergänzungen nach anderen Exemplaren. Der Text läuft über die seitlichen und rückwärtigen Flächen der Sockel. Auf den Vorderseiten sehr verwitterte Inschriften, die den HPA geliebt von diversen Gottheiten nennen, die dem HPA **ʿnḫ-ḏd-wꜣs, ḥꜣs.wt-nb.t m-ḥtp**, langes Leben und ähnliches geben.

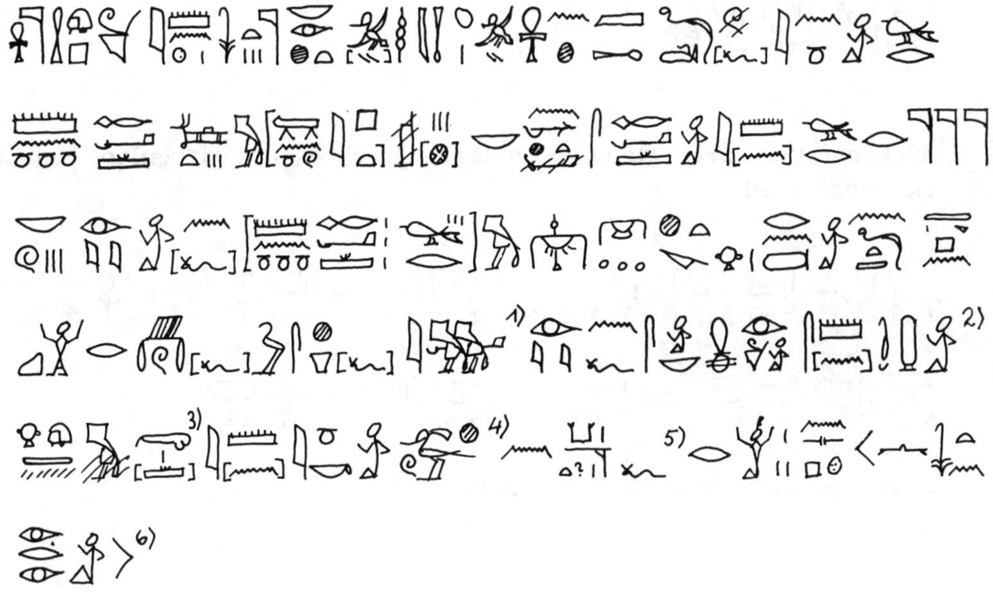

1) Barguet:  2) Var.:  3) Var.: 

4) Var.: 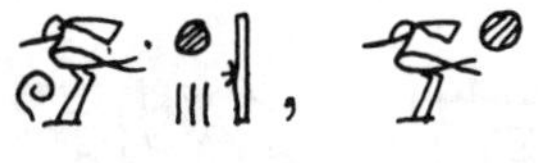 5) Var.: 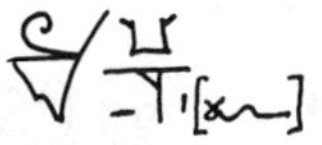

6) Var.:  Barguet: 

2. Inschriften auf der Kolossalstatue im 1. Vorhof des Amuntempels von Karnak. S.o. §48, KA.b.

Ostseite der Basis (Schriftrichtung: →)

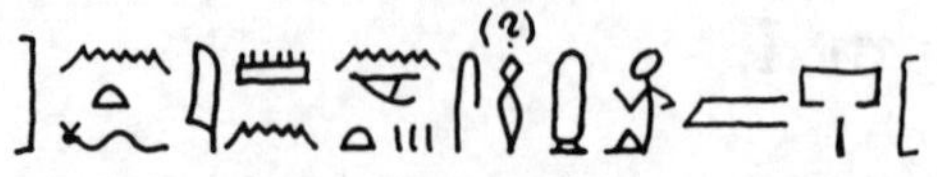

Westseite der Basis (Schriftrichtung: →)

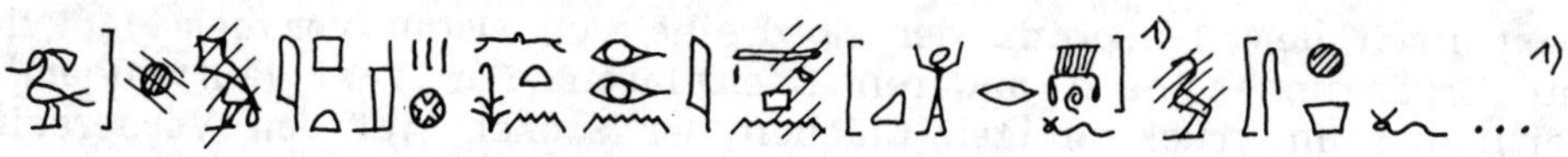

Gürtelschnalle (Schriftrichtung: →)

Rückenpfeiler, zwei gleichlautende senkrechte Inschriftzeilen (Schriftrichtung: → ←)

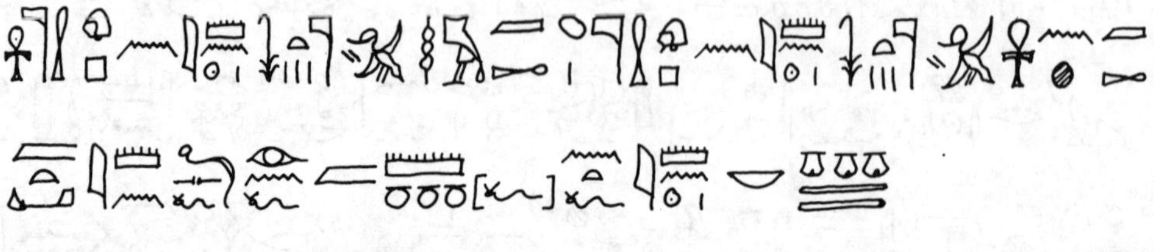

1) Vgl. Inschrift Painedjem I., KA.a. (Nr.1).

3. Inschrift auf dem Fragment eines Sphinx-Sockels (Schriftrichtung: ←). S.o. §48, KA.c.

4. Beischrift zu einer Darstellung Painedjems I. auf einer Widdersphinx (Schriftrichtung: ←). S.o. §48, KA.d.

5. Pylon des Chonstempels, Südseite. Titel und Epitheta Painedjems I. in einigen der Beischriften zu den Ritualszenen. S.o. §48, KC.a. S. auch das Schema auf den letzten Seiten.

NB Die Abschriften dieser teilweise sehr hoch gelegenen Inschriften wurden unter ungünstigen Bedingungen gemacht und können nur einen ungefähren Eindruck der Epitheta Painedjems I. auf der Südseite des Pylons ergeben.

Ostturm, Feld 11:

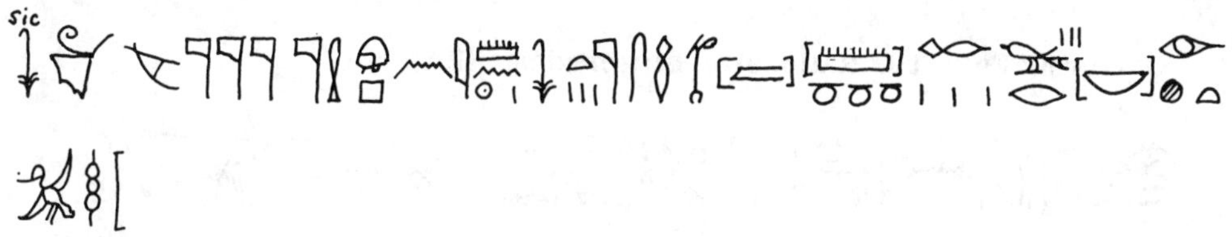

Ostturm, Feld 16:

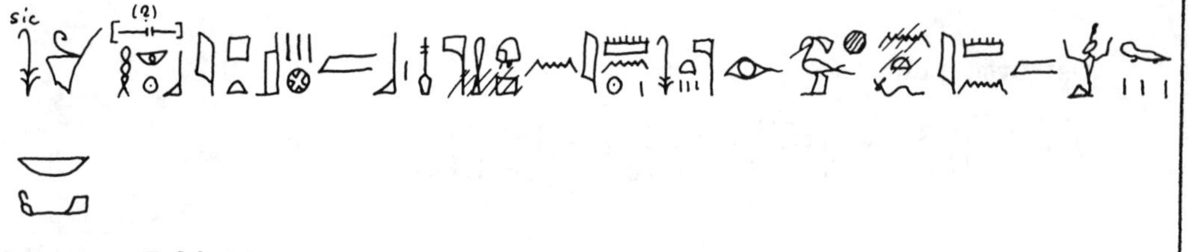

Ostturm, Feld 28:

Ostturm, Feld 21:

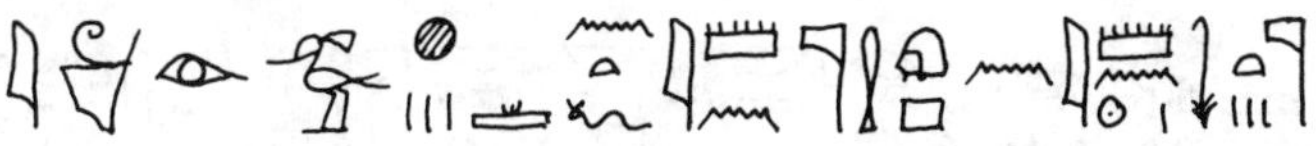

Ostturm, Feld 15:

Ostturm, Feld 20:

Ostturm, Feld 20, Randzeile hinter dem HPA:

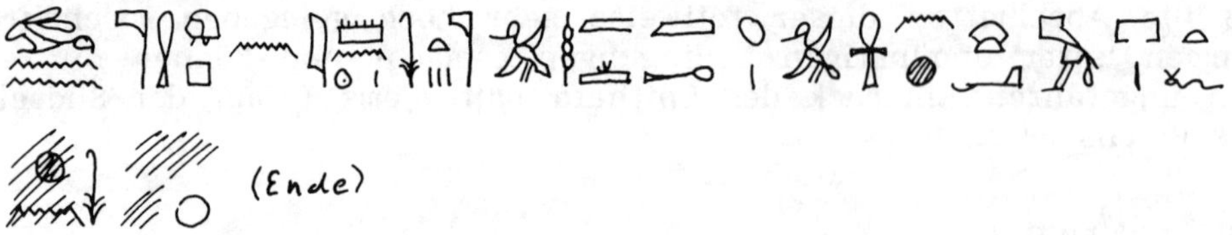

Ostturm, Feld 10, Randzeile hinter dem HPA:

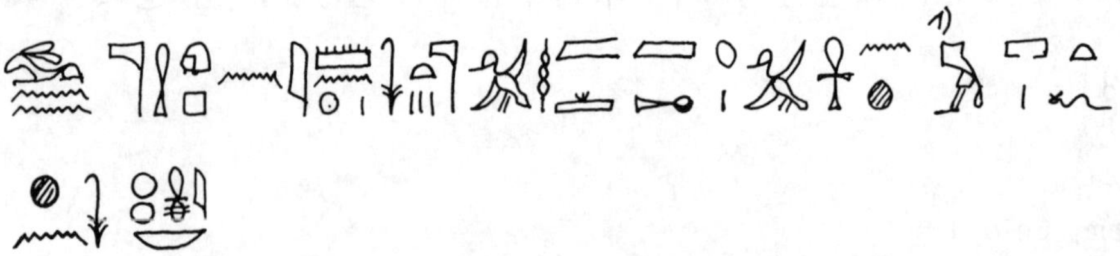

Ostturm, Feld 18:

Ostturm, Feld 19:

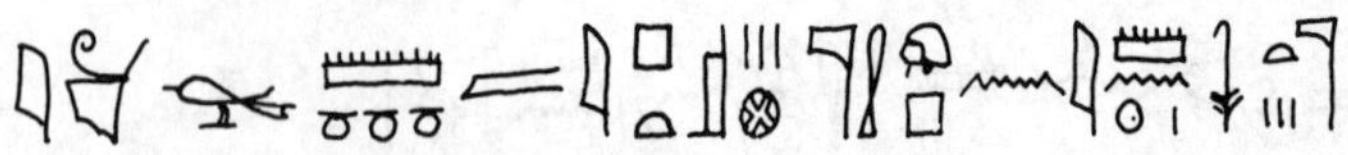

Westturm, Feld 60:

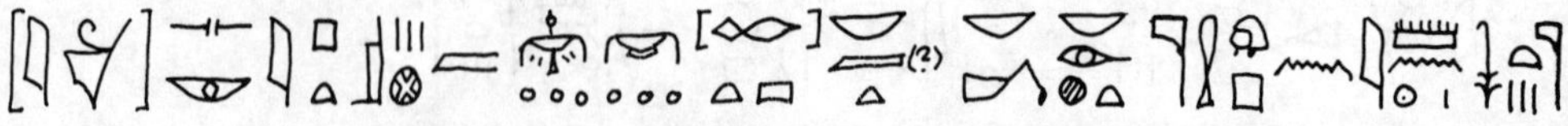

Westturm, Feld 45:

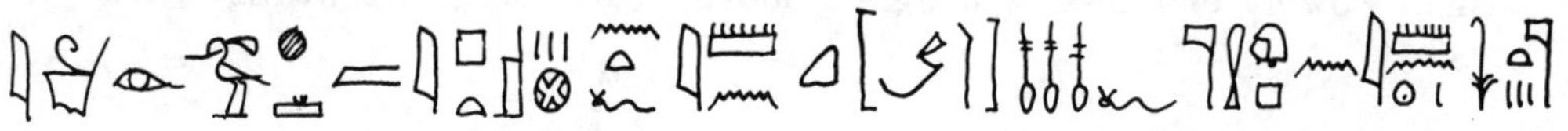

Westturm, Feld 55:

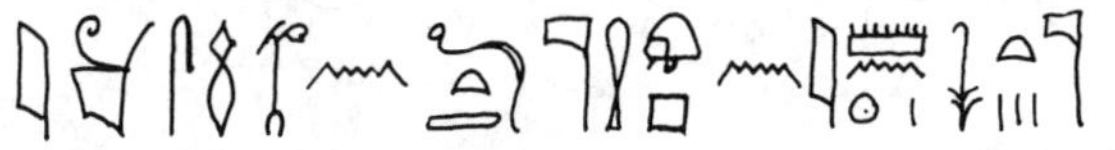

Westturm, Feld 63:

Westturm, Feld 62:

[1] Sic, ohne ḫᶜjw. [2] Ist hier ᶜš, *"Zedernholz"* gemeint? Vgl. Temple of Khonsu II, Pl.143: 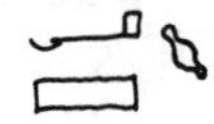 . Oder ist es eine Schreibung für ᶜšꜣ, parallel zu **wr**? [3] Zur gesamten Passage vgl. Temple of Khonsu II, Pl.140, Architrav-Inschrift Herihors im Vorhof, wo dieser charakterisiert wird als **nb‹.t›-ḥḏ ḥnw.t-nbw ᶜrf‹.t›-n.s ᶜꜣ.t-nb.t-šps‹.t›**.

6. Senkrechte Inschriftzeilen zu beiden Seiten und innerhalb der Fahnenmastengruben des Pylons vom Chonstempel. S.o. KC.a. S. das Schema auf den letzten Seiten.

5g.a. (Schriftrichtung: →):

5g.b. Soweit erhalten wie 5g.a., oberer Teil (Schriftrichtung: ←).

5g.c. (Schriftrichtung: →):

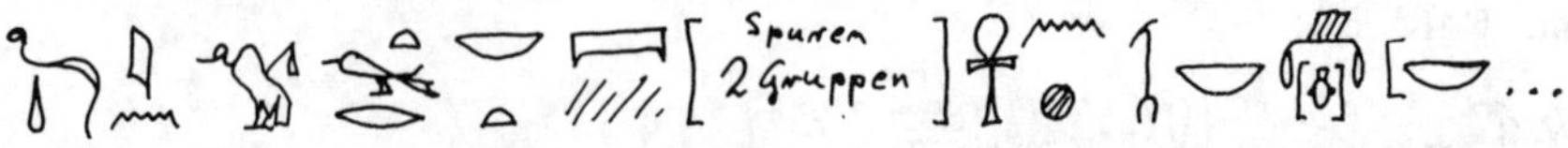

4g.a. Oberer Teil, soweit erhalten wie 5g.a. (Schriftrichtung: →):

4g.b. Oberer Teil, soweit erhalten wie 5g.a. (Schriftrichtung: ←):

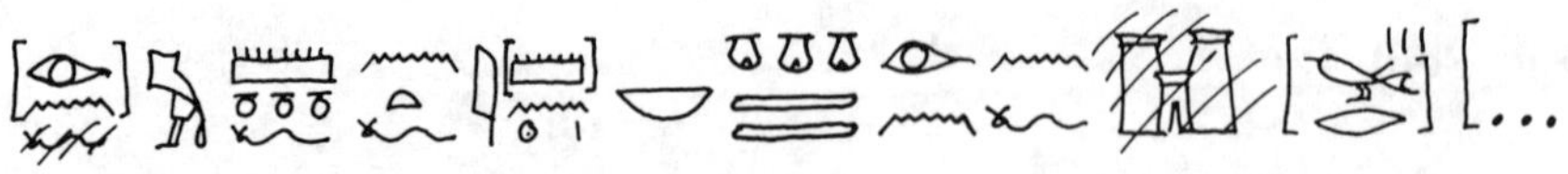

4g.c. (Schriftrichtung: →):

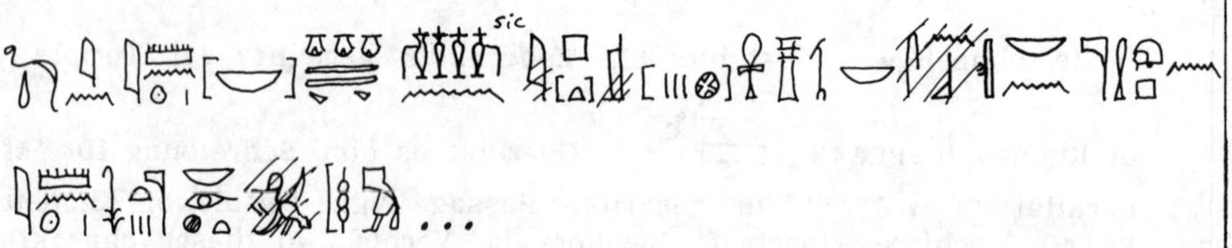

3g.a. (Schriftrichtung: →):

3g.b. (Schriftrichtung: ←):

3g.c. (Schriftrichtung: ←):

2g.a. / b. Oberer Teil, soweit erhalten wie 5g.a.

2g.c. (Schriftrichtung: ←):

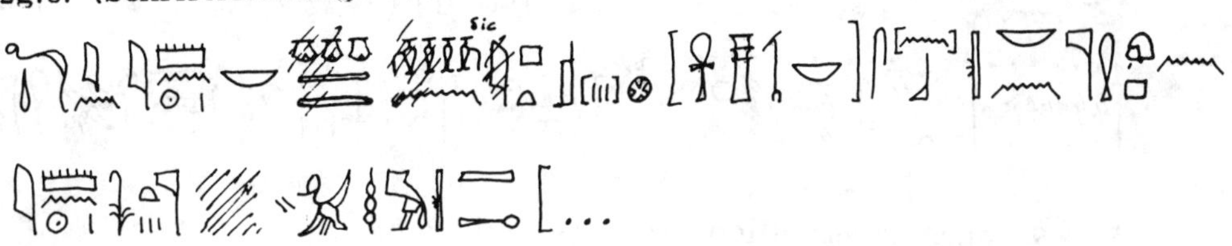

7. Die beiden waagerechten Inschriftzeilen am oberen Rand der Südseite des Pylons vom Chonstempel. S.o. §48, KC.a. S. das Schema auf den letzten Seiten.

Ostturm (Schriftrichtung: ←, die Worte **mrj-Ḫnsw-Rꜥ nb-Wꜣs.t** aber: →):

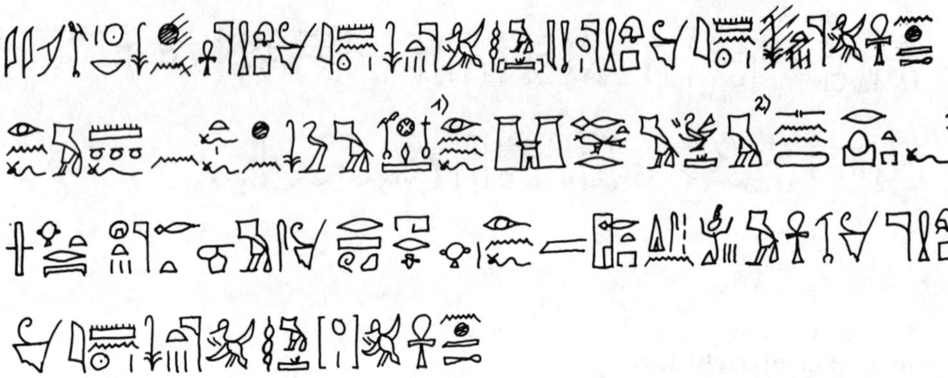

Westturm (Schriftrichtung: →, die Worte **mrj-Ḫnsw-Rꜥ nb-Wꜣs.t** aber: ←):

1)  nach Champollion, Not.descr. II, 215.

2) Champollion, op.cit., 216: ohne  und  3)  fehlt bei Champollion, op.cit., 216. 4) **Ḫnsw** und **Wꜣs.t** fehlt bei Champollion, op.cit., 212. 5)  fehlt bei Champollion, op.cit., 212

6) Von hier bis **ḥm-nṯr-tpj...** bei Champollion Lücke. 7) Lepsius, LD III, 251a.:  8) Lepsius von *a* bis *b* : 

9) Nach Champollion: 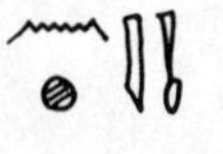 ; Lepsius: 

8. Inschrift auf der westlichen Außenwand des Pylons des Chonstempels. S.o. §48, KC.c.

Waagerechte Zeile über den drei senkrechten Zeilen (Schriftrichtung: ←):

Drei senkrechte Zeilen (Schriftrichtung: ←):

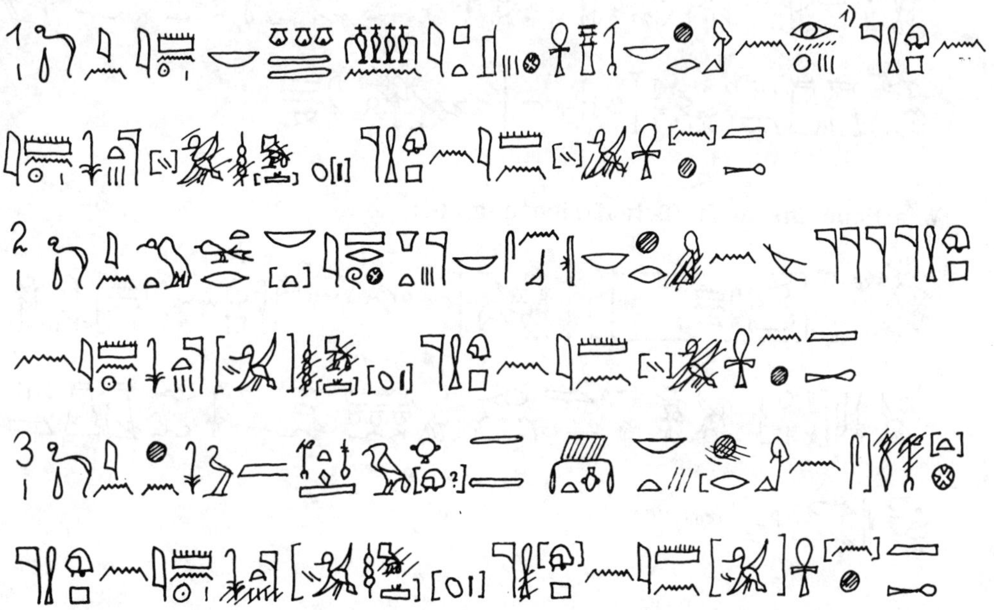

1) S.o. Nr.5 (KC.a.), Ostturm, Feld 20.

9. Inschrift auf der westlichen Außenwand des Chonstempels. S.o. §48, KC.e. Nach Lepsius.

10. Vertikale Inschriftzeilen auf der Nordseite des Pylons des Chonstempels zu beiden Seiten des Tores. S.o. §48, KC.b.

Östliche Inschrift (Schriftrichtung: →):

2 Gruppen

Westliche Inschrift (Schriftrichtung: ←):

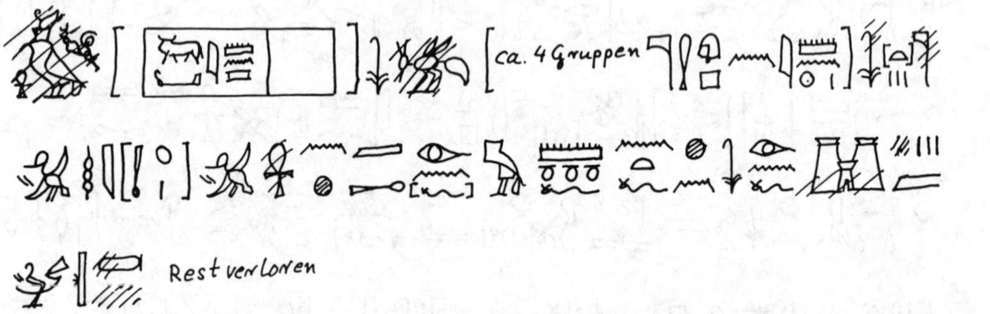
ca. 4 Gruppen
Rest verloren

11. Inschriften auf beiden Seiten der Mitteltür zur Hypostylhalle des Chonstempels. S.o. §48, KC.f.

Östliche Inschrift-Zeile (Schriftrichtung: ←):

[...

Westliche Inschrift-Zeile (Schriftrichtung: →):

12. Inschriften auf den Pilastern auf der Südseite des Hofes vom Chonstempel

Westhälfte des Hofes. Temple of Khonsu II, Pl.135 A (Schriftrichtung: → senkrecht):

Osthälfte des Hofes, op.cit., Pl.137 A (Schriftrichtung: ← senkrecht)

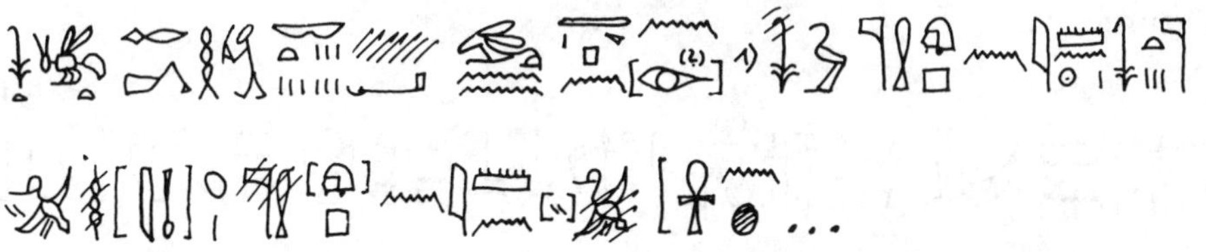

1) S.o. §62.

13. Dachheiligtum des Chonstempels. S.o. §48, KC.g. Inschrift über dem Eingang in der Südwand.

14. Dachheiligtum des Chonstempels. S.o. §48, KC.g. Westwand. Darstellung eines thronenden Gottes rechts, vor dem eine weibliche Gestalt steht, begleitet von kleineren Figuren des Osiris, der Isis und der Nephthys im Adorationsgestus; s. PM, Theban Temples, 242, (115).

Beischrift der Osirisgestalt (Schriftrichtung: → senkrecht):

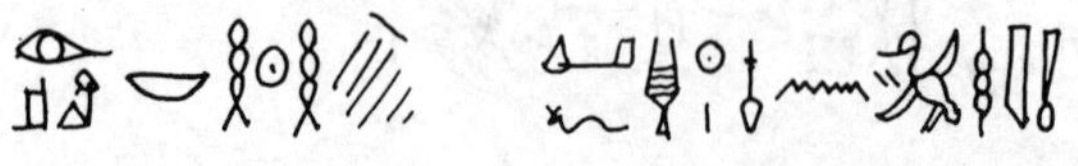

Beischrift der Isis (Schriftrichtung: → senkrecht):

Beischrift der Nephthys (Schriftrichtung: → senkrecht):

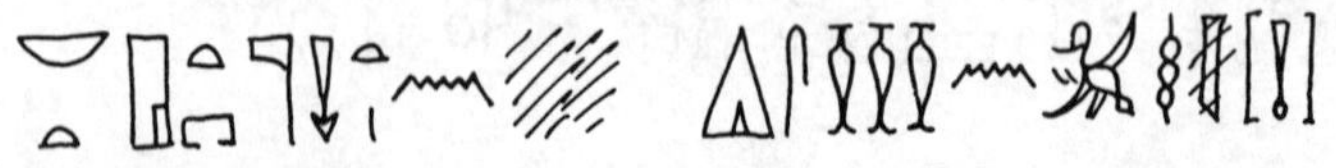

Waagerechte Zeile am oberen Rand der Westwand / Südwand (Schriftrichtung: →):

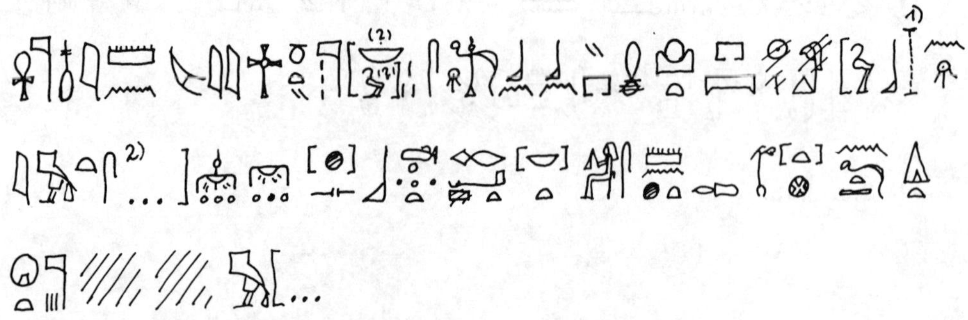

1) Vgl. Temple of Khonsu II, Pl.143 A, Z.2.

15. Dachheiligtum, Ostwand. Painedjem I. (←) in Anbetungsgestus. Links davon hymnischer Text in senkrechten Zeilen (Schriftrichtung: ←). PM, Theban Temples, 242, (116); Assmann, LL, 168ff. für die Paralleltexte Nr.1-17; ders., Sonnenhymnen, XXIXf. ("Text F") und 1; 3f.

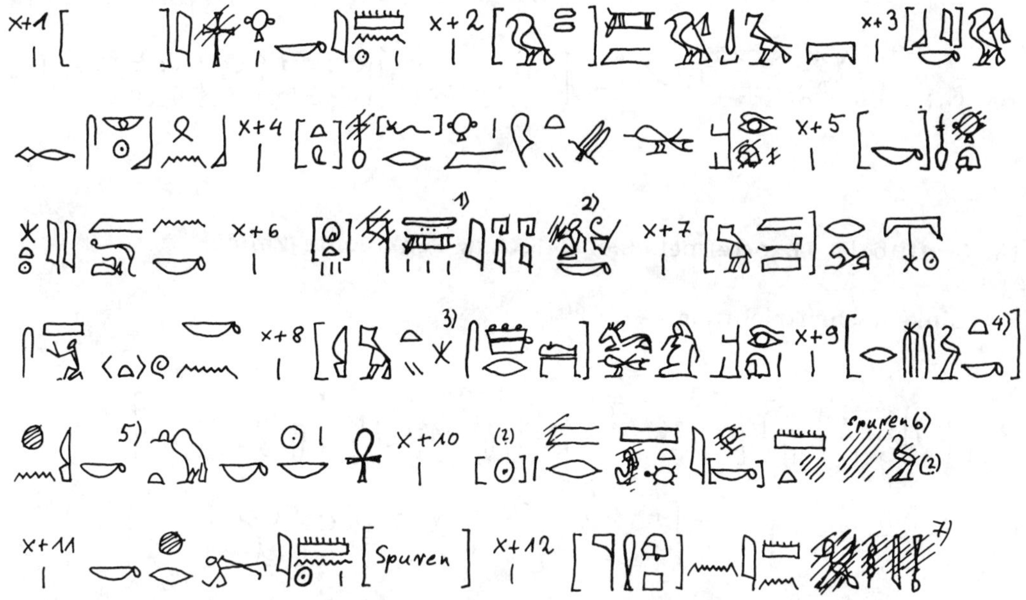

1) Die Paralleltexte haben **psḏ.t tmmtj**. 2) Die Paralleltexte haben neben **jhhj hnw-n.k**; nach der Armhaltung ist hier nicht ein Ideogramm für **hnw** gemeint, sondern ein Determinativ für **jhhj**. So auch Nr.8: **jhhj-n.k**.

3) Entweder so oder:  4) S. Assmann, LL, 170, 1-1).

5) Die meisten Texte haben **ẖnm-ṯw-mw.t.k**. 6) Nach den Paralleltexten zu erwarten ist **jw.k-mntj rqw.k-ẖrw**. 7) Beischrift zu Painedjem I. im Adorationsgestus.

16. Inschrift auf dem Rückenpfeiler einer Sachmet-Statue im Muttempel von Karnak. S.o. §48, KM; Senkrechte Zeile (Schriftrichtung: →).

17. Karnak-Nord. Türpfosten aus dem Schatzhaus Thutmosis' I. S.o. §48, KN.a. Senkrechte Zeilen (Schriftrichtung: ←).

L.: 

R.: 

18. Graffito im Luxortempel. S.o. §48, L.a. Senkrechte Zeilen.

Links (Schriftrichtung: →):

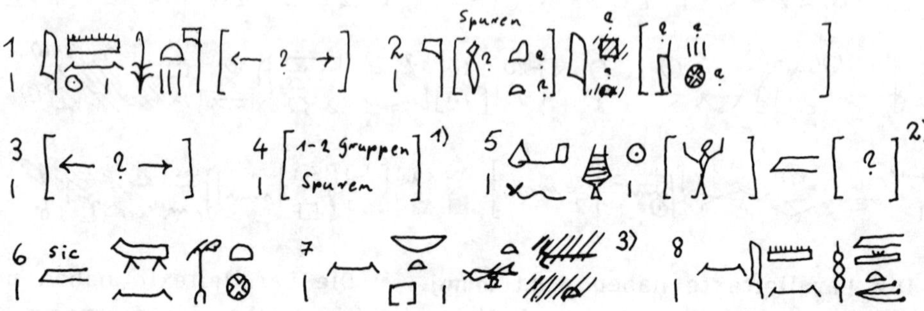

Rechts (Schriftrichtung: ←):

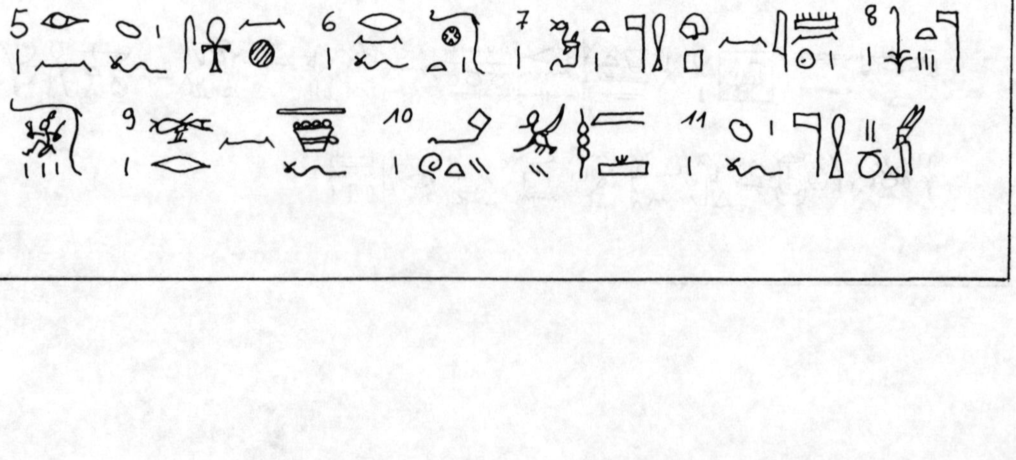

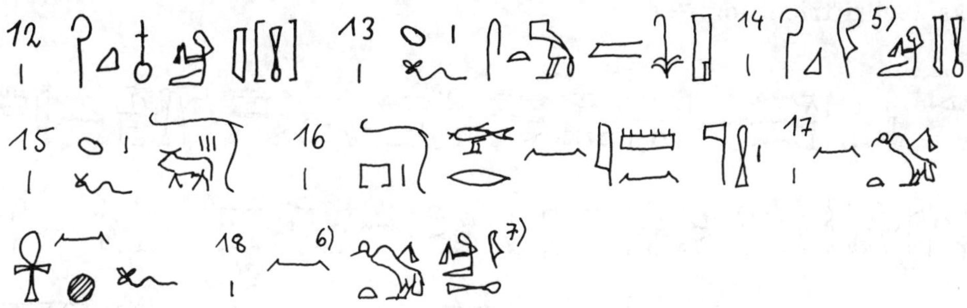

1) Daressy:  ... 2) Fehlt vielleicht nichts.

3) So allgemein aufgefaßt; zu sehen jedoch:  4) Gauthier, LR III, 241, IV, läßt diesen Titel ganz außer Betracht;  ist aber zweifelsfrei zu erkennen. Für eine Ergänzung jmj-r'-[njw.t/ṯ3tj] ist der Platz etwas knapp. M.E sind noch Reste des Kopfputzes vom mšᶜ-Mann rechts unter dem jmj-r'-Zeichen zu erkennen.

5) Daressy:  6) fast mit dem oberen Rand verschmolzen.

7) Daressy: 

19. Graffito im Luxor-Tempel. S.o. §48, L.b. Senkrechte Zeilen.

Rechts (Schriftrichtung: ←):

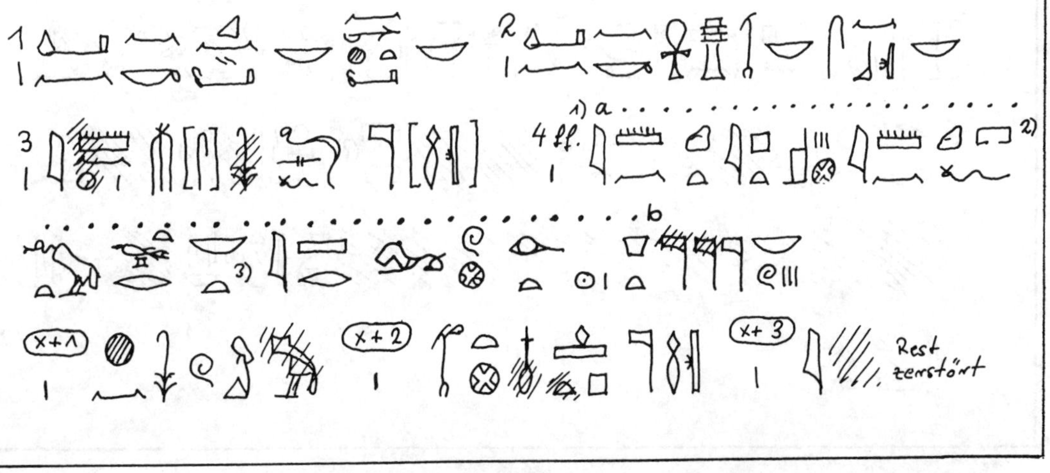

Links (Schriftrichtung: →):

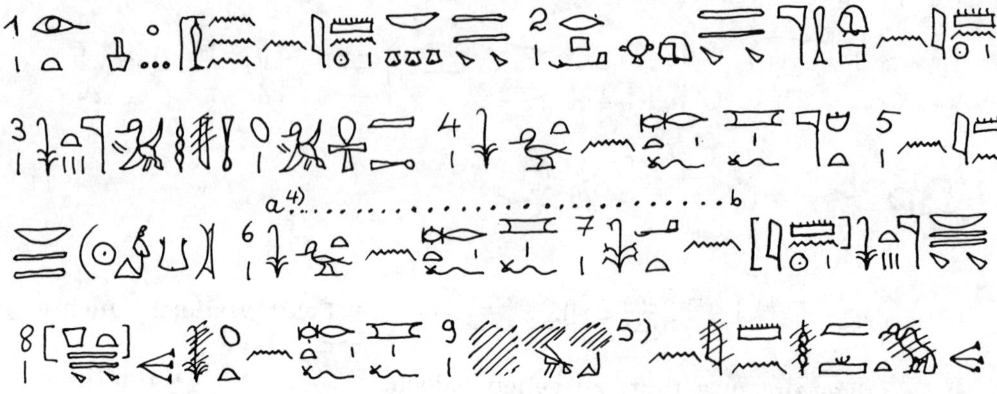

[1] *a* bis *b* nur noch nach Daressy. [2] Richtig? Oder  ? [3] t bei Daressy nicht wiedergegeben. Nicht mehr überprüfbar. [4] *a* bis *b* nach Daressy. [5] Daressy: 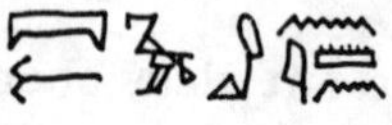. Anders Wente, in: JNES 26, 1967, 167; vgl. auch Kitchen, TIP, §40 und Anm.202.

20. Hieratisches Graffito im Luxor–Tempel. S.o. §48, L.c.

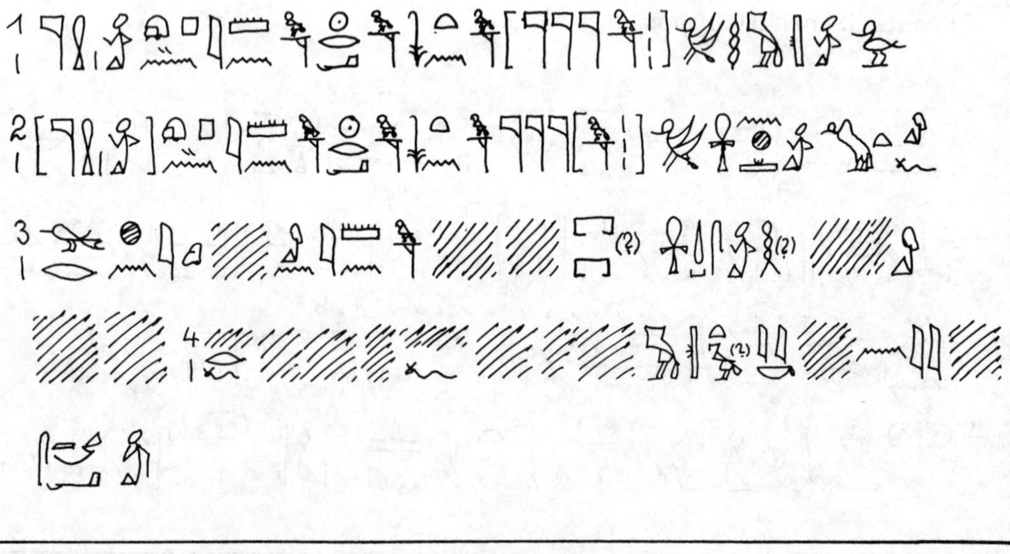

21. Großer Tempel von Medinet Habu, 1. Pylon. Inschriften im Türdurchgang. S.o. §48, MH.a.

Waagerechte Zeilen auf der Nordseite (Schriftrichtung ←):

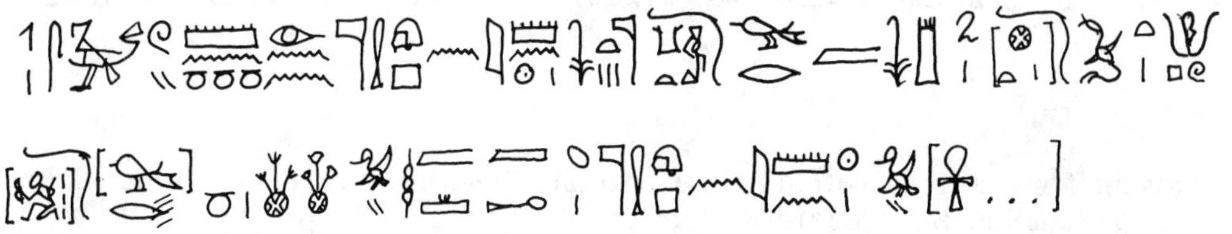

Senkrechte Zeile auf der Nordseite (Schriftrichtung ←):

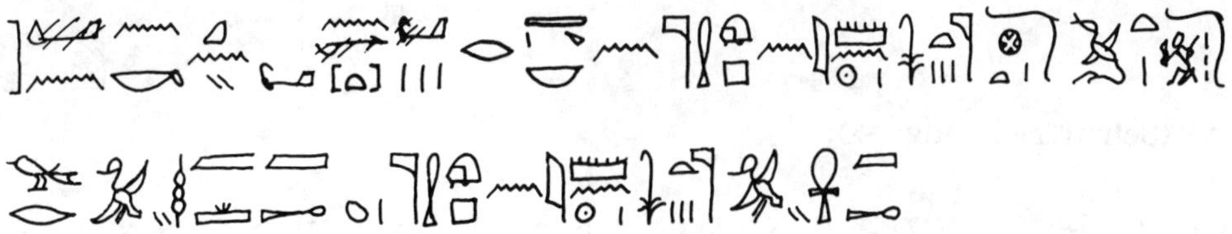

Waagerechte Zeilen auf der Südseite (Schriftrichtung: →):

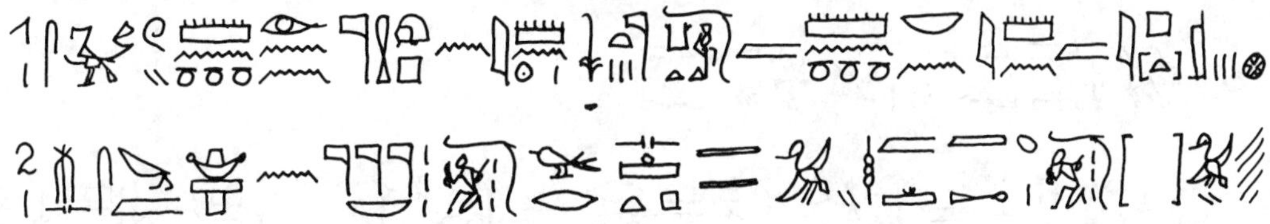

Senkrechte Zeile auf der Südseite (Schriftrichtung: →):

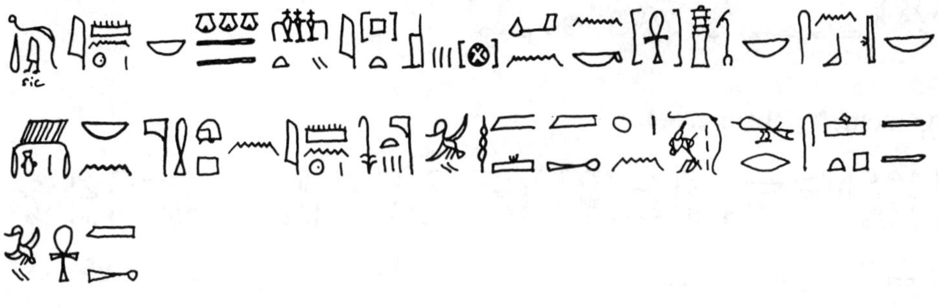

22. Inschrift auf dem Türsturz aus dem Palast Ramses' III. in Medinet Habu. S.o. §48, MH.b. Nach Daressy.

Beischrift der Henut-tawi (Schriftrichtung: ?):

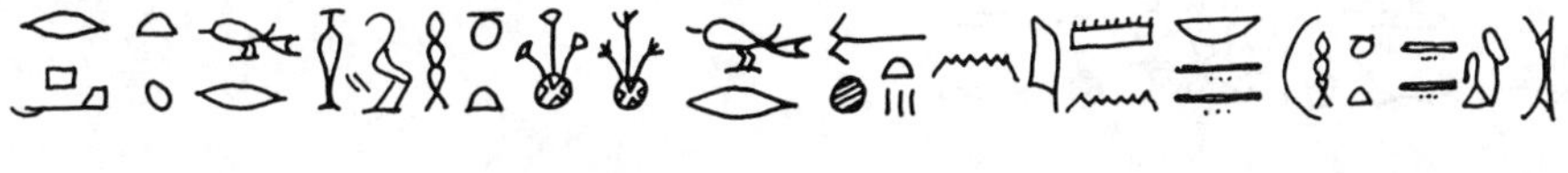

Beischrift Painedjems I. (Schriftrichtung: ?):

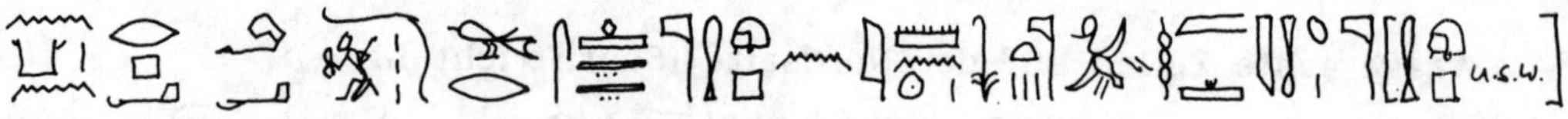

23. Beischriften auf Türpfosten im Palast Ramses' III. in Medinet Habu. S.o. §48, MH.c. Senkrechte Zeilen.

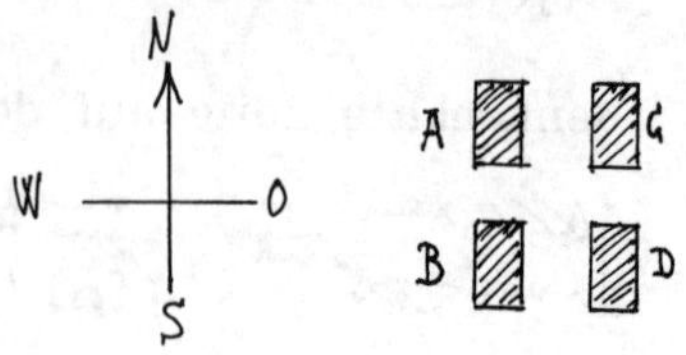

A. (Schriftrichtung: →):

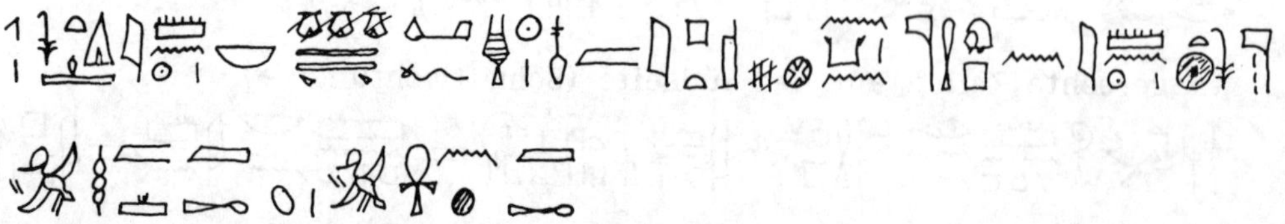

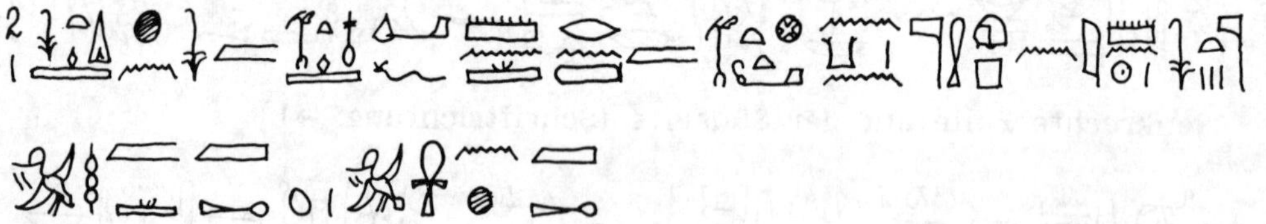

B. (Schriftrichtung: ←):

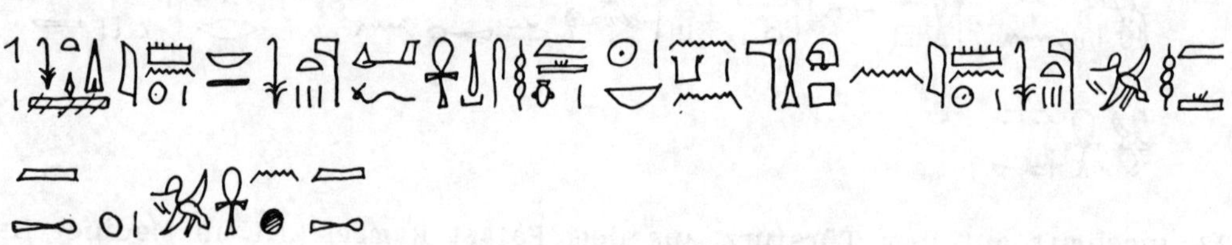

C. (Schriftrichtung: →):

24. Kleiner Tempel von Medinet Habu. Basis-Inschrift auf der Südseite. S.o. §48, MH.d. (Schriftrichtung: ←).

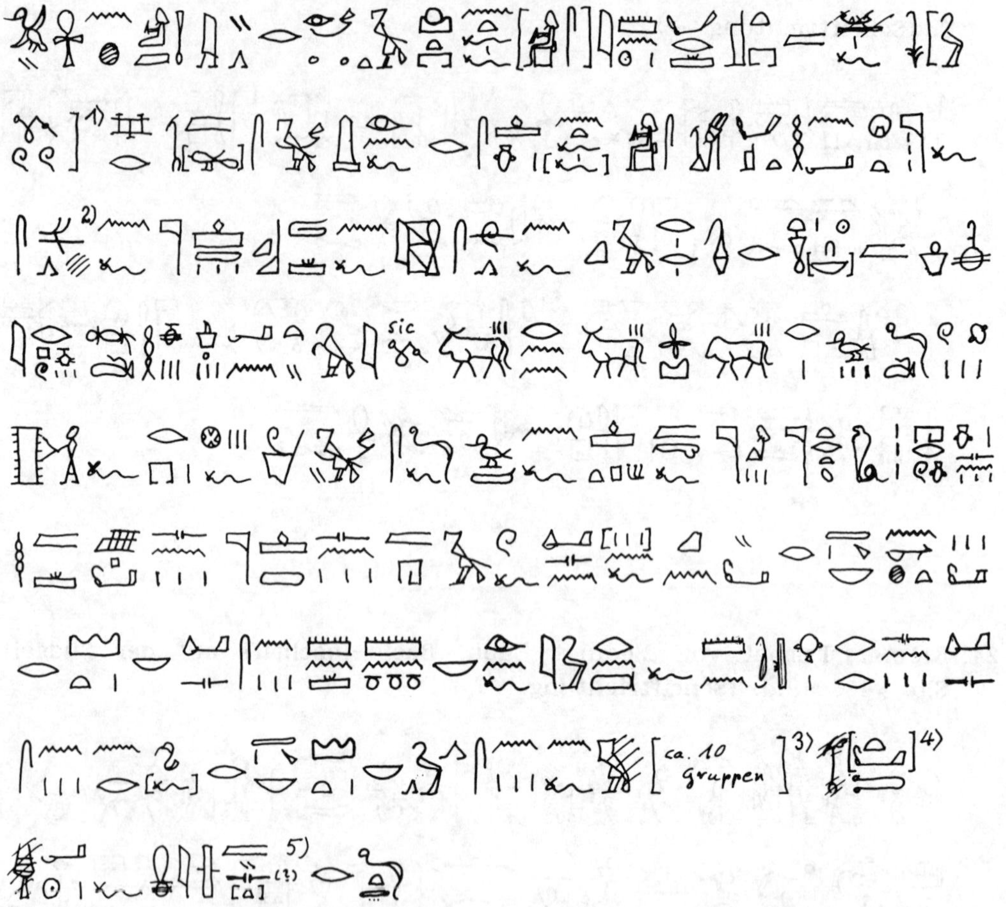

1) Vgl. Inschrift Nordseite: 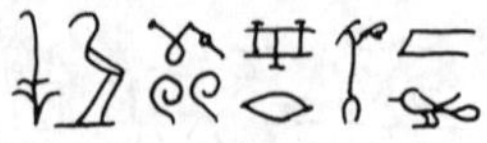 2) S. Wb.IV, 351, rechts. 3) Durchbruch späterer Tür. 4) **Wꜣs.t-[nḫt]tj.** 5) Drioton: 

25. Kleiner Tempel von Medinet Habu. Basis-Inschrift auf der Nordseite. S.o. §48, MH.d. (Schriftrichtung: →).

1) Wohl für 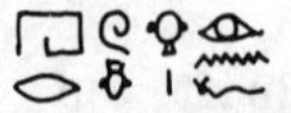 ; s.o. Nr.7 (Ostturm). 2) So: 
3) S. LD III, 251f. 4) So nach LD III, 251g. 5) So nach LD III, 251g; ob zu emendieren: **(r-w3ḥ-)n.f-ḥtp-nṯr** ?
6) Spätere Tür, so:

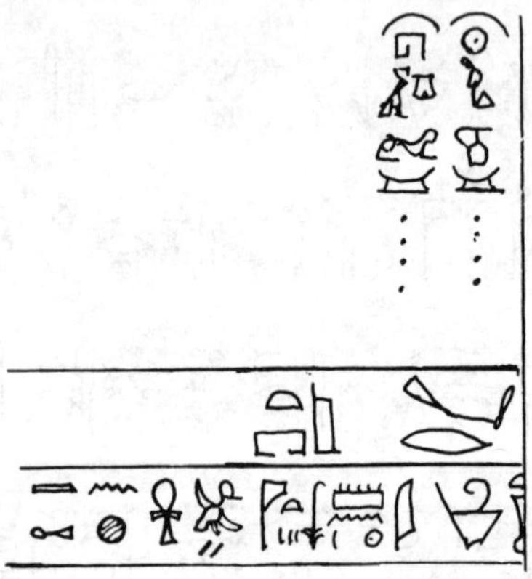

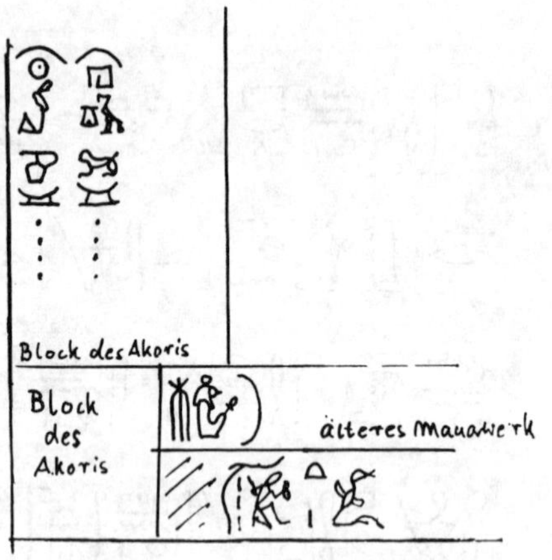

26. Kleiner Tempel von Medinet Habu. Basis-Inschriften auf der Ostseite. S.o. §48, MH.d.

Südhälfte (Schriftrichtung: →):

Nordhälfte (Schriftrichtung: ←):

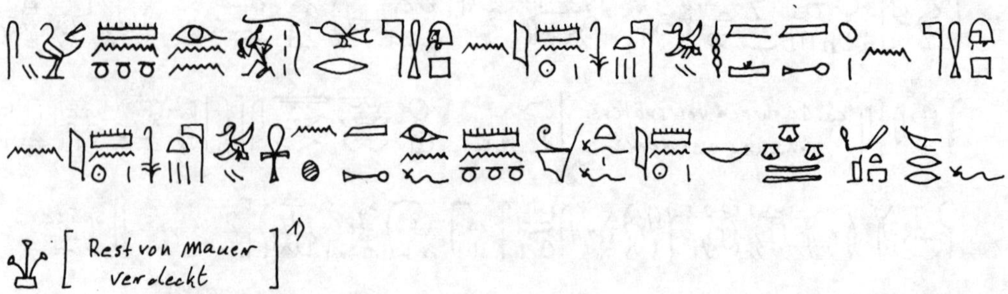

1) Ist hier **ḥ3p-zḥ-nṯr** o.ä. zu ergänzen? Vgl. Nr.25, **[r-]ḥ3p-sšmw-[ḫwjw]**.

27. Aufschrift auf dem Sarg Amenophis' I. S.o. §48, S.

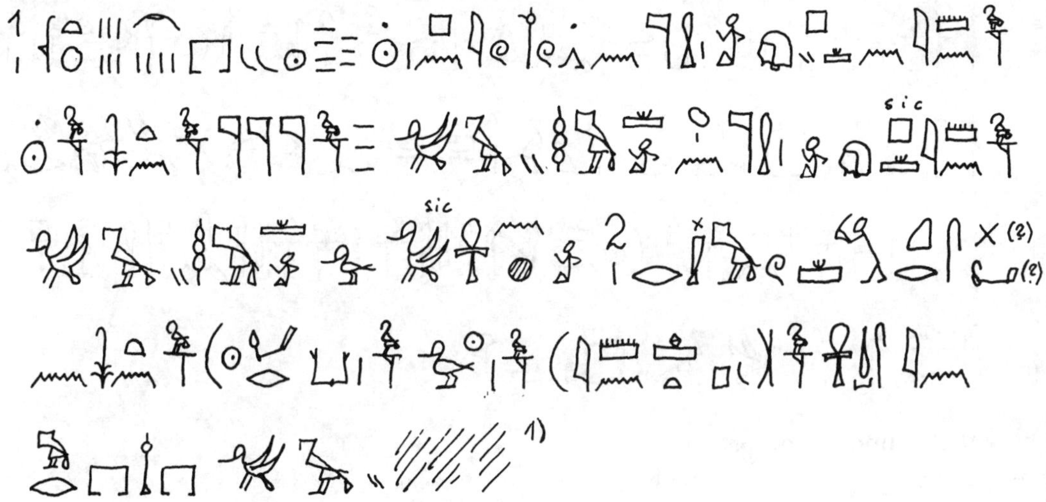

1) Vermutlich **P3j-nfr-nfr**, s.u. Nr.32.

28. Aufschrift auf dem Leichentuch Ramses' III. S.o. §48, M.b.

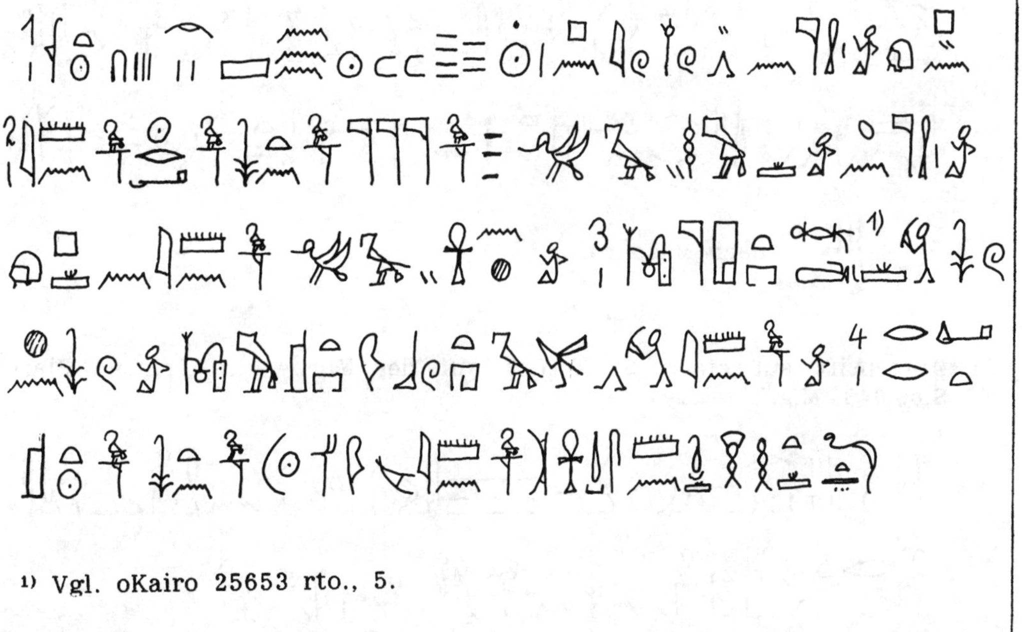

1) Vgl. oKairo 25653 rto., 5.

29. Aufschrift auf der Mumie Ramses' II. S.o. §48, M.d.

1) So, und nicht pr.t.

30. Aufschrift auf einem Stoffstück über der Brust der Mumie Ahmoses I. S.o. §48, M.f.

1) 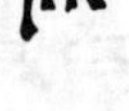 nach Maspero.

31. Aufschrift auf einem Stoffstück auf der Mumie des Prinzen Siamon. S.o. §48, M.g.

32. Aufschrift auf dem Leichentuch Thutmosis' II. S.o. §48, M.h.

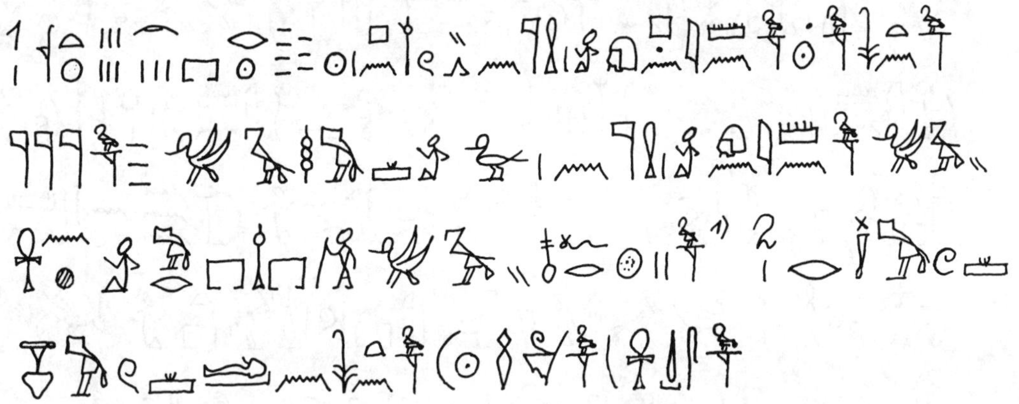

[1] So Kitchen, TIP, §35; Masperos Facsimile: 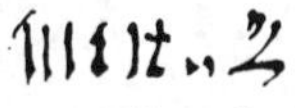 ; vgl. auch Cerny, LRL, 42,11 und 43,9; Thomas, RNT, 249, 4a: **P3j-nfr-ḥr**.

33. Thebanisches Graffito Nr. 1001. S.o. §48, Gr.a.

[1] So nach Spiegelberg.

34. Thebanisches Graffito Nr. 1021a. S.o. §48, Gr.b.

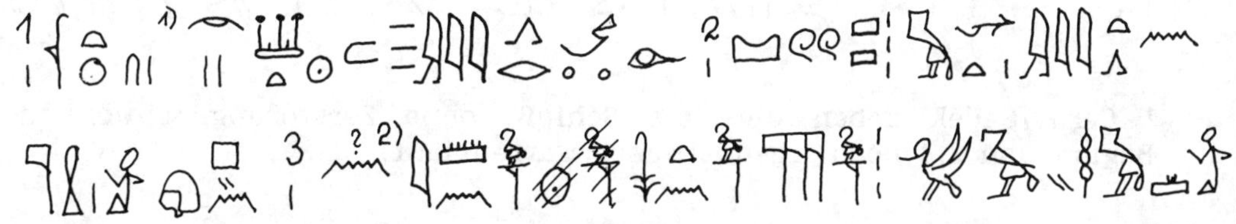

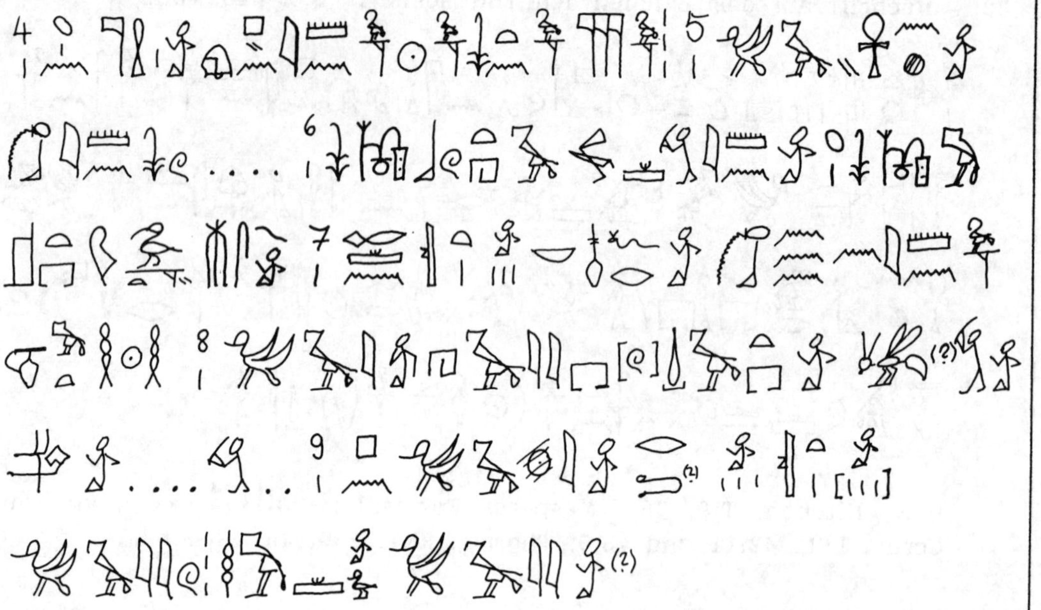

1) Spiegelberg: *"21"*; s. aber Kitchen, TIP, §382,17. 2) Von Spiegelberg mit Fragezeichen versehen. Auch alle anderen Fragezeichen von Spiegelberg.

35. Thebanisches Graffito Nr. 2144. S.o. §48, Gr.c.

1) Cerny/Sadek geben dies als Schluß, ohne Zerstörung, obwohl der Beginn von Z.4 noch irgendetwas erwarten läßt.

36. Inschrift im Grab Ramses' XI. nach der Abschrift von Mark Cicarello. S.o. §48, R.XI.

[1] Cicarello nimmt das umgedrehte **mꜣᶜ.t**–Zeichen als korrupte Schreibung für **tꜣ.wj** ("*who makes festive the two lands*"). [2] Cicarello übersetzt die Passage: "*The kingship that I have made which will be in heaven*".

37. Graffito in Sehel. S.o. §48, GrS. Waagerechte Zeilen (Schriftrichtung: →):

[1] Nach Mariette weist das Zeichen  in die umgekehrte Richtung.
[2] Nicht die Zeichenform von Mariette. [3] Abschriftfehler von Mariette?

38. Beischriften zu den Darstellungen Painedjems I. und der DH Henuttawi auf der Stele Kairo JdE 71902 aus Koptos. S.o. §48, K. (Senkrechte Zeilen, Schriftrichtung: ←).

Painedjem I.:

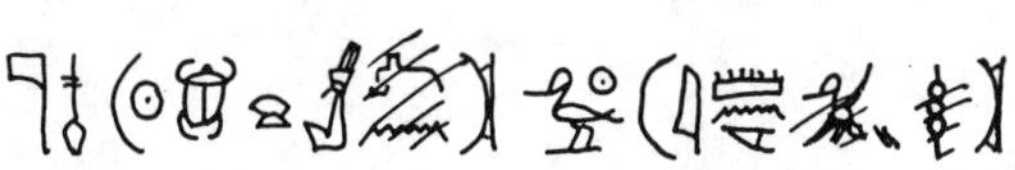

DH Henut-tawi:

39. Kelch Nr.398 aus dem Grab Psusennes' I. in Tanis. S.o. §48, T.b. (Senkrechte Zeile, Schriftrichtung: →).

Masaharta

40. Aufschrift auf dem Sarg Amenophis' I. S.o. §52, Nr.1.

41. Brieffragment aus el-Hibeh mit Erwähnung eines Masaharta. S.o. §52, Nr.4 und V.21.a. (pStraßburg 21).

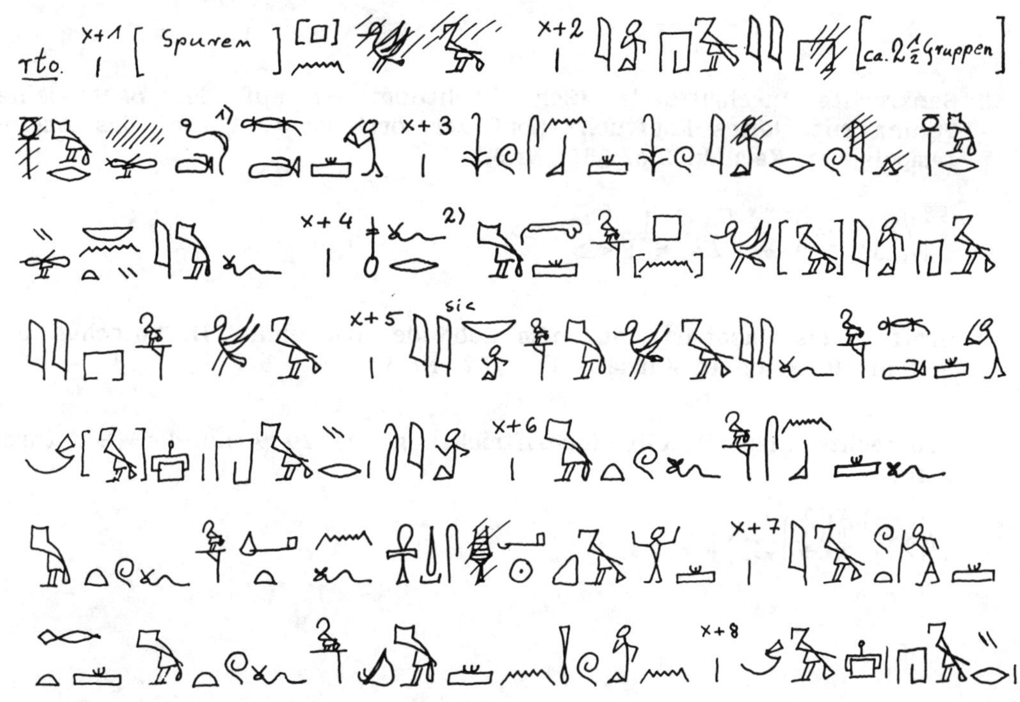

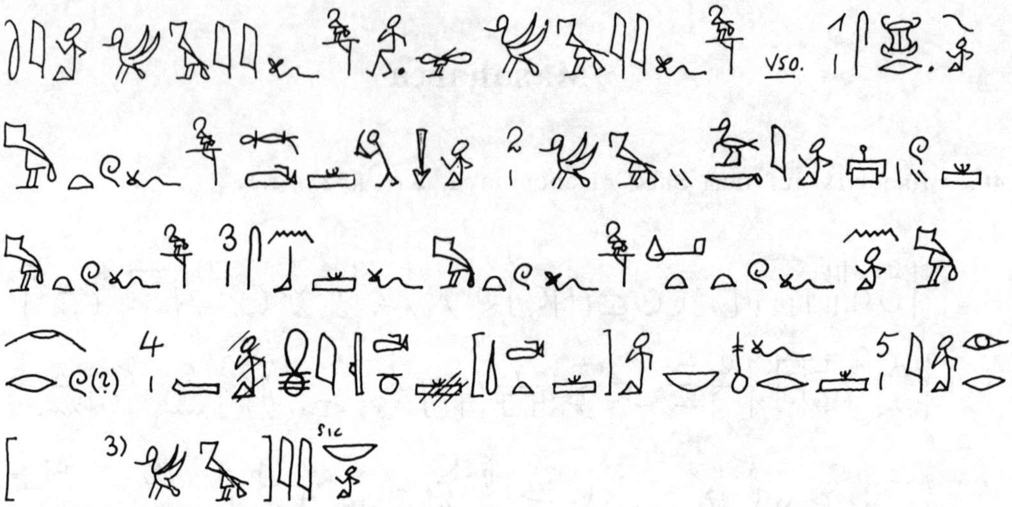

Adresse auf dem Vso.

1) Spiegelberg: 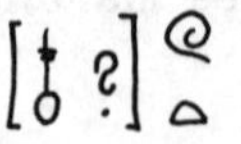 2) Spiegelberg: 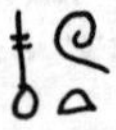 3) Spiegelberg: 

42. Senkrechte Inschriftzeile (Schriftrichtung: →) auf der Brust einer Sphinx mit Nemes-Kopftuch (Kopf zerstört) im 1. Vorhof des Amuntempels von Karnak. S.o. §52, Nr.5.

43. Graffito des Masaharta auf dem Gebäude Amenophis' II. zwischen dem 9. und 10. Pylon in Karnak. S.o. §52, Nr.6.

Senkrechte Inschriftzeile (Schriftrichtung: →) zu Amun-Re (→), thronend:

Senkrechte Inschriftzeilen (Schriftrichtung: →) über den Armen des Amun:

44. Tor des Masaharta am 9. Pylon von Karnak. S.o. §52, Nr.7.

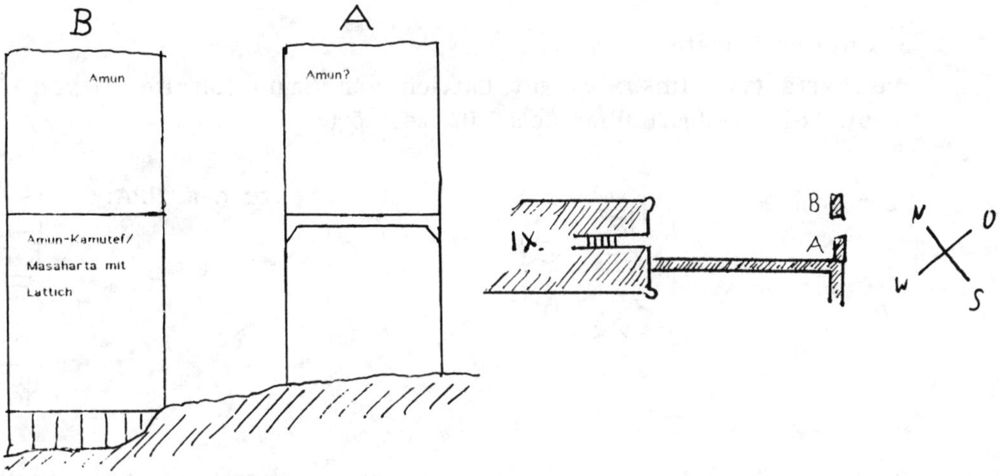

A. Unteres Register:

Masaharta (von rechts, ←),  mit langem Faltenrock vor Amun (ityph.) (von links, →),

die eine Hand im Schminkgestus , die

andere hält ein  –Gefäß.

Senkrechte Inschriftzeile vor dem HPA: 

Inschrift über der Darstellung:

(Gott)

B. Unteres Register:

Masaharta (von links, →) mit Lattich vor Amun-Kamutef (ityph.) (von rechts, ←). Inschrift über dem HPA zerstört.

Über dem Gott:

Vor dem HPA:

B. Senkrechte Zeilen, zu einer weiteren Opferszene des Masaharta (von links, →) vor Amun-Re (von rechts, ←) gehörig, Federn des Amun noch sichtbar, der Rest steckt im Erdboden.

45. Falkenstatue des Masaharta in Brüssel, Abschrift nach Fotografie bei Van de Walle. S.o. §52, Nr.8. Senkrechte (Schriftrichtung: ←) Inschriftzeile auf der Vorderseite, links.

Mencheperre

46. Priestly Annals, Fragment 3A. S.o. §56, KA.b. Nach Legrain.

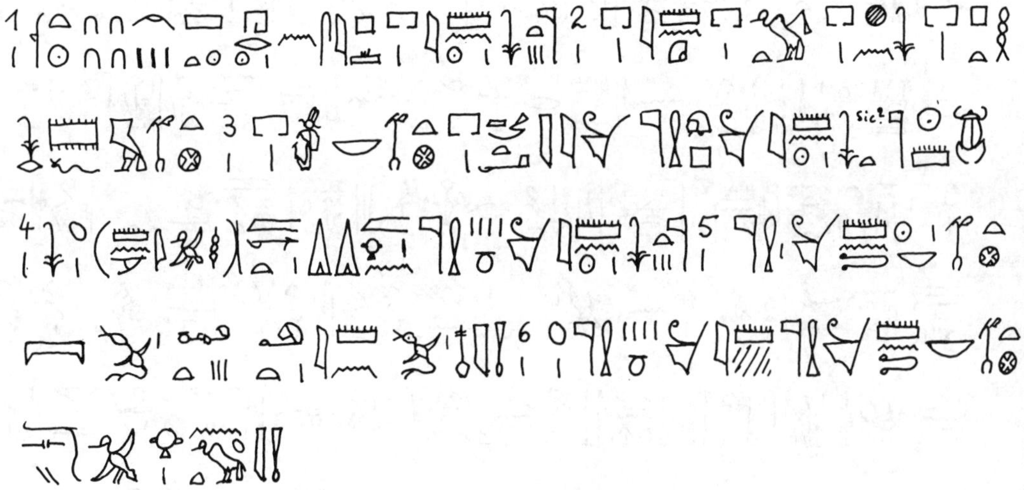

47. Stele Kairo 3/12/24/2 aus dem Osttempel von Karnak. S.o. §56, KA.c.

Oberteil:

Mencheperre (von rechts, ←), hinter dem **W3s.t-nḫttj** (→) steht, im Pantherfell und mit Weinkrügen vor

Amun (von links, →): 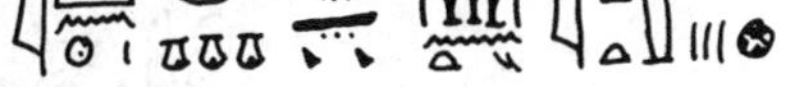

Mut (→): 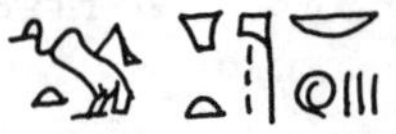

Chons (→): 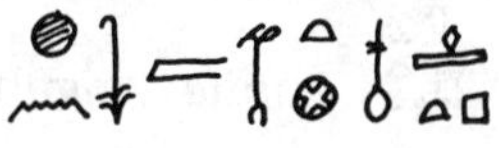

Titel des Mencheperre (senkrechte Zeilen, ←):

Unterteil (waagerechte Zeilen: ←):

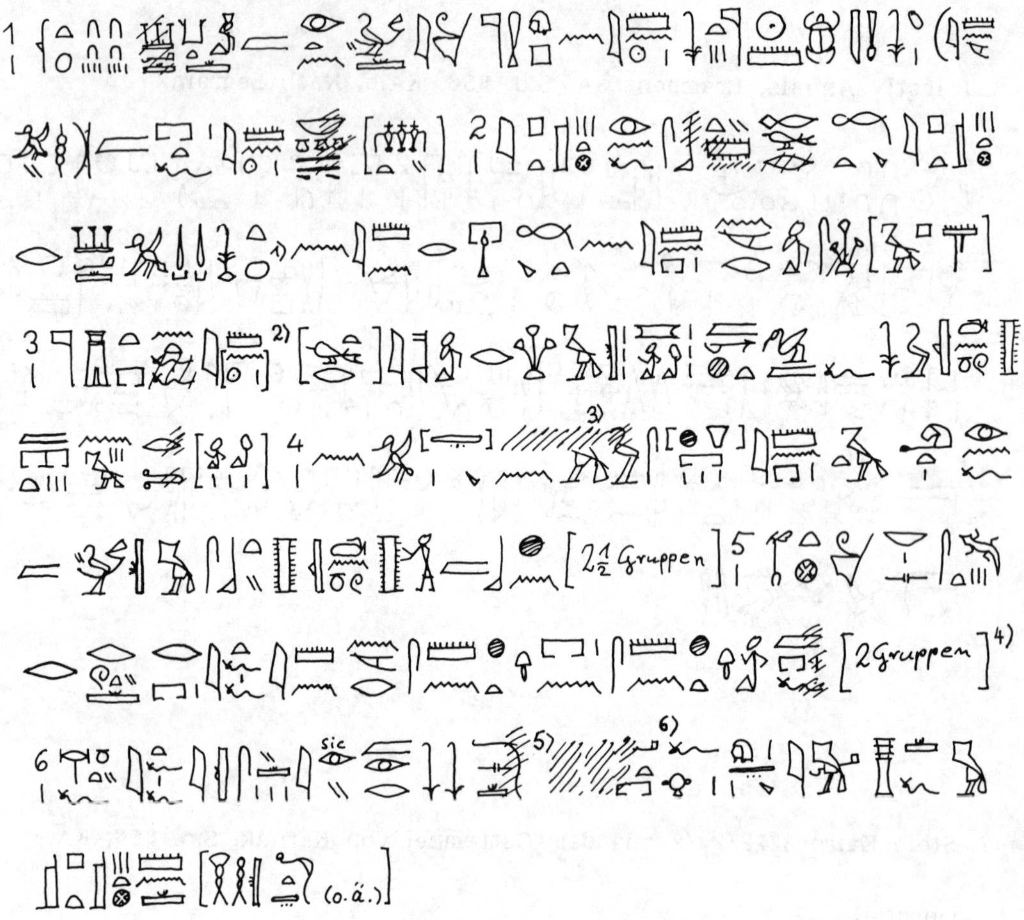

1) Barguet: □ 2) Nach Barguet. Vgl. Wb.V, 253,10. 3) Barguet ergänzt: mn m-. 4) Barguet ergänzt: 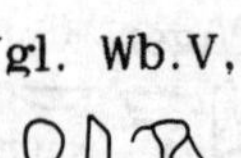 5) Ergänzung von Barguet für ns.wt.f, "*ses siens thrônes*".

6) Barguet: 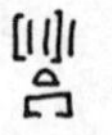 . Legrain dagegen: 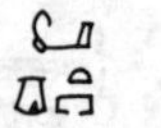 ohne Angabe von Zerstörungen.

48. Bodenplatte im Hof des 10. Pylons von Karnak. S.o. §56, KA.d.

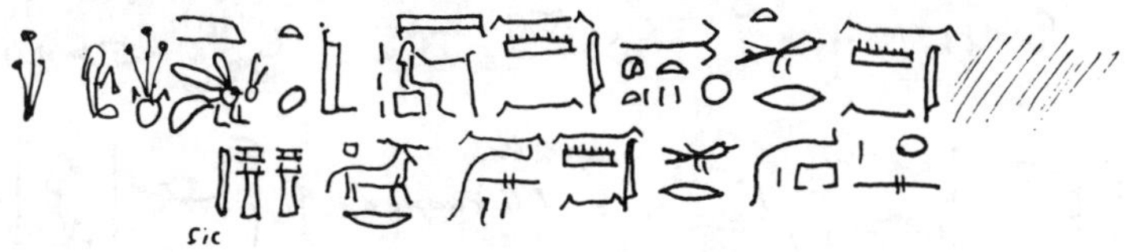

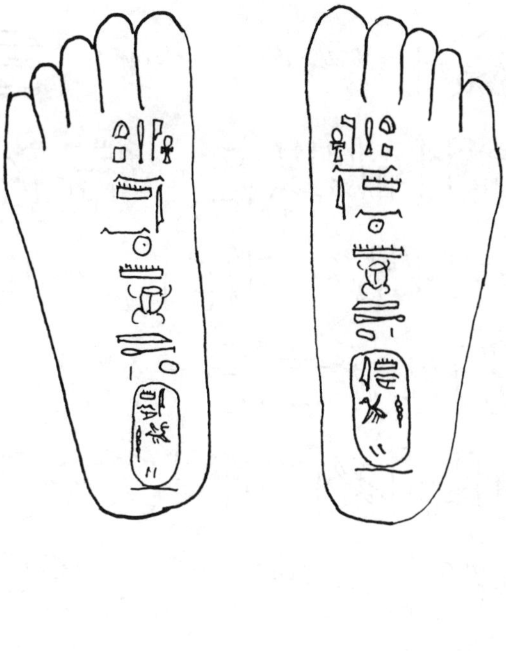

49. Orakeltext I.21.c. des Mencheperre aus dem Chonstempel in Karnak. S.o. §56, KC.a. Nach der Kopie des Epigraphic Survey (senkrechte Zeilen, Schriftrichtung: ←):

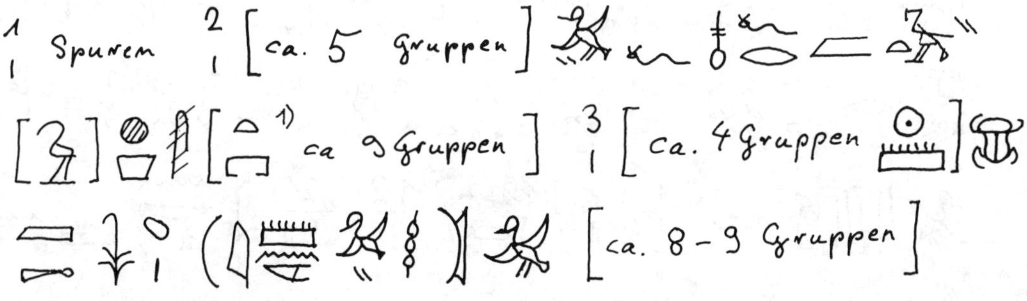

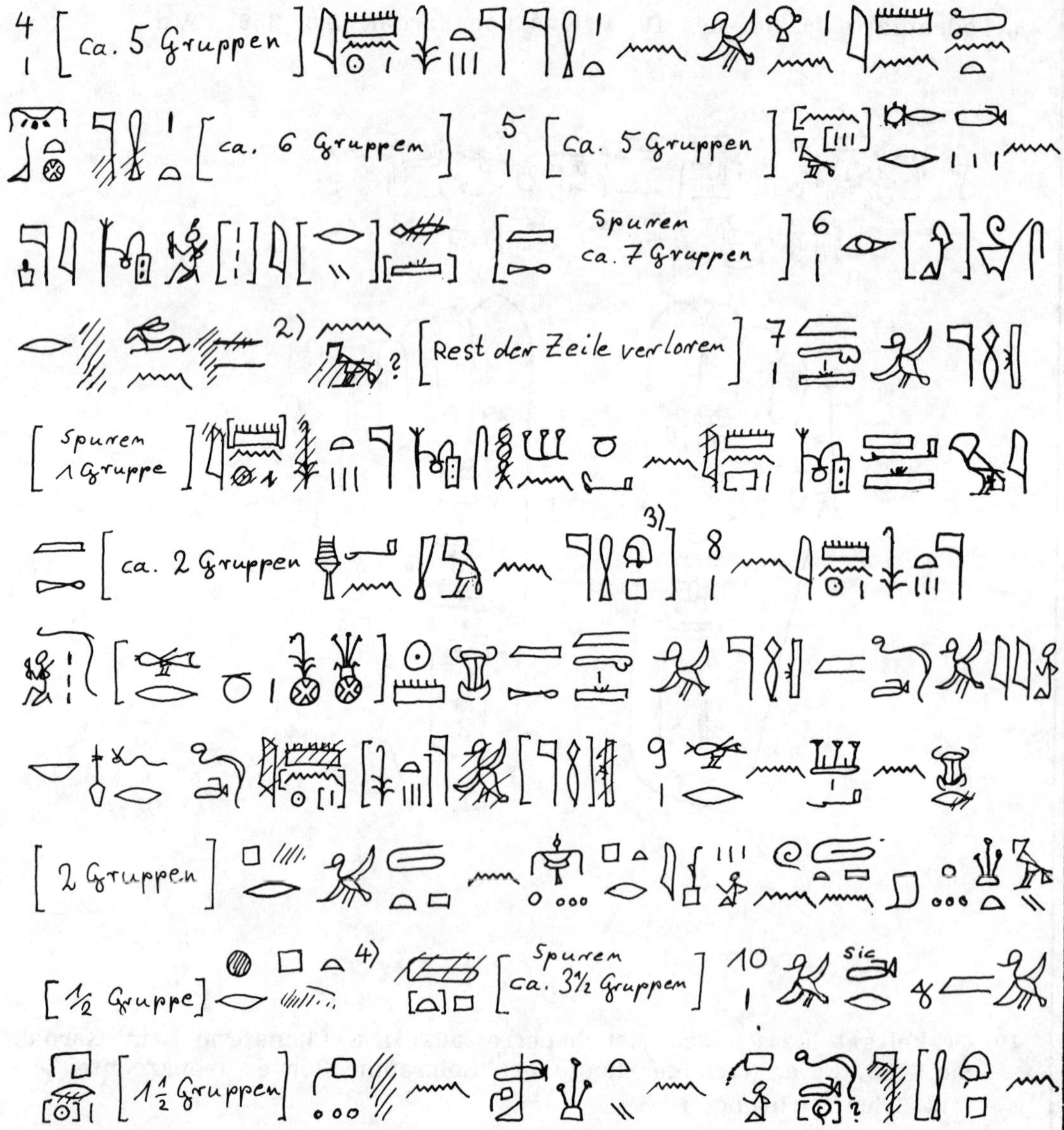
4
ca. 5 Gruppen
ca. 6 Gruppen
5
ca. 5 Gruppen
Spuren ca. 7 Gruppen
6
2)
Rest der Zeile verloren
7
Spuren 1 Gruppe
ca. 2 Gruppen
3)
8
9
2 Gruppen
1/2 Gruppe
4)
Spuren ca. 3½ Gruppen
10
sic
1 1/2 Gruppen
u.s.w. ca. 8 Gruppen ab ḥm-nṯr
11
sic
5)
12

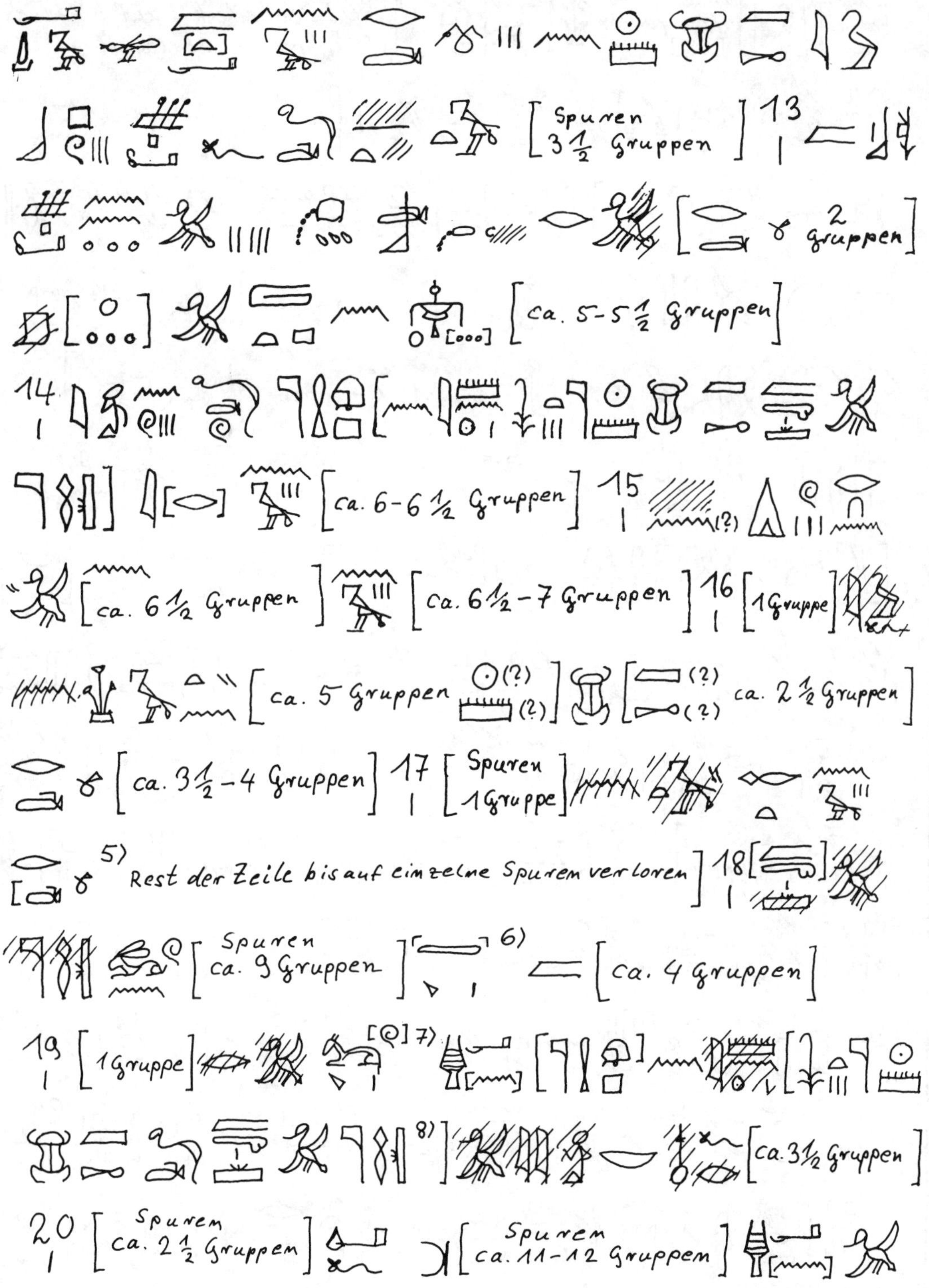
Spuren 3 1/2 Gruppen
13
2 Gruppen
ca. 5-5 1/2 Gruppen
14
ca. 6-6 1/2 Gruppen
15
(?)
ca. 6 1/2 Gruppen
ca. 6 1/2-7 Gruppen
16
1 Gruppe
ca. 5 Gruppen
(?)
ca. 2 1/2 Gruppen
ca. 3 1/2-4 Gruppen
17
Spuren 1 Gruppe
5) Rest der Zeile bis auf einzelne Spuren verloren
18
Spuren ca. 9 Gruppen
6)
ca. 4 Gruppen
19
1 Gruppe
7)
8)
ca. 3 1/2 Gruppen
20
Spuren ca. 2 1/2 Gruppen
Spuren ca. 11-12 Gruppen

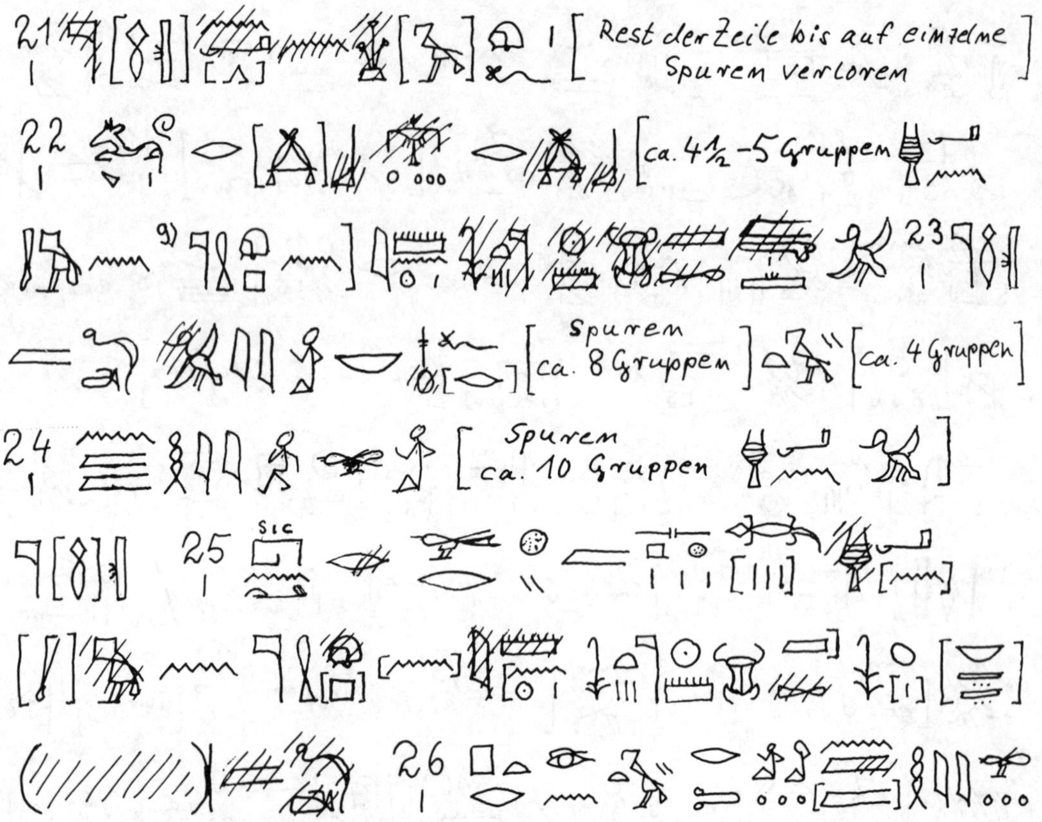
21
Rest der Zeile bis auf einzelne Spuren verloren
22
ca. 4½–5 Gruppen
9)
23
Spuren
ca. 8 Gruppen
ca. 4 Gruppen
24
Spuren
ca. 10 Gruppen
sic
25
26
10)
(?)
Spuren
ca. 2½ Gruppen
27
sic
Spuren
1 Gruppe
28
11)
29

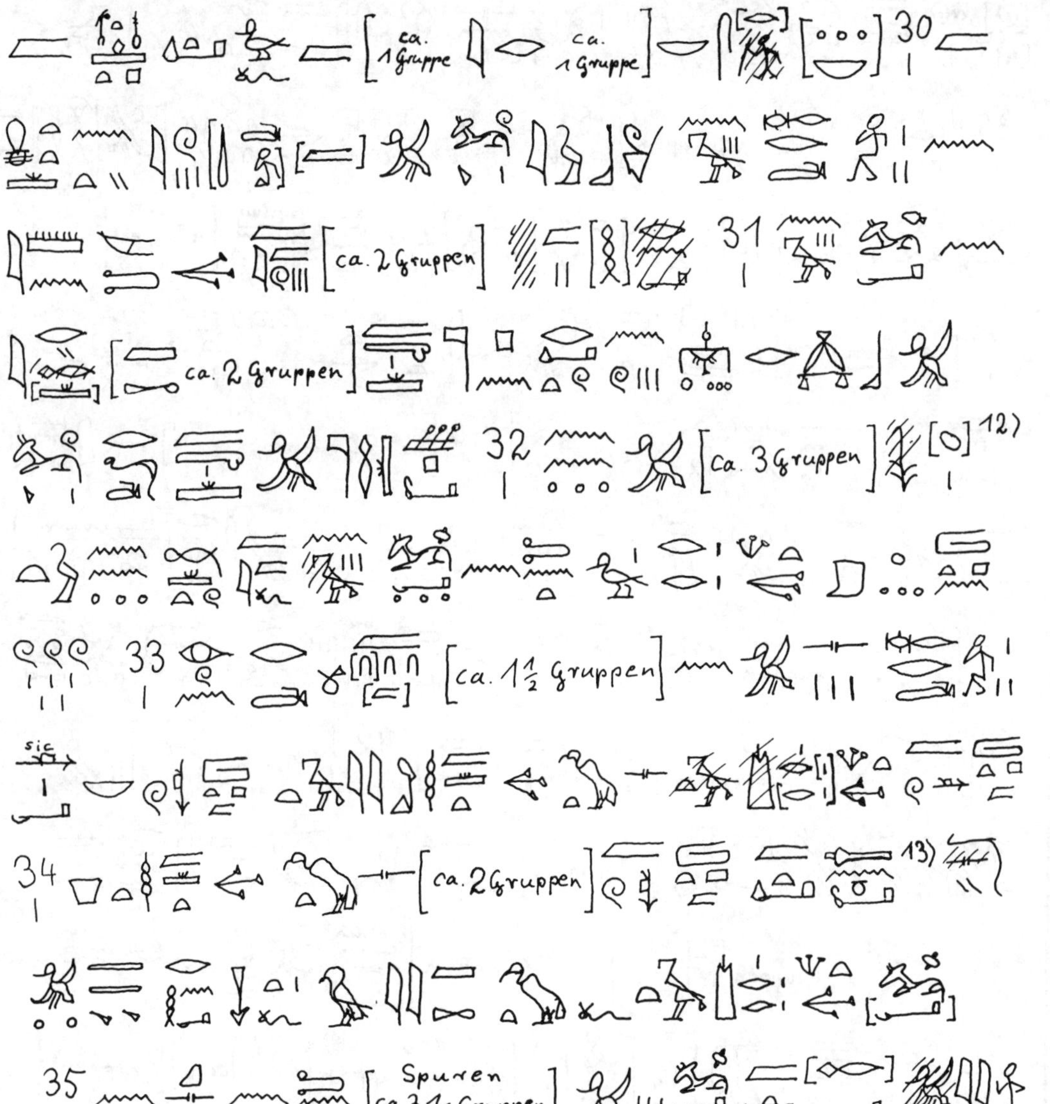
ca. 1 Gruppe
ca. 1 Gruppe
30
ca. 2 Gruppen
31
ca. 2 Gruppen
32
ca. 3 Gruppen
12)
33
ca. 1½ Gruppen
sic
34
ca. 2 Gruppen
13)
35
Spuren ca 3½ Gruppen
14)
36
ca. 4 Gruppen
Spuren ca. 1½ Gruppen
37
Spuren ca. 3½ Gruppen

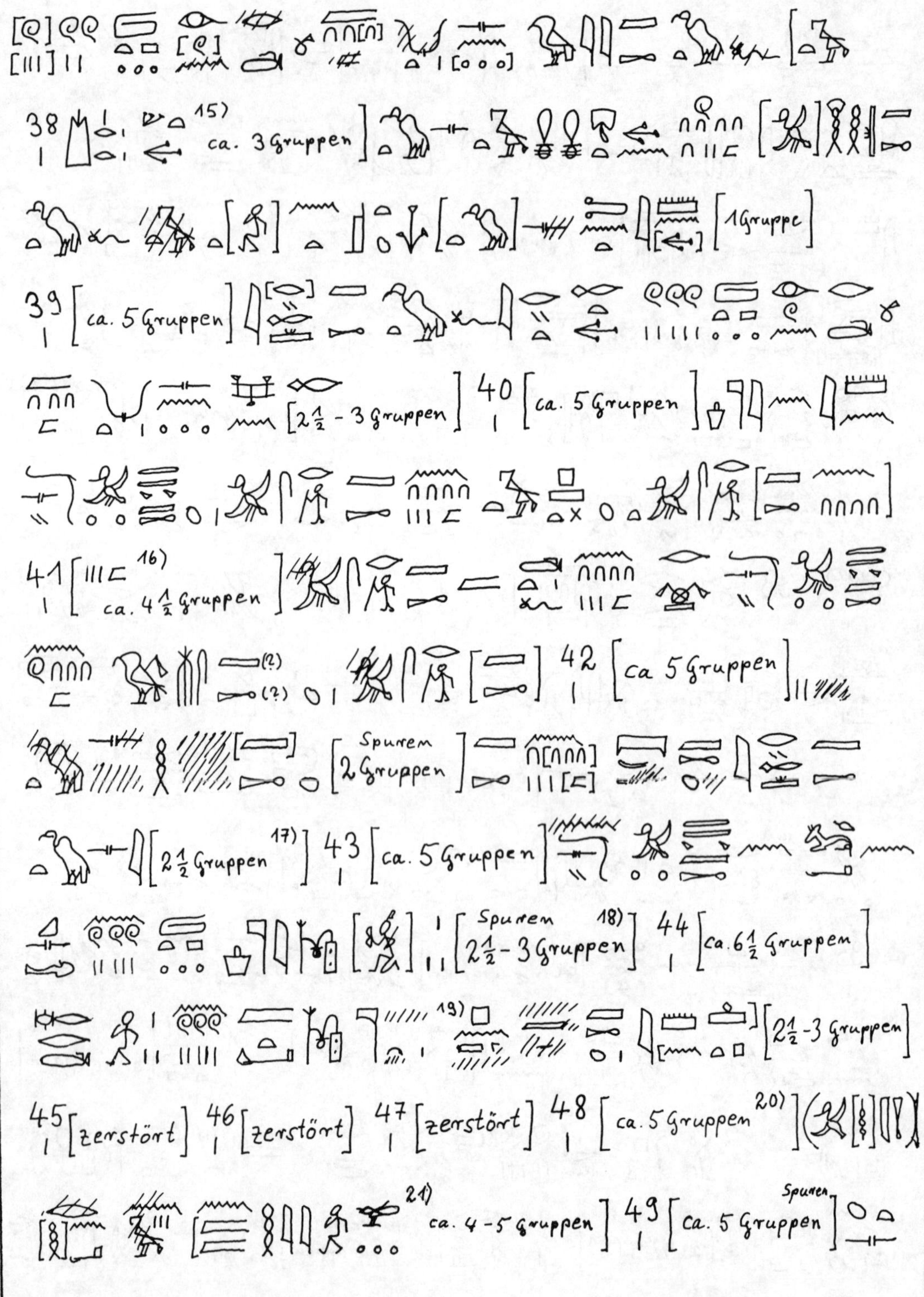
38
15) ca. 3 Gruppen
1 Gruppe
39
ca. 5 Gruppen
2½ - 3 Gruppen
40
ca. 5 Gruppen
41
16) ca. 4½ Gruppen
(?)
(?)
42
ca 5 Gruppen
Spuren 2 Gruppen
2½ Gruppen 17)
43
ca. 5 Gruppen
Spuren 2½ - 3 Gruppen 18)
44
ca. 6½ Gruppen
19)
2½ - 3 Gruppen
45 zerstört
46 zerstört
47 zerstört
48
ca. 5 Gruppen 20)
21)
ca. 4 - 5 Gruppen
49
Spuren ca. 5 Gruppen

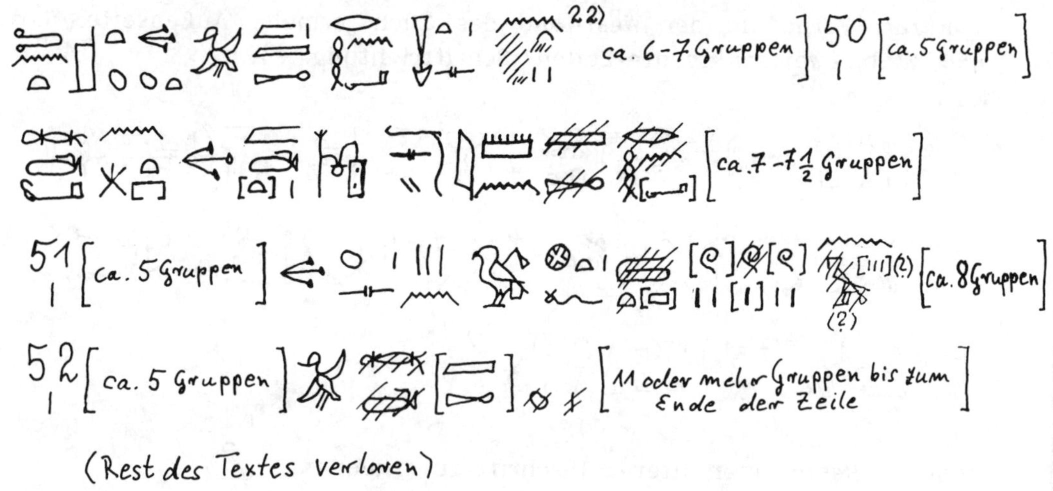
22)
ca. 6-7 Gruppen
50
ca. 5 Gruppen
ca. 7-7½ Gruppen
51
ca. 5 Gruppen
(?)
ca. 8 Gruppen
(?)
52
ca. 5 Gruppen
11 oder mehr Gruppen bis zum Ende der Zeile
(Rest des Textes verloren)

1) Sinn: der Gott erscheint in seiner Schönheit im Vorhof o.ä.?

2) Ob vielleicht 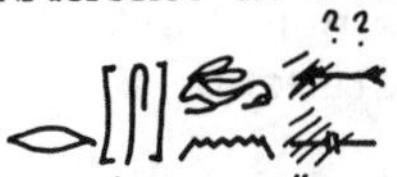 zu ergänzen ist?? 3) Vgl. Z.25. 4) Epigraphic Survey: **ḫrp.t**, *"assessment(?)"*. 5) Ergänzung Epigraphic Survey. 6) Ergänzung Epigraphic Survey. 7) Vgl. Temple of Khonsu II, Beiheft, 19, Anm.q. 8) Diese Ergänzung füllt die Lücke ziemlich genau aus; **wḥm** anstatt **ḏd** zöge dagegen ein **m-ḏd** nach sich, wofür nicht genügend Platz vorhanden ist. 9) Vgl. Z.25. 10) Alternative Lesung des Epigraphic Survey, Temple of Khonsu II, Beiheft, 19, Anm.v: **ptr ⌜ntyw⌝ <m> rmṯ-nmḥyw n-Njw.t**. 11) Ergänzung Epigraphic Survey, Temple of Khonsu II, Beiheft, 19, Anm.y. 12) Ergänzungsvorschlag Epigraphic Survey, Temple of Khonsu II, Beiheft, 20, Anm.ff: **šzp.n.n pȝ[-ḥḏ m-dj-zȝ-]njswt**;

vielleicht ist 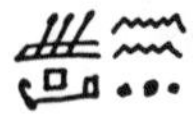 nur eine Schreibung für **šzp.n**, vgl.  und Erman, NG, §75. 13) Vgl. Temple of Khonsu II, Beiheft, 20, Anm.jj. 14) Temple of Khonsu II, Beiheft, 20, Anm.nn. 15) Vgl. Z.34. 16) Ergänzung Epigraphic Survey. 17) In Frage käme z.B. **Mrj.t-Jmn** (Z.30). 18) Nach dem Titel (vgl. Z.5) wäre vielleicht **Jrj-ᶜȝ** zu erwarten, dies stimmt jedoch nicht mit den vom Epigraphic Survey gegebenen Resten überein. 19) Epigraphic Survey, Temple of Khonsu II, Beiheft, 20, Anm.tt: **ḥtp-nṯr**. 20) Vor dem Königsnamen ist vielleicht "*HPA Mencheperre...* **zȝ-njswt**" zu ergänzen. 21) Ergänzung Epigraphic Survey, Temple of Khonsu II, Beiheft, 20, Anm.vv. 22) Epigraphic Survey, Temple of Khonsu II, Beiheft, 18 mit Anm.ww auf S.20, vermutet Namen; oder ist es Einleitung für einen Preis?

50. Tür zum Vorhof in der Westwand des Chonstempels, Außenseite. S.o. §56, KC.b. Zwei senkrechte Zeilen (Schriftrichtung: ←).

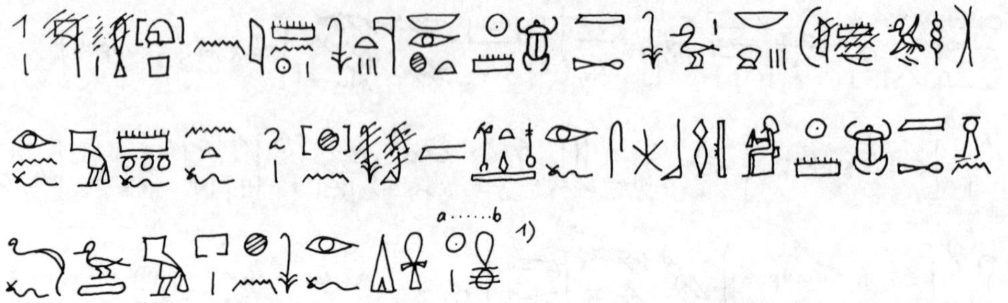

1) *a.....b* Reste einer älteren Inschrift zu erkennen: 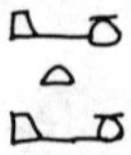

51. Erneuerungsinschrift des Mencheperre an der westlichen Außenwand des Tempels von Luxor, links von einer Darstellung des ityphallischen Amun, hinter einem Opfertisch stehend. S.o. §56, L.a. Senkrechte Zeile (Schriftrichtung: →).

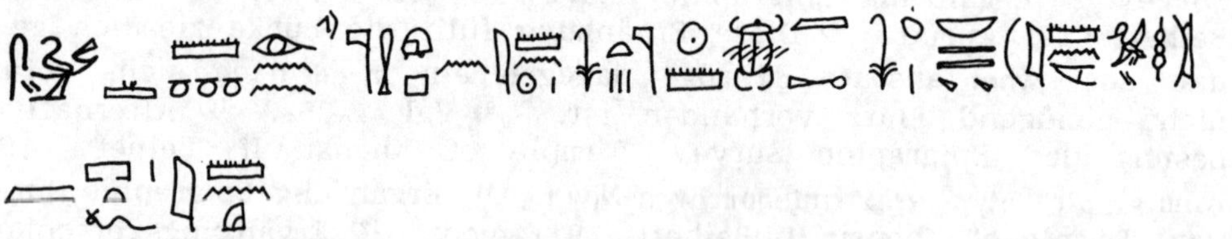

1) So, und nicht  (Gauthier, LR III, 266).

52. Aufschrift auf einem Stoffstück aus der 2e trouvaille von Deir el-Bahri, Nr.105. S.o. §56, DeB.a. Die hier gegebene Lesung folgt dem Emendierungsvorschlag von Young, in: JARCE 2, 1963, 103, Anm.21.

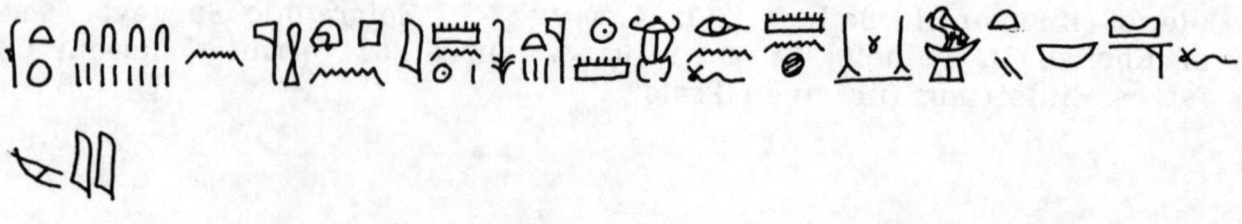

53. Papyrusfragment aus el-Hibeh(?), pMoskau 5660. S.o. §56, H.b. und V.21.b.

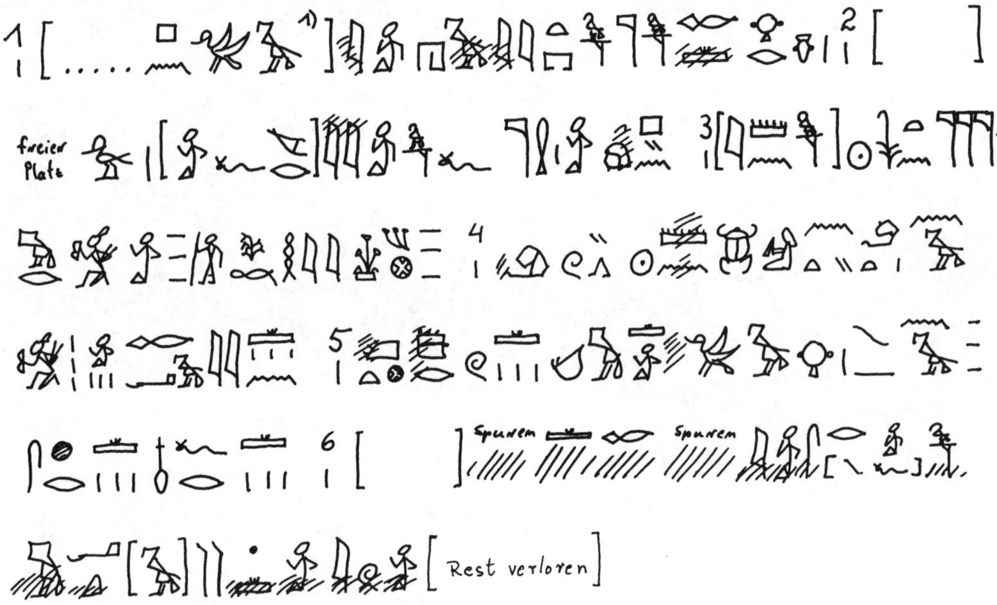

1) Ergänzungen von Posener, in: JEA 68, 1982, 134ff. – Posener möchte am Anfang einen priesterlichen Titel vor dem Götternamen ergänzen, vgl. aber Orakeltext V.21.b., Anmerkung.

54. Graffito in Bigeh. S.o. §56, B. Nach Maspero.

Register

Vorbemerkung

Die Zahlen beziehen sich auf Paragraphen, wenn ihnen nichts voransteht. Zahlen mit voranstehendem A. beziehen sich auf Anmerkungen. * bezeichnet solche Paragraphen, in denen das jeweilige Stichwort im Mittelpunkt steht. Eingeklammerte Zeichen hinter den Paragraphen, wie z.B. "48 (KA.a.)" oder "42 (13)" beziehen sich auf das Symbol eines Belegs in einem Paragraphen.

A. Götternamen in konventioneller Schreibung

Amon von Siwa 113
Amun als Jenseitsgott 296
Amun-Kamutef 13; 21
Amun-Re (njswt-nṯr.w) von Karnak *passim*
Amun-Re (nb-ns.wt-tꜣ.wj et var.) 133, A.115; 279
Amun-Re-Atum 103, A.432
Amun (znn-tꜣ) 61, A.203
Amun des Ramses in Zahi 426, A.436
Amun von Bw-qnn.f 325
Amun von Pꜣ-ḫntj 325
Amun von Tꜣ-šnj.t 325
Amun von Ḏmꜣ 390, A.260
Apollon 132; 308
Aton s. Jati
Atum 10; 16; 67; 94; 95 (KC.a.)

Chons 7; 10; 11; 12; 13; 14; 15; 16; 17; 21; 71; 95; 98; 101; 109; 121; 128; 153, A.163; 185; 187; 188; 216, A.321; 219, A.326; 238; 302, A.476; 325, A.42; 332
Chons, Herr der Freude 64
Chons, Zähler der Lebenszeit (ḥsb-ꜥḥꜥw) 7

Harsaphis 67
Hathor 357; 359; 385
Hathor von Gebelein 390, A.260
Hathor-Bnn.t 14; 15
Hauron 393
Hemen 133, A.115; 325, A.42; 332
Horus 64
Horus-Sohn-der-Isis 302, A.476

Isis 302, A.476
Iuno moneta 388
Iupiter capitolinus 388
Iupiter Iulius 381

Jahwe s. Gott (AT)
Jati 68; 70; 72

Maat 15; 80, A.269; 91 und A.323
Mars 388
Mendes, Bock von - 351
Min 133
Month 10; 15; 355, A.161; 432
Month-Re 16; 95
Month-Re-Harachte 302, A.476
Mut 7; 13; 14; 15; 16; 17; 21; 23; 95; 105; 121; 128; 153, A.163; 187; 188; 219, A.326; 238; 302, A.476; 306

Nefertem 396

Osiris 79; 271; 296; 354; 394; 418

Ptah 15; 94; 175; 326; 332; 350; 351; 352; 357; 372; 376; 381

Re 67; 91; 94; 124, A.82; 372; 448
Re-Harachte 17
Re-Harachte-Atum 10; 16

Sachmet 15; 16; 17; 48 (KM); 396
Schu 177
Seschat 16
Seth 324; 332; 352; 359; 464; 477
Seth von Spr-mrw 475

Thot 16; 17; 94; 139, A.124; 302, A.476; 326; 353; 381; 393
Thot des Ramses-maiamana 376
Trias von Theben 103; 204; 210; 218; 219

B. Personennamen in konventioneller Schreibung

Achanjati s. Amenophis IV.
Ahmes-Nofretere 323; 332; 343, A.91; 370, A.211; 393, A.264
Ahmose I. 48 (M); 120, A.67; 322; 324; 332; 348

Aja (Amarna) s. Eje
Alara 123
Alexander der Große 113
Amenemhet I. 32
Amenemhet (HPA) 77
Amenmose (theb. Grab Nr.19) 174
Amenophis I. 48 (KN; S); 49, A.172; 163; 174; 178; 293; 302; 317, A.11; 323; 324; 329
Amenophis II. 3, A.8; 52; 385
Amenophis III. 48 (M); 88; 120; 354; 403
Amenophis IV. 68*; 70*; 71; 72*; 73*; 74*; 75; 86; 87; 88; 412; 425; 499
Amenophis-Sise (2PA) 76; 84
Amenophis, Sohn des Hapu 38, A.126; 133; 167
Amenophis, Sohn des Hapu, Dekret für die Totenstiftung des – 345; 398; 403; 404; 406; 407
Amenophis (jmj-r'-pr-wr) 358
Amenophis (HPA) 7, A.23; 45; 47, A.159; 78; 80; 81; 83; 88; 89; 90; 105; 214, A.313; 348; 371; 409, A.337; 411; 424; 429, A.449; 438
Amenophis (Schatzhausvorsteher Ramses' IX.) 375
Anchefenamun, Sohn des Butehamon 52
Anchefenmut, Sohn des Herihor 65, A.219
Anchefenmut, Sohn des Paianch 65, A.219
(Ramses-)Anchefenmut 37, A.119; 60, A.201; 65, A.219
Anchnesneferibre 139, A.124
Anchtifi von Moᶜalla 133, A.115
Antef I. 63
Antef II. 133, A.115
Antef VI. 63
Apophis (Kg.) 63
Apries 260, A.405; 351; 399, A.295

Bakenchons I (HPA) 7, A.23; 78; 79; 80; 81; 83; 84; 89, A.315; 451, A.559; 453
Butehamon 48 (Gr); 52; 60

Caesar, C. Julius 381; 388, A.257
Chai (Vezir) 89, A.312
Chamawisa, Sohn des Jwrṯ s. Ḫᶜj-m-Wꜣs.t

David 304; 307
Dionysios von Halikarnass 387

Eje (Aja) (Kg.) 63; 82; 83, A.291; 348; 351

Hapi-djefai 368; 369; 370
Hapuseneb 77; 79, A.257; 80; 84, A.298
Haremhab (Kg.) 38; 92; 106; 121; 316; 323; 372; 456
Haremhab (Rekrutenschreiber) 88
Hatschepsut 65, A.219; 80; 82; 115; 116; 117; 119; 120
(DH) Henut-tawi (A) 48 (KM; K; T.b.); 56 (DeB.b.)
Henut-tawi (C) 142; 201; 205; 206; 207; 212; 214; 215; 216; 217; 261; 332; 396; 400; 401; 446
Heqanefer (2PA) 47
Herihor 2*ff.; 34*ff.; 79; 83; 87; 91*; 92; 93*; 94*; 95; 100; 101; 103, A.432; 104; 105; 110; 127; 167, A.205; 175; 185; 240, A.372; 466; 499; 501
Herodot 113
Horscheri (DeM) 171
Huja (Amarna) 68; 425

Ineni 82; 115
Isai 304

Joseph 366, A.192

Kamose (Kg.) 63

Livius, Titus 387

Maatkare (A) 103
Maatkare (B) 36; 201; 218; 220; 221; 222; 223; 249; 332; 339; 396; 400; 404; 446; 466; 468
Madenna (Sohn des Herihor) 65, A.219
Maja (Amarna) 82; 470
Masaharta (HPA) 49, A.172; 52*ff., 58; 64; 65, A.219
Masaharta (Sohn des Herihor) 65, A.219
Masaqaharta (Sohn des Herihor) 65, A.219
Mencheperre (HPA) 29; 52; 53; 55; 56*ff.; 63; 64; 107; 127; 164; 166, A.203; 198; 203; 222; 306; 332; 404, A.309; 446; 466; 467; 474; 475; 478
Mencheperreseneb (HPA) 3; 77; 79; 80; 82
Meri (HPA) 77
Merire I (Amarna) 74; 82; 83
Merire II (Amarna) 82, A.283
Merit-Amun (Königin) 52
Mes 324; 348; 361; s. auch Mes-Inschrift in Register S.
Minmose 426, A.434

Nacht-Min 37

Naunachte 466; 470; 474; 475; 479
Na(?)wasuna (Sohn des Herihor) 65, A.219
Neb-Amun 84, A.298
Nebwenenef (HPA) 36, A.114; 82; 84; 171; 307
Nefer (3PA) 77; 82
Neferhotep I. (Kg.) 63
Nefertari (Königin) 24, A.44
Nektanebos I. 56 (KA.g.)
Nesamun (HPA) 47
Nesamun (2PA) 47 mit A.159
Nesamunre (2PA) s. **Nsj-Jmn-R^{c}**
Neschons 107; 207; 208; 214; 271; 272*ff.; 276; 279*f.; 281; 282; 283; 311
Nesi (4PA) 55

Osorkon (Sohn des Herihor) 65, A.219
Osorkon I. 55; 222
Osorkon II. 144; 293; 332; 429; 435, A.484
Osorkon (HPA) 127; 404, A.309

Paianch (HPA) 8; 36; 42*ff.; 51; 62; 63; 174
Painedjem I. (HPA/Kg.) 5, A.16; 25; 29; 44; 46; 48*ff.; 53; 55; 56; 57; 58; 59; 63; 64; 65; 66, A.222; 71; 80; 92; 95*ff.; 499; 501
Painedjem II. (HPA) 174; 189; 193; 195; 205; 207; 271; 273; 274; 275; 276*ff.; 281; 283; 311
Panehsi (VK Kusch) 5; 39; 45
Panehsi (Amarna) 74; 82, A.283
Parennefer 72; 82, A.283; 412
Paschedbastet (4PA) 55
Paser (Vezir) 39, A.132; 89* und A.312
Paser (HPA) 78; 83; 89* und A.312
Paser (VK Kusch) 353
Pawah (Amarna) 74
Peftauauibastet (Kg.) 358
Pentu (Amarna) 74
Pije (Kg.) 63; 147; 341
Plutarch 113
Psusennes I. 48 (T); 49; 64; 65; 66, A.222; 102, A.427; 222; 306; 324; 464
Psusennes II. 222
Ptahmose (HPA) 77
Ptah-schepses 133, A.115
Pujemre 80, A.261

Qenamun 418

Rama (HPA) 7, A.23; 24, A.51; 36; 78; 79; 80; 81; 83; 84; 89, A.315; 105; 106; 238
Rama (2PA) 89, A.315
Rama (**zš-mš^{c}**) 36, A.114
Ramses II. 8; 24; 36, A.114; 34; 37, A.119; 48 (M); 69; 82; 84, A.298; 89; 91; 102, A.427; 124, A.82; 353; 386; 415, A.379; 475
Ramses III. 2; 24; 48 (MH; M); 92; 102, A.427; 121; 359; 376; 386; 393; 394; 395, A.273 und 274; 397; 480
Ramses IV. 2; 36
Ramses V. 375; 432; 487
Ramses IX. 375
Ramses XI. 2-33 passim; 45; 46; 48 (R.XI); 64; 65; 95 (R.XI); 99, A.415
Ramsesnacht (HPA) 7, A.23; 36; 47 und A.159; 89; 90; 174; 375
Rechmire 425
Romulus 387

Samuel 304; 307
Saul 304; 307, A.486
Schepenupet II. 354
Scheschonq I. 55; 149, A.157; 332; 385; 386; 404; 418; 435; 438; 482; 493; 494 und A.723
Senenmut 82, A.277; 358
Sennefer (theb. Grab, Nr.96) 429
Sesostris II. 63
Sethos I. 6, A.16; 8; 24; 25; 32; 34; 36, A.114; 48 (M.c.); 56 (ThW); 89; 102, A.427; 285; 294; 340; 386; 393; 394; 399; 466, A.608
Sethos II. 52; 64; 143
Siamon (**zȝ-njswt**) 48 (M.g.)
Siamon (Kg.) 203; 493
Smendes (Kg.) 53; 61; 65; 306
Smendes (HPA) 56 (KA.d.); 58; 207; 214; 215; 222; 400; 401

Taharqa 122; 123; 125, A.89; 354; 414
Teje (Königin) 88
Tentamun (Tanis) 61; 306
Teti (Kg.) 63
Thutmosis I. 48 (DeB.a.)
Thutmosis II. 48 (M.h.)
Thutmosis III. 3; 100, A.418; 119; 120; 121; 126; 385; 414; 423; 426
Thutmosis IV. 116
Thutmose (Schreiber) 47; 293; 432
Thutmose (Scheunenvorsteher des Amun) 156; 174; 186; 187; 189; 190; 192; 193; 195; 196; 197; 198; 199; 202; 215; 224; 225; 228; 229; 238; 245; 250; 325; 466
Tutenchamun 32; 63; 92; 94; 121; 188; 381; 435
Tutu (Amarna) 74

C. Ortsnamen in konventioneller Schreibung

Abu Simbel 24, A.44; 460
Abydos 36, A.114; 42; 48 (A); 55, A.184; 322; 324; 332; 386; 404; 418; 435
Amarna 68*; 69; 73; 74; 75; 76; 82; 83; 84; 85; 86; 88; 177; 425; 453; 470
Assiut 344; 368
Assur 426

Bayadiyah 56, A.192
Beni Hasan 412, A.352
Bigeh 56 (B)
Bubastis 429; 435, A.484

Dachla 464; 478
Deir el-Bahri 48 (DeB); 52; 56 (DeB); 77; 133, A.115
Deir el-Medineh 112; 163; 174; 178; 230; 299; 317; 318; 322; 323; 325; 332; 361; 430; 475; 476; 478
Delphi 132; 308
Dra abu'l-negga 133, A.115

Edfu 394
Elephantine 375
el-Hibeh 48 (H); 52; 53; 56 (H)
Elkab 368; 370

Gebelein 56 (G); 65, A.216; 390, A.260
Gebel es-Silsila 36; 72; 77; 149, A.157
Groß-Cheta 426
"Großes Feld" 347

Hardai 432
Hefat 332
Heliopolis 95 (KC.a.); 386; 396; 428; 480
Herakleopolis magna 42 und A.139; 341; 358

Israel 304; 309

Karnak, Amuntempel *passim*
Karnak, Chonstempel *passim*
Karnak, Chonstempel, Dachheiligtum 103, A.432; 108
Karnak, Muttempel und -bezirk 48 (KM)
Karnak-Nord 48 (KN)
Karnak, Osiristempel 48 (KO)
Karnak, Ptahtempel 100, A.418
Kawa 122; 123; 414
Kom el-Higazeh 58
Kom esh-Shurafah 56 (KSh)
Koptos 48 (K); 52; 53; 370

Luxor 42; 43; 48 (L); 56 (L); 188; 250; 252, A.396

Medinet Habu 45, A.144; 48 (MH); 77; 80; 82; 92; 96; 100, A.418; 105; 107; 121; 316; 355, A.161; 376; 411; 480
Megiddo 414
Memphis 48 (Mph); 270; 326; 348; 358; 359, A.171; 376; 393; 428
Mendes 351
Mitrahina 260, A.405; 351; 399, A.295
Mo^{c}alla 133, A.115

Nubien 44; 376; 394; 422; 423; 426

Ombos, Insel von – 459

Pi-Ramses 374; 411, A.342
Punt 115

Rom 387*f.; 390

Schech abd el-Qurna 77
Sehel 48 (GrS)
Siwa 113
Sumenu 84

Tanis 37, A.119; 48 (T); 58; 65; 66; 87; 143; 293; 306
Theben *passim*

Wadi Hammamat 56; 124

Zahi 376; 426, A.436

D. Götternamen in Umschrift

Jmn.t 10; 11; 12; 13; 15; 16
Wꜣs.t-nḫttj 14; 16
Mwt s. Mut
R^{c}-Ḥrw-ꜣḥtj ḥ^{c}j m-ꜣẖ.t 72
Rnn.t 125
Ḥrw-ꜣḫtj 70; 107
Ḥḏ-ḥtp 381
Ḫnsw s. Chons
Swtḫ s. Seth
Šꜣj.t 125
Šzmw 381

E. Personennamen in Umschrift

ꜣs.t-m-ꜣḫbjt (C) 56 (H.a.); 58; 205; 206; 207; 214; 215; 216; 220; 222
ꜣs.t-m-ꜣḫbjt (E) 201; 205; 206; 212; 215; 216; 332; 400; 401

Jwrṯ (HPA) 143; 268; 332; 400; 404, A.310; 461
Jmn-m-wjꜣ 325
Jmn-m-ḥꜣb (**jmj-r'-mšꜥ n-pr-Ḫnsw**) 36, A.114
Jns 31
Jrwṯ 358

ꜥnḫ.f-n-Mwt s. (Ramses-)/Anchefenmut
ꜥšꜣ-jḫ.t 7; 174; 182

Wꜣjhst 175
Wnn-nfr (Vezir) 5
Wnn-nfr (2PMin) 48 (K)
Wsr-mꜣꜥ.t-Rꜥ-nḫtw 479

Bꜣk-n-nfj 350, A.144

Pꜣ-ms-ḥm.w 198
Pꜣ-nb-n-ꜥḏd 476, A.654
Pꜣ-ṯꜣw-m-dj-Jmn 325
Pꜣ-dj.w 475

Mw.t-nmḥw 451, A.559
Mn-mꜣꜥ.t-Rꜥ-nḫtw 31; 375
Mn-ḫpr-Rꜥ (HPA) s. Mencheperre
Mnṯw-wsr 451, A.559
Mrj-Jwnw (Fürst von Elephantine) 375; 459
Mrj-Mꜣꜥ.t 174
Mḥwḥj (HPA) 78; 79, A.258; 83

Nꜣ-nfr 475
Nb-wnn.f (HPA) s. Nebwenenef
Nb-Mꜣꜥ.t-Rꜥ-nḫtw (Vezir) 5; 8
Nb-nfr 475
Nb-nṯr.w (HPA) 89* und A.312-314
Nfr (3PA) s. Nefer
Nmrṯ (Vater Scheschonqs I.) 332; 385; 404; 418; 435; 438; 482
Nmrṯ (I.22.c.) 175; 350; 357
Nsj-Jmn (Sohn des **ꜥšꜣ-jḫ.t**) 7; 174; 182
Nsj-Jmn (Kornrechnungsschreiber des **pr-Jmn**) 432
Nsj-Jmn (2PA) s. Nesamun
Nsj-Jmn-Jp.t 432
Nsj-Jmn-Rꜥ (2PA) 47; 174
Nsj-bꜣ-nb-Ḏd 353
Nsj-Bꜣst.t 464; 477
Nsj-pꜣ-ḥr-n-Mwt 206
Nsj-Ḥrw 351
Nšj 347; 348
Ntmr 353
Nḏm.t 8; 34 (N); 48 (M.e.); 103, A.432

Ḥwjꜣ s. Huja
Ḥnw.t-tꜣ.wj (**šmꜥj.t n-Jmn**) 432
Ḥrw-m-ꜣḫ.t 214 und A.313

Ḫꜥj-m-Wꜣs.t (Sohn des **Jwrṯ**) 268; 404, A.310
Ḫꜥj-m-tjr (Schatzhausvorsteher) 375; 432; 479; 480

Smnḫ-kꜣ-Rꜥ/Jmj-r'-mšꜥ (Kg.) 76, A.255
Sḫm.t-nfr.t 347

Knmtwhr 476, A.657

Tꜣj.w-ḥnw.t 453
Tꜣ-ḥn.t-Ḏḥwtj 215
Tꜣ-dnj.t-n-Bꜣst.t 404, A.310

Ṯꜣj-nfr (4-2PA) 156; 203; 206

Ḏd-Ptḥ-jw.f-ꜥnḫ 175; 350

F. Orts- und Gebäudenamen in Umschrift

ꜣnꜣjnꜣ 432
Jw-m-jtrw 344, A.103; 432
Jmn-wsr-fꜣw 153, A.163
Jmn-wṯz-ḫꜥw 3
Jmn-.....m-sḫꜣw (?) 153, A.163
Wꜣwꜣ.t 423
Pr-jqr 432
Mn-ḫpr-Rꜥ-jnj-ḏfꜣ-m-pr-Ḫnsw 56 (KC.b.)
Mr-wr 424; 431
Nꜣjr'tj 432
Nfr-wsj 415, A.379
Rṯnw 423; 425; 426
Ḥft-ḥr-nb.s 403
Spr-mrw, Seth von – 475
Kꜣš 422; 423; 428; 476

G. Königliche Titel in Umschrift

jr.t-pᶜ.t (?) 8
pr-ᶜꜣ 93; 382; 445; 455; 456*ff.
njswt-bjt 64; 67; 94; 95 (KC.a.); 96; 108; 109; 260
njswt-bjt-šmᶜw-mḥw 56 (H); 57
ḥm.t-njswt-wr.t 8

H. Beamtentitel in Umschrift

jmj-r'-jḥ.w 65, A.219
jmj-r'-jḥ.w-wr n-Jmn-Rᶜ njswt-nṯr.w 65, A.219
jmj-r'-pr 403
jmj-r'-pr-wr n-Jmn 65, A.219
jmj-r'-mnfj.t 50; 51; 105
jmj-r'-mšᶜ (-wr n-šmᶜw-mḥw / n-tꜣ-(r-)ḏr.f) 35; 37; 38; 40; 45 und A.144; 50; 51; 54; 56 (KA); 57; 60; 105 (s. auch "Generalissimo")
jmj-r'-mšᶜ n-Jmn 36 und A.114
jmj-r-mšᶜ (n-Pr-ᶜꜣ ᶜ.w.s.) 42; 43; 45; 62
jmj-r'-mšᶜ n-pr-Ḫnsw 36, A.114
jmj-r'-njw.t/ṯꜣtj 5; 35; 43; 50; 51; 105
jmj-r'-ḥm.w-nṯr n-nṯr.w-nb.w-šmᶜw-mḥw 35
jmj-r'-ḫꜣs.wt-rsj.wt 35; 43; 51 (s. auch Vorsteher ..., ...vorsteher)
jmj-r'-ḫtm 394; 403
jmj-r'-(n-)šnw.tj (n-Pr-ᶜꜣ ᶜ.w.s.) 5; 35; 43; 51
jmj-r'-kꜣ.t (-wr) 50 (s. auch Bauleiter)
jmj-r'-kꜣ.t-wr m-pr-Ḫnsw 35
jmj-r'-kꜣ.t n-mnw-nb n-ḥm.f 35
jmj-r'-snṯ-wr 167, A.204
jrj-pᶜ.t 37; 38; 58
jrj-pᶜ.t n-pꜣ-tꜣ (r-)ḏr.f 37; 38
jrj-pᶜ.t n-(?)Km.t 50, A.173
jrj-pᶜ.t ḥꜣtj-ᶜ 35; 40; 50; 58
jrj-pᶜ.t ḥrj-tp-tꜣ.wj 35; 37; 38, A.123; 50; 51; 60
jrj-pᶜ.t sšm-tꜣ.wj 54; 60; 64
jr.t-pᶜ.t (?) 8
jtj-nṯr 480 (s. auch Gottesvater)
jdnw-tꜣ-nt-ḥtr 432

ᶜꜣ n-pr 403
ᶜꜣ n-mšᶜ 36; 404
ᶜꜣ-(n-)št 375; 411; 487
ᶜꜣ n-qwr n-pr-Jmn 475; 476, A.654
ᶜꜣ n-thr 480

wꜣḥ-mw 353
wᶜb-Priester 175; 205; 301; 369; 403; 476; 478; 479; 494
wᶜb n-ḥꜣ.t 198
wr-ᶜꜣ n-Lbw 354
wr-mꜣ.w 88

bꜣk-tpj n-Jtn 74

mnḥ n-kꜣ.w 476, A.656
mnḥ n-Kꜣš 476 und A.655
mtwhr (libyscher Titel?) 476, A.657

r'-ḥrj n-pꜣ-mšᶜ 37, A.119
rwḏw 403; 404; 480
rwḏw n-pꜣ-ḥtp-nṯr 182
rwḏw n-pr-njswt 404, A.309

ḥꜣwtj 35; 38; 40; 43; 50
ḥꜣwtj n-(nꜣ-)pḏ.wt-Pr-ᶜꜣ (ᶜ.w.s.) 43; 45
ḥꜣwtj n-mšᶜ 36; 404
ḥꜣwtj ntj-(m-)ḥꜣ.t (n)-nꜣ-mšᶜ.w(-ᶜꜣ.w) n-Km.t ḏr.w 35; 43; 56 (H.b.); 60
ḥꜣt-ᶜ(-Amt) 316; 368; 369; 370; 403; 404, A.309; 424 (s. auch pr-ḥꜣtj-ᶜ)
ḥꜣtj-ᶜ n-jmnt.t 403
ḥm-nṯr 471; 479; 480 (s. auch Gottesdiener)
ḥm-nṯr (in Amarna) 74
ḥm-nṯr-wḥm 167, A.204
ḥm-nṯr n-pr-Ḫnsw 36, A.114
ḥm-nṯr n-Mwt(-wr.t nb.t-Jšrw) 65, A.219
ḥm-nṯr-sn.nw n-nb-tꜣ.wj 74
ḥm-nṯr-tpj n-Jmn-Rᶜ–njswt-nṯr.w *passim*
ḥm-nṯr-tpj n-(Nfr-ḫprw-Rᶜ Wᶜ-n-Rᶜ) 74
ḥm-nṯr-tpj n-(Rᶜ-) Ḥrw-ꜣḫtj 72; 73
ḥm.t-nṯr n-pꜣ-ḥr n-Jmn 475
ḥrj-jḥw 403; 475; 479; 480
ḥrj-pḏ.wt 403
ḥrj-pḏ.wt-Pr-ᶜꜣ 43
ḥrj-mḏꜣj.w 403
ḥrj-nḥsj.w 403
ḥrj-zꜣw.w-zš.w 376
ḥsj.t n-ḫnw-Jmn 358

ḫnw n-pꜣ-jmj-r’-jḥ.w n-Jmn 476

zꜣ-njswt n-Kꜣš 35; 43; 51 und A.174
zꜣ-njswt (n-jmj.t-wr.t) 24
zš-bjꜣj.t n-pr-Jmn 125
zš-mšꜥ 36, A.114; 403; 475; 479
zš n-pꜣ-ḫtm 403
zš n-pr-dwꜣ.t-nṯr n-Jmn 217; 375; 404
zš-njswt (+Zusätze) 35; 37; 38; 43; 51; 56; 57
zš n-šnꜥ.t n-pr-Jmn 182
zš-sḥn.w n-pr-Jmn 475, A.647

smr-ꜥꜣ m-tꜣ-ḏr.f 38

ṯꜣj-srj.t 480
ṯꜣj-ḫw ḥr-wnmj-njswt 35; 37; 38; 43; 51 (s. auch Wedelträger)

I. Göttliche Epitheta

jmn-rn.f 91
ꜥꜣ špsj, ꜥꜣ wr tpj špsj (Attribute von ḫrtw) 114
pꜣ-nb n-pꜣ-dmj (Epithet von Amenophis I.) 329
pꜣ-nb n-nꜣ-tꜣ.w (Amun) 65
pꜣ(j)-nṯr-ꜥꜣ 158; 247
pꜣ-nṯr-ꜥꜣ-wr n-šꜣꜥ-ḫpr 158; 210; 247; 302
pꜣ-nṯr(-ꜥꜣ n)-dr-ꜥ 158
msj-sw-ḏs.f 312
nbj-sw-ḏs.f 312
nṯr-pn-špsj 147; 148; 260
ḥm.f / ḥm n-nṯr-pn 120, A.64
ḥm n-nṯr-pn-špsj 147; 158; 161
ḥsb-ꜥḥꜥw als Beiname des Chons 7

K. Epitheta von Königen und Beamten

jmj-mskt.t-Rꜥ 100
jrj-ꜣḫ.w m-pr-Jmn 35
jrj-ꜣḫ.w n-nṯr.w-nb.w-Wꜣs.t 50

ꜥꜣ-bjꜣ.wt m-ḫnw-Jp.t-s.wt 106

wpj-mꜣꜥ.t 35; 50; 51 und A.179; 63
wpj-tꜣ.wj 43; 45, A.148; 60; 63
wr-ꜣḫ.w m-Jp.t-s.wt 92
wr-bjꜣ.wt m-Jp.t-s.wt 92; 106
wsr-ꜥ / wsr-mꜣꜥ.t / wsr-rnp.wt 363

mꜣꜥ-ḫrw 96
mrj-bꜣ.w-Jwnw 100; 102
mrj.n-Rꜥ 100 und A.422; 102, A.426
mḥ-jb-ꜥꜣ (+Zusätze) 35; 39; 40
msj-sšmw.w n-nṯr.w-nb.w 50
mtr-mꜣꜥ(.t) 80 und A.269; 83

nb-jrt-jḫ.t 49; 54; 55; 56 (KC.b.); 57; 58; 64; 95
nb-ꜥꜣ n-Km.t 54 und A.182
nb-ḫꜥ.w 102, A.426
nb-ḫpš 95
nb-sꜣr.t 115
nb-tꜣ.wj 56 (Wadi Hammamat); 95 (KC.d.); 102, A.426
nṯr-nfr 49; 55; 56 (Wadi Hammamat); 68; 94; 108; 260

ḥqꜣ-Jp.t-s.wt 92, A.329
ḥqꜣ-Wꜣs.t 92, A.329
ḥqꜣ-ꜥꜣ n-Km.t 54, A.182

Ḫꜥj-m-Wꜣs.t 32
ḫrp-tꜣ.wj 35; 38; 60

zꜣ-Jmn 91; 92; 94
zꜣ-njswt-nb-tꜣ.wj 54; 56 (KC.a.; L)
zꜣ-njswt n-ẖ.t.f 43; 65, A.219
zꜣ-Rꜥ 94; 100; 102
znntj.w-tꜣ 61*; 306

sꜥꜣ-sḫr-nṯr 83
sꜥnḫ-tꜣ.wj 32
smr-ꜥꜣ m-tꜣ-ḏr.f 35; 38; 60
smr-ꜥꜣ n-mrw.t 38, A.126
sḥr(r)-tꜣ.wj 50; 51; 60; 63
sḥtp-nṯr.w 92
sḥtp-tꜣ.wj 50; 60; 63
sḥtp-tꜣ.wj n-nb.f Jmn 35; 38; 60; 62; 94
sḫpr-tꜣ.wj 63
sšm-tꜣ.wj 54; 60; 63; 64
sgrḥ-tꜣ.wj 63
stp.n-Rꜥ m-wjꜣ n-Rꜥ 100, A.422
sḏm-md.wt-rḫj.t-rsj 35

šw m-grg 80

qꜣb-ḥtp.w (+Zusätze) 35; 95 (KC.b.)

kꜣ-nḫt 92; 107

grg-tꜣ.wj 63; 94
grg-tꜣ.wj n-nb-nṯr.w 35; 38; 60; 62; 94

tj.t-Rꜥ / nḏtj n-jmj-Jwnw (-Wꜣs.t) 102, A.427
tj.t-Rꜥ / ḫntj-tꜣ.wj 100 und A.422; 102, A.426
tpj n-ḥm.f 60, A.201
tpj n-ḥḥ.w 56 (KA.c.); 57; 60, A.201

L. Ägyptische Wörter und Wortverbindungen

ꜣbj, *"wünschen"* 236
ꜣḥ.t 390, A.260
ꜣḥ.t-Pr-ꜥꜣ 460; 467, A.614
ꜣḥ.t-nmḥw.w 214; 215; 332; 367, A.197; 444; 458; 459; 460; 461; 462; 479; 480; 481; 482; 484; 485*ff.; 488; 489; 493; 494; 497; 506
ꜣḥ.t-nmḥw.w-nꜥ 463; Preis von – 493, A.717
ꜣḥ.t-nmḥw.w auf Tempelland 367, A.197; 462, A.601; 489; vgl. auch 390, A.260
ꜣḥ.t-šbnw 463
ꜣḥ.t-štꜣ tnj 463; Preis von – 493, A.717 (s. auch štꜣ und tnj)
ꜣḫ 80; 81; 82; 87*; 91, A.323
ꜣḫ, *"Verklärter"* 277 (s. auch Verklärter)
ꜣḫ-jqr n-Rꜥ 43

jjj r-bnr m-ꜥ n-swtwt 235
jw vor negativem Futurum III 264
jwꜣ-Rinder als Tribut 423, A.411
jpwtj 404
jmj.t-pr 338; 343*; 370; 394; 397
jmnt.t 273, A.430; 277; 296, A.462 (s. auch Totenreich)
jn, Fragepartikel, in Orakelfragen 178
jn nach absolutem Infinitiv 27; 162; 169
jnj m-znn.t 220 und A.332
jnj r-jsw 440
jnj r-bꜣkw(.f) 440
jnj r-swn<.t> 214
jnj ḥr, *"(jdn.) wegen (einer Untat) fortbringen"* 183, A.238
jnw, *"Lieferung"* 374, A.221; 412; 420*ff.; 430; 431
jnw n-nb ꜥ.w.s. 428
jnw-tp.w ḏr.wt 424
jnr-km 2
j.jrj- zur Einführung des Subjekts nach dem Infinitiv 162
jr als Einleitung einer Orakelfrage 180*; 274; 276; 280
jrj-ꜣḫ.w 81
jrj-wꜣ.t r 235
jrj-wḏ.w 234
jrj-bjꜣj.t(-ꜥꜣ.t) ḥr 233
jrj-pꜣj.f-pšn 236
jrj m-mꜣwj 100, A.418
jrj-mtr n 233; 236
jrj-mḏ.t 27; 98
jrj (r-)jwd ...(r-)jwd, *"zwischen jdm. und etwas sein, ihn vor etwas schützen"* 288, A.448
jrj-wḏ.w 260; 311
jrj-hꜣw n 345 und A.107
jrj-ḫnn 235
jrj-ḫr.t 340
jrj-spꜣ.t, *"Bezirksoberer"* 403
jrj-snṯr 27
jrj.n- zur Einführung des Subjekts nach dem Infinitiv 162
jrw, *"Rindersteuer"* in jrj-jrw 412 und A.352; 424
jḥwtj 390, A.260; 412; 418, A.394; 475; 478; 479; 487; 494
jḫ.t (Feld mit best. Status) s. ꜥḥ.t
jḫ.t 338; 339*; 340; 342; 343; 365; 368; 370; 394
jsj (Pflanze) 8, A.31
jsb.t-ꜥꜣ.t 425
jš.t 338; 368
jt-m-jt 495
jt n-šmw 416*
jt n-jnjw.t ḥr-sꜣ 416
jṯꜣ, *"nehmen"* von Schriftstücken im Orakel 190; 195; 233; 238* (s. auch ṯꜣj, *"nehmen"* von Schriftstücken)
jṯj (dito) 233; 238*; 304

ꜥwꜣj (-šmw) 122; 414
ꜥb (Wb.I, 174,15ff.) 289

ꜥbꜣ, *"Opferstein"* 385
ꜥ n-mḏꜣ.t, *"Schriftstück"* 140; 141
ꜥw.t-Vieh als Tribut 423, A.411
ꜥn, Adverb 173
ꜥnꜥn 277, A.435
ꜥnḫ n-mšꜥ 456; 466; 475
ꜥnḫ n-njw.t 456
ꜥnḫ.t n-njw.t 467, A.616; 472, A.640; 475; 476; 479; 480; 487; 495
ꜥntw 428
ꜥrꜥr 214, A.313
ꜥḥꜥ, *"Haufen"*, *"Betrag"* 338; 344*
ꜥḥꜥ n-ꜣḥ.wt 344
ꜥḥꜥ n-ꜣḥ(.t) Pr-ꜥꜣ 344; 461
ꜥḥꜥ n-Pr-ꜥꜣ ꜥ.w.s. 344; 432; 461; 462
ꜥḥꜥw, *"Standplatz"* 120 (s. auch Standplatz des Königs)
ꜥḥꜥw, *"Lebenszeit"* 26; 79
ꜥḥꜥw, *"Schiff"* 440
ꜥḥꜥ (m-bꜣḥ) 140 und A.129; 154, A.167; 157; 159; 169; 172
ꜥḥꜥ ḥr 154, A.168; 169, A.210
ꜥḥꜥ.n-Konstruktion in den Orakeltexten 154; 164; 166; 168*; 169*; 170; 173; 239; 240
ꜥḥ.t-Feld 368; 385
ꜥš 159; 164; 171; 172; 199
ꜥqw, *"Schiff"* 440, A.509
ꜥgꜣt.(.f)-m-bjꜣ-Status von Vieh 439; 441
ꜥḏd 453

wꜣj r-ḫpt 233; 236
wꜣḥ, *"weihen"* 428
wꜣḥ (m-bꜣḥ), *"(dem Orakelgott) vorlegen"* 140 und A.128f.; 172; 257; 266; 304 (s. auch "vorlegen")
wꜣs-Szepter 102
wjꜣ 461; 462
wjꜣ r-jwd 462*
wjꜣ.tw 462
wꜥw 487
ww 385
wpj (jrm) 236
wnj, *"nicht beachten"* 199; 233
wnj r-jwd 182; 233; 235; 250
wnjn-Konstruktion 126; 154
wnn m-bꜣḥ 172
wnḏw-Rinder als Tribut 423, A.411
wḥꜣ.t, *"Oase"* 183, A.238 (s. auch Oase)

wḥm, *"wiederholt tun"* 164; 168*; 170; 173; 233 (?)
wḥm-zp 164 (III.20.g.); 168; 173
wḥm (m-bꜣḥ), *"sprechen"* vor dem Orakelgott 59, A.200; 153; 159; 164; 166*; 167; 170; 171; 182
wḥm im Sinne des Verlesens von Personen vor dem Gott 171; 194 (s. auch Verlesen...)
wḥmw, *"Vermittler"* 114; 167 (s. auch Vermittler vor dem Orakelgott)
wḥm-msw.t-Ära 5; 6; 31; 32*; 33; 306 (s. auch Renaissance-Ära)
wḥm-qrs 33
wḫꜣ, *"untersuchen"* 233; 236
wḫꜣ, *"(Gottes-)Befehl"* 118*; 143
wsf 128; 379; 434
wsr (als Opposition zu **nmḥw**) 448*ff.; 485
wsrw 338; 363*; 449
wsḫ-Kragen 12; 13; 27
wsḫ.t, *"Tempelvorhof"* 149, A.157
(nꜣ-)wsḫ.wt-ꜥꜣ.wt n-pr-Jmn 148
wsḫ.t-wꜣḏj.t (-wꜣḏ.w) 3; 149, A.157
wsḫ.t-ḥꜣbj.t 3, A.7; 100, A.418; 149, A.157
wsḫ.t-šnw 131*
wšb ḥr 394; 397
wšb-sḫr.w 234
wšd 155; 183; 207; 232; 233; 236; 238; 241
wḏ, *"befehlen"* 117; 164 (I.21.b.); 184; 260
wḏ, **wḏ.t**, *"Befehl"*, *"Dekret"* 115; 117*; 142; 164 (I.21.b.); 184; 214; 215; 217; 224; 256; 260; 284; 352
wḏꜣ, *"dahinziehen"* 120; 235
wḏꜣ ḥr-bjꜣj.t 119; 235
wḏꜣ r, *"frei sein von"* o.ä. 233; 288, A.448
wḏꜣ m-bꜣḥ 191; 195; 197; 199
wḏj-pꜣ-ḫrtw, *"das Orakel aussenden"* 114; 143 und A.137; 234; 255; 272
wḏj-mꜣꜥ.t 234
wḏj r, *"sich begeben zu"* 235
wḏꜥ, *"urteilen"* 225; 233; 236; 238
wḏꜥ.t, *"geschiedene Frau"* 451

bꜣ 273; 277; 278 (s. auch Ba)
bꜣ.w 396
bꜣk (vb.) 359; 379; 417*; 419; 80
bꜣk, *"Diener"* 74; 398; 417; 445; 455;

469*ff.; 475; 501
bꜣk-jm 470, A.626
bꜣkw / bꜣk.t 376; 412; 417*ff.; 420; 422; 424, A.426; 425; 426; 429; 434; 435; 437; 439; 440; 441; 442; 443; 457, A.581
bꜣkw für Schiffe und Nutztiere 439; 440
bꜣkw, *"Ration"* ? 435
bꜣkw, *"Strafzahlung"* ? 439; 440
bꜣkw-jḥwtj.w 415, A.379; 429, A.449; 436; 438; 441
bꜣkw n-nꜣ-wḥꜥ.w 436
bꜣkw n-nꜣ-kꜣpw.w 436
bꜣkw n-tꜣ-mrj.t 436; 437
bꜣkw-rmṯ.w 409; 415, A.379; 424; 428; 429* und A.449; 434*ff.; 442
bꜣkw-rnp.t 418
bjꜣj (vb.) 120; 121; 124
bjꜣj.t (Steinart) 2
bjꜣj.t 59; 119*ff.
bjꜣj.t-sn.nw.t 125; 225
bjꜣjtj 125 und A.88; 311
bjk-nbw–Name 32; 63; 91; 107
brg, *"im Wohlstand sein"* 363
brt–Fron 393
bḥ–Fron 376; 393 und A.263; 437
bḥ n-ꜥwꜣj / n-skꜣ 393, und A.263
bḫn, *"Pylon"* 100

pꜣ-sꜣwj, *"das Seinige"* 338
pꜣ-tꜣ n-Pr-ꜥꜣ (ꜥ.w.s.) 465; 467 und A.614
pr.w, *"Häuser"*, *"Güter"* 214
pr-Jmn 39; 63; 65; 143; 306; 428; 432; 461; 462; 480
pr-Jtn 74
pr-njswt 38; 404, A.309
pr-Rꜥ (Amarna) 74
pr-ḥꜣtj-ꜥ 368; 369; 370
pr-dwꜣ.t-nṯr n-Jmn 217; 375; 404
pr-ḏ.t 368
pr.t, *"Saatgetreide"* 415
pḥ-nṯr 128*; 132, A.108; 156; 205
pḥ r 235
pẖr 235
pẖr-ḥꜣtj 262; 273
p(s)š (vb.) 346; 361
p(s)š.t, *"Teil"*, *"Anteil"* 338; 346*f.; 348; 361*; 365
ptr 233

fꜣj-jḫ.t 21
(m-)fqꜣw 348*; 361; 367

m-bjꜣ, *"nein"* 250
m-sḥnw 350, A.144; 390, A.260 (s. auch Pachtland, Verpachtung)
m-kfꜥw 393, A.263
m-tr n-dwꜣj.t 146 mit A.144; 151; 202
m-ḏr.t 338; 349, A.136; 350*; 354, A.159; 355, A.161; 367; 370a; 411 (s. auch **n-ḏr.t**)
mꜣꜥtj 245
mꜣwḏ 354
mꜣr 449
mjn.t–Land 372; 389
mjt.t, *"Kopie"* 424
(m)ꜥḥꜥ.t 273, A.430
mnḥ 476 (s. auch **mnḥ** in Register H.)
mrj, *"Pferdeknecht"* 477, A.658
mhwtj, *"Familienangehöriger"* 184, A.239
mẖrw, *"Bedürfnis"* 342, A.89
msj, *"herstellen"* (u.a. von Statuen) 32; 94
mkj 280; 282; 288, A.448; 391, A.261; 395, A.274 (s. auch **ḫwj**, Schutzdekrete)
mtn, *"Kataster"* 374 (s. auch Kataster)
mtr, *"bezeugen"* 266, A.423
mtr r, *"hinweisen auf"* 234
mtr s. Zeuge
mtrw (?) 140
mdw, *"reden"* (vom Gott) 234
mdw m-bꜣḥ, *"vor (dem Gott) reden"* 184
md.t 140; 192; 283, A.441
md.t n-ḫꜣm 280
mḏꜣ.t 140; 144; 195

n.f-jmj 342, A.88
n-ḏr.t 349* (s. auch **m-ḏr.t**)
nj-sw 342, A.88
nꜥ 463, A.602
nꜥj m-ḥr.f 153, A.164; 232; 235; 238; 250
nꜥj n-ḥꜣ.f 232; 238; 250
nwj-pꜣ-šmw 414
nb, *"verfügend über"* 338; 340; 342, A.88
nbnb-Km.t 94

nb.tj–Name 63; 91; 106
nmḥ (vb.) 447*; 448
nmḥw 363; 400; 437; 440; 445*ff; 506
nmḥw–Felder s. **ꜣḥ.t-nmḥw.w**
nmḥw.w n-pꜣ-tꜣ (n-Pr-ꜥꜣ ꜥ.w.s.) 332; 461; 465*ff.; 475
nmḥw.w n-njw.t 332; 467; 475; 479
nmḥw.w als Militärangehörige 456 und A.576
nmḥj.t 446
nḥj r 123, A.79
nḥḥ als Gabe der Götter 26
nkt, *"Mobilia"* (?) 222, A.336; 338; 339*
nkt-nb.t n-wnḏww-nb 220; 222
nkt-nb.t (n-)nmḥw.w 220
nkt, *"Angelegenheit"* 283, A.441
nṯr 73; 75; 310
nṯrj, *"vergöttlichen"* 262; 273; 277; 278
nḏ / nḏnḏ 116
nḏw.t-rʾ 115*
nḏnḏ-ḫr<.t> 116; 156; 250
nḏtj, *"Schützer"* 398

r-jwd 462 und A.600
r-ḫt, *"unter der Autorität"* 338; 349*; 350; 359; 367; 370a; 376;
r-ḏbꜣ 159, A.179
r-ḏd als Redeeinleitung beim Orakelgott 243; 244; 245; 246
rwj, *"herauswerfen"*, *"vertreiben"* 236; 251; 262; 462
rmnj.t n-pš 487
rmnj.t r-ḫt-srjw.w (*"Beamtendomänen"*) 485
rmṯ 456
rmṯ-jz.t 475
rmṯ-bꜣkw 437
rmṯ-nb n-wnḏww-nb 466
rmṯ.w(-nmḥw.w) n-pꜣ-tꜣ (n-Pr-ꜥꜣ ꜥ.w.s.) 465*ff.; 480
rmṯ-nb ntj-m-tꜣ r-ḏr.f 456; 466
rd–Gewand 494, A.721
rdj, *"(zurück)geben"* 236; 250; 348
rdj-wsḫ 27
rdj-wḏꜣ.f 197; 236
rdj m-ḥr, *"beauftragen"* 219; 236; 262; 280; 350, A.144; 351
rdj m-sḥn(.t) 361
rdj r, *"einsetzen"* 236; 250
rdj r-psš.t 347, A.120
rdj r-hꜣw n 345
rdj-ḥr r 235
rdj-ḥr m-ḥd r 235
rdj ḥr-ḥꜣ.t.f, *"(jdn.) vor sich hinstellen"* 235
rdj + subjunktivisches **sḏm.f** in den Orakeldekreten 262

hꜣw 338; 345*; 403
hꜣb (vb.) 234; 254
hn(n) 141; 176, A.222; 178; 182; 232; 238; 241; 244; 245; 246
hmn (vb.) 238
hd (vb.) 160; 233; 236

ḥꜣw, *"Überschuß"* 7, A.21
ḥꜣw-mr 466
ḥꜣp, *"verbergen"* 142
ḥw.t-pꜣ-Jtn 74
ḥw.t-nṯr 80
ḥm, *"Leib"* (?) 95, A.382
ḥm / ḥm.t, *"Sklave" / "Sklavin"* 423; 429; 470 und A.629; 471*; 472, A.640; 495
ḥm-kꜣ 368, A.203; 370, A.210
ḥmw.t, *"Handwerk"* 418
ḥn (vb.??) 208
ḥn (vb.) 390, A.260; 397; 398
ḥnw 338; 339*
ḥnk, *"stiften"*, *"Stiftung"* 332; 348*; 350; 351; 352; 359; 367; 385; 390, A.260; 399; 480; 487 (s. auch Schenkung, Stiftung, *"honk-entry"*)
ḥnkw, *"Halter eines ḥnk-Landstückes"* 353
ḥnk (n-)nꜣ-nṯr.w-Pr-ꜥꜣ ꜥ.w.s. 480
ḥrw r- 351, A.146
(m-)ḥzw.t 348*; 352; 361; 367
ḥzp–Gärten 456; 457
ḥsb-bꜣkw (r), *"bꜣkw (gegen jdn.) berechnen"* 418; 437
ḥqꜣ 338
ḥqꜣ.t (Getreidemaß) 368
ḥtp, *"ruhen"* (des Prozessionsbildes) 129; 133
ḥtp-nṯr s. Gottesopfer
ḥtm, *"vollbezahlt sein"* 280, A.438
ḥtr, *"verpflichten"*, *"zuteilen"* 376; 429 und A.451; 411; 430*
ḥtr ḥr-šꜣj.t 429
ḥtr-rmṯ.w, *"(jdm.) Leute rechnerisch*

anlasten" 437
ḥtr n, *"(etwas) für jdn. ordern"* 430
ḥtr r 429, A.451; 430, A.457
ḥtr n-pꜣ-ḫr 430, A.457
ḥtr, *"Soll"* o.ä. 412; 424; 428; 429*; 430; 431
ḥtr-rnp.t 415, A.379; 428; 429, A.447; 430
ḥtr n-ẖr.t-rnp.t 429, A.447
ḥḏ (?) (Lesung unsicher) 424
ḥḏn, *"ärgerlich sein"* (des Orakelgottes) 233; 236; 238

ḫꜣ n-zš.w n-Tꜣmrj 374
ḫꜣ-tꜣ-Land 368; 371; 372; 385; 389; 409; 412; 414; 416; 432; 459; 461; 487; 490
ḫꜣꜥ, *"(jdn. aus einer Stellung) herauswerfen"* 236; 251 (s. auch rwj)
ḫꜣꜥ-pḥw.t-3 r 236
ḫꜣꜥ-mḏꜣ.wt 238
ḫꜣꜥ r, *"(jdn.) verbannen nach"* 183, A.238; 184
ḫꜣꜥ-ḥꜣ.f r 236
ḫꜣr.t, *"Witwe"* 451
ḫꜥj, *"erscheinen"* 129; 133; 235
ḫwj 262; 277; 288, A.448; 391, A.261; 395, A.274 (s.auch mkj)
ḫbꜣ, *"verkürzen"* 275
ḫbt-jnw 374, A.221; 409, A.337; 424 und A.422
ḫpt / ḫpd, *"ärgerlich sein"* 250 und A.390
ḫm.t (Art Heiligtum) 153, A.162
ḫnj, *"sich niederlassen"* 235
ḫnw 361
ḫr, "zu Fall bringen" 233; 236; 251
ḫrpw / ḫrpw.t 412
ḫr.t 338; 340*; 341*; 342; 365
ḫr.t-ḥr.t, *"Wegzehrung"* 340; 342
ḫrtw, *"Orakel"* 114*; 143, A.137; 255; 289; 295;
ḫt (Landmaß) 353, A.151

ẖꜣ.t, *"Leichnam"* 273; 277; 278; 407
ẖpt s. ḫpt / ḫpd
ẖrj 338
ẖr.t 338; 340*; 341*; 342; 347, A.122; 365
ẖr.t-nṯr 273, A.430; 277 (s. auch Nekropole)
ẖr.t-hrw / -jbd / -rnp.t 342
ẖ.t, *"Kopie"* 279
ẖdb, *"töten"* 221, A.335; 406

znn (Militärperson) 61
zš-spꜣ.t, *"Bezirkskataster"* 374

sꜣḥ (Felder mit bestimmtem Status) 352
sꜣḫ, *"verklären"* 277; 278
sjp, *"inspizieren"* 375
sꜥnḫ 262
sꜥsꜥ 125
sꜥḥꜥ r-ꜥḥꜥw n-nb 235
sꜥšꜣ-bjꜣj.t ḥr 120; 233
sꜥḏꜣ, *"verfälschen"* (von Orakeln) 125
sꜥḏꜣ, *"sich vergreifen"* (an fremdem Besitz) 340
swꜥb 435
swn, *"kaufen"* 214; 220
swn.t 220, A.332
swḏ 351; 490
spꜣ.t 374; 385 (s. auch jrj-spꜣ.t, zš-spꜣ.t)
spr r, *"etwas erreichen"* 235
spr r / m-bꜣḥ 164; 168; 172; 175
spr r-smj 172
spr.t 164; 168
spẖr, *"registrieren"* 195; 236
spẖr-šmw 414
sm (Priestertitel) 376 und A.229
smꜣ 185
smj n / m-bꜣḥ 153; 159; 161; 164; 169; 172; 174; 175
smj, *"Sahne"* 428
smn (vb., transitiv) 208; 215; 236; 354, A.158; 374; 399*; 400; 401
smn (intransitiv) 150, A.160; 164; 182; 235; 238
smn, im Gegensatz zu hn(n) (?) 233
smn r 183, A.238; 233; 238; 250; 251
smn ḥr 182; 233; 250
smnḫ 125, A.84
smd.t 429, A.449; 430; 436
snj, *"bewerten"*(?) 236
snmḥ, *"beten"* 448, A.542
snhj, *"registrieren"* 437
snṯ, *"Plan"*, *"Fundament"* 61, A.203
snṯj (vb.) 61
sr, *"verheißen"*, *"ankündigen"* 117; 120; 127; 129

sr-jjj.t 234
sr-bjȝj.t 127 und A.92; 234
sr-njswj.t / sr r-njswt 117; 127
sr-nḫt.w 117 und A.37; 234
sr-ḫpr.w 234
srjw (Würdenträger) 205; 376, A.227; 404, A.309; 457, A.581; 469, A.619; 473; 478; 480; 485
srf, *"Entzündung"* 289
srf (für sdf) 362
srḫ (= sḫr?) 83, A.292
srḫ, *"wissen lassen"* 234
shrj, *"freundlich stimmen"* 294
sḥn, *"anvertrauen", "auftragen"* 390, A.260 (s. auch Pachtland, Verpachtung)
sḥn.w (Beamte des Amuntempels) 182
sḫȝw 153, A.163
sḫʿj 147*; 148*; 149*; 151; 156; 158; 161; 202; 235
sḫpr 84; 449 und A.554
sḫr, *"Wille", "Ratschluß"* 83; 125
sḫd n-ḥr.f r 235; 238
szwn, *"bestrafen"* 406
ssnb 262; 289
sšmw-ḫwjw, *"Prozessionsbild"* 480
sšm.t, *"Durchführung"* 115
sqȝ (Barkenuntersatz?) 150, A.160; 182
skȝ, *"kultivieren"* 349; 476; 490*
stp 236
sṯȝ, *"ziehen"* (intransitiv) 150; 155; 233; 235
sṯȝ, *"ziehen"* (transitiv) 426, A.436
sṯȝ.t, *"Arure"* 353, A.151 (im Verhältnis zu ḫt)
sdf 338; 362* und A.183; 394; 480
sḏfȝ (vb.) 362; 385; 417, A.391
(ḥr-)sdfȝ (n) 362*
sḏsr 125, A.84
sḏd 234
s.t n-sr (?) 129*

šȝjw, *"Bestimmung"* 7, A.21
šȝj.t (Abgabenart) 412; 424; 428; 429*; 436; 438
šȝw + Infinitiv 181
šʿ.t, *"Schriftstück"* 114; 140
šwȝw, *"arm"* 449
šb 338 und A.72
špt s. ḫpt / ḫpd
šm m-bȝḥ 159; 172
šm, *"Fieber"* o.ä. 289
šmʿj.t, *"Tempelsängerin"*(?) 432; 475; 478
šmw 368; 412; 413*ff.; 419; 424; 429 und A.449; 438; 442; 443
šmw n-Pr-ʿȝ ʿ.w.s. 412; 416
šmw n-pš 416, A.384
šmw n-rnp.t 412; 414, A.376
šms-Pr-ʿȝ 457, A.581
šn-Ring 102
šnʿ-Häuser 415, A.379
šnʿ nj-ḥȝtj-ʿ 370, A.210
šnʿ nj-ḥtp-nṯr 385, A.244
šrj-ʿȝ 453
šrj-nmḥw 453; 464; 477; 484
šrdn 475; 478; 479
šzp 236; 411; 431
šzp-jnw / -bȝkw 425
šzp m-ḏr.t 411; 432*
šzp-bjȝj.t 235
št, *"Veranschlagung der Abgaben"* 411
štȝ (Eigenschaft des Bodens) 463, A.602
šdj (vom Einziehen der Abgaben) 411; 430
šdj-bȝkw 439
šdj.t (Abgabenart) 412; 430
šdj, *"retten"* 262; 288
šdj, *"vorlesen"* 266

qȝj.t-Land s. Hochland
qʿḥ.t 461
qnj.t-nḫt 26; 49; 51; 95 (MH.b.)
qnb.t 316; 317; 318; 320; 324; 329; 331; 450; 470
qnb.t-ʿȝ.t 318, A.16; 324
qnb.t n.t-ḥw.t-nṯr 316
qnb.t-sḏmj.w 320, A.24
qnb.t der Stadt 316
qnb.t dieses Tages 318
qrʿ, *"Schildträger"* 354; 359; 456, A.576; 476; 479; 480; 487
qdw, *"umrunden"* 235

kȝ, *"Orakelausspruch"* (?) 114, A.24
kjwj, *"Menge"* 123, A.79
kfȝ-sštȝ 235
kḏn, *"Wagenlenker"* 403

gꜣj.t (Kapelle) 153, A.162
gꜣw.t (Abgabenart) 412
grb 338
grg 94
grt (Partikel) 120
tp-ḏr.t s. jnw-tp.w-ḏr.wt und 412
tpj.t-r' 130*
tnj (Eigenschaft des Bodens) 463, A.602
tks, *"beschuldigen"* 233; 236

ṯꜣj, *"(weg)nehmen"* 141; 233; 238; 275 (s. auch jṯj und jṯꜣ)
ṯꜣj-bꜣkw 434
ṯꜣw nj-ꜥnḫ 425; 426
ṯnw (Fragewort) 178
ṯz-pr.t–Verordnung 390, A.260; 409 und A.336; 415*; 462

dj-ꜥnḫ 9
dj-ḥnk 399
dwꜣ.t 273, A.430 (s. auch Totenreich)
dnjw / dnj.t, *"Anteil"* 214; 338; 346*f.; 347, A.121 und 122; 365
dnj.t, *"Kataster"* 374, A.222; 461; 464
dhn 236
dhn r-ꜥḥꜥw-nb n-njswt 235
dhr, *"schlecht"*, *"bitter"* 114; 289
dgs, *"abmessen"* 351

ḏꜣj-tꜣ 393; 404, A.309
ḏꜥm–Gold 2
ḏꜥr, *"suchen"* 235; 236
ḏd (m-bꜣḥ / n) 164; 166 und A.203; 168; 172; 257
ḏd ḥr, *"reden über"* 199
ḏd (für die Rede des Gottes) 132; 141; 176, A.222; 234; 245; 246; 247; 249; 257; 259; 260; 261; 266; 270; 272; 276; 285; 291; 400
ḏd n-ꜥ-2 n-mḏꜣ.t 234; 254

M. Ägyptische Sätze, Satzteile, Formeln

jrjw ḥr-ꜥ-sbꜣ.n-ḥm.f 28
jrj-n.f-m-mnw.f–Formel 29*; 30
ꜥnḫ-wḏꜣ-snb (ꜥ.w.s.) 80; 350; 354
ꜥnḫ-wḏꜣ-snb ꜥḥꜥw-qꜣj jꜣw(.t)-ꜥꜣ(.t) 175; 354
ꜥnḫ-ḏd-wꜣs(-snb) 12; 71; 353
ꜥḥꜥ.n-wḥm.n.f-spr 207
wn-m-dj.f 342, A.88
wr-ḥzw.t-Rꜥ Gebet (?) 275; 283, A.441
wḥm-ḏd.f 219
wḏꜣ r-nmt.t.f 235; 238; 252
pꜣj.j-nb(-nfr) 177*; 178; 326
pꜣj.j-šw 177*
pꜣ-šw ꜥnḫ.j m-ptr.f 177
m-bꜣḥ-mtr.w-qn.w ꜥšꜣ.w 321
mj-pꜣ-hrw, *"Komm heute"* 177*
mꜣꜥ-ḫrw in Verbindung mit dj-ꜥnḫ 9
mj-n.j 154; 167; 174; 177*; 179; 326* und A.51
m-tr n-dwꜣj.t 146 mit A.144; 151; 202
m-dd-Jmn (ḏs.f) 84
nꜥj m-ḥr.f r-bnr (??) ḥr-pꜣ-tꜣ-ḥḏ 148 mit A.154; 235
nꜥj r-nꜣ-wsḫ.wt-ꜥꜣ.wt n-pr-Jmn 235
r-tm-djt–Formel in den königlichen Dekreten 265; 285
rdj-jrj-NN ꜥnḫ n-nb ꜥ.w.s. *"veranlassen, daß NN einen Eid .... ablegt"* 233
rdj-wḏꜣ.f 197; 236
rdj-wḏꜣ.f m-ḏr.t / r (in den O.A.D.) 288, A.448
rdj-prj-mḏꜣ.t n-mwt n-ꜥnḫ 234; 254
rdj-prj-ḫrw.f <r->bnr 234
hrw-pn / hrw n (am Anfang der Orakelprotokolle) 145; 146; 148; 151; 152; 159; 161; 162; 202
ḥtp m-bꜣḥ-pꜣ-ḏꜣḏꜣ n-Jmn 235
ḥtp ḥr-pꜣ-tꜣ n-ḥḏ n-pr-Jmn 211; 235; 238
ḥtp ḥr-s.t-wr.t 235; 238; 252
ḥtp ḥr-s.t-wr.t ḥr-pꜣ-tꜣ n-ḥḏ n-pr-Jmn 235
ḥtp-dj-njswt 79
ḫrp-n.f tꜣ-nb dmḏw 35; 60; 62
zꜣ n-zꜣ jwꜥ n-jwꜥ 343, A.91
smꜣwj-mnw–Formel 29; 56 (L); 95 (MH.d.)
sṯꜣ-r.f jjj n-ḫrw.f 150; 233; 235; 238; 250
šw n-jr.t-nb.t 177
tw.tw-ḏd (für die Rede des Orakelgottes) 184; 190
dj-ꜥnḫ 9
dj-ꜥnḫ ḏ.t nḥḥ 68
dj-wnn-tꜣ-pn n-[jrj-]sw 62 mit A.207

N. Koptische Wörter

O. Griechische Wörter

αἶσα 303
Ἀφροδίτη (Hathor) 385, A.245
δουλεύω 417
ἐλεύθερος 445; 497
ἐργάζομαι 417
θυσία 384
ἴδιος 384
κτέω 384
μαντήια 113; 117
μαντήιον 113; 117
μαντική (τέχνη) 113; 117
μοῖρα 303
ορφανός 452
πρόσοδος (ἱερὰ –) 384; 385
προφήτης 471
τροφή 384
φόρος 413
χρησμός 113; 117
χρηστήριον 113; 117

P. Lateinische Wörter

ager publicus 387
caput 472, A.637
curia 387
gens 387; 388
laborare 417
lares 388
Luceres 387
manes 388
operare 417
oraculum 114
orbare 452
orbus 452
patres maiorum / minorum gentium 387
pax 388
penates 388
populus Romanus 387*ff.; 390
Ramnes 387
res corporalis 472, A.637
sacra gentilicia / privata 388
servare 417
Titii 387
tribus 387
vidua 452
viduus 452

Q. Gotische Wörter

aigan 343, A.93
frijon 454, A.572
reikeis 363

R. Althochdeutsche Wörter

*eigan 343, A.93
entwîsan 452
friunt 454, A.572
rihhi 363
wîsan 452

S. Sach- und Stichwortregister

Abgaben s. Steuern
"Abgabe-Domänen" 481
Ackerboden 122; 333; 334; 335; 361; 366; 370a; 377; 378*ff.; 408; 410; 411; 442; 443; 459; 480; 487; 490; 492; 497; 504; 505
Ackerboden, Aneigung des – s 334
Ackerboden-Preis 489; 493
Amtsvermögen 337; 368*ff.
Ämterkauf 370
Amunsdomäne s. **pr-Jmn**
Anklage (–Vertretung) 320
Annahme ägyptischer Namen durch Libyer 65, A.219
Antwort des Gottes (im Orakel) 141
Anwalt, (Rechts-) 319; 327; 328; 329; 405; 500
Anwalt (Gott als –) 326*; 327*; 328; 329; 500
"apportioning domain" 479; 480; 481; 482; 487; 494
Arbeiter 433 und A.474; 437, A.499; 438; 478
Arbeitshaus des Gottesopfers 358
"arm" (als Bedeutung von **nmḥw**) 445; 448; 452; 468; 482
Auguren 124

Ba 275; 287; 406 (s. auch **bꜣ**)
Barkenorakel 132; 237; 325; 500; 502

Bauleiter-Titel 28; 36 (s. auch jmj-r'-kꜣ.t...)
"*Beamtendomänen*" (rmnj.t r-ẖt-srjw.w) 485
Besitz 338, A.70; s. Eigentum
Bewässerungswerke 443
Bilgai-Stele 370a; 412; 415; 429; 436; 437; 438
Bittsteller (Orakel) 150; 152; 172; 173; 174; 175; 176; 177; 178; 179; 314
Bodenfruchtbarkeit 442; 443
Bodenschätze 333; 491
Bund Gottes (AT) 309

Chapelle Rouge 32; 120

Datum als Eröffnung der Orakeltexte 145; 146; 151; 152; 159; 160; 161; 163; 187; 189; 202; 216
Dämonen 308
Dreifuß (der Pythia) 132

Eigentum 334*ff.; 364; 489; 492; 503; 504 (s. auch Besitz)
Eigentumsformen 334; 336; 387; 408; 491; 504
Erbe, das - 207; 361; 370; 343, A.91; 346; 347; 398, A.286; 404, A.310; 406; 464 (s. auch Testament)
Ernennungsorakel 135; 136; 182; 306
Ernte 413*ff.; 443 (s. auch šmw)
Erscheinen des Orakelgottes 133; 147*ff.; 158; 160 (s. auch ḫꜥj, sḫꜥj)
Exemptionsdekret 351; 376; 391; 409
Exodus 309

Feudalismus 334; 338, A.70
Fluchformel s. Verfluchungsformel
Flußbarke des Amun 306
frei, der Freie (als Bedeutung von nmḥw) 445*; 454*; 455; 456; 459; 468; 469; 472; 473; 478; 482; 483; 497*
freien, der Freier 454, A.572
Freiheit 469; 482
Fron 376; 393; 395 (s. auch brt und bḥ)
(Groß-)Fürst der Maschwesch 55; 386
Fürst der Mhs 55
Futurum III in den Orakeltexten 181*; 215; 227; 257; 261; 263; 264; 274; 288

Garantieerklärung 272; 274; 275; 277; 280; 289; 312; 396; 397; 398; 399*ff.; 402; 504; 506 (s. auch Schutzdekrete)
Geldwirtschaft 334
Gemeineigentum 334; 377; 389; 390; 395; 491; 504; 505
"Generalissimo" 54; 55; 94 (s. auch jmj-r'-mšꜥ-wr, ḥꜣwtj)
General(stitel) 36; 37; 45; 46; 62; 76, A.255; 174; 403 (s. auch jmj-r'-mšꜥ(-wr))
"Generationenvertrag" 369; 399, A.295
Gerichtsorakel 134; 135; 136; 139; 142; 152; 230; 323; 325; 327; 406
Gesamtgetreideprodukt 413; 414; 415; 438; 441*ff.
Geschenk 422; 425; 427; 428
"*Geschenk*" als Bedeutung von jnw 421; 422; 423; 425; 427
Gesetz 268, A.426; 327; 392; 393
Getreide 350; 366, A.192; 408; 411; 412; 414; 415; 416; 431; 432; 438; 442; 480
Getreidepreis 494
Getreideprodukt/Arura 358, A.165; 415, A.379; 438, A.501; 494 und A.722
Getreidesteuer 350; 408*ff.
Götterbild 94; 129; 132; 133; 238; 298; 300; 301; 314; 417; 480
Götterdekret 117; 137; 139, A.124; 256; 295
Götter Pharaos 359; 480
Götterrede (im Orakel) 180; 210; 217; 218; 219; 224; 227; 242; 243; 244; 245; 246; 247; 248; 249; 257; 266; 268; 272; 281; 302; 398; 400; 502
Gold 423; 428; 458
Goldwäschertruppe 394
Gott (AT) 139; 303; 304; 305; 307; 308; 309; 313
Gott der Lebenslehren 310
Gott des Einzelnen 302
Gottesanbeterin des Amun 217; 375; 404
Gottesdiener 432; 478; 479; 480 (s. auch ḥm-nṯr)
Gottesgerichtsbarkeit 134; 230; 315; 332
Gottesmutter des Chons pꜣ-ẖrd 222
Gottesopfer 351; 358; 362; 374; 378; 380; 384*ff.; 390; 415, A.379; 418; 431; 443
Gottesstaat 69; 88; 501
Gottesurteilsverfahren 298; 315; 316; 317; 321; 322; 323; 325; 330; 331; 332; 500
Gottesvater 205; 357; 403; 475; 479; 480 (s. auch jtj-nṯr)
Gottesgleichheit des Königs 381 und

A.236
Grabräuberprozesse 39; 230; 306; 316; 320; 321; 501, A.6
Großer der Schauenden 74 (s. auch wr-mȝ.w)
Grundbuch s. Kataster
Grundeigentümer 371; 372; 410
Grundeigentum 387; 402; 444; 486; 504 (s. auch Immobilien)
Grundeigentum, feudales – 334 (s. auch Feudalismus)

Handel 425; 426; 491
Haremhab-Dekret 284, A.443; 285; 316; 372; 423; 430, A.457; 437; 446; 456*f.; 466; 474; 475
Harim, Liegenschaft des -s 372
Harimsverschwörungsprozess 230; 320
Harim von Mr-wr 431
Hauch des Lebens s. ṯȝw nj-ᶜnḫ
Hebsed-Lauf 10; 12
Heeresschreiber s. zš-mšᶜ
Heeresvorstehertitel s. General(stitel)
Hekatombe 13; 376, A.227; 385
"Herr der beiden Länder" 105 (s. auch nb-tȝ.wj)
Herz, göttliche Kenntnis des -ens 307
Heuschreckenfraß 122
Hochland 208; 214; 493
Hoherpriester Amenophis' I. 174
Hoherpriester des Amun *passim*
Hoherpriester des Ptah 376
"honk-entry" 480; 487 (s. auch ḥnk)
Honoratioren-Gericht 318; 331
Horusauge 407
Horusname 32; 63; 70; 91; 96

Identifizierung von Dieben durch das Orakel 244; 250; 325; 330
Immobilien 206; 214; 324; 332*; 333; 374; 399; 503 (s. auch Ackerboden, Ackerboden-Preis)
Imperativ in Orakelfragen? 221, A.335
Infinitivus absolutus in Orakeltexten 154; 155; 161; 162; 169; 239; 241
Irokesische Konföderation 387, A.254

Jenseitsgericht 277; 396
Junmutef-Priester 25
Justiz 315*ff.; 500
Justitia, Allegorie der – 329

Ka des Königs 82
Kanais-Inschriften Sethos' I. 294; 340; 394; 399; 466, A.608
Kataster 135; 324; 374; 401, A.303; 411 und A.342; 461; 462; 464
Kauf / Käufer 348 und A.128; 400; 427; 433, A.474; 472; 492
Kausative in Orakeldekreten 262
Kleiderdiebstahl 325
König als Schöpfergott 82
König – Gott oder Mensch? 381 und A.236
Königlicher Schreiber 45 (s. auch zš-njswt)
Königliches Dekret 224; 227; 228; 260; 265; 284; 285*; 286; 294; 351; 392; 397; 504
Königliches Eigentum 337; 344; 345 und A.108; 360; 366 und A.192; 371; 372; 373; 374; 377; 382; 389; 390; 395; 410; 412; 485; 486; 491
Königsprotokoll s. Königstitulatur
Königsschurz 98; 104, A.434
Königssohn, leiblicher – 45; 55
Königssohn von Kusch s. Vizekönig von Kusch
"Königssohn der Steuerbordseite" 24
Königsstatue 352; 359; 367; 385; 415, A.379
Königstitulatur, fünfteilige – 49; 91*; 93; 94; 99; 107; 108; 109; 110; 189; 260; 499
Königswahlorakel 126; 133; 139; 304; 498
Königtum 25; 51; 66; 75; 76; 87; 88; 90; 92; 93; 95 (KC.a.); 103; 104; 111; 335; 337; 360; 381 und A.236; 391; 395; 491; 498; 499; 500; 501
Königtum der Götter 67*; 116
Konjunktiv in Orakeldekreten 263
Kornrechnungsakten 367; 481
Kronprinz 38; 54

Landkauf 332; 335 (s. auch Landverkauf)
Landungsplätze (Pharaos) 372; 423
Landverkauf 488*ff.; 506 (s.auch Landkauf)
Lebenslehren 310
Legitimition des Königs 498*
"Lehnsland" (als Bedeutung von ȝḥ.t-nmḥw.w?) 482, A.689
"Lehnsmann" (als Bedeutung von nmḥw?) 456, A.579
Lehre des Königs von Amarna 82
"Lehrhafter Name" des Jati 70
leibeigen 472, A.638
"Letzter Wille" 398, A.286
Libyerherrschaft 55; 65, A.219; 494, A.718; 499, A.5
Libyerzeit 38; 55; 270; 394, A.271; 478
Lieferung 420; 421; 423 (s. auch jnw)
"Lohn" 430; 433 und A.474; 434; 437, A.499; 438

Losorakel 190; 304; 325

Maat-Opfer 10; 12; 14
Menschenopfer 379
Mes-Inschrift 324; 346; 347; 348; 361; 374; 411, A.342; 490
Militär 395; 404; 456 und A.576
Mittelalter 334; 467
Monotheismus 72; 310

Name, Auslöschung / Bestrafung des -ns 406
Naos 133
Nauri-Dekret 227; 284, A.443; 285; 294; 376; 391; 393; 394; 395; 405; 406; 437; 440
Neferti, Prophezeiung des - 113
"Nehmen" von Schriftstücken durch den Orakelgott 141 und A.133; 176, A.222; 187; 190; 191; 195; 224; 238; 250
Nekropole 275; 403; 406; 433 (s. auch ḫr.t-nṯr)
Nemes-Kopftuch 55; 97; 98; 102; 103, A.432; 104, A.434
Neujahrstag 202; 206
Nilgott 379
Nilhymnus 379
Nilüberschwemmung 379; 414; 443
Nitokris-Adoptionsstele 372, A.219; 386
"non-apportioning domain" 487
Nutzungsrecht (an Immobilien) 324; 333; 334; 351; 358; 361; 366; 370a; 383; 385; 390, A.260; 392; 397; 398, A.286; 411; 428; 476; 485; 489; 490; 492; 493; 504; 505

Oase 183; 184; 185; 306; 401, A.303; 427; 464 (s. auch wḥꜣ.t)
"Obeliskenhaus" 279
Oberster der Bogentruppen 476 (s. auch ḥrj-pḏ.wt)
Öffnen des Mundes 290
Offenbarkeit des Gottes 133; 147*; 313
Opetfest 198; 250
Opfer 379; 380; 384; 385; 390
Orakel als Machtinstrument 111; 229, A.353; 230; 315; 335; 502
Orakel als Priesterbetrug 111; 228; 229 und A.353; 297; 298; 308; 502
Orakel, "juristische" - s. Gerichtsorakel, Gottesgerichtsbarkeit
Orakel, "politische" - 61; 134; 306; 501
Orakel zur Preisfestsetzung 136; 308
Orakelbefrager 153*; 154; 155; 156; 157*; 165; 166; 167; 168; 174; 182; 224; 283
Orakelbefragung 153*; 154*; 178; 182; 183; 184; 185; 199; 200; 221; 224; 226; 228; 243; 248; 269; 301; 304; 308
Orakeldekret 112; 117; 135; 132; 138; 143; 180; 200; 210; 231; 245; 246; 247; 256*ff.; 302; 308; 312; 314; 396; 398; 502
Orakelfragen 135; 138; 140*; 141; 144; 178; 179; 180; 181; 183; 192; 193; 195; 210; 215; 218; 219; 221; 226; 227; 228; 231; 239; 240; 242; 243; 245; 247; 248; 250; 254; 269; 275; 281; 293; 294; 323; 404; 502
Orakelprotokoll 112; 127; 128; 132; 138; 139; 142; 143; 145*ff.; 256; 257; 258; 269; 281; 282; 502

Pacht 402, A.304
Pachtland 482 und A.690
Pantherfell 24; 25; 26; 98; 103, A.432; 167, A.204; 174
Paragrapheneinteilung der Orakeldekrete 247; 257; 272; 276; 291
Persönliche Frömmigkeit 86*; 177; 316; 326*; 448
Personal des Amuntempels 182; 190; 252, A.396; 299; 306; 502
Pferde als Tribut 423, A.411
"Politische" Orakel s. Orakel, "politische" -
Polizei 320; 325
"posh-B-entry" 480; 487
"posh-C-entry" 487
Preisfestsetzungsorakel s. Orakel zur Preisfestsetzung
Priesterbetrug, Orakel als - s. Orakel als Priesterbetrug
Priesterschaft des Amuntempels 88; 90; 229, A.353; 230; 299; 502
"privat" (als Bedeutung von nmḥw) 483; 484
Privateigentümer / Privatleute 370a; 377; 445; 455; 459; 483; 506
Privateigentum 334; 335; 337, A.69; 348; 350; 360; 361; 365; 367; 368; 370; 370a; 377; 398, A.286; 400; 402 mit A.304 und 305; 431; 432; 444; 455; 457; 459; 464; 483; 486; 488; 491; 506
Probe und Gegenprobe im Orakelwesen 242; 301; 325; 330
Prophet (AT) 139; 305; 309
Prophetie 112; 134
Prozession, Barken - 26; 69; 116; 120; 121; 126; 132; 133; 144; 147; 155; 163; 238; 250; 251; 324
Prozessionsbarke 10; 11; 12; 14; 24; 25; 26; 121; 132; 133 und A.115; 175; 187; 188; 203; 238; 251; 502

Prozessionsstatue s. Götterbild
Pythia 132

Quban-Stele 124, A.82

Ration 430; 433 und A.474; 434; 437, A.499 (s. auch ḥtr)
Recht, modernes - 319*; 500
Recht, öffentliches - 319*
Recht, Privat - 319*; 328
Recht, römisches - 319; 472 und A.637
Recht, Straf- 319*; 328
Rechtsanwalt s Anwalt
Rechtswesen 315*ff.; 405
Redistributivität 431, A.461
Regententitel 39; 41; 49; 51; 55; 58; 60*
Reichstriade 94
Relativsatz (in den O.A.D.) 288
Renaissance-Ära 32*; 33; 94 (s. auch wḥm-msw.t)
Restaurationsstele Tutenchamuns 32; 33; 381; 435*
Reziprozität 431, A.461
Richter 319; 324; 327; 328; 329; 331; 500
Richter (Gott als -) 325; 327; 328; 329; 330; 331
Rinder als Tribut 423, A.411

Schatzhaus 372; 373; 418; 430; 433; 435; 437; 458
Schatzhausvorsteher 375; 403; 432; 479; 480
Schenkung 175; 324; 348*ff. und A.128; 361*; 376 und A.227; 377; 378; 383; 397; 404; 460; 467, A.614; 504
Schenkungsstele 200; 349*ff.; 390, A.260; 394, A.271; 396, A.279; 399; 404; 406; 460; 480; 482
Scheune 373; 414; 431; 442
Scheunenvorsteher 403; 429
Scheunenvorsteher Pharaos 45 (s. auch jmj-rʾ-šnw.tj ...)
Schicksal 303; 308; 329
Schiffe 439; 440; 456; 457
Schildträger 359; 476; 479; 480; 487 (s. auch qrᶜ)
Schöpfergott 67; 82; 85; 86; 110; 302; 308; 309; 312*ff.; 329; 331
Schreiber 205; 217; 251; 395; 409; 418; 475; 476; 480; 482
Schreiber des Gottesopfers 475; 479
Schutzdekrete und -garantien 143; 144; 204; 212; 213; 215; 218; 221; 226; 268; 277; 287; 288; 289; 290; 323; 391; 392; 393; 394; 397; 399*ff.; 402; 403; 404; 435; 503; 504 (s. auch Garantieerklärung)
Schwur 347
Sed-Fest 423
Seelen von P 72
Segensformel 252 (s. auch Verfluchungsformel)
Selbstschöpfer 312
Selbstverkaufsurkunden 445; 472*
Silberboden des Amuntempels 116; 128; 149; 206; 211
Sklave(rei) 469; 470; 471; 472; 473; 475; 487; 494; 495 (s. auch bȝk, ḥm)
Staat 319; 336; 370; 370a; 373; 374, A.221; 387; 388; 391, A.261; 398, A.286; 410; 411; 431; 469; 478
Staatsanwalt 319; 328; 500
Staatseigentum 389
Stadt-Land-Gegensatz im Mittelalter 467
Stallmeister 478; 479; 480 (s. auch ḥrj-jḥw)
Stammeseigentum 334; 491; 387
Stammesorganisation 55; 334; 387*; 388*; 390; 491
Standplatz des Königs (bei der Götterprozession) 120; 121; 126 (s. auch ᶜḥᶜw)
Stèle juridique 368; 370
Steuer 370a; 371; 408*ff.
Steuer und Einkommen 430*f.
Steuerbefreiung 391, A.261; 409
Steuermonopol 409; 410; 411
Stifter 353; 358; 395
Stiftung 354; 357; 358; 359; 383; 386; 392; 393; 394; 395; 396; 398; 403; 406; 428; 435; 438; 480; 482; 505 (s. auch Schenkung)
Strafe 227; 251; 320; 395; 396; 405*ff.; 437
Successive past narrative in den Orakeltexten 239; 246

Tauschhandel 348, A.128; 491
Tempel als "Staat im Staat"? 373
Tempeleigentum 335; 337; 380; 389; 392; 394; 395; 396; 485; 486; 489; 503; 504; 505
Tempelgerichtsbarkeit 315; 316; 317; 318
Tempelheer 36 und A.114
Tempelland 354, A.159; 371; 376; 383; 389; 390; 410; 461; 462; 489; 491; 504
Tempelpersonal 376; 380; 381; 385; 389; 393; 394; 395; 418; 428; 439
Tempelpersonal, weibliches 435 und A.484
Tempelpersonal, Zehnten des -s 376
Tempelschatzhaus 373; 375
Tempelscheune 373

Tempelschiffe 411; 437; 439
Tempelsteuer 374, A.221; 376; 391, A.261; 409; 410; 411
Tempelübergabe (rdt-pr n-nb.f) 95 (KC.b.); 98, A.412
Testament 135; 136; 343 und A.91; 398, A.286; 399; 400; 401; 404; 466; 470; 474; 475 (s. auch Erbe, Wille,letzter -)
Totengericht s. Jenseitsgericht
Totenkult 368; 369; 398, A.286; 406; 418
Totenopfer 275; 277
Totenpriester 368; 369
Totenreich 273; 277; 287; 296; 406 (s. auch jmnt.t, dwꜣ.t)
Totenreich, Verschließen des -s 296, A.462; 407
Totenstiftung 398, A.286
Totentempel 480; 487
Tragen des Götterbildes 24 mit A.51; 25; 298; 300; 301; 502
Transzendenz 310; 312*; 313*
Traumdeutung 112; 134; 323; 329
Tribut 420; 421; 422; 429; 430; 431

Universalität Gottes 313*
Unwetterstele Ahmoses I. 120, A.67
Uräus 98
Uschebti 279; 280; 282
Usurpation 25; 33; 498

Verbannung 183, A.238; 185; 306
Verborgenheit des Gottes 133; 313*
Vererbungsbestimmung in den Orakeldekreten 267; 268
Verfluchungsformel 79; 135; 200; 227; 252; 267; 268; 270; 396; 404
Vergessensklausel in den Orakeldekreten 266; 275; 281; 283*; 289; 292*; 293
Vergöttlichung durch Orakeldekrete 273; 277; 278; 283 (s. auch nṯrj)
Verkauf 390, A.260; 472*; 488*ff.; 491; 492; 493; 494; 495; 506 (s. auch Kauf, Land(ver)kauf)
Verklärter 277; 287 (s. auch ꜣḫ)
Verlesen von Namen vor dem Orakelgott 171; 194; 244 (s. auch wḥm)
Vermittler vor dem Orakelgott 47; 167; 174; 175; 176; 177; 178; 179; 181; 193; 210; 221, A.335; 224; 261 (s. auch wḥmw)
Vermittler einer Schenkung 350; 353
Verpachtung 390, A.260 (s. auch Pachtland, ḥn, sḥn, m-sḥnw, rdj m-sḥn(.t))
"verwaist" (als Bedeutung von nmḥw) s. *"waise"*
Vezir(at) 5; 8; 34; 40; 41; 45; 55; 58; 76; 89; 90; 105; 316; 318 und A.19; 374; 385; 395, A.273; 403; 404; 405; 409, A.337; 424; 437; 471
Vezir, Amtseinsetzung des -s 318, A.19
Vezir, Dienstvorschrift des -s 374 und A.221; 385; 409, A.337; 424
Vizekönig von Kusch 5; 37; 45; 39; 40; 44; 45; 58; 353; 376, A.231; 393; 394; 403; 405; 428, A.439
Vogelflug (als Orakel) 124
Volkseinkommen 365
Volkswirtschaftliche Gesamtrechnung 365; 442*
Vorlegen von Schriftstücken vor den Orakelgott 140; 144; 169; 174; 176, A.222; 190; 216, A.321; 238; 245, A.378; 257; 266; 281; 293*; 307, A.486 (im AT); 325 (s. auch *"nehmen"* von Schriftstücken, wꜣḥ m-bꜣḥ)
Vorlesepriester 205
Vorsteher der südlichen Fremdländer 45 (s. auch jmj-r'-ḫꜣs.wt-rsj.wt)

"waise" (als Bedeutung von nmḥw) 445; 448; 449, A.554; 451*ff.; 497
Wedelträger zur Rechten des Königs 45 (s. auch ṯꜣj-ḫw ḥr-wnmj-njswt)
Weihinschrift 29; 30*; 56 (KC.b.); 91; 94; 95 (KC.e.); 96; 98; 101; 105
Weltgott 302; 308; 311*ff.; 501
Weltherrschaft des Orakelgottes 501
Wille, letzter - 398, A.286

Zauber 379
Zeuge (des Orakels) 174; 205; 230; 253; 300; 317 (qnb.t als Z.); 321*; 398 und A.288; 476, A.654; 479
Zeuge (Gott als -) 303; 324; 325; 330

T. Zitate und Erwähnungen der Urkunden zum Orakelwesen (s.o. 465ff.)

I.19.a.		142; 145; 159; 164; 172; 174; 175; 180; 232; 233; 253; 322; 324; 332; 398, A.288
I.19.b.		135; 164; 178; 232; 245
I.19.c.		142
I.19/20.a.		142; 232
I.20.a.		142; 145; 146 und A.144; 148; 149, A.155; 153; 154; 164; 172; 174; 189
I.20.b.	allgemein	5; 7; 127; 142; 166; 167, A.205; 175; 176; 189; 232; 234; 236
	Z.3	164; 240, A.372
	Z.4	232; 240, A.372
	Z.5	235; 240, A.372
	Z.6	466
	Z.9	240, A.372
	Z.13	235; 240, A.373
	Z.15	241, A.374; 246
	Z.17	164; 240, A.372
	Z.17ff.	135; 185
	Z.18	125; 164; 240, A.372
	Z.19	185
I.20.c.	allgemein	5; 7; 42; 43; 47; 135; 142; 145; 148; 149; 150, A.160; 153; 161; 164; 166; 167; 172; 174; 176; 182*; 183; 184; 189; 190; 192; 201; 224; 232; 233; 250; 252; 304; 306; 502
	Z.13	146, A.144
	Z.22f.	171
	Z.25	236
I.21.a.		49, A.172; 52; 53; 135; 142; 164; 166; 232; 233
I.21.b.	allgemein	56 (KA.a.); 107; 127; 135; 142; 149; 150; 161; 166; 167; 168; 172; 176; 180; 181; 183*; 184*; 185*; 190; 192; 200; 224; 225; 226; 232; 233; 234; 235; 236; 240; 252; 302, A.472; 306; 314; 501
	Z.7	117
	Z.7f.	7
	Z.8	125; 135; 399, A.293
	Z.9f.	148; 155
	Z.10	164; 183
	Z.10f.	153
	Z.11	164; 183
	Z.12	59, A.200
	Z.15	501
	Z.15ff.	183
	Z.16f.	164
	Z.17	117; 466
	Z.18f.	164
	Z.19	117
	Z.23	164; 181
I.21.c.	allgemein	47, A.157; 56 (KC.a.); 136; 142; 166; 168; 176; 180; 184*; 232; 240; 308; 323; 332; 474; 475; 479
	Z.5	475
	Z.7	475, A.647

	Z.7ff.	164
	Z.8	234
	Z.10f.	164
	Z.11	172
	Z.14	164
	Z.15f.	184
	Z.16	184
	Z.17	184
	Z.18	184
	Z.19	164; 184
	Z.22f.	164
	Z.23	184
	Z.24	446, A.530
	Z.25f.	164
	Z.26	446, A.530; 467
	Z.28	494, A.721
	Z.28ff.	404, A.309
	Z.32f.	494, A.721
	Z.35	475; 476, A.654
	Z.40	475
	Z.43	475
	Z.44	475
	Z.50	475
I.21.d.	allgemein	135; 137; 142; 145; 155; 164; 166; 167; 168; 169; 171; 172; 176; 180; 181; 182 und A.234; 184; 185; 186*ff.; 201; 202; 203; 205; 215; 224; 226; 228; 229; 232; 233; 234; 235; 236; 245; 250; 252, A.396; 257; 306; 323; 325; 399; 466; 502
	s.Z.1	129
	s.Z.3	146; 148
	s.Z.4f.	150
	s.Z.5	156
	s.Z.6f.	116
	s.Z.7f.	250, A.390
	s.Z.9	238
	s.Z.12	240, A.373
	s.Z.12ff.	251*
	s.Z.14	146, A.144; 147; 148
	s.Z.14f.	153
	s.Z.15ff.	176, A.222
	s.Z.19	125, A.86; 225
	s.Z.18	164
	w.Z.1ff.	164; 192ff.
	w.Z.3–5	164
	w.Z.5	164
	w.Z.8	129; 145; 146; 147; 148; 171; 193, A.271
	w.Z.8ff.	191
	w.Z.9	164; 194, A.275; 195, A.281; 211
	w.Z.10	164
	w.Z.11	164; 197
	w.Z.12	164; 145; 153 und A.163; 164, A.190; 195
	w.Z.12ff.	153; 196ff.
	w.Z.13	164; 145; 197
	w.Z.13f.	148
	w.Z.14	164; 153, A.165; 156; 158; 232
	w.Z.14f.	198
	w.Z.15	164; 56 (phN); 198; 399, A.293
	w.Z.15f.	164; 198
	w.Z.16	164
	w.Z.16f.	199

	w.Z.17	164; 466
	w.Z.17f.	199; 226
	w.Z.18	164; 199; 252, A.396; 466
	"col.d."	191
I.21.e.	allgemein	47, A.159; 128; 135; 142; 155; 167; 168; 172; 176; 180; 201*ff.; 218; 222; 224; 226; 232; 233; 234; 235; 236; 247; 252; 257; 261; 269; 306; 323; 332; 396; 398, A.287; 400; 401; 404; 446
	Champ.Z.1	150; 153, A.165; 156
	Champ.Z.5	145; 146 und A.144; 202
	Champ.Z.5f.	153 und A.166
	Champ.Z.6ff	208
	Champ.Z.7	208
	Champ.Z.8	202
	Champ.Z.8ff.	207
	Z.3	296, A.462; 407
	Z.3f.	214
	Z.4-13	214
	Z.5	181
	Z.8f.	215
	Z.10ff.	164
	Z.11	203
	Z.12	117; 214
	Z.12f.	215
	Z.12ff.	207
	Z.13	215
	Z.13ff.	214
	Z.14	181; 401, A.302
	Z.14f.	215
	Z.15	180; 181
	Z.18f.	210
	Z.19	181
	Z.19f.	404
	Z.20	181; 265, A.418; 406, A.316; 466
	Z.20ff.	210
	Z.21	180; 262 und A.411; 265, A.418; 273, A.431
	Z.23	117; 180; 181; 211
	Z.24	211; 216
	Z.24f.	220
	Z.24ff.	214; 215
	Z.25	181; 219
	Z.25f.	210
	Z.26	142; 180; 210
	Z.26f.	217; 404
	Z.27	117
	Fragment B	208; 215
	Fragment L	202; 209; 216 und A.321
	Fragment Nr.7	215
	Fragment Nr.9	215
I.21.f.	allgemein	135; 142; 176; 180; 181; 201; 218*ff. 224; 226; 232; 234; 236; 247; 249*; 252; 257; 269; 306; 323; 332; 396; 400; 446
	Z.x+1	219; 220; 466
	Z.x+2	180; 181; 219; 220
	Z.x+3	36; 404
	Z.x+3f.	220
	Z.x+4	219; 249; 466
	Z.x+5	406, A.316; 220
	Z.x+5f.	220
	Z.x+6	249

	Z.x+6ff.	219
	Z.x+7	406, A.316; 220
	Z.x+8	264, A.417; 257
I.21.g.	allgemein	142; 166; 167; 168; 169; 176; 181; 226; 232; 332; 435; 438 und A.504; 482; 493; 494, A.723
	Z.1	55
	Z.1f.	135
	Z.2f.	164; 406, A.316
	Z.2ff.	135
	Z.4	385; 386
	Z.16	418
	Z.21	418, A.400
	Z.25	386
I.21.h.		142; 172; 232
I.22.a.	allgemein	135; 142; 145; 148; 151; 157; 175; 210; 247; 253; 323; 324; 332; 374; 398, A.288; 401, A.303; 445; 464*; 468; 474; 476, A.654; 477; 483
	Z.1	145
	Z.7	446
	Z.8	145
	Z.7	172
	Z.8	148
	Z.8f.	153
	Z.13	477
	Z.15	346, A.114; 453; 477; 484
	Z.16	266
	Z.16ff.	321, A.25
I.22.b.		135; 142; 145; 226; 232; 247; 270*
I.22.c.	allgemein	135; 142; 145; 159; 163; 166; 168; 175; 181; 219; 226; 239, A.369; 252; 332; 350*; 357*
	Z.6	164
	Z.6f.	236
	Z.8	164; 406, A.316
I.22.d.	allgemein	135; 142; 172; 181; 226; 239, A.369
	Z.8	164; 476, A.654
	Z.11	140, A.128; 164
	Z.15	117
I.22.e.	allgemein	135; 232; 306
	Z.x+6	177; 241
I.22.f.	allgemein	142; 162; 175; 234; 253; 332; 398, A.288
	2,5f.	141, A.133
	2,5ff.	140; 224
	2,7	280, A.438
	3,1	145; 172
	3,1ff.	159
	3.8ff.	140; 224
I.26.a.	allgemein	125; 135; 142; 145; 148; 149; 150; 153; 154; 158; 164; 167, A.204; 169; 172; 233; 253; 398, A.288
	1,2	131; 232
	1,2f.	148 und A.154; 235
II.21.a.	allgemein	87, A.304; 107; 234; 246; 260; 266; 271; 272*ff.; 276; 277; 281; 283; 284; 285; 296; 302; 311*
	Z.3f.	311
	Z.8f.	311
	Z.17f.	311

	Z.20	130
	Z.21f.	311
	Z.22f.	311
	Z.27ff.	125, A.88
	Z.28	311
	Z.36ff.	311
	Z.39	329, A.58
	Z.41	234
	Z.45f.	275
	Z.56	263
	Z.65f.	264
	Z.84ff.	273
	Z.90	275
	Z.92	257
	Z.98f.	257
	Z.99	262
	Z.107	257
	Z.111f.	257
	Z.119	114; 234
	Z.121	114
II.21.b.	allgemein	87, A.304; 246; 260; 266; 271; 273, A.430; 276*ff.; 281; 283; 284; 285; 296; 302; 311, A.500f.
	Z.30	329, A.58
	Z.32	114; 234
	Z.33ff	277
	Z.36ff.	264
	Z.39ff.	277
	Z.46f.	262
	Z.48	262
	Z.49ff.	277
	Z.55ff.	277
	Z.56f.	277, A.436
	Z.59-66	278*
II.21.c.	allgemein	141; 236; 245, A.378; 257; 259; 266 und A.423; 279*ff.; 296
	§3	234
II.21/22.a.	allgemein	141; 249; 262; 271; 287*ff.; 302, A.476; 396
	L.1. rto., 1ff.	216, A.321
	L.1. rto., 6f.	396
	L.1. rto., 11	396
	L.1. rto., 33	396
	L.1. rto., 34f.	114; 308, A.491
	L.1. rto., 52ff.	289
	L.1. vso., 32	288, A.448
	L.1. vso., 47f.	265
	L.1. vso., 50ff.	266
	L.1. vso., 52ff.	114; 293
	L.1. vso., 56	266
	L.1. vso., 56f.	257
	L.2. vso., 52ff.	266
	L.2. rto., 43	288, A.448
	L.5. vso., 43ff.	289
	L.6. rto., 90	128
	L.6. vso., 43f.	114
	L.6. vso., 43ff.	308, A.491
	L.6. vso., 51	289, A.450
	L.6. vso., 86ff.	308, A.491
	L.6. vso., 89	125

	L.6. vso., 94	289, A.450
	L.7., allgemein	293
	L.7., 62f.	114
	L.7., 62ff.	289, A.450
	L.7., 70f.	289, A.450
	L.7., 73f.	266
	T.1. rto., 17ff.	288
	T.1. rto., 11f.	288, A.448
	T.1. rto., 12f.	288, A.448
	T.1. vso., 108f.	266
	T.3. rto., 118ff.	266
	T.3. vso., 2f.	293
	P.1. rto., 19ff.	290, A.453
	P.2. vso., 20	462, A.598
	C.1., 90ff.	125
	C.1., 96ff.	266
	C.1., 99f.	266
II.22.a.	allgemein	143; 215; 216; 222; 226; 227; 267*ff.; 294; 308; 323; 332; 400; 401; 446; 456, A.576; 461ff.*; 474; 476*; 479; 482; 493; 494 und A.717, A.723; 504
	Z.4	466
	Z.5f.	344; 374
	Z.23	236
	Z.24f.	346
	Z.26	117; 404 und A.310
	Z.27	114, A.24
	Z.28	406
	Z.30	141; 232; 245; 257
	Z.31	396
II.22/23.a.		270
II.33.a.	allgemein	259; 261; 273, A.430
	Z.1	114
	Z.4	32, A.94
	Z.21	114; 234
	Z.22	114
III.20.a.		145; 159; 161; 164; 172; 234
III.20.b.		145; 159; 164; 168; 171; 172; 177; 178; 180; 181; 232; 239; 240; 242; 243* und A.376; 324; 332
III.20.c.	allgemein	145; 159; 164; 172; 174, A.217; 177; 179; 181; 232; 324; 332; 347
	rto., 3	236
	vso., 7	234
III.20.d.		136; 159; 164; 172; 179; 232; 236; 308
III.20.e.		159; 164; 172; 232
III.20.f.		135; 159; 162; 164; 171; 177; 178; 179; 180; 232; 244; 250; 325; 330
	rto., 6	325, A.40
	vso., 5f.	325, A.40
III.20.g.	allgemein	135; 159; 163; 164; 168; 171; 172; 173; 177; 178; 179; 232; 233; 301; 308; 325; 326; 330 und A.63
	rto., 1f	326
	rto., 3	236; 250
	rto., 4	244; 325, A.40
	rto., 7	246; 325, A.40
	rto., 7f.	321, A.25

	vso., 3f.	326
	vso., 6	325, A.40
III.20.h.		145; 160; 164; 172; 233; 301; 308; 325; 330
III.20.i.	allgemein	145; 159; 161; 164; 171; 172; 174; 179; 324; 326; 329, A.57; 332
	rto., 7	234
	vso., 1	266
	vso., 2ff.	246
	vso., 3	234; 236
	vso., 3f.	361
	vso., 10	347
III.20.k.		324; 332
IV.1.18.a.		119; 120; 126; 127; 135; 154; 233; 234; 235; 250
IV.1.18.b.	allgemein	119; 120; 121; 126; 135; 154; 235; 250
	Z.7	233
	Z.4	120
	Z.6	123, A.79
IV.1.18.c.	allgemein	121; 133
	Z.9	234
IV.1.18.d.		121; 498, A.2
IV.1.19.a.	allgemein	7; 36, A.114; 84; 136; 236
	Z.9	171
	Z.10f.	82
IV.1.19.b.		7; 136; 236
IV.1.19.c.		232; 233; 236; 304, A.481
IV.1.19.d.		7; 236
IV.1.20.a.	allgemein	114; 234
	rto., 3,7	236
IV.1.20.b.		117; 234
IV.1.20.c.		84, A.299; 236
IV.1.20.d.		84, A.299; 236
IV.1.20.e.		61; 306
IV.1.21.a.		7; 84, A.299; 236
IV.1.21.b.		84, A.299; 236
IV.1.21.c.		84, A.299; 236
IV.1.22.a.		7; 125, A.89; 127; 158; 232; 234; 236
IV.1.22.b.		150; 232; 233; 236; 241, A.374
IV.1.22/23.a.		236
IV.1.0.a.	Z.18	140; 233; 250; 304
	Z.19	234
	Z.23	234
	Z.27	234
IV.1.0.b.		234; 235
IV.1.0.c.		234
IV.1.0.d.	allgemein	234; 235
	Z.54	338, A.72
IV.2.10/11.a.		315, A.2

IV.2.18.a		135; 226; 323; 332; 343, A.91; 370, A.211
IV.2.19.a.		172
IV.2.19/20.a.		236; 317, A12; 318, A.19; 324; 332; 347, A.118
IV.2.20.a.		159; 163; 164; 172; 232; 234; 332
IV.2.20.b	allgemein	140; 232; 332
	B rto., 8	176, A.222; 234
IV.2.20.c.		140; 169, A.212; 238; 324; 325; 329, A.57; 332
IV.2.20.d.		172; 176, A.222; 232; 241, A.374
IV.2.20.e.	allgemein	140; 159; 163; 164; 172; 179; 235; 236; 250; 323; 324; 332; 361
	vso., 5ff.	317, A.11
IV.2.20.e/a.		136; 308
IV.2.20.f.		233
IV.2.20.g.		236; 318, A.19
IV.2.20.h.		140; 234; 332
IV.2.20.i.		236
IV.2.21.a.		140
IV.2.21.b.		233
IV.2.22.a.		140; 224
IV.2.22.b.		399
IV.3.18.a.		115; 133
IV.3.18.b.	allgemein	115; 119; 120 und A.64; 126
	Z.8	120; 233; 235
	Z.10	236
IV.3.18.c.		116 und A.32; 133; 234; 501, A.7
IV.3.18.d.		234
IV.3.18.e.		135; 234; 236
IV.3.19.a.		135; 232; 236
IV.3.20.a.		135; 236; 301; 229, A.352
IV.3.20.c.		118; 143; 234; 306
IV.3.20.d.		234; 306
IV.3.20/21.a.		234
IV.3.21.a.		234; 236
IV.3.21.b.		135; 234; 306
IV.3.21.c.		306
IV.3.22.a.		232
IV.3.32.a.	allgemein	159; 163; 164; 166; 232; 235
	Z.15f.	241
	Z.16	240, A.373
IV.4.18.a./b.		133; 167
IV.4.19.a.		140; 233
IV.4.20.a.		140
IV.4.20.b.		140; 232

IV.4.20.c.		140; 232; 238
IV.4.20.e.		140
IV.4.20.f.		140; 245, A.378; 293
IV.4.20.g.		140
IV.4.20.h.		140; 245, A.378
IV.4.20.i.		140; 233
IV.4.20.k.		140
IV.4.21.a.		140
IV.4.27.a.		113
V.19/20.a.		140; 179
V.19/20.b.	allgemein	135; 140; 141; 178; 323
	Nr.5	135
	Nr.6	135
	Nr.11	234
	Nr.16	135; 236
	Nr.17	236
	Nr.26	233
	Nr.36	180
	Nr.37	180
	Nr.40	180
	Nr.43	135
	Nr.54	180
	Nr.57	141
	Nr.68	180
	Nr.69	180
	Nr.80-83	250
	Nr.84	180
	Nr.91	180
	Nr.93	180
	Nr.94	178
	oDeM 572	250
	oDeM 576	180
V.20.a.		179; 181; 324; 332
V.20.b.	allgemein	135; 179; 181; 250; 325
	vso., 5f.	236
V.20.c.	allgemein	133
	rto., 5f.	235
	rto., 6	233
	vso., 2f.	114
	vso., 3	234
V.21.a.		52; 53
V.21.b.		56 (H.b.)
V.21.c.		140
V.21.f.		140; 224
V.22.a.	allgemein	144; 290, A.452; 293
	Z.8	54, A.182
	Z.11	236
VI.1.1.		84; 136; 307
VI.1.2.		307
VI.1.3.		51, A.179; 135, A.119; 307

VI.1.4.	307
VI.1.5.	307
VI.1.6.	135; 125; 234
VI.1.7.	135; 125; 234
VI.1.8	135; 234
VI.1.9.	302, A.472
VI.2.2.	114; 117; 234; 255; 295
VI.2.3.	234
VI.2.4.	114; 117; 234; 260
VI.2.5	117; 260
VI.2.6.	260
VI.2.8.	82, A.270; 84; 301, A.468
VI.2.11	114
VI.3.7.	234
VI.3.9	117
VI.3.10.	117
VI.3.11a.	233
VI.3.13	234

U. Textcorpora

Altes Testament (AT)

Genesis, 41,48 366, A.192
Genesis, 47,14ff. 366, A.192*
Exodus, 12,37 309
Exodus, 20,2f. 309
1. Samuel, 8,7 305
1. Samuel, 10,20f. 304
1. Samuel, 10,25 307, A.486
1. Samuel, 16,7 307
1. Samuel, 16,10 304
1. Samuel, 23,10ff. 304
2. Chronik, 12,7–9 309
2. Chronik, 36,16–19 309
Hiob, 38 und 39 309
Psalm 104; 148; 150 309
Amos, 5,21–23 309

Edfu

Edfu I, 144,23 347, A.120
Edfu II, 76 347, A.122

Helck, Hist.-biogr. Texte 2.ZwZt.

100ff. 343, A.91; 370 und A.208; 393, A.264
107 120, A.67

KRI

I, 3f. 354
I, 26f. 120, A.55
I, 46,2–16 284, A.443
I, 51,1 260, A.405
I, 51f. 265
I, 53,3f. 403
I, 53,10f. 403
I, 53,7ff. 436
I, 53,15f. 439
I, 56,10ff. 403
I, 65ff. 394
I, 67,7ff. 394, A.270
I, 68,1ff. 340
I, 69,2ff. 396
I, 69,7f. 399
I, 69,14 466, A.608
I, 69f. 407
I, 70,3f. 406, A.319
II, 57 449; 456, A.576; 475
II, 59f. 482, A.690
II, 102ff. 188, A.248
II, 285,13 89, A.312
II, 326,15 453
II, 327 37, A.119
II, 332f. 411 und A.348
II, 332,8f. 429, A.451
II, 333,4 386
II, 333,6 430
II, 333,9f. 429, A.451
II, 355 124, A.82
II, 356 37, A.119
II, 557,7f. 80, A.264
II, 818 429, A.448
II, 818,9 418, A.395
II, 819,1 430, A.458
II, 820 429, A.448
II, 822,12 412, A.356
II, 827f. 67, A.224
II, 836,2 76, A.255
III, 75 460
III, 72,5 353, A.151
III, 75 353
III, 102 353
III, 285,1 36, A.114
III, 292f. 78
III, 295ff. 78; 453
III, 296,9f. 451, A.559
III, 297ff. 78
V, 227 351
V, 229 351, A.145
V, 279f. 120, A.55
V, 350–366 320
VI, 31,14f. 80, A.265
VI, 350ff. 353
VI, 532f. 80, A.266; 105
VI, 532ff. 78
VI, 534,13 28, A.65
VI, 534ff. 80, A.266; 105
VI, 535,9 106
VI, 537,15 81
VI, 538,1 81; 154, A.168
VI, 538,6f. 81
VI, 539,11 83
VI, 539,11f. 81
VI, 540ff. 28, A.65
VI, 541,14f. 83
VI, 703f. 29
VI, 705,12f. 32
VI, 705f. 29
VI, 705ff. 34 (KC.a.)

Fortsetzung KRI
VI, 730 8
VI, 730,1ff. 33, A.110
VI, 734f. 5; 39, A.131
VI, 735ff. 465; 469*
VI, 738ff. 316, A.7
VI, 742,1 316, A.4
VI, 771 34 (An.a.)
VI, 778 34 (An.a.)
VI, 809 34 (An.b.)
VI, 812 34 (An.b.)
VI, 813 34 (An.b.)
VI, 838 33; 34 (S.I/R.II)
VI, 844 34 (KC.a.)
VI, 843ff. 34 (KA.a.,c.,d.)
VI, 846f. 34 (St.)
VI, 847f. 34 (O)
VI, 847,7f. 33, A.110
VI, 870f. 34 (An.d.)
VII, 397,3ff. 8, A.31; 34 (An.c.)

LRL
Nr.4 42 (LRL)
Nr.8 42 (LRL)
Nr.9 45, A.143
Nr.10 42 (LRL)
Nr.14 42 (LRL)
Nr.16 42 (LRL); 45, A.143
Nr.17–22 42 (LRL)
Nr.23; 24 42 (LRL); 47
Nr.27–32; 34; 35; 45; 49; 50 42 (LRL)

7,16f. 45, A.146
17,11 45, A.143
19,7/8/14 45, A.143
26,4 42 (13)
32,8f. 45, A.143
32,12 45, A.143
32,15 45, A.143
44,3f. 42 (28)
50,13f. 471, A.633
53,8f. 436, A.489
55 355, A.161
59,4f. 318, A.16
61,16f. 42 (40)
69 434*
69,6 436

Pfortenbuch
I, 156 347

Pyramidentexte
290a 363
836d/e 340

RAD
1ff. 411 und A.348; 442
7,11 183, A.238
15,7 431
17f. 424
18,2f. 431, A.460
30,11/15 370, A.210
33 416
35ff. 350; 409; 411; 412; 432
36,3 432
36,4f. 39, A.131
36,10ff. 432
36,16 412
37ff. 442, A.515
38,3ff. 432
38,5f. 432
38,12 350
38,12ff. 432
39,10 412
39,16 345, A.106
40,11 345 und A.106
41,6f. 432
42 344, A.103
42,2ff. 432
42,2/8 461
59 415, A.379
59f. 470
72f. 375; 458*f.; 490
74,11 451, A.559
75f. 375
76,2f. 345 und A.110
78ff. 411 und A.348
80,14 345, A.107

Sandman, Texts from Akhenaten
2,8 74, A.248
5,10f. 82
16,12f. 83
16,13f. 82
23,6 74
24,6f. 453
26,16 74

Fortsetzung Sandman, Akhenaten

28,6/16	82
32,11f.	82
34,10f.	74
36	68
49,6	74
60,1f.	82; 470
61,12	453; 470
69,11f.	82
79,7	74
80,16	74
85,12	82
92,8	82
98,15f.	83
103	68 und A.231
116	88
116,1ff.	74
117	73, A.244
119f.	68 und A.231
121	62, A.207
141,17	72
143,6f.	412
143f.	72
147,2/6	72
147f.	72, A.241
152,18	74
172,13	74; 82

Sethe, Lesestücke

70,9	130
76,8f.	385, A.244
79,14f.	451, A.559
81,6	130
91,5	393, A.264
93,10ff.	369, A.204
93,20	339, A.73
94,8	339, A.73
95,15ff.	368 und A.199
98	370

Totenbuch-Kapitel (Tb.)

125	447; 448; 450 und A.555
170	447
170,12f.	340
170,14	452

Urk.I

53,6	133, A.115

Urk.III

20	147
23	341

Urk.IV

6,7	347, A.121
26,17	82
67,10f.	115
75,14	412, A.352
75,17	424, A.421
91,12	38, A.128
118,3	82
123,10	340
132,5	417
138,6	412, A.351
150f.	84, A.298
155ff.	112
157,14ff.	120
158,9	120; 123, A.79
159,1	120, A.65
159,2	119
165,13	130
170ff.	385
173,2	362, A.184
194,7	82
208,6/15	82
279,8f.	82
297,13	82
297,12	80, A.264
322,10	130
334,7f.	412, A.351
340,5ff.	120, A.71
342,11	115
343,1	115
347,13f.	120, A.56
414,10ff.	82
471ff.	77
472,14	84, A.298
473ff.	80, A.261
480,16	79, A.257
482,6	79, A.257
485ff.	77
487ff.	77
500,5	82
521,10ff.	80, A.261
530,14ff.	429
612,5ff.	120
649,4/13	115, A.28
667,12	414
691,13f.	423, A.410

Fortsetzung Urk.IV

694,7f	426, A.435
696,12	414, A.368
699	420, A.401
701	420, A.401
701,11	423, A.410
703,13	414, A.368
705,17	423, A.410
707,16	423, A.410
719,11	414, A.368
734,2	423, A.409
753,8ff.	430
765ff.	80, A.266; 100, A.418
767,16	362, A.184
807,3	115, A.29
808,14	117
836,8	119; 126
837,13	119
926ff.	77
932,14f.	3 und A.8
936	77
959,5	130
974,9	130; 135, A.119
1091,7/13ff.	318, A.19
1092,12	318, A.19
1100,2f.	95, A.351
1101,14ff.	425*
1101,16f.	95, A.351
1111,3	318
1113,4	318
1113,15f.	374
1113,16f.	385
1114,9	430
1114,13	374 und A.221; 409, A.337; 424, A.419
1114,14	424, A.421
1115,12	424, A.421
1139,12	35, A.111
1145,1ff.	427
1161,12	449, A.549
1208,6	84
1207ff.	77
1238,8	119, A.47
1341f.	385
1345f.	127, A.92
1391,4	418, A.393
1394,2f.	424
1395,1	429, A.447
1408ff.	77
1413	77
1414f.	77
1611	352; 367, A.198
1619,4	393, A.264
1656f.	120
1676,11	94
1793ff.	354
1797,9f.	385
1828,9	38, A.126
1830,3	83
1842,6	415, A.380
1908ff.	37
1914f.	77
1965	68 und A.231
1975,2ff.	74, A.251
1975,8ff.	88
1977,9	73
1981	68 und A.231
1982	62, A.207
2003	420, A.401
2006	420, A.401
2006,19	425
2025,20	92
2026,13	32
2027	33
2028,14/17f.	32
2030,6ff.	435
2031,1	32
2031,3	32; 94
2037ff.	188
2059,12	127, A.92
2078	260, A.405; 352
2088,11ff.	38, A.122
2089ff.	38, A.122
2094,19f.	38, A.122
2099,7ff.	38, A.122
2099,15	38, A.127
2102,8	38, A.127
2103ff.	38, A.122
2109f.	260, A.405; 348; 351; 352; 367, A.198
2114,15f.	38
2117,9	38
2118,13	92
2119,11ff.	33, A.103
2126,8	121
2140–2142,14	284, A.443
2143,15	446

Fortsetzung Urk.IV

2144ff.	456f.
2144,10	430, A.457
2145,4ff.	440
2149,2	412, A.352
2150	423
2156,19	411, A.344
2157,10ff.	316
2158,6	347, A.121
2161,6	32

V. Zitate und Erwähnungen von Papyri

Admonitions (pLeiden J344 rto.)

8,1	344

Amenemope, Lehre des – (pBM 10474 rto.)

6,14	347, A.121
9,5	363; 449
19,16f.	462
21,13	125

Ani, Lehre des – (pBoulaq 4)

Suys, Anii, 72	125

"Bauer" (pBerlin 3023 (B¹), 3025, 10499)

B¹ 62	451

Botti/Peet, Giornale

Pl.25,9	430

Lebensmüder (pBerlin 3024)

33	344, A.95

Merikare Lehre für –
Römische Zahlen nach Helck, Merikare, Arabische Zahlen nach A. Volten, Politische Schriften

P.7,7 / XXVIII / P76	412, A.351
P.11,2 / XLII / P122	125, A.84

Naunachte-Papyri
(pDeM 23, 25, 26, pGardiner 3, hier zitiert nach den Benennungen von Cerny, in: JEA 31, 1945, 29ff.)

allgemein	474; 475; 479
Dokument I:	
1,5	472, A.640
2,1	466 und A.606; 472, A.640
2,2	470 und A.626
Kol.6	321, A.26

Sinuhe (pBerlin 3022, 10499)

B 147 (MESt, 29)	344
B 304 (MESt, 40)	393 und A.264

Wenamun (pPuschkin-Museum, Moskau, Nr.120)

allgemein	61; 118; 143; 306
1,14ff. (LESt, 62)	65
1,15	34 (W)
2,25 (LESt, 69)	34 (W)
2,27ff. (LESt, 69f.)	67; 425, A.431
2,35 (LESt, 70)	61
2,51ff. (LESt, 72)	67
2,61 (LESt, 73)	34 (An.e.)

pAbbott

4,2	342, A.88
7,2f.	316 und A.9
Dockets	471, A.633

pAmbras

allgemein	33

pAnastasi II

rto.:	
6,5 (LEM, 16)	446
6,7ff. (LEM, 16,9ff.)	482 und A.691
8,5–9,1 (LEM, 17)	363, A.190
8,6 (LEM, 17)	446
8,6f. (LEM, 17)	450
vso. (LEM, 19,8f.)	448 und A.544

pAnastasi III

6,12 (LEM, 28)	429, A.448

pAnastasi IV
4,11ff. (LEM, 39) 326
10,1ff. (LEM, 45) 326
10,6f. (LEM, 45) 449

pAnastasi V
9,2ff. (LEM, 60) 326
14,6f. (LEM, 63) 448, A.546
15,7f. (LEM, 64) 414
16,4 (LEM, 64) 441
17,1ff. (LEM, 65,5f.) 482 und A.691

pAnastasi VI
18ff. (LEM, 73f.) 437
19ff. (LEM, 74) 436
87f. (LEM, 78) 414, A.376

pAshmolean1945.96 (Adoptionspapyrus)
allgemein 446; 474; 475; 469*; 479; 483
rto., 6f. 404, A.310
rto., 7f. 321, A.25
rto., 7ff. 321, A.26
rto., 22 465
vso., 2ff. 469*
vso., 6 465
vso., 7ff. 339
vso., 8f. 346
vso., 11f. 321, A.25

pBerlin inv. 3040 A.
allgemein 462

pBerlin 3047
5 36, A.114
20 344
28 347, A.117

pBerlin 3050
4,7 448

pBerlin 8523
allgemein 349; 366, A.193; 476 mit A.654 und A.655; 490
23 390, A.260

pBerlin 8527
allgemein 56 (H.c.)

pBerlin 10470
1,14 238 und A.364

pBM 10052
allgemein 33
2A,3 34 (An.a.)
4,29 34 (An.a.)
10,15f. 471

pBM 10375
1f. 42 (28)

pBM 10383
allgemein 33
1,2 8 und A.25

pBM 10403
allgemein 33

pBologna 1086
20ff. 415, A.378

pBologna 1094
1,5 (LEM, 1) 222, A.336
2,4 (LEM, 2) 446
5,8ff. (LEM, 5f) 409; 424
6,6 (LEM, 6) 437

pBoulaq 12
allgemein 441, A.512

pBoulaq 17
allgemein 86; 314, A.509
2,2 67 und A.225
Kolumne 3 67, A.225
4,4f. 449, A.549

pBoulaq 18
allgemein 423

pBrooklyn 35.1446
vso., Text B, 17/18 339

pChester Beatty I
allgemein 330, A.63

pChester Beatty V
rto., 6,1f. 429, A.449
rto., 7,9ff. 482 und A.691
rto., 7,12ff. 411, A.344

Fortsetzung pChester Beatty V
rto., 8,1ff. 412; 429 und A.448
vso., 1,5 414, A.372

pChester Beatty XI
vso., Kol.2–3 326

pHarris I
allgemein 362; 367; 372; 393; 394; 415, A.379; 428*; 429, A.449; 438; 441
3,6 386
4,4f. 376 und A.227; 411
4,12f. 411 und A.348
5,12 385
6,6–10 428
6,7 397
7,2 385; 415, A.379
7,4 376, A.227
7,8 411 und A.348
7,13ff. 2
8,1 417, A.388
8,2 343
9,1f. 343
9,2ff. 426, A.436
9,4f. 480, A.680
9,5 397, A.283
11,1ff. 359*; 417 und A.389; 480
12a,1 436
12a,1ff. 383
12a,1–5 428; 429, A.447, A.448
12a,5 430
12b,2 436
12b,3 412, A.361; 415, A.379
16b,15 415, A.379
23,3 117
27,1 385
26,9 374; 393, A.267
27,12f. 385
28,1 393, A.267
28,5 411 und A.348; 429
28,10 385
32b,6 412, A.361
33a,5 428
47,8 374, A.223; 393, A.267
47,10 385, A.244
47,10f. 417, A.391
48,2 411, A.344; 418, A.395
48,4 385
51a,11 412, A.361
52a,8f 428
57,8f. 376; 395
57,12 61, A.203
58,8 363
59,11 395, A.273
59,12 395, A.274
60,7f. 385
60,8f. 393, A.267; 397
60,9 374, A.223
62b,5 428
67,8 415, A.379; 438, A.501
69,5 415, A.379
75,10ff. 37, A.121
79,9f. 114, A.23
79,10 130

pKairo 58032
Z.29 67, A.228

pKairo 58056
rto., 7f. 440, A.509

pKairo 58057
allgemein 439; 441

pKairo 58092
rto., 11 318, A.19
rto., 15 317, A.12
vso., 10 347, A.118

pKairo 65739
Z.4; 16; 20 471

pKoller
4,7 (LEM, 119f.) 429, A.447

pLansing
4,8 (LEM, 103) 418
5,2f. (LEM, 104) 418; 440
5,2f. (LEM, 104) 435
5,7 (LEM, 104) 418
6,1f. (LEM, 104) 418, A.394
7,2 (LEM, 105) 414, A.374

Fortsetzung pLansing
8,1 (LEM, 106) 447, A.541
12,5 (LEM, 111) 450; 478

pLeiden J348 vso.
9,1f. (LEM, 135) 411 und A.348
9,2 (LEM, 135) 222, A.336

pLeiden J350
rto. (Amunshymnus):
3,6ff. (60. Kap.) 67 und A.226; 411, A.349
4,12 (200. Kap.) 125, A.88
4,17f. (200. Kap) 313, A.506

vso. (Logbuch):
allgemein 423

pMallet
3,6 393, A.266

pMayer A
allgemein 33; 320
3,15; 4,12; 4,21 34 (An.b.)
10,23f. 471, A.633

pMillingen (Lehre Amenemhets I.)
1,6f. 449 und A.554

pOrbiney
15,3f. (LESt, 24f.) 120
17,2 (LESt, 26) 120
19,1ff. (LESt, 28f.) 37

pPrisse (Lehre des Ptahhotep)
6,6 (Devaud, 92) 344, A.95
10,6 (Devaud, 317) 341, A.86
13,8 (Devaud, 433) 344, A.95

pPushkin 127
4,11f. 435
4,15 412

pRyland XV
allgemein 385 und A.245

pSallier I
4,11 (LEM, 81) 414, A.370; 416
6,2 (LEM, 83) 414, A.374
6,8f. (LEM, 83f.) 482 und A.691
7,1 (LEM, 84) 476, A.655
7,2 (LEM, 84) 447, A.541; 477, A.658
8,5 (LEM, 86) 326, A.52
9,3 (LEM, 87) 349, A.136
9,6f. (LEM, 87) 344; 412
9,7 (LEM, 87) 416

pSallier IV
vso., 2,5 (LEM, 90) 125 und A.90
vso., 9,4 (LEM, 94) 412

pSalt 124
rto., 2,8 417; 418

pStraßburg 23 und 26
allgemein 42 (H)

pStraßburg 32
allgemein 42 (H); 51, A.174
rto., 4 440, A.509

pTurin 246 und 247
allgemein 462, A.601

pTurin 1874
rto., 3,1 418, A.395
rto., 3,4 429, A.448
rto., 3,5 430, A.458
rto., 3,19 429, A.448
rto., 4,19 412, A.356

vso. (Königsliste):
allgemein 67
6,21 (KRI II, 836) 76, A.255

pTurin 1875
allgemein 320

pTurin 1903
rto., 7 34 (An.c.)

pTurin 2008+2016
vso., 2 423
vso., 3,9f. 437

pTurin 2021
rto.:
allgemein 316

Fortsetzung pTurin 2021

rto., 2,11(?) / 3,4f.	318, A.19
rto., 4,2	316, A.4
vso. (LRL, 61,16f.)	42 (40)

pTurin A

vso., 2.2ff. (LEM, 122)	438, A.503
vso., 2,3 (LEM, 122)	390, A.260
vso., 2,9ff. (LEM, 123f.)	376; 393
vso., 4,6 (Caminos, LEM, 509)	437

pTurin unn.

vso., 10 (LRL, 26,4)	42 (13)

pValençay I

allgemein	458*f.; 483; 490
vso., 5ff.	494

pVarzy

allgemein	470

pWarschau 148.288

allgemein	390, A.260

pWilbour

allgemein	359; 367; 371; 372; 373; 376; 410; 411; 416, A.384; 432; 479*ff.; 485; 487
A.	
17,7ff.	432
33,1ff.	480
37,25	487
39,15	61, A.203
46,3/12	487
47,29	432
55,1/7	480
61,19	432
83,26ff.	480

W. Zitate und Erwähnungen von Ostraka

oBerlin 10627	446; 453
oBerlin 10630	447; 452, A.560
oDeM 114 rto., 5	430
HO, 5,1	326, A.53
HO, 66,2	339
oKairo 25234	329
oKairo 25243	34 (An.d.)
oKairo 25349	326
oKairo 25744	5, A.16; 34 (O); 46, A.154
oKairo 25745	42 (O); 46, A.154

X. Zitate und Erwähnungen von thebanischen Graffiti

Nr.714	42 (Gr.Th)
Nr.1001	48 (Gr.a.)
Nr.1021a	48 (Gr.b.)
Nr.1345	326
Nr.1394	326
Nr1570–77	52 (2.)
Nr.2144	48 (Gr.c.)

Y. Zitate und Erwähnungen anderer Quellen

Bilgai-Stele

allgemein	s. Sach- und Stichwortregister
Z.17	429
Z.16	429, A.449

Chapelle Rouge

allgemein	120
Block 54	120
Block 287	120

Haremhab-Dekret
s. Sach- und Stichwortregister

Kadesch-Schlacht (Poème)

§175	449; 456, A.576; 475
§182–185	482, A.690

Kanais-Inschriften Sethos' I.
s. Sach- und Stichwortregister

Mes-Inschrift
s. Sach- und Stichwortregister

Nauri-Dekret
allgemein s. Sach- und Stichwortregister
Z.47 436
Z.50 439

Nitokris-Adoptionsstele
allgemein s. Sach- und Stichwortregister
Z.9f. 423

Quban-Stele
s. Sach- und Stichwortregister

Stèle juridique
allgemein s. Sach- und Stichwortregister
Z.4ff. 343, A.91

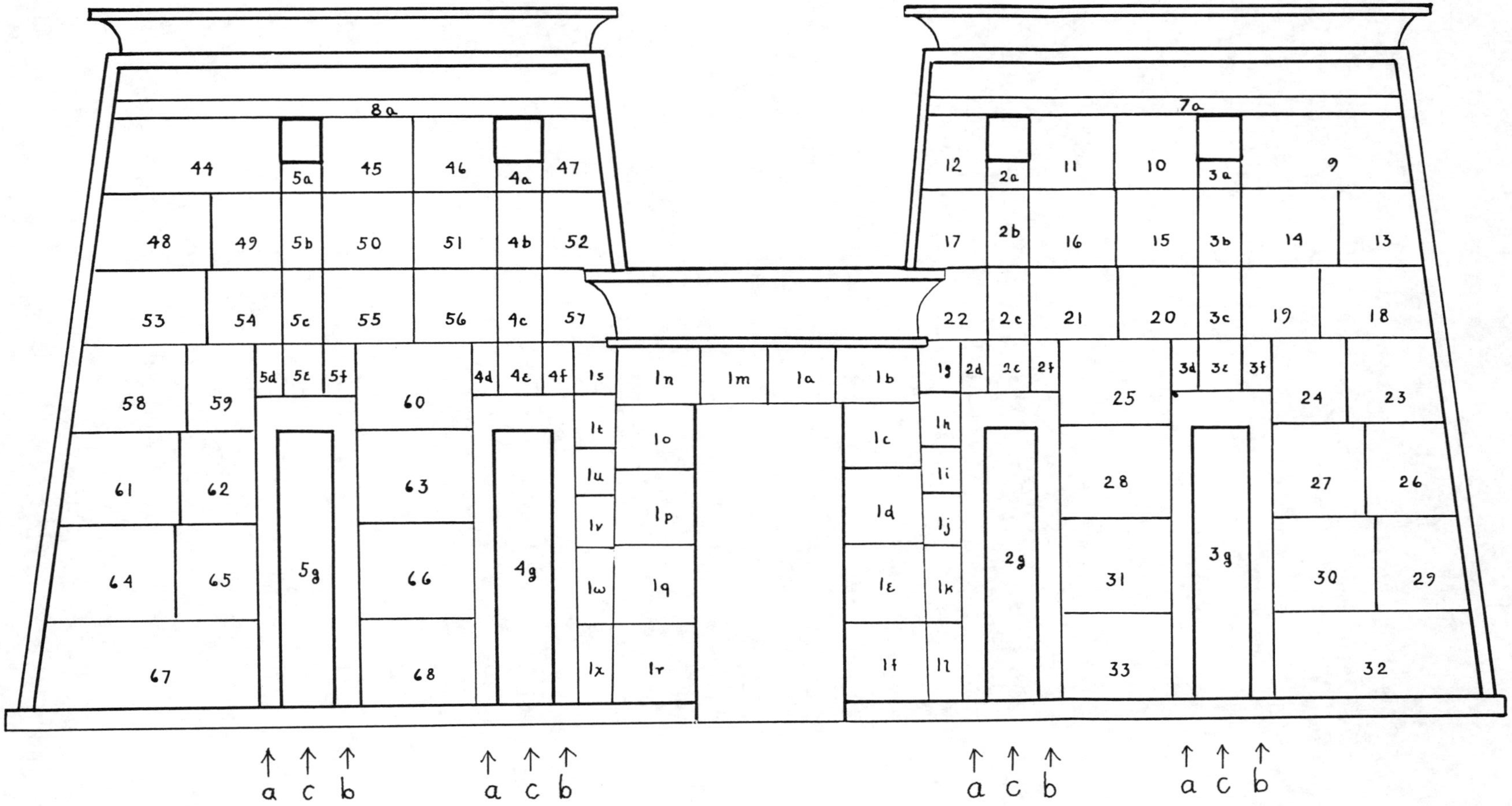

Südseite des Pylons vor dem Chonstempel von Karnak.
Nelson, Key Plans Showing Locations of Theban Temple Decorations,
OIP 56, 1941, Pl.XVII.
S.o. S.539–544.